Texto General de Cosmetologia

Por Constance V. Kibbe

Un curso práctico sobre
los fundamentos científicos
de la bellicultura
para estudiantes y
practicantes de la
cosmetología.

Revisado por la
Junta para Textos Educativos de "Milady"

Milady Publishing Corporation
3839 White Plains Road, Bronx, New York 10467-5394
United States of America

TRADUCTOR: Daniel Jose Rivas, PhD
ILUSTRADOR: Shiz Horii
DIRECTOR ARTISTICO: John P. Fornieri
COMPOSITOR FOTOTIPOGRAFICO: Paul Gafton
Ilustraciones basadas en numerosos dibujos de Warren Meek

Ilustración de la Portada: Reina Gillson

ISBN 0-87350-414-3

Edición Corregida y Aumentada, 1985

Impresión Hecha en los Estados Unidos de América

CONTENIDO

(continuá)

(continuá)

(continuá)

PROLOGO

El material de esta edición del *Texto General de Cosmetología* ha sido completamente revisado y modernizado con respecto a la ciencia y al arte de la cosmetología.

La *ciencia de la cosmetología* abarca la enorme abundancia de conocimientos utilizables en este campo. Esta ciencia se ha desarrollado hasta el punto de integrar hoy un cuerpo de información sistemática y coherente relativa a la cosmetología.

El *arte de la cosmetología,* por su parte, se refiere a la ejecución efectiva de las muy diversas prácticas aplicadas al cultivo del embellecimiento personal. El arte de la cosmetología varía según el grado de competencia que desarrolla la cosmetóloga.

La teoría e información básicas descritas en este texto han sido preparadas de modo que permitan gran flexibilidad y adaptación a cualquiera que sea el sistema o la costumbre de la escuela o el salón de belleza. El material que presentamos no tiene por meta u objeto uniformar la práctica total de la cosmetología. Tampoco tiene el designio o la intención de limitar la iniciativa individual en la instrucción o los métodos que se emplean en la cosmetología. Por el contrario, el material se presenta de manera que estimule a los maestros y las maestras a ser flexibles, a modernizarse y a estar atentos a los cambios y mejoras que se producen.

Ciertas teorías y técnicas no comunes en la práctica moderna de la cosmetología se han mantenido aquí, con modificaciones, para que sirvan de referencia.

El texto contiene muchos detalles nuevos, tales como los objetivos de aprendizaje de cada capítulo y el sistema métrico; así ampliamos y damos mayor alcance al enfoque de la información aquí contenida.

Los graduados y las graduadas de las escuelas de cosmetología que utilicen este texto en sus estudios hallarán que están mejor preparados para hacerle frente a la gran demanda de la práctica moderna de la cosmetología.

Queremos expresar nuestro sincero agradecimiento a los numerosos miembros de las juntas estatales de cosmetología, a los profesores y las profesoras de cosmetología y a los estilistas y las estilistas del peinado que colaboraron con su tiempo, su capacidad y su talento a la revisión de este texto.

La Autora

BIENVENIDOS A LA PROFESION DE LA COSMETOLOGIA

Le felicitamos por haber tomado la decisión de estudiar *cosmetología.** Al matricularse para un curso de estudios en esta escuela, usted ha dado el primer paso importante hacia el ingreso en una de las carreras más interesantes y agradables.

La cosmetología (bellicultura o cultivo de la belleza personal) le brinda la oportunidad de dedicarse a una carrera para toda la vida en una de nuestras mayores y más prestigiosas industrias. Después de completar un período de adiestramiento relativamente breve, usted estará preparado (preparada) para iniciarse en una profesión que le suministrará buenos ingresos durante todo el tiempo que usted la ejerza.

OPORTUNIDADES PARA HOMBRES Y MUJERES

Las oportunidades aprovechables en el campo de la cosmetología son mucho mayores que las de otros campos si se compara el tiempo necesario para la preparación y los gastos requeridos. La cosmetología ofrece un futuro de progreso lucrativo e interesante a la persona que es activa y tiene aspiraciones. Es más, la práctica de la cosmetología brinda la oportunidad, poco frecuente, de ejercer una carrera plena de agrado y satisfacción personal. Esta práctica va dirigida a satisfacer las necesidades artísticas y estéticas del cosmetólogo o la cosmetóloga. Asirnismo, anima a la persona que la ejerce a aplicar libremente su talento y su habilidad. Además, lo que es aun más importante, combina la satisfacción del trabajo con la estabilidad económica.

A la mujer joven, la cosmetología le ofrece una vocación que puede entrar a formar parte de su estilo de vida privada. Así, cuando está dispuesta a tener familia, puede abandonar temporalmente la profesión para regresar a ella más tarde y proseguir su carrera. Por otra parte, como mujer casada y con familia, puede continuar con su estilo acostumbrado de vida y trabajar según y cuando le convenga.

UNA MIRADA HACIA EL FUTURO

El futuro de la industria de la cosmetología se presenta muy prometedor. Todos los días se desubren nuevas técnicas, nuevos productos y nuevas oportunidades. El número de clientes que frecuentan los salones de belleza y la cantidad de dinero que gastan en esta clase de servicios aumentan constantemente.

En cuanto a su provenir personal, los indicios son de que no hay limitación en el progreso que usted pueda lograr o en la cantidad de dinero que pueda usted ganar. No existe ninguna otra industria que presente una demanda tan persistente para las profesionales que se gradúan con adiestramiento y aptitudes aceptables. Tampoco existe ninguna otra industria que ofrezca oportunidades comparables a ésta para la persona que aspira a iniciar su propio negocio.

La rapidez y el progreso con que usted logre su meta dependerán principalmente del esfuerzo que usted emplee así como de la seriedad con que usted se dedique al proceso de adiestramiento. Mientras asiste a la escuela, usted debe concentrarse en mejorar sus hábitos personales, su buena presencia, su aplomo,

---

*N. del T.: El término **cosmetología** ha sido ya incluido en algunos diccionarios y es de formación legítima: del griego artist (persona instruida en el arte de acicalar) y artist (tratado). Esta técnica también se denomina **cosmética** o **cosmesis** y podría definirse como "aquella parte de la higiene corporal humana que trata del aseo y embellecimiento del cutis, el pelo y las uñas." En cuanto a "bellicultura," es neologismo, pero de etimología neolatina correcta: "bellus" (bello) y "cultura" (cultivo) y su uso podría extenderse por analogía con floricultura, puericultura, etc. Finalmente, como la definición escueta de **filosofía estética** es "ciencia que trata de la belleza," es preferible emplear los vocablos "aseo" y "embellecimiento" cuando nos referimos a la **cosmetología.**

su personalidad y su capacidad para llevarse bien con las demás personas. Todos estos factores son esenciales para que usted logre el éxito en el "mundo del trabajo."

BIENVENIDOS

Le damos a usted una muy sincera bienvenida. Estamos seguros de que usted se complacerá con la decisión tomada al seleccionar tan fascinante carrera. Este campo profesional y sus oportunidades, recuérdelo, no tienen límites. De pronto ha abierto usted la puerta que conduce a un mundo nuevo e interesante; ahora, penetre en él.

OPORTUNIDADES PROFESIONALES

Muchas oportunidades profesionales se le presentan al cosmetólogo o a la cosmetóloga bien adiestrados. La adquisición de una licencia para la práctica de la cosmetología abre las puertas hacia una enorme variedad de carreras lucrativas. Las listas que ofrecemos a continuación señalan muchas de las áreas remunerativas asequibles a los cosmetólogos y las cosmetólogas.

I. OPORTUNIDADES EN EL SALON DE BELLEZA

A. Cosmetólogo (Cosmetóloga) de Práctica General

B. Especialidades

1) Técnico (Técnica) de Ondulación Permanente
2) Estilista del Peinado (Peluquero, Peluquera)
3) Estilista de Pelucas (Peluquero, Peluquera)
4) Técnico (Técnica) en la Suavización del Pelo
5) Colorista del Pelo
6) Especialista del Pelo y Cuero Cabelludo
7) Especialista en el Cuidado de la Piel (Dermoesteta)
8) Manicuro (Manicura, Manicurista)
9) Artista del Maquillaje
10) Electrólogo (Electróloga)

Experta en Coloración del Pelo

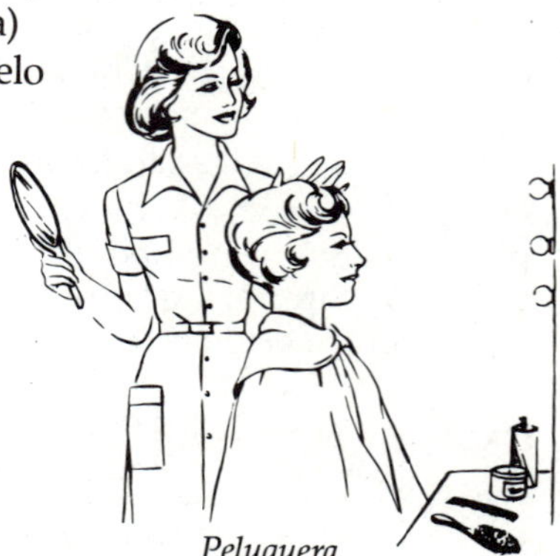

Peluquera

C. Administración

1) Propietario (Propietaria) del Salón
2) Gerente o Supervisor (Supervisora) del Salón
3) Concesionario (Concesionaria) (Salón de Belleza, Tienda por Departamentos, Salones en Cadena)

II. OPORTUNIDADES EN ESCUELAS

A. Administración Escolar

1) Propietario (Propietaria) o Director (Directora) de una Escuela Privada
2) Jefe (Jefa) de Departamento en una Escuela Pública
3) Supervisor (Supervisora) o Decano (Decana)

B. Enseñanza y Orientación Pedagógica

1) Maestro (Maestra) de Cosmetología
2) Maestro (Maestra) de Materias Afines
3) Maestro (Maestra) de Especialidades
4) Asesor (Asesora) de Orientación
5) Adiestrador (Adiestradora) de Maestros (Maestras)

Maestra de Cosmetología

Recepcionista

Vendedora de Cosméticos

C. Gobierno
1) Miembro de la Junta Estatal
2) Inspector (Inspectora) de la Junta Estatal
3) Examinador (Examinadora) de la Junta Estatal

D. Miscelánea Educacional
1) Director (Directora) Educacional por Cuenta de un Fabricante
2) Artista Invitado (Invitada)

III. OPORTUNIDADES EN LA INDUSTRIA Y EN LITERATURA

A. Mercadeo
1) Comprador (Compradora) y Auxiliar del Comprador
2) Vendedor (Vendedora) en Tiendas—Vendedor (Vendedora) por Cuenta Propia

B. Ciencia y Manufactura
1) Demostrador (Demostradora) o Representante de un Fabricante
2) Investigador Científico (Investigadora Científica)—Auxiliar
3) Técnico (Técnica) de la Industria

C. Literatura
1) Redactor (Redactora) de Belleza—Auxiliar
2) Escritor (Escritora) de Promoción Comercial
3) Escritor (Escritora) Independiente

RESUMEN

La cosmetología es tan interesante como remunerativa. Para muchos hombres y muchas mujeres representa una profesión que les atraerá gran felicidad y considerable independencia económica.

USTED
TAMBIEN PUEDE SER
PROFESIONAL DE LA COSMETOLOGIA

Nota: PARA TENER EXITO—usted debe aprender a tener aquellas pequeñas atenciones que la cliente aprecia, aparte de que usted debe presentarse pulcra, bien vestida y debe ser eficiente en su trabajo.

PALABRAS QUE SE EMPLEAN CON IGUAL SIGNIFICADO

Hay ciertas palabras que se emplean con igual significación en el curso del presente libro. El propósito de esto es evitar repeticiones y al mismo tiempo familiarizarlo (familiarizarla) a usted con la variedad de vocablos que se usan en la profesión.

Los siguientes términos se refieren a los servicios profesionales que se ofrecen en el salón de belleza: (1) Cosmetólogo (Cosmetóloga), (2) Practicante, (3) Artista, (4) Estilista del Peinado, (5) Estilista, (6) Técnico (Técnica), (7) Peluquero (Peluquera), (8) Operario (Operaria), (9) Experto (Experta) en Belleza. El término preferido, cosmetólogo o cosmetóloga, es el usado generalmente en este libro.

La práctica destinada a hacer resaltar la buena apariencia física de las clientes del salón de belleza se denomina (1) Cosmetología, (2) Bellicultura o Cultivo de la Belleza Personal, (3) Peluquería, (4) Estilística del Peinado.

El lugar donde se realizan estas operaciones embellecedoras se llama (1) Instituto de Belleza, (2) Salón de Belleza, (3) Peluquería.

(La profesión de la cosmetología es desempeñada igualmente por hombres y mujeres. Por lo tanto, los nombres masculinos o femeninos y los pronombres "él" y "ella" se emplean aquí según la conveniencia pero no indican preferencia de un género sobre el otro.)

Capítulo 1

HIGIENE Y BUENA PRESENCIA

OBJETIVOS DE APRENDIZAJE DEL CAPITULO

El (la) estudiante que logre dominar el contenido de este capítulo conocerá:

1. *Los principios de la higiene y la buena apariencia.*
2. *Las reglas de limpieza.*
3. *Los detalles de la buena apariencia.*
4. *La relación entre la limpieza y la buena salud y el éxito como cosmetólogo.*

La **buena salud** es necesaria para alcanzar el éxito en la práctica de la cosmetología. Sin salud no se puede trabajar eficientemente, ni disfrutar de los placeres de la vida. Con salud se hace posible tanto la realización de tareas constructivas como el logro de la felicidad.

Para mantenerse al día en su profesión, la cosmetóloga debe ser un ejemplo viviente de lozanía y estar capacitada para brindarles orientación a las clientes sobre cómo se puede lograr una salud plena haciendo una vida higiénica. De este modo la cosmetóloga destaca sus valores personales ante sí misma, ante su patrono y ante la comunidad.

Higiene es una rama de las ciencias aplicadas que trata de la vida saludable e incluye tanto la higiene personal como in higiene pública.

La **higiene personal** prescribe los prudentes cuidados que debe tener de sí misma una persona para conservarse sana mediante el cumplimento de las siguientes reglas de vida saludable:

1. Aseo.
2. Higiene bucal.
3. Buena postura.
4. Suficiente ejercicio.
5. Relajación.
6. Suficiente sueño.
7. Dieta balanceada.
8. Pensamientos sanos.

La **higiene pública** o **sanidad** incluye las medidas que adopta el gobierno para preservar la salud del pueblo. Así, con el fin de desempeñar sus responsabilidades en lo referente a la protección de la salud, la seguridad y el bienestar de los ciudadanos, el gobierno dicta disposiciones encaminadas a lograr lo siguiente:

1. Aire puro.
2. Alimentos sanos.
3. Agua potable.
4. Sumideros adecuados.
5. Dominio de las enfermedades.
6. Servicio médico adecuado.

Los **problemas del embellecimiento personal** también pueden convertirse en **problemas de salud.** La buena salud se refleja en un cutis claro, una piel de textura fina, unos ojos brillantes y una lozana cabellera. Un cutis mate y cetrino es indicio de:

1. Circulatión deficiente.
2. Falta de aire fresco.
3. Eliminaciones irregulares.
4. Dieta inadecuada.
5. Mala salud.

REGLAS HIGIENICAS

Para robustecer la salud y la belleza deben observarse ciertas reglas higiénicas en la vida.

Ingerir comidas bien balanceadas a intervalos regulares y beber agua en suficientes cantidades mantendrá la buena función del sistema digestivo y producirá mejores evacuaciones. Sin embargo, una de las causas principales de la mala salud está en las dietas deficientes. Evite los malos hábitos al comer, como son:

1. **No comer alimentos adecuados en cantidades suficientes,** lo cual puede conducir a la pérdida de peso, una baja en las defensas o enfermedades carenciales.
2. **Comer demasiado,** lo cual exige un esfuerzo del sistema digestivo y de los órganos de eliminación.

El **ejercicio** y el **recreo** en forma de carreras, caminatas, bailes, deportes y actividades gimnásticas desarrollan la resistencia y mantienen el cuerpo en buena disposición. Algunos de los beneficios que resultan de los ejercicios regulares son:

1. Mejor asimilación de alimentos en el organismo.
2. Mejor circulación sanguínea.
3. Mayor afluencia de oxígeno vitalizador a todo el cuerpo gracias al aumento de la actividad del corazón y los pulmones.

La luz solar en cantidades moderadas añade vigor y ayuda a suministrarle al cuerpo la vitamina "D" que le es esencial.

A la **fatiga** que resulta del trabajo, el ejercicio, el esfuerzo mental o la preocupacion debiera siempre seguirle un período de descanso y relajación. Los esfuerzos excesivos y la falta de reposo tienden a minar la vitalidad corporal. Por lo tanto, el dormir lo suficiente durante no menos de siete horas se hace necesario. Esto permite que el organismo se recupere de la fatiga de las actividades diarias y recobre nuevamente la energía.

PENSAMIENTOS SANOS

La mente y el cuerpo funcionan como una unidad. Un cuerpo y una mente saludables contribuyen a una buena vida. En un cuerpo saludable todos los órganos realizan su función normalmente. Los pensamientos saludables pueden cultivarse mediante el dominio de uno mismo. A la preocupación y al miedo deben sustituirles las cualidades vitales como son la alegría, el valor y la esperanza. El interés en las actividades y el recreo al aire libre tienden a aliviar la tensión de la monotonía y el trabajo intenso.

Tanto los **pensamientos** como las **emociones** influyen en las funciones del organismo. Un pensamiento puede hacer que el rostro se ruborice y la actividad cardiaca aumente. Un solo pensamiento es capaz de estimular o deprimir las funciones del cuerpo. Las emociones fuertes, tales como la preocupacion y el miedo, tienen un efecto dañino en el corazón, las arterias y las glándulas. La depresión mental debilita las funciones de los órganos haciendo disminuir la resistencia del cuerpo contra las enfermedades.

UNA PELUQUERA DE BUENA PRESENCIA

La mejor propaganda para un salón de belleza la constituye una cosmetóloga de buena presencia.

Para mantener su apariencia en su mejor forma, usted debe prestarle atención diaria a todos aquellos detalles importantes que son partes de una personalidad pulcra, nítida y atractiva.

Baño Diario y Desodorante
Mantenga su cuerpo limpio y libre del mal olor dándose una ducha o un baño diario y usando un desodorante debajo del brazo.

Higiene Bucal
Límpiese y cepíllese los dientes con regularidad. Use un colutorio o enjuage bucal para darle buen olor al aliento.

Peinado
Mantenga el pelo limpio y lustroso. Lleve en todo momento un estilo de peinado que sea atractivo y práctico.

Ropa
Póngase un uniforme que esté inmaculadamente limpio y nítido y que le ajuste correctamente al cuerpo. Use ropa interior limpia.

Maquillaje Facial
Use los cosméticos correctos que se combinen bien con el tono de su cutis. Mantenga su maquillaje fresco con buena formacion en las cejas y los labios.

Manos y Uñas
Mantenga sus manos limpias y suaves y tenga sus uñas siempre bien cuidadas.

Joyas
Evite llevar joyas excesivamente llamativas. Un reloj de pulsera es apropiado.

Zapatos y Medias
Use zapatos de tacón bajo que le queden bien y sean de un modelo acertado. Mantenga los zapatos brillosos y en buenas condiciones. Use medias limpias. Evite los puntos corridos y las arrugas.

Muchos propietaros de salones de belleza consideran la apariencia personal, la serenidad de aspecto y la personalidad como cualidades de importancia igual que los conocimentos técnicos y la destreza manual.

UN PELUQUERO DE BUENA PRESENCIA

La buena presencia es también importante para el cosmetológo. Préstele cuidadosa atención a la limpieza del uniforme, la piel, el pelo, las manos y los dientes. Mantenga la barba y el bigote bien cuidados. Mantenga el buen olor del aliento usando un enjuague bucal. Conserve su cuerpo libre del mal olor dándose una ducha o un baño diarios y aplicándose un desodorante debajo del brazo.

CONSERVACION DE LA BUENA SALUD

A fin de conservar la buena salud, observe las siguientes reglas:

1. Respire tanto aire limpo y fresco como sea posible.
2. Beba suficientes cantidades de agua cada día.
3. Coma de acuerdo con una dieta balanceada. No coma demasiado.
4. Desarrolle hábitos de evacuación regulares.
5. Póngase de pie, siéntese y camine con buena postura.
6. Participe en recreos y ejercicios al aire libre y duerma lo suficiente.
7. Sométase a exámenes físicos con regularidad.

RESUMEN

El cosmetólogo o la cosmetóloga deben observar la limpieza del modo siguiente:

1. Mantener el cuerpo limpio dándose un baño o una ducha diarios.
2. Evitar el mal olor del cuerpo usando un desodorante.
3. Mantener los dientes y las encías en buenas condiciones. Cepillarse los dientes por lo menos dos veces al día.
4. Someterse a un examen dental cada seis meses.
5. Evitar el mal aliento lavándose la boca con un buen enjuage bucal.
6. Nunca llevar zapatos con medias, calcetines o medias plantillas que no estén limpias.
7. Mantener los zapatos limpios y en buenas condiciones.
8. Usar ropa interior limpia y un uniforme limpio cada día.
9. Conservar el pelo bien cuidado y peinado.
10. Mantener las manos y las uñas en buenas condiciones.
11. Lavarse las manos antes y después de atender a cada cliente.
12. Evitar el uso en común de toallas, vasos de beber, cosméticos y cepillos y peines para el pelo.

PREGUNTAS DE REPASO

HIGIENE Y BUENA PRESENCIA

1. Defina: a) la higiene; b) la higiene personal; c) la higiene pública; d) la higiene bucal.
2. Mencione ocho requisitos básicos de la buena higiene personal.
3. Cite seis medidas adoptadas por el gobierno para asegurar la buena salud pública.
4. ¿Cuáles tres cualidades mentales ayudan a promover la buena salud?
5. ¿Cuáles dos emociones pueden dañar la salud?
6. Un baño o una ducha todos los días mantienen el cuerpo ....
7. Evite el mal olor del cuerpo usando un ....
8. Evite el mal aliento lavándose la boca con un buen ....

Capítulo 2

SERENIDAD DE ASPECTO

OBJETIVOS DE APRENDIZAJE DEL CAPITULO

El (la) estudiante que logre dominar el contenido de este capítulo conocerá:

1. *Las ventajas de la buena postura.*
2. *La diferencia entre buena y mala postura.*
3. *La influencia de la buena postura en la salud, la apariencia y el bienestar físico.*

Como cosmetóloga profesional usted estará de pie la mayor parte del tiempo. La postura correcta, por lo tanto, es muy importante porque la ayuda a evitar la fatiga, mejora su apariencia personal y le permite movimientos fáciles y elegantes durante su trabajo diario.

La **buena postura** forma parte muy importante del cuidado personal. Su práctica continuada ayuda a prevenir muchos trastornos físicos. Además, es un factor de autodisciplina que contribuye al desarrollo de otros buenos hábitos que son los elementos determinantes de una personalidad graciosa y atractiva. La presencia de estas cualidades distingue a la persona equilibrada y bien ordenada.

Muchos propietarios de salones de belleza consideran que la apariencia, la serenidad de aspecto y la personalidad son tan importantes como los conocimientos técnicos y la destreza manual.

CORRECTAMENTE DE PIE

Los ejercicios hechos con regularidad mantienen los músculos del cuerpo en buenas condiciones y ayudan a formar el hábito de la buena postura. Mediante su práctica continuada los músculos se adiestrarán en sostener el cuerpo correctamente. La buena postura es cuestión de costumbre. En el trabajo se debe evitar la posición desgarbada, la espalda encorvada y la columna vertebral arqueada. Para andar y pararse correctamente, haga que el peso del cuerpo se distribuya de modo que logre el equilibrio adecuado que es atractivo a la vista.

Para adoptar la "planta" o posición básica al estar de pie, observe lo siguiente:

1. Gire el pie izquierdo hacia afuera formando con el derecho un ángulo de 45º (0.785 rad.).
2. Dirija el pie derecho hacia adelante en línea recta.
3. Doble la rodilla derecha ligeramente sobre el contorno de la izquierda.
4. Afloje un poco la rodilla izquierda.

LA BUENA POSTURA

LINEA CENTRAL
Se extiende verticalmente desde el centro de la cabeza, pasando por el cuello, el hombro, la cadera y la rodilla hasta el arco del pie.

PESO DEL CUERPO
Se equilibra a lo largo de esta línea central y es sostenido por los arcos de los pies.

LA BUENA POSTURA
Cabeza erguida
Barbilla paralela al piso
Pecho levantado
Hombros relajados
Abdomen inferior plano

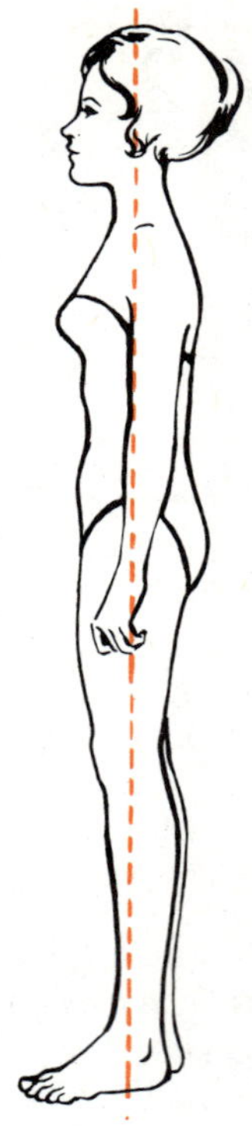

CINCO POSTURAS CORPORALES DEFECTUOSAS

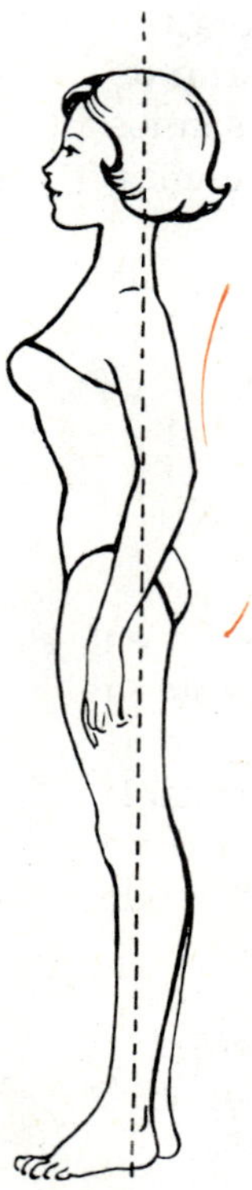

Muy rígida: mala postura

Caída y encorvada: mala postura

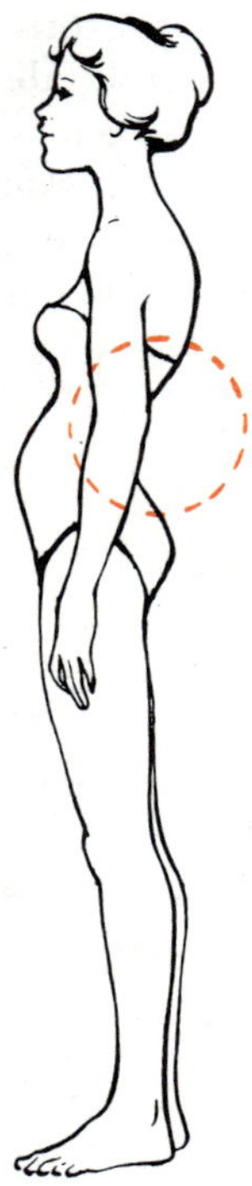

Espalda cóncava: lordosis

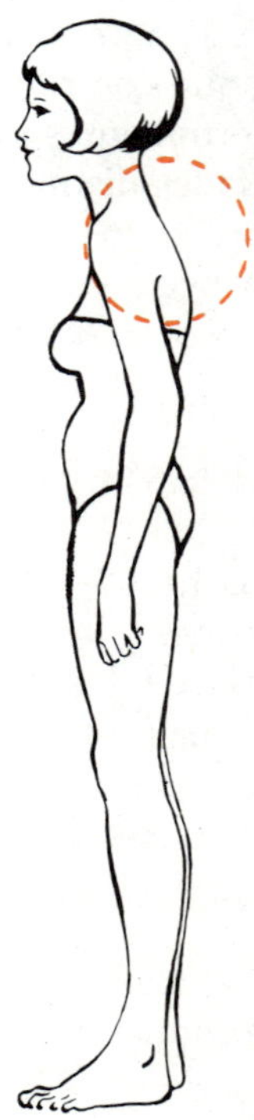

Hombros caídos: cifosis

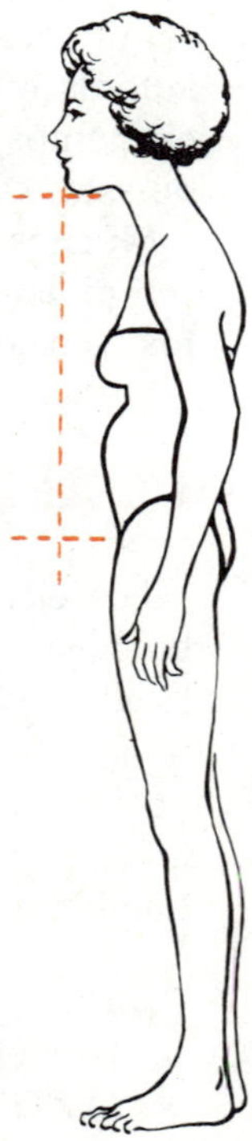

Espalda cóncava con hombros caídos: escoliosis

POSTURA PARA DAR UN CHAMPU

MANTENGA LA BUENA POSTURA PARA EVITAR EL CANSANCIO DE LA ESPALDA

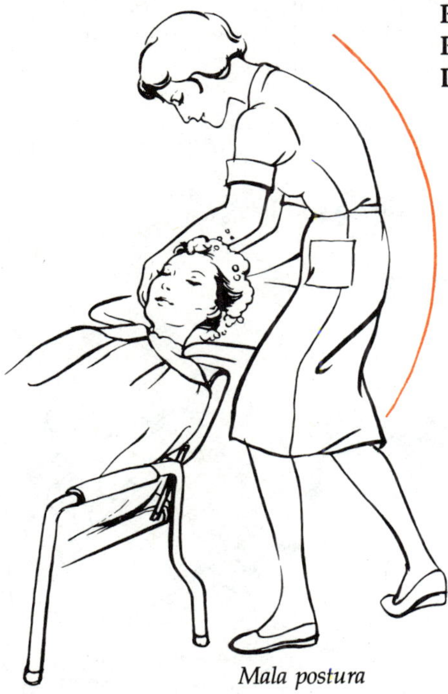

Mala postura

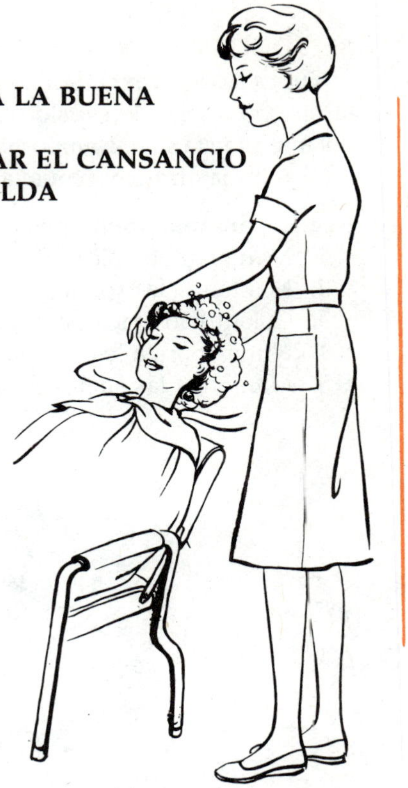

Buena postura

PARA COMODIDAD DE LA CLIENTE Y DE LA COSMETOLOGA

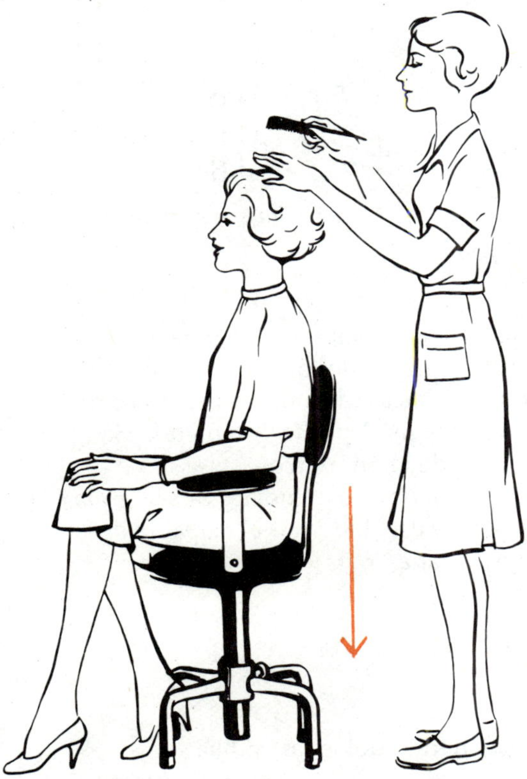

Peluquera baja, cliente alta: baje la silla.

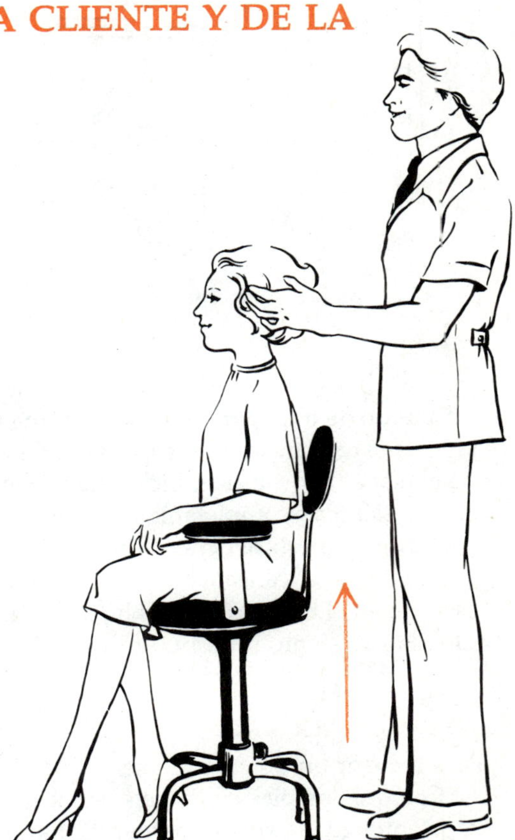

Cliente baja, peluquero alto: suba la silla.

COMO USAR EL CUERPO CORRECTAMENTE

METODO PARA SENTARSE CORRECTAMENTE

Nunca se deje caer en una silla. Deslícese con gracia al sentarse. Cuando mueva el cuerpo hacia el respaldo del asiento coloque ambas manos sobre el borde delantero de la silla, a ambos lados de las caderas. Levante el cuerpo ligeramente y échese hacia atrás. No mueva el cuerpo de un lado a otro.

Reglas para una buena posición sentada:

1. Mantenga los pies bien cerca uno del otro.
2. Mantenga las rodillas juntas.
3. Coloque los pies un poco hacia adelante de las rodillas.
4. Nunca ponga los pies debajo del asiento.
5. Mantenga las suelas de los zapatos sobre el piso.

Mala postura al sentarse.

Buena postura al sentarse.

Cuando dé una manicura, adopte una posición correcta al sentarse para evitar la fatiga y el cansancio de la espalda. Siéntese con la parte inferior de la espalda contra el respaldo de la silla, inclinándose ligeramente hacia adelante. Si usa una banqueta, siéntese completamente sobre ella. Mantenga el pecho levantado. Haga descansar el peso del cuerpo sobre el largo total de los musculos.

Para evitar el cansancio de la espalda al leer, escribir, o estudiar, ya sea en la escuela, en el negocio, o en el hogar, siéntese con la espalda hacia el respaldo de la silla. No se siente nunca en forma floja y descuidada.

METODO PARA AGACHARSE CORRECTAMENTE

Para recoger un objeto del suelo:

1. Coloque los pies cerca uno del otro.
2. Mantenga la espalda perpendicular al piso cuando doble las rodillas.
3. Levántese usando los músculos de las piernas y de las posaderas (región glútea), no con los de la espalda.

Posición incorrecta al agacharse.

Posición correcta al agacharse.

METODO PARA LEVANTAR OBJETOS PESADOS

Cuando usted levante un objeto pesado, asegúrese de que emplea el método de los levantadores de pesos (halteras), o es posible que se le produzca una hernia o se le desvíe un disco de la columna vertebral. Levante el objeto con la espalda recta, realizando el esfuerzo con los músculos fuertes de los muslos, nunca con los de la espalda.

PRECAUCION

Fórmese una idea del peso del objeto que va a levantar. Usted puede dañarse la espalda severamente al levantar un objeto ligero para el cual preparó sus músculos creyendo que era pesado, igual que puede lastimársela al levantar un objeto pesado incorrectamente.

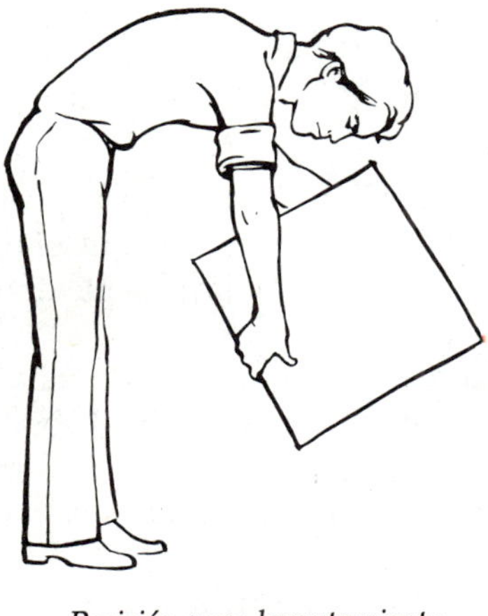

Posición para levantamiento incorrecto.

Posición para levantamiento correcto.

EL CUIDADO DE LOS PIES

Los tacones altos suelen ser causantes de malas posturas, deformaciones de los pies y dolores de espalda. Como el peso del cuerpo se echa hacia adelante, los pies y la espalda se someten a esfuerzo.

Los tacones bajos y anchos le proporcionan al cuerpo apoyo y equilibrio, lo cual ayuda a mantener la buena postura. Los tacones bajos permiten mayor comodidad y tienden a aliviar la fatiga producida por estar de pie durante largos períodos de tiempo.

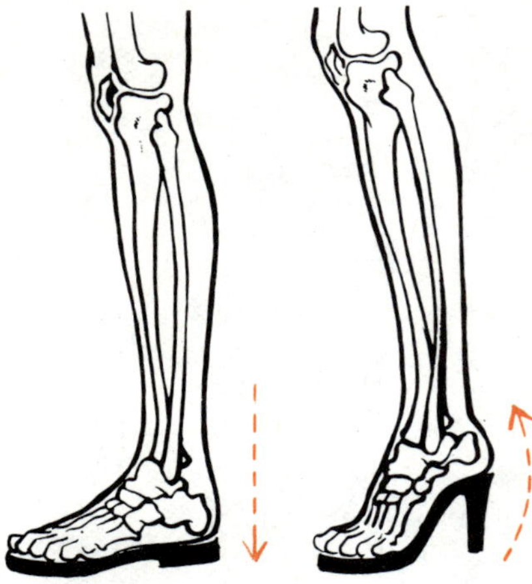

Para su comodidad y para mantener la buena postura use zapatos que ajusten bien al pie con tacones bajos.

La peluquera debe cuidar de sus pies diariamente en la siguiente forma:

1. Después del baño aplíquese crema o aceite y dése un masaje en cada pie durante cinco minutos.
2. Quítese la crema y aplíquese una loción antiséptica para los pies.
3. Mantenga las uñas de los pies bien limadas y suaves.
4. Los callos, juanetes y uñas encarnadas (o uñeros) deben ser tratados por un quiropedista.

El uso del calzado que ajuste bien al pie, con tacón bajo, y dedicarles a los pies buen cuidado durante unos minutos diariamente son medidas que permiten el logro de la buena postura y que conducen al éxito.

Arco normal

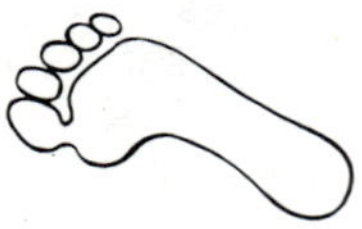

Arco caído

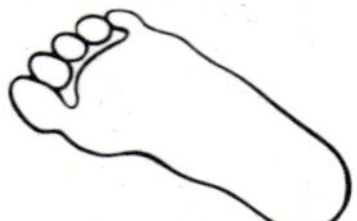

Pie plano

ARCOS NORMALES Y ARCOS DEBILES

El pie normal es estrecho en el centro y ancho en el talón (calcañar) y en los dedos. Los buenos arcos son característicos de la huella plantar normal.

El pie débil es consecuencia del arco débil. Su huella presenta mayor anchura en el centro que la del pie normal.

Los arcos caídos, o **pies planos,** son un padecimiento muy corriente. La huella de éstos tiene la misma anchura en casi toda su longitud.

Los pies débiles y planos pueden aliviarse mediante el masaje, el ejercicio o el uso de soportes arqueados y zapatos adecuados. Estas medidas reparadoras deben aplicarse solamente desqués de consultar a un especialista de los pies.

PREGUNTAS DE REPASO

SERENIDAD DE ASPECTO

1. ¿Cuáles son tres ventajas de la buena postura?
3. ¿Cómo ayudan los ejercios metódicos a formar el hábito de la buena postura?
3. Cuando adopte la "planta" o posición básica al estar de pie, coloque el pie izquierdo formando un ángulo de. . . . . grados y dirija el pie derecho hacia adelante en línea recta.
4. Para una buena postura de pie, mantenga la cabeza . . . . ; la barbilla paralela al . . . . ; el pecho . . . . ; los hombros relajados y el abdomen inferior. . . . .
5. Para una buena posición sentada mantenga los pies y las rodillas bien cerca . . . .
6. Para una posición sentada cómoda mantenga las suelas de los zapatos sobre el . . . .
7. Cuando dé una manicura siéntese con la parte inferior de la espalda contra el. . . . .
8. ¿Por qué es importante una posición correcta al sentarse cuando se da una manicura?
9. ¿Cómo debe uno sentarse para evitar el cansancio de la espalda?
10. ¿Por qué debe la peluquera usar zapatos con tacones bajos y anchos?
11. La peluquera que está de pie durante largos períodos de tiempo debe usar zapatos que ajusten bien y que tengan. . . . .
12. ¿Por qué debe el peluquero (o la peluquera) cuidar diariamente de sus pies?

Capítulo 3

DESARROLLO DE LA PERSONALIDAD

OBJETIVOS DE APRENDIZAJE DEL CAPITULO

El (la) estudiante que logre dominar el contenido de este capítulo conocerá:

1. *Las razones para el cultivo de una personalidad agradable.*
2. *Las cualidades necesarias a una personalidad agradable.*
3. *La relación entre la personalidad y el éxito de la cosmetóloga.*

Su **personalidad** es la clave del éxito en su carrera como cosmetóloga. La personalidad puede definirse como la proyección externa de los sentimientos, hábitos, actitudes y valores internos. Es el efecto total que usted produce en otras personas.

Sólo usted puede forjar el modelo de la "personal ideal" que usted aspira a ser. Unicamente usted es capaz de desarrollar una personalidad que la ayude a abrir la puerta que conduce a una vida llena de experiencias felices y útiles.

Sin una personalidad agradable, el buen trabajo de la cosmetóloga y sus atractivos físicos pasarán inadvertidos. Ningún ser humano nace con una personalidad determinada; la personalidad se adquiere según el modo en que cada cual afronta los problemas cotidianos. El desenvolvimento de la aptitud que le permite a uno enfrentarse a las buenas y las malas experiencias de la vida conduce al desarrollo de una mejor personalidad.

CUALIDADES DESEABLES QUE DEBEN CULTIVARSE

La **actitud** tiene mucho que ver con la personalidad. La actitud influye en sus gustos y disgustos así como en el modo en que usted reacciona hacia las demás personas, los sucesos y las cosas. Puede decirse que las personas que se enfrentan con calma a las situaciones difíciles, que se muestran contentas, afables y simpáticas despliegan una actitud saludable ante la vida.

Comportamiento. Domine el mal genio. Después que usted ha hablado ya no puede retirar ni una sola palabra. La persona que pierde el domino de sí misma puede inducir a las demás a un estado de confusión. Todo lo que uno dice o hace (sea bueno o malo) origina una serie de reacciones que pueden producir un efecto contínuo y prolongado. Cuando una persona llega a ser dueña de sí misma puede cultivar aquellas características que son deseables y eliminar las indeseables.

Pensamientos. Lo que usted piensa y cómo lo piensa son partes de su personalidad; así, pues, haga todo lo posible para mejorar la calidad de sus pensamientos. Si usted desea que la gente le escuche cuando habla, i sepa lo que dice y dígalo bien! Déle mayor fuerza a sus palabras leyendo buenos periódicos, revistas y libros. Aprenda nuevas palabras todos los días consultando en el diccionario las voces no conocidas que usted encuentra en conversaciones y lecturas.

Una voz agradable se hace necesaria porque las palabras solas no bastan. Si el lenguaje ha de ser fluido y agradable, debe emplearse un tono de voz adecuado. Una voz *monótona* resulta pesada y poco interesante.

La estabilidad emocional es algo que todo el mundo trata de lograr. Quienes la logran pueden darse cuenta de lo mucho que ella contribuye a apreciar la vida mejor. Si usted quiere ser admirada, desarrolle la capacidad de vivir la vida plenamente. La estabilidad emocional la ayudará en esta tarea. Aprenda a ocultar los signos que revelan emociones desfavorables como son las contorsiones del rostro o gestos que expresan ira, impaciencia, envidia o codicia.

Sea afable. Aprenda a expresar emociones benévolas. Una sonrisa al saludar y una frase de bienvenida, la inclinación a asumir responsabilidades propias de la amistad, la adaptación a situaciones nuevas y el mostrarse atractiva y amable al conocer a otras personas, todo ello manifiesta afabilidad.

Los buenos modales reflejan su consideración hacia las demás personas. Las reglas de urbanidad debieran ser fáciles de practicar puesto que se componen de pequeños detalles tales como decir "Gracias," "Por favor," así como nos piden que tratemos con respeto a los demás, teniendo cuidado de lo que a otros pertenece, siendo tolerantes y comprensivos con los esfuerzos de otras personas y dispensándoles a los compañeros y compañeras de trabajo la debida consideración. La cortesía es una de las claves para el éxito en su carrera profesional.

La buena presencia. La primera impresión que recibimos de una persona depende de cómo esa persona se viste y arregla. Esto también se aplica a la impresión que la otra persona recibe de usted. Para cumplir con los requisitos de la buena presencia, el cabello de la cosmetóloga o el cosmetólogo debe estar limpio y peinado de acuerdo con un estilo preciso y atractivo. Su buena presencia corre parejas con la buena postura del cuerpo ya sea de pie, al andar o al sentarse. Su ropa debe estar inmaculadamente limpia, sus manos suaves y sus uñas bien cuidadas.

Tenga sentido del humor. Cultive el sentido del humor. Tómese a sí misma un poco menos en serio. Cuando usted pueda reírse de sí misma habrá desarrollado la aptitud de evaluar adecuadamente su posición en la sociedad.

Recuerde que su personalidad es la clave del éxito. Asegúrese, pues, de desarrollarla al máximo.

LA VOZ Y LA CONVERSACION

Una voz apacible, una conversación interesante y el buen uso del lenguaje son factores contribuyentes al éxito. El correcto uso del lenguaje y la conversación interesante le serán útiles porque las clientes disfrutarán de su compañía y procurarán sus servicios.

El éxito no se logra limitándose usted solamente al trabajo en el salón de belleza sino que depende, además, de sus relaciones personales, las instituciones a que usted pertenezca y la activa participación de usted en numerosos actos de sociedad y otros propios de la cosmetología, tales como asambleas de asociaciones, ferias comerciales de la profesión, congresos, seminarios y reuniones sociales con las personas que promueven, desarrollan y dirigen las actividades en el campo de la bellicultura.

En **su voz** deben proyectarse las características más atractivas que usted posee. Estas son:

1. **Sinceridad:** honradez de pensamiento o intenciones.
2. **Inteligencia:** acto de entender.
3. **Simpatía:** trato amistoso.
4. **Vitalidad:** vigor y animación.
5. **Flexibilidad:** tono de voz suave, no severo.
6. **Expresividad:** manifestación de la individualidad.

El tono de la voz puede emplearse para expresar emociones de enfado, alegría, odio, amor, celos, simpatía y envidia. Usted debe usar su voz para presentar el aspecto más favorable a su personalidad. Debe ser una voz clara y comprensible. Si la enunciación de las palabras no es comprensible, el buen tono de la voz resulta inútil.

A fin de triunfar, usted necesita una voz agradable:

1. Para saludar a las clientes.
2. Para conversar.
3. Para ganarse la simpatía de los demás.
4. Para vender servicios y productos.
5. Para atraer prosperidad al negocio.
6. Para hablar por teléfono.

La conversación incluye el empleo de la voz, el lenguaje, la inteligencia, los atractivos personales y la personalidad.

El uso correcto del lenguaje es esencial al arte de la conversación. Sus violaciones más graves son la jerga (argot, caló, coa, germanía, jerigonza, etc.), los vulgarismos y las faltas contra la exactitud y pureza del idioma (barbarismos, neologismos, solecismos, etc.).

Los temas de la conversación deben alejarse en cuanto sea posible de todo lo polémico. Las relaciones amistosas se desarrollan fácilmente con las conversaciones afables. Estas relacions contribuyen a hacer que el negocio prospere.

Los temas propios de una conversación deben ser:

1. Lo que a la cliente le intersa respecto de sí misma, su buena apariencia y los cosméticos que necesita.
2. Las actividades de la cliente.
3. La moda.
4. La literatura.
5. Las artes.
6. La música.

La habilidad de sostener una conversación amena con la cliente redunda en beneficio de la cosmetóloga.

7. La educación.
8. Los viajes.
9. Los asuntos cívicos.
10. Las vacaciones.

Trate de comprender el estado mental de la cliente y la clase de persona que ella es. Usted debe orientar la conversación hacia los temas que a ella le interesan. Así, pues, adapte su conversación al estado de ánimo de la cliente.

COMO DESARROLLAR LA APTITUD DE LA CONVERSACION

Las siguientes reglas la ayudarán a desarrollar la conversación amena que tanto contribuye al éxito en la profesión de la bellicultura:

1. Oriente la conversación.
2. No discuta.
3. Sepa escuchar.
4. No "monopolice" la conversación.
5. No se inmiscuya en asuntos personales.
6. Hable de ideas más bien que de personas.
7. Emplee un lenguaje sencillo que todos puedan comprender.
8. Nunca participe de chismes. Son hablillas propias de gente pesada.
9. Manifieste complacencia.
10. Use el idioma correctamente.

Nunca trate de los siguientes temas:

1. Los conflictos personales que usted tenga.
2. La religión.
3. La mala conducta de otras clientes.
4. Los asuntos amorosos concernientes a usted.
5. Su propia situación económica.
6. La ineficiencia de sus compañeras (o compañeros) de trabajo.
7. Los problemas de salud que a usted le afecten.
8. Lo que a usted se le haya comunicado confidencialmente.

Las personas impertinentes molestan y enojan a las demás. Para ganarse la estimación general desarrolle una personalidad atractiva observando las siguientes reglas:

1. No sea autoritaria.
2. Jamás se muestre sarcástica.
3. No ridiculice a las personas.
4. No pierda la paciencia.
5. No sea descortés.
6. No dé motivo a una disputa.
7. No hable continuamente.
8. No propague chismes.
9. No use un lenguaje grosero, jerga o expresiones contrarias a la gramática.
10. No "monopolice" la conversación.

INVENTARIO DE SU PERSONALIDAD

La **personalidad atractiva** representa una gran ventaja en la vida. Es la gracia que se refleja en su lenguaje, su apariencia personal, su conducta y sus modales. Es el efecto total que usted produce en otras personas. El modo en que usted se comporta en la escuela, el negocio o la vida social puede beneficiar o dañar su personalidad.

Trate de que las repuestas que usted dé al cuestionario que sigue representen su verdadero "yo" interior y exterior. Primero examínese usted mismo (o usted misma). Si su puntuación es baja, consulte a su instructor (o instructora), a sus amistades, o a su médico para determinar lo que pueda hacerse con el fin de desarrollar y mejorar su personalidad. Analice su personalidad cada tres meses para medir el progreso logrado.

EXAMEN DE LA PRESONALIDAD

Trace una marca en la casilla correspondiente de este Autoexamen de la Personalidad para descubrir si usted posee las cualidades personales que se indican a continuación:

1. **Mujer.** ¿Presta usted cuidadosa atención a su apariencia personal, incluyendo la ropa, el cabello, el maquillaje, las medias y los zapatos?
   ☐ Siempre ☐ A veces ☐ Nunca

   Hombre. ¿Presta usted cuidadosa atención a sus apariencia personal, incluyendo la ropa, los calcetines, los zapatos, el afeitado, el bigote y los vellos de la nariz?
   ☐ Siempre ☐ A veces ☐ Nunca

2. ¿Se fija usted en su postura al sentarse, al ponerse de pie y al andar?
   ☐ Siempre ☐ A veces ☐ Nunca

3. ¿Se cambia usted de ropa interior diariamente y evita la halitosis (mal aliento) y la fetidez del cuerpo en todo momento?
   ☐ Siempre ☐ A veces ☐ Nunca

4. ¿Es usted leal a las demás personas?
   ☐ Siempre ☐ A veces ☐ Nunca

5. ¿Es usted amigable y cortés?
   ☐ Siempre ☐ A veces ☐ Nunca

6. ¿Es usted sincero (sincera) en su trato con el prójimo?
   ☐ Siempre ☐ A veces ☐ Nunca

7. ¿Se lleva usted bien con otras personas y puede trabajar con ellas?
   ☐ Siempre ☐ A veces ☐ Nunca

8. ¿Es usted capaz de aceptar responsabilidades?
   ☐ Siempre ☐ A veces ☐ Nunca

9. ¿Confía usted en sus propios conocimientos y aptitudes?
   ☐ Siempre ☐ A veces ☐ Nunca

10. ¿Posee usted un tono de voz agradable y elige bien las palabras al hablar?
    ☐ Siempre ☐ A veces ☐ Nunca

EVALUACION DE US PERSONALIDAD

Anótese 10 puntos por cada **Siempre;** 5 puntos por cada **A veces;** y cero (0) por cada **Nunca.** Compare la puntuación final con las siguientes equivalencias:

Personalidad Excelente 85-100%
Buena Personalidad 75-85%
Personalidad Prometedora 60-75%
Personalidad Deficiente .... 59% o menos

Nota: Aproximadamente dos terceras partes de las pérdidas de empleo por despido se deben a malos modales, personalidad deficiente o incapacidad para llevarse bien con otras personas. Por lo tanto, será ventajoso para usted el hacer todo lo posible por mejorar su personalidad.

PREGUNTAS DE REPASO

DESARROLLO DE LA PERSONALIDAD

1. Defina la personalidad.
2. ¿Cómo se desarrolla una personalidad agradable?
3. ¿Por qué debe el (la) estudiante desarrollar una personalidad agradable?
4. ¿Cuáles son dos características de la personalidad que reflejan delicadeza?
5. ¿Cuál es el fundamento de los buenos modales?
6. Su personalidad es la clave del....................
7. ¿Cuáles son seis características que deben proyectarse en la voz?
8. ¿Cómo pueden una voz apacible, una conversación interesante y el buen uso del lenguaje ayudar al triunfo de la cosmetóloga?
9. La vitalidad de la voz al hablar significa vigor y.............
10. Cite cinco factores esenciales de una buena conversación.
11. Las violaciones más graves del buen uso del idioma son la jerga, los vulgarismos y las faltas contra...................
12. ¿Cuales de los siguientes temas pueden tratarse con amenidad en una conversación?:

    ☐ La moda ☐ La religión
    ☐ Los problemas de salud ☐ La educación
    ☐ La buena apariencia personal ☐ La literatura

13. La personalidad se refleja en su lenguaje, su apariencia personal, su conducta y.................

Capítulo 4

ETICA PROFESIONAL

OBJETIVOS DE APRENDIZAJE DEL CAPITULO

El (la) estudiante que logre dominar el contenido de este capítulo conocerá:

1. *El código de ética profesional de los cosmetólogos.*
2. *Cómo la ética contribuye al éxito.*
3. *Cómo mantener una actitud profesional con las clientes.*

La **cosmetología** se refiere al estudio científico y la práctica del embellecimiento personal o bellicultura. Como carrera profesional, la cosmetología brinda numerosas oportunidades y recompensas a aquellos estudiantes que reciben un adiestramiento minucioso, desarrollan una pariencia personal atractiva y una personalidad afable y cumplen con la ética de la profesión.

ETICA

La **ética** trata de la conducta apropiada y de las transacciones comerciales de los cosmetólogos en relación con sus patronos, clientes y compañeros de trabajo. Dicho con sencillez, el código de ética profesional del cosmetólogo se basa en la "Regla Aurea," o sea, "Trata a los demás como quisieras que te traten a ti."

La conducta ética contribuye a crear confianza publica y a aumentar la clientela. El cosmetólogo y la cosmetóloga deben cumplir con las siguientes reglas de la ética:

1. Brinde a todas las clientes un servicio cortés y amistoso.
2. Trate a todas las clientes con honradez y justicia sin mostrar favoritismos.
3. Sea equitativo y amable y muestre respeto hacia los sentimientos y derechos de los demás.
4. Cumpla su palabra y realice sus obligaciones.
5. Fomente una buena reputación. Dé ejemplo de buena moralidad y conducta.
6. Sea leal a su patrono, director o gerente y a sus asociados.

7. Practique en todo momento las reglas más estrictas de la sanidad.
8. Obedezca todo lo que ordenan las leyes de cosmetología del estado o la nación.
9. Tenga fe en la profesión de la cosmetología. Ejérzala con fidelidad y sinceridad.
10. Como estudiante
    a) Sea leal al personal de la escuela y a los compañeros y compañeras estudiantes y coopere con ellos.
    b) Cumpla las reglas y regulaciones de la escuela o centro de instrucción.

Las prácticas discutibles, las reclamaciones extravagantes y el incumplimento de lo prometido violan las reglas de conducta profesional. Tales irregularidades proyectan una sombra desfavorable en la cosmetología en general y en el estudiante, el cosmetólogo y el salón de belleza en particular.

ACTITUD PROFESIONAL CON LAS CLIENTES

Salude a la cliente llamándola por su nombre o apellido con un tono de voz placentero que exprese bienvenida. Vea que los efectos personales de ella sean puestos en lugar seguro. Ayúdela a sentarse. Estudie su disposición de ánimo. Las clientes a menudo prefieren el silencio y el descanso. Limítese a hablar únicamente del tratamiento cosmético que ella necesite. Si la cliente desea conversar, muéstrele que usted es su atenta oyente. Jamás le mencione chismes que puedan hacerla perder la confianza en usted. **Nunca traiga o lleve chismes de otras personas.**

Los cuentos "verdes" suelen resultarles desagradables a la mayoría de las damas y por lo tanto están fuera de lugar en el salón de belleza.

Los buenos hábitos y prácticas adquiridos durante el adiestramiento en la escuela constituyen la base del éxito en su carrera como cosmetológo. Para alcanzar el éxito, usted debe:

1. Observar la ética cumpliendo las reglas de conducta personal apropiada.
2. Causar una buena impresión en las demás personas.
3. Cultivar las cualidades atractivas, inspirar confianza y mostrar una personalidad afable.
4. Prestar atención a aquellos detalles menores que hacen que las clientes le tomen simpatía.
5. Ser cordial al saludar a las clientes en persona o por teléfono.
6. Cultivar una voz apacible.
7. Escuchar atentamente cuando otras personas le hablan.
8. Dirigirse a las clientes llamándolas por su nombre o apellido (según el grado de amistad); por ejemplo: "Señorita, o Señora Rodríguez." Jamás use apelativos tales como "Chica," "China," "Muchacha," Niña," etc.
9. Tratar a las clientes con delicadeza y mantener la ecuanimidad.
10. Dar buen ejemplo del servicio que se presta. La apariencia personal atractiva es la mejor propaganda.
11. Adiestrarse en la capacidad y eficiencia de su trabajo.
12. Ser puntual en el trabajo y cumplir con las citas o turnos.
13. Planear el horario de cada día. Evitar los largos períodos de espera.
14. Aprender a hablar inteligentemente de lo relativo al trabajo.
15. Desarrollar habilidades comerciales y de venta junto con el sentido común. Emplear la discreción al sugerirles servicios adicionales a las clientes.
16. Evitar las críticas, las censuras o las quejas.
17. Ser diligente y juicioso al atender las quejas de las clientes.

PARA TRIUNFAR

SEA PUNTUAL
Llegue al tabajo a tiempo y no perderá ninguna cliente.

LA TARDANZA nunca es provechosa.

SEA CORTES
Trate a las personas con la misma amabilidad con que usted quiere ser tratada y le caerá bien a todo el mundo.

LA GROSERIA es imperdonable.

SEA PULCRA, ASEADA Y ATRACTIVA. Hágase agradable a la vista y las clientes la admirarán.

EL DESALIÑO al vestirse o al asearse es algo indecoroso.

SEA GENTIL. La recordarán por esta valiosa cualidad.

EL TRATO ASPERO auyenta a los demás.

ATIENDA SOLO A LO QUE A USTED INCUMBE.

¡CHISMEE! y la detestarán.

PARA TRIUNFAR debe usted aprender a hacer aquellas pequeñas cosas que harán que las demás personas le tomen simpatía y quieran volver a verla una y otra vez.

Para triunfar, el cosmetólogo (la cosmetóloga) debe evitar:

1. El mal aliento y los olores desagradables del cuerpo.
2. Masticar chicle (goma de mascar) y fumar en presencia de las clientes.
3. Hablar en voz alta o con tono áspero.
4. Criticar los servicios que prestan los compañeros de trabajo.
5. Tratar de problemas personales con las clientes.
6. Holgazanear sentándose o recostándose en los brazos de un sillón, en una mesa o en la sala de recibo.
7. Adoptar malas posturas mientras trabaja y arrastrar los pies al caminar.
8. Hacer funcionar la televisión o la radio en presencia de las clientes.
9. Hacerse eco de chismes o emplear un lenguaje grosero o sarcástico.
10. Decir cosas que faltan a la verdad o que son críticas injustas; esto rebaja la dignidad de la cosmetología como profesión.
11. Ignorar las reglas y regulaciones que rigen la práctica de la cosmetología.

La cosmetóloga que triunfa es **cortés** con los miembros de las juntas estatales o departmentos gubernamentales y con los inspectores. Estos funcionarios actúan de acuerdo con sus deberes y contribuyen a que el nivel profesional de la cosmetología se mantenga lo más alto posible.

La cosmetóloga que triunfa debe conocer las leyes, reglas y regulaciones que rigen la cosmetología y debe cumplirlas. Al hacerlo así, la cosmetóloga coopera al mantenimiento de la salud pública, el bienestar y la seguridad de la sociedad en que se desenvuelve.

PREGUNTAS DE REPASO

ETICA PROFESIONAL

1. Defina la ética.
2. Indique cuáles de las siguientes prácticas considera usted que son éticas:
   La cortesía
   La honradez
   Las reclamaciones extravagantes
   Las promesas incumplidas
   La obediencia a las leyes que rigen la cosmetología
   El cumplimento de la palabra dada
3. ¿Por qué la cosmetóloga no debe nunca llevar y traer chismes entre las clientes?
4. ¿Por qué la cosmetóloga debe siempre estar limpia y bien arreglada?
5. ¿Por qué es deseable que la cosmetóloga sea siempre gentil en la práctica de los servicios que presta?
6. ¿Por qué es importante evitar decir cosas que faltan a la verdad o que son críticas injustas?
7. ¿Por qué debe la cosmetóloga ser cortés con los miembros de las juntas estatales?
8. ¿Por qué debe la cosmetóloga cumplir con las leyes de la cosmetología?

Capítulo 5

BACTERIOLOGIA

OBJETIVOS DE APRENDIZAJE DEL CAPITULO

El (la) estudiante que logre dominar el contenido de este capítulo conocerá:

1. *Por qué es necesario tener conocimiento de la bacteriología.*
2. *Los varios tipos de bacterias y sus clasificaciones.*
3. *Cómo crecen y se reproducen las bacterias.*
4. *La relación que existe entre las bacterias y la propagación de enfermedades.*

La bacteriología, la esterilización y **la sanidad** son temas de importancia práctica para los cosmetólogos porque tienen una relación directa con el bienestar de sí mismos y de las clientes. Para proteger la salud individual y pública, los cosmetólogos deben conocer cuándo, por qué y cómo usar las buenas prácticas de esterilización y sanidad.

Para apreciar la importancia de la sanidad y la esterilización es de sumo provecho comprender cómo **las bacterias** afectan nuestra vida diaria.

BACTERIOLOGIA

Bacteriología es la ciencia que trata del estudio de los **microorganismos** denominados **bacterias.**

Todo cosmetólogo o cosmetóloga debe conocer los medios de prevenir la propagación de las enfermedades y debe familiarizarse con las precauciones que hay que tomar para proteger su propia salud y la de sus clientes. El conocimiento de la relación existente entre bacterias y enfermedades ayudará a las estudiantes a comprender lo necesarias que son la limpieza y la sanidad en la escuela o salón de belleza.

Las Juntas de Cosmetología del estado, la provincia o el municipio y las Juntas de Sanidad exigen la aplicación de determinadas medidas sanitarias cuando se sirve al público. Las enfermedades contagiosas, las infecciones de la piel y la intoxicación de la sangre son causadas, ya por la transmisión de sustancias infecciosas de un indivíduo a otro, ya por el empleo de instrumentos insalubres (como pueden ser peines, cepillos, horquillas, prendedores, rulos o rizadores, etc.) en una persona sana después de utilizarlos en otra que estaba infectada. Las manos y uñas sucias son también criaderos de bacterias infecciosas.

BACTERIAS

Las bacterias son diminutos microorganismos vegetales y unicelulares que se encuentran en casi todas partes, siendo especialmente numerosas en el polvo, la mugre o suciedad en general, los desperdicios y los tejidos enfermos. Las bacterias también se conocen como **gérmenes** o **microbios.**

Las bacterias pueden existir en casi cualquier lugar, especialmente en la piel del cuerpo, el agua, el aire, la materia pútrida, la secreción de los orificios corporales, la ropa y debajo del borde de las uñas.

Las bacterias son visibles únicamente con la ayuda del microscopio. Mil quinientas bacterias de forma de bastoncillos apenas cubrirían la cabeza de un alfiler.

TIPOS DE BACTERIAS

Hay centenares de clases distintas de bacterias. Sin embargo, su clasificación puede reducirse a dos tipos según sean beneficiosas o dañinas.

1. **Los organismos no patógenos** (del tipo beneficioso o inocuo) constituyen la mayoría de todas las bacterias. Realizan muchas funciones útiles, tales como descomponer los desperdicios y mejorar la fertilidad del suelo. A este grupo pertenecen **los saprófitos** que viven de la materia muerta pero no causan enfermedades.
2. **Los organismos patógenos** (microbios o gérmenes) son dañinos y aunque son una minoría producen enfermedades cuando invaden los tejidos vegetal o animal. A este grupo pertenecen **los parásitos** que necesitan de la materia viva para desarrollarse.

   La práctica del aseo y la sanidad es necesaria en la escuela o salón de belleza debido a las becterias patógenas.

TERMINOLOGIA LATINO-ESPAÑOLA RELATIVA A LAS BACTERIAS PATOGENAS

Singular	**Plural**
coccus = coco	cocci = cocos
bacillus = bacilo	bacilli = bacilos
spirillum = espirilo	spirilla = espirilos
staphylococcus = estafilococo	staphylococci = estafilococos
streptococcus = estreptococo	streptococci = estreptococos
diplococcus = diplococo	diplococci = diplococos

troponema pallidum = treponema pálido

syphilis = sífilis

CLASIFICACION DE LAS BACTERIAS PATOGENAS

Las bacterias presentan formas distinctas que sirven para identificarlas. Las bacterias patógenas se clasifican de la siguiente manera:

1. **Los cocos** son microorganismos redondos que aparecen aislados o en los grupos siguientes:
   a) **Los estafilococos** son microorganismos formadores de pus (piógenos) que crecen en montones o racimos. Son los causantes de abscesos, pústulas y furúnculos (botones o diviesos).

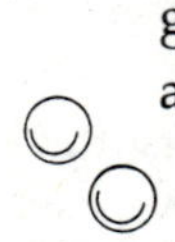

Cocci

TRES FORMAS GENERALES DE BACTERIAS

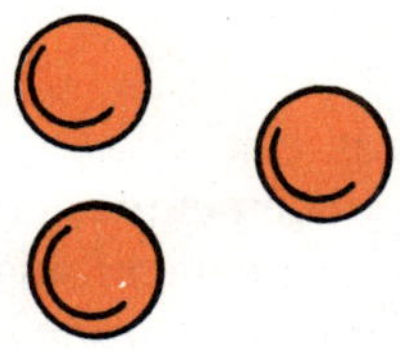

COCOS

BACILOS

ESPIRILOS

AGRUPACIONES DE BACTERIAS

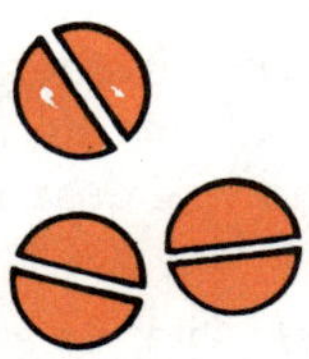

DIPLOCOCOS

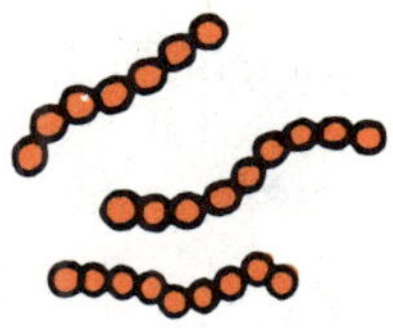

ESTREPTOCOCOS

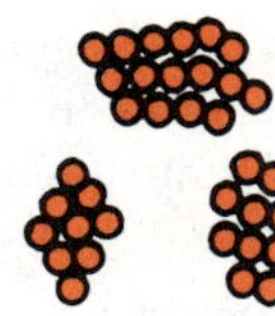

ESTAFILOCOCOS

SEIS CLASES DE BACTERIAS PRODUCTORAS DE ENFERMEDADES

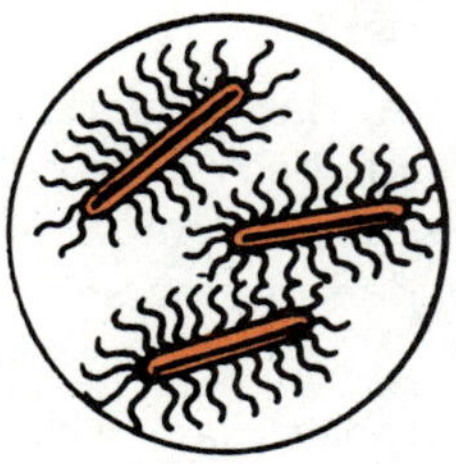

BACILO DE LA TIFOIDEA MOSTRANDO LOS FLAGELOS

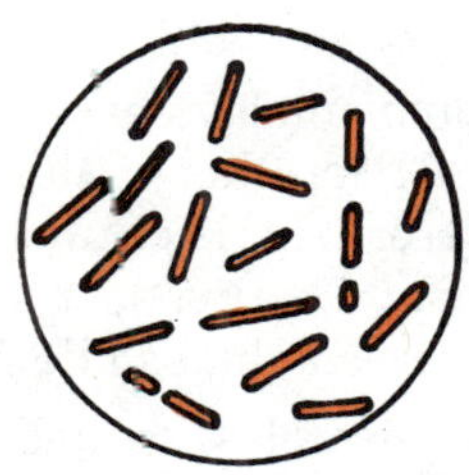

BACILO DE LA TUBERCULOSIS (Tisis)

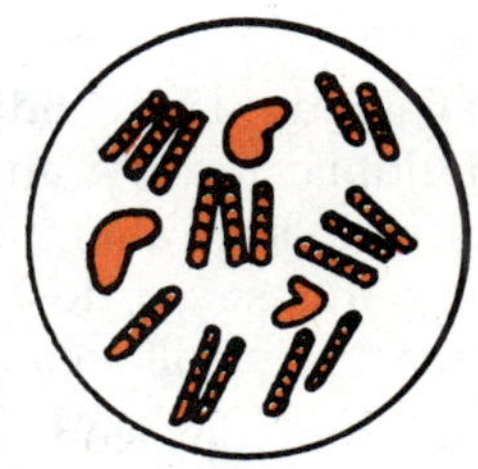

BACILO DE LA DIFTERIA

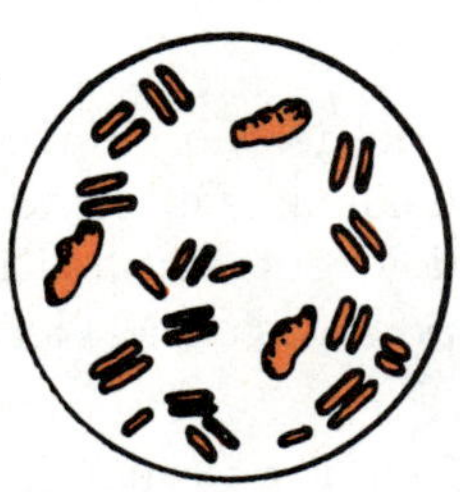

BACILO DE LA INFLUENZA

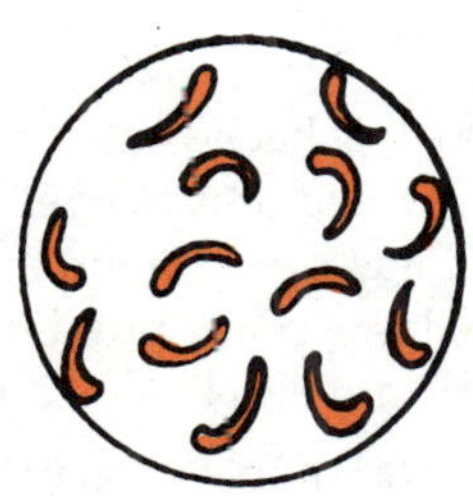

COLERA (Microspira o vibrión)

BACILO DEL TETANOS CON ESPORAS

PARA EVITAR LA PROPAGACION DE ENFERMEDADES

MANTENGASE LIMPIO. MANTENGA SUS ALREDEDORES LIMPIOS. MANTENGA LIMPIO TODO AQUELLO CON LO QUE USTED TENGA CONTACTO. VEA QUE TODO LO QUE USA ESTE LIMPIO.

Bacilos

b) **Los estreptococos** son microorganismos piógenos que se agrupan en forma de cadena. Son causantes de enfermedades, tales como la infección general de la sangre o septicemia.

c) **Los diplococos** crecen en pares. Causan la neumonía.

2. **Los bacilos** son organismos en forma de bastoncillos con estructura a veces corta, o delgada, o gruesa. Son los más comunes y producen enfermedades tales como el tétanos (pasmo o trismo), la influenza, la fiebre tifoidea, la tuberculosis y la difteria. Muchos bacilos son productores de **esporas.**

Espirilos

3. **Los espirilos** son organismos de forma curva o en espiral, como un sacacorchos. Se subdividen en varios grupos, entre ellos el más importante es el llamado **treponema pallidum** que es causante de la sífilis.

DESARROLLO Y REPRODUCCION DE LAS BACTERIAS

Las bacterias generalmente se componen de una membrana celular externa y del protoplasma contenido en su interior. Fabrican su propio alimento abasteciéndose del ambiente que las rodea, descargan materias de desperdicio y se desarrollan y reproducen.

Las bacterias pueden presentar dos fases distintas en su ciclo vital: la etapa **activa** o **vegetativa** y la etapa **inactiva** o **productora de esporas** (etapa esporogénica).

Etapa Activa o Vegetativa

Durante la etapa activa las bacterias crecen y se multiplican. Estos microorgnismos se reproducen con más facilidad en los lugares templados, oscuros, húmedos y sucios donde encuentran suficiente alimento.

Cuando las condiciones ambientales les son favorables, las bacterias se multiplican con gran rapidez. Al absorber el alimento, la célula bacteriana crece. Cuando llega al límite de su desarrollo, la célula bacteriana se divide por la mitad formándose así dos células hijas. De una sola bacteria pueden originarse hasta diez y seis millones de gérmenes en el lapso de medio día.

Cuando las condiciones ambientales se hacen desfavorables, las bacterias mueren o se tornan inactivas.

Etapa Inactiva o Esporogénica

Ciertas bacterias, tales como los bacilos del carbunco y del tétanos, forman **esporas esféricas** con cubiertas protectoras fuertes durante su etapa de inactividad para así resistir períodos de falta de alimentos, sequedad y temperaturas inadecuadas. Durante esta etapa, las esporas pueden ser transportadas por el viento sin ser dañadas por los desinfectantes, el calor o el frío.

Al reanudarse las condiciones favorables, las esporas retornan a la forma activa o vegetativa y entonces crecen y se reproducen.

Movilidad de las Bacterias

La capacidad de locomoción es exlusiva de los bacilos y espirilos; los cocos raras veces muestran motilidad activa (automovimiento). Las bacterias móviles emplean proyecciones filamentosas conocidas como **flagelos** o **cilios** que les salen de los lados, o a veces de los lados y la punta, para moverse de un lugar a otro. Mediante la agitación de estos pelos, a modo de látigos batientes, las bacterias efectúan sus movimientos en un medio líquido.

INFECCIONES BACTERIANAS

Las bacterias patógenas llegan a ser una amenaza para la salud cuando invaden el organismo humano. Si éste es incapaz de defendarse de las bacterias y de sus nocivas toxinas, se produce una **infección.** La aparición de un divieso o grano que contenga pus es indicio de una **infección local.** Cuando las bacterias y sus toxinas son transportadas a todas partes del cuerpo por la corriente sanguínea, se origina una **infección general,** como ocurre en la intoxicación de la sangre y en la sífilis.

La presencia de **pus** es signo de infección. Los **estafilococos** son las bacterias piógenas más comunes. En el pus se encuentran bacterias, materias de desperdicio, tejido pútrido y células corporales y sanguíneas tanto vivas como muertas.

Una enfermedad se hace **contagiosa** o **transmisible** cuando se propaga de una persona a otra por contacto. Algunas de las enfermedades contagiosas más comunes que impiden a la cosmetóloga trabajar son la tuberculosis, el catarro común, la tiña, la sarna, la infestación con piojos de la cabeza y las infecciones por virus.

Los principales focos de contagio son las manos desaseadas, los instrumentos sucios, las llagas abiertas, el pus, las secreciones bucales y nasales así como el uso promiscuo de toallas y tazas o vasos para beber. El toser o expectorar con la boca descubierta y el expectorar en público también son actos propagadores de gérmenes.

Ninguna infección se produce sin la presencia de **bacterias** patógenas.

Las bacterias patógenas pueden penetrar en el cuerpo por cualquiera de las siguientes vías:

1. Una rotura de la piel, como puede ser una herida, un grano o un rasguño.
2. La boca (al respirar o tragar aire, agua o alimentos).
3. La nariz (por el aire).
4. Los ojos y oídos (por la suciedad).

El cuerpo combate la infección por medio de:

1. Le piel intacta, que es la primera línea de defensa corporal.
2. Las secreciones del cuerpo, tales como el sudor y los jugos digestivos.
3. Los glóbulos blancos de la sangre, los cuales son destructores de bacterias.
4. Las antitoxinas que actúan contra las toxinas producidas por las bacterias.

Las infecciones pueden prevenirse y dominarse mediante la higiene personal y la sanidad pública.

Otros Agentes Infecciosos

Los **virus filtrables** son organismos vivos tan pequeños que pueden atravesar los poros de un filtro de porcelana. Son causantes del catarro común y de otras infecciones **repiratorias** y **gastrointestinales.**

Los **parásitos** son organismos que viven a costa de otros organismos vivientes sin devolverles nada a cambio.

Los **parásitos vegetales** u **hongos,** como son el moho, el añublo (roya o tizón) y la levadura, pueden producir enfermedades contagiosas, tales como la tiña y el favo.

Los **parásitos animales** tambien son causantes de enfermedades contagiosas. Por ejemplo, el ácaro o arador de la sarna produce esta enfermedad y el piojo causa la pediculosis.

Las enfermedades contagiosas causadas por parásitos nunca deben ser tratadas en la escuela o salón de belleza. Las clientes deben ser referidas a sus respectivos médicos.

INMUNIDAD

Inmunidad es la aptitud que tiene el cuerpo para resistir a la infección, destruyendo las bacterias que ya han logrado penetrar en él. La inmunidad contra las enfermedades puede ser natural o adquirida y es señal de buena salud. **Inmunidad natural** significa resistencia espontánea a la enfermedad; esta resistencia puede en parte heredarse y en parte desarrollarse mediante una vida higiénica. La **inmunidad adquirida** se desarrolla cuando el cuerpo ha vencido por sí mismo ciertas enfermedades o cuando se le ha vacunado contra esas enfermedades.

Un **humano portador de enfermedades** es una persona inmune a cierta enfermedad y, sin embargo, lleva en sí gérmenes que pueden infectar a los demás. La **fiebre tifoidea** y la **difteria** pueden transmitirse de este modo.

Las **bacterias** pueden se destruidas con desinfectantes y con el calor intenso que se produce al hervir, vaporizar, calentar en horno o quemar, así como con los rayos ultravioleta. (El capítulo sobre **Esterilización y Saneamiento** trata de esta materia.)

PREGUNTAS DE REPASO

BACTERIOLOGIA

1. Defina la bacteriología.
2. ¿Por qué es importante para el cosmetólogo tener un conocimiento básico de bacteriología?
3. ¿Qué son las bacterias?
4. ¿Con qué otros nombres se conocen las bacterias?
5. ¿Por qué las bacterias son visibles sólo con la ayuda del microscopio?
6. Nombre dos tipos de bacterias y descríbalos brevemente.
7. ¿Qué son: a) parásitos; b) saprófitos?
8. Cite tres formas generales de bacterias y la configuración de cada una.
9. ¿Cuáles bacterias crecen en: a) montones; b) cadena?
10. ¿Cómo se multiplican las bacterias?
11. Cite dos bacterias piógenas comunes.
12. Describa brevemente las bacterias esporógenas (formadoras de esporas); b) Cite dos.
13. ¿Qué es lo que causa una infección?
14. ¿Qué diferencia hay entre infección local e infección general?
15. ¿Qué es una enfermedad contagiosa o transmisible?
16. Nombre cuatro enfermedades contagiosas comunes que impiden a la cosmetóloga realizar su trabajo.
17. Cite cuatro vías principales por las que las bacterias pueden penetrar en el cuerpo.
18. ¿De qué cuatro maneras el cuerpo resiste a la infección?
19. ¿Cómo puede prevenirse una infección?
20. ¿Qué es inmunidad?
21. Explique la diferencia entre inmunidad natural y adquirida.
22. ¿Qué es un humano portador de enfermedades? Dé dos ejemplos.
23. ¿Qué es lo que destruye a las bacterias?

Capítulo 6

ESTERILIZACION Y SANEAMIENTO

OBJETIVOS DE APRENDIZAJE DEL CAPITULO

El (la) estudiante que logre dominar el contenido de este capítulo conocerá:

1. *Los diversos métodos de esterilización.*
2. *La diferencia que existe entre esterilización y saneamiento.*
3. *Cómo puede prevenirse la propagación de enfermedades.*
4. *Los métodos de saneamiento que se emplean en el salón de belleza.*
5. *Por qué son necesarias las buenas prácticas sanitarias en el salón de belleza.*

ESTERILIZACION

Esterilización es el proceso por el cual un objeto queda libre de gérmenes mediante la destrucción de toda clase de bacterias, sean beneficiosas o dañinas.

Los departamentos de sanidad y las juntas estatales de cosmetología admiten la imposibilidad de esterilizar todos los instrumentos y equipos de la escuela o salón de belleza. Por lo tanto, generalmente se acepta que los instrumentos y equipos no se esterilizan sino que se sanean (desinfectan o higienizan).

En el presente libro, el término "sanear" se emplea para indicar todas las formas de saneamiento (desinfección o higienización).

La esterilización y el saneamiento son de importancia práctica para el cosmetólogo porque tratan de los métodos que se emplean para impedir el desarrollo de los gérmenes o para destruirlos por completo, cuando es posible, especialmente aquellos que causan enfermedades infecciosas y transmisibles.

DEFINICIONES RELATIVAS AL SANEAMIENTO

Antiséptico: agente químico que puede destruir las bacterias o retardar su desarrollo.

Asepsia: ausencia de gérmenes causantes de enfermedades.

Bactericida: agente químico que tiene la potencia de destruir bacterias (gérmenes o microbios).

Desinfectar: destruir las bacterias existentes en cualquier objeto.

Desinfectante: agente químico que tiene la potencia de destruir bacterias (gérmenes o microbios).

Fumigante: vapor empleado para mantener los objetos sanitarios limpios.

Germicida: un agente químico que tiene la potencia de destruir gérmenes (bacterias o microbios).

Sanear: limpiar los objetos y dotarlos de condiciones de salubridad (desinfectar o higienizar).

Septicemia (sepsis): intoxicación causada por bacterias patógenas.

Estéril: ausencia de toda clase de gérmenes.

Esterilizar: dejar libre de toda bacteria (dañina o benficiosa) mediante el acto de esterilización.

METODOS DE ESTERILIZACION Y SANEAMIENTO

Hay cinco métodos bien concocidos de esterilización y saneamiento, los cuales pueden agruparse en dos clases principales:

1. **Agentes físicos:**
   a) **Calor húmedo.**
      1. **Agua hirviente** a 100º centígrados (212º Fahrenheit) durante 20 minutos. (Este método ya no se usa en los salones de belleza.)
      2. **Vaporización:** requiere un aparato esterilizador de presión por vapor. Se emplea en la profesión médica para exterminar bacterias y esporas.

   b) **Calor seco** (al horno) se utiliza en los hospitales para esterilizar sábanas, toallas, gasa, algodón y materiales semejantes.

   c) **Rayos ultravioleta:** producidos en un aparato eléctrico de desinfección (saneamiento).
2. **Agentes químicos:**
   a) **Antisépticos** y **desinfectantes:** utilizados actualmente en los salones de belleza.

   b) **Vapores** (fumigantes): son producidos dentro de un escaparate de desinfeción (saneamiento) y se emplean para mantener los instrumentos en condiciones sanitarias en los salones de belleza.

Los productos químicos son los agentes desinfectantes más eficaces usados en los salones de belleza para destruir las bacterias o contener su desarrollo. Los agentes químicos que se usan con fines sanitarios son los antisépticos y los desinfectantes.

1. Un **antiséptico** es una sustancia que puede destruir las bacterias o retardar su desarrollo sin destruirlas. Por lo general, los antisépticos pueden aplicarse a la piel sin peligro de daño.
2. Un **desinfectante** destruye la mayor parte de las bacterias y se emplea para sanear (higienizar) los instrumentos.

Hay varios productos químicos que pueden clasificarse como antisépticos y desinfectantes a la vez. Una **solución fuerte** puede ser utilizada como desinfectante y una **solución suave** como antiséptico. [Ejemplos: la formalina, el alcohol, o los compuestos cuarternarios de amonio **("Cuats")**].

Requisitos de un buen desinfectante:

1. Fácil de preparar.
2. Acción rápida.
3. Prácticamente inodoro (sin olor).
4. No corrosivo.
5. Económico.
6. No irritante para la piel.

Muchos agentes químicos desinfectantes vienen ya preparados y listos para utilizarse. Si se prefieren éstos, la selección deberá hacerse entre aquéllos que hayan sido aprobados por la Junta de Sanidad, por la Junta Estatal de Cosmetología o por otras entidades similares. Los productos químicos que ordinariamente se emplean en el salón de belleza son:

1. **Compuestos cuaternarios de amonio** ("cuats"): para desinfectar instrumentos.
2. **Formaldehído:** también para desinfectar instrumentos.
3. **Alcohol:** para desinfectar instrumentos cortantes y electrodos.
4. **Productos de preparación comercial:** para limpiar pisos, lavamanos, fregaderos e inodoros.

Un **recipiente sanitario húmedo** es cualquier receptáculo de tamaño lo suficientemente grande para contener una solución desinfectante en la que puedan sumergirse completamente los objetos que deben desinfectarse. Vienen provistos de una tapa apropiada que impide la contaminación de la solución. Este tipo de recipiente se fabrica de diversos tamaños y figuras.

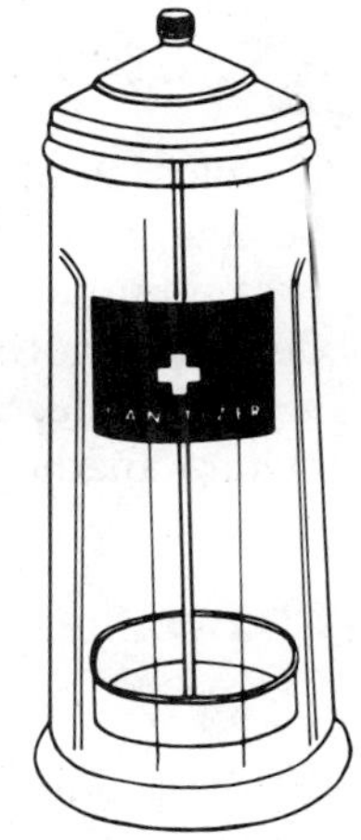

Recipiente sanitario húmedo.

Antes de sumergir los objetos en un recipiente sanitario húmedo que contenga una solución desinfectante, asegúrese de:

1. Quitar los pelos que estén enredados en los peines y cepillos.
2. Lavar estos utensilios perfectamente con agua caliente y jabón.
3. Enjuagarlos completamente.

Este procedimiento impide que la solución se contamine. Por otra parte, el jabón y el agua caliente eliminan la mayor parte de las bacterias.

Después que se sacan los instrumentos de la solución desinfectante, deben enjuagarse en agua clara, secarse complemente con una toalla limpia y guardarse dentro de un recipiente sanitario seco hasta que haga falta utilizarlos de nuevo.

Un **recipiente sanitario seco** o **escaparate sanitario** es una especie de caja o armario pequeño y hermético que contiene un fumigante activo. Los intrumentos desinfectados se conservan limpios colocándolos dentro de este mueble hasta el momento en que deben usarse otra vez.

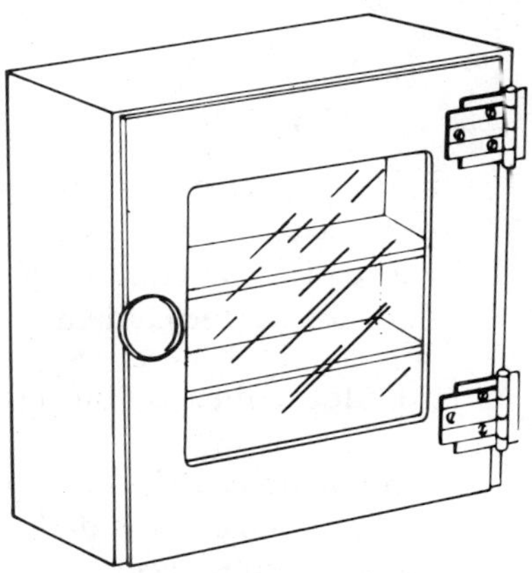

Recipiente sanitario seco o escaparate sanitario.

Cómo se prepara un fumigante. Colóquese una bandeja pequeña en el fondo del recipiente o escaparate y viértanse en ella una cucharada (15 mg.) de bórax y otra de formalina. Esta mezcla producirá vapores de formaldehído. Remplácense estas sustancias químicas con regularidad para evitar que pierdan su fuerza, lo que puede ocurrir en más o menos tiempo según las veces que se abra y cierre la puerta del mueble.

La **formalina** también viene en forma de pastillas. Procédase según las instrucciones del fabricante.

Los **recipientes sanitarios eléctricos de radiación ultravioleta** son eficaces para conservar limpios los peines, cepillos e instrumentos hasta el momento en que van a utilizarse. Estos utensilos deben desinfectarse antes de ser colocados en el aparato. Para su uso adecuado, procédase según las instrucciones del fabricante.

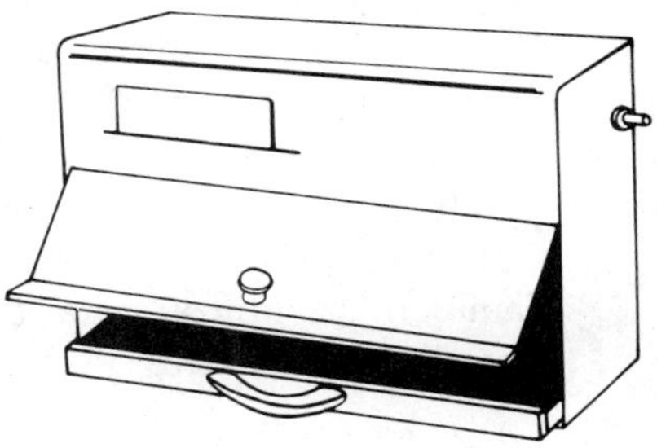

Recipiente sanitario de radiación ultravioleta.

AGENTES QUIMICOS DESINFECTANTES

COMPUESTOS CUATERNARIOS DE AMONIO ("CUATS")

Estos compuestos son eficaces como desinfectantes y se venden con diferentes nombres químicos y marcas comerciales.

Se les atribuyen las siguientes ventajas: producen una acción desinfectante rápida y son inodoros, incoloros, no tóxicos y estables. Para desinfectar instrumentos se emplean generalmente en una solución de 1:1000. El tiempo de inmersión varía de 1 a 5 minutos según el grado de potencia de la solución.

ADVERTENCIA

Antes de utilizar cualquiera de estos compuestos ("Cuats"), lea y cumpla las instrucciones del fabricante que aparecen en la etiqueta y en cualquiera hoja adjunta. Avergüe si el producto puede usarse con agua naturalmente delgada o gorda, o con agua suavizada. Averigüe si el producto contine un **antioxidante.** Si carece de él, la oxidación de los instrumentos metálicos se evitará añadiéndole a la solución un ½% de **nitrito de sodio.**

COMO PREPARAR UNA SOLUCION DE 1:1000 DE POTENCIA CON UN COMPUESTO CUATERNARIO DE AMONIO

Si el producto contiene:

10% de ingrediente activo, agrégueseles 1¼ onz. (37.5 mg.) de solución de "Cuat" a 1 galón (3.8 l.) de agua.

12½% de ingrediente activo, agrégueseles 1 onz. (30 mg.) de solución de "Cuat" a 1 galón (3.8 l.) de agua.

15% de ingrediente activo, agrégueseles ¾ onz. (22.5 mg.) de solución de "Cuat" a 1 galón (3.8 l.) de agua.

FORMALINA

La **formalina** es un agente desinfectante eficaz e inofensivo que puede emplearse como antiséptico o como desinfectante según el procentaje de su potencia. La formalina que está a la venta contiene aproximadamente de un 37% a un 40% de gas formaldehído disuelto en agua.

La **formalina** se utiliza con distintos grados de potencia del modo siguiente:

Solución al 25% (equivalente a un 10% de gas formaldehído): para desinfectar instrumentos. Estos deben sumergirse en la solución durante 10 minutos por lo menos. (Preparación: 2 partes de formalina, 5 partes de agua y 1 parte de glicerina.)

Solución al 10% (equivalente a un 4% de gas formaldehído): para desinfectar peines y cepillos. Estos deben sumergirse por lo menos durante 20 minutos. (Preparación: 1 parte de formalina y 9 partes de agua.)

Solución al 5% (equivalente a un 2% de gas formaldehído): para lavarse las manos desqués de haber estado en contacto con heridas, erupciones cutaneas, etc. También se utiliza para desinfectar las bacías del champú y los asientos. (Preparación: 1 parte de formalina y 19 partes de agua.)

DESINFECCION CON DESINFECTANTES QUIMICOS

1. Lávense los instrumentos cuidadosamente con agua caliente y jabón.
2. Enjuáguense con agua clara para quitarles todo residuo jabonoso.
3. Sumérjanse los instrumentos en un recipiente sanitario húmedo (el cual debe contener un desinfectante aprobado*) durante el tiempo requerido.
4. Sáquense los instrumentos del recipiente, enjuáguense con agua y séquense completamente con una toalla.
5. Colóquese cada instrumento desinfectado dentro de un sobre de celofán, ciérrese el sobre, y guárdense todos en un escaparate sanitario o en un recipiente sanitario de radiación ultravioleta.

DESINFECCION CON ALCOHOL

Para desinfectar **electrodos** e **instrumentos,** emplee alcohol al 70% o alcohol isopropílico al 99%.

La designación alcohol al 70% se refiere al alcohol etílico, alcohol de granos o etanol. El alcohol isopropílico al 99% tiene la misma potencia que el alcohol etílico al 70%.

Los **instrumentos de borde muy afilado** se desinfectan mejor frotándoles la superficie con un trocito de algodón humedecido en alcohol al 70°. Esto evita que se desafilen.

Los **electrodos** pueden desinfectarse sin peligro frotándoles la superficie visible con un trocito de algodón humedecido en alcohol al 70°. Después deben colocarse en un escaparate sanitario seco o en un recipiente sanitario de radiación ultravioleta hasta que vuelvan a usarse.

DESINFECCION DE PISOS, LAVAMANOS, FREGADEROS Y TAZAS DE INODOROS

Para desinfectar los pisos, lavamanos, fregaderos y tazas de los inodoros o cuartos de baño del salón de belleza, emplee productos comerciales tales como "Lisol" (Lysol) o aceite de pinochas (hojas aciculares del pino). Los **desodorantes** son también útiles para combatir los olores desagradables y esparcir fragancia.

Cualquiera que sea el desinfectante que se utilice, es necesario asegurarse de que ha sido diluido adecuadamente de acuerdo con las indicaciones del fabricante.

ES SIEMPRE UN PLACER PARA LAS CLIENTES SER ATENDIDAS EN UN SALON DE BELLEZA QUE ESTE ESCRUPULOSAMENTE LIMPIO. DESARROLLE EL HABITO DEL ASEO DESDE ESTE MOMENTO. MANTENGALO TODO BIEN LIMPIO Y EN ORDEN.

PROCENTAJES PROPORCIONALES PARA LA PREPARACION DE SOLUCIONES

100% de Concentración de Líquido Activo	**Potencia**
5 gotas de líquido por cada 1 onz. (30 ml.) de agua o 1 cucharadita (5 ml.) de líquido por cada 12 onz (.36 l.) de agua	1%
10 gotas de líquido por cada 1 onz. (30 ml.) de agua o 2 cucharaditas (10 ml.) de líquido por cada 12 onz. (.36 l) de agua	2%
4 cucharaditas (20 ml.) de líquido por cada 12 onz. (.36 l) de agua	4%
5 cucharaditas (25 ml.) de líquido por cada 12 onz. (.36 l) de agua	5%
10 cucharaditas (50 ml.) de líquido por cada 12 onz. (.36 l.) de agua	10%

*Consulte a la Junta de Cosmetología de su estado, provincia, districto o municipio, o al Departamento de Sanidad para obtener la lista de los desinfectantes de uso aprobado para salones de belleza.

Tabla de Equivalencias

Medida de Vaso Ordinario	8 onz. (.237 l.)
1 Pinta	16 onz. (.475 l.)
1 Cuarto de galón	32 onz. (.95 l.)
1/2 Galón	64 onz. (1.9 l.)

PRECAUCIONES DE SEGURIDAD

El uso de agentes químicos para la desinfección implica ciertos peligros a menos que se tomen precauciones para evitar errores y accidentes. Obsérvense las siquientes medidas de seguridad:

1. Compre los productos químicos en pequeñas cantidades y guárdelos en un lugar fresco y seco, de lo contrario se dañarán por contacto con el aire, la luz y el calor.
2. Pese y mida todo producto químico cuidadosamente.
3. Conserve los recipientes con sus etiquetas correspondientes, bien tapados y encerrados bajo llave.
4. No acerque la nariz a los productos químicos ni a las soluciones ya que algunos de ellos tienen olores muy fuertes que pueden irritar la mucosa nasal.
5. Evite que los productos químicos se derramen al diluirlos.
6. Protéjase contra las quemaduras empleando tenacillas al colocar los objetos en la fuente de calor o al retirarlos de ella.
7. Mantenga siempre a mano un botiquín completo para primeros auxilios.

REGLAS SANITARIAS

Las **soluciones químicas** vertidas dentro de los recipientes sanitarios deben cambiarse periódicamente.

Los **instrumentos para la manicura** deben conservarse en una solución desinfectante (alcohol de 70º o 70%) mientras la manicurista realiza su trabajo.

Todos los utensilios deben limpiarse, quitándoles los residuos de cabellos, antes de someterlos a la desinfección.

Los **peines** y **cepillos** deben desinfectarse después de atender a cada cliente.

Las **bacías para champú** deben ser desinfectadas antes y después de usarlas.

Todos los instrumentos para la manicura deben someterse a desinfección cada vez que se utilizan en una cliente.

Desinféctense los aparatos eléctricos frotándoles la superficie con un trocito de algodón humedecido en alcohol de 70º (al 70%).

Todas las vasijas, incluyendo las **escudillas para lavar los dedos** y otras **semejantes** deben desinfectarse antes de utilizarlas con la cliente que sigue.

IMPORTANTE

La sumersión de instrumentos en una solución química debe ajustarse a las reglas y preceptos dictados por las Juntas de Cosmetología o la autoridad sanitaria correspondiente a su estado, provincia o departamento.

DESINFECTANTES DE USO CORRIENTE EN LOS SALONES DE BELLEZA

NOMBRE	FORMA	POTENCIA	COMO USARLO
Compuestos Cuaternarios de Amonio ("Cuats")	Líquido o tableta	Solución al 1:1000	Sumergir los utensilios en la solución durante 1 a 5 minutos.
Formalina	Líquido	Solución al 25%	Sumergir los utensilios en la solución durante 10 minutos.
Formalina	Líquido	Solución al 10%	Sumergir los utensilios en la solución durante 20 minutos.
Alcohol Etílico o de Grano	Líquido	Solución al 70%	Desinfectar instrumentos cortantes y electrodos.
Cresol o Cresilol (Lisol)	Líquido	Solución de jabón al 10%	Limpiar pisos, lavabos, fregaderos e inodoros (retretes).

ANTISEPTICOS DE USO CORRIENTE EN LOS SALONES DE BELLEZA

NOMBRE	FORMA	POTENCIA	USOS
Acido Bórico	Cristales blancos	Solución de 2 al 5%	Lavar los ojos.
Tintura de Yodo	Líquido	Solución al 2%	Lavar cortaduras y heridas.
Peróxido de Hidrógeno	Líquido	Solución de 3 al 5%	Lavar la piel y las cortaduras menores.
Alcohol Etílico o de Grano	Líquido	Solución al 60%	Lavar las manos, la piel y las cortaduras menores. No usarlo si hay irritación.
Formalina	Líquido	Solución al 5%	Lavar las manos, bacías para champú, armarios, etc.
Cloramina T (Cloraceno, Clorozol, Euclorina, Miamina)	Cristales blancos	Solución al 1/2%	Lavar la piel y las manos y para uso general.
Hipoclorito de Sodio (Solución de Javel, Zonite)	Cristales blancos	Solución al 1/2%	Enjuagar las manos.

Existen otros desinfectantes y antisépticos aprobados para el uso en salones de belleza. Consulte a la Junta de Cosmetología o Departmento de Salubridad de su estado, provincia o departmento.

SANIDAD PUBLICA

Sanidad pública es la aplicación del conjunto de medidas ordenadas a preservar la salud del pueblo y prevenir la propagación de las enfermedades infecciosas.

Nunca se recalcará bastante la importancia de la sanidad. Los servicios profesionales requieren que la cosmetóloga tenga contacto directo con la piel, el cuero cabelludo, el pelo y las uñas de la cliente. Así, la aplicación de las mejores prácticas sanitarias asegura la protección de la salud de la cliente.

Existen diversas oficinas gubernamentales que protegen la salud del pueblo mediante el suministro de alimentos sanos, agua potable y medios adecuados para la pronta retirada de los desperdicios. Tales son algunas de la medidas que se ponen en práctica para preservar la salud pública.

El agua potable debe ser inodora, incolora y estar libre de materias extrañas. Un agua cristalina puede resultar insalubre debido a la presencia de bacterias patógenas que no pueden ser descubiertas a simple vista.

El **aire dentro del salón de belleza** no debe estar reseco ni estancado, ni debe tener olor desagradable. La temperatura del salón debe mantenerse a 70⁰ Fahrenheit (21⁰ centígrados).

La circulación atmosférica puede mantenerse dentro del salón con la ayuda de un ventilador aspirante o de un acondicionador de aire. El aire acondicionado ofrece la ventaja de permitir combios en la calidad y la cantidad de atmósfera que penetra en el salón. La temperatura y la humedad atmosféricas pueden asimismo regularse por medio del acondicionador de aire.

Cualquier persona que sufra de enfermedad infecciosa es foco de contagio para las demás. Así, pues, no debe permitirse que la cosmetóloga afectada de catarro o de cualquiera otra enfermedad transmisible atienda a la clientela. Por la misma razón no debe ser atendida la cliente que evidentemente padece una enfermedad infecciosa. De este modo queda a salvo la protección eficaz de la clientela en general.

El **público** ha comprendido la importancia de las medidas sanitarias y exige que éstas se apliquen en todo lo posible para que se preserve la salud de la sociedad.

Las **Juntas Estatales de Cosmetología** y los **Departamentos de Salubridad** de cada estado, provincia o localidad han formulado reglas sanitarias que se aplican a los salones de belleza. Las cosmetólogas deben familiarizarse con estas ordenanzas con el fin de cumplirlas cabalmente.

RESUMEN

El cumplimiento de las siguientes reglas sanitarias tendrá por resultado el prestar un servicio público más higiénico y de mejor calidad:

1. Todo salón de belleza debe estar bien iluminado, ventilado y calentado o refrescado según sea el clima; además, debe mantenerse limpio y en condiciones sanitarias.
2. Las paredes, las cortinas y el piso, o cualquier clase de alfombra que lo cubra, deben lavarse y mantenerse limpios.
3. En todos los establecimentos de belleza debe haber un continuo suministro de agua corriente, caliente y fría. También deberán proveerse medios para berberla (vasos y nevera o refrigerador de botellón o con surtidor).
4. El sistema de cañerías debe estar correctamente instalado y funcionar con eficacia.
5. El local debe mantenerse libre de ratones, gusanos y moscas u otras clases de insectos.
6. El salón de belleza no debe utilizarse como comedor, dormitorio o residencia.
7. Todos los residuos de cabello, algodón u otros materiales de desperdicio deben ser retirados del piso sin demora y depositados en un recipiente que se mantendrá tapado; éste debe sacarse del local y vaciarse a intervalos frecuentes.
8. Los cuartos de aseo (retretes o inodoros) deben mantenerse en condiciones higiénicas y bien provistos de surtidores de jabón y toallas de papel.
9. Cada cosmetóloga debe llevar puesto un uniforme limpio mientras presta su servicio a las clientes.
10. La cosmetóloga **debe lavarse** las manos cuidadosamente **antes** y **después** de antender a cada cliente, así como **después** de utilizar el inodoro.
11. Para cada cliente deberá emplearse una toalla recién lavada. Las toallas limpias se guardarán en un recipiente sanitario cerrado. Las toallas y lienzos sucios se colocarán inmediatamente desqués de usarlos dentro de receptáculos adecuados. Las toallas sucias deben mantenerse separadas de las limpias.
12. La cubierta de la almohadilla en que la cliente apoya la cabeza y el corbatín de papel con que se le protege el cuello **deben cambiarse** después de servir a cada cliente.

13. **No debe permitirse** que la capa para dar champús llegue a tocar la piel de la cliente.
14. **Está prohibido** el uso en común (o sea, por varias personas) de motas para polvos, lápiz labial, colorete, jabón sólido, esponjas, o barritas estípticas.
15. Las lociones, pomadas, cremas y polvos deberán guardarse en envases tapados y limpios. Para sacar las cremas o las pomadas de los tarros, potes o pomos deberá utilizarse una espátula limpia. Las lociones y los polvos se aplicarán con compresas de algodón esterilizado. Después de utilizarse cada cosmético deberá taparse otra vez el envase de donde fue extraído.
16. Al dar la manicura, debe emplearse una escudilla para lavar los dedos que esté en condiciones sanitarias con un vaso de papel para cada cliente.
17. Los limaúñas (lijas o paletas) de esmeril deben desecharse después de usarlos en cada cliente.
18. Los peines, cepillos, toallas y otros materiales usados deben retirarse de los tableros o repisas inmediatamente después de utilizarlos.
19. Los prendederos, horquillas, o ganchos de presión para sujetar el pelo no deben llevarse a la boca.
20. Los peines o instrumentos no deben depositarse en los bolsillos del uniforme.
21. Las albanegas (redecillas para el pelo) no deben introducirse en los bolsillos o puños del uniforme.
22. Las albanegas deben lavarse después de cada uso.
23. Los prendederos, rizadores, ganchos de presión u horquillas para el pelo deben desinfectarse cada vez que se usan.
24. Todos los instrumentos y utensilios usados deben desinfectarse antes de ser colocados en un recipiente hermético o a prueba de polvo, o dentro de un escaparate sanitario.
25. Los objetos que se caen al suelo no deben utilizarse hasta que sean desinfectados.
26. En la escuela o salón de belleza no se permitirán perros, gatos, pájaros u otros animales domésticos.

RECORDATORIOS

1. En la escuela de belleza **cada estudiante** es **responsable de la higiene** así como en el salón de belleza lo es **cada cosmetólogo o cosmetóloga.** La persona que dirige la escuela o el salón está obligada a suministrar todo lo necesario para el cumplimiento de las ordenanzas sanitarias.
2. Usted **debe** obedecer las reglas dictadas por el Departamento de Salubridad y la Junta de Cosmetología en todo lo referente a métodos sanitarios aceptables.

PREGUNTAS DE REPASO

ESTERILIZACION Y SANEAMIENTO

1. ¿Qué es la esterilización?
2. ¿Qué término es usado por los departamentos de salubridad y las juntas de cosmetología para referirse a la limpieza de instrumentos y equipos?
3. ¿Qué tipo de bacterias hace que las prácticas de higiene sean necesarias en el salón de belleza?
4. La desinfección eficaz impide la propagación de .... y .... en el salón de belleza.
5. Explique la diferencia entre asepsia, esterilización y septicemia (sepsis).
6. ¿Qué is un antiséptico?
7. ¿Hay alguna diferencia entre la acción de un desinfectante, un germicida, o un bactericida? Explique las razones de su respuesta.
8. ¿Qué es un desinfectante?

9. ¿Qué es un fumigante?
10. En el saneamiento (desinfección o hgienización) se emplean agentes físicos y agentes ....
11. Cite dos métodos para mantener los objetos limpios después de que han sido desinfectados.
12. Mencione seis requisitos de un buen desinfectante.
13. ¿Cuál es el nombre abreviado con que ordinariamente se designan los compuestos cuaternarios de amonio?
14. ¿Qué es un recipiente sanitario húmedo?
15. ¿Qué debe hacerse con los peines, cepillos e instrumentos antes de sumergirlos en un recipiente sanitario húmedo?
16. ¿Por qué debe mantenerse siempre tapado un recipiente sanitario húmedo?
17. ¿Qué debe hacerse con los instrumentos después de higienizarlos en una solución desinfectante?
18. ¿Qué es un recipiente sanitario seco o escaparate sanitario?
19. ¿Cuál es el modo adecuado de producir vapores de formaldehído en un escaparate sanitario?
20. ¿Cuáles son cuatro ventajas del uso de los "Cuats" como desinfectantes?
21. ¿En qué grado de potencia se emplean generalmente los "Cuats"?
22. ¿Aproximadamente cuánto tiempo se toma la desinfección de instrumentos cuando se usa: a) "Cuats"; b) formalina al 25%; c) formalina al 10%?
23. Formaldehído es el gas activo que se encuentra en.......................
24. ¿Cuál es la composición de la formalina?
25. ¿Qué grado de potencia de solución de formalina se recomienda para desinfectar instrumentos?
26. ¿Cuál es el mejor modo de desinfectar instrumentos cortantes e impedir que se desafilen?
27. ¿Cuál es un modo seguro de desinfectar electrodos?
28. Mencione seis precauciones de seguridad para el uso de agentes químicos.

SANIDAD PUBLICA

1. Defina la sanidad pública.
2. ¿Por qué es importante que la cosmetóloga se ajuste a las mejores prácticas sanitarias?
3. ¿Por qué es importante tener un suministro de agua pura?
4. ¿Por qué es importante que la cosmetóloga rehúse atender a una cliente que padece una enfermedad infecciosa?
5. ¿Cuáles dos oficinas gubernamentales formulan ordenanzas sanitarias para las escuelas y salones de belleza?
6. ¿Cómo debe uno deshacerse del algodón, los pelos y otras materias desechables?
7. ¿Con qué frecuencia debe el cosmetólogo o la cosmetóloga lavarse las manos?
8. ¿Cómo deben guardarse las toallas limpias?
9. ¿Con qué frecuencia debe cambiarse la cubierta de la almohadilla en que la cliente apoya la cabeza?
10. ¿Cuál es un modo sanitario para sacar las cremas cosméticas de los tarros, potes o pomos?
11. ¿Cómo se guardan los polvos para la cara y cómo se aplican?
12. ¿En quién recae la responsabilidad de la higiene en la escuela de belleza?
13. Si una toalla o instrumento se cae al suelo, ¿qué debe hacerse?

Capítulo 7

COBERTURAS

OBJETIVOS DE APRENDIZAJE DEL CAPITULO

El (la) estudiante que logre dominar el contenido de este capítulo conocerá:

1. *Cómo proteger a la cliente y su ropa.*
2. *Cómo la protección de la cliente afecta a los servicios de cosmetología ofrecidos.*
3. *Cómo la satisfacción de la cliente es afectada por los esfuerzos que hace la cosmetóloga o el cosmetólogo para protegerla.*
4. *Los variados métodos de cobertura para trabajos con pelo mojado y seco.*

La protección de la cliente debe ser objeto de consideración primordial en todo momento. Durante la prestación de los servicios de cosmetología, las principales responsabilidades del cosmetológo o de la cosmetóloga son:

1. Proporcionarle comodidad a la cliente.
2. Proteger la ropa de la cliente contra cualquier daño que puedan causar los productos químicos o soluciones cosméticas que se usen.
3. Proteger a la cliente contra cualquier daño personal.
4. Proporcionarle a la cliente servicios profesionales competentes.

El cubrir a la cliente en forma adecuada para los varios servicios que se le prestan es una parte importante de esos servicios. Una cobertura apropiada para la cliente es la "primera línea defensiva" en la protección de su piel y de su ropa contra manchas y daños. Además, la cliente se sentirá más confiada, descansada y cómoda cuando sabe que el cosmetólogo o la cosmetóloga que la atiende ha tomado las debidas precauciones para protegerla.

Nota: Hay muchas maneras de cubrir a una cliente para los variados servicios que se prestan en el salón. Aquí trataremos e ilustraremos solamente algunos de los métodos. Su instructora o instructor quizás utilice técnicas diferentes que son igualmente aceptables. Básicamente, sin embargo, todos los métodos de cobertura van dirigidos a lograr un mismo objetivo que no es otro que la protección de la cliente y de su ropa.

PREPARACION PARA LA COBERTURA

Antes de cubrir a la cliente para cualquier clase de servicio destinado al pelo, deben seguirse los siguientes pasos:

1. Siente a la cliente cómodamente.
2. Sleccione los materiales y suministros necesarios y póngalos en orden.
3. Lávese las manos y desinféctaselas.
4. Pídale a la cliente que se quite todas las joyas que lleve alrededor del cuello o en el cabello, así como pendientes y lentes, y que lo coloque todo en su bolso para tenerlo a salvo.
5. Doble el cuello del vestido o de la blusa hacia adentro, asegurándose de que ha quedado estirado y no se arrugará. (Fig. 1.)
6. Coloque una faja protectora o toalla alrededor del cuello de la cliente.
7. Ajuste la capa sobre la faja protectora o toalla.
8. Doble el borde de la faja protectora o de la toalla por encima de la banda de la capa que rodea el cuello.
9. Quite todas las horquillas y peinetas del cabello.

Fig. 1

Si la toalla es corta, puede doblarse al sesgo, lo cual no sólo le añadirá longitud sino que también le proporcionará un cuello más alto y así mayor protección.

Nota: La faja protectora o toalla para el cuello se emplea por razones de sanidad y protección. Si se usa o no la faja protectora o toalla alrededor del cuello, debe tenerse de todos modos especial cuidado de que la capa no haga contacto directo con la piel de la cliente porque la capa se usa en muchas clientes y pudiera ser portadora de enfermedades o infección.

COBERTURA PARA SERVICIOS CON EL PELO MOJADO

COBERTURA PARA CHAMPUS, CUIDADOS DEL PELO Y CUERO CABELLUDO Y CORTE DE PELO CON EL PELO MOJADO

El método usado para cubrir a la cliente al darle un champú, un corte de pelo con el pelo húmedo, o para los cuidados del pelo y cuero cabelludo debe ser completamente eficaz para evitar mojar a la cliente accidentalmente.

Procedimiento

1. Coloque una toalla pequeña a todo el ancho de los hombros de la cliente. Sitúe la toalla de modo que aproximadamente un tercio de su anchura se apoye en el cuello mientras el resto cubre los hombros. Reúna los dos extremos de la toalla debajo de la barbilla y haga que uno monte sobre el otro en el frente en forma semejante al cuello de una blusa.

2. Coloque la capa para champú en el frente y en el centro de la toalla que allí se cierra. Deslice

Fig. 2

la banda de la capa alrededor del cuello de la cliente y ate los extremos, préndalos, o sujételos con un ganchillo en la parte de atrás.

3. Doble la parte de la toalla que se apoya en el cuello de la cliente hacia abajo sobre la banda del cuello de la capa. En ningún momento debe la capa tocar el cuello de la cliente.
4. Envuelva una segunda toalla sobre los hombros y sujétela en el frente con un ganchillo o abrazadera. (Fig. 2.)

La cliente ha quedado así completamente protegida.

Método Alterno: Abra la toalla pequeña a todo su largo. Tome los extremos opuestos de la toalla y dóblelos. Coloque la toalla a todo el ancho de los hombros de la cliente y entrecruce los extremos debajo de la barbilla. Sitúe la toalla de modo que aproximadamente un tercio de su anchura se apoye en el cuello mientras el resto cubre los hombros. Pídale a la cliente que sujete la toalla firmemente hasta que la capa sea colocada sobre la toalla manteniéndola en su lugar.

COBERTURA PARA PERMANENTES, SUAVIZACION DEL PELO Y COLORACION DEL CABELLO

Hay diversas maneras de cubrir a la cliente para una ondulación permanente, para un tratamiento de suavización del pelo, o para coloración del cabello, así como para todos los otros servicios con el pelo húmedo. Es esencial evitar que cualquier loción química pueda deslizarse o gotear hacia el cuello de la cliente. La loción podría causar irritación en la piel y pudiera, además, echar a perder la ropa de la cliente. La comodidad de la cliente y la adecuada protección de su persona y de su ropa son puntos importantes durante todo el proceso.

El método de cobertura que presentamos aquí es sólo uno entre muchos que pueden adoptarse.

Procedimiento

1. Coloque la capa suavemente a través del frente de la cliente. (Fig. 3.)
2. Envuelva una toalla a través del área de la coronilla sobre la cabeza de la cliente. (Fig. 3.)

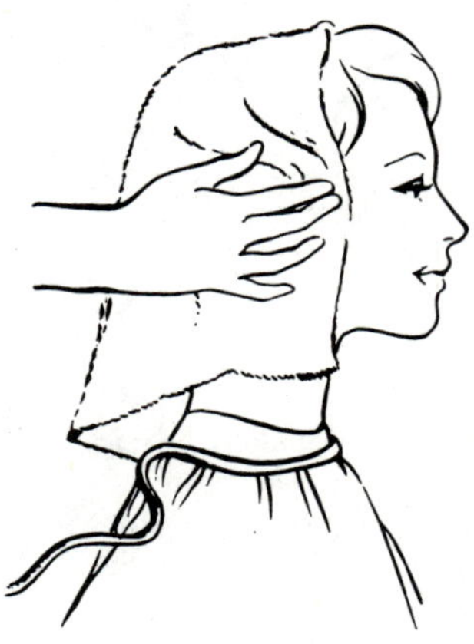

Fig. 3. Colocando la capa suavemente en el frente de la cliente. Deslizando la toalla hacia abajo y alrededor del cuello de la cliente.

Fig. 4. Situando y atando la capa encima de la toalla.

Fig. 5. Doblando la toalla en forma de capa.

3. Deslice la toalla hacia abajo y alrededor del cuello de la cliente dejando un

tercio del ancho de la toalla alrededor de los hombros y dos tercios hacia arriba y alrededor del cuello. (Fig. 4.)

4. Ajuste la capa sobre la toalla y ate o sujete la banda del cuello de la capa en la parte de atrás del cuello. (Fig. 4.)
5. Doble la parte vertical de la toalla hacia abajo en forma de capa. (Fig. 5.)

La cliente y su ropa han quedado así completamente protegidas contra cualquier líquido que pueda correrse o gotear.

COBERTURA PARA SERVICIOS CON EL PELO SECO

La cobertura para servicios con el pelo seco es algo diferente de las descritas anteriormente. La capa se usa en forma muy semejante y debe tenerse sumo cuidado de que la misma no toque la piel de la cliente. Sin embargo, en la cobertura para servicios con el pelo seco se pone menos énfasis en el uso de las toallas y son las fajas del cuello las que más comúnmente se emplean. La faja del cuello, desde luego, se usa con propósitos de sanidad y protección.

Procedimiento

1. Coloque la faja del cuello alrededor del cuello de la cliente. (Fig. 6)
2. Doble los extremos de la faja del cuello y métalos por dentro. (Fig. 6.)
3. Ajuste la capa con cuidado alrededor del cuello de la cliente con los extremos de la faja del cuello superpuestos sobre la nuca.

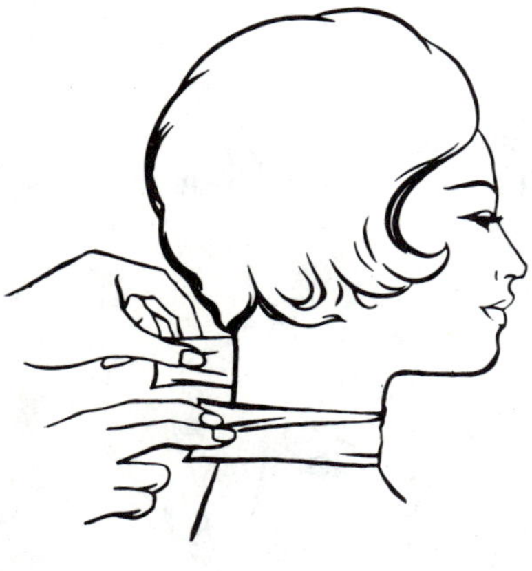

Fig. 6. Colocando la faja del cuello alrededor del cuello; doblando los extremos y metiéndolos dentro.

Fig. 7. Atando, prendiendo o sujetando la capa sobre la faja del cuello.

Fig. 8. Doblando la faja del cuello hacia abajo sobre la banda del cuello de la capa. La capa no debe tocar la piel de la cliente.

4. Debe tenerse cuidado de que la banda del cuello de la capa se apoye en el centro de la faja del cuello alrededor de todo el cuello de la cliente. (Fig. 7.)
5. Ate, prenda o sujete los extremos de la banda del cuello en la parte de atrás para que la capa ajuste firmemente alrededor del cuello de la cliente. (Fig. 7.)

6. Doble la parte descubierta de la faja del cuello hacia abajo sobre la banda del cuello de la capa asegurándose de que la capa no toque la piel de la cliente. (Fig. 8.)

La cliente y su ropa han quedado así protegidas contra los desechos de pelo cortado y agua que pueda correrse o gotear.

PELIGRO DE INCENDIO

Cuando se cubra a la cliente para la ondulación o el rizado térmicos, el empleo de una capa plástica puede constituir un peligro de incendio. En estos casos se aconseja emplear una capa de algodón o hilo.

COBERTURA PARA UN PEINADO

La cobertura que se emplea para un peinado es la misma que se usa para un corte de pelo con el pelo seco. Las únicas diferencias estan en que la capa utilizada para el peinado es generalmente más corta y se sujeta en el frente para evitar interferencias con el peinado en la parte posterior de la cabeza y en la nuca. (Fig. 9.)

Las capas para peinados no tienen que ser impermeables y pueden estar hechas de material más atractivo y elegante para la cliente. Sin embargo, esta capa debe lavarse con más frecuencia para mantener su frescura y limpieza.

Fig. 9.

COBERTURA PARA FACIALES

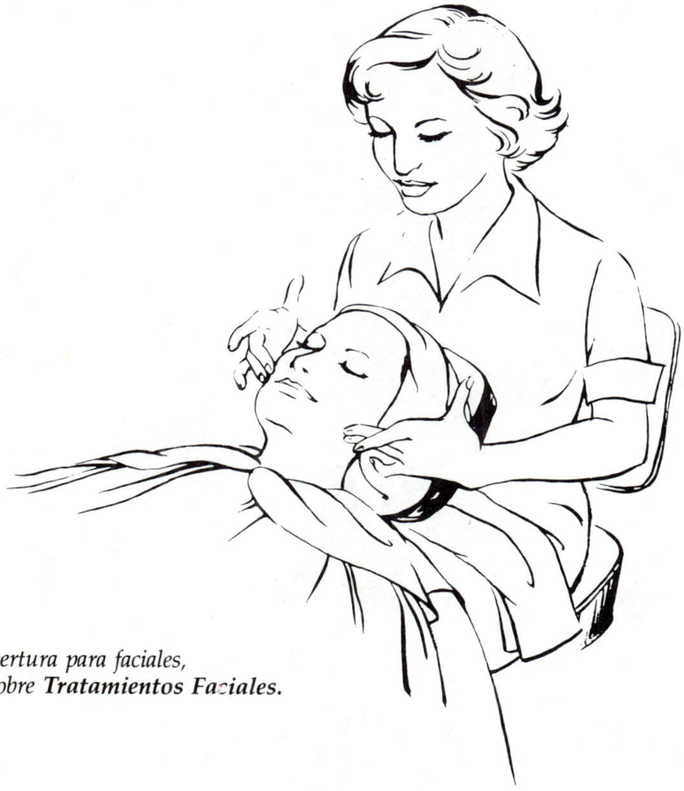

*Referente a la cobertura para faciales, vea el capíatulo sobre **Tratamientos Faciales.***

PREGUNTAS DE REPASO

COBERTURAS

1. ¿Qué debe ser objeto de consideración primordial para la cosmetóloga o el cosmetólogo en todo momento?
2. Mencione las cuatro responsabilidades principales del cosmetólogo o de la cosmetóloga.
3. ¿Cuál es la "primera línea defensiva" para la proteccion de la cliente?
4. Mencione los nueve pasos a seguir en la cobertura preliminar para cualquier clase de servicio.
5. ¿Con qué finalidad sanitaria se emplea la faja protectora del cuello o la toalla alrededor del cuello?
6. ¿Por qué es importante que la capa no toque la piel de la cliente?
7. ¿Cómo se protege a las clientes de las lociones que se corren o gotean?
8. ¿Cuál es la diferencia principal entre la cobertura para servicios con el pelo seco y la cobertura para servicios con el pelo mojado?
9. ¿Cuáles dos propósitos se logran mediante el uso de la faja protectora del cuello?
10. ¿Cómo se diferencia la cobertura para un peinado de la que se usa para un corte de pelo en seco?

Capítulo 8

CHAMPUS Y ENJUAGUES

OBJETIVOS DE APRENDIZAJE DEL CAPITULO

El (la) estudiante que logre dominar el contenido de este capítulo conocerá:

1. *Los razones del buen cuidado higiénico del pelo y el cuero cabelludo.*
2. *Por qué el cosmetólogo, o la cosmetóloga, debe poseer un conocimiento básico y sólido de los métodos profesionales para dar champús.*
3. *Cómo identificar las distintas clases de champús.*
4. *El procedimiento para las manipulaciones que se emplean al dar un champú.*
5. *Los métodos aceptados para la limpieza del pelo y del cuero cabelludo con agua o sin ella.*
6. *Cuándo y cómo usar las distintas clases de champús.*
7. *El efecto de los enjuagues en el pelo.*
8. *Cómo identificar las distintas clases de enjuagues.*
9. *Cuándo y cómo usar las distintas clases de enjuagues.*

La aplicación de un champú al pelo es no sólo un paso importante que precede a otros variados servicios de peluquería sino que es a la vez la primera impresión que recibe la cliente respecto a la competencia del cosmetólogo o de la cosmetóloga. En este sentido puede considerarse el champú como un factor auxiliar en la venta del servicio puesto que la cliente que queda complacida del modo en que se le ha dado el champú está probablemente mejor dispuesta a considerar cualquier servicio adicional que la cosmetóloga recomiende. Así, la cosmetóloga que sabe dar un champú con calidad profesional representa una ventaja positiva para el salón de belleza.

Aunque los champús se utilizan principalmente para limpiar el pelo y el cuero cabelludo, desempeñan, además, otras functiones importantes: son la etapa inicial de un alivio que la cliente ha deseado experimentar. Si la cosmetóloga logra convertir esta agradable experiencia en una realidad, es muy posible que la cliente en lo sucesivo acuda al salón con regularidad.

Para tener eficacia, el champú debe eliminar del cuero cabelludo y del tallo del pelo todo vestigio de suciedad, grasa, cosméticos y detritos de piel sin dañar el cuero cabelludo o el pelo en sí. Los champús fuertemente alcalinos no deben utilizarse porque pueden resecar el pelo y volverlo fragil.

Si el cuero cabelludo y el pelo no se limpian con reguaridad, la acumulación de grasa y sudor, mezclados con la descamación natural y la suciedad, forma criaderos de bacterias causantes de enfermedades. Tales condiciones pueden producir trastornos en el cuero cabelludo.

Al pelo debe dársele champú con la frecuencia que sea necesaria, según el tiempo que tarde en ensuciarse. Por lo general, al cabello grasiento hay que darle champú más a menudo que al cabello normal o al reseco.

EL AGUA

El agua está químicamente compuesta de hidrógeno y oxígeno. Según la calidad y la cantidad de otros minerales presentes en ella, el agua puede clasificarse en **dura** (llamada también gorda, salobre o sosa) y **suave** (también conocida como delgada o dulce). La cosmetóloga debe conocer la clase de agua que tiene disponible, o sea, si es agua dura o suave, para así seleccionar los productos cosméticos que sean adecuados al servicio que va a prestar.

Agua suave. El agua lluvia, o el agua que ha sido químicamente ablandada, contiene minerales en muy pequeñas cantidades y por lo tanto forma abundante espuma. Por eso esta clase de agua es la que se prefiere para el champú.

El **agua dura** contiene determinados minerales y por eso no forma mucha espuma. Sin embargo, puede ser suavizada por un procedimiento químico que permite aprovecharla para los champús.

SELECCION DEL CHAMPU ADECUADO

Existe una gran variedad de clases de champús que la cosmetóloga puede utilizar. Para seleccionar el champú con acierto, la cosmetóloga debe conocer la composición y la acción del mismo, así como su posible eficacia. Para obtener la información necesaria, debe leer cuidadosamente la etiqueta y cualquier circular adjunta.

El champú debe seleccionarse de acuerdo con la condición del pelo. El pelo no se considera normal si ha sido:

- Clarificado
- Matizado o teñido
- Tratado con ondulación permanente
- Suavizado por medios químicos
- Descolorido por el sol
- Maltratado por el uso de champús irritantes
- Dañado por falta de atención
- Deteriorado por exposición a los elementos

MATERIALES E INSTRUMENTOS NECESARIOS

Antes de dar un champú deben reunirse todos los materiales e instrumentos necesarios. Nada molesta más a una cliente que tener que esperar con el pelo mojado mientras la cosmetóloga va a buscar el champú u otras cosas necesarias. Los materiales e instrumentos requeridos son:

- Corbatín de papel protector
- Toallas
- Capa para champús
- Peine y cepillo para el pelo
- Champú
- Enjuague para el pelo

COMO SE CUBRE A LA CLIENTE PARA EL CHAMPU

Es importante cubrir a la cliente en forma adecuada para el champú con el fin de que tanto su persona como su ropa queden correctamente protegidas. (Para el método apropiado de cubertura, consúltese el capítulo sobre **Coberturas.**)

CEPILLADO DEL PELO

Cepillos. Los cepillos para la cabeza hechos de cerda natural son los recomendados para cepillar el pelo. Las cerdas naturales tienen múltiples imbricaciones que limpian el cabello y le dan lustre mientras que las cerdas de nilón son brillantes y lisas y se recomiendan únicamente para peinar.

El cepillado completo del pelo siempre debe formar parte de la aplicación de un champú y de los tratamientos del cuero cabelludo, con las siguientes excepciones:

1. No cepille antes de un tratamiento de clarificación.
2. No cepille antes de aplicar un tinte o matizador.
3. No cepille antes de dar una ondulación permanente.
4. No cepille antes de aplicar un suavizador químico del pelo.
5. No cepille si el cuero cabelludo está irritado.

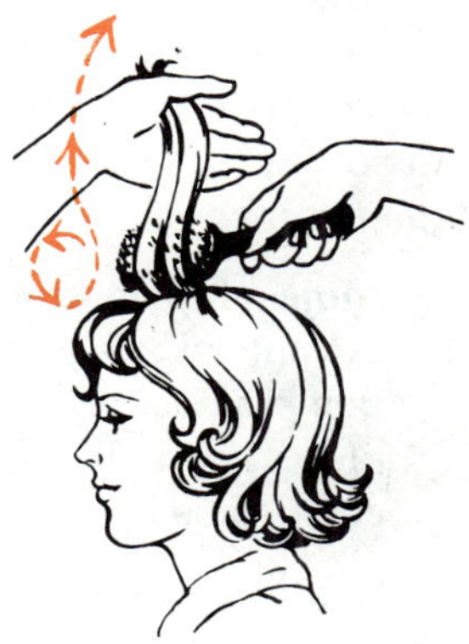

Cepillando el pelo.

El cepillado estimula la circulación sanguínea en el cuero cabelludo, ayuda a remover el polvo y la suciedad del pelo y le imprime al cabello mayor lustre. Por lo tanto, el cabello debe cepillarse completamente, sea reseca o sea grasienta la condición del cuero cabelludo y del pelo. No obstante, **no debe emplearse el peine para separar las descamaciones del cuero cabelludo.**

Para cepillar el pelo, primero divida la cabellera al centro desde la frente hasta la nuca. Luego separe una sección de aproximadamente ½″ (1.25 cm.) desde la línea del centro hasta la coronilla. Sostenga este mechón de pelos con la mano izquierda, entre el pulgar y los otros dedos, apoye el cepillo (sosteniéndolo con la mano derecha) con las cerdas directamente hacia abajo sobre el pelo cerca del cuero cabelludo; deslice las cerdas a todo el largo del pelo, girando ligeramente la muñeca al hacerlo. Repita esta operación tres veces. Separe entonces un nuevo mechón a ½″ (1.25 cm.) de la primera división y continúe el procedimiento hasta que toda la cabeza haya sido cepillada.

CHAMPU SENCILLO

PREPARACION

1. Siente a la cliente de modo que esté cómoda.
2. Seleccione los materiales necesarios y póngalos en orden.
3. Lávese y desinféctese las manos.
4. Coloque el corbatín de papel protector, o la toalla, y la capa para champú alrededor del cuello de la cliente. (Asegúrese de que el cuello del vestido o de la blusa está alisado y colocado debajo de la ropa antes de ajustar el papel o toalla protectora.)
5. Quite del cabello todos los ganchos u horquillas y peinetas.
6. Pídale a la cliente que se quite cualquier collar, joyas de adorno de las orejas y gafas o lentes y que guarde todo esto en su bolso.
7. Inspeccione la condición del cabello y del cuero cabelludo.
8. Cepíllele el cabello completamente.
9. Cubra el borde de la bacía para champús con una toalla doblada y acomode a la cliente en forma adecuada.
10. Ajuste la capa para champús sobre el respaldo del asiento.
11. Gradúe el volumen y la temperatura del agua del irrigador (o ducha).

Sostenga la cabeza de la cliente con la mano derecha y coloque la capa sobre el respaldo del asiento.

PROCEDIMIENTO

Usted debe poder usar ambas manos con igual destreza y trabajar lo mismo a un lado que a otro de la cliente.

El agua que utilice debe estar tan caliente como pueda soportarla la cliente sin molestia. En todo caso, debe tomarse en consideración la preferencia de la cliente.

Abra la llave de agua fría primero y añádale agua caliente poco a poco hasta lograr la temperatura de agua adecuada a la conveniencia de la cliente.

Pruebe la temperatura del agua rociando un poco en la parte interior de la muñeca.

Al abrir la llave del rociador usted debe sujetar los bordes de la ducha (o pulverizador) con los dedos de modo que pueda sentir inmediatamente cualquier cambio que se produzca en la temperatura del agua. Entonces, proceda de la siguiente manera:

1. **Moje el pelo completamente** aplicándole el rociador con agua caliente. Levante el cabello y agítelo con la mano libre para asegurarse de que el agua penetra hasta el cuero cabelludo. Cambie de mano para proteger la cara, los oídos y el cuello evitando rociarlos cuando trabaje alrededor del contorno del cuero cabelludo como se indica en las Figs. 1, 2 y 3.

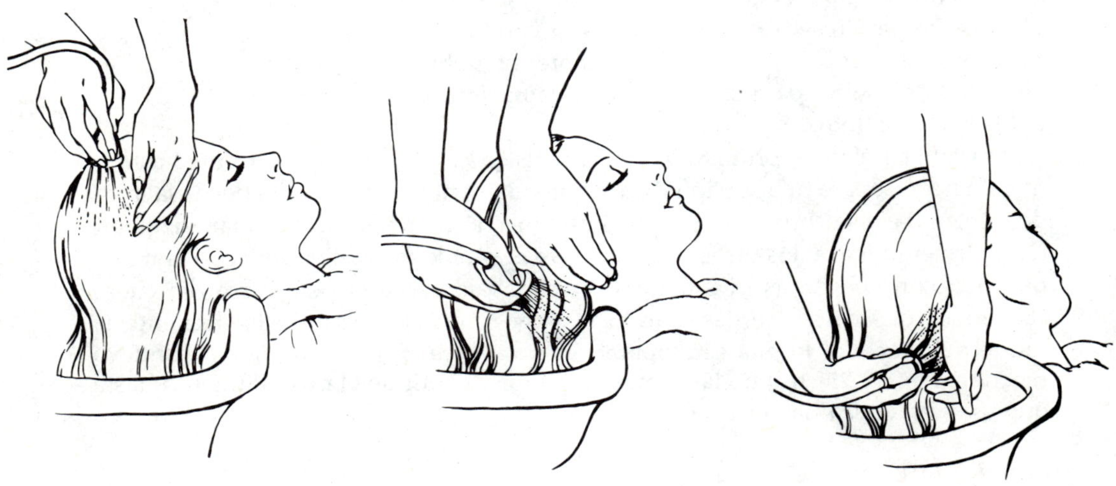

Fig. 1. Protegiendo la cara. *Fig. 2. Protegiendo los oídos.* *Fig. 3. Protegiendo el cuel.*

2. **Aplíquele pequeñas candidades de champú al pelo.** Esparza y forte cada porción para formar espuma hasta que la espuma cubra toda la cabeza.

   Comience aplicando el champú en la parte frontal de la línea del cuero cabelludo y espárzalo hacia abajo. Levante la cabeza de la cliente con la mano izquierda y aplíquele champú a través del área de la nuca. Dé un masaje con el champú para formar espuma en toda la cabeza empleando la yema de los dedos de ambas manos, yendo desde la parte frontal hacia la posterior.

Recordatorios

Al darle masaje al cuero cabelludo, **no aplique presión firme:**

1. Si al champú debe seguir un tratamiento de clarificación.
2. Si al champú debe seguir un tratamiento de teñido.
3. Si el champú se da antes de una ondulación permanente.
4. Si el champú se da antes de un tratamiento de suavización química.
5. Si el cuero cabelludo es delicado o sensible.
6. Si la cliente pide que se le aplique menos presión.

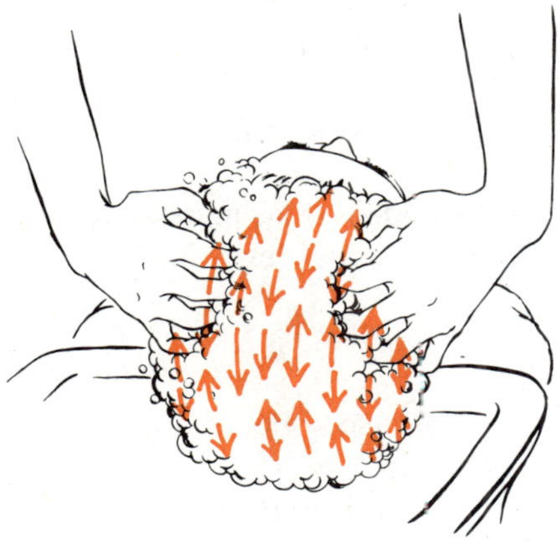

Fig. 4. Manipulando desde la línea del cuero cabelludo hacia la coronilla.

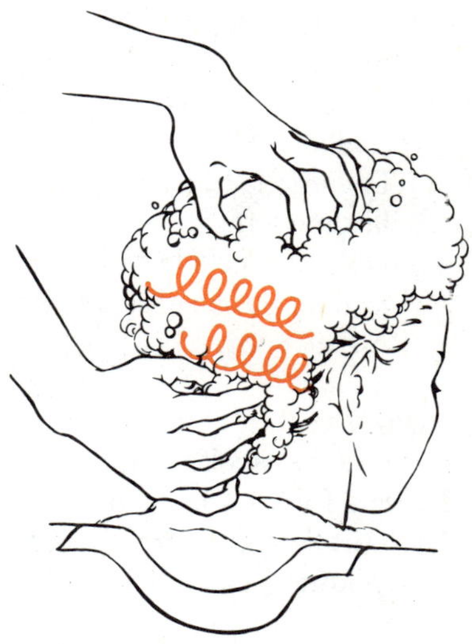

Fig. 5. Levantado la cabeza de la cliente.

3. **Manipule el cuero cabelludo.**
   a) Comience sobre el contorno del cuero cabelludo, delante de cada oreja (empleando la yema de los dedos de ambas manos), y aplique manipulaciones hacia atrás y hacia adelante hasta que llegue a la coronilla. (Fig. 4.)
   b) Continúe del mismo modo hacia la parte posterior de la cabeza, moviendo los dedos hacia atrás 1" (2.5 cm.) cada vez.
   c) Levante la cabeza de la cliente como se indica en la Fig. 5, moviéndola con la mano izquierda. Con la mano derecha, inicie las manipulaciones por encima de la oreja derecha y, aplicando el mismo movimiento, continúe la operación hacia la parte posterior de la cabeza.
   d) Baje los dedos un espacio de 1" (2.5 cm.) y repita el procedimiento hasta que todo el lado derecho de la cabeza haya quedado cubierto.
   e) Comenzando en la oreja izquierda, repita los pasos (c) y (d).
   f) Deje que la cabeza de la cliente descanse y aplíquele movimientos rotatorios con los dedos pulgares a todo el contorno del cuero cabelludo.
   g) Repita estas manipulaciones hasta que el cuero cabelludo haya recibido un masaje completo.
   h) Exprima el cabello para escurrir el exceso de champú y espuma.

4. **Enjuague el cabello completamente** con una rociada fuerte como se indica en las Figs. 1, 2 y 3.
   a) Levante el pelo de la coronilla y de la parte posterior con los dedos de la mano izquierda para que la ducha de enjuague penetre profundamente.
   b) Ahueque la mano izquierda y con ella dé palmaditas suaves sobre el pelo de la línea cervical haciendo que el agua del rociador se dirija hacia la zona de la base del cuero cabelludo.

5. **Si es necesario, aplique el champú otra vez.**
   a) Aplique nuevamente el champú como se indica en el Paso 2. Desenrede el pelo antes de dar el segundo champú. Ahora necesitará menos cantidad de champú porque éste formará espuma con mayor facilidad. Siga el mismo procedimiento que se ha indicado para el primer champú.

6. **Enjuague el pelo completamente** con una fuerte rociada.

7. **Seque el pelo parcialmente con una toalla.**
   a) Escurra el pelo sobre la bacía del champú para quitarle el exceso de humedad.
   b) Seque el exceso de humedad de la cara y las orejas con las puntas de la toalla.
   c) Levante la toalla sobre la parte posterior de la cabeza de la cliente y cúbrale la cabellera.
   d) Déle masaje a la cabellera con la palma y los dedos de las manos a través de la toalla aplicando movimientos circulares hasta que el pelo esté parcialmente seco.

TERMINACION

1. Peine el cabello comenzado por las puntas del pelo sobre la nuca.
2. Déle forma a la cabellera según el estilo deseado.
3. Retire la capa para champú y la toalla o el corbatín de papel protector.
4. Aplíquele a la cabellera el aparato secador y péinela de acuerdo con el estilo apropiado.

LIMPIEZA

1. Deseche los materiales usados y coloque los que no utilizó en el lugar que les corresponda.
2. Quíteles los residuos de pelos a los peines y cepillos, lave éstos con agua caliente y jabón y enjuáguelos y colóquelos dentro de un recipiente sanitario húmedo durante el tiempo necesario.
3. Ponga las toallas usadas en el recipiente apropiado.
4. Lave y desinfecte la bacía para champú.
5. Lávese y desinféctese las manos.

CHAMPU PARA EL CABELLO CLARIFICADO

Como el pelo aclarado tiende a desgreñarse y enredarse cuando está húmedo, hay que tener gran cuidado al manipularlo. El champú que se emplee en este caso debe ser suave y de poca alcalinidad.

Moje el pelo con agua tibia, vierta el champú sobre él lentamente y entonces comience a formar la espuma. Trabaje con las manos por debajo del pelo para evitar que éste se enrede. Enjuague el pelo completamente con agua clara. Aplique un enjuague cremoso especial para pelo clarificado con el fin de facilitar el peinado. Seque el cabello cuidadosamente con una toalla. Péinelo con suavidad. No fuerce el peine al deshacer las greñas.

Nota: Al pelo que ha sido teñido o dañado debe aplicársele el champú con el mismo cuidado que al pelo clarificado.

PRECAUCIONES DE SEGURIDAD

1. No deje que el champú penetre en los ojos de la cliente.
2. Proteja los oídos de la cliente con taponcitos de algodón limpio si ella es susceptible al agua en esa área.
3. Pruebe la temperatura del agua antes de aplicarla a la cabeza de la cliente.
4. Evite producir rasguños con las uñas en el cuero cabelludo.
5. Seque siempre el exceso de humedad del cabello de la cliente con una toalla antes de que ella se aparte de la bacía para champús.
6. Impida que la capa para champús haga contacto con la piel.
7. Utilice peines, cepillos, toallas y otros instrumentos desinfectados con cada cliente.
8. No gire el conmutador del aparato secador del pelo a la posicion "Hot" (caliente) si la cliente padece de alta presión sanguínea (hipertensión).
9. No deje que el agua derramada permanezca en el piso alrededor de la bacía para champús.
10. Limpie la bacía para champús y desinfecte sus bordes después de usarla.

CLASES DE CHAMPUS

CHAMPUS SENCILLOS

Hay muchas clases de champús para el uso de la cosmetóloga profesional. Sólo la experiencia es capaz de dictar cuáles rinden los mejores resultados. El (la) estudiante debe siempre seguir las recomendaciones del instructor.

Los champús sencillos son generalmente claros y trasparentes, con un tono naturalmente ambarino, o coloreados de amarillo verdoso. Pueden contener un líquido jabonoso puro o un producto a base de detergente. Estos champús casi nunca continen lanolina u otros agentes especiales que pueden emplearse para darle lustre al cabello. Si se aplica un jabón líquido, a continuación debe seguirle un **enjuage ácido** para contrastar la reacción alcalina que se produce en el pelo.

Un champú sencillo puede aplicarse a una cabellera virgen que esté en buenas condiciones. En cambio, nunca debe aplicarse al cabello que ha sido aclarado, matizado, teñido o dañado. En estos casos, **causaría la decoloración total o parcial del pelo y posiblemente un mayor deterioro.**

Los champús el pelo **grasiento** y **normal** pueden ser del tipo sencillo, jabonoso o sin jabón. Los champús para el pelo grasiento generalmente contienen una mayor concentración de jabón o detergente.

CHAMPUS DE ACEITE SIN JABON

Los champús de aceite sin jabón se fabrican con detergentes sintéticos en los cuales los aceites han sido tratados con ácido sulfúrico. Una de las principales ventajas de los champús sin jabón radica en su eficacia tanto en el agua suave como en la dura. Estos champús, por otra parte, se enjuagan fácilmente y no dejan grumos de jabón en el pelo.

CHAMPUS DE CREMA LIQUIDA

Los champús de crema líquida son por lo general fluidos, semiespesos y blancos y se usan principalmente en el pelo reseco. De ordinario, son productos a base de detergentes en los que el jabón, o a veces una gelatina jabonosa, se ha empleado como agente de espesor. Los champús cremosos son en su mavoría emulsiones. A menudo contienen compuestos de aceite que imprimen al cabello una textura sedosa y suave. Use esta clase de champú según las direcciones de su instructor o del fabricante.

CHAMPUS DE CREMA O PASTA

Los champús de crema o pasta son esencialmente iguales a los de crema líquida, excepto que en aquéllos se incluye una mayor cantidad de materia detergente o más jabón con una menor cantidad de agua. Algunos continuen compuestos aceitosos para darle al pelo mayor suavidad. Para su uso, guíese por su instructora o por el fabricante.

CHAMPUS QUE NO DESTIÑEN

Se considera que el pelo y la piel son ligeramente ácidos por naturaleza, con un pH de aproximadamente 5.5. Los champús que contienen un igual grado de pH (5.5) se conceptúan como de ácido equilibrado y su uso no alterará el pH del pelo o de la piel ni tendrá efecto alguno en él.

Los champús de acidez equilibrada (no decolorantes) vienen preparados para impedir la decoloración de los tintes o de los matizadores del pelo. Son de acción moderada, contienen acondicionadores y su índice alcalino es bajo.

Estos champús ácido-equilibrados se recomiendan, además, para el pelo quebradizo, reseco o dañado. Al usarlos, siga las instrucciones del fabricante o de su profesora.

CHAMPUS CONTRA LA CASPA

Los champús contra la caspa se emplean para controlar los estados casposos del cuero cabelludo. Se fabrican añadiéndole un germicida a un champú sencillo. El champú adecuado contra la caspa debe seleccionarse de acuerdo con la condición reseca o gasienta del cuero cabelludo. Es importante cumplir las instrucciones del fabricante o de la profesora al aplicar esta clase de champús.

CHAMPUS DE ALHEÑA

El color básico producido por la alheña es rojizo o castaño. El tono que se logre depende del color original del pelo, la potencia de la mezcla de alheña y el tiempo que ésta se deje en el pelo. Los champús de alheña, en vez de cambiarle el color al pelo, añaden brillantez a los matices más oscuros.

Nota: No aplique un champú de alheña al pelo rubio, blanco o canoso ya que le imprimirá al pelo un color anaranjado.

Materiales

Además de los otros materiales necesarios, se necesitarán un vaso graduado, polvo de alheña, un tazón y una chuchara para hacer la mezcla.

Procedimiento

Mezcle una taza de polvo de alheña en agua bien caliente hasta formar una pasta cremosa.

1. Déle al pelo un champú sencillo y enjuáguelo.
2. Asegúrese de que la mezcla no está demasiado caliente.
3. Esparza la mezcla lentamente por todo el pelo.
4. Agite la mezcla con los dedos para que penetre bien por entre los pelos.
5. Deje la mezcla en el pelo de 5 a 15 minutos según sea el matiz deseado.
6. Enjuague el pelo con agua clara y tibia.
7. Aplique un champú y un enjuague.

Si emplea un producto comercial, siga las intrucciones del fabricante.

CHAMPUS DE LIQUIDO SECO

Los champús de líquido seco son productos cosméticos que se usan para limpiar el cuero cabelludo y el pelo cuando, debido a alguna enfermedad de la cliente, no se le debe aplicar a ésta un champú húmedo. Los champús de líquido secó se hacen con bencina o gasolina.

ADVERTENCIA

Asegúrese de que la habitación esté bien ventilada cuando use un champú de líquido seco.

Procedimiento

1. Cepille el pelo completamente y péinelo un poco a la ligera.
2. Divida la cabellera en secciones de 1" (2.5 cm.) desde la frente hasta la coronilla y desde la coronilla hasta la nuca.
3. Empape un pedazo de algodón en el líquido limpiador, exprímalo ligeramente y entonces frótelo con rapidez sobre cada una de las partes. A continuación, frote cada parte rápidamente con una toalla. Repita este procedimiento en toda la cabeza. Luego, aplique el líquido limpiador con un pedazo de algodón a todo el largo de los mechones de pelos.
4. Frote los mechones de pelos con la toalla para quitarles la suciedad.
5. Vuelva a humedecer el pelo ligeramente con el líquido limpiador; finalmente, marque y prepare el pelo para el peinado.

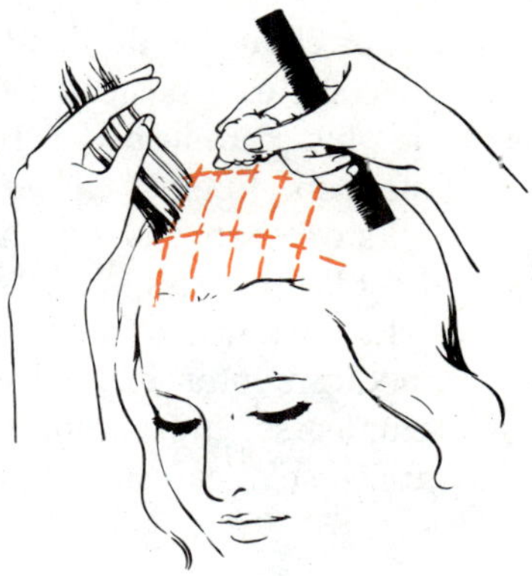

Champú de líquido seco.

Un champú en seco fortalecerá el pelo y tonificará el cuero cabelludo sin poner en peligro a la cliente. (Antes de utilizar cualquier clase de champú, lea y cumpla cuidadosamente las instrucciones del fabricante.)

CHAMPU SECO EN POLVO

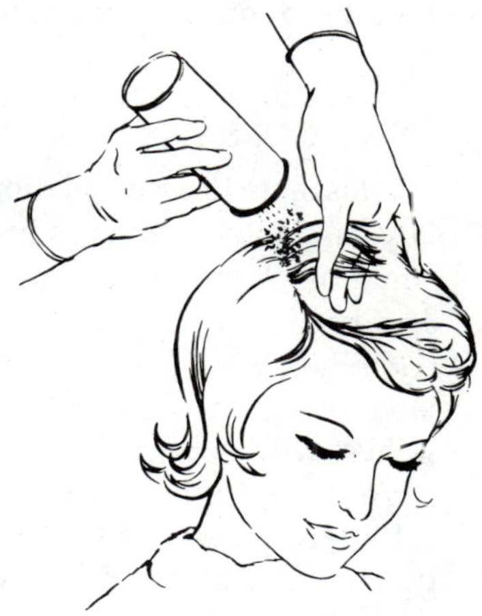

Champú seco en polvo.

Un champú seco en polvo se aplica generalmente cuando la salud de la cliente no permite que se le dé un champú húmedo.

Un champú comercial seco, en plovo, que contenga raíces de iris florentina (lirio) pulverizadas, se esparce libremente por entre el pelo y se hace penetrar con manipulaciones trabajando en cada sección a la vez. Este polvo, que absorbe la grasa del pelo, se quita después del pelo mediante un cepillado con cepillo de cerdas largas.

Cepille el pelo, mechón por mechón, hasta que desaparezcan todas las trazas de polvo. Entre una y otra pasada del cepillo, frote el mismo sobre una toalla limpia para quitarle a las cerdas el polvo y la suciedad.

Si el cliente lo desea y su salud lo permite, puede aplicársele una fricción tónica al cuero cabelludo después del cepillado. Nunca debe darse un champú seco en polvo antes de una ondulación permanente o antes de teñir el pelo.

CHAMPUS PARA POSTIZOS Y PELUCAS

Actualmente existen preparaciones con soluciones limpiadoras para pelucas. (Véase el capítulo sobre **Cuidado y Peinado de Pelucas.**)

OTRAS CLASES DE CHAMPUS

Un **champú de huevo** es el que se recomienda para el pelo reseco, quebradizo, muy clarificado o teñido. Los champús comerciales con pequeñas cantidades de huevo pueden obtenerse actualmente. En todo caso deben aplicarse según las instrucciones del fabricante.

Champús con Resplandores. (Véase el capítulo sobre **Coloración del Pelo**.)

Los **champús de Castilla** y **de aceite** continen una solución jabonosa con aceite de coco, escamas disueltas de jabón de Castilla y una pequeña cantidad de aceite de oliva para impedir el resecamiento que el jabón de alto contenido alcalino produce en el pelo.

Estos champús son neutrales y de efecto suave cuando contienen jabón de Castilla en alto grado. Al emplearlos, guíese por su instructor o instructora.

Los **champús medicamentosos** contienen productos químicos especiales o medicamentos que son muy eficaces para reducir el exceso de caspa. Deben emplearse únicamente bajo **prescripción** e **instrucción** médicas. No deben aplicarse al cabello teñido.

ENJUAGUES PARA EL PELO

Los enjuagues para el pelo consisten en agua sola o una mezcla de agua con un ácido suave, un agente colorante, o ingredientes especiales.

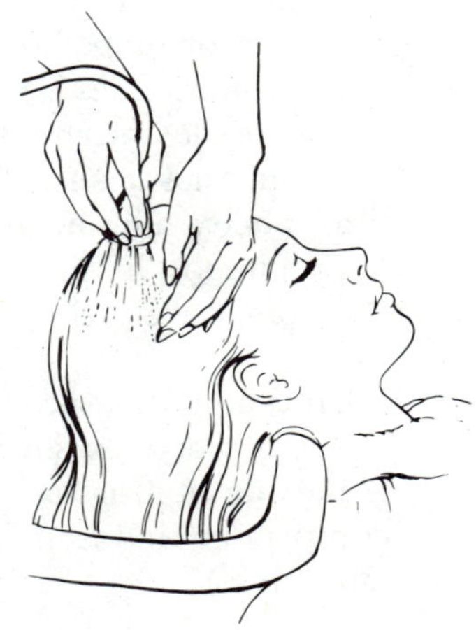

Enjuagando el pelo.

ENJUAGUES ACIDOS

Causas de la escoria jabonosa. En toda clase de agua hay minerales; mientras mayor cantidad de minerales contiene el agua, más dura es. Los jabones contienen ácidos grasos. Los minerales y los ácidos grasos se combinan para formar una especie de escoria o capa jabonosa que deslustra el cabello y hace difícil peinarlo.

Con agua ordinaria es imposible eliminar del pelo los grumos de jabón.

Los **enjuagues ácidos especiales** que en la actualidad se obtenien en el mercado quitan eficazmente del pelo los grumos de jabón, haciendo que el pelo sea más dócil al peinado y a la vez añadiéndole brillo. En esto deben seguirse las instrucciones del fabricante.

Acido cítrico—procedente del jugo de la lima, la naranja o el limón.

Acido tartárico—obtenido de los residuos de la fabricación del vino.

Acido acético—presente en el vinagre.

Acido láctico—lactosa o azúcar de leche.

Un enjuague ácido puede utilizarse también para contrarrestar la alcalinidad del pelo después de un teñido, una clarificación o una ondulación en frío.

La mayoría de los enjuagues ácidos, sean en forma sólida o líquida, se disuelven en agua antes de usarse.

ADVERTENCIA

No use un enjuague ácido sin diluirlo en agua puesto que el ácido puro puede causar quemaduras graves en el cuero cabelludo.

Procedimiento

1. Mezcle una taza (236 ml.) de enjuague ácido con una pinta (0.473 l.) de agua tibia y aplíquelo como último enjuague después de un champú.
2. Enjuague el pelo con esta mezcla varias veces.
3. Finalmente, enjuague el pelo con agua clara y tibia para eliminar todas las trazas de enjuague ácido.

ENJUAGUES CREMOSOS

Un enjuague cremoso es un producto comercial que tiene aspecto de crema y que se aplica como enjuague final. Tiende a suavizar el cabello, imprimiéndole lustre y facilitando el peinado de los pelos que se enredan.

La eficacia de los enjuagues cremosos depende de uno o más productos químicos que tienen en común una cualidad: se afirman en el pelo. Algunas de estas sustacias se adhieren al tallo del pelo y no se eliminan con los enjuagues ordinarios. Como resultado, el cabello adquiere una agradable suavidad al tacto y su peinado y manipulación se hacen mucho más fáciles.

Un enjuague cremoso no tiene la misma función que un enjuague ácido. Los enjuagues cremosos son de reacción ligeramente ácida como consecuencia de la clase de ingredientes que los componen. Es más, su acidez es tan baja en las soluciones empleadas que no tendría efecto como removedora del jabón (o de los grumos jabonosos).

ENJUAGUES QUE NO DESTIÑEN

Los enjuagues de acidez equilibrada (que no destiñen) son producto de una fórmula destinada a impedir la decoloración después de haberse aplicado un tinte o un matizador. Contribuyen a cerrar y endurecer las imbricaciones cuticulares que se dilataron y abrieron con el tinte o matizador alcalinos. La mayoría de los fabricantes formulan esta clase de enjuague de acuerdo con sus propios productos para teñido o matización.

ENJUAGUES REACONDICIONADORES

Un enjuague reacondicionador se usa después de aplicar un tinte. Al usarlo, siga las instrucciones del fabricante.

ENJUAGUES MEDICAMENTOSOS

Los enjuagues medicamentosos responden a fórmulas que incluyen ciertas propiedades medicinales para dominar las condiciones de casposidad de menor importancia.

También aquí deben seguirse las instrucciones del fabricante.

ENJUAGUES COLORANTES

Los enjuagues colorantes se emplean para darle al pelo resplandores o color temporal. Estos enjuagues permanenecen en al pelo hasta que se le da un champú. (Para información adicional, véase el capitulo sobre **Coloración del Pelo.**)

ENJUAGUE DE ALHEÑA

Un enjuague de alheña se aplica al final de otro enjuague para darle al pelo un matiz castaño. Puede aplicarse a tonos más oscuros, pero no al pelo rubio, canoso o blanco.

Procedimiento

1. Disuelva una onza (28.4 g) de polvo de alheña en un cuarto de galón (0.946 l.) de agua del grifo, bien caliente.
2. Déle un champú al pelo de la cliente y vierta la solución por toda la cabeza 3 o 4 veces.
3. Deje el líquido en el pelo durante unos 10 minutos.
4. Enjuáguelo con agua tibia.

Esta operación le dará suaves resplandores al pelo castaño y le imprimirá un matiz algo más rojizo.

PREGUNTAS DE REPASO

CHAMPUS

1. ¿Por qué la cosmetóloga que puede dar un champú profesional es en sí un elemento de buen éxito para un salón de belleza?
2. ¿Qué se debe lograr con un champú para que sea eficaz?
3. ¿Qué clase de champú tiene un efecto dañino en el pelo?
4. ¿Por qué es necesario limpiar el cuero cabelludo y el pelo con regularidad?
5. ¿Con qué frecuencia debe dársele un champú al pelo?
6. ¿Cuáles son dos clases de agua que se conocen?
7. ¿Qué es lo que determina la clasificación del agua?
8. ¿Cuáles pasos importantes preceden al champú?
9. ¿Por qué se prefieren los cepillos de cerda natural más que los de cerda de nilón para cepillar el cabello?
10. ¿De qué modo el cepillado beneficia al pelo y al cuero cabelludo?
11. Cite cinco condiciones en las cuales se omite el cepillado del pelo antes de un champú.
12. ¿Cuáles son los pasos principales al dar champú al pelo?
13. ¿Qué se hace con los materiales sobrantes después de un champú?
14. ¿Cuándo se lava y desinfecta las manos la cosmetóloga?
15. Cite cinco clases de champú.
16. ¿Cuándo se recomienda un champú que no destiñe?
17. ¿Cuándo se recomienda un champú de líquido seco?

ENJUAGUES

1. ¿Qué son los enjuagues?
2. ¿Qué clase de enjuagues son los que quitan los grumos jabonosos del pelo?
3. Nombre cuatro clases de ácidos utilizados en los enjuagues.
4. ¿Qué beneficios le proporcionan al pelo los enjuagues ácidos?
5. ¿En qué condiciones los enjuagues ácidos contrarrestan la alcalinidad del pelo?
6. ¿Qué efecto tiene en el pelo un enjuague cremoso?
7. ¿Qué es un enjuague que no destiñe?
8. ¿Cuánto tiempo duran los enjuagues colorantes?
9. ¿Cuándo se emplea un enjuague de alheña?
10. ¿En qué clases de pelo no debe emplearse un enjuague de alheña?

Capítulo 9

CUIDADO DEL CUERO CABELLUDO Y DEL PELO

OBJETIVOS DE APRENDIZAJE DEL CAPITULO

El (la) estudiante que logre dominar el contenido de este capítulo conocerá:

1. *El propósito del cuidado del cuero cabelludo y del pelo.*
2. *Las condiciones normales y anormales del cuero cabelludo y del pelo.*
3. *Los diversos trastornos del cuero cabelludo y del pelo que se observan en el salón de belleza.*
4. *Las manipulaciones que se aplican al cuero cabelludo y la técnica que se requiere para los tratamientos correctivos del cuero cabelludo y del pelo.*
5. *El propósito de los cosméticos que se usan en el cuidado del cuero cabelludo y del pelo.*

El propósito de los tratamientos del cuero cabelludo es preservar la salud y la hermosura del pelo y del cuero cabelludo. También ayudan a corregir los trastornos del cuero cabelludo, tales como la caspa y la pérdida excesiva del cabello.

Un requisito básico para conservar el cuero cabelludo sano es la limpieza. El cuero cabelludo y el pelo deben mantenerse limpios mediante la frecuente aplicación de tratamientos y champús. El cuero cabelludo pulcro es resistente a una variedad de trastornos.

Las manipulaciones que se dan en la piel del cráneo estimulan la circulación de la sangre en esta parte de la cabeza, relajan y alivian la tensión de los nervios de esa región, activan los músculos y la función de las glándulas relacionadas, ayudan a flexibilizar un cuero cabelludo tenso y promueven el crecimiento y la salud del pelo.

Aunque los champús mantienen el pelo limpio, no impiden que éste se torne reseco y quebradizo. La cosmetóloga, por lo tanto, debe siempre recomendar las aplicaciones cosméticas que sean adecuadas para contrarrestar los peligros que se derivan de un cuero cabelludo reseco y escamoso o de una excesiva condición grasienta del cuero cabelludo y del pelo.

Como el cuero cabelludo y el pelo tienen entre sí una relación vital, es necesario corregir muchos de los trastornos del cuero cabelludo para mentener la cabellera lozana. Un cuero cabelludo saludable contribuye al crecimiento de cabellos sanos. Sin embargo, la cosmetóloga se limita a tratar únicamente los trastornos que son comunes y de poca importancia.

No debe sugerirse el tratamiento del cuero cabelludo:

1. Si existen abrasiones (ulceraciones) o algún otro trastorno en el cuero cabelludo.
2. Inmediatamente antes de la aplicación de un clarificador, un tinte, un matizador, una ondulación permanente, o un tratamiento de relajación (suavización) química del pelo.

En los casos de enfermedad seria o contagiosa del cuero cabelludo debe aconsejársele a la cliente que consulte con un médico. No obstante, las condiciones originadas por simple negligencia, como son la tirantez de la piel del cráneo, el exceso o la falta de actividad de las glándulas sebáceas y la tensión de los nervios de esa región pueden corregirse o aliviarse mediante tratamientos adecuados del cuero cabelludo.

PREPARACION DE LA CLIENTE PARA LOS TRATAMIENTOS DEL CUERO CABELLUDO

Como en cualquier otro tratamiento, en primer lugar reúna todos los utensilios necesarios según la clase de tratamiento que va a aplicar al cuero cabelludo.

Prepare a la cliente protegiéndola con la cobertura adecuada; quítele todas las horquillas que lleve en el pelo y desenrédele la cabellera con un escarpidor.

Cepillado del pelo. El cepillado del cabello debe ser siempre parte esencial de un tratamiento del cuero cabelludo. Un cepillado adecuado, con un buen cepillo de cerda natural, no solamente estimulará la circulación en el cuero cabelludo sino que, además, contribuirá a remover el polvo y la suciedad del pelo y a darle mayor lustre y esplendor. (Para las instrucciones sobre el cepillado del cabello, véase el capítulo sobre **Champús y Enjuagues.**)

MANIPULACIONES DEL CUERO CABELLUDO

Puesto que en todos los tratamientos del cuero cabelludo se emplean las mismas manipulaciones, la cosmetóloga debe aprender a darlas con un movimiento uniforme y continuo para que estimule el cuero cabelludo y alivie la tensión de la cliente. El masaje del cuero cabelludo da mejores resultados cuando se aplica mediante una serie de tratamientos: una vez a la semana para el cuero cabelludo normal y con mayor frecuencia para los trastornos del cuero cabelludo, bajo la dirección de un dermatólogo.

ANATOMIA

El conocimiento de los músculos y de la situación de los vasos sanguíneos y los puntos nerviosos del cuero cabelludo ayudará a la cosmetóloga a dirigir los movimientos propios del masaje hacia aquellas partes donde los resultados sean de máximo beneficio.

TECNICAS PARA LAS MANIPULACIONES DEL CUERO CABELLUDO

Existen varios modos de aplicar manipulaciones al cuero cabelludo. El procedimiento descrito a continuación puede variarse para cumplir con los preceptos de su instructora.

Al aplicar cada uno de los movimientos del masaje, coloque las manos por debajo de los cabellos para que con todo el largo de los dedos, las yemas de éstos y los pulpejos de la palma de las manos pueda estimular los músculos, nervios y vasos sanguíneos del cuero cabelludo.

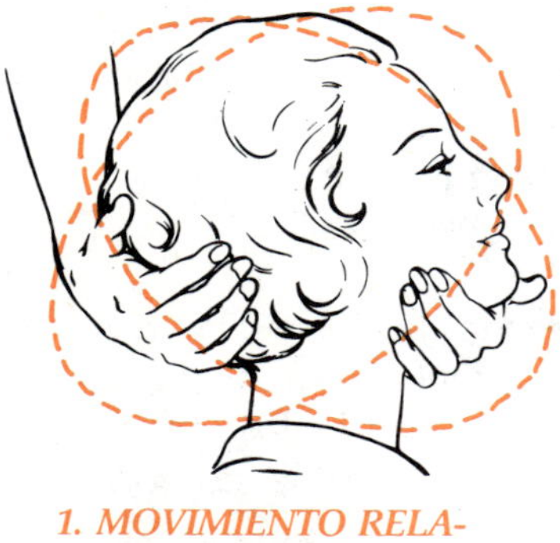

1. MOVIMIENTO RELAJADOR. Con la mano izquierda ahuecada y colocada debajo de la barbilla de la cliente, coloque la mano derecha en la base del cráneo y haga girar la cabeza suavemente. Invierta la posición de las manos y repita la operación.

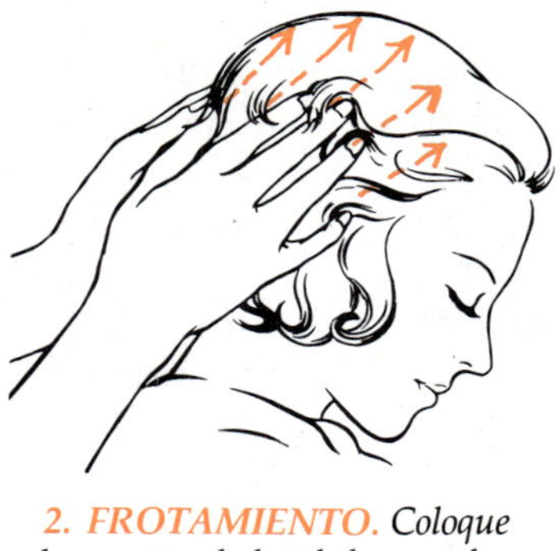

2. FROTAMIENTO. Coloque las puntas de los dedos a cada lado de la cabeza de la cliente; deslice las manos firmemente hacia arriba separando las puntas de los dedos hasta que las manos se toquen en la parte superior de la cabeza. Repita la operación cuatro veces.

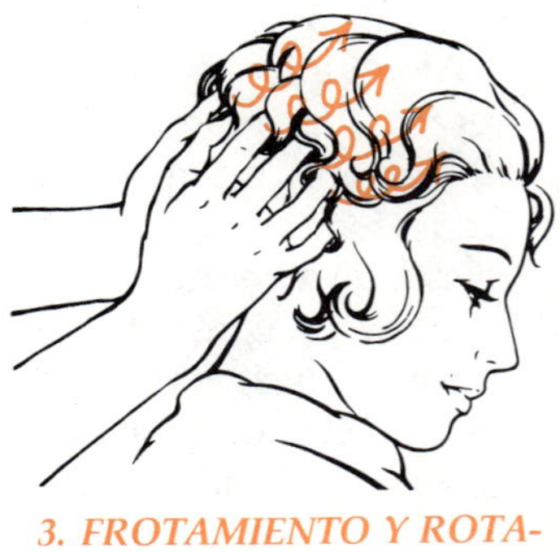

3. FROTAMIENTO Y ROTACION. Igual que el movimiento No. 2, excepto que después de deslizar los dedos una pulgada, usted hace girar y mover el cuero cabelludo de la cliente. Repítalo cuatro veces.

4. MOVIMIENTOS EN LA FRENTE. *Sostenga la parte posterior de la cabeza de la cliente con la mano izquierda. Coloque los dedos de la mano derecha, estirados, sobre la frente. Mueva la mano lenta y firmemente una pulgada hacia arriba cruzando la línea coronal del nacimiento del pelo. Repita la operación cuatro veces.*

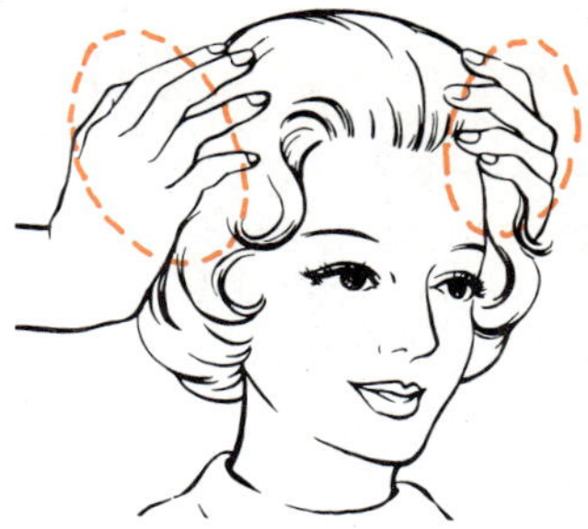

5. MOVIMIENTOS SOBRE EL CUERO CABELLUDO. *Coloque la palma de ambas manos firmemente sobre el cuero cabelludo de la cliente. Levante el cuero cabelludo con un movimiento rotatorio: primero con las manos por encima de las orejas; desqués con las manos en las partes anterior y posterior de la cabeza.*

6. MOVIMIENTOS EN LA LINEA CORONAL. *Coloque los dedos de ambas manos en la frente de la cliente. Déle masaje alrededor de la línea coronal con movmimientos de empuje y rotación.*

7. MOVIMIENTOS EN LA PARTE ANTERIOR DEL CUERO CABELLUDO. *Retrocediendo una pulgada, repita el movimiento anterior extendiéndolo a toda la parte delantera y superior del cuero cabelludo.*

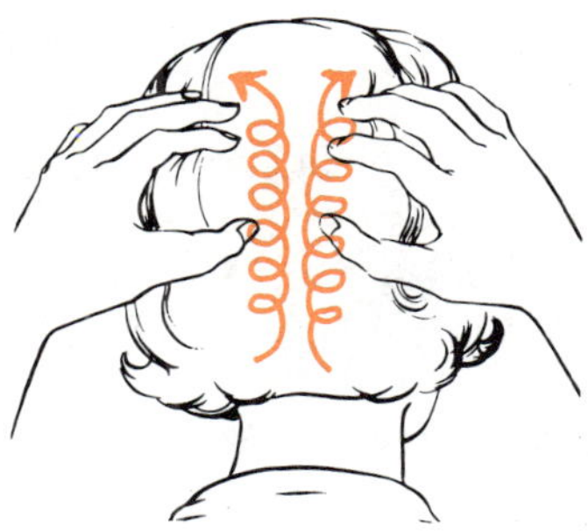

8. MOVIMIENTOS EN LA PARTE POSTERIOR DEL CUERO CABELLUDO. *Coloque los dedos de cada mano en los lados de la cabeza de la cliente. Comenzado por debajo de las orejas, manipule el cuero cabelludo con los pulgares hacia arriba hasta la coronilla. Repítalo cuatro veces. Repita las manipulaciones con los pulgares moviéndolos hacia el centro de la parte posterior de la cabeza.*

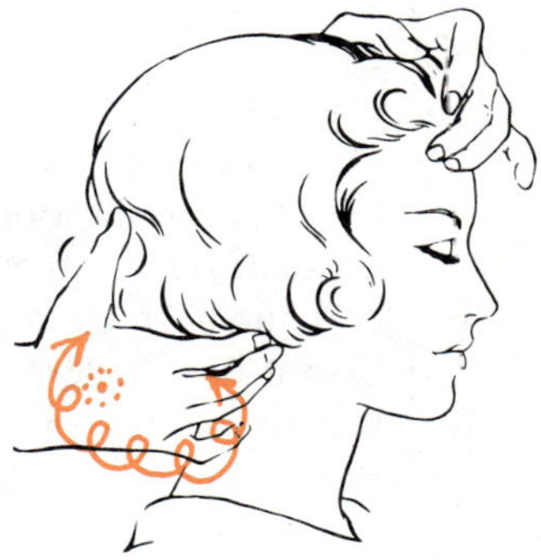

9. MOVIMIENTOS DE OREJA A OREJA. *Coloque la mano izquierda sobre la frente de la cliente. Dé masaje desde la oreja derecha hasta la izquierda con el pulpejo de la mano aplicando un movimiento rotatorio.*

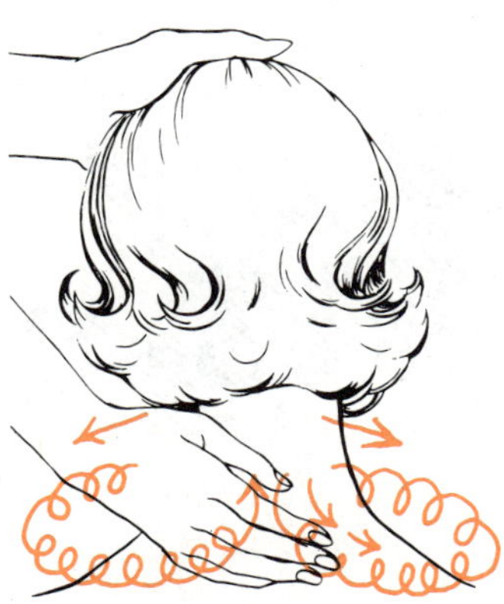

10. MOVIMIENTOS EN LA ESPALDA. *Estando de pie a la izquierda de la cliente, coloque la mano izquierda sobre la frente de ésta. Con la mano derecha, aplíquele un movimiento rotatorio desde la base del cuello, por encima del hombro, retrocediendo a lo largo del borde de la paleta (omóplato) hasta la espina dorsal. Suba entonces sobre la línea de la espina dorsal hasta el cuello y repita la operación en el lado opuesto.*

11. MOVIMIENDOS EN LOS HOMBROS. *Coloque la palma de ambas manos sobre la base del cuello de la cliente. Con movimientos rotatorios, empuje los músculos con los pulpejos a lo largo de los bordes de las paletas hasta el extremo de los hombros y retroceda al punto de partida. Aplique entonces masaje desde los hombros hasta la espina dorsal y retroceda de nuevo a los hombros.*

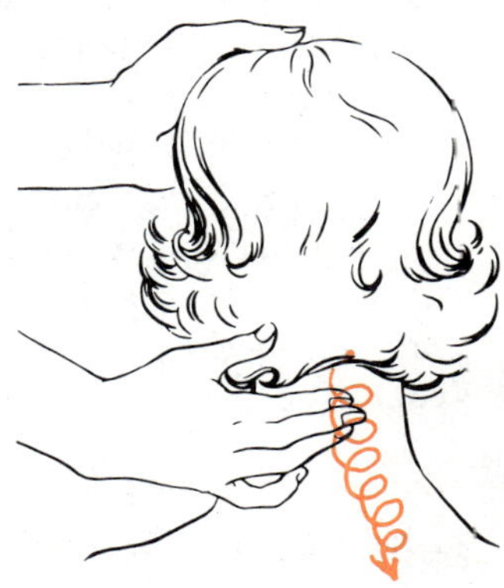

12. MOVIMIENTOS EN LA ESPINA DORSAL. *Con movimientos rotatorios, dé masaje desde la base del cráneo hacia abajo sobre la línea de la espina dorsal. Aplique fuerte presión con los dedos y mueva la mano lentamente otra vez hacia la base del cráneo.*

TRATAMIENTO DEL PELO Y CUERO CABELLUDO NORMALES

El propósito de un tratamiento general del cuero cabelludo es mantener éste y el cabello en condiciones higiénicas y saludables. Los tratamientos periódicos del cuero cabelludo son, además, beneficiosos porque contribuyen a evitar la calvicie.

PREPARACION

1. Reúna los materiales e instrumentos.
2. Ayude a la cliente a acomodarse el vestido o la blusa.
3. Prepare a la cliente (con la cobertura apropiada).

PROCEDIMIENTO

1. Cepille el cabello durante 5 minutos aproximadamente.
2. Aplíquele una pomada o crema apropiada al cuero cabelludo.
3. Enfóquele una lámpara de rayos infrarrojos durante unos 5 minutos.
4. Déle manipulaciones al cuero cabelludo durante un período de 10 a 20 minutos.
5. Aplíquele un champú al cabello.
6. Seque la cabellera con una toalla hasta eliminar todo exceso de humedad.
7. Rocíe el cuero cabelludo con una loción o tónico adecuados.
8. Prepare el pelo para el peinado, séquelo y péinelo según el estilo deseado.
9. Limpie el lugar donde ha realizado su trabajo.

Aplicando calor con la lámpara de rayos infrarrojos.

TRATAMIENTO DE LA CASPA

El síntoma principal de la caspa es la aparición de escamillas blancas en el pelo y cuero cabelludo, a veces con prurito de este último. La caspa también puede estar relacionada con una condición de excesiva sequedad u oleosidad del cuero cabelludo. Las causas más comunes de la caspa son la insuficiente circulación sanguínea en la piel del cráneo, una dieta inadecuada, la falta de higiene y la infección. Para prevenir el contagio de la caspa en el salón de belleza, la cosmetóloga debe desinfectar todos los instrumentos y evitar el uso promiscuo de peines, cepillos y aplicadores para el cuero cabelludo.

Caspa simple.

Caspa excesiva.

PROCEDIMIENTO

1. Prepare a la cliente igual que para un tratamiento del cuero cabelludo normal.
2. Cepille el cabello durante 5 minutos.
3. Aplíquele al cuero cabelludo un preparado adecuado a su condición.
4. Enfóquele la lámpara de rayos infrarrojos durante unos 5 minutos.
5. Déle manipulaciones al cuero cabelludo empleando corriente indirecta de alta frecuencia.
6. Aplíquele un champú que contenga loción correctiva contra la caspa.

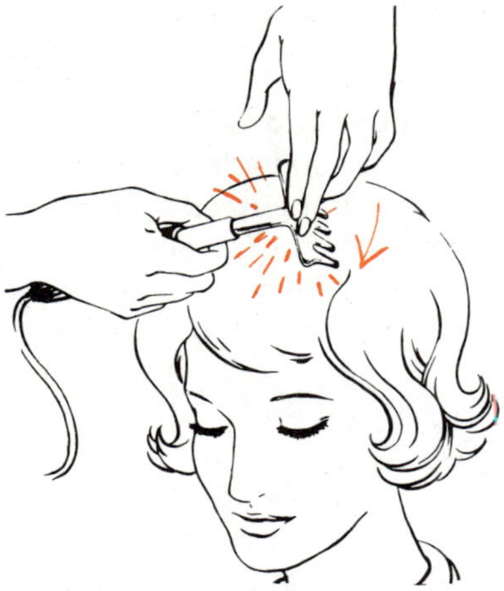

Aplicando la alta frecuencia con rastrillo de vidrio.

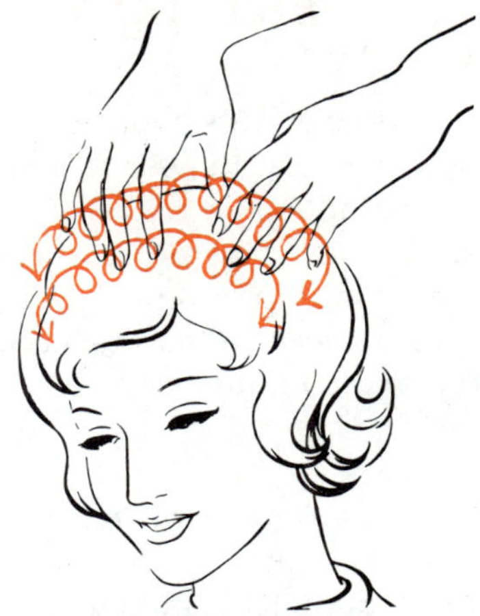

Al aplicar la corriente indirecta de alta frecuencia, la cosmetóloga manipula el cuero cabelludo...

...mientras la cliente sujeta el electrodo metálico.

7. Seque el cabello bien con una toalla.
8. Use la corriente directa de alta frecuencia durante un período de 3 a 5 minutos.
9. Aplíquele al cuero cabelludo un preparado adecuado a su condición.
10. Prepare el pelo para el peinado, séquelo y péinelo segun el estilo deseado.
11. Limpie el lugar donde ha realizado su trabajo.

TRATAMIENTO DEL PELO Y CUERO CABELLUDO RESECOS

Este tratamiento se aplica cuando existe una deficiencia en la lubricación natural del cuero cabelludo y del pelo. Seleccione preparados para el cuero cabelludo que contengan sustancias humedecedoras y emolientes. Evite el uso de jabones fuertes, las preparaciones que contienen aceite mineral o una base de aceite sulfonado, los preparados grasientos y las lociones de alto contenido alcohólico.

PROCEDIMIENTO

1. Prepare a la cliente igual que para un tratamiento del cuero cabelludo normal.
2. Esparza en el cuero cabelludo la preparación adecuada a su condición siguiendo las indicaciones del fabricante o de su instructora.
4. Aplique el vaporizador para el cuero cabelludo durante un período de 7 a 10 minutos, o envuelva la cabeza con toallas que emanen vapor caliente durante igual período de tiempo. Guíese por lo que le diga su instructora.
5. Déle al pelo un champú suave.
6. Seque bien la cabellera y el cuero cabelludo con una toalla.
7. Esparza en el cuero cabelludo la crema humedecedora en pequeñas cantidades mediante un movimiento de fricción rotatoria.
8. Estimule el cuero cabelludo con la corriente directa de alta frecuencia, empleando el electrodo de rastrillo de vidrio durante unos 5 minutos.
9. Prepare el pelo para el peinado, séquelo y péinelo según el estilo deseado.
10. Limpie el lugar donde ha realizado su trabajo.

Vaporizador para el cuero cabelludo.

TRATAMIENTO DEL PELO Y CUERO CABELLUDO GRASIENTOS

El exceso de grasa en el cuero cabelludo es producido por una superactividad de las glándulas sebáceas (productoras del aceite cutáneo). Manipule el cuero cabelludo mediante amasaduras (o sobas) para hacer que en él aumente la circulación sanguínea. Los depósitos de sebo endurecido en los poros del cuero cabelludo se extraerán con la presión y el estrujamiento apropiados. Para normalizar la función de estas glándulas es necesario escurrir el exceso de sebo durante la aplicación de cada tratamiento.

PROCEDIMIENTO

1. Prepare a la cliente igual que para un tratamiento del cuero cabelludo normal.
2. Cepille el cabello durante 5 minutos aproximadamente.
3. Aplíquele una loción medicamentosa al cuero cabelludo utilizando únicamente un pedazo de algodón.
4. Enfóquele la lámpara de rayos infrarrojos durante unos 5 minutos.
5. Déle manipulaciones al cuero cabelludo. (El uso de la corriente farádica o sinusoidal es opcional.)
6. Aplique un champú correctivo del cuero cabelludo grasiento.
7. Seque el pelo con una toalla.
8. Aplique la corriente directa de alta frecuencia durante un período de 3 a 5 minutos.
9. Aplíquele al cuero cabelludo un tónico que contenga una base astringente.
10. Prepare el pelo para el peinado, séquelo y péinelo según el estilo deseado.
11. Limpie el lugar donde ha realizado su trabajo.

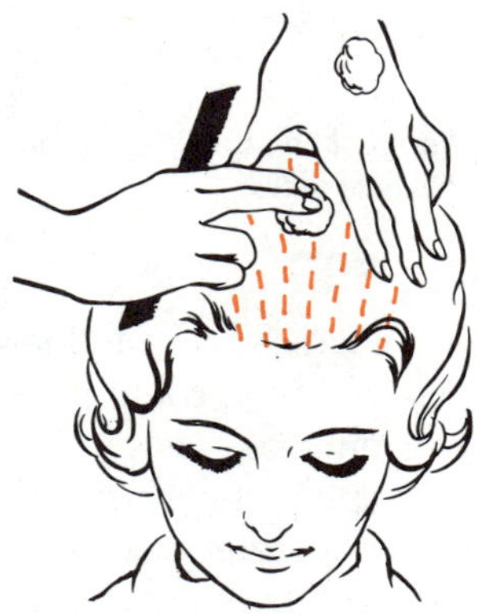

Aplicando la loción para el cuero cabelludo con un pedazo de algodón.

ADVERTENCIA

Las cremas o pomadas pueden untarse **antes** de aplicar la corriente de alta frecuencia. Los tónicos o lociones para el cabello con alto contenido alcohólico pueden aplicarse únicamente **después** de emplear la corriente de alta frecuencia.

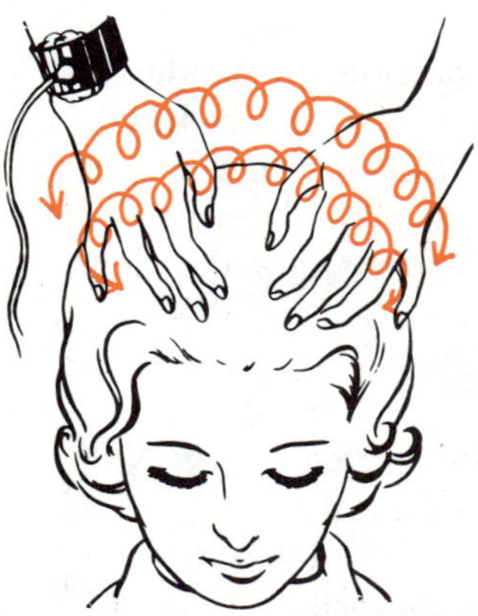

Aplicando la corriente farádica. Manipule el cuero cabelludo mientras la cliente sujeta el electrodo.

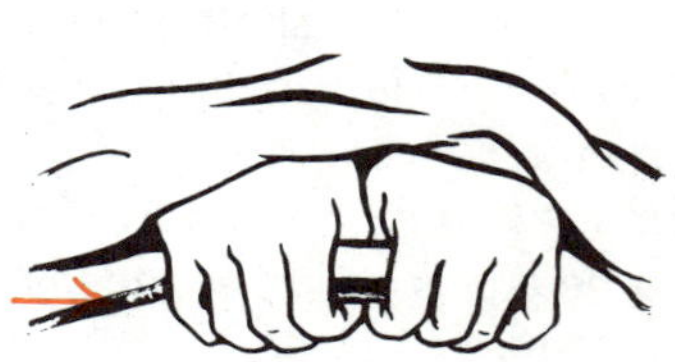

TRATAMIENTO CORRECTIVO DEL PELO

Un tratamiento correctivo del pelo afecta al **tallo del pelo,** no al cuero cabelludo. El pelo reseco y deteriorado puede mejorarse notablemente mediante el uso de reacondicionadores. Los tratamientos para el pelo son especialmente beneficiosos e importantes en grado sumo cuando se aplican entre una semana y 10 días antes, o entre una semana y 10 días después de haberle dado a la cabellera una ondulación permanente, un tinte, una clarificación, una matización o un tratamiento de relajación química del pelo.

El capello reseco puede suavizarse con rapidez mediante un preparado reacondicionador que se aplica directamente al tallo del pelo. El producto que se emplea con esta finalidad es, por lo general, una emulsión que contiene colesterol y compuestos relacionados.

PROCEDIMIENTO

1. Prepare a la cliente igual que para un tratamiento del cuero cabelludo normal.
2. Cepille el cabello durante 5 minutos aproximadamente.
3. Déle un champú suave.
4. Seque la cabellera con una toalla.
5. Aplique un reacondicionador de acuerdo con las instrucciones del fabricante.
6. Prepare el pelo para el peinado, séquelo y péinelo según el estilo deseado.
7. Limpie el lugar donde ha realizado su trabajo.

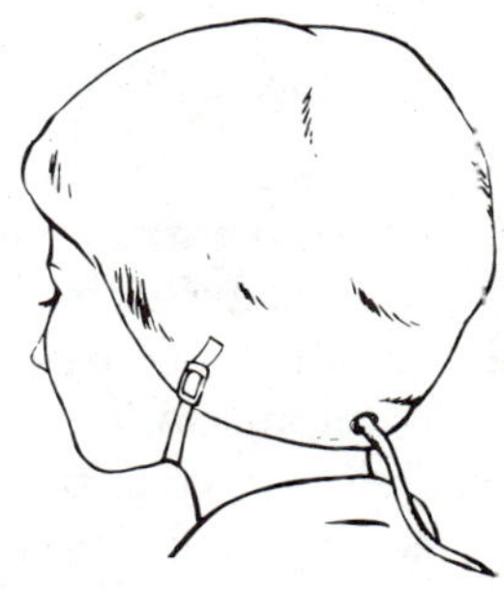

Aplicando calor.

TRATAMIENTO DE LA ALOPECIA

Alopecia es el nombre que se le da a un estado de calvicie prematura o a la pérdida excesiva del pelo. Las causas principales de la alopecia son la insuficiencia circulatoria, la falta de estimulación conveniente, la nutrición inadecuada y ciertas enferemedades cutáneas infecciosas tales como la tiña o los trastornos constitucionales. El tratamiento de la alopecia va dirigido a estimular la afluencia de sangre al cuero cabelludo y a revitalizar la papila del pelo, la cual interviene en el crecimiento de éste.

PROCEDIMIENTO

1. Prepare a la cliente igual que para un tratamiento del cuero cabelludo normal.
2. Cepille el cabello durante 5 minutos aproximadamente.
3. Aplique al cuero cabelludo una pomada medicamentosa bajo prescripción médica.
4. Enfóquele la lámpara de rayos infrarrojos durante 5 minutos aproximadamente.
5. Déle manipulaciones al cuero cabelludo. Puede aplicar la corriente farádica o la corriente indirecta de alta frecuencia.
6. Déle un champú suave.
7. Seque la cabellera con una toalla.
8. Aplique la corriente directa de alta frecuencia durante 5 minutos aproximadamente.
9. Rocíe el cuero cabelludo con una loción medicamentosa.
10. Repita las manipulaciones en el cuero cabelludo incluyendo el cuello, los hombros y la parte superior de la espalda.
11. Prepare el pelo para el peinado, séquelo con aire caliente o fresco y péinelo según el estilo deseado.
12. Limpie el lugar donde ha realizado su trabajo.

RECORDATORIOS Y SUGERENCIAS PARA EL CUIDADO DEL CUERO CABELLUDO Y DEL PELO

1. Una condición anormal del cuero cabelludo y del pelo requiere un análisis muy cuidadoso con el fin de aplicar un tratamiento apropiado.
2. Algunos trastornos del cuero cabelludo pueden ser infecciosos. Por esta razón sólo deben emplearse en la cliente instrumentos desinfectados.

TRATAMENTO DE LA ALOPECIA AREATA

La **alopecia areata** es un trastorno que causa clavicie en forma de manchas. Esta anomalía puede ser tratada bajo la supervisión de un médico.

Aplicando los rayos ultravioleta.

PROCEDIMIENTO

1. Prepare a la cliente igual que para un tratamiento normal del cuero cabelludo.
2. Aplíquele al cuero cabelludo las manipulaciones ordinarias.
3. Déle un champú al cabello de acuerdo con su condición; si el cuero cabelludo es muy sensible, emplee un champú suave.
4. Seque el cuero cabelludo y la cabellera completamente.
5. Exponga el cuero cabelludo a los rayos ultravioleta durante un período de 5 a 10 minutos, especialmente en las áreas de calvicie.
6. Aplique una pomada o una loción mediante ligeras manipulaciones en las áreas de calvicie.
7. Aplique la corriente de alta frecuencia durante 5 minutos aproximadamente. Si usa una pomada, aplique la corriente directa; si usa una loción, aplique la corriente indirecta.
8. Peine la cabellera dándole el estilo deseado empleando únicamente el peine.
9. Limpie el lugar donde ha realizado su trabajo.

PREGUNTAS DE REPASO

CUIDADO DEL CUERO CABELLUDO Y DEL PELO

1. ¿Con qué finalidad se dan tratamientos al cuero cabelludo?
2. ¿Qué beneficios se derivan de las manipulaciones eficaces del cuero cabelludo?
3. ¿Por qué es necesario tener un cuero cabelludo sano para el crecimiento saludable del pelo?
4. ¿Cuáles trastornos del cuero cabelludo son tratados ordinariamente en el salón de belleza?
5. ¿Cuándo no debe darse un tratamiento del cuero cabelludo?
6. ¿Qué beneficios resultan del cepillado regular del pelo?
7. ¿Con qué frecuencia deben darse los masajes en el cuero cabelludo?
8. ¿Por qué el pelo y cuero cabelludo normales requieren tratamientos del cuero cabelludo?
9. ¿Cuáles son las causas comunes de la caspa?
10. ¿Qué es lo que causa el exceso de grasa en el pelo?
11. ¿Qué precauciones se requieren al usar la corriente de alta frecuencia con tónicos o lociones para el pelo?
12. ¿Cómo puede mejorarse el pelo reseco y deteriorado?
13. ¿Qué es la alopecia?
14. ¿Qué es la alopecia areata?

Capítulo 10

EL CORTE DE PELO

OBJETIVOS DE APRENDIZAJE DEL CAPITULO

El (la) estudiante que logre dominar el contenido de este capítulo conocerá:

1. *Por qué el corte profesional del pelo es el fundamento de los estilos de peinado y de la ondulación permanente.*
2. *El uso correcto de los instrumentos básicos necesarios para el corte de pelo.*
3. *El seccionamiento adecuado de la cabellera y su relación con el corte profesional del pelo.*
4. *Cómo cortar y usar una línea directriz en el corte de pelo.*
5. *Las técnicas variadas que se emplean para entresacar el pelo.*
6. Las técnicas básicas para cortar el pelo con tijeras o con navaja.
7. Las definiciones relativas al corte de pelo.

El estudiante o la estudiante de cosmetología deben adquirir destreza en el arte y la técnica del corte de pelo antes de considerarse capacitados para trabajar en los mejores salones. La forma adecuada de cortar el pelo, ya sea con tijeras ordinarias, tijeras de entresacar o navaja, requiere un adiestramiento completo. Un corte de pelo que dé buena configuración a la cabellera sirve de fundamento a hermosos peinados. El adiestramiento del cosmetólogo o la cosmetóloga no está completo hasta que la persona haya desarrollado la capacidad artística y la necesaria apreciación para dar un corte de pelo logrado.

Los estilos modernos de peinado tienen por finalidad acentuar los rasgos favorables de la cliente y dismimular los desfavorables. La cosmetóloga debe guiarse por el deseo de la cliente así como por lo que sea más propicio a su personalidad. Al seleccionar el estilo de peinado adecuado, la cosmetóloga deberá tomar en consideración la conformación de la cabeza de la cliente, el contorno de su rostro, la línea cervical del nacimiento del pelo y la textura del cabello.

INSTRUMENTOS PARA EL CORTE DE PELO

La cosmetóloga se dará cuenta de que la calidad de los instrumentos que selecciona para el corte de pelo es un factor importante. Para realizar su trabajo en la mejor forma posible, la cosmetóloga debe comprar y usar solamente instrumentos de superior calidad hechos por un fabricante de confianza.

El uso inadecuado pronto estropeará la eficacia de cualquier instrumento, no importa lo perfecto que pueda haber estado al salir de la fábrica.

He aquí los instrumentos que se emplean en el corte de pelo:

Tijeras ordinarias para cortar el pelo (tijeras barberiles).

Tijeras de entresacar (con una o ambas hojas dentadas).

Navajas barberas.

Navajas con guarnición de seguridad.

Peines.

Maquinillas para cortar el pelo.

INSTRUMENTOS PARA EL CORTE DE PELO

TIJERAS PARA CORTAR EL PELO

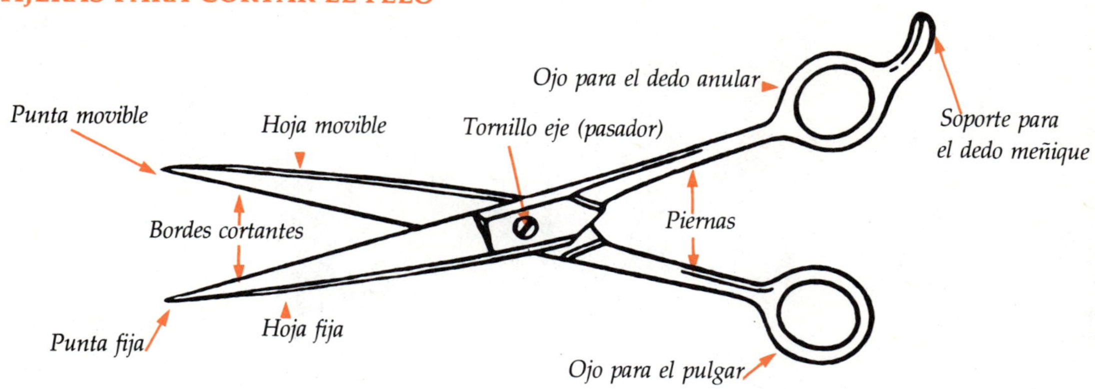

TIJERAS PARA ENTRESACAR EL PELO

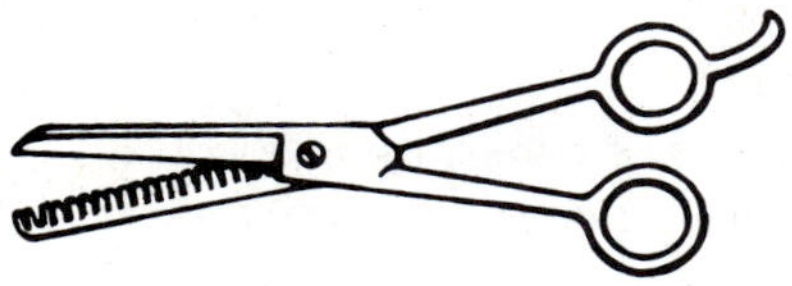

Tijeras para entresacar con una hoja dentada

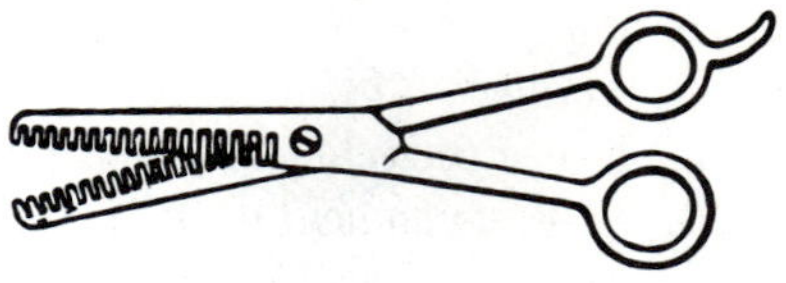

Tijeras para entresacar con las dos hojas dentadas

NAVAJA BARBERA

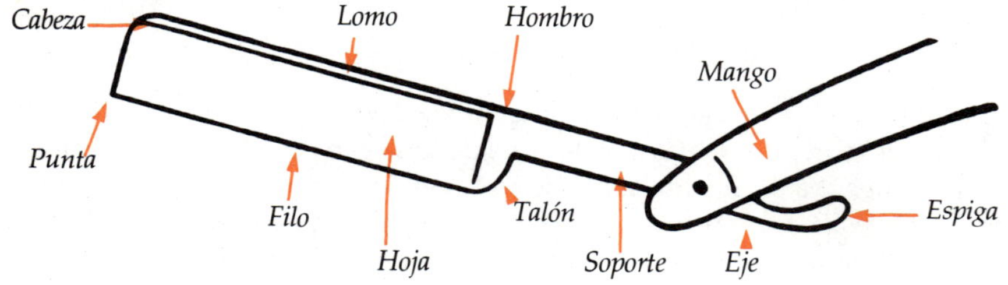

NAVAJAS CON GUARNICION DE SEGURIDAD

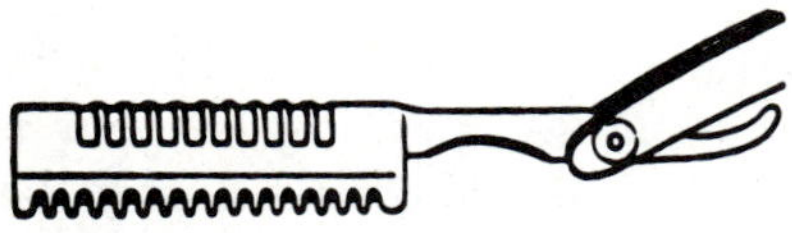

Navaja de un solo filo con guarnición de seguridad.

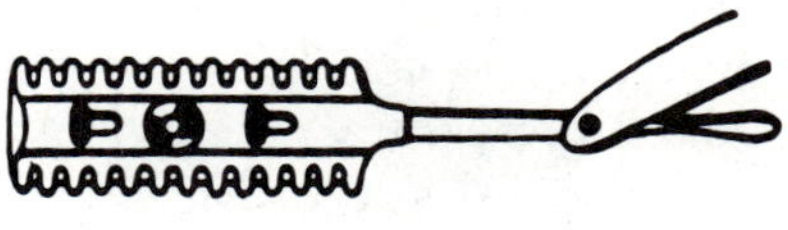

Navaja de doble filo con guarnición de seguridad.

PEINES COMUNES

Escarpidor

Peine de cola (de rata)

Peine para fines múltiples

Peine para el corte de pelo

SEPARACION DE SECCIONES PARA EL CORTE DE PELO

Se el (o la) estudiante sigue paso a paso un procedimiento práctico, pronto aprenderá o dar un corte de pelo profesional. El primer paso es seccionar la cabellera en forma apropiada. Las ilustracions que siguen representan los métodos prácticos y aceptados para dividir la cabellera en cuatro o cinco secciones. En todo caso, guíese por los métodos que le indique su instructora para el corte de pelo con la cabellera húmeda o seca.

SEPARACION DE CUATRO SECCIONES

Divida la cabellera siguiendo una línea central desde la frente hasta la nuca y asimismo otra línea central a través de la parte superior de la cabeza, de oreja a oreja. Sujete el pelo de las cuatro secciones con prendedores y deje el pelo de la nuca libre para usarlo como guía.

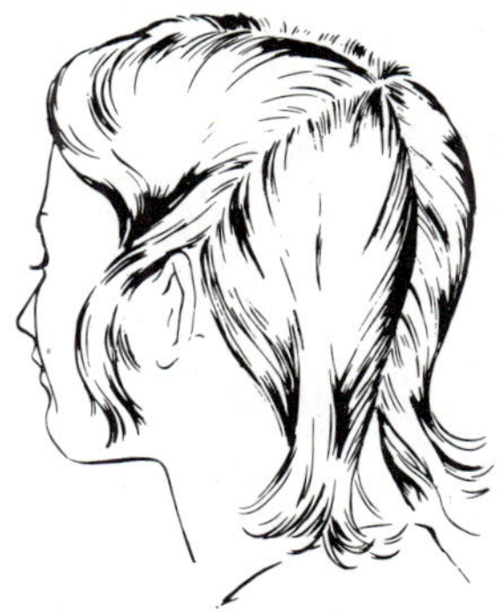

SEPARACION EN CINCO SECCIONES

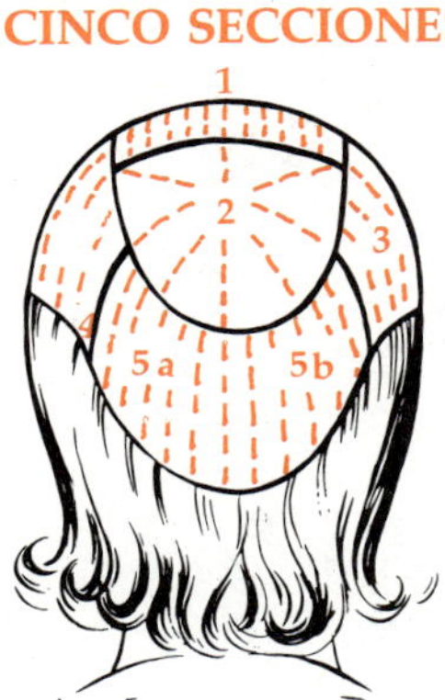

Vista posterior.

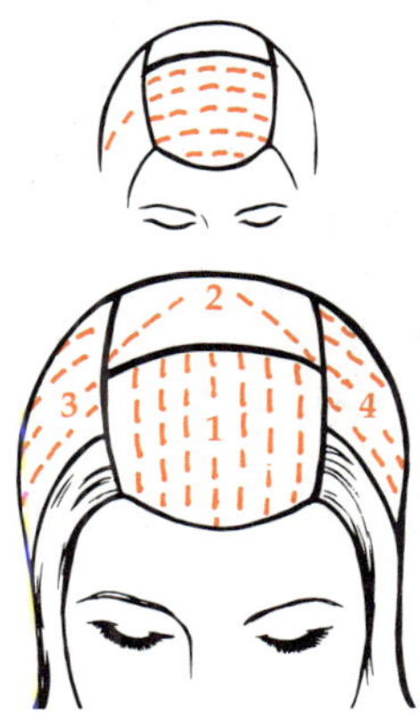

La sección superior No. 1 puede subdividirse en dirección horizontal o vertical.

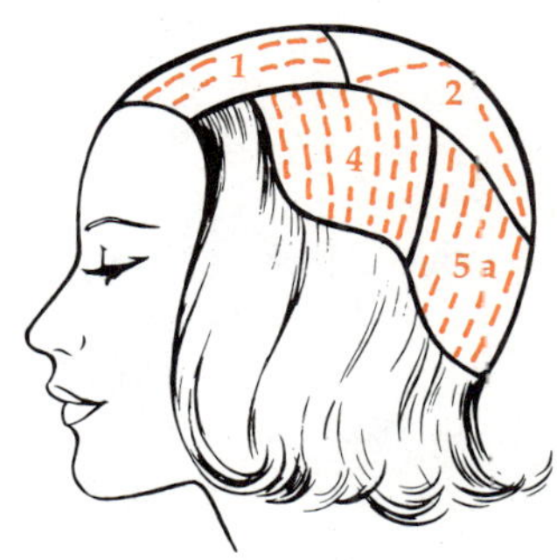

Vista lateral.

Separación en cinco secciones con subdivisión en paneles. Seccione la cabellera y prenda el pelo en el orden que se muestra en las ilustraciones.

La sección posterior (No. 5) puede dividirse en dos subsecciones, la No. 5a y la No. 5b para un más fácil manejo.

METODO ALTERNO PARA CINCO SECCIONES

Otro modo de dividir la cabellera en cinco secciones consiste en separarla a través de la coronilla, de oreja a oreja, y subdividirla en el mismo orden que se muestra en la ilustración.

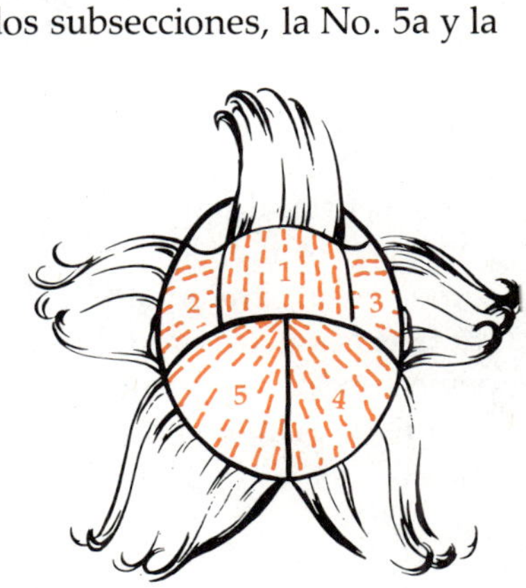

Cabellera dividida en cinco secciones con separación en el centro posterior.

COMO SOSTENER LOS INSTRUMENTOS PARA EL CORTE DE PELO

TIJERAS

Las tijeras para el corte de pelo se sostienen correctamente insertando el tercer dedo (dedo anular) en el ojo de la hoja fija, apoyando el dedo meñique en el rabillo (soporte digital). El pulgar se inserta en el ojo de la hoja movible. La punta del dedo índice se apoya en un punto próximo al clavillo (pasador o eje) de las tijeras con el fin de tener un mejor dominio de ellas. (Fig. 1)

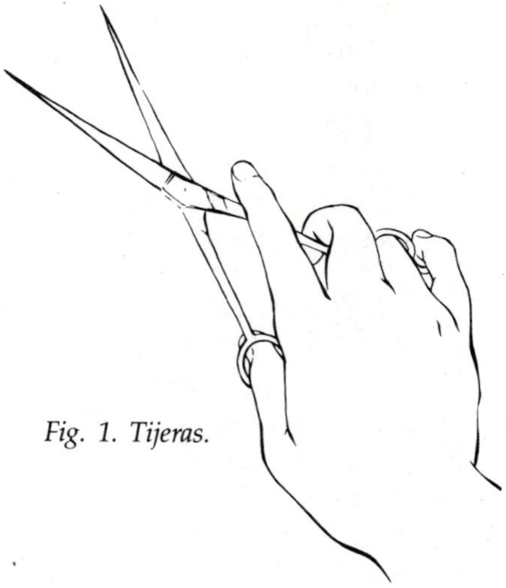

Fig. 1. Tijeras.

TIJERAS PARA ENTRESACAR EL PELO

En volumen excesivo de la cabellera se reduce mediante el empleo de las tijeras de entresacar. Como puede observarse en la ilustración correspondiente, estas tijeras son muy semejantes a las que se usan para el corte de pelo, excepto que tienen una de las hojas, o ambas, dentadas o serradas. Las tijeras de una sola hoja dentada cortan más pelos. El uso de una u otra depende de la preferencia de la cosmetóloga. Los dientes ayudan a la cosmetóloga a controlar la cantidad de pelos que va a cortar. Tanto las tijeras de entresacar como las que se usan para el corte de pelo se sostienen con la mano en la forma descrita.

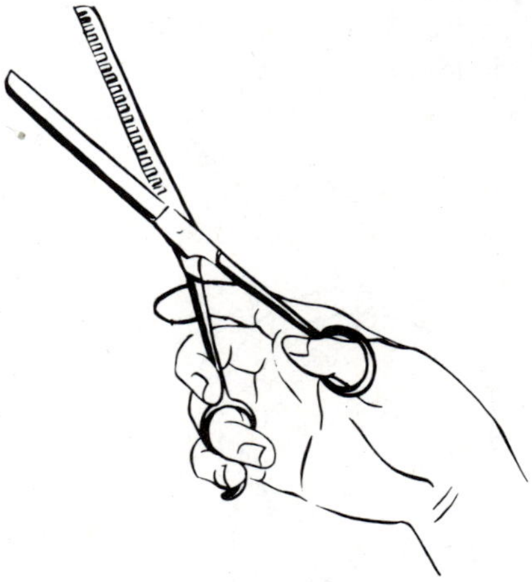

Fig. 2. Tijeras de entresecar con una hoja dentada.

EL PEINE Y LAS TIJERAS

Cada vez que sea necesario usar el peine durante el corte de pelo, cierre las tijeras, saque el pulgar del ojo correspondiente y deje descansar las tijeras en la palma de la mano. Sujete las tijeras firmemente con el dedo anular. El peine se sostiene entre el dedo pulgar y los demás dedos. (Fig. 3)

Nota: Cuando peine el cabello, sujete el peine y las tijeras con la mano derecha como se muestra en la Fig. 3. Al darle una configuración (un corte) al pelo, sujete el peine con la mano izquierda. Para acelerar el corte de pelo, no ponga a un lado el peine o las tijeras.

Fig. 3. Sujetando el peine y las tijeras.

ENTRESACA DEL PELO

El propósito de entresacar el pelo está en quitar el exceso de volumen de los cabellos sin acortarlos. Para obtener los mejores resultados, siga las sugerencias dadas a continuación:

1. Humedezca el pelo antes de usar una navaja para entesacarlo o cortarlo.
2. Para el corte con tijeras de entresacar o con tijeras ordinarias, el pelo puede estar seco o húmedo.

La **textura del pelo** determina el punto donde debe comenzarse a entresacar los tallos pilosos. Por lo general, el **pelo fino** puede entresacarse más cerca del cuero cabelludo que el pelo grueso. ¿Por qué? Porque si el pelo grueso se entresaca en un punto muy próximo al cuero cabelludo, los extremos cortos y abultados sobresaldrán por encima del peinado. Por otra parte, el pelo fino es más suave y dócil y así cuando se corta a muy poca longitud se queda pegado a la cabeza.

Qué cantidad de pelo debe entresacarse es algo que depende del estilo específico de peinado que va a crearse. Como orientación, guíese por las siguientes texturas de pelo al comenzar la entresaca:

1. Pelo fino: de ½ a 1″ (1.25-2.5 cm.) del cuero cabelludo.
2. Pelo mediano: de 1 a 1½″ (2.5-3.75 cm.) del cuero cabelludo.
3. Pelo grueso: de 1½ a 2″ (3.75-5 cm.) del cuero cabelludo.

AREAS PARA LA ENTRESACA DEL PELO

Hay varias áreas donde no es aconsejable entresacar el pelo:

1. En la nuca (de oreja a oreja).
2. A los lados de la cabeza, por encima de las orejas.
3. Alrededor de la línea coronal del crecimiento del pelo (cuero cabelludo). Generalmente, el pelo no es denso en esa área.
4. En la crencha o raya que divide el cabello. Aquí las puntas recortadas quedarían visibles después de terminado el peinado.

Nota: Nunca entresaque el pelo cerca de las puntas de un mechón; hacerlo desfigurará el pelo.

El pelo de las áreas oscurecidas no necesita entresacarse.

RECORDARIO

Debe ejercerse gran cuidado para evitar entresacar demasiado pelo durante el proceso de entresaca. Desqués de que el pelo se corta, es imposible remplazarlo y existe la probabilidad de que sea imposible desarrollar el estilo de peinado deseado.

ENTRESACA CON TIJERAS ASERRADAS

Cuando use las tijeras de entresacar, sujete el pelo firmemente montando el dedo de en medio un poco sobre el índice.

Procedimiento

1. Levante un mechón de pelos que tenga entre ½ y 1″ (1.25-2.5 cm.) de ancho por 2 o 3″ (5-7.5 cm.) de largo según sea su textura.
2. Sujete el mechón estirado y alejado del cuero cabelludo, apretándolo entre el dedo de en medio y el índice.
3. Sostenga las tijeras de entresacar a una distancia de 1 o 2″ (2.5-5 cm.) del cuero cabelludo.
4. Corte el mechón cerrando parcialmente las tijeras de entresacar hasta ¾ a través del mechón. (Fig. 1.)
5. Mueva las tijeras hacia afuera otra 1½″ (3.75 cm.) y corte otra vez.
6. Repita el corte una vez más si el pelo es lo suficientemente largo.

Nota: Es aconsejable evitar la entresaca de la parte superior del mechón.

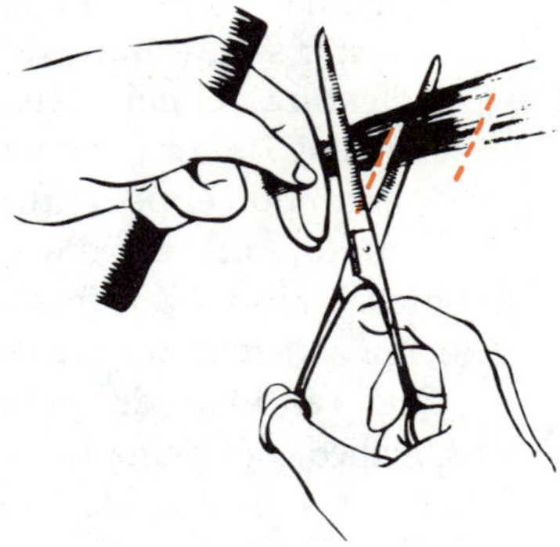

Fig. 1. Entresacando el pelo con tijeras de entresacar (aserradas o dentadas).

ENTRESACA CON TIJERAS BARBERILES

Cuando use para la entresaca tijeras ordinarias de cortar el pelo, levante secciones de pelos más pequeñas que las que se separan cuando se usan tijeras aserradas. La técnica es también diferente. Este proceso de entresacar el pelo con tijeras barberiles se conoce como **corte rebajado con desliz.**

Procedimiento

1. Sujete un mechón de pelos estirado hacia afuera apretándolo entre el dedo de en medio y el índice.
2. Coloque el pelo entre las hojas de las tijeras de modo que corte solamente los pelos del lado inferior del mechón.
3. Deslice las tijeras a una distancia de 1 a 1½″ (2.5-3.75 cm.) hacia la punta del mechón y hacia el cuero cabelludo (movimiento de vaivén) cerrándolas ligeramente cada vez que las desliza hacia el cuero cabelludo. (Fig. 2.)
4. Repita este procedimiento dos veces en cada mechón.

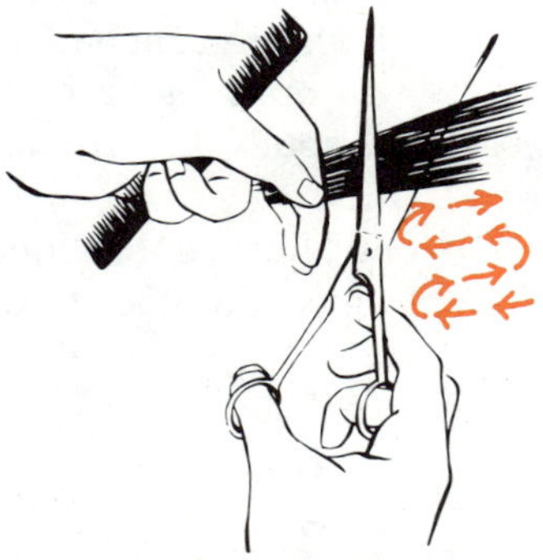

Frig. 2. Entresacando con tijeras barberiles ordinarias.

Nota: Un método alterno para sujetar el pelo es aquél en que se emplean los dedos plugar e índice. (Fig. 3)

Peinado al revés. El pelo corto puede peinarse al revés (cardándolo, batiéndolo, atizándolo) y entonces entresacarlo con desliz como se muestra en la Fig. 4.

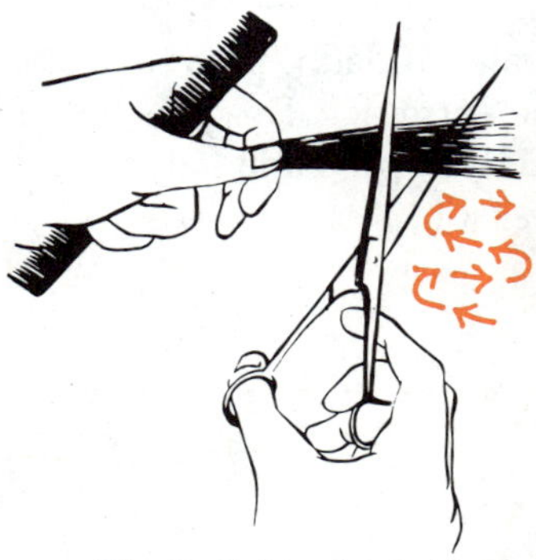

Fig. 3. Sujetando el pelo con los dedos pulgar e índice.

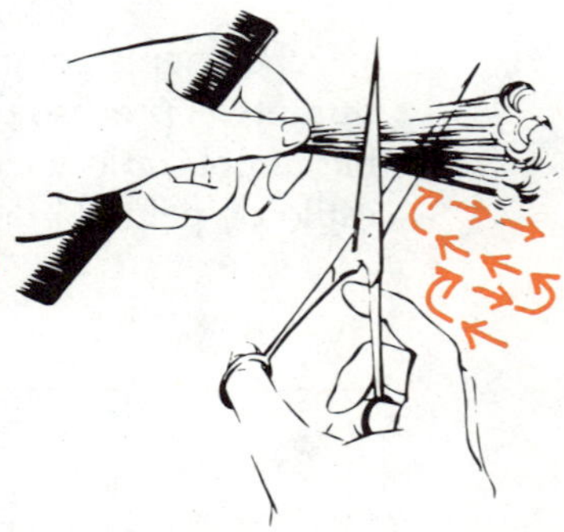

Fig. 4. Entresacando el pelo con desliz depués de peinarlo al revés.

CORTE DE PELO CON TIJERAS

El corte de pelo con tijeras puede hacerse con el pelo seco o mojado.

Corte con el pelo seco. Si se corta el pelo mientras está seco, generalmente se le da un champú después de que el corte se ha terminado.

Corte con el pelo mojado. En este caso se corta el pelo inmediatamente después de darle un champú.

PREPARACION

1. Siente a la cliente y ajústele la faja protectora y la capa plástica.
2. Observe la configuración de la cabeza, los rasgos de la cara y la textura del pelo.
3. Peine y cepille el pelo hasta desenredarlo.
4. El corte puede hacerse con el pelo seco o mojado.

PROCEDIMIENTO

1. Divida la cabellera en cinco secciones.
2. Determine el largo del pelo en la línea directriz de la nuca.
3. Déle un corte romo al mechón de la línea directriz de la nuca. (Fig. 1.)
4. a) Déle un corte romo al mechón del lado izquierdo usando como guía el lóbulo de la oreja. (Fig. 2.)
   b) Déle un corte romo al mechón del lado derecho para emparejarlo con el izquierdo. (Fig. 2.)

Fig. 1. Dándole un corte romo al mechón del centro de la nuca para acortarlo a la longitud deseada.

Corte romo.

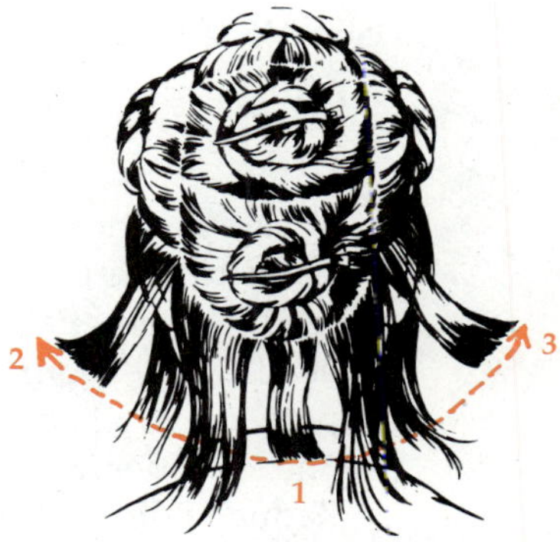

Fig. 2. Continuando la operación de cortar todo el pelo sobrante de la línea directriz.

   c) Dé cortes romos desde el centro de la parte posterior por el lado izquierdo hacia el frente.
   d) Dé cortes romos desde el centro de la parte posterior por el lado derecho hacia el frente. Para observar la línea directriz completa, véase la Fig. 3.

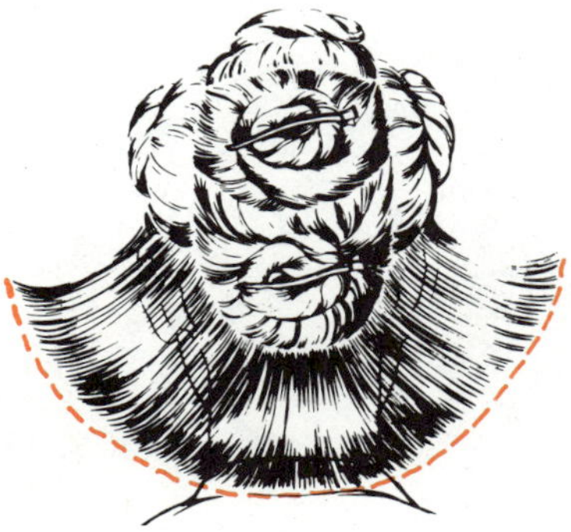

Fig. 3. Pelo de la línea directriz cortado en la forma apropiada.

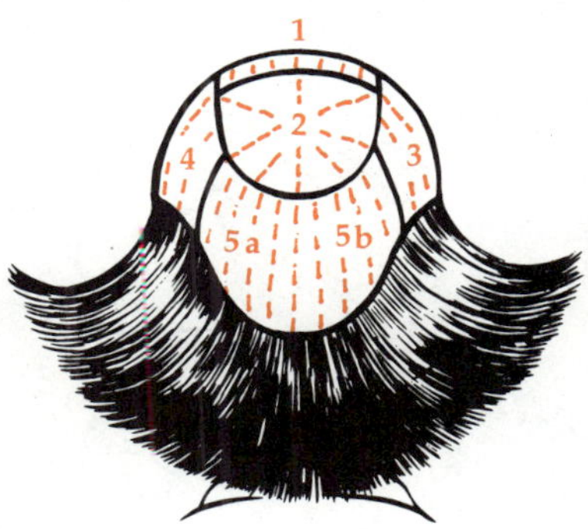

Fig. 4. Divida la sección No. 5 en dos partes iguales.

Fig. 5. Dándoles cortes romos a la sección No. 5.

Suelte los mechones de la sección No. 5 y divídala en dos partes iguales (No. 5a y No. 5b). Empareje el largo con el del pelo de la línea directriz. Puede hacer primero el lado izquierdo o el derecho (Fig. 4). Sostenga los mechones de pelos alejados de la cabeza mientras da los cortes romos (Fig. 5). Continúe cortando las secciones No. 3 y No. 4 en la misma forma.

SECCION DE LA CORONILLA

Sección No. 2 de la coronilla. Separe mechones en forma de sectores de círculo (como tajadas de pastel) alejándolos de la cabeza; emparéjeles el largo levantando mechones de secciones ya cortadas. Continúe el procedimiento alrededor de la cabeza, emparejando el largo con el pelo de los lados y de la parte posterior de la cabeza. (Figs. 6 y 7.)

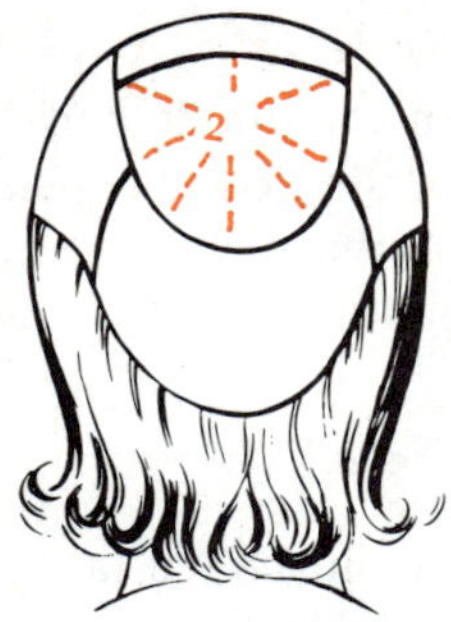

Fig 6. Sección de la coronilla.

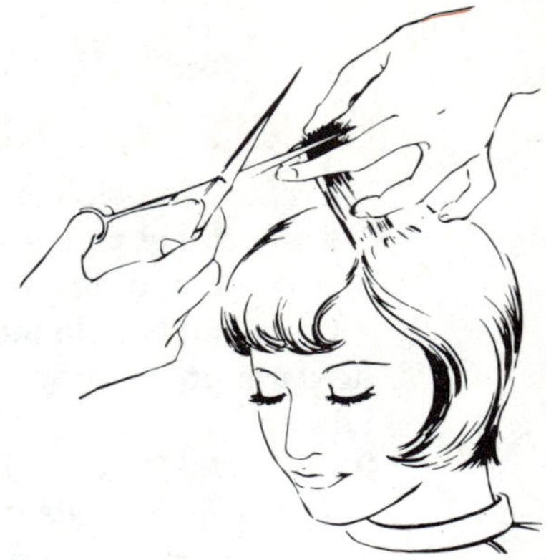

Fig 7. Dándole el corte a la sección de la coronilla.

SECCION DE LA PARTE SUPERIOR

Divida la sección No. 1 en dos partes. Levante el pelo del centro de la sección usando como guía el pelo ya cortado. Mantenga el movimiento de la mano dentro de un arco de 45⁰ (0.785 rad.). Corte las dos partes de la sección No. 1 en la forma indicada. (Figs. 8 y 9.)

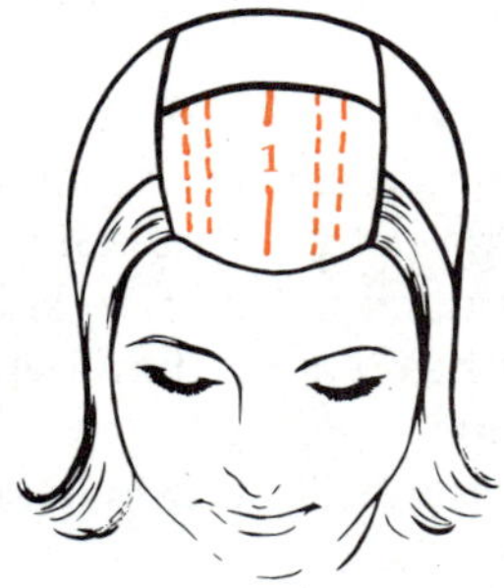

Fig. 8. Vista superior. Sección No. 1 con separaciones verticales.

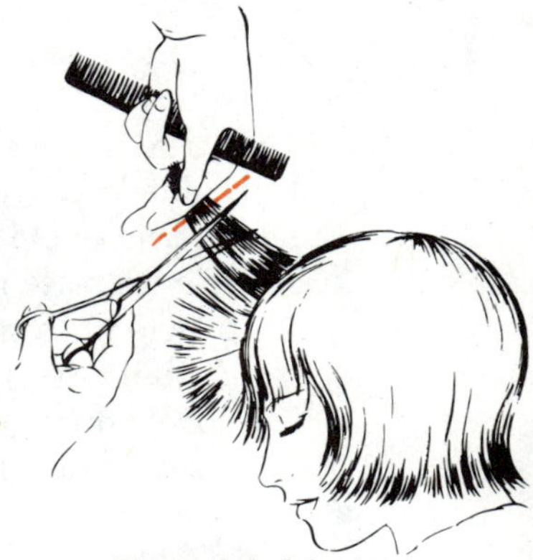

Fig. 9. Dándole el corte a la sección superior.

Si va a recortar un flequillo sobre la frente, trasládese de al lado de la cliente a una posición directamente en frente de ella para que pueda cortarlo parejo. Hágale al pelo la prueba de elasticidad (contracción); luego determine la longitud deseada. Si el flequillo debe ser corto, observe el puente de la nariz como guía. Si el peinado va a hacerse con el pelo largo, déle forma a los mechones de modo que se mezclen dentro de la longitud del pelo de los lados.

Reduciendo el volumen. Para terminar de darle configuración (corte) al pelo, redúzcale el exceso de espesor entresacando los cabellos con una navaja, con tijeras de entresacar o con tijeras ordinarias. Se recomienda que toda la cabellera sea revisada para determinar la longitud apropiada.

TERMINACION

Retire la faja protectora y la capa plástica. Limpie completamente todos los

Corte uniforme correcto.

Configuración terminada con efecto de flequillo y/o peinado alejado de la cara.

Corte terminado para peinado lacio hacia atrás.

recortes de pelos de la capa, la ropa de la cliente y el lugar donde ha realizado el trabajo. Entonces puede proceder a darle a la cliente cualquier otro servicio profesional que haya solicitado.

CORTE REBAJADO

El corte de pelo rebajado (ahusado o graduado) consiste en recortar el cabello muy próximo a la piel de la nuca y dejarlo gradualmente más y más largo hacia la coronilla sin que se observen líneas definidas o escalones.

Sea cual fuere la moda en los peinados, siempre habrá clientes que deseen un corte de pelo rebajado. Para complacer a estas clientes, usted deberá saber cómo cortar el pelo en esta forma. Las ilustraciones de esta página muestran cómo se hace un corte de pelo rebajado mediante el uso de las tijeras y el peine.

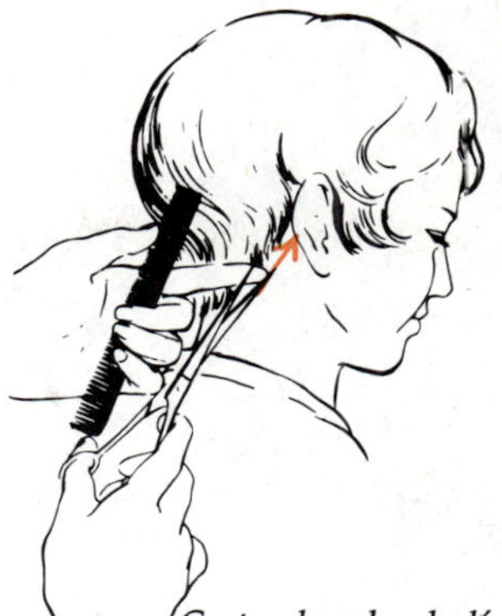

Cortando sobre la línea del cuello para marcarla.

PROCEDIMIENTO

El corte de pelo rebajado debe hacerse con la cabeza de la cliente al nivel de los ojos del peluquero (o la peluquera). Comenzando en la línea cervical, corte el pelo de abajo arriba en forma gradual. Después de llegar al extremo superior de la sección en la cual está dando el corte, vuelva el peine hacia abajo y peine el cabello. Proceda así, sección tras sección, hasta completar el corte rebajado en toda la parte posterior de la cabeza dándole un efecto suave y uniforme.

Nota: Al dar el corte rebajado, las hojas cortantes de las tijeras deben mantenerse paralelas al peine; la hoja de arriba es la única que se mueve y efectúa el corte.

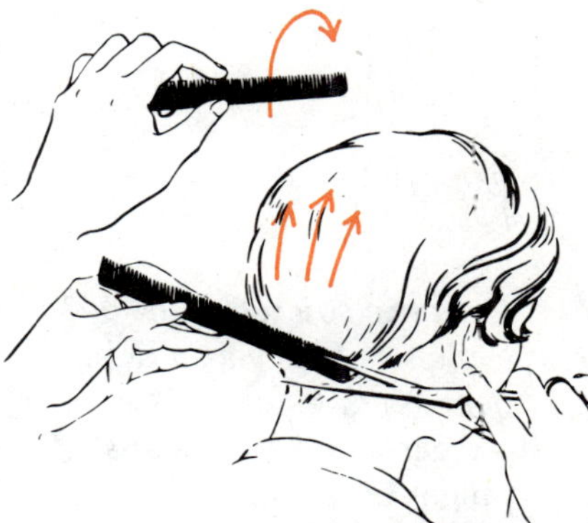

Dando el corte rebajado a la parte posterior de la cabeza.

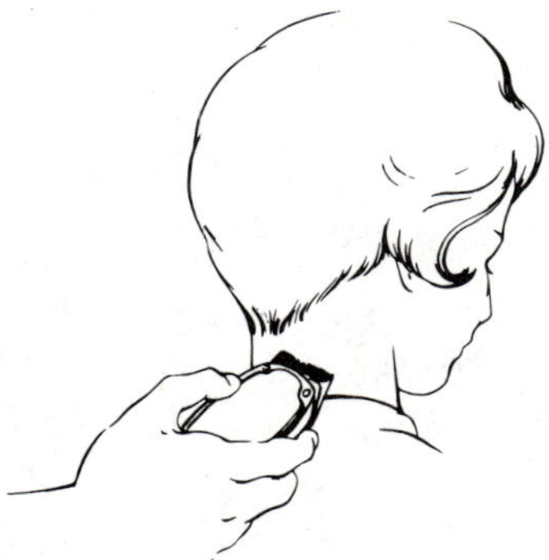

Limpiando el cuello con la maquinilla de cortar el pelo.

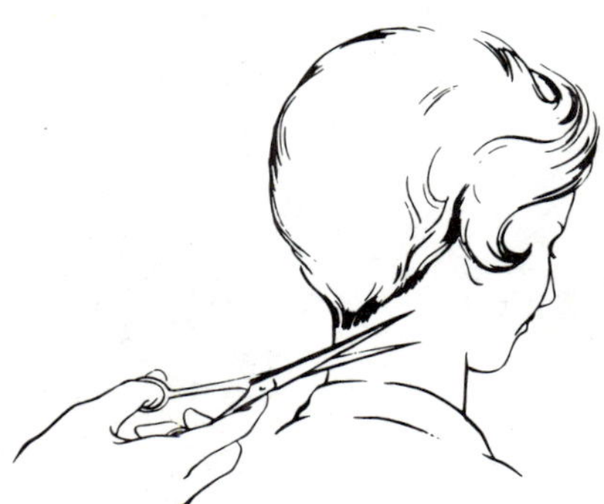

Limpiando el cuello con las puntas de las tijeras.

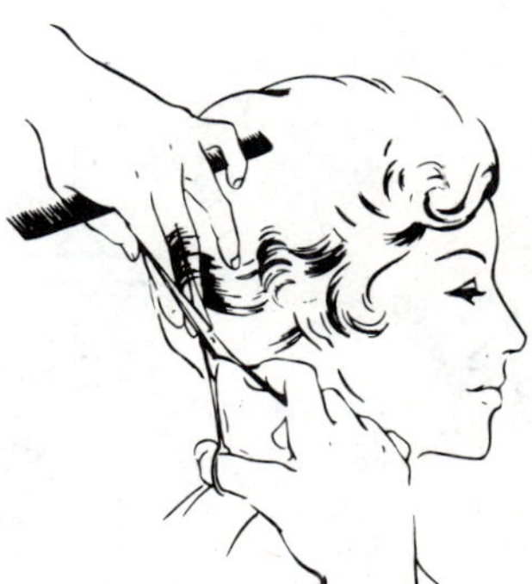

Despuntando el pelo.

USO DE LA MAQUINILLA

Existe la noción errónea de que el uso de la maquinilla para cortar el pelo de la línea del cuello tiene propensión a hacer que el pelo crezca más grueso en esa región. Esto no es cierto, puesto que la cantidad de pelo humano que crece no puede ser mayor que el número de folículos presentes en cada área y éstos no se multiplican con el uso de la maquinilla ni con ningún otro instrumento.

USO DE LA NAVAJA

La cosmetóloga idónea debe ser capaz de manejar todos los instrumentos eficientemente, incluyendo la navaja barbera.

COMO SOSTENER LA NAVAJA

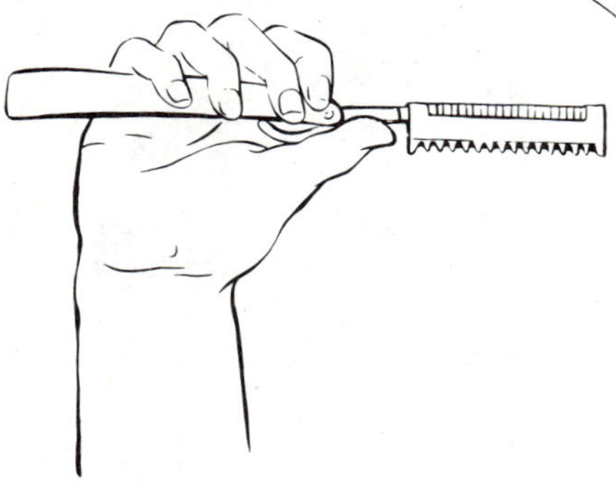

Fig. 1. Agarro con todos los dedos.

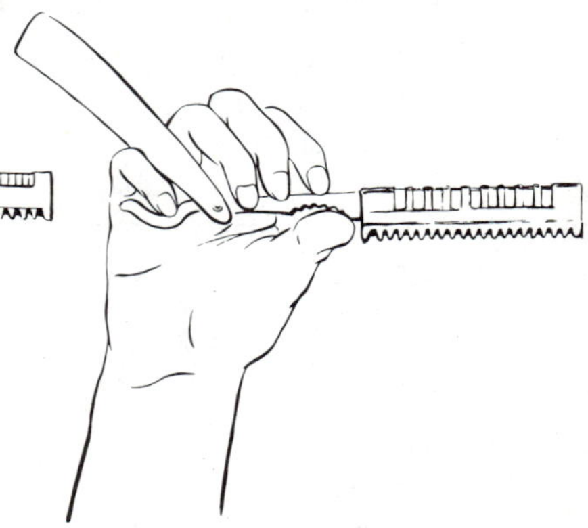

Fig. 2. Agarro con tres dedos.

Fig. 3. Sosteniendo la navaja y el peine.

Agarro con todos los dedos. Coloque el dedo pulgar en el borde acanalado de la espiga de la navaja y doble los dedos sobre el mango. La guarnición de seguridad debe tener el frente hacia la cosmetóloga mientras ésta realiza el trabajo. (Fig. 1.)

Agarro con tres dedos. Coloque tres dedos sobre la espiga de la navaja, con el pulgar en el borde acanalado, y el meñique descansando en el soporte. (Fig. 2.)

Nota: Cuando peine el cabello, sujete la navaja y el peine con la mano derecha. (Fig. 3.) Cuando le dé configuración a la cabellera con una navaja, sujete el peine con la mano izquierda. No deje a un lado el peine o la navaja.

Cuando use la navaja, mantenga el pelo húmedo para no tirar del cabello y para evitar que la navaja se desafile.

CAMBIO DE LA CUCHILLA

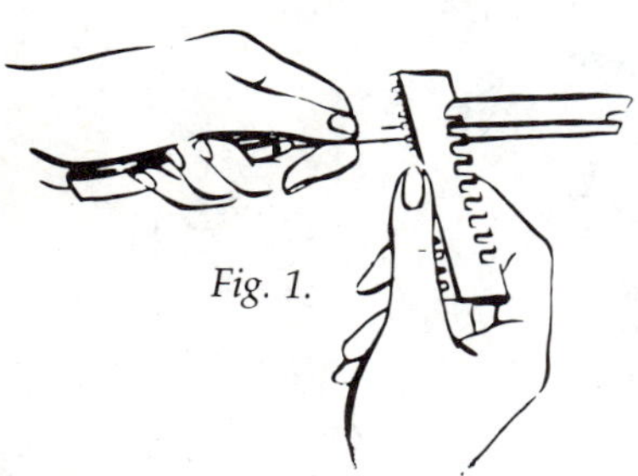

Fig. 1.

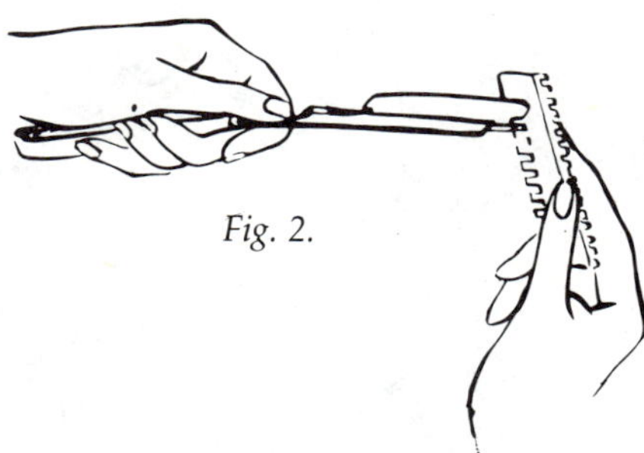

Fig. 2.

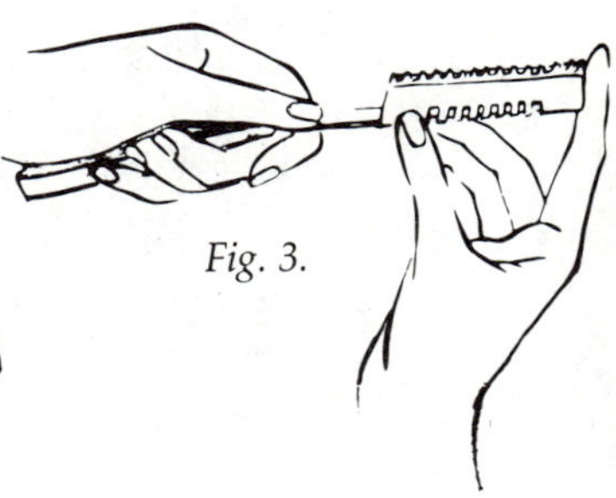

Fig. 3.

Cómo sacar la cuchilla vieja. Quite la guarnición de seguridad. Sujete la espiga firmemente más arriba del eje. Trabe la cuchilla entre los dientes de la parte superior de la guarnición de seguridad y empuje la cuchilla hacia afuera. (Fig. 1.)

Cómo insertar la chuchilla nueva. Deslice la cuchilla hacia adentro de la ranura empujándola por el extremo con los dedos. Trabe el extremo de la cabeza de la cuchilla en la última muesca de la guarnición de seguridad y deslice la cuchilla hacia adentro hasta que indique con un sonido que ha encajado en la posición adecuada. (Fig. 2.)

Deslice la guarnición de seguridad sobre la chuchilla asegurándose de que el extremo libre o abierto queda sobre el borde cortante de la cuchilla. (Fig. 3.)

ENTRESACA CON NAVAJA

Sostenga un mechón de pelos mojados entre los dedos mayor e índice, alejádolo en línea recta del cuero cabelludo. Coloque la navaja acostada (horizontal), no empinada (vertical). a una distancia de 1 a 2" (2.5-5cm.) del cuero cabelludo (según sea la textura del pelo), y deslícela hacia las puntas del pelo con movimientos rectilíneos y firmes.

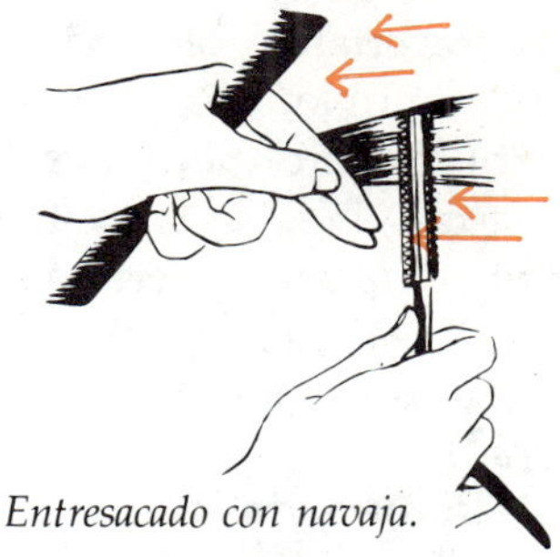

Entresacado con navaja.

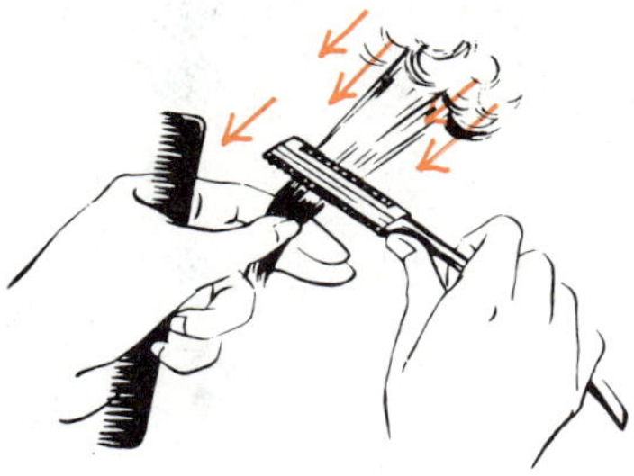

Afinando el corte de las puntas del pelo desqués de cardarlo (atizarlo).

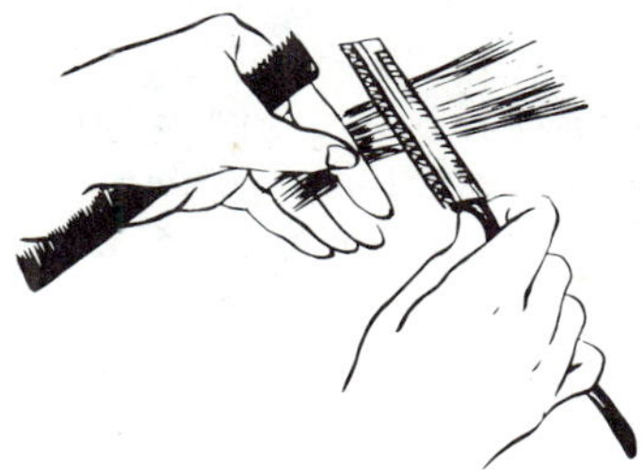

Corte romo con navaja.

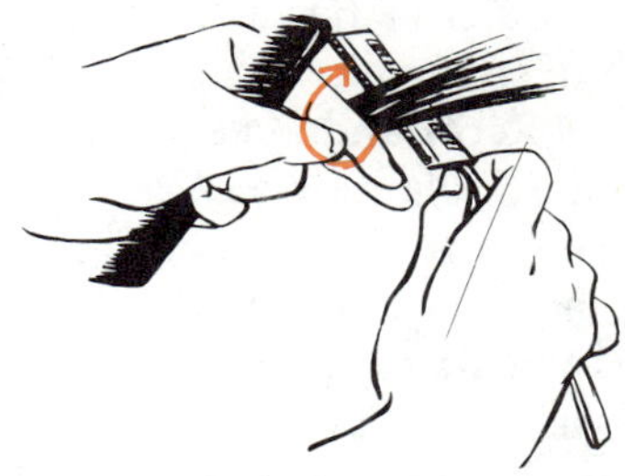

Cortando el pelo por debajo con movimientos hacia arriba.

CORTE DE PELO CON NAVAJA

PREPARACION

1. Siente a la cliente; ajústele la faja protectora y la capa plástica.
2. Examine la configuración de la cabeza, los rasgos de la cara y la textura del pelo.
3. Peine y cepille el pelo hasta desenredarlo.
4. Déle un champú al pelo o mójelo.

PROCEDIMIENTO

1. Divida la cabellera en cinco secciones.
2. Determine el largo del pelo en la línea directriz de la nuca.
3. Déle un corte romo al mechón de la línea directriz de la nuca. (Fig. 1.)
   a) Déle un corte romo al mechón del lado izquierdo usando como guía el lóbulo de la oreja. (Fig. 2.)
   b) Déle un corte romo al mechón del lado drecho para emparejarlo con el izquierdo. (Fig. 2.)
   c) Use el largo del pelo que sirve de guía directriz para cortar el resto desde el centro de la parte posterior de la cabeza hacia la izquierda y hacia el frente y desde dicho centro hacia la derecha y hacia el frente. (Fig. 2.)
   d) Línea directriz ya completa. (Fig. 3.)

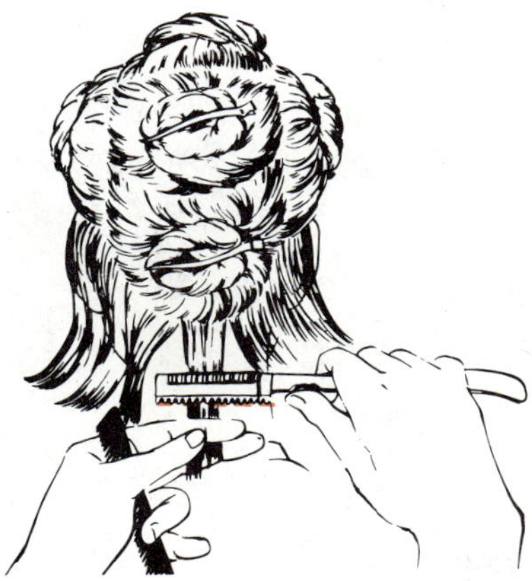

Fig. 1. Dándole un corte romo al mechón del centro de la nuca para determinar el largo deseado.

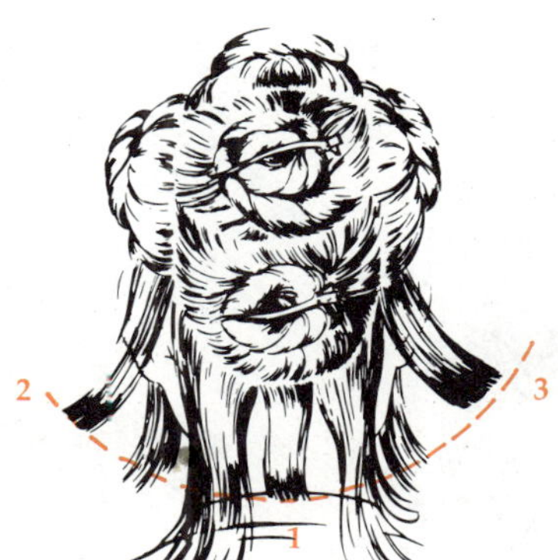

Fig. 2. Continuando el corte para marcar la línea directriz.

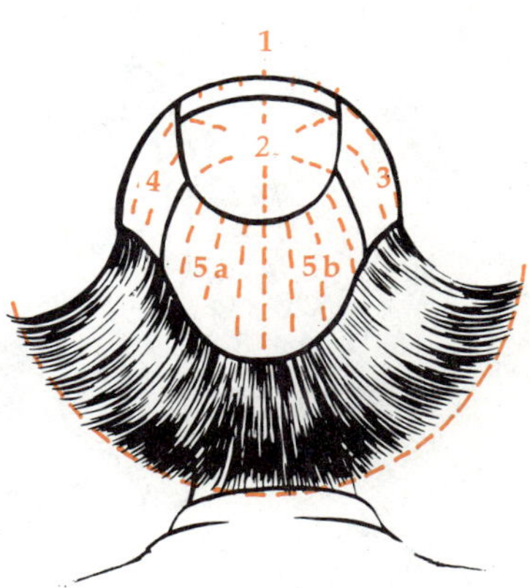

Fig. 3. Línea directriz ya completa.

Recortando la sección posterior (5a, 5b). Divida la sección No. 5 en dos partes (secciones No. 5a y No. 5b). Separe mechones horizontales del centro de la sección No. 5a. Levante un mechón que sirva de línea directriz para determinar el largo. Cuando los pelos de la línea directriz se sueltan, córtelos moviendo las manos hacia afuera y arriba en un arco de 45º (0.785 rad.).

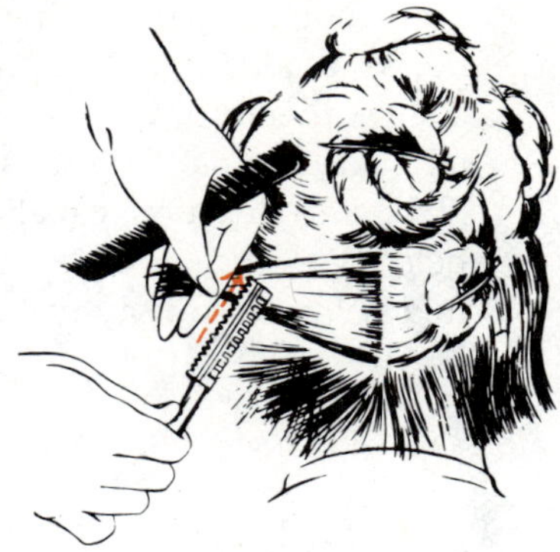

Recortando la sección No. 5a.

Recortando la sección 4. Continúe cortando hacia la izquierda hasta penetrar en la sección No. 4 de la misma manera.

Recortando la sección 3. Regrese a la sección No. 5b y córtela moviéndose hacia la derecha hasta penetrar en la sección No. 3, siempre alzando las manos en un arco hacia arriba de 45º (0.785 rad.) al cortar el pelo. **Mídala cuidadosamente de acuerdo con la línea directriz del pelo.**

Recortando la sección 2. Seguidamente, proceda a cortar el pelo de la sección No. 2 (coronilla), usando como guía el pelo cortado anteriormente.

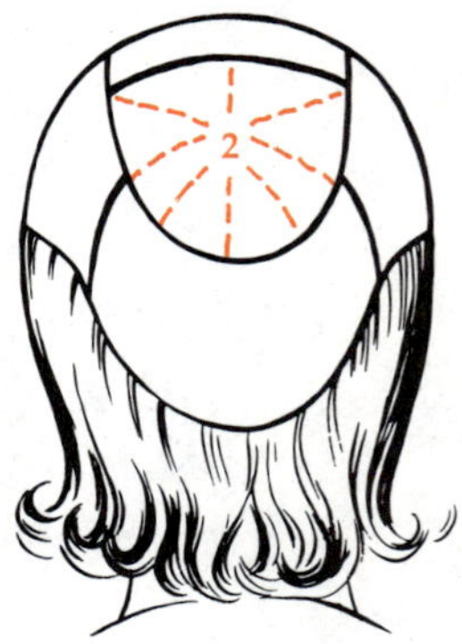

Sección No. 2.

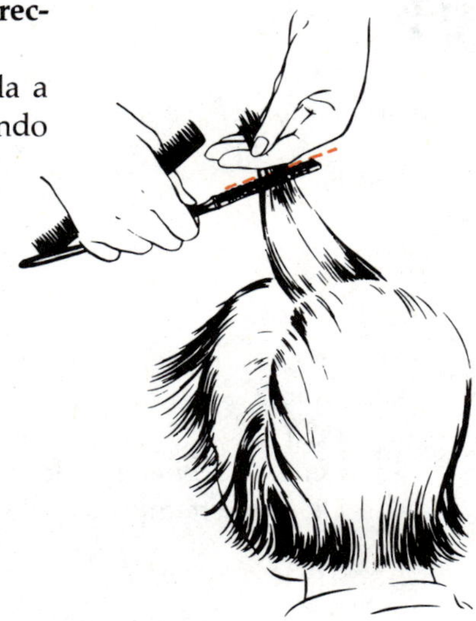

Recortando la sección No. 2.

Recortando la sección 1. Divida la sección No. 1 dos partes. Levante el pelo del centro de la sección usando como guía el pelo cortado anteriormente. Mantenga el movimiento de la mano dentro de un arco de 45º (0.785 rad.). Pase a cortar ambas partes de la sección No. 1 en la forma descrita.

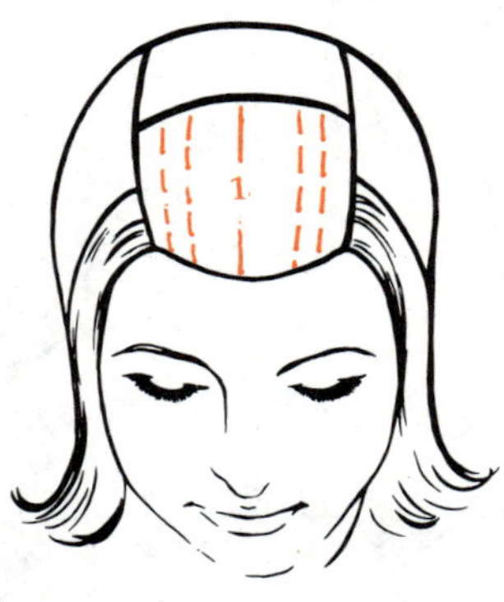

Sección No. 1 mostrando la separación vertical.

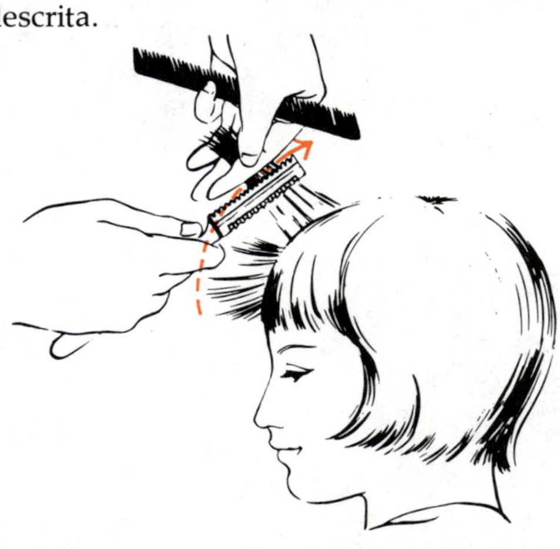

Recortando la sección No. 1.

Flequillo. Para cortar un flequillo parejo, transládese de al lado de la cliente a una posición directamente en frente de ella. Hágale al pelo la prueba de elasticidad (contracción); luego determine la longitud deseada. Si el flequillo debe ser corto, observe el puente de la nariz como guía. Si el peinado va a hacerse con el pelo largo, déle forma a los mechones de modo que se mezclen dentro de la longitud del pelo de los lados.

Reduciendo el volumen. Para terminar de darle configuración (corte) al pelo, redúzcale el exceso de espesor entresacando los cabellos con una navaja, con tijeras de entresacar o con tijeras ordinarias. Se recomienda que toda la cabellera sea revisada para determinar la longitud apropiada.

Configuración correcta.

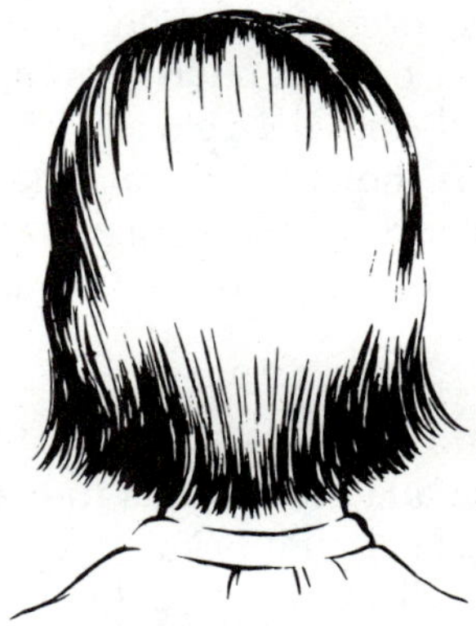

Vista posterior: configuración uniforme.

Nota: El corte de pelo apropiado sirve de fundamento a una variedad de hermosos estilos de peinado.

APRENDA A ATENDER A LOS NIÑOS

A los niños y adolescentes debe tenérseles consideración especial. Los peluqueros y las peluqueras que saben tratar a los niños generalmente atraen a las madres al salón para brindarles los servicios que a ellas interesan.

Peinados populares para jovencitas.

CORTE DEL PELO MUY RIZADO

El pelo muy rizado (ensortijado, pasudo) tiene sus características particulares como las tienen otras clases de pelo y requiere técnicas especiales para el peinado. Para la estilista del peinado es de primordial importancia poder crear un estilo que destaque la buena apariencia de la cliente así como prever cómo lucirá el peinado acabado. El conocimiento del corte correcto del pelo y las técnicas del estilo, aparte del uso del sentido común, son factores fundamentales para el éxito del peinado.

Los pasos indicados a continuación representan uno de los métodos de darle configuración y estilo al pelo muy rizado. Si el método de su instructora es diferente, empléelo.

PROCEDIMIENTO

1. Cubra a la cliente en al forma acostumbrada para el corte de pelo.
2. Déle champú al pelo y séquelo completamente.
3. Aplíquele ligeramente al pelo y al cuero cabelludo un producto emoliente para suplir la pérdida de aceite natural.
4. Con un peine de dientes anchos o con un alzapelos (peine afro), peine el pelo hacia arriba y un poco hacia adelante, estirando el pelo para alargarlo todo lo posible. Comience en la coronilla y continúe peinando hasta que haya apartado todo el pelo del cuero cabelludo, distribuyéndolo parejamente alrededor de la cabeza. El peinar siguiendo líneas circulares generalmente evita que el pelo se parta.

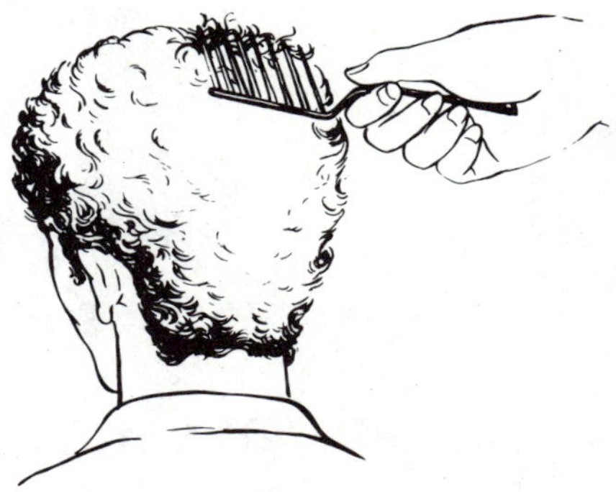

Peinando el pelo hacia arriba con un alzapelos.

5. Déle configuración a la cabellera (corte de pelo). Prevea el estilo y el largo del pelo deseados. Empiece rebajando el pelo a los lados de la cabeza y cortándolo en la dirección en que va a peinarlo.
6. Recorte y rebaje el pelo de la parte posterior de la cabeza para emparejarlo con el de los lados.
7. Recorte las puntas extremas de los pelos de la coronilla y de la parte superior de la cabeza hasta dejarlo en el largo deseado.
8. Para lograr un estilo que se aleje de la cara, peine el pelo hacia arriba y hacia atrás. Para dirigirlo hacia adelante, péinelo hacia arriba y hacia adelante.
9. Mezcle el pelo de los lados con el de la parte superior de la cabeza, el de la coronilla y el de la parte posterior.

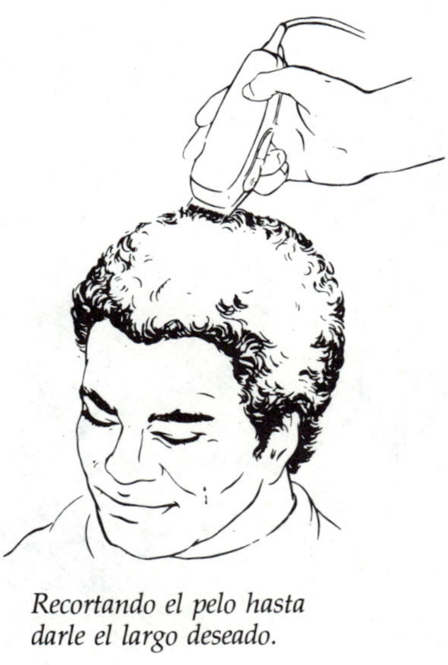

Recortando el pelo hasta darle el largo deseado.

10. Perfile el contorno del peinado en los lados de la cabeza, alrededor de las orejas y en el área de la nuca utilizando las tijeras o la maquinilla de cortar el pelo.
11. Déle el toque final. Déle pomposidad (volumen) al pelo con un alzapelos (peine afro) en las partes en que sea necesario. Aplíquele un rociador ligeramente al pelo para darle un lustre natural.

ESTILOS POPULARES DE PEINADOS

Pelo corto

Pelo de mediana longitud.

Pelo largo.

Vista posterior.

Vista posterior.

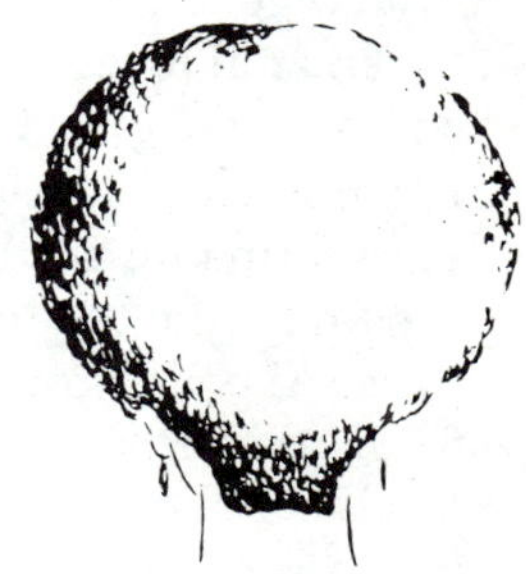

Vista posterior.

DEFINICIONES RELATIVAS AL CORTE DE PELO

borde plumeado: forma que resulta de recortar y rebajar el pelo de menor a mayor, empezando en la nuca, hacia arriba, y eliminando todo el pelo del cuello con tijeras, navaja o maquinilla de rapar. *feather edge.*

configuración básica de la cabellera: forma total del pelo de la cabeza que resulta de recortar los cabellos a una longitud tal que no siendo ni muy largos ni muy cortos se presten a muchos estilos de peinados diferentes. *basic hair shaping.*

contorno natural del cuero cabelludo: cuando no se marca un borde artificial en los peinados con pelo corto, al pelo de la nuca se le deja su línea natural de crecimiento. *natural hairline.*

corte afilado: el que se obtiene cortando el pelo dándole un perfil gradualmente creciente (también se llama **corte ahusado** por su forma parecida a la del huso). Otro sinónimo empleado es **corte plumeado.** *feathering, tapering.*

corte afilado en el cuello: el que resulta de cortar y recortar el pelo de la nuca hasta darle una forma en "V" oval, o redonda, o el que se obtiene cortando el pelo en forma rebajada hasta lograr un borde plumeado. *neck trimming.*

corte con navaja: el que se hace con la navaja al entresacar o cortar el pelo mojado. *razor cutting.*

corte con tijeras: el que se hace con las tijeras para darle configuracion a la cabellera. *scissor cutting.*

corte de pelo: el proceso de entresacar, cortar rebajando gradualmente el pelo o acortarlo utilizando un peine, tijeras, tijeras de entresacar, o una navaja, con el fin de darle forma a la cabellera e imprimirle una configuración adecuada. El nombre **configuración de la cabellera** suele emplearse hoy más frecuentemente que **corte de pelo.** *hair shaping.*

corte en capas: el que se hace afilando y entresacando el pelo dividido en muchas capas finas. *layer cutting.*

corte en seco: el que se hace con las tijeras cuando el pelo está seco. *dry cutting.*

corte rebajado: el que resulta de recortar el pelo a ras de piel (raparlo) en la nuca dejándolo gradualmente más y más largo hacia la coronilla sin que se observe ninguna línea divisoria definida. *shingling.*

corte rebajado con desliz: el proceso de entresacar y afilar el corte de pelo al mismo tiempo, empleando las tijeras. *effilating, slithering.*

corte romo: el que se le da al pelo en forma recta y brusca sin rebajarlo de menor a mayor. Otros nombres sinónimos son **corte basto, embotado, boto, obtuso** o **recto.** *blunt cutting.*

despuntar o **recortar:** el acto de cortar las puntas hendidas (partidas) del pelo o recortar los extremos de los cabellos usando las tijeras. *clipping, trimming.*

entresacar: reducir el volumen de la cabellera en aquellas partes en que ésta es muy densa. *thinning.*

estilista del peinado: la persona que posee habilidad artística para sugerir y crear una nueva y atractiva moda de peinado. *hairstylist.*

línea directriz: mechón de pelos de la nuca o de los lados de la cabeza que se corta en la longitud precisa. Este mechón así cortado sirve de guía o línea que se ha de seguir al darle forma al resto de la cabellera y que ayuda a determinar el diseño general de la configuración (corte de pelo). *guideline.*

peinar al revés: peinar los pelos cortos de un mechón moviendo el peine hacia el cuero cabelludo. Otros nombres usados en este caso son **cardar, carmenar, escarmenar, encrespar, batir, enredar, atizar, tizar, peinar hacia atrás** y **darle al pelo forma de golilla** o de **toque (encaje) francés.** *back-combing, ruffing, teasing.*

peinar con estilo: arreglar el pelo en diversas configuraciones o estilos atractivos. Al peinar con estilo deben tenerse en consideración el controno de la cara, la forma de la cabeza y los estilos propios de la época. *hairstyling.*

rebajar el cabello: cortar, recortar, o entresacar el pelo reduciendo su espesor en forma gradual, de menor a mayor, desde la línea de la nuca hacia arriba. *bob, shingle, taper.*

PREGUNTAS DE REPASO

EL CORTE DE PELO

1. ¿Por qué es importante que el (o la) estudiante adquiera el dominio del arte y la técnica del corte de pelo?
2. Nombre los principales instrumentos que se usan para cortar el pelo.
3. ¿Cuál es el propósito de entresacar el cabello?
4. ¿Por qué el pelo fino puede cortarse más cerca del cuero cabelludo que el pelo grueso?
5. ¿A qué distancia del cuero cabelludo debe entresacarse: a) el pelo fino; b) el pelo de mediana longitud; c) el pelo grueso?
6. ¿En qué partes de la cabeza es aconsejable no entresacar el pelo?
7. ¿Por qué no es conveniente entresacar el pelo en la raya (o crencha)?
8. ¿Por qué debe evitarse el recortar demasiado el pelo durante la entresaca?
9. ¿Qué es un corte rebajado?
10. ¿Para qué se usa la maquinilla de pelar o rapar?
11. ¿Por qué debe el pelo estar mojado para darle el corte con navaja?
12. ¿En qué se fija el (o la) estilista del pelo que le sirva como guía para darle forma a un flequillo corto?
13. ¿Qué significa peinar al revés?
14. ¿Qué significa corte rebajado con desliz?
15. ¿Qué significa corte afilado?

Capítulo 11

ONDULACION CON LOS DEDOS

OBJETIVOS DE APRENDIZAJE DEL CAPITULO

El (la) estudiante que logre dominar el contenido de este capítulo conocerá:

1. *Los razones para el estudio de la ondulación con los dedos.*
2. *Cómo aplicar la loción para la ondulación con los dedos y el fin con que ésta se usa.*
3. *La técnica empleada en la ondulación correcta con los dedos.*
4. *La finalidad con que se hace la ondulación sombreada y cómo se forma.*
5. *Cómo usar adecuadamente la ondulación con los dedos al preparar los estilos de peinado.*
6. *Las precauciones, sugerencias e indicaciones apropiadas para una mejor ondulación con los dedos.*

La ondulación u ondulado digital, con los dedos o al agua, es el arte de darle configuración y dirección al pelo formando ondas y diseños con los dedos, un peine, una loción para ondular y horquillas o prendedores (pinzas).

Adiestrarse en hacer ondulaciones digitales es importante para los (las) estudiantes porque así aprenden la técnica de imprimirle movimiento y dirección al pelo. También les ayuda a desarrollar la destreza, la coordinación y la fuerza digital necesarias para la peluquería profesional. Además, les proporciona una valiosa práctica en la creación de estilos de peinado y en la configuración de la cabellera de acuerdo con el contorno de la cabeza.

PREPARACION

Lávese siempre las manos antes de prestar cualquiera de los servicios propios del salón. Asegúrese de que todos los instrumentos necesarios han sido desinfectados y que las toallas y otros artículos están limpios y frescos. Prepare a la cliente del mismo modo en que lo haría para dar un champú.

Déle un champú al pelo de la cliente en la bacía para champús, séquele el pelo con una toalla y siéntela cómodamente delante de un tocador.

Del pelo naturalmente ondeado o del que ha recibido una ondulación permanente se obtienen mejores ondas naturales que del pelo lacio. Una ondulación digital hecha correctamente complementa el contorno de la cabeza y la fisonomía de la cliente.

LOCION PARA LA ONDULACION DIGITAL

Una loción para ondular torna el pelo dócil y lo mantiene en su lugar durante el proceso de la ondulación digital. La selección adecuada de la loción para ondular se determina de acuerdo con la textura y la condición del pelo de la cliente. Una loción para ondular de buena calidad no daña el pelo ni forma láminas que se desprenden al secarse.

APLICACION DE LA LOCION

Divida la cabellera en el cuero cabelludo, péinela suavemente y arréglela de modo que se adapte al estilo de peinado que se desea. El pelo puede manejarse con mayor facilidad cuando se le aplican los dientes gruesos del peine. Al peinar y dividir el cabello, guíse por la dirección natural del creciemiento del pelo. Así es más fácil darle forma y, además, el pelo no se resistirá al manejo ni se separará en la zona de la coronilla.

La loción para ondular se le aplica al pelo mientras está húmedo. De este modo la loción se esparce suave y uniformemente.

Utilice un aplicador para verter la loción onduladora y un peine para esparcirla en el pelo. Evite usar demasiada loción.

Nota: Aplique la loción a un lado de la cabeza y después al otro lado; esto impide que la loción se seque y que sea necesaria otra aplicación.

Para determinar la dirección natural del crecimiento del pelo, peine el cabello en sentido contrario a la cara alejándolo de ella y empújelo hacia adelante con la palma de la mano. (Véase el capítulo sobre **Estilos de Peinados.**)

La ondulación digital puede comenzarse en cualquiera de los dos lados de la cabeza. Sin embargo, en los ejemplos que siguen, la raya o división del cabello aparece en el lado izquierdo de la cabeza y la ondulación se comienza en el lado derecho (crencha mayor) de la cabeza.

ONDULACION DIGITAL HORIZONTAL

CONFIGURACION DEL AREA SUPERIOR

Usando el dedo índice de la mano izquierda como guía, déle forma al pelo de la parte superior de la cabeza con un peine empleando un movimiento circular. Comenzando en la línea frontal del cuero cabelludo, vaya manejando el pelo hacia la coronilla en secciones de 1½ a 2″ (3.7-5 cm.) cada vez hasta llegar a la coronilla. (Fig. 1)

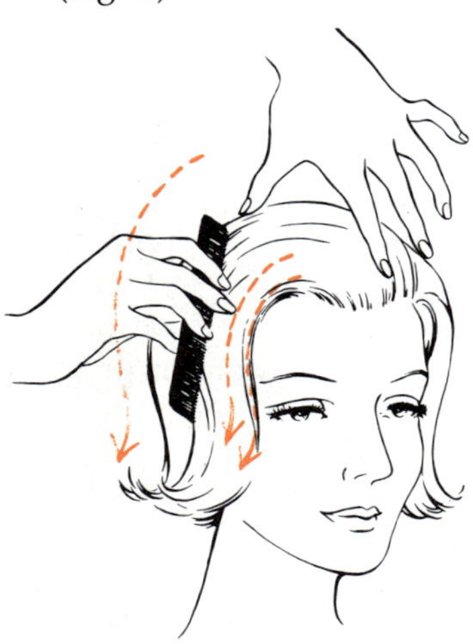

Fig. 1. Dándole forma a la zona de la parte superior.

Fig. 2. Tirando del pelo aproximadamente una pulgada hacia la punta del dedo.

(La mano izquierda no aparece para que pueda verse el borde de la onda y la posición del peine.)

Fig. 3. Aplanando el peine contra la cabeza.

Formando el primer borde. Coloque el dedo índice de la mano izquierda directamente sobre la posición del primer borde. Con los dientes del peine apuntando algo hacia arriba, inserte el peine directamente debajo del dedo índice. Tire del peine hacia afuera aproximadamente 1″ (2.5 cm.) a lo largo del dedo hasta la punta de éste. (Fig. 2.)

Con los dientes del peine todavía insertados en el borde de la onda, aplane el peine contra la cabeza para sujetar el borde de la onda en su lugar. (Fig. 3.)

Aleje la mano izquierda de la cabeza y coloque el dedo mayor sobre el borde de la onda y el dedo índice sobre los dientes del peine. Déle relieve al borde de la onda cerrando los dos dedos y aprentando contra la cabeza. (Fig. 4.)

ADVERTENCIA

No trate de aumentar la altura del borde de la onda empujándola o levantándola con los dedos. Este movimiento desfigurará la formación de la onda y la apartará de su base.

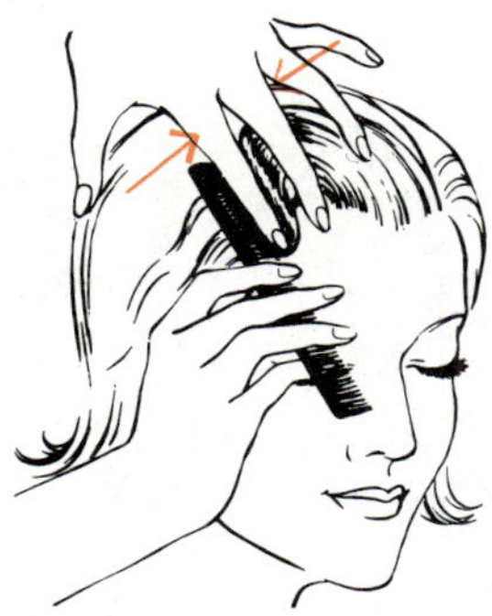

Fig. 4. Dándole relieve al borde de la onda.

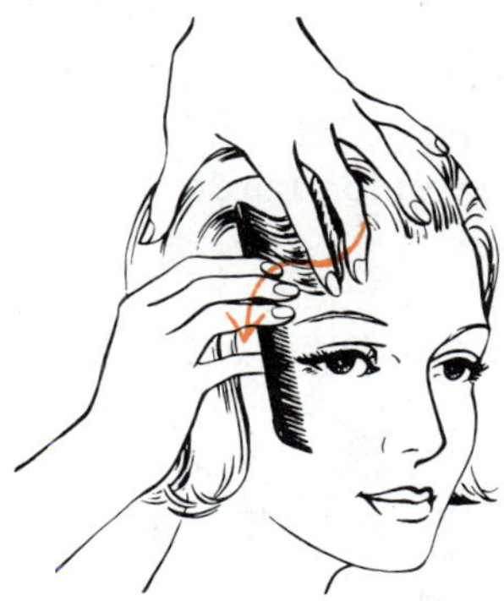

Fig. 5. Peinando el pelo en dirección semicircular.

Fig. 6. Primer borde de onda terminado en la coronilla.

Sin separar el peine del pelo, tuerza el peine hacia abajo y peine el cabello en dirección semicircular hacia la derecha para formar una depresión cóncava en la parte profunda de la onda. (Fig. 5.)

Continúe este procedimiento, sección tras sección, hasta que llegue a la conronilla donde la onda se desvanece. (Fig. 6.)

El borde y la onda de cada sección deben ser parejos sin que se observen separaciones entre el borde y la oncavidad de la onda.

Fig. 7. Comenzando el segundo borde.

Formando el segundo borde. Comience en el área de la coronilla (Fig. 7.). Aquí los movimientos son contrarios a los empleados para formar el primer borde. El peine se mueve desde la punta del dedo índice hacia la base del mismo, dándole así dirección a la formación del segundo borde. Todos los movimientos se cotinúan en sentido contrario hasta llegar a la línea frontal del cuero cabelludo, completándose de este modo el segundo borde. (Fig. 8.)

Fig. 8. Completando el segundo borde.

Formando el tercer borde.

Los movimientos para formar el tercer borde se percen mucho a los que se emplearon para crear el primer borde. Sin embargo, el tercer borde comienza en la línea frontal del cuero cabelludo y se extiende hacia atrás en la dirección de la parte posterior de la cabeza. (Fig. 9.)

Continúe alternando las direcciones hasta completar todo el lado de la cabeza. (Fig. 10.)

Fig. 9. Comenzando el tercer borde.

Fig. 10. Lado derecho terminado.

LADO IZQUIERDO DE LA CABEZA

Emplee para el lado izquierdo de la cabeza (crencha menor) el mismo procedimiento que antes empleó para ondular con los dedos el lado derecho de la cabeza (crencha mayor).

Fig. 11. Dándole forma al lado izquierdo.

PROCEDIMIENTO

1. Primeramente déle forma a la cabellera tal como se ilustra en la Fig. 1.
2. Empezando en la línea frontal del cuero cabelludo, forme el primer borde, sección por sección, hasta llegar al segundo borde del lado opuesto. (Fig. 12.)
3. El borde y la onda deben combinarse sin que se observen separaciones o espacios en el lado derecho de la cabeza. (Fig. 13.)

Fig. 12. El primer borde comienza en la línea frontal del cuero cabelludo.

Fig. 13. Borde y onda combinados en el área de la coronilla.

Fig. 14. Lado izquierdo terminado.

4. Empiece con el borde y la onda de la parte posterior de la cabeza y continúe, sección por sección, hacia el lado izquierdo de la cara.
5. Continúe las manipulaciones hacia adelante y hacia atrás hasta completar todo ese lado. (Fig. 14.)

Fig. 15.

Fig. 16.

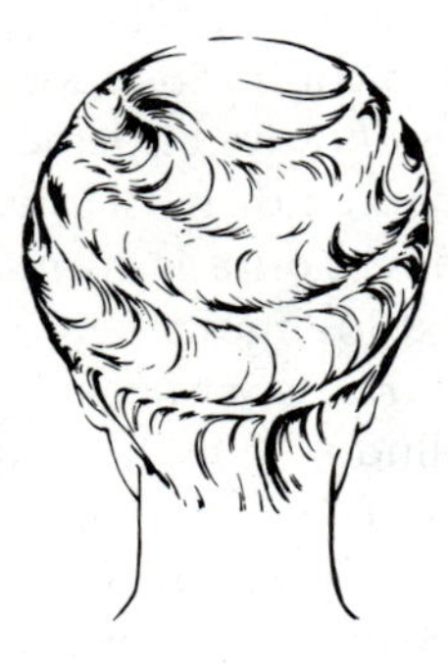

Fig. 17.

Las Figuras 15, 16 y 17 ilustran el estilo de peinado terminado.

TERMINACION

1. Coloque la redecilla sobre el pelo, asegúrela con horquillas comunes o con prendedores (pinzas para el pelo) si es necessario y proteja la frente y los oídos de la cliente con algodón, gasa o papeles protectores mientras ésta se halle debajo de la secadora.
2. Ponga el regulador de la secadora en la posición de calor mediano y deje que el pelo se seque completamente.

3. Retire a la cliente de debajo de la secadora.
4. Quítele del pelo las horquillas, prendedores y redecilla.
5. Haga el peinado y vuelva a formar las ondas en un estilo suave.
6. Limpie la cabina.
7. Desinfecte los peines, las horquillas, los prendedores y la redecilla antes de volver a usarlos.

METODO ALTERNO DE ONDULACION DIGITAL

El pelo divido en el lado izquierdo. El método siguiente presenta una alternativa en la formación de la ondulación digital:

Fig. 1. Ondulación digital alrededor de la cabeza.

1. Déle forma al lado superior derecho (crencha mayor).
2. Haga desaparecer progresivamente la primera onda empezando por el lado **derecho** del frente, continuando alrededor hasta la coronilla.
3. Comience un borde en el lado **izquierdo** del frente y siga en todo alrededor de la cabeza terminando en la parte derecha de la línea frontal del cuero cabelludo.
4. Comience otro borde en la parte derecha de la línea frontal del cuero cabelludo y termine en el lado derecho del frente. Continúe de izquierda a derecha y de derecha a izquierda hasta completar toda la cabeza.

Con este método se elimina la combinación de bordes y ondas en la parte posterior de la cabeza. (La terminación es la misma que para el método anterior de ondulación digital.)

ONDULACION DIGITAL VERTICAL

En la ondulación digital vertical los bordes y las ondas van hacia arriba y hacia abajo de la cabeza mientras que en la ondulación horizontal van paralelos alrededor de la cabeza.

El procedimiento para formar los bordes y las ondas verticales es el mismo que para la ondulación digital horizontal.

1. Divida la cabellera a un lado extendiendo la raya desde la frente hasta la coronilla.
2. Déle configuración con un efecto semicircular. (Figs. 1 y 2.)
3. Forme la primera sección de borde y onda. (Fig. 3.)
4. Continúe con secciones adicionales hasta llegar a la raya.

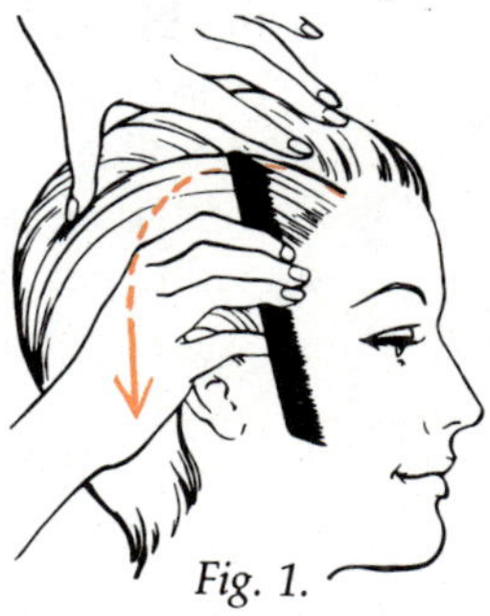

Fig. 1.

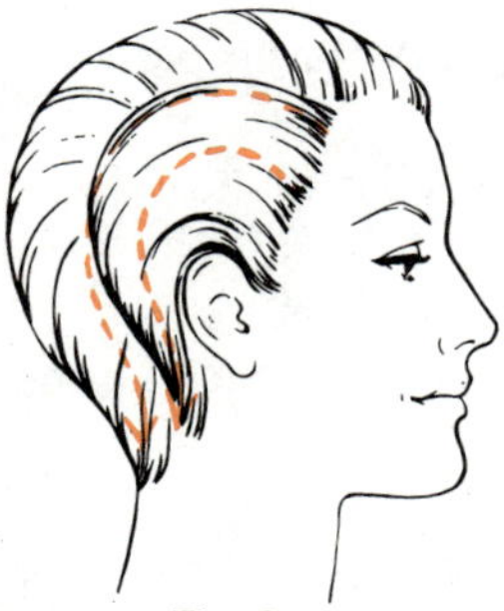

Fig. 2.

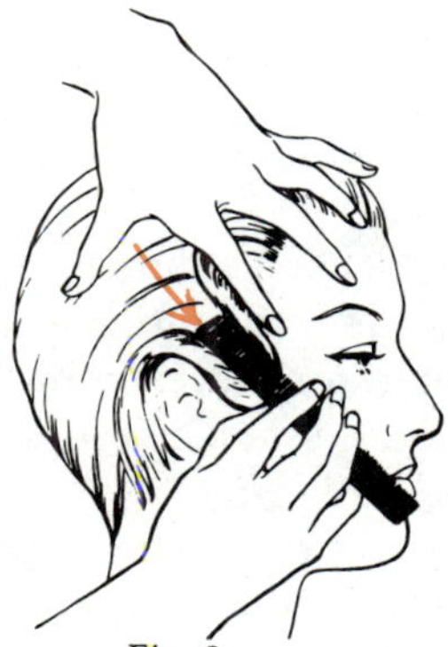

Fig. 3.

Fig. 4.

Comience el segundo borde en la raya que divide el cabello. Comience el tercer borde en el contorno del cuero cabelludo. El lado terminado se ilustra en la Fig. 4. (La terminación es la misma que para la ondulación digital horizontal.)

Como la ondulación digital es el arte de dirigir y modelar el cabello formando ondas y diseños con los dedos y con el peine, constituye en sí una excelente introducción al estudio de los estilos de peinados.

ONDULACION SOMBREADA

Una onda sombreada es una onda con depresión cóncava y bordes bajos no muy afinados. Estas ondas se forman a la manera usual, pero el peine no penetra hasta el cuero cabelludo. Las capas de cabello de abajo no se ondulan.

Este tipo de ondulación es a veces conveniente para la cliente que desea un peinado muy pegado a la cabeza.

RECORDATORIOS Y SUGERENCIAS PARA LA ONDULACION DIGITAL

1. Lávese las manos y desinfecte todos los instrumentos y materiales.
2. Evite usar una cantidad excesiva de loción para ondular.
3. Emplee peines de caucho duro que tengan dientes finos y gruesos.
4. Antes de hacer las ondas digitales, observe la ondulación natural o la permanente en el pelo.
5. Para darle relieve a los bordes de una onda digital, comprima el borde entre los dedos, apretando los dedos contra la cabeza.
6. Para ondular el pelo de abajo, inserte el peine en el cabello hasta llegar al cuero cabelludo.
7. Para lograr una ondulación digital de larga duración, modele las ondas en el sentido de la dirección del crecimiento natural del pelo.
8. Para proteger la frente y los oídos de la cliente contra el intenso calor de la secadora, use algodón, gasa o papeles protectores.
9. Coloque una redecilla sobre el cabello para proteger el diseño de peinado mientras el pelo se seca.
10. Seque la cabellera completamente antes de peinarla para desarrollar el estilo.
11. Exponer el cabello al calor durante tiempo excesivo para secarlo hará que se reseque la lubricación natural del pelo y del cuero cabelludo.
12. Las ondas hechas con los dedos no permanecerán en su lugar si se hace el peinado final antes de que el pelo se haya secado completamente.
13. El pelo clarificado o teñido que tiende a enredarse se peina más fácilmente si se le aplica un enjuague cremoso.
14. El rociar el pelo ligeramente con laca hará que se conserven las ondas digitales por más tiempo y le dará lustre al cabello.

PREGUNTAS DE REPASO

ONDULACION CON LOS DEDOS

1. ¿Qué es la ondulación digital?
2. ¿Por qué el adiestramiento en la ondulación digital es importante para los (las) estudiantes?
3. ¿Qué otras ventajas ofrece el adiestramiento en la ondulación digital?
4. ¿Cómo se protege la ropa de la cliente?
5. ¿Qué clases de pelo formarán mejores ondas naturales y suaves?
6. ¿Qué ventaja tiene el uso de una loción ondulatoria cuando se hace la ondulación digital?
7. ¿Cómo debe protegerse el cabello mientras se seca?
8. ¿Por qué se colocan algodones, gasas o papeles protectores en los oídos y la frente de la cliente?

Capítulo 12

ESTILOS DE PEINADOS

OBJETIVOS DE APRENDIZAJE DEL CAPITULO

El (la) estudiante que logre dominar el contenido de este capítulo conocerá:

1. *Por qué es importante poseer un conocimiento básico de los estilos de peinados.*
2. *La técnica empleada en hacer la raya del pelo (crencha o carrera).*
3. *La técnica empleada en desenredar el pelo.*
4. *La formación de configuraciones.*
5. *Los resultados de peinar las sortijas prendidas según su colocación.*
6. *Las cualidades básicas de las buenas sortijas prendidas.*
7. *Las diferentes bases de sortijas y cómo se utilizan.*
8. *Los resultados de peinar en forma final las formaciones hechas con sortijas prendidas.*
9. *Los diferentes tipos de sortijas prendidas y los efectos que tienen en los estilos de peinados.*
10. *El empleo de rizadores (rulos) y los efectos que pueden crearse con ellos.*
11. *Las razones para peinar al revés y cepillar al revés.*
12. *Cómo combinar las técnicas básicas de los estilos de peinados para obtener un diseño de estilo de peinado.*
13. *Los diversos tipos faciales y los diseños de estilos de peinados que más sientan a cada uno.*

Actualmente la cosmetóloga debe poseer un conocimiento básico de los estilos de peinandos para mantenerse al día con los constantes cambios de la moda. La cosmetóloga experta que aspira al éxito debe ser capaz de darle un toque personal al peinado, adaptándolo a cada cliente.

Siempre se aconseja que se examine el pelo de la cliente antes de comenzar a dar un champú. Esto le brinda a la cosmetóloga la oportunidad de hacer un peinado de ensayo y decidir qué configuración debe dársele a la cabellera para obtener los resultados más beneficiosos. También le da la oportunidad de prever el estilo de peinado deseado y de proyectar el corte de pelo que le sienta mejor a la cliente.

La cosmetóloga que aspira a convertirse en experta estilista del peinado debe tener noción de la estructura del pelo y comprender la gran importancia de la configuración que se le da al peinado, la ondulación permanente, la suavización (desrizado) del pelo, los ondulados y rizados térmicos, la coloración, la química del pelo y la acción de los acondicionadores del cabello.

Para lograr los emjores resultados, el pelo debe estar en buenas condiciones al hacerle un peinado de estilo.

INSTRUMENTOS Y SUMINISTROS UTILIZADOS EN LOS PEINADOS

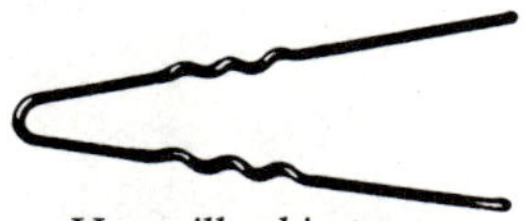
Horquilla abierta

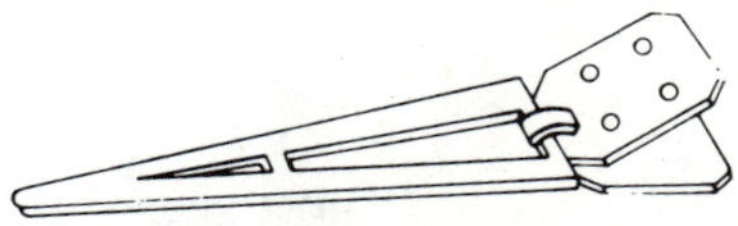
Prendedor de punta sencilla

Horquilla de presión

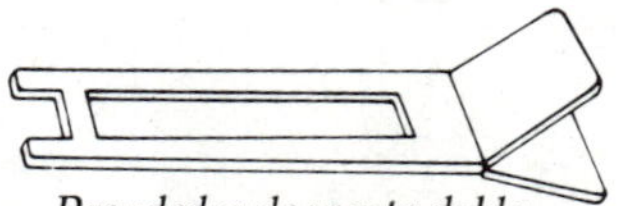
Prendedor de punta doble

Horquilla de presión para rizadores

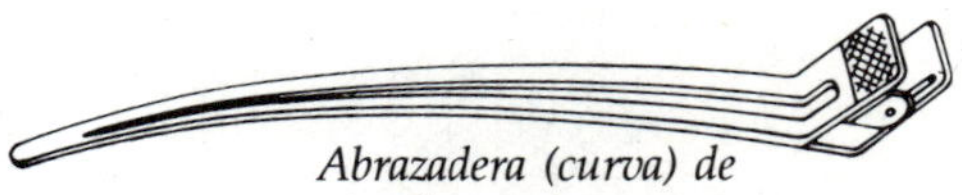
Abrazadera (curva) de pico de pato

RIZADORES (RULOS) CILINDRICOS
A Mitad de Su Tamaño

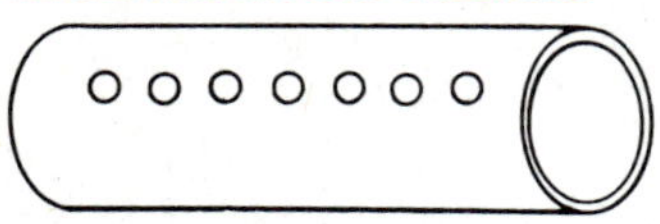
Largo

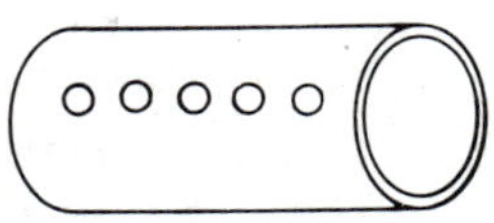
Mediano

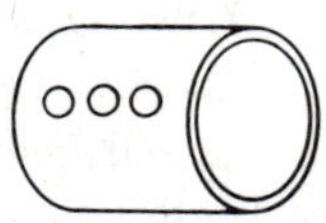
Corto

PEINES ORDINARIOS

Peine de dientes grandes

Peine de cola (de rata)

Peine de uso general

Peine para corte de pelo

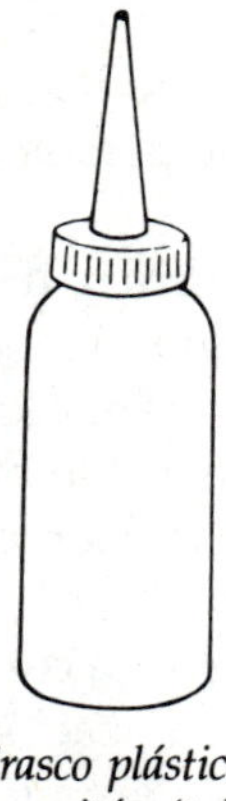
Frasco plástico con pitón (tubo surtidor)

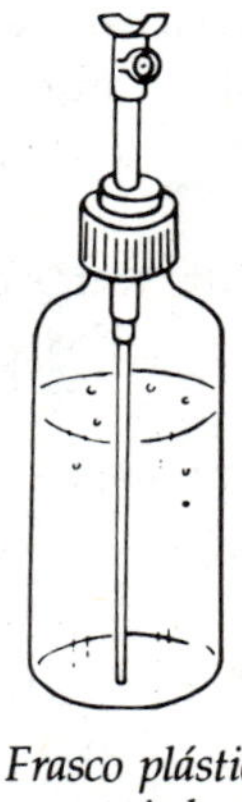
Frasco plástico con rociador de presión

CEPILLO DE CERDAS NATURALES
Los cepillos hechos de cerda natural de verraco se usan para desarrollar un peinado, para desenredar el pelo y para dar tratamientos al cuero cabelludo.

CEPILLO DE CERDAS SINTETICAS
Los peines pequeños y delegados, hechos de cerda sintética, se usan para rellendar o entrelazar el pelo, para suavizar un estilo de peinando o para fijar el pelo en su lugar.

COMO DESENREDAR EL PELO

El desenredo de las greñas es de gran importancia para el éxito de cualquier estilo de peinado. Para evitar daños, lo mejor es proceder en forma sistemática.

Siempre debe comenzarse el desenredo por la nuca. Seccione una pequeña porción de pelos utilizando los dientes anchos del peine y peine cada mechón a través y hacia abajo. (Fig. 1.) Desenrede una por una las secciones de la parte posterior de la cabeza subiendo hasta la coronilla. El tamaño de las secciones así separadas depende de la elasticidad del pelo; para el pelo fino o clarificado deben separarse secciones menores.

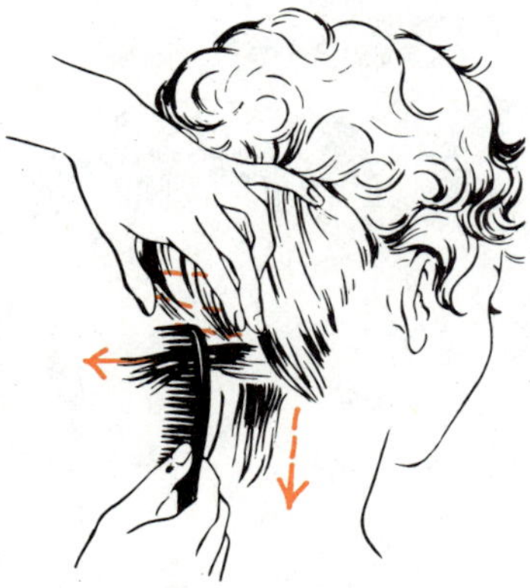

Fig. 1. Desenredo de las greñas en el área de la nuca.

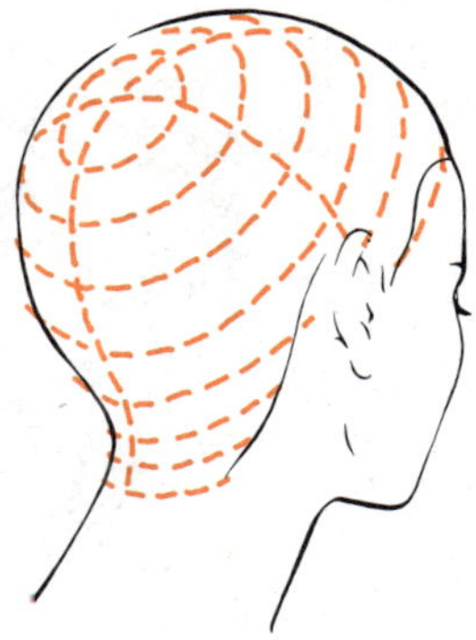

Fig. 2. Diseño para desenredar las greñas con el peine.

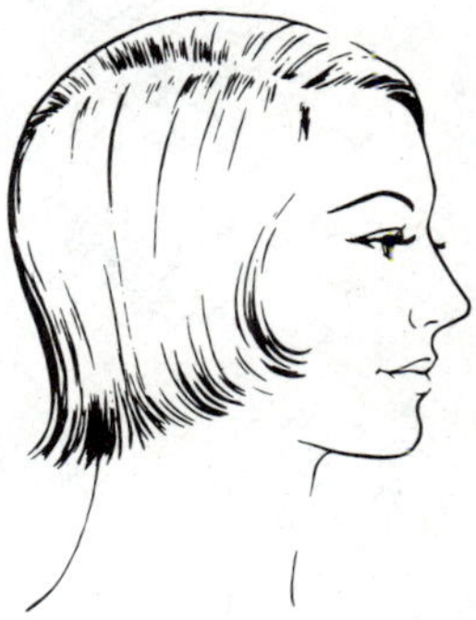

Fig. 3. Cabellera peinada, sin greñas.

El diseño para desenredar las greñas con el peine se ilustra en la Fig. 2. Después de desenredar las greñas, el pelo queda listo para la preparación del peinado o para cualquier otro servicio. (Fig. 3.)

COMO HACER LA RAYA DEL PELO

Un trazado claro de la raya (crencha) es esencial para un buen peinado de estilo. Peine el pelo en línea recta hacia atrás. Sujete el peine ligeramente inclinado y colóquelo sobre el borde del cuero cabelludo. Deslice el peine siguiendo una línea recta hacia la parte posterior de la cabeza hasta trazar la raya en toda su longitud. (Fig. 1.)

Fig. 1. Pase el peine hacia atrás a todo lo largo del pelo.

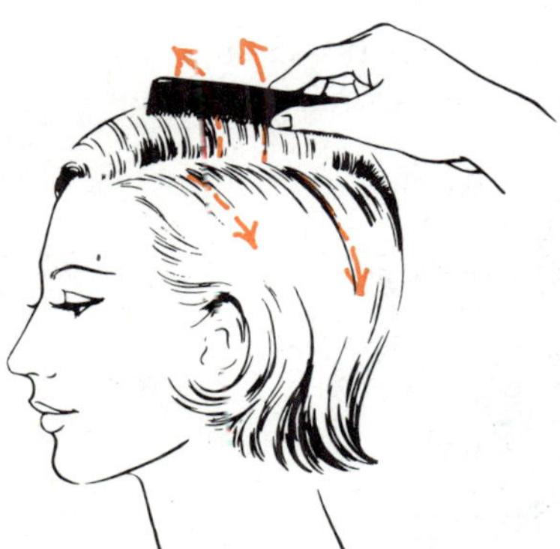

Fig. 2. Peine el pelo por encima y por debajo de la raya.

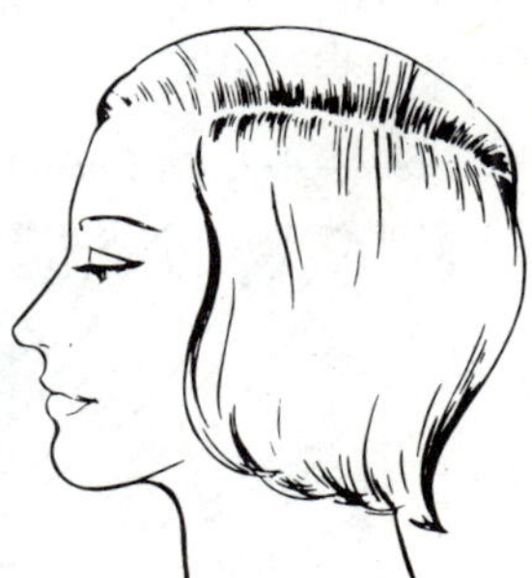

Fig. 3. Cabellera peinada con raya rectilínea.

Sujete los pelos que están debajo de la raya con la mano izquierda mientras peina los que están por encima dirigiéndolos hacia la derecha; peine entonces el pelo por debajo de la raya hacia abajo. (Fig. 2.) Una raya recta y limpia aparece ilustrada en la Fig. 3.

COMO HALLAR LA RAYA NATURAL

Si se desea una raya natural en el pelo para confeccionar el peinado, puede procederse del modo siguiente:

Después de darle un champú a la cabellera y secarla con una toalla, debe peinarla en línea recta hacia atrás. Coloque la palma de la mano izquierda sobre la cabeza y empuje el pelo hacia adelante. Los pelos se separarán a lo largo de la raya natural. (Fig. 1.) Separe el pelo y péinelo hacia la derecha. (Fig. 2.) Peine entonces el pelo que queda por debajo de la raya. La Fig. 3 ilustra una raya recta y limpia.

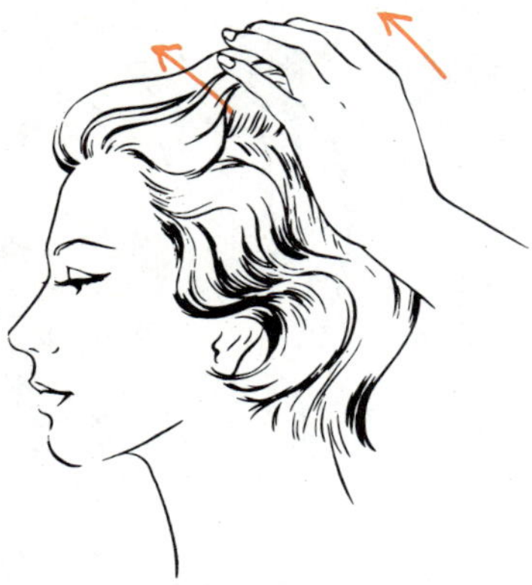

Fig. 1. Hallando la raya natural.

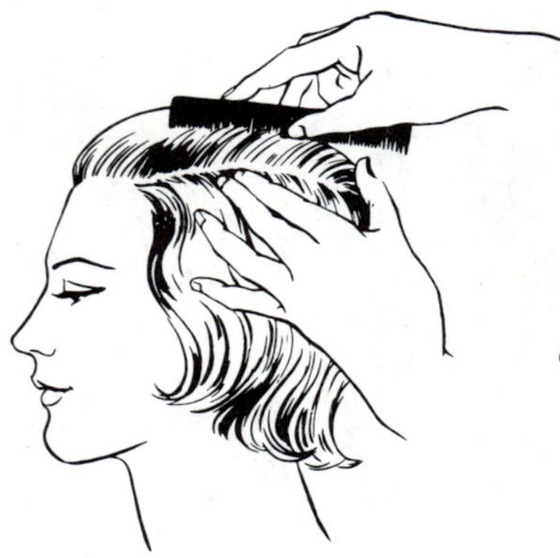

Fig. 2. Peinando el pelo por encima y por debajo de la raya.

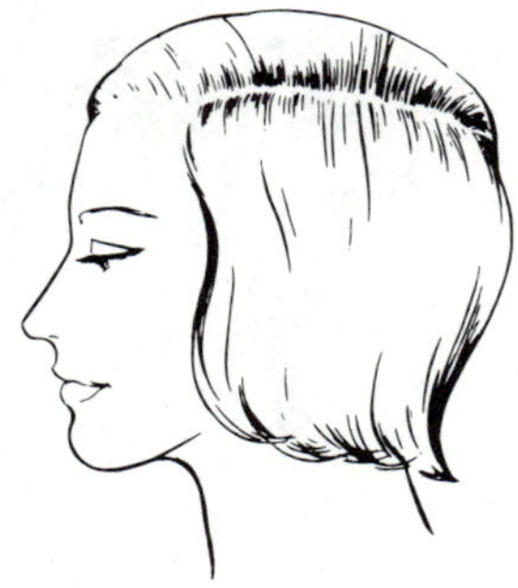

Fig. 3. Cabellera peinada mostrando una raya rectilínea.

RIZOS DE SORTIJA

Cuando se proyectan cuidadosamente, según el diseño predeterminado, las sortijas prindidas (también llamadas rizos de escultura) producen líneas, ondas, bucles, rizos o enrollados que favorecen el peinado. Estos rizos reciben distintos nombres en los países hispanos: anchoítas, canelones, cangilones, caracoles, colochos, crespos, gajos, tirabuzones, etc. Las sortijas pueden utilizarse en el pelo de ondulación natural o permanente. El pelo debe recortarse en forma afilada (ahusada, fusiforme o acopada) y entonces se enrollan las sortijas sin apretarlas para que luego produzcan rizos elásticos y de larga duración.

PARTES DE UN RIZO

Una sortija consta de tres partes principales: **base, tallo** y **círculo.**

La **base** es el fundamento estacionario o inmóvil de la sortija y va pegada al cuero cabelludo.

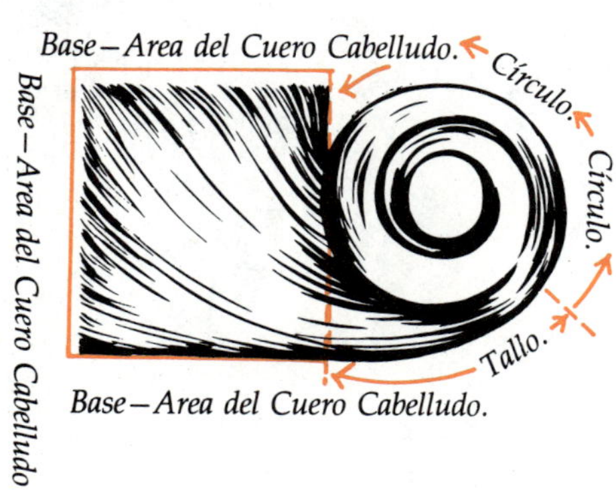

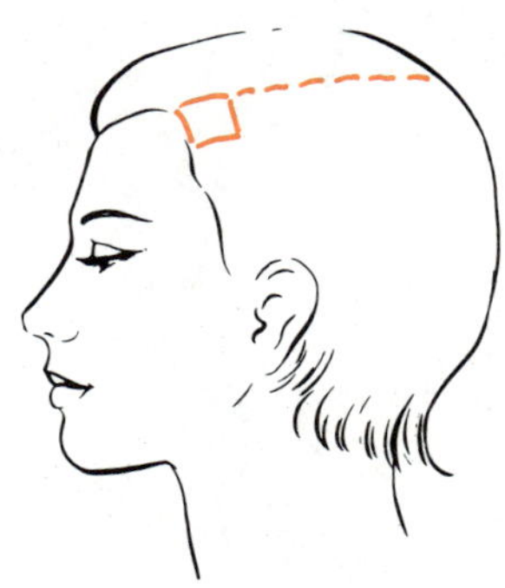

El **tallo** es la porción de la sortija que está entre la base y el primer arco (curva) del círculo. El tallo le da al círculo su dirección, acción y movilidad.

El **círculo** es la parte completamente redonda de la sortija. El tamaño de la sortija determina la anchura y fortaleza de la onda.

MOVILIDAD DE UN RIZO

La movilidad de una sortija está determinada por el **tallo** y depende de la cantidad de movimiento que tangan el tallo y el círculo. La movilidad de una sortija se clasifica con los nombres de sortija sin tallo (tallo nulo), sortija de tallo mediano y sortija de tallo completo.

1. La **sortija sin tallo** le da a la base una posición firme e inmóvil que permite únicamente el movimiento de la sortija. Produce un rizo de gran duración y fortaleza. La sortija se coloca en el centro de la base.

Sortija desarrollada.

2. La **sortija de tallo mediano** permite libertad de movimiento ya que la mitad del tallo facilita que el círculo se aleje de su base. Proprociona un buen dominio del pelo y produce suavidad en el diseño de la onda terminada. La mitad de esta sortija se coloca fuera de su base.

Sortija desarrollada.

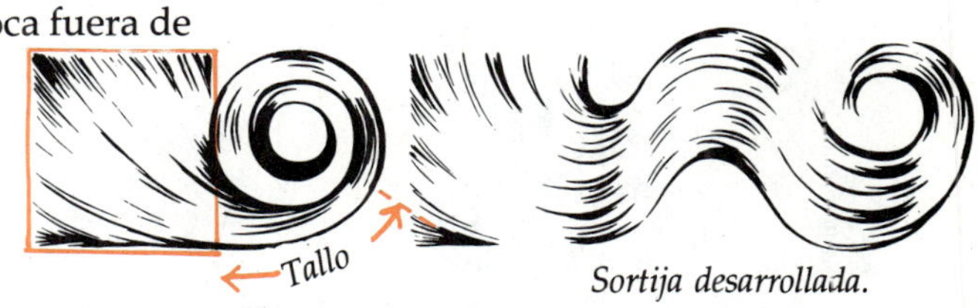

Sortija desarrollada.

3. La **sortija de tallo completo** le da al rizo su mayor movilidad. Le proporciona a las líneas y a la dirección toda la soltura que la longitud del tallo permite. Se usa cuando se desea lograr una dirección firme en el pelo a la vez que un patrón de onda más débil. La base puede dividirse en una sección cuadrada, triangular, de media luna o rectangular según sea el área de la cabeza en que se desee utilizar este tipo de rizado. El círculo se coloca completamente fuera de su base.

El tipo de sortija usado es lo que determina si el estilo de peinado debe ser pegado a la cabeza o alejado de ella.

COMO PEINAR LOS RIZOS DE SORTIJA

El tamaño de la onda está determinado por el de la sortija.

Nótese la diferencia entre una onda desarrollada con el peine partiendo de una sortija de centro cerrado y otra que parte de una sortija de centro abierto.

Para lograr una onda pareja y suave con un rizo uniforme en la punta se recomienda la **sortija de centro abierto.**

Para el pelo fino, si se desea desarrollar la onda peinándola flojamente, se recomienda la **sortija de centro cerrado.**

Sortija de centro cerrado.

Sortija de centro abierto.

DIRECCION DEL RIZO Y DEL TALLO

La dirección del tallo puede ser hacia la cara, opuesta a la cara, hacia arriba, hacia abajo o diagonal. Sin embargo, la dirección está determinada por el estilo acabado del peinado que se desea.

La dirección del tallo y del rizo con relación a la cara recibe los siguientes nombres:

1. **Prógira,** con movimiento hacia adelante, o sea, hacia la cara (anverso).
2. **Retrógira,** con movimiento hacia atrás, o sea, hacia la parte posterior de la cabeza, en dirección opuesta a la cara (reverso).

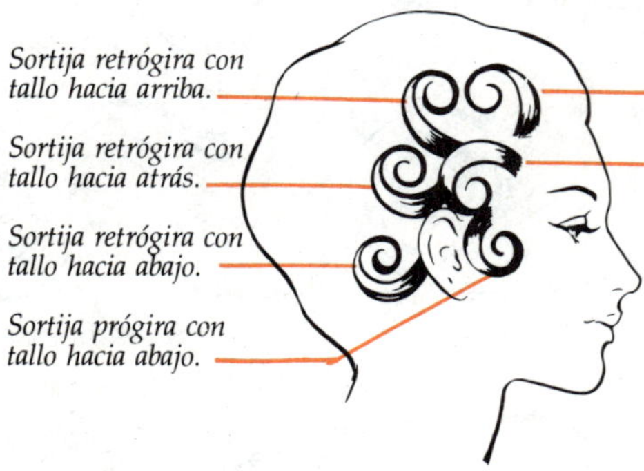

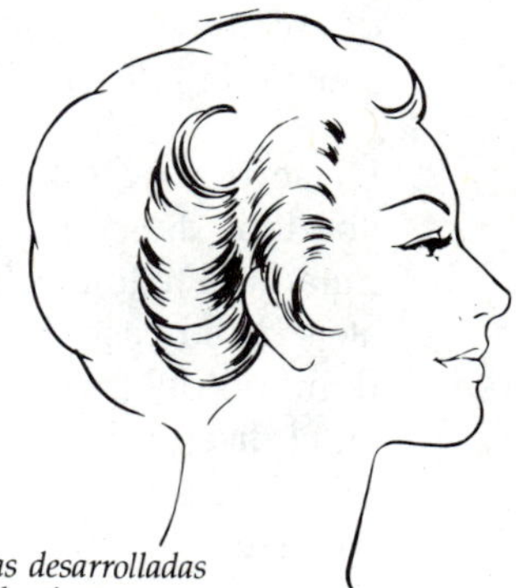

Ondas desarrolladas con el peine.

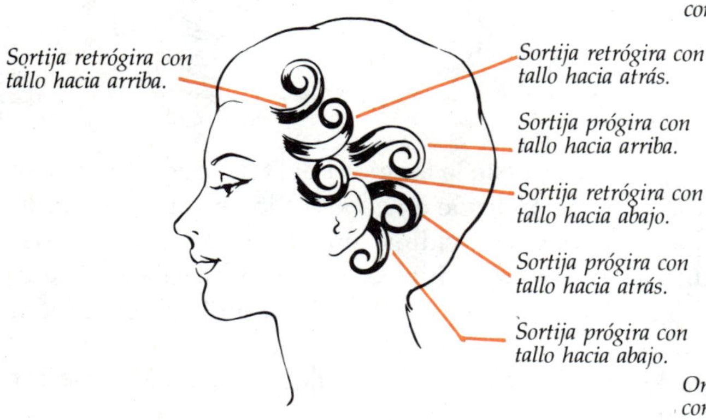

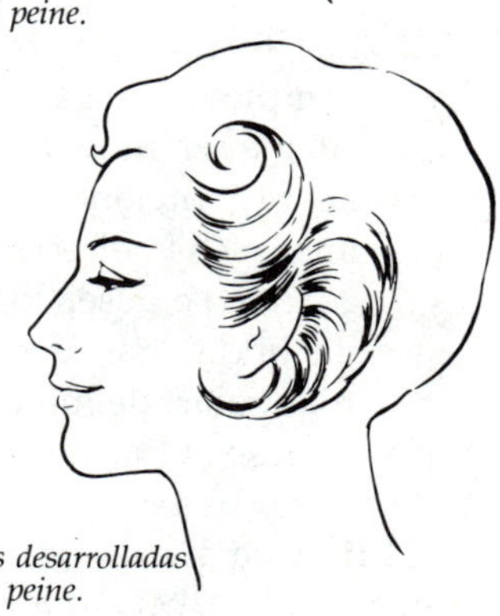

Ondas desarrolladas con el peine.

Estas ilustraciones tienen por finalidad solamente mostrar las direcciones del tallo y la colocación de las sortijas; así, su propósito no es en modo alguno ilustrar los diseños de sortijas prendidas.

RIZOS HACIA LA DERECHA Y HACIA LA IZQUIERDA

Algunos estilistas del peinado prefieren usar los términos "rizo dextrógiro" y "rizo levógiro" para referirse al movimiento de las sortijas.

Sortijas dextrógiras.

Las sortijas que siguen la dirección del movimiento de las agujas del reloj (hacia la derecha) se nombran dextrógiras, dextrorsas o dextrosas.

Las sortijas que siguen la dirección opuesta al movimiento de las agujas del reloj (hacia la izquierda) se denominan levógiras, sinistrorsas o sinistrosas.

Sortijas levógiras.

N. del T.: Las sortijas *prógiras* también pueden llamarse *anversas* o *anteversas,* y las sortijas *retrógiras* pueden denominarse también *reversas* o *retroversas.*

CONFIGURACION PARA LA COLOCACION DE LOS RIZOS DE SORTIJA

Una configuración es una sección de pelos que se ha modelado según un diseño que sirve de base a un patrón de sortijas o de ondas. El punto exacto desde donde el pelo es dirigido para formar una configuración es el **pivote** (centro).

Las configuraciones pueden clasificarse en **prógiras** y **retrógiras.**

CONFIGURACIONES PROGIRAS

Una configuración prógira es aquella en la que el pelo es dirigido hacia la cara. Este tipo de configuración es de forma oval y de tamaño mayor en la parte convexa (cerrada) de la onda que en la parte cóncava (abierta).

Configuración Vertical Lateral Prógira

En ella el pelo va dirigido con movimiento circular siguiendo la raya de a un lado hacia abajo y hacia la cara, como se muestra en la ilustración. El tamaño de la configuración depende de la marca del estilo de peinado que se va a crear.

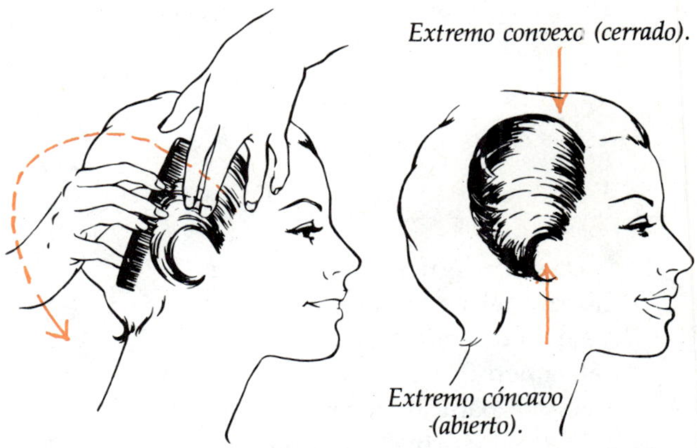

Configuración para el lado derecho.

Configuración Frontal Prógira

En ésta el pelo es dirigido con el peine en línea de movimiento circular, **en dirección opuesta a la frente,** con el efecto circular digrigido hacia la cara.

Configuración oval para dar un efecto de movimiento hacia adelante (prógiro).

CONFIGURACION DIAGONAL

Esta es similar a la configuración lateral prógira con la excepción de que la configuración se orienta en dirección diagonal con respecto al lado de la cabeza.

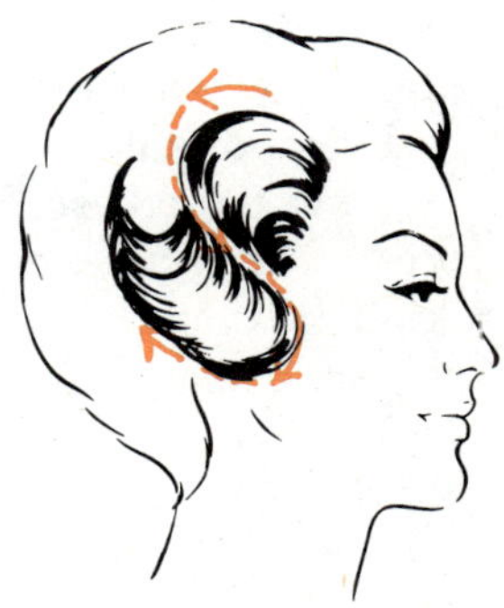

CONFIGURACION VERTICAL

La configuración vertical lateral es aquélla en la que el cabello va dirigido con el peine hacia abajo y hacia arriba con movimiento circular alejándose de la cara.

LADO IZUIERDO DE LA CONFIGURACION VERTICAL RETROGIRA

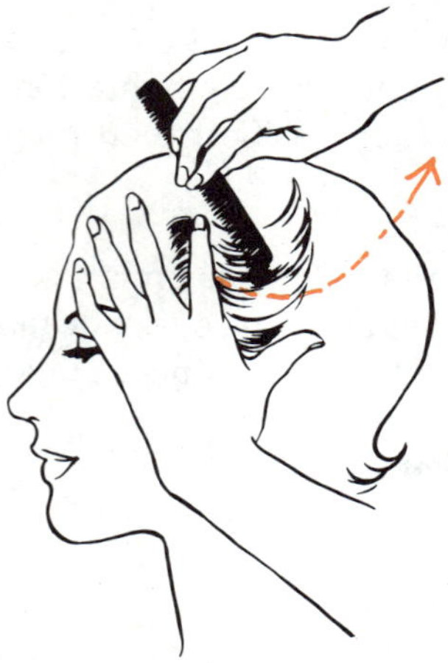

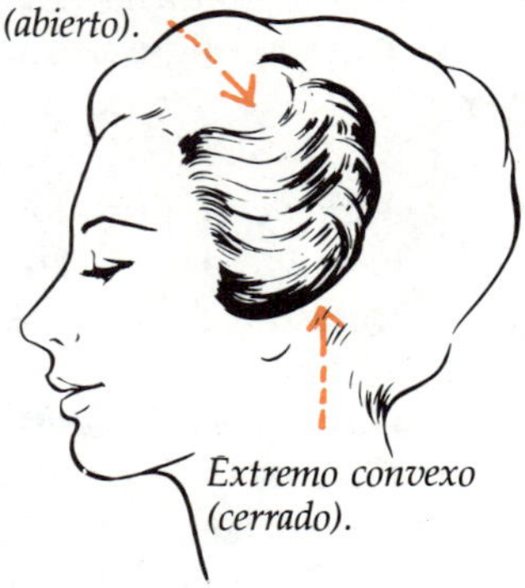

CONFIGURACION HORIZONTAL

La configuración oblonga horizontal es aquélla en que el pelo va dirigido con el peine paralelamente a la raya. Se recomienda para la formación paralela de sortijas prendidas y puede utilizarse para el primer movimiento en el diseño de ondulación digital.

FUNDAMENTOS O BASES DE LAS SORTIJAS

Primeramente el pelo se divide en secciones o paneles y luego se subdivide siguiendo el tipo de fundamento o base que se requiere para los diversos rizos. Las formas básicas más comunes son: la rectangular, la triangular, la arqueada (en forma de media luna o "C") y la cuadrada.

Para evitar que queden separaciones en el pelo, la estilista del peinado debe tener cuidado al seleccionar y formar la base de la sortija. Por otra parte, la uniformidad en el desarrollo del rizo puede lograrse únicamente cuando las secciones de pelo son tan iguales como sea posible.

Es importante asegurarse de que cada sortija quede plana y suave en su base. Si alguna se extiende a una distancia excesiva de la base, el rizo resultante quedará flojo en la sección próxima al cuero cabelludo. La forma de la base no afecta, sin embargo, a la sortija terminada.

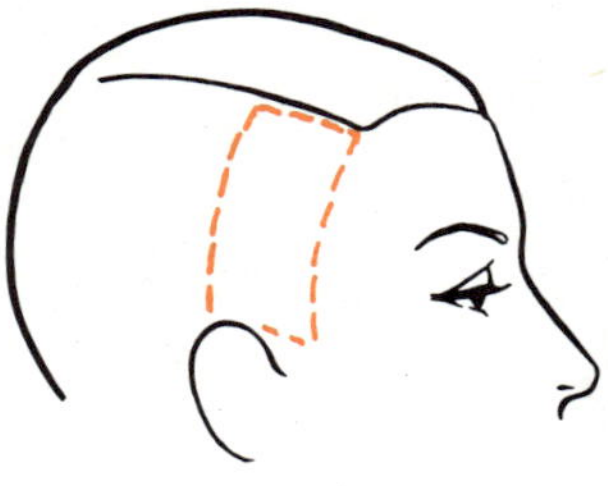

Panel.

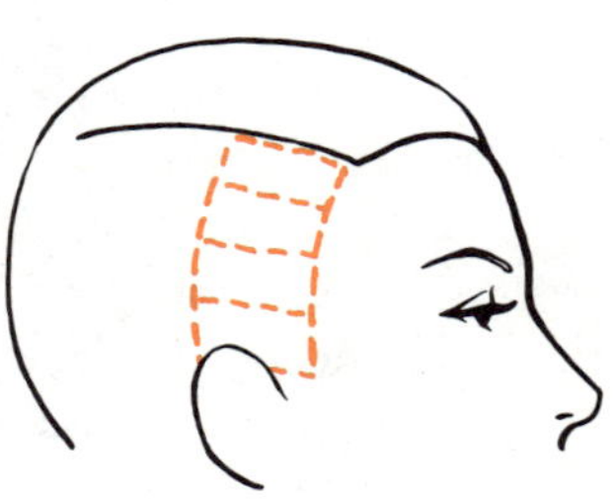

Panel con bases rectangualares.

BASE RECTANGULAR

La base rectangular en los rizos generalmente se recomienda para la línea del contorno frontal lateral del cuero cabelludo cuando se desea un efecto de vuelta suave hacia arriba.

Para evitar las separaciones al desarrollar las ondas con el peine, las sortijas deben traslaparse (cubrirse parcialmente unas a otras como las tejas de un tejado).

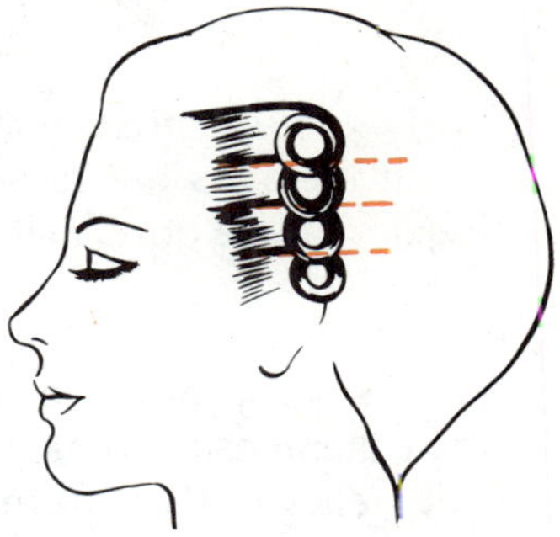

Base rectangular.

BASE TRIANGULAR

Las sortijas prendidas de base traingular se recomiendan para la línea del contorno frontal o facial del cuero cabelludo porque evitan las hendeduras o separaciones visibles en el peinado acabado. La base triangular permite que una porción de pelos de cada rizo se traslape a la porción contigua y al peinar resultan ondas uniformes sin separaciones.

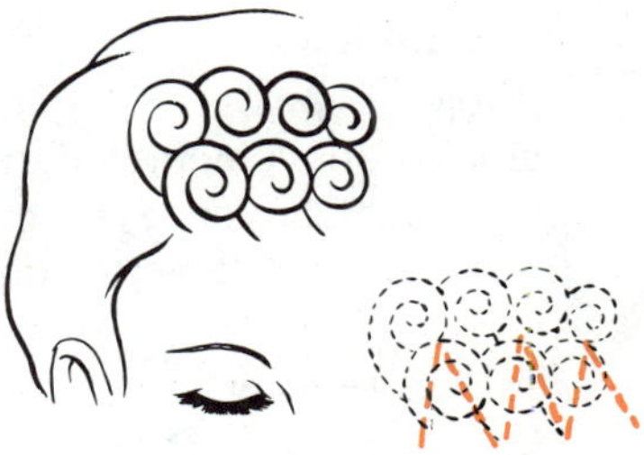

Base triangular.

BASE ARQUEADA

Lados. Las sortijas de base arqueada, también conocidas como de media luna o en forma de "C," pueden sacarse de una configuración a los lados de la cabeza.

Parte posterior de la cabeza. Las sortijas de base arqueada también pueden usarse para dar un efecto de vuelta arriba o de "retorcido a la francesa" en la parte posterior, inferior de la cabeza.

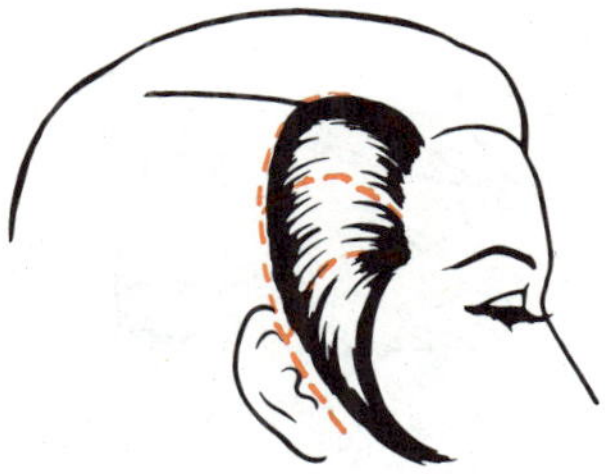

Base arqueada: vista lateral.

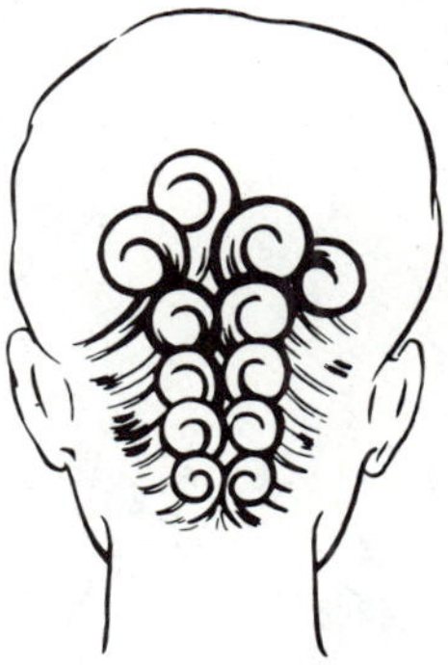

Base arqueada: vista posterior.

BASE CUADRADA

Las sortijas prendidas de base cuadrada se utilizan en composiciones uniformes propias para el desarrollo de rizos u ondas con el peine y el cepillo. Pueden aplicarse en cualquier parte de la cabeza y al peinarlas producen efectos de larga duración.

Para evitar las hendeduras alterne las secciones en la forma indicada en la ilustración.

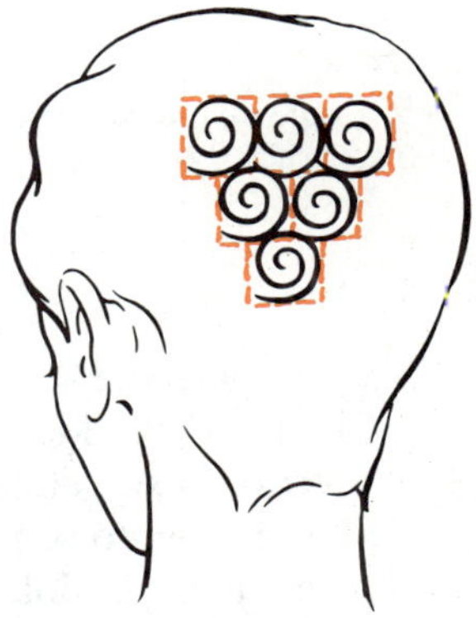

Base cuadrada.

PROCEDIMIENTOS PARA LOS RIZOS DE SORTIJA

Las sortijas pueden formarse de varias maneras. Los dibujos de esta página ilustran métodos diversos utilizados en su formación. Su instructora posiblemente ejemplifique otros métodos igualmente correctos.

SORTIJAS PARA EL LADO DERECHO

Las sortijas que se separan de una configuración sin alterar esta última generalmente se llaman sortijas de relieve. Para formar estas sortijas en el lado derecho de la cabeza se sigue el procedimiento indicado a continuación.

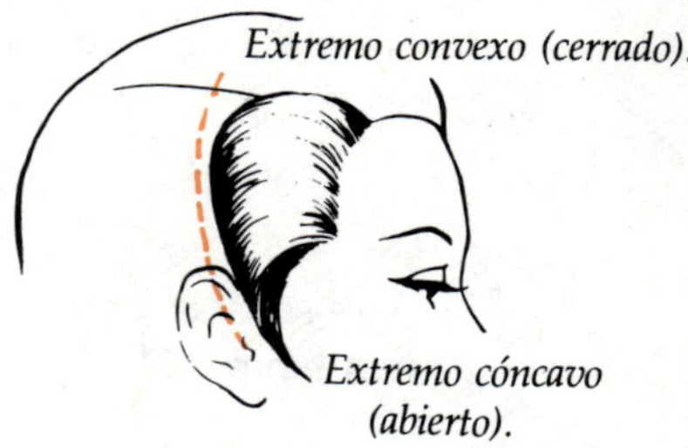

1. Forme la configuración.

Procedimiento

Moje el pelo con agua o loción para peinar y péinelo suavemente dándole forma a la configuración. Comience a formar las sortijas por el extremo cóncavo (abierto) de la configuración.

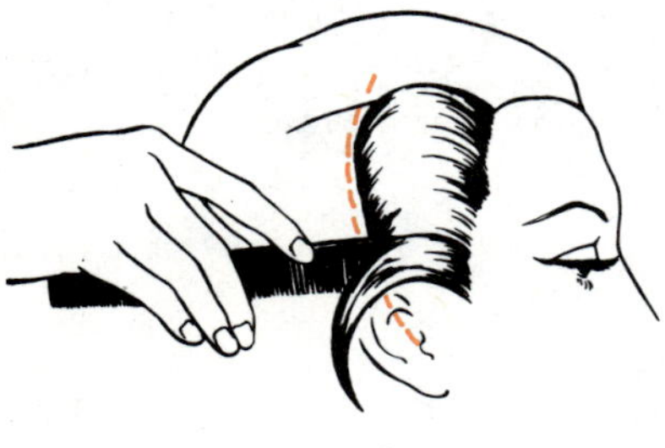

2. Separe un mechón para la primera sortija.

3. Use la punta del peine y el dedo índice como amortiguadores.

4. Estire el mechón tirando de él a través de la base de los dientes del peine.

5. Forme una sortija prógira (hacia adelante).

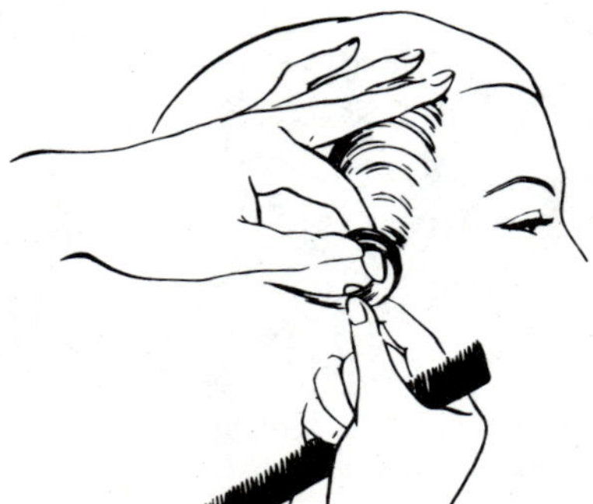

6. Enrolle la sortija alrededor del dedo índice.

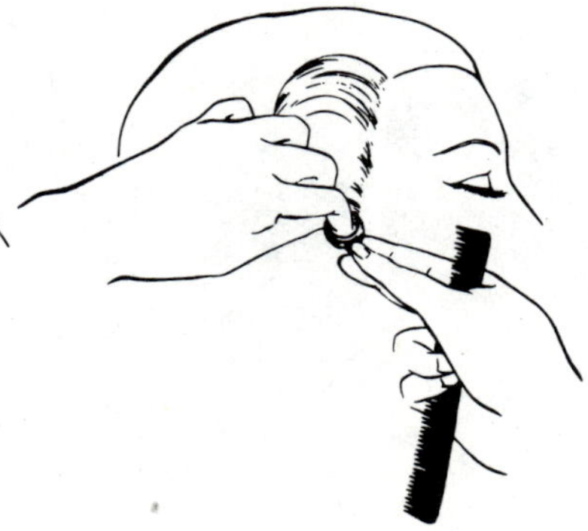

7. Saque el dedo índice de la sortija deslizándolo y manteniendo las puntas del pelo en el centro de la sortija.

Muy importante

Cuando desee lograr un aspecto de movimiento que tenga larga duración, estire el mechón o sométalo a tensión.

El estiramiento se producirá al enderezar y estirar el mechón. Peine firmemente el mechón cogiéndolo ente el forzal (lomo) del peine y el dedo pulgar, siguiendo la dirección del movimiento de la sortija como se indica en las Figs. 4 y 5.

8. Moldee la sortija dentro de la configuración.

9. Sostenga la sortija en la configuración.

10. Prenda la sortija con un prendedor.

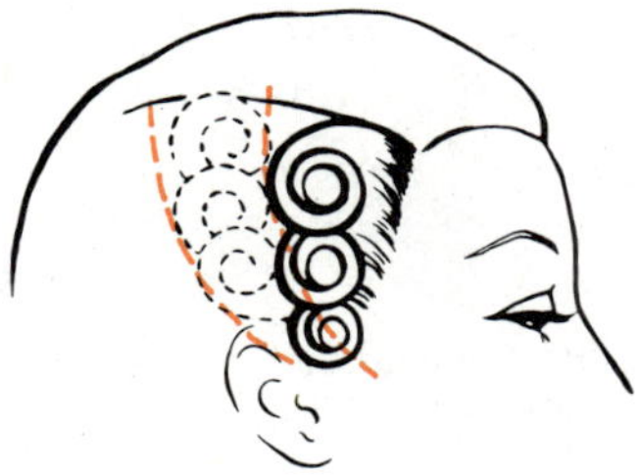

11. Ordenamiento de rizos de escultura respaldados con una segunda hilera de sortijas.

12. Sortijas ya peinadas formando ondas con un fuerte reborde.

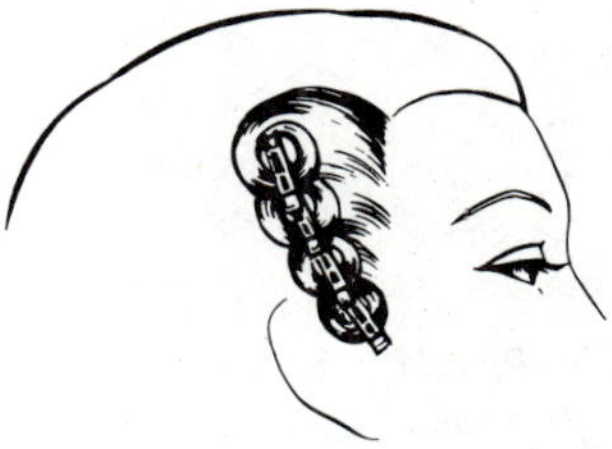

13. El pelo fino generalmente requiere cuatro sortijas.

SORTIJAS PRENDIDAS EN EL LADO IZQUIERDO

La formación de sortijas en el lado izquierdo de la cabeza requiere una técnica diferente de la que se emplea para el lado derecho.

Moje el pelo con agua o loción para peinar, péinelo suavamente y déle forma a la configuración. Comience por el extremo cóncavo (abierto) de la configuración.

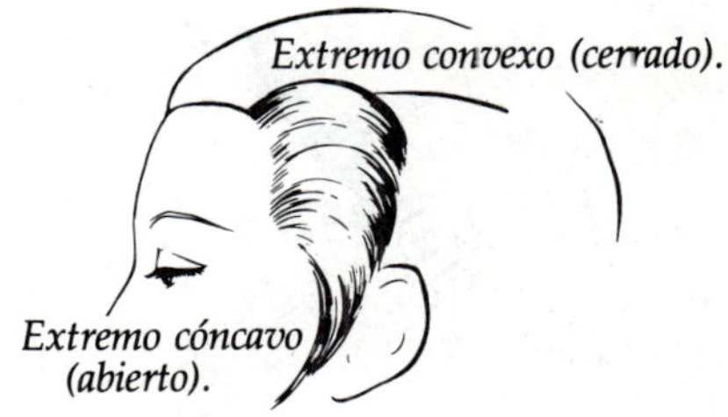

1. Configuración.

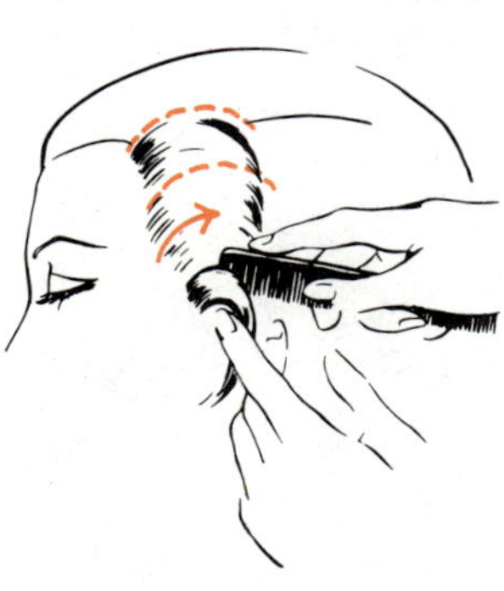

2. Separe un mechón de la configuración.

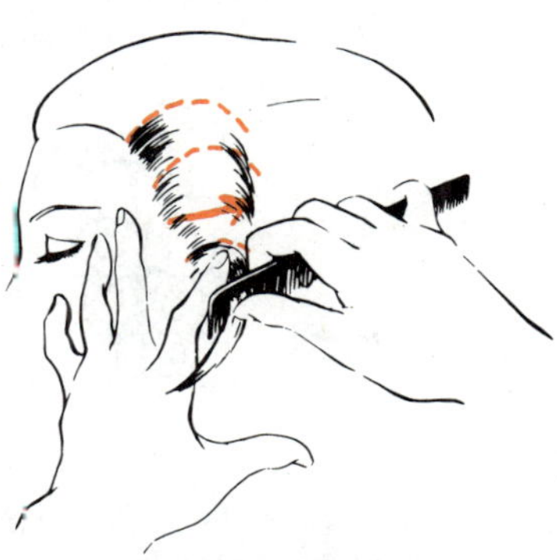

3. Mechón estirado al tirar de él con el forzal (lomo) del peine.

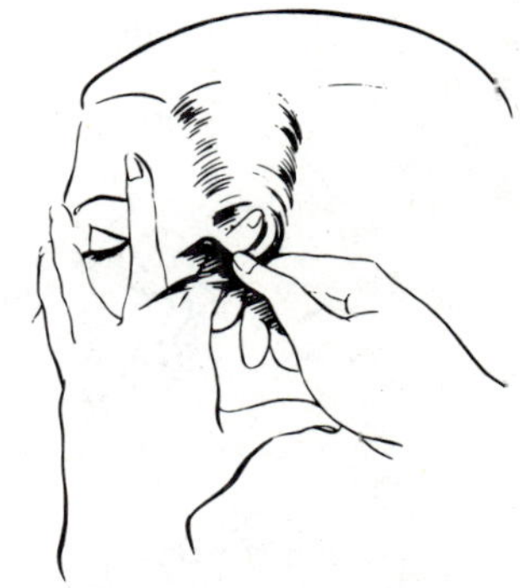

4. Forme una sortija prógira (hacia adelante).

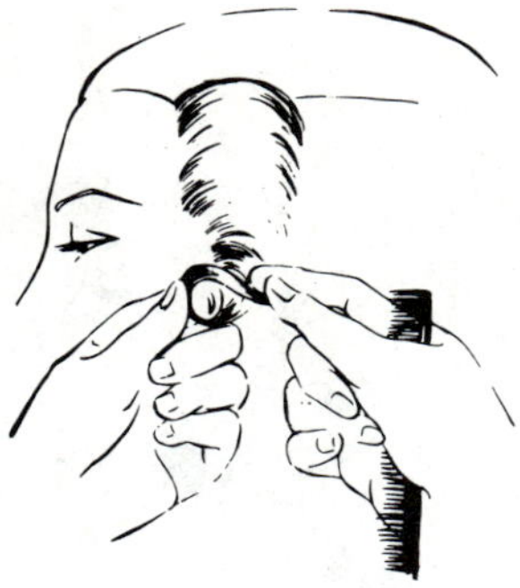

5. Enrolle el mechón alrededor del dedo índice.

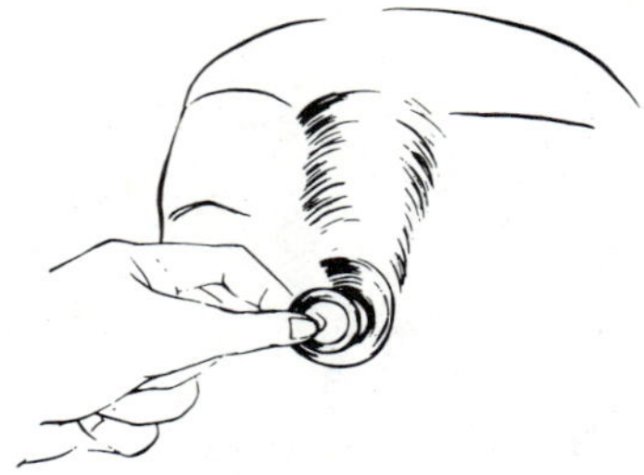

6. Saque la punta del dedo de la sortija y moldee ésta dentro de la configuración.

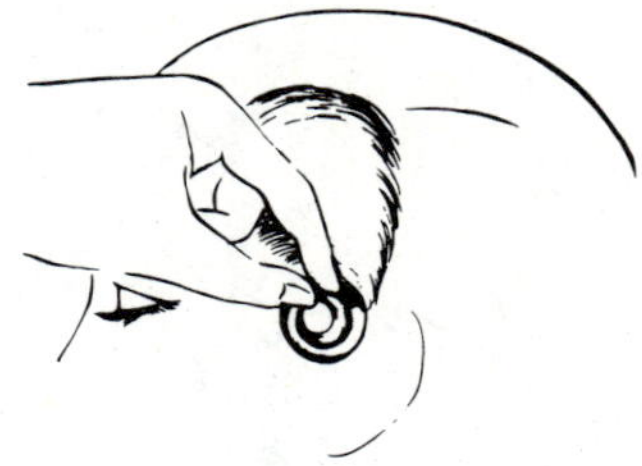

7. Sostenga la sortija en la configuración.

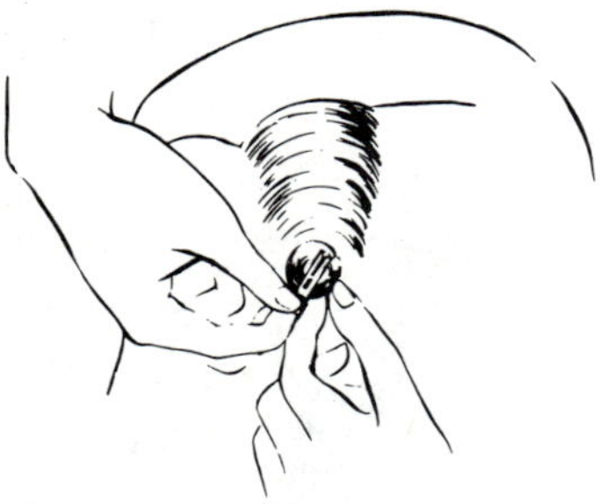

8. Prenda la sortija con un prendedor.

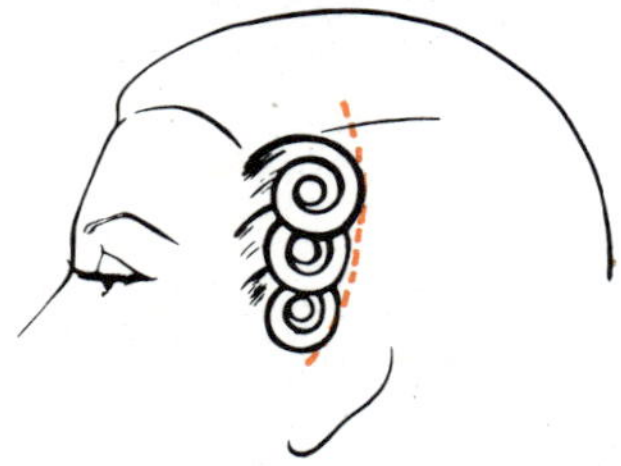

9. Las sortijas se adaptan a la curvatura de la configuracón. Las sortijas se traslapan (superponen). El tamaño de las sortijas aumenta o disminuye gradualmente.

10. Configuración reversa para los rizos de respaldo.

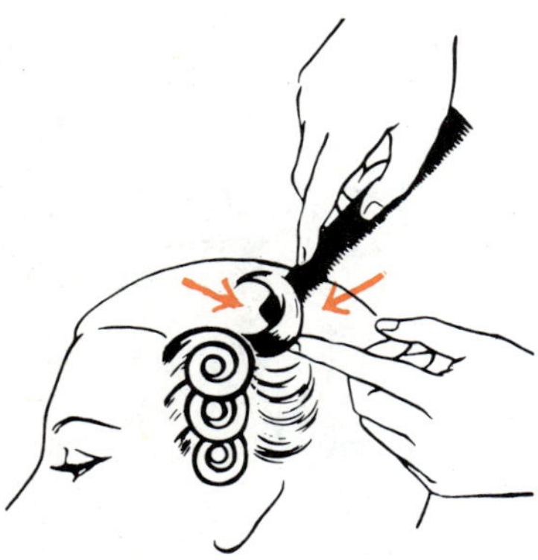

11. Para separar el mechón la punta del peine debe tocar a la punta del dedo hacia la mitad del mechón.

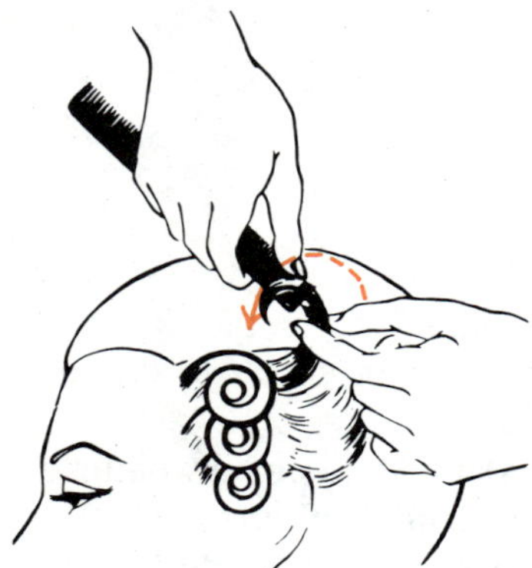

12. Enrolle el mechón. El uso de los dientes anchos o finos del peine depende de la textura del pelo.

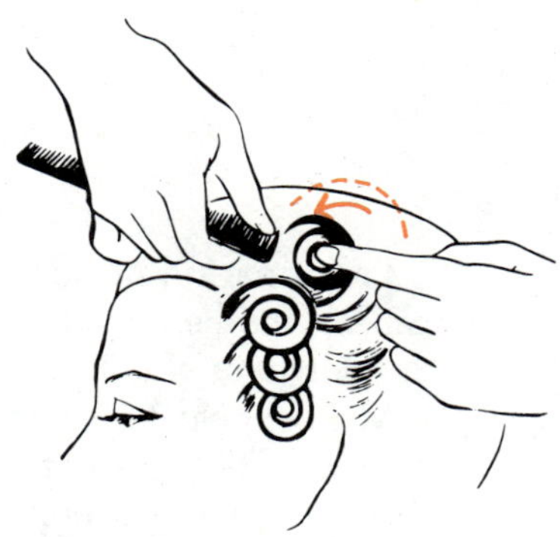

13. Enrolle la punta del mechón con los dientes finos del peine para cerrar la sortija con esmero.

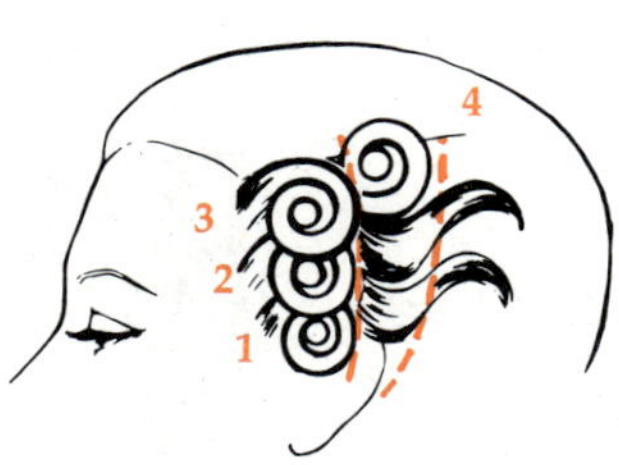

14. Sortija retrógira completa en la parte alta con la configuración dividida en mechones para las dos sortijas siguientes.

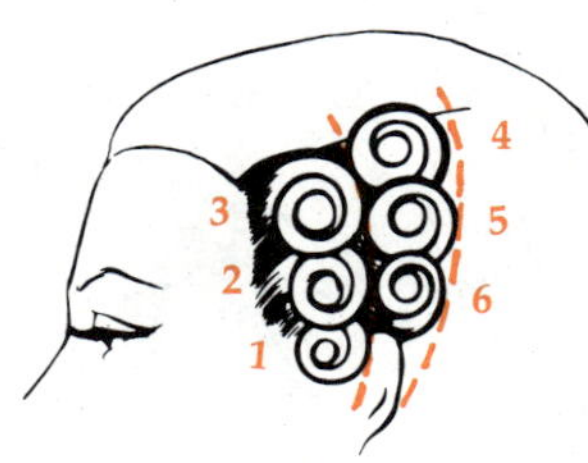

15. Segunda hilera de sortijas completas dentro de una configuración curva.

16. Sortijas prendidas, prógiras y retrógiras, después de peinadas formando una onda completa y ancha.

COMO FIJAR LOS RIZOS DE SORTIJA

La fijación es una técnica importante que debe ser aprendida a la perfección para lograr el éxito en la estilística del peinado. Es esencial que las sortijas se sostengan firmemente en el lugar en que se colocan para que el diseño proyectado pueda realizarse y desarrollarse hasta lograr la forma de peinado que se desea.

Cada estilista del peinado, o instructor o instructora, suele tener su propio método favorito para insertar los prendedores o ganchos. Cada uno de estos métodos profesionales puede considerarse igualmente correcto. No obstante, es indispensable apelar al buen sentido siempre que se vayan a insertar los prendedores o ganchos con el fin de fijar las sortijas correctamente.

Sortijas prógiras en el contorno del cuero cabelludo (sortijas dextrógiras).

Sortijas prógiras iguales en tamaño. Se colocan en cualquier parte de la cabeza.

Sortijas retrógiras (levógiras) iguales en tamaño. Se colocan en cualquier parte de la cabeza.

PROCEDIMIENTO

Para prender la sortija correctamente, deslice el prendedor o gancho a través de una parte de la base o del tallo, o de ambos, en forma oblicua y cruzando la punta de la sortija. De esta manera la sortija quedará segura sin desenrollarse, aflojarse o soltarse.

1. Los prendedores deben asegurarse de tal modo que no interfieran con la formación o colocación de otras sortijas, ni con ningún otro paso en la preparación del peinado.
2. Para evitar separaciones o huellas es aconsejable no insertar el prendedor a través del centro de la sortija entera.
3. El tamaño del prendedor que se utilice debe estar determinado por el tamaño de la sortija.
4. Para evitar ocasionarle molestias a la cliente durante el proceso del secado, no permita que los prendedores toquen los oídos, la piel o el cuero cabelludo. En el caso de que un prendedor toque la piel o los oídos, coloque un pedacito de algodón debajo del prendedor en estos lugares.

Sortijas retrógiras (levógiras) con rebordes (bordes salientes).

EFECTOS DE LOS RIZOS DE SORTIJA

Hay un número de diseños de sortijas que están destinados a lograr efectos específicos; algunos de ellos se ilustran aquí.

Sin embargo, debe tenerse cuidado de que las sortijas queden parejas y que estén colocadas en la dirección en que van a peinarse; de lo contrario, la preparación del peinado estará expuesta a contratiempos imprevistos con ondas o rizos disparejos.

ONDAS VERTICALES

Para lograr efectos de ondas verticales en el lado izquierdo de la cabeza, forme primero una configuración retrógira y entonces siga el patrón de sortijas que aquí se ilustra.

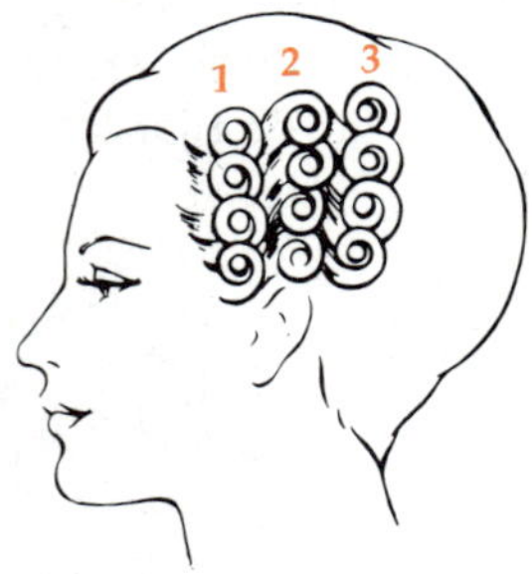

Patrón de sortijas para ondas verticales.

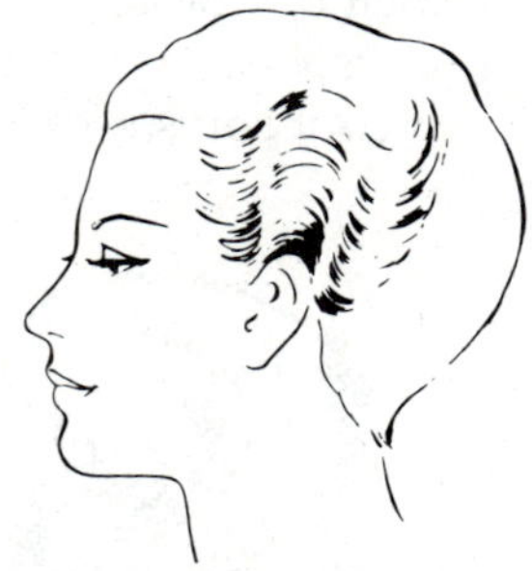

Ondas verticales desarrolladas con el peine.

ONDAS HORIZONTALES

Para lograr ondas horizontales, déle primero al pelo una configuración prógira de efecto semicircular hacia adelante, desde la raya hacia abajo. Las sortijas se forman entonces tal como aquí se ilustra. Con este método se forma una onda de larga duración pegada a la cabeza.

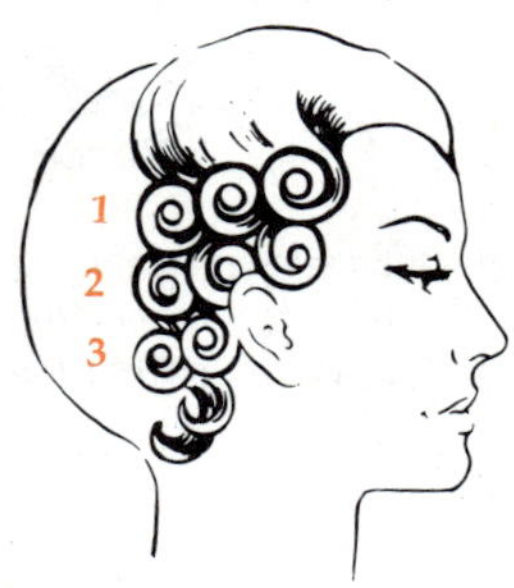

Patrón de sortijas para ondas horizontales.

Ondas horizontales desarrolladas con el peine.

MOVIMIENTO DE ENLACE MUTUO

1a Hilera: Tallos retrógiros (hacia atrás) con sortijas prógiras (hacia adelante).

2a y 3a Hileras: Tallos prógiros con sortijas retrógiras.

Desarrollo: Las sortijas de atrás se peinan y entrelazan con las sortijas de la hilera delantera.

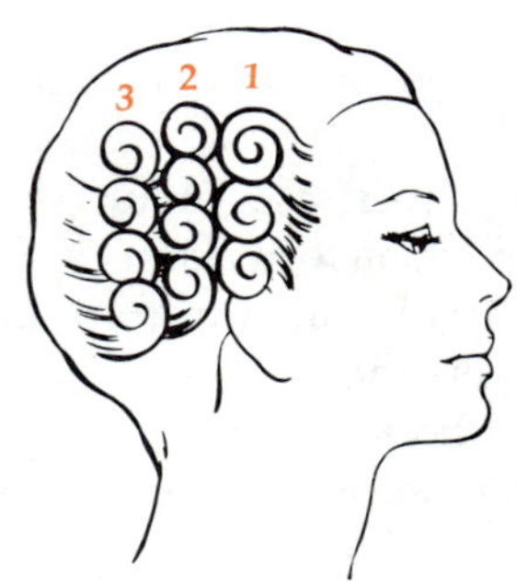

Preparacion del patrón.

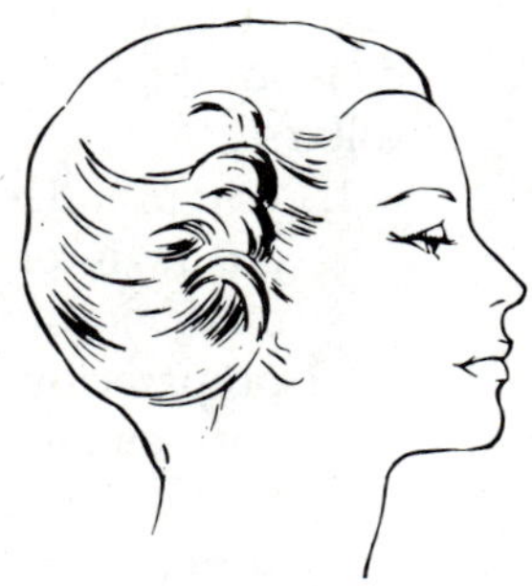

Estilo desarrollado.

COPETE ONDEADO

Configuración.

Preparación del patrón.

Estilo desarrollado.

ONDAS DIAGONALES

Configuración: Oval prógira.
Preparación: Comience por el extremo cóncavo (abierto).
Desarrollo: Ondas diagonales.

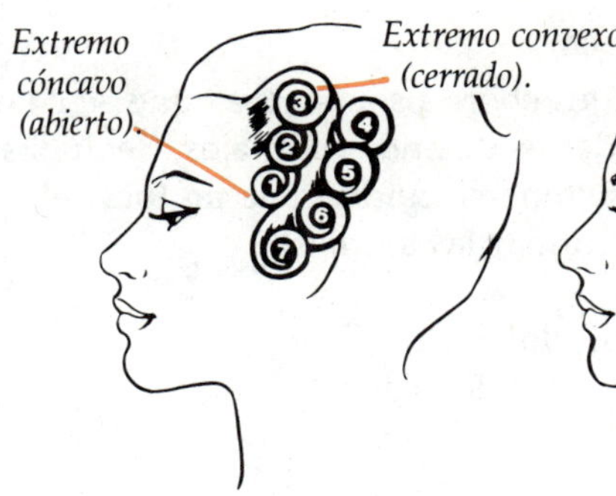

Preparación del patrón.

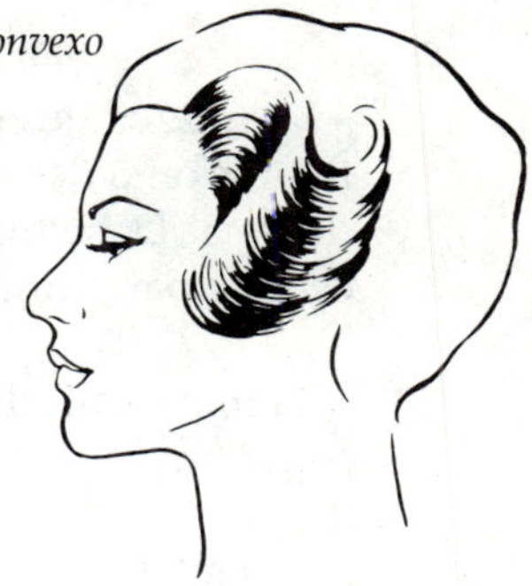

Estilo desarrollado.

FLEQUILLOS ONDEADOS

Preparación para el Cabello Fino
Configuración.
Preparación: Marque la 1a hilera.
Marque la 2a hilera.

Preparación para el Cabello Normal
Preparación: Marque la 1a hilera.
Marque la 2a hilera.

Preparación del patrón.

Estilo desarrollado.

RETORCIDO A LA FRANCESA

Preparación para el Cabello Normal

Haga una raya en la parte posterior de la cabeza en dirección vertical y al centro. Peine las dos secciones laterales hacia el centro.

Forme sortijas **suaves** como se muestra en la ilustración.

Desarrollo. Peine cada lado hacia atrás. Cepille o peine un lado, doble las puntas hacia adentro y prenda el pelo.

Cepille o peine el otro lado y doble las puntas sobre la primera sección. Prenda el pelo en forma de espiga o "espiguilla" (diseño llamado "espina de pez" que se caracteriza por una línea como eje y otras laterales paralelas entre sí y oblicuas a aquéllas). Esto evita que las puntas queden visibles.

Preparación del patrón.

Estilo desarrollado.

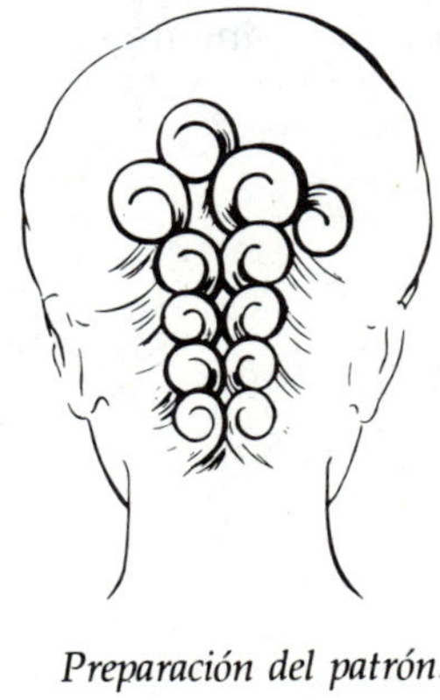

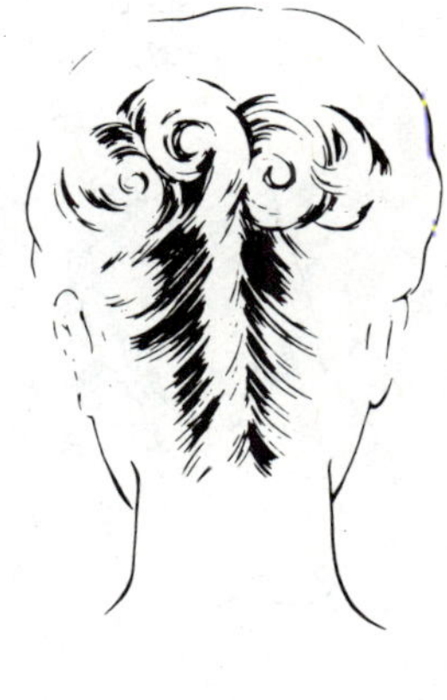

Preparación del patrón.

RIZOS DE REBORDE

Los rizos de reborde son sortijas que se colocan detrás del borde de una configuración o detrás de ondas digitales. Se utilizan cuando se desea formar una onda floja. Debe tenerse cuidado de **no tocar el reborde** cuando se separan los mechones para formar las sortijas.

Preparación del pelo. Déle configuración al pelo y forme los rebordes igual que las ondas digitales verticales. Separe el mechón sin tocar el reborde.

Fig. 1. Enrrolle el pelo alrededor de la punta del dedo.

Fig. 2. Saque el dedo del mechón y enrolle el mechón hasta la base del reborde.

Fig. 3. Fije la sortija con un prendedor.

Fig. 4. Sortijas de reborde terminadas.

ONDULACION ALTERNA

La ondulación alterna (o "rizonda") es una combinación de ondas digitales y un patrón de sortijas colocadas en formaciones alternas con las ondas. Esta técnica se recomienda cuando se desea lograr ondas que sean anchas, flojas y verticales.

Para obtener los mejores resultados, el pelo debe tener entre tres y cinco pulgadas del largo. No se recomienda este ondulado para el pelo que ha recibido una fuerte ondulación permanente ni tampoco para el pelo fino.

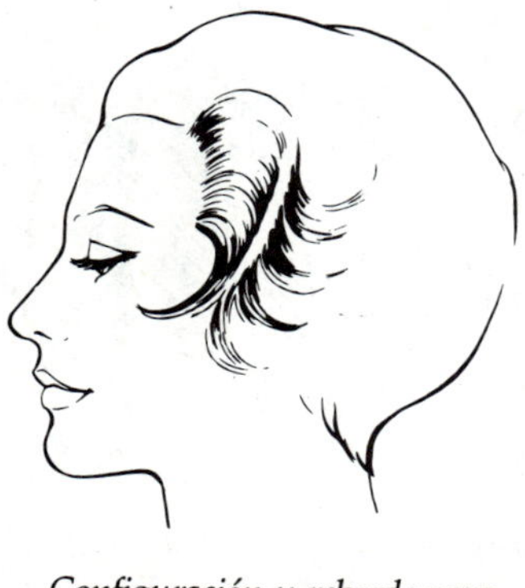

Configuración y reborde para una ondulación digital vertical.

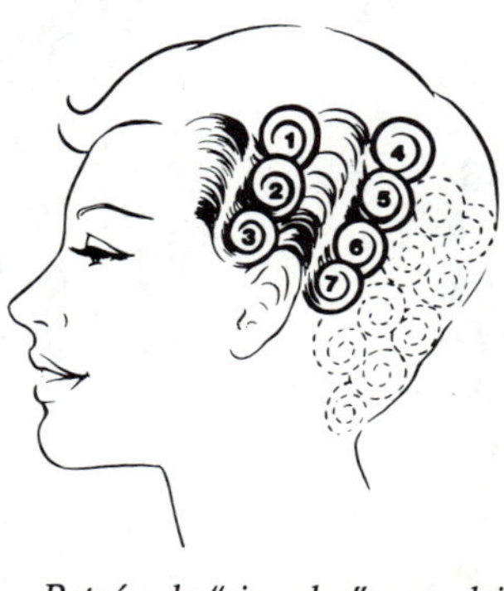

Patrón de "rizondas" para dejar las puntas libres.

Estilo desarrollado con las puntas libres.

RIZOS VERTICALES O DE CASCADA

La sortija de cascada, a veces denominada **sortija erecta** (o vertical), se forma enrollando el pelo desde la punta hasta el cuero cabelludo. La abertura central es grande y la sortija se prende en posición erguida.

La sortija erecta le da gran elevación al peinado. Puede utilizarse en combinación con los bucles o por sí sola cuando se desea un máximo de volumen.

Nota: Para adquirir destreza en la estilística del peinado, la estudiante debe aprender a formar sortijas verticales con facilidad y maestría.

PROCEDIMIENTO

Moje la sección frontal con agua o loción para peinar.

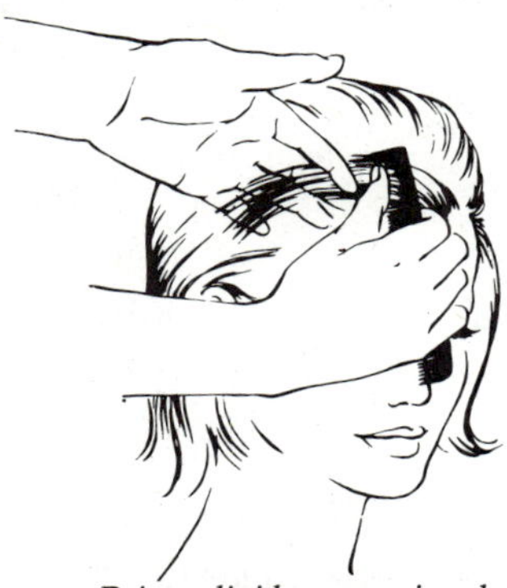

Peine, divida y suavice el mechón.

Divida la sección en mechones para facilitar el alzarlos.

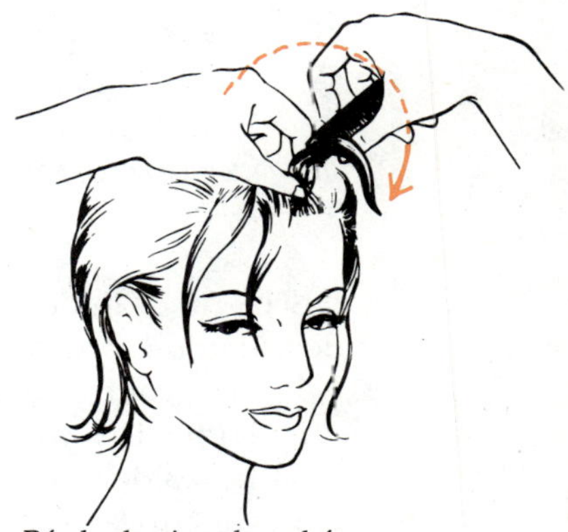

Pásele el peine al mechón para aplanarlo como una cinta.

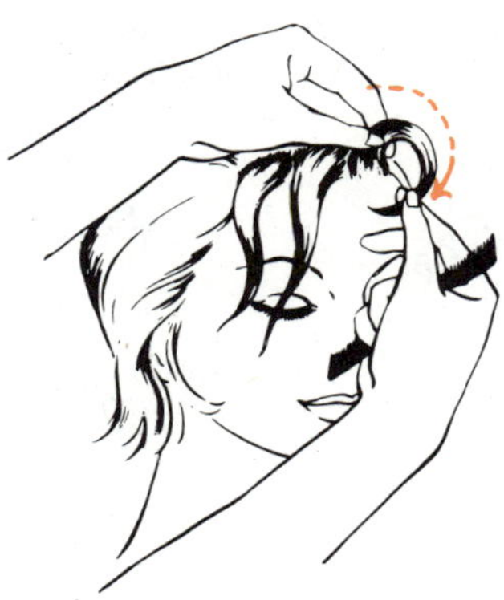

Dirija el mechón.

Enrolle la sortija.

Prenda la sortija.

EFFECTO DE LOS RIZOS VERTICALES

Preparación: Sortijas verticales para efecto de movimiento lateral con la raya a un lado.

Desarrollo: El pelo se cepilla desde el contorno del cuero cabelludo, entonces se separa en pequeñas secciones y se dirige hacia la frente.

Preparación en el área de la frente.

Estilo desarrollado.

RIZOS SEMI-ERECTOS

Los rizos semi-erectos (o semiverticales) son sortijas prendidas que se han sacado de una configuración y se han prendido en posición algo inclinada.

Preparación de las sortijas semi-erectas.

Estilo desarrollado.

Estilo desarrollado (alterno).

El efecto de onda en la cima frontal puede lograrse con las sortijas semiverticales de acuerdo con el procedimiento siguiente:

1. Déle configuración al pelo de la sección frontal.
2. Forme tres sortijas levógiras (hacia la izquierda).
3. Respáldelas con tres sortijas dextrógiras (hacia la derecha).
4. Desarrolle el peinado. El pelo puede peinarse como se muestra en las dos ilustraciones.

BUCLES

Los bucles (o rizos hechos con rizadores o rulos) sirven para crear efectos semejantes a los producidos con las sortijas verticales. Los bucles se forman con rizadores especiales que vienen en diversos tamaños según las necesidades de cada diseño de peinado.

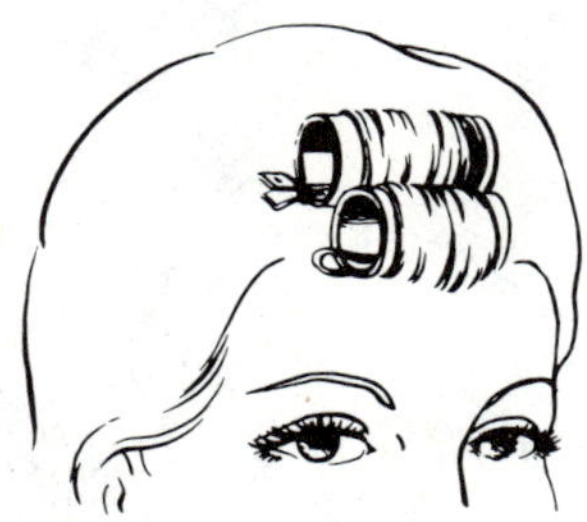

Rizos con rizadores.

Los rizadores son en realidad moldes alrededor de los cuales se forman los rizos para crear mayor elevación o volumen.

Son especialmente eficaces en la creación de un diseño rectilíneo con más elevación y estabilidad que las que generalmente se logran con las sortijas verticales.

Una diferencia importante entre los bucles y las sortijas verticales es que éstas se forman una a una mientras que alrededor de los rizadores caben de una sola vez porciones de pelos equivalentes a dos, tres o cuatro sortijas. Por otra parte, los rizadores le proporcionan mucha más seguridad al pelo enrollado en ellos mientras el pelo está mojado.

COMO SECCIONAR EL PELO

Primero, el pelo se divide en paneles (secciones grandes) y entonces se subdivide en secciones básicas menores para enrollarlo en los rizadores. El tamaño de las secciones básicas (o subsecciones) debe igualarse en lo posible al largo y diámetro del rizador. Un buen ejemplo es que si un rizador tiene 3 pulgadas (7.5 cm.) de longitud por 1 pulgada (2.5 cm.) de diámetro, la sección básica debe tener 1 pulgada (2.5 cm.) de ancho por 2¾ pulgadas (6.875 cm.) de largo, o sea, aproximadamente ¼ de pulgada (0.625 cm.) más corto que el rizador. Si se sigue esta proporción con los diversos tamaños de rizadores, el pelo no se acumulará ni se saldrá de los bordes del rizador.

PREPARACION

El pelo se moja con agua o con loción para peinar en la misma forma que para los rizos ordinarios. La cabellera se divide entonces en secciones de acuerdo con el número de rizadores que deban utilizarse para el estilo de peinado que se desea. Para mayor facilidad al enrollar el pelo pueden utilizarse papelitos protectores tal como se hace para la ondulación permanente.

Técnica para la Colocación de los Rizadores. Sostenga un mechón de pelos en la posición de un ángulo de 45º (0.785 rad.) y enróllelo en la forma ilustrada en la Figs. 1-4. El rizador debe asentarse directamente sobre la base del rectángulo. El bucle o rizo resultante tendrá firme consistencia así como un máximo de volumen o cuerpo.

1. Preparación del mechón.

2. Sostenga el mechón en un ángulo de 45º.

2a. Enrolle el mechón hasta la base y préndalo con un prendedor.

3. Posición de las manos mientras se enrolla el pelo en el rizador.

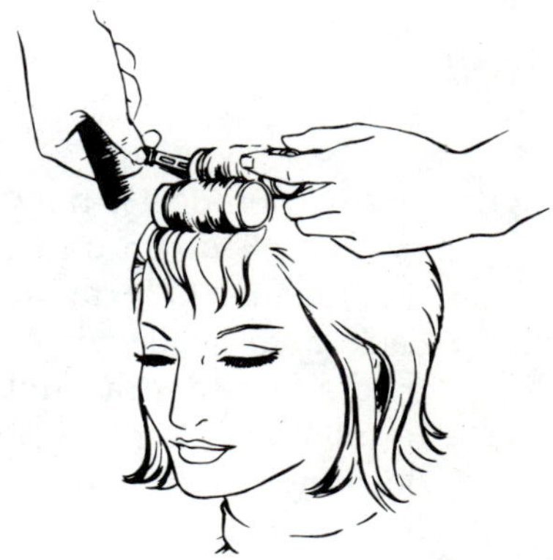

4. Sujetando el rizador en su posición al prenderlo.

Rizos con rizadores terminados desde la línea del cuero cabelludo hasta la coronilla con sortijas para efecto de flequillo.

Colocación de los rizadores para un efecto de dirección alejada de la cara.

Patrón de rizos con rizadores para un efecto de flequillo.

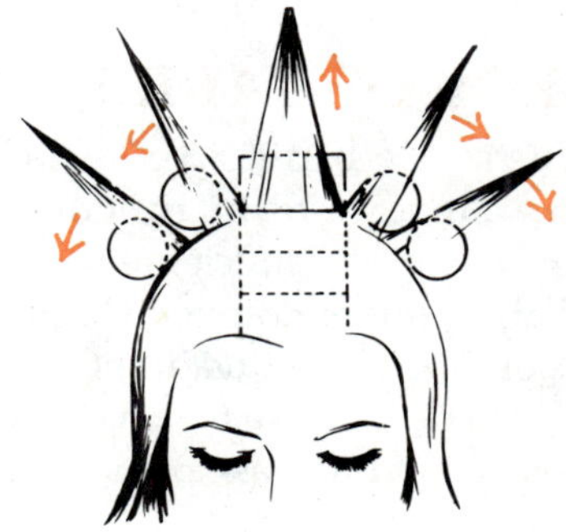

Angulo en que debe sostenerse el pelo con respecto a la cabeza para la colocación de los rizadores.

EFECTOS DEL LARGO DEL PELO EN LOS RIZADORES

La longitud del pelo y el tamaño de los rizadores afectan el acabado del peinado en el área de la cima frontal de la manera siguiente:

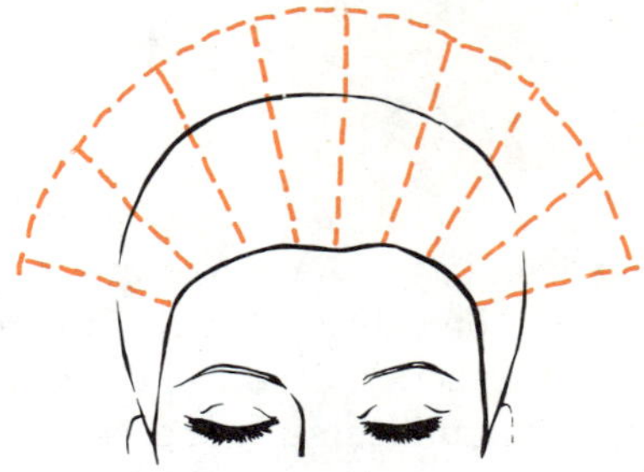

1. Un mechón de 4½ pulgadas (11.25 cm.) enrollado en un rizador de una pulgada (2.5 cm.) de diametro dará una vuelta entera alrededor del rizador. Resultado: tres bucles que producirán un relleno suave con mínima curvatura hacia las puntas del pelo.

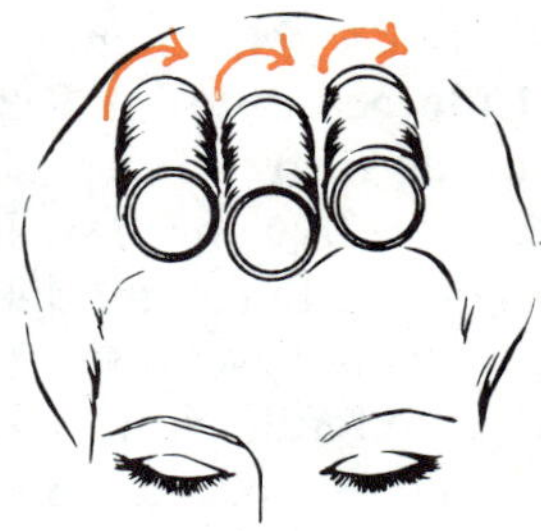

Patrón.

Desarrollo.

2. Un mechon de 4½ pulgadas (11.25 cm.) enrollado en un rizador de ¾ de pulgada (1.85 cm.) de diámetro, dará aproximadamente vuelta y media alrededor del rizador. Resultado: cuatro rizadores producirán un plumón de rizos con puntas curvas.

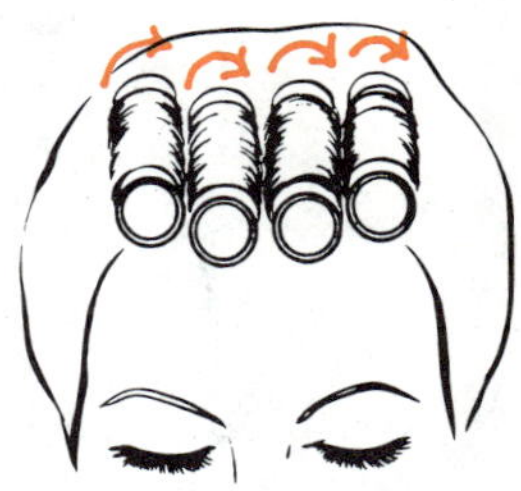

Patrón.

Desarrollo.

3. Si el tamaño de un rizador es lo bastante pequeño para que el mechón se enrolle en él con dos vueltas completas, cinco rizadores serán necesarios para rizar adecuadamente esa parte de la cabeza. Estos rizadores producirán una onda suave y profunda porque las puntas del pelo van dirigidas en sentido opuesto al del movimiento del peinado.

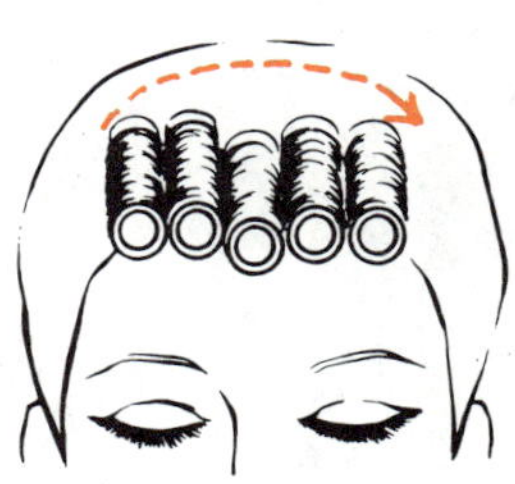

Patrón.

Desarrollo.

RIZOS DE BARRIL

Un rizo de barril sirve de sustituto al bucle que se forma alrededor de un rizador. Puede utilizarse donde no haya espacio suficiente para colocar el rizador. Sin embargo, con él no puede lograrse el mismo grado de tensión que el producido por el rizador.

El rizo de barril se forma de modo similar a la sortija vertical, con una base plana y abarcando muchos más pelos.

Rizo de barril.

VOLUMEN Y DESCENSO CON RULOS CILINDRICOS

RIZADORES CILINDRICOS

(A mitad de su tamaño)

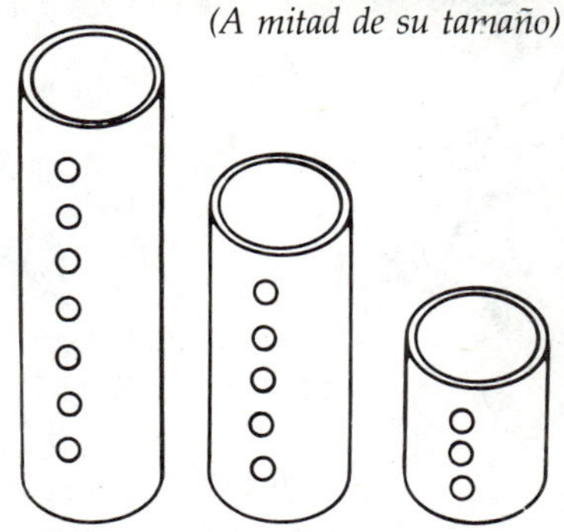

En la confección de los estilos modernos de peinado se recurre a diversos artificios y métodos para lograr diseños y efectos especiales. Uno de los artificios más eficaces empleados con este fin es el rizador (o rulo), el cual viene en distintos tamaños y longitudes. Los rizadores son particularmente importantes en la creación de volumen (elevación) y sinuosidades (senos, concavidades o descensos) en los estilos de peinado.

Nota: Para utilizar los rizadores con el máximo de su eficacia, la longitud del pelo debe ser tres veces mayor que el diámetro del rizador.

VOLUMEN Y DESCENSO

El volumen se crea dirigiendo el pelo hacia arriba desde la cabeza, enrollando las puntas por debajo y enrollando entonces el pelo hacia abajo hasta su base en el cuero cabelludo. (Fig. 1.)

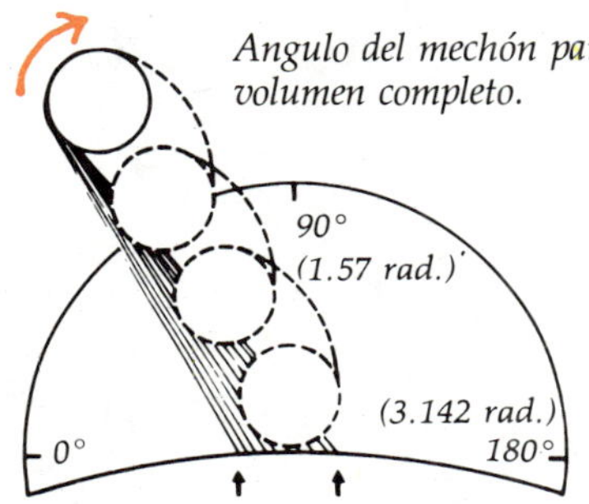

Fig. 1. Para crear un volumen completo asiente el rizador en su base.

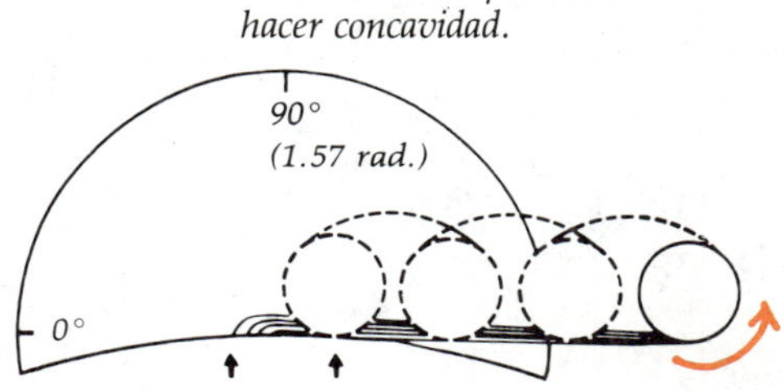

Fig. 2. Para crear sinuosidad o concavidad mantenga el pelo cerca de la cabeza y enróllelo hasta la mitad de la distancia de la base.

Para crear sinuosidad, el pelo se mantiene cerca de la cabeza enrollado por encima de los rizadores. (Fig. 2.)

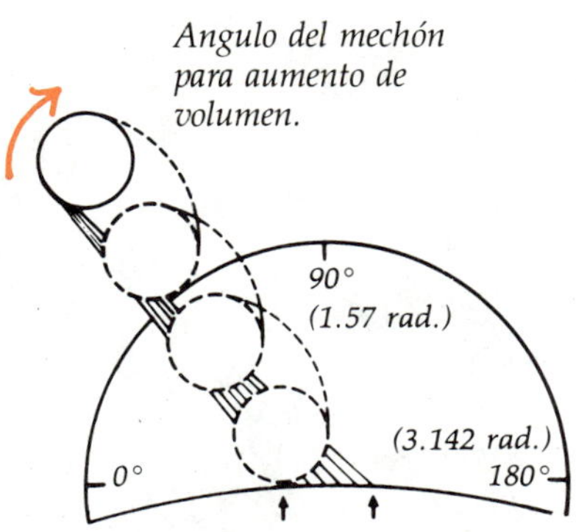

Para crear un volumen máximo, asiente el rizador sobresaliendo en su mitad por el lado izquierdo de la base.

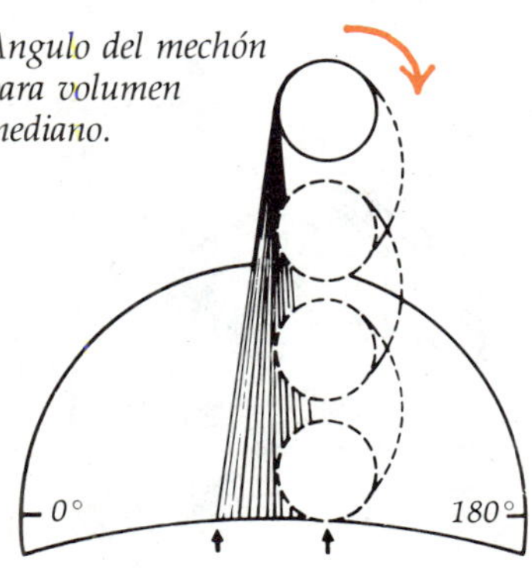

Para crear un volumen mediano, asiente el rizador sobresaliendo en su mitad por el lado derecho de la base.

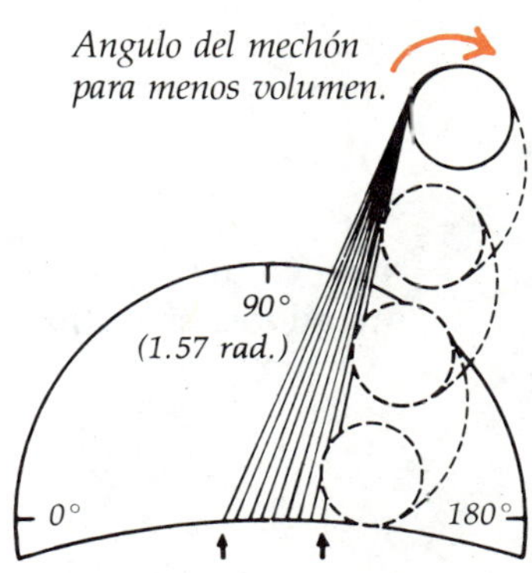

Para crear un volumen pequeño, asiente el rizador sobresaliendo en toda su anchura por el lado derecho de la base.

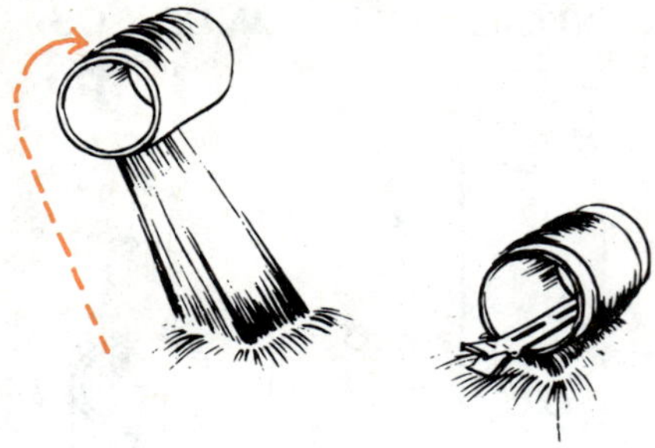

Crea volumen.

Crea sinusoidad o concavidad.

Ilustraciones
1os dos rizadores: volumen.
3er rizador: sinusoidad.
4o y 5o rizadores: volumen.

Preparación del patrón.

Desarrollo.

ACCION CIRCULAR QUE IMPRIMEN LOS RULOS CILINDRICOS

El pelo dirigido en sentido circular recibe diversos nombres según los distintos estilistas del peinado; así, se le llama movilidad radial, movimiento circular, acción de la curvatura del rizador, moción o movimiento rotatorios, desplazamiento locomóvil, movimiento de contorno y otras denominaciones.

El lugar o área desde donde el pelo es dirigido para formar un movimiento circular también recibe diferentes nombres, entre ellos los siguientes: punto pendular, punto de radiación, punto rotatorio y punto locomóvil.

EFECTOS LATERALES DE LAS LONGITUDES DEL PELO EN LOS RULOS CILNDRICOS

Pelo corto
(rizadores estrechos)

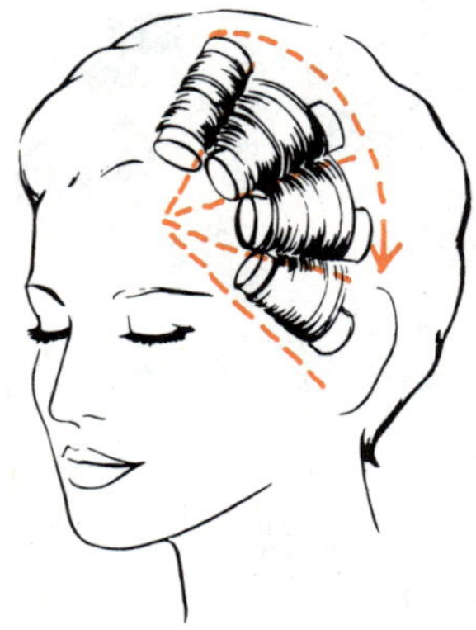

Patrón.

Desarrollo.

Pelo de largo mediano (rizadores de tamaño mediano)

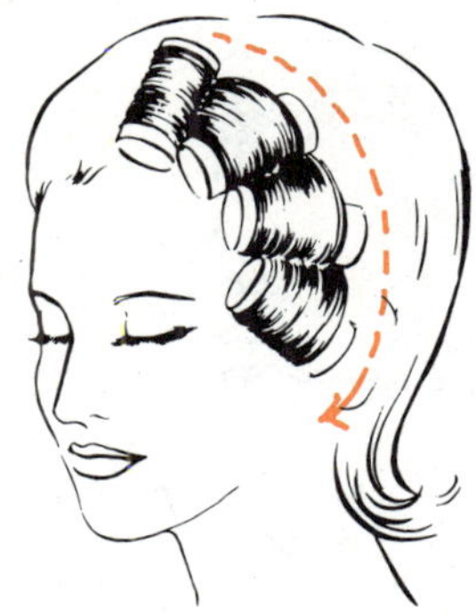

Patrón.

Desarrollo.

Pelo largo (rizadores grandes)

Patrón.

Desarrollo.

EFECTOS DE RULOS DEL MISMO TAMAÑO EN LAS DIFERENTES LONGITUDES DEL PELO

(Con rizadores de igual largo y diámetro)

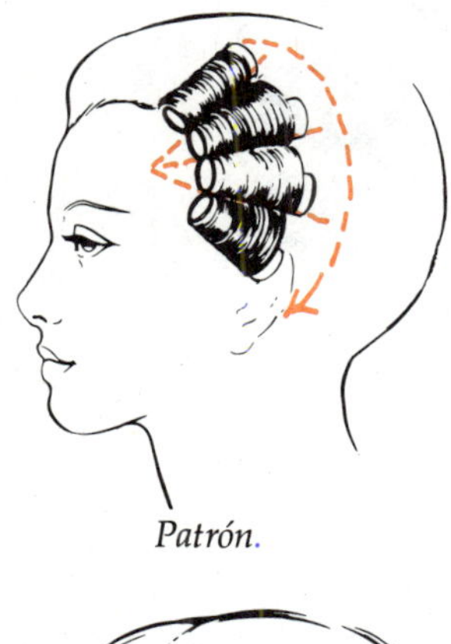

Patrón.

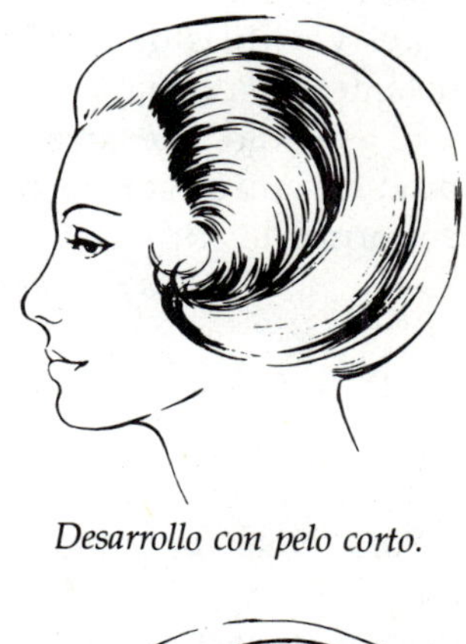

Desarrollo con pelo corto.

Desarrollo con pelo de mediana longitud.

Desarrollo con pelo largo.

EFFECTOS DE LOS RULOS CILINDRICOS: MOVIMIENTO CIRCULAR

Apice frontal: Rizadores cilíndricos colocados a lo largo de rayas o crenchas trazadas en forma de cuñas concéntricas dispuestas en sentido circular. Se peina hacia adelante para dar un efecto de caracol con flequillos.

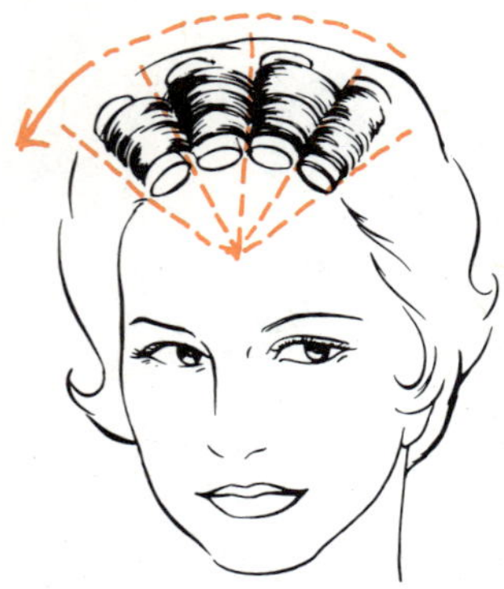

Patrón.

Desarrollo.

A los lados: Rizadores cilíndricos colocados a lo largo de rayas o crenchas trazadas en forma de cuña. El estilo desarrollado con el peine produce un efecto de movimiento circular hacia la cara.

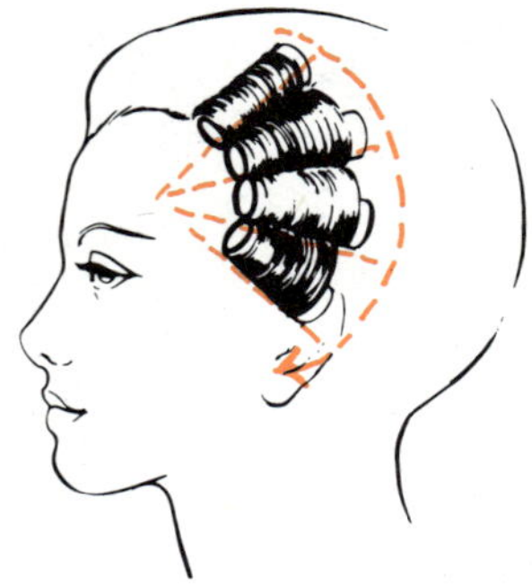

Patrón.

Desarrollo.

Efectos laterales especiales: Preparación con rizadores y sortijas de escultura delante de la oreja.

El destilo desarrollado produce un efecto de onda en forma de "S."

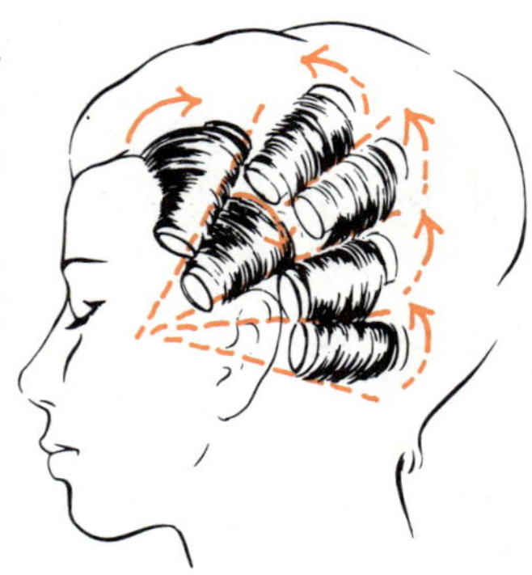

Patrón.

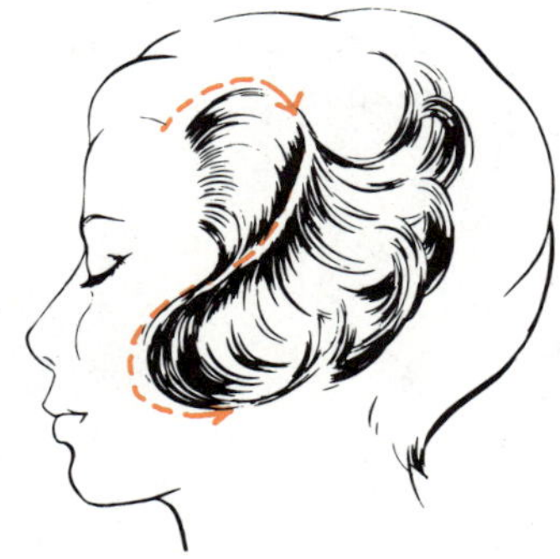

Desarrollo.

Para crear una línea de rebordes y sinuosidades (concavidades) coloque el pelo en los rizadores formando un ángulo como se muestra en la ilustración.

Esta preparación del peinado producirá un efecto de onda al desarrollarse con el peine.

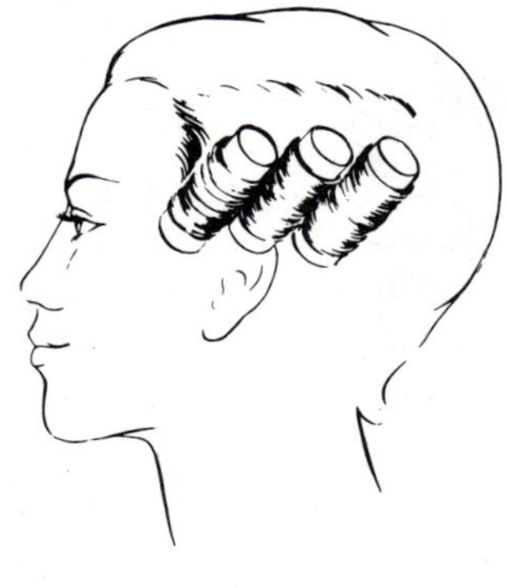

Patrón.

Desarrollo.

RULOS CONICOS

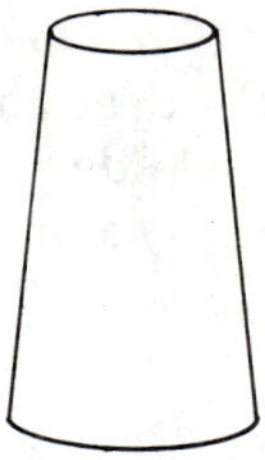

Iguales resultados de estilo pueden lograrse prácticamente lo mismo con el empleo de rizadores cilíndricos que con rizadores (rulos) cónicos (ahusados o en forma de huso). No obstante, como los rizadores cilíndricos deben ser colocados un poco más atrás del punto de distribución en un patrón de rayas en forma de radios de una circunferencia, el movimiento del pelo puede ser más débil. El rizador cónico, sin embargo, posibilita el desarrollo de un movimiento de curvatura más tensa.

El tamaño de los rizadores está determinado por la textura del pelo. Por ejemplo: con el pelo fino deben usarse los rizadores más pequeños, mientras que con el pelo grueso se usan los rizadores mayores.

Preparación del peinado en un cuarto de círculo con rizadores delgados para producir un desarrollo más tenso.

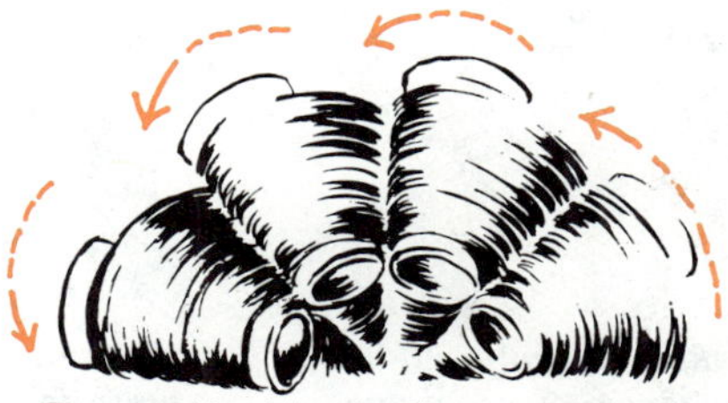

Preparación del peinado en semicírculo con rizadores más grandes (gruesos) para producir un desarrollo más flojo.

EFECTOS DE LOS RULOS CONICOS

La preparación del peinado en el área del copete o cima frontal produce un desarrollo en forma de caracol que cae sobre la frente con flequillos o puntas torcidas hacia arriba.

Preparación.

Desarrollo.

Desarrollo alterno.

La preparación del peinado con rizadores (rulos) cónicos y sortijas de escultura sobre la oreja se desarrolla con el peine siguiendo un movimiento prógiro (hacia adelante o hacia la cara).

Patrón.

Desarrollo.

RAYAS DEL PELO

El modo en que debe dividirse el pelo de la cliente para formar una raya o crencha debe adaptarse a la forma de su cabeza, a su tipo facial (forma de la cara) y al estilo de peinado que se desea. La cosmetóloga debe orientarse también por la raya natural del pelo de la cliente.

Las ilustraciones siguientes muestran sugerencias para el trazado de las rayas según los distintos tipos faciales y estilos de peinado.

Crencha diagonal, *utilizada para darle elevación a una cara redonda o cuadrada.*

Crencha rectangular curva, *utilizada cuando la línea frontal del cuero cabelludo es muy alta o la frente es muy ancha.*

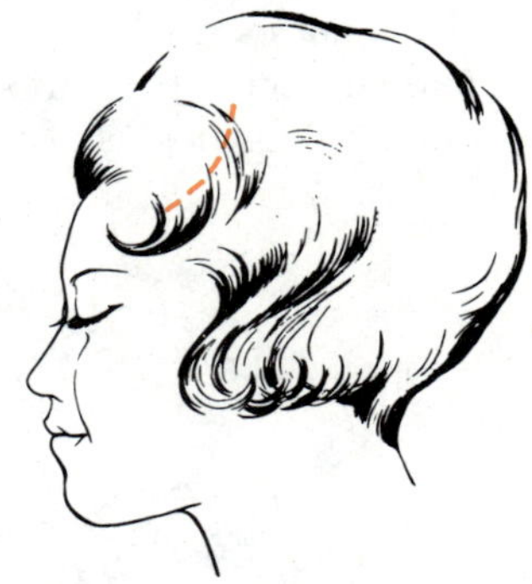

Crencha oculta, *utilizada para dar efecto de elevación y un estilo recargado a un lado.*

Crencha lateral, *utilizada para los estilos que deben dirigirse hacia un lado. Ayuda a crear la ilusión de merma en el ancho de la frente.*

Crencha al centro. *No hay una regla rígida que gobierne el uso de la crencha al centro en los estilos de peinado. Debe tratarse siempre de crear un estilo que produzca la ilusión óptica de contorno ovalado en el rostro.*

Crencha central popular *para los estilos de peinado de niña con flequillo.*

Crencha posterior diagonal, *utilizada para crear la ilusión de anchura en la coronilla y en la nuca.*

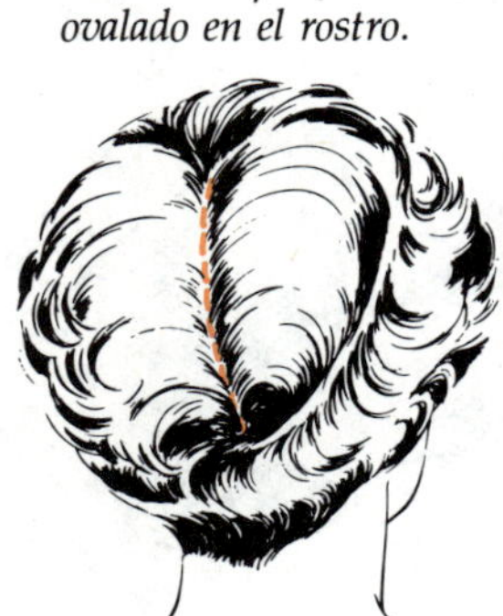

Crencha coronal natural.

Crencha coronal natural.

(Es extremadamente difícil crear un estilo de peinado contra la raya natural de la coronilla. Cualquier manipulación que contraríe esta raya natural causará problemas al tratar de hacer que el pelo caiga suavemente o al sujetarlo en su lugar según la marca o preparación que se haga.)

PROCEDIMIENTO PARA EL PEINADO Y CEPILLADO AL REVES

El cardado del pelo hecho con el peine o con el cepillo es el procedimiento por el cual se enreda el pelo peinádolo o cepillándolo desde las puntas hacia el cuero cabelludo de modo tal que los pelos más cortos se aglomeran formando una especie de cojín o base que sostiene a los pelos de arriba o de la superficie.

CARDADO CON PEINE

En peinar el pelo al revés tambiém se llama **cardar, carmenar, escarmenar, encrespar, batir, enredar, atizar, tizar, peinar hacia atrás** y darle al pelo forma de **golilla** o de **toque (encaje) francés.**

Una vez terminado el peinado básico, puede que sea necesario peinar el pelo al revés o cepillarlo al revés para lograr los efectos del estilo de peinado que se ha proyectado de antemano. Desqués de que el pelo ha sido cepillado y relajado (suavizado), estudie aquellas áreas de la cabellera donde convenga dar pomposidad (volumen).

Procedimiento

1. Separe un mechón de pelos de aproximadamente ¾ de pulgada (1.875 cm.) de ancho y, alejándolo del cuero cabelludo, sosténgalo firmemente.

Mechón sostenido correctamente entre los dedos índice y mayor.

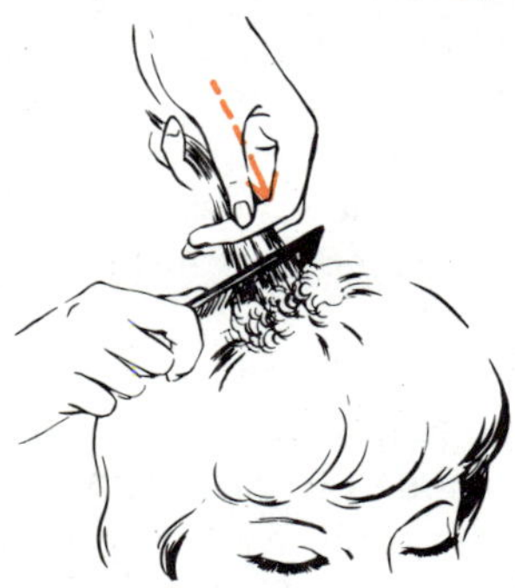

Peinado al revés por el lado de arriba del mechón.

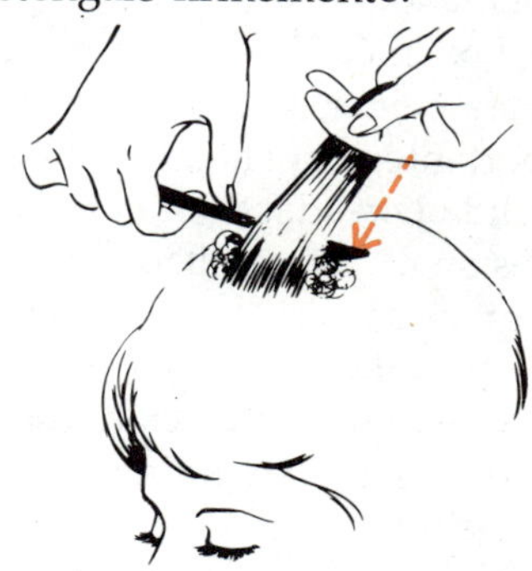

Peinado al revés por el lado de abajo del mechón.

2. Inserte el peine en el mechón cerca de la base de éste, apriete el peine contra el cuero cabelludo y sáquelo del mechón.
3. Repita el paso 2 insertando el peine en el mechón a una distancia algo más alejada del cuero cabelludo, apriete el peine contra el cuero cabelludo y sáquelo del mechón.
4. Repita el paso 3 tantas veces como sea necesario, empleando movimientos muy cortos y rápidos hasta que logre producir el volumen de pelo acojinado que se desea.

CARDADO CON CEPILLO

El peinar al revés con cepillo, también llamado formar **golilla** o **lechuguilla,** es un método que se utiliza para formar una especie de cojín de pelos sobre el cuero cabelludo, dándole el volumen deseado por debajo de los pelos de arriba o de la superficie.

Procedimiento

1. Separe un mechón de pelos y sosténgalo en línea recta, alejado del cuero cabelludo.
2. Con cierto grado de flojedad en el mechón, coloque el cepillo cerca de la base del pelo. Empuje el cepillo y gírelo con la muñeca hasta que toque al cuero cabelludo. Entonces retire el cepillo del pelo con un movimiento de la muñeca.

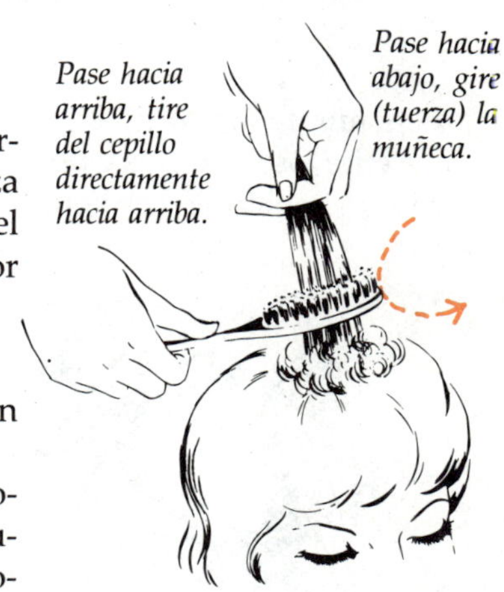

Cardado con cepillo.

3. Repita esta operación moviendo el cepillo hasta aproximadamente ½ pulgada (1.25 cm.) de distancia del cuero cabelludo.
4. Repita esta operación hasta lograr el volumen de pelo deseado.

Nota: *Solamente se utiliza el borde interior del cepillo. Las puntas más cortas del pelo que ha recibido un corte afilado se entrelazan para formar una especie de cojín en el cuero cabelludo. Para entrelazar el pelo, hay que girar el cepillo de arriba abajo siguiendo la dirección de un arco de balance.*

PEINADO DE LOS RIZOS Y ONDAS

Para tener éxito como estilista del peinado, la cosmetóloga debe primeramente hacerse experta en el arte y los métodos del peinado y cepillado del pelo. La habilidad creadora de la estilista puede demostrarse sólo cuando el pelo ha sido adecuadamente configurado y moldeado para producir un estilo de peinado atractivo y elegante. Por lo tanto, debe tenerse presente que la mayoría de los fracasos al hacer un peinado son la consecuencia de una deficiente e impropia preparación del peinado.

Los métodos rápidos, sencillos y eficaces para peinar y cepillar el pelo son objetivos importantes para la estilista del peinado de mentalidad creadora. La genuina calidad de un estilo de peinado verdadermente profesional, desarrollado por una experta estilista, es fácilmente reconocida y apreciada por la cliente del salón.

Al aplicar las técnicas adecuadas del peinado y cepillado, la cosmetóloga que emplea su imaginación puede crear artísticamente casi cualquier estilo de peinado que desee. Esta pericia, esta habilidad técnica para manejar el peine y el cepillo, consituye el fundamento del éxito como estilista profesional del peinado.

PROCEDIMIENTO SUGERIDO

La eficacia del desarrollo del peinado se basa en un sistema o plan que indique dónde comenzar la operación y qué procedimiento seguir para tener éxito en el peinado. El método así planeado ayudará a desarrollar el peinado acabado que se desea.

Un procedimiento que sugerimos es el indicado a continuación:

1. Desarrolle las sortijas con el peine.
2. Coloque las ondas acostumbradas.
3. Acentúe y desarrolle las líneas y el estilo.
4. Déle un acabado al peinado.

Peinado de las sortijas

Retire los rizadores y prendedores y relaje (suavice) el pelo cepillando las sortijas con un cepillo de cerda natural. El objetivo de este metodo es suavizar y cepillar

Fig. 1. Cepillando la parte posterior.

Fig. 2. Cepillando los lados.

el pelo hasta darle un aspecto casi plano, removiendo el exceso de rizos. (Figs. 1 y 2.) Esto le permite a la estilista situar adecuadamente las líneas para el estilo de peinado que proyecta hacer. Es esencial que este procedimiento se ejecute correctamente para lograr un peinado suave, flexible y bien acabado.

Colocación de las ondas acostumbradas

Cuando se ha concluído el cepillado, debe peinarse el pelo hasta formar el patrón general deseado. Las líneas y la dirección del pelo deben acentuarse moderadamente para dejar margen a cierto grado de aflojamiento que se produce al peinar el pelo. Esto puede lograrse colocando la mano sobre la cabeza y empujando el pelo suavemente hacia adelante para que las ondas queden en el lugar que les corresponde según el diseño adoptado. Como parte del peinado se incluye cardar o atizar el pelo hasta donde sea necesario para darle volumen, sinuosidades y crestas. (Fig. 3.) El peinado total se forma con líneas un tanto exageradas y acentuadas que después facilitan el peinado y la configuración final.

Fig. 3 Si se desea, carde el pelo desde el cuero cabelludo hasta dos pulgadas de distancia de las puntas.

Fig. 4. Moldee y peine el pelo hasta darle el estilo deseado.

Acentuación y desarrollo de las líneas y el estilo

Tomando los mechones uno a uno se forman con el peine y el cepillo las líneas, las crestas, el volumen y las sinuosidades apropiadas. La docilidad y uniformidad del peinado suelto se crean combinando los mechones, suavizándolos y peinádolos. Las exageraciones y énfasis se hacen desaparecer cuidadosamente. Lógrase entonces el diseño acabado y la uniformidad y suavidad últimas de todas las líneas resultan de la acción del peine que le da configuración a la silueta final.

Ultimos pasos

Desqués de que el estilo de peinado se ha logrado completamente, viene el momento de dar los retoques finales. Rocíe ligeramente el pelo para mantenerlo en su lugar cuando forme la configuración final. Utilizando las puntas de los dientes del peine, mueva ligeramente los cabellos cortos o las puntas sueltas hasta colocarlos en su lugar. Si es necesario, eleve y combine los pelos desarreglados valiéndose de la punta de los dedos o alzando los pelos cuidadosamente con el peine. (Fig. 4.) Todo movimiento y retoque de la etapa final debe ejecutarse de modo muy ligero. El objetivo ahora no es otro que suavizar cualquier imperfección visible.

Cuando acabe de dar los retoques finales, examine el peinado completo para determinar su equilibrio estructural y entonces rocíe el pelo ligeramente para fijarlo y mantenerlo en la configuración deseada.

ARTE DE LOS ESTILOS DE PEINADO

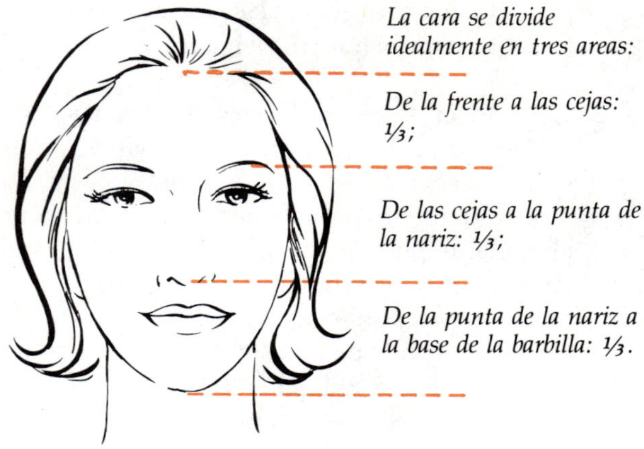

Los fundamentos de la estilística moderna de peinados y maquillaje sirven de guía a la cosmetóloga en la elección de las líneas más apropiadas para lograr un aspecto hermoso. Los mejores resultados se obtienen cuando cada tipo facial es analizado con el fin de determinar sus propios méritos y defectos.

Cada tipo de rostro requiere un peinado distinto, correctamente proporcionado, con líneas equilibradas y como marco apropiado a la cara. Toda cosmetóloga experta posee un sentido del equilibrio y la armonía al concebir y crear los peinados. Los puntos esenciales de un estilo de peinado artístico y apropiado deben, por lo tanto, fundarse en las siguientes caraterísticas generales:

1. Forma total de la cabeza:
   a) Vista de frente.
   b) Perfil (vista de lado).
   c) Vista posterior.
2. Características de los rasgos físicos:
   a) Rasgos perfectos e imperfectos.
   b) Defectos o deterioros.

3) Constitución, postura y estabilidad del cuerpo.

TIPOS FACIALES

El tipo facial de cada una de las clientes está determinado por la posición y la prominencia de los huesos de la cara. Hay siete tipos faciales: oval u ovalado, redondo, cuadrado, oblongo, piriforme (de forma de pera), cordiforme (de forma de carazón) y adiamantado (en forma de diamante).

Para reconocer cada tipo facial y poder aconsejar a la cliente correctamente, la cosmetóloga debe familiarizarse con las características más salientes de cada tipo.

Tipo Facial Oval

El tipo oval, u ovalado, es generalmente aceptado como rostro perfecto. Los contornos y las proporciones de la cara ovalada forman la base para la modificación de todos los otros tipos faciales.

Contorno Facial: El rostro oval es aproximadamente una y media vez más largo que el espacio que separa a las cejas entre sí; la frente es algo más ancha que la barbilla.

Cualquier estilo de peinado puede utilizarse en este caso ya que no hay que disimular los rasgos físicos.

Tipo Facial Redondo

Contorno Facial: Línea frontal del cuero cabelludo redonda y línea de la barbilla redonda también.

Objetivo: Crear la ilusión de largura en la cara.

Para reducir al mínimo la redonez del rostro, el peinado debe ser alto en la parte superior de la cabeza y plano sobre los oídos.

Tipo Facial Cuadrado

Contorno Facial: Línea frontal del cuero cabelludo recta y línea mandibular cuadrada.

Objetivo: Crear la ilusión de largura y contrarrestar la cuadratura de los rasgos.

Los problemas del tipo facial cuadrado son similares a los del tipo redondo. El peinado debe ser elevado en la frente y dirigirse hacia adelante en los lados y sobre la mandíbula para crear la ilusión de estrechez y suavidad de rasgos en el rostro.

Tipo Facial Piriforme

Contorno Facial: Frente estrecha, línea ancha en la mandíbula y en la barbilla.

Objetivo: Crear la ilusión de anchura en la frente.

Haga el peinado bastante lleno y alto. Cubra parcialmente la frente con un flequillo de cabellos ondeados. El pelo debe peinarse con un efecto semirrizado o de ondas suaves por encima de la línea inferior de la mandíbula. Este peinado hará aumentar la anchura aparente de la frente.

Tipo Facial Oblongo

Contorno Facial: Rostro largo y estrecho con mejillas llanas.

Objetivo: Hacer que la cara parezca más corta y ancha.

El pelo debe peinarse bastante cerca de la cima frontal de la cabeza con guarnición de rizos o flequillos combinados con llenura a los lados. El largo de la cara aparecerá así reducido.

Tipo Facial Adiamantado

Contorno Facial: Frente estrecha con extremada anchura a través de la línea de las mejillas y barbilla estrecha.

Objetivo: Reducir la anchura a través de la línea de las mejillas.

Para contribuir a crear la ilusión de rostro oval debe aumentarse la llenura del pelo a través de la frente y por encima de la línea mandibular, manteniendo el pelo cerca de la cabeza en la línea de las mejillas.

Tipo Facial Cordiforme

Contorno Facial: Frente ancha y línea de la barbilla estrecha.

Objetivo: Disminuir la anchura de la frente y aumentar la anchura de la parte inferior de la cara.

Para reducir la anchura de la frente se recomienda un estilo de peinado con raya al medio y flequillos vueltos hacia arriba o un estilo que se incline hacia un lado. Esto proporciona la impresión de anchura y suavidad en la línea de la mandíbula.

CONSIDERACIONES ESPECIALES

Rostro Rollizo con Cuello Corto

Objetivo: Crear la ilusión de largura.

Estilo de Peinado Correctivo: En la frente forme flequillos dirigidos hacia adelante. Peine el pelo de la coronilla alto para dar la ilusión de longitud. El pelo de los lados ondeado hacia adentro crea un efecto de finura de rasgos. La línea cervical del pelo suave y pegada a la cabeza acentúa la finura desde los puntos de vista posterior y lateral.

Evite los peinados que dan llenura en la línea cervical.

Cuello Largo y Delgado

Objetivo: Minimizar el aspecto de largura del cuello.

Estilo de Peinado Correctivo: Cubra el cuello con ondas o rizos suaves. Evite peinar el pelo hacia arriba desde la nuca. Deje el pelo de la nuca largo.

Rasgos Delgados

Objetivo: Minimizar la delgadez de los rasgos faciales y la longitud del cuello.

Estilo de Peinado Correctivo: Para dar una impresión de suavidad en las líneas del rostro y desarrollar un efecto de plumón blando en la frente, peine el pelo siguiendo una línea alta y suave en la coronilla con los lados levantados y hacia afuera del contorno del cuero cabelludo. Cepille el pelo suavemente hacia las mejillas. Deje el pelo de la nuca largo y espeso para contrarrestar la largura y delgadez del cuello.

Rasgos Negroides

Observe las reglas de estilo que se relacionan con cada tipo facial en particular.

Estilo de Peinado. Puede lograrse con uno de los dos métodos diferentes de estiramiento y relajación del cabello.

Relajación química. El pelo debe estar mojado y marcado con rizadores y sortijas prendidas. Entonces se seca y se peina de la manera usual.

Estiramiento térmico (planchado). Utilice rizos de barril grandes o rizos hechos con tenazas térmicas (Marcel). Peine entonces el pelo hasta darle el estilo deseado.

Rasgos Desiguales

Objetivo: Minimizar los rasgos imperfectos.

Estilo de Peinado Correctivo: Los rasgos desiguales pueden disimularse mediante la selección de un estilo de peinado apropiado. El estilo sugerido en este caso es darle al pelo un efecto suave sobre los rasgos sobrasalientes creando así uniformidad a ambos lados de la cara.

Rasgos Orientales

Observe las reglas de estilo relacionadas con cada tipo facial en particular. El estilo de peinado oriental es muy versátil porque puede peinarse con movimiento lateral ascendente o con efecto de plumón suelto semejante al estilo paje. Esto se logra enrollando el pelo hacia afuera o hacia adentro.

PERFILES

Pefil Rectilíneo

Por lo general todos los estilos de peinado le sientan al perfil rectilíneo o normal.

El perfil normal no es ni cóncavo ni convexo. Así, no manifiesta rasgos prominentes o salientes ni líneas deprimidas o entrantes.

Perfil Cóncavo (Barbilla Prominente)

Un peinado con el cabello cercano a la cabeza o con flequillos sobre la frente reduce al mínimo la prominencia frontal. El pelo a los lados de la cabeza y en la nuca debe peinarse con ondas o rizos pequeños y suaves para disimular los rasgos.

Perfil Convexo (Frente Deprimida, Nariz Prominente y Barbilla Deprimida)

Los rizos o flequillos deben disponerse hacia adelante sobre la frente para contrarrestar la retracción de la línea frontal (hacia atrás) y la linea irregular del cuero cabelludo. El pelo a los lados de la cabeza y sobre la nuca debe peinarse cercano a la cabeza para darle a la cabellera un equílibrio perfecto.

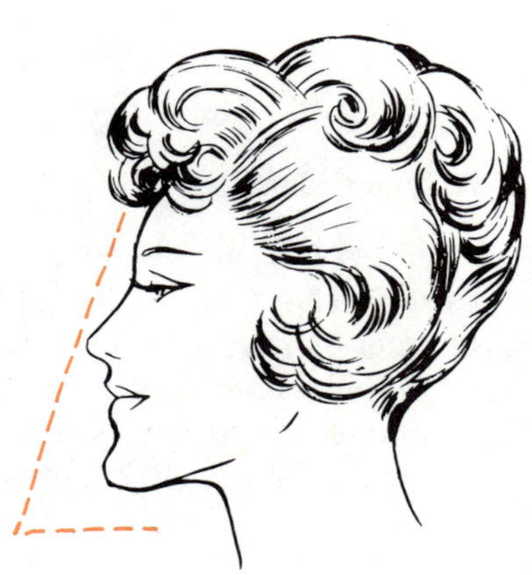

Frente Estrecha, Barbilla Saliente

Para crear la ilusión de altura en una frente estrecha y la ilusión de largura en la cara, el pelo debe peinarse alto en la cima frontal (o copete) con rizos o flequillos sobre la frente. El perfil agudo de la barbilla se suaviza con un movimiento ascendente del pelo en el área de las sienes y un peinado suave sobre la línea mandibular.

FORMAS DE LA NARIZ

Estrechamente relacionada con cualquier análisis del perfil, y en realidad como parte muy importante de tal estudio, está la forma de la nariz que debe ser considerada tanto un detalle del perfil como de la cara en sí. (El maquillaje apropiado para las distintas formas de la nariz se encuentra en el capítulo sobre **Maquillaje Facial.**)

NARIZ DE PUNTA HACIA ARRIBA

Este tipo de nariz (nariz respingada o respingona) es generalmente pequeño y propio del perfil rectilíneo. Para disimular este rasgo, el pelo debe peinarse hacia atrás, alejado de la cara en los lados, prolongando así la línea que va de la nariz a la oreja.

El pelo de la parte superior de la cabeza se dirige hacia adelante para minimizar el aspecto de la nariz levantada.

Incorrecto

Correcto

NARIZ PROMINENTE

Las narices ganchudas, grandes o puntiagudas están todas incluídas en la misma clasificación. El estilista del peinado debe proyectar un estilo que aparte la atención de estos rasgos de la nariz lo más posible.

Para reducir al mínimo la prominencia de la nariz, dirija el cabello hacia adelante en la frente con suavidad alrededor de la cara.

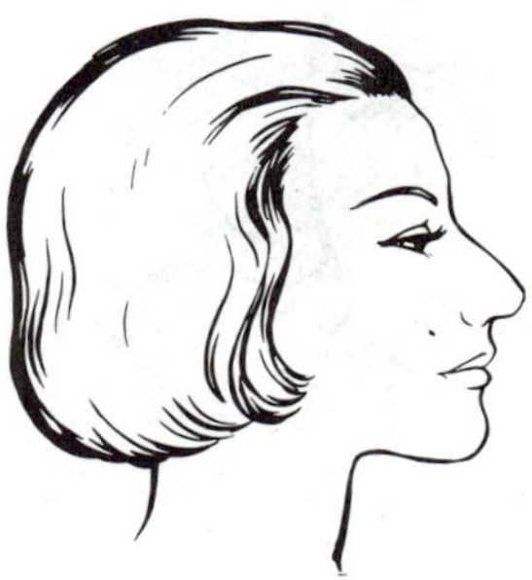

Incorrecto

Correcto

NARIZ ENCORVADA

Para minimizar los rasgos conspícuos de la nariz corva o encorvada (nariz aguileña o romana), peine el cabello de modo que lo aleje del centro de la cabeza, lo cual hará que se aparte la vista de la nariz.

Incorrecto

Correcto

NARIZ ANCHA Y CHATA

La nariz ancha y chata hace ver la cara más ancha. Para disminuir este efecto, el pelo debe alejarse de la cara.

Un estilo de peinado con raya al medio y flequillos enrollados a cada lado apartarán la atención de la nariz.

Incorrecto

Correcto

LOS OJOS

Los ojos constituyen el punto focal de toda la belleza femenina. Una estilista profesional del peinado debe tener la habilidad de reducir al mínimo o eliminar completamente cualquier defecto en el aspecto de los ojos.

OJOS MUY SEPARADOS

Los ojos muy separados generalmente se encuentran en combinación con rasgos faciales redondos, cuadrados o de mejillas salientes. El objetivo de la estilista del peinado es lograr un mejor equilibrio en el aspecto de la cara para minimizar los defectos de la separación de los ojos.

Para reducir al mínimo la separación entre los ojos, debe peinarse el cabello levantándolo y dejándolo mullido en la parte superior de la cabeza con un flequillo que cae a un lado. El otro lado de la cabeza se peina en forma de onda profunda. El resto del peinado debe ser mullido y seco y ordenado de modo que se arrellane en la base contra la cabeza. El peinado completo dará la apariencia de disimuir la separación entre los ojos.

Incorrecto. *Correcto*

OJOS MUY JUNTOS

Los ojos muy juntos comúnmente se hallan en un rostro estrecho, sea ovalado o alargado. El objetivo del peinado es ensanchar la apariencia de la cara y crear la ilusión de mayor espacio entre los ojos.

El pelo de la coronilla y la parte superior de la cabeza se peina alto con efecto de pirámide. El movimiento lateral puede ser cayendo sobre una de las cejas, según sea la preferencia de la cliente, con las puntas del pelo vueltas hacia afuera y arriba. El otro lado de la cabellera se peina alejándola de la cara, lo que le dará a los ojos el aspecto de estar más separados.

Incorrecto *Correcto*

PEINADOS PARA LAS DAMAS QUE USAN LENTES

Las mujeres que usan lentes deben tener especial cuidado de sus hábitos al peinarse y maquillarse. La combinación de un peinado adecuado, un maquillaje oportuno y lentes correctos debe lograrse para desarrollar y dar énfasis a la hermosura fundamental de quien los lleva. Al observador el rostro con lentes puede parecerle un encanto individual y especial si todos los elementos de la elegancia se combinan con buena armonía.

A continuación se enumeran varias reglas básicas para el buen acicalamiento que deben ser observadas por todas las mujeres que usan lentes:

1. Los lentes deben ser modernos con cristales grandes para una visión amplia.
2. Nunca use monturas complejas, sobrecargadas de joyería o demasiado llamativas.
3. No use pestañas postizas en serie. Son demasiado largas y su vibración es semejante a la de los limpiaparabrisas con cada movimiento del ojo.
4. No use demasiado maquillaje en los ojos. No es necesario ponerse mucho maquillaje para hacer resaltar el color y los mejores rasgos de sus ojos.
5. Los estilos de peinado más ventajosos son los que caen alrededor de la cara con naturalidad facilitando el ponerse y quitarse los lentes.
6. Un peinado de estilo complicado con muchos rizos apretados no es práctico para las mujeres que usan lentes.

Hay numerosas reglas **"positivas"** y **"negativas"** para cada aspecto del arreglo del cabello y de la cara. Las reglas que siguen tienen por finalidad ilustrar algunas de las que son **"positivas"** para las mujeres que tienen que usar lentes:

CARA REDONDA, OVALADA O CUADRADA

La belleza natural de los tipos faciales ovalado, redondo o cuadrado puede hacerse resaltar aun más con lentes y acicalamiento apropiados.

Incorrecto *Correcto*

Lentes. Una mujer de ojos grandes debe usar monturas delgadas con lentes visiblemente grandes para destacar los ojos y el maquillaje de los ojos. (El color de la montura debe seleccionarse cuidadosamente para que concuerde con el color del pelo.)

Estilo de Peinado. Use un estilo de peinado pomposo (amplio y lleno) con equilibrio natural y estilo sencillo y ordenado, poco formal pero elegante.

Flequillos. Use flequillos curvos que toquen suavemente sobre las cejas.

Joyas. Si lleva pendientes (aretes o zarcillos), deberán ser largos y colgantes.

CARA CORDIFORME O ADIAMANTADA

La belleza natural de un rostro de forma de corazón o de diamante puede destacarse y los lentes pueden convertirse en parte integral de un aspecto de agradable elegancia.

Lentes. Use monturas delgadas y elegantes que sigan la línea de las cejas o las hagan aparecer levantadas. Las monturas deben ser de mediano grueso para que se apoyen suavemente sobre la cara.

Maquillaje. Use ligeras sombras con el maquillaje y un maquillaje delicado para los ojos.

Estilo de Peinado. Use un estilo paje lleno o aumente la anchura en la parte inferior de la cara.

Flequillos. Use flequillos abiertos y elegantes que armonicen y den equilibrio a la parte inferior de la cara.

Incorrecto

Correcto

CARA PEQUEÑA, ESTRECHA U OVALADA

El rosto pequeño, estrecho u ovalado posee un encanto especial y único que debe destacarse con el acicalamiento adecuado.

Lentes. Seleccione monturas grandes y modernas que no sean demasiado exóticas o llamativas.

Maquillaje. Use solamente tonos naturales de maquillaje. Es esencial que el maquillaje de los ojos se aplique muy cuidadosamente. Los ojos se ven agrandados a través de los lentes. El maquillaje apropiado para los ojos hace que estos luzcan más bellos y brillantes.

Estilo de Peinado. Como este tipo de cara es de proporciones delicadas, es importante que el estilo de peinado tenga anchura y altura. El peinado debe ser corto con formas de ondas profundas a los lados dejando amplitud para el manejo de los lentes. Use ondas profundas y rizos volteados, situados bastante detrás de las orejas y terminando más abajo de la nuca.

Flequillos. Los flequillos ondeados a un lado, tocando a una de las cejas, pueden ser un buen complemento para los ojos.

Incorrecto

Correcto

CARA PIRIFORME

La cara de forma de pera tiene rasgos atractivos cuando se maquilla adecuadamente y se la rodea de un estilo de peinado atractivo.

Lentes. Use monturas grandes de forma ovalada para que los ojos se vean a través de los lentes con un maquillaje adecuado.

Estilo de Peinado. Este contorno facial requiere énfasis en su longitud; por lo tanto, hay que peinar el cabello hacia arriba y alejarlo de la cara dejándolo alto en la frente y en la coronilla. Un estilo pomposo alrededor de la cara con

Incorrecto

Correcto

cepillado suave hacia las mejillas hará reducir la anchura y acrecentará la belleza.

Flequillos. Un flequillo ondeado a un lado, sobre uno de los ojos, añadirá expresión e interés.

El estilo de peinado apropiado, el maquillaje correcto y la selección de lentes adecuados y favorecedores contribuirán a hacer la mujer que lleva lentes mucho más atractiva.

FORMAS DE LA CABEZA

La forma del cráneo (la cabeza) de la cliente tiene tantas variantes como el resto de los rasgos físicos. Una vez más, la forma ovalada se considera ser la perfecta. El objetivo de la estilista del peinado es producir esta forma dándole hábilmente a la cabellera configuración y orden. La estilista debe observar con cuidado la forma de la cabeza de la cliente y entonces imponer en ella imaginariamente una forma ovalada. Donde hay llanura debe adaptarse el volumen de la cabellera para llenar ese espacio.

Las líneas gruesas de los diagramas que siguen marcan el contorno de la figura real de la cabeza y las líneas sombreadas indican dónde es necesario dar volumen. Esto no significa que forzosamente todas las cabezas y todos los diseños de peinado deban ser ovalados. La forma exterior completa puede adaptarse a muchos patrones y diseños con tal de que la forma de la cabeza se haya ovalizado.

FORMAS DE CABEZAS

1. Forma perfecta de la cabeza (ovalada).
2. Cabeza estrecha, llana en la parte posterior.
3. Cabeza plana.
4. Cabeza de forma puntiaguda, nuca ahuecada.
5. Parte superior plana.
6. Cabeza pequeña.

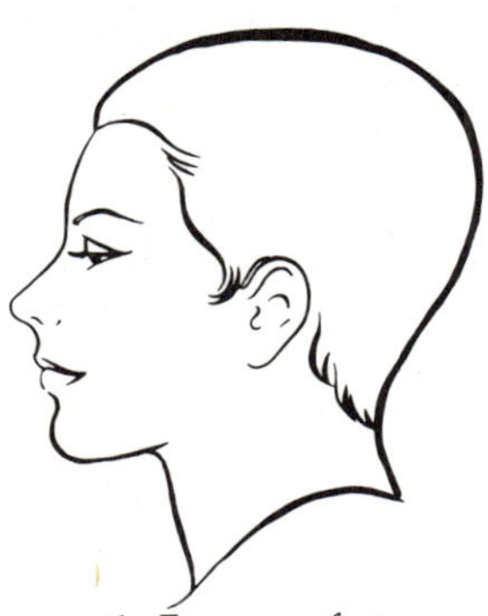

1. Forma perfecta.

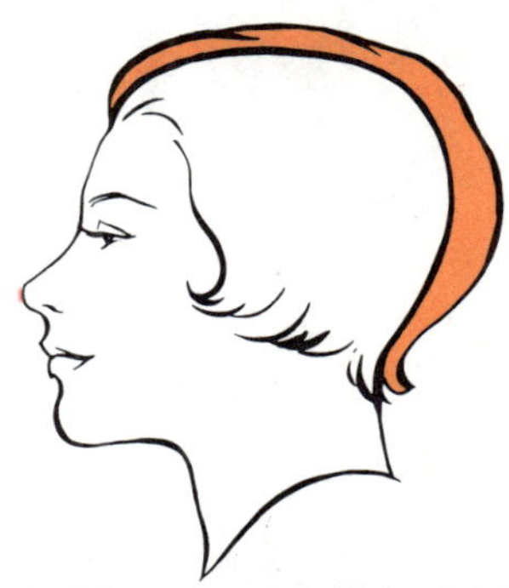

2. Cabeza estrecha, llana detrás.

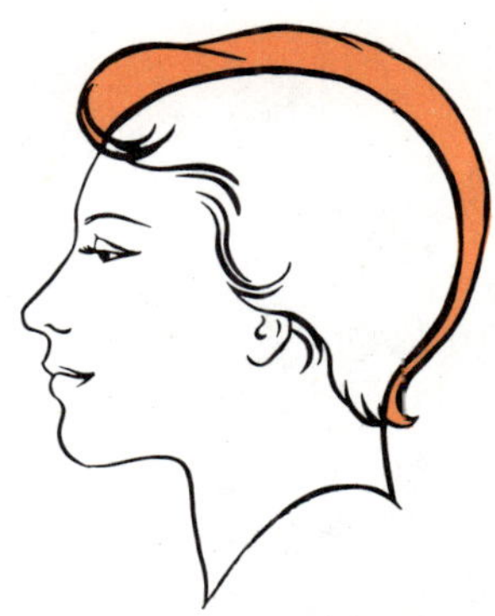

3. Cabeza plana.

4. Cabeza puntiaguda, nuca ahuecada.

5. Parte superior plana.

6. Cabeza pequeña.

PEINADO EN TRENZA

El trenzado ha sido durante mucho tiempo una técnica popular de adorno del pelo tanto para personas adultas como para niños y niñas. La cosmetóloga hará muy bien en añadir esta destreza especial a su repertorio para ejecutarla lo mejor posible. Esto contribuirá a ampliar su campo profesional y aumentar su versatilidad como artista del peinado.

Hay dos clases diferentes de trenzado:

1. El trenzado francés (invisible): trenzado ordinario.
2. El trenzado francés (visible): trenzado invertido.

TRENZADO FRANCES INVISIBLE

El trenzado francés invisible se logra sobreponiendo los mechones en la parte superior de la cabeza.

Procedimiento

1. Divida y separe el pelo de la sección de la coronilla. Aparte el pelo y préndalo con prendedores o ganchos. Pelo de la parte posterior de la cabeza: haga una raya en el pelo separándolo desde el centro de la coronilla, 1, hasta la nuca, 2. (Fig. 1.)
2. Divida la sección parejamente en tres mechones. Comience a trenzar volteando el mechón 1 (a la izquierda) sobre el mechón 2a (en el centro). (Fig. 2.) Tire de los mechones con fuerza.
3. Tome otro mechón de la izquierda, aproximadamente de media pulgada (1.25 cm.) de ancho, como se indica con el número 2b. (Fig. 3.) Junte los mechones 2a y 2b. Estire los mechones.

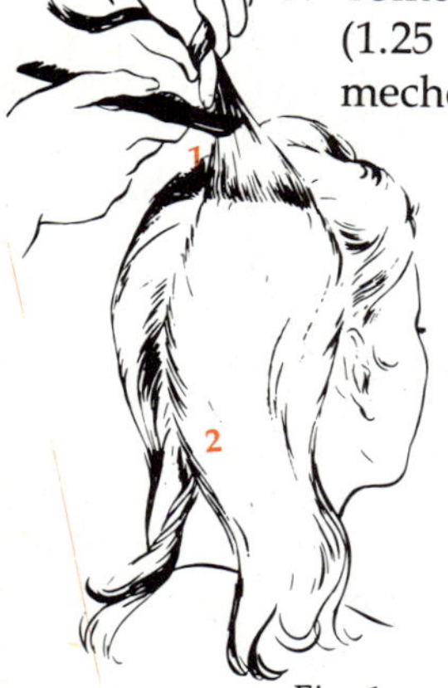

Fig. 1.

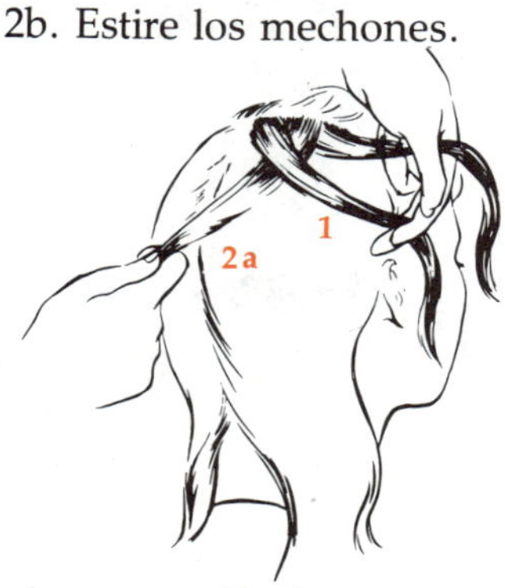

Fig. 2.

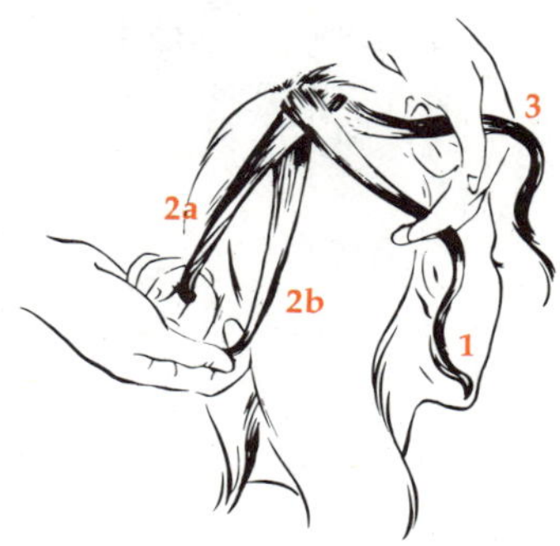

Fig. 3.

Fig. 4.

Fig. 5.

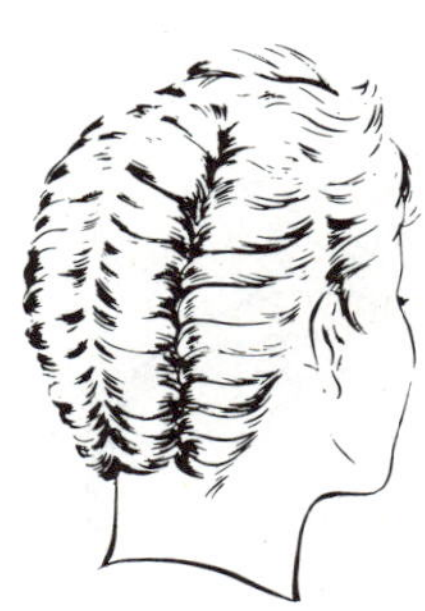
Fig. 6.

4. Pase el mechón 3 por encima del mechón 1 y estírelo. (Fig. 4.) Tome otro mechón de la derecha, aproximadamente de media pulgada (1.25 cm.) de ancho, y colóquelo con el mechón 1.

Nota: *Para lograr una trenza nítida con todas las puntas de los pelos en su lugar tuerza cada mechón hacia de derecha o hacia la izquierda con los dedos pulgar e índice.*

5. Continúe tomando mechones y tejiéndolos (Fig. 5) hasta terminar con el trenzado de las puntas del pelo en la nuca. Ate el trenzado con una faja de goma (elástico) o con una cuerda.

Trence el lado izquierdo de la cabeza siguiendo el mismo procedimiento. El trenzado francés ordinario final se ilustra en la figura 6.

Método alterno: El trenzado francés ordinario (invisible) puede comenzarse también en la nuca y tejerse hacia la parte superior de la cabeza. Las puntas suelen terminarse enrolladas o en rizos.

Modas

Las trenzas pueden cruzarse y meterse nítidamente por debajo sosteniéndolas en su lugar con ganchos ordinarios o ganchos de presión.

Cuando el pelo es lo suficientemente largo, las trenzas pueden cruzarse y extenderse hacia arriba por la parte posterior de la cabeza.

Otro efecto atractivo puede obtenerse atando las trenzas con cintas alrededor de la línea del cuero cabelludo y dejando que las puntas caigan entre rizos agrupados.

TRENZADO FRANCES VISIBLE

El trenzado francés invertido (visible) se logra plegando los mechones por debajo para dejar las trenzas a la vista.

Procedimiento

Haga una raya en el pelo y divídalo en secciones de la misma manera que para el trenzado francés ordinario.

1. Divida la sección derecha de la parte superior parejamente en tres mechones. Comience a trenzar los mechones de pelos colocando el mechón del lado derecho debajo del mechón del centro y el del lado izquierdo debajo de este último. Tire de los mechones firmemente. (Fig. 1.)

2. Tome un mechón de media pulgada (1.25 cm.) del lado derecho y combínelo con el mechón del lado derecho. Coloque este mechón así combinado debajo del mechón del centro. Tome un mechón de media pulgada (1.25 cm.) del lado izquierdo y combínelo con el mechón del lado izquierdo. Coloque el mechón así combinado debajo del mechón del centro. (Fig. 2.)

Fig. 1.

Fig. 2.

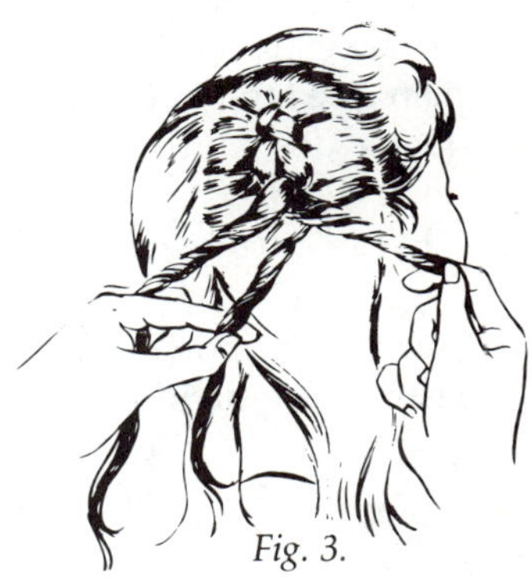

Fig. 3.

3. Continúe tomando mechones y trenzándolos como se indica arriba. (Fig. 3.) Termine el trenzado en la nuca y manténgalo en su lugar con fajas de goma.

4. Trence el lado izquierdo de la cabeza de la misma manera en que lo hizo en el lado derecho. (Fig. 4.)

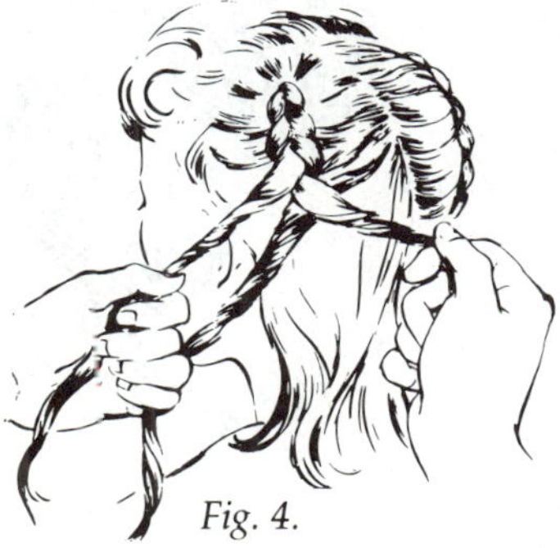

Fig. 4.

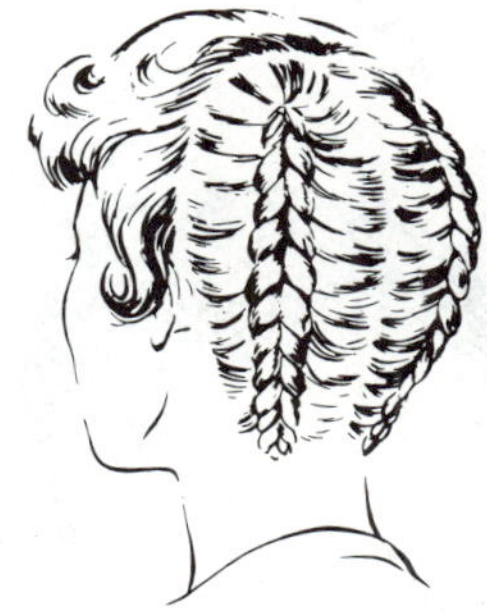

Fig. 5. Aspecto del trenzado francés invertido ya acabado con las trenzas metidas por debajo y sujetas en su lugar con ganchos ordinarios o ganchos de presión.

Modas

Las sugerencias hechas para el trenzado francés ordinario (visible) pueden aplicarse al trenzado francés invertido (invisible).

TRENZADO EN HILERA

Al pelo muy rizado (escarolado o pasudo) puede darsele estilo de trenzas visibles con secciones largas y estrechas en línea recta, en forma de hileras conocidas en ciertos lugares con el nombre de "hileras de maíz." Este estilo es igualmente popular entre las niñas y las mujeres adultas.

La técnica en este caso es similar a la utilizada para el trenzado francés visible con la siguientes excepciones:

1. Después de dar un champú, aplique y esparza el acondicionador uniformemente por todo el pelo.
2. Utilice una secadora de mano o una pistola secadora soplante para secar el pelo. Si usa la secadora de casquete, aplíquele al pelo un acondicionador y espárzalo en toda la cabellera cubriendo la cabeza luego con una redecilla. Haga entonces sentar a la cliente debajo de la secadora.

PROCEDIMIENTO

Determine por adelantado el estilo de peinado que desee hacer.

Haga una raya o partido en el pelo para dividir una sección larga y estrecha y proceda a hacer el trenzado tal como se ha descrito antes para el **trenzado francés visible.**

Parta y divida otra sección y tréncela. Continúe el procedimiento hasta que haya trenzado toda la cabeza. (Fig. 1.)

Déle estilo al peinado según el plan que tenga pero de tal modo que se destaque el aspecto físico de la cliente.

El estilo de peinado en "hileras de maíz" para muchachas jóvenes proporciona un efecto distinto e individualista.

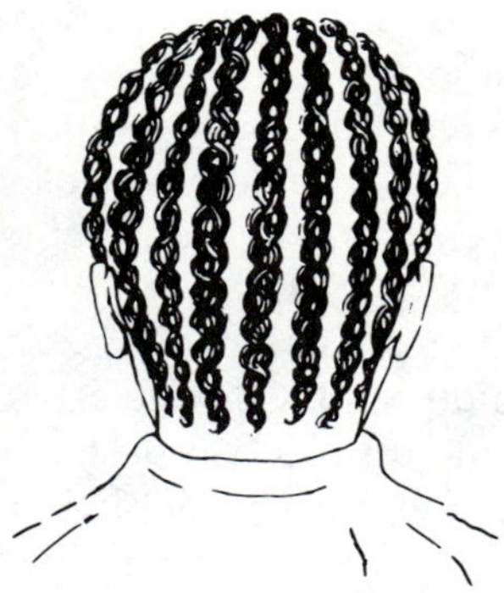

Fig. 1.

Fig. 2.

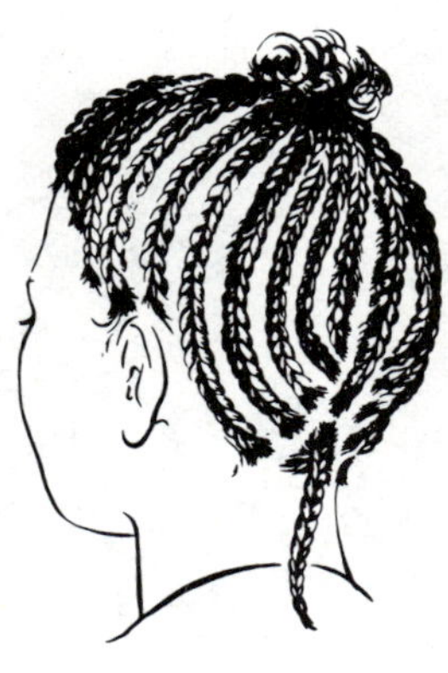

DEFINICIONES RELATIVAS A LOS ESTILOS DE PEINADO

base: fuandamento estacionario o inmóvil de un rizo que se pega al cuero cabelludo. *base.*

centro del peinado: punto exacto desde el cual el pelo es dirigido al formar una curvatura o una configuración. *hair shaping pivot.*

cepillado al revés: cepillado del pelo en dirección del cuero cabelludo para que los pelos más cortos se enreden y formen una especie de cojín en el cuero cabelludo que sirve de sostén al pelo de la superficie. *back-brushing.*

círculo: parte de la sortija (sortija prendida) que forma un círculo completo. *circle.*

configuración (en el corte de pelo): proceso por el cual se recorta y entresaca el pelo hasta darle un estilo determinado o según el contorno de la cabeza. *shaping (in haircutting).*

configuración (en los estilos de peinado): formación de arcos y curvas uniformes en el cabello mojado como base para la impresión de ondas digitales (formadas con los dedos), sortijas prendidas u otros diversos patrones que se utilizan en los estilos de peinado. *shaping (in hairstyling).*

configuración prógira (o anversa): aquélla en la que el pelo es dirigido hacia la cara. *forward shaping.*

configuración retrógira (o reversa): aquélla en la que el pelo es dirigido hacia la parte posterior de la cabeza (colodrillo) alejándose de la cara. *reverse (backward) shaping.*

dextrógiro: aspecto de movimiento que se le da al pelo, ya sea en configuraciones o en rizados, siguiendo el mismo sentido que las agujas de un reloj. *clockwise.*

dirección: aspecto de movimiento que se le da al pelo para lograr una configuración específica o un estilo. *direction.*

> **anversa (hacia adelante):** el pelo dirigido hacia la cara. *forward shaping.*
>
> **infraversa (hacia abajo):** el pelo dirigido hacia abajo en preparación de un patrón o estilo específico. *down-shaping.*
>
> **reversa (hacia atrás):** el pelo dirigido hacia atrás en preparación de un patron o estilo específico. *reverse (backward) shaping.*
>
> **supraversa (hacia arriba):** el pelo dirigido hacia arriba en preparación de un patrón o estilo específico. *up-shaping.*

dirección del tallo: dirección en que se mueve el tallo de una sortija desde la base hasta el primer arco. (La dirección del tallo puede ser anversa o hacia adelante, reversa o hacia atrás, supraversa o hacia arriba e infraversa o hacia abajo.) *stem direction.*

encaje (o toque) francés: uno de los nombres que se le da al cardado o cepillado al revés. *French lacing.*

levógiro: aspecto de movimiento que se le da al pelo, ya sea en configuraciones o en rizados, siguiendo el sentido opuesto al de las agujas de un reloj. *counter-clockwise.*

mechamiento: acto de separar cuidadosamente una sección de pelos de una configuración para preparar una sortija o un rizo. (El resto de la configuración no se altera.) *slicing.*

mechón: sección (o porción) de pelos. *strand.*

modelar (moldear): darle al pelo la forma o la dirección necesaria para crear determinada configuración o determinado estilo. *molding (moulding).*

movimiento: dirigir el pelo o cambiarle su dirección. *movement.*

onda alterna: diseño formado mediante la combinación de ondas digitales y sortijas prendidas dentro del mismo patrón, colocando sortijas y ondas en formación alterna. También se llama "rizonda." *skip wave.*

onda de sortija prendida: alternación de la dirección de las hileras de sortijas prendidas para formar un patrón de ondas. *pin curl wave.*

onda digital: la que se imprime en el cabello mojado utilizando los dedos y el peine. *finger wave.*

panel: espacio que separa dos divisiones del pelo. Otro término aplicado en este caso es **sección.** *panel.*

peinado al revés: peinado que se hace por la parte inferior de pequeñas secciones (o mechones) de pelos moviendo el peine hacia el cuero cabelludo, haciendo así que los pelos más cortos formen una especie de cojín en el cuero cabelludo. Otros términos usados son **atizar, cardar, carmenar, enredar,** etc. (Véase la pagina 77 y también **encaje francés** en esta lista.) *back-combing.*

pomposidad: grado de elevación y densidad que se le da a un estilo de peinado acabado. También se llama "bouffant." *bouffant.*

rizo: círculo o círculos dentro de un círculo. El tamaño del rizo determina el ancho de la onda. *curl.*

rizo de barril: sección (o mechón) de pelos que se separa de una configuración y se forma con ella un rizo mientras se sujeta el mechón cerca de la cabeza. *barrel curl.*

rizo de reborde: rizo de colocado detrás y cerca del reborde (o cresta) de una onda digital. (Puede llamarse también **rizo de borde saliente** o de **caballete.**) *ridge curl.*

rizo de rizador (rulo): sección (o mechón) de pelos mojados enrollados en un rizador. *roller curl.*

rizo entallado: sección (o mechón) de pelos separada de una configuración formando un rizo mientras se sujeta el mechón cerca de la cabeza. (También se llama **de relieve.**) *carved curl.*

rizo erecto (rizo vertical o **de cascada:** rizo con el tallo dirigido rectamente hacia arriba, o alejado de la cabeza, y prendido en posición erecta. *stand-up (cascade) curl.*

rizo imbricado: sortija prendida colocada de modo que cubre parcialmente a otra sortija que está junto a ella. (Se llama también **rizo corrido** o **traslapado.**) *overlapping curl.*

rizo modelado (moldeado): igual que rizo entallado. *molded (moulded) curl.*

rizo plano (sortija ordinaria, prendida): presenta un giro plano sin elevación. *flat (regular pin) curl.*

rizo prógiro: el que va dirigido hacia la cara. (También se llama **rizo anverso.**) *forward curl.*

rizo retrógiro: el que va dirigido en sentido opuesto a la cara alejándose de ella. (También se llama **rizo reverso.**) *reverse (backward) curl.*

rizo semierecto (rizo semivertical o rizo sagaz): el separado de una configuración y prendido en posición semierecta. *semi-sand-up (flair) curl.*

sinuosidad: indica la curva cóncava, depresión, descenso o "valle" que se observa en la formación de un diseño de peinado. *indentation.*

sortija de escultura (sortija prendida): mechón de pelos que se peina suavemente a lo largo y se enrolla en círculo con las puntas por dentro. A veces se le llama **rizo plano.** *sculpture (pin) curl.*

subdirigido: dirección insuficiente del pelo al formar ondas digitales, rizos o configuraciones. *under-directed.*

superdirigido (o sobredirigido): dirección excesiva del pelo al formar ondas digitales, rizos o configuraciones. *over-directed.*

tallo: aquella parte de la sortija prendida que va de la base al primer arco de círculo. *stem.*

sin tallo (o tallo nulo): la sortija se coloca en el centro de su base. *no-stem.*

medio tallo (o tallo mediano): la mitad de la sortija se coloca fuera de la base. *half-stem.*

tallo completo: la sortija se coloca completamente fuera de su base. *full-stem.*

tallo extendido o elongado: espacio que separa dos hileras de sortijas prendidas y que permite que las sortijas de la primera hilera se desenrollen sin combarse. *extended (elongated) stem.*

volumen: indica la elevación o altura creada al formar un estilo de peinado. *volume.*

PREGUNTAS DE REPASO

ESTILOS DE PEINADOS

1. ¿Por qué es importante que la cosmetóloga (o el cosmetólogo) conozca el fundamento de los peinados?
2. ¿Qué debe entender la cosmetóloga para poder llegar a ser una estilista del peinado?
3. ¿Cuál debe ser la condición del cabello para obtener resultados favorables en los estilos de peinados?
4. ¿Por qué es importante desenredar el pelo correctamente para tener éxito al dar un estilo de peinado?
5. ¿Con qué otros nombres se conocen las sortijas prendidas?
6. ¿Qué tratamientos previos deben dársele al pelo para lograr rizos elásticos de larga duración?
7. ¿Qué clase de pelo es el mejor adaptado a la formación de sortijas prendidas?
8. Mencione las tres partes principales de una sortija.
9. Defina la base de una sortija.
10. ¿Dónde se sitúa el tallo de una sortija?
11. ¿Qué función tiene el tallo de la sortija?
12. ¿Qué función tiene el círculo de la sortija prendida?
13. ¿Qué parte de la sortija prendida determina su movilidad?
14. Mencione tres largos del tallo que afectan la movilidad de los rizos.
15. ¿Cuándo se usa una sortija sin tallo?
16. ¿Cómo afecta una sortija sin tallo a su base?
17. ¿Cuándo se emplea una formación de sortijas de tallo mediano?
18. ¿Cómo se logra el movimiento de una sortija de tallo mediano?
19. ¿Cuándo se usa una sortija de tallo completo?
20. ¿Cómo puede lograrse la mayor movilidad de una sortija?
21. ¿De qué depende el tamaño de la onda?
22. ¿Cuándo se usa una sortija de centro abierto?
23. ¿Cuándo se recomienda usar una sortija de centro cerrado?
24. Explique en qué consisten las direcciones anversa y reversa de una sortija en relación con la cara.
25. ¿Qué es darle configuración al pelo?
26. ¿Cómo se clasifican las configuraciones?
27. ¿Cómo va dirigido el pelo en una configuracion lateral prógira?
28. Enumere las cuatro formas de bases más comúnmente empleadas en los estilos de peinados.
29. ¿Qué efecto, si es que lo tiene, produce la forma de la base en el rizo resultante?
30 ¿Por qué se usan sortijas de base traingular a lo largo de la línea frontal o facial del cuero cabelludo?
31. ¿Cuándo se recomienda el uso de las sortijas de base cuadrada?
32. ¿En qué dirección se colocan las sortijas prendidas?
33. ¿Qué son sortijas de reborde?
34. Describa la formación de ondas alternas.
35. ¿Cuándo y dónde se recomienda el uso de ondas alternas?
36. ¿Con qué largo de pelo es más probable obtener los mejores resultados en la ondulación alterna?
37. ¿Con qué otro nombre se conocen las sortijas de cascada?
38. ¿Qué efectos pueden lograrse en el peinado mediante el uso de las sortijas de cascada?
39. ¿Con qué fin se usan los rizos hechos con rizadores?
40. Mencione una diferencia importante entre un rizo de rizador y un rizo vertical.
41. ¿Cómo puede la cosmetóloga evitar que los pelos se salgan de los rizadores?
42. ¿Cuál es la función de los papelitos protectores cuando se usan con los rizadores?

43. ¿Cuándo se usa un rizo de barril?
44. ¿Qué significa "volumen" cuando el término se aplica a los estilos de peinado?
45. ¿Qué significa "sinuosidad" en términos de estilos de peinado?
46. ¿Cómo se crea el volumen?
47. ¿Cómo se logran las sinuosidades?
48. ¿Qué depende del tamaño de rizador que se use?
49. ¿Cuáles tres factores determinan el tipo de raya al dividir el pelo de la cliente?
50. ¿Qué se logra con las técnicas del cepillado al revés y el peinado al revés?
51. Dé cuatro nombres alternos del peinado al revés.
52. ¿Qué otro nombre se usa para el cepillado al revés?
53. Cite los cuatro pasos básicos a seguir cuando se peina el cabello.
54. ¿Por qué se le da una rociada al pelo con pulverizador después de peinarlo?
55. Cite las tres características generales en las que puede basarse un estilo de peinado artístico y adecuado.
56. ¿Cuál es el tipo facial ideal para la creación de cualquier peinado de estilo?
57. ¿Cómo debe peinarse el cabello para los tipos faciales cuadrado y redondo?
58. Al dar un peinado a una cliente con rostro piriforme, ¿qué ilusión debe crearse en las áreas de la frente y de la mandíbula?
59. Al dar un peinado a una cliente con rostro cordiforme, ¿qué ilusión debe crearse en las áreas de la mandíbula y la frente?
60. ¿Cómo debe peinarse el pelo en la parte posterior de la cabeza cuando la cliente tiene el cuello corto y grueso?
61. Para minimizar la apariencia de largura en el cuello, ¿cómo debe peinarse el cabello?

Capítulo 13

CUIDADO Y PEINADO DE PELUCAS

OBJETIVOS DE APRENDIZAJE DEL CAPITULO

El (la) estudiante que logre dominar el contenido de este capítulo conocerá:

1. *La diferencia entre las pelucas hechas a mano y las hechas a mqúina.*
2. *El procedimiento para tomar las medidas de una peluca.*
3. *La técnica empleada para colocar una peluca en la horma.*
4. *Las técnicas usadas para limpiar y acondicionar una peluca.*
5. *Los procedimientos para ajustar una peluca.*
6. *Cómo darle forma a las pelucas.*
7. *El procedimiento para preparar y peinar las pelucas.*
8. *El arte de colorear las pelucas.*
9. *Las varias clases de pelucas y sus usos.*
10. *Las precauciones de seguridad que deben observarse en el manejo de las pelucas.*
11. *Las definiciones relativas a las pelucas.*

A través de la historia las pelucas han servido para darle realce a los encantos y la belleza de las mujeres. Los antiguos egipcios usaron pelucas por primera vez en el año 4000 A.C., principalmente para proteger su propia cabellera contra el sol. Desde Asia y Europa las pelucas se extendieron a América donde han aumentado en popularidad a través de los años.

El uso de pelucas y piezas de cabellos postizos en los estilos de peinados ha llegado a formar una parte importante e interesante de la industria de la bellicultura. La venta, el peinado y los servicios de mantenimiento de toda clase de postizos pueden ser fuente considerable de los ingresos del salón.

Para brindar los mejores servicios posibles, la estilista del peinado debe familiarizarse con lo siguiente:

1. Cómo las pelucas y los postizos pueden mejorar el aspecto de la cliente.
2. Cómo se fabrican y se adaptan las pelucas y los postizos.
3. Cómo se seleccionan y peinan las pelucas y los postizos con la mayor ventaja para la cliente.
4. Cómo limpiar y cuidar las pelucas y los postizos.

POR QUE SE USAN LAS PELUCAS

Las pelucas se usan por tres razones principales:

1. **La necesidad:** para cubrir la calvicie y el cabello ralo o dañado.
2. **La moda:** por los cambios diarios en los estilos de peinados, para fines decorativos y para ocasiones especiales.
3. **La práctica:** para cambiar rápidamente el color de la cabellera y el estilo de peinado sirviendo así los intereses de la mujer ocupada.

CLASES DE PELUCAS

Las pelucas pueden fabricarse de cabello humano, de pelo sintético o animal, o de una mezcla de ambos.

Una simple prueba de comparación revelará la diferencia entre el cabello humano y el pelo sintético. Corte una pequeña porción de pelos de la parte posterior de la peluca. Entonces, con un fósforo (cerilla) encendido, queme ese pelo y observe las siguientes características:

1. El cabello humano arde lentamente y produce un fuerte olor parecido al que dan las plumas de gallina quemadas.
2. El pelo sintético arde rápidamente y produce muy poco o ningún olor. Además, en las cenizas resultantes pueden palparse unos globitos duros.

La palabra **modacrílico** es el término general que se emplea para denominar las fibras de las pelucas sintéticas.

PELUCAS DE CABELLO HUMANO

La calidad de una peluca depende en gran parte de si su hechura es a mano o a máquina. Las pelucas caras hechas a la orden se tejen a mano sobre una base de malla fina. (Figs. 1 y 2.) En las pelucas más corrientes, hechas a máquina, el pelo es cosido a máquina sobre un gorro de malla en hileras circulares. (Figs. 3, 4 y 5.)

La calidad de una peluca también varía según la clase de pelo que contenga, el modo en que ha sido construida y cómo ha sido adaptada a las medidas de la cliente.

Pelucas Hechas a Mano (Pelucas Ventiladas)

Fig. 1

Fig. 2. SECCION DETALLADA. El pelo ha sido fijado en la base de malla, tejido a mano, en forma de ganchitos.

Fig. 3

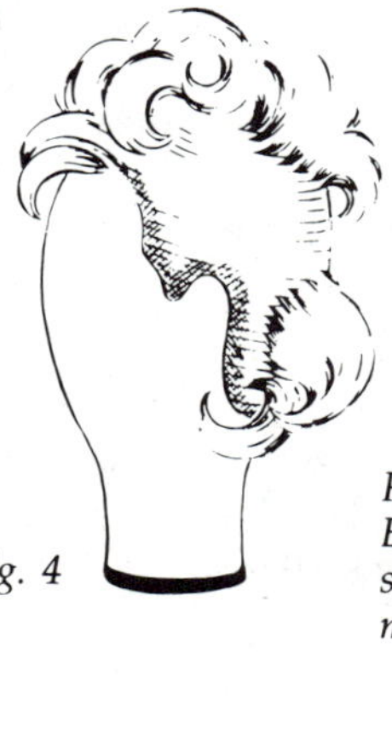

Fig. 4

Fig. 5. SECCION DETALLADA. El pelo ha sido cosido a máquina sobre el gorro redecilla o ha sido mechonado en hileras circulares.

PELUCAS Y POSTIZOS SINTETICOS

Grandes adelantos se han logrado en la fabricación de fibras sintéticas. Las fibras modacrílicas, tales como *dynel, kanekalon, venicelon* y otras han eliminado la mayor parte de las desventajas de los pelos sintéticos. Las investigaciones hechas sobre fibras de cabello han traído como consecuencia el desarrollo de los pelos sintéticos que se asemejan mucho al cabello humano en textura, elasticidad, absorción del color, flexibilidad, durabilidad, brillo y sensación al tacto. Las fibras pueden retener bien el rizado, no son inflamables, ni se oxidan o cambian de color cuando se exponen a la luz del sol. En realidad, algunas fibras sintéticas se parecen tanto al cabello humano que es difícil distinguirlas de aquél.

Los pelos sintéticos presentan varias ventajas que han contribuido a su aceptación para la fabricación de pelucas y postizos. La producción de pelo sintético es muy económica. El suministro es ilimitado. Las pelucas y los postizos se hacen de hebras largas que han sido enrolladas en carretes permitiendo así gran eficiencia en su uso. Están hechas con fijadores de colorantes en cualquier color o matiz deseado.

Los pelucas sintéticas son obtenibles en forma de pelucas hechas a mano, que se estiran (Fig. 1); pelucas hechas a máquina, que se estiran, y pelucas hechas a mano, adaptadas. Cualquiera que sea el tipo de peluca, una cuidadosa selección basada en la calidad, el ajuste adecuado y una buena mano de obra producirán satisfacción y comodidad al usarlas y peinarlas.

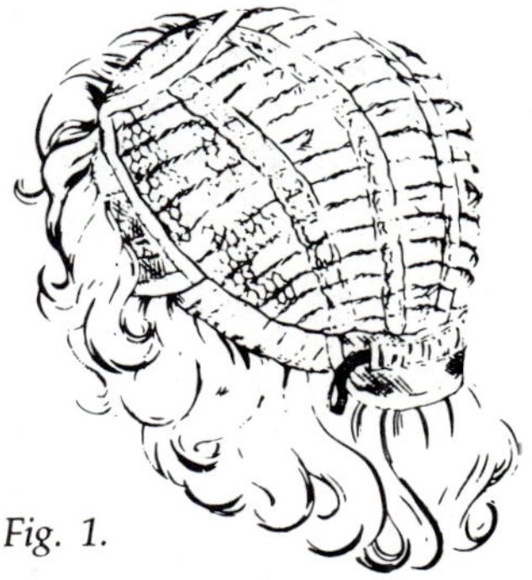

Fig. 1.

También son obtenibles las **pelucas sin gorro** que se componen de hileras de trenzados o matas de pelo cosidas sobre fajas elásticas. La ventaja de las pelucas sin gorro consiste en que son ligeras y mantienen la cabeza de la cliente más fresca que cuando usa otras clases de pelucas. (Fig. 2).

Fig. 2.

Los gorros de pelucas y postizos se hacen de algodón o de una combinación de algodón y material sintético, de material totalmente sintético o de elástico reforzado. Los postizos generalmente se hacen con una base sintética que no se encoje cuando se le da champú. Los postizos sintéticos son obtenibles en forma de casquetes, semipelucas, trenzas, moños, cascadas y postizos colgantes.

TOMA DE MEDIDAS PARA PELUCAS

Para lograr que una peluca quede cómoda y encaje bien, deben tomarse las medidas correctas de la cabeza de la cliente. Primero, cepille el cabello hacia abajo dejándolo liso y préndalo con horquillas tan plana y apretadamente como sea posible. Mientras mantiene el pelo próximo a la cabeza, sin presión, tome medidas planas con una cinta de medir.

PROCEDIMIENTO

1. Mida la circunferencia de la cabeza. Coloque la cinta de medir completamente alrededor de la cabeza, comenzando por la línea del cuero cabelludo en mitad de la frente; coloque la cinta por encima de las orejas, alrededor de la parte posterior de la cabeza y hágala regresar al punto de partida. (Fig. 1.)
2. Mida desde la línea del cuero cabelludo en mitad de la frente, por encima de la parte superior de la cabeza, hasta la nuca. Incline la cabeza hacia atrás y mídala hasta el punto en que va a montarse la peluca sobre la base del cráneo en la nuca. (Fig. 2.)

3. Mida de oreja a oreja, a través de la frente. (Fig. 3)

Fig. 1.

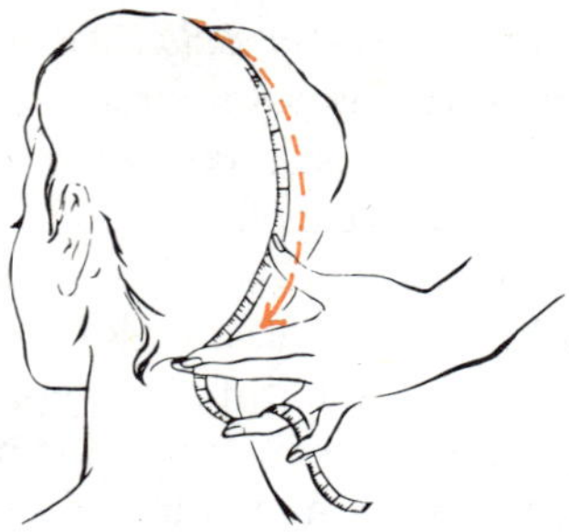

Fig. 2.

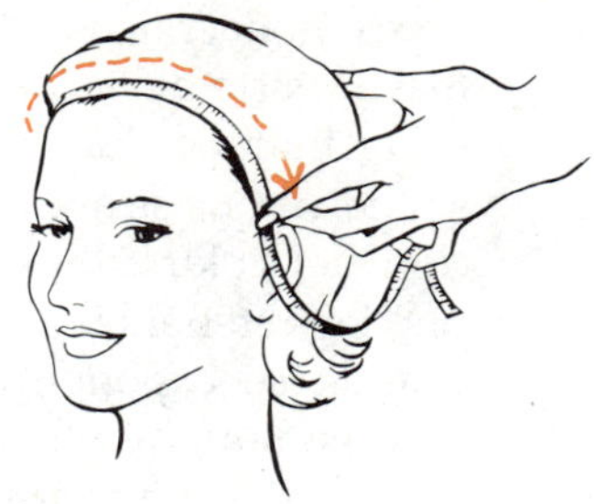

Fig. 3.

4. Mida de oreja a oreja, por encima de la parte superior de la cabeza. (Fig. 4)
5. Coloque la cinta de medir a través de la coronilla y mida de sien a sien. (Fig. 5.)
6. Mida la anchura de la línea de la nuca a través de la nuca. (Fig. 6.)

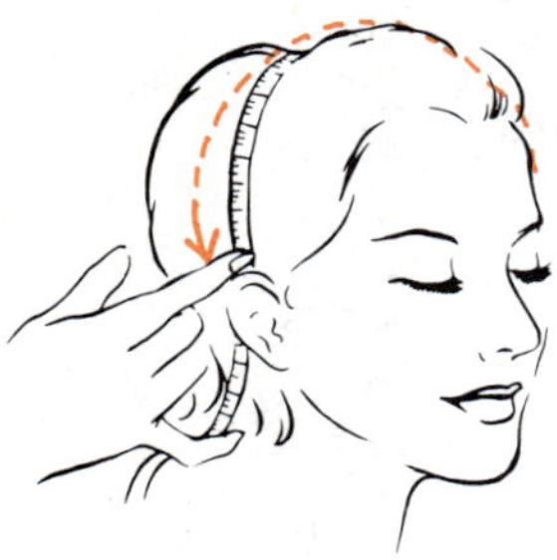

Fig. 4.

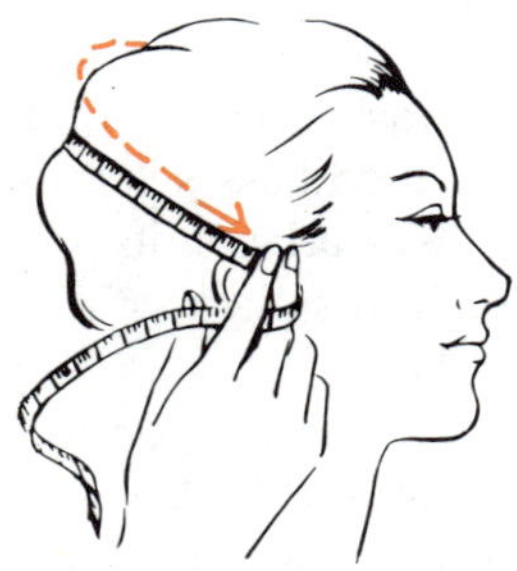

Fig. 5.

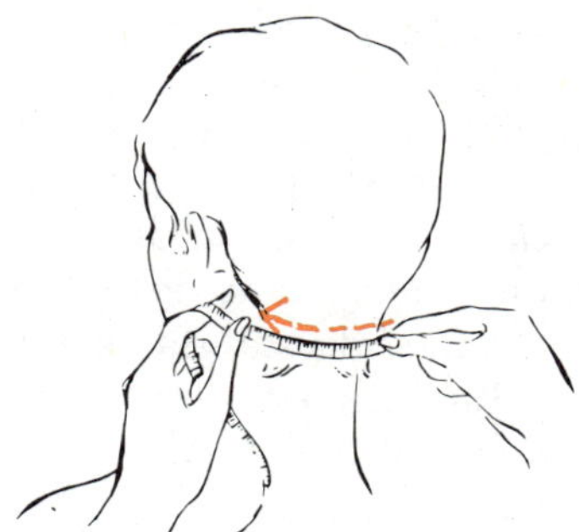

Fig. 6.

Nota: Asegúrese de que las medidas que ha tomado son las correctas.

COMO HACER UN PEDIDO DE PELUCAS

Cuando haga un pedido de pelucas, deje una relación escrita de las medidas de la cabeza de la cliente y envíele una copia al vendedor o fabricante de pelucas. También especifique lo que desea en cuanto a:

1. Tono del color del pelo. Si es encesario, envíele al fabricante muestras del pelo de la cliente. Las muestras del pelo que acaba de recibir un champú, un tinte o un enjuague.
2. Calidad del pelo.
3. Longitud del pelo.
4. Tipo de raya del pelo y patrón del pelo.

COMO COLOCAR UNA PELUCA EN LA HORMA

La colocación correcta de una peluca en la horma contribuye a que se obtengan resultados profesionales al darle configuración al pelo de la peluca, al marcarle el peinado y al peinarla. También reduce la posibilidad de que el peinado se estropee cuando se quitan los alfileres en "T" (alfileres de San Antonio).

Para todos los servicios de mantenimiento de pelucas, deben usarse hormas con lienzo debidamente protegido porque así se mantendrán erguidas durante el contínuo proceso de prendimiento con alfileres y manejo rudo. Las hormas de goma espumosa estirenada (estiracoespuma) se usan para el almacenaje de pelucas. Para un mejor domino de la peluca se usa una abrazadera giratoria. Existen seis tamaños obtenibles de pelucas de lienzo: 20, 20½, 21, 21½, 22 y 22½." (50, 51.25, 52.5, 53.75, 55 y 56.25 cm).

La peluca no debe estirarse ni colgarse flojamente sobre una horma de tamaño inadecuado sino, al contrario, debe ajustarse cómodamente. Una peluca que se ha estirado y prendido puede dilatarse cuando el gorro se moja o puede encojerse (si está hecha de algodón) cuando se cuelga flojamente y el gorro está mojado.

Monte la peluca en la horma del tamaño correcto de la cabeza y préndala del modo siguiente:

1. En el centro de la frente.
2. A cada lado (en los lados de las sienes). (Fig. 1.)
3. En el centro de la nuca.
4. En cada esquina de la nuca. (Fig. 2.)

(Estas ilustraciones muestran la colocación correcta de los alfileres en "T".)

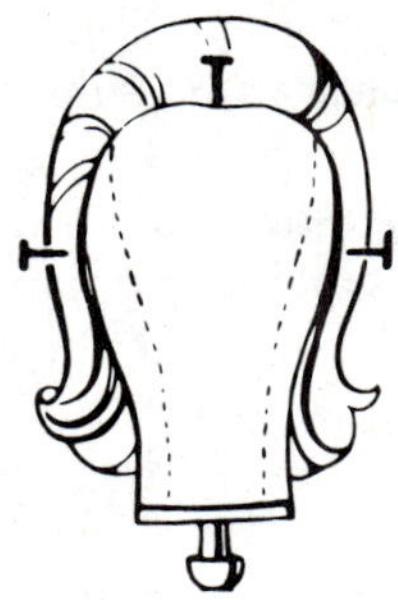

Fig. 1. Un alfiler en "T" se coloca en el centro de la frente y uno a cada lado.

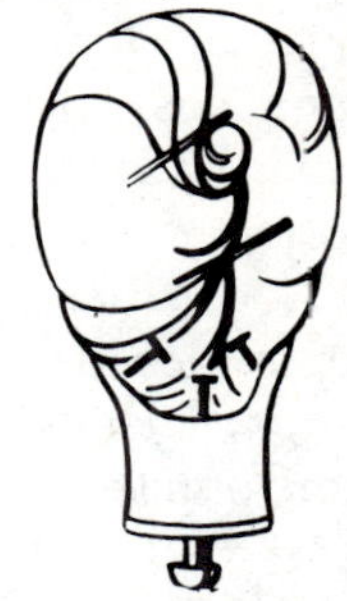

Fig. 2. Un alfiler en "T" se coloca en el centro de la nuca y uno en cada esquina.

AJUSTE DE LA PELUCA

Después que la peluca ha sido fabricada de acuerdo con medidas específicas, puede aún necesidar algún ajuste para adaptarla a la cabeza de la cliente.

COMO AJUSTAR LA PELUCA A UNA CABEZA MAS GRANDE

Si se siente que la peluca está demasiado apretada, puede ser necesario estirarla. Vuelva la peluca al revés (la parte de adentro hacia afuera) y mójele el fondo con agua caliente. Estire la peluca con cuidado (sin rasgarla) hasta adaptarla a una horma de tamaño mayor y préndala firmemente. Deje entonces que la peluca se seque sola.

COMO AJUSTAR LA PELUCA A UN TAMAÑO MENOR

Si la peluca al tacto se siente floja, debe ajustarse para que quede bien.

Alforzas

Las alforzas se usan para mejorar el ajuste de la peluca que es demasiado grande.

1. Las **alforzas horizontales** acortan la peluca desde la frente hasta la nuca. Estas alforzas se cosen a través de la parte posterior de la peluca para reducir su tamaño excesivo. (Fig. 1.)
2. Las **alforzas verticales** reducen el ancho en la parte posterior de la peluca, de oreja a oreja. (Fig. 2.)

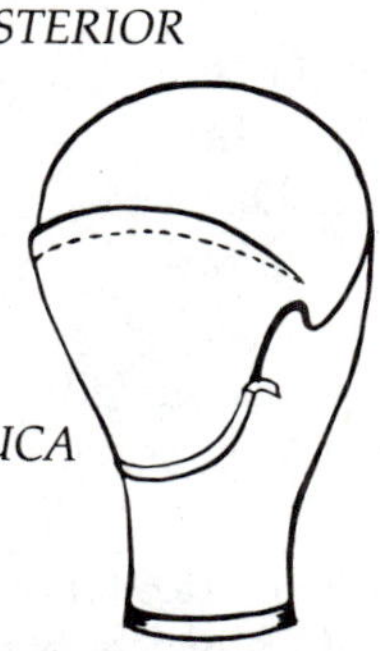

Fig. 1. Alforza horizontal.

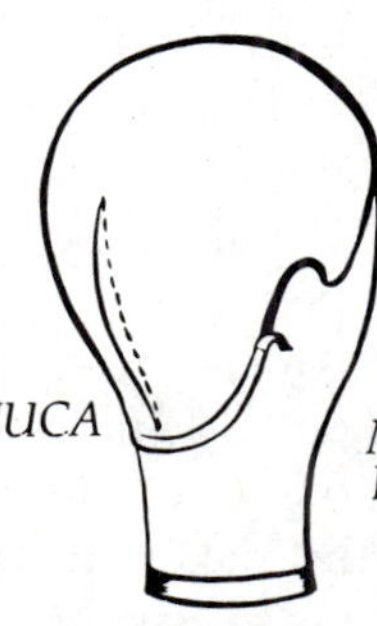

Fig. 2. Alforza vertical.

Las muescas para las orejas deben ser comprobadas para tener la seguridad de que quedan directamente en frente una de otra y que no tocan las orejas. Si la peluca toca en la oreja, doble un pequeño pliegue horizontal sobre la oreja para así levantar la peluca alejándola de la oreja. Si la peluca frota o toca en el lado de la oreja, doble un pequeño pliegue vertical detrás de la oreja para que tire de la peluca hacia atrás y elimine el problema.

Compruebe que el gorro está bien ajustado después de coser cada alforza. Demasiadas alforzas harán que la peluca "se encarame" creando así nuevos problemas de ajuste.

Si una peluca es demasiado larga desde la frente hasta la nuca, doble un pliegue de aproximadamente ¼" (0.625 cm.) de profundidad sobre el paño. Siempre cosa una alforza hacia la coronilla, nunca hacia abajo, o el pelo se erguirá alejándose de la peluca cuando lo peina. Cuando haga una alforza, asegúrese de que ha separado tantos pelos como sea posible antes de completar el proceso de dar las puntadas. Lo mismo se aplica a una peluca que es demasiado grande desde la coronilla hasta la oreja cuando la peluca se apoya en la oreja de la cliente. Esto puede corregirse dando puntadas horizontales a lo largo del trenzado.

Nota: Cuando ajuste una peluca implantada (ventilada) o hecha a mano, las alforzas deben coserse por la parte interior del fundamento (base o fondo). Sin embargo, cuando ajuste una peluca hecha a máquina o mechonada, las alforzas horizontales deben coserse por dentro o por fuera de la peluca.

LA FAJA ELASTICA

La fase final en el proceso de adaptar una peluca es el ajuste de la faja elástica en la parte posterior de la peluca. Tire de la faja elástica para hacer que la peluca se ajuste pareja y completamente sobre la parte posterior de la cabeza y asegúrela.

La faja elastica

Algunos estilistas del peinado prefieren prender las puntas de la faja elástica con pequeños imperdibles para así poder ajustarlas o remplazarlas en el futuro.

La faja elástica requiere ser ajustada o remplazada con regularidad porque se estira o se deteriora debido a que está expuesta al calor del cuerpo o a los líquidos de limpieza durante un período de tiempo. Otros estilistas del peinado prefieren que la faja elástica sea firmemente cosida y que las puntadas se deshagan cuando sean necesarios ajustes o remplazos adicionales.

LIMPIEZA DE PELUCAS

PELUCAS DE CABELLO HUMANO

Una peluca de cabello humano debe limpiarse en seco cada 2 a 4 semanas, según la frecuencia con que se usa. También, cuando una peluca está lista para ser peinada de nuevo, debe limpiarse en seco.

Procedimiento

1. Cubra la horma con la cubierta plástica para proteger el lienzo. (Fig. 1.)
2. Coloque la peluca en la horma. Desenrédele cualquier cardadura (peinado al revés) si es necesario. Dirija el pelo alejándolo de la línea del cuero cabelludo. Cepille el pelo para quitarle la suciedad y aplíquele una rociaduira para el pelo.
3. Antes de retirar la peluca de la horma para limpiarla, debe marcar el tamaño de la peluca sobre la horma para retener el mismo tamaño después de que haya sido limpiada. Esto se hace colocando un alfiler en "T" hincado en la horma en un ángulo al lado del borde del gorro y directamente en frente de los seis alfileres en "T" que aseguran la peluca. (Figs. 2 y 3.) Retire la peluca y proceda a limpiarla.

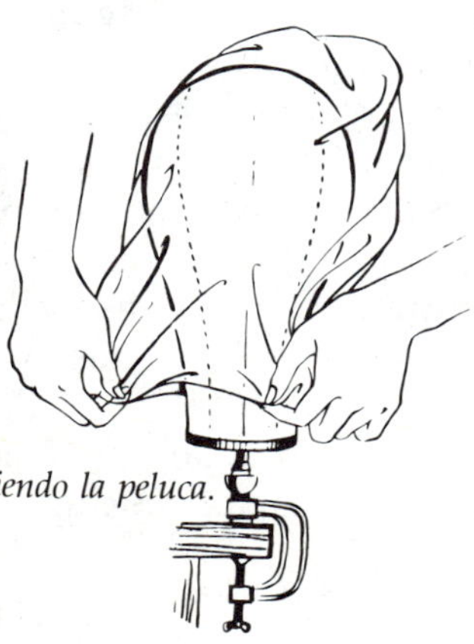

Fig. 1. Cubriendo la peluca.

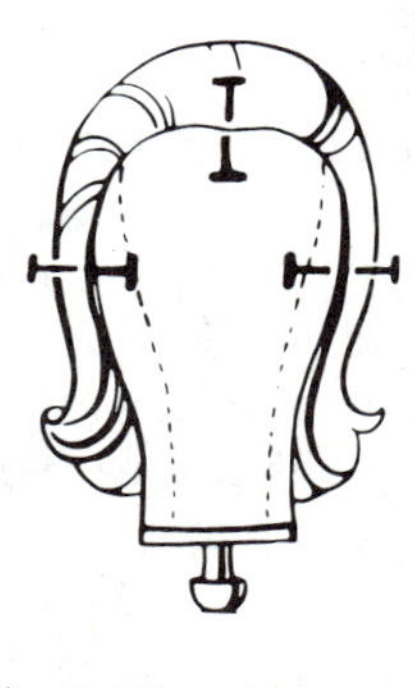

Fig. 2. Vista de frente.

Fig. 3. Vista posterior.

4. Póngase guantes de goma para protegerse las manos. Sumerja la peluca en una escudilla grande de vidrio o porcelana que contenga aproximadamente 3 onzas (90 ml.) de líquido limpiador no inflamable. Remoje la peluca entrándola y sacándola con el lado de los pelos hacia abajo hasta que esté limpia. (Fig. 4.)

   Método alterno: *Déle vueltas a la peluca dentro del líquido limpiador. Si es necesario, limpie los bordes y la parte interior del fundamento (base) con un trocito de algodón o con un cepillo de dientes.*
5. Agite la peluca ligeramente en el aire para quitarle el exceso de líquido. Coloque la peluca mojada inmediatamente sobre la horma de lienzo. Estire la peluca un poco y préndala firmemente a la horma. (Fig. 5.)
6. Cuando la peluca esté seca, márquele el peinado y péinela.

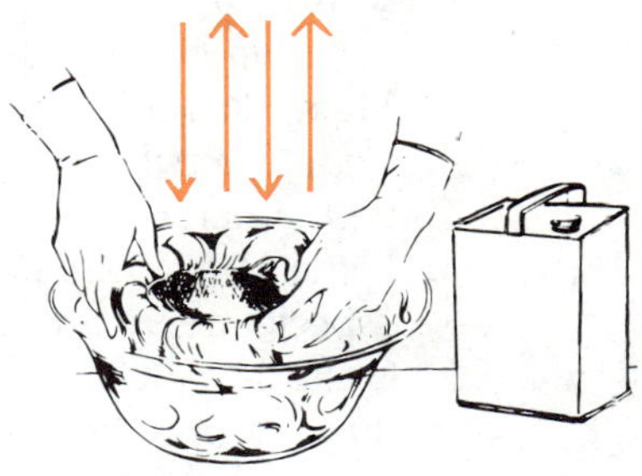

Fig. 4.

Fig. 5.

PELUCAS ANUDADAS A MANO

Las pelucas anudadas a mano, que son de estructura más delicada y mucho más costosas, deben limpiarse sobre la horma.

Procedimiento

1. Cubra la horma de lienzo con un plástico para proteger el lienzo.
2. Limpie los bordes y la parte de adentro del fundamento con un trocito de algodón o con un cepillo de dientes.
3. Coloque la peluca en la horma.
4. Sumerja la peluca en una escudilla grande de vidrio o porcelana que contenga el líquido limpiador. (Fig. 6.)
5. Deje la peluca en remojo durante 3 a 4 minutos.
6. Peine la peluca así remojada con la solución limpiadora pasando el peine a lo largo de todo el pelo con la parte de dientes anchos.
7. Haga que la solución penetre en toda la peluca.
8. Séquela cuidadosamente con una toalla. (Fig. 7.)
9. Déjela secarse sola en la horma durante ½ hora aproximadamente.
10. Déle un tratamiento acondicionador, si es necesario.
11. Marque el peinado de la peluca y péinela.

Fig. 6. Empape la peluca y haga que la solución se esparza por todo el pelo.

PELUCAS SINTETICAS

Las pelucas y los postizos sintéticos no necesitan ser limpiados tan amenudo como las pelucas de cabello humano. Las fibras sintéticas no son absorbentes (carecen de porosidad) y no se les pega el polvo y la suciedad.

Las pelucas y los postizos sintéticos tienen que limpiarse cada tres meses, según la frecuencia con que se usen y el estilo de peinado. Use agua tibia o fresca para limpiar la peluca ya que el agua caliente puede deshacer los rizos de la peluca sintética.

Fig. 7. Secando el pelo con una toalla.

Procedimiento

1. Cubra la horma adecuada con un plástico para proteger el lienzo.
2. Monte la peluca en la horma y márquele el tamaño.
3. Cepille la peluca hasta desenredarle los pelos y aplíquele una rocidura antes de limpiarla.
4. Llene un recipiente con champú suave o con líquido limpiador especialmente formulado (lea las direcciones). Use agua tibia o fresca.
5. Quite la peluca de la horma. Mueva la peluca en la solución limpiadora durante unos pocos minutos. Enjuáguela completamente en agua fresca.
6. Use un cepillo de dientes o un trocito de algodón para limpiarle la base.
7. Apriétela hasta sacarle el exceso de agua y séquela con una toalla. No enrosque ni retuerza la peluca.
8. Prenda la peluca con alfileres en "T" sobre la horma de tamaño adecuado y déjela secarse sola.
9. No cepille una peluca de pelo sintético cuando está mojada ya que puede perder el rizado.
10. No exponga una peluca de pelo sintético al calor.
11. Cuando la peluca esté completamente seca, cepille el pelo para darle configuración y rocíelo con un acondicionador para añadirle lustre.

Nota: Si se hace necesario reducir el tiempo de secamiento, la peluca puede ser colocada en una secadora de aire fresco utilizando solamente el ventilador. Como la mayoría de las pelucas de pelo sintético han sido peinadas de antemano, no necesitan peinarse otra vez.

ACONDICIONAMIENTO DE PELUCAS

Una peluca se diferencia del pelo que nace en la cabeza humana porque no recibe suministro de aceites naturales para su autolubricación. Como los líquidos limpiadores de pelucas generalmente resecan el pelo, es acosejable que se le dé a la peluca un tratamiento acondicionador después de cada limpieza para evitar que el pelo se reseque y que tome un aspecto de tono mate. Esto también lo mantiene en buenas condiciones. (Fig. 8.)

PROCEDIMIENTO

1. Cubra la horma con un plástico y coloque la peluca en ella adecuadamente.
2. Aplique el acondicionador. Esparza el acondicionador parejamente con un peine de dientes anchos para humedecer y limpiar el pelo. Mantenga el acondicionador en el pelo durante el tiempo indicado en las instrucciones que acompañan al producto.
3. Marque el peinado y peine la peluca.

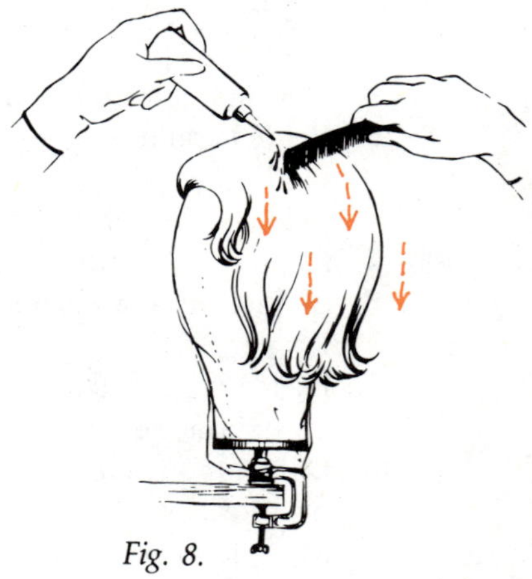

Fig. 8.

COMO DAR CONFIGURACION A LAS PELUCAS

COMO DAR CONFIGURACION A LAS PELUCAS DE CABELLO HUMANO

Básicamente, a una peluca puede dársele configuración (corte de pelo) del mismo modo en que se corta el pelo natural de la cabeza. No obstante, debe tenerse presente que una peluca tiene aproximadamente el doble de pelo que una cabeza humana normal. Como resultado de esta gran cantidad de pelo, si el pelo no se corta con entresaca y a la vez se le da un corte afilado en forma adecuada, la peluca parecerá espesa y artificial.

El corte para entresacar el pelo de una peluca puede hacerse con navaja o con tijeras de entresacar. Debido a la excesiva cantidad de pelo de la peluca, la mayor parte del volumen debe reducirse en la sección de la parte superior, detrás de las orejas y alrededor de la cara. Estas son áreas en las que generalmente no se entresaca el pelo natural.

La mayor parte del corte entresacado debe hacerse tan cerca del fundamento (base o fondo) de la peluca como sea posible sin dañar el gorro. Corte entresacando el pelo cerca del gorro para hacer disminuir el volumen y para asegurarse de que no deja puntas de pelos que luego van a sobresalir por encima del peinado terminado. Debe tenerse cuidado especial de que todos los nudos de una peluca anudada a mano estén firmes. Igual cuidado debe tenerse de no cortar las tiras ni los hilos de una peluca mechonada (hecha a máquina).

Cuando se le dé el corte de pelo a la peluca, debe tenerse cuidado especial porque una vez que el pelo ha sido cortado, no vuelve a crecer, lo cual, desde luego, impide que se disimule cualquier error de apreciación al dar el corte.

El corte de pelo de la peluca puede hacerse con ella en la cabeza para que armonice con el pelo natural o en la horma de lienzo para facilitar la operación de la peinadora.

Es buena técnica cortar el pelo inicialmente como pauta en la cabeza de la cliente y entonces trasladar la peluca a la horma. Esto asegura que el corte de pelo de la peluca tenga el largo adecuado. Al trasladar la peluca a la horma, puede encajarla en ella firmemente para completar el proceso de configuración o corte de pelo.

El corte dado sobre la horma también tiene la ventaja de permitir que la peluca se prenda en ella firmemente y así evitar que se salga de su lugar durante el corte de pelo.

Al colocar la peluca en la horma de lienzo para cortar el pelo, es importante que la sitúe en la horma a nivel y a la distancia correcta de la línea del nacimiento del pelo.

PROCEDIMIENTO (Puede hacerse sobre la horma o en la cabeza de la cliente.)

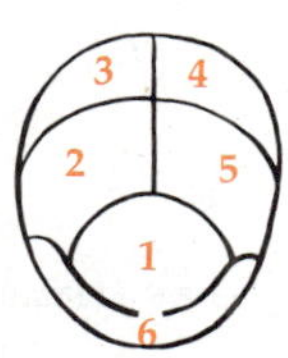

Vista desde arriba.

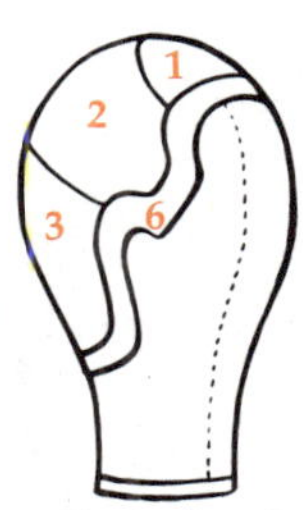

Lado derecho.

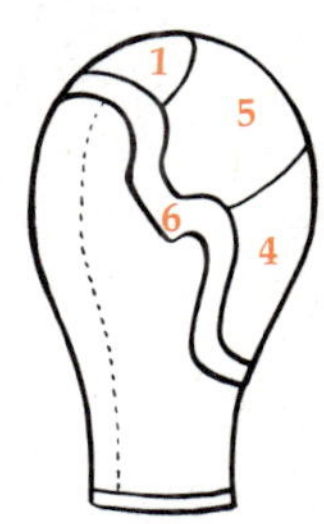

Lado isquierdo.

LADO DERECHO DE LA CABEZA. *Separe el pelo en una zona de 2" alrededor de la peluca como pauta. Prenda hacia arriba el pelo de la parte superior para mantenerlo fuera de esa zona. Corte la pauta al largo deseado.*

LADO IZQUIERDO DE LA CABEZA. *Aquí se ilustra una pauta completamente cortada.*

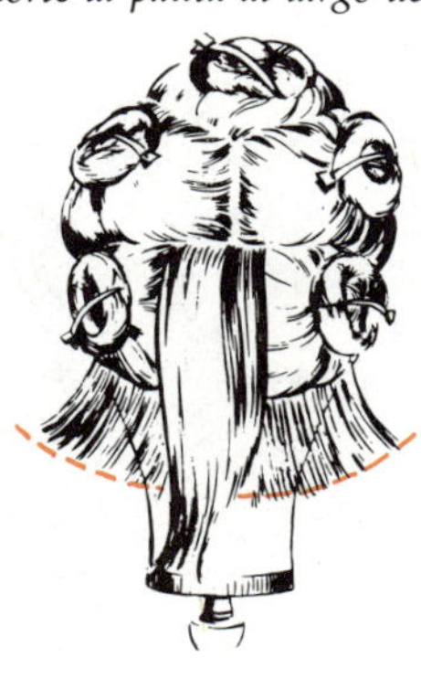

PARTE POSTERIOR DE LA CABEZA. *Deje caer el pelo de la parte posterior central. Córtelo al mismo largo que la pauta.*

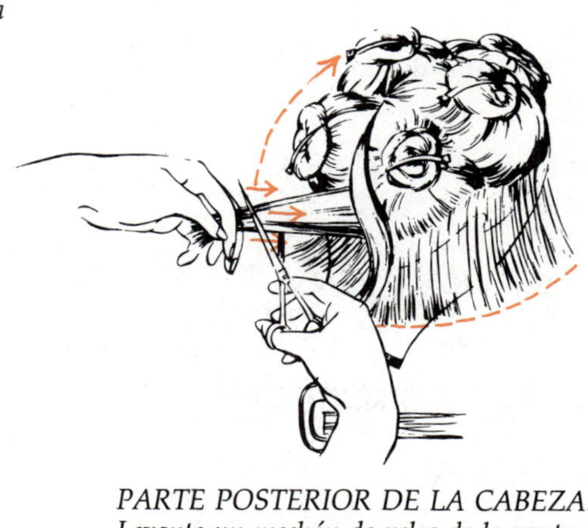

PARTE POSTERIOR DE LA CABEZA. *Levante un mechón de pelos de la pauta. Con las manos en posición de un ángulo de 45º, corte los pelos más largos. Continúe la operación rápidamente hacia arriba.*

Siga cortando el pelo, sección por sección, hasta darle configuración a toda la peluca.

COMO DARLE COFIGURACION A UNA PELUCA DE PELO SINTETICO

Emplee solamente tijeras barberiles o tijeras de entresacar para cortar las fibras sintéticas de la peluca o las fibras que son mezcla de cabello humano y pelo sintético. La fibra resistente embota mucho el filo de la navaja.

La fibra duradera es sólida y no tiene ni la elasticidad ni la flexibilidad del cabello humano. Como resultado, la navaja puede causarle daño permanente a la peluca.

A las pelucas de pelo sintético siempre debe cortárseles el pelo en seco porque las fibras pueden estirarse y así tomarían una mala configración después de mojadas.

PREPARACION Y PEINADO DE PELUCAS

PREPARACION Y PEINADO DE PELUCAS DE CABELLO HUMANO

La preparación (marcación) del pelo de una peluca para peinarlo es semejante a la que se hace en la cabeza humana con excepción del pelo que cubre la línea del cuero cabelludo y la necesidad de hacerle un rizo apretado en la área de la nuca.

El volumen que la peluca añade al pelo de la cliente, aparte del pelo y el fundamento (base o fondo) de la peluca en sí, son factores que deben considerarse cuando se prepara el peinado y se peina la peluca.

Nota: Recuerde que las sortijas prendidas sustituyen a los rizadores (rulos) en ciertas partes de la cabeza para así mantener el peinado pegado a la cabeza.

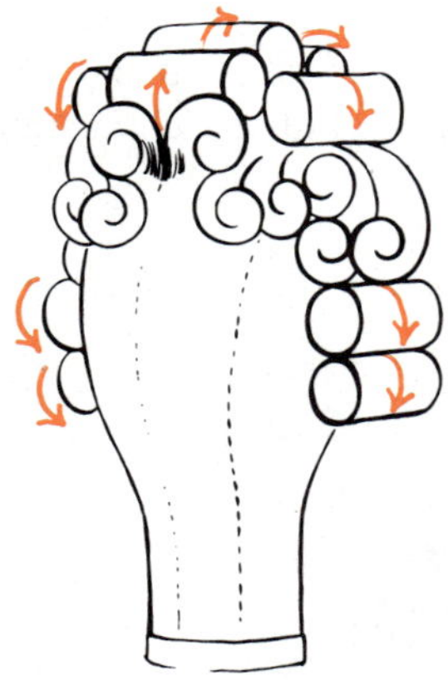

Preparación del peinado en la horma.

Peluca peinada.

Es de desear que se usen los alfileres en "T" en vez de los prendedores u horquillas (ganchos) de presión para sostener tanto los rizadores (rulos) como los rizos.

Prepare (marque) el peinado, seque la cabellera y péinela al modo usual.

Preparación del peinado en la cabeza.

Peluca peinada.

PREPARACION Y PEINADO DE PELUCAS DE PELO SINTETICO

El corte de pelo y el peinado de las pelucas sintéticas se diferencia del que se hace en pelucas de cabello de la siguiente manera:

El cardar (atizar o peinar al revés) las pelucas sintéticas debe limitarse solamente a la base de las fibras. Esto es necesario para evitar que se dañe la fibra, la cual debe mantenerse lisa en la superficie de la peluca. Cualquier daño causado en el tallo del pelo (como consecuencia de un corte entresacado) dará por consecuencia que el pelo de la peluca tome un aspecto rizado y deshilachado.

A las pelucas sintéticas se les da un corte de pelo de acuerdo con estilos definidos al momento de fabricarlas. Si la cliente desea una modificación, la experta peluquera puede peinar una peluca sintética de buena calidad para darle diversos estilos. Los estilos que resultan de estos peinados se fundan en el corte de pelo básico hecho en la fábrica donde se creó el estilo original. La peluca sintética, en realidad, nunca necesita ser peinada de nuevo. No obstante, la peluquera debe guiarse por los deseos de la cliente.

COMO PONERSE Y QUITARSE UNA PELUCA

Un procedimiento sencillo, pero muy importante, es el de la forma correcta en que debe quitarse una peluca de la horma para colocarla en la cabeza de la cliente. (Es una buena norma demostrarle a la cliente el modo adecuado de ponerse y quitarse su propia peluca.)

PROCEDIMIENTO

Peine el pelo de la cliente alejándolo de la cara. Amontone el pelo en la parte superior de la cabeza. Cubra los pelos largos con una redecilla fina.

Coloque la peluca en la parte frontal de la cabeza de la cliente. Mientras sujeta la peluca firmemente en la parte superior, deslícela hacia atrás hasta la nuca. Tire de la peluca firmemente por los lados, por el frente y por la parte posterior.

Vuelva a peinarla y adáptele el estilo de acuerdo con la cliente.

Para quitar una peluca de la cabeza, coloque solamente el dedo pulgar de la mano derecha debajo del gorro sobre la nuca. **No introduzca los dedos entre los pelos.** Haga que la cliente incline la cabeza hacia abajo y deslice la peluca para quitarla agarrándola con la palma de la mano izquierda.

COMO PEINAR EL PELO DE LA CLIENTE MEZCLANDOLO CON LA PELUCA

Peine el pelo de la cliente alejándolo de la cara. Forme una hilera de sortijas planas en la nuca. Prenda las sortijas con horquillas (ganchos) de presión entrecruzadas. Asegure la peluca sobre la nuca. Tire de la peluca hacia adelante y ajústela sobre la línea frontal del cuero cabelludo.

Cuando la peluca ha quedado ajustada cómodamente, saque de alrededor de la línea frontal del cuero cabelludo un mechón de pelos de la cliente de 1″ (2.5 cm.) aproximadamente; péinelo entonces y combínelo con el pelo de la peluca al peinarla.

TEÑIDO DE PELUCAS

ENJUAGUES CON COLOR

Los enjuagues con color se utilizan como colorantes temporales en las pelucas de cabello humano y deben aplicarse cada vez que se limpia el pelo de la peluca. Los enjuagues colorantes solamente pueden oscurecer el pelo; si se desea un color más claro, debe seleccionarse una peluca distinta.

El método indicado a continuación es uno de los que se utilizan para dar un enjuague con color. El método que emplee su instructora será igualmente correcto.

Procedimiento

1. Prenda la peluca con alfileres firmemente sobre una horma de cubierta plástica.
2. Limpie el pelo humedeciéndolo con un frasco de rociar con aplicador de presión.
3. Cuando tenga dudas de cuál color usar, haga una prueba de mechón con el enjuague colorante en la parte posterior de la peluca.

Nota: *Si se le aplica un enjuague colorante al pelo seco, se necesitará un enjuague adicional para completar la operación.*

4. Rocíe el pelo con un enjuague colorante. Esparza el enjuague parejamente con movimientos hacia abajo, empleando un cepillo pequeño y un peine de dientes anchos. (Fig. 1.)
5. Aplique la loción de preparar el peinado en el modo usual. (Fig. 2.)
6. Marque el peinado, seque el pelo (Fig. 3) y péinelo hasta darle el estilo deseado.

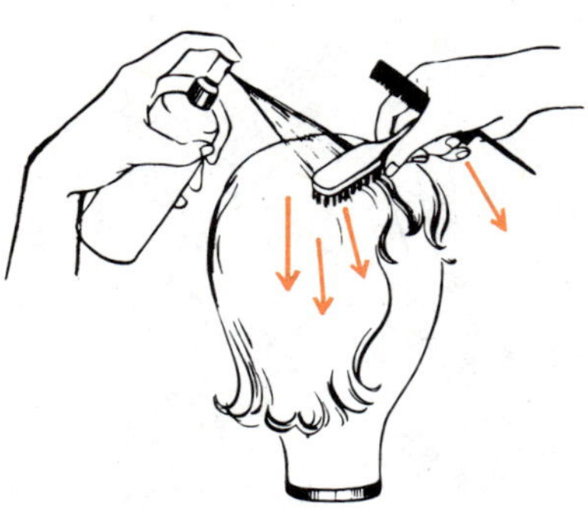

Fig. 1.

Fig. 2.

Fig. 3

Nota: *Además de los enjuagues colorantes, a las pelucas de cabello humano se les puede colorear con un tinte semipermanente. No obstante, nunca es aconsejable que se trate de decolorar (blanquear) ninguna peluca o postizo.*

TINTES SEMIPERMANENTES

Los tintes semipermanentes se conocen también como tintes de seis semanas. Son autopenetrantes y no requieren peróxido. No alteran la estructura básica del pelo. A continuación se detalla un método de aplicación de tintes semipermanentes a pelucas hechas a máquina.

Procedimiento

1. Coloque la peluca en una horma apropiada cubierta con plástico y marque el contorno de su tamaño con alfileres en "T."
2. Desenrede cualquier cardadura, greña o maraña del pelo.
3. Limpie la peluca y peine el pelo hasta dejarlo suave.
4. Quite la peluca de la horma.

5. Sumerja la peluca en una escudilla de vidrio con agua caliente y solución de tinte semipermanente.
6. Deje la peluca sumergida durante 10 minutos.
7. Saque la peluca y enjuáguela con agua fría.
8. Aplíquele un acondicionador.
9. Ponga la peluca en la horma, márquele el peinado, seque el pelo y péinelo del modo usual.

TINTES PERMANENTES

Como el 100% de las pelucas y postizos de cabello humano ha sido sometido a extensos tratamientos, es arriesgado aplicarles tintes permanentes a los cabellos y los resultados son impredecibles.

POSTIZOS

Una variedad de estilos de peinado se puede crear con los postizos, los cuales pueden prepararse tanto para uso diurno como nocturno. Estos postizos se obtienen en formas diversas, a saber:

1. **Añadidos:** son madejas de cabellos largos montadas con un enroscado al final. Se hacen con uno, dos o tres manojos de pelos. Los mejores suelen hacerse con tres manojos para darles más flexibilidad al peinarlos y trenzarlos. Pueden mezclarse o trenzarse con el pelo natural para darle al peinado efectos especiales. (Fig. 1.)

Fig. 1. Añadido.

Fig. 2. Casquete.

Fig. 3. Postizo del tipo de media peluca.

2. **Casquetes:** son postizos con base plana que se usan en áreas especiales de la cabeza. Se utilizan principalmente para mezclarlos con el pelo de la cliente con el fin de extender la longitud de la cabellera. Los casquetes pueden adaptarse a la parte superior de la cabeza, con rizos o por debajo del pelo, para dar altura y volumen. También se usan para crear efectos especiales. (Fig. 2.)

3. **Media peluca (bandó):** es un postizo que se cose a una cinta de cabeza. (Se llama también peluca con banda o postizo con prendedero.) La cinta, que puede cambiarse y viene en diferentes colores, sirve como excelente artificio para disimular la línea del cuero cabelludo. El postizo del tipo de media peluca generalmente se lleva sobre el pelo natural y se peina en un estilo informal y apacible.

4. **Postizo colgante:** es una sección de pelos tejidos a máquina sobre una base redonda que corre a través de la parte posterior de la cabeza y que puede obtenerse en variadas longitudes. Los postizos colgantes tienen un aspecto voluminoso, denso y afelpado. (Algunas personas les llaman "apliques.")

Los *postizos colgates cortos* varían de longitud entre 12 y 14" (30 a 35 cm.) (Fig. 4.)

Los *postizos colgantes semilargos* son de 15 a 20" (37.5 a 50 cm.)

Los *postizos colgantes largos* son de 18 a 24" (45 a 60 cm.)

Fig. 4. Postizo colgante corto.

5. **Postizo semicolgante o semipeluca:** es un postizo de base grande diseñado para que se adapte a la forma de la cabeza y su largo generalmente es entre 15 y 20" (37.5 a 50 cm.)
6. **Cascada:** es un postizo de base oblonga que permite una infinita variedad de posibles peinados. Las cascadas pueden peinarse con rizos, trenzas o al estilo paje, o pueden usarse como relleno con el pelo natural de la cliente. (Fig. 5.)

Fig. 5. Cascada.

7. **Trenzas:** es un añadido en el que las madejas de pelo están tejidas, entrelazadas o enroscadas. Algunos se preparan con un alambre fino por dentro para que puedan tomar distintas formas. Otros, sin alambre, se dejan caer sueltos desde la cabeza.
8. **Moño:** es un nudo, rollo o espiral de pelo que se forma con pelos sintéticos y se usa en la coronilla o en la nuca. Un moño es más efectivo cuando se usa combinado con otro postizo.
9. **Rizos de coronilla:** son un grupo de rizos ligeros que se llevan en la parte superior de la cabeza.
10. **Rizos escarchados:** son segmentos de pelo escarchado (veteado con aspecto de escarcha) o mezclado, prendidos en la cabeza o en el cabello natural para simular una cabellera escarchada (o con rayitos o penachos).

PRECAUCIONES DE SEGURIDAD

1. Al peinar o cepillar las pelucas debe tenerse mucho cuidado para que el pelo no se enrede.
2. Cuando limpie en seco una peluca o un postizo, nunca frote el líquido limpiador sobre el material del postizo ni lo exprima para escurrirlo.
3. Cuando le dé configuración (corte de pelo) a una peluca o a un postizo, tenga mucho cuidado; una vez que el pelo ha sido cortado, no puede volver a crecer.
4. Cuando peina una peluca cuyos pelos acaban de ser marcados para el peinado, use un peine de dientes anchos con el fin de evitar que se dañe la base y para tener un mayor dominio del pelo al peinarla.
5. Cuando limpie una peluca mojada o trabaje con ella, póngala siempre sobre una horma que tenga el mismo tamaño de cabeza que la peluca y así evitará que la peluca se estire.
6. Para asegurarse de que la peluca se ajusta firme y cómodamente, tome las medidas de la cabeza de la cliente correctamente.
7. Aplíquele reacondicionadores a las pelucas tantas veces como sea necesario para impedir que el pelo se les reseque o se torne quebradizo.
8. Si es necesario, limpie las pelucas en seco antes de marcar (preparar) el peinado y de peinarlas.
9. Cepille y peine las pelucas y los postizos con un movimiento hacia abajo.
10. Nunca clarifique (blanquee) una peluca o postizo.
11. Nunca aplique una ondulación permanente a una peluca o postizo.

DEFINICIONES RELATIVAS A LAS PELUCAS

A continuación se catalogan, por orden alfabético, los términos técnicos que son de uso general en la fabricación de pelucas:

abrazadera: aparato que se puede fijar a una mesa y en el cual puede montarse una horma de peluca (cabeza de madera). También se le llama **tornillo de fijación, de sujeción** o **de ajuste.** Una **abrazadera giratoria** puede ajustarse de modo que sujete la peluca en distintas posiciones. **clamp.**

aguja de implantar: pequeña aguja de acero terminado en gancho que se emplea para hacer labor o tejido de punto o de ganchillo ("crochet") y que también se usa para atar los cabellos postizos al fondo o fundamento de una peluca. **ventilating needle.**

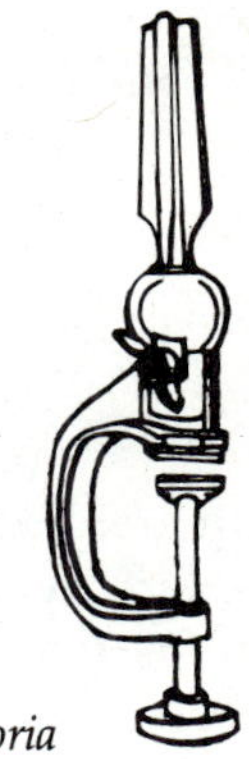

Abrazadera giratoria

Aguaja de implantar (ventilar)

alfiler en "T": alfiler en forma de letra "T," llamado también **alfiler de San Antonio** por su parecido con la cruz del mismo nombre. A veces también se le llama **punto de horma** o **punto de peluca. T-pin.**

alforza: doblez o pliegue que se hace en la redecilla o malla de una peluca y sobre el cual se echa una costura reduciendo así el tamaño del gorro de la peluca. **tuck.**

angora: pelo largo y sedoso de la cabra de Angora ("mohair") que se emplea principalmente en los trabajos de fantasía (pelucas artísticas). **angora.**

anudamiento (o implantación): proceso por el cual se atan los cabellos al fundamento en la fabricación de pelucas o piezas postizas. El anudamiento en sí también se conoce como **implantación** y a veces **ventilación.** Los tipos de anudamiento generalmente usados son dos: sencillo y doble. En el **anudamiento sencillo** el pelo es atado a la redecilla mediante un solo nudo. En el **anudamiento doble** se emplean dos nudos. **knotting** (or **ventilating).**

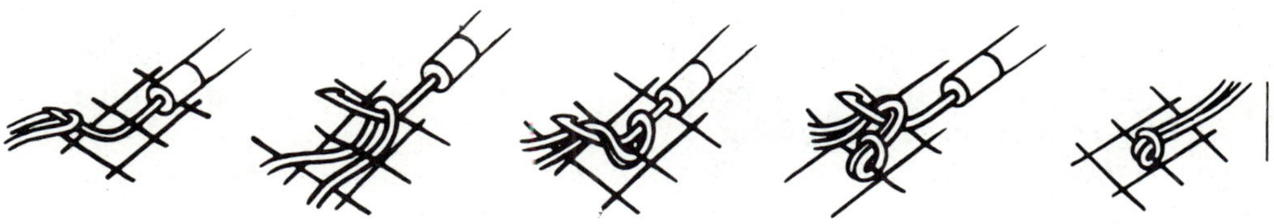

Paso 1. *Paso 2.* *Paso 3.* *Paso 4.* *Paso 5.*

ANUDAMIENTO SENCILLO O VENTILACION

añadido: pieza de matas (madejas) de pelo largo y tejido, montadas con un enroscado al final; generalmente se confeccionan con tres núcleos de mechones para darle flexibilidad al peinado. **switch.**

base: fundamento o fondo de una peluca. **base.**

cabello anudado: pelos que han sido atados al fundamento de una peluca o pieza postiza. **knotted hair.**

cardas tensoras: par de rectángulos iguales, hechos de cuero, con puntas de alambre torcidas que sobresalen de la superficie. Se sotienen con los dientes dirigidos en sentido opuesto al de la cosmetóloga para dar resistencia mientras se tira del pelo. Se emplean para agarrar el pelo y evitar que se enrede mientras se tira de él en pequeñas cantidades. **drawing cards.**

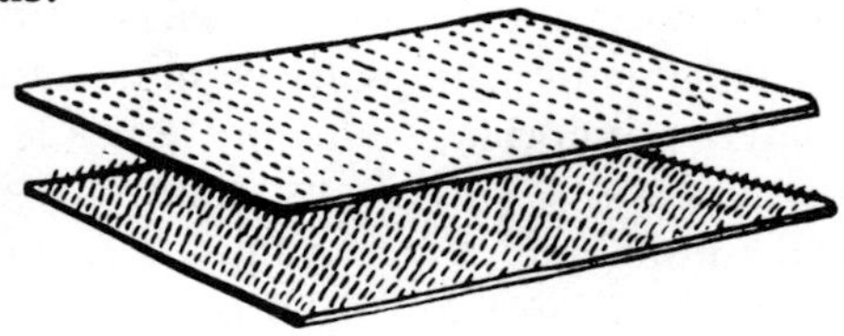

Cardas tensoras.

casquete: pieza postiza de base plana que se usa para ampliar el área de la cabellera. **wiglet.**
cepillos tensores: cepillos que se emplean para agarrar el pelo mientras éste se mezcla, iguala o empareja, se implanta o se teje. **drawing brushes.**

Cepillos tensores.

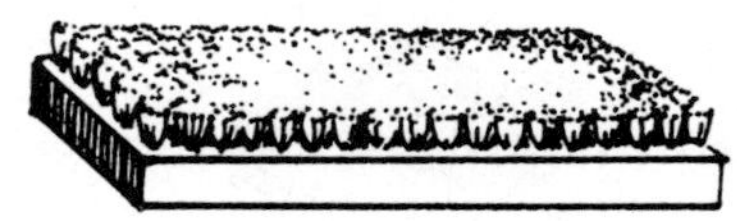

cofia: tejido de ligamento calado que se hace en la coronilla de una peluca. **caul.**
dedil protector: cápsula de metal, larga y puntiaguda que se usa en el dedo para protegerlo de la aguja en forma similar a como se usa un dedal de coser. Se emplea para trabajar en las partes difíciles de una peluca. **finger shield.**

Dedil protector.

dobladillo: plieguecillo cosido que se hace en la orilla de una tela, doblando el borde dos veces, para evitar que se deshilache. En la fabricación de pelucas, el dobladillo de la malla permite que se coloque el borde basto entre el lado exterior del tejido y el ribete. **hem.**
fantasía: postizo que se usa más por ostentación que por su calidad práctica. El (la) estilista del peinado emplea cualquier diseño y combinación de colores para lograr un efecto. **fantasy.**
fibras modacrílicas: fibras sintéticas conocidas por los nombres de *dynel, kanekalon, venicelon,* etc. **modacrylic fibres.**
fundamento (base): cualquier material de sostén que se use como base para atarle el pelo. **foundation (base).**
goma espumosa estirenada: espuma plástica ligera ("estiracoespuma") que se usa en la fabricación de hormas de peluca (cabezas plásticas); se recomienda para el almacenaje de pelucas. **styrofoam.**
gorro (gorro de peluca): combinación de redecilla y ribete de una peluca. **cap (wig cap).**
halo (aureola): pelos de diferentes longitudes, sobre una banda de fundamento tejido o implantado, que se usan alrededor de la cabeza o en la parte superior de ella. **halo.**
horma (horma básica o **cabeza de madera):** bloque de madera tallada en forma de cabeza humana que sirve para asegurar la peluca mientras se trabaja en ella. **block (foundation block).**
malla: forro, base o fundamento de tejido de ligamento calado que se usa en la fabricación de pelucas y postizos. **mesh.**
mata de pelo: hebras de pelo de peluca cosidas sobre una cinta, tela o tejido; también, por analogía con los hilos, suele llamarse **madeja de pelo. weft.**
mechonar (o **mechonear):** véase **trenzar.**
moño: nudo o torzal (retorcido) de pelos que se lleva en la coronilla o sobre la nuca. **chignon.**

mezcla: reunión combinada de pelos de diferentes matices o longitudes. **mixing.**

muelle (muelle de peluca): muelle que se inserta en el fundamento de una peluca o pieza postiza para sujetarla cerca de la cabeza. **spring (wig spring).**

pelo refinado: pelo de los pueblos orientales, de textura gruesa, que frecuentemente es tratado con productos químicos para facilitar el trabajarlo y usarlo. **refined hair.**

pelo sintético: fibras de pelo producidas artificialmente que se utilizan en la fabricación de pelucas y postizos. **synthetic hair.**

pelo sirio: mezcla de pelos de Angora y de yac (yak). **Syrian hair.**

peluca con banda: postizo cosido a una cinta de cabeza que cubre la línea del cuero cabelludo. El fundamento del postizo cubre aproximadamente ⅔ partes de la cabeza y el pelo que cuelga cubre todo el pelo de la cliente. Esta pieza puede usarse en vez de una peluca completa. También se conoce como **bandó, postizo con prendedero, cintillo de cabeza, media peluca** o **caterina. band wig.**

peluca de base elástica: gorro de peluca (fundamento, base o forro) hecho de material elástico que se estira para ajustarse a varios tamaños de cabezas. **stretch base wig.**

peluca hecha a la orden: peluca que se ajusta exactamente a las medidas de la cabeza de la cliente y que se peina de acuerdo con los deseos de dicha cliente. **custom-made wig.**

peluca hecha (o **ventilada) a mano:** peluca que se confecciona anudando el pelo a mano sobre una fina redecilla de malla. **handmade (**or **hand ventilated) wig.**

peluca hecha (o cosida) a máquina: cabellos cosidos a máquina sobre tiras de paño que a su vez se cosen a máquina sobre una redecilla. Las tiras de paño se conocen también como **matas** o **madejas de pelo. machine-made (**or **wefted) wig.**

peluca mechonada (hecha a máquina): peluca hecha de matas, madejas o mechones de pelo cosidos sobre una base de peluca. **wefted wig (machine-made).**

peluca sin gorro: matas de pelo sintético cosidas sobre un gorro hecho de tiras anchas. También se le llama gorra de peluca sintética. **capless wig.**

peluquín: pieza de cabellos postizos diseñada para llevarse en la parte superior de la cabeza y generalmente hecha sobre una base redonda u ovalada. **topper.**

pinza: costura que se echa sobre los bordes superpuestos de la redecilla o base de una peluca de la cual se ha recortado y extraído una sección cónica. La pinza se utiliza para reducir el tamaño del gorro de la peluca. Suele también llamarse **frunce, fruncido** o **sisa. dart.**

postizo: peluca pequeña que se usa para cubrir la parte superior de la cabeza o la coronilla. **hairpiece.**

punto de nido de abeja: porción de pelos, más o menos largos, cosidos sobre tiras en figuras de triángulo, diamante o tronera (ojal) para formar la base plana y ventilada de una pieza de cabellos postizos. **smocking.**

rastrillar: usar el rastrillo para mezclar o combinar los cabellos. **hackling.**

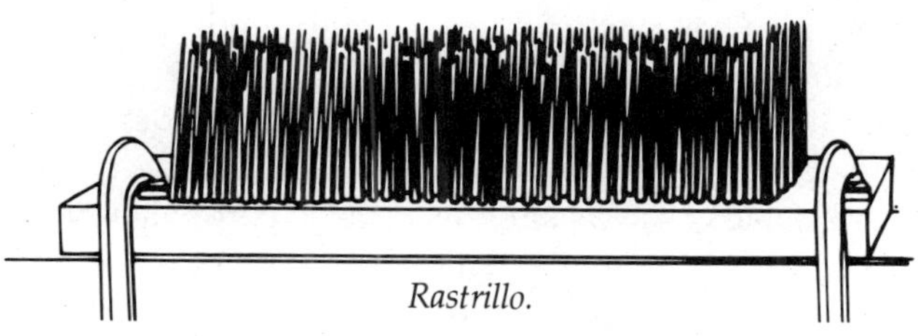

Rastrillo.

rastrillo: tabla con dientes largos de metal, usada para peinar y mezclar los cabellos. **hackle.**

redecilla (retículo): véase **malla.**

ribete: cinta que se usa para proteger y reforzar los bordes de una redecilla. **binding.**

rollo de pelos: madeja de pelos o de otro material, en forma cilíndrica (como zurullo o longaniza), de variadas longitudes, que se usa para rellenar espacios debajo de la cabellera natural y así producir efectos especiales. **hair roll, rat.**

secadores de pelucas: recipientes empleados para secar pelucas y postizos. Producen calor regulado y en ellos pueden secarse muchas pelucas y postizos al mismo tiempo. **wig dryers.**

trenza: entrelazamiento de tres a más mechones de pelo. **braid.**
trenzado: sección de pelos arificiales, tejidos (o cosidos), que se utiliza para practicar el trabajo de peluquería o para sustituir al pelo natural; es el resultado del trabajo fundamental en la fabricación de postizos. **weft.** La palabra **trenzado,** por otra parte, singifica la acción de **trenzar** o formar **trenzas. (braiding.)**
trenzar: arte de tejer o coser mechones de pelo, unos al lado de otros, para formar cuerpos o trechos de pelo. **wefting.** Esta palabra significa, además, formar trenzas **(to braid.)** Coser los mechones puede también llamarse **mechonar** o **mechonear.**
tetracloruro de carbono (o **tetra-carbono):** producto químico usado para limpiar las pelucas en seco. **carbon tetrachloride.**
ventilar: véase **anudamiento.**
volteo (de raíz): proceso por el cual los cabellos procedentes de cortes y de peinaduras se colocan de modo que todas las ríces se junten a un lado y todas las imbricaciones (secciones superpuestas) apunten en la misma dirección. **turning (root).**
yac: buey de largo pelaje que habita en el Tibet y el Asia Central. Su pelo largo, basto y plateado se utiliza en la fabricación de pelucas. Se escribe también **yak. yak.**

PREGUNTAS DE REPASO

CUIDADO Y PEINADO DE PELUCAS

1. ¿Cuáles cuatro áreas de conocimiento necesita poseer la cosmetóloga para brindar el mejor servicio posible en materia de pelucas?
2. Mencione tres razones que pudieran inducir a una persona a llevar puesta una peluca o un postizo.
3. ¿De qué cuatro clases de materiales se hacen generalmente las pelucas?
4. ¿Cómo puede diferenciarse el pelo sintético del cabello humano?
5. ¿De qué tres maneras varía la calidad de las pelucas?
6. ¿De qué dos modos se hacen las pelucas?
7. ¿Cómo se prepara el pelo de la cliente antes de tomarle las medidas para una peluca?
8. ¿Por qué es importante trabajar siempre con una horma (cabeza de madera) de tamaño apropiado?
9. ¿Qué clase de horma es la más satisfactoria para la mayoría de los servicios relativos a las pelucas?
10. ¿Qué clase de horma se usa para almacenar un peluca?
11. ¿Por qué se usa una abrazadera giratoria al prestar servicios profesionales en una peluca?
12. ¿Por qué es peligroso montar una peluca que queda floja en una horma demasiado pequeña?
13. ¿Cómo se ajusta una peluca cuando queda muy apretada?
14. ¿Cuál es le método generalmente usado para achicar una peluca?
15. ¿Por qué es aconsejable coser las alforzas hacia la coronilla y no hacia abajo?
16. ¿Con qué frecuencia debe limpiarse en seco una peluca?
17. ¿Cómo se protege contra posibles daños el lienzo de una horma de peluca?
18. ¿Qué son los añadidos?
19. ¿Que son los casquetes?
20. ¿Qué es un postizo del tipo bandó (postizo con prendedero)?

Capítulo 14

ONDULACION PERMANENTE

OBJETIVOS DE APRENDIZAJE DEL CAPITULO

El (la) estudiante que logre dominar el contenido de este capítulo conocerá:

1. *La definición de la ondulación permanente.*
2. *La importancia del análisis del cuero cabelludo y del pelo antes de dar la ondulación permanente.*
3. *Los diversos productos químicos que se usan en la ondulación permanente.*
4. *Las razones para el empleo de las lociones onduladoras y los neutralizadores.*
5. *Cómo la textura, la densidad y la condución del pelo afectan la ondulación permanente.*
6. *El proceso químico que en sí es la ondulación permanente.*
7. *Por qué es necesario seccionar y subseccionar el pelo.*
8. *Cómo seleccionar el tamaño apropiado de barritas rizadoras.*
9. *Los métodos empleados para enrollar el pelo.*
10. *Las razones para la formación de rizos de prueba.*
11. *Cómo calcular el tiempo de duración del tratamiento.*
12. *El procedimiento para el uso de lociones de ondular en frío y neutralizadores.*
13. *Cómo tratar los problemas especiales de la ondulación permanente.*
14. *El procedimiento para la ondulación permanente con calor.*
15. *Reglas de seguridad y recordatorios.*
16. *La importancia de mantener un historial completo de los servicios que se le prestan a cada cliente.*

HISTORIA DE LA ONDULACION PERMANENTE

Entre los antiguos egipcios y romanos se practicó un método primitivo para hacer ondulaciones permanentes. El primer adelanto real en la ondulación permanente fue logrado en 1905 cuando Charles Nessler inventó la máquina de hacer ondulaciones permanentes mediante calor. Esta máquina inició el método de aplicación del calor a rizos previamente formados mediante una serie de calentadores conectados a la máquina por medio de alambres.

La **ondulación permanente en espiral** fue el primer método empleado. Consistía en enrollar el pelo desde el cuero cabelludo hasta las puntas y era aplicable solamente al pelo largo.

La **ondulación permanente croquiñol** se creó en 1926 para vencer las dificultades de la ondulación del pelo corto. Requería que el pelo se enrollara desde las puntas hacia el cuero cabelludo. Al pelo podían hacérsele ondas que terminaban en rizos hacia la punta.

Una **ondulación permanente combinada** (espiral y croquiñol) pronto entró en boga. Consistía en una ondulación en espiral hecha sobre la coronilla para los pelos largos mientras que en el resto de la cabeza se hacía una ondulación croquiñol.

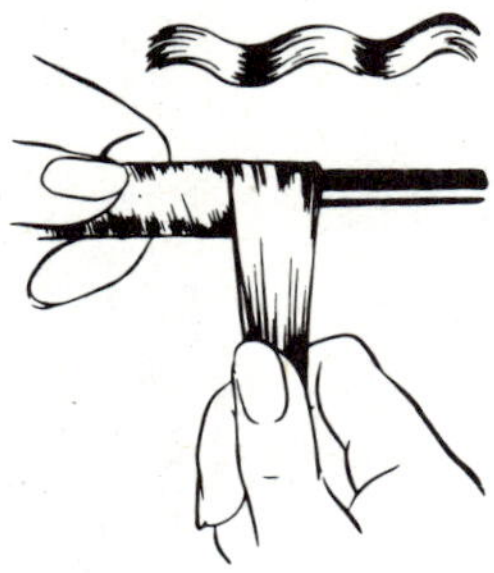

Enrollado plano para espiral.

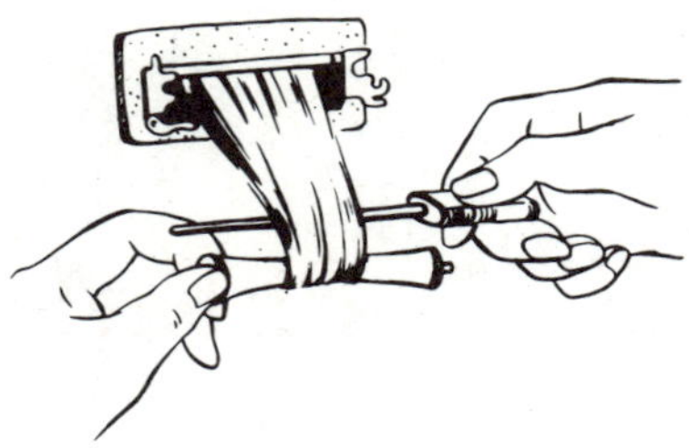

Enrollado corquiñol.

Método sin máquina (dándole vapor al pelo).

En 1931 apareció el método de **ondulación permanente por precalentamiento.** El procedimiento era semejante al del método croquiñol con la excepción de la fuente de calor. A diferencia del método con máquina, las abrazaderas se calentaban primeramente por medio de un aparato eléctrico y luego se prendían sobre los rizos ya preparados.

Otro paso de avance en la ondulación permanente lo constituyó el **método sin máquina** que apareció por primera vez en público en 1932. Este método no necesitaba alambres eléctricos ni máquinas. La fuente de calor provenía de las almohadillas químicas que se humedecían con agua.

ONDULACION EN FRIO

La ondulación en frío (tipo alcalino) apareció por vez primera en California allá por los años 1938 a 1939. Sin embargo, no fue hasta 1940 que se inició una campaña nacional para popularizar la ondulación en frío.

Por qué se le llama ondulación en frío. Como que la ondulación en frío no utiliza el calor y se aplica con la temperatura ambiente, los fabricantes tuvieron que hallar un nombre adecuado para diferenciar este método químico de ondulación permanente del método que empleaba calor y así se adoptaron los términos "ondulación en frío." Comparada con la ondulación permanente mediante calor, la ondulación en frío presenta las siguientes ventajas:

1. Es relativamente económica puesto que no requiere el empleo de equipo costoso.
2. El procedimiento en su totalidad es mucho más rápido que el método que emplea calor.
3. Es más cómoda para la cliente.

SOLUCIONES NEUTRALES Y DE ACIDO EQUILIBRADO

Durante muchos años los fabricantes han procurado desarrollar una solución para la ondulación permanente sin necesidad del uso excesivo del amoniaco con la sal de tioglicolato de amonio. Querían reducir al mínimo el daño que se le causa al pelo cuando se le aplica la ondulación permanente y a la vez permitir que el pelo que había sido ya dañado por una clarificación o un tinte pudiera recibir la permanente. Para lograr estas metas, necesitaban una solución que no fuera muy alcalina.

Las soluciones neutrales y de ácido equilibrado para la ondulación permanente aparecieron en 1970 sin contenido alcalino fuerte y, por lo tanto, sin que dañaran el pelo. Estos productos tienen un pH de 4.5 a 7.9. Dentro de estos límites las lociones penetran en el pelo lentamente y la duración del tratamiento se hace más larga. No obstante, para vencer esta dificultad se aplica **calor** reduciendo así la duración del tratamiento.

Nota: La palabra abreviada "perma" se emplea ahora popularmente para designar la ondulación permanente.

ONDULACION PERMANENTE

Todos los métodos de ondulación permanente incluyen dos procedimientos principales que se aplican al pelo:

1. Acción física: el enrollado del pelo.
2. Acción química: el tratamiento y la neutralización.

Para que la ondulación permanente tenga éxito es de vital importancia conocer lo que ocurre en el pelo cuando se enrolla alrededor de las barritas, cuál es la acción química de la loción onduladora cuando se aplica al cabello y cómo el neutralizador reforma (reconstituye) los enlaces cruzados y reendurece el pelo en su nueva posición.

ACCION FISICA

Enrollado. La acción física consiste en enrollar el pelo alrededor de las barritas sin estirarlo y con tensión mínima. Cuando el pelo se enrolla correctamente puede dilatarse durante el tratamiento después de que se ha empapado totalmente en la solución onduladora.

ACCION QUIMICA

El pelo desarrolla y mantiene su forma natural por medio de enlaces cruzados físicos (hidrógeno) y químicos (azufre) en la capa cortical (capa de la corteza del pelo). Estos enlaces sostienen las fibras (hebras) del pelo en su posición y le dan al pelo su vigor y su firmeza. Estos enlaces físicos y químicos deben romperse antes de que la configuración o contorno del cabello pueda alterase.

Tratamiento. Los enlaces físicos son los más débiles de los dos tipos de enlaces y se rompen fácilmente cuando se le da al pelo un champú o un enjuague. Sin embargo, la acción química de la loción para la ondulación permanente hace que se rompan los enlaces cruzados químicos y así se ablanda el pelo. Esta acción química permite un reordenamiento de la estructura interior del pelo y así el pelo puede tomar la forma de los rizadores alrededor de los cuales es enrollado.

Neutralización. Después de que el pelo ha tomado la forma deseada, debe ser neutralizado químicamente con el fin de detener la acción de la loción onduladora y con ello reformar (reconstituir) los enlaces cruzados físicos y químicos en la capa cortical (capa de la corteza del pelo). Este proceso reendurece el pelo y lo fija en su nueva forma rizada. Cuando la acción neutralizadora termina, el pelo es desenrollado de las barritas y toma permanentemente su nueva formación rizada.

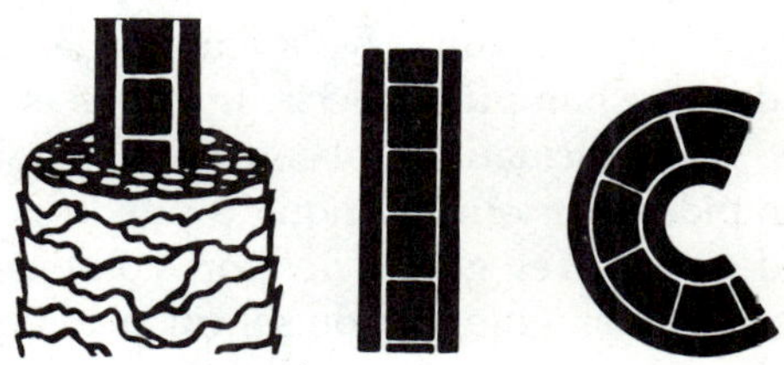

A B C

A. Cada mechón de pelo está compuesto de muchas cadenas de polipéptidos. Esta serie de ilustraciones muestra el comportamiento de una de esas cadenas.

B. Cabello antes del tratamiento. Los enlaces (uniones) químicos le dan al pelo su consistencia y firmeza

C. Cabello enrollado en una barrita. El pelo se dobla adaptándose a la curvatura y tamaño de la barrita.

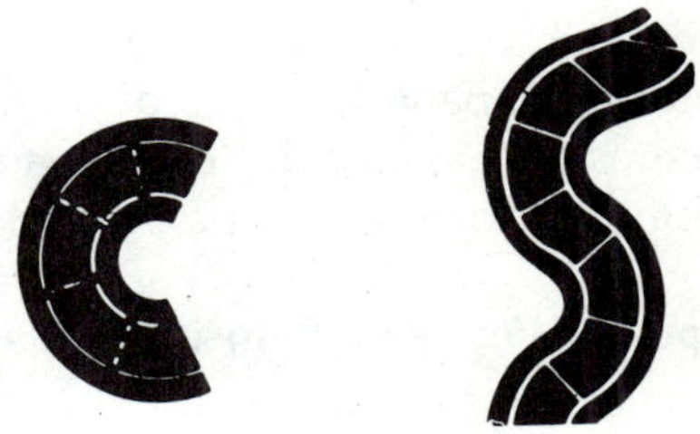

D E

(Cabello con ondulación permanente)

D. Durante el tratamiento, la loción de ondular hace que se separen los enlaces (uniones) cruzados químicos, permitiendo que el pelo se adapte a la curvatura de la barrita mientras se mantiene en este estado de ablandamiento.

E. El neutralizador reforma los enlaces (uniones) químicos para hacerlos adaptarse a la posición enrollada del pelo y reendurece el pelo creando así la ondulación permanente.

ANALISIS DEL CUERO CABELLUDO Y DEL PELO

Un paso muy importante antes de dar una ondulación permanente es el análisis que debe hacerse del cuero cabelludo y de la condición del pelo de la cliente. El modo profesional de abordar este asunto consiste en determinar todos los hechos posibles, tales como:

Condición del cuero cabelludo	Textura del pelo	Densidad del pelo
Porosidad del pelo	Elasticidad del pelo	Longitud del pelo

CONDICION DEL CUERO CABELLUDO

El cuero cabelludo debe examinarse muy cuidadosamente. Las abrasiones (ulceraciones) del cuero cabelludo pueden hacer que la ondulación en frío sea peligrosa para la cliente. Un cuero cabelludo irritado y un pelo muy dañado son señales de que una ondulación permanente debe posponerse hasta que se corrijan estas condiciones.

POROSIDAD DEL PELO

Prosidad es la capacidad que tiene el pelo para absorber los líquidos. Como el agua altera algunas de las cualidades del pelo, este análisis debe hacerse antes de dar un champú, es decir, mientras el pelo está seco.

La capacidad de absorción del pelo está estrechamente relacionada con la rapidez con que un líquido puede penetrar en él. Esta rapidez de absorción la determina el grado de porosidad del pelo. Cuando la porosidad se analiza adecuadamente, puede ser calculada para determinar la potencia de la loción onduladora que se va a usar. A menos que se haga cuidadosamente un análisis anterior a la permanente, el pelo puede resultar dañado.

La **duración del tratamiento** para cualquier ondulación en frío depende mucho más de la porosidad del pelo que de cualquier otro factor. Mientras más poroso es el pelo, menor duración requiere el tratamiento y más suave es la loción onduladora que se necesita. **El grado en el cual el pelo absorbe la loción onduladora en frío está relacionado con su porosidad sin que la textura le afecte.**

La porosidad del pelo está afectada por factores tales como la salud de la cliente, el clima, la altitud, la humedad, la exposición a la luz del sol y al viento y el uso repetido de fuertes champús, tintes y clarificadores.

Clasificación de la Porosidad

Buena porosidad: el pelo muestra la capa de la cutícula elevada sobre el tallo piloso. El pelo de este tipo puede absorber la humedad o los productos químicos durante un período medio de tiempo.

Porosidad moderada (cabello normal): el pelo tiene menos porosidad que el calsificado como de buena porosidad.

Tipos de Pelo y su Porosidad

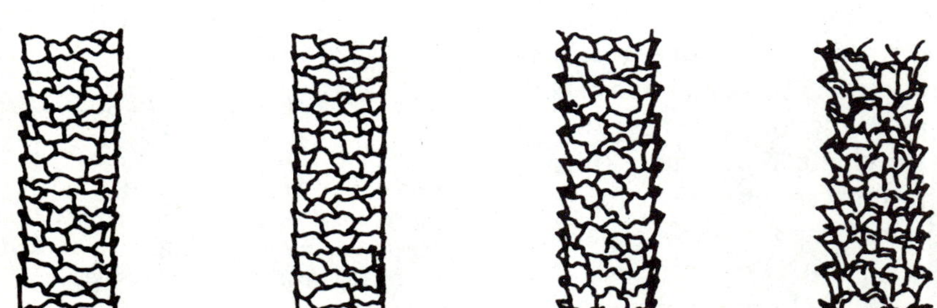

NORMAL	*RESISTENTE*	*TEÑIDO*	*DAÑADO*
(Porosidad moderada)	*(Poca porosidad)*	*(Porosidad extrema)*	*(Pelo de porosidad excesiva)*

Poca porosidad (pelo resistente): pelo que presenta la capa cuticular cerca del tallo piloso. Este tipo de pelo absorbe la loción onduladora más lentamente y por lo general requiere un tratamiento de duración más larga.

Porosidad extrema (pelo teñido, clarificado o dañado): el pelo que se ha tornado extremadamente poroso por los diversos tratamientos y excesos. Este pelo absorbe la loción muy rápidamente y requiere, por lo tanto, el tratamiento de más corta duración. Para esta clase de pelo, use una loción suave o muy suave.

Pelo de excesiva porosidad: esta condición es el resultado de un tratamiento de duración excesiva. A este pelo **no debe dársele una ondulación permanente** hasta que haya sido reacondicionado o reconfigurado mediante un recorte.

Prueba de Porosidad

A fin de hacer una prueba minuciosa de la porosidad, seleccione tres áreas diferentes: la línea frontal del cuero cabelludo, la parte que está delante de las orejas y la que está cerca de la coronilla.

Tome un pequeño mechón de pelo seco y péinelo hasta suavizarlo. Sostenga las puntas firmemente con los dedos pulgar e índice de una mano y deslice los dedos de la otra mano desde la punta del mechón hacia el cuero cabelludo. Si los dedos no se deslizan fácilmente o si los pelos se deshebran hacia arriba al deslizar los dedos hacia abajo del mechón, **el pelo es poroso.** Mientras más se deshebre el pelo, más poroso es. Mientras menos se deshebre, menos poroso es.

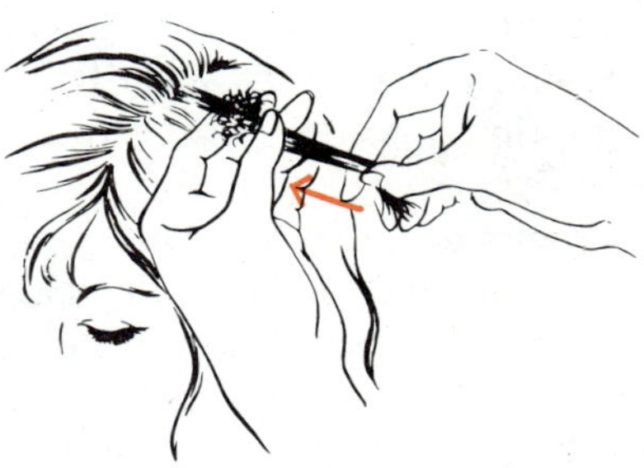

Comprobando la porosidad del pelo.

Si los dedos se deslizan fácilmente y el pelo no se deshebra, la capa cuticular queda muy cerca del tallo (hebra) del pelo. Este tipo de pelo es menos poroso, más resistente y requerirá un tratamiento de mayor duración.

Otros modos de comprobar la porosidad

1. **Cortando el pelo seco con tijeras.** Si las tijeras cortan el pelo con mucha facilidad, encontrando poca resistencia, ese pelo es poroso.
2. **Agarrando el pelo.** Si el pelo se estruja con la palma de la mano y después de soltarlo se siente completamente suave, presentando poca o ninguna elasticidad (el pelo no rebota), ese pelo es poroso.
3. **Remojando el pelo en la escudilla del champú.** Si el pelo se moja fácil y completamente con la primera rociadura de agua, ese pelo es poroso.
4. **Colocando el pelo mojado debajo de la secadora.** Si el pelo necesita más tiempo del acostumbrado para secarse, es poroso. Mientras más pronto se seque el pelo, menor porosidad tiene.

TEXTURA DEL PELO

La textura del pelo se relaciona con el diámetro de cada hebra de pelo y con el grado de grosor o delgadez de la misma. La textura y la porosidad se calculan en conjunto para determinar la duración del tratamiento. Aunque la porosidad es el principal de los dos factores, la textura juega un papel importante también en el cálculo de la duración del tratamiento. El pelo fino, cuyo diámetro es menor, se empapará con la loción onduladora más pronto que el pelo de diámetro mayor si ambos tienen igual porosidad. No obstante, cuando el pelo grueso es muy poroso, el tratamiento será más rápido que con el pelo fino que no es poroso.

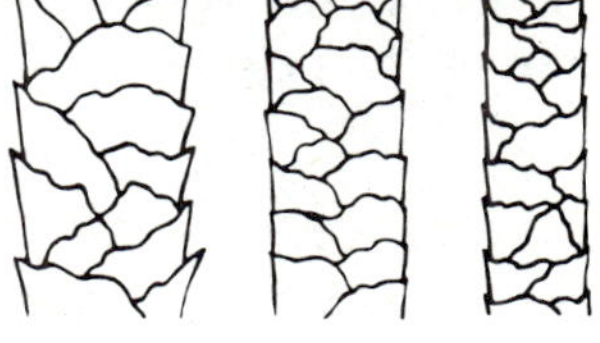

Grueso *Mediano* *Fino*

La textura del pelo debe también tomarse en cuenta al decidir el tamaño del patrón de ondas. La textura y la densidad del pelo de la cliente deben tenerse presente cuando se proyecta el estilo de peinado.

Las variaciones en la textura del pelo se deben a:

1. **El diámetro del tallo (la hebra) del pelo:** que puede ser grueso, mediano, fino muy fino.
2. **La sensación que da el pelo al tocarlo:** puede ser áspero, suave o tieso y duro como alambre (pelo alambrino).

ELASTICIDAD DEL PELO

La elasticidad del pelo es un factor muy importante que debe considerarse cuando se va a dar una ondulación permanente. La elasticidad es la capacidad que tiene el pelo para estirarse y contraerse. Todo pelo es elástico, pero su elasticidad varía entre mucha y poca. Si el pelo no tuviera elasticidad, no podría formar rizos. Mientras mayor sea la elasticidad del pelo, más durarán en él las ondas que se le impriman porque así se producirá menor relajación (aflojamiento) del cabello.

Prueba de la Elasticidad

Tome una sola hebra de pelo seco y sosténgala entre los dedos pulgar e índice de cada mano. Estire el pelo lentamente. Mientras más pueda estirarlo, sin romperlo, más elástico es. Si el pelo tiene mucha elasticidad, se contraerá lentamente después de estirarse. El pelo que tiene poca elasticidad se romperá rápida y fácilmente al estirarlo.

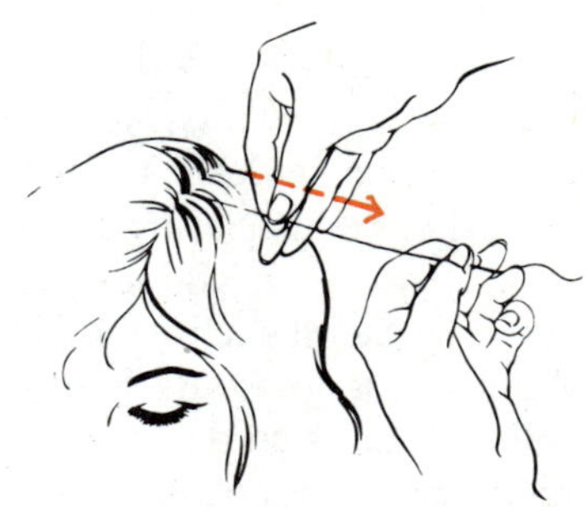

Prueba de la elasticidad

El pelo normal es capaz de estirarse hasta una quinta parte de su longitud y vuelve a encogerse por sí mismo al soltarlo. Sin embargo, el pelo húmedo puede estirarse hasta un 40 o un 50% de su longitud. El pelo poroso se estirará más que el pelo de poca porosidad.

Poca elasticidad. Señales de poca elasticidad en el pelo son la flojedad, la esponjosidad y la tendencia a enredarse fácilmente.

El pelo flojo no desarrolla ondas firmes y fuertes con la ondulación en frío. Sin embargo, hay lociones onduladoras especiales para esta clase de pelo. El pelo flojo requiere un barrita de diámetro más estrecho que el pelo muy elástico.

DIENSIDAD DEL PELO

La densidad del pelo se mide por la cantidad de hebras de pelo que hay en cada pulgada cuadrada (6.452 cm. cuad.) en el cuero cabelludo. La densidad del pelo no guarda relación con su textura. A veces son necesarias las subsecciones de pelo más pequeñas y las barritas rizadoras más grandes para el pelo tupido. No obstante, si el pelo es fino (menos pelos por pulgada cuadrada), la subsecciones deberán ser más pequeñas y las barritas también más pequeñas (más delgadas) con el fin de formar un buen patrón de ondas cerca de la cabeza.

Evite las subsecciones que son demasiado grandes en un pelo fino ya que la tirantez del pelo puede causar roturas en éste.

LONGITUD DEL PELO

La longitud del pelo es otro factor importante que debe tomarse en consideración. Imprimirle ondas a los pelos de longitud media no presenta ningún problema real. Sin embargo, si el pelo de la cliente es de 6″ (15 cm.) de largo o más, siga entonce las direcciones para la ondulación del pelo más largo bajo el epígrafe **Envoltura Doble** en la página 163.

CORTE DE PELO Y CHAMPU ANTES DE LA PERMANENTE

CHAMPU PARA UNA ONDULACION PERMANENTE

Por lo general, antes de hacer una ondulación permanente se da un champú. Es aconsejable emplear un champú suave o de ácido equilibrado, según la sugerencia del fabricante. Evite dar un cepillado o masaje, lo cual puede causar que el cuero cabelludo se vuelva sensible a la loción de ondular.

Tenga **extremo cuidado al enjuagar** el pelo para asegurarse de que se ha eliminado todo el champú. Un residuo de champú podría destruir la efectividad de la loción onduladora. Un enjuague adecuado hace que la porosidad del pelo se torne uniforme.

Mintras el pelo está todavía húmedo, examínelo cuidadosamente para descubrir las señales de la permanente anterior. Cualquier pelo que presente indicios de haber recibido recientemente una ondulación puede haberse debilitado y debe ser tratado con precaución extrema para evitar el deterioro.

SUGERENCIAS PARA EL CORTE DE PELO ANTES DE LA PERMANENTE

El pelo puede cortarse antes o después del champú mediante el empleo de una navaja o de tijeras.

1. La **navaja** puede utilizarse para darle al pelo húmedo un corte romo (sin rebajarlo de mayor a menor) después del champú.
2. Las **tijeras** pueden emplearse en el pelo seco antes del champú o en el pelo húmedo después del champú.

PRECAUCIONES PARA EL CORTE DE PELO

La textura del pelo debe tenerse en consideración cuidadosamente al planear el procedimiento para el corte.

Pelo gureso o **mediano.** Déle un corte suficientemente afilado al pelo para que forme rizos fuertes y elásticos. Un corte excesivamente afilado puede dificultar el enrollado del pelo o puede hacer que las puntas del pelo se enrosquen.

El **pelo fino, delgado** o **dañado y débil** debe recortarse con las tijeras mientras **está seco.** Déle al pelo un corte romo o un recorte afilado corto. Un excesivo corte entresacado o recorte afilado hará que las puntas del pelo se enrosquen.

Longitud del pelo. El pelo debe ser lo bastante largo para enrollarlo alrededor de las barritas por lo menos con dos vueltas completas. De no hacerlo así, no se formará un patrón de onda. Si el corte de pelo que se desea requiere un pelo más corto, utilice barritas de un diámetro menor (más delgadas). Si es preciso, recorte las puntas del pelo después de completar la permanente.

ADVERTENCIA

Un corte rebajado con desliz dado en el pelo antes de la ondulación permanente puede causarle daño a la cutícula del pelo y, como consecuencia, la ondulación permanente será defectuosa.

Para evitar que se formen ondas distorsionadas, la entresaca del pelo, si es necesaria, debe hacerse después de dar la ondulación permanente.

RECORDATORIO IMPORTANTE

El fundamento de una ondulación permanente profesional está en un cuidadoso corte de pelo antes de la permanente.

BARRITAS PARA HACER RIZOS

La selección adecuada de las barritas de rizar es esencial para el éxito de la ondulación permanente. El tamaño de las barritas determinará la forma que tome el pelo durante el proceso de ondulación. Las barritas están hechas de una composición de lienzo y plástico y varían de diámetro, longitud y tipo.

1. Diámetro es la distancia rectilínea que existe entre un punto de la curvatura de la barrita y el punto opuesto, pasando por el centro de la misma.
2. Circunferencia es la distancia curvilínea que corre alrededor de la barrita y que es igual al diámetro de la barrita multiplicado por 3.1416. La circunferencia es el factor importante al determinar el tamaño de la onda o la formación del rizo.

   Las barritas rizadoras se obtienen en varias longitudes: largas, medianas y cortas (3½ a 1¾": 8.75 a 4.375 cm.).

   También vienen en distintos gruesos. El grosor varía de diámetro desde grande hasta muy delgado (¾ a ⅛": 1.875 a 0.3125 cm.).

   Todas las barritas deben tener algún medio de asegurar el pelo en ellas y la barrita en sí representa la forma necesaria para impedir que los rizos se deshagan.

TIPOS DE BARRITAS

Existen dos tipos de barritas de uso general: el cóncavo y el recto.

Las **barritas cóncavas** son generalmente más delgadas en diámetro que las barritas rectas.

Tienen una circunferencia menor en el área del centro, la cual gradualmente aumenta hasta alcanzar una circunferencia mayor a ambos extremos de la barrita. Las barritas cóncavas se usan cuando se desea formar un patrón de ondas próximas a la cabeza.

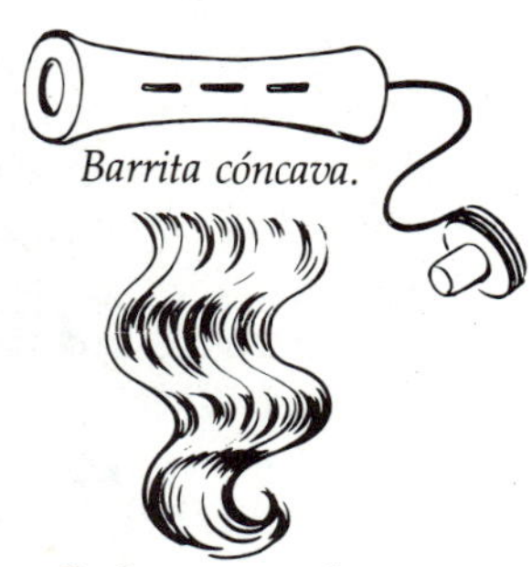
Barrita cóncava.

Ondas que resultan de la barrita cóncava.

Cuando el pelo es enrollado en una barrita, los pelos exteriores del enrollado forman un rizo o una onda mayores que los formados por los pelos que están próximos a la barrita. Esto crea un rizo más apretado o bucle más pequeño en las puntas de los pelos, haciéndose gradualmente más ancho mientras más cerca está del cuero cabelludo.

Las **barritas rectas** están hechas de modo que su circunferencia y diámetro sean casi iguales en todo el largo de la barrita. Pueden, sin embargo, disminuir esta dimensión muy ligeramente hacia el centro.

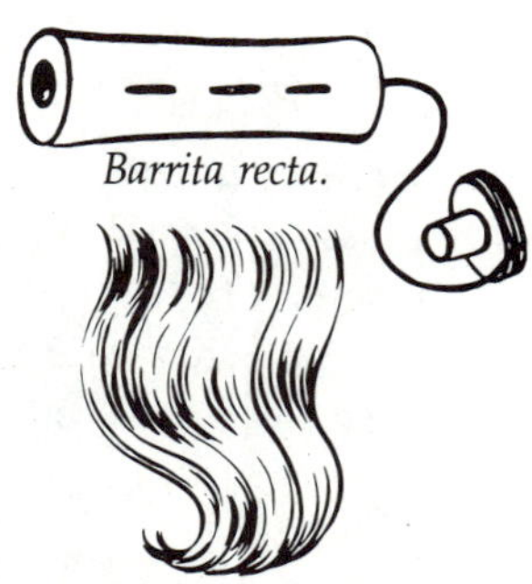
Barrita recta.

Ondas que resultan de la barrita recta.

Este tipo de barrita generalmente sirve para formar rizos que son del mismo tamaño a todo el largo del mechón de pelos.

Las barritas grandes y rectas se usan comúnmente para formar ondas consistentes u ondas al estilo de la moda. Permiten la formación de una permanente con ondas lo suficientemente grandes como para ser peinadas desarrollando cualquier estilo que se desee.

PRODUCTOS QUIMICOS

Para que la ondulación permanente tenga éxito, es esencial que las barritas de rizar y la loción onduladora se seleccionen adecuadamente. Los compuestos químicos que la loción onduladora contiene ejercen una influencia importante en el procedimiento que se debe seguir para dar la ondulación permanente.

LOCIONES PARA ONDULAR

Las **lociones alcalinas para ondular** tienen por ingrediente básico el tioglicolato de amonio, vulgarmente llamado "tío," el cual produce cambios permanentes en la estructura del pelo. Este compuesto se prepara combinando el amoniaco con el ácido tioglicólico. Otros ingredientes de la loción onduladora pueden ser la lanolina y sus derivados, los agentes humectantes (humedecedores), la proteína y los acondicionadores. Para hacer la solución alcalina, se le añade una cantidad extra de amoniaco.

Las **lociones onduladoras neutrales** y las **ácidas** también contienen una base de ácido tioglicólico. A pesar de esto, su escala de pH es mucho más baja, 4.5 a 6.5 para las lociones ácidas y 7.0 a 7.9 para las lociones neutrales. Estas lociones no se mezclan con amoniaco y así no son alcalinas.

Pre-acondicionamiento. El pelo excesivamente poroso o el dañado pueden requerir un tratamiento preacondicionador antes de la aplicación de la loción onduladora. Los reacondicionadores especiales (restauradores básicos del pelo) que contienen proteína pueden obtenerse ya. Estos acondicionan el pelo y hacen uniforme su porosidad. Algunos reacondicionadores también contienen lanolina y colesterol, los cuales contribuyen a proteger el pelo contra la aspereza de la loción para ondular en frío.

Acondicionadores. La loción onduladora alcalina tiende a quitarle al pelo sus aceites naturales haciendo que se reseque debido a la pérdida de humedad. Los aceites minerales, la lanolina o los derivados de la lanolina se añaden a la loción onduladora o pueden utilizarse aplicándolos por separado para sustituir a los aceites naturales del pelo. Como el acondicionador permanece en el pelo después de que la loción ha sido eliminada mediante un enjuague, el contenido de humedad se preserva en cierto modo y la sensación que produce el pelo al tacto así como su apariencia experimentan una mejoría.

La potencia de la loción onduladora puede ajustarse bien aumentándole el pH (alcalinidad) o disminuyéndole la cantidad de ingrediente activo (tioglicolato de amonio). Para ajustar el pH de la loción, el contenido de amoniaco se aumenta o se disminuye de modo que no exceda a un pH de 9.6, lo que constituye una potente solución.

La mayoría de los fabriantes de los productos para ondular en frío los preparan en tres o más grados de fortaleza, tales como:

1. Para el **pelo dañado:** potencia débil o suave.
2. Para el **pelo normal** (que tiene mucha porosidad): potencia media.
3. Para el **pelo resistente** (de poca porosidad): potencia más fuerte.
4. Para el **pelo excesivamente clarificado** o **teñido** (de demasiada porosidad): potencia extra suave.

Nota: Los fabricantes de los productos para ondular en frío mejoran sus fórmulas constantemente. Es aconsejable seguir explícitamente sus direcciones.

NEUTRALIZADORES

Los neturalizadores contienen, bien peróxido o bien bromuro de sodio, lanolina y otros ingredientes especiales. Vienen en varias formas, tales como líquidos, polvos y cristales. Pueden tener una consistencia espesa o pueden estar diluidos según sea el método de su aplicación. Los acondicionadores a menudo se incluyen en las preparaciones de neturalizadores líquidos para darle alguna protección al pelo.

DIVISION EN SECCIONES Y SUBSECCIONES

Seccionar es dividir el pelo de la cabeza en paneles uniformes con el fin de trabajar en él.

Subseccionar, a veces también conocido como **parcelar,** es subdividir los paneles en secciones rectangulares, individuales y uniformes, para colocar en ellas las barritas rizadoras. Los patrones de ondas uniformes dependen de:

1. Las secciones ordenadas uniformemente.
2. Las secciones igualmente subdividas (parceladas).
3. Las crenchas (rayas del pelo) limpias y uniformes (en su longitud y anchura).

El tamaño de las subsecciones está determinado por el diámetro de las barritas.

El número de subsecciones de cabello puede variar de una cliente a otra según sea el patrón que se use al seccionar.

La **subsección de tamaño promedio** para una onda típica debe ser igual al diámetro (espesor) de la barrita que se va a usar. Sin embargo, la longitud de la subsección puede ser igual en longitud a la barrita o un poco más corta pero no más larga.

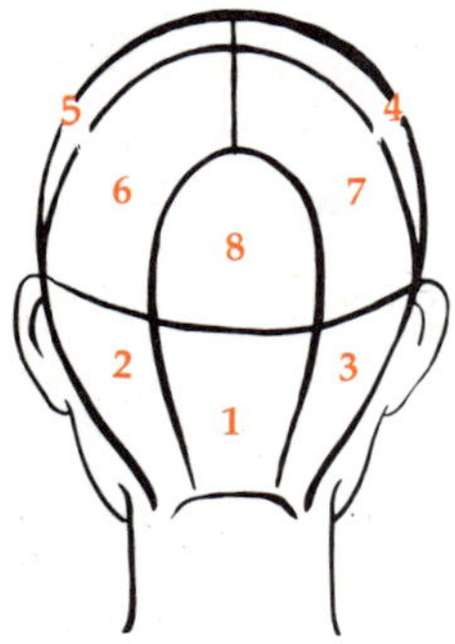

Seccionamiento.

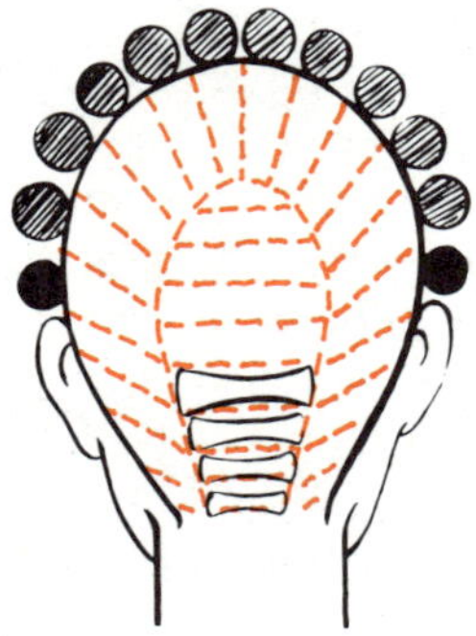

Subsecciones (parcelas).

Tamaño de la subsección.

La LONGITUD denota la extensión de la subsección.
La ANCHURA se refiere a la profundidad o altura de la subsección. Decir subsecciones pequeñas o grandes es referirse generalmente a la anchura.

SUBSECCIONES DE PELO Y TAMAÑOS DE BARRITA QUE SE SUGIEREN

Aunque tanto la elasticidad del pelo como su textura deben tenerse en cuenta al seleccionar las barritas, el factor determinante debe ser la textura.

Pelo grueso: mucha elasticidad. El pelo tupido (que crece con espesura) requiere subsecciones más pequeñas (más estrechas) y barritas más grandes para facilitar un mejor ordenamiento destinado a lograr un patrón de ondas definido.

Pelo de mediano grosor: elasticidad media. El pelo de textura mediana (o promedio) requiere subsecciones más pequeñas y barritas de tamaño mediano.

Pelo fino (poca elasticidad): el pelo fino requiere subsecciones más pequeñas y barritas también más pequeñas (más delgadas) para impedir la tirantez o rotura y para formar un buen patrón de ondas proximas a la cabeza.

Pelo clarificado o teñido: muy poca elasticidad. Use subsecciones de pelo más pequeñas y barritas más grandes. Si el pelo clarificado o teñido es de textura fina, use subsecciones más pequeñas y barritas de tamaño mediano.

Pelos en el área de la nuca. Use subsecciones más pequeñas y barritas más pequeñas.

Pelo largo. Para darle ondulación permanente al pelo que tiene más de 6″ (15 cm.), enróllelo suavemente cerca del cuero cabelludo en subsecciones pequeñas. El uso de subsecciones pequeñas permite que la loción onduladora y el neturalizador penetren con mayor facilidad y perfección.

MODELOS DE SECCIONES Y SUBSECCIONES

El conocimiento de la textura, la elasticidad, la porosidad y la condición del pelo de la cliente prepara mejor a la cosmetóloga para determinar cómo debe seccionar y subseccionar el pelo, cuáles barritas debe usar para los rizos y en qué parte de la cabeza debe comenzar a aplicar la loción onduladora. **(Guíese por su instructora.)**

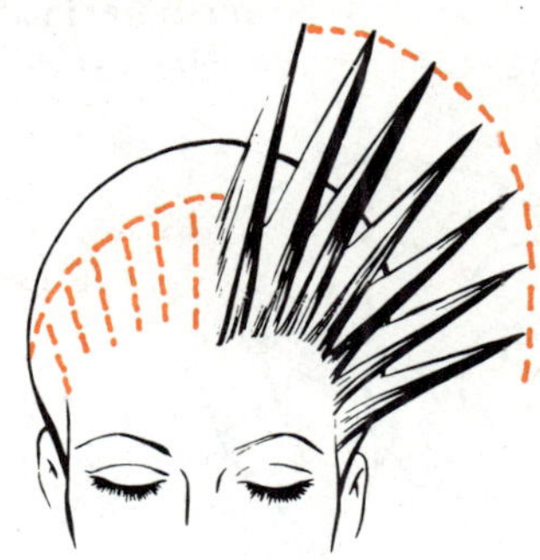

RECORDATORIO

El tamaño de las barritas de rizar y de las subsecciones de pelo determina el tamaño del patrón de rizos u ondas. La duración del tratamiento no tiene relación con el tamaño del patrón de onda.

Existen cuatro patrones populares de subseccionamiento (parcelación):

1. Corona sencilla.
2. Corona doble (doble herradura).
3. Recto hacia atrás.
4. Coronilla caída.

Estas divisiones son también conocidas con otros nombres en varios países.

Los patrones que siguen a continuación representan sugerencias para subsecciones. Su instructora, no obstante, quizás sugiera otros patrones que serán igualmente correctos.

CORONA SENCILLA

En enrollado del pelo para la **corona sencilla** se usa, generalmente, en una cabeza de tamaño mediano.

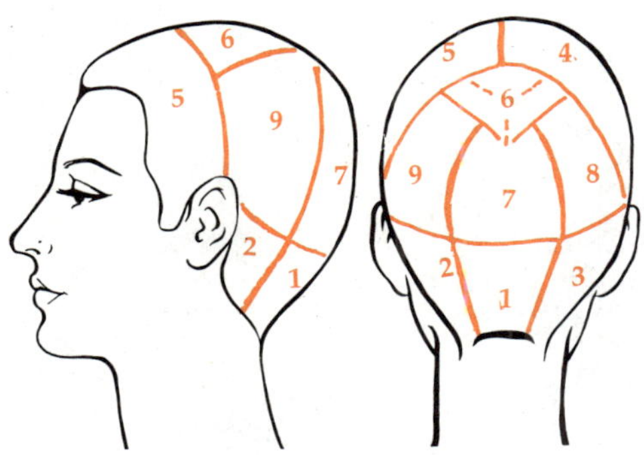

Diagrama del seccionamiento.

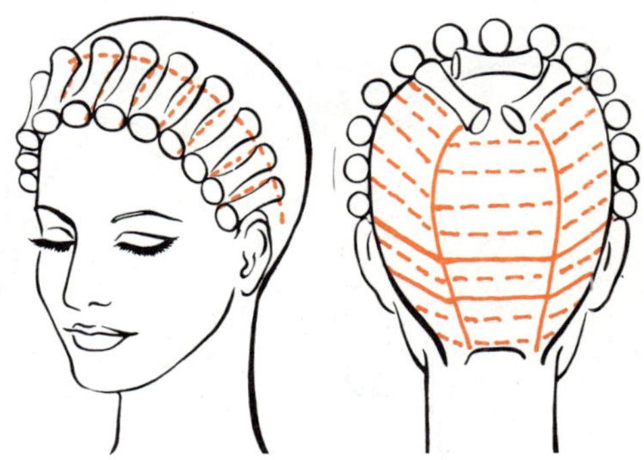

Patrón del subseccionamiento (parcelación).

CORONA DOBLE

En enrollado para la **corona doble** es el que generalmente se usa para una cabeza de tamaño mayor.

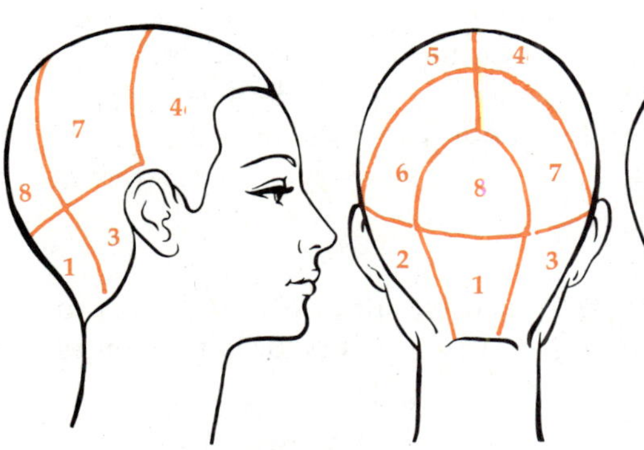

Diagrama del seccionamiento.

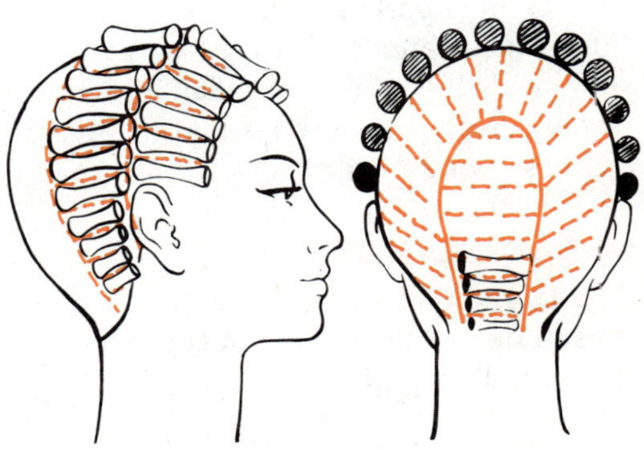

Patrón del subseccionamiento (parcelación).

RECTO HACIA ATRAS

En enrollado **recto hacia atrás** se usa para crear un efecto de peinado alto, lleno y más bien suave, alejado de la cara.

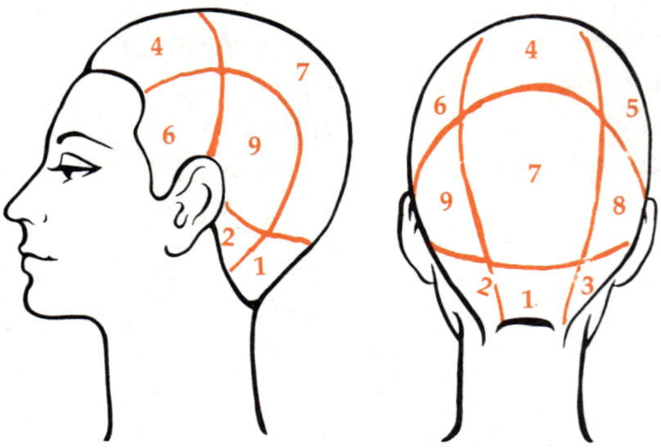

Diagrama del seccionamiento.

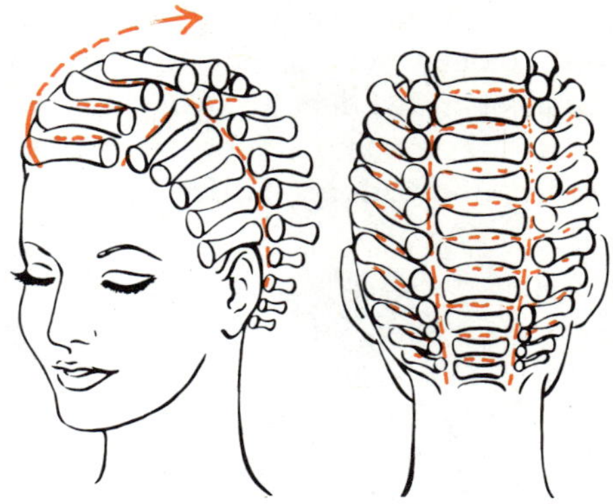

Patrón del subseccionamiento (parcelación).

Flequillos

Para formar flequillos sobre la frente, los primeros dos rizos de arriba, en la frente, se enrollan en forma prógira (hacia adelante).

Preparación del peinado para el flequillo.

CORONILLA CAIDA

El enrollado para la **coronilla caída** es comúnmente usado en el pelo más largo para dar un efecto de corona suave.

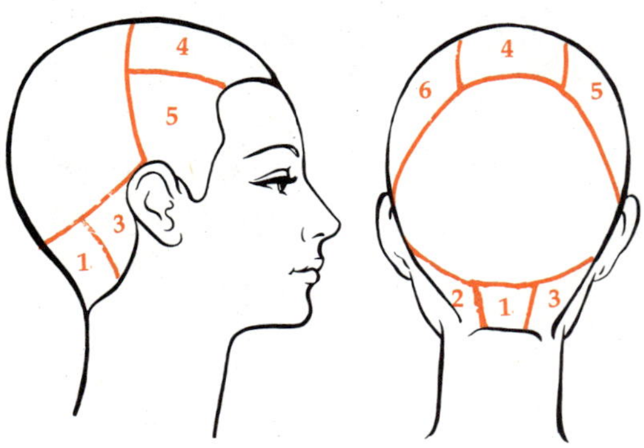

Diagrama del seccionamiento.

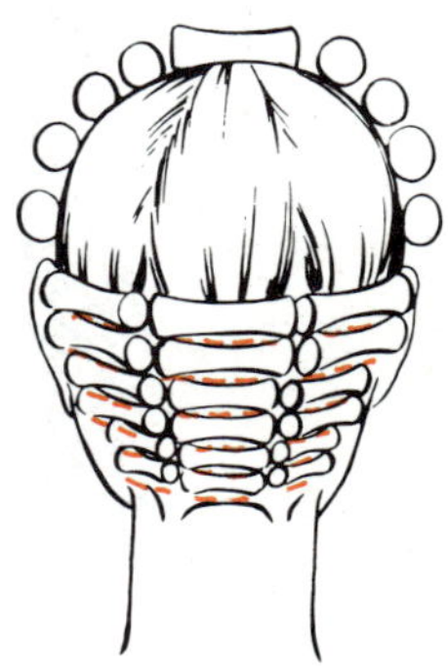

Patrón del subseccionamiento.

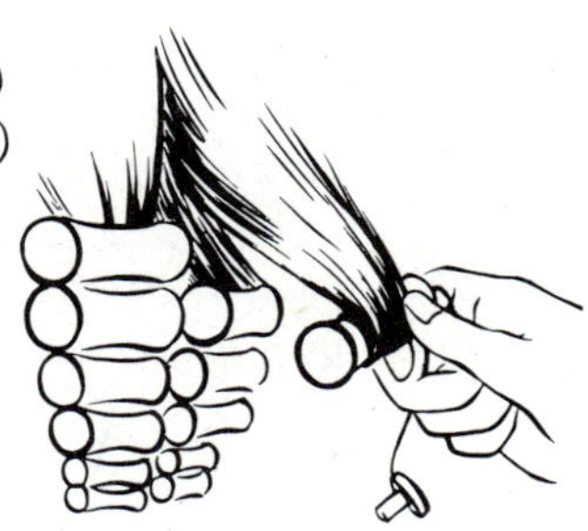

Enrollando las puntas de los pelos en el área de la coronilla.

El pelo se secciona del mismo modo que para el patrón recto hacia atrás. Sin embargo, en la parte posterior de la cabeza que no aparece numerada, se hacen secciones más grandes según sea la cantidad de pelos incluídos en ellas. Solamente las puntas de los pelos se enrollan en las barritas rizadoras más grandes haciendo que éstas descansen sobre las barritas más pequeñas que van en el área de la nuca. (Guíese por su instructora.)

ONDAS CON ESPESOR

Una onda amplia se forma con barritas rectas extra-grandes con el único propósito de añadir una ligera consistencia o patrón de onda al pelo. Para detalles, consulte la página 172.

COMO ENROLLAR Y ENVOLVER EL PELO

Para lograr una onda uniforme con un fuerte reborde, enrolle el pelo con suavidad y esmero en cada barrita sin estirarlo. El pelo no debe estirarse porque la loción onduladora, al penetrarlo, hace que se dilate. Un enrollado apretado o estirado dificulta la dilatación del pelo e impide que la loción onduladora y el neutralizador penetren en él, lo cual puede causar la rotura del pelo.

LOS MECHONES EN RELACION CON LA CABEZA

Mitad del rizo fuera de la base. Cuando el mechón de pelos es sostenido en línea recta alejado de la cabeza y enrollado en una barrita de rizar, la mitad del rizo se apoyará fuera de la base. (Fig. 1.)

El pelo que se enrolla de esta manera en las barritas rizadoras es adaptable a muchos estilos de peinado.

Rizo fuera de la base. Cuando el mechón es sotenido en posición semi-inclinada hacia abajo, enrollado en una barrita de rizar, el rizo entero se apoyará fuera de la base. (Fig. 2.)

El pelo enrollado de este modo producirá una onda que se aleja un poco más del cuero cabelludo que la formada con la mitad del mechón fuera de la base. El enrollado fuera de la base producirá estilos de peinado que quedan cerca de la cabeza.

Rizo sobre la base. Cuando el mechón es sotenido alejado de la cabeza en posición semi-inclinada hacia arriba, enrollado en una barrita de rizar, el rizo completo se apoyará en la base. (Fig. 3.)

El pelo enrollado de esta manera producirá ondas cercanas a la cabeza y estilos de peinado que requieren llenura, altura y movimiento hacia arriba.

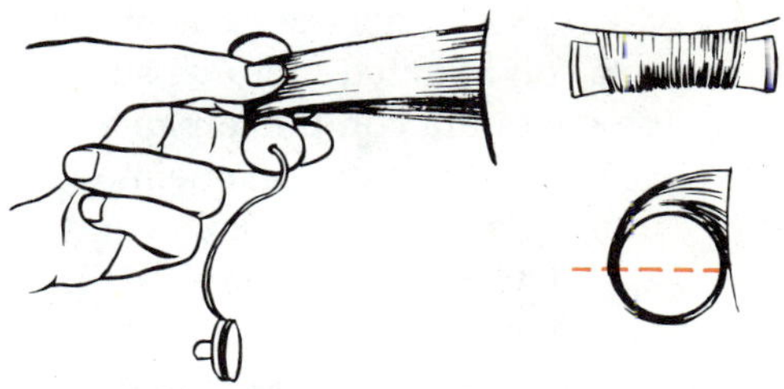

Fig. 1.

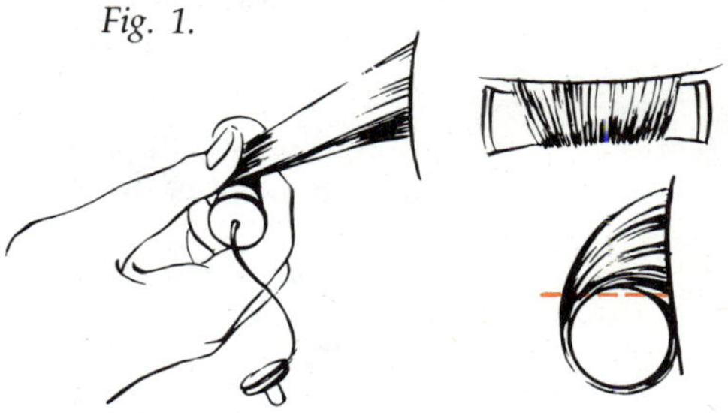

Fig. 2.

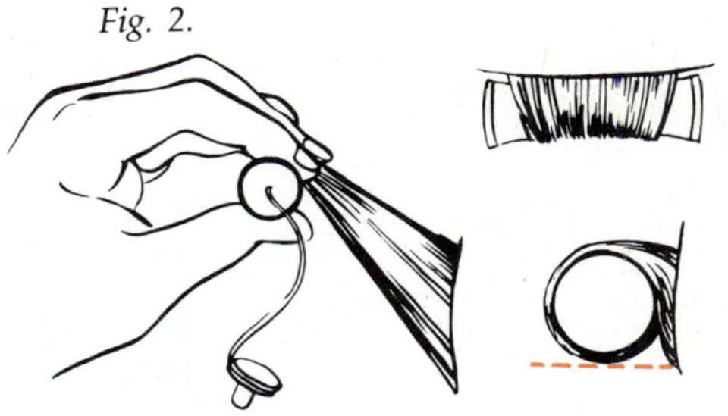

Fig. 3.

PAPEL PROTECTOR PARA LAS PUNTAS DEL PELO

Los papelitos porosos para las puntas del pelo contribuyen de modo muy importante a que el pelo se enrolle y envuelva adecuadamente alrededor de las barritas de rizar. Los papelitos protectores para las puntas del pelo usados adecuadamente pueden ayudar a formar rizos y ondas suaves y parejos. Ayudan a eliminar la posibilidad de que se formen "anzuelos" y reducen al mínimo el peligro de que se rompan las puntas de los pelos. Son especialmente importantes, además, porque ayudan a suavizar la envoltura de los pelos que tienen longitudes desiguales.

Existen tres métodos generalmente aplicados para utilizar estos papelitos en la práctica de dar la ondulación permanente. Cada uno de estos métodos tiene la misma eficacia si se emplea correctamente.

1. Evoltura con papel doble.
2. Envoltura con papel sencillo.
3. Envoltura con papel doblado.

ENVOLTURA CON DOS PAPELES

El pelo debe humedecerse (no empaparse) con una solución suave de loción onduladora en un segmento del pelo comprendido entre media pulgada (1.25 cm.) de distancia del cuero cabelludo y una pulgada (2.5 cm.) de distancia de las puntas antes de envolverlo, sea por el método que sea. Para esto, debe usarse agua simple en vez de la loción onduladora si se trata de una práctica y así debe repetirlo la estudiante hasta que haya adquirido destreza en la técnica de enrollar y envolver el pelo.

Procedimiento

Un procedimiento presentado, fase por fase, para la envoltura y fijación de un rizo con la mitad fuera de su base se ilustra seguidamente empleando el método de envoltura con doble papel.

Nota: El subseccionameinto (parcelación) no debe tener mayor longitud que la que tiene la barrita. De lo contrario, el pelo no se ondulará uniformemente.

1. Divida y peine la subsección hacia arriba y hacia afuera hasta que el pelo haya sido dirigido y distribuido parejamente. (Fig. 1.)
2. Coloque un papelito protector detrás del mechón de pelos y otro papelito encima del mechón. (Fig. 2.)
3. Con la mano derecha, coloque la barrita debajo de los dos papelitos protectores de modo que quede en posicion paralela a la raya divisoria. Deslice ambos hacia las puntas del pelo. (Fig. 3.)

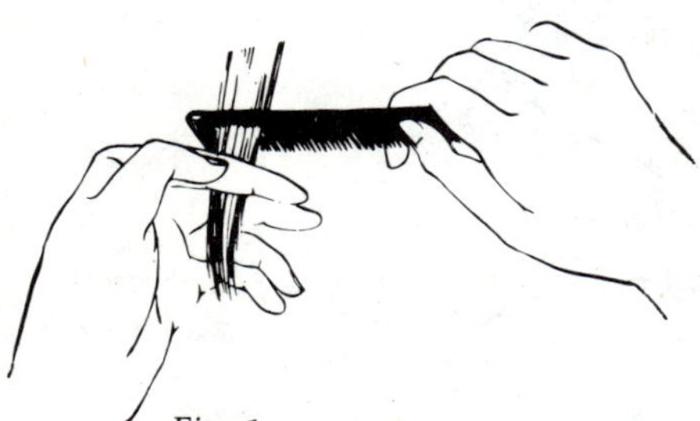

Fig. 1

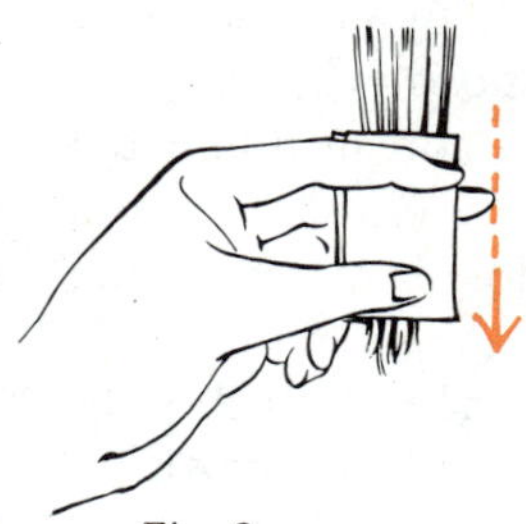

Fig. 2.

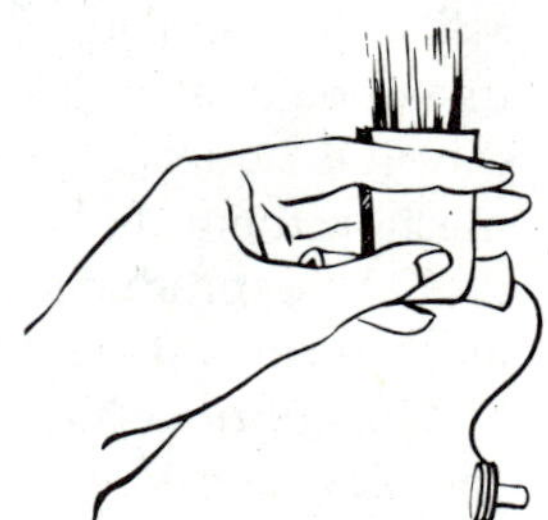

Fig. 3.

4. Enrolle el mechón suavemente alrededor de la barrita dándole vueltas hacia el cuero cabelludo sin que se ponga tirante. (Fig. 4.)
5. Asegure la apretadera por encima de la barrita. (Fig. 5.)

Nota: *Para impedir que el pelo se rompa, la apretadera no debe tocar el pelo ni debe retorcerse a contrapelo del rizo.*

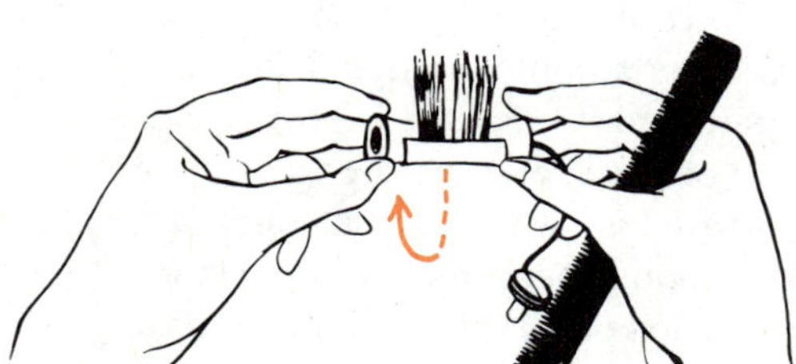

Fig. 4.

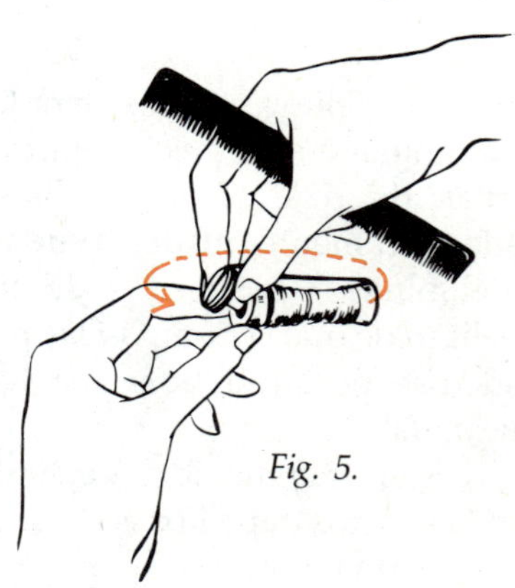

Fig. 5.

ADVERTENCIA

Al envolver el pelo, evite siempre que se amontone en la barrita. El amontonamiento de pelo impide que se forme un buen rizo porque el pelo no puede adaptarse así a la forma de la barrita. El papelito protector debe darle vuelta a la barrita una sola vez. Esto asegurará la formación de una onda suave y evitará que se formen "anzuelos" en las puntas del pelo.

OTRAS FORMAS DE ENVOLTURA CON PAPELITOS PROTECTORES

La preparación y el enrollado de los rizos para envolverlos con papel sencillo y con papel doblado siguen el mismo procedimiento con las siguientes excepciones:

Envoltura con papel sencillo. Coloque el borde de un extremo del papel encima del mechón y sostenga el papel plano entre los dedos índice y mayor para evitar que el pelo se amontone. (Fig. 6.) El pelo se enrolla del mismo modo que para la envoltura con dos papeles. (Figs. 3, 4 y 5.)

Envoltura con papel doblado. Sostenga el mechón entre los dedos índice y mayor; doble el papelito protector y acérquelo al mechón hasta que el mechón penetre en la doblez formando una especie de sobre o funda. (Fig. 7.) El enrollado del rizo se hace igual que con dos papeles. (Figs. 3, 4 y 5.)

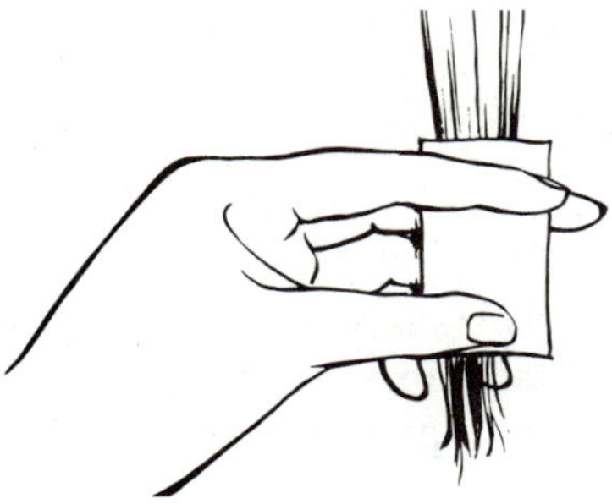

Fig. 6.

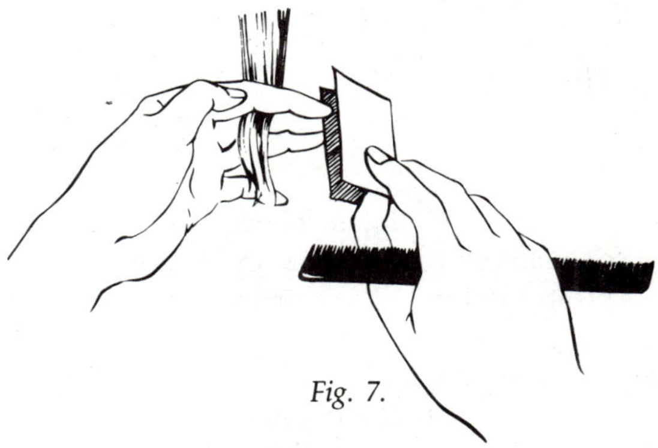

Fig. 7.

ENVOLTURA DOBLE

El método de envoltura doble (con dos barritas), también llamado "de a cuestas," es especialmente apropiado para el pelo muy largo. Esta técnica de envolver el pelo permite un control máximo del tamaño y grado de tirantez del rizo, desde el cuero cabelludo hasta las puntas del pelo. El control de la cantidad de rizo puede lograrse por el tamaño de las barritas seleccionadas a propósito. Así, el empleo de barritas medianas o pequeñas producirá rizos más apretados. A continuación se indica el procedimiento para el método de envoltura doble (con dos barritas):

1. Seccione los pelos de la cabeza en la forma acostumbrada (9 secciones).
2. Seleccione las barritas según el tamaño deseado. Las barritas que se van a usar en el área del centro del cuero cabelludo deben ser por lo menos de un número de tamaño mayor que las que se usen en las puntas del pelo.

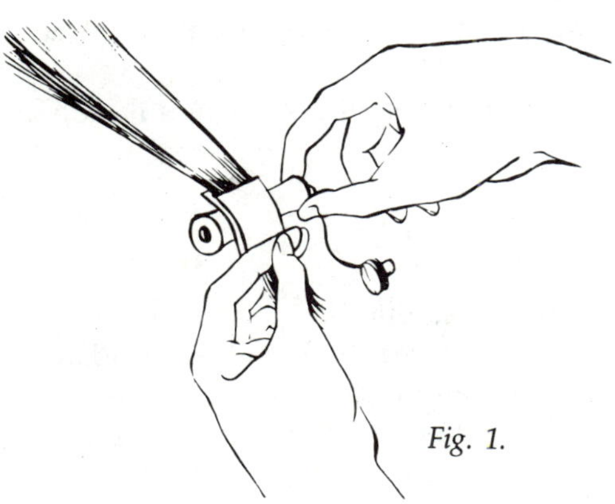

Fig. 1.

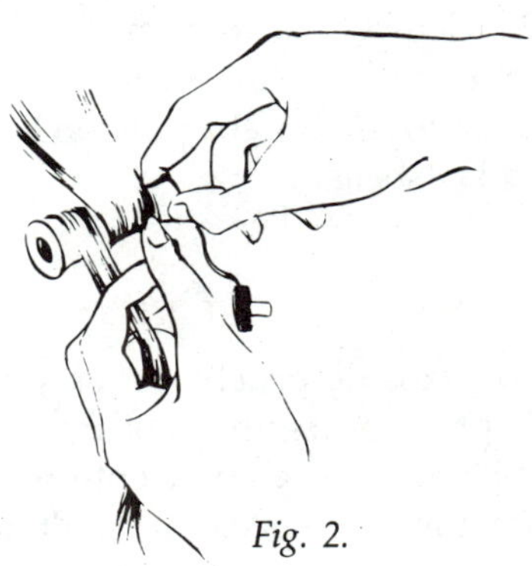

Fig. 2.

3. Más o menos a la mitad, yendo hacia arriba del mechón, coloque los papelitos protectores porosos uno encima y otro debajo. (Fig. 1.)
4. Comience en el punto medio del mechón. Coloque la barrita mayor debajo del mechón de pelos y empiece a enrollar. (Fig. 2.)

5. Déle vueltas a la barrita hacia el cuero cabelludo y al mismo tiempo domine las puntas del pelo sosteniéndolas hacia la izquierda, alejadas de la barrita.
6. Fije la barrita así enrollada sobre el cuero cabelludo, dejando las puntas del pelo colgando de la barrita libremente. (Fig. 3.)

Fig. 3.

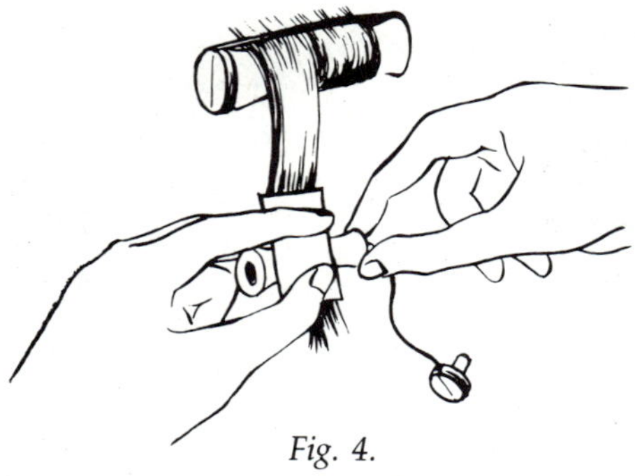

Fig. 4.

Fig. 5

7. Envuelva las puntas del pelo. Coloque un papelito protector sobre el mechón de pelos cubriendo las puntas. Con la barrita de menor tamaño, envuelva las puntas del pelo hacia arriba hasta llegar a la barrita mayor que está por encima. (Fig. 4.)
8. Fije la segunda barrita de modo que se apoye sobre la primera como si ésta llevara a la otra "a cuestas." (Fig. 5.)
9. Para mantener un mejor control del proceso de envoltura, se aconseja terminar de envolver cada mechón antes de empezar a envolver el siguiente.
10. Los rizos de prueba deben tomarse de las barritas que están más cerca del cuero cabelludo porque el pelo de esta zona es más resistente y puede necesitar un tratamiento de mayor duración.

RIZOS DE PRUEBA

Los rizos de prueba ayudan a que se determine anticipadamente cómo va a reaccionar el pelo de la cliente al proceso de ondulación en frío. Un rizo de prueba le suministra a la cosmetóloga la información necesaria sobre cómo proteger el pelo de la cliente y cómo obtener los mejores resultados posibles.

Esta prueba le permite a la cosmetóloga observar la reacción del pelo en cuanto a:

1. Velocidad de la formación de la onda.
2. Vista general de la formación de ondas.
3. Tiempo exacto en que la formación de ondas alcanzará su punto máximo.
4. Zonas de resistencia.

Los rizos de prueba pueden hacerse antes o durante el proceso de ondulación de toda la cabellera.

METODO PARA EL RIZO DE PRUEBA ANTERIOR A LA PERMANENTE

Los rizos de prueba deben hacerse antes de dar la ondulación pemanente si el pelo presenta algún problema, tal como daño, poca porosidad, poca elasticidad. Si la cliente tiene alguna enfermedad o si existe alguna duda en la mente de la cosmetóloga respecto al resultado final, los rizos de prueba previos son muy importantes.

Procedimiento

Después de darle un champú al pelo y secarlo con una toalla, envuelva dos o tres rizos en la parte posterior y superior de la cabeza. Cada rizo debe recibir un tratamiento completo con una loción onduladora de diferente potencia. La acción de la loción se calcula según el tiempo de aplicación y el rizo se examina de acuerdo con las instrucciones del fabricante. Después de aplicarle un neutralizador a los rizos y enjuagarlos, haga un estimado del resultado y tome nota de ello.

METODO DEL RIZO DE PRUEBA AL DESARROLLAR LA PERMANENTE

Este procedimiento es parte de la fase práctica de ondulación permanente. Cada cabellera es diferente. En realidad, las condiciones pueden variar aun en una misma cabellera. El pelo de una cliente no siempre reaccionará al tratamiento con igual duración para cada rizo. Tampoco el mismo tipo de rizo va a reaccionar con igual duración en cada cabellera. El desarrollo de la formación de rizos y ondas debe comprobarse bajo las siguientes circunstancias:

1. Inmediatamente después de fijar la última barrita de rizar.
2. A continuación de la aplicación de la loción para el remojo.
3. Con frecuencia después de esto, hasta que se haya logrado la formación de ondas. Las pruebas frecuentes para la formación de ondas impedirán que el tratamiento se torne excesivo. Aunque las instrucciones del fabricante suministran una guía general, la cosmetóloga debe juzgar por sí misma y con cuidado el desarrollo de cada rizo.

Procedimiento

1. Seque completamente la solución onduladora del rizo que va a someter a la prueba.
2. Afloje la apretadera de la barrita. (No deje que el pelo se suelte o se desrice en la barrita. Sosténgalo firmemente con ambos pulgares tocando en la barrita.)
3. Desenrolle la barrita dándole vuelta y media sin tirar del mechón. Como el pelo se ha suavizado ya, tirar de él o estirarlo echará a perder la prueba. Deje que el pelo se relaje hasta que forme un patrón firme de ondas en "S."
4. Vuelva a enrollar el rizo de prueba.

Continúe haciendo pruebas para determinar el desarrollo de las ondas a intervalos regulares (cada 30 segundos es lo más recomendable) hasta que se haya logrado el patrón de onda que se desea. Haga pruebas en diferentes áreas de la cabellera, una por una. **No use el mismo rizo para hacer una segunda prueba.**

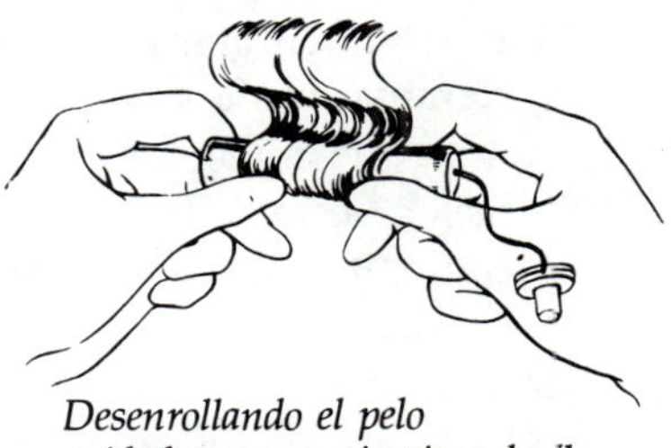

Desenrollando el pelo cuidadosamente sin tirar de él ni empujarlo.

PRECAUCIONES DE SEGURIDAD

Las precauciones de seguridad protegen la piel y el cuero cabelludo contra cualquier daño que puedan causar los productos químicos.

1. La cosmetóloga debe ponerse guantes protectores.
2. Para seguridad de la cliente, aplíquele crema protectora alrededor de la línea del cuero cabelludo y del cuello y cubra esas partes con una tira de algodón o con una banda neutralizante.
3. Emplee trocitos de algodón seco o una banda neutralizante entre un rizo y otro para que absorban el sobrante de loción onduladora.
4. Si las tiras de algodón o las bandas se impregnan con la loción, retírelas, seque esas partes y use material nuevo seco.
5. Si la loción se corre por la piel o por el cuero cabelludo, séquela con pedacitos de algodón impregnados de agua fría o de neutralizador.

Línea del cuero cabelludo protegida con cintas de algodón o con banda neutralizante.

APLICACION DE LA LOCION PARA ONDULAR

FRASCO CON APLICADOR

Un **frasco plástico** con boquilla constituye el aplicador más eficiente. Esparce el líquido libremente y sin embargo permite un buen domino del mismo. El desperdicio de loción es mínimo. También se logra una mejor distribución del líquido en toda la cabellera.

Nota: Los frascos deben limpiarse completamente antes de llenarlos con la solución onduladora. Asegúrese de que no quedan trazas de sobrantes de productos químicos en el frasco ya que esos productos pueden debilitar o dañar la loción onduladora.

Proteja los ojos de la cliente. Si la loción onduladora llega a penetrar en los ojos de la cliente, enjuágueselos inmediatemente con agua fría o con alguna de las preparaciones recomendadas por su instructora. Seguidamente, lleve la cliente al médico.

APLICACION DE LA LOCION ONDULADORA

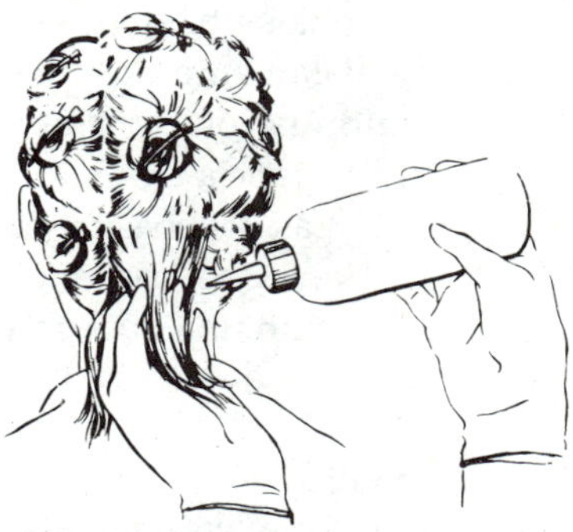

Aplicando la loción a media pulgada del cuero cabelludo hasta aproximadamente una pulgada de las puntas del pelo.

Mojadura o humedecimiento antes de envolver el pelo. Después de darle al pelo un champú y secarlo con una toalla, si está indicado por el fabricante, debe humedecerse con una solución de débil potencia de la loción onduladora para facilitar el procedimiento de envoltura. La loción se aplica con un frasco provisto de aplicador a toda una sección, haciéndolo sección por sección. Comience aproximadamente a media pulgada (1.25 cm.) de distancia del cuero cabelludo y extienda la loción hasta una pulgada (2.5 cm.) de las puntas del pelo.

Para asegurarse de que la distribución es completa y pareja, aplique la loción a la parte de arriba de la sección y péinela enteramente desde abajo con un movimiento ascendente.

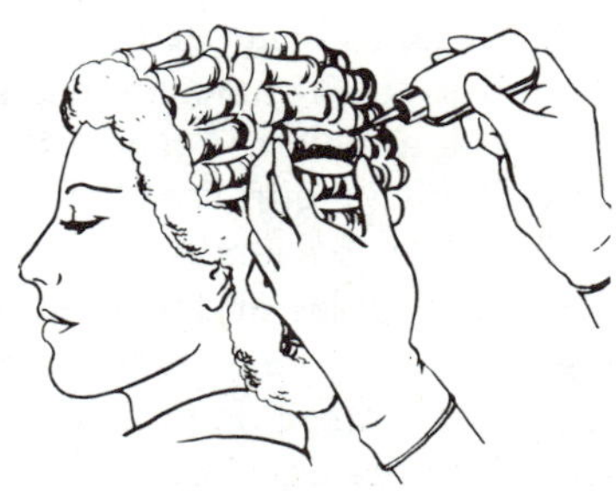

Remojadura o segunda aplicación de la loción onduladora.

Remojadura o saturación. Después de subseccionar y enrollar los rizos en toda la cabeza, la cabellera estará lista para ser remojada o completamente saturada. Este proceso es importante y esencial para asegurar la total penetración y el tratamiento del tallo del pelo en todas sus partes.

La loción se aplica meticulosamente a cada rizo en el mismo orden que se siguió para la etapa anterior a la mojadura. Es sumamente imporante para el éxito de la ondulación permanente que cada rizo se sature íntegra y completamente.

Nota: Tenga cuidado de no mover la envoltura o la colocación de los rizos arrastrando la boquilla sobre el pelo. No deje a la cliente sola durante el tratamiento. No interrumpa la etapa de remojadura o saturación. Complétela tan rápidamente como sea posible.

DURACION DEL TRATAMIENTO

La duración del tratamiento es la cantidad de tiempo requerido para que los mechones de pelos absorban la loción onduladora y se complete en ellos el total reordenamiento de los enlaces químicos alrededor de las barritas. La capacidad que tiene el pelo de absorber la humedad puede variar de tiempo en tiempo en la misma persona, aun cuando se empleen las mismas lociones y procedimientos. Es conveniente tener una anotación de la duración del tratamiento anterior, pero esto sólo servirá como guía. Por lo común, es bastante seguro prever que la duración del tratamiento será menor que la indicada por el fabricante o la que aparece anotada previamente en la tarjeta de archivo relativa a la cliente.

Los factores que afectan la duración del tratamiento son la potencia de la loción, la textura, porosidad, longitud y condición del pelo, las condiciones atmosféricas, el calor del cuerpo de la cliente y la velocidad con que la cosmetóloga trabaje.

Etapa de resaturación durante el tratamiento. A menudo, es necesario remojar todas las barritas por segunda vez durante el proceso del tratamiento. Esto puede deberse a:

1. Evaporación de la loción o resequedad del pelo.
2. Poca saturación del pelo por negligencia de la cosmetóloga.
3. Falta de desarrollo de las ondas después de la duración máxima indicada por el fabricante.
4. Selección inadecuada de la potencia de la solución para el pelo de la cliente.
5. Incumplimiento de las instrucciones dadas por el fabricante para una fórmula específica.

Si se aplica la loción otra vez, el proceso del tratamiento se acelerará. Observe cuidadosamente el desarrollo de las ondas ya que **la negligencia puede causar que el pelo se dañe.**

FORMACION DEL PATRON DE ONDAS

El tiempo necesario para lograr patrones de ondas en forma de "S" con la adecuada profundidad está regido por la duración del tratamiento. Mientras el pelo está sometido al tratamiento, la onda alcanza su máxima formación cuando toma la figura bien definida de la letra "S." El tamaño de la barrita empleada es lo que determina el tamaño del patrón en "S."

El patrón en "S" alcanza su máximo desarrollo una sola vez. Poco después de que la "S" se ha formado completamente, y a menos que el tratamiento se interrumpa, el pelo puede frisarse (tornarse muy rizado o enroscado). Esto indicará que el proceso del tratamiento ha llegado a su máximo absoluto. Después de este momento el pelo sufrirá las consecuencias de un **tratamiento excesivo y se dañará.**

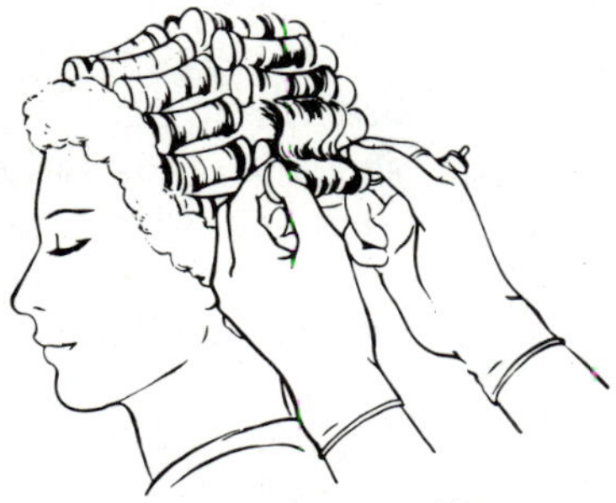

Desenrollando el pelo sin tirar de él ni estirarlo.

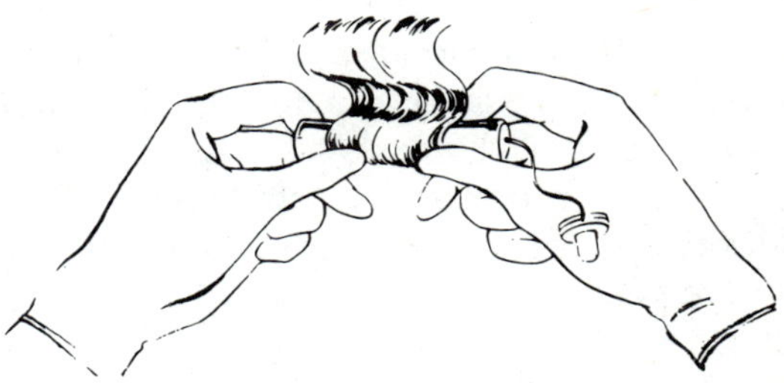

Mechón ya tratado abriéndose en forma de "S." Renrolle el pelo cuidadosamente.

Las diferentes condiciones y texturas del pelo ocasionarán la formación de variadas calidades de patrones de onda. El pelo de buena textura formará patrones fuertes y firmes, mientras que el pelo débil o fino no producirá patrones en "S" bien definidos.

TRATAMIENTO EXCESIVO

Cualquier loción que sirva para un tratamiento adecuado del pelo puede también causar un tratamiento excesivo. La loción que se deja en el pelo demasiado tiempo, pasado el momento más favorable para la formación de ondas, dará por resultado un tratamiento excesivo. El no formar los rizos con la frecuencia debida, o calcularlos impropiamente, son también causas del tratamiento excesivo. Si se emplea un neutralizador en muy escasas cantidades, el proceso de tratamiento del pelo puede prolongarse causando así, también, un tratamiento excesivo.

El pelo excesivamente tratado es fácil de observar. Tiene aspecto de muy rizado cuando está mojado y de completamente crespo cuando está seco, resistiéndose a ser peinado para formar un patrón de onda conveniente. La elasticidad del pelo se ha dañado en exceso y el pelo es incapaz de contraerse para formar ondas. También, al tacto, se siente el pelo áspero después que está seco. Los tratamientos de reacondicionamiento deben comenzarse inmediatamente.

1. *Aspecto de una buena ondulación permanente.*
2. *Rizo tratado deficientemente. RESULTADO: Poca o ninguna ondulación.*
3. *Rizo tratado excesivamente. RESULTADO: Ondas estrechas cuando el pelo está mojado, ninguna ondulación cuando está seco.*
4. *Puntas porosas tratadas excesivamente. RESULTADO: Puntas enroscadas (frisadas).*
5. *Enrollado incorrecto; las puntas del pelo han sido enrolladas con demasiada tirantez. RESULTADO: No se forman ondas o rizos en las puntas.*

TRATAMIENTO DEFICIENTE

El tratamiento deficiente da por resultado la formación de ondas débiles o flojas. Los rebordes no quedan bien definidos y el pelo retiene muy poca o ninguna ondulación. El tratamiento deficiente debe corregirse mediante tratamientos reacondicionadores. Después de dar estos tratamientos, envuelva el pelo otra vez y aplíquele una loción onduladora suave ya que el pelo se ha suavizado anteriormente. Observe la formación de ondas con cuidado.

NEUTRALIZACION

La loción onduladora produce la formación de rizos reordenando los enlaces químicos "S" de la corteza del tallo del pelo en una nueva alineación. Las barritas sostienen el cabello en esta formación hasta que el mismo se ha endurecido o fijado por el proceso de neutralización. El neutralizador detiene la acción de la loción onduladora, reordena los enlaces químicos y reendurece el pelo en su nueva posición rizada.

PREPARACION

La mayoría de los fabricantes indican que se dé un enjuague completo con agua tibia a fin de quitar la loción onduladora, secando después cada rizo cuidadosamente con una toalla para eliminar la humedad excesiva antes de aplicar el neutralizador.

Para obtener los mejores resultados del secado con toalla, apriete la toalla con los dedos cuidadosamente entre uno y otro rizo. No mueva ni revuelva las barritas al secar. Como el pelo se ha suavizado, cualquier movimiento de esta clase puede causar que se rompa.

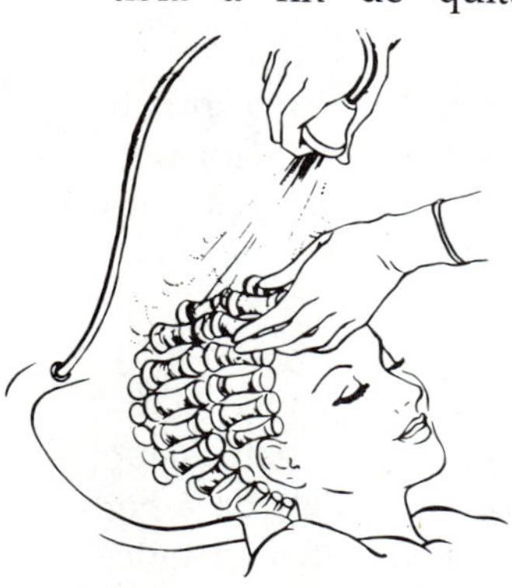

Enjuagando la loción onduladora del cabello.

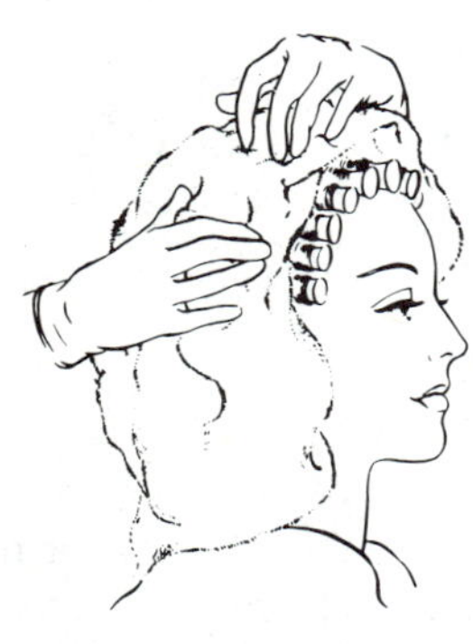

Secando con una toalla.

METODOS DE NEUTRALIZACION

Los neutralizadores se envasan en forma de polvos, líquido o cristales y deben prepararse y aplicarse según las instrucciones del fabricante inmediatamente antes de usarlos.

Existen dos métodos de uso general para la aplicación de neutralizadores: el **Método Directo** o **Aplicado a la Barrita** y el **Método por Derrame.**

Método Directo o **Aplicado a la Barrita** (también conocido como **Método Instantáneo** o **de Aplicador**). El neutralizador viene en dos formas: listo para usarse o para mezclarse.

1. **Neutralizador listo para usarse:** córtele la punta a la boquilla del aplicador del frasco y aplique su contenido.
2. **Neutralizador que debe prepararse:** mézclelo de acuerdo con las instrucciones del fabricante, viértalo dentro del fasco provisto de aplicador y aplíquelo.

Método Directo (Aplicado a la Barrita). Aplique el neutralizador directamente a cada rizo en el mismo orden en que lo hizo al aplicar la loción onduladora. Comience en el centro superior del rizo y aplíquelo en ambas direcciones; aplíquelo entonces a la parte inferior del rizo asegurándose de que cada rizo se ha saturado completamente.

Nota: Una almohadilla de algodón empapada en neutralizador puede ser colocada entre la nuca de la cliente y el borde de la bacía del champú para asegurarse de que los rizos de la línea del cuero cabelludo en el cuello están en contacto constantemente con el neutralizador.

Método por Derrame. Mezle el neutralizazor con agua siguiendo las instrucciones del fabricante. Coloque a la cliente en la posición adecuada delante de la bacía para champús en la misma forma en que lo hace para dar un champú.

Cubra a la cliente con una capa neutralizante con pechero (bolsa alrededor del cuello) para recoger allí el neutralizador sobrante. Con un vaso o taza plástica de medir, vierta la mitad del neutralizador cuidadosamente sobre los rizos haciéndolo de modo que cada rizo quede completamente saturado. El neutralizador será recogido en el pechero de la capa. Utilizando almohadillas grandes de algodón, o una esponja, vuelva a aplicar el neutralizador de modo que cada rizo quede saturado completamente. Repita la operación 2 o 3 veces.

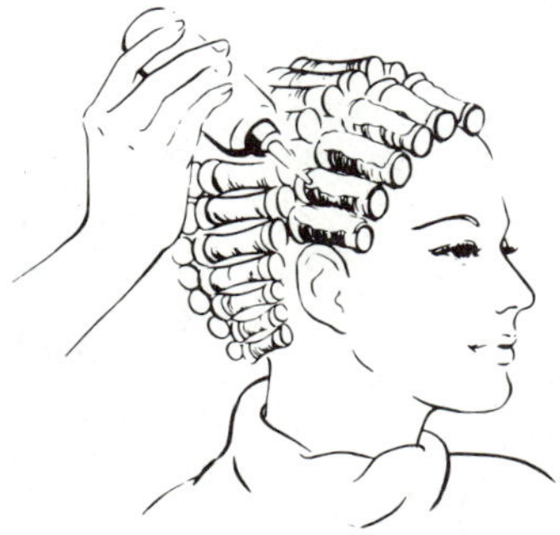

Neutralizando: Método Directo o Aplicado a la Barrita.

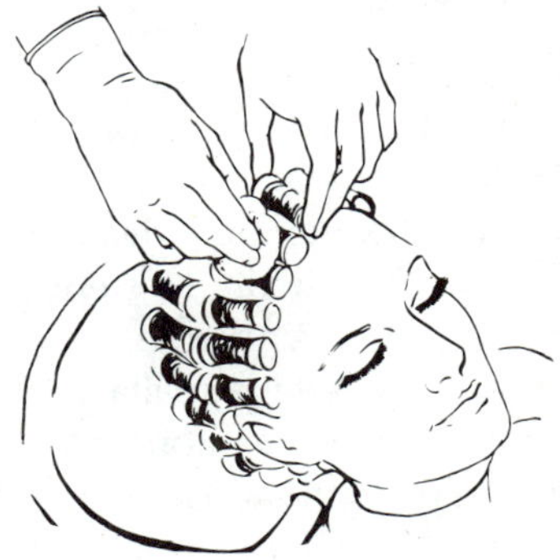

Neutralizando: método por derrame.

COMO QUITAR EL NEUTRALIZADOR

Hay dos métodos generales para quitar los neutralizadors del pelo, ya sea después del Método Aplicado a la Barrita o después del Método por Derrame. (Las instrucciones del fabricante deben cumplirse en todo momento.)

Metodo 1. Después de aplicar el neutralizador en todos los rizos, déjelo en el pelo entre 5 y 8 minutos. Enjuáguelo con agua tibia y a continuación con agua fría para que el pelo se reendurezca. Seque el pelo ligeramente con una toalla. Quítele las barritas con cuidado y proceda a marcar (preparar) el pelo para el peinado.

Método 2. Después de aplicar el neutralizador en todos los rizos, déjelo en el pelo entre 5 y 8 minutos. Quítele las barritas cuidadosamente, sin estirar el pelo, y aplique el resto del neutralizador. Deje pasar un minuto más para que se complete la neutralización y entonces enjuague el pelo con agua fría. Marque (prepare) el pelo para el peinado.

Nota: A menos que el pelo se neutralice completa y correctamente, la ondulación permanente no tendrá éxito y se habrá perdido todo el trabajo realizado. Además, el pelo puede dañarse.

ONDULACION EN FRIO (Alcalina)

Un análisis correcto para determinar los resultados de la ondulación en frío (alcalina) debe incluir:

1. Potencia de la solución onduladora.
2. Barritas del tamaño adecuado.
3. Subseccionamiento y enrollado del pelo.
4. Rizos de prueba.
5. Duración del tratamiento.
6. Neutralización.

Existen diversos métodos para dar una ondulación en frío. El método que se bosqueja en esta sección es uno de los varios que pueden emplearse. No obstante, puede ser modificado para cumplir con lo requerido por su instructora o por el fabricante de la loción para ondular en frío.

INSTRUMENTOS Y MATERIALES

Aplicadores.
Papelitos porosos para las puntas de los pelos.
Loción para ondular en frío.
Neutralizador.
Pechero para el neutralizador.
Capa para champús.
Barritas de rizar.
Crema protectora.
Tiras de algodón o material neutralizante.
Champú líquido suave.
Enjuague neutral o cremoso.
Corbatines de papel protector y toallas.
Peines.
Prendedores y horquillas para el pelo.
Tijeras o navaja.
Guantes protectores.
Tarjeta para el archivo.
Trocitos de algodón.

Si el neutralizador se va a aplicar según el Método por Derrame, se necesitarán también un recipiente para enjuagar, una taza de medir y un pomo que tenga un litro de capacidad.

PREPARACION

1. Seleccione los materiales necesarios y póngalos en orden.
2. Lávese las manos y desinfécteselas.
3. Vea que la cliente se siente cómodamente; pídale que se quite los pendientes y cualquier joya que lleve en el cuello; ajústele la toalla y la capa para champús.
4. Quítele todas las horquillas y peinetas del cabello.
5. Examine cuidadosamente la condición del cuero cabelludo y del pelo. (Observe el cuero cabelludo para ver si tiene abrasiones.)
6. Acomode a la cliente, sentada, delante de la bacía para champús.

Cobertura para la ondulación permanente.

COBERTURA PARA LA CLIENTE

Existen varios modos de cubrir a la cliente para darle una ondulación en frío. La comodidad de la cliente, la protección adecuada de su persona y de su ropa son factores de importancia durante todo el proceso. Un modo de cubrir a la cliente es colocándole una toallita doblada alrededor del cuello, asegurando la capa para champús sobre la toallita y colocándole entonces otra toalla encima de la capa. Asegure la toalla firmemente. (Su instructora quizás recomiende otro método que será igualmente correcto.)

RECORDATORIO

Es importante que el (la) estudiante recuerde que hay muchas maneras correctas de dar una ondulación permanente. El método que se recomienda en esta sección es simplemente una sugerencia. Siempre guíese por su instructora o por las instrucciones del fabricante.

PROCEDIMIENTO

1. Recorte el pelo para darle configuración antes o después del champú, según sea su preferencia.
2. Déle un champú ligero al cabello (una sola enjabonadura), enjuáguelo completamente y séquelo con una toalla.
3. Si va a envolver el pelo después de aplicar la loción de ondular en frío, aplique una crema protectora y tiras de algodón alrededor de la línea del cuero cabelludo de la cliente y en el cuello. Use guantes protectores o aplíquese una crema protectora.

   Se va a envolver el pelo después de aplicar el acondicionador, no será necesario usar la crema protectora ni guantes protectores. **Sin embargo, usted debe ponerse una crema protectora y guantes protectores antes de aplicarle a los rizos enrollados la loción para ondular en frío.**
4. Seccione el pelo. Subdivida las secciones (subseccionamiento o parcelación) y envuelva el pelo.
5. Aplique la loción para ondular en frío según las recomendaciones del fabricante.
6. Haga inmediatamente un rizo de prueba después de impregnar el pelo con la locion para ondular en frío. Haga rizos de prueba frecuentemente en diferentes áreas de la cabeza.
7. Déle el tratamiento al pelo durante el tiempo requerido. Si es necesario remojar los rizos, aplíqueles la loción en el mismo orden en que lo hizo antes. Proteja a la cliente con tiras protectoras de algodón fresco alrededor de la línea del cuero cabelludo y del cuello.
8. Enjuague la loción de ondular completamente con agua tibia para eliminarla. Siga las instrucciones del fabricante.
9. Seque el sobrante de humdedad que ha quedado en el pelo enrollado en las barritas. Tenga cuidado de no mover ni alterar la posición de las barritas mientras se seca el pelo. Como el pelo ya ha sido ablandado, cualquier movimiento de esta clase puede causarle roturas.
10. Aplique el neutralizador completamente y déjelo durante el tiempo requerido para que haga reformar los enlaces cruzados "S" y reendurezca el pelo.
11. Enjuague el pelo con agua tibia y a continuación con agua fresca. Seque el pelo ligeramente con una toalla.
12. Desenrolle el pelo de las barritas y quítelas cuidadosamente.
13. Aplique nuevamente el neutralizador si es necesario.
14. Enjuague el pelo otra vez con agua fresca si es necesario.
15. Seque el pelo con una toalla y péinelo.

ADVERTENCIA

No aplique demasiado calor al secar el pelo. Al manipular el pelo suave, fino, flojo o dañado, es de suma importancia evitar la tirantez en todo lo posible.

LIMPIEZA

1. Deseche los materiales usados.
2. Limpie y desinfecte los instrumentos.
3. Lávese las manos y desinfécteselas.
4. Llene la tarjeta de archivo para la permanente.

PROCEDIMIENTO PARA LA ONDULACION PERMANENTE CON ESPESOR

Una ondulación permanente con espesor le da al pelo ondas más anchas y suaves. Se aplica cuando no se desea obtener un efecto de rizos u ondas fuertes.

Una ondulación con espesor le imprime al peinado una acción conservadora haciendo que el peinado dure más entre uno y otro champú.

Nota: La textura del pelo determina si debe dársele o no una ondulación permanente con espesor. Si el pelo es fino y suave y el peinado final requiere rizos, no debe darse una ondulación con espesor ya que no le imprimirá al pelo el efecto de ondas amplias y suaves que se desean.

Procedimiento

Como para esta ondulación se emplean barritas del tipo recto extra-grandes, el procedimiento para envolver el pelo es algo diferente del que se sigue cuando se usan las barritas de tamaño ordinario. La envoltura del pelo debe comenzarse en la sección de la frente. A esta debe seguir la sección de la coronilla, dejando la sección de la nuca para el final. Las barritas más pequeñas deben usarse en el área de la nuca. (El pelo enrollado en estas barritas no requiere tanto tiempo para rizarse.)

Barrita recta.

Ondas resultantes del rizado con barrita recta.

Barritas rizadoras. Para una permanente con espesor, use barritas rectas que le imprimirán a todo el mechón una formación de rizo uniforme.

1. Para **la coronilla** y **los lados:** use barritas grandes (gruesas).
2. Para **el área de la nuca:** use barritas pequeñas (delgadas).
3. Para **las áreas intermedias:** use barritas de tamaño mediano.

TRATAMIENTO Y NEUTRALIZACION

El tratamiento y la neutralización siguen muy de cerca el procedimineto que se usa para la ondulación tradicional. No obstante, como las barritas son de diámetro mayor, la loción y el neutralizador que se empleen deben penetrar completamente en el tallo del pelo.

Cada fabricante tiene su propia fórmula; por lo tanto, es importante seguir con exactitud sus instrucciones.

VENTAJAS

La ondulación pemanente con espesor tiene varias ventajas:

1. Las barritas grandes casi imposibilitan que las puntas de los pelos se enrosquen o retuerzan.
2. Las ondas que se forman son amplias y de larga duración.
3. La preparación del peinado y el peinado en sí duran más tiempo.
4. Esta ondulación le añade espesor (cuerpo o consistencia), elasticidad y docilidad a las puntas de los pelos. Esto permite que se maneje bien el pelo para responder a todas las necesidades del peinado.
5. Las ondas amplias y fuertes se relajan muy lentamente y, por lo tanto, la onda de espesor o consistencia dura mucho tiempo.

ONDULACION PERMANENTE CON CALOR
(Lociones Neutrales y de Acidez Equilibrada)

Los productos neutrales para la ondulación tienen una variación de pH entre 7.0 y 7.9.

Los productos de acidez equilibrada para la ondulación permanente tienen una variación de pH entre 4.5 y 6.5.

VENTAJAS

1. No contienen el álcali severo que daña el pelo o la piel.
2. No producen hinchazón del pelo, lo que reduce al minimo los daños y roturas.
3. La loción onduladora se activa solamente cuando se aplica el calor, permitiéndole así a la cosmetóloga un mayor control.
4. No se usa amoniaco y, por lo tanto, el pelo teñido no pierde su color.
5. Como no se usa amoniaco, no hay mal olor.
6. Como se mantiene un mayor control, hay menos posibilidad de que la duración del tratamiento sea excesiva.
7. Como no se usa amoniaco, hay menos posibilidad de que la piel se irrite.
8. Producen ondas suaves de aspecto natural.

DESVENTAJAS

1. Los rizos no quedan tan apretados como con la ondulación a base de tioglicolato de amonio (alcalina) en frío.
2. Los rizos tienden a aflojarse más pronto que con la ondulación a base de tioglicolato de amonio (alcalina) en frío.
3. Dentro de su variación de pH estas lociones demoran en penetrar la corteza del pelo, prolongando así la duración del tratamiento. Para evitar esto, se debe aplicar calor.

PROPOSITOS DE LA APLICACION DEL CALOR

1. Acelerar la penetración de la loción neutral o de acidez equilibrada en la corteza del pelo.
2. Aumentar el efecto de la loción dentro del pelo.

METODOS PARA APLICAR EL CALOR

Los fabricantes han desarrollado varios métodos para aplicar el calor necesario al pelo.

1. Método con secadora del pelo precalentada.
2. Método de abrazaderas calientes.
3. Método de gorro térmico.
4. Método de calor químico.
5. Método de calor autogenerado.

METODO CON SECADORA DEL PELO PRECALENTADA

El método con secadora del pelo precalentada es muy similar al método de abrazaderas calientes. La principal diferencia está en la técnica que se emplea para aplicar el calor.

El pelo se impregna con la loción onduladora permanente y se enrolla en barritas. Se cubre entonces el pelo con un gorro plástico fino para hacer que el calor se concentre y evitar que pierda calor. Seguidamente se coloca a la cliente debajo de la secadora precalentada. El proceso del tratamiento se inicia al momento de aplicar el calor.

Cuando ha transcurrido el tiempo requerido, se le quita a la cliente el gorro plástico y se le enjuaga y neturaliza el pelo en la forma acostumbrada.

El método con secadora del pelo precalentada tiene los mismos tres modos de control que se emplean con el método de abarazaderas calientes.

Aplicación del gorro para el tratamiento.

Colocación de la cliente debajo de la secadora precalentada.

METODO DE ABRAZADERAS CALIENTES

Esta técnica de ondulación permanente de acidez equilibrada requiere el uso de abrazaderas calientes que se aplican directamente al pelo.

El pelo es enrollado completamente en las barritas y se satura del todo con la loción onduladora permanente. Mientras tanto, se van calentando un número adecuado de barritas para usarlas inmediatamente. Después que el pelo se ha saturado con la loción y se ha enrollado en la barritas, se coloca una abrazadera precalentada en cada rizo. Este tratamiento inicia su proceso tan pronto como se aplica el calor.

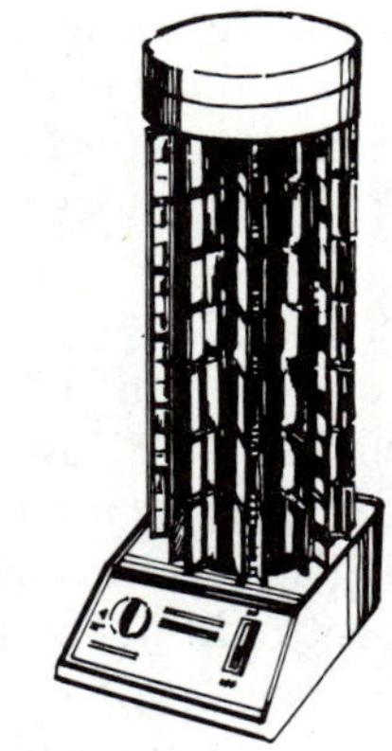

Máquina para la ondulación permanente.

Después que el pelo ha sido tratado durante un período de tiempo predeterminado, se le quitan las abrazaderas y se enjuaga y neutraliza en la forma acostumbrada.

Hay tres modos especiales de control con el método de abrazaderas calientes:

1. La temperatura de las barritas está estrictamente regulada.
2. El proceso del tratamiento no comienza hasta que se aplica el calor.
3. Todos los rizos son tratados exactamente durante el mismo período de tiempo.

TRATAMIENTO DEL PELO CON EL GORRO TERMICO

El gorro térmico es utilizado frecuentemente para tratar el pelo con una fórmula activadora del calor. El gorro se calienta con anticipación más o menos hacia la mitad del proceso de envoltura y entonces se coloca en la cabeza de la cliente en seguida de hacer la prueba preliminar del rizo.

El método del tratamiento con gorro puede ser sustituido con el empleo de una secadora o una lámpara. La técnica de la prueba del rizo se usa en la mayoría de los tratamientos térmicos a menos que las instrucciones indiquen otros procedimientos.

Los rizos deben cubrirse primero con una envoltura plástica.

Rizos cubiertos con el gorro plástico térmico.

METODO DE CALOR QUIMICO

Este método emplea productos químicos que se mezclan para generar calor. El calor es generado por una reacción química producida por la mezcla de otro producto químico con la solución onduladora.

Esta reacción hace que el pelo se dilate un poco durante un tiempo y que genere calor. El calor moderado, producido suavemente, acelera la acción onduladora.

A pesar de esto, el calor químico se disipa después que se aplica al pelo y por lo tanto no es tan aficaz como los métodos de abrazadera caliente o de secadora del pelo precalentada.

METODO DE CALOR AUTOGENERADO

Este método se emplea para generar calor mediante una técnica de autocalentamiento. El pelo se impregna con la loción y se enrolla en las barritas. Un gorro plástico se aplica cuidadosamente para cubrir el pelo y aislarlo durante el tratamiento. El mantenimiento del calor del cuerpo sin que se escape durante el tratamiento genera suficiente calor para que el tratamiento del pelo sea eficaz.

No obstante, se ha determinado que este método es demasiado lento e incierto y así no resulta positivo en el servicio profesional.

NEUTRALIZADORES

La aplicación del neutralizador en la ondulación neutral y en la de acidez equilibrada es muy similar a las técnicas que se usan en las permanentes alcalinas. Sin embargo, las instrucciones del fabricante varían algo según los diferentes productos.

Como cada fabricante tiene su propia fórmula y características especiales relacionadas con sus productos, es esencial que se sigan sus instrucciones cuidadosamente.

ONDULACION PERMANENTE PARA HOMBRES

Los métodos de ondulación pemanente son sustancialmente los mismos tanto para los hombres como para las mujeres.

1. Se usan los mismos productos químicos.
2. Los procedimientos de enrollado del pelo son los mismos.
3. La colocación y fijación de las barritas de ondular son las mismas.
4. Se siguen los mismos procedimientos de tratamiento y neutralización.

Las únicas diferencias que existen entre la ondulación permanente para mujeres y la que se les da los hombres están en los estilos de peinados. Hay que tener presente que a los hombres no les agradan las puntas del pelo rizadas. Prefieren las ondas para así poder dominar el peinado.

RECORDARIO IMPORTANTE

La ondulación permanente es uno de los servicios más importantes que la cosmetóloga puede ofrecer. La destreza en la ejecución de los métodos explicados en este capítulo puede desarrollarse sólo mediante una contínua práctica, prestando una cuidadosa atención a los detalles indicados. La reputación de cosmetólogo (o cosmetóloga) está reservada únicamente a aquellos operarios (u operarias) que se dedican a la profesión con esmero y perseverancia.

Ondulación permanente en estilos de peinados populares entre hombres.

EXENCION DE RESPONSABILIDAD

La declaración de exención de responsabilidad es un documento que debe usarse siempre que se dé un tratamiento de ondulación permanente, relajación (estiramiento) del cabello o cualquier otro servicio que requiera la aplicación de productos químicos. Esta declaración, firmada por la cliente, exime al propietario (o a la propietaria) del salón de belleza de la responsabilidad que en cierto grado pudiera tener por causa de accidentes o daños.

FORMULARIO DE EXENCION DE RESPONSABILIDAD

Nombre de la cliente........................... Dirección..................

Condición de pelo:...

Ondulación permanente: Tipo................. Dada por..................

Entiendo perfectamente que el tratamiento de ondulación permanente que he solicitado y que se me va a dar es en general no dañino al pelo normal, pero que pudiera causarle algún daño a mi cabello debido a su condición actual.
Bajo estas circunstancias, acepto una total responsabilidad por cualquier daño que pueda causársele, directa o indirectamente, a mi pelo.

Firma de la cliente...

Firma de un testigo.............................. Fecha..................

TARJETA DE ARCHIVO PARA LA ONDULACION PERMANENTE

En el archivo debe guardarse una tarjeta con la historia de cada ondulación permanente que se le dé a cada cliente. Esta tarjeta debe consultarse y ponerse al día cada vez que se dé una ondulación permanente. La tarjeta debe contener toda la información esencial y con ello se evita hacer conjeturas. A continuación se presenta un ejemplo típico de tarjeta de archivo para la ondulación permanente.

HISTORIA DE LA ONDULACION PERMANENTE

Nombre.. Teléfono......................

Dirección............. Ciudad .... Estado (Provincia o Departamento).....................

DESCRIPCION DEL CABELLO

Forma	**Longitud**	**Textura**		**Porosidad**	
☐ lacio	☐ corto	☐ grueso	☐ suave	☐ muy poroso	☐ menos poroso
☐ ondeado	☐ mediano	☐ mediano	☐ sedoso	☐ moderadamente poroso	☐ porosidad mínima
☐ rizado	☐ largo	☐ fino	☐ duro	☐ normal	☐ resistente

Condición:

☐ virgen	☐ reondulado	☐ seco	☐ grasiento	☐ blanqueado

Teñido con...

Previamente ondulado con...

☐ Muestra adjunta del pelo original ☐ Muestra no adjunta

TIPO DE ONDULACION PERMANENTE

☐ en frío ☐ con calor ☐ con espesor ☐ otro tipo......................

Número de rizos.................... Loción.......................... Potencia....................

Resultado:

☐ bueno ☐ malo ☐ muy tenso ☐ muy flojo ☐ muestra adjunta de la ondulación permanente ☐ muestra no adjunta

Fecha	Operario(-ria)	Fecha	Operario(-ria)
....	....	....	....
....	....	....	....
....	....	....	....

RECORDATORIOS Y SUGERENCIAS PARA LA ONDULACION PERMANENTE

Las reglas que siguen deben observarse para protección de la cliente o de la cosmetóloga:

1. Cuando dé una ondulación permanente, siempre siga las instrucciones del fabricante.
2. Examine el cuero cabelludo para determinar si tiene abrasiones o lesiones.
3. Analice el pelo antes de darle una ondulación permanente.
4. Obtenga la información necesaria sobre la historia de las ondulaciones permanentes que ha recibido la cliente.
5. Proteja la ropa de la cliente con la cobertura adecuada.
6. Pídale a la cliente que se quite los lentes, los pendientes y las joyas del cuello.
7. Seleccione un champú suave y aplíquelo sin causar irritaciones en el cuero cabelludo.
8. Elimine todo cepillado del cabello o masajes antes de dar la ondulación permanente.
9. Siempre recorte el pelo para darle configuración antes de la ondulación permanente.
10. Aplique una crema protectora alrededor de la línea del cuero cabelludo y del cuello de la cliente.
11. Proteja la cara y el cuello de la cliente con tiras de algodón o bandas neutralizantes mientras da el tratamiento.
12. Proteja usted sus propias manos con guantes o crema protectora.
13. Use frascos limpios provistos de aplicador para todas las soluciones. Utilice tazas de medir plásticas o de vidrio y escudillas del mismo material. No emplee tazas o escudillas metálicas.
14. Cuando tenga dudas, haga rizos de prueba antes de la permanente.
15. Subseccione el pelo uniformemente. Las parcelaciones (subsecciones) disparejas pueden producir ondas irregulares.
16. Seleccione el tamaño adecuado de las barritas de rizar y la loción onduladora apropiada para el pelo.
17. No estire el pelo al envolverlo ni estire los elásticos (fajas de goma) por encima de los rizos ya que esto puede causar roturas en el pelo.
18. Cuando aplique la loción onduladora, asegúrese de que los rizos quedan completamente impregnados.
19. Evite que la loción gotee sobre el cuero cabelludo y la piel. Quite cualquier gota de loción de la piel secándola con algodón empapado en agua fría y aplique un neutralizador.
20. Quite las tiras de algodón o las bandas neutralizantes de la cara y el cuello si se han empapado con la solución onduladora. Si la toalla del cuello también se ha empapado con la loción, quítela del cuello inmediatamente.
21. Si la loción onduladora penetra en los ojos de la cliente, láveselos inmediatamente con agua fría, o guíese por lo que le diga su instructora. Lleve la cliente a un médico.
22. No deje sola a la cliente mientras el pelo está bajo tratamiento.
23. Haga frecuentes pruebas de la formación de ondas durante el tratamiento.
24. Neutralice el pelo completamente según las instrucciones del fabricante.
25. Tan pronto como sea posible, limpie las gotas que hayan caído al suelo.
26. No le aplique al pelo ningún enjuague con color, tinte, clarificador u otro cosmético que pueda causarle daño a la permanente nueva.
27. No le dé una permanente a una cliente que haya tenido una reacción alérgica durante una permanente anterior.
28. No deje que la cliente se siente en medio de una corriente de aire o cerca de un acondicionador de aire.
29. Llene y ponga al día con cuidado la tarjeta de archivo de la cliente.

PROBLEMAS ESPECIALES

TRATAMIENTOS REACONDICIONADORES

Al pelo reseco, quebradizo (frágil), dañado o muy poroso deben dársele tratamientos reacondicionadores. Sin embargo, antes de la ondulación permanente debe evitarse cualquier tratamiento que requiera masaje o la aplicación de calor. Este tipo de tratamiento puede hacer que el cuero cabelludo se torne muy sensible.

REACONDICIONADORES ESPECIALES PARA LA ONDULACION PERMANENTE

El pelo muy poroso o dañado debe acondicionarse antes de aplicarle una loción onduladora. Con este fin pueden obtenerse reacondicionadores especiales con proteína que reacondicionan el pelo y le hacen uniforme la porosidad. Algunos reacondicionadores también contienen lanolina y colesterol, cuyos ingredientes protegen el pelo contra la aspereza producida por la loción alcalina para ondular en frío.

CUIDADOS DESPUES DE LA PERMANENTE

Los tratamientos reacondicionadores también están indicados como parte de los cuidados que deben dársele al pelo después de la ondulación permanente y entre una y otra ondulación.

Los cuidados posteriores a la permanente ayudan a mentener el pelo en las mejores condiciones posibles. Incluyen el cuidado periódico del pelo del modo siguiente:

1. Déle al pelo un champú suave cada semana y enjuáguelo.
2. Use un acondicionador apropiado para el pelo y siga las instrucciones del fabricante.
3. Peine y cepille el pelo diariamente. Emplee el tipo de cepillo que sea más apropiado a la clase de pelo. Evite cepillar o peinar demasiado en dirección contraria.
4. Sugiérale a la cliente que se haga recortar y peinar el pelo a intervalos regulares para lograr que el estilo de peinado sea más práctico y duradero.

ONDULACION DEL PELO TEÑIDO O CLARIFICADO

Al ondular el pelo teñido o clarificado, se recomiendan ciertas precauciones especiales, tales como:

1. Darle al pelo un champú suave antes de ondularlo.
2. Cubrir toda la cabellera con un acondicionador específicamente prescrito para el pelo dañado.
3. Usar una loción especial para ondulación permanente siguiendo las direcciones del fabricante.
4. Hacer rizos de prueba con una solución onduladora más suave y dar un tratamiento más corto que los que se aplican al cabello normal.
5. Darle al pelo una permanente ácida ya que es más suave que una ondulación alcalina en frío.

PELO TEÑIDO CON TINTE METALICO

El pelo teñido con tinte metálico debe tratarse primero con un removedor del tinte para evitar que se descolore y rompa. No le aplique un tratamiento de ondulación al cabello si los rizos de prueba se rompen o se descoloran. Esta clase de descoloramiento es difícil de corregir.

SUAVIZACION DE LOS RIZOS

A veces una cliente no queda satisfecha con el resultado de la ondulación permanente porque el pelo parece demasiado rizado. Si el pelo es de textura fina, no sugiera la suavización de rizos hasta después de dos o tres champús. Este tipo de cabello se suaviza (relaja o estira) más que el pelo normal o grueso. Por lo general, después del segundo champú ya el pelo se ha relajado bastante como para resultar satisfactorio a la cliente.

Si la textura del pelo es normal o gruesa, la suavización de los rizos puede efectuarse bien sea inmediatamente después de la neutralización o pasados unos días.

La loción para ondular en frío puede utilizarse para relajar (suavizar) los rizos donde sea necesario. Peine la loción cuidadosamente a través del pelo para esanchar y aflojar las ondas. Cuando el pelo ya se ha relajado lo suficiente, se le da un enjuague, se seca con una toalla y se neutraliza.

Sin un análisis de los rizos no se determina la aplicación adecuada y el pelo puede dañarse o romperse. **Guíese por su instructora.**

ADVERTENCIA

No intente hacer la relajación de rizos en un pelo que ha recibido un tratamiento excesivo. Semejante proceso dañaría aun más el cabello.

ONDULACION PERMANENTE DEL PELO CON UNA PERMANENTE PARCIAL

El pelo que ha recibido una ondulación permanente debe ser sometido a un tratamiento reacondicionador. Deje el agente recondicionador sobre la permanente anterior y cubra esta parte del pelo con dos o tres papelitos protectores. Continúe entonces con el tratamiento acostumbrado para la ondulación permanente.

Este es sólo un modo de ondular este tipo de cabello. El método que indique su instructora será igualmente correcto.

PREGUNTAS DE REPASO

ONDULACION PERMANENTE

1. Cite tres ventajas de la ondulación permanente en frío comparándola con la ondulación con calor.
2. ¿Cuáles dos acciones principales afectan al pelo durante la ondulación permanente?
3. Mencione dos tipos de solución química usados en la ondulación permanente.
4. ¿Qué acción principal produce la solución para la ondulación permanente?
5. ¿Qué producto químico se aplica después de la solución para la ondulación permanente?
6. ¿Qué acción principal tiene el neutralizador?
7. ¿Cuál es el paso más importante antes de dar una ondulación permanente?
8. Cite tres factores que deben incluirse en el análisis del pelo y cuero cabelludo.
9. ¿Cuáles dos factores del pelo determinan la duración del tratamiento en la ondulación permanente?
10. ¿Por qué la elasticidad del pelo es tan importante en relación con la ondulación permanente?
11. ¿Qué efecto tiene la densidad del pelo en el tamaño de las subsecciones y en el de las barritas rizadoras?
12. ¿Qué tipo de champú se aconseja usar antes de dar una ondulación permanente?
13. ¿En qué forma ayuda el enjuague apropiado a lograr una ondulación permanente uniforme?
13. ¿Por qué es importante tener mucho cuidado al enjuagar el pelo antes de darle una ondulación permanente?
14. ¿En qué forma ayuda el enjuague apropiado a lograr una ondulación permanente uniforme?
15. ¿Qué determina la potencia de la loción onduladora que debe usarse?
16. ¿Por qué se recomiendan los acondicionadores especiales para la ondulación permanente?
17. ¿Qué potencia de loción onduladora se recomineda siempre para el pelo teñido o clarificado con exceso?

18. ¿Qué determina el tamaño de las subsecciones (parcelaciones) para la ondulación permanente?
19. ¿Cuáles tres factores deben considerarse al seleccionar las barritas para la ondulación permanente?
20. ¿Qué determina el tamaño del rizo o del patrón de onda?
21. ¿Por qué debe el pelo envolverse suavemente y sin tensión en cada barrita?
22. ¿Por qué se evita estirar el pelo al envolverlo para una ondulación permanente?
23. ¿Por qué es necesario hacer rizos de prueba?
24. ¿En cuáles tres momentos debe comprobarse el desarrollo de las ondas?
25. ¿Por qué deben observarse precauciones de seguridad en la ondulación permanente?
26. ¿Qué debe hacerse si la locion onduladora gotea accidentalmente sobre la piel o el cuero cabelludo?
27. ¿Cómo puede asegurarse usted de una distribución completa y pareja cuando aplica la loción para la ondulación permanente?
28. ¿Cuándo llega la formación completa de la onda a su punto máximo?
29. ¿Qué clase de textura de pelo no permitirá la formación de un patrón de onda firme?
30. ¿Cómo se descubre que el pelo ha recibido un tratamiento excesivo?
31. ¿Cuál es la variación de valor del pH en: a) una ondulación permanente de acidez equilibrada; b una ondulación permanente neutral?
32. ¿En qué se diferencian los métodos de aplicación de una ondulación permanente a un hombre de los aplicados a una mujer?
33. ¿Por qué puede un hombre desear una ondulación permanente?
34. ¿Por qué es una buena práctica obtener una declaración de exención de responsabilidad de cada cliente antes de aplicarle una ondulación permanente?
35. ¿Por qué debe guardarse en el archivo una tarjeta del historial de cada ondulación permanente para cada cliente?
36. ¿Cómo puede relajarse (suavizarse o estirarse) una ondulación permanente excesiva?

Caplítulo 15

COLORACION DEL PELO

OBJETIVOS DE APRENDIZAJE DEL CAPITULO

El (la) estudiante que logre dominar el contenido de este capítulo conocerá:

1. *Las razones por las cuales se le da color al pelo.*
2. *Los varios productos colorantes del pelo y sus efectos en el pelo.*
3. *Las clases de servicios de coloración que se ofrecen y las diferencias que existen entre la coloración temporal del pelo, la coloración semipermanente y la coloración permanente.*
4. *Los pasos preliminares que requiere un teñido.*
5. *La diferencia que existe entre los colorantes de una fase y los de dos fases.*
6. *Las precauciones de seguridad que es necesario observar.*
7. *La teoría de la clarificación del pelo, las clases de clarificadores que se utilizan y los resultados que se obtienen.*
8. *Cómo se da un retoque clarificador.*
9. *El propósito de los matizadores, la escarcha, el plumeado y el veteado.*
10. *Cómo aplicar los matizadores, la escarcha, el plumeado y el veteado.*
11. *Los problemas que se presentan en la coloración del pelo y el empleo de reacondicionadores y acondicionadores.*
12. *El procedimiento para teñir las pestañas y las cejas.*
13. *Las definiciones relativas a la coloración del pelo.*

La coloración (o el teñido) del cabello, que a la vez es ciencia y arte, consiste en modificar o variar el color del pelo. La **coloración del pelo** implica la adición de un color artificial al pigmento natural del cabello o la adición de un color al pelo clarificado. La **clarificación del pelo** implica la adición de un color artificial al pigmento natural del cabello o la adición de un color al pelo clarificado. La **clarificación del pelo,** por otra parte, consiste en la eliminación parcial o total de su pigmento natural o del color artificial que previamente se le ha dado. (Los términos "teñido" y "coloración" se emplean indistintamente en este texto.)*

La destreza en el teñido y la clarificación del pelo puede desarrollarse mediante una práctica continua y largas horas de estudio. Estos tratamientos pueden convertirse en provechosas fuentes de ingreso para el salón de belleza porque representan un **servicio que se presta con frecuencia.** La cliente a la cual se le ha teñido o clarificado el cabello continúa, por lo general, acudiendo al salón para que se le den retoques a intervalos regulares. El prestarle un servicio satisfactorio la alentará a visitar nuevamente el salón de belleza.

Razones principales para la coloración o clarificación del pelo:

1. Devolverle al cabello canoso su matiz natural.
2. Cambiar el color natural del cabello dándole un matiz más atractivo.
3. Restaurar el color natural del pelo.
4. Producir efectos decorativos tales como escarcha (rayitos), plumeado (penacho) o punteado (veteado).

Lal coloración del pelo es ventajosa para:

1. Las mujeres que tienen canicie prematura.

*N. del T.: Para mayor precisión podríamos delimitar los conceptos así: **decolorar** o **descolorar** es quitar el color natural del cabello por medios artificiales; **desteñirlo** es quitarle un color artificial; **aclararlo** o **clarificarlo** es rebajarle el color, en el segundo caso preferiblemente iluminándolo o dándole resplandores; **descolorirse** es perder el pelo el color, natural o artificial, por exposición a los elementos.

2. Los hombres y las mujeres de negocios que temen que el color de su pelo pueda ser una desventaja.
3. Las mujeres y los hombres que aspiran a conservar su aspecto joven.

Para tener éxito, la cosmetóloga debe conocer:

1. La estructura general del pelo y del cuero cabelludo.
2. La selección adecuada de los tintes y clarificadores del pelo.
3. Las reacciones químicas que producen los tintes y clarificadores.

COLORACION DEL PELO

La coloración del pelo es la aplicación de un color artificial a la cabellera.

Hay tres clases principales de coloración del cabello: **temporal, semipermanente** y **permanente.** La cosmetóloga profesional debe saber qué efecto produce cada clase de coloración en la cabellera.

CLASIFICACIONES DE LOS COLORANTES PARA EL PELO

COLORANTES TEMPORALES DEL PELO

1. Los **enjuagues colorantes** son enjuagues preparados que se utilizan para destacar el color del pelo o añadirle color. Estos enjuagues contienen colores patentados y permanecen en el pelo hasta que se le da el siguiente champú.
2. Los **champús con colorantes resplandecientes** combinan la acción de un enjuague colorante con la de un champú. Estos champús, que generalmente contienen colores patentados, imprimen resplandores y matizan el pelo.
3. Los **lápices colorantes** (creyones) son barritas de pasta colorativa que se obtienen en todos los matices y están hechas de jabones o ceras sintéticas. Se utilizan para dar retoques al pelo nuevo entre uno y otro teñido.
4. Las **cremas colorantes del pelo** se usan principalmente para el maquillaje teatral. Su tinte se cae fácilmente con los frotes debido a su base grasienta.
5. Las **pulverizaciones colorantes del pelo** se usan generalmente en colores dorados y plateados y se aplican con un pulverizador para dar efectos exóticos.
6. El **rimel** (tinte o tizne para los ojos) se utiliza para darles color a las pestañas y las cejas.

COLORANTES SEMIPERMANENTES DEL PELO

Los agentes colorantes semipermanentes del cabello son aquellos tintes cuya fórmula les permite durar en el pelo de 4 a 6 semanas. Son penetrantes por sí mismos y se aplican sin peróxido. No alteran la estructura básica del pelo.

Los tintes semipermanentes están preparados para producir los siguientes efectos:

1. Encubrir o disimular el cabello entrecano (parcialmente canoso) sin afectarle su color natural.
2. Darle realce a la hermosura del pelo canoso sin mudarle el color.
3. Destacar el color natural del cabello e imprimirle resplandores.

COLORANTES PERMANENTES DEL PELO

1. Los **tintes derivados la anilina** también se conocen como tintes penetrantes, tintes orgánicos sintéticos, tintes de peróxido, de oxidación, paratintes y aminotintes.* Los **matizadores** se clasifican también como tintes penetrantes.
2. **Tintes vegetales puros.** En el pasado se utilizaron como colorantes del cabello el añil (índigo), la manzanilla (camumila), la salvia y la alheña (alcana) egipcia. Hoy sólo la alheña se emplea profesionalmente.

*N. del T.: En química, los prefijos "para-" y "amino-" indican determinadas sustituciones de hidrógeno. La anilina, de la cual se derivan estos tintes, también es conocida como aminobenceno, aminobenzol, fenilamina o cianol.

3. Los **tintes metálicos** o **tintes minerales,** tales como el acetato de plomo o el nitrato de plata, son conocidos como de **tipo progresivo** o **restauradores del color.** Forman una capa metálica sobre el tallo del pelo y lo hacen inadecuado para la ondulación permanente, la clarificación o el teñido. Se aplican repetidas veces hasta obtener el desarrollo de un matiz apropiado.
4. Los **tintes compuestos,** como la alheña compuesta, son combinaciones de tintes vegetales con ciertas sales metálicas y otras sustancias colorantes. Las sales metálicas fijan el color. Los tintes compuestos recubren el tallo del pelo y lo hacen inadecuado para la ondulación permanente, la clarificación o el teñido.

TINTES METALICOS

Los tintes metálicos y los tintes compuestos nunca se utilizan profesionalmente. Sin embargo, las mujeres suelen comprar estos productos y aplicárselos en la cabellera. Por consiguiente, la cosmetóloga colorista del pelo debe ser capaz de conocer y entender los efectos que producen. Tales agentes colorantes deben eliminarse del pelo y éste debe reacondicionarse antes de que se le apliquen tintes, clarificadores, una ondulación permanente o soluciones relajadoras del pelo.

La cabellera que ha sido tratada con un tinte metálico o un tinte compuesto tiene un aspecto mate, sin resplandores. Este pelo es por lo común áspero y frágil al tacto. Tales tintes ordinariamente se desvanecen hasta quedar en un matiz raro, de aspecto artificial. Los tintes de **plata** tienen un viso **verdoso;** los de **plomo** tienen un matiz **púrpura** y los que contienen **cobre** se tornan **rojos.**

PRUEBA PARA SALES METALICAS

1. En un recipiente de vidrio, mezcle una onza (30 ml.) de peróxido de volumen 20 con 20 gotas de agua amoniacal al 28%.
2. Corte un mechón de pelos de la cabeza de la cliente. Enuelva un pedazo de cinta adhesiva transparante alrededor del mechón y sumerja el pelo en la solución antes descrita durante 30 minutos.
3. Saque el mechón del recipiente y obsérvelo.

Como la mayoría de estos productos contienen plomo, plata o cobre, observe si se producen las siguientes reacciones:

Prueba para el plomo. El pelo mudará de color enseguida. Con frecuencia se tornará inmediatamente mucho más claro.

Prueba para la plata. No presenta ninguna reacción al cabo de media hora. Una solución de peróxido y amoniaco no puede decolorar el pelo porque es incapaz de penetrar la capa de plata; en cambio, el mechón de pelos que no ha sido tratado con color artificial o tinte penetrante se decolorará hasta cierto grado.

Prueba para el cobre. La solución entrará en ebullición a los pocos minutos. El mechón de pelos se tornará caliente al tacto y despedirá un olor muy desagradable. Después de breves minutos, el pelo se hará pedazos fácilmente.

Si se presenta cualquiera de estas condiciones, el revestimiento metálico debe removerse antes de darle eficazmente al cabello un colorante o una ondulación permanente. Después que el revestimiento haya sido eliminado, inspeccione el mechón otra vez dentro de las 24 horas siguientes, estirándolo para ver si se rompe. Si se rompe, reacondicione el pelo antes de aplicarle cualquier tinte derivado de la anilina, un clarificador, una ondulación permanente o una solución relajadora del pelo.

Eliminación del tinte metálico. Existen ciertas preparaciones para eliminar el tinte metálico y los tintes compuestos. Siga las instrucciones del fabricante.

TINTES DERIVADOS DE LA ANILINA

Los **tintes derivados de la anilina** dan los mejores resultados en el teñido del pelo. La mayoría de los colorantes permanentes para el cabello se preparan a base de tintes derivados de ella. Estos tintes permanecen en el pelo hasta que son eliminados por medios químicos o hasta que el pelo de nuevo crecimiento los desplaza. El colorante penetra en la corteza del pelo a través de la cutícula y así no se cae con agua ni jabón.

Un tinte derivado de la anilina contiene, como ingrediente esencial, **parafenilendiamina** o algún otro compuesto químico relacionado. Con esta clase de preparados pueden imitarse los diversos matices del cabello humano sin que éste pierda su lustre. Estos tintes pueden darse con éxito en una cabellera que haya sido tratada con ondulación permanente o con relajación química.

Los tintes derivados de la anilina vienen en frascos pequeños y tubos. Deben mantenerse frescos durante el almacenaje pues se deterioran cuando se guardan durante largo tiempo.

Cuando el desarrollador o activador del color (peróxido de hidrógeno) se mezcla con el tinte, se inicia una reacción química conocida como **oxidación.** Por esta razón, el tinte así mezclado debe aplicarse al pelo inmediatamente. Después de aplicado, la oxidación continúa hasta que el color ha desarrollado el matiz que se desea.

El cálculo del tiempo de aplicación del tinte require un **estudio detallado** del producto que se va a utilizar.

ALERGIA

La alergia a los tintes derivados de la anilina es un trastorno impredecible. Algunas clientes pueden ser muy sensibles estos aminotintes penetrantes. Para determinar esta predisposición, es necesario efectuar una **prueba cutánea** o **prueba del parche,** la cual generalmente es exigida por la ley, en todas las clientes con 24 horas de anticipación a un tinte o un matizador.

Una persona que no ha padecido de alergia puede súbitamente desarrollarla. Para asegurarse, efectúe una prueba del parche con el fin de descubrir si la cliente se ha vuelto sensible al tinte después del último teñido.

En los Estados Unidos de Norteamérica la **Ley Federal de Alimentos, Drogas y Cosméticos** manda que se aplilque una **prueba del parche** o **prueba de predisposición** antes de aplicar un tinte derivado de anilina tanto en el caso de una cabellera **virgen** como en el de un **retoque.** Esta prueba es obligatoria para proteger lo mismo a la cliente que a la cosmetóloga colorista y, en general, a la cosmetología como profesión.

ADVERTENCIA

Los tintes derivados de la anilina **nunca** deben aplicarse a las pestañas ni a las cejas. **El hacerlo puede causar ceguera.**

PRUEBA CUTANEA

La prueba cutánea, o prueba del parche, debe efectuarse 24 horas antes de aplicar cada tinte o cada matizador. El tinte que se aplique a la piel para hacer la prueba debe ser del mismo matiz y mezcla que el tinte que se va a utilizar para el teñido de la cabellera.

Procedimiento

1. Elija la región en que va a efectuar la prueba, bien sea detrás de la oreja, extendiéndose hasta adentrarase algo en el cuero cabelludo, o bien en la sangría (doblez interior del codo).
2. Lave la zona en que va a hacer la prueba (una superficie circular de aproximadamente 1" [2.5 cm.] de diámetro) con agua y jabón suave.
3. Seque la zona dándole toques con un trocito de algodón absorbente o con una toalla limpia.

4. Prepare la solución para la prueba mezclando el contenido de una tapita del tinte con el contenido de una tapita de peróxido de volumen 20, o de otro modo, siguiendo las instrucciones del fabricante.
5. Aplique suficiente solución para la prueba con el aplicador de algodón astado (pedacito de algodón provisto de asta o palillo) hasta cubrir la zona que ha limpiado.
6. Deje que la zona de prueba se seque. Déjela al descubierto y no la toque durante 24 horas.
7. Inspeccione la zona de la prueba para determinar si hay reacción positiva o no.

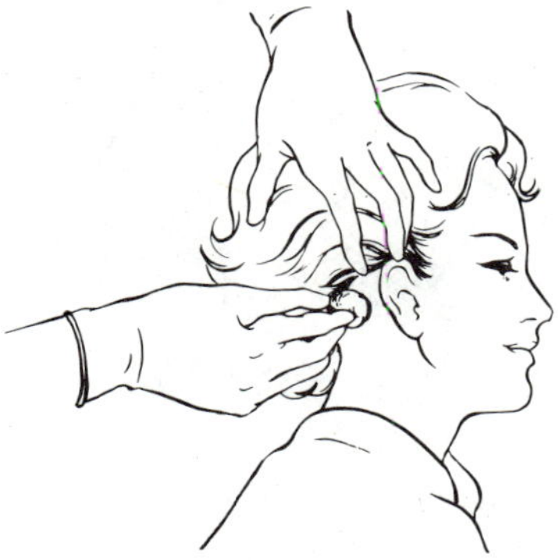

Lave la zona para la prueba cutánea detrás de la oreja.

Mezcle el contenido de una tapita del tinte con el de una de peróxido.

Aplique el tinte así mezclado.

Una **prueba cutánea negativa** no presentará señales de inflamación; por consiguiente, podrá aplicarse un tinte derivado de la anilina.

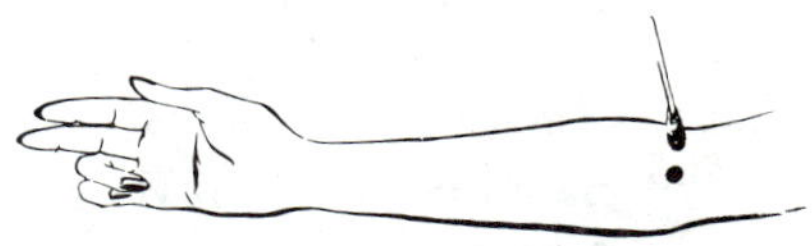

Haciendo la prueba cutánea (de alergia) en la sangría.

Una **prueba cutánea positiva** se reconoce por la presencia de rubicundez (color rojizo), tumefacción (hinchazón), sensación de ardor, prurito (picazón) y la aparición de ampollas o erupciones. Una cliente que muestra tales síntomas objetivos es alérgica a cualquier tinte derivado de la anilina y **bajo ninguna circunstancia debe aplicársele esta clase de tintes.**

Los síntomas de intoxicación con tintura para el cabello son los siguientes:

1. Tumefacción (inflamación o hinchazón).
2. Manchas rojas y prurito (picazón) que se extienden a todo el cuerpo.
3. Ampollitas que rezuman humor.
4. La cliente puede sufrir dolores de cabeza y vómitos.

La cliente que presente estos síntomas debe procurar atención médica inmediatamente.

PREPARACION PARA EL TEÑIDO DEL PELO

Selección del color. Siempre consulte a la cliente y considere el color que ella prefiera antes de comenzar a dar un tinte. Con este fin, debe utilizarse un local que esté bien iluminado, ya sea con luz natural o incandescente.

Al conversar con la cliente, averigüe si ella sabe cuál es el color que mejor le sienta a su edad y al tono de su piel. Tenga en cuenta que el tono de la piel cambia con los años. El color natural del cabello que armoniza primorosamente con el matiz de la piel a la edad de 20 o 30 puede resultar chocante e inapropiado a los 40 o 50. Para las clientes comprendidas en este último grupo coetáneo, deben utilizarse colores claros.

He aquí unas cuantas sugerencias de carácter general para la elección de colores:

1. Las mujeres que son jóvenes, o lo parecen, con cutis claro o color crema, pueden darse el lujo de ser todo lo audaces que deseen en la selección de colores.
2. Las mujeres con cutis de matiz encarnado o rosáceo deben atenerse a los tonos cenizos, ya sea en matices pálidos o más oscuros, de acuerdo con la edad y textura de la piel.

3. Las mujeres de cutis oliváceo claro tienen una piel de aspecto frío. La elección de colores en este caso va desde el rubio (blondo) hasta la gama más cálida de pardos, llegando algunas veces a colores muy oscuros.
4. Las mujeres que tienen un cutis de matiz amarillento o pardusco deben evitar los colores cenicientos. Es necesario hacer un cuidadoso estudio de la textura de la piel para determinar esta selección de tonalidades y para decidir la cantidad de color dorado, cobrizo o rojo que se ha de aplicar.

REGLAS BASICAS PARA LA SELECCION DEL COLOR

El éxito o fracaso del tinte para el cabello depende de la cuidadosa selección del color apropiado. La habilidad en la elección del color puede desarrollarse mejor si se observan las siguientes reglas básicas:

1. Para observar el color, el pelo de la cliente debe estar limpio y seco. Si está sucio o mojado, lo más probable es que se elija un color demasiado oscuro.
2. Utilice una carta cromática (cuadro de colores) que muestre la variedad de los colores del producto con sus nombres y números.

Comprobando el color del pelo.

3. Compare el cabello de la cliente con aquel matiz que más se le aproxime en la carta cromática.
4. Decida si ha de elegir el matiz propio del cabello de la cliente o uno que le siente mejor.
5. Para combinar el color, inspeccione el pelo de la parte posterior de la cabeza en la sección más cercana al cuero cabelludo. El pelo es más oscuro en esta zona.
6. Siempre mire a través de los pelos en vez de mirar hacia abajo, a lo largo del cabello. Para observar la profundidad del color así como los resplandores, empuje el pelo hacia arriba con las manos contra el cuero cabelludo.
7. Estudie las propiedades específicas del producto que va a utilizar y las instrucciones del fabricante.

Los **colores de los tintes** suelen agruparse en cuatro órdenes, según los matices básicos, de la siguiente manera:

1. Los matices que carecen de rojo se clasifican como **atenuados.**
2. Los matices con viso rojizo o dorado entran en el orden de los colores **cálidos.***
3. Los matices muy cargados de rojo se incluyen en el orden de los **muy cálidos** o **rojos.**
4. Los matices de plata o platino pertenecen al orden de los colores **fríos.****

PRUEBA PARA LA SELECCION DEL COLOR

Antes de aplicársele un tinte a la cabellera debe hacerse una prueba de mechón, la cual indicará:

1. Si se ha elegido el color apropiado.
2. El tiempo que debe permanecer el tinte en el cabello.
3. Si habrá riesgo de que el pelo se rompa o se decolore debido a la aplicación excesiva o errónea de una loción para ondulación permanente, un preparado para relajar el pelo, un clarificador, un colorante, un tinte metálico o uno compuesto. Si el pelo está dañado, reacondiciónelo y sométalo nuevamente a la prueba antes de aplicarle el colorante.
4. El cabello que está en malas condiciones, con secciones porosas o veteadas, o con puntas oscuras, necesitará tratamientos reacondicionadores. (Para obtener información sobre estos tratamientos vea la sección sobre **Reacondicionadores** en este mismo capítulo.)

*N. del T.: Llamados **cálidos** porque dan a los objetos el aspecto de estar bañados por la fuerte luz del sol. Los colores cálidos (amarillentos) y los **muy cálidos** (rojizos) forman la serie llamada **xántica** (palabra derivada del griego, que significa amarillo).

N. del T.: Llamados fríos porque dan a los objetos el aspecto de estar bañados por el suave resplandor de la luna. Los colores **fríos (azules verdosos) forman la serie ciánica (palabra derivada del griego, que significa azul oscuro).

PROCEDIMIENTO PARA LA PRUEBA DE MECHON

1. Mezcle una pequeña parte del tinte seleccionado con otra igual de peróxido de volumen 20.
2. Aplique la mezcla a todo el largo de un mechón de pelos secos. Déjela en el pelo hasta que se haya desarrollado el matiz que se desea.
3. Lave el mechón de pelos, séquelo y obsérvelo. Si los resultados son satisfactorios, proceda a dar el tinte.

Si el color que se desarrolla en el mechón de pelos resulta diferente del que se desea, elija otro color y repita la prueba de mechón.

Si la prueba de mechón revela alguna decoloración, lo que pudiera indicar la presencia de un tinte metálico dado con anterioridad, tome las medidas correctivas necesarias antes de aplicar el nuevo tinte.

Haga una prueba de mechón para el color.

Examine el cuero cabelludo y el pelo.

EXAMEN DEL CUERO CABELLUDO Y DEL PELO

El cuero cabelludo y el pelo deben inspeccionarse cuidadosamente para determinar si puede utilizarse sin peligro un tinte derivado de anilina y si existe algún problema específico que pudiera entorpecer el teñido.

Los resultados de la inspección pueden ser indicio de que debe tomarse alguna de las medidas siguientes:

1. Tratamientos reacondicionadores.
2. Eliminar el colorante del cabello.
3. Hacer la prueba de decoloración en el pelo
4. Hacer la prueba de rotura del cabello.

No debe utilizarse un tinte derivado de la anilina si se aprecia cualquiera de las siguientes condiciones:

1. Signos de prueba cutánea positiva de alergia.
2. Irritación o erupciones en el cuero cabelludo.
3. Enfermedad contagiosa del cuero cabelludo o del pelo.
4. Presencia de un tinte metálico o o de uno compuesto.

Si el cuero cabelludo y el pelo están saludables, inspecciónelos con cuidado y haga el asiento correspondiente en el historical de la cliente (tarjeta de datos para el archivo).

Use agua suave. Cuando use agua para un tinte o clarificación del pelo, asegúrese de que es agua **suave** (agua blanda, delgada o fina).

SIGA UN PLAN DE TRABAJO PARA UN TINTE

Para que el teñido con tintes derivados de la anilina tenga éxito, la cosmetóloga colorista del pelo debe seguir un procedimiento definido. Esto dará por resultado una máxima eficiencia. Ello incluye el mantener al día un historical permanente de los tintes para el cabello que se le han aplicado a cada cliente. Si no se sigue un plan, el trabajo es más demorado y se corre el riesgo de cometer errores. Además, la cliente pronto se sentiría descontenta y perdería la confianza en la competencia de la cosmetóloga.

COMO MANTENER EL HISTORIAL DEL TEÑIDO DEL PELO

Es de suma importancia mantener al día un historial preciso para que las dificultades que se descubran al dar un tinte se eviten en los tratamientos subsiguientes. Una reseña circunstanciada completa debe incluir datos tales como "se seca rápidamente," "el colorante no se desarrolla con la rapidez normal," o cualquier otro antecedente que se relacione con el cabello de la cliente en cuestión.

TARJETA DE DATOS SOBRE TEÑIDOS DEL CABELLO

Nombre .... Tel. ....

Dirección .... Ciudad ....

Prueba Cutánea: Negativa ☐ Positiva ☐ Fecha ....

DESCRIPCION DEL CABELLO

Forma	**Longitud**	**Textura**	**Porosidad**	
☐ lacio	☐ corto	☐ grueso	☐ muy poroso	☐ rebelde
☐ ondulado	☐ mediano	☐ mediano	☐ algo poroso	☐ muy rebelde
☐ rizado	☐ largo	☐ fino	☐ normal	☐ ondulado perma.

Condición

☐ normal ☐ reseco ☐ grasiento ☐ descolorido ☐ veteado ......☐ canoso

Previamente clarificado con ....durante.................(tiempo)

Previamente teñido con ....durante.................(tiempo)

☐ muestra original adjunta ☐ no adjunta

TRATAMIENTOS CORRECTIVOS

Se usó reacondicionador con color ....Tratamientos correctivos con...............

PROCEDIMIENTO PARA EL TEÑIDO DEL PELO

Toda la cabellera........ Retoque........pulgadas (cm) Matiz deseado................

Fórmula: Colorante .... Clarificador ....

Resultados:

☐ bueno ☐ malo ☐ demasiado claro ☐ demasiado oscuro ☐ veteado

Fecha	Operario(-ria)	Precio	Fecha	Operario(-ria)	Precio
....	....	....	....	....	....
....	....	....	....	....	....
....	....	....	....	....	....

DECLARACION DE EXONERACION DE RESPONSABILIDAD

La declaración de exoneración de responsabilidad se usa para los teñidos del pelo, la ondulación permanente o cualquier otro tratamiento que requiera que la cosmetóloga o propietaria del salón sea eximida de gravamen por causa de accidentes o daños.

MUESTRA DE LA FORMULA DE EXONERACION

Nombre de la cliente .... Dirección ....

Condición del cabello ....

Coloración del cabello: Clase ....Dada por ....

Entiendo perfectamente que el tratamiento de coloración del cabello que he solicitado y que se me va a aplicar es, en general, inocuo al pelo normal, pero que existe la posibilidad de que le cause daño a mi pelo debido al estado actual del mismo.
En vista de esto, acepto libremente toda responsibilidad por cualquier daño posible que, como resultado del tratamiento, se le cause a mi cabello directa o indirectamente.

Firma de la cliente ....

Testigo .... Fecha ....

ENJUAGUES CON COLORANTE TEMPORAL

Un enjuague colorativo temporal recubre la cutícula del pelo con una película delgada de pigmento colorante. Como el color permanece en la cutícula y no penetra en la corteza del pelo, dura solamente breve tiempo: por lo general, el lapso que transcurre entre un champú y el siguiente. Los enjuagues con colorantes temporales ordinariamente contienen colores patentados.

Hay un cierto número de ventajas importantes en el uso profesional de los colorantes temporales. Estos son muy útiles porque contribuyen a:

1. Hacer resaltar los resplandores de la cabellera.
2. Restaurar provisionalmente el color natural en el pelo descolorido.
3. Neutralizar el viso amarillento en el cabello blanco o canoso.
4. Atenuar el matiz del pelo excesivamente aclarado.
5. Añadir color temporal a la cabellera sin alterar el estado del pelo.

Los colorantes temporales del pelo también presentan algunas desventajas:

1. El color es de corta duración y debe aplicarse después de cada champú.
2. La película revestidora del pelo es muy delgada y puede que no cubra todo el pelo uniformemente.
3. El fino revestimiento de color puede dejar huellas en la ropa o en las almohadas.

Sin embargo, para las clientes que desean destacar el color de su pelo o impartirle hermosura al cabello canoso, un enjuague con color temporal les es muy beneficioso. Los enjuagues colorantes vienen en varios matices: rubio (blondo), pardo, negro, rojo, plata y apizarrado (color de pizarra). Se aplican con facilidad y rapidez y son útiles para iniciar a la cliente en el uso de la coloración del cabello.

Metodos de Aplicacion

Hay dos métodos de uso general para la aplicación profesional de colores temporales para el pelo. Ambos métodos requieren que:

1. La cliente esté adecuadamente cubierta para protegerle la ropa y la piel. (Pídale a la cliente que se quite las joyas y los lentes.)
2. Se le dé a la cliente un champú y se le seque el pelo con una toalla.

METODO A

MATERIALES E INSTRUMENTOS

Corbatín protector para el cuello
Capa para champú
Vaso para medir
Toallas
Peine
Enjuague con color
Champú
Guantes protectores
Frasco plástico con aplicador

PROCEDIMIENTO

Después de darle al pelo un champú y secarlo con una toalla:

1. Siente a la cliente cómodamente en el área del salón destinada a los peinados.
2. Apíquele el enjuague colorante con un frasco plástico provisto de boquilla (aplicador). (Fig. 1.)
3. Aplique el enjuague desde las raíces (zona del cuero cabelludo) y espárzalo peinándolo a través del pelo hasta las puntas.

Fig. 1. Aplique el enjuague temporal con un frasco con boquilla.

Fig. 2. Esparza el enjuague con un peine de dientes anchos.

4. Empleando la parte del peine que tiene dientes anchos, haga que el color penetre en cada mechón para asegurar una distribución completa y pareja. (Fig. 2.)
5. No enjuague la cabellera.
6. Prepare el peinado, seque el pelo y péinelo en la manera acostumbrada.

METODO B

MATERIALES E INSTRUMENTOS

Los mismos que se emplean para el Método A, pero añadiéndole un cepillo para enjuagues y un aplicador de algodón (algodón astado o pedacito de algodón provisto de asta o palillo).

PROCEDIMIENTO

Después de darle al pelo un champú y secarlo con una toalla:

1. Prepare el enjuague siguiendo cuidadosamente las instrucciones del fabricante.
2. En la bacía para champús, aplique el enjuague con un cepillo, un trocito de algodón, un frasco plástico con boquilla o un frasco con rociador de presión. (Fig. 3.)
3. Comience a aplicar el enjuague colorante en la parte donde el pelo está más claro o donde parece necesitar más el color.

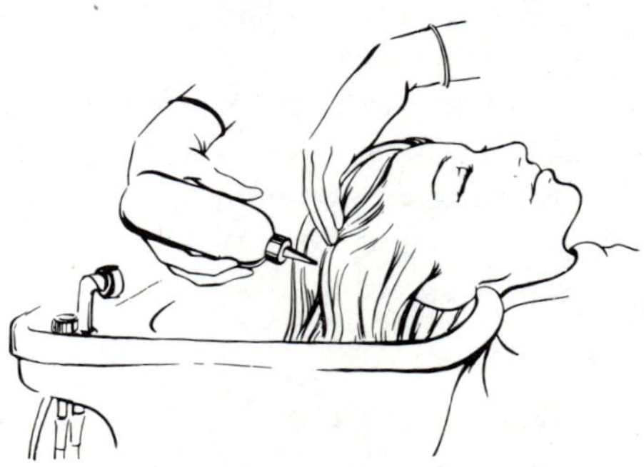

Fig. 3. Aplicando el enjuague temporal.

4. La aplicación del enjuague colorante debe comenzarse lo más cerca posible del cuero cabelludo y debe impregnarse todo el pelo completamente hasta las puntas.
5. Si las puntas del pelo son porosas, diluya la mezcla de la solución antes de aplicarla a las puntas del pelo.
6. Deje el enjuague en el cabello durante un período de 2 a 5 minutos de acuerdo con el grado de matiz que desea lograr.
7. Enjuague el pelo completamente con agua tibia.
8. Prepare el peinado, seque el pelo y péinelo en la manera acostumbrada.

Nota: Para cualquier variación de este procedimiento, observe las direcciones del fabricante o guíese por su instructora.

LIMPIEZA

1. Retire todos los suministros y materiales desechables.
2. Tape los recipientes, séquelos y póngalos en los lugares en que se guardan.
3. Limpie y desinfecte los instrumentos.
4. Asee el lugar donde trabajó y déjelo en orden.
5. Lávese las manos y desinfécteselas.

TINTES SEMIPERMANENTES

Los tintes semipermanentes ofrecen una alternativa en la coloración del pelo que puede ser aceptable para la cliente que antes se mostraba remisa al cambio de color de su cabellera.

Un tinte semipermanente es un producto de sustancias colorantes preparado según una fórmula que cae en una categoría intermedia entre un enjuague colorante temporal y un tinte de color permanente para el cabello sin que sustituya a ninguno de estos dos.

El pelo de color natural, atenuado o mate, puede mejorar de tono mediante la aplicación de un tinte semipermanente porque éste no tiene efecto decolorante en el cabello.

Hay una gran variedad de colores que pueden adquirirse en el comercio y los resultados que se obtengan dependerán principalmente del color original y, en menor grado, de la textura del pelo de la cliente y de la duración del tratamiento.

Los diversos matices existentes pueden mezclarse para crear tonos especiales de color.

Hay matices de gris azulado o gris plata específicamente destinados al cabello cuya canicie varía entre el 10% y el 100%.

Los colores semipermanentes para el pelo se preparan de acuerdo con fórmulas que les permiten una duración de 4 a 6 semanas en el pelo. No es necesario utilizar peróxido. El pelo se aclara después naturalmente con tal de que se le aplique un **champú suave que no decolore.** Estos tintes no necesitan retoques.

VENTAJAS

1. El color penetra por sí mismo.
2. El tinte se aplica siempre de igual manera.
3. Los retoques quedan eliminados.
4. El color no se cae con los frotes porque ha penetrado el tallo del pelo.
5. El cabello recupera su color natural casi totalmente en un período de 4 a 6 semanas.

Los tintes semipermanentes requieren una prueba cutánea durante 24 horas. Algunos colorantes semipermanentes para el cabello requieren la aplicación previa de un champú, otros no. Lea las instrucciones del fabricante.

TIPOS

1. Tintes semipermanentes que encubren la canicie completamente pero no afectan el resto de la pigmentación del cabello.
2. Tintes semipermanentes que le dan al cabello canoso un tono de gris más agraciado sin alterar el pigmento natural.
3. Tintes semipermanentes que le imprimen color y resplandores al cabello que no es canoso.

MATERIALES E INSTRUMENTOS

Corbatín protector para el cuello
Toallas
Capa para tintes para cubrir a la cliente
Guantes protectores
Peine
Frasco con aplicador (boquilla)
Algodón
Champú suave
Tinte seleccionado según el color
Carta cromática
Enjuague ácido o normalizante
Horquillas (ganchos)
Tarjeta de datos
Polvos de talco
Gorro plástico (si es necesario)
Cronómetro

PASOS PRELIMINARES

1. Aplique una prueba cutánea durante 24 horas antes de dar el tinte.
2. Si la pureba cutánea resulta negativa, proceda a dar el tinte.
3. Reúna todos los suministros necesarios.
4. Prepare a la cliente. Protéjale la ropa con una toalla y una capa para tintes. Pídale a la cliente que se quite las joyas y los lentes.
5. Examine el cuero cabelludo de la cliente para descubrir si hay irritación o abrasiones.
6. Seleccione el matiz del color deseado.

El tinte semipermanente se aplica al pelo con la boquilla de un frasco aplicador. Como las instrucciones de los fabricantes varían, lo mejor es guiarse por su instructora.

PROCEDIMIENTO

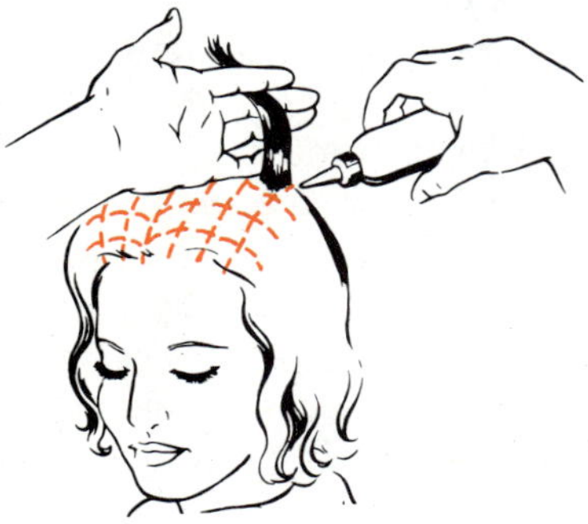

Aplique el tinte al cuero cabelludo.

Esparza el color poco a poco en toda la cabellera.

1. Se es necesario, dé un champú suave.
2. Seque la cabellera con una toalla (siga las instrucciones del fabricante).
3. Póngase los guantes protectores.
4. Aplique el tinte al cabello en toda la zona del cuero cabelludo.
5. Esparza el color por entre los pelos con los dedos hasta que la cabellera esté completamente impregnada. No dé masaje en el cuero cabelludo.
6. Levante los mechones para agruparlos en la parte superior de la cabeza sin apretarlos.
7. Guíese por el fabricante sobre si debe utilizar un gorro plástico para cubrir la cabeza.
8. Haga la prueba de mechón para el color.
9. Cuando el color se haya desarrollado, moje el pelo con agua tibia y forme en él una espuma.
10. Enjuáguelo con agua tibia hasta que el agua salga clara.
11. Déle un enjuague ácido o normalizante.
12. Seque el pelo con una toalla; marque el peinado, séquelo y déle estilo.
13. Llene la tarjeta de datos para el archivo.

Use una cobertura plástica si es necesario.

Enjuague con agua tibia hasta que el agua salga clara.

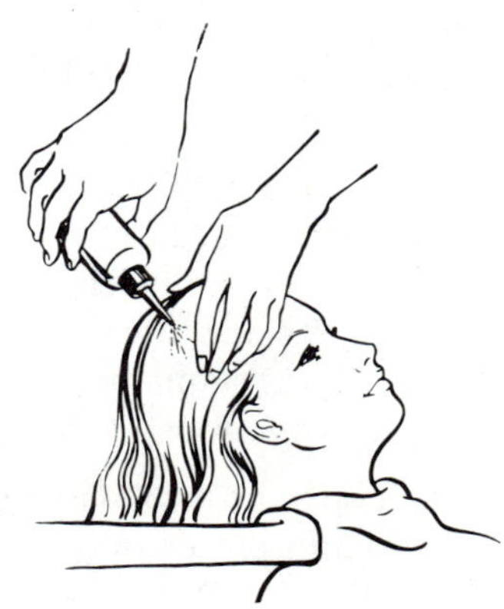

Dé un enjuague ácido o normalizante.

LIMPIEZA

1. Retire todos los suministros y materiales desechables.
2. Tape los recipientes, séquelos y póngalos en los lugares en que se guardan.
3. Limpie y desinfecte los instrumentos.
4. Quítele las manchas a la capa para tintes.
5. Asee el lugar donde trabajó y déjelo en orden.
6. Lávese las manos y desinfécteselas.

COLORANTES PERMANENTES DEL PELO

Prácticamente todo tratamiento profesional de coloración permanente del cabello se aplica mediante el uso de tintes penetrantes oxidantes que contienen algún derivado de la anilina.

Estos tintes penetran a través de la cutícula del pelo hasta la capa cortical del mismo. Allí se oxidan por la acción del peróxido—que se le ha añadido a la mezcla—desarrollando pigmentos de coloración que se esparacen a todo el largo del pelo en la misma forma que el pigmento natural.

Los tintes penetrantes también reciben las siguientes denominaciones:

Tintes de una fase, también llamados de proceso simple o único, de una sola aplicación o de aplicación sencilla.

Tintes de dos fases, también llamados de proceso doble, de dos aplicaciones o de aplicación doble.

Los **tintes de una fase** (en forma de crema o de líquido) tienen dos funciones: aclaran el pelo y le añaden color con una sola aplicación.

Los **tintes de dos fases** (en forma de crema o de líquido) realizan una sola función cada vez: requieren dos aplicaciones distintas que deben efectuarse por separado:

Primero: aplicación de un suavizador o decolorante.

Segundo: aplicación de un tinte o matizador.

Como precaución de seguridad, debe hacerse una **prueba cutánea,** también llamada "de parche," antes de aplicarle el tinte al pelo. La cosmetóloga colorista del cabello se pone los guantes protectores para aplicar el tinte.

TINTES DE UNA FASE (Crema o Líquido)

Los tintes de una fase representan un método simplificado de darle color al cabello. Con una sola aplicación puede dársele al pelo un color permanente **sin** necesidad de aplicarle antes un champú, un suavizador o un decolorante.

En la mayoría de los casos, los tintes de una fase contienen un agente decolorante y un champú a base de aceite combinado con un tinte derivado de anilina. Cuando está listo para utilizarse, se le añade peróxido de hidrógeno de volumen 20 en determinada proporción de acuerdo con las instrucciones del fabricante.

El tinte de una fase se le da al pelo **únicamente cuando éste está seco.** Si el pelo está muy sucio y es necesario darle un champú, debe secarse el pelo completamente antes de aplicarle el tinte. La selección de matices varía desde el negro de ébano hasta un rubio muy claro.

Las ventajas de los tintes de una fase son:

1. Ahorran tiempo porque no requieren la previa aplicación de un champú, un suavizador o un decolorante.
2. No dejan líneas de diferenciación.
3. Le imprimen al cabello tonos más claros o más oscuros que los de su color natural.
4. Se mezclan con el cabello canoso o blanco para igualar el matiz natural del pelo de la cliente.
5. Atenúan el tono de la cabellera veteada, la de matices disparejos o la descolorida y encubren las puntas blanquecinas del pelo.

ALGUNAS REGLAS GENERALES PARA LA SELECCION DEL COLOR DE UNA FASE

1. Para igualar el color natural del cabello y encubrir las canas, seleccione el color que más se aproxime al matiz natural del pelo.
2. Para abrillantar o decolorar el cabello y encubrir las canas, seleccione un matiz de un tono más claro que el color natural. El tinte elegido debe contener suficiente colorante para producir el matiz deseado en el cabello canoso.
3. Para oscurecer la cabellera y encubrir las canas, seleccione un color más oscuro que el del pelo natural.
4. Estudie la carta cromática del fabricante para determinar la selección del color apropiado.

SUGERENCIAS UTILES

SECCIONE, PERFILE Y SUBDIVIDA

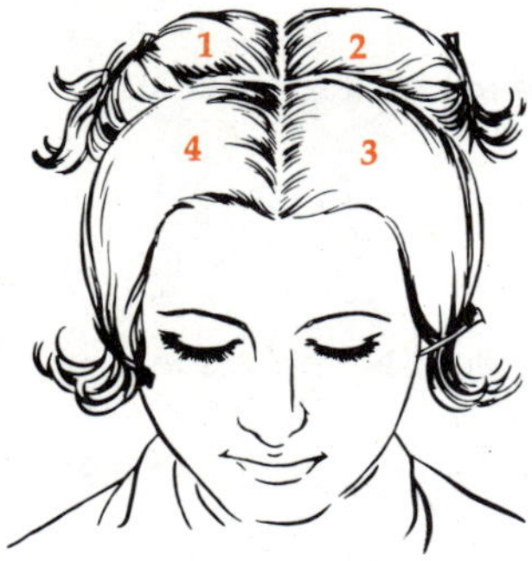

Seccionando el pelo en cuadrantes.

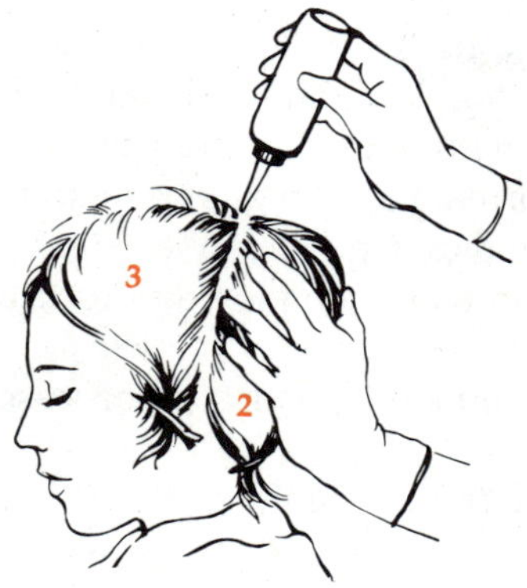

(Opcional) Perfilando la crencha (raya) con tinte para un retóque, solamente si el pelo es canoso.

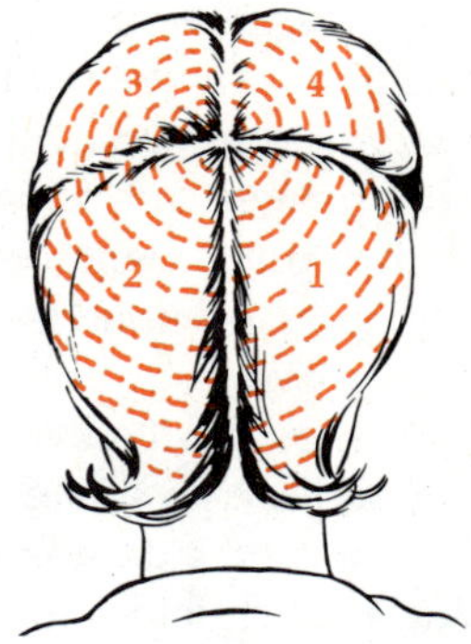

Subdividiento las secciones en mechones de ¼".

USE UN FRASCO PLASTICO CON APLICADOR

Preparando la mezcla—agitando el frasco suavemente de un lado a otro.

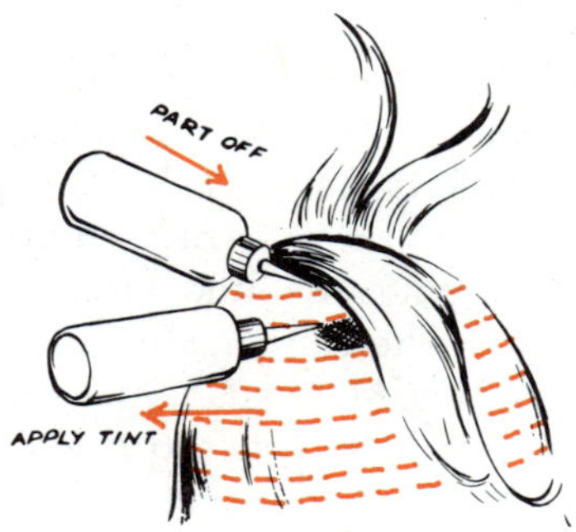

Usando el frasco plástico con boquilla para dividir la cabellera y aplicar el tinte a mechones de ¼".

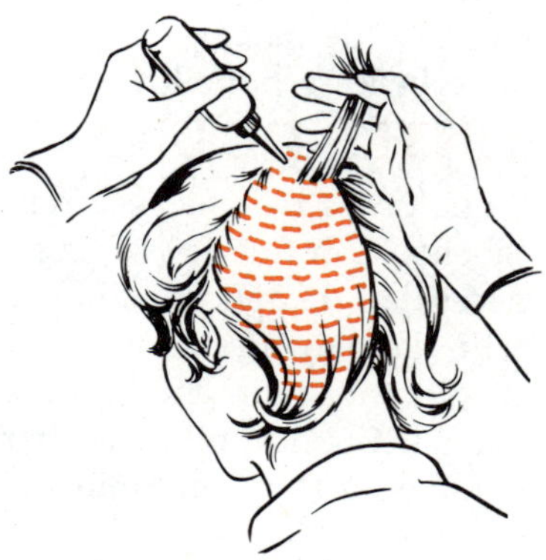

Aplicando el tinte a los mechones de ¼".

USE UN CEPILLO COMO APLICADOR

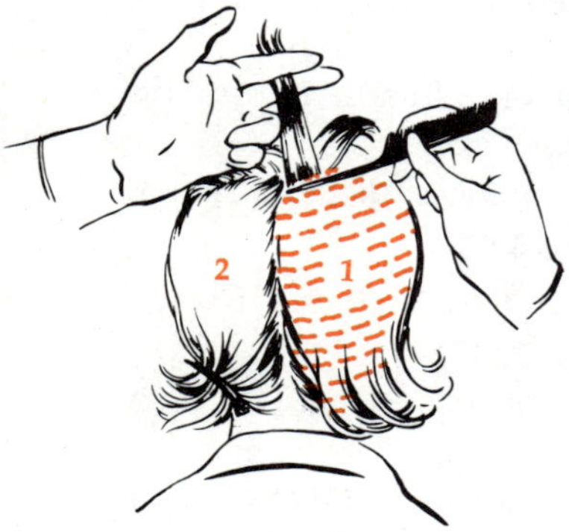

Divida cada mechón con un peine de cola (de rata).

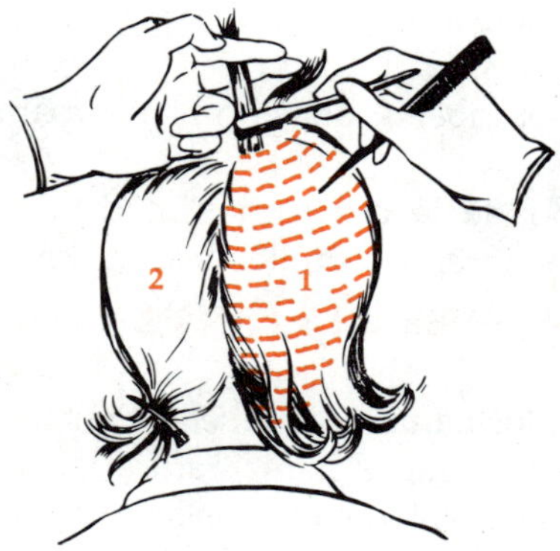

Aplicando el tinte a cada mechón, primero por el lado de arriba, después por el lado de abajo.

PRUEBA DE MECHON

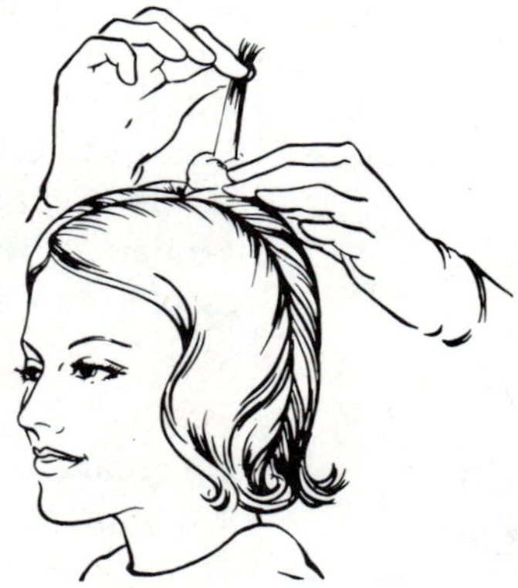

Haciendo la prueba de mechón para desarrollar el color.

TINTE DE UNA FASE PARA PELO VIRGEN (Teñido Para Darle Al Cabello un Matiz Mas Claro)

La cabellera virgen es aquella que nunca ha sido decolorada ni teñida. El cabello que ha sufrido deterioro en cualquier forma que sea, bien por una ondulación permanente, el estiramiento químico, la luz del sol, etc., no puede considerarse como cabellera virgen.

El procedimiento aquí ilustrado para la aplicación de tintes de una fase es de uso general hoy día. Sin embargo, si su instructora emplea un procedimiento distinto, siga el que ella le indique.

MATERIALES E INSTRUMENTOS

Toallas
Capa para tintes para cubrir a la cliente
Guantes protectores
Peine
Escudillas de vidrio o plástico
Tarjeta de datos para el archivo
Aplicadores:
  Cepillos para tintes
  Tapones astados
  Frascos plásticos
Cronómetro
Algodón
Champú de acidez equilibrada
Tinte del color seleccionado
Peróxido de hidrógeno (volumen 20)
Carta cromática
Enjuague ácido o normalizante

ACONDICIONADORES Y REACONDICIONADORES CON COLOR

Si el cabello está deteriorado, pueden dársele tratamientos previos de acondicionamiento.

Para asegurar que la coloración sea uniforme, puede aplicársele al pelo dañado un acondicionador con color. (Para más información véase la sección sobre **Acondicionadores y Reacondicionadores con Color** en este capítulo).

PASOS PRELIMINARES

1. Haga una prueba de mechón 24 horas antes de aplicar el tinte.
2. Si la prueba de mechón da resultado negativo, proceda a teñir el pelo.
3. Inspeccione el cuero cabelludo de la cliente para determinar si presenta irritación o abrasiones.
4. El tinte puede aplicarse con un frasco provisto de boquilla o con un cepillo.

PREPARACION

1. Reúna todos los materiales e instrumentos necesarios.
2. Prepare a la cliente. Protéjale la ropa con una toalla y una capa para tintes. Pídale que se quite las joyas y los lentes.
3. Vuelva a inspeccionar el cuero cabelludo de la cliente.
4. Seleccione el matiz del color deseado.
5. Póngase los guantes protectores.
6. Haga la prueba de mechón para el color.
7. Prepare la fórmula.

Cubra a la cliente.

PRECEDIMIENTO

1. Divida la cabellera en cuatro secciones iguales. **Si se utiliza un reacondicionador con color para cabello de puntas dañadas, aplíquelo antes del tinte. (Guíese por su instructora.)**
2. Elija una sección donde predomine el cabello canoso. Si no hay canicie, elija una sección donde el pelo sea más rebelde, generalmente en la coronilla.
3. Subdivida cada sección en mechones de ¼″ (0.625 cm.) de espesor.

4. Levante un mechón de pelos y sosténgalo alejado de la cabeza en un ángulo que deje al descubierto el cuero cabelludo.
5. Si utiliza un reacondicionador con color, aplíquele el tinte al pelo desde 1" (2.5 cm.) de distancia del cuero cabelludo hasta las puntas. Si **no** utiliza el reacondicionador con color, aplique el tinte desde 1" de distancia del cuero cabelludo hasta 1" de distancia de las puntas.

   Nota: El calor del cuerpo hace que la parte del pelo más cercana al cuero cabelludo se tiña más rápidamente. Por eso el tinte se aplica al pelo cercano al cuero cabelludo después de aplicarlo a toda la cabellera asegurando así la uniformidad del color.

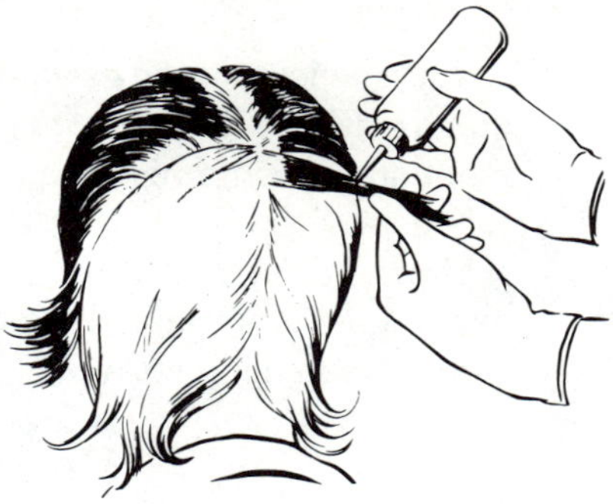

Aplicando el tinte a 1" distancia del cuero cabelludo.

6. Deje que la mezcla del tinte desarrolle el color durante aproximadamente 15 minutos.
7. Haga frecuentes pruebas de mechón para comprobar el desarrollo del color hasta que el pelo se haya aclarado hasta más o menos la mitad del matiz deseado.
8. Aplique la mezcla a la zona del cuero cabelludo. Asegúrese de que todo el pelo queda completamente impregnado.
9. Deje el tinte en el pelo hasta que una de las pruebas de mechón indique que el color deseado se ha desarrollado uniformemente desde el cuero cabelludo hasta las puntas.
10. Enjuague el pelo con agua tibia para quitar el color sobrante.
11. Quite las manchas de alrededor del contorno del cuero cabelludo, las orejas y el cuello frotando circularmente con un pedacito de algodón mojado en tinte sobrante diluido con champú, un removedor de manchas comprado en el comercio o agua tibia y un poco de champú.
12. Aplique un champú suave, de acidez equilibrada (que no destiñe), y enuague el pelo completamente con agua apenas tibia. Séquelo con una toalla.
13. Aplique un enjuague ligeramente ácido o un acondicionador para restaurar en el cabello una condición más normalizada.
14. Marque el peinado, seque el pelo y péinelo.
15. Llene la tarjeta de datos y archívela.

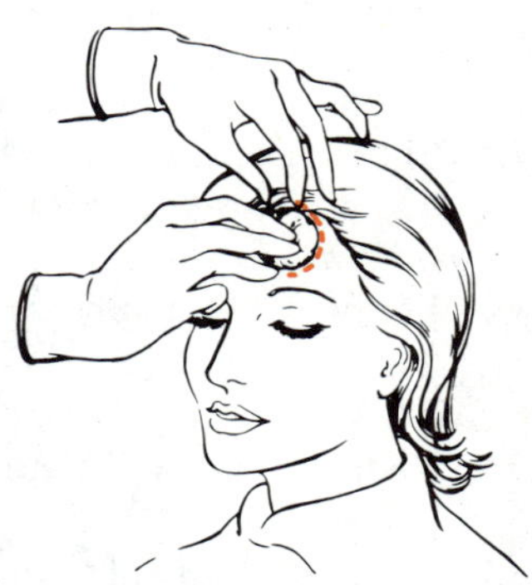

Quitando las manchas de tinte.

LIMPIEZA

1. Retire todos los suministros y materiales desechables.
2. Tape los recipientes, séquelos y póngalos en los lugares en que se guardan.
3. Limpie y desinfecte los instrumentos.
4. Quítele las manchas a la capa para tintes.
5. Asee el lugar donde trabajó y déjelo en orden.
6. Lávese las manos y desinfécteselas.

TEÑIDO PARA OSCURECER EL TONO

Cuando tiña el pelo de un color parecido al natural, o algo más oscuro, siga los pasos de la misma preparación y el procedimiento que se usa para el tinte de una fase que aclara el pelo con las siguientes excepciones:

1. Seleccione un color que sea parecido al color natural del pelo de la cliente o más oscuro.

2. Aplique el tinte desde la zona del cuero cabelludo hasta las puntas del pelo.
3. Cuando el color se haya desarrollado uniformemente desde la zona del cuero cabelludo hasta las puntas, déle un champú y enguague el pelo al modo acostumbrado.

TEÑIDO PARA PELO LARGO

El procedimiento que se sigue para teñir el cabello largo es por lo general el mismo que para el pelo corto. Debe cuidarse de tener a mano suministros adicionales que alcancen para el tratamiento del pelo extra largo.

RETOQUE DEL TINTE DE UNA FASE

Para retocar el pelo de nuevo crecimiento (pelo recién nacido) siga el mismo procedimiento que para teñir una cabellera virgen, pero teniendo presente las siguientes diferencias:

1. Aplíquele el tinte solamente a la sección recién crecida del pelo: NO EXTIENDA EL TINTE SOBRA LA SECCION PREVIAMENTE TEÑIDA. Haga frecuentes comprobaciones para el desarrollo del color.
2. Cuando el color se haya desarrollado casi completamente, diluya el resto del tinte añadiéndole un champú suave, un acondicionador o simplemente agua, según sean las instrucciones del fabricante.
3. Para lograr que el color se extienda completa y uniformemente, aplique esta mezcla así diluida a toda la cabellera. Espárzala suave y parejamente con la punta de los dedos. Déjelo en el pelo durante unos minutos. Enjuague el pelo con agua tibia y quítele el color sobrante.
4. Siga los pasos del 11 al 15 igual que para darle un tinte a una cabellera virgen.
5. Limpie el lugar de trabajo en la forma acostumbrada.

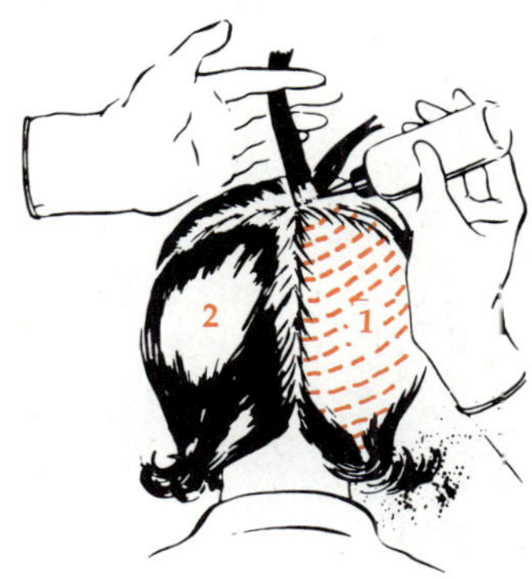

Retocando el pelo nuevo.

TINTES CON CHAMPUS DE RESPLANDORES

Los tintes con champús de resplandores son preparados que contienen tintes derivados de la anilina combinados con peróxido de hidrógeno y una base de champú neutral. Se utilizan cuando se desea **cambiar muy levemente** el matiz del cabello. Estos tintes-champús sirven para limpiar el cabello y para darle realce a su color natural en una sola operación. (Para darlos se requiere hacer la **prueba de alergia.)**

Agente clarificador. Hay algunos champús que dan resplandores y que están preparados solamente con peróxido de hidrógeno y una base de champú. Como éstos no contienen tinte e incluyen solamente un clarificador, rebajan ligeramente el color del pelo. (No se necesita la prueba de alergia.)

El **método de aplicación** tanto de los tintes con champús resplandecientes como de los que contienen un agente clarificador es el siguiente:

Esparza la mezcla parejamente por toda la cabellera haciéndolo sobre la bacía para champús. Déjela en el pelo durante un período de 8 a 15 minutos. Enjuague el pelo completamente.

Aplicando el tinte con champú de resplandores.

PRE-CLARIFICACION O PRE-SUAVIZACION

Pre-clarificación. Si la cliente desea obtener un cambio drástico en el color del pelo haciéndolo más claro que el color natural, y quiere al mismo tiempo encubrir totalmente su canosidad, debe primero aplicársele a la cabellera una decoloración previa (pre clarificacion), o sea, anterior al tinte. La clarificacion o decoloracion previa se aplica de la misma manera en que se da un tratamiento ordinario de clarificación del pelo.

Seleccione el matiz según la carta cromática (cuadro de colores) del fabricante.

Después que la clarificación previa ha alcanzado el matiz deseado, déle ligeramente un champú al pelo y séquelo con una toalla. Aplíquele entonces el tinte en la forma acostumbrada.

Pre-suavización. Si el pelo de la cliente es resistente, debe ser suavizado (ablandado) previamente a fin de prepararlo para que absorba el tinte.

Aplique el suavizador desde el cuero cabelludo hasta la punta de los pelos igual que lo hace para un tratamiento ordinario de clarificación y déjelo en el pelo unos minutos. Durante este lapso el cambio de color que se produce es muy poco, pero el pelo se vuelve más receptivo al tinte. No enjuague el pelo para quitarle el suavizador. Séquelo con una toalla y aplíquele el tinte según las instrucciones del fabricante.

PRECAUCIONES DE SEGURIDAD

1. Haga una prueba alergénica (prueba cutánea) 24 horas antes de aplicar el tinte.
2. No aplique el tinte si el resultado de la prueba cutánea es positivo.
3. No aplique el tinte si hay abrasiones en el cuero cabelludo.
4. Use un frasco limpio con aplicador, además de cepillos, peines y toallas.
5. No cepille el pelo antes de darle el tinte.
6. No aplique un tinte sin leer las instrucciones del fabricante.
7. Haga una prueba de mechón para determinar el color, el grado de fragilidad del pelo y la decoloración.
8. Seleccione un matiz de tinte que armonice con la piel del cuerpo y la cara de la cliente.
9. Use un frasco aplicador o una escudilla (de plástico o vidrio) para mezclar el tinte.
10. No mezcle el tinte sino en el momento mismo en que va a usarlo; deseche todo sobrante de tinte.
11. Si es necesario, utilice el matiz correcto de un reacondicionador con color.
12. Sugiera los tratamientos de reacondicionamiento para el cabello teñido.
13. No aplique el tinte si en el pelo hay trazas de tinte metálico o tinte compuesto.
14. Haga una prueba de mechón para determinar el matiz correcto del color antes de aplicar el tinte.
15. Use un champú suave. Si emplea un champú alcalino o muy fuerte, el pelo se desteñirá.
16. No use agua demasiado caliente; use agua apenas tibia para quitar el color sobrante.
17. Proteja la ropa de la cliente cubriéndola correctamente.
18. No deje que el tinte se corra hacia los ojos de la cliente.
19. No extienda el tinte más allá del límite indicado cuando da un retoque.
20. Llene una tarjeta de datos con la información adecuada para cada tinte que le da a una cliente.
21. Siempre lávese las manos antes y después de antender a una cliente.
22. Use guantes para protegerse las manos.

CLARIFICACION DEL PELO

La clarificación del color del pelo, también llamada decoloración o enrubio, constituye uno de los servicios más importantes y esmerados que el salón de belleza puede ofrecer. Los (o las) coloristas del pelo prefieren emplear el término profesional "clarificador" en vez de "blanqueador" para referirse a cualquiera de los productos creados con el fin de quitarle el pigmento al cabello. Cuando usted converse con sus clientes se dará cuenta de que el empleo del término "clarificador" tiene una connotación más agradable y suave que la palabra "blanqueador" (o aun "decolorante"), la cual resulta un tanto insociable.

COMO USAR LOS CLARIFICADORES

Los clarificadores pueden utilizarse para dos propósitos:

1. **Como tratamiento de coloración** para aclarar el color del pelo hasta dejarlo en el matiz finalmente deseado.
2. **Como tratamiento preliminar** para preparar el pelo antes de aplicarle un tinte o matizador. (A esto se hace referencia cuando se habla de **Tintes de Dos Fases,** también llamados **de Proceso Doble, de Dos Aplicaciones** o **de Aplicación Doble.**)
   a) **Matizador:** Siempre es necesario utilizar un clarificador antes de aplicar cualquiera de los tonos delicados de un matizador.
   b) **Tinte:** Si la cliente desea un cambio drástico en el matiz del pelo, debe utilizarse el clarificador para quitarle el color al pelo, antes de aplicar el tinte.

EFECTOS DE LOS CLARIFICADORES

Un producto clarificador se utiliza para aclarar el color del pelo hasta dejarlo en el matiz deseado. El pigmento del pelo atraviesa por diversas etapas de cambio de color mientras va aclarándose. El grado de ese cambio depende de la pigmentación del cabello y del tiempo que el agente clarificador permanece en el pelo. Por ejemplo: Una cabellera naturalmente negra pasará por las etapas del negro al pardo, al rojo, al dorado-rojizo, al dorado, al amarillo y, finalmente, a un amarillo pálido (casi blanco). Estas siete etapas de clarificación se ilustran en la página siguiente.

El pelo también se torna más poroso durante el tratamiento de clarificación, condición que es necesaria para permitir la penetración de un matizador.

Aun el pelo naturalmente claro o gris debe pasar por el proceso de clarificación para alcanzar el grado de porosidad necesario que permita la penetración del matizador o tinte.

CLARIFICACION DEL PELO

SIETE ETAPAS DE LA CLARIFICACION DEL PELO DESDE EL PELO OSCURO HASTA EL PELO CASI BLANCO (AMARILLO PALIDO)

Una cabellera virgen oscura pasa por siete etapas antes de llegar a la etapa del tono casi blanco. El cambio de color depende de la clase de clarificador que se usa y del tiempo que éste permanece en el pelo.

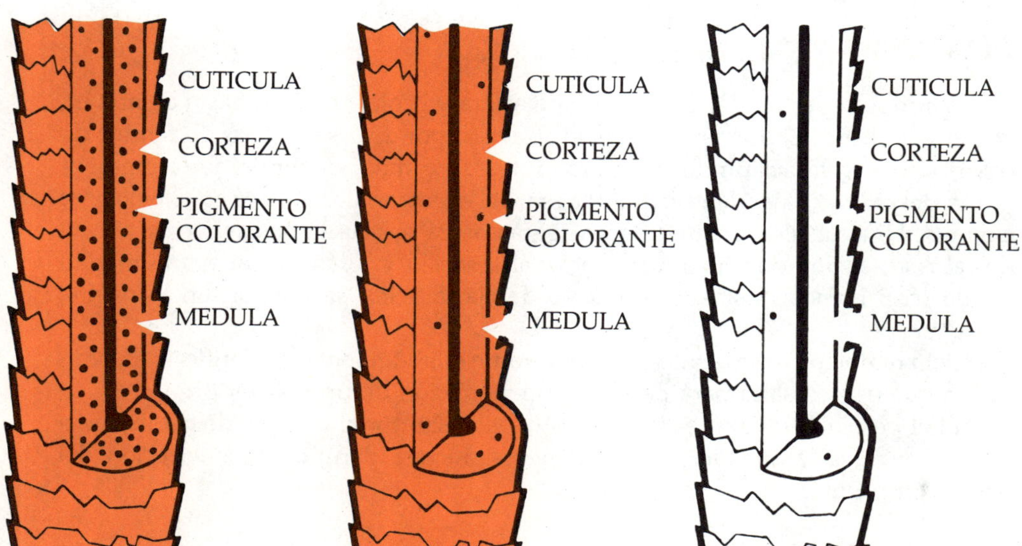

PROBLEMAS DE LA CLARIFICACION DEL PELO

El color natural del cabello está determinado por el pigmento que contiene. En el cabello de color natural se encuentran pigmentos de pardo o amarillo, y rojo, o una mezcla de ambos.

El **pigmento pardusco** cambia a un matiz más claro pocos minutos después de la aplicación de un clarificador.

Los **pigmentos amarillo** y **rojo** están diseminados en la corteza del pelo. La dispersión del pigmento **rojo** crea problemas en la clarificación y en el teñido. Esta **difusión** del pigmento **rojo** dificulta o imposibilita decolorar completamente el pigmento sin causarle daño al cabello.

No le prometa a la cliente que puede clarificarle el pelo a un matiz de rubio muy pálido si ella desea que le aplique matizadores plateados o sumamente pálidos.

Cualquiera que sea la razón para clarificar el pelo, es importante elegir correctamente el clarificador y efectuar la mejor mezcla posible para lograr el grado de cambio de color que se desea. Para hacer la **selección acertada,** lea la información que da el fabricante y examine las cartas cromáticas (cuadros de colores) que provee.

CLASES DE CLARIFICADORES

Los clarificadores se clasifican en aceites, cremas, polvos y pastas.

Los **clarificadores en forma de aceite** son, generalmente, mezclas de peróxido de hidrógeno con un aceite sulfonado.

1. Los **clarificadores de aceite con color** le dan color temporal y esplendores al cabello a la vez que lo aclaran. Contienen colores **patentados** que pueden usarse sin necesidad de una **prueba cutánea. Quitan** el pigmento y al mismo tiempo **añaden** tonalidades de color. Fundamentalmente, **se clasifican** de acuerdo con la acción que ejercen en el pelo, a saber:
   a) **Oro:** decolora y da resplandores dorados.
   b) **Plata:** decolora y da resplandores plateados al cabello canoso o blanco y reduce al mínimo los matices de rojo y dorado en el cabello de otro color.
   c) **Rojo:** decolora y añade resplandores rojos.
   d) **Gris amarillento:** decolora y da resplandores cenizos. Disminuye los tonos de rojo y oro.
2. El **clarificador de aceite natural** quita el pigmento sin añadir ningún tono de color. Puede utilizarse para suavizar o clarificar el pelo antes de dar un tinte.

Los **clarificadores en forma de crema** (cremosos) son los más populares. Son fáciles de aplicar, no se corren, ni gotean, ni se secan con demasiada rapidez. Se controlan convenientemente y contienen agentes acondicionadores, azulantes y engrosadores que producen los beneficios siguientes:

1. Los **agentes acondicionadores** le proporcionan cierta protección al cabello.
2. El **agente azulante** contribuye a atenuar los matices de rojo y dorado.
3. El **engrosador** facilita un mayor dominio del proceso cuando se aplica el clarificador.

Los **clarificadores en forma de polvo** o **pasta,** también llamados **clarificadores rápidos,** contienen un agente acelerador de la liberación de oxígeno y sustancias inertes que producen una acción más rápida y potente.

1. Los **clarificadores en pasta** son duraderos y no se corren, pero se secan con excesiva prontitud.
2. Los **clarificadores en polvo,** mezclados dentro de una pasta cremosa y suave, no contienen agentes acondicionadores y pueden causar resequedad en el pelo e irritaciones en el cuero cabelludo.

ACCION DE LOS CLARIFICADORES DEL PELO

Los clarificadores del pelo, de acuerdo con las instrucciones de los fabricantes, pueden utilizarse con los siguientes fines:

1. Para clarificar toda la cabellera.
2. Para clarificar el pelo hasta un grado de matiz específico.
3. Para abrillantar y clarificar el matiz existente.
4. Para dar efectos de plumeado (líneas finas), veteado (penacho) o escarcha (rayitos) en ciertas partes de la cabellera.
5. Para clarificar el pelo que antes ha sido teñido.
6. Para eliminar los visos y diferencias de matiz que sean indeseables.
7. Para corregir los veteados oscuros o las manchas en el cabello que ha sido previamente decolorado o teñido.

SELECCION DE LOS CLARIFICADORES DEL PELO

Además de seguir las instrucciones del fabricante, guíese por las reglas generales que a continuación sugerimos:

1. Elija un clarificador cremoso (a base de añil) cuando va a dar una clarificación preliminar a la aplicación de un matizador de color pálido, como es el rubio, el plata, el platino o el color de arena (color de café con leche, jalde, pajizo o "beige").
2. Seleccione un clarificador oleaginoso (a base de aceite) que sea neutral para clarificar una cabellera sin darle color.
3. Escoja un clarificador oleaginoso (del orden de los grises amarillentos) para evitar los resplandores rojizos y dorados en el pelo de color natural.
4. Escoja un clarificador oleaginoso (del orden de los rojos y dorados) para dar resplandores de rojo o dorado al cabello de color natural.
5. Seleccione un clarificador en polvo para dar efectos de plumeado (líneas finas), veteado (penacho) o escarcha (rayitos) en un cabello excesivamente resistente.

PEROXIDO DE HIDROGENO

El agente decolorante que elimina el pigmento del tallo del pelo es el peróxido de hidrógeno. El ingrediente **activo** del peróxido de hidrógeno es el gas oxígeno. Para acelerar la liberación de oxígeno, se la añade una pequeña cantidad de **agua amoniacal al 28%.** Sin embargo, ésta le da al cabello un aspecto pajizo con tonos rojizos o bronceados. Los productos decolorantes que actualmente se obtienen en el comercio contienen sustancias que modifican o impiden estos efectos.

Cuando se utiliza correctamente, el peróxido de hidrógeno puede clarificar, suavizar y oxidar el cabello. Para clarificar el pelo se usa en forma de solución al 6%, capaz de producir 20 volúmes de oxígeno. El peróxido de potencia inferior a ésta no es adecuado para la clarificación ni para el teñido. El uso de un peróxido de potencia superior a ésta, aunque es capaz de acelerar el proceso de decoloración, puede ser dañino al cabello.

El peróxido de hidrógeno viene en forma de líquido, crema, polvos o tabletas. El peróxido líquido debe comprarse en frascos de una pinta de capacidad (aproximadamente medio litro), mantenerse perfectamente tapado cuando no se utiliza y guardarse en un lugar fresco, oscuro y seco.

No debe dejarse que el peróxido entre en contacto con un **metal.** El peróxido líquido pierde potencia cuando se guarda durante largo tiempo, cuando se expone a la atmósfera o cuando se deja en un lugar caliente. Si utiliza el peróxido en forma de tabletas, polvos, crema o líquido, cumpla las instrucciones del fabricante.

USOS DEL PEROXIDO DE HIDROGENO

Como **agente clarificador** la solución de peróxido de hidrógeno ablanda la cutícula del tallo del pelo y aclara el matiz del pigmento colorante en la capa cortical del cabello.

La clarificación hace que el pelo se torne más claro y poroso. Sin embargo, el uso continuado de los clarificadores hará que algunos tipos de cabello se vuelvan resecos y quebradizos.

Como **agente suavizador** el peróxido de hidrógeno ablanda la cutícula del pelo y hace que éste sea más receptivo a la acción penetrante de un tinte derivado de la anilina. Debe tenerse el cuidado de vigilar el proceso de ablandamiento para que el cabello no se decolore.

Como **agente oxidante** la solución de peróxido de hidrógeno se emplea en todos los teñidos que se dan con tintes derivados de la anilina (tintes penetrantes). Actúa como acelerador de la liberación del oxígeno que hace transformar la parafenilendiamina en un compuesto de color oscuro capaz de teñir el pelo.

CLARIFICACION DEL PELO VIRGEN

Una **prueba preliminar de clarificación de un mechón** es necesaria para determinar cuánto tiempo debe permanecer en el pelo la mezcla clarificadora. También se utiliza como medio de apreciar la condición del pelo.

Objetivos de la Prueba Preliminar

1. Si la prueba muestra que el pelo no se clarifica lo suficiente:
   a) Aumente la potencia de la mezcla y/o
   b) Prolongue la duración del tratamiento.
2. Si el mechón de pelos se clarifica demasiado:
   a) Reduzca la potencia de la mezcla y/o
   b) Acorte la duración del tratamiento.
3. Observe el mechón con cuidado para determinar su reacción a la mezcla clarificadora así como para descubrir si hay decoloración o roturas del cabello. Un tratamiento reacondicionador puede ser necesario si se ha producido una reacción negativa.
4. Si el pelo es muy oscuro o excesivamente resistente, puede necesitar un tratamiento de suavización previa.
5. Si el color y la condición del pelo son buenos, proceda a la clarificación.

Una **prueba cutánea para matizadores** debe efectuarse 24 horas antes de la aplicación de un matizador. Para ahorrarle tiempo a la cliente, la prueba de mechón previa a la clarificación y la prueba cutánea deben hacerse en el mismo día.

MATERIALES E INSTRUMENTOS

Toallas
Capa para tintes
Champú
Algodón
Enjuague ácido o normalizante
Peine, horquillas (ganchos) de presión
Tarjeta de datos
Polvos de talco
Peróxido (volumen 20)
Agente clarificador
Frasco aplicador (con escala graduada)
Guantes protectores
Escudillas de vidrio o de plástico
Vaso o taza de medir
Cronómetro (reloj contador)

Si va a utilizarse un clarificador en pasta, se necesitará un cepillo aplicador.

PROCEDIMIENTO

Las siguientes instrucciones generales para la aplicación de los tratamientos de clarificación pueden ser modificadas por su profesora para adaptarlas a las direcciones del fabricante.

1. Prepare a la cliente. Ajústele la toalla y la capa para tintes para cubrirle y protegerle la ropa.
2. Inspeccione el cuero cabelludo y el cabello. No le dé un tratamiento de clarificación a una cliente que tenga erupciones, abrasiones o inflamación del cuero cabelludo. No cepille el cabello ni le dé champú.

3. Divida la cabellera en cuatro secciones iguales.
4. Prepare la fórmula del clarificador y utilícela inmediatamente para impedir que se eche a perder.
5. Póngase los guantes protectores.
6. Aplique el clarificador. Si el pelo parece ser resistente o especialmente oscuro alrededor de la coronilla, es aconsejable comenzar el tratamiento en la parte posterior de la cabeza para que el clarificador permanezca más tiempo en esa zona.

   Aplique el clarificador a las secciones de pelo de 1/8" (0.3125 cm.) de espesor. Empiece desde aproximadamente 1/2 a 1" (1.25 a 2.5 cm.) de distancia del cuero cabelludo y extienda el clarificador hasta aquella parte del pelo que muestre señales de deterioro. Aplique el clarificador al mechón, por encima y por debajo.
7. Continúe aplicando el clarificador a cada mechón de pelos, por encima y por debajo, hasta que haya cubierto toda la cabellera. Esparza la mezcla por entre los pelos con los dedos. Como el cabello ya se habrá tornado más frágil, **no lo peine mientras en él permanezca el clarificador.**

   Mantenga el pelo mojado con el clarificador mientras se desarrolla el proceso. (Una prueba preliminar de mechón determinará si el clarificador ha llegado hasta las puntas de los pelos.)
8. Prueba para el color. Haga la primera prueba de mechón aproximadamente 15 minutos antes del momento indicado por la prueba preliminar de mechón. Quite la mezcla clarificadora del mechón con una toalla o un pedazo de algodón húmedos. Seque el mechón. Si el matiz no está lo suficientemente clarificado, vuelva a aplicarle la mezcla y continúe repitiendo la prueba con frecuencia hasta que el matiz deseado se haya desarrollado casi completamente
9. El cuero cabelludo y las puntas de los pelos. Seque el exceso de clarificador con una toalla. Si es necesario, prepare nuevamente una mezcla fresca de clarificador. Divida la cabellera en secciones de 1/8" (0.3125 cm.) de espesor y continúe del modo siguiente:

   a) Aplique el clarificador en toda la zona del cuero cabelludo. Evite que la mezcla se corra hacia el pelo previamente clarificado. Deje el clarificador en la cabellera durante el tiempo requerido.
   b) Cuando el color del cabello se haya aclarado lo suficiente, aplique el clarificador a las puntas de los pelos y espárzalo con la punta de los dedos.
   c) Levante los mechones agrupándolos en la parte superior de la cabeza sin apretarlos. Guíese por su instructora.
10. Quite el clarificador. Cuando se haya logrado el matiz deseado, enjuague la cabellera y déle un champú con agua fresca. Utilice un champú suave.
11. Seque la cabellera con una toalla o en la secadora con aire fresco.
12. Inspeccione el cuero cabelludo para determinar si en él hay abrasiones y si el pelo presenta roturas. Si el cuero cabelludo está normal, el pelo estará listo para que se le aplique un matizador o un tinte.
13. Llene la tarjeta de datos y archívela.
14. Limpie el lugar de trabajo en la forma acostumbrada.

Cabellera dividida en cuatro secciones.

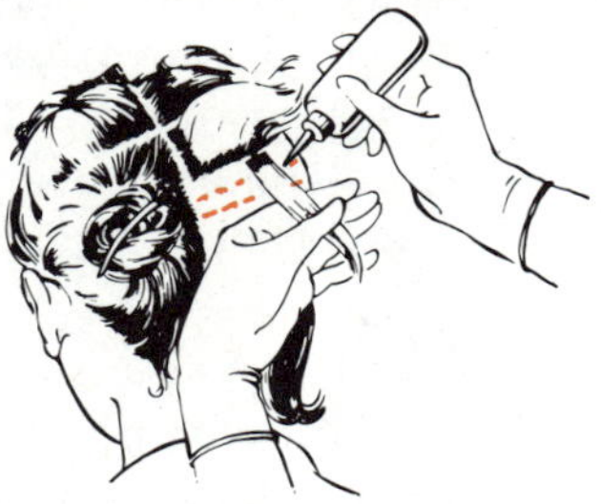

Aplicando el clarificador a la parte de arriba del mechón, a aproximadamente ½-1" del cuero cabelludo. (Pasos 6 & 7)

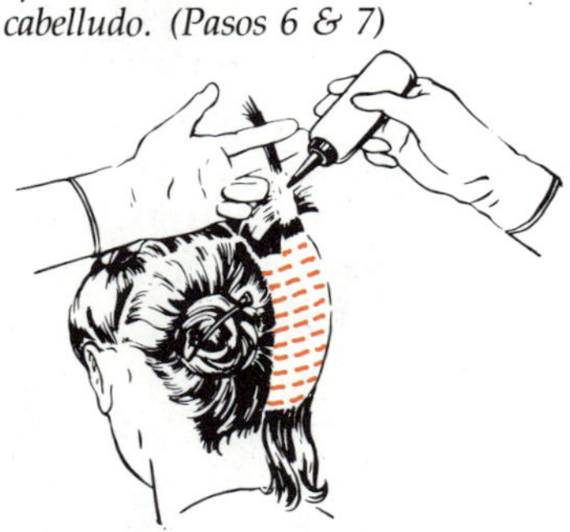

Aplicando el clarificador a la parte de abajo del mechón. (Pasos 6 & 7)

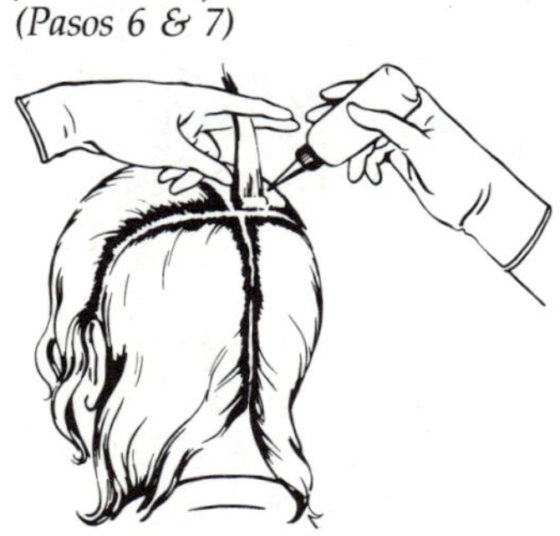

Aplicando el clarificador a la zona del cuero cabelludo.

RETOQUE CLARIFICADOR

Un "retoque clarificador" es la denominación comúnmente empleada para referirse a la aplicación de un clarificador a la sección de pelo nuevo (recién nacido) para igualarlo con el resto del cabello que ha sido previamente clarificado.

Por regla general, el cabello negro o castaño oscuro necesita retoques más frecuentes que el de matices más claros.

Al dar el retoque, el clarificador debe aplicarse **exclusivamente a la sección de pelo nuevo,** con las siguientes excepciones:

1. Si se desea otro color.
2. Si se desea un matiz más claro.
3. Si el color se ha tornado fuerte o mate debido a repetidas aplicaciones.

En cualquiera de estos casos, espere a que la sección de pelo nuevo se aclare del todo o casi del todo. Entonces esparza el **resto** del clarificador a lo largo del tallo del pelo. El tiempo suficiente para corregir cualquiera de estas condiciones será de uno a cinco minutos.

PROCEDIMIENTO

La colorista del pelo debe consultar la tarjeta de datos de la cliente como guía para determinar el clarificador que va a usar y el tiempo necesario para que el matiz se desarrolle.

Un clarificador cremoso es generalmente utilizado para dar un retoque clarificador porque su condición adhesiva impide que se extienda hacia el pelo previamente clarificado.

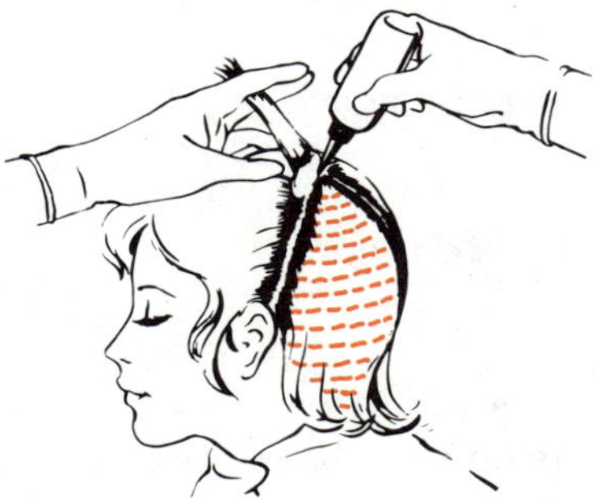

Aplicando el clarificador al pelo nuevo.

Prueba de mechón.

Comprobando que se ha cubierto toda la cabeza.

El **procedimiento para dar un retoque con clarificador** es el mismo que se usa para clarificar una cabellera virgen, con la excepción de que la mezcla se aplica únicamente a la sección de pelo nuevo.

ADVERTENCIA

Debe tenerse cuidado de que el clarificador no **se corra** sobre la parte del pelo anteriormente clarificada o teñida.

PRECAUCIONES

1. Haga una prueba cutánea 24 horas antes de aplicar el clarificador si después de éste va a usar un matizador.
2. Cubra a la cliente adecuadamente para protegerle la ropa.
3. Inspeccione el cuero cabelludo antes de aplicar el clarificador.
4. No aplique un clarificador si hay irritación, erpuciones o abrasiones.
5. Utilice únicamente frascos aplicadores, cepillos, peines desinfectados y toallas que estén todos limpios.
6. Lávese siempre las manos antes y después de atender a una cliente.
7. Póngase los cuantes para protegerse las manos.

8. Analice la condición del pelo y, si es preciso, sugiera un tratamiento reacondicionador.
9. Determine el color, la posible rotura del pelo o la decoloración haciendo una prueba de mechón antes de cada tratamiento de clarificación.
10. Un clarificador en forma de crema o pasta debe tener el espesor de la nata (crema de leche) batida para evitar que gotee o se corra extendiéndose más allá del límite deseado.
11. Aplique el clarificador a las zonas resistentes primero. Para asegurarse de que se ha cubierto toda la cabellera, separe secciones de pelo de 1/8" (0.3125 cm.) de espesor.
12. Trabaje con la mayor rapidez posible al aplicar el clarificador para producir un matiz uniforme sin veteados.
13. Haga frecuentes pruebas de mechón hasta que haya logrado el matiz deseado.
14. Después de completar el tratamiento de clarificación, examine la piel y quítele cualquier huella de clarificador.
15. Examine y, si es necesario, cambie la toalla que ha puesto alrededor del cuello de la cliente. El clarificador que haya podido derramarse en la toalla causará irritación si entra en contacto con la piel.
16. El cabello clarificado es frágil y necesita cuidado especial. Use solamente un champú muy suave y enjuague el pelo con agua fresca.
17. Si es necesario dar un champú preliminar, no cepille el pelo. Evite irritar el cuero cabelludo durante la aplicación del champú.
18. Nunca deje que el clarificador se quede en el frasco; úselo inmediatamente. Deseche cualquier sobrante del clarificador.
19. Tape todos los frascos para evitar que su contenido pierda potencia.
20. Asegúrese de leer las instrucciones del fabricante antes de proceder a hacer la mezcla para el clarificador.
21. Llene la tarjeta de datos después de dar cada tratamiento clarificador.

MATIZADORES

Los matizadores son tintes derivados de la anilina y se clasifican como colorantes penetrantes y permanentes para los cuales se requiere una prueba **cutánea** o **de parche.** Los matizadores se componen principalmente de colores pálidos y delicados.

Los matizadores requieren dos aplicaciones y así se conocen también como **Tintes de Dos Fases, Tintes de Proceso Doble** o **Tintes de Dos Aplicaciones** o **de Aplicación Doble.**

1. Lo primero que se aplica es el clarificador.
2. Lo segundo que se aplica es el matizador.

PRE-CLARIFICACION PARA MATIZADORES

Para lograr el color deseado del matizador es necesaria una pre-clarificación (clarificación previa). La clarificación debe desarrollarse hasta un matiz dorado o amarillo pálido, según sea el color de matizador que se va a utilizar.

Los matizadores penetran la cutícula del pelo y depositan el color en el pelo de la misma manera que lo hacen los demás tintes permanentes. Su efecto depende de la clarificación previa, la cual debe dejar el color del pelo aclarado y el pelo en sí poroso. Algunos matizadores (los extremadamente pálidos) requieren una clarificación preliminar más intensa que otros. El clarificador debe dejarse en el pelo el tiempo suficiente para que éste adquiera la porosidad deseada. El cabello grueso, rebelde u oscuro necesita más tiempo de clarificación que el naturalmente rubio.

Aunque el pelo de color rubio natural puede desarrollar un matiz amarillo pálido con gran rapidez, es posible que aún **no esté lo suficientemente poroso** para dejar que el matizador lo penetre. Si la porosidad necesaria no se ha desarrollado lo suficiente, deje el clarificador más tiempo en el pelo.

El pelo blanco o canoso necesita cierto grado de pre-clarificación (clarificación previa) para desarrollar la porosidad suficiente a la penetración del matizador. Como el pelo blanco o canoso se halla casi descolorido, necesita una clarificación antes de la aplicación de un matizador de tono rubio, plateado o pastel (pálido). La clarificación previa es muy importante cuando la canicie se presenta en forma de mechones claros y oscuros. La clarificación prolongada no es necesaria, pero sí se requiere cierta cantidad de clarificación para darle al cabello la porosidad suficiente que permita la penetración del matizador.

SELECCION DE LOS TONOS DE MATIZADORES

Los colores llamados "pastel" (pálidos y claros) como el plata, ceniza, platino y arena (color de café con leche, jalde, pajizo o "beige") poseen una especie de seducción que atrae a la mayoría de las mujeres.

Para la cliente que desea un cabello de color sumamente claro y delicado, los matices **rubios** son los tonos de color perfecto.

Para la cliente de cabello canoso que tiene alteraciones en el tono de la piel que suelen presentarse con el transcurso de los años, los matices **más claros de plata** resultan favorecedores.

Para la cliente que desea matices extremadamente pálidos dentro de la gama del plata, platino o arena, el cabello debe ser previamente clarificado hasta dejarlo en un **amarillo pálido** o en un tono que casi caiga dentro de la escala del **blanco.**

Al elegir un matizador, el color seleccionado se deja frecuentemente a discreción de la colorista del pelo. Otros factores importes a considerar son la edad de la cliente y la condición y el tono de su tez.

RECORDATORIOS Y SURGERENCIAS REFERENTES A MATIZADORES

El efecto que producen los matizadores depende enteramente del tratamiento de clarificación preliminar (pre-clarificación), el cual debe dejar el pelo lo bastante claro y poroso para que reciba el grado de matización pálida que se desea. Primeramente debe hacerse una prueba de mechón y a la cliente deben explicársele las posibles consecuencias en forma detallada.

Existe la eventualidad de que el cabello no pueda clarificarse hasta el grado necesario a la penetración del color elegido sin que el tallo del pelo sufra serio deterioro.

Si los pigmentos rojo y dorado no han sido eliminados durante el proceso de clarificación, el tono de matizador elegido por la cliente puede dar por resultado un viso verdoso o quizás el color no se desarrolle en absoluto. Cuando esto ocurre, el matizador debe ser de un tono más profundo y no tan pálido o plateado como pueda haberlo solicitado la cliente.

Durante los períodos de aplicación y desarrollo los matizadores presentan un color distinto del matiz final, lo cual depende del color básico del matizador. No obstante, cuando el color se haya desarrollado completamente, se verá que se ha obtenido el matiz esperado. (Ejemplo: El rubio cenizo desarrollará un matiz parduzco; el rubio plateado adquirirá un viso azuloso y el platino terminará en un aspecto violáceo.)

APLICACION DE LOS MATIZADORES

Preliminar

1. Haga una prueba cutánea 24 horas antes de aplicar el matizador.
2. Para determinar el color final, haga una prueba de mechón al mismo tiempo que hace la prueba cutánea.
3. Si la prueba cutánea da resultado negativo y el cuero cabelludo está normal y no presenta irritación, proceda a dar el tratamiento con matizador.

Prueba de Mechón para el Matizador

1. Mezcle una pequeña cantidad de matizador con una cantidad igual de desarrollador (por ejemplo, peróxido de hidrógeno). (Asegúrese de volver a tapar los frascos inmediatamente.)

2. Aplique la mezcla a un mechón completo de cabello clarificado. Deje que el color se desarrolle durante 15 minutos. Enjuague el pelo, séquelo con una toalla y observe el color. Si el color no se ha desarrollado hasta el matiz que se desea, vuelva a aplicar la mezcla y obsérvelo otra vez a los 5 minutos. Continúe observando el color hasta que haya logrado el matiz deseado.
3. Lave el pelo y séquelo con una toalla. Fíjese en el tiempo que tardó el pelo en desarrollar el color y utilice este dato como guía para darle un tratamiento de matización a toda la cabellera.

MATERIALES E INSTRUMENTOS

Además del matizador, utilice los mismos materiales e instrumentos que se usan para clarificar una cabellera virgen.

PREPARACION

1. Ponga en orden todos los suministros necesarios.
2. Prepare a la cliente.
3. Póngase los guantes protectores.
4. Clarifique el pelo hasta dejarlo en un amarillo pálido (casi blanco). Entonces, déle un champú ligero, enjuáguelo completamente y séquelo con una toalla.
5. Elija el tono del matizador deseado.
6. Prepare la fórmula a la temperatura ambiente. Vierta el matizador del frasco en que éste viene al frasco aplicador o a la escudilla. Añádale igual cantidad de desarrollador (por ejemplo, peróxido de hidrógeno). Si usa un frasco con aplicador, cubra la boquilla plástica con la mano enguantada y mueva el frasco suavemente de un lado a otro 4 o 5 veces. No lo agite. Cuando utilice la escudilla, mueva la mezcla suavemente en ella durante unos pocos segundos.

PROCEDIMIENTO

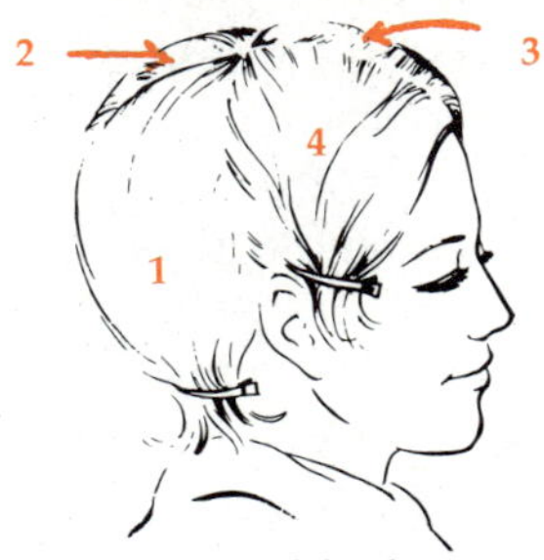

División del pelo en cuatro secciones iguales.

Use guantes protectores durante todo el tratamiento.

Asegúrese de que el pelo ha sido previamente clarificado hasta quedar en la etapa necesaria para el tono de matizador que se va a emplear.

1. Divida la cabellera en cuatro secciones iguales empleando un peine de cola (de rata) o la boquilla del frasco aplicador.
2. Comenzando por la coronilla en el cuadrante posterior del lado derecho, aplique la mezcla a la zona del cuero cabelludo. Divida el pelo en pequeñas porciones de 1/4" (0.625 cm.). Continúe aplicando la mezcla a las otras tres secciones.
3. Cuando termine de aplicar la mezcla a toda la zona del cuero cabelludo, utilice el peine para distribuir y hacer penetrar la mezcla en todo el mechón, aplicando la mezcla adicional para empapar el cabello.

ADVERTENCIA

No peine el pelo muy poroso con la mezcla del matizador hasta los últimos pocos minutos del tiempo de desarrollo. Si las puntas del pelo absorben demasiado color, diluya el resto de la mezcla con iguales cantidades de champú, acondicionador o simplemente agua antes de aplicarla a las puntas del pelo. (Siga las recomendaciones del fabricante.)

4. Vierta la mezcla adicional en la cabellera y hágala penetrar por entre los pelos. Deje los pelos flojos para permitir la circulación de aire y así lograr un mejor desarrollo del color.
5. Después de 15 minutos, seque un mechón de pelos y haga la prueba del color. Si el color deseado no se ha logrado aún, esparza más mezcla en el mechón sometido a la prueba utilizando el peine. Repita la prueba frecuentemente con distintos mechones hasta que logre el matiz deseado.
6. Cuando haya terminado el tratamiento, enjuague el exceso de matizador completamente y déle al pelo un champú de acuerdo con las recomendaciones del fabricante.

7. Seque el pelo con una toalla.
8. Quite todas las manchas de matizador que estén en la piel, el contorno del cuero cabelludo, las orejas y el cuello.
9. Prepare (marque) el pelo para peinarlo, séquelo y péinelo.
10. Llene la tarjeta de datos y archívela.
11. Limpie el lugar de trabajo en la forma acostumbrada.

RETOQUE CON MATIZADORES

A un retoque con matizador debe dársele la misma cuidadosa consideración que a un retoque con tinte. La sección de pelo nuevo debe clarificarse previamente hasta el mismo grado de color en que quedó cuando se le aplicó el matizador anterior. Después que se ha terminado el proceso de clarificación, se aplica el matizador en la forma descrita a continuación:

ADVERTENCIA

Si el clarificador **se corre** hacia la parte del pelo ya tratada, puede causar deterioro al cabello.

PASOS PRELIMINARES

1. Haga una prueba cutánea antes de aplicar el matizador. Haga también una prueba de mechón.
2. Clarifique previamente la sección de pelo nuevo hasta dejarla en la etapa requerida para el matizador.
3. Seque el pelo con una toalla después de eliminar el clarificador mediante un enjuague completo y champú dados en el pelo.

PROCEDIMIENTO

1. Divida la cabellera en 4 secciones. Comience la aplicación en la parte posterior de la cabeza.
2. Al hacer rayas (crenchas) en toda la cabeza para dividir el pelo en porciones de 1/4" (0.625 cm.), utilice un frasco con aplicador plástico o un cepillo para teñido y aplique con él la mezcla de matizador únicamente a la sección de pelo nuevo.
3. Si el tallo del pelo ha retenido algún color del tratamiento anterior, deje que las raíces desarrollen el mismo grado de color que el observado en la prueba de mechón. Entonces, empleando un peine, distribuya y haga penetrar el color en todo el pelo hasta aproximadamente 1" (2.5 cm.) de distancia de las puntas.
4. Haga frecuentes pruebas de mechón. Vuelva a aplicar la mezcla a los mechones comprobados.
5. Cuando la prueba de mechón muestra que el color se ha aproximado al matiz que se desea, haga penetrar el resto de la mezcla por entre las puntas del pelo con las manipulaciones necesarias. Si las puntas absorben demasiado color, diluya la mezcla del matizador con una cantidad igual de champú, acondicionador o simplemente agua, según las instrucciones del fabricante.
6. Cuando el color se ha dessarrollado uniformemente, según lo muestra la prueba de mechón, dé un enjuague completo y un champú, según las recomendaciones del fabricante.
7. Seque el pelo con una toalla.
8. Quite las manchas de matizador de la piel alrededor del contorno del cuero cabelludo, las orejas y el cuello.
9. Prepare (marque) el pelo para el peinado, séquelo y péinelo.
10. Llene la tarjeta de datos y archívela.
11. Limpie el lugar de trabajo en la forma acostumbrada.

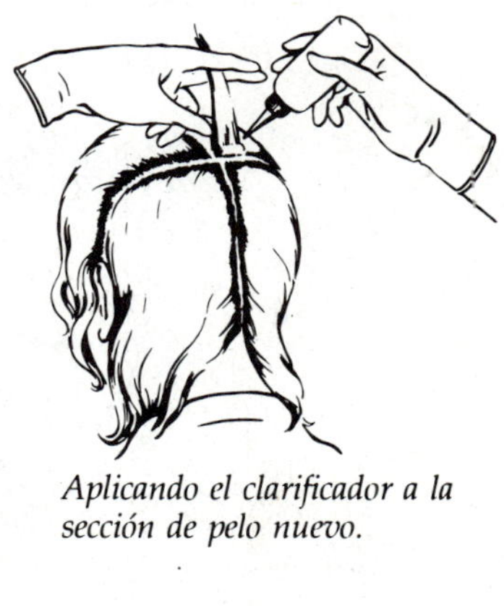

Aplicando el clarificador a la sección de pelo nuevo.

RESUMEN

1. Haga una **prueba cutánea** 24 horas antes de la aplicación del matizador.
2. No aplique el matizador si el cuero cabelludo muestra alguna irritación, erupciones o abrasiones.
3. Utilice solamente utensilios no metálicos, tales como los hechos de vidrio, porcelana o plástico. **No emplee escudillas o recipientes metálicos.**
4. Siempre use guantes protectores.
5. Para obtener los mejores resultados, mezcle los ingredientes a la temperatura ambiente inmediatamente antes de hacer la aplicación.
6. Para obtener resultados uniformes, aplique el matizador lo más rápidamente posible.
7. Quite las manchas de matizador de la piel con algodón absorbente mojado en un champú suave y agua. **No frote.**
8. Después de un tratamiento con matizador, aplique un champú siguiendo las instrucciones del fabricante.
9. Deseche el sobrante de la mezcla de matizador.
10. No aplique una ondulación permanente el mismo día en que aplicó el matizador.

ESCARCHA, PLUMEADO Y VETEADO

Para una **clarificación parcial,** como la que se aplica para lograr los efectos de escarcha, plumeado y veteado, frecuentemente se aconseja el uso de los clarificadores rápidos.

1. **Escarcha.** Para lograr este efecto, también llamado "de rayitos," se decoloran mechones de pelos en varias partes de la cabeza. Los mechones que se van a clarificar se introducen a través de agujeros en un gorro perforado utilizando una aguja de gancho (ganchillo o "crochet"). Este procedimiento se emplea con el fin de proteger el cuero cabelludo al aplicar el clarificador. El efecto que se logre depende del número de mechones que se clarifiquen.

Veteado con efectos de jaspe.

2. El **plumeado** (líneas finas semejantes a las que se dibujan con la pluma) es parecido a la escarcha. Se decoloran mechoncitos de pelos en varias zonas, generalmente a todo el ancho de la frente. Esto produce un contraste con el matiz más oscuro del pelo. Los mechoncitos se introducen a través de los aguajeros del gorro perforado con una aguja de gancho y entonces se clarifican.
3. **Veteado.** Este efecto, a veces llamado "de penacho," consiste en la clarificación de un mechón de pelos generalmente en la línea coronal del cuero cabelludo. El espesor y la situación del mechón clarificado dependen del efecto de "penacho," "airón" o "pluma" que se desea lograr.

MODO DE UTILIZAR EL GORRO PARA LA ESCARCHA Y EL PLUMEADO

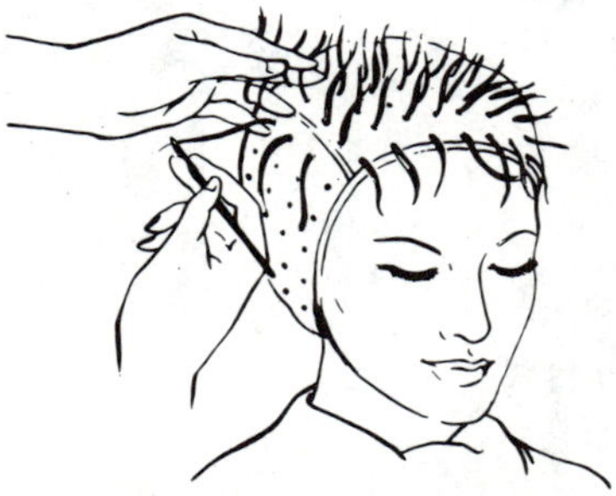

Tire de los mechones a través de los agujeros con la aguja de gancho.

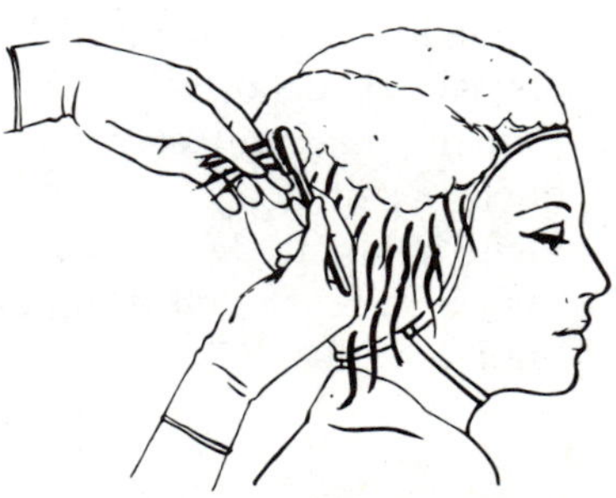

Aplique el clarificador con un cepillo.

Para acelerar el proceso puede cubrir la cabeza con papel de aluminio o con un gorro plástico.

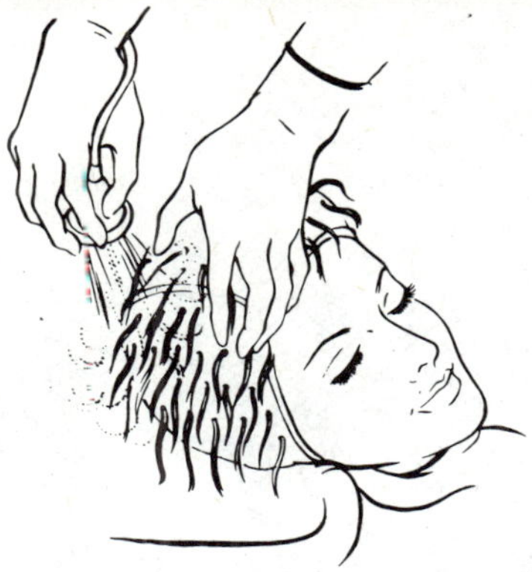

Retire la cubierta después de que el pelo se haya aclarado suficientemente. Antes de quitar el gorro perforado, dé un champú o un enjuague para eliminar el clarificador y seque el pelo con una toalla.

Aplique el matizador en la forma usual.

ESCARCHA EN TODA LA CABEZA

1. Desbrizne el cabello (separando los pelos como si fueran hebras para tejer).
2. Coloque un pedazo de papel de aluminio debajo de los pelos que van a ser clarificados.
3. Aplique el clarificador al mechón, por encima y por debajo.
4. Envuelva los pelos en el papel de aluminio. Continúe el procedimiento en toda la cabeza. Deje una raya divisoria de 1/2" (1.25 cm.) alrededor de la línea coronal.
5. Termine de dar la escarcha siguiendo el método del gorro perforado.

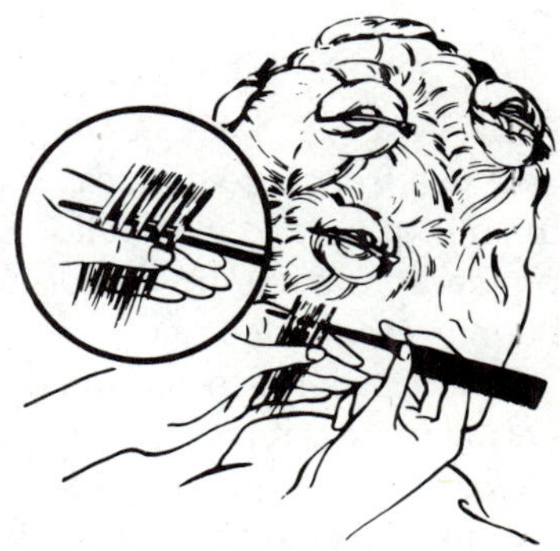

Desbriznando el cabello.

VETEADO

Doble y enrolle el papel de aluminio.

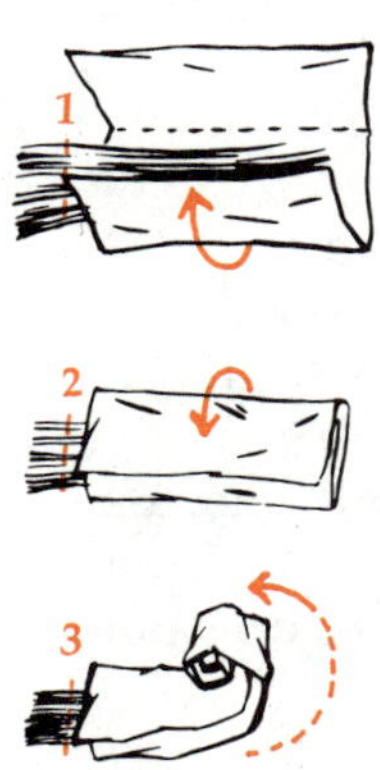

VETEADO EN LA LINEA CORONAL. Elija 3—4 secciones para el veteado. Peine el resto del cabello alejándolo de estas secciones. Aplique el clarificador comenzando a 1/2" del cuero cabelludo. Doble y enrolle el papel de aluminio. Sigo el procedimiento y termínelo como se explica en la página anterior.

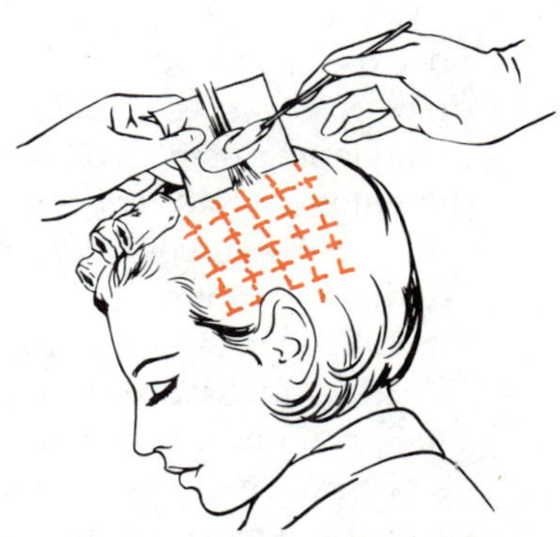

VETEADO EN UNA CABELLERA OSCURA. Seccione la cabellera en que va a hacer el veteado. Aplique el clarificador comenzando a 1/2" del cuero cabelludo. Doble y enrolle el papel de aluminio. Siga el procedimiento y termínelo en la forma usual.

EFECTO RUBIO SOBRE RUBIO

El cabello que se va a tratar debe ser rubio claro. Seccione la cabellera en forma parecida a un tablero de ajedrez como se indica en la Fig. 1. Envuelva secciones alternas (una sí y una no) en papel de aluminio, doblándolo y enrollándolo alrededor de cada sección. De trienta a cuarenta secciones serán suficientes. (Fig. 2.)

Aplique el matizador rubio más profundo a todo el pelo que no ha sido enrollado, como se indica en la Fig. 3. Después que el pelo ha sido suficientemente tratado, y antes de retirar las envolturas de papel de aluminio, déle un enjuague completo.

Quite el papel de aluminio; seque la cabellera con una toalla; entonces, aplíquele el matizador más claro a toda la cabeza.

Dé un champú, prepare (marque) el peinado, seque el cabello y péinelo en la forma usual.

Fig. 1. Patrón de tablero de ajedrez.

Fig. 2. Enrollando con papel de aluminio los mechones que no se van a clarificar.

Fig. 3. Aplicando el matizador al pelo que no se ha enrollado.

PELO DAÑADO

El uso frecuente de lacas y pulverizadores en el pelo forma una capa o revestimiento que daña el cabello. El pelo dañado debe **reacondicionarse** antes de que pueda aplicársele un teñido,una clarificación o una ondulación permanente con buenos resultados.

La aplicación descuidada de tintes, clarificadores, soluciones para la ondulación permanente y relajadores en el pelo puede causar que el cabello se rompa, se reseque o se torne quebradizo.

El uso de campús **altamente alcalinos** o **champús de aceite sin jabón,** el agua y la secadora a temperaturas inadecuadas, o la exposición excesiva a los elementos pueden dañar el cabello.

Aparte del deterioro que puede causársele al pelo con el uso de productos nocivos, el cabello puede necesitar tratamientos reacondicionadores por razones diversas. A veces el pelo es naturalmente quebradizo, delgado y falto de vigor. Tanto la **negligencia** como el **estado de salud de la cliente** pueden ser factores influyentes de estos trastornos.

El cabello se considera dañado cuando en él se observan uno o más de los estados siguientes:

1. Es demasiado poroso.
2. Es quebradizo y reseco.
3. Se rompe fácilmente.
4. Carece de elasticidad.
5. Es áspero y burdo al tacto.
6. Está excesivamente decolorado, es basto y esponjoso y se enreda con facilidad al morjarse.
7. Rechaza el color o lo absorbe exageradamente durante el teñido.

Cualquiera de estos estados puede crear problemas durante un teñido, una clarificación permanente o un tratamiento de relajación (estiramiento). Por lo tanto, al pelo dañado deben dársele tratamientos reacondicionadores **antes y después de la aplicación de estos agentes químicos.**

PROCEDIMIENTO REACONDICIONADOR

Para restaurar el cabello dañado y hacerlo retornar a una condición más normalizada, deben utilizarse productos comerciales que contengan lanolina o sustancias proteínicas.

El agente reacondicionador se aplica directamente al cabello. Si se emplea calor, debe usarse el gorro calorífico, el vaporizador o la lámpara térmica de acuerdo con las instrucciones del fabricante. En cuanto a la frecuencia de los tratamientos y la duración de cada uno, guíese por su instructora.

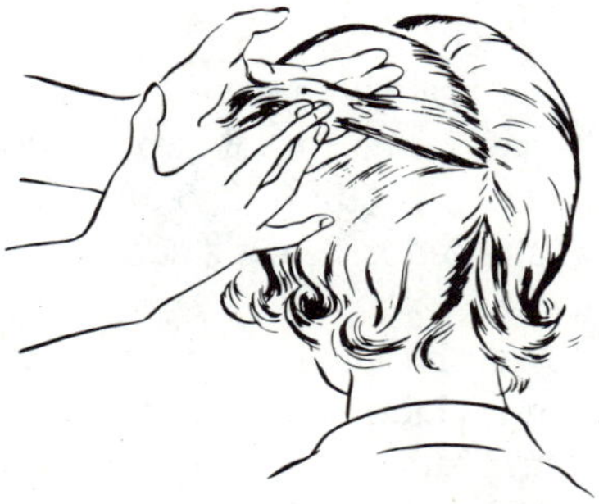

Aplicando un acondicionador al pelo.

REACONDICIONADORES

Los reacondicionadores son preparados que vienen en forma de líquido o crema. Se utilizan para revitalizar, reacondicionar y corregir el pelo que ha sido maltratado, clarificado, teñido o dañado.

Hay dos clases generales de reacondicionadores: los reacondicionadores incoloros, que carecen de colorante; y los reacondicionadores con color, de matices y tonos que varían desde el platino haste el pardo (castaño) profundo.

Los **reacondicionadores incoloros** se utilizan para restaurar el pelo clarificado, teñido o de algún modo dañado; se aplican antes de darle un tratamiento al pelo en el salón de belleza. (Para más información, consúltese el capítulo sobre **Química.**)

Los **reacondicionadores con color** se aplican al pelo que ha sido maltrado o dañado para hacer su porosidad uniforme y darle un color básico antes de un teñido.

REACONDICIONADORES CON COLOR

Un reacondicionador con color se recomienda en el caso de que el pelo esté dañado y también si existe la duda de que el color final pueda no desarrollar un matiz uniforme.

El reacondicionador con color se aplica después que el cabello ha sido preclarificado y como paso previo a un tratamiento con matizador o tinte. El reacondicionador también se emplea cuando la cliente ha recibido un tinte o una clarificación en el pelo y desea restaurarle a éste su color natural.

VENTAJAS DE LOS REACONDICIONADORES CON COLOR

1. Dan color al tallo y las puntas del cabello descolorido.
2. Contribuyen a que el pelo retenga el color.
3. Ayudan a emparejar el color desde el cuero cabelludo hasta las puntas de los pelos.
4. Impiden que el color se vetee.
5. Previenen el desvanecimiento del color.
6. Evitan que el color parezca mate.
7. Dan mayor uniformidad al matiz en un teñido de retorno al color natural.

COMO USAR LOS REACONDICIONADORES CON COLOR

Los reacondicionadores con color pueden aplicarse **directamente** del frasco en que vienen al **pelo dañado** antes de dar un tinte. Los reacondicionadores con color también pueden **agregarse** al tinte y aplicarse a las **puntas dañadas del cabello.** Pueden usarse en toda su potencia o pueden diluirse en agua. Guíese por su instructora.

SELECCION CORRECTA DEL REACONDICIONADOR CON COLOR

Para obtener resultados satisfactorios, elija aquel reacondicionador con color que sea igual al matiz básico del matizador o tinte que se va a dar.

Nota: Como las instrucciones de los fabricantes de reacondicionadores varían en lo que se refiere a la selección del color, el uso y la aplicación, guíese por éstas o por las que dé su instructora.

COMO QUITAR LOS TINTES DERIVADOS LA ANILINA (Con Preparados Comerciales)

Algunas veces es necesario eliminar total o parcialmente el tinte del cabello para corregir un teñido anterior o para darle un nuevo matiz deseado.

Los productos comerciales que se utilizan para quitar los tintes penetrantes se conocen como decolorantes de tintes o simplemente decolorantes. Pueden contener peróxido de hidrógeno, ácidos, hiposulfito de sodio, una mezcla de aceites minerales y vegetales o aceites sulfonados.

La remoción de tintes nunca puede efectuarse de modo rutinario. Cada tratamiento de remoción de colorante debe considerarse como un **problema de carácter individual** en el cual nada puede presuponerse.

Los productos químicos que se venden con el fin de remover los tintes deben utilizarse siempre con precaución. Cumpla la instrucciones del fabricante.

PROCEDIMIENTO

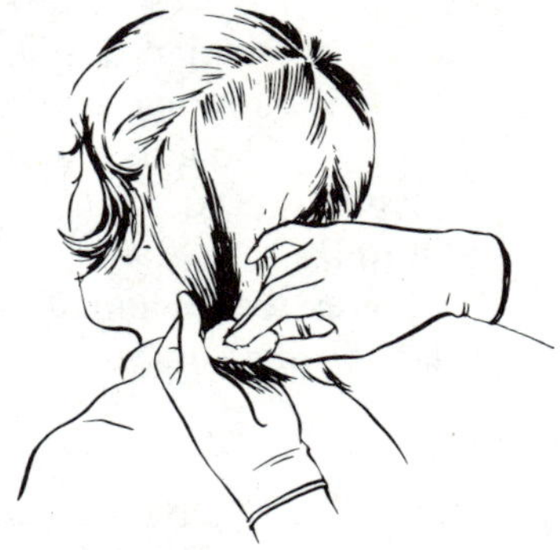

Fig. 1. Aplicando la mezcla a la parte más oscura del pelo.

1. Prepare a la cliente.
2. Dé un champú o no, según lo indiquen las instrucciones del fabricante.
3. Divida la cabellera en cuatro secciones iguales.
4. Póngase los guantes protectores.
5. Mezcle el preparado en un recipiente de vidrio. Cumpla las instrucciones del fabricante al hacer la mezcla.
6. Comience a aplicar la mezcla inmediatamente en aquella parte del cabello donde el tono sea más oscuro. (Fig. 1.)
7. Aplique la mezcla con un pedacito de algodón o un cepillo. Moje el pelo completamente.
8. Después de haberla aplicado a toda la cabellera, haga inmediatamente una prueba de mechón y repítala con frecuencia.
9. Levante los mechones hacia la parte superior de la cabeza. (Fig. 2.)
10. Cuando lo indiquen las instrucciones del fabricante, envuelva una toalla caliente alrededor de la cabeza o póngale a la cliente un gorro calorífico. (Fig. 3.) Guíese por su instructora.

Fig. 2. Levantando los mechones hacia la parte superior de la cabeza.

Fig. 3. Acelerando el proceso con un gorro calorífico.

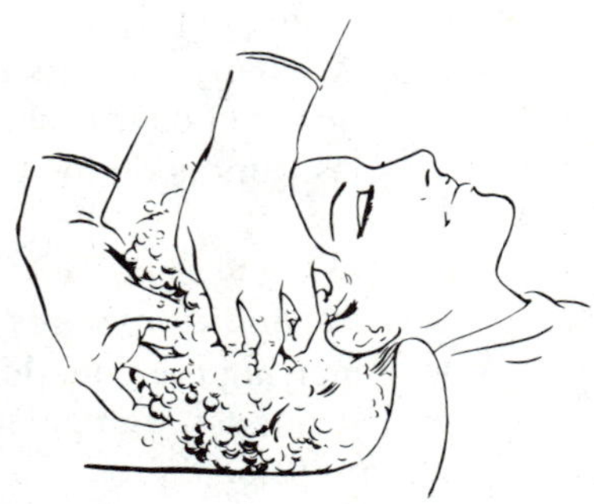

Fig. 4. Dando un champú y un enjuague completo con agua fresca.

11. Cuando el color haya sido eliminado, lave la cabeza completamente con champú y agua fresca. (Fig. 4.) Enjuáguela totalmente con agua fresca.

ADVERTENCIA

El decolorante de tintes debe ser totalmente eliminado del cabello mediante el enjuague; de lo contrario, su acción química se prolongará.

12. Seque la cabeza con una toalla o debajo de una secadora, según lo indiquen las instrucciones del fabricante.
13. Si va a darle color al pelo, proceda a la aplicación del tinte del matiz deseado.
14. Si no va a darle color, prepare (marque) el pelo para el peinado, séquelo y péinelo en la forma acostumbrada.

Nota: Si las instrucciones para el uso del producto requieren un período de espera antes de aplicar el tinte o prestar otros servicios, guíese por su instructora.

COMO QUITAR LOS TINTES REVESTIDORES

Los tintes por revestimiento, tales como los tintes metálicos y los tintes compuestos, son agentes colorantes que no penetran en el tallo del pelo sino que lo cubren o revisten. Al quitar los tintes revestidores, nunca garantice los resultados, pues no hay certeza de que sean siempre eficaces. Para quitar los tintes revestidores, guíese por las instrucciones del fabricante o por su instructora.

TINTE RESTAURADOR DEL COLOR NATURAL

Cada tinte restaurador que se da para devolverle al cabello su color natural debe ser considerado como un problema de carácter individual.

Observe el matiz natural del pelo en la parte más próxima al cuero cabelludo.

Los factores determinantes en la selección del matiz del tinte son:

1. Las condiciones del pelo de la cliente en ese momento y también el color del mismo.
2. El resultado final que se desea, es decir, el color original del cabello.

Elija un reacondicionador de matiz apropiado que corresponda con el tinte que se va a utilizar. Si no se usa un reacondicionador adecuado, será difícil obtener un color uniforme desde el cuero cabelludo hasta las puntas de los pelos debido a la variación de la porosidad del pelo y de las zonas en que ésta se desarrolla.

Estos problemas de la coloración del cabello requieren dos o más pruebas de mechón, así como la orientación que imparta la instructora en cuanto a la selección del color y el procedimiento que deba adoptarse.

PROCEDIMIENTO

1. Reúna los materiales necesarios.
2. Prepare a la cliente en la forma acostumbrada.
3. Elija el reacondicionador con color y el tinte adecuados según lo determine por la prueba de mechón que debe hacer.
4. Déle champú al cabello y séquelo con una toalla o guíese por su instructora.
5. Divida la cabellera en cuatro secciones iguales.
6. Si es necesario aplicar un reacondicionador con color, proceda según las indicaciones de su instructora.
7. Vuelva a dividir la cabellera en cuatro secciones.
8. Subdivida cada sección en mechones de 1/4" (0.625 cm.) de espesor. Aplique el tinte **lo más rápidamente posible** a cada mechón, por encima y por debajo, desde el cuero cabelludo hasta las puntas de los pelos.
9. Asegúrese de que toda la cabellera ha sido tratada.
10. Haga una prueba de mechón inmediatamente y repítala con frecuencia hasta que se haya desarrollado el matiz que se desea.
11. Dé un champú suave o uno que no destiña y use un enjuague que tampoco destiña. Prepare (marque) el pelo para el peinado, séquelo y péinelo en la forma acostumbrada.
12. Llene la tarjeta de datos y archívela. Limpie el lugar de trabajo en la forma acostumbrada.

COMO CLARIFICAR EL PELO VETEADO

Frecuentemente aparecen en la cabellera vetas descoloridas o desvaídas como consecuencia, en parte, de un tratamiento de clarificación que no ha dado resultado positivo o que fue aplicado por manos inexpertas.

Para corregir las vetas en el cabello:

1. Prepare la fórmula de clarificación igual que para una cabellera virgen.
2. Aplique la mezcla solamente a las vetas más oscuras.
3. Déle tratamiento a un mechón cada vez.
4. Deje la mezcla en el pelo hasta que las vetas hayan desaparecido.
5. Dé un champú.

CLARIFICACION POR PUNTOS

Debido a que la pigmentación natural del cabello no está distribuída con absoluta uniformidad, la cabellera no se clarifica igualmente desde el cuero cabelludo hasta las puntas de los pelos. La clarificación **dispareja** puede también deberse a una aplicación **descuidada** del clarificador. Cuando es así, suelen aparecer franjas doradas o vetas más oscuras. Esto significa que tales zonas no se han clarificado lo bastante. Entonces se hace necesaria la clarificación por puntos (clarificación punteada o irregular) para emparejar el color. En este caso vuelva a aplicar el clarificador a las zonas desiguales. Déjelo en esas zonas hasta que éstas se hayan clarificado de modo suficiente para lograr uniformidad en la clarificación de toda la cabellera.

TINTES PARA LAS PESTAÑAS Y CEJAS

Un tinte derivado de la anilina **jamás** debe utilizarse para teñir las cejas o las pestañas; hacerlo puede causar ceguera. En vez de ello, utilice un agente colorante inofensivo tal como el rimel.

La **elección del color** se limita al pardo o al negro. Aunque el negro es favorable en la mayoría de los casos, el pardo se recomienda para la tez de matiz muy claro con pelo rubio. Siga las instrucciones específicas del fabricante al aplicar el agente colorante.

MATERIALES E INSTRUMENTOS

- Gelatina de petróleo (Vaselina)
- Soluciones para teñir las pestañas y las cejas (Soluciones No. 1 y No. 2)
- Recipiente con agua jabonosa tibia
- Recipiente con agua clara y fresca
- Toallas
- Algodón
- Papelitos protectores para los ojos
- Palitos aplicadores y compresas para los ojos

PREPARACION

1. Cumpla las reglas sanitarias.
2. Coloque a la cliente, en posición algo inclinada en la silla para faciales o para champús, en un ángulo de aproximadamente 45º (0.785 rad.). No permita que la cliente se recline hasta la posición horizontal ya que esto aumentaría el peligro de que la solución colorante le penetre en los ojos.
3. Colóquele en el pecho una toalla limpia.

PROCEDIMIENTO

1. Lávele las pestañas y las cejas con agua jabonosa tibia aplicada con un pedazo de algodón. Quítele toda huella de maquillaje cosmético que pudiera haber en las pestañas y cejas.
2. Untele vaselina alrededor de los ojos y en los papelitos protectores de éstos.
3. Colóquele los papelitos protectores en los ojos. Pídale a la cliente que mire hacia arriba, ajústele el papelito protector en un ojo y dígale que lo cierre suavemente. Haga lo mismo con el otro ojo.

Aplicando la solución No. 1 a las pestañas. *Aplicando la solución No. 1 a las cejas.* *Lavando las pestañas y las cejas.*

4. Aplique la solución No. 1 a las pestañas. Moje el palito aplicador o tapón de algodón astado (pedacito de algodón provisto de asta o palillo). Toque con él la toalla para quitarle el exceso de humedad. Aplíquelo por encima y por debajo de las pestañas, cerca de la piel. Humedezca las pestañas varias

veces. **Rompa el asta o palillo del tapón de algodón y deséchelo. Utilice un palillo y algodón cada vez que aplique la solución.**

5. Aplique la solución No. 1 a las cejas siguiendo la línea natural de éstas (o sea, en la dirección de su crecimiento). Aplíquela otra vez, ahora a contrapelo, haciéndola penetrar completamente por entre las cejas. **Vuelva a tapar el frasco de la solución No. 1.** (Si se intercambian las tapas de los frascos, se producirá oxidación en las soluciones y éstas perderán su eficacia.)
   Nota: *La colorista del pelo debe saber si el pelo ha recibido una ondulación permanente o si se le ha dado un tratamiento de estiramiento químico (relajación o alisadura) así como qué daño, si alguno existe, puede haberse producido por esos procedimientos.*
6. Aplique la solución No. 2 a las pestañas y a las cejas en la misma forma que aplicó la solución No. 1. Si la piel se mancha, utilice inmediatamente el removedor de manchas. Vuelva a tapar el frasco No. 2.
7. Quite los papelitos protectores de los ojos y lave las pestañas y las cejas con agua fresca aplicada con pedacitos de algodón.
8. Coloque sobre los párpados las compresas para los ojos debidamente humedecidas. Lave otra vez las cejas con agua y jabón. Retire las compresas. Coloque un rollito de algodón debajo de las pestañas y lávelas por arriba con agua fresca.
9. Quite las manchas con el removedor de manchas. Vuelva a tapar el frasco.
10. Suavice la piel con una loción o crema. Lave los ojos con una solución de ácido bórico.
11. Limpie el lugar de trabajo en la forma acostumbrada.

DEFINICIONES RELATIVAS A LA COLORACION DEL PELO

acondicionador: cosmético que se aplica al cabello para devolverle su oleaginosidad (lubricación natural), brillo, elasticidad y docilidad. **conditioner.**

activador, v. **desarrollador.**

alergia: sensibilidad cutánea a los cosméticos, tintes, alimentos u otras sustancias. En la coloración del pelo, un número muy escaso de clientes posiblemente sean alérgicos a los tintes derivados de la anilina. **allergy.**

armonización (emparejamiento): procedimiento por el que se hace uniforme el color de toda la cabellera durante los tratamientos o retoques de coloración del pelo. **blending.**

cabellera virgen: aquella que nunca ha sido clarificada (decolorada o desteñida) ni teñida. **virgin hair.** **cantidad tonal:** se refiere al grado de clarificación. Un pelo al que se le han quitado dos cantidades tonales significa que el pelo se ha vuelto dos tonos más claros. **lift.**

champú colorante (champú con color): producto comercial que se aplica de acuerdo con las instrucciones del fabricante. **shampoo-in-color.**

clarificación (decoloración): remoción o eliminación, parcial o total, del pigmento natural o color artificial del cabello. **lightening; decolorization.**

clarificación por puntos (clarificación punteada o **irregular):** aplicación de un agente clarificador únicamente a las partes oscuras de la cabellera con el fin de armonizar o emparejar el color. **spot lightening.**

clarificador en pasta o **en polvo:** producto de acción potente y rápida que se usa para obtener efectos especiales y ahorrar tiempo en el proceso de clarificación del pelo. **powder** o **paste lightener.**

color (colorante) certificado o **patentado:** colorante temporal que tiñe el cabello por revestimiento y dura entre un champú y el siguiente. **certified color.**

colorante semipermanente del pelo: tinte del pelo que dura entre 4 a 6 champús. Penetra ligeramente en el tallo del cabello. No contiene peróxido ni lo necesita para desarrollar el color. **semipermanent hair coloring.**

decoloración, v. **clarificación.**

decoloración completa: término que se usa para referirse a la eliminación del pigmento natural, los tintes por revestimiento o los tintes penetrantes del pelo. **stripping.**

desarrollador (activador): agente oxidante, tal como la solución de peróxido de hidrógeno de volumen 20. Cuando se mezcla con un tinte, libera el oxígeno necesario para desarrollar el color. **developer.**

duración del tratamiento de coloración, v. **tiempo del tratamiento de coloración.**

escarcha (rayitos), plumeado (líneas finas), veteado (penacho): métodos empleados para la clarificación parcial de pequeñas secciones de pelo en varias partes de la cabeza. **frosting, tipping, streaking.**

emparejamiento, v. **armonización.**

gorro calorífico: se emplea para abreviar el proceso de coloración del pelo. **heating cap.**

gorro jabonoso: aplicación de un colorante diluido en un champú. Se hace penetrar por entre los pelos en la misma forma que un champú. **soap cap.**

gorro plástico: gorro hecho de material plástico que se emplea para abreviar el proceso de coloración del pelo y también para otros tratamientos. **plastic cap.**

gorro térmico, v. **gorro calorífico. thermal cap.**

hidrómetro, v. **peroxómetro.**

idiosincracia: peculiaridad individual que hace a una persona susceptible a las sustancias químicas de los cosméticos, medicinas y alimentos. **idiosyncrasy.**

línea de demarcación: veteado o veta causada por traslapo sobre el pelo previamente teñido. **line of demarcation.**

máquina aceleradora (del proceso de coloración): la que se emplea para abreviar la duración de un tratamiento de clarificación o teñido. **accelerating (processing) machine.**

matizador: tinte derivado de la anilina, de tono delicado, que se aplica al cabello muy decolorado para producir matices rubios, plateados y "pasteles" (pálidos o claros). **toner.**

oxidación: reacción química que se produce cuando el peróxido y la solución colorante se mezclan y se aplican al cabello. **oxidation.**

pelo resistente (o rebelde): el de escasa porosidad. **resistant hair.**

peroxómetro o **hidrómetro:** instrumento usado principalmente por los químicos para medir la potencia del peróxido de hidrógeno. **peroxometer** o **hydrometer.**

porosidad: grado de capacidad que tiene el pelo para absorber la humedad o los preparados líquidos. **porosity.**

pre-clarificación (clarificación previa): proceso por el cual se elimina parcial o totalmente el color del pelo antes de la aplicación de un tinte o matizador. **pre-lightening.**

pre-suavización (suavización previa o **ablandamiento):** aplicación de un clarificador al pelo resistente para suavizarlo (ablandarlo) y hacerlo más receptivo al tinte. **pre-softening** o **softening.**

prueba cutánea (de piel) o **de parche:** procedimiento para determinar si una persona es alérgica o no a un tinte derivado de la anilina. **skin** o **patch test.**

prueba del color: método para determinar la acción de determinado tinte en un pequeño mechón de pelos, lavándolo y secándolo, para observar cómo se desarrolla el color. **color testing.**

prueba de mechón: ensayo preliminar que se hace con un pequeño mechón de pelos antes de un tratamiento de coloración. Se emplea para determinar por anticipado la proporción de la mezcla del tinte y el tiempo de desarrollo del color requeridos por el tratamiento. El desarrollo del color y la prueba del color también se conocen como **prueba de mechón. strand test.**

reacondicionador con color (colorante): preparado que contiene un color certificado (patentado o garantizado) y que se aplica al cabello muy poroso para darle porosidad homogénea con el fin de que absorba y retenga el colorante de modo uniforme. **color filler.**

remoción del tinte: empleo de un disolvente de tintes, de un clarificador, o de un tratamiento de suavización del pelo para quitarle al cabello un matiz de tinte poco satisfactorio. **tint removal.**

resplandores: efectos brillantes logrados en el pelo mediante la aplicación de un tinte o de un clarificador. **highlighting.**

retoque o **toque final:** aplicación de un colorante o clarificador a la sección de pelo nuevo (recién nacido). **touch-up** o **retouch.**

revestimiento: acumulación de algún residuo material sobre la superficie del pelo. **coating.**

sensibilidad: condición de la piel que la hace sumamente reactiva a ciertos productos químicos. La piel se enrojece o se irrita poco después de entrar en contacto con uno (o varios) de estos productos. La reacción generalmente desaparece después que se quita de la piel el producto en cuestión. **sensitivity.**

suavización, v. **pre-suavización.**

susceptible: capaz de padecer alergia. **susceptible.**

tarjeta de datos: historical escrito en el que se indica la estructura del pelo de la cliente, la condición de éste, los tintes y clarificadores que se le han dado y otras referencias pertinentes al cabello. **record card.**

teñido de retorno (restaurador): coloración del pelo haciéndolo volver a su matiz natural. **tint back.**

teñido por puntos (punteado): aplicación de un tinte a zonas insuficientemente coloreadas con el fin de producir resultados uniformes en toda la cabellera. **spot tinting.**

tiempo del tratamiento de coloración: lapso necesario para el desarrollo de un color o clarificador. **development time.**

traslapo: condición que se produce cuando en un retoque el tinte o el clarificador se corren hacia la parte del pelo anteriormente teñida o decolorada. **overlapping.**

PREGUNTAS DE REPASO

COLORACION DEL PELO

1. Defina el teñido del pelo.
2. Dé cuatro razones que pueda tener la cliente para desear un tinte.
3. ¿Qué conocimientos debe poseer una cosmetóloga para tener éxito en la técnica del teñido del pelo?
4. ¿Cuáles son los tres grupos principales de colorantes del pelo?
5. ¿Qué contienen los enjuagues con color y cuánto tiempo hay que dejarlos en el pelo?
6. ¿Qué quiere decir "coloración semipermanente del pelo"?
7. ¿Cuáles son los tintes del tipo penetrante?
8. Cite tres clases de colorantes del pelo que tiñen por revestimiento.
9. ¿Qué clases de tintes no se usan nunca profesionalmente?
10. ¿Qué clase de tintes se utilizan profesionalmente en la mayoría de los casos de teñido del pelo?
11. ¿Por qué los tintes derivados de la anilina permanencen en el pelo hasta que son eliminados con productos químicos?
12. Diga dos razones por las cuales los tintes derivados de la anilina requieren una prueba cutánea con 24 horas de anticipación.
13. ¿En cuáles dos partes del cuerpo se hace una prueba cutánea?
14. ¿Cuáles son dos factores importantes que deben considerarse al elegir un matiz de colorante?
15. ¿Por qué debe hacerse una prueba preliminar de mechón al aplicar un tinte?
16. Cite cuatro condiciones por las cuales no deba darse un tinte derivado de la anilina.
17. ¿Qué clase de agua se usa en relación con el teñido o la clarificación del pelo?
18. ¿Qué clase de tinte puede utilizarse para clarificar y a la vez darle color al cabello con una sola aplicación?
19. ¿Con qué otros nombres se conocen los tintes de una fase?
20. ¿Qué quiere decir "cabellera virgen"?
21. ¿A qué parte del cabello se le aplica un retoque con tinte de una fase?
22. ¿Cuáles son dos propósitos con los que se dan los tintes con champús de resplandores?
23. ¿Cuándo es necesaria una pre-suavización del pelo para dar un tinte de una fase?

CLARIFICACION DEL PELO

1. Defina la clarificación del pelo.
2. ¿Cuándo se recomienda un tinte de dos fases?
3. ¿Con qué otros nombres se conocen los tintes de dos fases?
4. ¿Para qué otro tratamiento del pelo es la clarificación generalmente un proceso preparatorio?
5. ¿Cómo es afectada la porosidad del cabello por la clarificación?
6. Cite tres clases de clarificadores comerciales.
7. ¿Por qué son los clarificadores cremosos los más populares entre los cosmetólogos?
8. ¿Por qué los productos clarificadores contienen pequeñas cantidades de agua amoniacal al 28%?
9. ¿Qué potencia de peróxido de hidrógeno es la comúnmente usada?
10. ¿En qué forma actúa el peróxido de hidrógeno como agente clarificador?
11. ¿Qué efecto tiene la clarificación en el pelo?
12. ¿Qué reacción produce el peróxido de hidrógeno en el pelo cuando se usa como agente suavizador?
13. ¿En qué forma actúa el peróxido de hidrógeno como agente oxidante?
14. ¿Qué son los matizadores?
15. ¿Por qué los matizadores requieren una prueba cutánea o "de parche" durante 24 horas?
16. ¿Por qué el pelo blanco o canoso necesita alguna pre-clarificación antes de aplicársele un matizador?
17. ¿A qué parte del cabello se le aplica un retoque clarificador?
18. ¿En qué partes del tallo del pelo generalmente se aplica la escarcha (rayitos), el plumeado (líneas finas) y el veteado (penacho)?
19. Cite siete condiciones del pelo que necesiten tratamientos reacondicionadores.
20. ¿Con qué tres propósitos se emplean los reacondicionadores?
21. ¿Cuáles son las dos clasificaciones generales de los reacondicionadores?
22. ¿Con qué fines se emplean los reacondicionadores con color?
23. ¿Cuándo se recomienda un reacondicionador con color?
24. ¿Cómo se eligen los reacondicionadores con color para obtener los mejores resultados en el teñido?
25. ¿Por qué es algunas veces necesario eliminar, o remover parcialmente, el tinte del cabello?
26. ¿Cómo debe darse cada tratamiento de remoción del color?
27. ¿Qué quiere decir "tinte por revestimiento"?
28. Cite tres medidas de precaución que deban adoptarse cuando se le da al cabello un tinte de retorno para hacerlo recuperar su matiz natural.
29. ¿Qué clase de tinte no debe usarse nunca para dar color a las cejas y las pestañas?

Caplítulo 16

RELAJACION QUIMICA DEL PELO ENROSCADO Y ONDULACION PERMANENTE CON RIZOS SUAVES

OBJETIVOS DE APRENDIZAJE DEL CAPITULO

El (la) estudiante que logre dominar el contenido de este capítulo conocerá:

1. *Lo que ocurre dentro del cabello cuando se le aplican productos químicos.*
2. *Los productos que se emplean en la relajación química del pelo.*
3. *Las fases básicas del proceso de relajación química del pelo.*
4. *La diferencia que existe entre los relajadores de tioglicolato y los de hidróxido de sodio.*
5. *Por qué se requirere una prueba de mechón.*
6. *Los métodos y las técnicas que se utilizan en la relajación química del pelo.*
7. *Por qué se requiere el uso de guantes protectores.*
8. *Precauciones de seguridad que deben observarse.*
9. *El procedimiento que debe seguirse cuando se hace un peinado pomposo por medios químicos.*
10. *El procedimiento que debe seguirse cuando se da una ondulación permanente con rizos suaves.*

La relajación (suavización) del cabello por medios químicos es el procedimiento por el cual se transforma la estructura básica del pelo excesivamente rizado* para hacerlo lacio. Cuando esta operación se ejecuta profesionalmente, la cabellera se desriza y queda en condiciones satisfactorias para ser peinada de acuerdo con casi cualquier estilo.

Nota: Los nombres "relajación química del pelo" y "alisadura química del pelo" (suavización, enderezamiento y estiramiento del pelo por medios químicos) se emplean alternativamente para denominar el tratamiento por el cual se desrizan permanentemente las ondas o rizos del pelo.

PRODUCTOS PARA LA RELAJACION QUIMICA DEL PELO

Los productos básicos que se emplean en la relajación química del pelo son **un relajador** (suavizador) **químico del pelo, un neutralizador** y **una crema de petróleo,** la cual sirve de base protectora del cuero cabelludo de la cliente durante el tratamiento de alisadura química con hidróxido de sodio (sosa cáustica).

RELAJADORES QUIMICOS DEL PELO

Las dos clases generales de relajadores químicos del pelo son el **hidróxido de sodio** (sosa cáustica), que no necesita un champú previo, y el **tioglicolato de amonio,** el cual puede necesitar un champú previo.

El **hidróxido de sodio** (tipo cáustico de relajador del pelo) ejerce en la fibra del pelo una acción suavizante y a la vez dilatadora. Cuando la solución penetra en la capa cortical del pelo, los enlaces cruzados (azufre e hidrógeno) se rompen. Los

*N. del T.: El pelo excesivamente rizado se conoce en el mundo hispánico bajo distintos nombres, así encarrujado, crespo, enroscado, rufo, ensortijado, caracoleado, retorcido, grifo, chino, pasudo, etc.

movimientos del peine, el cepillo o las manos, utilizados para enderezar el pelo y esparcir el producto químico, estiran y alisan el cabello así suavizado.

Los fabricantes producen la solución con diversos contenidos de sodio, desde un 5% a un 10%, y el factor del pH desde 10 en adelante. Generalmente, mientras mayor es la cantidad de hidróxido de sodio empleada y más alto el pH, más rápida es la reacción química que se produce en el cabello y mayor es el peligro de que el pelo pueda dañarse.

Debido al alto contenido alcalino del hidróxido de sodio, debe tenerse gran cuidado al usarlo.

Tioglicolato de amonio (relajador de tipo tioglicolado). Aunque el tioglicolato de amonio es menos drástico en su acción que el hidróxido de sodio, suaviza y endereza el pelo muy rizado de un modo similar.

NEUTRALIZADOR

El **neutralizador** también es conocido como **estabilizador** o **fijador.** El neutralizador detiene la acción de cualquier relajador químico que haya quedado en el pelo después del enjuague. El neutralizador que se utiliza después de un relajador de tipo tioglicolado reorganiza los enlaces cruzados de cistina (azufre) en una posición nueva y reendurece el pelo.

BASE PROTECTORA PARA EL HIDROXIDO DE SODIO

La base protectora es una crema de petróleo destinada a proteger la piel y el cuero cabelludo de la cliente durante el proceso de estiramiento químico del pelo con hidróxido de sodio. Esta base protectora es también importante al hacer el retoque del estiramiento químico del pelo. Se aplica para proteger el pelo que ya ha sido estirado y para impedir tanto un tratamiento excesivo como la rotura del pelo.

La crema de petróleo tiene una consistencia más ligera que la jalea de petróleo y su fórmula le permite derretirse con la temperatura del cuerpo. Esto hace que la crema se extienda por todo el cuero cabelludo y por otras zonas que deben ser protegidas formando una capa oleaginosa fina. Esta ayuda a evitar que el cuero cabelludo o la piel se quemen o se irriten. El pelo que ha sido tratado previamente debe protegerse con un acondicionador cremoso durante el proceso de estiramiento.

RELAJADORES "SIN BASE"

Hay relajadores "sin base" que también pueden obtenerse. Estos relajadores tienen la misma reacción química en el cabello que los otros, aunque generalmente su reacción es más suave. El procedimiento para aplicar un relajador "sin base" es el mismo que para un relajador ordinario excepto que en este caso no se utiliza la crema básica. No obstante, es aconsejable aplicar una crema protectora alrededor del contorno del cuero cabelludo y por encima de los oídos.

FASES BASICAS

La relajación (suavización y estiramiento) del cabello por medios químicos comprende tres fases básicas: tratamiento, neutralización y acondicionamiento.

TRATAMIENTO

Inmediatamente después de aplicar el relajador químico, el pelo comienza a ablandarse de modo que el producto químico pueda penetrarar en él aflojando y relajando (suavizando y estirando) el rizo natural.

NEUTRALIZACION

Cuando al pelo se le ha dado ya suficiente tratamiento, el relajador químico se elimina mediante un ejuague completo con agua tibia seguido de la aplicación de un neutralizador que tenga un champú incorporado o seguido de un champú indicado y de un neutralizador.

ACONDICIONAMIENTO

Según sean las necesidades de la cliente, el acondicionador puede formar parte o no de una serie de tratamientos para el pelo, o puede aplicársele al pelo antes o después del tratamiento de relajación.

ADVERTENCIA

El pelo excesivamente rizado que ha sufrido daños con los tratamientos a base de peines térmicos o tenazas térmicas, tinturas o clarificadores debe ser tatado con acondicionadores para darle fortaleza y cuerpo y protegerlo contra las roturas.

A la cabellera tratada con tinturas metálicas no debe dársele un tratamiento de relajación pues esto dañaría y destruiría el pelo.

Tampoco es aconsejable utilizar los relajadores químicos del pelo en una cabellera que ha sido clarificada (decolorada).

POTENCIA RECOMENDADA PARA EL RELAJADOR

La potencia de la solución suavizadora (relajador) que va a utilizarse debe determinarse de acuerdo con la prueba de mechón. La siguiente pauta ayudará a decidir el grado de fortaleza de la solución que deba usarse para la prueba de mechón.

1. Para un **pelo fino, teñido** o **clarificado** debe utilizarse un relajador suave.
2. Para un **pelo virgen normal, de textura suave** debe usarse un relajador de mediana fortaleza.
3. Para un **pelo virgen grueso** debe seleccionarse un relajador fuerte o extra fuerte.

ANALISIS DEL PELO DE LA CLIENTE

Es esencial que la cosmetóloga posea un conocimiento práctico del cabello humano, especialmente cuando va a aplicar un tratamiento de relajación del pelo. El reconocimiento de las cualidades del pelo se deriva de la observación a simple vista, la aplicación del tacto y el empleo de pruebas especiales. Antes de intentar cualquier tratamiento de relajación en el pelo excesivamente rizado, la cosmetóloga debe formar un juicio de la textura, la porosidad y la elasticidad del pelo así como de su grado de deterioro, si tal condición existe. (Para una información más completa acerca del análisis del pelo, véase el capítulo sobre **Ondulación Permanente.**)

HISTORIAL DEL PELO DE LA CLIENTE

Para ayudar al logro de resultados satisfactorios y duraderos, es necesario llevar al día un registro de cada tratamiento de relajación química del cabello. Este registro debe incluir un historial del cabello de la cliente, de los productos y acondicionadores usados y asimismo una exoneración de responsabilidad firmada por ésta.

La exoneración de responsabilidad sirve de protección a la cosmetóloga, por lo menos hasta cierto punto, contra las obligaciones que pudieran derivarse de accidentes o daños.

Antes de iniciar el tratamiento de relajación química del pelo, la cosmetóloga debe asegurarse de cómo reacciona el cabello de la cliente a la acción de la solución relajadora. En consecuencia, a la cliente debe hacérsele: 1. un examen completo del cuero cabelludo y del pelo; 2. una prueba de mechón de pelos.

HISTORIAL DE LA ACCION DEL RELAJADOR

Nombre.. Teléfono ....

Dirección... Ciudad ....

Provincia (Departamento o Estado) ....

Número de la Zona Postal..

DESCRIPCION DEL PELO

Forma	**Longitud**		**Textura**		**Porosidad**
☐ ondulado	☐ corto	☐ grueso	☐ suave	☐ muy poroso	☐ menos poroso
☐ rizado	☐ mediano	☐ mediano	☐ sedoso	☐ moderadamente poroso	☐ muy poco poroso
☐ muy rizado	☐ largo	☐ fino	☐ duro como alambre	☐ normal	☐ resistente

Estado:

☐ virgen ☐ retocado ☐ reseco ☐ grasiento ☐ clarificado

Teñido con...

Antes suavizado con (nombre del relajador)...

☐ Incluida muestra del cabello original ☐ no incluída

CLASE DE RELAJADOR O ESTIRADOR (SUAVIZADOR)

☐ en toda la cabeza ☐ retoque

☐ relajador................ fortaleza................ ☐ estirador................ fortaleza................

Resultados:

☐ buenos ☐ malos ☐ incluida muestra del cabello ☐ no incluida

Fecha	Operario(-ria)	Fecha	Operario(-ria)
....	....	....	....
....	....	....	....
....	....	....	....

EXAMEN DEL CUERO CABELLUDO

Inspeccione el cuero cabelludo cuidadosamente para determinar la posible presencia de erupciones, resguños o abrasiones. Para tener una visión más clara del cuero cabelludo, divida la cabellera en secciones de ½″ (1.25 cm.). Las divisiones del pelo pueden hacerse con los dedos índice y mayor o con el cabo de un peine de cola (de rata). En cualquier caso, la cosmetóloga debe tener sumo cuidado para no rasguñar el cuero cabelludo. Cualquier resguño así causado puede infectarse seriamente cuando se irrita por el contacto con el relajador químico.

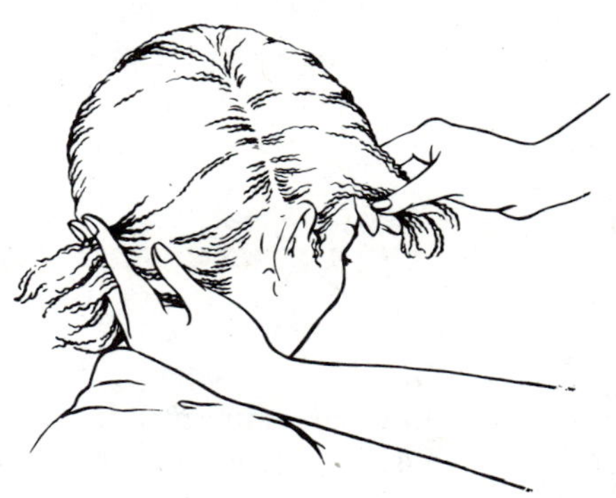

Examinando el cuero cabelludo

Si observa **erupciones** o **abrasiones** en el cuero cabelludo, no aplique el relajador químico hasta que el cuero cabelludo haya sanado completamente. Si el pelo no está en condiciones saludables, recomiende una serie de tratamientos acondicionadores para hacerlo restaurar a un estado más normal. Entonces haga una prueba de mechón.

PRUEBA DE MECHON

Para determinar los resultados por anticipado, es aconsejable hacerle al pelo una prueba de mechón que revele su grado de porosidad y elasticidad. Esto puede lograrse observando cualquiera de los procedimientos siguientes:

La **prueba digital** determina el grado de porosidad del cabello. Sostenga un mechón de pelos entre el pulgar y el índice de la mano derecha y deslice los dedos a lo largo del mechón, desde la punta del pelo hacia el cuero cabelludo. Si el mechón se arruga o se siente áspero al tacto, el cabello es poroso y puede absorber humedad.

La **prueba de tirón** (resistencia a la tensión) determina el grado de elasticidad del pelo. Por lo general, el pelo rizado y seco se estira hasta una quinta parte de su longitud normal sin romperse. Agarre media docena de mechones de la región de la coronilla y tire de ellos con suavidad. Si siente que el pelo se estira es señal de que posee suficiente elasticidad y puede resistir la acción del relajador. De lo contrario es recomendable aplicar tratamientos acondicionadores antes de la relajación química.

La **prueba con el relajador** consiste en la aplicación del relajador químico a un mechón de pelos para observar la reacción del cabello. Tome una pequeña sección de la cabellera e introdúzcala a través de un agujero hecho en un pedazo de papel de aluminio colocado lo más cerca posible del cuero cabelludo. Aplíquele el relajador químico al pelo en la misma forma en que lo aplicaría a toda la cabellera. Déjelo en el mechón hasta que éste se haya relajado y estirado lo suficiente, comprobando el proceso cada 3 a 5 minutos. Observe cuidadosamente el tiempo que ha necesitado el pelo para suavizarse y la fortaleza del cabello. Déle champú solamente al mechón para quitarle el relajador, séquelo con una toalla y aplíquele en toda su longitud una crema protectora para evitar que se dañe por el tratamiento de relajación.

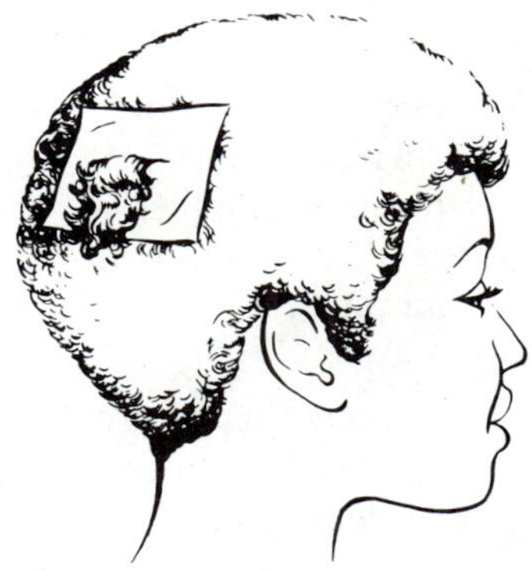

Prueba de mechón con relajador.

La región de la cabeza que se elija para la prueba de mechón debe ser bien la de la coronilla o cualquiera otra donde los pelos sean duros y resistentes.

PROCEDIMIENTO PARA LA RELAJACION QUIMICA DEL PELO (CON HIDROXIDO DE SODIO)

Nota: El procedimiento que a continuación se describe es el empleado fundamentalmente con productos que contienen **hidróxido de sodio** (sosa cáustica). Al utilizar estos productos deben seguirse las direcciones del fabricante y las órdenes de la instructora.

EQUIPO, INSTRUMENTOS Y MATERIALES

Relajador químico
Neutralizador o champú neutralizante
Champú y crema de enjuagar
Capa para champú
Base protectora
Acondicionador-reacondicionador
Compresas para los ojos
Guantes protectores
Toallas
Rulos (rizadores)
Peine y cepillo
Espátula
Cronómetro
Acondicionador
Algodón absorbente
Faja protectora para el cuello
Prendederos y escarpidores (alzapelos)
Papelitos protectores
Loción de peinar
Tarjeta de archivo

PREPARACION

1. Seleccione el equipo, los instrumentos y los materiales necesarios y póngalos en orden.
2. Lávese las manos y desinfécteselas.
3. Siente a la cliente cómodamente. Quítele los pendientes (aretes o pantallas) y las joyas que lleve en el cuello; ajústele la toalla y la capa para champú.
4. Observe y examine el cuero cabelludo y el pelo.
5. Haga una prueba de mechón y observe los resultados.
6. No le dé champú al pelo. (Las puntas del pelo pueden recortarse después de aplicar el relajador químico.)
7. Vea que la cliente firme la tarjeta de registro para el archivo.

PROCEDIMIENTO

1. **Divida la cabellera** en 4 ó 5 secciones según lo recomiende su instructora.

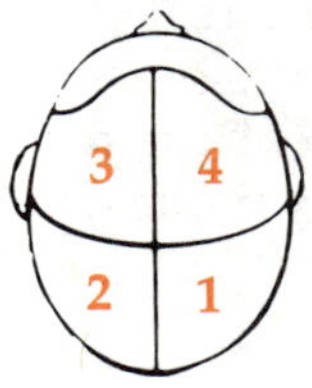

CUATRO SECCIONES. Divida el cabello en el centro de la cabeza, a todo el largo, desde la frente hasta la nuca. Divídalo también de un lado a otro de la cabeza, comenzando detrás de la oreja. Extienda la raya de oreja a oreja.

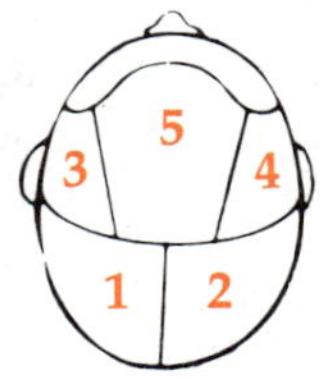

CINCO SECCIONES. Divida la cabellera de un lado a otro, comenzando detrás de la oreja. Extienda la raya de oreja a oreja. Divida la parte del frente de la cabeza en 3 secciones. Divida la parte posterior en dos secciones.

2. **Seque el cabello.** Si hay humedad o sudor en el cuero cabelludo, debido al excesivo calor o a la humedad ambiental, sitúe a la cliente debajo de una secadora con aire fresco durante unos minutos.
3. **Aplique la base protectora.** Los fabricantes recomiendan el uso de una base protectora para resguardar el cuero cabelludo contra la fuerza de los agentes químicos del relajador. Para aplicarla adecuadamente, divida la cabellera en 4 ó 5 secciones distintas. Entonces, subdivida cada sección en porciones de ½" a 1" (1.25 a 2.5 cm.) para cubrir todo el cuero cabelludo.

Aplicando la base protectora.

Aplique la base libremente a todo el cuero cabelludo, con los dedos. El contorno del cuero cabelludo, siguiendo la línea de alrededor de la frente, la nuca y por encima y alrededor de las orejas debe **cubrirse completamente.** El **cubrir completamente** el cuero cabelludo es muy importante para protegerlo y proteger su contorno contra cualquier posible irritación.

Nota: Cuando utilice un relajador "sin base," no es necesario aplicar una base protectora. Se recomienda, sin embargo, que se aplique una crema protectora a todo el contorno del cuero cabelludo y por encima de las orejas.

APLICACION DEL ACONDICIONADOR-REACONDICIONADOR

En muchos casos es necesario aplicar un acondicionador y un reacondicionador antes de utilizar el relajador químico. El acondicionador-reacondicionador, que generalmente es un producto proteínico, se aplica a toda la cabellera cuando el pelo está seco. Protege el cabello muy poroso o ligeramente dañado contra los efectos de un tratamiento excesivo en cualquier parte del tallo del pelo. Empareja la porosidad del tallo del pelo y permite que la acción del relajador químico se distribuya uniformemente.

Para sacar el mayor provecho del acondicionador-reacondicionador, frótelo suavemente sobre el pelo, desde el cuero cabelludo hasta las puntas del pelo, empleando las manos o un peine. Seque entonces la cabellera con una toalla o sírvase de una secadora con aire fresco para terminar de secar el cabello.

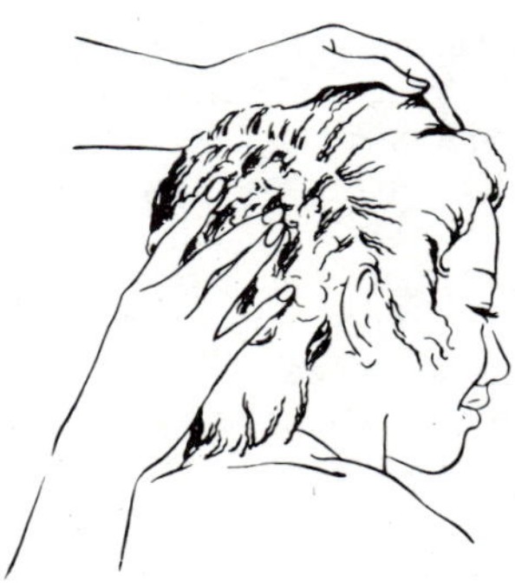

Aplicando el acondicionador-reacondicionador.

ADVERTENCIA

Evite usar cualquier forma de calor, lo cual haría abrir los poros del cuero cabelludo y causaría en él irritación o daño al aplicarle el relajador.

Es importante proteger los ojos de la cliente cuando se aplica el relajador químico al pelo. Los lentes de contacto deben quitarse. La cosmetóloga debe ponerse los guantes protectores.

APLICACION DEL SUAVIZADOR

Divida la cabellera en 4 ó 5 secciones de la misma manera en que se hace para aplicar la base protectora.

La crema para el tratamiento es la última que se aplica, esparciéndola en la región del cuero cabelludo y en las puntas del pelo. El calor natural del cuerpo acelera el proceso del tratamiento del cuero cabelludo. El pelo es más poroso hacia las puntas y puede dañarse. Así, en estas dos partes, se requiere un tratamiento de menos duración y, por lo tanto, el relajador es lo último que se aplica.

Existen tres métodos de uso general para la aplicación del relajador químico del pelo: el método con peine, el método con cepillo y el método digital.

METODO CON PEINE

Extraiga del pote una pequeña cantidad de crema relajadora. Comenzando en la sección posterior derecha de la cabeza, divida y separe cuidadosamente el pelo en porciones de ¼" a ½" (0.66 a 1.25 cm.), según sea el grosor y grado de ensortijamiento o rizado de la cabellera. Aplique el relajador con el forzal (lomo) del peine, comenzando a una distancia de ½" a 1" (1.25 a 2.5 cm.) del cuero cabelludo y esparciéndolo hasta ½" (1.25 cm.) de las puntas del pelo. Primero aplique el relajador al lado de arriba del mechón. Entonces, alce la subsección de pelos y aplique el relajador a la parte inferior. Levante suavemente el mechón ya terminado para apartarlo.

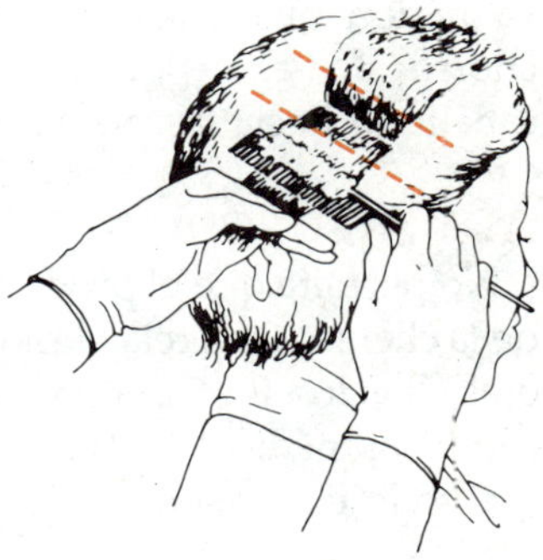

Aplicando el relajador por encima del mechón.

Termine la región derecha posterior y, moviéndose en la dirección de las agujas del reloj, cubra cada sección de la cabellera siguiendo el mismo procedimiento. Entonces, vuelva a repasar toda la cabellera en el mismo orden, aplicándole crema relajadora adicional, si es necesario, y esparciendo el relajador cerca del cuero cabelludo y hasta las puntas del pelo. Evite hacer excesiva presión en el pelo o estirarlo demasiado.

Alisar la crema a través de todo el pelo no solamente la hace esparcir sino que también estira el pelo suavemente, enderezándolo.

Nota: Un método alterno para esta aplicación es el que se sigue comenzando en la nuca, aproximadamente a 1" (2.5 cm.) del contorno del cuero cabelludo, continuándose hacia la coronilla. En este caso, el relajador es lo último que se aplica al pelo siguiendo el contorno del cuero cabelludo. Guíese por las indicaciones de su instructora y del fabricante del producto.

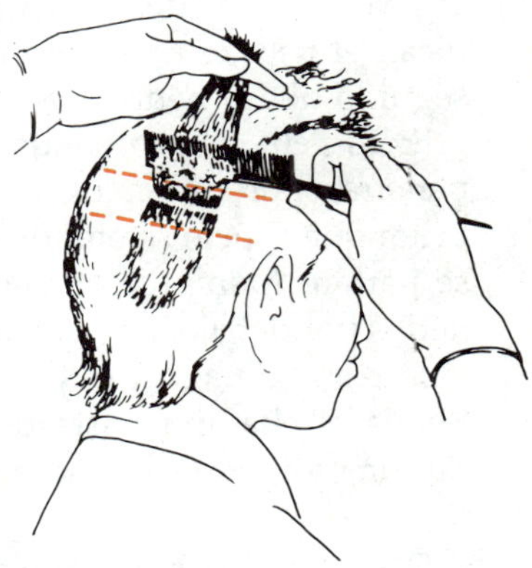

Aplicando el relajador por debajo del mechón.

PRUEBA DE MECHON

Mientras se esparce el relajador, observe el desarrollo de su acción estirando los mechones para ver con qué repidez se enderezan los rizos naturales. Otro método de prueba consiste en apretar el mechón sobre el cuero cabelludo empleando el lomo del peine o el dedo. Examine el mechón despues de quitar el dedo. Si el mechón permanece liso, es señal de que se ha relajado lo suficiente; si el mechón regresa o "rebota" hacia atrás, alejándose del cuero cabelludo, continúe el tratamiento.

ENJUAGUE PARA ELIMINAR EL RELAJADOR

Cuando el pelo ya se ha enderazado y estirado lo suficiente, enjuáguelo para eliminar el relajador rápida y totalmente. El agua debe estar tibia, no caliente. Si el agua está demasiado caliente, puede quemar a la cliente y causarle molestia debido al estado supersensitivo del cuero cabelludo. Si el agua está demasiado fría, no hará detener la acción química del tratamiento. La fuerza directa del chorro de agua del enjuague debe utilizarse para quitar el relajador y evitar que el pelo se enrede. Divida la cabellera con los dedos para examinarla y asegurarse de que no quedan vestigios del relajador. Si el relajador no se elimina completamente, su acción química continuá afectando al pelo. El chorro de agua debe dirigirse desde el cuero cabelludo hacia las puntas del pelo.

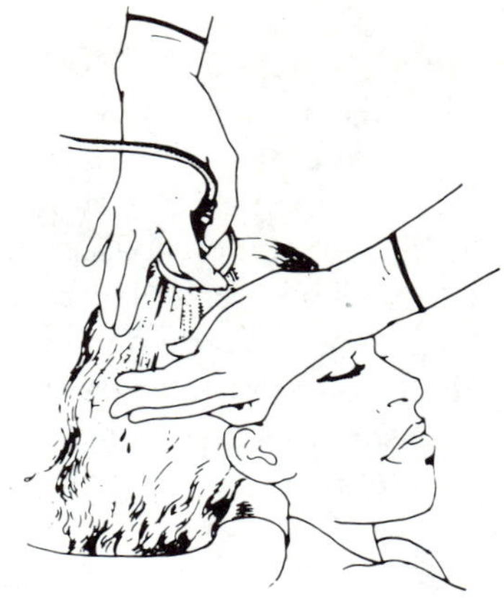

Enjuagando el relajador.

ADVERTENCIA

No permita que el producto relajador del pelo toque los ojos o la piel descubierta de la cliente. Si el relajador o el agua del enjuague penetran accidentalmente en los ojos, lávelos inmediatamente con grandes cantidades de agua tibia y lleve a la cliente al médico sin demora. Continúe con los guantes protectores puestos hasta que todo el relajador se haya eliminado del pelo.

CHAMPU/NEUTRALIZACION

Cuando el cabello ya ha sido completamente enjuagado, neutralícelo siguiendo las direcciones de su instructora. La mayoría de los fabricantes suministran un champú neutralizante que se aplica al pelo después del enjuague. Otros fabricantes indican el uso de un champú no alcalino o cremoso seguido de un neutralizador.

Frote el champú suavemente para hacerlo penetrar por entre los pelos. Tenga cuidado de evitar que el pelo se enrede o que las puntas frágiles se partan. Manipule el champú frotándolo con los dedos por debajo del pelo, no por encima. Use agua tibia para enjuaguar el pelo y mantenerlo derecho. Repita el champú hasta que el pelo forme buena espuma y todo el relajador se haya eliminado.

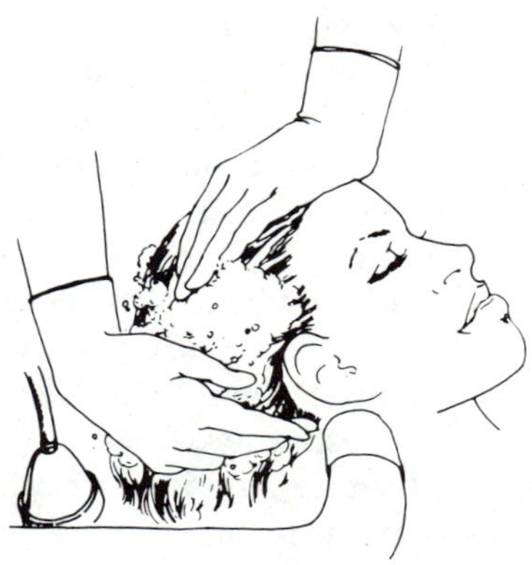

Dándole champú al pelo.

Después de dar el champú, empape el pelo completamente con el neutralizador si así lo requiere el fabricante. Comenzando en la nuca, peine el pelo cuidadosamente con un escarpidor (peine alzapelos de púas ralas y largas), haciéndolo de abajo arriba y hacia la frente. Utilice el peine para:

1. Mantener el pelo derecho.
2. Asegurarse de una completa saturación con el neutralizador.
3. Desenredar las greñas sin tirar del pelo.

Mida el tiempo de la acción química del neutralizador, según se indica, y enjuague el pelo completamente. Seque el pelo suavemente con una toalla. Aplíquele un acondicionador, según sea necesario, y proceda a hacer el peinado. Deseche los suministros usados. Limpie y desinfecte el equipo. Lávese la manos y desinféctaselas. Llene la tarjeta de registro, asentando en ella todas las medidas de tiempo requeridas y los tratamientos dados durante este servicio y archive la tarjeta.

ADVERTENCIA

Los diversos productos que se emplean para la relajación química del cabello requieren diferentes métodos de manipulación durante el proceso de tratamiento y neutralización. Siempre debe cumplir las direcciones del fabricante y guiarse por la instructora.

Tenazas térmicas calientes. Para impedir la rotura del pelo, debe evitarse el exceso de calor o de estiramiento del pelo. El rizado térmico con calor moderado (tibio) puede emplearse para rizar químicamente el pelo que ha sido previamente relajado (alisado, estirado y suavizado). Los tratamientos acondicionadores son recomendables en este caso y el pelo debe secarse completamente antes de dársele el rizado térmico.

APLICACION DEL ACONDICIONADOR

Muchos fabricantes recomiendan la aplicación de un acondicionador antes de marcar el pelo para el peinado porque ello antenúa la aspereza producida por el hidróxido de sodio del relajador y ayuda a restaurar algunos de los aceites naturales del cuero cabelludo y del pelo.

Existen muchos acondicionadores que pueden obtenerse:

1. Los **acondicionadores de tipo cremoso** se aplican al cuero cabelludo y al pelo y luego se eliminan cuidadosamente mediante el enjuague. Después se seca el pelo con una toalla. Finalmente, se aplica la loción para peinar; se enrolla el pelo en los rizadores (rulos) y se seca y se peina en la manera acostumbrada.
2. Los **acondicionadores de tipo proteínico (líquidos)** se aplican al cuero cabelludo y al pelo antes de marcar la cabellera para el peinado y se dejan en ella como si fueran una loción de peinar. Se enrolla el pelo entonces en los rizadores (rulos), se seca y se peina en la forma acostumbrada.

ADVERTENCIA

Debido al estado frágil del pelo, es aconsejable enrollarlo en los rizadores (rulos) sin ejercer tensión extrema.

METODO CON CEPILLO O CON LOS DEDOS

El método con cepillo o el método digital para aplicar el relajador al pelo es semajante al método con peine, excepto que en lugar del lomo del peine se emplean el cepillo o los dedos y la palma de las manos. Todo lo demás es igual. **Póngase los guantes protectores.**

RETOQUE CON HIDROXIDO DE SODIO

Siga todos los pasos propios del tratamiento ordinario para la relajación química del pelo con una excepción: **aplique el relajador únicamente al pelo nuevo recién nacido.** Para evitar la rotura del pelo previamente tratado, aplique un acondicionador cremoso sobre el pelo que recibió el tratamiento anterior y así evitará la superposición de tratamientos y un posible daño.

PROCEDIMIENTO PARA SUAVIZADORES (CON TIOGLICOLATO DE AMONIO)

El **tioglicolato de amonio** (también llamado **relajador** o **suavizador con tioglicolato**) es el mismo tipo de producto que se emplea en la ondulación permanente en frío con una crema espesa o gel que se le añade a la fórmula para mantener el pelo estirado y derecho.

Igual que en la ondulación permanente en frío, el relajador hace que se rompan los enlaces de azufre e hidrógeno, suavizando y dilatando el cabello. Mediante la acción mecánica de las manos, el cepillo o los dedos, el pelo se alisa y se mantiene derecho.

Pelo suavizado.

Después que el pelo se ha estirado y enderezado se le aplica el neutralizador. (Su propósito es el mismo que el del neutralizador en la ondulación en frío). El neutralizador reconstituye los enlaces de azufre e hidrógeno y reendurece el pelo en su nueva conformación estirada y recta.

Los fabricantes varían sus productos de acuerdo con la textura y el estado del pelo. El pelo teñido o clarificado requiere fórmulas menos enérgicas.

Los relajadores con tioglicolato tienen una acción química más suave en el pelo excesivamente rizado. La cosmetóloga puede optar por utilizarlos en el pelo de textura fina o cuando es aconsejable suavizar los rizos del cabello en forma más moderada. Los relajadores con tioglicolato pueden también utilizarse para reducir el rizo excesivo que resulta de una ondulación permanente. Consulte a su instructora para recomendaciones y sugerencias apropiadas a este servicio especial.

Los procedimientos para aplicar los relajadores de tioglicolato varían. El método general incluye la preparación del pelo (dándole un champú suave si así se requiere), aplicándole una base si es necesario, utilizando el relajador en la forma indicada bajo el epígrafe "Procedimiento para la Relajación Química del Pelo," y haciendo una prueba de mechón. En este punto las instrucciones puden variar notablemente; así pues, lo mejor es seguir las recomendaciones del fabricante **con todo cuidado.** Quite el relajador de la cabellera y neutralice el pelo según se ha instruido, aplíquele el acondicionador y proceda a hacer el peinado. En cuanto al aspecto químico, tenga precaución de que el pelo no se caliente ni se estire demasiado durante la configuración del peinado ya que esto puede causarle daño tanto al pelo como a la formación de rizos que se pretende lograr.

RETOQUE CON TIOGLICOLATO

El cabello que ha sido tratado con relajadores de tioglicolato puede necesitar un retoque cuando el pelo nuevo (recién nacido) se hace visible. En este caso, siga todos los pasos propios del tratamiento ordinario de relajación química del pelo con tioglicolato con la excepción de que el **relajador** se aplica únicamente al pelo recién nacido. Al pelo previamente tratado con relajador debe aplicársele un acondicionador para evitar que se dañe.

OTROS RELAJADORES

Recientemente los investigadores de estas materias han perfeccionado relajadores ácidos para el tratamiento del pelo excesivamente rizado. Al igual que las ondulaciones permanentes ácidas, estos relajadores actúan con bisulfitos en vez del ácido tioglicolado. Este tipo de relajador está destinado a producir una acción más suave muy parecida a la del tioglicolato. Algunos pueden utilizarse también para envolver el pelo de antemano en preparación de una ondulación permanente en un pelo excesivamente rizado.

PEINADO QUIMICO POMPOSO

Para satisfacer las necesidades de las clientes del salón, ya sean jóvenes o de mediana edad, una gran versatilidad de estilos de peluquería puede desarrollarse con el **peinado químico pomposo** (henchido), también llamado **peinado afro.** Para lograrlo, se emplea un procedimiento que elimina sólo una pequeña cantidad del rizo natural, dejando el pelo en un estado más dócil y manejable. El peinado químico pomposo sirve de base a una variedad de estilos en diseños y formas. Este peinado es una combinación de la relajación química del pelo con un peinado artístico, con lo cual se crea un estilo atractivo y pulcro en la mejor tradición afroamericana.

El peinado químico pomposo (o peinado afro) puede lograrse mediante el relajador de tioglicolato o con el de hidróxido de sodio. Lo más importante en cualquiera de estos dos métodos es no estirar demasiado el pelo hasta el extremo de que el proceso de darle pomposidad (henchidura) al peinado se haga imposible. Por lo general, cuando se usa el relajador de tioglicolato, al pelo debe dársele primero un champú. Por el contrario, cuando se emplea el relajador de hidróxido de sodio, el champú se da después de relajar el pelo. (Siga las direcciones del fabricante o de su instructora.)

EQUIPO, INSTRUMENTOS Y MATERIALES

Aquí se utilizan los mismos equipos, instrumentos y materiales, además de un peine de púas largas, gruesas y ralas (escarpidor, alzapelos o peine afro), tijeras, maquinilla para cortar el pelo y secadora de mano.

PROCEDIMIENTO

1. Prepare a la cliente y cúbrala igual que para un tratamiento ordinario de relajación del pelo.
2. Aplíquele un acondicionador indicado y/o una base al cuero cabelludo.
3. Póngase los guantes protectores y aplique el relajador en la forma acostumbrada.
4. Interrumpa el proceso de relajación del pelo enjuagándolo para eliminar el agente relajador antes de que el pelo se enderece completamente, o sea, mientras todavía muestra ondas o rizos.
5. Aplique el neutalizador o el champú neutralizante.
6. Enjuague el pelo para quitarle el neutralizador y séquelo con una toalla.
7. Aplíquele un acondicionador al cuero cabelludo y al pelo para ayudar a restaurar los aceites naturales que el relajador ha eliminado.

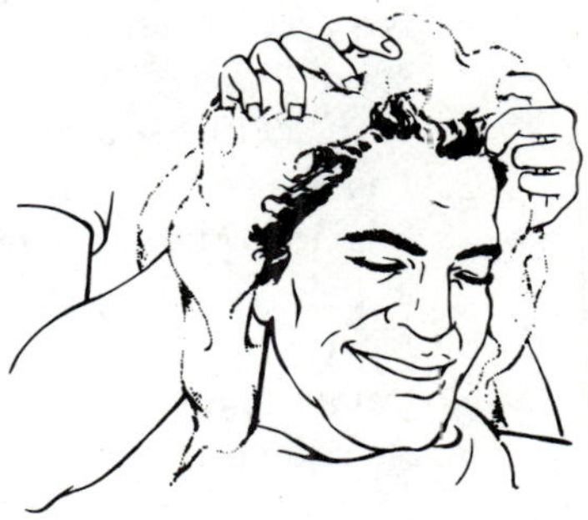

Enjuague para quitar el neutralizador y seque con toalla.

Si desea hacer el peinado pomposo (afro), seque la cabellera con una secadora de mano mientras levanta el pelo con el escarpidor (alzapelos o peine afro). Seque el cabello desde el cuero cabelludo, hacia las puntas del pelo. Distribuya el pelo ya seco parejamente alrededor de toda la cabeza y déle configuración recortándolo con la maquinilla o con tijeras. Continúe alzando el pelo, alejándolo de la cabeza, para comprobar la configuración que va tomando con el corte.

El pelo también puede cortarse mientras está húmedo y en seguida se peina para dejarlo secar por sí mismo. Si embargo, para darle un aspecto más suave, el pelo puede alzarse y peinarse después que se ha secado.

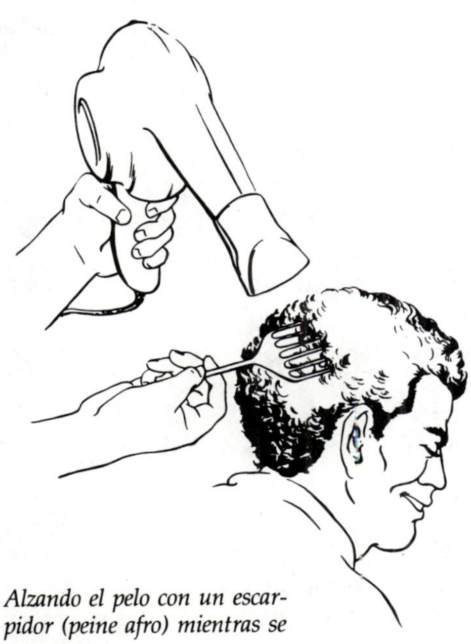

Alzando el pelo con un escarpidor (peine afro) mientras se seca.

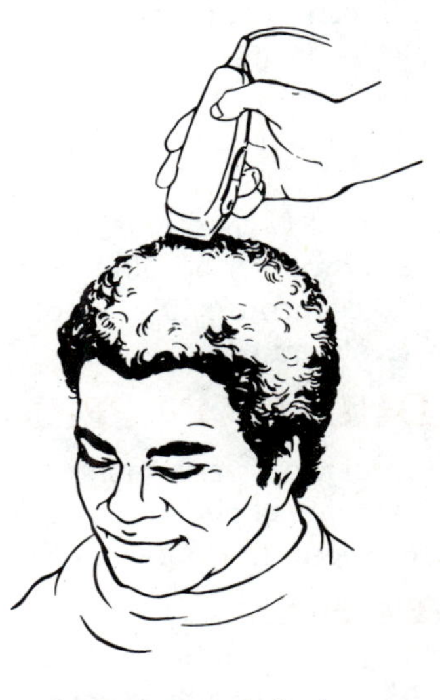

Cortando el pelo para darle el estilo deseado.

PRECAUCIONES DE SEGURIDAD

1. Inspeccione el cuero cabelludo para determinar si hay abrasiones; si las observa, no dé el tratamiento de relajación química.
2. Analice el pelo; haga una prueba de mechón.
3. No le dé champú al pelo antes de aplicarle un producto de hidróxido de sodio.
4. No aplique un relajador de hidróxido de sodio sobre un relajador de tioglicolato.
5. No aplique un relajador de tioglicolato sobre un relajador de hidróxido de sodio.
6. Nunca utilice un relajador fuerte en el pelo fino pues puede causarle roturas.
7. Las tenazas térmicas frescas o tibias pueden aplicarse al pelo que ha sido relajado químicamente. No emplee calor excesivo pues puede causarle daño al pelo ya relajado.
8. No dé un tratamiento de relajación al pelo dañado. Sugiera una serie de tratamientos acondicionadores.
9. Aplique una base protectora para impedir que el cuero cabelludo se queme o se irrite por la acción del relajador de hidróxido de sodio.
10. Use guantes protectores.
11. Proteja los ojos de la cliente.
12. Tenga sumo cuidado al aplicar el relajador para evitar que éste se corra accidentalmente hacia los ojos, el cuero cabelludo o la piel.
13. Compruebe con frecuencia la acción del relajador para determinar la rapidez con que van deshaciéndose los rizos naturales.
14. Asegúrese de eliminar el relajador completamente del cabello. De no hacerlo así, el proceso de relajación se prolongará y dará por resultado que el cabello sufra daños. Dirija el chorro de agua tibia desde el cuero cabelludo hacia las puntas del pelo.
15. Manténgase puestos los guantes protectores hasta que todo el relajador haya sido eliminado. Cuando enjuague el pelo para quitarle el champú, manipúlelo siempre desde el cuero cabelludo hacia las puntas para impedir que el pelo se enrede.
16. Emplee un peine de púas largas, gruesas y ralas (escarpidor, alzapelos o peine afro) y evite tirar del pelo al peinarlo después de un tratamiento de relajación química. Evite resguñar el cuero cabelludo con el peine o con las uñas.
17. Aplique un acondicionador al cuero cabelludo y al pelo antes de marcar el peinado.
18. Cuando retoque el pelo nuevo (recién nacido), no deje que el relajador químico se corra hacia el pelo que ya ha sido relajado.
19. No le dé un tratamiento de relajación química al pelo teñido con tintura metálica.
20. Al terminar cada tratamiento, llene completamente la tarjeta de registro para el archivo.
21. Vea que la cliente firme una declaración de exoneración de responsabilidad para proteger al salón de belleza y la cosmetóloga.
22. No es aconsejable emplear relajadores químicos en el pelo clarificado (decolorado).

ONDULACION PERMANENTE CON RIZOS SUAVES

La ondulación permanente con rizos suaves es un método de ondular permanentemente el pelo excesivamente rizado. Este método se conoce con distintos nombres según los fabricantes de los productos que se utilizan para este fin.

ADVERTENCIA

Si el producto contiene tioglicolato de amonio:

1. NO lo use en el pelo que ha sido relajado con hidróxido de sodio.
2. NO lo use en el pelo que ha sido teñido con una tintura metálica o con un compuesto de alheña.

3. El pelo clarificado (decolorado), teñido o dañado debe reacondicionarse hasta que desarrolle la suficiente resistencia para asegurarse de que el tratamiento de rizos suaves no le causará mayor daño.
4. Si la loción para la ondulación permanente o el neutralizador se corren accidentalmente hacia los ojos de la cliente, láveselos inmediatamente con agua y refiérala a un médico.

MUY IMPORTANTE

Para lograr la permanente con rizos suaves, es importante seguir explícitamente las direcciones del fabricante o de la instructora. Faltar a ellas puede malograr los buenos resultados y causar daños al pelo y la piel de la cliente.

INSTRUMENTOS Y MATERIALES

Tarjetas de registro para el archivo
Capa para champú
Fajas protectoras para el cuello y toallas
Champú suave
Peines
Guantes
Crema protectora
Gel, crema o loción de tioglicolato
Aplicadores
Barritas para hacer rizos
Papelitos protectores porosos
Solución para antes del enrollado del pelo
Loción de ondular
Bandas de algodón o neutralizantes
Gorro plástico
Neutralizador
Loción para peinar (activadora del rizado)
Enjuague final
Horquillas (ganchos)
Tijeras o navaja

PROCEDIMIENTO

El procedimiento descrito a continuación puede aplicarse tanto a hombres como a mujeres.

1. Inspeccione el cuero cabelludo de la cliente. No use gel o crema para la ondulación permanente si el cuero cabelludo muestra señales de abrasiones o lesiones o si la cliente ha sufrido reacciones alérgicas en un tratamiento anterior.
2. Déle champú al cabello y enjuáguelo completamente. Séquelo ligeramente con una toalla, dejándolo húmedo.
3. Desenrede las greñas con un peine de púas largas, gruesas y ralas (escarpidor, alzapelos o peine afro). (Fig. 1.)
4. Divida la cabellera en 4 ó 5 secciones según lo recomiende su instructora. *(Si el fabricante lo requiere, aplíquele una crema protectora a todo el cuero cabelludo, incluso a lo largo del contorno del mismo.)*
5. Póngase los guantes protectores.
6. Aplique gel o crema de tioglicolato por separado a cada sección de la cabellera, utilizando el lomo del peine, un cepillo de teñir el pelo, o los dedos. Emplee el peine de cola (de rata) o un cepillo para dividir el pelo y comenzar la aplicación de gel o crema de tioglicolato a la parte del pelo que está próxima al cuero cabelludo, preferiblemente empezando por la región de la nuca. Esparza el gel o la crema de tioglicolato hasta las puntas del pelo.

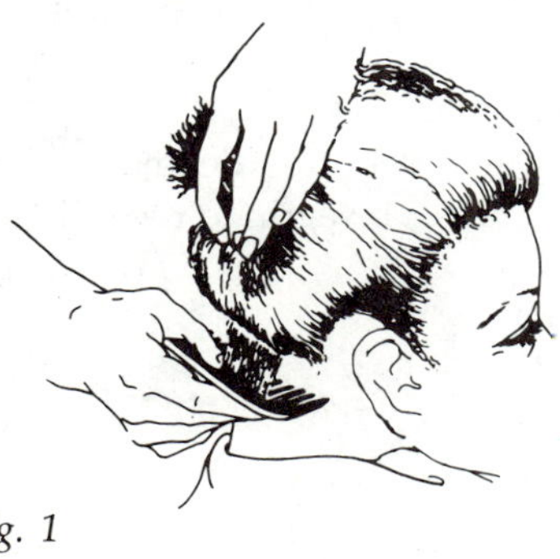

Fig. 1

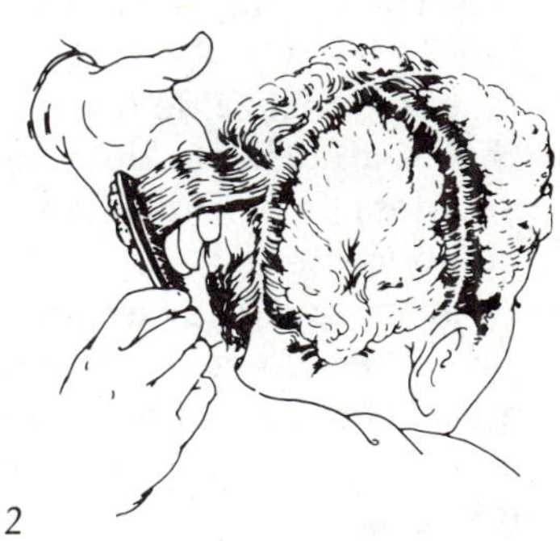

Fig. 2

7. Esparza el gel o la crema de tioglicolato con el peine por toda la cabellera, primero con un peine de púas largas, gruesas y ralas (escarpidor, alzapelos o peine afro) y después con un peine de púas más finas. (Fig. 2.)
8. Cuando el cabello se ha tornado dócil y flexible (Fig. 3), enjuáguelo con agua algo tibia y séquelo con una toalla. No enrede el pelo. (**Nota:** Algunos fabricantes no recomiendan que se elimine el gel mediante un enjuague.)

Fig. 3

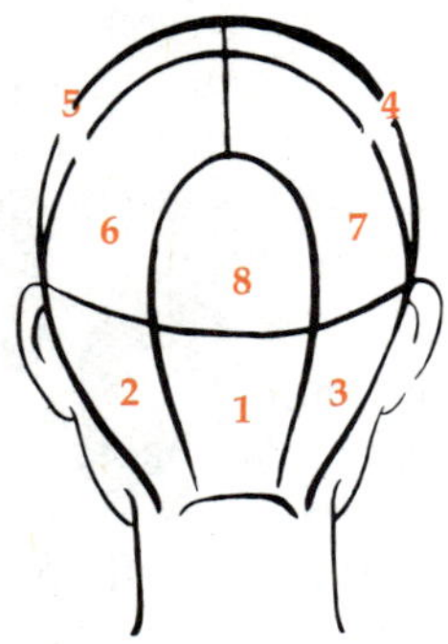

Fig. 4

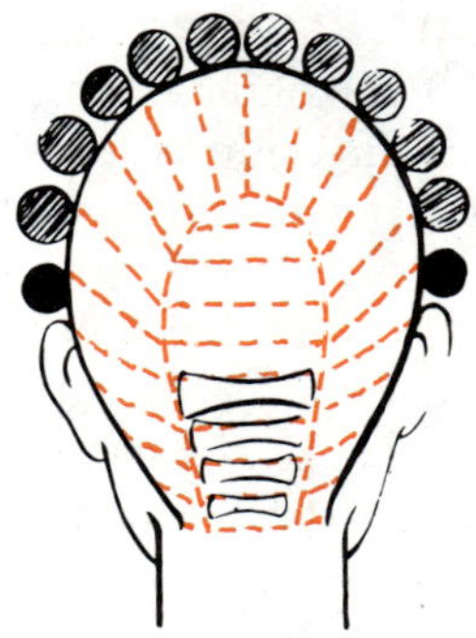

Fig. 5

9. Divida la cabellera en nueve secciones (Fig. 4.). Subdivídala al enrollar los rizos (Fig. 5).
10. Enrolle el pelo en las barritas de rizar según lo desee. Para poder modificar el patrón de rizos del pelo, las barritas de rizar que se seleccionen deben tener por lo menos doble largo que el rizo natural. Para obtener una buena formación de rizos, el pelo debe enrollarse alrededor de la barrita por lo menos 2½ veces.
11. Después de terminar el enrollado del pelo, proteja la piel de la cliente colocándole algodón alrededor del contorno del cuero cabelludo y del cuello. (Fig. 6.).

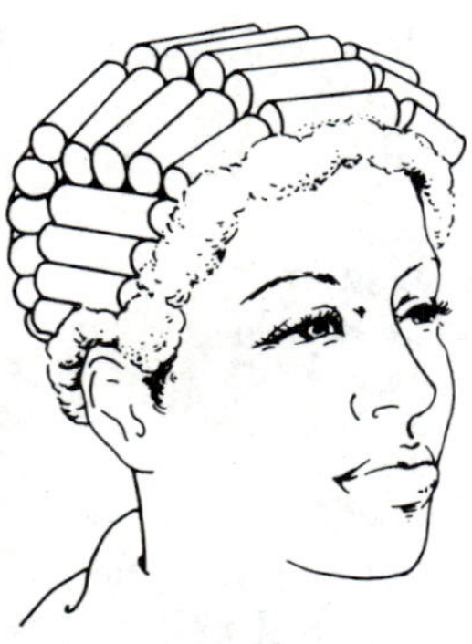

Fig. 6

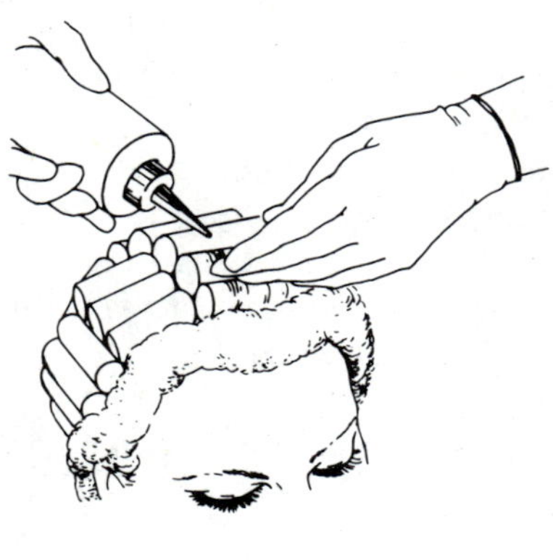

Fig. 7

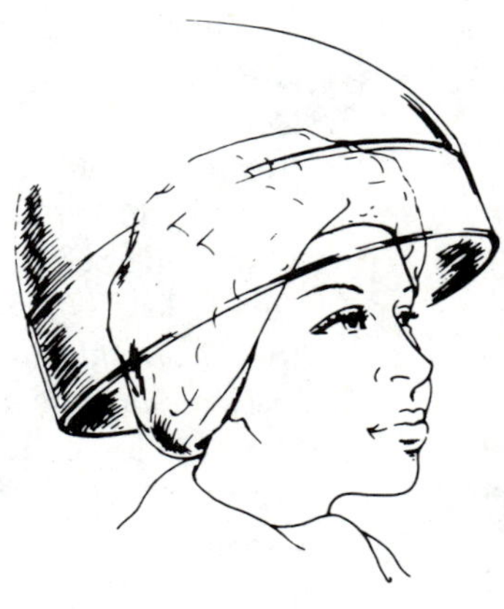

Fig. 8

12. Aplique el gel, la crema o la loción de tiglicolato a todos los rizos enrollados hasta que se hayan empapado completamente (Fig. 7). Retire el algodón mojado.
13. Cubra la cabeza de la cliente con un gorro plástico.
14. Siente a la cliente durante un período de 15 a 25 minutos debajo de una secadora de pelo que ha sido calentada de antemano, o según lo recomiende el fabricante (Fig. 8).
15. Haga un rizo de prueba (Fig. 9) y si el patrón de rizos deseado no se ha desarrollado aún, siente a la cliente debajo de la secadora durante otros 10 minutos o hasta que el patrón de rizos se desarrolle.

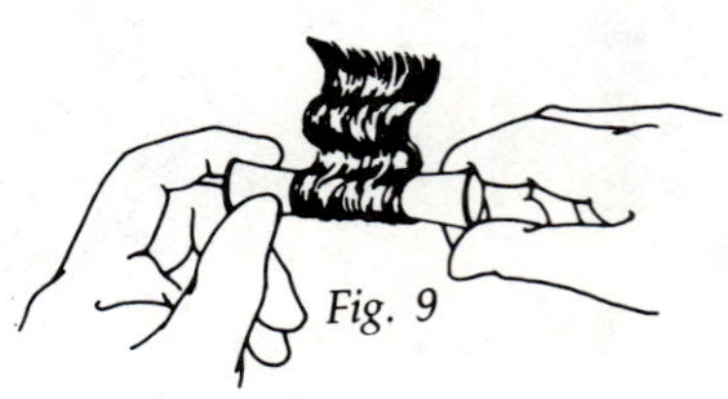

Fig. 9

16. Cuando ya se ha logrado el patrón de rizos deseado, enjuague el pelo completamente con agua tibia, no con agua caliente (Fig. 10). Seque con una toalla cada uno de los rizos enrollados.

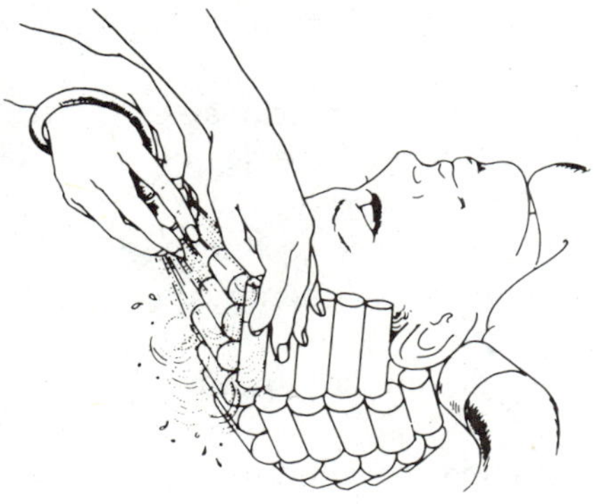

Fig. 10

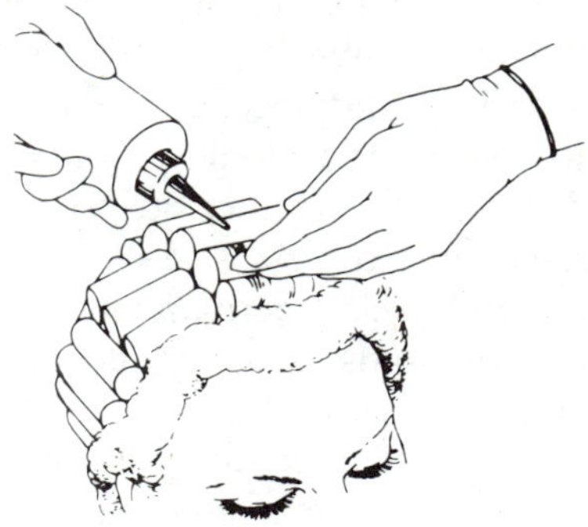

Fig. 11

Fig. 12

17. Utilice un neutralizador preparado o prepare un neutralizador mezclándolo según las direcciones del fabricante y empape con él cada rizo dos veces (Fig. 11). Deje el neutralizador en los rizos enrollados durante un período de 5 a 10 minutos según lo indique el fabricante.
18. Quite las barritas de rizar de los rizos, con cuidado, y aplíquele al pelo el resto del neutralizador. Esparza el neutralizador a través del pelo empleando los dedos para que se distribuya completamente (Fig. 12) y déjelo en el pelo durante otros 5 minutos. (**Nota:** Algunos fabricantes recomiendan que el neutralizador se elimine mediante un enjuague completo mientras el pelo está aún enrollado en las barritas de rizar.)
19. Enjuague la cabellera completamente con agua fresca y séquela con una toalla.
20. Recorte las puntas disparejas del pelo (Fig. 13).

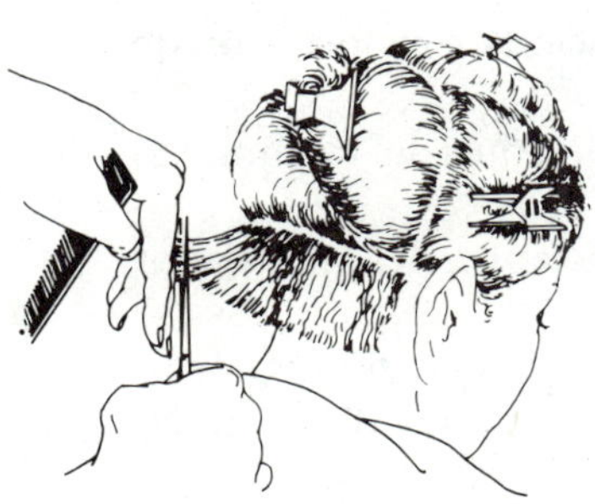

Fig. 13

Fig. 14

Fig. 15

21. Aplique el acondicionador según las direcciones del fabricante.
22. Deje que la cabellera se seque con el aire natural o péinela según se indica (Fig. 14).

La Figura 15 ilustra el peinado después de habérsele dado al pelo la ondulación permanente con rizos suaves.

CUIDADOS DESPUES DEL TRATAMIENTO

1. No peine o cepille los rizos mientras están húmedos; en lugar de ello emplee un escarpidor o peine afro.
2. Déle champú al pelo con la frecuencia que sea necesaria, utilizando un champú suave (de acidez equilibrada).
3. El acondicionador o activador del rizado debe usarse diariamente para mantener la flexibilidad, el brillo y la distribución de humedad adecuada en el cabello.

PRECAUCIONES DE SEGURIDAD

1. No le dé una ondulación permanente con rizos suaves al pelo que ha sido tratado con hidróxido de sodio.
2. No le dé una ondulación permanente con rizos suaves al pelo que ha sido teñido con una tintura metálica o con un compuesto de alheña.
3. Analice el pelo y el cuero cabelludo completamente y anote la información correcta antes de darle la ondulación permanente con rizos suaves.
4. El pelo clarificado (decolorado), teñido o dañado no debe reacondicionarse hasta que haya desarrollado la suficiente resistencia para asegurarse de que la ondulación permanente con rizos suaves no le causará mayor daño.
5. Si la loción para la ondulación permanente o el neutralizador se corren accidentalmente hacia los ojos de la cliente, láveselos inmediatamente con agua y refiera la cliente a un mético.
6. Compruebe los rizos frecuentemente para asegurarse de que la formación del rizado es adecuada y no causa daños.
7. Use una crema protectora en todo el contorno del cuero cabelludo de la cliente y en el cuello.
8. Llene la tarjeta de registro de la cliente con todo cuidado y exactitud.

PREGUNTAS DE REPASO

RELAJACION QUIMICA DEL PELO ENROSCADO Y ONDULACION PERMANENTE CON RIZOS SUAVES

1. ¿Cuáles son las dos clases de relajador químico del pelo de uso general?
2. ¿Qué acción tiene el relajador químico del pelo?
3. ¿Qué compuesto químico es necesario usar además del agente relajador químico del pelo? ¿Con qué otros nombres se conoce?
4. ¿Qué finalidad tiene la base que se aplica a todo el cuero cabelludo y a las regiones contiguas antes de aplicar el relajador de hidróxido de sodio?
5. ¿Cuáles trastornos del pelo deben impedir que se dé un tratamiento de relajación química?
6. Cite cuatro aspectos que deben considerarse en el análisis del pelo.
7. ¿Qué finalidad tiene la tarjeta de registro de la cliente?
8. ¿Por qué es necesario que la cliente firme una declaración de exoneración de responsabilidad?
9. ¿Por qué es importante inspeccionar el cuero cabelludo antes del tratamiento de relajación química?
10. ¿Qué clase de prueba debe hacerse en el pelo antes de aplicarle un relajador químico? ¿Qué propósito tiene esta prueba?
11. ¿Qué parte de la cabeza se selecciona para hacer una prueba de mechón?
12. ¿Por qué debe enjuagarse completamente el cabello después de un tratamiento con hidróxido de sodio?
13. ¿En qué forma debe dirigirse el chorro de agua cuando se enjuaga el pelo para quitarle el relajador químico?
14. ¿Por qué es importante evitar que el pelo relajado se enrede durante la aplicación del champú?
15. ¿Por qué es necesario usar un neutralizador o un champú neutralizante?
16. ¿Por qué debe evitarse peinar el pelo con excesivo calor después de un tratamiento de relajación química?
17. ¿Por qué se aplica al pelo un acondicionador después del tratamiento de relajación?
18. ¿Cómo se da un retoque con relajador químico?
19. ¿Qué es un peinado químico pomposo (afro)?
20. Defina la ondulación permanente con rizos suaves.
21. ¿Qué procedimiento se sigue para dar una ondulación permanente con rizos suaves?
22. ¿Qué cuidados debe tener la cliente después de recibir una ondulación permanente con rizos suaves?

Capítulo 17

SUAVIZACION TERMICA DEL PELO (PLANCHADO DEL PELO)

OBJETIVOS DE APRENDIZAJE DEL CAPITULO

El (la) estudiante que logre dominar el contenido de este capítulo conocerá:

1. *Cómo reconocer y tratar las numerosas diferencias de textura, porosidad y elasticidad del pelo así como la flexibilidad del cuero cabelludo de aquellas clientes que solicitan un planchado del pelo.*
2. *La finalidad con que se da un planchado del pelo.*
3. *Los productos necesarios para dar un buen planchado del pelo.*
4. *Los procedimientos comprendidos tanto en el planchado suave como en el planchado duro.*
5. *Las precauciones de seguridad que deben observarse en el planchado del pelo.*
6. *Cómo tratar los problemas especiales que surgen con el planchado del pelo.*

La suavización térmica del pelo (también conocida como **planchado del pelo**) es un tratamiento que produce buenas utilidades y tiene popularidad en el salón de belleza. Cuando se aplica en forma adecuada, sirve para estirar temporalmente el cabello excesivamente rizado.* (El estiramiento permanente del pelo es el tema del capítulo titulado **Relajación Química del Pelo Enroscado y Ondulación Permanente con Rizos Suaves.**)

El planchado del pelo prepara el cabello para otros tratamientos, tales como el rizado con rizadores térmicos y el rizado térmico croquiñol. Un buen planchado del pelo no es dañino al cabello; es más, debe dejar el cabello en estado natural y lustroso.

Hay dos métodos básicos para planchar el pelo:

1. **Planchado suave,** que se da con un peine térmico alisador o suavizador.
2. **Planchado duro,** que se aplica con tenazas térmicas sobre un planchado hecho con peine. El planchado duro puede lograrse igualmente mediante un **planchado doble con peine alisador.**

CARACTERISTICAS DEL PELO Y DEL CUERO CABELLUDO

Es importante que la cosmetóloga pueda reconocer las diferencias de textura, porosidad y elasticidad del cabello, así como las diferencias de flexibilidad del cuero cabelludo que existen entre una persona y otra. Guiándose por estas observaciones, la cosmetóloga puede determinar mejor cuál es la temperatura correcta para el peine alisador y qué grado de presión pueden tolerar el pelo y el cuero cabelludo sin que se produzcan roturas, caída del pelo o posibles quemaduras en éste o en el cuero cabelludo.

La **textura del pelo** está representada por el grado de espesor de éste, que puede variar entre grueso y delgado. Las diferencias de textura del pelo entre una y otra persona pueden atribuirse a los siguientes factores:

1. **Diámetro del cabello** (sea grueso, mediano o fino). El pelo grueso es el de mayor diámetro. El fino o lanoso es el que tiene el diámetro más estrecho de todos.
2. **Tacto del pelo** (sea duro como alambre, suave, sedoso o lanoso).

N. del T.: El pelo excesivamente rizado se conoce en el mundo hispánico bajo distintos nombres, así: encarrujado, crespo, enroscado, rufo, ensortijado, caracoleado, retorcido, grifo, chino, pasudo, etc.

La textura del pelo de la cliente también depende de si el pelo está reseco, grasoso, gris, teñido o clarificado, así como de la cantidad de rizo que tiene. La observación cuidadosa y las preguntas que se le hagan a la cliente ayudarán a determinar estas características.

El **pelo grueso y encarrujado** posee ciertas cualidades que lo hacen difícil de planchar. Como el pelo grueso es el de mayor diámetro, puede tolerar más calor y presión durante el tratamiento de planchado que el pelo mediano, fino o lanoso. El análisis microscópico del pelo grueso revela que se compone de las siguientes capas: cutícula, corteza y médula.

El **pelo rizado de espesor mediano** es el tipo que normalmente se encuentra en el salón de belleza. Esta clase de cabello no presenta ningún problema especial y es el menos resistente al planchado. Se compone de las mismas capas que el pelo grueso y rizado pero en grado menor.

El **pelo fino y lanoso** requiere cuidado especial. Para evitar roturas en esta clase de cabello, debe aplicarse menos calor y presión que a otras texturas de pelo. En el pelo fino generalmente se encuentran sólo dos capas: la corteza y la cutícula.

El **pelo rizado y duro como alambre** puede ser grueso, mediano o fino. Se reconoce porque es firme, fuerte y terso al tacto. Debido a la constitución compacta de las células cuticulares es muy resistente a los tratamientos de planchado, por lo cual requiere más calor y presión que otras clases de pelo.

Elasticidad es la propiedad que tiene el pelo de estirarse y recobrar su longitud normal sin romperse. La resistencia del pelo normal al estiramiento o a la presión es ilimitada. Bajo condiciones ordinarias, el pelo puede estirarse sin peligro hasta aproximadamente una quinta parte de su longitud.

El pelo de elasticidad normal tiene una apariencia saludable y lustrosa. Cualquier defecto de elasticidad en el pelo le da a éste un aspecto deslucido y endeble. El pelo que ha sido maltratado con sustancias químicas durante la clarificación o el teñido pierde mucha elasticidad. Por lo tanto, el cabello de esta clase necesita especial cuidado durante la operación del planchado.

La **porosidad del pelo** es la capacidad que éste tiene para absorber la humedad sin que importe si es grueso, mediano o fino. Después de un tratamiento de planchado, el cabello de mucha porosidad recupera su aspecto rizado normal al mojarse o humedecerse.

Cuero cabelludo. El estado del cuero cabelludo de la cliente puede clasificarse como normal, tirante o flexible.

Si el **cuero cabelludo es normal,** proceda al análisis de la textura y elasticidad del pelo.

Si el **cuero cabelludo está tirante** y el pelo es grueso, el planchado debe darse en la misma dirección en que el cabello crece para no dañar el cuero cabelludo.

La principal dificultad de un cuero **cabelludo flexible** está en que la cosmetóloga puede aplicar una presión que no es suficiente para un planchado de pelo satisfactorio.

EXAMEN DEL PELO Y DEL CUERO CABELLUDO

Antes de proceder al planchado del pelo de la cliente, la cosmetóloga debe inspeccionar con cuidado la condición de la cabellera y del cuero cabelludo para determinar cuáles son las necesidades particulares de la cliente.

Nota: Bajo ninguna circunstancia debe dársele un planchado de pelo a una cliente que tenga abrasiones, enfermedad contagiosa o lesiones en el cuero cabelludo.

Si al examinar el pelo y el cuero cabelludo la cosmetóloga descubre cualquier anormalidad en ellos, puede ofrecerle a la cliente la orientación necesaria sobre tratamientos correctivos preliminares. Si el pelo muestra señales de negligencia o maltrato como resultado de un planchado, una clarificación o un teñido, la cosmetóloga debe recomendar una serie de tratamientos acondicionadores. La omisión de los tratamientos correctivos para el cabello reseco y quebradizo puede dar por resultado roturas en el pelo durante el planchado. **Los mechones de pelos quemados no pueden reacondicionarse.**

Un análisis cuidadoso del pelo y del cuero cabelludo de la cliente debe incluir los siguientes aspectos:

1. Forma del pelo (rizado o muy rizado).
2. Longitud del pelo (largo, mediano o corto).
3. Textura del pelo (grueso, mediano, fino o muy fino).
4. Tacto del pelo (duro como alambre, suave o sedoso).
5. Elasticidad del pelo (normal o poco elástico).
6. Matiz del pelo (natural, descolorido, veteado o gris).
7. Estado del pelo (normal, quebradizo, reseco, grasoso o dañado).
8. Estado del cuero cabelludo (normal, flexible o tirante).

TARJETA DE DATOS

El historial del pelo y el cuero cabelludo de la cliente es de utilidad presente y futura para los tratamientos de planchado del pelo. También es aconsejable preguntarle a la cliente qué tratamientos ha recibido en el pelo con clarificadores, tintes y restauradores (metálicos) del color u otros tratamientos químicos que se le hayan aplicado a su cabello. Esta información puede ser de gran ayuda para lograr buenos resultados con el planchado del pelo.

La tarjeta de datos debe incluir lo siguiente:

1. Textura del pelo: □ Grueso □ Mediano □ Fino □ Muy fino
2. Estado del pelo: □ Normal □ Reseco y quebradizo □ Dañado □ Grasiento
3. Historia: Se utilizó un procedimiento químico □ Sí □ No; Restaurador (metálico) del color □ Sí □ No; Clarificadores o tintes □ Sí □ No
4. Tratamiento: □ Planchado suave □ Planchado duro □ Rizado con rizadores
5. Calor: □ Mucho □ Mediano □ Poco
6. Acondicionamiento: □ Sí □ No. Nombre del producto ....
7. Fecha ....Precio ....

TRATAMIENTOS ACONDICONADORES

Los **tratamientos acondicionadores** eficaces requieren que se les apliquen al pelo y al cuero cabelludo preparados cosméticos especiales, así como que se les dé un cepillado completo y un masaje del cuero cabelludo. El empleo de una lámpara infrarroja es opcional y depende de la clase de tratamiento que se aplique. Estos tratamientos por lo general hacen que el planchado del pelo produzca mejores resultados.

Un **cuero cabelludo tirante** puede hacerse más flexible con la aplicación sistemática de masajes, cepillado del cabello y corriente directa de alta frecuencia. La cliente se beneficiará así con una mejor circulación sanguínea en el cuero cabelludo.

PEINES PLANCHADORES

Los peines para el planchado del pelo son de dos calses: peine para planchado ordinario y peine para planchado eléctrico.

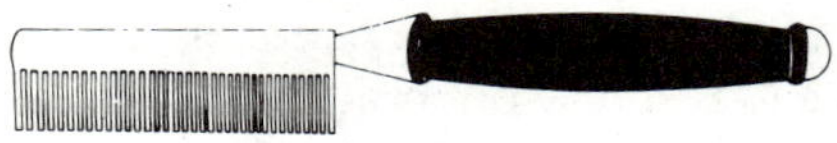

Peine para el planchado ordinario.

Tanto los peines de una clase como los de la otra se fabrican generalmente de acero o de latón de buena calidad. El cabo es por lo común de madera para que no absorba el calor rápidamente.

Dientes. Los espacios que separan las púas o dientes del peine varían según el tamaño y estilo de éste. En algunos peines los espacios son más anchos, mientras que en otros son más estrechos.

Tamaño. Los peines planchadores son de diversos tamaños; unos son cortos, otros son largos.

COMO CALENTAR LOS PEINES

Calor. La capacidad de estos peines para recibir y retener el calor se diferencia según sean los materiales de que están compuestos.

Hornillos. Los peines planchadores pueden calentarse en hornillos de gas o en calentadores eléctricos.

Mientras el peine se calienta, sus dientes deben apuntar hacia arriba y el mango debe mantenerse alejado de fuego. Después que el peine se ha calentado a la temperatura adecuada, pruébelo sobre un pedazo de papel delgado. Si el papel se chamusca, deje que el peine se refresque un poco antes de aplicarlo al cabello.

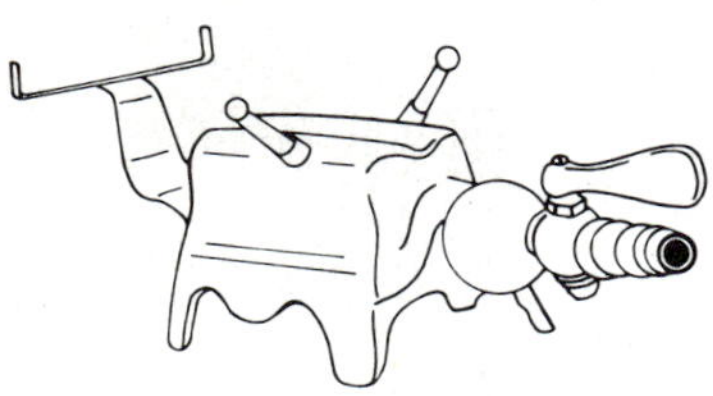

Hornillo de gas.

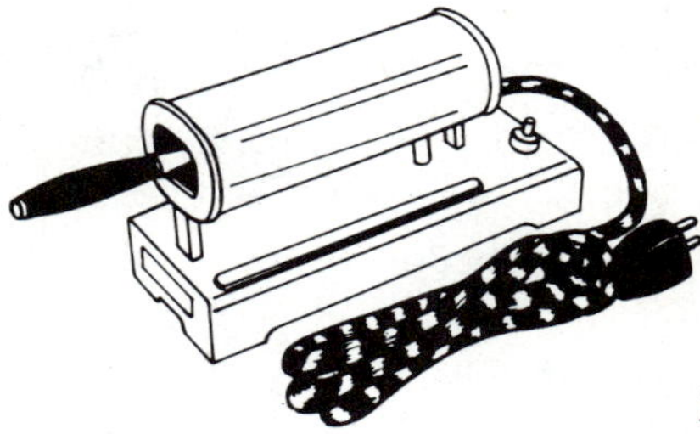

Calentador eléctrico.

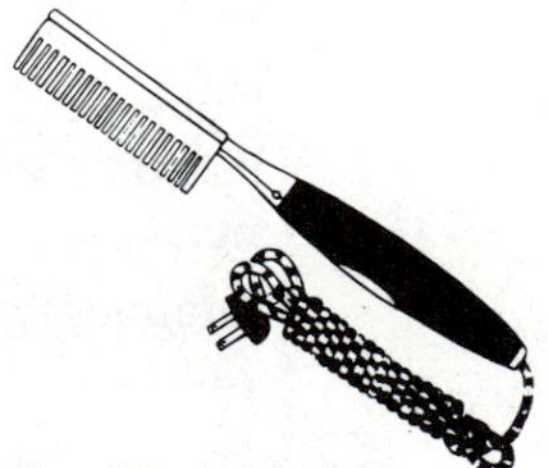

Peine eléctrico para el planchado provisto de interruptor ("ON"/"OFF")

Los **peines eléctricos para el planchado** pueden ahora obtenerse en dos modelos: uno está provisto de un interruptor que se pone en la posición de "ON" (conectado) u "OFF" (desconectado) según sea el caso; el otro contiene un termostado con un botón o mando regulador en el que se indican las gradaciones altas o bajas del calor.

COMO LIMPIAR LOS PEINES

Para que el servicio sea eficiente, los peines planchadores deben mantenerse limpios y libres de carbón.

Frote el peine antes y después de usarlo para quitarle los cabellos sueltos y limpiarle la grasa y el polvo. El calor intenso mantendrá el peine esterilizado cuando se le han quitado los cabellos sueltos o la suciedad.

El carbón puede eliminarse frotándole la superficie al peine, así como frotando entre los dientes del mismo con cualquiera de los siguientes utensilios: limaúñas de esmeril, almohadilla de limaduras finas de acero o papel de lija fina.

Después de limpiar el peine en cualquiera de estas formas, sumerja la porción de metal del mismo en una solución de soda (carbonato de sodio) caliente durante aproximadamente una hora; a contiunación, enjuáguelo y séquelo. Para entonces el metal habrá adquirdido una apariencia tersa y brillante.

ACEITE O CREMA PARA PLANCHAR

La aplicación de aceite o crema antes del planchado del pelo ayuda a preparar el cabello para el tratamiento. Los aceites y las cremas producen los siguientes efectos beneficiosos:

1. Suavizan el pelo.
2. Lo preparan y acondicionan para el planchado.
3. Ayudan a evitar las quemaduras y abrasiones.
4. Contribuyen a impedir la rotura del pelo.
5. Ayudan a reacondicionar el cabello después del planchado.
6. Le dan lustre al cabello planchado.

DIVISION DEL PELO EN SECCIONES

La cabellera debe dividirse en cuatro secciones principales. Estas se subdividen en porciones de 1 a 1½″ (2.5 a 3.75 cm.) de espesor. El tamaño de las subsecciones depende de la textura y densidad del pelo.

1. En el pelo de textura y densidad medianas las subsecciones deben ser del tamaño usual.
2. En el pelo grueso y más denso las subsecciones deben ser menores con el fin de lograr una completa penetración del calor y así una mayor eficacia.
3. En el pelo delgado o fino con poca o desigual densidad las subsecciones deben ser mayores.

PROCEDIMIENTO PARA EL PLANCHADO SUAVE DEL PELO NATURALMENTE RIZADO

(El procedimiento descrito a continuación es uno de los que se utilizan para dar un tratamiento de planchado del pelo y puede ser alterado según lo requiera el método de su instructora.)

EQUIPO, INSTRUMENTOS Y MATERIALES

Peine planchador
Calentador (de gas o eléctrico)
Aceite para el planchado
Cepillo para el cabello y peine
Brillantina o pomada
Champú
Toallas y capa
Espátula
Corbatín protector para el cuello
Tenazas térmicas

PREPARACION

1. Elija los materiales necesarios y póngalos en orden.
2. Lávese las manos y desinfécteselas.
3. Cubra a la cliente.
4. Déle un champú, enjuáguele el pelo y séqueselo con una toalla.
5. Aplique el aceite o la crema para el planchado. (**Nota:** *Algunas cosmetólogas prefieren utilizar el aceite o la crema en el pelo después que éste se ha secado totalmente.)*
6. Seque el cabello completamente.
7. Peine y divida la cabellera en cuatro secciones principales. Separe y prenda cada sección con un prendedor o abrazadera.
8. Coloque el peine planchador en el calentador.

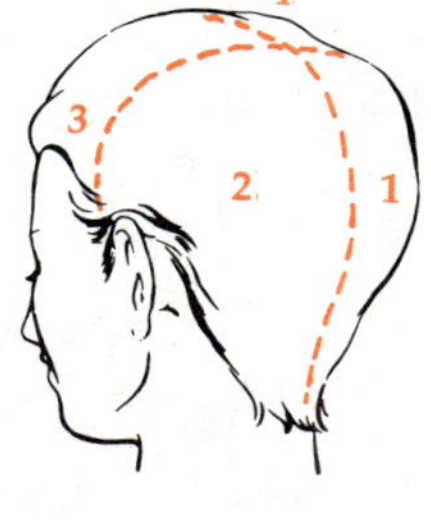

PROCEDIMIENTO

1. Quite el prendedor de una sección de pelos y subdivídala en pequeñas secciones. Comenzando en el lado derecho de la cabeza, vaya desde el frente hacia atrás. (Algunas cosmetólogas prefieren comenzar por la parte posterior de la cabeza y operar hacia la parte delantera.) Haga lo mismo con cada una de las demás secciones.

2. Si es necesario, aplique el aceite para el planchado haciéndolo de manera uniforme y con moderación sobre las pequeñas secciones de pelo.
3. Pruebe la temperatura del peine calentado.
4. Levante la punta de una pequeña sección de pelo con los dedos índice y pulgar de la mano izquierda y sosténgala hacia arriba, alejada del cuero cabelludo.
5. Tome el pene planchador en la mano derecha e inserte los dientes del mismo por encima de la sección de pelo.

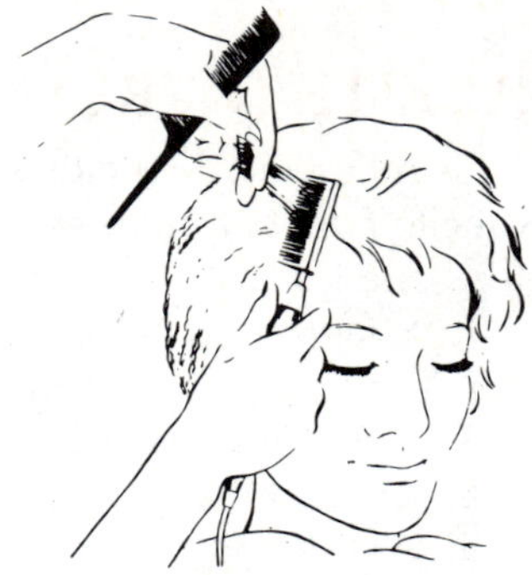

Modo correcto de manejar el peine planchador.

6. Tire del peine hacia afuera ligeramente y hágalo girar de momento para que el mechón de pelos se envuelva, en parte, alrededor de él. **El lomo del peine es el que, realmente, efectúa el planchado.**
7. Apriete el peine lentamente a través del mechón de pelos hasta que las puntas de los pelos pasen por entre los dientes del peine.
8. Apriete el peine dos veces por encima del mechón, invierta la posición del peine y apriételo una vez por debajo del mechón.
9. Eche cada sección de cabellos planchados hacia el lado opuesto de la cabeza.
10. Siga los pasos del 4 al 9 en ambas secciones del lado derecho de la cabeza; comience entonces por la parte posterior del lado izquierdo de la cabeza y vaya hacia el frente.

TERMINACION

1. Aplique un poco de brillantina o pomada al pelo cerca del cuero cabelludo y espárzala por entre los pelos cepillándolos.
2. Si lo desea, en este momento pueden aplicarse los rizadores térmicos o hacerse el rizado croquiñol. (Los procedimientos y las técnicas para éstos se hallan en el capítulo titulado **Ondulados y Rizados Térmicos y Peinados con Secadora de Mano.**)
3. Peine la cabellera y déle estilo de acuerdo con los deseos de la cliente.
4. Coloque los suministros en los lugares que les corresponden.
5. Desinfecte los instrumentos y limpie el equipo.

PLANCHADO DURO

El planchado duro se recomienda cuando los resultados del planchado suave con peine no son satisfactorios. El procedimiento del planchado con peine se repite en su totalidad. A los mechones de pelos puede añadírseles aceite para el planchado sólo cuando sea necesario.

El planchado duro también se conoce como **planchado doble con peine alisador.**

RETOQUES

Los retoques se hacen a veces necesarios cuando el cabello ha recuperado sus rizos naturales debido a la transpiración, la humedad u otras condiciones. El procedimiento es el mismo que para un planchado ordinario con la excepción de que se omite el champú.

PRECAUCIONES DE SEGURIDAD

Los perjuicios que pueden ocasionarse con un planchado del pelo son de dos clases:

1. **Perjuicios directos** que son el resultado inmediato de un planchado del pelo y causan algún daño físico, tales como:
   a) Quemaduras en el pelo que producen su rotura.

b) Quemaduras en el cuero cabelludo que traen como consecuencia la pérdida temporal o permanente del pelo.
c) Quemaduras en las orejas y en el cuello con formación de cicatrices.

2. **Perjuicios indirectos** que no resultan inmediatamente evidentes pero que, más tarde, causan algún daño físico, tales como:
   a) Salpullido en la piel si la cliente es alérgica al aceite para el planchado.
   b) Rotura y encogimiento progresivo del cabello debido a planchados demasiado frecuentes.

En caso de quemadura del cuero cabelludo aplique enseguida gelatina de violeta genciana al 1% directamente sobre la lesión.

Para impedir el deterioro del cabello, no se debe planchar éste más de lo necesario. Debe emplearse el buen juicio teniéndose siempre en cuenta la textura del pelo y la condición del cuero cabelludo. La seguridad de la cliente puede garantizarse sólo cuando la cosmetóloga toma todas las precauciones y ejerce especial cuidado durante la operación del planchado del pelo. La cosmetóloga debe evitar el uso de:

1. Calor o presión excesivos en el pelo y en el cuero cabelludo.
2. Demasiado aceite en el pelo para el planchado.
3. Aceite perfumado para el planchado aplicado cerca del cuero cabelludo si la cliente es alérgica al mismo.

FORMULA DE EXONERACION DE RESPONSABILIDAD

Una declaración de exoneración de responsabilidad se usa para el planchado del pelo, la ondulación permanente, el teñido o cualquier otro tratamiento que requiera que la cosmetóloga sea eximida de responsabilidad por causa de accidentes o daños.

MUESTRA DE LA FORMULA DE EXONERACION

Entiendo perfectamente que el tratamiento de ....que he solicitado, aunque es de ordinario no dañino al pelo normal, puede causarle daño al mío debido a su condición y como resultado de ....
....

En consecuencia, por la presente asumo toda responsabilidad y riesgo por cualquier daño posible que, como resultado directo o indirecto del servicio solicitado, se le cause a mi cabello.

Firma ....

Testigo ....Fecha ....

RECORDATORIOS Y SUGERENCIAS PARA UN PLANCHADO SUAVE

1. Mantenga el peine limpio y libre de carbón en todo momento.
2. Evite calentar demasiado el peine para el planchado.
3. Pruebe la temperatura del peine calentado, antes de aplicarlo al cabello.
4. Ajuste la temperatura del peine de acuerdo con la textura y la condición del cabello de la cliente.
5. Maneje el peine caliente con cuidado para no producir quemaduras en la piel, en el cuero cabelludo o en el pelo.
6. Impida que el pelo humee o se queme durante el planchado del modo siguiente:
   a) Secando el pelo completamente después de darle champú.
   b) Evitando usar demasiado aceite en el cabello para el planchado.
7. Use un peine moderadamente caliente para planchar los cabellos cortos en las sienes y en la parte posterior del cuello.

PROBLEMAS ESPECIALES

PLANCHADO DEL PELO FINO

Cuando planche el pelo fino o lanoso, siga el mismo procedimiento que para el pelo normal, teniendo cuidado de no usar el peine demasiado caliente ni con mucha presión. Para evitar la rotura del pelo, aplíquele menor presión cerca de las puntas. Después de planchar toda la cabellera, péinela.

PLANCHADO DEL PELO FINO Y CORTO

Cuando planche un pelo fino y corto, debe tener cuidado extraordinario al operar sobre el contorno del cuero cabelludo.

Donde el pelo es muy corto, el peine para el planchado no debe estar demasiado caliente porque ese pelo es fino y se quemará con más facilidad; además, el peine caliente puede causar quemaduras accidentales que resultan muy dolorosas y pueden originar cicatrices. En el caso de producirse una quemadura accidental, aplique inmediatamente gelatina de violeta genciana al 1% sobre la lesión.

PLANCHADO DEL PELO GRUESO

Al planchar el pelo grueso, debe tenerse cuidado de aplicarle la presión suficiente para que se mantenga estirado.

PLANCHADO DEL PELO TEÑIDO, CLARIFICADO O CANOSO

El pelo teñido, clarificado o canoso requiere especial cuidado al plancharse.

El **cabello clarificado o teñido** puede necesitar tratamientos reacondicionadores según sea la extensión del daño causado. Para obtener buenos resultados, use un peine moderadamente caliente y aplíquelo con presión suave.

Evite el **calor excesivo** en el **pelo clarificado, teñido** o **canoso** ya que las altas temperaturas pueden hacerlo perder el color.

PREGUNTAS DE REPASO

SUAVIZACION TERMICA DEL PELO (PLANCHADO DEL PELO)

1. ¿Qué se logra con el planchado del pelo?
2. ¿Qué es un planchado suave?
3. ¿Qué es un planchado duro?
4. Nombre las capas del pelo grueso comenzando por la capa exterior.
5. ¿Qué clase de pelo requiere más calor y presión que otras clases?
6. ¿Qué clase de pelo tiene poca elasticidad?
7. ¿Cuándo no debe plancharse el pelo?
8. ¿Cuáles ocho aspectos debe estudiar la cosmetóloga cuando analiza el pelo y el cuero cabelludo de la cliente?
9. ¿Qué procedimiento se sigue para un tratamiento reacondicionador del pelo y del cuero cabelludo?
10. ¿Qué suministros son necesarios para un planchado suave del pelo?
11. ¿Cuáles son los pasos principales para un planchado del pelo?
12. ¿Qué pasos imporantes siguen al tratamiento del planchado del pelo?
13. ¿Qué perjuicios pueden ocasionarse con el planchado del pelo?
14. ¿Cómo se trata una quemadura accidental del cuero cabelludo?

Capítulo 18

ONDULADOS Y RIZADOS TERMICOS Y PEINADOS CON SECADORA DE MANO

OBJETIVOS DE APRENDIZAJE DEL CAPITULO

El (la) estudiante que logre dominar el contenido de este capítulo conocerá:

1. *Las funciones de la ondulación y el rizado térmicos en la peluquería moderna.*
2. *Los varios tipos de rizado térmico.*
3. *Las partes de que se compone una tenaza térmica y cómo cuidar este instrumento.*
4. *Cómo sostener y manejar las tenazas térmicas.*
5. *Las técnicas manipulatorias para el rizado y la ondulación térmicos.*
6. *Las técnicas para el rizado térmico del pelo corto, mediano y largo.*
7. *La técnica del rizado térmico en espiral.*
8. *Por qué el rizado y la ondulación con secadora de mano tienen un atractivo especial para las peluqueras y las clientes.*
9. *El equipo y los suministros necesarios para los peinados con secadora de mano.*
10. *Los pasos básicos para el rizado con secadora de mano y peine.*
11. *Los pasos básicos para la ondulación con secadora de mano y peine.*

ONDULACION Y RIZADO TERMICOS

El arte y la técnica del empleo de tenazas térmicas para la ondulación y el rizado del pelo fueron desarrollados en 1875 por un francés: Marcel Grateau. Como reconocimiento a su aportación a la peluquería, la ondulación térmica aún se conoce como **ondulación Marcel.**

La **ondulación** y el **rizado térmicos** constituyen el arte de ondular y rizar con tenazas térmicas el pelo lacio o planchado, bien con calor eléctrico o con calor de hornillo, empleando técnicas manipulatorias especiales. Los instrumentos modernos, muy al día, han contribuído al éxito continuo de estos métodos de ondular y rizar el pelo.

TENAZAS TERMICAS

Las tenazas térmicas vienen en varios estilos, tamaños y pesos. Los tamaños varían desde muy pequeño hasta muy grande. Las tenazas térmicas se dividen en tres clases:

1. Tenazas tradicionales (ordinarias) calentadas en hornillo.
2. Tenazas eléctricas autocalentadas.
3. Tenazas eléctricas autocalentadas vaporizantes.

ADVERTENCIA

Las tenazas térmicas eléctricas vaporizantes no deben aplicarse al pelo planchado porque la humedad de las tenazas puede causar que el pelo regrese a su forma ensortijada natural.

Las tenazas térmicas no deben aplicarse al pelo que ha sido tratado químicamente; hacerlo traería por resultado severas roturas del pelo.

SUGERENCIA

El (la) estudiante principalmente debe adiestrarse en el uso de las tenazas de tipo tradicional antes de usar las tenazas eléctricas. (Siempre guíese por su instructora.)

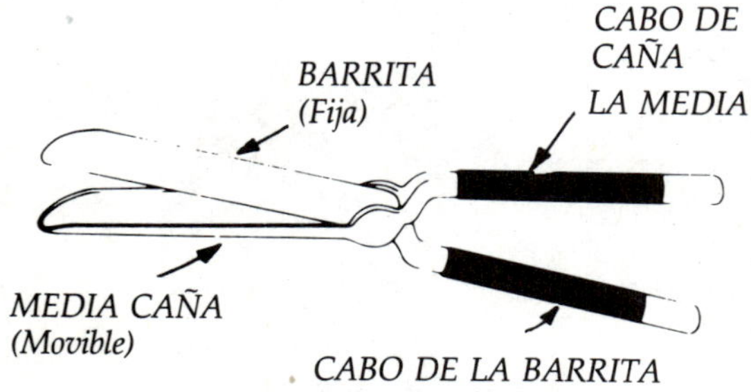

Tenazas térmicas tradicionales (Marcel).

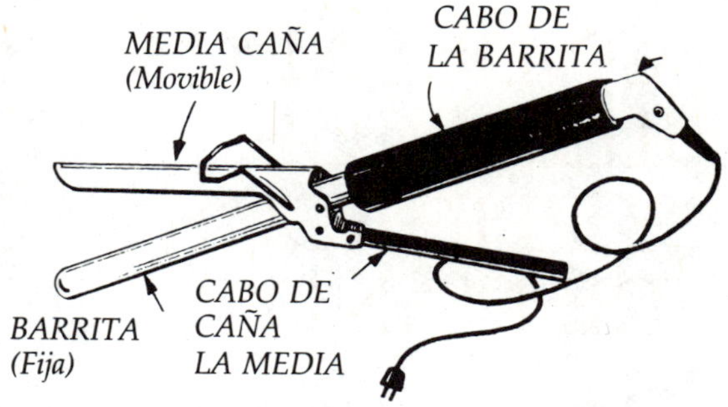

Tenazas térmicas eléctricas.

Las tenazas térmicas son un importante instrumento de peluquería. Suministran un calor uniforme que puede ser completamente regulado por la cosmetóloga. Las técnicas de manipulación de las tenazas son fundamentalmente las mismas, ya sean tenazas eléctricas o calentadas en hornillo.

Las tenazas deben estar hechas de acero de la mejor calidad para que conserven una temperatura uniforme durante el proceso de ondulación y rizado. La parte de las tenazas que se aplica directamente al pelo se compone de dos secciones: la barrita (púa) y la media caña (estría o encaje).

1. La **barrita** es un cilindro de acero sólido y perfectamente redondo.
2. La **media caña** es perfectamente redonda con el interior acanalado para que la barrita pueda descansar en él cuando las tenazas se cierran.

El borde de la media caña próximo a la cosmetóloga se denomina **borde interior;** el más lejano a ella es el **borde exterior.**

TEMPERATURA DE LAS TENAZAS TERMICAS

No existe una temperatura fija prescrita para el uso de las tenazas cuando se aplica un rizado y ondulación térmicos al pelo. La temperatura depende de la textura del pelo, ya sea éste fino o grueso, o bien haya sido clarificado o teñido. El pelo que ha sido clarificado o teñido (así como el canoso) debe rizarse y ondularse con tenazas apenas tibias. El pelo grueso, por lo general, resiste más calor que el fino.

COMO PROBAR LAS TENAZAS TERMICAS

Después de calentar las tenazas a la temperatura deseada, compruebe el calor sobre un pedazo de papel de seda. Cierre las tenazas de modo que muerdan el papel y sosténgalas así durante cinco segundos. Si el papel se chamusca o se torna pardo (color castaño), las tenazas están demasiado calientes. En este caso, deje que se refresquen un poco antes de aplicarlas al cabello. Debe advertirse que el pelo fino, clarificado o muy dañado resiste menos calor que el pelo normal.

Comprobando el calor de las tenazas térmicas.

CUIDADO DE LAS TENAZAS TERMICAS

Las tenazas térmicas deben mantenerse limpias y libres de herrumbre (óxido) y de carbón. Para quitarles la suciedad o la grasa, lávelas en una solución jabonosa que contenga unas gotas de amoniaco. Esto desprenderá el aceite y la grasa que generalmente se adhieren a las tenazas. El uso de papel de lija fina o de una almohadilla de limaduras finas de acero con un poco de aceite ayuda a remover la herrumbre y el carbón. Esto también pule las tenazas. Póngales aceite en el eje para permitirles mayor facilidad de movimiento.

Temple. Las nuevas tenazas térmicas vienen templadas de fábrica con el propósito de que retengan el calor con uniformidad.

Las **tenazas sobrecalentadas** ordinariamente pierden el temple y en la mayoría de los casos se echan a perder (se dañan).

COMO SOSTENER LAS TENAZAS

Las tenazas deben sostenerse en la posición más adecuada y cómoda para mantener el dominio y la destreza de su manejo. Agarre los mangos o cabos de las tenazas con la mano derecha, bastante lejos del eje, para evitar sufrir el calor. Apoye los dedos índice, mayor y anular en el lomo del mango inferior, apoye el dedo meñique sobre el frente del mango inferior y el pulgar sobre el frente del mango superior.

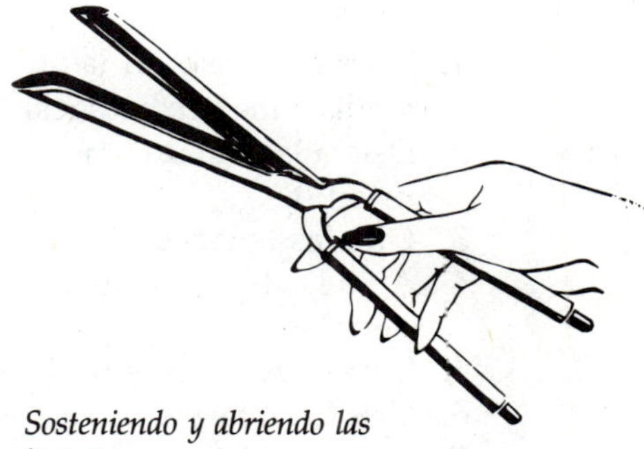

Sosteniendo y abriendo las tenazas.

PEINE QUE SE USA CON LAS TENAZAS TERMICAS

El peine debe tener alrededor de 7″ (17.5 cm.) de largo, debe estar hecho de caucho duro (goma) o de alguna otra sustancia no inflamable y debe tener dientes finos; los dientes finos sujetan el pelo más firmemente que los dientes gruesos.

COMO SOSTENER EL PEINE

Sostenga el peine entre el pulgar y los otros cuatro dedos de la mano izquierda con el dedo índice apoyado sobre el lomo del peine para así manejarlo mejor con el extremo de ese lado del peine tocando el borde cubital de la palma de la mano (lado del meñique). Esta posición permite sujetar el peine seguro y a la vez moverlo con firmeza.

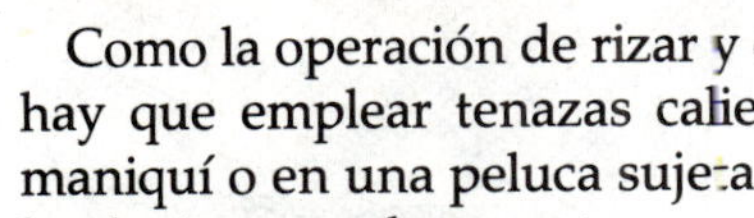

Sosteniendo el peine.

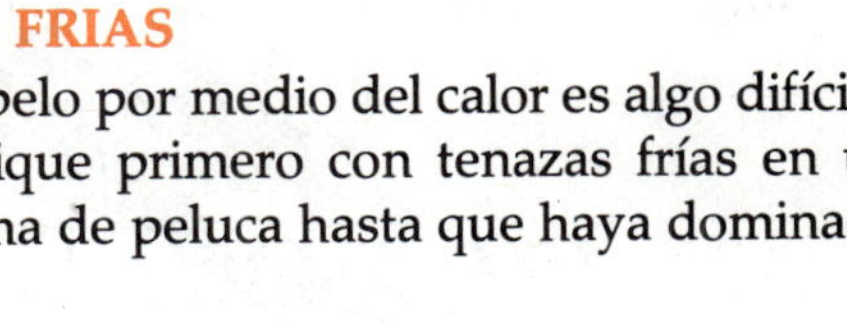

Girando las tenazas.

PRACTICA CON TENAZAS TERMICAS FRIAS

Como la operación de rizar y ondular el pelo por medio del calor es algo difícil y hay que emplear tenazas calientes, practique primero con tenazas frías en un maniquí o en una peluca sujeta a una horma de peluca hasta que haya dominado la técnica completamente.

COMO GIRAR LAS TENAZAS TERMICAS

Practique el movimiento giratorio que debe imprimirle a las tenazas térmicas sosteniéndolas con la mano y girándolas primero hacia adelante, después hacia atrás. El movimiento giratorio debe hacerse sin mecer ni mover el brazo: utilice sólamente los dedos para hacer girar los mangos de la tenaza en una u otra dirección.

EJERCICIOS CON TENAZAS TERMICAS FRIAS

(Gire las tenazas en la dirección que se aleja de la cosmetóloga.)

EJERCICIO 1

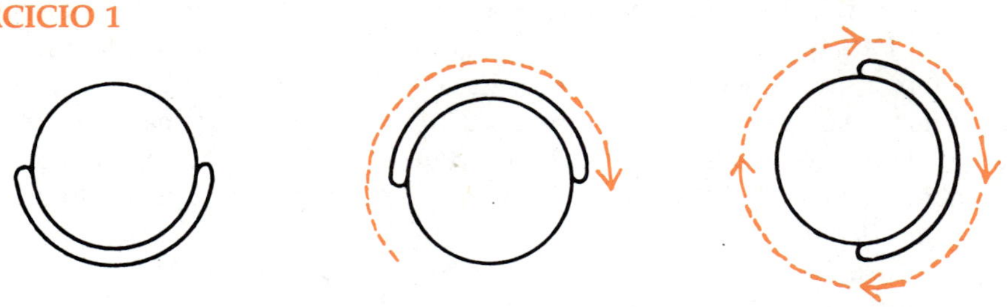

1. *Posción inicial.* 2. *Medio giro.* 3. *Giro completo.*

EJERCICIO 2

1. Inserte el pelo en las tenazas con la barrita (púa) por encima del pelo (la media caña vuelta hacia arriba).
2. Déle a las tenazas medio giro hacia adelante (en la dirección que se aleja de usted).
3. Gire las tenazas hacia atrás a la posición inicial.
4. Abra las tenazas ligeramente y deslícelas 1″ (2.5 cm.) hacia abajo y entonces ciérrelas.
5. Voltee las tenazas hacia atrás para darles un giro completo (hacia usted).
6. Gire las tenazas hacia adelante a la posición inicial.
7. Sáquelas del pelo.

ONDULACION TERMICA con Tenazas Termicas Clasicas (Tenazas Marcel)

PROCEDIMIENTO PARA ONDAS SINISTRORSAS (HACIA LA IZQUIERDA)

Peine la cabellera completamente siguiendo la misma dirección del crecimiento del pelo. La dirección natural del crecimiento del pelo determinará si la primera onda que se va a formar debe ser una onda sinistrorsa (hacia la izquierda) o una onda dextrorsa (hacia la derecha). El procedimiento aquí ilustrado es el que se emplea para una onda sinistrorsa.

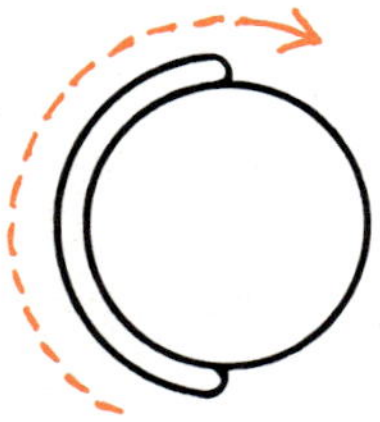

Antes de comenzar a formar la onda, peine la cabellera imprimiéndole una semi-onda.

1. Levante con el peine un mechón de pelos de aproximadamente 2″ (5 cm.) de ancho. Inserte las tenazas en el pelo con la media caña vuelta hacia arriba. (Fig. 1.)
2. Cierre las tenazas y voltéelas dándoles aproximadamente un cuarto de giro hacia adelante (en la dirección que se aleja de usted). Al mismo tiempo, tire del pelo con las tenazas aproximadamente ¼″ (0.625 cm.) hacia la izquierda y dirija el pelo ¼″ (0.625 cm.) hacia la derecha con el peine. (Fig. 2.)

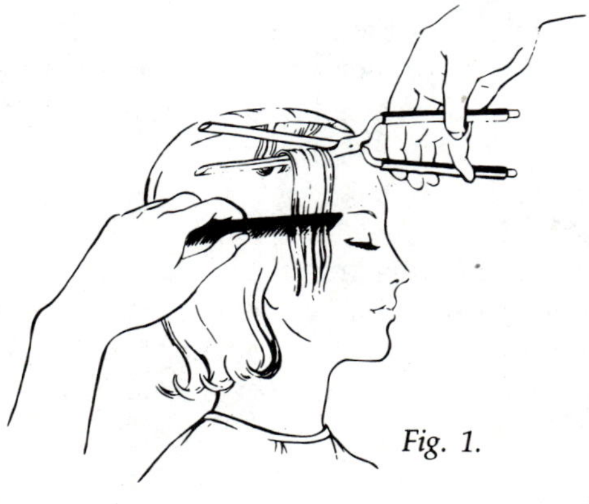

Fig. 1.

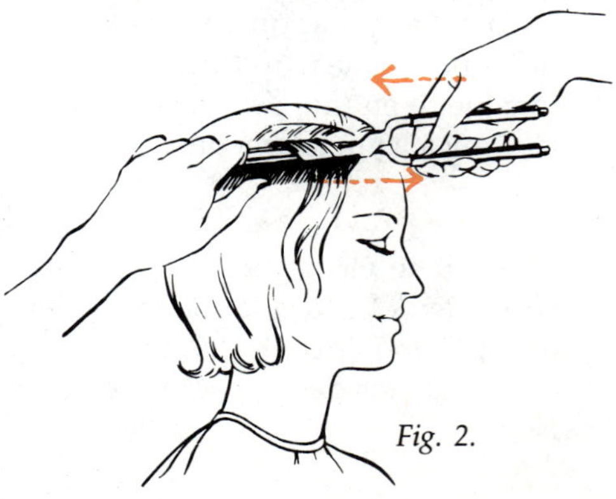

Fig. 2.

3. Déles ahora a las tenazas una vuelta completa hacia adelante (en la dirección que se aleja de usted.) (Fig. 3.)

   (Al hacerlo, mantenga el pelo en su sitio uniformemente con el peine. Podrá ahora observar que el pelo se ha enrollado algo desviado alrededor de la barrita de las tenazas.)

   Mantenga la posición No. 3 durante unos segundos para dar tiempo a que el pelo se caliente suficientemente en toda su longitud.

4. Invierta el movimiento No. 3 simplemente desenrollando el pelo de las tenazas hasta dejarlo en la posición inicial de descanso. (Fig. 4.)

   (Cuando se complete este movimiento, usted observará que el peine descansa algo alejado de las tenazas.)

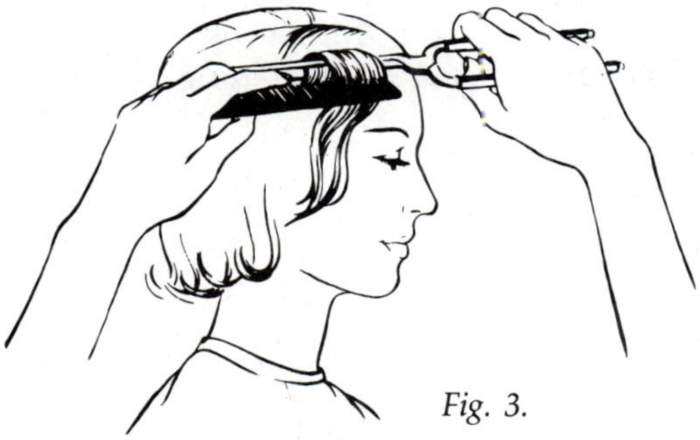

Fig. 3.

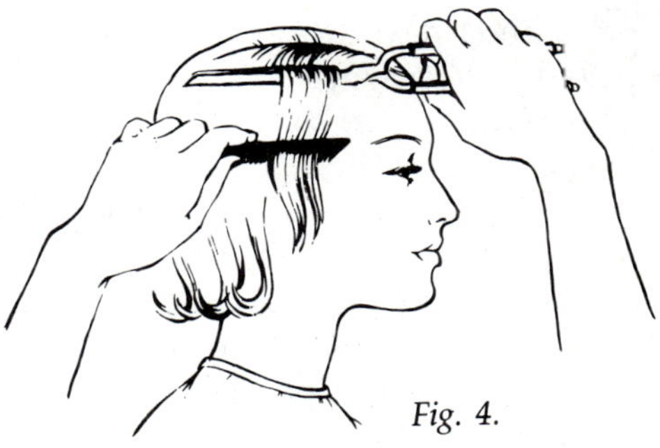

Fig. 4.

5. Abra ahora las tenazas con el dedo meñique y colóquelas exactamente debajo del borde o cresta de la onda, girando la barrita hacia usted y cerrando entonces las tenazas. (Fig. 5.)

   (El borde exterior de la media caña debe quedar directamente debajo del borde de la onda que se acaba de formar con el borde interior de las tenazas.)

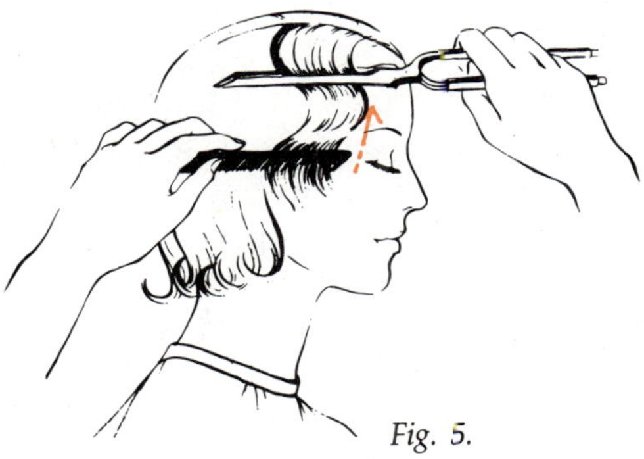

Fig. 5.

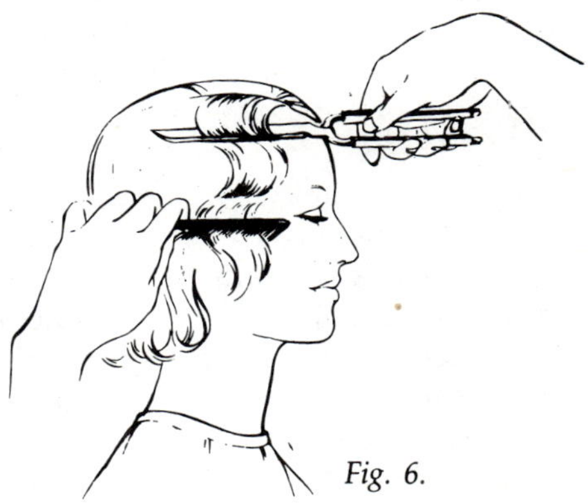

Fig. 6.

6. Mantenga las tenazas totalmente inmóviles y dirija el cabello con el peine hacia arriba hasta aproximadamente 1" (2.5 cm.) dándole así forma de simicírculo. (Fig. 6.)

   (Debe recordar que para ejecutar el movimiento No. 6 correctamente no debe mover el peine de la posición que se describe en la nota añadida al movimiento No. 5.)

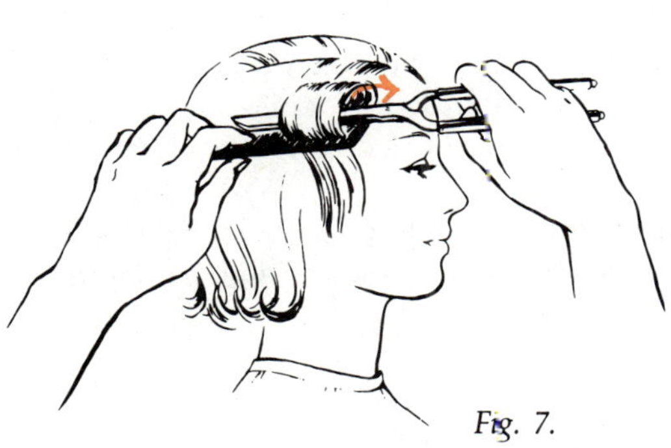

Fig. 7.

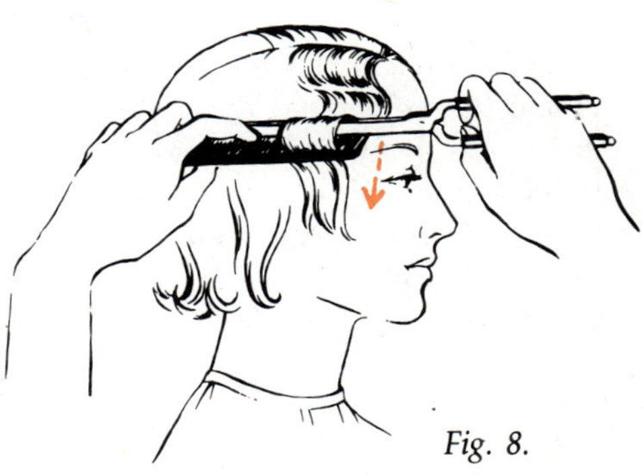

Fig. 8.

7. Sin abrir las tenazas, déles una media vuelta hacia adelante (en la dirección que se aleja de usted.) (Fig. 7.)

   Al efectuar este movimiento, mantenga el peine completamente inmóvil, sin alterar su posición.)

8. Deslice ahora las tenazas hacia abajo, recorriendo aproximadamente 1" (2.5 cm.) (Fig. 8.)

   (Este movimiento se realiza abriendo las tenazas ligeramente [aflojando la presión] y deslizándolas entonces hacia abajo a lo largo del mechón de pelos.)

ONDAS DEXTRORSAS (HACIA LA DERECHA)

Después de completar el paso No. 8 descrito arriba, se notará que las tenazas y el peine han quedado en posición para formar el segundo reborde y el comienzo de la onda dextrorsa (hacia la derecha). Sin embargo, para formar esta onda el pelo deberá dirigirse en sentido contrario al anterior, o sea, ahora se dirigirá hacia la derecha.

COMO UNIR Y EMPAREJAR LAS ONDAS

Después de ondular completamente un mechón de pelos, ondule el siguiente mechón para emparejarlo con el anterior. Al levantar con el peine los pelos no ondulados, incluya una pequeña sección del mechón ya ondulado para que le sirva de guía al formar la onda nueva. (Fig. 9).

Al ondular el segundo mechón de pelos, asegúrese de que los movimientos que hace con el peine y las tenazas son los mismos que empleó al ondular el primer mechón; de otro modo, las ondas no quedarán parejas.

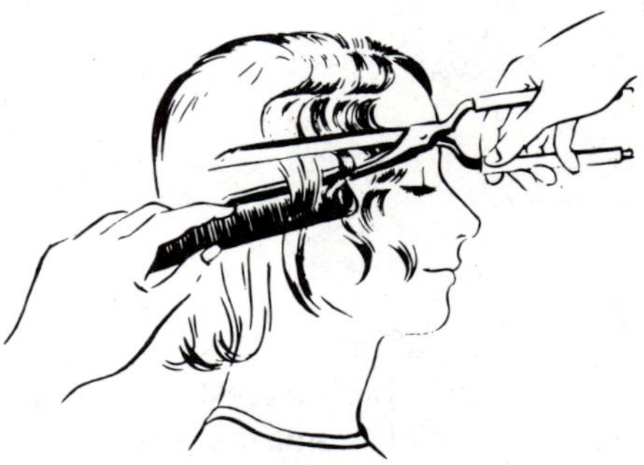

Fig. 9.

RIZADO TERMICO con Tenazas Térmicas Eléctricas

El rizado térmico es el arte de formar rizos en el cabello con la ayuda de las tenazas térmicas y un peine. Como para esta clase de rizado no se necesitan cremas o lociones para preparar (marcar) el peinado, estos rizos pueden utilizarse con notable ventaja para los siguientes fines:

1. **Cabello liso sin planchar:** puede peinarse rápidamente. El rizado térmico evita tener que trabajar con el pelo mojado, no hay que usar rizadores, ni hay que aguardar durante el largo proceso de secamiento.

2. **Cabello planchado:** puede peinarse sin peligro de que el pelo retorne a su anterior condición de excesivamente rizado o encarrujado. El rizado térmico prepara el cabello para cualquier estilo de peinado que se desee.

3. **Pelucas** y **postizos:** este rizado proporciona un método rápido y eficaz para peinarlas.

MANIPULACIONES DE LAS TENAZAS RIZADORAS

A continuación se describen una serie de movientos manipulatorios básicos para el uso de las tenazas rizadoras calientes. La mayoría de los demás movimientos que se emplean con las tenazas rizadoras son adaptaciones o derivaciones de estos movimientos básicos.

El método para sostener las tenazas es asunto de preferencia personal. La técnica usada debe ser la que permita a la cosmetóloga la mayor facilidad, comodidad y libertad de movimiento.

Las ilustraciones que siguen muestran un modo de agarrar las tenazas en el que se emplea solamente el dedo meñique para abrir la mordaza (sección que "muerde" el pelo). Algunas cosmetólogas prefieren emplear el dedo meñique y, además, el dedo anular para este propósito. (Vea la Fig. 8.) Cualquiera de los dos métodos es correcto.

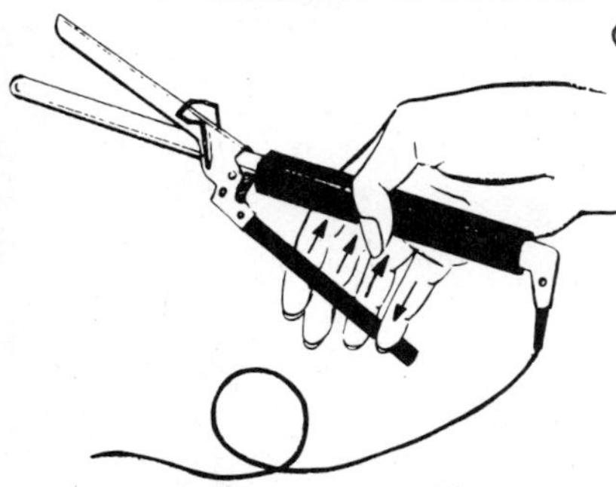
Fig. 1.

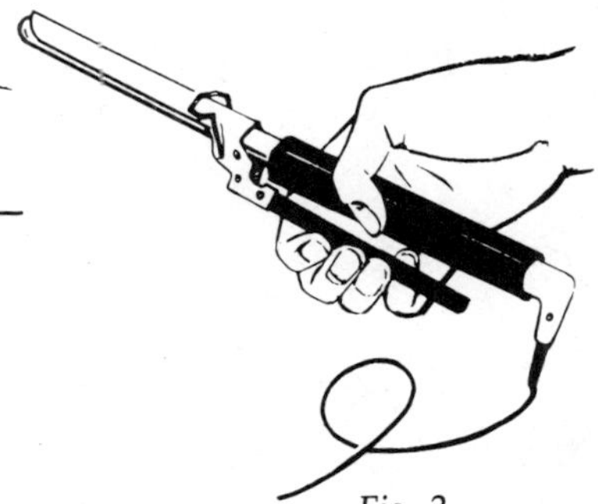
Fig. 2.

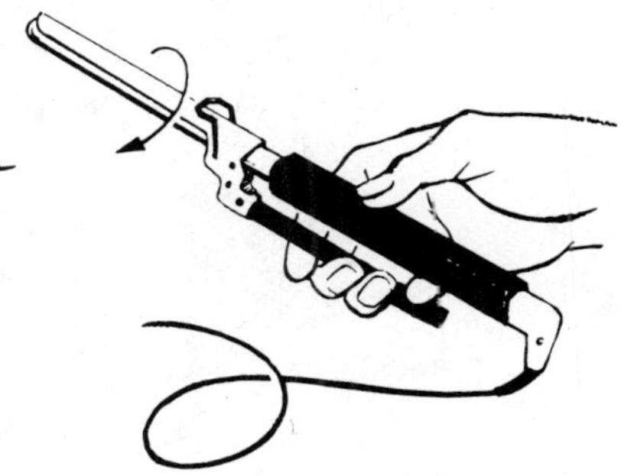
Fig. 3.

Fig. 1: Use el dedo meñique para abrir la mordaza.

Fig. 2: Use los tres dedos de en medio (índice, mayor y anular) para cerrar la mordaza y manipular las tenazas.

Fig. 3: Cambie la posición del pulgar para que éste ayude a girar y manipular las tenazas.

Fig. 4.

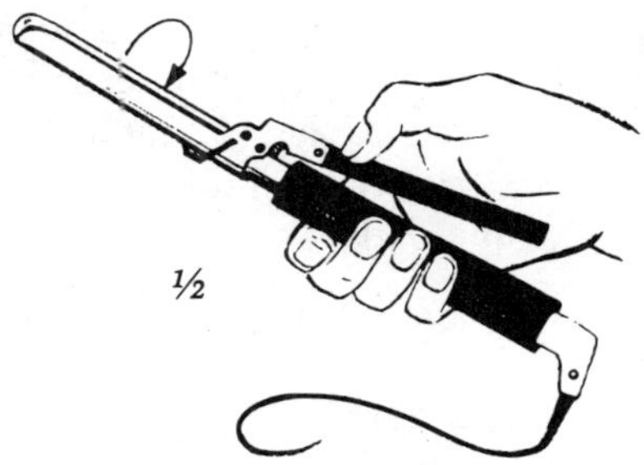

Fig. 5.

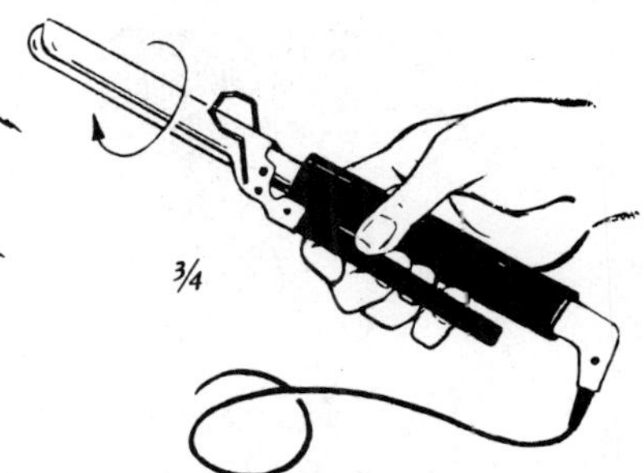

Fig. 6.

Fig. 4: Cierre la mordaza y voltee las tenazas un cuarto de giro en dirección hacia abajo. La conexión giratoria que está en la base del cabo de las tenazas permite que éstas giren sin que se tuerza el cordón eléctrico.

Fig. 5: Las tenazas ahora han girado media vuelta hacia abajo y el dedo pulgar se ha empleado para facilitar el abrir la mordaza y para aflojar la tirantez del pelo.

Fig. 6: Use el dedo pulgar para continuar girando las tenazas hasta darles tres cuartos de vuelta completa.

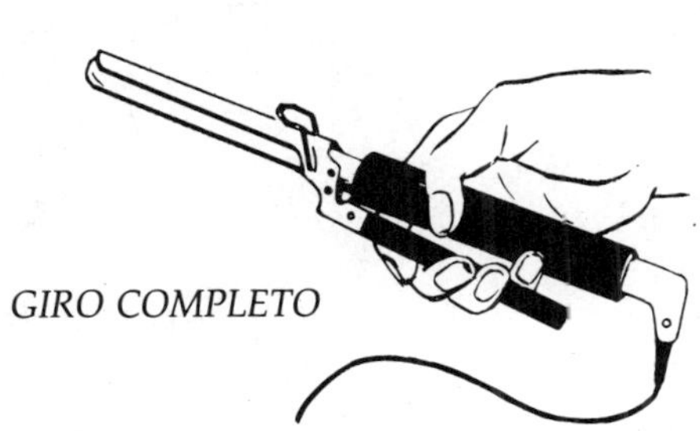

Fig. 7.

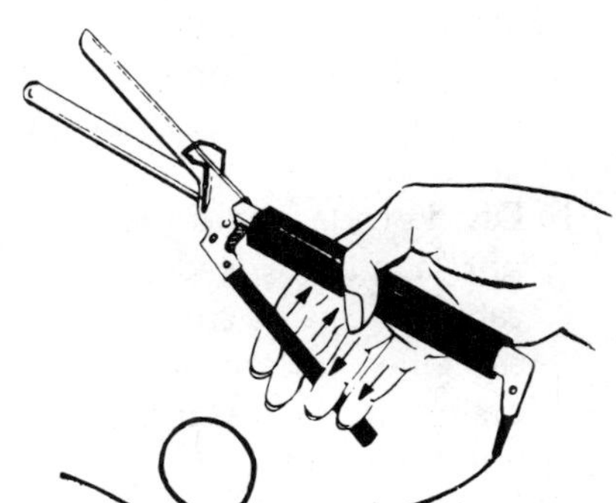
Fig. 8.

Fig. 7: Las tenazas han hecho un giro completo y los dedos se han retirado a la posición inicial.

Fig. 8: Un método alterno para sostener las tenazas es el que emplea el dedo meñique y el dedo anular para abrir la mordaza.

PRACTICA RECOMENDADA

Se recomienda la práctica en la manipulación de las tenazas rizadoras para desarrollar la destreza en el uso de las mismas. Los cuatro ejercicios que siguen están destinados a lograr el desarrollo de una habilidad eficiente en el uso de las tenazas.

1. Como es importante desarrollar un movimiento rotatorio suave, practique girar las tenazas mientras las abre y las cierra a intervalos regulares. Practique voltearlas en ambas direcciones. Ejemplos: hacia abajo (en la dirección que se acerca a usted) y hacia arriba (en la dirección que se aleja de usted). (Fig. 1.)

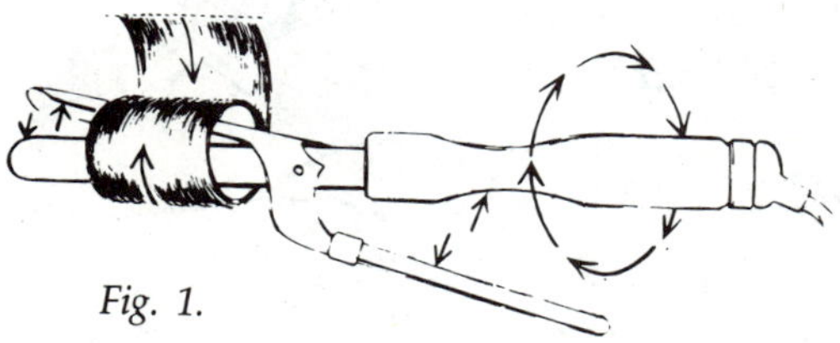

Fig. 1.

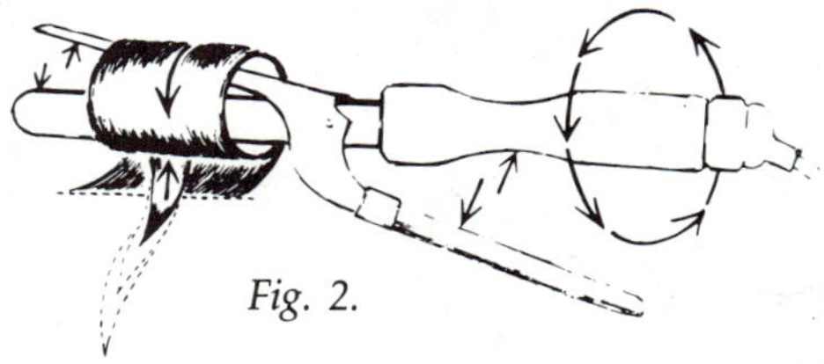

Fig. 2.

2. Para impedir que el pelo se doble, practique soltarlo abriendo y cerrando las tenazas con un movimiento de contacto rápido.
3. Practique dirigir el mechón de pelos hacia el centro del rizo al girar las tenazas. Este ejercicio dará por resultado que al final el mechón quede firmemente situado en el centro del rizo. (Fig. 2.)
4. Practique sacar el rizo de las tenazas tirando del peine hacia la izquierda y de la barrita hacia la derecha. (Fig. 3.) Utilice el peine para proteger el cuero cabelludo de la cliente contra posibles quemaduras.

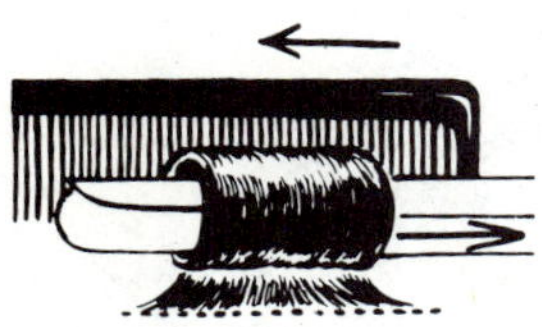

Fig. 3.

METODOS DE RIZAR CON TENAZAS TERMICAS

Los métodos que hoy se emplean para el rizado con tenazas térmicas representan un adelanto en comparación con las técnicas anteriores. Los métodos siguientes pueden alterarse para adaptarlos a los procedimientos que emplea su instructora, los cuales son igualmente correctos:

1. Pelo corto.
2. Pelo de mediana longitud.
3. Pelo largo
4. Otros tipos de rizos.

PREPARACION

1. Peine los cabellos completamente, desenredándolos.
2. Divida la cabellera en cinco secciones.
   a) La primera sección debe ser de unas 2½″ (6.25 cm.) de ancho, desde el centro de la frente hasta la nuca.
   b) Divida cada una de las dos secciones laterales por la mitad, desde la raya de la cima de la cabeza hasta el cuello, para obtener así cuatro secciones adicionales.
3. Caliente las tenazas térmicas (de tamaño grande o muy grande).
4. Subdivida cada sección en subsecciones de aproximadamente ¾″ por 2½″ (1.875 por 6.25 cm.) de ancho.

(El mismo procedimiento se sigue tanto para las tenazas eléctricas como para las que se calientan en hornillo.)

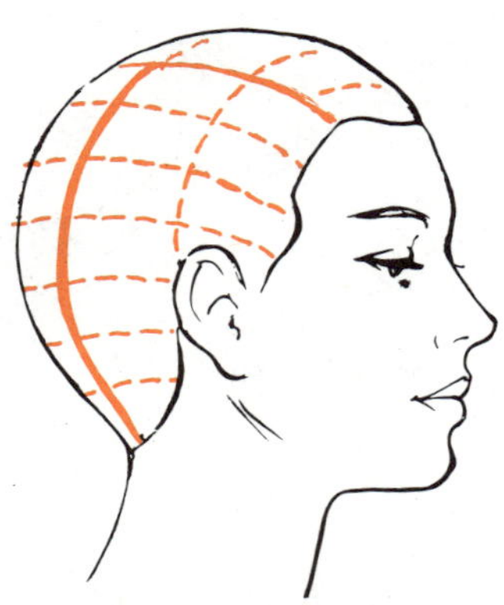

Cabellera dividida y subdividida.

COMO RIZAR EL PELO CORTO

La base de cada rizo se forma dividiendo y subdividiendo la cabellera para adaptar las secciones al tamaño de rizo que se desea. Es importante tener en cuenta la longitud, la densidad y la textura del pelo. La base es generalmente de alrededor de 1½ a 2" (3.75 a 5 cm.) de ancho y de aproximadamente ½" (1.25 cm.) de largo.

Después de dividir lo que va a ser la base del rizo, peine el pelo suave y rectamente alejándolo del cuero cabelludo. El pelo debe peinarse con suavidad para que el calor y la tensión sean iguales para todos los pelos de la sección. Los pelos sueltos pueden dar por resultado un rizo disparejo y desigual.

1. Después de calentar las tenazas a la temperatura deseada, levante un mechón de pelos y péinelo hacia arriba con suavidad. Con la media caña arriba, inserte las tenazas a aproximadamente 1" (2.5 cm.) de distancia del cuero cabelludo y sosténgalas durante unos segundos para formar una base. (Fig. 1.)

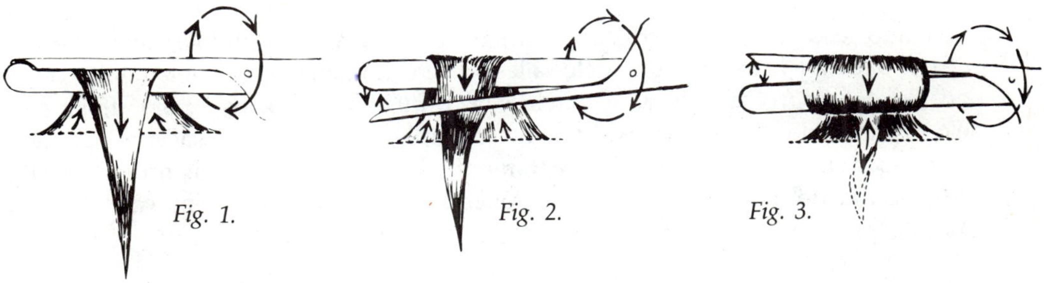

Fig. 1. *Fig. 2.* *Fig. 3.*

2. Sujete las puntas del mechón de pelos con el dedo pulgar y dos dedos de la mano izquierda con mediana tirantez. Gire las tenazas hacia abajo (en la dirección que se acerca a usted) utilizando la mano derecha. (Fig. 2.)
3. Abra y cierre las tenazas rápidamente al girarlas para impedir que el pelo se doble. Dirija las puntas del mechón hacia el centro del rizo al girar las tenazas. (Fig. 3.)
4. El resultado de este procedimiento será el logro de un rizo suave y bien terminado con las puntas firmemente sujetas en el centro. Saque el rizo de las tenazas. (Fig. 4.)

Fig. 4

COMO RIZAR EL PELO SEMILARGO

(Empleando un solo Lazo o Vuelta según la Figura 6)

Divida la cabellera en secciones y forme la base del rizo como se ha descrito anteriormente.

1. Inserte el pelo en las tenazas abiertas al nivel del cuero cabelludo. Tire del pelo por encima de la barrita en la dirección del rizo y cierre la mordaza. Sostenga las tenazas en esta posición durante unos cinco segundos para que el pelo se caliente y entonces deslícelas hacia arriba hasta 1" (2.5 cm.) de distancia del cuero cabelludo. La media caña debe estar en la parte de arriba. (Fig. 1.)

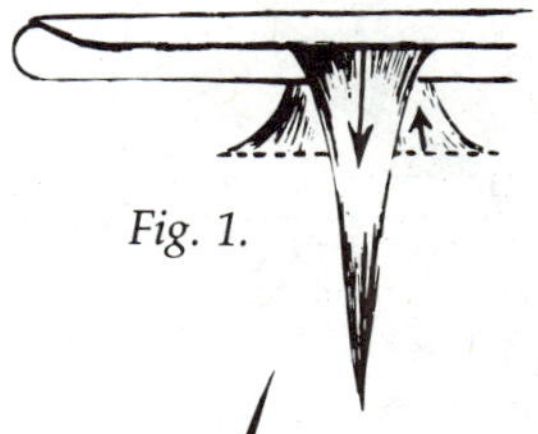

Fig. 1.

2. Déles a las tenazas ½ vuelta hacia abajo; tire de la punta del mechón por encima de la barrita hacia la izquierda y dirija el mechón hacia el centro del rizo. (Fig. 2.)

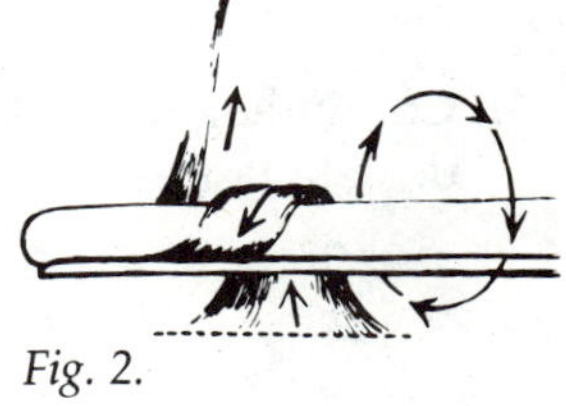

Fig. 2.

3. Complete el giro de las tenazas y continúe dirigiendo las puntas hacia el centro. (Fig. 3.)
4. Déles a las tenazas otra vuelta completa. El mechón ha quedado ahora rizado en su totalidad con excepción de las puntas de los pelos. Agrande el rizo abriendo la media caña. Inserte las puntas del rizo en la abertura formada entre la media caña y la barrita. (Fig. 4.)
5. Cierre la media caña y deslice las tenazas en la direción de los mangos o cabos. Esta técnica hará mover las puntas del mechón hacia el centro del rizo. Gire las tenazas varias veces para emparejar la distribución de los pelos en el rizo. (Fig. 5.)

(Durante el proceso del rizado, use el peine para proteger el cuero cabelludo de la cliente contra posibles quemaduras.)

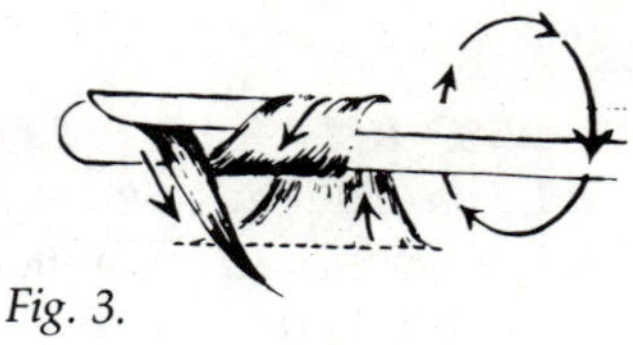

Fig. 3.

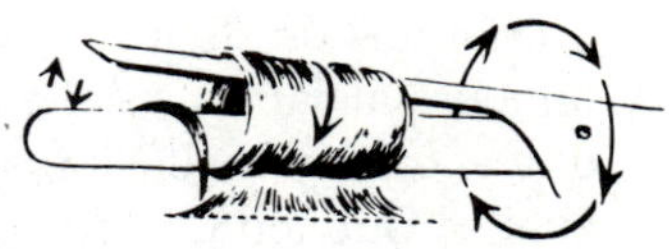

Fig. 4.

Fig. 5.

Cuando se ha formado el rizo y las puntas de los pelos han salido de la abertura entre la barrita y la media caña, déles a las tenazas una vuelta completa dentro del rizo. Este giro final se hace para suavizar las puntas de los pelos y para aflojar el pelo apartándolo de las tenazas. El peine se emplea entonces para sacar el rizo de las tenazas. Las tenazas se sacan lentamente en una dirección mientras con el peine se tira del pelo en la dirección opuesta. De este modo el rizo sale de las tenazas.

COMO RIZAR EL PELO LARGO

(Empleando dos Lazos o Vueltas según la Figura 8)

Divida la cabellera en secciones y forme la base del rizo como se ha descrito anteriormente.

1. Inserte el pelo en las tenazas abiertas a una distancia aproximada de 1″ (2.5 cm.) del cuero cabelludo. Tire del pelo por encima de la barrita en la dirección en que se va a mover el rizo y cierre la media caña. Sujete las tenazas en esta posición durante unos cinco segundos para calentar el pelo. Sujete el mechón de pelos con mediana tirantez. (Fig. 1.)

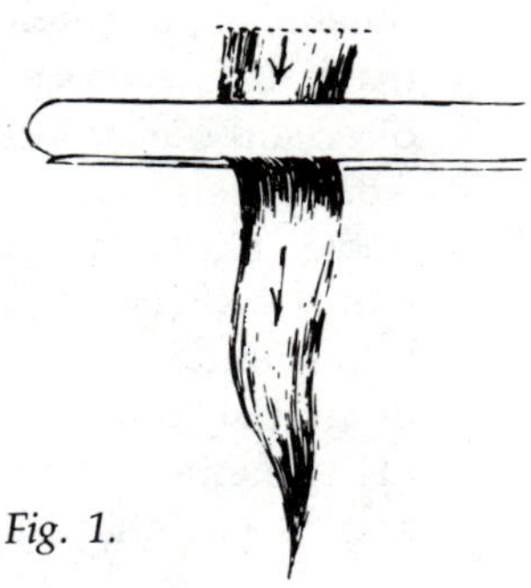

Fig. 1.

2. Gire las tenazas por debajo. Ciérrelas con un toque rápido y gírelas hasta que la media caña quede frente a usted. (Fig. 2.)
3. Con la mano izquierda, levante las puntas de los pelos. (Fig. 3.)

Fig. 2.

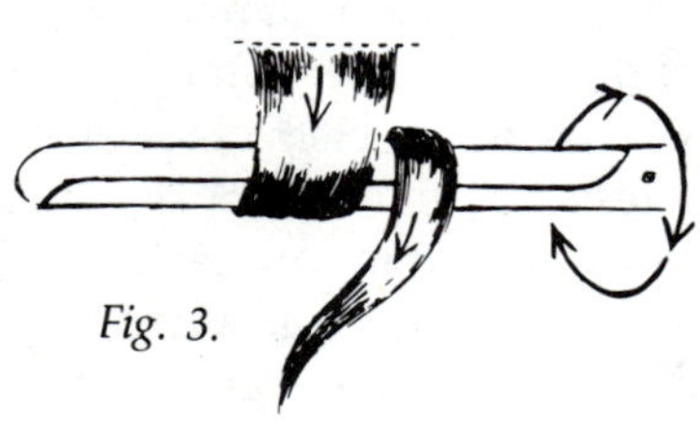

Fig. 3.

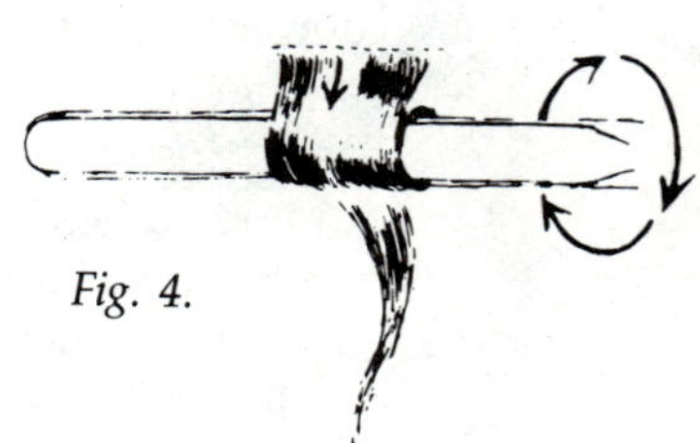

Fig. 4.

4. Continúe girando las tenazas y cerrándolas con toques rápidos, manteniéndolas a la misma distancia del cuero cabelludo. (Fig. 4.)

5. Tire de las tenazas suavemente para que el mechón de pelos se deslice hacia las puntas. (Fig. 5.)
6. Tire del mechón un poco hacia la derecha y al mismo tiempo empuje las tenazas suavemente hacia la izquierda. (Fig. 6.)

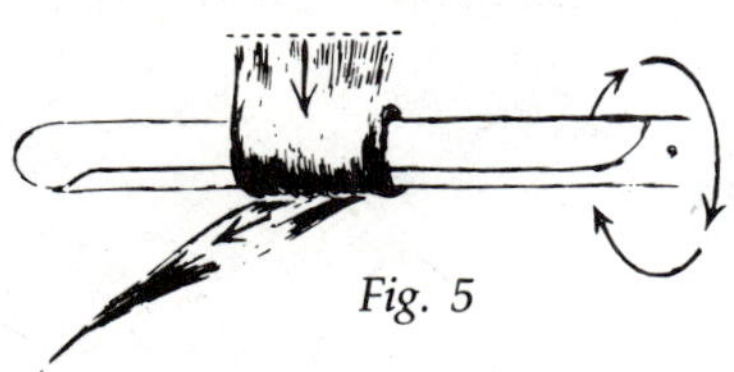

Fig. 5

Fig. 6

7. Empujando las tenazas hacia adelante y empujando el pelo con la mano izquierda, formará usted dos bucles (curvas cerradas) alrededor de las tenazas cerradas, con las puntas del mechón extendiéndose hacia afuera por entre los bucles. (Fig. 7.)
8. Tire de las tenazas hacia abajo y ábralas y ciérrelas rápidamente hasta que las puntas del pelo desaparezcan. (Fig. 8.)

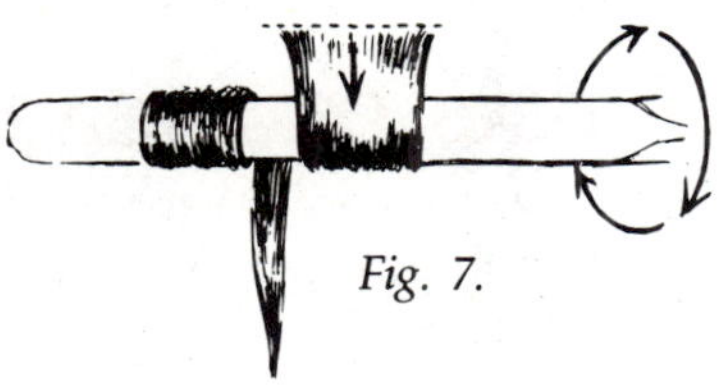

Fig. 7.

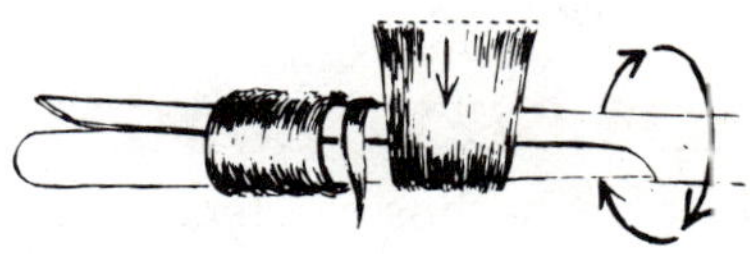

Fig. 8.

9. Gire las tenazas varias veces para emparejar la distribución de pelos en el rizo y para facilitar el movimiento del rizo al sacarlo de las tenazas.

OTROS TIPOS DE RIZOS

Los **rizos en espiral** (rizos helicoidales) son rizos colgantes que pueden combinarse con los estilos de peinado que se hacen con el pelo largo.

Divida la cabellera en tantas secciones como rizos va a formar y péinela hasta dejarla suave. Inserte las tenazas en ángulo con la media caña en la parte superior, cerca de la base del mechón, y gírelas hasta que el pelo se haya enrollado. Sostenga el rizo en esta posición durante unos segundos y entonces retire las tenazas en la forma acostumbrada.

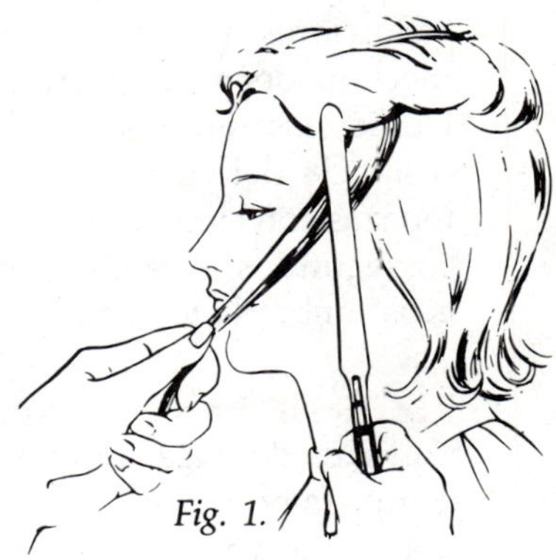

Fig. 1.

Fig. 2.

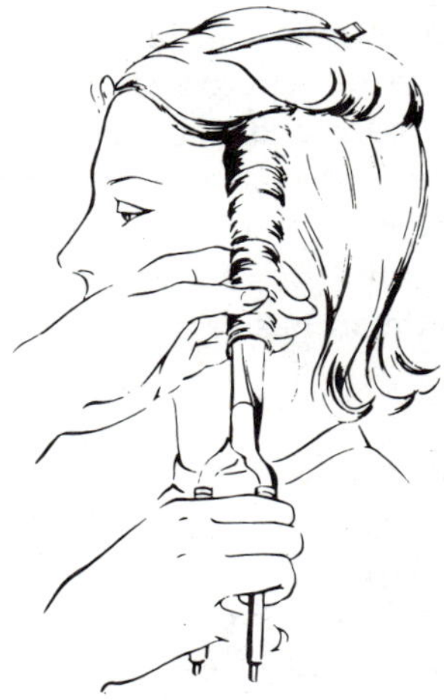

Fig. 3.

Fig. 4.

Los **rizos en las puntas** pueden emplearse para darle un aspecto delicado a las puntas de los pelos. El pelo largo, mediano o corto puede peinarse elegantemente con rizos en las puntas. Las puntas del pelo pueden voltearse hacia abajo o hacia arriba según se desee.

La posición de las tenazas rizadoras y la dirección de los movimientos determinarán si los rizos en las puntas deben voltearse hacia abajo o hacia arriba.

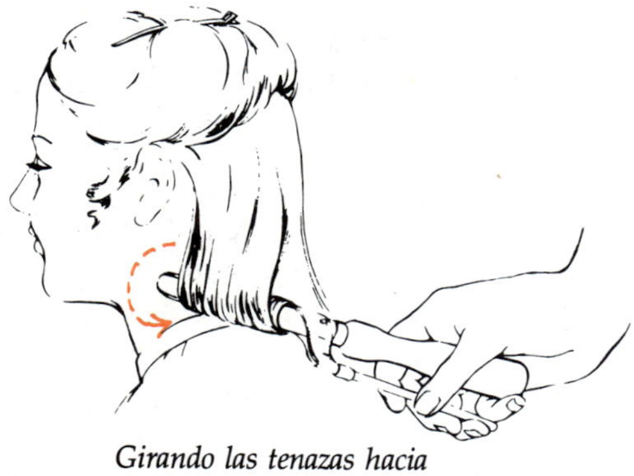

Girando las tenazas hacia abajo.

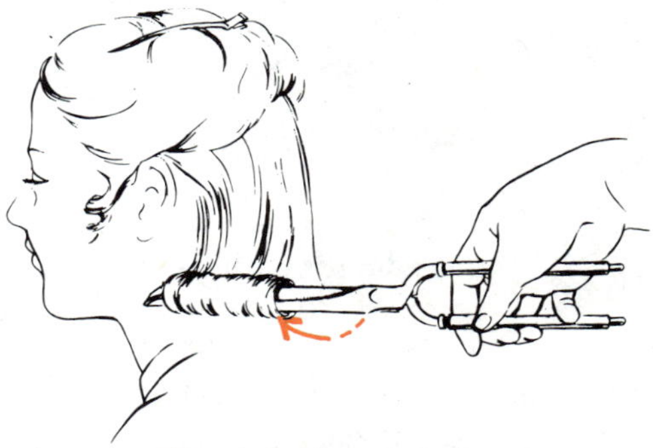

Girando las tenazas hacia arriba.

RIZOS DE VOLUMEN CON TENAZAS TERMICAS

Los rizos hechos con tenazas térmicas pueden utilizarse para crear volumen o pomposidad (altura) en el peinado final. El grado de pomposidad deseado determinará el tipo de rizos de volumen que debe emplearse.

RIZOS DE VOLUMEN EN LA BASE

Los rizos de volumen en la base proporcionan máxima pomposidad o elevación ya que el rizo se coloca a gran altura sobre su base.

Seccione la base separándola en la forma descrita anteriormente. Sostenga el mechón de pelos hacia arriba con una inclinación (ángulo) de 135º (2.36 rad.) Deslice las tenazas sobre el mechón hasta aproximadamente ½″ (1.25 cm.) de distancia del cuero cabelludo. Enrolle el mechón alrededor de la barrita de las tenazas con cierta tirantez. Mantenga esta posición durante aproximadamente cinco segundos para calentar el mechón y fijar la base. Enrolle el rizo en la forma acostumbrada y colóquelo firmemente **hacia adelante y a gran altura de su base.**

RIZOS DE BASE COMPLETA

El rizo de base completa proporciona un rizo fuerte con completa pomposidad o volumen. Seccione la base separándola como ya se ha descrito. Sostenga el mechón de pelos con una inclinación (ángulo) de 125º (2.18 rad.) Deslice las tenazas sobre el mechón de pelos hasta aproximadamente ½″ (1.35 cm.) de distancia del cuero cabelludo. Enrolle el mechón alrededor de la barrita de las tenazas con cierta tirantez. Mantenga esta posición durante aproximadamente cinco segundos para calentar el mechón y fijar la base. Enrolle el rizo en la forma acostumbrada y colóquelo firmemente en **el centro de su base.**

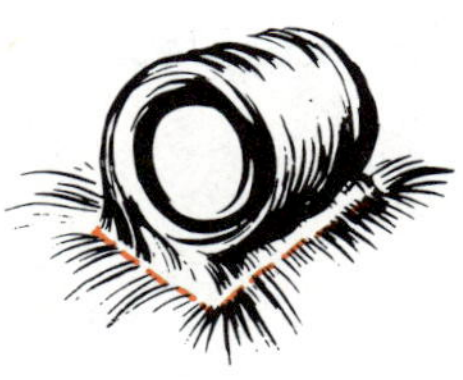

Base completa.

RIZOS DE MEDIA BASE

El rizo de media base proporciona un rizo fuerte con moderada pomposidad o volumen. Seccione la base separándola como ya se ha descrito. Sostenga el mechón de pelos rectamente hacia arriba en dirección perpendicular, o sea, en un ángulo de 90º (1.57 rad.) Deslice las tenazas sobre el mechón de pelos hasta aproximadamente ½″ (1.25 cm.) de distancia del cuero cabelludo. Enrolle el mechón alrededor de la barrita con cierta tirantez.

Rizo de media base.

Mantenga esta posición durante aproximadamente cinco segundos para calentar el mechón y fijar la base. Enrolle el rizo en la forma acostumbrada y colóquelo de modo que **la mitad del rizo quede fuera de su base** (desviación media sobre la base).

RIZOS FUERA DE LA BASE

El rizo que se desvía completamente fuera de la base proporciona un rizo fuerte con mínima pomposidad o volumen. Seccione la base separándola como ya se ha descrito. Sostenga el mechón de pelos con una inclinación (ángulo) de 70º (1.22 rad.) Deslice las tenazas sobre el mechón hasta aproximadamente ½″ (1.25 cm.) de distancia del cuero cabelludo. Enrolle el mechón alrededor de la barrita con cierta tirantez. Mantenga esta posición durante aproximadamente cinco segundos para calentar el mechón y fijar la base. Enrolle el rizo en la forma acostumbrada y colóquelo **completamente fuera de su base.**

Fuera de la base.

SUGERENCIAS UTILES SOBRE LOS PEINADOS CON RIZOS TERMICOS

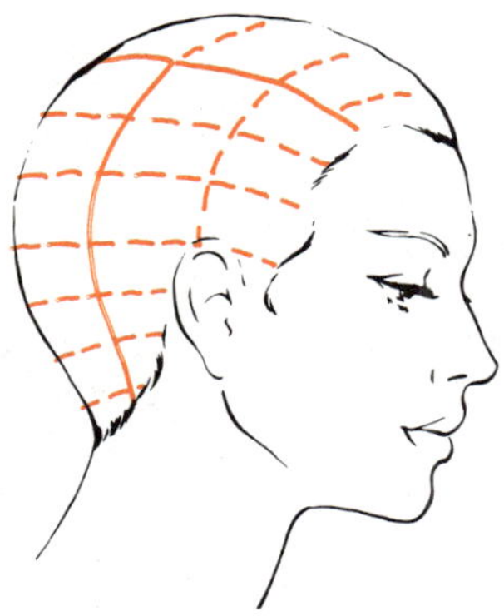

Cabellera seccionada y subdividida.

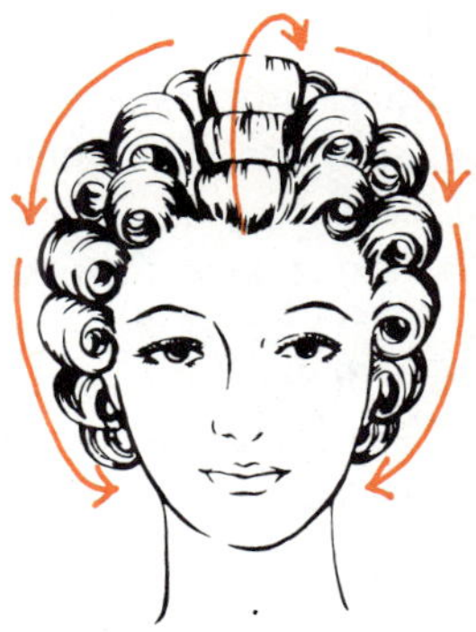

Vista de frente.

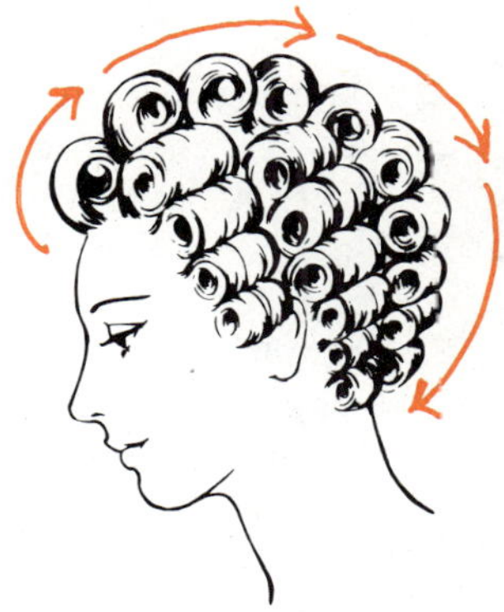

Vista de lado.

Cabellera completamente rizada con rizos formados con rizadores térmicos, también llamados "rizos de estilo."

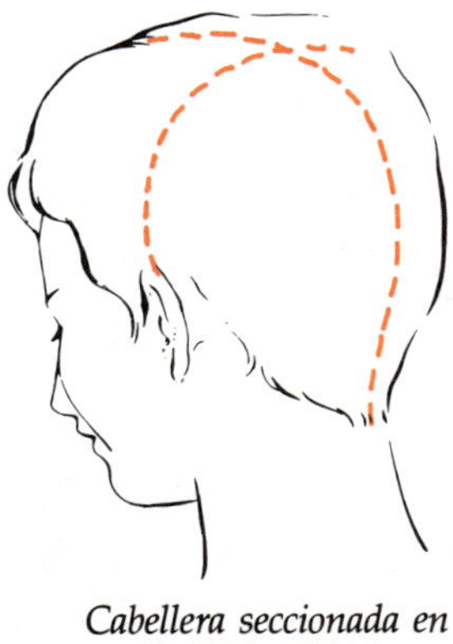

Cabellera seccionada en cuatro partes iguales.

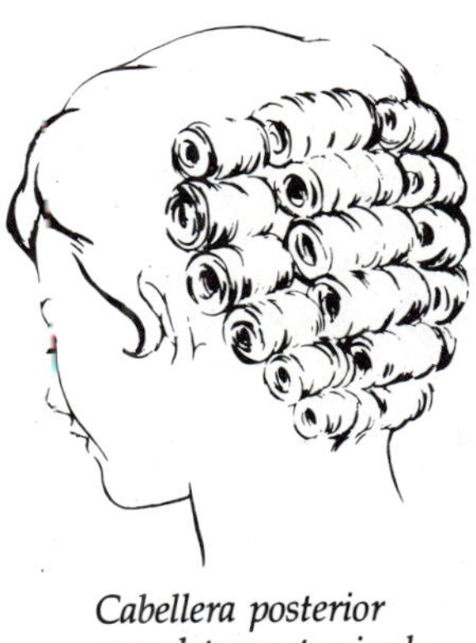

Cabellera posterior completamente rizada.

Cabellera superior y de los lados completamente rizada.

COMO ARREGLAR EL PELO PARA UN PEINADO ADECUADO

Para darle al pelo un peinado adecuado, cepille el pelo y péinelo de abajo arriba comenzando en la línea del contorno de la nuca. Empuje las ondas y rizos hasta dejarlos en su lugar a medida que va peinando toda la cabellera.

Si el estilo de peinado va a terminarse con rizos, forme primero los rizos de abajo.

MEDIDAS DE SEGURIDAD

1. Mantenga las tenazas térmicas limpias y el clavillo o pasador (eje) engrasado.
2. Use las tenazas térmicas solamente después de haber recibido las instrucciones sobre cómo usarlas.
3. No caliente demasiado las tenazas ya que esto puede hacer que el metal pierda su temple.
4. Compruebe la temperatura de las tenazas en un pedazo de papel fino antes de aplicarlas al cabello. Esto impedirá que el pelo se queme. No inhale el humo de las tenazas ya que es dañino a los pulmones.
5. No coloque las tenazas calientes cerca de la cara para comprobar su temperatura: el resultado puede ser una quemadura.
6. Las tenazas no deben refrescarse volteándolas en el aire ya que pueden caerse de la mano y deteriorarse o causar algún daño.
7. Maneje las tenazas térmicas con cuidado para evitar quemarse usted o quemar a la cliente.
8. Coloque las tenazas calientes en un lugar seguro para que se refresquen. No las deje donde alguien pueda accidentalmente tocarlas y quemarse.
9. Cuando caliente las tenazas, no coloque los mangos o cabos muy cerca del calentador ya que más tarde puede quemarse la mano al agarrar las tenazas para retirarlas del calentador.
10. Asegúrese de que las tenazas están colocadas firmemente en el calentador; de lo contrario, pueden caerse y deteriorarse o causarle algún daño a alguien.
11. Utilice solamente peines de goma dura (caucho) o de materiales no inflamables. Los peines de celuloide no deben usarse para el rizado térmico; son inflamables.
12. No utilice peines de metal; se calientan demasiado y queman el cuero cabelludo.
13. No utilice peines que tengan dientes rotos. Pueden romper o partir el pelo o causar daños en el cuero cabelludo.
14. Coloque el peine entre el cuero cabelludo y las tenazas térmicas cuando forme rizos u ondas en el pelo para impedir que el cuero cabelludo se queme.
15. Para lograr un buen rizado u ondulación térmicos, limpie el pelo.
16. Si la cabellera es espesa y voluminosa, déle primero un corte de pelo entresacado (rebajado con desliz) y afilado.
17. Nunca aplique un planchado caliente o las tenazas térmicas a un pelo que ha sido clarificado o teñido.

18. No deje que las puntas de los pelos se salgan por entre las tenazas; permitirlo causará que las puntas se doblen en forma de ganchos o anzuelos, o dañará las puntas del pelo.
19. Un botiquín de urgenica (para primeros auxilios) debe tenerse a mano en caso de accidente.
20. No utilice las tenazas térmicas vaporizantes en el pelo planchado ya que el pelo puede retornar a su condición original de excesivamente rizado.
21. No empleee las tenazas térmicas en el pelo que ha sido estirado por medios químicos ya que pueden causarle daño.

PEINADOS CON SECADORA DE MANO

Los peinados con secadora de mano (pistola soplante), frecuentemente llamados "servicio rápido de peluquería," son básicamente un método que se utiliza para secar y peinar el pelo húmedo en una sola operación. Este método forma la estructura básica de los peinados de estilo sin incluir el tiempo que de otro modo se emplea en preparar (marcar) la cabellera, secarla y peinarla. Por otra parte, este método ayuda a desarrollar peinados suaves y naturales con estilos desahogados y sueltos, tales como los que generalmente se logran mediante el uso de rizadores y rizos.

Hay dos métodos que se emplean para los peinados con secadora de mano:

1. Rizados con secadora de mano y cepillo.
2. Ondulados con secadora de mano y peine.

Existen muchas variaciones de estas técnicas que son empleadas por los estilistas del peinado con el fin de lograr efectos especiales o determinados propósitos de estilo. En esta sección explicaremos solamente dos de los métodos básicos. Otros muchos métodos podrán desarrollarse con adecuada experiencia y adiestramiento superior.

ADVERTENCIA

El rizado y el ondulado con secadora de mano (pistola soplante) deben hacerse con cuidado en el pelo que ha recibido una ondulación permanente, un tratamiento de relajación (desrizamiento), o que ha sido teñido o clarificado. Esta clase de pelo debe secarse en parte con una toalla porque fácilmente se estira y esto podría causarle daño.

EQUIPO, INSTRUMENTOS Y MATERIALES

La siguiente relación de equipo, instrumentos y materiales señala lo que es necesario para los peinados con secadora de mano:

Secadora de mano (pistola soplante, con o sin aditamentos)	Loción para peinar
Peines (de goma dura o metal)	Acondicionador
Champú	Loción para rociar (o pulverizar) el cabello

LA SECADORA DE MANO

La secadora de mano (pistola soplante, con o sin aditamentos) es un aparato eléctrico especialmente diseñado para secar y peinar el pelo en una misma operación. Sus partes principales son: un mango o cabo, una boquilla ranurada, un pequeño ventilador, un generador de calor y un mecanismo (controles) de mano. Cuando se pone en funciomento produce una corriente de aire continua con temperatura regulada. El mecanismo de mando le permite a la peluquera hacer los ajustes necesarios de temperatura cuando emplea la secadora de mano.

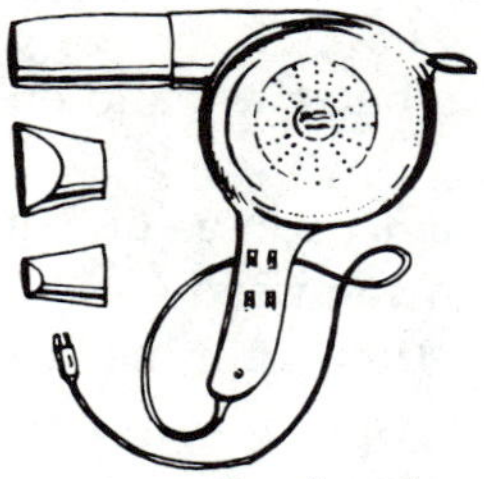

Secadora de mano.

Cepillo grande y redondo.

Cepillo estrecho, de lomo redondeado.

Cepillo estrecho y redondo.

Cepillo ancho, de lomo redondeado.

PEINES Y CEPILLOS

Tanto los peines de goma dura (caucho) como los de metal se emplean para hacer ondulaciones que se secan con secadora de mano o con peine ondulador con aire. Algunas peluqueras prefieren utilizar los peines de metal porque conservan y transmiten mejor el calor y así el pelo puede volver a peinarse en el más breve tiempo posible. Los peines se obtenen con dientes anchos, con mitad de los dientes anchos y mitad finos y también con dientes finos solamente.

Peine de goma dura (dientes mitad finos y mitad anchos).

Peine de metal.

Los cepillos estrechos de cerda sintética especial se emplean para peinar con secadora de mano. A menudo es más fácil para la peluquera cepillar la cabellera para darle el estilo deseado con un cepillo estrecho. Mientras más pequeño es el diámetro del cepillo, más tirante son los rizos que se forman y su calidad es más duradera.

COSMETICOS USADOS EN LOS PEINADOS CON SECADORA DE MANO

Los cosméticos principales que se emplean para los peinados con secadora de mano (pistola soplante) incluyen varias lociones para peinar, acondicionadores del pelo y del cuero cabelludo y lociones para rociar (o pulverizar) el pelo.

Lociones para peinar. Las lociones para peinar se aplican al cabello después de darle champú con el fin de hacer el pelo más manajeable para el rizado y la ondulación con aire soplante. Estas lociones tienen la consistencia de un líquido denso y se aplican con un frasco plástico que se aprieta con la mano para esparcir el líquido o también un frasco provisto de bomba de gatillo (de presión). Las lociones para peinar contienen una sustancia revestidora que le da al pelo secado con aire soplante más cuerpo y calidad más duradera.

Acondicionadores del pelo. Estos se utilizan como tratamiento correctivo para el pelo reseco y quebradizo. La cliente los usa diariamente o cada semana, o pueden aplicarse inmediatamente antes que la secadora de mano.

El uso excesivo del método de peinado con secadora de mano puede causar en el pelo resequedad, puntas hendidas y pérdida de elasticidad. Por lo tanto, es aconsejable utilizar acondicionadores del pelo que contengan algún lubricante.

Soluciones para rociar. Estas se aplican al pelo para fijar el peinado y darle aspecto acabado.

Guíese por las instrucciones del fabricante o por las de su instructora en cuanto al uso adecuado de los cosméticos en el pelo y el cuero cabelludo de la cliente.

RIZADO CON SECADORA Y CEPILLO REDONDO

El rizado con secadora de mano (pistola soplante) alcanza el mayor éxito cuando se aplica al pelo naturalmente rizado o al que ha recibido una ondulación permanente. El fundamento del éxito de cualquier peinado con secadora de mano es el corte de pelo cuidadosamente concebido y proyectado de antemano. Para que el rizado con secadora de mano dé buenos resultados, debe dársele antes al pelo un corte afilado. Es sumamente difícil tener éxito con esta clase de rizado cuando al pelo se le ha dado un corte romo (corte basto o recto).

El método ilustrado a continuación se ofrece aquí como uno de los que pueden utilizarse para crear un peinado con secadora de mano que sea de estilo sencillo, de aspecto natural y fácil de llevar. (Los métodos que use su instructora son igualmente correctos.)

PROCEDIMIENTO

1. Lave el pelo con champú y séquelo con una toalla.
2. Déle a la cabellera un corte apropiado de estilo afilado.
3. Aplique la loción de peinar y/o el acondicionador.
4. Tenga pensado un plan para el peinado. Empiece en la coronilla o en la parte superior de la cabeza, según se desee. Divida el pelo en secciones, levante un mechón ancho de pelos y péinelo completamente. (Fig. 1.)
5. Mueva el peine hasta las puntas del mechón de pelos e inserte el cepillo. Cepille el mechón llegando con el cepillo hasta las puntas del pelo.
6. Enrolle el pelo en el cepillo con un movimiento de vuelta hacia abajo, en dirección contraria a la cara, hasta que el cepillo descanse en el cuero cabelludo. Mantenga esta posición y haga funcionar la secadora de mano (pistola soplante). Dirija la corriente de aire muy lentamente a través del rizo con un movimiento de vaivén (oscilación de izquierda a derecha). (Fig. 2.) Cuando el mechón de pelos esté completamente seco, retire el cepillo con un movimiento circular.

   Utilice prendedores para asegurar cada rizo después que lo termina y para mantenerlo en su lugar hasta que se enfríe.

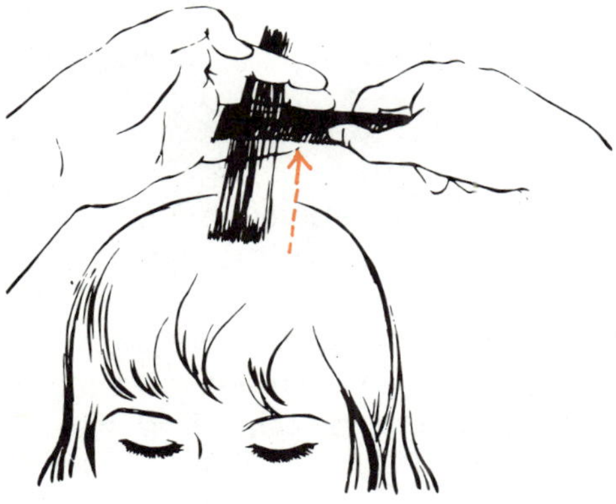

Fig. 1.

Fig. 2.

7. Continúe haciendo rizos de la misma manera a través de la coronilla y de la parte posterior de la cabeza. Sujete con un prendedor cada rizo terminado.

Déles forma a los rizos del cuello con un peine o haga rizos prendidos sobre la nuca para darle al peinado un aspecto acabado con el pelo cerca de la cabeza.

RECORDATORIOS Y SUGERENCIAS SOBRE LOS PEINADOS CON SECADORA DE MANO

Para que el peinado con secadora de mano (pistola soplante) tenga éxito es esencial que el pelo esté en excelentes condiciones.

El pelo que ha recibido una ondulación permanente, un tratamiento de relajación (suavización) química, un teñido o una clarificación debe secarse en parte con una toalla antes de aplicársele la secadora de mano para la ondulación. (El pelo se estira fácilmente y puede dañarse si está muy húmedo.)

Debe dársele al pelo un corte afilado para que el rizado u ondulado con secadora de mano tenga buenos resultados.

Elimine el exceso de humedad del pelo con el aire caliente de la secadora de mano antes de comenzar a hacer el peinado.

La loción para peinar es un factor importante en el ondulado y el rizado con secadora de mano. Peine el pelo completamente para esparcir la loción de peinar con uniformidad.

Dirija la secadora lentamente a través de los rizos con un movimiento de vaivén. Nunca sostenga la secadora enfocada a un mismo lugar durante demasiado tiempo. La secadora debe dirigirse en tal forma que la corriente de aire caliente se proyecte en la misma dirección en que se ha enrollado el pelo.

Para evitar quemaduras severas en el cuero cabelludo, proyecte el aire caliente en una dirección que se aleje del cuero cabelludo de la cliente, nunca directamente hacia el cuero cabelludo.

El pelo debe enfriarse completamente antes de peinarlo. Esto puede lograrse cambiando el mecanismo (controles) de mando de la secadora al punto marcado con "Cold" (frío) refrescando así el pelo hasta que se haya secado.

CEPILLOS Y PEINES

El peinado en sí se hace con el cepillo o el peine. La secadora de mano es un instrumento que se usa para secar rápidamente el pelo mientras se peina.

El tamaño del cepillo para peinar dependerá del estilo de peinado que se va a hacer y de la longitud de pelo deseada. Como regla general, el pelo corto se peina con un cepillo de pequeño diámetro. Para el pelo de mediana longitud, o largo, los mejores resultados se logran con cepillos de diámetro grande.

Para evitar quemaduras en la piel, mantenga alejados del cuero cabelludo los peines de metal que estén calientes.

SECADORA DE MANO

Asegúrerse de que la secadora de mano (pistola soplante) está perfectamente limpia y libre de toda suciedad, grasa, pelos, etc., antes de usarla. La suciedad o los pelos pueden causar un calor excesivo y quemar la cabellera.

La entrada de la toma (extractor) de aire que está en la parte posterior de la pistola soplante debe mantenerse siempre limpia. Si esta entrada de aire se obstruye y no deja pasar el aire libremente, el generador de calor de la pistola soplante puede quemarse.

COMO SECAR LA CABELLERA CON LA SECADORA DE MANO

El aire caliente se dirige rectamente a la cabeza sólo cuando el pelo va a secarse superficialmente.

Para que el peinado con secadora de mano tenga buenos resultados, el aire debe dirigirse desde la zona del cuero cabelludo hasta las puntas del pelo.

La corriente de aire se dirige hacia la mitad superior del peine mientras se le da a éste un movimiento de vaivén (oscilación de izquierda a derecha). Este método hace desviar el aire caliente, reduciendo así el calor y secando el pelo en la porción más cercana al cuero cabelludo.

Evite sostener la boquilla de la pistola soplante demasiado cerca del pelo durante mucho tiempo. Cuando el aire caliente se proyecta muy cerca del pelo o en un ángulo incorrecto, puede quemar o tostar el pelo.

Al utilizar la secadora de mano es de esencial importancia que el cuero cabelludo esté completamente seco cuando se termina el peinado. El peinado no se fijará si el cuero cabelludo está húmedo.

Termine el peinado con la secadora de mano aplicándole al pelo un poco de laca (gomina) para darle brillo y fijarlo en su lugar. No obstante, los efectos de suavidad y naturalidad pueden malograrse con el uso de lacas espesas.

Para darle al pelo de la coronilla una moderada elevación, se emplea un cepillo redondo y pequeño. La secadora debe moverse de un lado a otro, dirigida hacia el rizo. Asegure cada rizo con prendedores al terminarlo.

EFECTO DE PAJE. *Forme rizos en la parte inferior del pelo.*

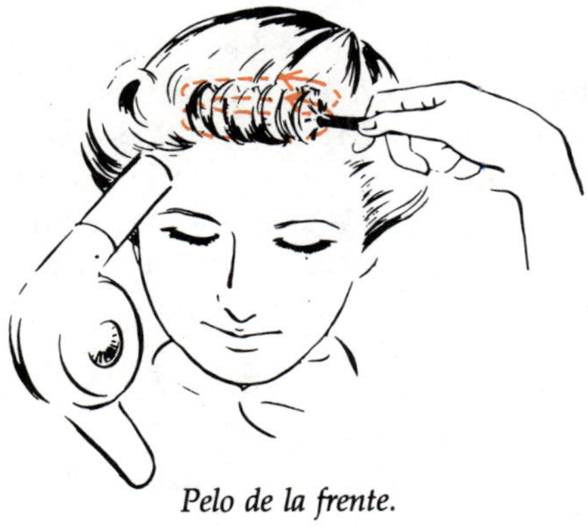

Pelo de la frente.

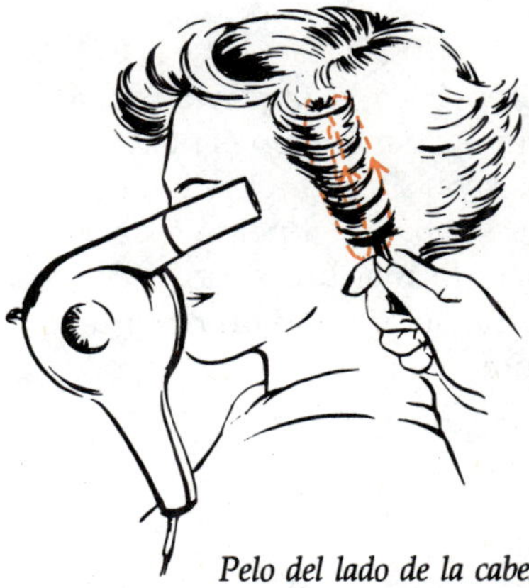

Pelo del lado de la cabeza.

SUAVICE LA PARTE SUPERIOR CON UNA VUELTA HACIA ARRIBA.
Para crear un efecto suave en la parte superior con vuelta hacia arriba, las puntas del pelo deben levantarse colocando el cepillo cerca del cuero cabelludo. Déle vueltas al cepillo. Al voltear el cepillo, el aire caliente se dirige a la base del pelo en la zona acopada.

ESTILOS POPULARES DE PEINADOS CON SECADORA DE MANO

ONDULACION CON PEINE ONDULADOR CON AIRE

Otro método que se utiliza para peinados atractivos sin necesidad de marcar ni secar el pelo previamente es el que emplea el peine eléctrico ondulador con aire y el peine de dar estilo. Para peinar el pelo según este método, se dan los mismos pasos que para la ondulación digital (ondulación con agua hecha con los dedos), pero usando un peine eléctrico ondulador con aire y un peine de dar estilo.

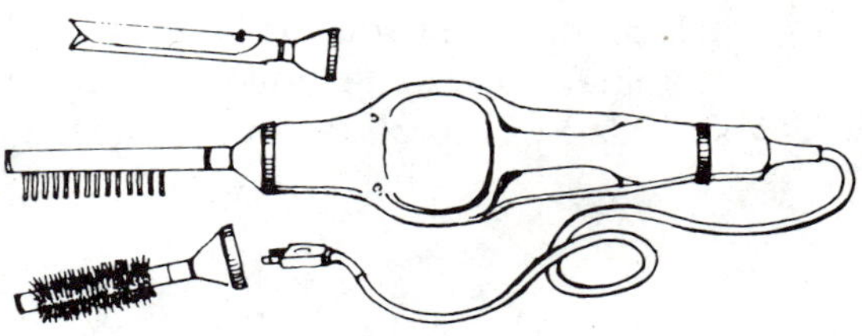

Ondulador con aire provisto de peine.

El pelo se peina después de que ha sido cortado, se le ha dado champú y se ha secado con una toalla.

Para lograr rebordes y ondas en distintas partes de la cabeza, el pelo debe estar ligeramente húmedo. Aplique una rociadura ligera con loción de peinar para ayudar a crear el estilo deseado.

Es importante localizar la formación de la onda natural del pelo. Peine el pelo en la dirección de la onda que se desea. Esto ayudará a determinar el patrón del crecimiento natural del pelo. (Fig. 1.) Peine el pelo en la dirección del estilo de peinado previamente proyectado. Al peinarlo, aplique el ondulador con aire hasta que el cabello esté lo suficientemente seco para sostener la onda.

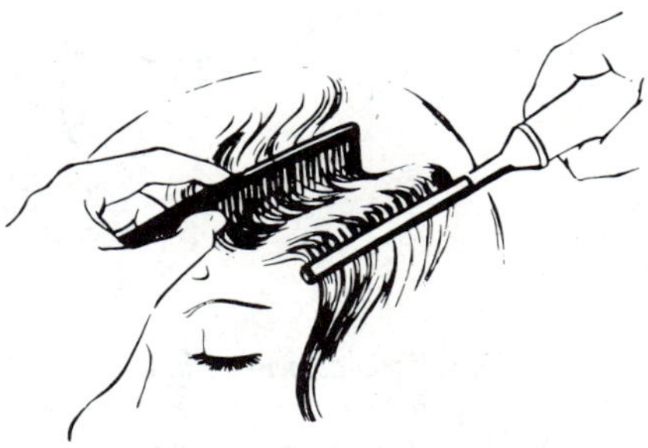

Fig. 1. Peinando el pelo en la dirección de la onda deseada.

COMO DARLE FORMA AL PELO CON EL PEINE

1. **Crencha a la izquierda.** Comenzando en el frente de la cabeza, inserte el peine de mano en el pelo a aproximadamente 1½″ (3.75 cm.) de distancia de la raya. Deslice el peine de dar estilo hacia atrás. Inserte el ondulador con aire debajo del peine y deslice el peine del ondulador con aire hacia la cara para formar un reborde. Sostenga ambos peines en esta posición hasta que se haya formado un reborde firme. (Fig. 2.) Continúe hacia la coronilla hasta completar el reborde en toda su longitud.

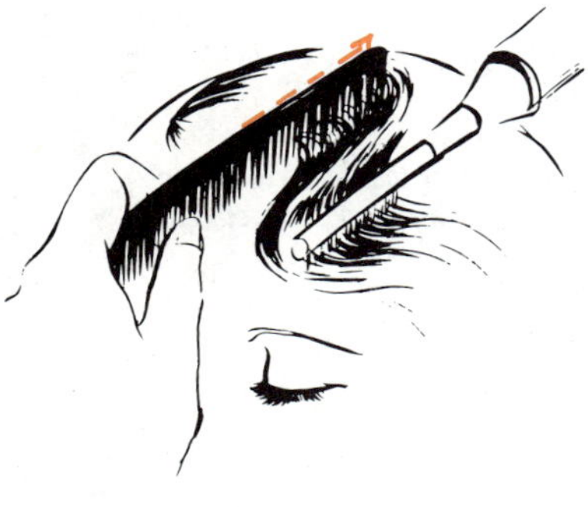

Fig. 2. Formando el reborde.

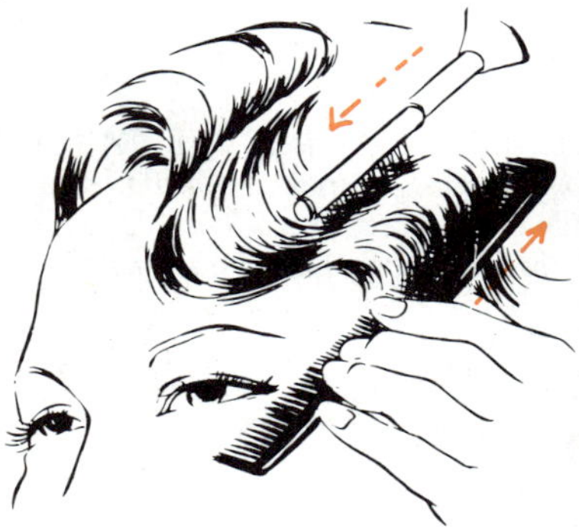

Fig. 3. Formando el segundo reborde.

Fig. 4. Estilo terminado.

Forme el segundo reborde comenzando en la coronilla y desplazándose hacia el frente. El reborde y la configuración se hacen exactamente al revés de como se hizo el primer reborde. (Fig. 3.)

Sostenga toda la línea de rebordes con el peine de mano mientras emplea el peine del ondulador para levantar el pelo y diseñar el patrón del peinado.

2. **Crencha a la derecha.** El procedimiento es exactamente el mismo que el usado para la crencha a la izquierda con la excepción de que el peine de mano se sostiene con la mano derecha y el peine ondulador con aire es manejado con la mano izquierda. No obstante, la ondulación debe comenzarse en la coronilla y continuarla hacia la cara.

La onda terminada se forma con el peine del ondulador con aire y el peine de mano, aprovechando el patrón de onda natural del pelo. (Fig. 4.)

El peine del ondulador con aire, cuando se usa en combinación con las tenazas rizadoras, ofrece numerosas oportunidades a la peluquera para crear estilos de peinados. El número de estilos y patrones que pueden crearse con estos instrumentos manejados en conjunto está limitado únicamente por la habilidad y la imaginación de la peluquera.

PRECAUCIONES DE SEGURIDAD

1. Secadora del peinado. Muévala, con aire moderadamente caliente, de un lado a otro, dirigida hacia el pelo y alejándola del cuero cabelludo. Evite sostener la secadora dirigida hacia un mismo lugar demasiado tiempo.
2. Peine de metal. Para evitar posibles quemaduras en el cuero cabelludo, mantenga los dientes del peine de metal caliente alejados del cuero cabelludo.
3. En todo peinado con secadora de mano (pistola soplante) es importante que el cuero cabelludo esté completamente seco al terminarse de hacer los rizos u ondas. Si las puntas y los rizos se han terminado, pero el cuero cabelludo está húmedo, el peinado no se fijará.

PREGUNTAS DE REPASO

ONDULADOS Y RIZADOS TERMICOS

1. ¿Qué son los ondulados y rizados térmicos?
2. Cite tres clases de tenazas térmicas.
3. ¿Por qué no deben usarse en el pelo planchado las tenazas térmicas vaporizantes?
4. ¿Cuáles son las dos partes de la sección de las tenazas que se usa para dar estilo?
5. ¿Qué grado de calor debe usarse en el pelo clarificado, teñido o canoso?
6. ¿Cómo se comprueba en las tenazas la temperatura deseada?
7. ¿En qué posición deben sostenerse las tenazas?
8. ¿Qué clase de peines deben usarse para los ondulados y rizados térmicos?
9. ¿Cómo son los rizos en espiral (rizos helicoidales)?
10. ¿Para qué se utilizan los rizos en espiral?
11. ¿Para qué se usan los rizos hechos con tenazas térmicas que dan volumen?
12. ¿Por qué los peines de metal no se usan con las tenazas térmicas?
13. ¿Cómo se maneja el peine para evitar las quemaduras en el cuero cabelludo?
14. ¿Qué causa los ganchos o anzuelos en las puntas del pelo cuando se hace un rizado con tenazas térmicas?

PEINADOS CON SECADORA DE MANO

1. ¿Qué son los peinados con secadora de mano (pistola soplante)?
2. Cite dos métodos empleados en los peinados con secadora de mano.
3. ¿Qué es una secadora de mano (pistola soplante)?
4. ¿Qué clases de peines se utilizan para la ondulación con secadora de mano y la ondulación con aire?
5. ¿Cuáles son los tres cosméticos principales que se usan en los peinados con secadora de mano?
6. ¿Cuál es el fundamento del éxito en los peinados con secadora de mano?
7. ¿Cómo deben cortarse las puntas de los pelos para hacer un peinado con secadora de mano?
8. ¿Por qué deben mantenerse alejados del cuero cabelludo los dientes de un peine de metal que está caliente?
9. ¿Qué le ocurrirá al peinado si las puntas del pelo y los rizos están terminados pero el cuero cabelludo está húmedo?

Capítulo 19

LA MANICURA

OBJETIVOS DE APRENDIZAJE DEL CAPITULO

El (la) estudiante que logre dominar el contenido de este capítulo aprenderá:

1. *Los requisitos para ser manicurista.*
2. *Los instrumentos y cosméticos que se usan en la manicura.*
3. *Cómo preparar correctamente una mesa para la manicura.*
4. *Cómo sostener y manejar los instrumentos de la manicura.*
5. *El procedimiento básico requerido para dar una manicura profesional.*
6. *Las reglas de seguridad que deben observarse al dar una manicura.*
7. *La técnica necesaria para la aplicación de uñas artificiales.*
8. *Cómo reparar las uñas dañadas y rotas.*
9. *Cómo reconocer las anormalidades de las uñas.*
10. *El procedimiento y los beneficios de reacondicionador las uñas.*
11. *El procedimiento para el masaje de las manos y los brazos.*
12. *La teoría y la prácica de la pedicura.*

Los antiguos consideraban que la uñas largas, pulidas y pintadas eran el sello de distinción que diferenciaba a la dama aristocrática de la trabajadora común. La manicura, que en épocas remotas se consideró como un lujo del que sólo podía aprovecharse una selecta minoría, actualmente es un servicio que está al alcance del publico en general. De hecho, muchas personas bien acicaladas, sean mujeres u hombres, suelen recibir tratamientos de manicura profesional con regularidad.

La palabra **manicura** procede del latín "manus" (mano) y "cura" (cuidado) y significa el cuidado de las manos y de las uñas. El propósito de la manicura es mejorar la apariencia de las manos y las uñas.

Si la cliente queda complacida con una manicura profesional, es muy probable que continúe acudiendo con regularidad al salón de belleza, no solamente para manicuras sino también para otros tratamientos de belleza.

La manicurista debe reunir los siguientes requisitos:

1. Conocimiento de la estructura de las manos, los brazos y las uñas.
2. Discernimiento de los componentes de los diversos cosméticos que se emplean en la manicura.
3. Destreza para dar una buena manicura en forma eficiente.
4. Competencia para atender a los problemas de manicura de la cliente.
5. Capacidad para distinguir entre aquellos trastornos de las uñas que pueden ser tratados en el salón de belleza y las enfermedades que requiren tratamiento médico.
6. Tacto para complacer y satisfacer a las clientes.

EQUIPO, INSTRUMENTOS, COSMETICOS Y MATERIALES

Los artículos más o menos durables que se emplean en la manicura se conocen como **equipos** e **instrumentos.** A los cosméticos y materiales se les llama **suministros** de consumo y en consecuencia deben reponerse de tiempo en tiempo.

EQUIPO

Mesa de manicura y **lámpara orientable.**

Cojín [8 × 12″ (20 × 30 cm.)], enfundado en material lavable o cubierto con una toalla disinfectada sobre la cual la cliente apoyará el brazo. En lugar del cojín puede emplearse una toalla, doblada y cubierta con otra toalla pequeña y desinfectada.

Bandeja para materiales en la que se colocan los cosméticos.

Lavadedos (escudilla o recipiente para lavar los dedos), de material plástico, loza o vidrio, con vaso removible de papel para agua jabonosa tibia.

Receptáculo para algodón absorbente limpio.

Calentador eléctrico para calentar el aceite cuando se dé una manicura con aceite tibio.

Recipiente sanitario húmedo (desinfectante por inmersión) con algodón esterilizado y alcohol de 70º (al 70%).

Recipientes de vidrio para cosméticos y accesorios.

INSTRUMENTOS

Palitos de naranjo (2) para desprender la cutícula y empujarla hacia atrás.

Tenacillas o **tijeras para cutícula** para recortar la cutícula.

Cepillo para las uñas para limpiar las uñas y la punta de los dedos con la ayuda de agua jabonosa tibia.

Limaúñas de esmeril (2) para darle forma al borde libre de la uña con el lado más áspero del esmeril y para biselar con el lado más fino.

Pulidor de uñas (con cerco desmontable que permita cambiar la gamuza) para bruñir y lustrar las uñas. (En algunos lugares no está permitido el uso del pulidor de uñas.)

Pincel de pelo fino de camello para aplicar la laca o líquido pulidor de uñas. (El pincel de pelo de camello generalmente viene atado al cuello del frasco que contiene el líquido pulidor de uñas.)

Pinzas para las cejas para retirar cuidadosamente los pequeños residuos de cutícula.

COSMETICOS

Los cosméticos para las uñas y las manos varían en su composición y uso según el propósito con que se apliquen.

Las **sustancias limpiadoras de las uñas** contienen jabón, ya sea en forma de escamas, glóbulos o pasta.

Las **sustancias removedoras del esmalte para uñas** se componen de disolventes orgánicos y se utilizan para disolver el esmalte viejo que queda en las uñas. Para contrarrestar la acción secante del disolvente, a veces se emplea aceite como ingrediente del removedor de esmalte.

INSTRUMENTOS DE LA MANICURA

LIMA PARA LAS UÑAS

LIMAUÑAS DE ESMERIL
(Paleta de Esmeril)

PALITO DE NARANJO

EMPUJADOR DE CUTICULA

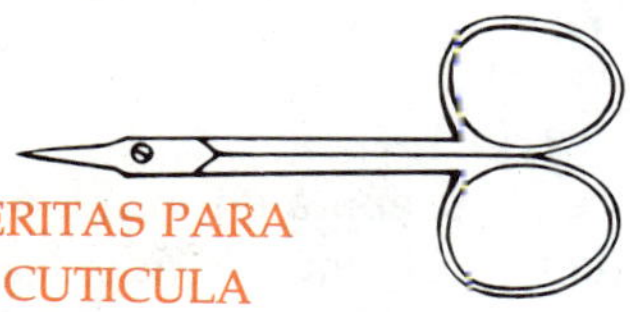

TIJERITAS PARA
LA CUTICULA

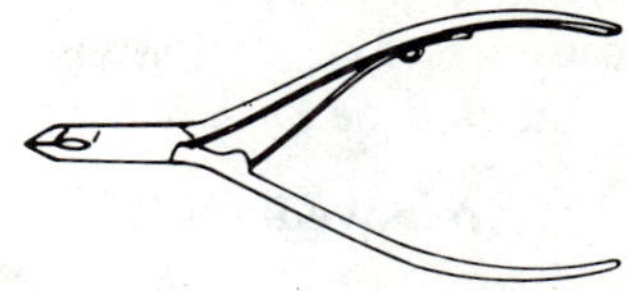

TENACILLAS PARA LA CUTICULA
(Alicates)

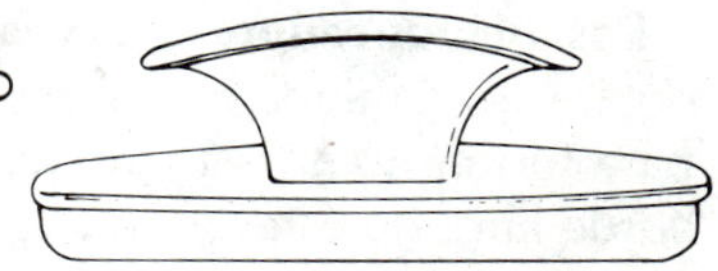

PULIDOR PARA LAS UÑAS

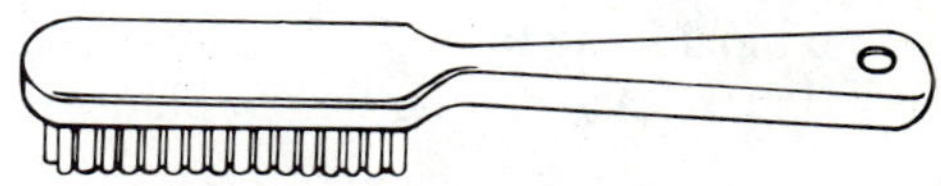

CEPILLO PARA LAS UÑAS

MODO ADECUADO DE SOSTENER LOS INSTRUMENTOS DE LA MANICURA

LIMA PARA LAS UÑAS
Sosténgase la lima firmemente en la mano derecha, con el pulgar en la parte de abajo, como punto de apoyo, y los otros cuatro dedos en la parte de arriba.

LIMAUÑAS DE ESMERIL
Se sostiene de la misma manera que la lima para las uñas.

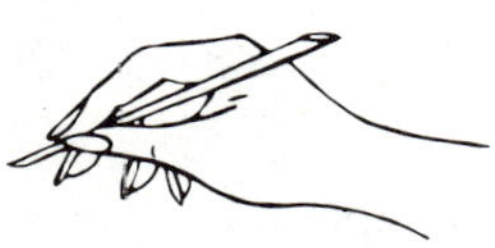

PALITO DE NARANJO
Se sostiene igual que un lápiz para escribir.

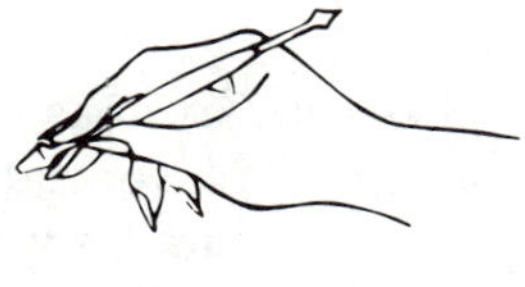

EMUJADOR DE CUTICULA
Se sostiene igual que un lápiz para escribir. El extremo achaflando ser emplea para empujar la cutícula hacia atrás y desprenderla.

TENACILLAS PARA LA CUTICULA
Agárrense las tenacillas por los mangos o cabos. Colóquese la punta doblada del dedo índice en la parte de arriba, sobre el clavillo, y el pulgar en un lado del cabo, con los demás dedos en el cabo opuesto.

TIJERITAS PARA LA CUTICULA
Se sostienen de la misma manera que las tenacillas para la cutícula.

PULIDOR
Dos modos de sostenerlo.

El **aceite para la cutícula** ablanda y lubrica la piel alrededor de las uñas.

Las **cremas para la cutícula** son mixturas de grasas y ceras (lanolina, manteca de cacao, cera de abejas, etc.) que tienen por finalidad prevenir o corregir la excesiva fragilidad de las uñas y la resequedad de la cutícula.

Los **removedores de cutícula** o **disolventes** pueden contener de un 2 a un 5% de hidróxido de potasio o sodio además de glicerina. Después de haber sido ablandada con este líquido, la cutícula puede removerse fácilmente.

Los **blanqueadores para las uñas** contienen peróxido de hidrógeno o ácidos orgánicos diluidos en forma líquida, o están mezclados con otros ingredientes para formar una pasta blanda. Cuando se aplican sobre las uñas, por debajo del borde libre de éstas y en la punta de los dedos, hacen desaparecer las manchas.

El **blanco para las uñas** se aplica en forma de pasta, crema o cordoncillo tratado con esta sustancia. Consiste principalmente en un pigmento blanco (óxido de cinc o bióxido de titanio). Cuando se aplica debajo del borde libre de la uña, las puntas de las uñas se mantienen blancas.

El **pulimento seco para las uñas** por lo general se prepara en forma de polvo o pasta. El ingrediente principal es un abrasivo suave, tal como el óxido de estaño, el talco, la sílice o el caolín. Suaviza las uñas y también les imparte lustre cuando se aplica con el pulidor (en los lugares en que este instrumento es permitido).

Un **abrasivo** puede obtenerse en forma de polvo de piedra pomez y se aplica con un pulidor para suavizar las arrugas irregulares de las uñas.

El **esmalte líquido** o **laca para las uñas** se utiliza para darles color o brillo. Es una solución de nitrocelulosa en un disolvente volátil, como el acetato de amilo, combinada con una sustancia plastificante (aceite de ricino), que impide que se seque con demasiada rapidez. También contiene resina y algún colorante.

El **disolvente del esmalte para las uñas** contiene acetona o algún otro disolvente y se emplea para adelgazar la capa de esmalte en la uña cuando se ha espesado demasiado.

Una **capa básica** es un producto fluido que se aplica antes del esmalte líquido para las uñas. Su aplicación hace que el esmalte se adhiera firmemente a la superficie de la uña. También forma una capa brillante y dura que impide que el color del esmalte manche el tejido de la uña.

Una **capa final** o **selladora** es un líquido que se aplica sobre el esmalte para las uñas. Este producto protege el esmalte reduciendo al mínimo su descamación o agrietamiento.

Los **fortalecedores de las uñas** son productos destinados a impedir que las uñas se agrieten o descascaren. Se aplican solamente a la punta de las uñas. Nunca se aplican sobre el esmalte. Las uñas deben estar completamente limpias, secas y libres de aceites o cremas. La aplicación se da antes de la capa básica. Este producto generalmente contiene formaldehído. Los **protectores para la cutícula** se utilizan durante la aplicación para impedir que el producto toque la piel o la cutícula.

Un **secador para las uñas** es una solución que protege el esmalte de uñas impidiendo que éste se torne viscoso o mate. Puede aplicarse con un pulverizador o con un pincel sobre la capa final o directamente sobre el esmalte para las uñas.

El **polvo de alumbre** o una **solución de alumbre** se emplean para contener la sangre de las cortadas de poca importancia.

Las **cremas** y **lociones para las manos** se recomiendan para corregir aquellos transtornos cutáneos que hacen que la piel se reseque, se raje o se irrite. Las

cremas para las manos son de composición semejante a la de las cremas desvanecedoras. Algunos ingredientes adicionales que pueden encontrarse en ellas son la glicerina, la manteca de cacao, la lecitina o las gomas. Las **lociones para las manos** son emulsiones diluidas de ácido esteárico y agua con la posible adición de mucilago de semilla de membrillo, goma, lanolina o glicerina.

MATERIALES

Algodón absorbente para aplicar los cosméticos a las uñas.

Jabón (líquido o en cualquier forma) para el lavado de los dedos.

Agua tibia para el lavado de los dedos.

Una toalla desinfectada para cada cliente.

Servilletas de papel limpiante (papel fino o de seda) para utilizarlas cuando sea necesario.

Gamuza para cambiarle la gamuza sucia al pulidor.

Vasos de papel para remplazar los vasos de papel usados que se colocan en el lavadedos (escudilla o recipiente para lavar los dedos).

Antiséptico para usarlo en el lavado de los dedos y para evitar una infección cuando se producen daños menores a los tejidos que rodean la uña.

Desinfectante para desinfectar los instrumentos y la mesa de la manicura.

Espátula para sacar las cremas de los tarros o potes.

Papel y **líquido para reparar las uñas** para restaurar o cubrir las uñas rotas, hendidas (partidas) o desprendidas.

Esparadrapo perforado para sujetar las compresas sobre las uñas lesionadas o sobre el papel para repararlas, o para cubrir las uñas rotas.

Cinta adhesiva transparente ("Scotch tape") para reparar o cubrir las uñas rotas, hendidas o desprendidas.

El **alcohol al 70%** (de 70º) se tiene en un pote sanitario en el que se guardan los instrumentos durante la manicura. También se usa para desinfectar los dedos de la cliente antes de la manicura.

FORMAS DE LAS UÑAS

La configuración de las uñas varía considerablemente por naturaleza, pero de ordinario se hace una clasificación que comprende cuatro formas generales: **cuadrada, redonda, ovalada** y **puntiaguda.**

Cuadrada *Redonda* *Ovalada* *Puntiaguda*

Al seleccionar la configuración de uña que mejor pueda sentar a la cliente, consulte a ésta para conocer cuál es su preferencia y asimismo tener en cuenta el tipo (forma natural) de sus dedos.

La configuración de la uña debe adaptarse a la de la punta de los dedos para que el efecto sea más natural. Por lo general, la uña ovalada, redondeada cuidadosamente en la base y algo aguda en la punta, le sienta bien a casi todo tipo de mano. Sólo en manos hermosas deben emplearse las configuraciones o los colores exagerados que llaman la atención. Las mujeres que trabajan con las manos ordinariamente necesitan uñas más cortas, de forma más redondeada, para evitar las roturas y las lesiones.

PREPARACION DE LA MESA PARA LA MANICURA

Todas las reglas de desinfección deben observarse al dar una manicura profesional. La mesa y las manos de la manicurista deben estar perfectamente limpias. Todos los objetos, incluyendo recipientes, vasijas o escudillas, instrumentos y materiales, deben colocarse en el orden correcto. No invite a la cliente a que se siente a la mesa de la manicura mientras quedan sobre ésta, a la vista, los restos del material utilizado en el tratamiento anterior. Siempre limpie la mesa inmediatamente después de terminar cada manicura para que esté lista cuando vaya a atender a la próxima cliente. Esto hará que la manicura le resulte más agradable a la cliente y contribuirá a que su actitud mental sea más receptiva a los consejos y sugerencias de la manicurista.

PROCEDIMIENTO

1. Limpie la superficie de la mesa de la manicura con una esponja empapada en un desinfectante.
2. Coloque una toalla limpia sobre el apoyo o cojín sobre el que descansará el brazo de la cliente.
3. Ponga el lavadedos (escudilla de lavar los dedos) con el agua jabonosa tibia a la izquierda de la cliente.
4. Introduzca los instrumentos de metal y los palitos de naranjo en un frasco desinfectante que contenga algodón empapado en alcohol.
5. Coloque los potes, frascos de lociones y de esmaltes para uñas en el orden en que va a utilizarlos, a la izquierda de la manicurista.

ORGANIZACION DE LA MESA PARA LA MANICURA

(La organización de la mesa adoptada por su instructora será igualmente correcta.)

1. *Lugar de apoyo para el brazo envuelto en una toalla.*
2. *Lima para las uñas.*
3. *Limaúñas de esmeril.*
4. *Alcohol.*
5. *Frasco con algodón.*
6. *Lavadedos.*
7. *Cepillo para las uñas.*
8. *Frasco con desinfectante por inmersión con los instrumentos de la manicura.*
9. *Bandeja con los esmaltes para las uñas.*

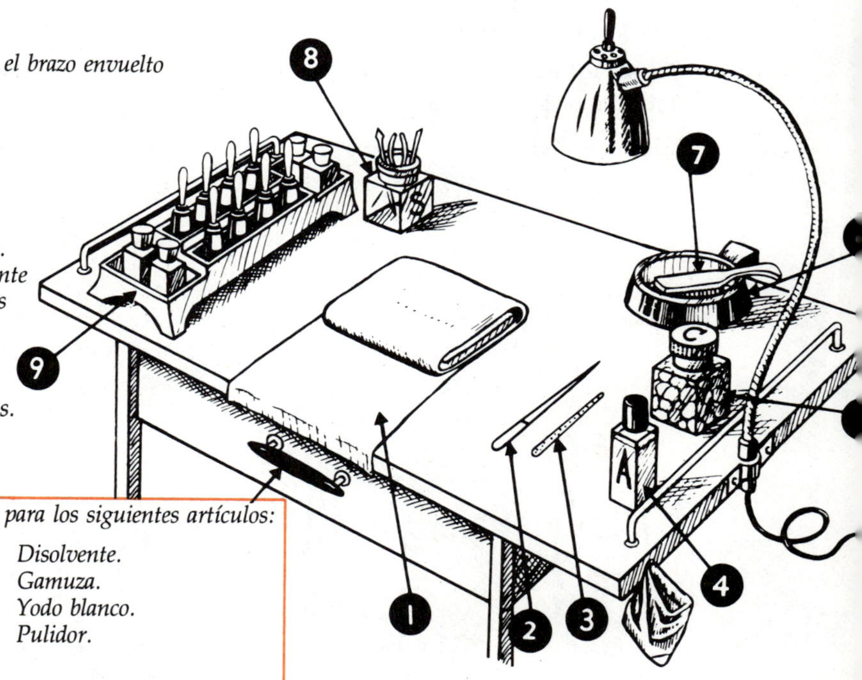

La gaveta puede utilizarse para los siguientes artículos:

Blanqueador de uñas.
Secador instantáneo del esmalte.
Peróxido.
Esmalte seco (en plovo o pasta).
Piedra pomez.
Disolvente.
Gamuza.
Yodo blanco.
Pulidor.

6. Ponga la lima para las uñas (a la que se le habrá pasado una esponja con alcohol) y los limaúñas nuevos de esmeril a la derecha de la manicurista.
7. Adhiérale a la mesa una pequeña bolsa plástica por medio de un pedazo de cinta adhesiva transparente ("Scotch tape"), ya sea al lado derecho o al izquierdo, para depositar en ella los materiales de desperdicio.

La gaveta de la mesa de la manicura deberá estar siempre limpia y en orden. No la utilice para depositar materiales de desperdicio; emplee para ello la bolsa plástica.

PROCEDIMIENTO PARA LA MANICURA SIMPLE

PREPARACION

(El procedimineto ordinario aquí ilustrado es uno de los varios que se emplean para la manicura. Cualquier otro procedimiento seleccionado por su instructora resultará igualmente adecuado.)

1. Prepare la mesa para la manicura en la forma indicada anteriormente.
2. Siente a la cliente
3. Lávese las manos.
4. Inspeccione las manos de la cliente.

ADVERTENCIA

Tenga sumo cuidado en evitar dar cortes en la piel de la cliente. No obstante, esté preparada para tratar los cortes pequeños teniendo inmediatamente a mano peróxido de hidrógeno, alumbre en polvo (polvo estíptico), o solución de alumbre.

PROCEDIMIENTO

1. **Quite el esmalte viejo.** (Empiece por el dedo meñique de la mano izquierda.) Humedezca un pedacito de algodón en el removedor de esmalte para uñas y colóquelo sobre la uña haciendo presión unos instantes hasta que el esmalte se ablande. Con un movimiento firme, deslice el algodón desde la base de la uña hasta la punta. No deje que el esmalte viejo se corra hasta la cutícula o hacia el tejido circundante (alrededor de la cutícula).

(Otro método para quitar el esmalte de las uñas es el de humedecer pedacitos de algodón en el removedor de esmaltes y colcarlos sobre el esmalte viejo de cada uña, apretándola. Se humedece entonces otro pedazo de algodón en el removedor y se emplea para quitar de las uñas los pedacitos de algodón anteriores. El pedazo de algodón con que se oprimen los otros sirve de secante e impide que el esmalte se corra hacia la cutícula.)

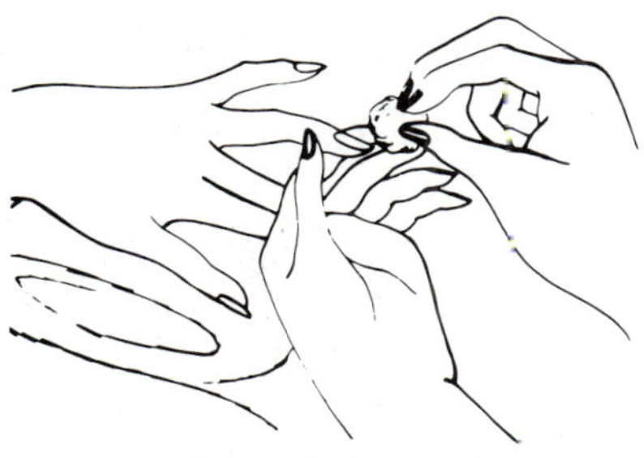

Quitando el esmalte.

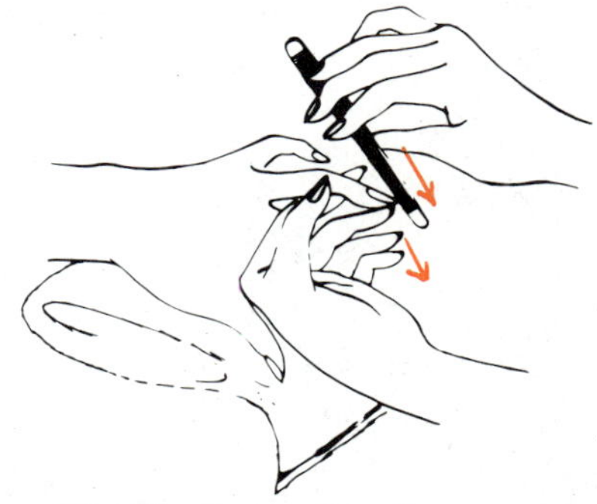

Dándoles forma a las uñas.

2. **Déles forma a las uñas.** Consulte a la cliente sobre la forma que ésta estime más apropiada a sus uñas. Lime las uñas de la **mano izquierda,** comenzando por el dedo meñique y manipulando hacia el pulgar de la siguiente manera:
   a) Sostenga el dedo de la cliente con la mano izquierda, entre el pulgar y los otros primeros dos dedos de la mano de usted.
   b) Sostenga la lima o el limaúñas de esmeril en la mano derecha e inclínelo levemente para que la limadura se limite a la parte inferior del borde libre de la uña.
   c) Déles a las uñas una configuración atractiva con punta ovalada, nunca con punta aguda. Utilice la lima o el limaúñas de esmeril para darles esta configuración. Lime las uñas desde la esquina de cada lado hacia el centro, yendo de derecha a izquierda y luego de izquierda a derecha. El limar las uñas en la dirección de su crecimiento evita que se partan. Use dos movimientos de frotación rápida a cada lado y después un movimiento de frotación lenta haciendo presión.

   Nota: *Nunca lime con profundidad dentro de los ángulos o esquinas de las uñas. Las uñas parecerán más largas y serán más fuertes si se les permite crecer a los lados.*

3. **Ablande la cutícula.** Después de terminar de limar las uñas de la mano izquierda, lime dos uñas de la mano derecha. Sumerja entonces la mano izquierda en el lavadedos (baño jabonoso) para dejar que la cutícula se ablande. Termine de limar las uñas de la mano derecha. Saque la mano izquierda del lavadedos.
4. **Seque la punta de los dedos.** Con una toalla sostenida con ambas manos, seque cuidadosamente la mano izquierda incluyendo la porción de piel que separa los dedos. Al mismo tiempo desprenda suavemente la cutícula y empújela hacia atrás junto con la piel adherida a cada uña.

Ablandando la cutícula.

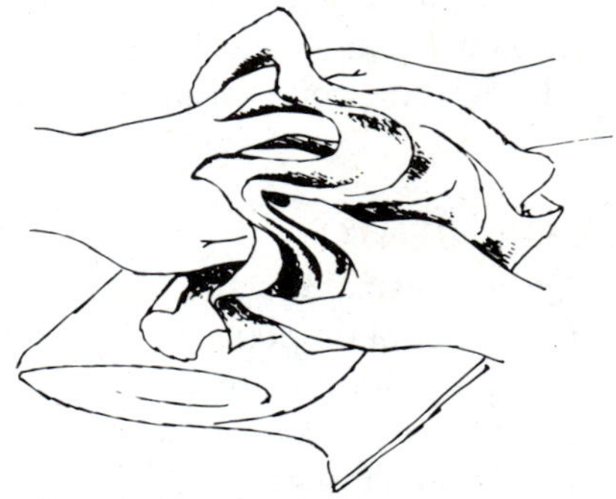

Secando la punta de los dedos con la toalla.

5. **Aplique el removedor de cutícula (disolvente).** Envuelva una capa delgada de algodón alrededor del extremo plano de un palito de naranjo para utilizarlo como aplicador. Unte el disolvente de cutícula alrededor de la cutícula de la mano izquierda.

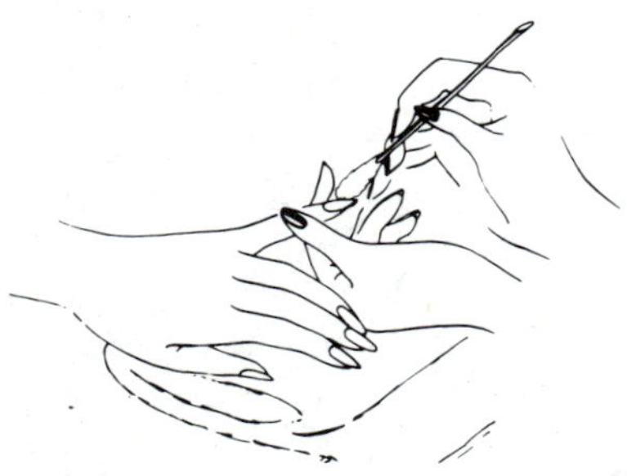

Aplicando el removedor de cutícula con un algodón envuelto en un palito de naranjo.

Desprendiendo la cutícula muerta con el empujador de cutícula.

6. **Desprenda la cutícula.** Utilice el extremo achaflando (plano) del empujador de cutícula para aflojar ésta con suavidad. Mantenga la cutícula húmeda mientras trabaja. Sostenga el empujandor de cutícula en posición horizontal para desprender la cutícula muerta que está adherida a la uña sin raspar la superficie de la uña. Empuje la cutícula hacia atrás con el dedo índice envuelto en una toalla.

   Al utilizar el empujador de cutícula y el palito de naranjo, envite hacer demasiada presión para que no se dañe el tejido vivo que está en la raíz de la uña.
7. **Limpie debajo del borde libre.** Emplee un palito de naranjo con un pedacito de algodón envuelto en la punta, mojado en agua jabonosa, para limpiar el borde libre de la uña por debajo, manipulando desde el centro hacia cada lado, con presión suave.

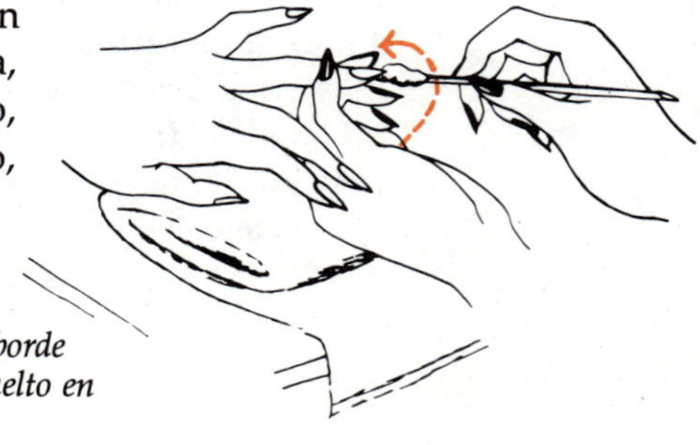

Limpiando debajo del borde libre con algodón envuelto en un palito de naranjo.

8. **Recorte la cutícula.** Si es necesario, emplee las tenacillas (alicates) para recortar la cutícula muerta, la cutícula irregular y los padrastros. Al recortar la cutícula, tenga la precaución de hacerlo por segmentos (partes).
9. **Al recortar la cutícula del dedo de en medio (dedo mayor) de la mano izquierda,** sumerja los dedos de la mano derecha en el lavadedos (baño jabonoso) mientras continúa haciendo la manicura de la mano izquierda.

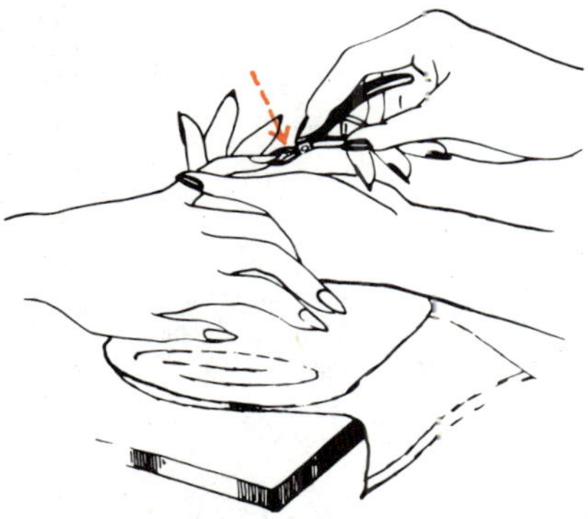

Recortando la cutícula con las tenacillas.

Limpiando las uñas con el cepillo, moviéndolo hacia abajo.

10. **Blanquee el borde libre de la uña por debajo.** Con un algodón envuelto en la punta de un palito de naranjo, aplique peróxido de hidrógeno o algún otro preparado blanquedor por debajo del borde libre de cada uña.
    La aplicación del blanco para las uñas por debajo del borde libre de éstas es opcional. Emplee un palito de naranjo como aplicador para aplicar la pasta de tiza, o emplee un cordoncillo tratado con blanqueador de uñas.
11. **Aplique aceite o crema para la cutícula** alrededor de los lados de la uña y en la base de ésta, dándole un masaje con los dedos pulgares mediante movimientos rotatorios.
12. **Saque la mano derecha del lavadedos (baño jabonoso).** Haga la manicura de las uñas y la cutícula de la mano derecha en la forma descrita en los Pasos 4 al 11.
13. **Limpie las uñas.** Cepille las uñas cuando aún están húmedas por el baño jabonoso, empleando movimientos hacia abajo para limpiar las uñas de ambas manos.
14. **Seque las manos y las uñas completamente.**

TERMINACION

1. **Reinspeccione las uñas y la cutícula.** Examine de nuevo las uñas cuidadosamente para encontrarles cualquier posible defecto. Utilice el lado de esmeril fino del limaúñas para suavizar los bordes y biselarlos. Quite los pedazos de cutícula que aún queden.
2. Si es necesario, **repare** las uñas partidas o rotas.
   Como servicio adicional, puede en este momento dar un masaje a la mano o a la mano y al brazo.

Aplicando la capa básica, el esmalte y la capa selladora.

3. **Aplique la capa básica.** Aplique la capa básica a las uñas de la mano izquierda con pinceladas largas, empezando por el dedo meñique y manipulando hacia el pulgar. Deje que las uñas se sequen hasta que "las sienta lisas al más ligero toque."
4. **Aplique el esmalte líquido.** Moje el pincel de pelo de camello en el esmalte y páselo por el borde del frasco para escurrirlo.

Aplique el esmalte con pinceladas ligeras, rápidas y completas, desde la base de la uña hasta el borde libre de la misma, según se ve en las ilustraciones.
(Mantenga siempre el esmalte bastante diluido para esparcirlo fácilmente. Si el esmalte está espeso, añádale un poco de disolvente de esmalte y agítelo bien.)

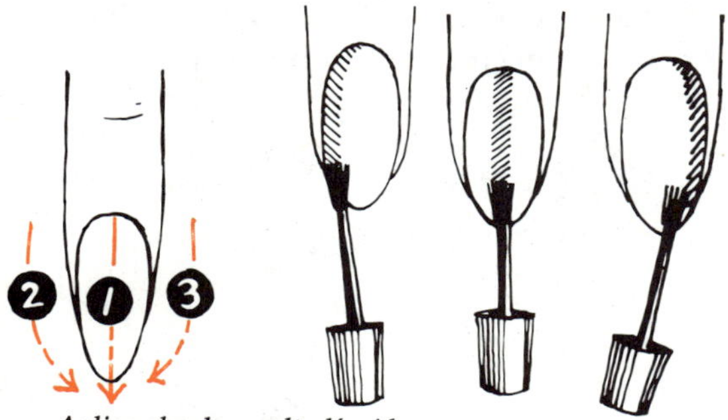

Aplicando el esmalte líquido en el orden señalado en la ilustración.

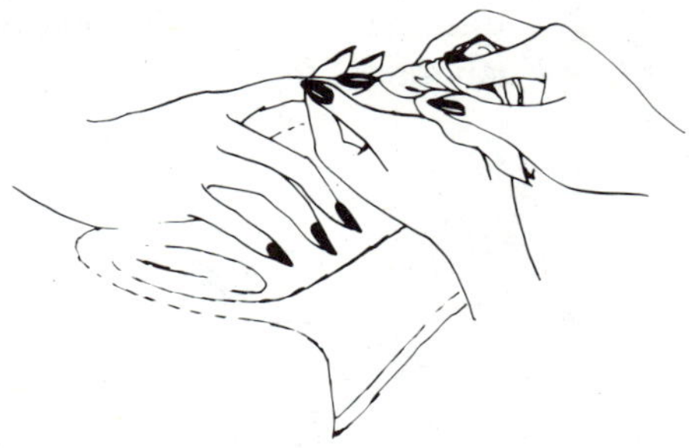

Quitando el exceso de esmalte del borde fino de la punta de la uña con el dedo índice envuelto en papel de seda.

5. **Quite el exceso de esmalte.** Envuelva un pedacito de algodón en la punta de un palito de naranjo y mójelo en el removedor de esmalte. Aplíquelo cuidadosamente alrededor de la cutícula y a los bordes de las uñas para eliminar el exceso de esmalte.
6. **Aplique la capa final o selladora.** Aplique la capa final a las uñas de la mano izquierda con pinceladas largas y después a las uñas de la mano derecha en la misma forma. Déles pinceladas al contorno de las uñas y debajo de las puntas para mayor refuerzo y protección.
   Nota: *La capa final generalmente no se da cuando el esmalte líquido se aplica con secador de esmalte de uñas mediante pulverización.*
7. **Aplique la loción para las manos.** Como servicio adicional, después que la capa final se ha secado completamente, aplique una loción para las manos empleando manipulaciones ligeras sobre cada mano, yendo desde la muñeca hasta la punta de los dedos.

LIMPIEZA FINAL

1. Desinfecte los instrumentos de la manicura y colóquelos en el escaparate sanitario.
2. Deposite los materiales de desperdicio (papel de seda, algodón, limaúñas de esmeril, etc.) en los recipientes cerrados o bolsas plásticas que están adheridos a la mesa de la manicura.
3. Limpie la mesa de la manicura con un desinfectante y ponga todo en orden.
4. Limpie los bordes de los frascos de los esmaltes para las uñas con removedor de esmalte.
5. Inspeccione la gaveta de la mesa de la manicura para asegurarse de que está limpia y en orden.
6. Lávese las manos y séqueselas.

REGLAS DE SEGURIDAD PARA LA MANICURA

La observancia de las reglas de seguridad para la manicura puede ser de gran ayuda en la prevención de accidentes y daños causados a la cliente o a la manicurista. Las reglas de seguridad que se dan a continuación servirán de guía a la manicurista para proteger a la cliente:

1. Mantenga todos los recipientes tapados y con sus respectivos rótulos.
2. Coja los recipientes o muévalos de un lugar a otro con las manos secas.
3. Maneje los instrumentos puntiagudos con cuidado y evite dejarlos caer.
4. Embote el filo demasiado incisivo de los instrumentos cortantes utilizando un limaúñas de esmeril.
5. Bisele el borde afilado de una uña con un limaúñas de esmeril.
6. No lime demasiado las esquinas de las uñas.

7. No utilice ningún instrumento cortante y puntiagudo para limpiar la uña por debajo.
8. Evite la excesiva fricción cuando le dé lustre a la uña con el pulidor (en los lugares en que éste se permita usar).
9. Aplique un antiséptico inmediatamente si se ha producido un corte accidental en la piel.
10. Aplique polvo estíptico o solución de aluminio para detener la sangre de una cortada sin importancia. **Nunca emplee un lápiz estíptico.**
11. Evite empujar demasiado la cutícula hacia atrás.
12. Evite hacer demasiada presión en la base de la uña.
13. No trabaje en una uña cuando la piel que la rodea está inflamada o contiene pus (materia).

ESTILOS INDIVIDUALES PARA LAS UÑAS

FORMAS DE LAS UÑAS

Para obtener un efecto más natural, la forma de una uña debe conformarse a la de la punta del dedo. La configuración elegante que se les da a las uñas destaca la hermosura de las manos.

Las formas de las uñas pueden dividirse en cuatro clases:

1. Ovaladas.
2. Finas y afiladas (puntiagudas).
3. Cuadradas o rectangulares.
4. Maciformes (redondas, en forma de maza o clava.)

Correcta *Correcta* *Correcta*

La **uña ovalada** presenta la configuración ideal y puede dársele estilo, bien cubriendo toda la uña con esmalte, dejando el borde libre en blanco, bien dejando la media luna de la base en blanco.

UÑA FINA Y AFILADA (PUNTIAGUDA)

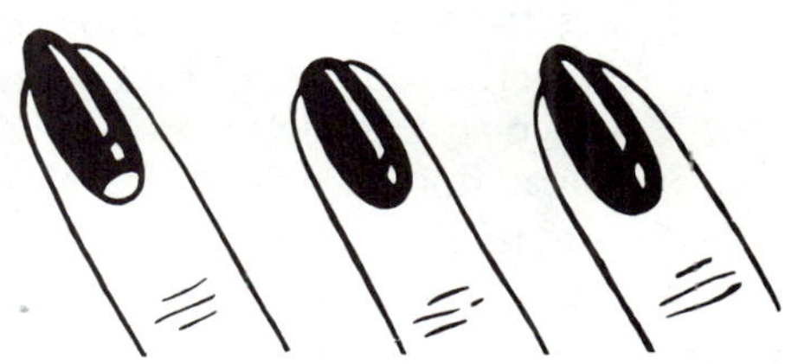

Correcta *Incorrecta* *Correcta*

La **uña fina y afilada** va muy bien con la mano delgada y delicada. Esta uña debe afinarse un poco más de lo normal para destacar el aspecto agudo de la mano. Esta uña puede cubrirse totalmente con esmalte, o puede dejársele la media luna en la base.

UÑA CUDRADA O RECTANGULAR

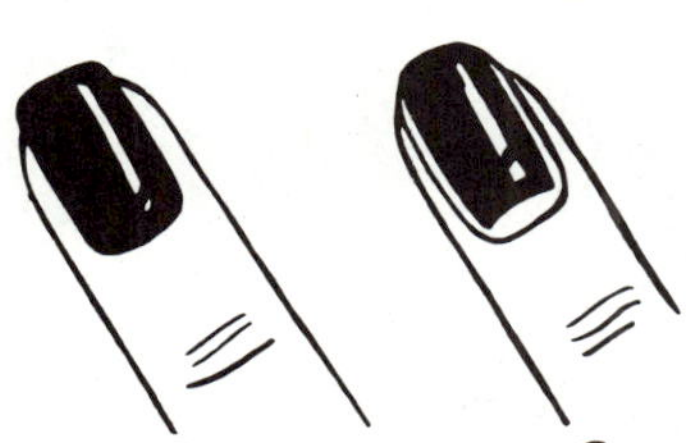

Incorrecta *Correcta*

La **uña cuadrada o rectangular** debe extenderse sólo un poco más adelante de la punta del dedo con la punta de la uña redondeada. La uña puede cubrirse enteramente con esmalte dejando una pequeña media luna en la base y los márgenes blancos a los lados.

UÑA MACIFORME (REDONDA)

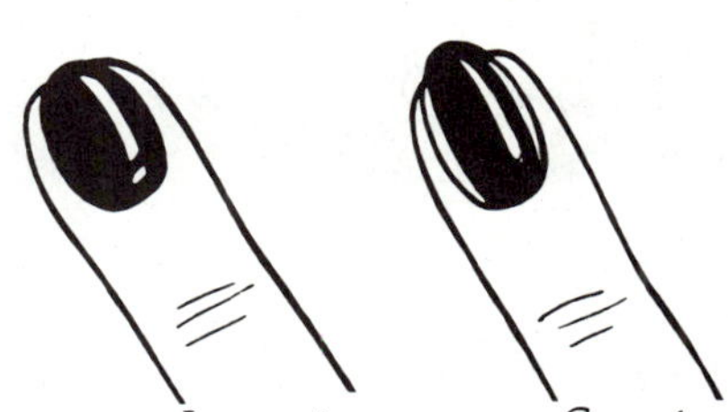

Incorrecta *Correcta*

La **uña maciforme** (en forma de maza o clava) debe afilarse escasamente y extenderse un poco más adelante de la punta del dedo. Esta uña puede cubrirse en su totalidad con esmalte dejándole un margen delgado a los lados.

MASAJE DE LAS MANOS

Incluya el masaje de las manos con cada manicura. Conserva las manos flexibles y pulcras e imparte suavidad a la piel.

PROCEDIMIENTO

1. Sostenga la mano de la cliente en la mano de usted. Déle un toque de loción para las manos en el dorso de la mano y espárzalo hasta los dedos y la muñeca.
2. Sostenga la mano de la cliente firmemente como se indica en la Fig. 1. Dóblele la mano lentamente con un movimiento hacia delante y hacia atrás para flexibilizar la muñeca. Repita la operación tres veces.

Fig. 1.

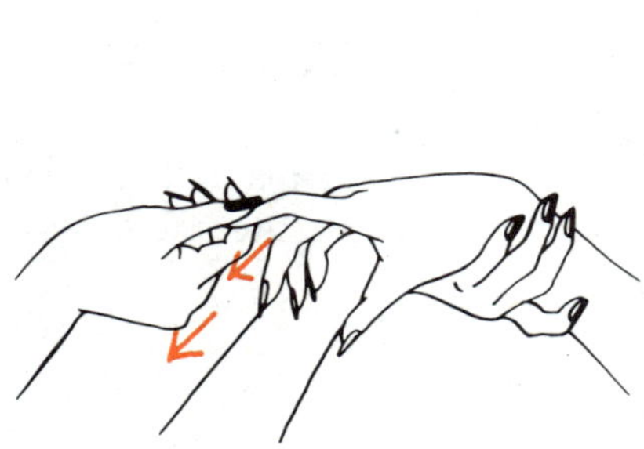

Fig. 2.

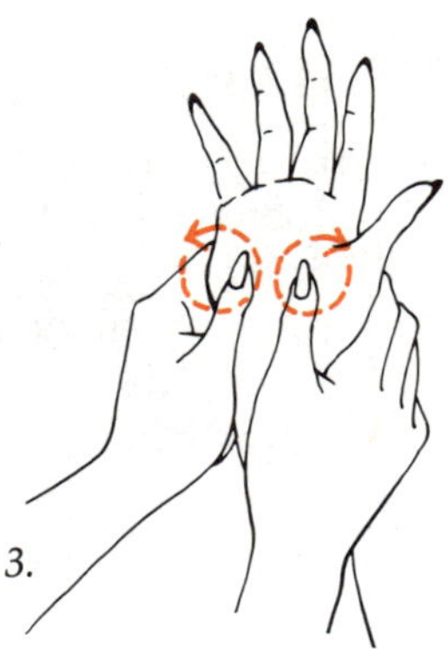

Fig. 3.

3. Agarre cada un uno de los dedos, como se indica en la Fig. 2. Doble suavemente cada dedo, uno cada vez, para flexibilizar el dorso de la mano y las articulaciones de los dedos. Cuando todos los dedos, incluso el pulgar, se hayan doblado, deslice el pulgar de usted hacia las puntas de los dedos de la cliente.
4. Con el codo de la cliente sobre la mesa, sosténgale la mano en dirección vertical, como se indica en la Fig. 3. Déle masaje a la palma de la mano con los pulpejos de los pulgares de la mano de usted, empleando un movimiento circular en direcciones alternas. Este movimiento hará que la mano de la cliente se relaje completamente.
5. Haga descansar el brazo de la cliente en la mesa. Agarre cada uno de los dedos por su base y muévalos en redondo suavemente, describiendo grandes círculos y terminando con una ligera presión en la punta de cada dedo, como se indica en la Fig. 4. Repita la operación tres veces.

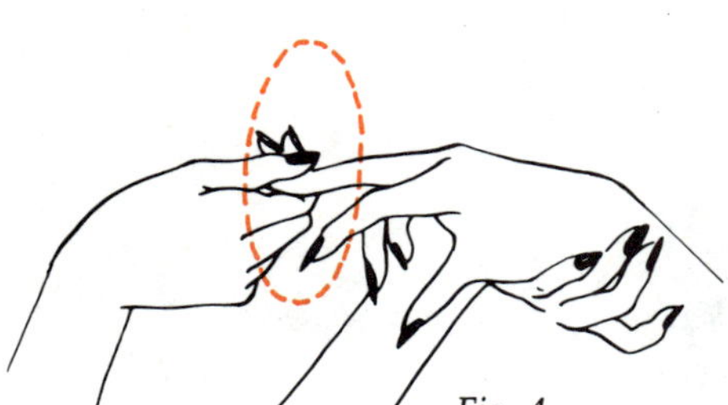

Fig. 4.

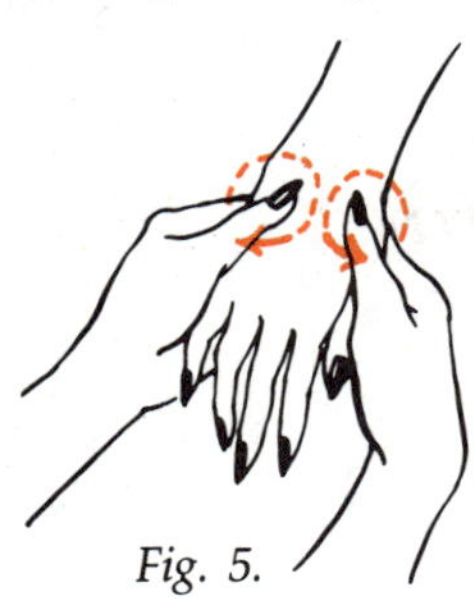

Fig. 5.

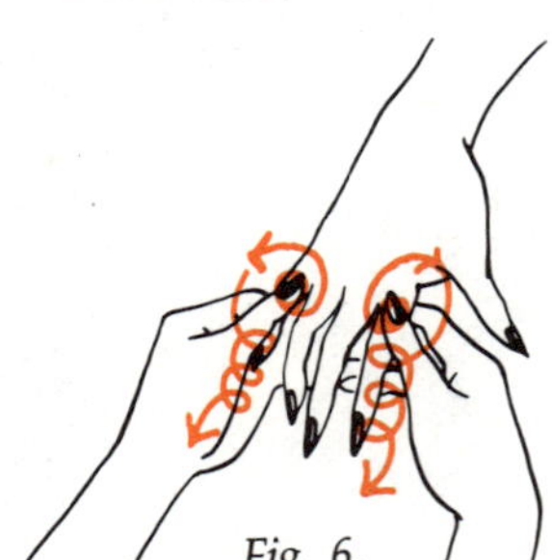

Fig. 6.

6. Sostenga la mano de la cliente como se indica en la Fig. 5. Déle masaje a la muñeca y al dorso de la mano con movimientos circulares. Deslice las manos de usted hacia atrás y, con ambas manos, retuerza la muñeca de la cliente tres veces en direcciones opuestas (movimiento semejante al que se hace para esprimir un estropajo). Repita la operación tres veces.
7. Termine el masaje apretando cada uno de los dedos. Comience por estrujar cada dedo desde la base, haciendo pausa y apretándolo suavemente con deslizamiento. Entonces, tire del dedo con suave presión hasta llegar a la punta. (Fig. 6.) Se repite la operación tres veces.
8. Repita los pasos del 1 al 7 en la otra mano.

MANICURA ELECTRICA

La manicura eléctrica se da con la ayuda de un aparato portátil que funciona con un pequeño motor. Con este aparato se emplea una variedad de aditamentos que realizan diversas funciones.

1. Use una rueda de esmeril para limar las uñas.

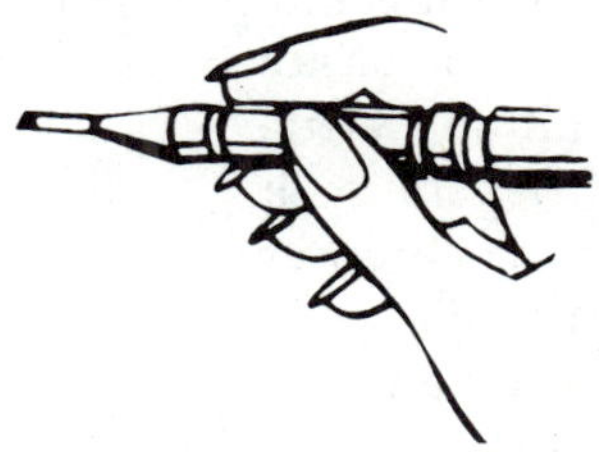

2. Modo adecuado de sostener el empujador de cutícula.

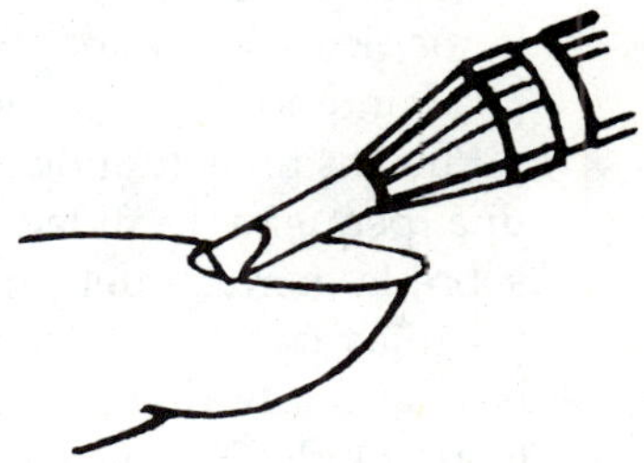

3. Empuje la cutícula hacia atrás y despréndala con el empujador.

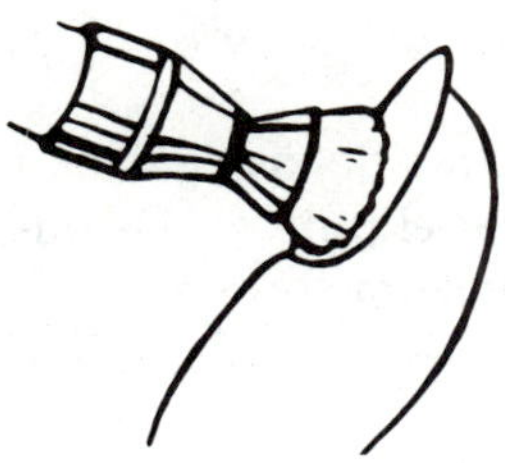

4. Quite el exceso de cutícula con la brocha para cutícula.

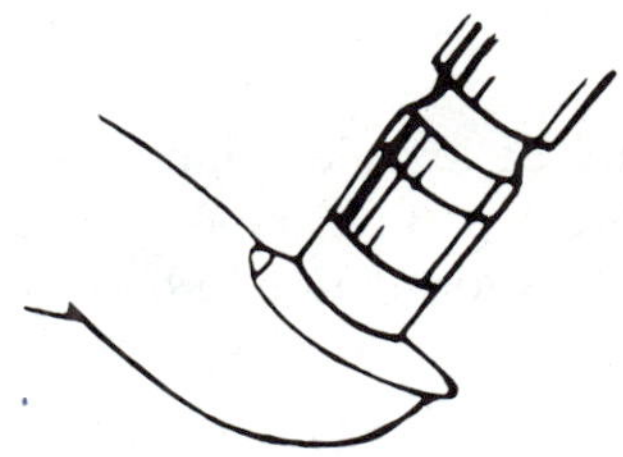

5. Use el pulidor sobre el esmalte seco para bruñir la uña.

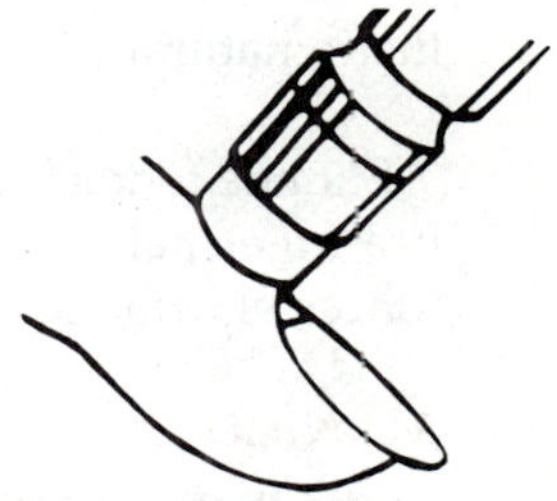

6. Use el pulidor para dar masaje a los dedos y estimular la circulación en las uñas.

Antes de utilizar una máquina para la manicura eléctrica, observe la demonstración de su uso suministrada por el fabricante y siga las instrucciones con cuidado.

MANICURA CON ACEITE

La manicura con aceite es especialmente beneficiosa para las uñas estriadas y quebradizas, así como para la cutícula reseca. Además, mejora el aspecto de las manos impartiéndole suavidad y flexibilidad a la piel.

PROCEDIMIENTO

1. Caliente el aceite vegetal (de oliva), o un preparado comercial, en el calentador hasta lograr la temperatura conveniente.
2. Siga los pasos del procedimiento para la manicura corriente hasta el punto anterior al remojo de los dedos en el lavadedos; al llegar aquí, pídale a la cliente que sumerja los dedos en el aceite tibio.
3. Déle masaje a las manos y las muñecas con el aceite; trate entonces la cutícula en la forma ordinaria. En este caso no son necesarios ni el removedor de cutícula, ni el aceite o crema para la cutícula.

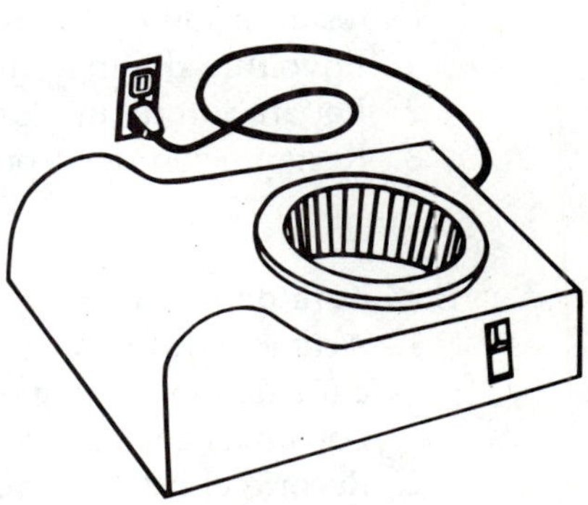

Calentador de aceite para la manicura.

4. Quite el aceite de las manos con una toalla húmeda y tibia.
5. Frote cuidadosamente cada uña con un pedacito de algodón humedecido en removedor de esmalte para eliminar toda traza de aceite antes de aplicar la capa básica.
6. Termine como en la manicura corriente.

MANICURA PARA HOMBRES

Los hombres por lo general prefieren una manicura moderada. Lime las uñas en forma redonda o cuadrada. Aplique un pulimento seco en vez del esmalte líquido.

Los instrumentos, materiales y suministros son los mismos que se emplean para la manicura ordinaria. Siga el procedimiento para la manicura corriente hasta el paso anterior a la aplicación de la capa básica.

Pula las uñas **(donde esté permitido).** Vierta una pequeña cantidad de polvo para pulir sobre la gamuza del pulidor. Bruña entonces las uñas con frotes largos hacia abajo, de la base al borde de cada uña, hasta obtener un lustre nítido. Para no causar sensación de calor o ardor, separe el pulidor de la uña después de cada frote. El bruñir las uñas estimula la circulación de la sangre en la punta de los dedos, suaviza las uñas y les devuelve su brillo o lustre natural.

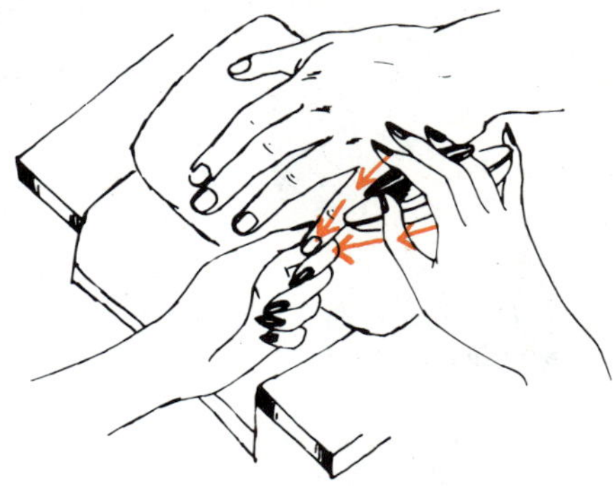

Puliendo las uñas.

Elimine todos los residuos de uñas lavando y secando la punta de los dedos. Si usa un esmalte líquido claro o natural, no es necesario aplicar el pulidor. Dé entonces el esmalte en la misma forma que lo hace para la manicura corriente.

MANICURA DE CASETA

Una manicura de caseta es la que hace en la caseta o casilla de la peluquera, a cierta distancia de la mesa para manicuras. Generalmente se le da a un (o una) cliente durante la prestación de algún otro servicio; por ejemplo, la manicura que se le da a un hombre mientras se le hace un corte de pelo.

PROBLEMAS ESPECIALES

Los problemas especiales incluyen las condiciones anormales de las uñas que deben corregirse por la manicurista a fin de complacer a la cliente.

Las **uñas rotas por los lados** se producen cuando la manicurista elimina la esquina de la uña del surco de la uña. Como resultado, el borde libre se debilita y la uña se raja o se parte al sufrir cualquier mínima presión. No lime profundamente las esquinas de las uñas. Las uñas parecen más largas y son más fuertes cuando se les deja crecer los lados. Esta forma natural del crecimiento de la uña le da un aspecto más afilado al dedo y más largo y delgado a la mano.

REPARACION DE LAS UÑAS

La restauración de las uñas puede ser de tres clases:

1. Envoltura de una punta frágil.
2. Reparación de uña parcialmente rota o partida.
3. Restauración de la punta rota y completamente desprendida.

Envoltura de una Punta Fragil

1. Arranque un pedazo del papelito fino para reparación de uñas en forma de cuña de modo tal que un extremo sea de igual ancho que la uña y el otro un poco más ancho.
2. Recorte el extremo más ancho para que se adapte a la punta de la uña.

Envolviendo una punta frágil.

3. Empape el parche de papel en el líquido restaurador y colóquelo extendido sobre la uña. El extremo redondeado del papel debe sobresalir aproximadamente ⅛ (0.36 centimetros) alrededor del borde libre de la uña.
4. Alise el parche muy ligeramente con la punta del dedo humedecida en removedor de esmalte.
5. Pídale a la cliente que vuelva la palma de la mano hacia arriba y aplíquele más papel restaurador a los brodes del parche que antes quedaron expuestos. Moje un palito de naranjo pequeño en el removedor de esmalte y empléelo para doblar el papelito por encima del borde de la uña y asegurarlo con presión firme por debajo de la superficie de la misma.
6. Deje que la envoltura se seque completamente antes de aplicar la capa básica y el esmalte.

Reparación de una uña partida

Restaurando una uña partida.

1. Lime ligeramente la parte rajada de la uña con el lado fino del limaúñas de esmeril para que el papelito restaurador pueda adherirse a la uña.
2. Arranque un pedazo del papelito restaurador y empápelo en el líquido de pegar hasta que el papel se torne transparente.
3. Coloque el papel así saturado sobre la rasgadura de la uña.
4. Meta el papel por debajo de la uña con un palito de naranjo. La superficie del parche debe alisarse en dirección contraria al borde de la uña empleando la yema del dedo humedecida en removedor de esmaltes.
5. Si la rasgadura es profunda, añádale un segundo parche para refuerzo.
6. Deje que el parche se seque completamente antes de aplicar la capa básica y el esmalte.

Restauración de la punta rota y desprendida

Restauración de la punta rota y desprendida.

1. Utilice un trocito de algodón delgado y aplastado humedecido en el líquido de pegar. Colóquelo extendido sobre la uña estirándolo hasta que sobresalga del borde roto.
2. Ajuste la punta desprendida de la uña, en su lugar, sobre el algodón saturado.
3. Moje un palito de naranjo en el removedor y empléelo para volver hacia atrás las puntas del algodón, por encima de la punta de la uña, cubriendo los bordes de la rotura. Haga esto con un toque muy ligero.
4. Empape una cinta del papelito restaurador en el liquido de pegar. Coloque la cinta diagonalmente a través de la uña. Si es posible, introdúzcala por la esquina de la uña o debajo del cabo de uña rota.
5. Alise la superficie con la punta del dedo humedecida en el removedor, en la dirección opuesta al borde de la uña.
6. Deje que el parche se seque completamente antes de aplicar la capa básica y el esmalte.

ADVERTENCIA

El parche se desprenderá, se arrugará o se saldrá de su sitio si no se deja secar completamente antes de aplicar la capa básica.

ENVOLTURA DE LAS UÑAS

Una uña puede envolverse para reforzarla si es suave y frágil. El procedimiento que se emplea es semejante al de la envoltura de una punta de uña frágil.

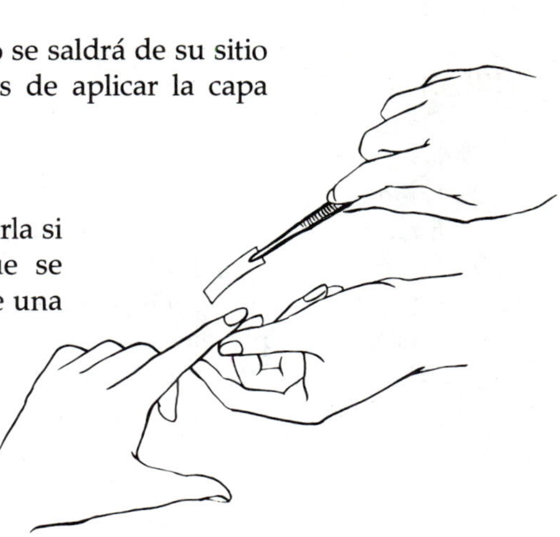

OTROS PROBLEMAS DE LAS UÑAS

Un **borde de piel desprendida** alrededor de la uña, después de la manicura, es el resultado de recortar la cutícula demasiado y arrollar después la epidermis hacia atrás. Para evitar que la piel se desprenda de este modo, recorte la cutícula sólo lo suficiente para dejar un pequeño margen de ella.

Las **callosidades** en las puntas de los dedos pueden suavizarse mediante la aplicación de cremas y lociones, así como eliminando la presión constante que las causa. Los frotes suaves con polvo de piedra pomez también son útiles al comienzo del tratamiento de extirpación.

Las **manchas de las uñas** pueden hacerse desaparecer con algún preparado para blanquear o con peróxido de hidrógeno. El polvo de piedra pomez, ligeramente húmedo, también puede aplicarse por medio del pulidor para ayudar a quitar las manchas.

UÑAS ARTIFICIALES

Las manos y las uñas limpias y atractivas son parte admirable de la elegancia total de una mujer. Cuando una mujer no puede cultivar el crecimiento natural de las uñas hasta lograr la fortaleza y longitud deseadas, puede resolver el problema mediante la aplicación de uñas artificales. Estas pueden estar hechas de una composición que forma la uña al aplicar las pinceladas a la uña natural o pueden ser de un tipo que se aplica con presión. Las uñas artificiales parecen naturales cuando se aplican adecuadamente y se les da manicura.

Las uñas artificiales pueden utilizarse con los siguientes fines:

1. Para ocultar las uñas rotas o dañadas.
2. Para mejorar el aspecto de las uñas demasiado cortas o mal formadas.
3. Para ayudar a vencer la costumbre de mordiscarse las uñas.
4. Para proteger una o más uñas contra agrietamientos y roturas.

UÑAS ARTIFICIALES RECONSTRUIDAS

Las uñas artificiales **reconstruidas,** también llamadas **a pincel,** se utilizan cuando hay que alagrar una o más uñas. La manicurista debe reconstruir el tipo de uña que mejor se adapte a la forma de los dedos y las manos de la cliente.

INSTRUMENTOS Y MATERIALES

Los instrumentos ordinarios empleados en la manicura son los siguientes:

Equipo para el alargamiento instantáneo de las uñas:

Moldes de uñas
Cucharita de medir
Taza para hacer la mezcla
Polvo para alargar las uñas
Líquido especial para diluir el polvo
Pinceles para la aplicación

PROCEDIMIENTO

1. Dé la manicura hasta el paso anterior a la aplicación de la capa básica.
2. Lime la superficie de la uña suavemente con el limaúñas de esmeril para que se vuelva áspera.
3. Humedezca el molde para la uña ligeramente por dentro con el pegamento utilizando un pincel y coloque dicho molde protector debajo de la uña. Entonces apriete firmemente en todo el derredor del dedo. (Fig. 1).

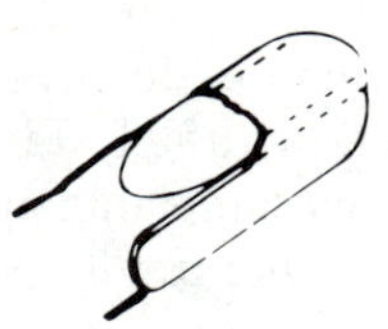

Fig. 1.

4. Prepare la mezcla de modo que quede suavemente fluida siguiendo las instrucciones del fabricante. (Fig. 2)
5. Aplique la mixtura a la uña con el pincel. Comience por la base de la uña y continúe las pinceladas hacia el borde libre y por encima de éste hasta obtener el largo deseado, añadiéndole una capa más sobre el molde protector. Aplique la mixtura en la misma forma en que se da el esmalte para las uñas. (Fig. 3).
6. Deje que la uña se seque y entonces aplíquele una segunda capa con cuidado de no alterar la capa anterior. Aplique una tercera capa si es necesario.
7. Elimine el exceso de mixtura de los lados del molde protector secándolo; limpie la cutícula o los lados de la uña con un palito de naranjo humedecido en removedor de esmalte.
8. Deje que la uña se seque completamente durante unos 10 a 15 minutos.
9. Retire el molde protector de la uña cuidadosamente. Lime la uña nueva para darle configuración. (Fig. 4).
10. Lave la uña o las uñas completamente. Déjelas secar.
11. Aplique la capa básica, el esmalte y la capa final o sellador.

Fig. 2.

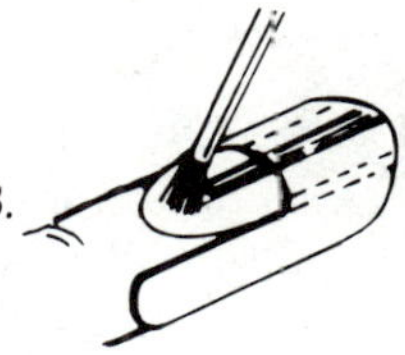

Fig. 3.

Fig. 4.

REPARACION DE UNA UÑA RECONSTRUIDA

Prepare la mixtura. Si es necesario, ajuste el molde protector. Aplique tres capas de la mixtura a la uña natural haciendo que cada aplicación se extienda un poco más allá de la aplicación anterior. Deje que la mixtura se seque algo entre cada aplicación y la siguiente.

Deje que la uña se seque completamente durante 10 a 15 minutos antes de darle forma; aplíquele entonces el esmalte.

COMO QUITAR LAS UÑAS ARTIFICIALES RECONSTRUIDAS

Quite el esmalte de uñas. Empape un pedacito de algodón en el líquido removedor de esmalte y aplíqueselo a la uña artificial. Continúe la aplicación hasta que la uña artificial se haya desprendido alrededor de la cutícula, por la punta y por los lados. Continúe desprendiendo la uña artificial muy suavemente con la ayuda del empujador de metal hasta que la haya desprendido completamente.

PRECAUCIONES DE SEGURIDAD

1. Limpie el pincel sumergiéndolo en el removedor de esmalte y secándolo hasta dejarlo limpio.
2. Limpie el recipeinte de la mixtura desprendiendo los residuos endurecidos de éste con el empujador.
3. Asegúrese de que los frascos están firmemente tapados cuando no se usan.
4. No guarde el producto en ningún lugar cercano al calor ni lo use cerca de una llama ardiente.
5. No lo aplique a la piel deteriorada o inflamada.

UÑAS ARTIFICIALES A PRESION

Las modelos, actrices, vendedoras y otras mujeres que exhiben las manos pueden usar diariamente un juego completo de uñas artificiales a presión. Las mujeres que realizan otras clases de trabajo en los que no se requiere exhibir las manos quizás deseen usar uñas artificiales sólo en ocasiones especiales.

Las uñas artificiales se construyen bien de plástico o de nilón (nailon) y las instrucciones del fabricante deben observarse cuidadosamente. Los fabricantes aconsejan que las uñas artificiales no se usen durante más de 48 horas para que no interfieran con el crecimiento de la uña natural.

INSTRUMENTOS Y MATERIALES

Usense los instrumentos y materiales ordinarios de la manicura, además de uñas artificiales, adhesivo para las uñas, y removedor de adhesivos.

PREPARACION

1. Quite el esmalte de la uñas de la cliente y déle una manicura hasta el paso anterior a la aplicación del esmalte.
2. Páseles a las uñas un limaúñas de esmeril ligeramente para volverlas ásperas.
3. Seleccione el tamaño adecuado de uña para cada dedo. Con unas tijeras para manicura bien afiladas, recorte la uña artificial y límela por el lado de la cutícula para que así se adapte a la forma de la uña natural. Las uñas artificiales pueden allanarse apretándolas firmemente hacia abajo antes de aplicarlas. Tambien pueden reconfigurarse sumergiéndolas dentro de agua tibia durante unos segundos y moldeándolas hasta darles la forma deseada.

PROCEDIMIENTO

1. Aplique una cantidad de adhesivo uniformemente sobre los bordes de las uñas de la cliente. No aplique el adhesivo en el centro de las uñas.
2. Aplique el adhesivo por dentro de la uña artificial, exceptuando la punta.
3. Deje que el adhesivo se seque completamente (alrededor de 2 minutos).
4. Apriete la uña artificial suavemente sobre la uña natural con la base tocando la cutícula o por debajo de ella. Al aplicar cada uña, sosténgala firmemente en su lugar durante aproximadamente un minuto.
5. Seque con cuidado cualquier exceso de adhesivo de las puntas de las uñas y alrededor de ellas.
6. Deje que las uñas artificiales se sequen completamente. Aconséjele a la cliente que evite tocarse las uñas mientras se secan.
7. Termine la manicura aplicando la capa básica, el esmalte y la capa final.

COMO QUITAR EL ESMALTE

Para quitar el esmalte de uñas de las uñas hechas de **plástico,** utilice únicamente un removedor de esmalte de uñas que tenga una base de aceite y que no contenga acetona.

Recordatorio: El removedor de esmalte que contiene acetona dañará las uñas artificiales plásticas.

Si se han aplicado uñas construidas de nilón (nailon), un removedor de esmaltes con acetona no las afectará.

COMO QUITAR LAS UÑAS ARTIFICIALES A PRESION

Aplique unas gotas del removedor de esmalte de uñas de base de aceite alrededor del borde de la uña; despréndalo entonces suavemente por todo el lado de la uña con un palito de naranjo. No intente tirar de la uña o torcerla ya que eso perjudicará o dañará la uña natural. El removedor de adhesivo puede utilizarse para ayudar a quitar la uña artificial. También puede usarse para quitar cualquier exceso de adhesivo de las uñas artificiales o de las uñas naturales. Las uñas artificiales deben secarse cuidadosamente y guardarse en una caja. Con el cuidado adecuado pueden utilizarse otra vez.

RECORDATORIOS Y SUGERENCIAS SOBRE LAS UÑAS ARTIFICIALES

1. Nunca aplique las uñas artificiales sobre un área irritada o infectada.
2. La mayoría de los fabricantes sugieren que las uñas artificiales no se usen durante más de 48 horas seguidas para que no interfieran con el crecimiento de la uña natural.
3. La mayoría de los adhesivos para uñas artificiales son inflamables, así que tenga cuidado con los cigarrilos, fósforos (cerillas) y encendedores (fosforeras).
4. Cuando use uñas artificiales, no las someta a una prolongada inmersión en agua ya que pueden desprenderse.
5. No contamine el adhesivo con aceite, crema o polvo.

MANICURA CON MASAJE DE LAS MANOS Y LOS BRAZOS

El masaje de las manos y los brazos es un servicio especial que puede ofrecerse como adicional a la manicura ordinaria. El procedimiento es semejante al que se emplea en la manicura con masaje en las manos. Sin embargo, todas las aplicaciones se extienden a lo largo del antebrazo hasta el codo.

PROCEDIMIENTO

1. Temine el masaje de las manos en la forma descrita anteriormente.
2. Coloque el brazo de la cliente sobre la mesa con la palma de la mano hacia abajo como se indica en la Fig. 1. Déles masaje a los brazos desde la muñeca hasta el codo empleando un movimiento lento y circular en direcciones alternas. Repita la operación tres veces. Vuelva la palma de la mano de la cliente hacia arriba y repita los mismos movimientos tres veces.

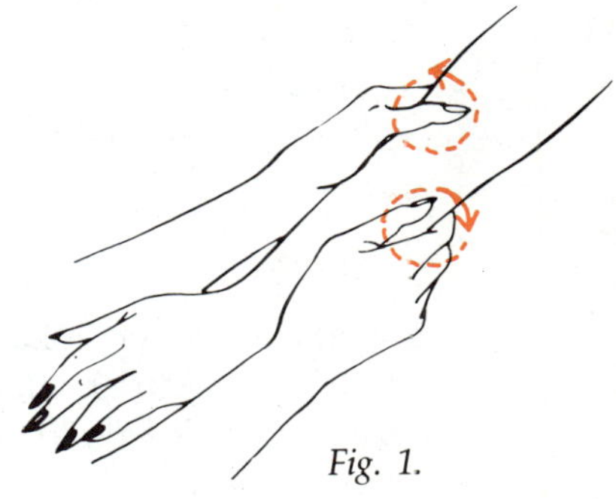

Fig. 1.

3. Coloque los dedos en la forma indicada en la Fig. 2. Déle un masaje firme a toda la parte interior del brazo hasta el codo empleando los dedos de cada mano en direcciones alternas inversas. Repita la operación tres veces.

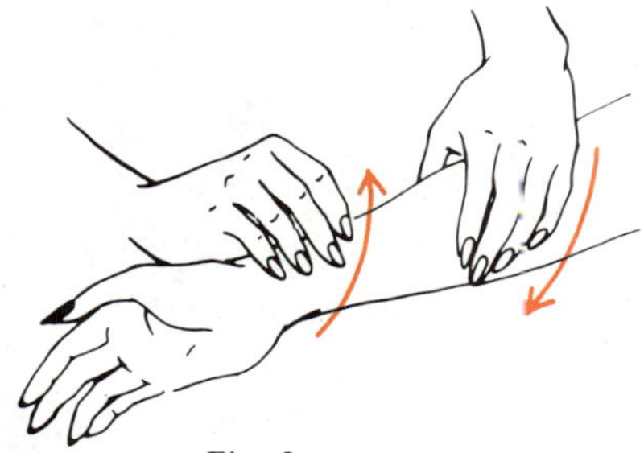

Fig. 2.

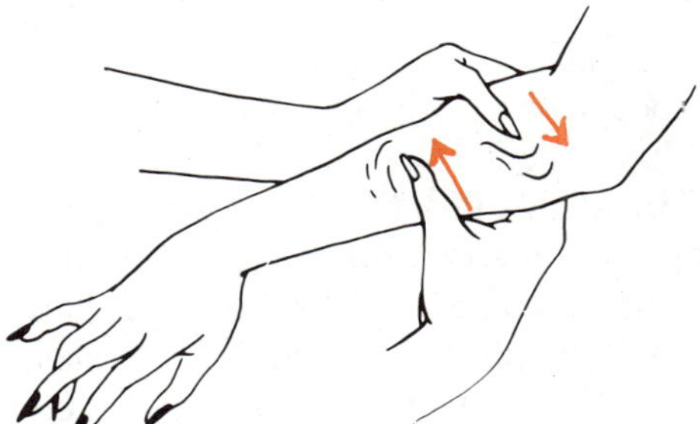

Fig. 3.

4. Coloque las manos de usted como se indica en la Fig. 3. Déle masaje a la parte superior del brazo desde la muñeca hasta el codo. Aplique los dedos pulgares en direcciones opuestas con un movimiento de retorsión. Repita la operación tres veces.
5. Sostenga el codo con la mano acopada como se indica en la Fig. 4. Déle masaje al codo con un movimiento circular. Repita la operación tres veces.

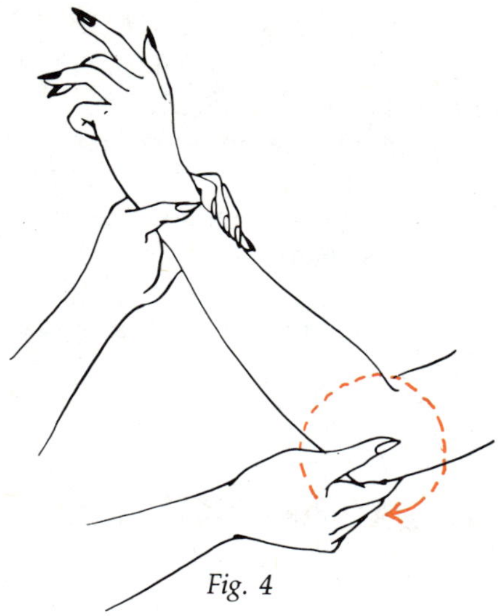

Fig. 4

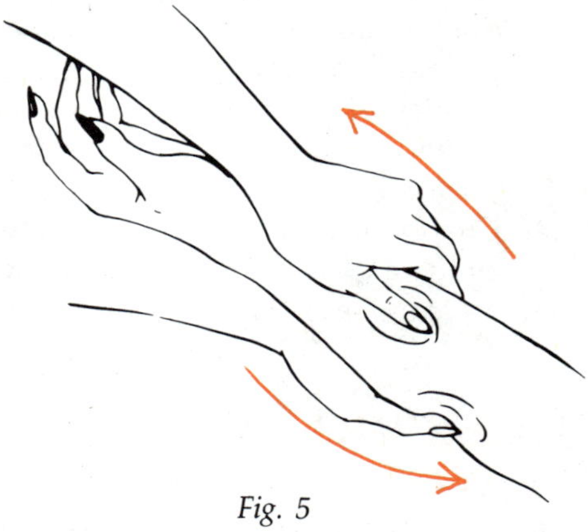

Fig. 5

6. Frote los brazos firmemente en direcciones opuestas desde el codo hasta la muñeca como se indica en la Fig. 5. Finalmente, frote cada dedo hacia la punta terminando con una suave presión en ésta.
7. Repita los pasos del 1 al 6 en el otro brazo.
   Nota: Las manipulaciones del masaje antes ilustradas pueden extenderse hasta incluir los hombros.

PEDICURA

La pedicura es el cuidado de los pies, dedos de los pies, y uñas de los dedos de los pies. La pedicura ha llegado a ser parte importante de los servicios del salón de belleza porque los dedos de los pies y los calcañares quedan más o menos expuestos a la vista de acuerdo con la moda imperante. El descuido de las uñas de los dedos de los pies y los calcañares toscos y ásperos restan elegancia al calzado más hermoso. El cuidado de los pies no solamente contribuye a adornar la apariencia personal, sino que proporciona mayor comodidad al cuerpo.

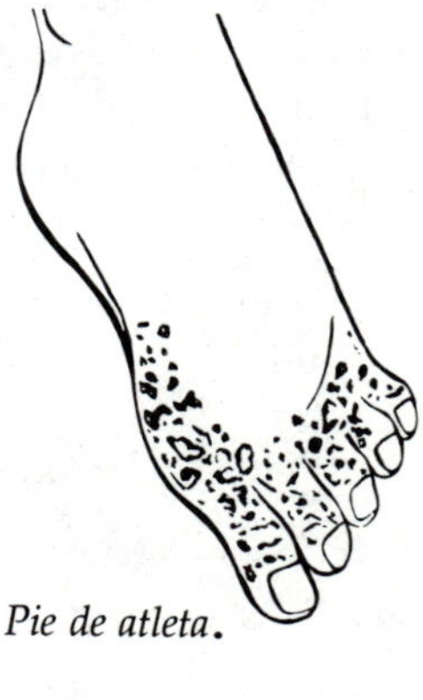

Pie de atleta.

Las condiciones anormales de los pies, como son los callos, las callosidades y las uñas encarnadas, son tratadas con mayor competencia por un quiropedista o podiatra facultado.

Tiña de los Pies (Pie de Atleta). Es un trastono infeccioso que puede comunicarse de un persona a otra. En los estados agudos, aparecen vesículas incoloras profundas y picantes. Estas se presentan bien por separado o en grupo y algunas veces en un solo pie. Se extienden por la planta del pie y entre los dedos de los pies a veces alcanzando el pliegue de la uña e infectando a ésta. Cuando las vesículas se rompen, la piel se torna roja y rezuma humor. Las lesiones se secan al curarse. La infecciones de los pies por hongos suelen hacerse crónicas.

La prevención de las infecciones y el tratamineto de éstas se logran manteniendo la piel fresca, seca y limpia.

ADVERTENCIA

Las clientes que tienen pie de atleta (vesículas acuosas y piel gruesa y blanca entre los dedos de los pies) o alguna otra infección de los pies no deben recibir la pedicura. En su lugar, deben ser referidas a un médico para que les dé la asistencia adecuada.

EQUIPO, INSTRUMENTOS Y MATERIALES

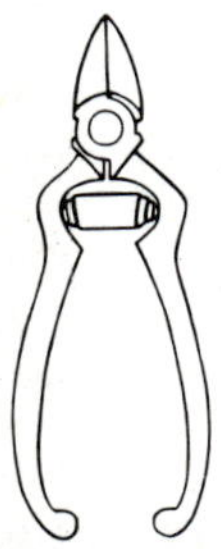

Tenacillas para las uñas de los dedos de los pies.

El equipo, los instrumentos y materiales necesarios para la pedicura son los mismos que se emplean para la manicura con la siguientes adiciones:

Banqueta baja para la cosmetóloga o pedicurista.

Banqueta otomana (escaño tapizado) para que descanse en ella el pie de la cliente.

Dos cubetas de agua tibia, cada una de ellas lo suficientemente grande para bañar y enjuagar los pies.

Un delantal impermeable, o una toalla adicional, para colocársela la manicurista en el regazo y así proteger su uniforme.

Dos toallas para secar los pies de la cliente.

Tenacillas especiales para los dedos de los pies.

Hamamelina (loción de hamamelis) o algún otro **astringente.**

Solución antiséptica.

Pedacitos de algodón y polvos para los pies.

Toallas de papel.

PREPARACION

1. Ponga en orden el equipo, los instrumentos y los materiales.
2. Siente a la cliente en la silla de tratamientos faciales; ayúdela a quitarse los zapatos y las medias.
3. Coloque los pies de la cliente sobre una toalla limpia de papel en la banqueta otomana.
4. Lávese las manos.
5. Llene las dos cubetas con suficiente agua tibia para que cubra los pies hasta los tobillos.
6. Añádale antiséptico a una de las cubetas. Coloque los dos pies de la cliente en la cubeta para el baño durante 3 a 5 minutos.
7. Saque los pies de la cubeta, enjuáguelos en la segunda cubeta y séquelos con una toalla.

PROCEDIMIENTO

1. Quite el esmalte viejo de las uñas de ambos pies. (Fig. 1.)
2. Lime las uñas de los dedos del pie izquierdo con un limaúñas de esmeril. Lime las uñas rectas, de un lado a otro, redondeándolas ligeramente en las esquinas para que se adapten a la forma de los dedos de los pies. Para evitar los padrastros (uñas encarnadas), no lime las esquinas de las uñas. Suavice el borde áspero con el lado fino de un limaúñas de esmeril. (Fig. 2)

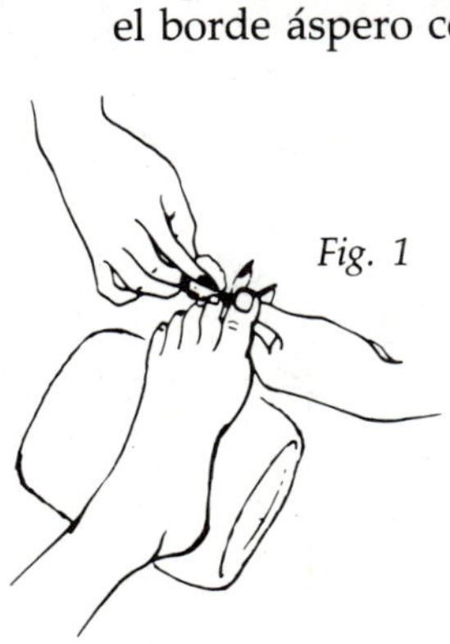

Fig. 1

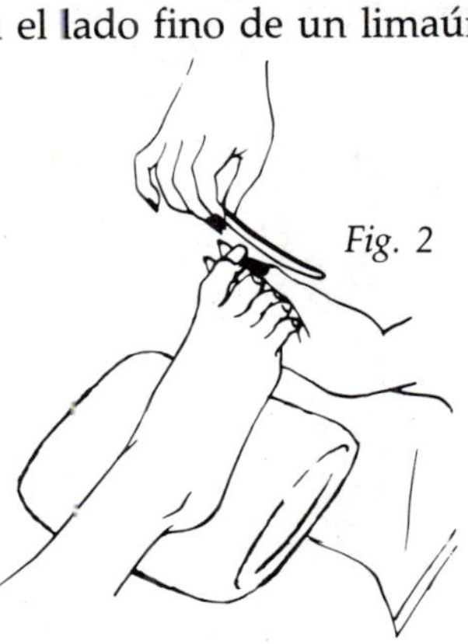

Fig. 2

Fig. 3

3. Coloque el pie izquierdo de la cliente en el baño de agua jabonosa tibia. (Fig. 3.)
4. Déles configuración a las uñas del pie derecho.
5. Sáquele el pie izquierdo de la cubeta y séquelo. (Fig. 4.)
6. Con la punta de un palito de naranjo envuelta en algodón, aplique el disolvente de cutícula a la cutícula y por debajo del borde libre de cada uña de los dedos de los pies. (Fig. 5.)
7. Coloque el pie derecho en el baño jabonoso.
8. Desprenda suavemente la cutícula de los dedos del pie izquierdo con la punta de un palito de naranjo envuelta en algodón. Mantenga la cutícula húmeda agregándole más loción al agua. No haga demasiada presión. Evite usar el empujador metálico.
9. No corte la cutícula enteramente. Recorte sólo los padrastros ásperos o rasgados.
10. Enjuague el pie izquierdo y séquelo. Déle masaje a cada dedo del pie con crema o aceite para cutícula.
11. Repita los pasos del 5 al 10 en el pie derecho.
12. Restriegue ambos pies en el agua jabonosa tibia, enjuáguelos y séquelos completamente.

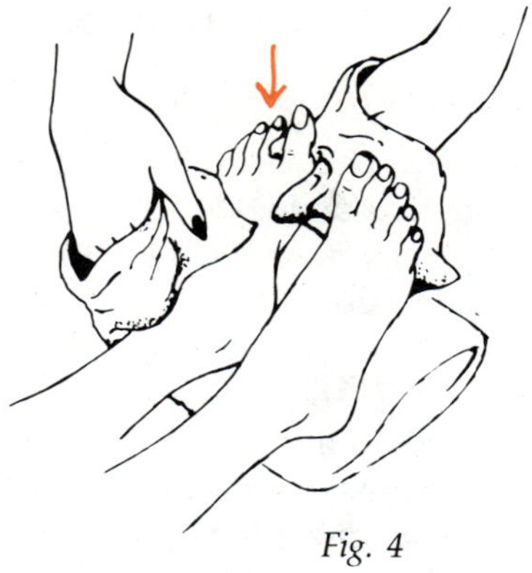
Fig. 4

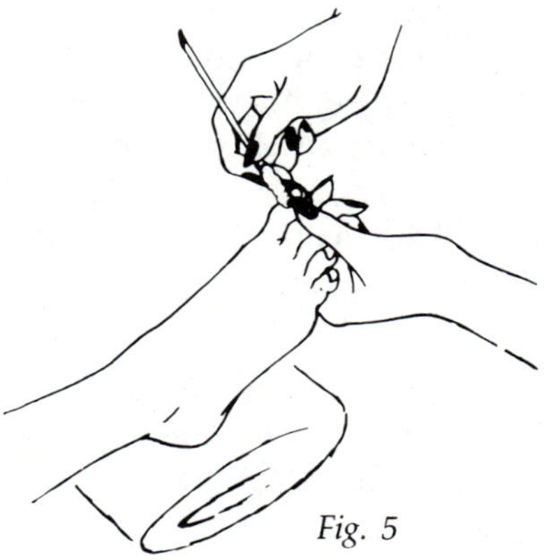
Fig. 5

MASAJE DE LOS PIES

1. Aplique una loción o una crema a todo el pie hasta exactamente encima del tobillo.
2. Comience por el empeine del pie izquierdo con movimientos rotatorios firmes hasta el centro de los dedos. (Fig. 1.)
3. Deslice los pulgares firmemente hacia atrás, hasta el empeine y repita el mismo movimiento.
4. Deslice los pulgares hacia atrás, hasta la concavidad del talón del pie y repita el mismo movimiento.
5. Deslice los pulgares hacia atrás, hasta la base del pie y repita el mismo movimiento.
6. Comience por el talón y manipule hacia el centro de los dedos de los pies (Fig. 2.)
7. Deslice los pulgares firmemente hacia atrás, hasta el talón, y repita el mismo movimiento hacia arriba, a cada lado del pie.

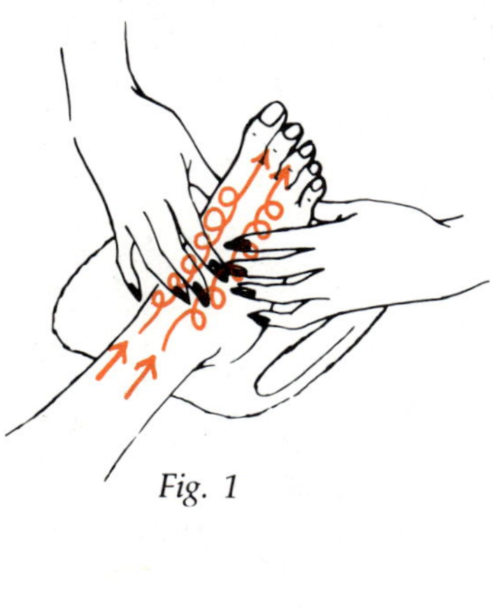
Fig. 1

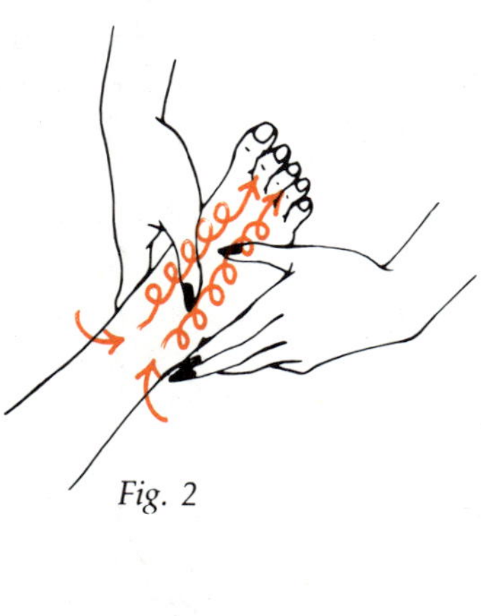
Fig. 2

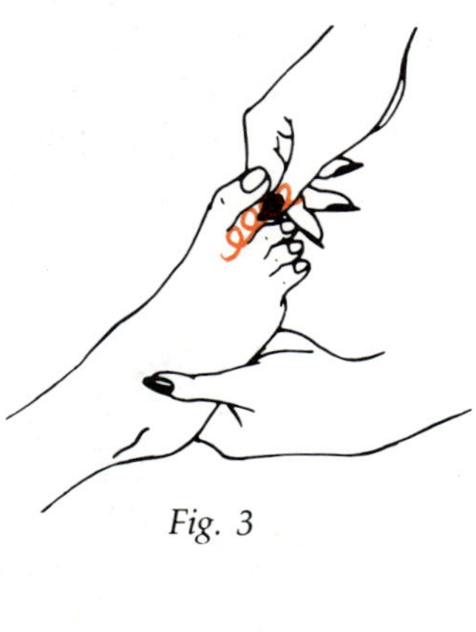
Fig. 3

8. Sostenga uno de los dedos del pie con una mano y el talón con la otra mano y aplíqueles tres movimientos rotatorios; haga lo mismo con los demás dedos de los pies. (Fig. 3)
9. Deslice la mano derecha hasta el tobillo y la base del dedo pulgar de la mano izquierda (pulpejo palmar) hasta la base del dedo gordo del pie (pulpejo plantar) y aplique seis movimientos rotatorios firmes. (Fig. 4)
10. Pase ahora al pie derecho y repita los pasos del 2 al 9.

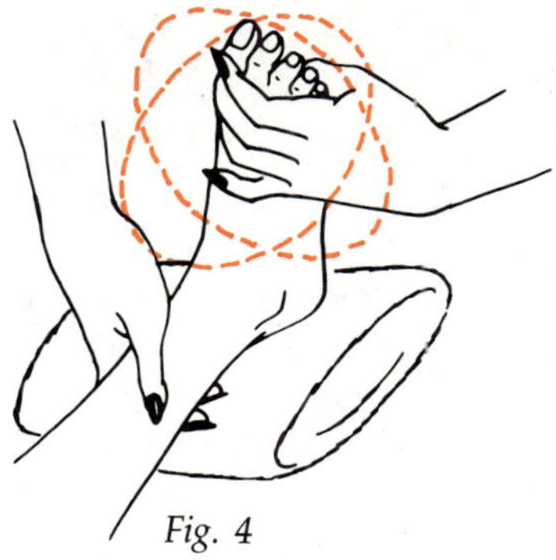

Fig. 4

TERMINACION

1. Quite la loción o la crema de los pies con una toalla tibia.
2. Aplíqueles a los pies hamamelina o un astringente con un pedazo grande de algodón.
3. Espolvoree los pies ligeramente con talco.
4. Frote cada una de las uñas con removedor de esmalte para eliminar toda traza de loción o crema.

   Nota: Para evitar que el esmalte se embadurne, inserte trozos de algodón en los espacios interdigitales (entre los dedos) antes de aplicar el esmalte.
5. Aplique la capa básica, el esmalte y la capa selladora de la misma manera que para una manicura.
6. Limpie el lugar donde ha realizado el trabajo. Limpie y desinfecte los instrumentos y colóquelos en un recipiente sanitario seco o de escaparate. Deseche los materiales utilizados. Limpie la casilla. Lávese las manos.

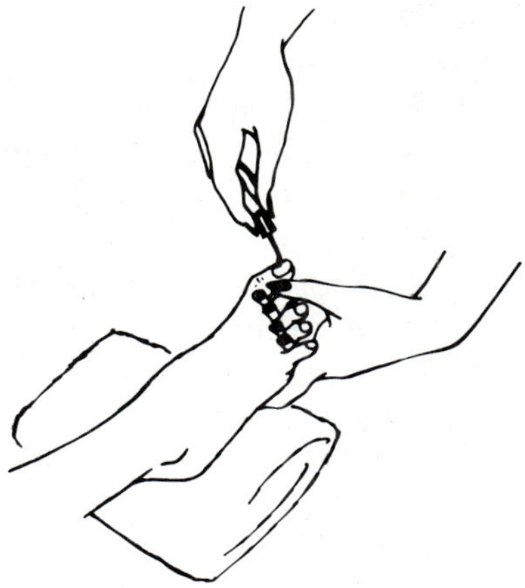

Aplicando la capa básica.

TRATAMIENTOS DIVERSOS

MASAJE DE LAS PIERNAS

El masaje de los pies puede extenderse hasta más allá de las rodillas. Cuando dé masaje desde el tobillo hasta la rodilla, no aplique manipulaciones sobre la espinilla ni por encima de la rodilla. Es aconsejable concentrar la presión sobre el tejido muscular a cada lado de la espinilla. Al manipular la pantorilla, puede emplear sobas (malaxaciones o amasaduras) subiendo hasta la doblez interior de la rodilla.

COMO QUITAR EL VELLO DE LAS PIERNAS

Para las instrucciones completas, véase el capítulo sobre **Eliminación del Vello Superfluo.**

COMO OCULTAR LAS VENAS VARICOSAS

Aparte de referir la cliente a un médico cuando el caso de varices venosas sea de consideración, la pedicurista puede sugerir el empleo de un producto comercial de recubrimiento impermeable para ocultar las desfiguraciones producidas por las várices.

LAS UÑAS Y SUS TRASTORNOS

La anatomía de las uñas y de los trastornos de las uñas se explica detalladamente en el capítulo sobre **La Uña y los Trastornos de las Uñas.**

PREGUNTAS DE REPASO

LA MANICURA

1. ¿Qué significa la manicura?
2. Cite dos palabras empleadas para referirse a artículos durables que se emplean en la manicura.
3. Mencione dos términos que se usan para referirse a los artículos de consumo.
4. Enumere por lo menos cinco instrumentos esenciales empleados en la manicura.
5. Enumere los cosméticos más comúnmente utilizados en la manicura.
6. ¿Por qué se aplica una capa básica antes del esmalte para las uñas?
7. ¿Cuál es el propósito de la capa final o sellador?
8. ¿Por qué debe limpiarse la mesa de la manicura inmediatamente después de dar la manicura?
9. ¿Cuándo debe la manicurista lavarse las manos para una manicura?
10. ¿Con qué finalidad se usa el alumbre en polvo?
11. Enumere los pasos importantes a seguir en una manicura sencilla.
12. ¿Por qué el limado debe hacerse desde las esquinas de la uña hacia el centro de la misma?
13. ¿Qué efecto tiene el disolvente de cutícula?
15. ¿Qué debe hacerse con los instrumentos utilizados en la manicura?
16. ¿Por qué es importante observar las reglas de seguridad en la manicura?
17. Después de producirse un corte accidental durante la manicura, ¿qué debe usted aplicar para evitar una infección?
18. ¿Cuáles son las cuatro formas generales de las uñas?
19. ¿Cuál es la configuración ideal de las uñas?
20. ¿Cuál es el mejor modo de darles forma a las uñas de una mano delgada y delicada?
21. ¿Cómo debe dársele forma a la uña cuadrada o rectangular?
22. ¿Cómo debe afilarse la uña maciforme (en forma de maza o clava)?
23. ¿Cuál es el propósito del masaje de las manos?
24. ¿Qué es una manicura eléctrica?
25. ¿Para qué trastornos de la uña y de la cutícula se recomienda las manicura con aceite?
26. ¿Qué es una manicura de caseta?
27. Enumere tres clasificaciones generales de la reparación de uñas.
28. ¿Con qué propósito se envuelven las uñas?
29. ¿Para quiénes se recomienda la aplicación de uñas artificiales?
30. ¿Durante qué tiempo pueden usarse las uñas artificiales a presión?

LA PEDICURA

1. ¿Qué significa pedicura?
2. ¿Cuál es trastornos de los pies no deben ser tratados por la cosmetóloga?
3. ¿Por qué el pie de atleta no debe tratarse en salón de belleza?
4. ¿Cuál es son los signos del pie de atleta?
5. ¿Cómo pueden evitarse los padrastros al dar la pedicura?

Capítulo 20

LA UÑA Y LOS TRASTORNOS DE LAS UÑAS

OBJETIVOS DE APRENDIZAJE DEL CAPITULO

El (la) estudiante que logre dominar el contenido de este capítulo conocerá:

1. *La estructura y composición de las uñas.*
2. *Las estructuras adyacentes que afectan a las uñas.*
3. *Cómo se nutren las uñas.*
4. *Cómo crecen las uñas.*
5. *Los diversos trastornos e irregularidades de las uñas de la cliente.*
6. *Cómo reconocer las enfermedades de las uñas que no deben ser tratadas en el salón de belleza.*

LA UÑA

Los trastornos de las uñas, como los de la piel, reflejan el estado general de la salud del cuerpo. La uña normal y saludable es firme y flexible y su aspecto es de color ligeramente rosado. Su superficie es lisa, curva y sin manchas, sin partes hundidas ni bordes ondulados.

La **uña,** que es un apéndice de la piel, está constituída por una lámina córnea y transparente que protege la punta de los dedos de las manos y de los dedos de los pies. **Onix** es el términco técnico con que se denomina la uña.

Composición. La uña está compuesta principalmente de **keratina**, que es una sustancia proteínica constitutiva de la base de todo tejido córneo. La uña es de aspecto blanquecino y deja ver a través de ella el color rosado del lecho de carne en que reposa. La lámina córnea de la uña no contiene nervios ni vasos capilares.

ESTRUCTURA DE LA UÑA

Las uñas se componen de tres partes: cuerpo, raíz y borde libre.

El cuerpo de la uña o **lámina,** es la parte visible de la uña que descansa sobre el **lecho ungueal** (lecho de la uña) y está adherida a él. El cuerpo de la uña se extiende desde la **raíz** hasta el **borde libre.**

Aunque la lámina de la uña parece estar formada por un solo cuerpo, está en realidad compuesta de capas. La facilidad con que las uñas pueden partirse, tanto a lo largo como en su grosor, demuestra claramente esta forma de estructura.

La **raíz de la uña** está en la base de la uña, empotrada (fijada) debajo de la piel. Su origen está en un tejido activamente creciente conocido como la **matriz.**

El **borde libre** es la porción extrema de la lámina de la uña que se proyecta más allá de la punta del dedo.

ESTRUCTURAS CONTIGUAS A LAS UÑAS

LECHO DE LA UÑA

El **lecho de la uña** es aquella parte de la piel sobre la cual descansa el cuerpo de la uña. Está irrigado por numerosos vasos capilares que proveen la nutrición necesaria para el crecimiento continuo de la uña. En el lecho ungueal también se distribuyen numerosos nervios.

MATRIZ

La **matriz** es aquella parte del lecho de la uña que se extiende por debajo de la raíz de la uña y contiene nervios, linfa y vaso capilares. La matriz produce la uña y sus células atraviesan por un proceso de reproducción y endurecimiento. La matriz continúa creciendo mientras recibe nutrición y se conserva en estado saludable.

No obstante, el crecimiento de las uñas puede retardarse si la persona está mal de salud, si existe algún trastorno o enfermedad de la uña o si se le ha causado algún daño a la matriz de la uña.

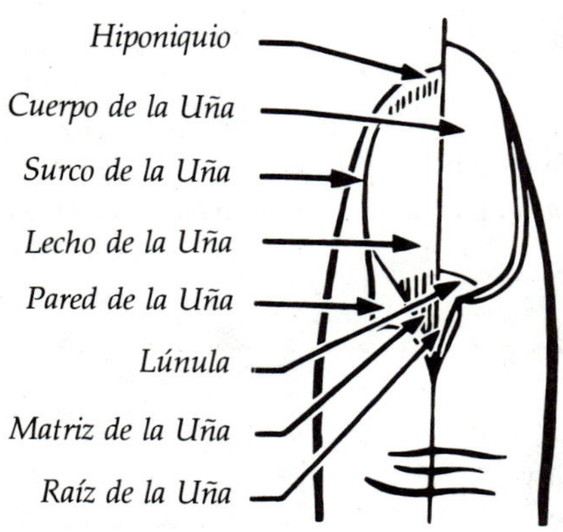

DIAGRAMA DE LA UÑA

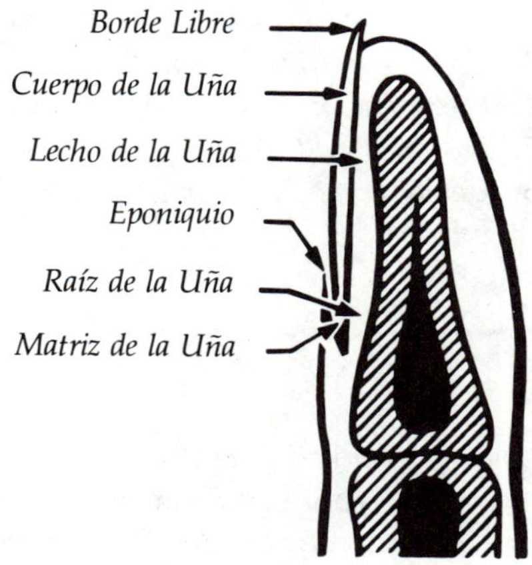

CORTE TRANSVERSAL DE UNA UÑA

LUNULA

La **lúnula,** o **media luna,** está situada en la base de la uña. La zona que está debajo de la lúnula es la matriz. El color claro de la lúnula quizás se deba a la reflexión de la luz en el lugar donde se unen la matriz y el tejido conjuntivo del lecho de la uña.

PARTES QUE RODEAN A LA UÑA

La **cutícula** es la epidermis que sobresale en parte alrededor de la uña. La cutícula normal debe ser floja y flexible.

El **eponquio** es la extensión de la cutícula en la base del cuerpo de la uña que en parte se proyecta por encima de la lúnula.

El **hiponiquio** es la porción de epidermis que está debajo del borde libre de la uña.

El **perioniquio** es aquella parte de la cutícula que rodea todo el borde de la uña.

Las **paredes de la uña** son pliegues de piel que sobresalen a los lados de la uña.

Los **surcos de la uña** son ranuras o estrías a los lados de la uña sobre los cuales se mueve la uña al crecer.

El **manto** es el pliegue profundo de piel en el cual está embutida la raíz de la uña.

CRECIMIENTO DE LA UÑA

El crecimiento de la uña está influido por la nutrición, la salud y las enfermedades. La uña crece hacia delante empezando en la matriz y extendiéndose por encima de la punta del dedo.

El promedio de crecimiento de la uña en el adulto normal es de ⅛″ (0.3125 cm.) por mes, siendo el crecimiento más rápido en el verano que en el invierno. Las uñas de los niños crecen más rápidamente mientras que las de las personas mayores crecen más lentamente. La uña crece a la mayor velocidad en el dedo de en medio (dedo mayor) y a la menor velocidad en el dedo pulgar. Aunque las uñas de los dedos de los pies crecen más lentamente que las de los dedos de las manos, son más gruesas y más duras.

DEFORMACIONES DE LAS UÑAS

Si la uña se separa del lecho ungueal debido a una lesión, se tuerce y se descolora. Si el lecho de la uña sufre una lesión después de haberse perdido la uña, el resultado será una uña deformada.

Las uñas no se mudan automáticamente ni periódicamente como los pelos. Si la uña es arrancada accidentalmente, o se pierde a causa de una infección o enfermedad, será reemplazada sólo mientras la matriz permanezca en buenas condiciones. Al crecer de nuevo, las uñas que antes se perdieron bajo tales condiciones crecen frecuentemente mal formadas debido a una interferencia en la base de la uña. De ordinario, la muda de las uñas dura alrededor de cuatro meses.

DIFERENTES FORMAS DE LAS UÑAS

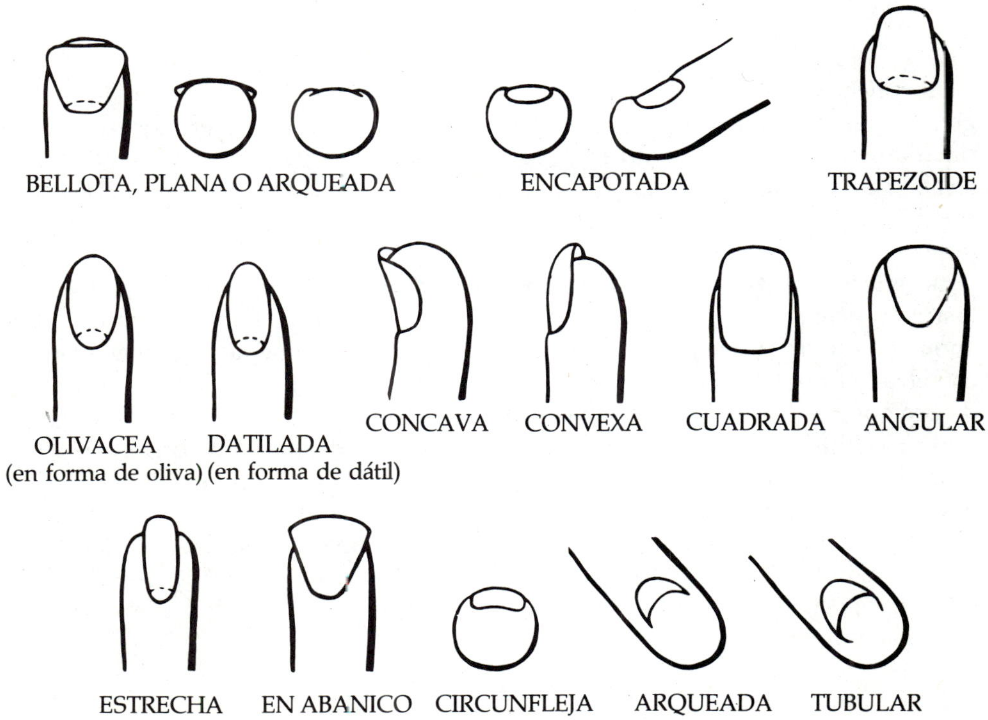

TRASTORNOS DE LAS UÑAS

Las enfermedades de las uñas nunca deben ser tratadas por la manicurista. No obstante, la manicurista debe saber reconocer la diferencia entre los estados normales y anormales de las uñas y comprender las razones de estos estados. Las irregularidades simples de la uña y las manchas caen dentro del domino de la cosmetología y pueden ser tratadas por la manicurista. Una cliente con uñas cuya condición se manifesta con infección, dolor o irrritación debe ser referida a un médico.

IRREGULARIDADES DE LAS UÑAS

Las **corrugaciones,** o **estrías onduladas,** son causadas por un crecimiento desigual de la uña, generalmente debido a alguna enfermedad o lesión. Al darle la manicura a una cliente que presenta esta irregularidad, pula cuidadosa y suavemente las uñas con polvo de piedra pomez. Esto ayudará a alisar las estrías o a reducirlas al mínimo.

Los **pliegues** (depresiones) de las uñas pueden producirse a lo largo (longitudinalmente) de las mismas o a través (transversalmente) de ellas. Esta condición generalmente es el resultado de alguna enfermedad o lesión en las células de la uña o en la matriz de la misma o cerca de ella. Como estas uñas son excesivamente frágiles, debe tenerse gran cuidado al darles la manicura. Evite el uso del empujador de metal; use un palito de naranjo con un algodón envuelto en la punta para manipular la cutícula.

La **leuconiquia** o **manchas blancas** aparecen frecuentamente en las uñas, pero no son indicio de enfermedad. Pueden ser causadas por alguna lesión en la base de la uña. Al continuar la uña su crecimento, estas manchas blancas desaparecen a la larga.

Pliegues.

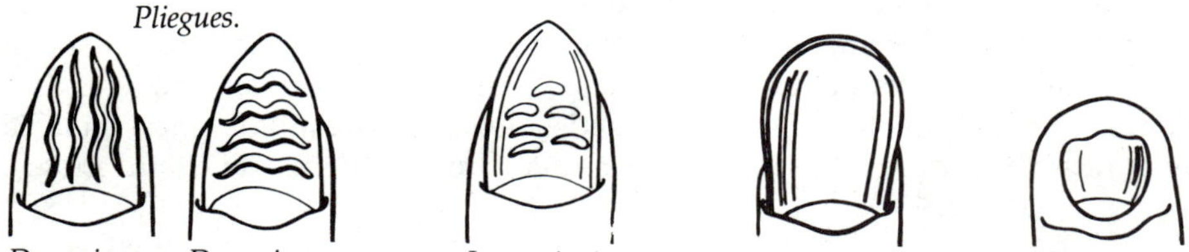

Depresiones longitudinales. *Depresiones transversales.* *Leuconiquia.* *Onicauxis o hipertrofia.* *Onicatrofia.*

La **onicauxis** o **hipertrofia** de la uña es un crecimiento excesivo de ésta, generalmente con un aumento mayor en el grueso que en el largo. Es ordinariamente causada por un trastorno interno, como puede ser una infección local. Si existe infección, la uña no debe ser tratada con la manicura. Si no, la uña puede recibir la manicura. Límela suavemente y púlala con polvo de piedra pómez.

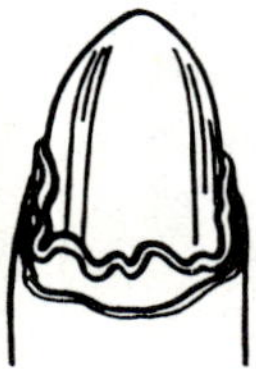

Pterigión.

La **onicatrofia, atrofia** o **falta de desarrollo** de la uña hace que ésta pierda su lustre, se achique y algunas veces se desprenda por completo. El origen de esta anomalía puede estar en alguna lesión o enfermedad. Lime la uña suavemente con el lado fino del limaúñas de esmeril. Aconséjele a la cliente que proteja la uña de cualquier lesión mayor o del contacto con jabones y polvos de lavar fuertes.

El **pterigión** es un crecimiento de la cutícula hacia adelante con adherencia a la base de la uña. Emplee cuidadosamente las tenacillas de cortar cutícula para remover la excrecencia. Sugiera las manicuras con aceite.

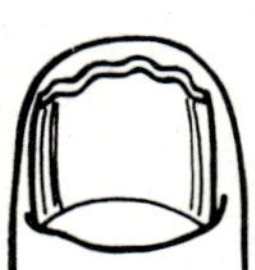

Onicofagia.

La **mordedura de las uñas** es el resultado de un hábito nervioso adquirido que impulsa al individuo a morderse (o comerse) las uñas o la cutícula endurecida. Adviértale a la cliente que las manicuras frecuentes y el cuidado de la cutícula endurecida ayudan a menudo a vencer este hábito.

La **onicorrexis** se refiere a la **rotura** o **fragilidad** de las uñas. Entre las causas de roturas de las uñas se cuentan las lesiones de los dedos, la limadura descuidada de las uñas y el uso excesivo de disolventes para cutícula y de removedores de esmaltes para uñas. Sugiera en este caso las manicuras con aceite.

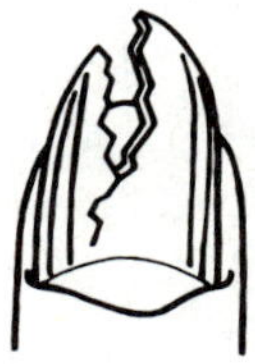

Onicorrexis.

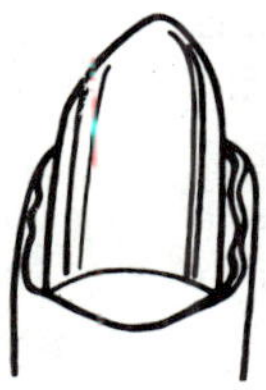

Padrastros.

Uña aovada.

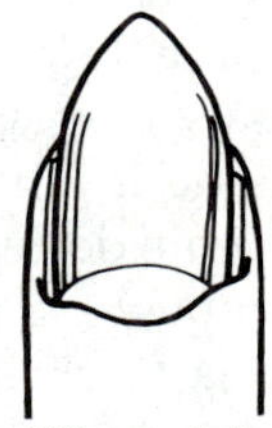

Uña azulada.

Los **padrastros (uñeros)** contstituyen un trastorno por el cual la cutícula se agrieta alrededor de la uña. La resequedad de la cutícula, el recortarla demasiado o la falta de cuidado al recortarla puede originar los uñeros. Adviértale a la cliente que el cuidado esmerado de las uñas, por ejemplo, mediante manicuras con aciete tibio contribuirá a remediar esta condición. Si al padrastro no se le presta la debida atención, puede infectarse.

Las **uñas aovadas** (en forma de cáscara de huevo) se reconocen porque la lámina ungueal (cuerpo de la uña) es sumamente fina, blanca y mucho más flexible que en las uñas normales. La lámina se separa del lecho de la uña y el borde libre forma una curvatura que rodea a la punta del dedo. Este trastorno puede ser causado por alguna enfermedad crónica de carácter general o de origen nervioso.

Las **uñas azuladas** (azulinas o cianóticas) suelen atribuirse a una deficiente circulación sanguínea o a trastronos cardiacos. Sin embargo, la cliente que presente estos síntomas puede, con todo, recibir una manicura ordinaria.

Una **uña contusa** mostrará manchas de color púrpura oscuro (casi negro o pardo). Estas manchas generalmente tienen por origen alguna lesión con sangradura en el lecho ungeal. La sangre seca se adhiere a la uña y se extiende con el crecimiento de ésta. Estas uñas deben ser tratadas con cautela. Evite hacer presión en ellas.

Tratamiento de heridas. Si durante la manicura se le infiere a la cliente una herida accidental, aplíquele un antiséptico inmediatamente. No pula la uña del dedo dañado ni le dé esmalte. Para protegerla contra infecciones, envuélvale un vendaje esterilizado.

Dedo infectado. En el caso de infección de un dedo, la cliente deberá ser referida a un médico.

ENFERMEDADES DE LAS UÑAS

Existen varias enfermedades de las uñas que pueden encontrarse durante el ejercicio de la cosmetología. Sin embargo, ninguna enfermedad de las uñas que muestre señales de infección o inflamación (enrojecimiento, dolor, hinchazón o pus) debe ser tratada en el salón de belleza. Cualquier enfermedad de las uñas requiere tratamiento médico.

La **ocupación** (profesión u oficio) que ejerce la cliente juega un papel importante relacionado con la causa de numerosas infecciones ungueales. Tales infecciones se desarrollan más rápidamente en las personas que sumergen las manos continuamente en soluciones alcalinas. La frecuente exposición de las manos a jabones, disolventes, y otras sustancias hace que se pierdan los aceites naturales de la piel. Las manos de la cosmetóloga están diariamante expuestas a una variedad de materias químicas. Muchas de estas materias son inofensivas, pero otras son potencialmente peligrosas. La cosmetóloga debe protegerse las manos y las uñas usando guantes protectores, cuando trabaja con substancias químicas.

Onicosis (u **oniconosis**) es un término técnico que se aplica a cualquier enfermedad de las uñas.

La **onicomicosis, tiña ungueal** o **culebrilla de las uñas,** es una enfermedad infecciosa causada por un parásito vegetal. Una manifestación común consiste en parches blanquecinos que pueden quitarse raspando la zona afectada. Otro tipo es el que aparece en forma de vetas amarillentas dentro de la sustancia ungueal. La afección alcanza el borde libre de la uña y se extiende hasta la raíz. La parte infectada se engrosa y descolora. Un tercer tipo es el que invade las capas profundas de la uña, haciendo aparecer las capas superficiales irregularmente delgadas. Estas capas infectadas se descascaran dejando al descubierto la parte enferma del lecho de la uña.

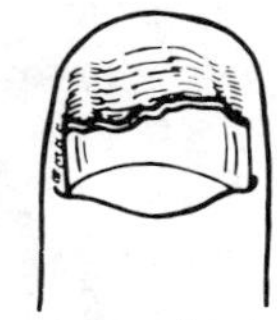

Onicomicosis.

La tiña (o culebrilla) de las manos es unas enfermedad sumamente contagiosa causada por un hongo (parásito vegetal). Los síntomas principales son las lesiones papulares rojas que aparecen en las manos en forma de parches o anillas. El prurito puede ser ligero o intenso.

La mayoría de los casos de dermatitis de las manos presentan semejanzas con la tiña, pero son, en realidad, una combinación de dermatitis por contacto (venenata) e infección estafilocócica. Sólo el médico puede diagnosticar este trastorno.

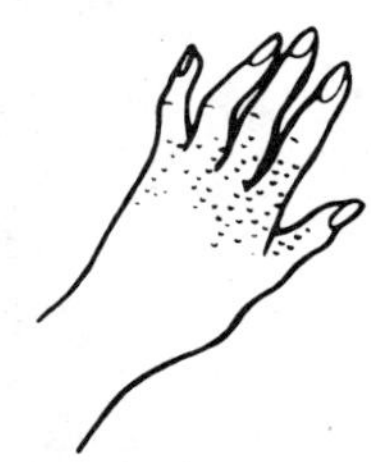

Tinea unguium.

Tiña del pie (o pie de atleta). En los casos agudos aparecen vesículas incoloras profundamente implantadas que dan picazón. Estas se presentan aisladas, en grupos, y, algunas veces, en un solo pie. Se extienden por la planta del pie y entre los dedos de los pies, llegando a veces hasta el reborde carnoso de la uña, infectando a la uña. Cuando las vesículas se rompen, rezuman humor y la piel se torna roja. Las lesiones se secan al curarse. Las infecciones de los pies causadas por hongos tienden a hacerse crónicas.

Pie de atleta.

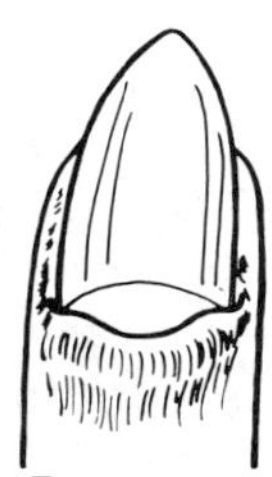

Paroniquia.

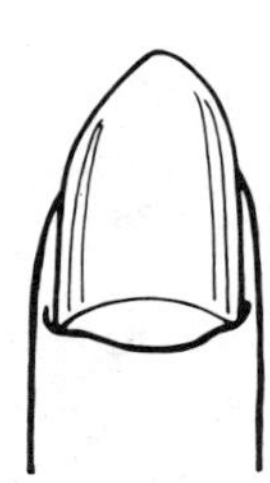

Onicocriptosis.

Tanto la prevención de la infección como el tratamiento recuperador se viabilizan manteniendo la piel fresca, seca y limpia.

La **paroniquia,** o **panadizo,** (conocido en algunos lugares como sietecueros o uñero) es una enfermedad infecciosa e inflamatoria del tejido que circunda a la uña. Este trastorno es atribuible a infección bacteriana.

La **oniquia** es una inflamación de la matriz de la uña con formación de pus. Este mal puede originarse por la desinfección incompleta de los instrumentos de la manicura y por infecciones bacterianas.

La **onicocriptosis, onixis** o **uña encarnada** (también conocida como uña encajada y, a veces, uñero), puede afectar los dedos de la mano o del pie. Este trastorno se presenta cuando la uña crece introduciéndose por los lados en la carne con posibilidad de infección. El limar las uñas demasiado en las esquinas y el no corregir a tiempo los padrastros son causa frecuente de las uñas encarnadas.

La **onicoptosis** es la caída y muda periódica de toda una uña, de parte de ella, o de varias uñas en todo o en parte. Esta irregularidad puede seguir a determinadas enfermedades, por ejemplo, la sífilis.

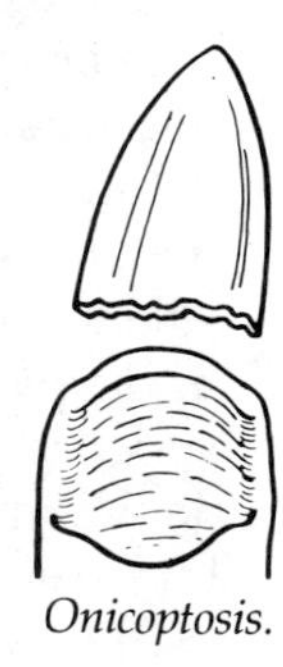

Onicoptosis.

La **onicólisis** es el desprendimiento de la uña sin que ocurra la muda. A menudo se asocia con algún trastorno de carácter interno.

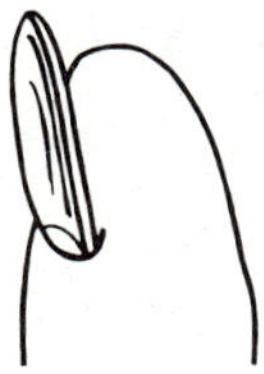

Onicólisis

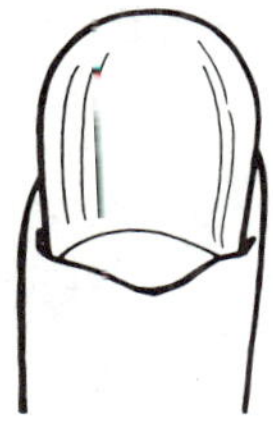

Onicofima.

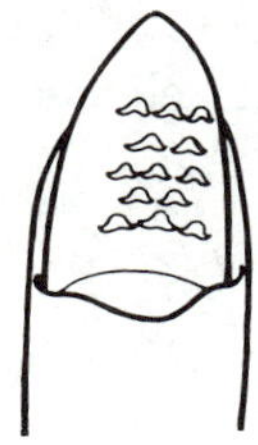

Onicofosis.

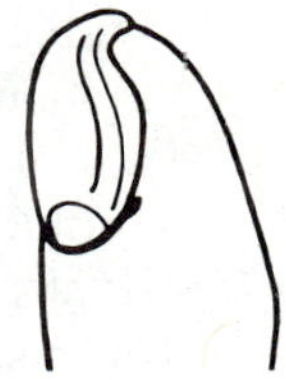

Onicogriposis.

La **onicofima** denota una inflamación o engrosamiento de las uñas.

La **onicofosis** se refiere al crecimiento del epitelio córneo en el lecho de la uña.

La **onicogriposis** designa a la uña agrandada y corva alrededor de la punta de los dedos de las manos o de los pies.*

PREGUNTAS DE REPASO

LA UÑA

1. Describa el aspecto de una uña saludable.
2. ¿Qué son las uñas?
3. ¿Cuál es la función principal de la uña?
4. ¿Cuál es el término técnico que designa a la uña?
5. ¿De qué se compone la uña?
6. Describa la estructura de la lámina de la uña.
7. Localice las siguientes partes de la uña:
   a) raíz de la uña
   b) cuerpo de la uña
   c) borde libre
   d) lecho de la uña.
8. ¿Qué parte de la uña contiene ramificaciones de nervios y vasos capilares?
9. ¿Cuáles tres factores retardan el crecimento de la uña?
10. ¿Dónde se origina la fomación de la uña?
11. ¿Cómo recibe la uña su nutrición?
12. ¿Dónde está localizada la lúnula?
13. ¿Qué le dá a la lúnula el aspecto de media luna blanquecina?
14. ¿Dónde se encuentra el eponiquio?
15. Defina las siguientes partes:
   a) cutícula
   b) manto
   c) surco de la uña.
16. ¿Qué es el hiponiquio?
17. Defina el perioniquio.
18. ¿Cuáles dos factores promueven el crecimiento de la uña?
19. ¿Dónde comienza el crecimiento de la uña y en qué dirección continúa?
20. ¿Cúal es el promedio de crecimiento de la uña en el adulto normal?
21. Si una uña saludable es arrancada, ¿ será reemplazada por una uña nueva?

---

*N. del T.: Suele decirse que crece en forma de garra.

TRASTORNOS DE LAS UÑAS

1. ¿Debe dársele la manicura a una uña infectada?
2. ¿Cuál es una causa posible de los bordes ondulados?
3. Iguale los siguientes elementos:

a) leuconiquia	1) cutícula que se adhiere a la base de la uña
b) onicauxis	2) falta de desarrollo de la uña
c) onicofagia	3) uñas mordidas
d) atrofia	4) manchas blancas en la uñas
e) pterigión	5) hipertrofia

4. Enumere 12 condiciones anormales de las uñas que no impiden que se dé la manicura.
5. ¿Cuál es el nombre técnico para las uñas partidas o frágiles?
6. ¿Qué tratamiento recomendaría usted para las uñas quebradizas?
7. ¿Qué son los padrastros? Indique su causa.
8. ¿Cómo se tratan los padrastros?
9. ¿Cómo se trata una cortada accidental que se produzca durante la manicura?
10. Defina la onicosis.
11. ¿Qué parásito causa la tiña de las uñas?
12. ¿Qué parásito causa la tiña de las manos?
13. ¿Cuáles son las señales del pie de atleta (tiña de los pies)?
14. ¿Qué causa el trastorno llamado paroniquia?
15. Defina la oniquia.
16. ¿Cómo se identifica la paroniquia?
17. ¿Qué enfermedad de los dedos de los pies se identifica por la inflamación de la matriz de la uña con formación de pus?
18. ¿Cuál es el término técnico para las uñas encarnadas?
19. Iguale los siguientes elementos:

a) onicólisis	1) inflamación de la uña
b) onicofima	2) muda periódica de la uña
c) onicoptosis	3) desprendimiento de la uña

Capítulo 21

TEORIA DEL MASAJE

OBJETIVOS DE APRENDIZAJE DEL CAPITULO

El (la) estudiante que logre dominar el contenido de este capítulo conocerá:

1. *El propósito del masaje.*
2. *Las manipulaciones que se emplean en el masaje y sus resultados beneficiosos.*
3. *Ls diversas clases de movimientos empleados en el masaje, y cómo se aplican.*
4. *Los puntos motores de los nervios de la cara y del cuello.*
5. *Los efectos fisiológicos del masaje.*

El **masaje** se emplea para darle ejercicio a los músculos faciales, para mantener el tono muscular y para estimular la circulación. Las cosmetólogas les dan masajes a las clientes para ayudarles a mantener la piel fresca y los músculos firmes.

Para llegar a dominar las técnicas del masaje, la cosmetóloga debe tener un conocimiento de la anatomía y la fisiología, aparte de una gran práctica en el ejercicio de los diversos movimientos.

El **masaje** consiste en la aplicacion de manipulaciones externas en la cabeza y en el cuerpo. Estas se ejecutan con las manos o mediante aparatos eléctricos, como son las lámparas terapéuticas, las lámparas de alta frecuencia, los vaporizadores faciales, los gorros caloríficos, los vaporizadores para el cuero cabelludo y los vibradores.

Regiones del masaje. La cosmetóloga debe limitarse a determinadas regiones del cuerpo al aplicar el masaje, a saber:

Cuero cabelludo
Cara, cuello y hombros
Parte superior del pecho y de la espalda
Manos y brazos

ADVERTENCIA

No dé un masaje cuando existen determinados trastornos orgánicos como son los desórdenes cardíacos, la hipertensión (alta presión sanguínea), la inflmaación y tumefacción (hinchazón) de las articulaciones (coyunturas), o la tumefacción glandular. Tampoco debe darse un masaje cuando hay señales evidentes de abrasiones o trastornos de la piel, o de roturas de vasos capilares.

Requisitos. Para inspirarle confianza a la cliente, es importante que usted aplique el masaje con toques firmes y seguros. Para lograrlo, usted debe desarrollar las siguientes cualidades:

Manos flexibles y fuertes
Temperamento apacible
Autodominio
Aplicación de conocimientos de sicología

Mantenga sus manos suaves mediante la aplicación de cremas, aceites y lociones. Conserve las uñas suavemente biseladas para no causar rasguños en la piel de la cliente. Su muñeca y sus dedos deben mantenerse flexibles y la palma de las manos debe mantenerse firme, tibia y seca.

Aplique alguna crema, pomada o aceite para facilitar el movimiento de las manos y no causar molestias o daños a la piel de la cliente.

COMO SE DESARROLLAN LOS MOVIMIENTOS MANIPULATORIOS

En todo tratamiento de masaje se combinan uno o más movimientos básicos. Cada manipulación se aplica de un modo determinado y con un propósito específico. Su aplicación ha de ser de acuerdo con el estado de salud de la cliente y los resultados que se desean. El efecto de un tratamiento por medio de masaje depende del grado de presion que se ejerce, la dirección del movimiento y la duración de cada tipo de manipulación. **La dirección del movimiento va desde el punto de inserción de un músculo hasta el punto de origen del mismo.**

El **origen** de un músculo es aquel extremo fijo del mismo que va unido a un hueso u otro tejido.

La **inserción** es el extremo opuesto del músculo que va unido a otro músculo o a un hueso o articulación movible.

ADVERTENCIA

El aplicar masaje a un músculo en la dirección errónea (desde el origen hacia la inserción) puede dar por resultado la pérdida de la elasticidad cutánea y muscular aflojando así la piel y los músculos.

MANIPULACIONES BASICAS USADAS EN EL MASAJE

Pases (Roces Leves)

Pases. Este es un movimiento ligero y continuo que se aplica con los dedos y la palma de la mano en forma lenta y rítmica. No se emplea presión. La palma de la mano se utiliza en las **zonas anchas,** mientras que la yema de los dedos se emplea en las **zonas estrechas** (alrededor de los ojos). Los pases se aplican frecuentamente en la frente, la cara, el cuero cabelludo, la espalda, los hombros, el cuello, el pecho, los brazos y las manos para producir efectos de alivio y relajación.

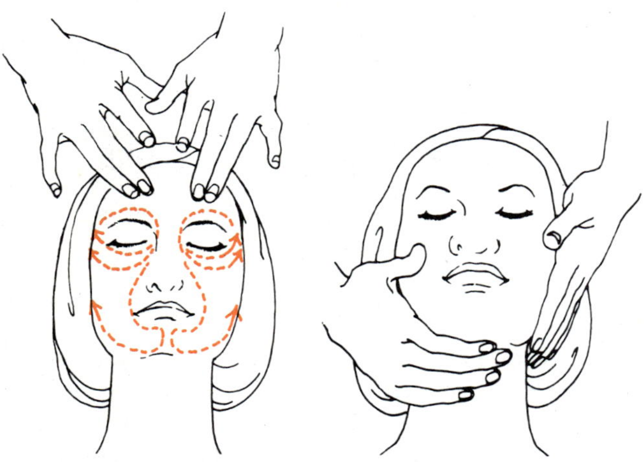

Roces digitales y palmares aplicados a la cara.

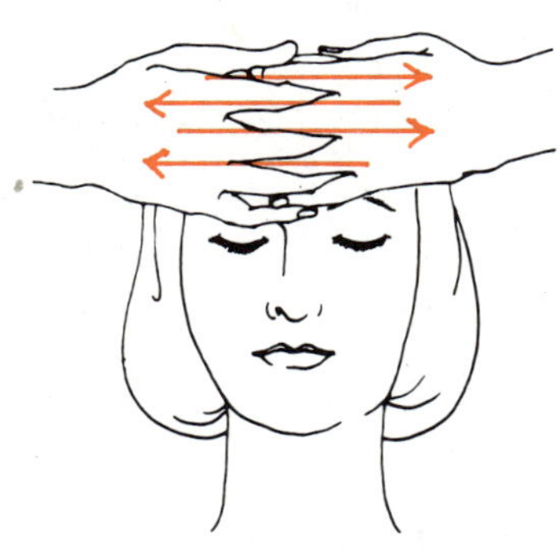

Roces digitales en la frente.

Posición de los dedos al aplicar los roces. Doble un poco los dedos para tocar la piel de la cliente solamente con las yemas. La punta de los dedos, propiamente, no debe emplearse en el masaje. El grado de presión no puede regularse con la punta de los dedos. Por otra parte, el borde libre de las uñas puede causar rasguños en la piel.

Posición de la palma de las manos al aplicar los roces. Mantenga las manos flojas con suficiente flexibilidad en la muñeca y en los dedos; doble un poco los dedos para acomodarlos a la forma de la región en que aplica el masaje.

Malaxaciones (Amasaduras o Sobas)

Malaxaciones. Agarre la piel y la carne entre los dedos y la palma de la mano. Al alzar los tejidos de sus estructuras subyacentes, apriételos, empújelos o agárrelos con presión ligera y firme. Este movimiento le dará vigor a la parte tratada y generalmente se limita al masaje de la espalda, los hombros, y los brazos.

Propósito de las sobas. La presión debe ser suave pero firme. Al agarrar y soltar las partes carnosas, el movimiento debe ser rítimico, nunca irregular. Las sobas o amasaduras imprimen una estimulación profunda a los músculos, nervios y glándulas cutáneas y mejoran la circulación.

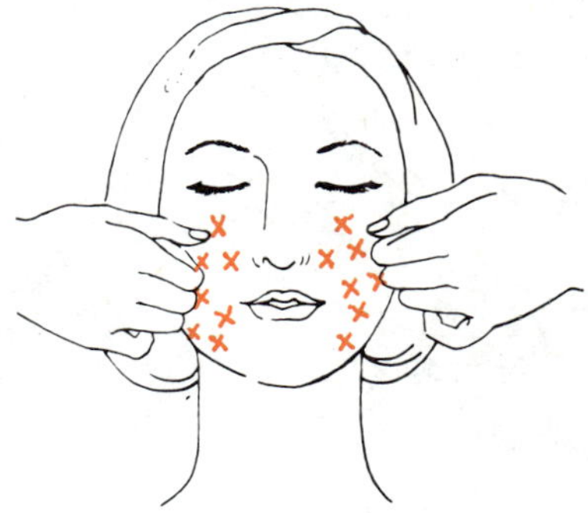

Sobas digitales aplicadas a las mejillas.

Las **sobas digitales** dadas en las mejillas pueden aplicarse en forma de movimientos de agarre ligero (como pellizcos).

Los **movimientos de muela,** como una variedad de las malaxaciones, se emplean principalmente en el masaje de los brazos. Con el brazo de la cliente agarrado entre los dedos de ambas manos, se aplican a la carne movimientos de amasadura. Estos movimientos deben ejecutarse con presión suave sobre la parte inferior del antebrzao de la cliente y entre el hombro y el codo.

Fricciones (Frotaciones Profundas)

Fricciones. Estas manipulaciones requieren presión en la piel para que ésta se mueva sobre las estructuras subyacentes. Para ello, utilice los dedos o la palma de las manos. Las fricciones tienen una marcada influencia en la circulación y en la actividad glandular de la piel.

Fricciones circulares en la cara.

Los **movimientos de friccion circular** generalmente se aplican al cuero cabelludo, los brazos y las manos. Los movimientos de fricción circular **suaves** se aplican comúnmente a la cara y el cuello.

La **atrición,** la **torsión** y la **retorsión** son variantes de la fricción y se aplican principalmente en el masaje de los brazos y las piernas.

La **atrición** (estregadura rectilínea) se ejecuta agarrando la carne firmemente con una mano y deslizando la propia mano hacia arriba y abajo, a lo largo del hueso, mientras que con la otra mano se sujeta el brazo o la pierna en posición fija.

La **torsión** (estregadura circular directa o concéntrica) requiere que el tejido se comprima firmemente contra el hueso del brazo o de la pierna y se tuerza alrededor de él. La cosmetóloga empleará ambas manos, deslizándolas hacia abajo, mientras le da vueltas a la carne en una misma dirección.

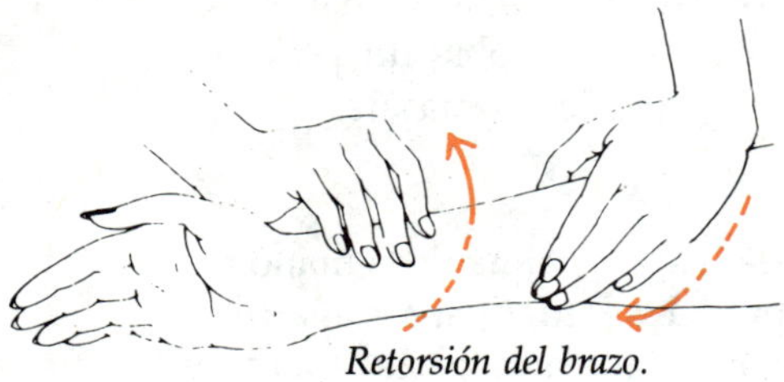

Retorsión del brazo.

La **retorsión** (estragadura circular alterna, excéntrica o de movimiento de muela) es una manipulación vigorosa para la cual la cosmetóloga emplea ambas manos, a corta distancia entre sí, sobre los lados opuestos (ambos lados) del brazo o la pierna. Al deslizar las manos hacia abajo éstas estriegan la carne contra los huesos en direcciones contrarias (con movimientos semejantes a los que se usan para exprimir un estropajo).

Percusiones o Choques (Golpeteo con los Dedos, Palma y Borde de la Mano)

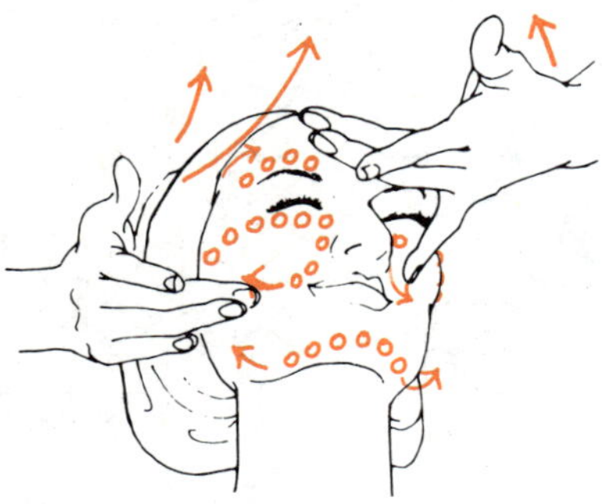

Golpeteo digital en la cara.

Las **percusiones** o los **choques** (movimientos de digitación, palmoteo y hachazos) consisten en golpeteos leves dados con los dedos ligeramente doblados y flexibles y con la palma y el borde cubital (lado del mañique) de la mano. Esta forma de masaje es la más estimulante. Debe aplicarse con cuidado y discreción.

En el masaje facial, aplique solamente un **golpeteo digital leve.** Para esto, toque la piel de la cliente con la punta de los dedos en sucesión rápida. Los dedos deben mantenerse flexibles para que produzcan un efecto uniforme en la zona del masaje.

En el **palmoteo** (palmadas o golpeteo leve con la palma de las manos) las muñecas flexibles permiten que la palma de las manos toque la piel con movimientos ligeros, firmes y rápidos. Una mano sigue a la otra. Cada palmada (que no debe pasar de un contacto firme, ligero y rápido con la piel) tira de la carne levemente.

Para los **movimientos de hachazos,** emplee las muñecas y el borde exterior (lado del meñique) de las manos. Tanto las muñecas como los dedos deben agitarse con movimientos rápidos, ligeros, firmes y flexibles, tocando la piel en sucesión alterna. Los **movimientos de hachazos** y **palmoteo** se aplican principalmente para el masaje de la espalda, los hombros y los brazos.

Los **movimientos de percusión** imparten tono a los músculos, así como un brillo saludable a la piel de la región tratada.

Vibraciones (Presión o Trituración con la Yema de los Dedos)

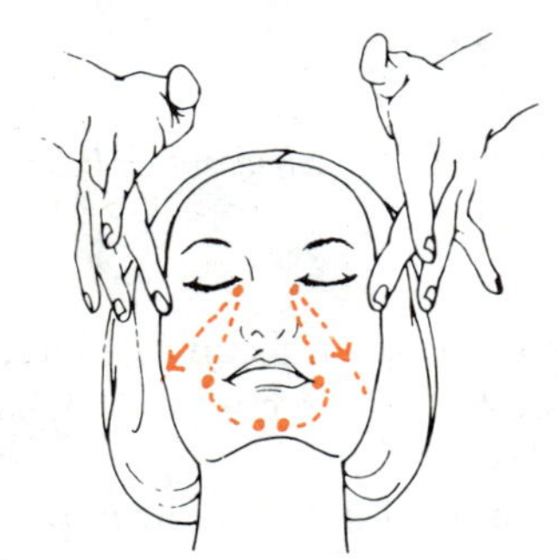

Movimientos vibratorios en la cara.

Vibraciones. Estos movimientos se ejecutan mediante contracciones musculares rápidas del brazo de la cosmetóloga al momento de apoyar la yema de los dedos firmemente sobre el punto de aplicación. Este tipo de manipulación es sumamente estimulante y no debe aplicarse más de unos pocos segundos en un mismo punto. Las contracciones musculares también pueden producirse con la ayuda de un vibrador mecánico.

Movimientos en las Articulaciones

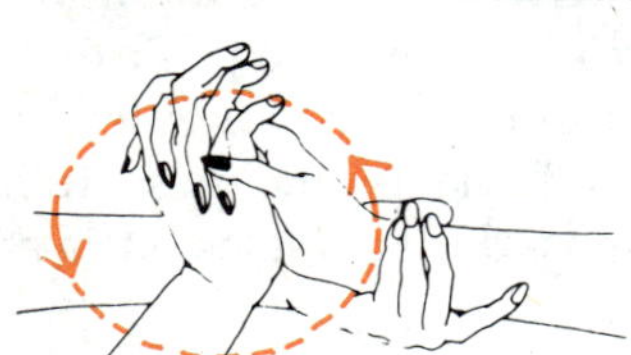

Movimientos en las articulaciones.

Los **movimientos en las articulaciones** se limitan al masaje de los brazos, las manos y los pies. Se aplican con resistencia o sin ella. (Para más información sobre los movimientos en las articulaciones, véase el capítulo sobre **La Manicura**.)

PUNTOS MOTORES DE LOS NERVIOS DE LA CARA Y EL CUELLO

Para obtener los mejores resultados de un masaje facial, la cosmetóloga debe tener en consideración los puntos motores de los nervios motores que afectan a los músculos subyacentes de la cara y del cuello.

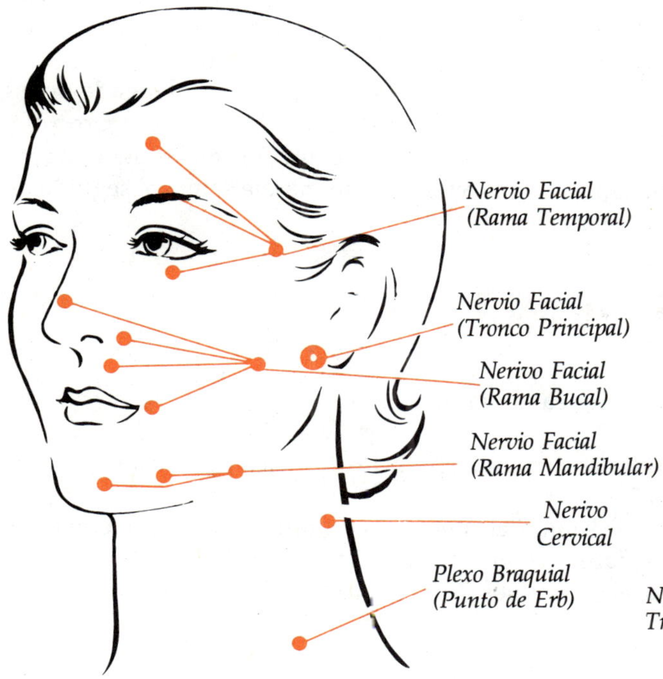

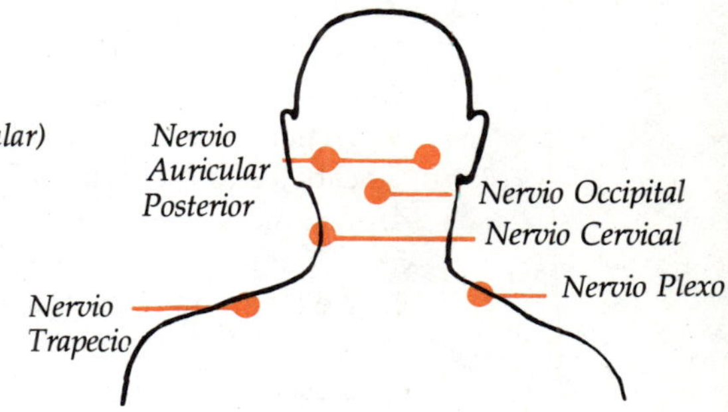

EFECTOS FISIOLOGICOS DEL MASAJE

Para obtener buenos resultados del masaje en el cuero cabelludo o en la cara, la cosmetóloga debe conocer detalladamente las estructuras afectadas: músculos, nervios y vasos sanguíneos.

Cada músculo y cada nervio tiene un **punto motor.** La posición de los puntos motores varía de un individuo a otro debido a diferencias en la estructura corporal. De todos modos, unas cuantas manipulaciones aplicadas sobre los puntos motores correctos inducirán una relajación inmediata al comienzo de un masaje.

Los masajes aplicados con destreza tienen una influencia directa o indirecta en las estructuras y funciones del organismo. Los efectos inmediatos del masaje se notan primeramente en la piel. La parte tratada reacciona con una mayor actividad de la circulación, la secreción, la nutrición y la excreción.

Los siguientes efectos beneficiosos pueden lograrse mediante el masaje aplicado correctamente a la cara y al cuero cabelludo:

1. La piel se nutre en todas sus estructuras.
2. Las células adiposas (grasosas) del tejido subcutáneo se reducen.
3. El cutis se torna suave y flexible.
4. La circulación de la sangre aumenta.
5. La actividad de las glándulas cutáneas se estimula.
6. Las fibras musculares se estimulan y refuerzan.
7. Los nervios se calman y descansan.
8. El dolor se alivia a veces.

La **relajación** se logra mediante movimientos firmes, lentos y rítmicos con las vibraciones lentas y ligeras de las manos aplicadas a los puntos motores durante un breve periodo de tiempo. Un método alterno es el de aplicar presiones leves en los puntos motores después de una breve pausa.

Los tejidos corporales se estimulan con los movimientos que se ejecutan con presión, velocidad y duración moderadas o con vibraciones ligeras de la mano que también sean de velocidad y duración moderadas.

Los contornos del cuerpo o tejidos adiposos se reducen mediante las manipulaciones de sobas firmes o de palmoteos rápidos, firmes y suaves durante un periodo de tiempo bastante prolongado. Las vibraciones moderadamente rápidas de la mano, con presión firme, también lograrán esta reducción.

La frecuencia de los mesajes en la cara o en el cuero cabelludo depende de las condiciones del cutis o del cuero cabelludo, la edad de la cliente y el trastorno que se va a tratar. Por regla general, el cutis y el cuero cabelludo normales pueden conservarse en excelentes condiciones con la ayuda de un masaje semanal seguido de cuidados adecuados en el hogar.

PREGUNTAS DE REPASO

TEORIA DEL MASAJE

1. ¿Con qué finalidad se emplea el masaje?
2. ¿Qué significa el masaje?
3. ¿Cuáles aparatos eléctricos se emplean en los masajes de la cara, el cuero cabelludo o el cuerpo?
4. Enumere tres estados de salud del cuerpo en los que no debe darse masaje.
5. ¿Cuáles tres aptidues debe poseer la cosmetóloga?
6. Dé los nombres técnicos y comunes de cinco clases de movimientos de masaje.
7. Describa el origen de un músculo.
8. Describa la insercion de un músculo.
9. ¿En qué dirección debe aplicarse el masaje al músculo?
10. ¿Qué efecto tiene darle a un músculo un masaje en la dirección errónea?
11. ¿Que clase de movimientos de masaje producen un efecto de alivio?
12. Describa los siguientes movimientos: a) atracción; b) torsión; c) retorsión.
13. ¿Cuáles son los efectos del masaje en: a) la piel; b) las fibras musculares; c) las células adiposas; d) la circulación sanguínea; e) los nervios, y f) el dolor?
14. ¿Con qué frequencia puede dársele un masaje a la cliente que tiene la piel o el cuero cabelludo normal?

Capítulo 22

TRATAMIENTOS FACIALES

OBJETIVOS DE APRENDIZAJE DEL CAPITULO

El (la) estudiante que logre dominar el contenido de este capítulo conocerá:

1. *Los efectos físicos y sicológicos de un tratamiento facial.*
2. *Los materiales y el equipo necesarios para los tratamientos faciales.*
3. *Los efectos beneficiosos de un tratamiento facial.*
4. *El procedimento y la destreza para las manipulaciones que requiere un tratamiento facial.*
5. *Las varias clases de tratamientos faciales correctivos que se dan en el salón de belleza.*
6. *La variedad y el propósito de los cosméticos que se emplean en los tratamientos faciales.*
7. *Cuándo debe darse un tratamiento para la acné.*
8. *Los ingredientes que se utilizan en las máscaras y empaques faciales.*
9. *Los efectos beneficiosos de las máscaras y empaques faciales.*
10. *Cómo se aplican las máscaras y empaques.*
11. *Cómo se quitan las máscaras y empaques.*

El tratamiento facial es uno de los servicios más agradables y reposados que pueda recibir una cliente en el salón de belleza. Las personas que han experimentado este tratamiento tan restaurador y estimulante no dudan regresar al salón para recibir nuevos tratamientos de la misma clase. Cuando el facial se ofrece como un servicio corriente y habitual, da por resultado una mejoría notable en el tono, la textura y el aspecto del cutis de la cliente.

Los tratamientos faciales pueden llegar a constituir un servicio provechoso. El peinado de la cliente puede ser de hermoso estilo, pero si el rostro al cual sirve de marco no muestra un cutis atractivo, los efectos del estilo de peinado quedarán desvirtuados.

La cosmetóloga no trata los trastornos de la piel. Sin embargo, debe ser capaz de reconocer las diversas enfermedades cutáneas que ella no está facultada para tratar; también debe saber cuándo aconsejar a la cliente para que consulte un médico.

Los tratamientos faciales se grupan en dos classes:

1. **Preservativos:** para conservar la salud del cutis de la cara mediante métodos de limpieza adecuados y para lograr un aumento de la circulación, la relajación de los nervios, la activación de las glándulas cutáneas y del metabolismo por medio del masaje.
2. **Correctivos:** para enmendar algunos estados anormales del cutis de la cara, como son la resequedad, la grasa, los comedones o espinillas, las huellas del envejecimeinto y la acné benigna.

Los tratamientos faciales son beneficiosos para:

1. Limpiar el cutis.
2. Aumentrar la circulación.
3. Activar la función glandular.
4. Relajar los nervios.
5. Mantener el tono muscular.
6. Reforzar los tejidos musculares debilitados.
7. Corregir ciertas alteraciones cutáneas.
8. Ayudar a prevenir la formación de arrugas y huellas del envejecimiento.
9. Mejorar y suavizar la textura de la piel y el cutis.
10. Impartir un sentimiento de juventud.

FACIAL SIMPLE

La cliente disfruta de relajación y estimulación por efecto del masaje, las cremas y lociones suavizantes y la aplicación final de un maquillaje atractivo. Los tratamientos faciales pueden darse una vez a la semana excepto cuando están indicados con una frecuencia mayor o menor.

PREPARACION

La caseta para faciales debe estar situada en el lugar más tranquilo de la escuela o el salón de belleza. Desde que la cliente entra en la caseta debe ayudársele a que experimente reposo hablándosele apacible y gentilmente. El trabajo debe realizarse con el menor ruido posible.

Todas las cremas y empaques deben extraerse de los recipientes con una espátula; nunca introduzca los dedos en el producto que va a usar.

Todos los instrumentos y materiales que van a emplearse en el facial deben tenerse a mano y en correcto orden.

EQUIPO, INSTRUMENTOS Y MATERIALES

Loción purificadora
Crema purificadora
Crema para masajes
Loción astringente
Solución refrescante del cutis (astringente suave)
Solución antiséptica
Servillentas de papel limpiante
Lámpara de rayos infrarrojas
Polvos de talco
Corro o banda para la cabeza
Compresas de algodón
Sábana limpia y/o bata de salón
Imperdibles
Toallas
Espátulas
Algodón absorbente
Hamamelina
Bandeja para maquillajes
Aceite lubricante
Máquina de alta frequencia y otros aparatos
Esponjas
Tapones de algodón astatos (envueltos en la punta de palitos de naranjo)
Vaporizador facial

PROCEDIMIENTO

La información que a continuación se ofrece puede alterarse para adaptarla a los requerimientos de la instructora.

1. **Prepare a la cliente.**
   a) Salude a la cliente y hágala sentirse cómoda y a gusto diciéndole algo halagüeño. Sea sincera.
   b) Pídale a la cliente que se quite las joyas del cuello y las orejas y que las coloque dentro de la cartera o bolso.
   c) Ayude a la cliente a quitarse la vestidura o la blusa y cuélguela cuidadosamente.

d) Después de sentar a la cliente en el asiento para faciales, quítele los zapatos y póngale escarpines de estambre en los pies.
e) Lávese las manos.
f) Extienda una toalla limpia sobre el respaldo del asiento para faciales. En ningún momento los hombros descubiertos de la cliente deben tocar el asiento.
g) Protéjale el pelo a la cliente atándole una banda de cabeza forrada con papel de seda alrededor de la cabellera.

Existen en el mercado varias clases de coberturas para la cabeza. Algunas son al estilo de un turbante; otras están provistas de un elástico similar al que se emlpea en los gorros para el baño. Todas están generalmente hechas de tela o de papel toalla. La cabeza se cubre con una toalla de la siguiente manera:

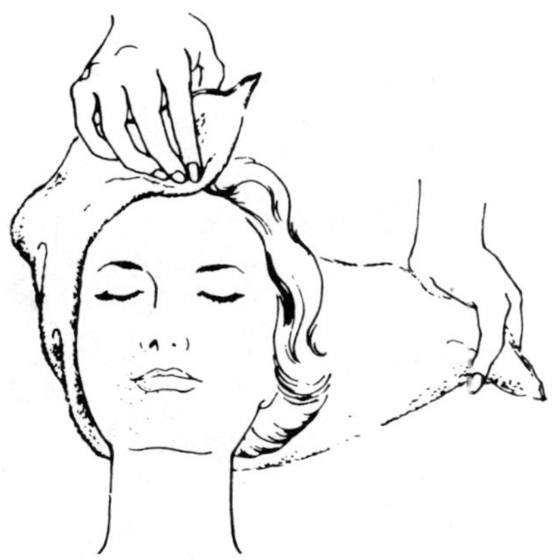

1. Doble la toalla a todo el largo de la misma desde una de las esquinas de la parte de arriba hasta la esquina opuesta de la parte de abajo y colóquela sobre el cabezal (pieza donde se apoya la cabeza) con la doblez hacia abajo. Tenga la toalla colocada sobre el cabezal antes de que la cliente entre en el dapartamento de faciales. Cuando la cliente está ya en posición reclinada, la parte posterior de la cabeza debe apoyarse en la toalla para que uno de los lados de la toalla alcance al centro de la frente y cubra el contorno del cuero cabelludo.

2. Con la otra mano, mueva el otro lado de la toalla hacia el centro de la frente y crúcelo por encima del lado opuesto.

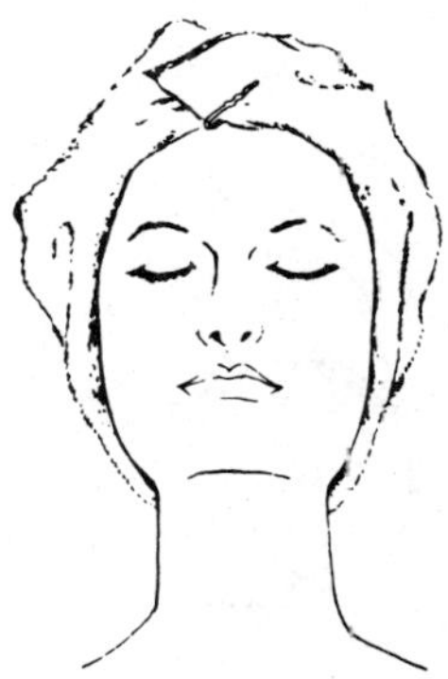

3. Utilice una horquilla ordinaria de presión para sostener la toalla en su lugar. Compruebe que todos mechones de pelos han quedado metidos debajo de la toalla, que los lóbulos (perillas o pulpejos) de las orejas no están doblados y que la toalla no ha quedado demasiado tirante.

(Para el procedimiento con toalla de papel, guíese por su instructora.)

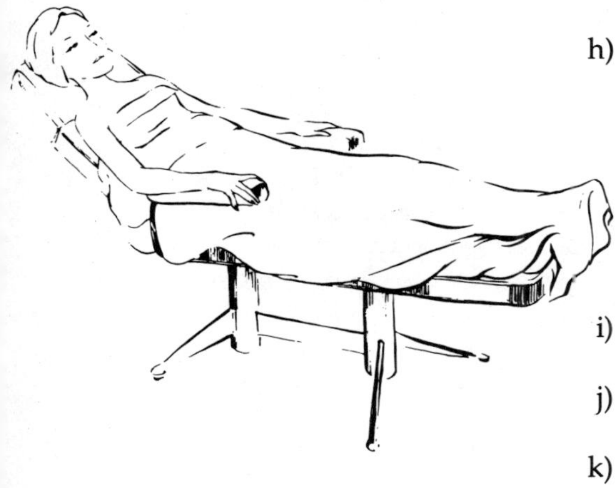

h) Sepárele de los hombros a la cliente los tirantes de la ropa interior y ajústele la toalla, cubriéndole todo el ancho del pecho y la mitad de la espalda.
(*Método alterno*): Si a la cliente se le ha puesto una ropa sin tirantes, métale los tirantes de los hombros de la ropa interior por debajo de la parte superior de la ropa externa.
i) Ajuste el cabezal y baje entonces el asiento para faciales a la posición reclinada.
j) Cubra a la cliente con una sábana limpia o con alguna otra cobertura adecuada.
k) Lávese las manos.

2. **Analice la piel.**
 a) Quítele el maquillaje para observar:
  1. Si el cutis es reseco.
  2. Se el cutis es grasiento.
  3. Si existen comedones (espinillas de punto negro) o acné.
  4. Si hay roturas visibles de vasos capilares.
  5. Si la textura del cutis es suave y aterciopelada o si es dura y áspera.
  6. El color y las líneas finas del cutis.
 b) Este análisis servirá para determinar:
  1. La selección de la crema que se va a utilizar en el masaje.
  2. El grado de presión con que se aplicarán los movimientos en el masaje.
  3. Las zonas que necesitan especial atención.
  4. Si es encesario aplicar un aceite lubricante especial alrededor de los ojos y/o sobre la garganta.
  5. La clase de astringente que se debe emplear.
  6. El color del maquillaje que se va a aplicar.

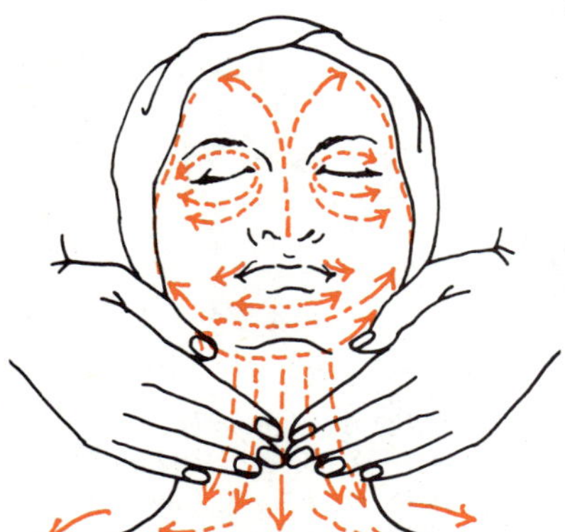

Esparciendo la crema en la cara, el cuello, el pecho y la espalda.

3. **Aplique la crema limpiadora.**
 a) Extraiga un poco de crema limpiadora del pote con una espátula. Estriéguela entre los dedos para ablandarla.
 (Quite la pintura del lápiz labial muy cuidadosamente.)
 b) Aplique la crema a la cara empleando ambas manos. Comience por la barbilla y, con frotes profundos, esparza la crema hasta los extremos de la quijada, desde la base de la nariz hasta las sienes, por los lados de la nariz hacia arriba hasta el cabellete (o lomo) de ésta, pasando por entre las cejas y a todo el ancho de la frente hasta las sienes.
 c) Tome un poco más de crema limpiadora y amásela. Dé entonces pases (roces) uniformes, largos y suaves hacia abajo, por el cuello, el pecho y la espalda.
 d) Comience en el centro de la frente, siga ligeramente alrededor de los ojos hasta la sienes y retroceda al centro de la frente.
 e) Deslice los dedos hacia abajo por el cabellete (o lomo) de la nariz hasta el labio superior; retroceda otra vez suavemente hacia las sienes y la frente, levemente hacia abajo, hasta la barbilla y entonces, con firmeza, hacia arriba por encima de la línea de la quijada hasta las sienes y la frente.

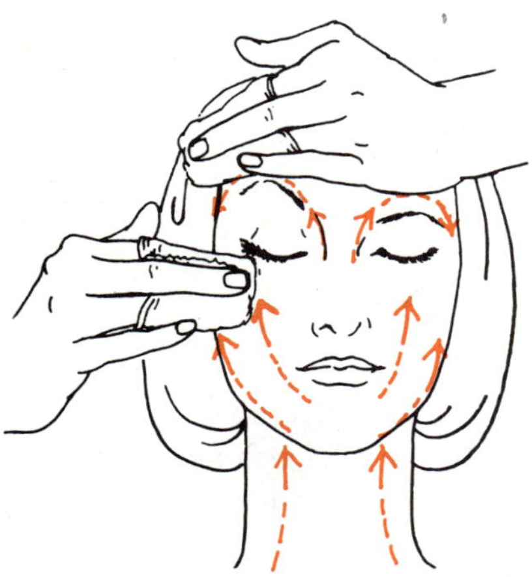

Quitando la crema limpiadora con servilletas de papel o con una toalla húmeda y tibia.

4. **Elimine la crema limpiadora.**
 a) Quite la crema con servilletas de papel limpiante o con con una toalla húmeda y tibia. Comience por la frente y siga el contorno del rostro. Quite toda la crema de una zona antes de proceder a la siguiente. Termine sobre el cuello, el pecho y la espalda. (Si hay que arquear las cejas, este es momento de hacerlo.)
5. **Vaporice la cara** (opcional).
 a) Aplíquele vapor suave a la cara con una toalla húmeda y tibia o con un vaporizador facial.

6. **Aplique la crema para el masaje.**
   a) Seleccione una crema para masajes de acuerdo con la clase de cutis de la cliente. Aplíquela en la misma forma que la crema limpiadora en la cara, el cuello, los hombros y el pecho.
   (Utilice una crema de lanolina o de hormonas para el cutis reseco; sin embargo, una crema fría será suficiente para un cutis grasiento.)
   b) Si es necesario, aplique un aceite lubricante especial alrededor de los ojos y el cuello.
7. **Dé las manipulaciones faciales** (antes o durante la exposición a la lámpara de rayos infrarrojos).
   a) Cúbrale los ojos a la cliente con las compresas de algodón humedecidas en hamamelina.
   b) Sitúe la lámpara a una distancia conveniente.
   c) Exponga el rostro de la cliente a los rayos infrarrojos durante 3 a 5 minutos.
   d) Déle masaje en la cara según se describe en la página siguiente.

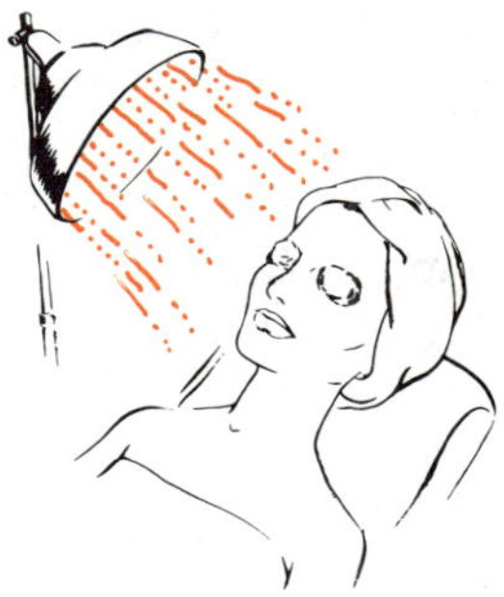

Exponiendo la cara a la lámpara de rayos infrarrojos.

8. **Elimine la crema del masaje.**
   a) Quite la crema con las servilletas de papel limpiante o con toallas húmedas y tibias en la misma forma en que se hace para quitar la crema limpiadora.
9. **Aplique la loción astringente.**
   a) Pásele a la cara unos trocitos de algodón humedecidos en loción astringente.
10. **Aplique el fundamento o base del maquillaje y el maquillaje en sí.**
11. **Terminación.**
    a) Enderece el sillón para faciales hasta la posición vertical.
    b) Quite la cubierta protectora de la cabeza.
    c) Retire las toallas protectoras y la cubierta del cuerpo.
    d) Ayude a la cliente a ponerse la ropa y los zapatos.
12. **Limpie el lugar de trabajo.**
    a) Desche todos los suministros y materiales de consumo.
    b) Tape los recipientes perfectamente; límpielos y colóquelos en los lugares correspondientes.
    c) Coloque las toallas usadas en los recipientes apropiados.
    d) Limpie la caseta y póngalo todo en orden. Devuelva al dispensario los cosméticos no utilizados.
    e) Lávese las manos y desinfécteselas.

RECORDATORIOS Y SUGERENCIAS PARA EL MASAJE FACIAL

1. Trate de que la cliente se sienta descansada.
2. Propicie un ambiente apacible y hable en voz baja.
3. Mantenga los materiales limpios y en su debido orden.
4. Siga el procedimeinto sistemáticamente.
5. Si tiene las manos frías, caliénteselas antes de tocar a la cliente.
6. Asegúrese de que las uñas de las manos de usted no están demasiado largas o puntiagudas.

MANIPULACIONES FACIALES

Al dar las manipualciones faciales debe tenerse presente que un movimiento de compás o ritmo regular inducirá la relajación (aflojamiento o suavización) de los músculos. No separe las manos de la cara de la cliente después de comenzar las manipulaciones. Si es necesario retirar las manos, debe hacerlo con un deslizamiento tan suave como el del roce de una pluma y asimismo al volver a colocar las manos en la cara lo hará con extrema suavidad de movimientos.

Nota: Su instructora posiblemente habrá desarrollado su propio método de manipulaciones. Las ilustraciones que siguen simplemente muestran los diversos movimientos que pueden aplicarse a diferentes puntos de la cara, el pecho y la espalda. (En todo caso, aténgase al sistema de su instrucotra.)

Los **movimientos en el masaje** generalmente se dirigen hacia el punto de **origen** del músculo para evitar que causen daños en el tejido muscular.

1. MANIPULACION DE LA BARBILLA.
Levante la barbilla con presión leve.

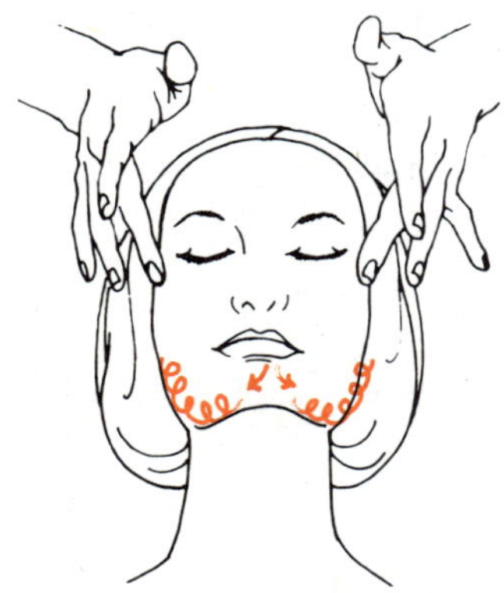

2. PARTE INFERIOR DE LAS MEJILLAS
Con un movimiento circular, aplique rotaciones desde la barbilla hasta las orejas.

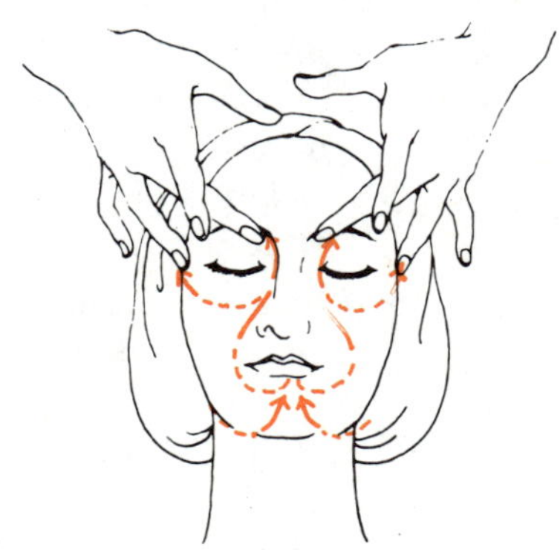

3 MANIPULACIONES EN LA BOCA, LA NARIZ Y LAS MEJILLAS.
Siga la ilustración.

Nota: Muchos especialistas de los tratamientos faciales prefieren comenzar el masaje con manipulaciones en la barbilla, mientras que otros prefieren comenzarlo en la frente. Ambas formas son igualmente correctas. Guíese por su instructora.

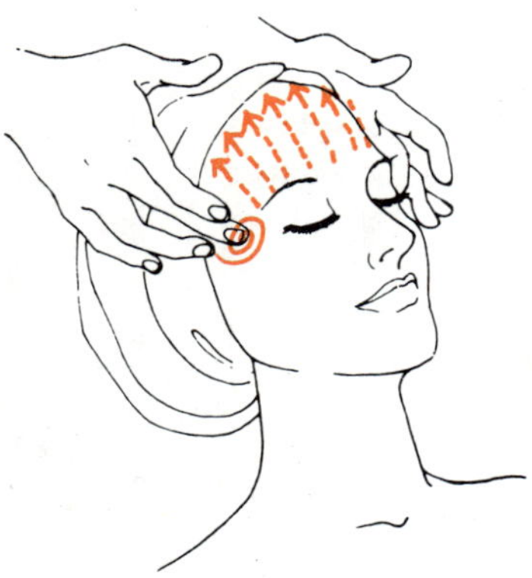

4. MOVIMIENTOS LINEALES EN LA FRENTE.
Deslice las manos hacia las sienes con movimientos de rotación y presión, seguidos de pases (roces) hacia arriba; deslice los dedos hacia la ceja izquierda; entonces, con roces, muévase hacia la línea coronal del cuero cabelludo a todo el ancho de la frente, retrocediendo después al punto de partida.

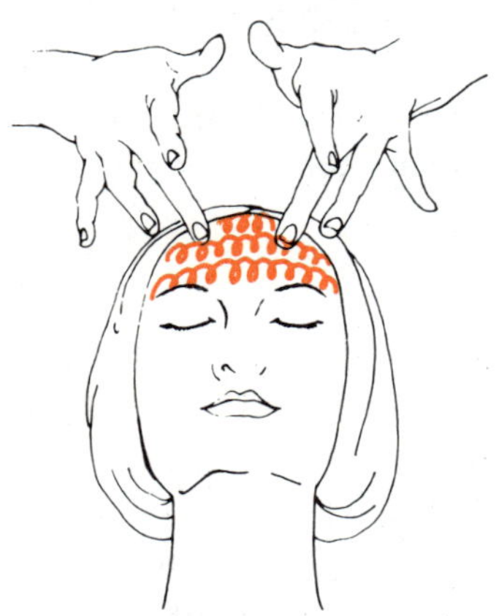

5. MANIPULACIONES CIRCULARES SOBRE LA FRENTE.
Comience en la línea de las cejas y siga a través de la línea central de la frente, subiendo hasta la línea coronal del cuero cabelludo.

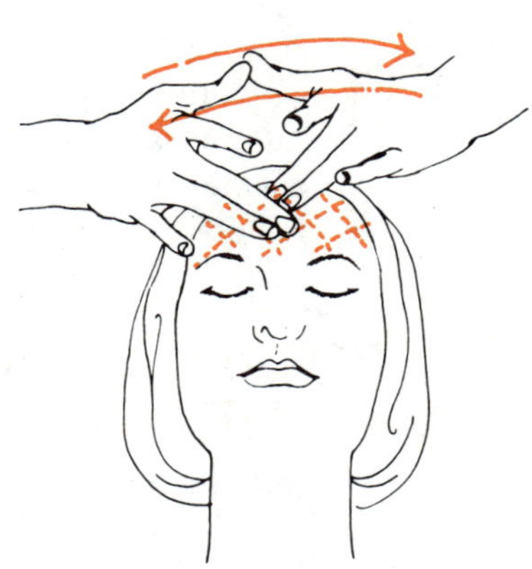

6. MOVIMIENTO DE LINEAS CRUZADAS.
Comience en un lado de la frente y vuelva al punto de partida.

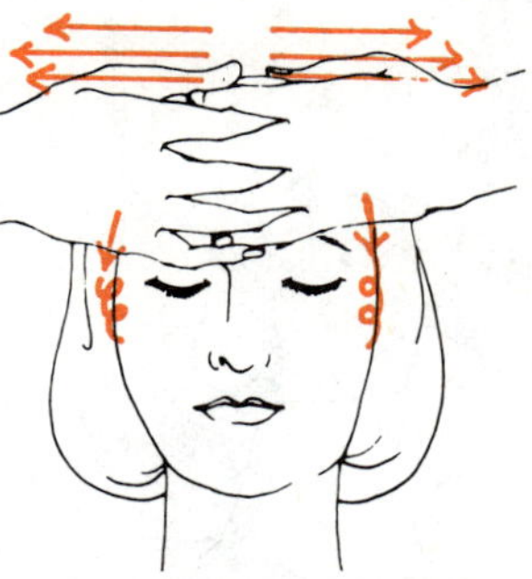

7. MOVIMIENTOS DE PASES O ROCES (DOLOR DE CABEZA).
Deslice los dedos hacia el centro de la frente y entonces, con presión leve, continúe hacia las sienes haciendo en ellas movimientos rotatorios.

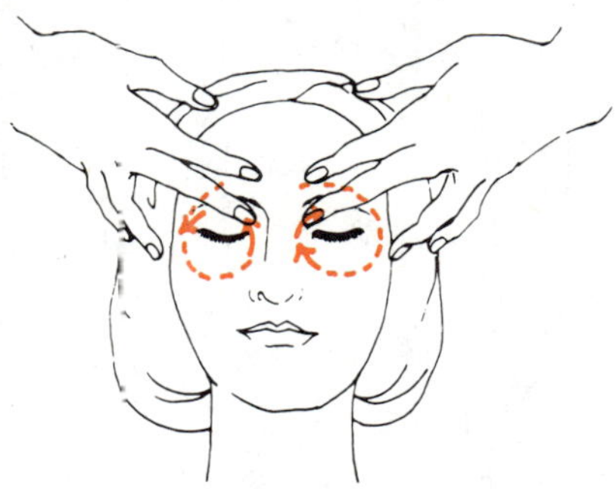

8. MANIPULACIONES ALREDEDOR DE LOS OJOS.
Coloque los dedos mayores de cada mano junto a los lagrimales y los dedos índices sobre las cejas. Deslice los dedos mayores hacia las comisuras exteriores de los ojos (ángulos opuestos a los lagrimales), por debajo de los ojos, volviendo luego al punto de partida.

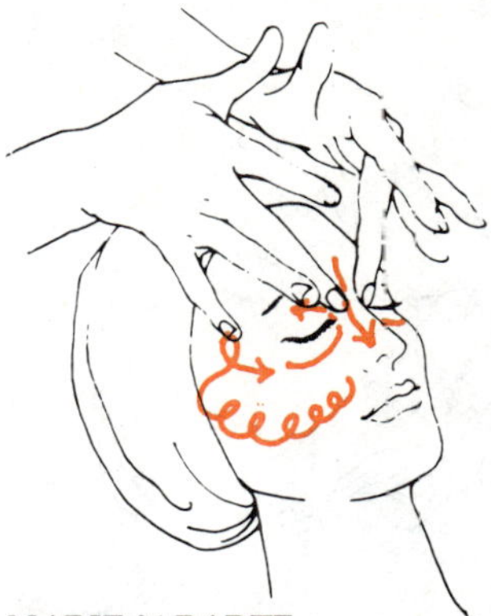

9. NARIZ Y PARTE SUPERIOR DE LAS MEJILLAS.
Deslice los dedos hacia abajo a lo largo del cabellete (lomo) de la nariz. Aplique movimientos rotatorios a todo el ancho de las mejillas, hasta las sienes, girando sobre éstas con suavidad. Deslice los dedos por debajo de los ojos, volviendo al punto de partida, sobre el lomo de nariz.

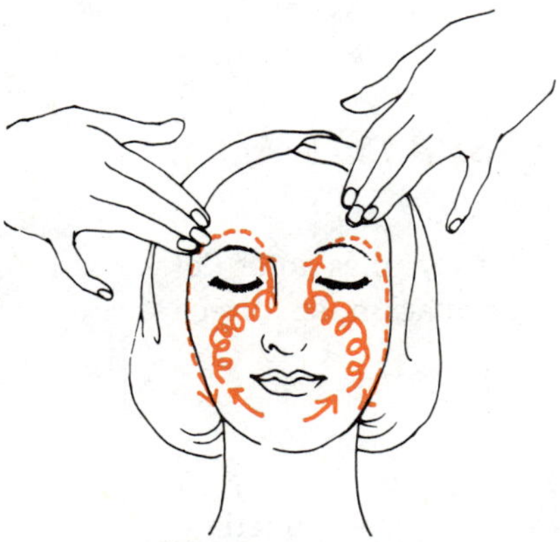

10. MANIPULACIONES EN LA BOCA Y LA NARIZ.
Aplique movimientos circulares desde las comisuras (ángulos) de los labios, hacia arriba, hasta los lados de la nariz. Deslice los dedos por encima de los cejas y, hacia abajo, por las mejillas volviendo a las comisuras de los labios.

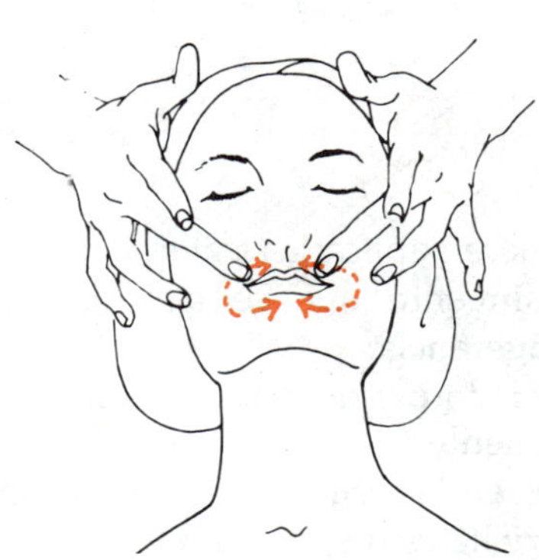

11. MANIPULACIONES ALREDEDOR DE LOS LABIOS Y LA BARBILLA.
Deslice los dedos desde el centro de la parte superior de los labios, alrededor de la boca, hasta el centro de la parte inferior de los labios y alrededor de la barbilla.

12. (MANIPULACION OPCIONAL.)
Sostenga la cabeza con la mano izquierda; deslice los dedos de la mano derecha desde el centro de la parte inferior de los labios, alrededor de la boca, hacia arriba, hasta el centro de la parte superior de los labios.

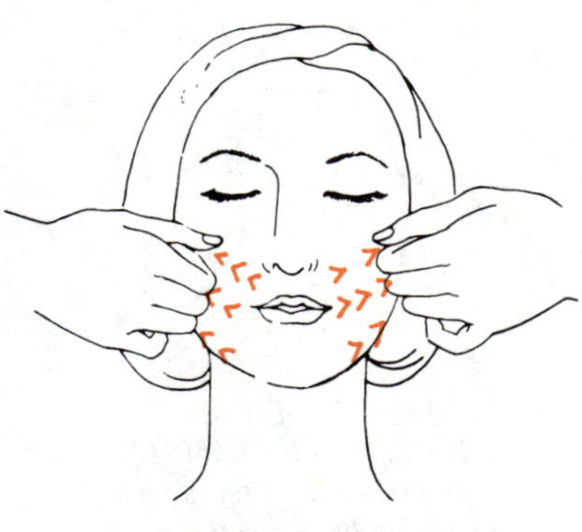

13. MANIPULACIONES PARA LEVANTAR LAS MEJILLAS.
Manipule desde la boca hasta las orejas y luego desde la nariz hasta el ápice del pabellón de cada oreja.

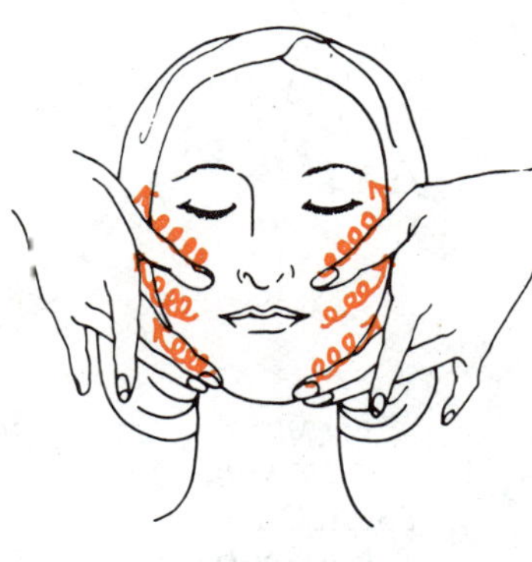

14. MANIPULACIONES ROTATORIAS DE LAS MEJILLAS.
Dé un masaje desde la barbilla hasta los lóbulos de las orejas; entonces desde la boca hasta el trago (prominencia central del pabellón de la oreja) y desde la nariz hasta el ápice del pabellón de cada oreja.

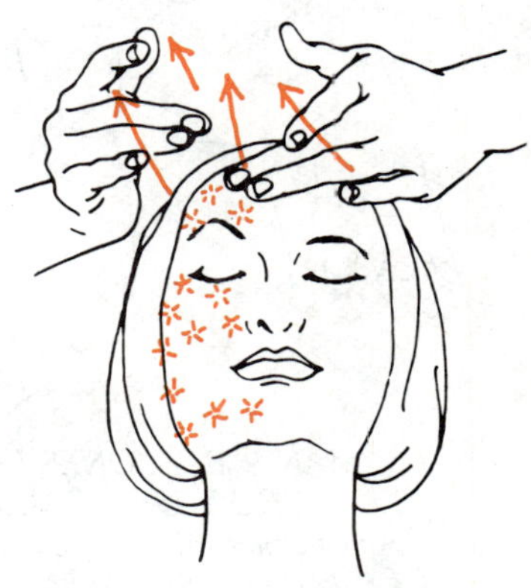

15. MANIPULACION DE GOLPETEO DIGITAL LEVE.
Manipule desde la barbilla hasta el lóbulo de la oreja, desde la boca hasta la oreja, desde la nariz hasta el ápice del pabellón de la opreja y entonces a todo el ancho de la frente. Repita estos movimientos en el otro lado de la cara.

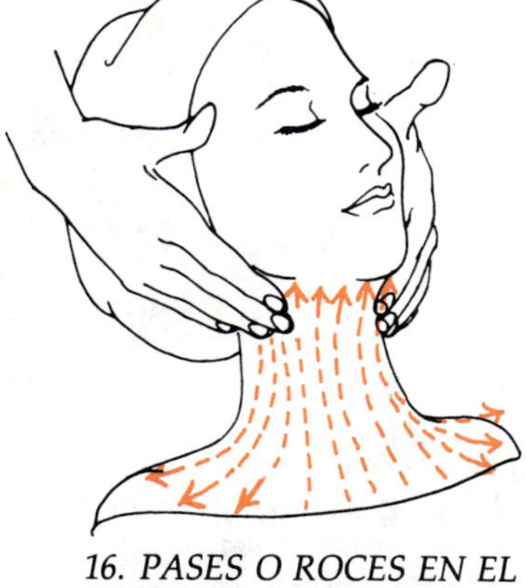

16. *PASES O ROCES EN EL CUELLO.*
Aplique roces leves hacia arriba sobre la parte anterior del cuello. Emplee mayor presión a los lados del cuello con pases hacia abajo.

17. *MOVIMIENTOS CIRCULARES SOBRE EL CUELLO Y EL PECHO.*
Comenzando en la parte posterior de las orejas, aplique manipulaciones circulares descendiendo a lo largo del cuello, sobre los hombros y a todo el ancho del pecho.

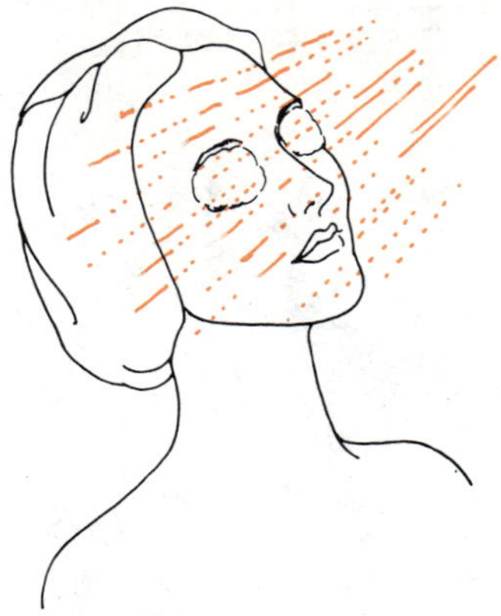

18. *LAMPARA DE LUZ ROJA (OPCIONAL).*
Proteja los ojos de la cliente con compresas; dirija la lampara hacia el rostro de la cliente; mantenga encendida la bombilla durante unos 5 minutos.

MANIPULACIONES EN EL PECHO, LA ESPALDA Y EL CUELLO (OPCIONALES)

Algunas instructoras prefieren aplicarles tratamientos a estas regiones antes del facial corriente. El procedimiento que se describe a continuación se ofrece simplemente a modo de sugerencia:

1. Aplique la crema limpiadora y después quítela.
2. Aplique la crema emoliente.
3. Dé las manipulaciones en la forma que se indica más adelante.
4. Quite la crema con servilletas de papel limpiante o con una toalla húmeda y tibia.
5. Espolvoree un poco de talco ligeramente sobre la espalda y espárzalo.

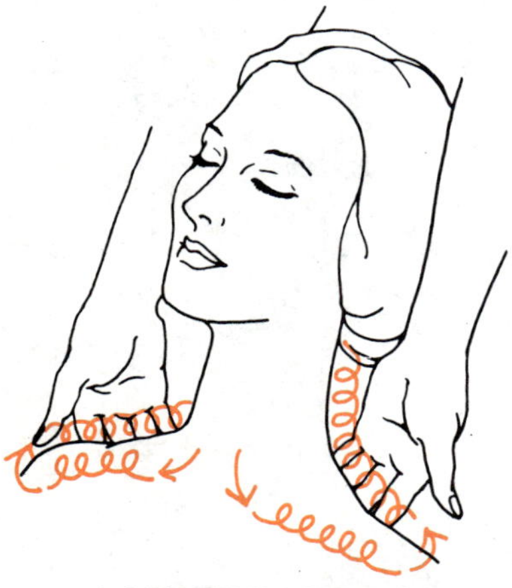

1. *MANIPULACIONES EN EL PECHO Y LA ESPALDA.*
Aplique movimientos rotatorios a todo el ancho del pecho y los hombros, extendiéndolos hasta la espina dorsal. Deslice los dedos hasta la base del cuello. Repita las rotaciones 3 veces.

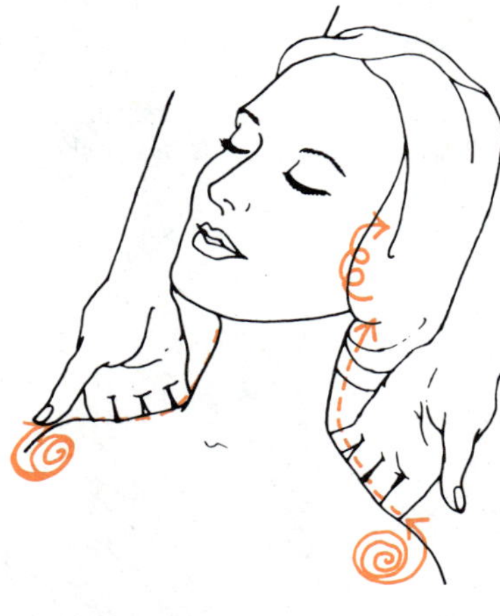

2. *MANIPULACIONES EN LOS HOMBROS Y LA ESPALDA.*
Aplique rotaciones a los hombros 3 veces. Deslice los dedos hasta la espina dorsal y luego hasta la base del cuello. Aplique movimentos circulares ascendiendo hasta la parte posterior de la oreja y deslice entonces las manos hasta la parte que está delante del lóbulo de la oreja. Repita las rotaciones 3 veces.

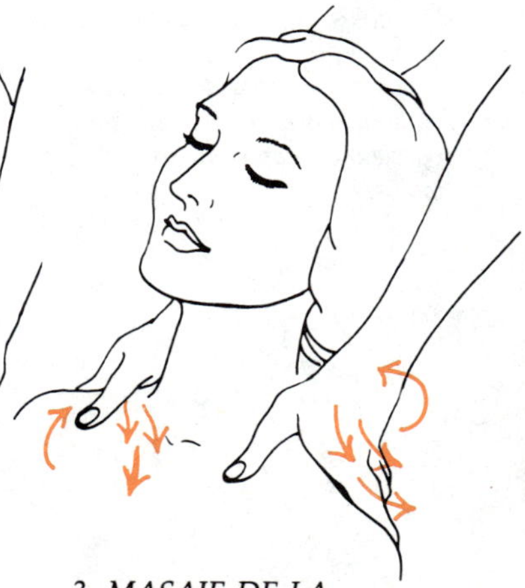

3. *MASAJE DE LA ESPALDA (OPCIONAL).*
Para estimular y relajar los músculos de la cliente, agarre el tejido de la espalda y del cuello entre los dedos pulgar e índice, este último flexo (doblado), de cada mano. Aplique rotaciones 6 veces. Repita la operación sobre los hombros y la espalda hasta la espina dorsal.

PROBLEMAS ESPECIALES

FACIAL PARA CUTIS RESECO

El cutis reseco es causado por una insuficiente afluencia del sebo (aceite) que procede de las glándulas sebáceas. El tratamiento facial para el cutis reseco ayuda a corregir la sequedad de la piel. Puede darse mediante el empleo de una corriente eléctrica o sin ella. Para mejores resultados, se recomienda usar la corriente eléctrica.

PROCEDIMIENTO CON RAYOS INFRARROJOS

1. Prepare a la cliente igual que para un facial simple.
2. Aplíquele la crema limpiadora; quítesela después con servilletas de papel limpiante o con una toalla húmeda y tibia.
3. Aplique aceite lubricante, o crema para los ojos, por encima y por debajo de los ojos.
6. Aplique aceite lubricante sobre el cuello.
7. Cubra los ojos de la cliente con compresas de algodón humedecidas en hamamelina o en una solución de ácido bórico.
8. Exponga la cara y el cuello de la cliente a la luz de la lámpara de rayos infrarrojos durante no más de 5 minutos.
9. Déle manipulaciones durante 3 a 5 minutos.
10. Quítele la crema del masaje y el aceite con servilletas de papel limpiante o con una toalla húmeda y tibia.
11. Aplique una loción cutánea que sea adecuada para un cutis reseco.
12. Seque la cara con servilletas de papel o con una toalla.
13. Aplique una base para el maquillaje y después el maquillaje que sea adecuado al tono de cutis de la cliente.
14. Termine la operación y limpie el lugar donde ha realizado el trabajo igual que cuando da un facial corriente.

ADVERTENCIA

En los casos de piel reseca, evite el uso de cualquier loción que contenga un alto porcentaje de alcohol. Lea las instrucciones del fabricante.

PROCEDIMIENTO CON CORRIENTE GALVANICA

El procedimiento para dar un tratamiento facial en un cutis reseco con corriente galvánica es semejante al que se emplea para dar el tratamiento con rayos infrarrojos, con unas pocas variantes:

1. Repita los Pasos 1 al 3 del Procedimiento con Rayos Infrarrojos.
2. Aplique la corriente galvanica negativa durante 3 a 5 minutos para abrir los poros.
3. Repita los Pasos 4 al 11 del Procedimiento con Rayos Infrarrojos.
4. Aplique la corriente galvánica positiva durante 3 a 5 minutos para cerrar los poros.
5. Repita los Pasos 12 al 14 del Procedimiento con Rayos Infrarrojos.

FACIAL CON CORRIENTE INDIRECTA DE ALTA FRECUENCIA PARA CUTIS RESECO Y ESCAMOSO

1. Siga los Pasos 1 al 8 del Procedimiento con Rayos Infrarrojos.

2. Dé las manipulaciones empleando el método indirecto de aplicación de la corriente de alta frecuencia durante no más de 7 minutos.
3. Aplique 2 ó 3 toallas frías a la cara y el cuello.
4. Pase sobre la cara y el cuello una esponja con una solución refrescante del cutis (astringente suave).
5. Aplique la base para el maquillaje y luego el maquillaje que sea adecuado al cutis de la cliente.
6. Termine la operación y limpie el lugar donde ha realizado el trabajo igual que cuando da un facial corriente.

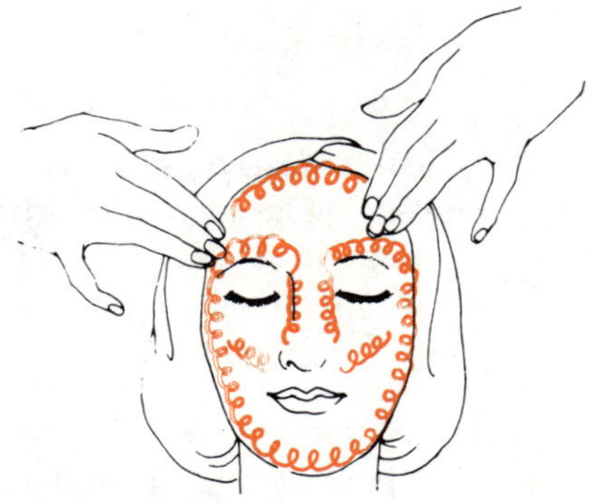

Método con corriente indirecta de alta frecuencia. La cliente sostiene el electrodo.

FACIAL PARA CUTIS GRASIENTO Y ESPINILLAS DE PUNTO NEGRO (COMEDONES)

La piel grasienta, con espinillas de punto negro (comedones) o sin ellas, es causada por el endureciemento de una masa de sebo atrapada dentro de los conductos de las glándulas sebáceas.

Nota: Para una dieta apropiada que reduzca al mínimo la grasa de la piel y las espinillas, la cliente deberá guiarse por los consejos de su médico.

PROCEDIMIENTO

1. Prepare a la cliente igual que para un facial simple.
2. Aplique la crema limpiadora; quítela después con una toalla húmeda y tibia. Si el cutis es extremadamente grasiento, puede lavarse con agua tibia y un jabón medicamentoso.
3. Aplique la loción limpiadora para piel grasienta.
4. Aplique otra vez la crema limpiadora y vaporice la cara con tres o cuatro toallas húmedas y tibias, o aplíquele el vaporizador facial para que se abran los poros.
5. Cúbrase usted la punta de los dedos con servilletas de papel limpiante y apriete el cutis suavemente para extraer las espinillas de punto negro. No apriete demasiado para que no se magulle o se dañe el tejido cutáneo. Las espinillas de punto negro también pueden extraerse con un extractor de comedones desinfectado.
6. Pásele a la cara una esponja con un antiséptico.
7. Cubra los ojos de la cliente con compresas de algodón humedecidas en hamamelina o en una solución de ácido bórico.
8. Aplíquele la luz azul al cutis descubierto durante no más de 3 a 5 minutos.
9. Aplíquele la crema para el masaje que sea adecuada a su condición.
10. Déle manipulaciones.
11. Quite la crema con una toalla húmeda y tibia.
12. Prepare una compresa de algodón humedecida en una loción astringente. Aplíquela a la cara y al cuello con movimientos hacia arriba y hacia afuera para cerrar los poros.
13. Seque la humedad excesiva con servilletas de papel limpiante.
14. Aplique la base para el maquillaje y luego el maquillaje adecuado.
15. Termine la operación y limpie el lugar donde ha realizado el trabajo igual que cuando da un facial corriente.

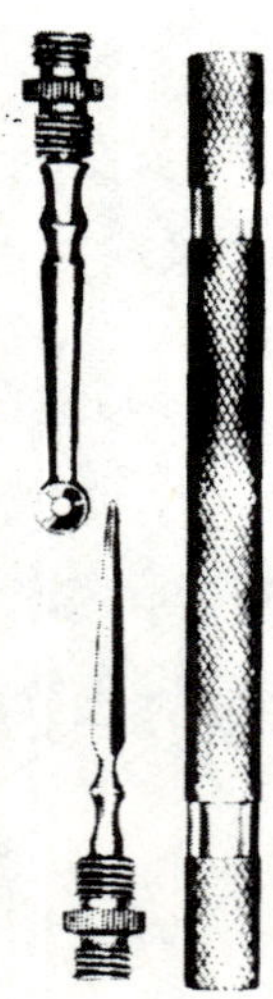

Extractor de comedones.

TRATAMIENTO PARA LAS ESPINILLAS BLANCAS (ACNE MILIAR)

La acné miliar o espinillas blancas es un trastorno cutáneo común que se presenta por la acumulación de materia sebácea dentro o debajo de la piel. Generalmente ocurre en la piel de textura fina. Los orificios de la superficie cutánea pueden ser tan pequeños como para impedir la excreción del sebo. Como resultado de esto, el sebo se acumula en formaciones pequeñas, endurecidas, redondeadas y de color blanco nacarado debajo de la piel.

Este trastorno puede ser tratado bajo la supervisión de un dermatólogo.

FACIAL PARA LA ACNE

Como la acné es un trastorno de las glándulas sebáceas, es necesario tratarla bajo supervisión médica. Si la cliente está sometida a tratamiento médico, el papel de la cosmetóloga se concreta a trabajar en estrecha colaboración con el facultativo y cumplir sus instrucciones en cuanto a la clase y frecuencia de tratamiento que debe seguirse.

Bajo la dirección del médico, la cosmetóloga debe limitar el tratamiento cosmético de la acné a las siguientes medidas:

1. Reducir la grasa del cutis mediante aplicaciones locales.
2. Extraer las espinillas de punto negro con un extractor de comedones desinfectado.
3. Limpiar el cutis.
4. Utilizar preparados medicamentosos especiales.
5. Sugerir una dieta regulada.

EQUIPO, INSTRUMENTOS Y MATERIALES

Pomada o crema para la acné
Loción para la acné
Antiséptico
Crema limpiadora
Loción limpiadora medicamentosa
Toallas
Loción astringente para piel grasienta
Electrodo de cristal para los faciales
Jabón medicamentoso
Tonificador cutáneo
Máscara de algodón
Aparato de alta frecuencia y accesorios
Otros materiales que se emplean en un facial simple

PROCEDIMIENTO

1. Prepare a la cliente igual que para un facial simple.
2. Límpiele la cara con jabón medicamentoso y agua tibia.
3. Aplíquele la pomada o crema para la acné en toda la cara y el cuello.
4. Aplíquele la corriente de alta frecuencia directamente en las partes afectadas durante no más de 5 minutos.
5. Quite la pomada o crema para la acné con servilletas de papel limpiante o con una toalla húmeda y tibia.
6. Empape una máscara fina de algodón en loción para la acné. Aplique la máscara a la cara y a las partes afectadas y vuelva a empaparla en loción para la acné si es necesario. Déjela en la cara durante 10 minutos.

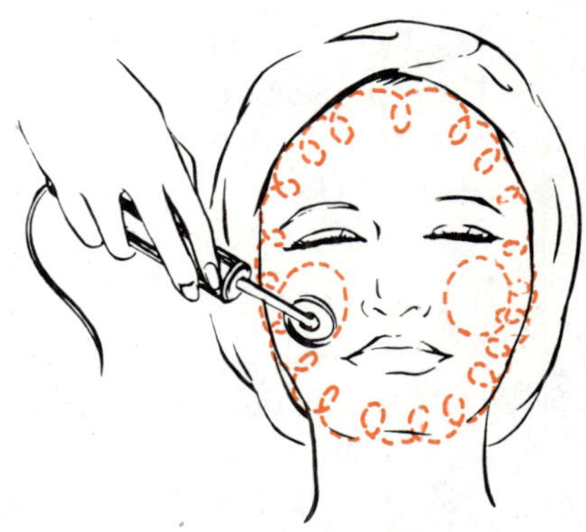

Aplicando la corriente de alta frecuencia con un electrodo facial.

7. Quite la máscara y seque el residuo de loción con una toalla húmeda y fresca.
8. Empape las compresas de algodón en loción astringente y aplíquelas con movimientos de toques ligeros.
9. Humedezca un trozo de algodón en una loción antiséptica y déle un toque a cada espinilla (acné).
10. Aplique únicamente el lápiz labial, a menos que deba utilizar una loción medicamentosa como base.
11. Termine la operación y limpie el lugar donde ha realizado el trabajo igual que cuando da un facial corriente.

ADVERTENCIA

Evite usar el maquillaje facial ordinario.

DIETA PARA LA ACNE

Estudios realizados modernamente demuestran que la acné puede originarse por factores hereditarios o ambientales. Su condición puede agravarse por las presiones emocionales o por una dieta defectuosa. No se cree que la acné sea causada por un alimento o bebida determinados, pero los alimentos ricos en grasa, almidones (féculas) y azúcares tienden a empeorar este trastorno. Una alimientación balanceada así como el beber suficiente agua y observar hábitos saludables de higiene personal son recomendables.

EMPAQUES Y MASCARAS

Los empaques faciales y las máscaras son populares en los salones de belleza. Pueden emplearse como parte de un tratamiento facial o aplicarse como tratamiento independente.

Los **empaques** faciales se recomiendan para el cutis normal o grasiento y, por lo general, se aplican directamente a la piel. Por otra parte, las **máscaras,** como tratamiento facial, se recomiendan para el cutis reseco y se aplican a la piel mediante cubiertas de velo de gasa o caretas preparadas con este material.

EMPAQUES FACIALES

Los empaques de arcilla (barro) y limón generalmente se recomiendan para el cutis normal o grasiento.

Un empaque blanqueador puede emplearse para dismular las pecas. Sin embargo, hasta cinco aplicaciones pueden ser necesarias antes de que se note ninguna mejoría de aspecto.

EQUIPO, INSTRUMENTOS Y MATERIALES

Se emplean todos los instrumentos necesarios para un facial corriente y, además, hamamelina, solución de ácido bórico y empaques faciales.

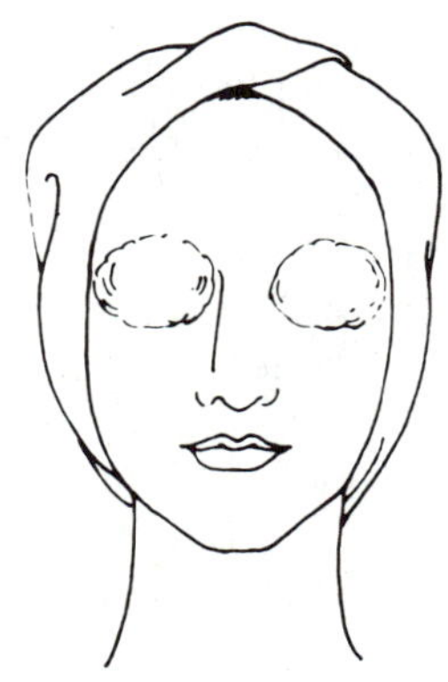

Aplicación del empaque con los ojos protegidos.

PROCEDIMIENTO

1. Dé un facial simple hasta, incluso, quitar la crema del masaje (de los tejidos) después de las manipulaciones.
2. Coloque sobre los ojos compresas de algodón humedecidas en hamamelina o en una solución de ácido bórico.
3. Aplique el empaque seleccionado, ya sea de arcilla, limón o blanqueador. Deje al descubierto la nariz, los ojos y la boca.

Nota: *Si aplica un empaque blanquedor, proteja las cejas con crema emoliente.*

4. Deje el empaque sobre el cutis hasta que se seque. (Siga las instrucciones del fabricante.)
5. Quite el empaque cuidadosamente con una toalla calentada al vapor.
6. Aplique un astringente y séquelo dándole palmaditas.
7. Aplique el maquillaje.

Hay varios empaques comerciales que pueden obtenerse. Siga las instrucciones del fabricante en cuanto a su preparación y aplicación.

EMPAQUE DE HUEVO

Un empaque facial preparado con huevo se recomienda para limpiar los poros y hacer contraer la piel volviéndola tersa. Deberá aplicarse sólo a una piel lo suficientemente vigorosa para que resista su potencia tensora. Un empaque de huevo debe dejarse en la cara de 3 a 5 minutos. No obstante, si la cliente siente cualquier molestia, el empaque debe quitarse inmediatamente con una toalla húmeda y tibia. Después de quitar el empaque, aplique una loción cutánea y seque la cara. Termine la operación igual que cuando da un facial corriente.

MASCARA FACIAL DE ACEITE CALIENTE

Una máscara facial de aceite caliente se recomienda, por lo general, para el cutis reseco y para la piel que tiende a arrugarse. La máscara se aplica directamente a la piel mediante capas de gasa. Estas están provistas de aberturas para la boca, los ojos y las ventanas de la nariz.

EQUIPO, INSTRUMENTOS Y MATERIALES

Se emplean todos los instrumentos necesarios para un facial corriente, además de los siguientes:

- Tijeras
- 2 secciones de gasa o máscara facial preparada con gasa
- Preparación de aceite caliente
- Calentador para el aceite
- Lámpara dérmica con bombilla roja

Las fórmulas para máscaras de aceite caliente pueden contener alguna preparación a base de aceite de oliva y aceite para masajes o partes iguales de crema para masajes y aceite para masajes. La mezcla se calienta en un recipiente pequeño. La máscara facial de gasa se prepara mediante el corte de aberturas con tijeras para dejar al descubierto la boca, la nariz y los ojos.

Existen varias máscaras comerciales que pueden ahora obtenerse. Siga las instrucciones del fabricante en cuanto a su preparación y aplicación.

PROCEDIMIENTO

1. Dé un facial simple hasta, incluso, quitar la crema del masaje.
2. Cubra los ojos con compresas humedecidas en hamamelina o en solución de ácido bórico.
3. Humedezca la máscara facial de gasa con aceite tibio y colóquela sobre cara comenzando por la garganta.
4. Coloque una lámpara dérmica de bombilla roja, o una lámpara de rayos infrarrojos, a aproximadamente 24" (60 cm.) de distancia de la cara de la cliente.
5. Deje que la cliente descanse entre 5 y 10 minutos debajo de la lámpara.
6. Quite la máscara facial de gasa.
7. Déle un masaje adicional o aplíquele crema humedecedora.
8. Déle manipulaciones faciales.
9. Quite la crema con una toalla calentada al vapor.
10. Aplíquele una loción astringente y entonces déle maquillaje.

Máscara facial de gasa.

Lámpara dérmica con bombilla roja.

Existen varias máscaras comerciales que ahora pueden obtenerse. Siga las instrucciones del fabricante en cuanto a su preparación y aplicación.

QUINCE RAZONES POR LAS QUE UNA CLIENTE PUEDE HALLAR DEFECTUOSO UN FACIAL

Una cliente puede encontrar defectuoso un facial que le da la cosmetóloga por cualquiera de las siguientes razones:

1. Mal olor del cuerpo, mal aliento, u olor a tabaco.
2. Daños o rasguños causados en la piel.
3. Masaje excesivo o brusco.
4. Cremas faciales que se corren hacia los ojos.
5. Empleo de toallas que están demasiado calientes.
6. Echar el aliento en la cara de la cliente.
7. No ser lo suficientemente cuidadosa o limpia.
8. No mostrar interés en los trastonos cutáneos de la cliente.
9. Negligencia al quitar las cremas dejando una capa grasienta detrás de las orejas, debajo de la barbilla o en otras partes.
10. No permitirle a la cliente que descanse, ya sea por hablarle constantemente o produciéndole tensión al darle las manipulaciones faciales.
11. Mostrarse desorganizada, yendo con frecuencia a buscar materiales.
12. Manos pesadas, ásperas y frías.
13. Falta de ritmo en las manipulaciones faciales.
14. Darle masaje a los músculos en la dirección errónea.
15. Ejercer demasiada presión en la cara.

PREGUNTAS DE REPASO

TRATAMIENTOS FACIALES

1. ¿Qué beneficios pueden lograrse en la cliente que recibe tratamientos faciales con regularidad?
2. ¿Cuáles trastornos de la piel no deben ser tratados por la cosmetóloga?
3. Cite dos categorías en las que se clasifican los tratamientos faciales.
4. ¿Cómo pueden los tratamientos preventivos mantener la salud del cutis de la cara?
5. ¿Qué trastornos se mejoran con los tratamientos correctivos?
6. Cite seis beneficios específicos de los tratamientos faciales.
7. ¿Con qué frecuencia puede generalmente darse un tratamiento facial?
8. ¿Cuál es el propósito de cubrirle la cabeza a la cliente antes de un facial?
9. ¿Por qué debe analizarse el cutis de la cliente antes de un facial?
10. ¿Cuáles seis decisiones puede tomar la cosmetóloga con la ayuda del análisis cutáneo?
11. ¿Qué instrumento se emplea para sacar la crema de un pote?
12. ¿Cómo deben darse las manipulaciones faciales para producir relajación en la cliente?
13. ¿Hacia qué parte del músculo se dirigen generalmente los movimientos del masaje?
14. ¿Cuál es la causa de una piel reseca?
15. ¿Qué clases de loción deben evitarse al dárlese un tratamiento a la piel reseca?
16. ¿Cuál es la causa de los comedones?
17. ¿Cómo logra la cosmetóloga que se cierren los poros al dar un facial en un cutis grasiento?
18. ¿A cuáles cinco medidas debe la cosmetóloga limitar el tratamiento cosmético de una cliente con acné?
19. ¿Para qué clase de piel se recomiendan los empaques?
20. ¿Para qué clase de piel se recomiendan las máscaras?
21. ¿Cuándo se emplean los siguientes empaques faciales: a) empaque blanqueador; b) empaque de arcilla; c) empaque de limón; d) empaque de huevo?
22. ¿En qué clase de piel se emplea una máscara facial de aceite caliente?

Capítulo 23

MAQUILLAJE FACIAL

OBJETIVOS DE APRENDIZAJE DEL CAPITULO

El (la) estudiante que logre dominar el contenido de este capítulo conocerá:

1. *La composición de los cosméticos faciales.*
2. *Cómo reconocer los diversos tipos faciales.*
3. *El procedimiento para la aplicación del maquillaje.*
4. *Cómo minimizar los defectos faciales mediante el uso del maquillaje correctivo.*
5. *La aplicación correcta del maquillaje según los diversos tipos faciales.*
6. *Las clases de cosméticos para el maquillaje y sus propósitos.*
7. *El maquillaje correctivo apropiado a los ojos, los labios y las mejillas.*
8. *El método de darle forma adecuada a las cejas.*
9. *Las precauciones de seguridad que deben observarse en la aplicación del maquillaje.*

El **maquillaje** se aplica al rostro con el propósito de mejorar su aspecto. El objetivo principal de la aplicación del maquillaje es darle realce a los rasgos favorables de la cara y disimular sus defectos. No existe una norma fija para aplicar el maquillaje. En la práctica de este arte, la cosmetóloga debe analizar cuidadosamente los rasgos faciales de cada cliente y considerar sus necesidades individuales.

El (o la) profesional que aplica el maquillaje debe tomar en consideración la estructura del rostro de la cliente, la relación que existe entre los colores, y los principios básicos de la ilusión óptica. El maquillaje se aplica para crear sombras y luces así como para desarrollar la ilusión de la belleza facial. El aspecto de hermosura puede lograrse coordinando correctamente el maquillaje facial, el estilo de peinado y los colores del vestuario.

PREPARACION

Generalmente el maquillaje se da después de un masaje facial. Si se aplica inmediatamente antes de hacer un peinado, deben retirarse de la cabellera los rizadores y las horquillas, los prendedores o los ganchos.

La cosmetóloga debe sentarse detrás de la cliente, o hacia un lado de ella, para prestarle este servicio. Sin embargo, si es necesario, debe situarse en frente de la cliente para hacer más fácil y práctica la aplicación del maquillaje.

Nota: Lávese las manos y desinfécteselas. Todos los instrumentos que va a utilizar en la remoción del maquillaje viejo y la aplicación del nuevo deben estar desinfectados.

Los productos deben sacarse de los recipientes con una espátula desinfectada o con un aplicador limpio.

COBERTURA

Antes de aplicar el maquillaje, cubra adecuadamente a la cliente para protegerle la piel, el pelo y la ropa. La cliente deberá sentarse el el sillón para faciales, en posición reclinada, con la cabeza ligeremente levantada.

INSTRUMENTOS Y MATERIALES

- Crema limpiadora y loción apropiadas.
- Servilletas de papel limpiante.
- Pedacitos de algodón.
- Esponjillas para cosméticos.
- Compresas de algodón.
- Loción cutánea astringente o refrescante.
- Crema o loción hidratante u otros productos para aplicarse antes de la base del maquillaje.
- Base en forma de crema, líquido o pasta.
- Cosméticos sombreantes o iluminadores para el contorno facial y el maquillaje correctivo.
- Espátulas.
- Toallas desechables.
- Aplicadores desechables de algodón o de punta de fieltro.
- Motas de algodón desechables.
- Sábanas y toallas para cubrir a la cliente.
- Banda o turbante para la cabeza.
- Colorante para las mejillas (colorete) en forma de líquido, crema o polvos.
- Polvos faciales.
- Colorantes y sombras para los ojos.
- Lápices para las cejas.
- Delineador de ojos (en pasta o líquido).
- Rimel (cremoso o seco).
- Aplicadores y cepillos para el maquillaje de los ojos.
- Colorantes para los labios (en varios colores).
- Aplicadores para el colorante de los labios (cepillos y lápices).

COSMETICOS USADOS EN EL MAQUILLAJE FACIAL

BASE DEL MAQUILLAJE

Probablemente ninguno de los cosméticos empleados en el maquillaje facial es tan importante como el denominado "fundamento o base." Su aplicación correcta le imprime al rostro un contorno agradable, empareja el color de la piel, proporciona un apoyo para armonizar los colores, disimula las imperfecciones menores y protege la piel contra la suciedad, el viento y las inclemencias del tiempo. En la aplicación del maquillaje correctivo pueden emplearse hasta tres colores diferentes de base al mismo tiempo.

Los **tonos del cutis** determinan cuál debe ser el color de la base del maquillaje. Dichos tonos cumúnmente se clasifican en blanco, marfil, crema, rosado, encarnado (rojo o colorado), cetrino (lívido o amarillo verdoso), verde oliva, tostado (color canela), pardo (moreno, castaño o marrón) y ébano (negro).

Selección del color de la base. Al elegir el color de la base para una piel clara, generalmente es preferible optar por uno que sea más oscuro que el color natural de la piel. Cuando la piel es oscura, iguale el color de la base con el tono natural de la piel. La selección del color correcto de la base es de extrema importancia para el éxito de la aplicación de todo el maquillaje.

Para una tez cetrina o pálida, una base sonrosada y polvos del mismo color imprimirán, por lo común, la viveza de color deseada.

Para una tez encarnada, una base y polvos de color café con leche (jalde, pajizo o "beige") suavizarán la tonalidad rojiza.

Para todos los demás tonos de tez (claros, medianos u oscuros), seleccione aquella intensidad de tono en la base y en los polvos que mejor combine con el grado de claridad u oscuridad de la piel.

Nota: Una base demasiado clara hace que el rostro parezca pálido y artificial. La aplicación de la base en pocas cantidades resulta muy favorecedora. Aplicarla con exceso es indeseable puesto que le da al cutis un aspecto pastoso.

Selección de la base adecuada. Las bases líquidas y cremosas son las más ampliamente usadas. Estas le dan un ligero brillo a la piel. Las bases acuosas o pastosas le imprimen un tono mate (amortiguado). Hay tres clases de base:

1. **Base cremosa,** la cual imprime el aspecto más natural y da al maquillaje mayor duración. Su fórmula es favorable por igual al cutis reseco y al grasiento.
2. **Base líquida (loción),** que es un colorante en suspensión, contenido en una emulsión de aceite ligero y delicado. Para que se mezcle rápida y eficazmente con el color de la piel, aplíquela a determinada zona del cutis cada vez, mediante roces largos y suaves.
3. **Base compacta (en pasta),** que añade color, hace lucir la piel suave y aterciopelada y ayuda a encubrir las decoloraciones menores del cutis. Se aplica con una compresa húmeda. Es muy eficaz para el cutis grasiento. Para impedir la resequedad, aplique un producto hidratante al cutis seco antes de dar el maquillaje compacto.

Las **manchas cutáneas** pueden ocultarse con la ayuda de:

1. **Base en forma de barrita o lápiz.** Esta clase de base es especialmente útil para encubrir o disimular las manchas menores del cutis. Su ventaja consiste en que puede aplicarse con facilidad a una mancha pequeña y puede producir una cubierta de capa relativamente gruesa.
2. Las **cremas encubridoras de manchas** son semejantes a las cremas básicas pigmentadas.

POLVOS FACIALES

Los polvos faciales mejoran los atractivos generales de la piel, ocultando las manchas cutáneas, atenuando el tono de los colores subidos y el excesivo lustre o brillo, dándole relace al color natural de la tez e impartiéndole a ésta un matiz delicado. Los polvos modernos le imprimen a la piel suavidad aterciopelada.

Los polvos faciales vienen en forma compacta (pastilla) o pulverizada (polvo) en una gran variedad de tonos y en diferentes densidades. Los de densidad ligera o mediana pueden utilizarse en el cutis reseco y en el normal. Los de densidad pesada son mejores para el cutis grasiento. Los polvos faciales deben seleccionarse de modo que se mezclen con el tono del color de la piel.

Por lo general, el tono que se elige para los polvos faciales es el mismo que para la base del maquillaje, o un tono más claro. Sin embargo, pueden utilizarse polvos más oscuros que la base cuando se desea lograr un color más profundo.

Los **polvos translúcidos** (incoloros) se combinan con todas las bases y no desarrollan color al aplicarlos.

COLORES PARA LAS MEJILLAS Y LOS LABIOS

El propósito del **colorete para las mejillas** es darle al rostro un viso de colorido suave. Ayuda a imprimir un mejor contorno a la cara, reduciendo al mínimo los rasgos defectuosos.

El colorete para las mejillas debe combinarse con el color de los labios o debe ser del mismo color que éstos. No obstante, el colorete para las mejillas que sea de un tono más claro que el de los labios es en general preferible a que sea de un tono más oscuro. El color que se da en las mejillas debe lucir menos vívido en plena luz del día que bajo la luz artificial. Los colores vivos llaman la atención hacia la parte del rostro en que se aplican y el maquillaje comienza a tomar un aspecto artificial.

Hay cuatro clases de coloretes para las mejillas: líquido, crema, seco y para aplicarse con cepillo.

1. El **colorete líquido para las mejillas** se mezcla muy bien con la piel y es apropiado para todo tipo de cutis. Aplíquelo sobre la base antes de darle polvo a la cara.
2. El **colorete cremoso para las majillas** es muy parecido a las cremas básicas pigmentadas y a la crema para maquillaje. Este colorete generalmente se prefiere para el cutis reseco o normal.
3. El **colorete seco (compacto) para las majillas** imparte un acabado mate (amortiguado). Si su fórmula es adecuada, se mezcla bien con el maquillaje facial.
4. El **colorete para aplicarse con cepillo en las mejillas** es fácil de usar y se aplica con un cepillo cosmético especial.

El **colorete labial** le da color a los labios y ayuda a corregir la forma de la boca. Una habilidad artística y un fino sentido de la moda son esenciales en la selección del tono o matiz del color para los labios. Otro factor a considerar es si está de moda el lapiz labial claro o el oscuro y si se prefiere una aplicación de capa fina a gruesa.

Los matices y tonos básicos del color para los labios son el rojo azulado, el rojo amarillento, el anaranjado y el rojo puro. Todos los demás tonos y matices de los colores para los labios proceden de estos colores básicos.

El colorete labial viene en forma de barrita, crema o líquido.

MAQUILLAJE PARA LOS OJOS

Los colores y sombras para los ojos se fabrican en azul pastel, turquesa pastel, color de espliego y malva (violeta azulado), gris, azul, verde pastel, plata brillante, azul metálico y tonos de castaño, canela y pardo.

El **color** o **sombra para los ojos,** cuando se aplica a los párpados superiores, sirve de complemento a los ojos haciéndolos lucir más brillantes y expresivos. Por regla general, el color o la sombra para los ojos debe hacer juego con el color natural de los ojos, o debe ser de un tono más claro. El color o la sombra para los ojos que se usa por el día debe ser más sutil, mientras que los colores que se usan por la noche pueden ser menos naturales.

Los colores y las sombras para los ojos vienen en forma de barrita, crema y pasta.

Los **delineadores de ojos** están destinados a aplicarse a los párpados cerca de las pestañas. Se fabrican en tonos sombreados y vienen en forma de lápiz, pasta o líquido, empaquetados con un pequeño cepillo aplicador semirrígido. Los tonos de colores corresponden a los colores y sombras para los ojos, pero son más intensos. El delineador de ojos debe ser del mismo color que el rimel.

Los **lápices para las cejas** se utilizan para modificar el contorno natural de éstas, generalmente después de haberlas entresacado y para acentuar su efecto. Pueden emplearse para oscurecer las cejas, para rellenar aquellos puntos en que éstas son delgadas o escasas y para corregir las mal formadas. Los lápices para las cejas no pueden desinfectarse. Los colores para aplicarse a las cejas con cepillo vienen en forma de polvo y se aplican con un cepillo. Otras clases de colores pueden obtenerse en forma de crema, líquido o pasta y pueden aplicarse también con un cepillo.

El **rimel** (tinte o tizne para los ojos) viene en forma de líquido, pasta y crema. Sus colores son el negro, el pardo y una variedad de otros matices y tonalidades. Cuando se aplica a las pestañas, el rimel las hace lucir más gruesas y largas. También puede emplearse para oscurecer las cejas.

Los colores del rimel y del lápiz para las cejas deben ser iguales o, por lo menos, deben hacer juego entre sí. Generalmente, las pestañas tienen mejor aspecto cuando son más oscuras que las cejas.

PROCEDIMIENTO PARA DAR UN MAQUILLAJE PROFESIONAL

(El procedimiento que aquí se describe puede alterarse para adaptarlo a las prácticas habituales de su instructora.)

1. **Aplique una crema limpiadora o loción.** Extraiga del pote una pequeña cantidad de crema limpiadora con una espátula y colóquela en la palma de su mano izquierda, o déle un toque de loción a un aplicador. Con la punta de los dedos de la mano derecha, dé un toque de crema en la frente, la nariz, las mejillas, la barbilla y el cuello. Esparza la crema sobre la cara y el cuello con manipulaciones circulares ligeras, hacia arriba y hacia fuera.

2. **Quite la crema limpiadora** con bolsitas de papel limpiante envueltas en los dedos índice, mayor y anular, o con pedacitos de algodón humedecido, empleando movimientos hacia arriba y hacia afuera. Cuide de que los movimientos sean especialmente suaves alrededor de los ojos. Si es necesario, aplique la crema limpiadora por segunda vez para quitar el maquillaje espeso o el colorante de los ojos y los labios.

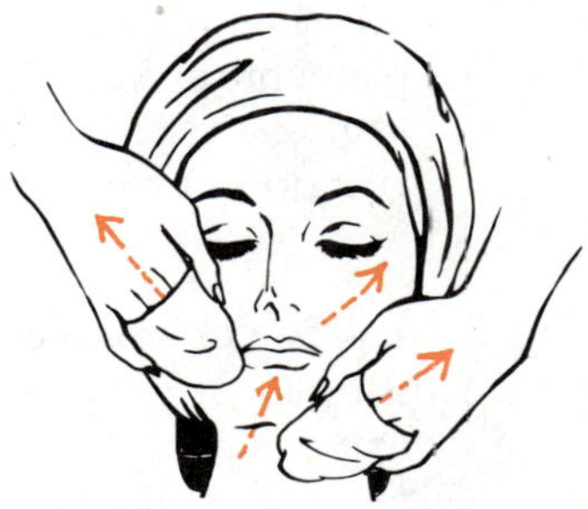

3. **Cejas.** El arqueo de las cejas constituye en sí un tratamiento independiente. El procedimiento para arquear las cejas se describe en otra sección de este capítulo. Sin embargo, algunos vellos rezagados pueden extraerse antes de dar el maquillaje facial tirando de ellos con pinzas en la misma dirección de su crecimiento.

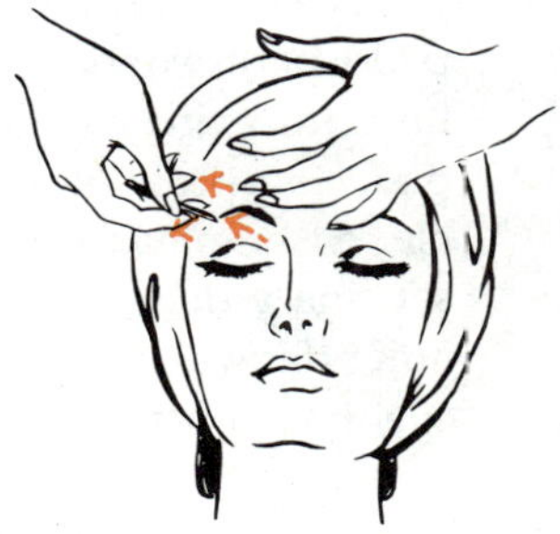

4. **Aplique una loción astringente o un refrescante cutáneo (loción suavizadora).** Para el cutis grasiento utilice una loción astringente; para el cutis reseco, utilice una loción refrescante cutánea (astringente suave). Humedezca una compresa de algodón en la loción y dé con ella toques ligeros en toda la cara, por debajo de la barbilla y en el cuello. Seque el residuo de humedad con servilletas de papel limpiante o con un pedacito de algodón.

5. **Aplique la base para el maquillaje.** Elija la clase y el color de base apropiados. Haga la prueba del color esparciendo la base para combinarla con el tono del cutis sobre la línea de la mandíbula de la cliente. Coloque una pequeña cantidad de la base en la palma de la mano de usted y aplíquela en toda la cara y alrededor del cuello con moderación y uniformidad utilizando la punta de los dedos. Emplee movimientos suaves hacia arriba y hacia afuera. Extiéndala cuidadosamente cerca de la línea del cuero cabelludo y quite el sobrante con una esponja cosmética o con un pedazo de algodón. Cuando sea necesario un hidratante (crema humedecedora), aplíquelo de la misma manera pero antes de aplicar la base.

6. **Aplique el color (o sombra) para los ojos.** Elija el color que haga juego con el de los ojos o que les sirva de complemento. Aplique el color levemente sobre el párpado superior y espárzalo haciéndolo desvanecer con suavidad hacia afuera con el aplicador de color o con la punta de los dedos. Déle sombra a la zona abultada y prominente que está debajo de la ceja o déle luces al pequeño espacio que está entre el párpado y la ceja. Puede elegir un color para los ojos que complemente el color de la ropa. Por ejemplo, el color azul para los ojos puede aplicarse cuando el vestido es azul.

7. **Aplique el delineador de ojos.** El delineador se usa para hacer aparecer los ojos más grandes y las pestañas más gruesas. Seleccione un delineador en pasta o líquido de un color que armonice con el rimel que va a aplicar. Tire del párpado para extenderlo y suavemente dibuje una línea muy fina a lo largo de todo el borde del párpado tan próxima a las pestañas como sea posible. Si emplea lápiz delineador, su punta debe ser fina y debe tenerse cuidado para evitar cualquier daño o malestar que pudiera causársele a la cliente.

8. **Aplique el maquillaje para las cejas.** Cepille las cejas para peinarlas. Aplique el color con lápiz de punta fina empleando movimientos ligeros como pluma. Cepille las cejas cuidadosamente. El color excesivo puede quitarse con un tapón de algodón astado (palito fino con un pedacito de algodón evuelto en la punta).

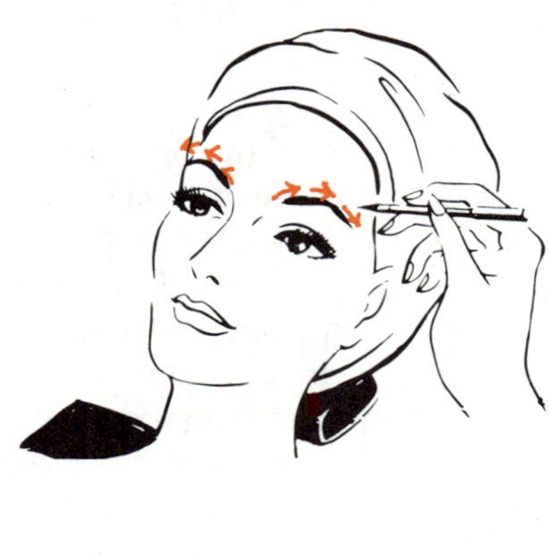

9. **Aplique el rimel.** Pídale a la cliente que abra bien los ojos. Ponga una pequeña cantidad de crema de rimel en un cepillo limpio. Aplique el rimel a las pestañas superiores, cepillándolas suavemente hacia arriba y hacia afuera por la parte de abajo. Esparza suavemente con el cepillo un poco de rimel en las pestañas inferiores. Cuando aplique un rimel seco humedecido, o cuando utilize un aplicador de varita, siga las instrucciones del fabricante.

10. **Aplique el colorante de las mejillas (colorete).** El colorante para las mejillas a veces se aplica después de la base del maquillaje y antes de los polvos. El colorante para las mejillas en forma de polvo seco se aplica con un cepillo después de los polvos. Seleccione el tipo y color apropiados. Haga que la cliente sonría para que se eleven las mejillas. Aplique el colorante para las mejillas en forma de líquido o crema con un aplicador desinfectado y esparza el colorante cuidadosamente hacia arriba y hacia afuera en direción a las sienes.

11. **Aplique los polvos.** Después de aplicar la base, aplique los polvos con una mota de algodón sanitario o con una esponja para cosméticos. Apriete el aplicador sobre la cara y quite el exceso de polvo con un cepillo o con una mota. Sobre el maquillaje terminado puede pasar una esponja para cosméticos humedecida, apretándola suavemente.

12. **Aplique el colorante para los labios (lábiz labial).** El colorante o colorete labial se extrae del envase con una espátula desinfectada. Los labios deben primero delinearse con un aplicador desinfectado, por ejemplo, un cepillo o un lápiz de delinear. Al hacerlo, apoye el dedo anular sobre la barbilla de la cliente para mantener la mano firme. Pídale a la cliente que afloje los labios y que los separe levemente. Aplique el colorante a los labios con el cepillo. Pídale a la cliente que exprese una sonrisa leve para que los labios se estiren y así poder cubrirlos parejamente con el colorante, rellenando cualquier pequeña hendedura o grieta. Después de terminar la aplicación del colorante, seque los labios con una servilleta de papel limpiante.

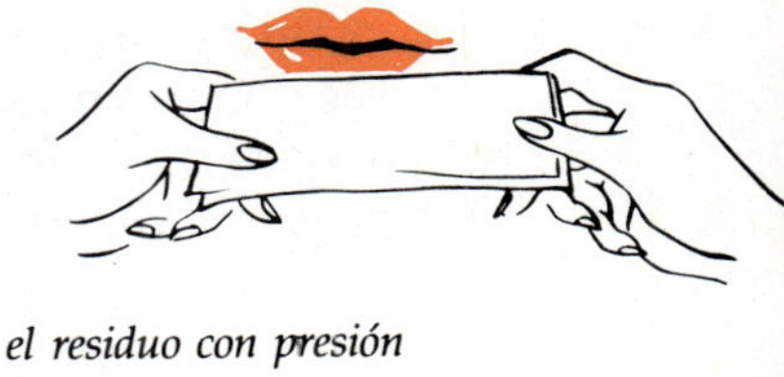

Seque el residuo con presión firme.

TECNICAS DEL MAQUILLAJE PARA LA MUJER DE COLOR

Muchas de las técnicas descritas se emplean al maquillar cualquier tipo de cara. El cutis es analizado y se le da un tratamiento facial según su condición específica, para lo cual se selecciona el maquillaje que le dé relace al color de la piel, los ojos y el pelo de la cliente. La mayoría de los fabricantes de cosméticos ofrecen toda una gama de colores para el maquillaje y algunos de ellos se especializan en el maquillaje para las mujeres de la raza negra.

Antes de aplicar el maquillaje, limpie completamente la cara, utilice un astringente apropiado y aplique una crema hidratante (humedecedora) si hace falta humedecer la tez.

1. El propósito del maquillaje es darle relace a la belleza de la cliente. Un maquillaje adaptado a las necesidades personales de la cliente le proporcionará una mayor confianza al elegir y aplicar el maquillaje.

BASE

El color es importante en la elección de la base para el cutis de la mujer de raza negra. El cutis muy oscuro generalmente requiere menos cantidad de base porque las imperfecciones que en el cutis claro son muy visibles lo son menos en el cutis oscuro. Al elegir la base, el color debe primero probarse sobre el contorno de la mandíbula y debe esparcirse para tener la seguridad de que se combina bien con el color natural de la cliente. Debe evitarse cualquier aspecto cenizoso.

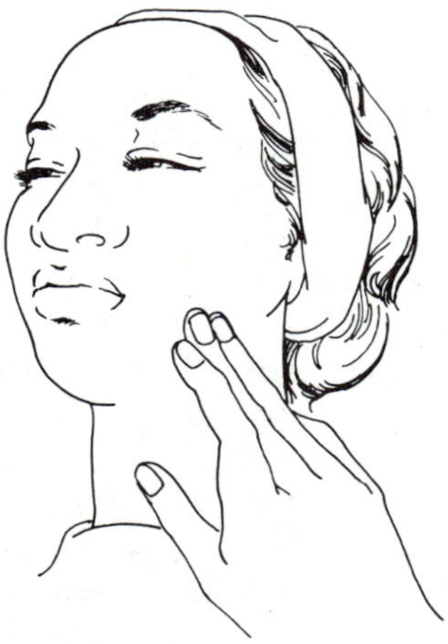

2. Es importante elegir una base o fundamento del maquillaje que haga brillar el tono natural de la piel y que cubra las pequeñas imperfectiones. Los polvos translúcidos pueden utilizarse para rebajar el tono de un brillo excesivo.

POLVOS

Los polvos translúcidos son preferibles, pero puede usarse un polvo matizado (con color) si no altera el color natural cuando se aplica sobre la base.

SOMBRAS DE CONTORNO Y TOQUES DE LUZ

Las sombras y los toques de luz para destacar las facciones mediante el maquillaje tienen fines correctivos, o se emplean para destacar determinados rasgos, y pueden lograrse con la misma eficacia en el cutis oscuro y en el claro. No obstante, si bien es cierto que las sombras no son prominentes en el cutis oscuro, los toques de luz crean planos intreresantes en el rostro negroide cuando se aplican a las mejillas y al centro de la nariz.

3. El colorante para las mejillas debe aplicarse en la parte superior de los pómulos o cachetes. Los colores más profundos son, por lo general, los más favorecedores. Tenga especial cuidado con los coloretes que son de matiz rosado claro o anaranjado.

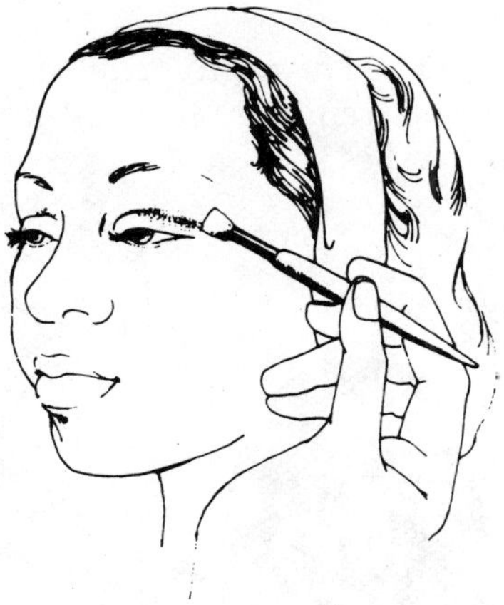

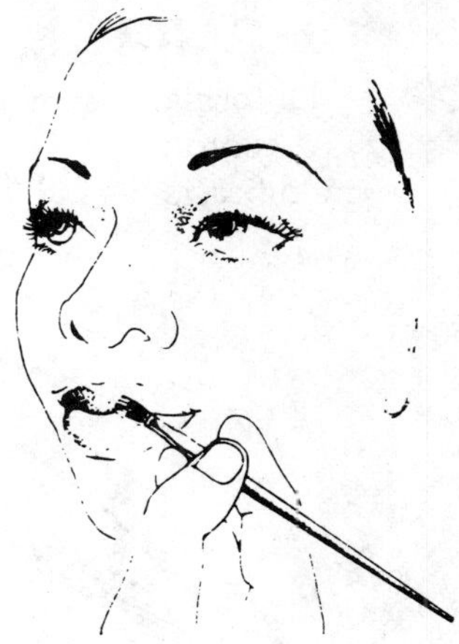

4. Los colores de matiz pastel que en el maquillaje de los ojos lucen bien con un cutis claro a menudo resultarán demasiado pálidos y desteñidos en un cutis oscuro. La sombra para los ojos debe ser de color más profundo y brillante.

5. Las cejas que de por sí son oscuras no deben oscurecerse más con un lápiz negro chillón. Los tonos más suaves y naturales se logran con un lápiz o colorante aplicado con cepillo que tenga un matiz de pardo oscuro o pardo negruzco.

6. La base puede aplicarse sobre los labios y entonces delinearse éstos un poco por dentro del borde natural labial rellenando los labios con color. Cualquier intento de hacer aparecer más pequeña una boca abultada puede darle un aspecto demasiado artificial y debe evitarse.

7. Muchas combinaciones de colores apasionantes en el maquillaje son posibles para la mujer de raza negra. El maquillaje artístico puede darle realce a la belleza de estas mujeres acentuando la serenidad de su elegancia.

MAQUILLAJE PARA LAS DISTINTAS FORMAS DE CARA

La **forma de cara oval** generalmente se acepta como modelo de rostro perfecto. Los contornos y las proporciones de esta forma de cara sirven de base para las modificaciones que se hacen en todos los demás tipos faciales.

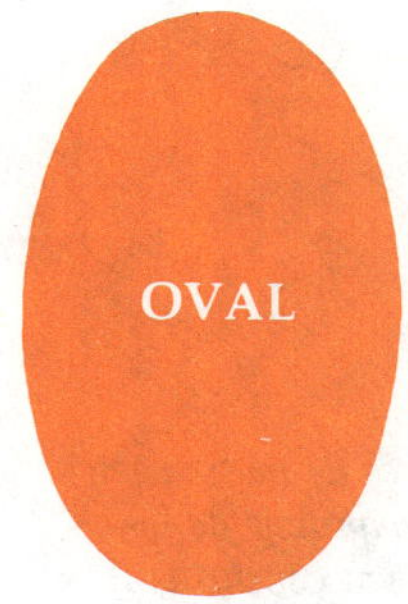

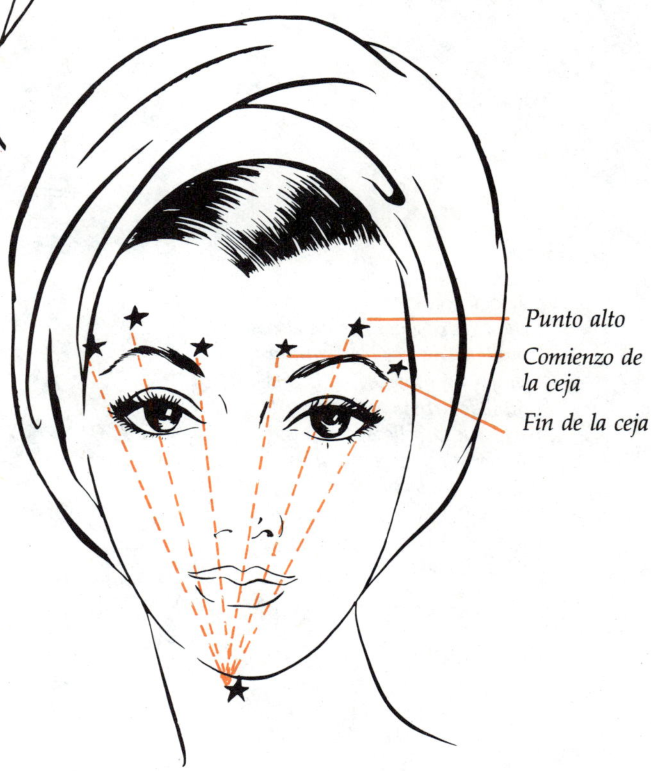

Contorno facial:
Cara oval con facciones ordinarias.

Propósito:
Aplicar el maquillaje de modo que se conserve la configuración oval.

SUGERENCIAS PARA EL MAQUILLAJE

Mejillas: Aplique el colorete para las mejillas sobre los pómulos o cachetes en forma triangular. Espárzalo haciéndolo desvancer tenuemente hacia arriba y hacia afuera, en dirección de las sienes, no extendiéndose más allá de las comisuras (ángulos) exteriores de los ojos.

Cejas: Deben servir de guarnición a los ojos como arcos suaves y naturales.

Labios: Acentúe la doble curvatura natural del borde del labio superior. Delinee el labio inferior de modo que parezca ligeramente más lleno que el labio superior.

PIRIFORME (Forma de pera)

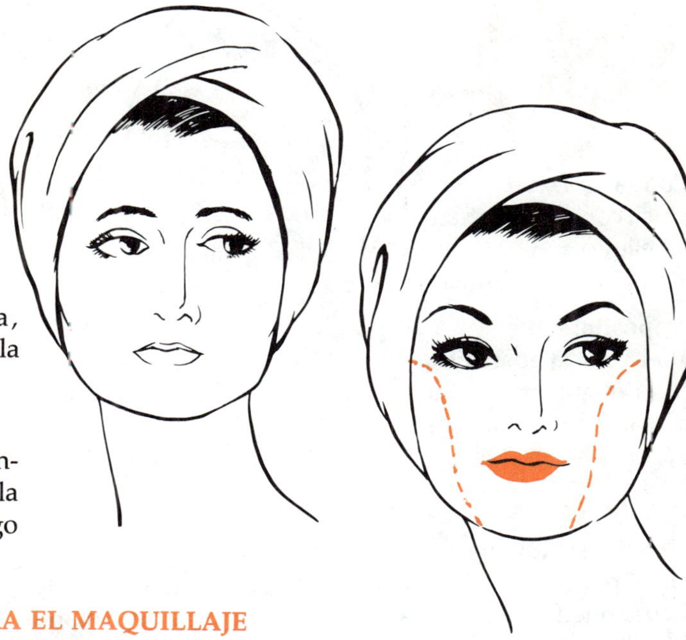

Contorno facial:
Frente estrecha, mandíbula y barbilla anchas.

Propósito:
Crear la ilusión de anchura a través de la frente y a todo el largo de la cara.

SUGERENCIAS PARA EL MAQUILLAJE

Mejillas: Aplique el colorete a los cachetes y extiéndalo hacia abajo, a lo largo de la mandíbula, para crear la ilusión de delgadez. Las sombras, o una base más oscura, pueden aplicarse a una mandíbula ancha o a una papada para reducir el ancho de la cara.

Cejas: Debe conservarse en ellas el arco natural ligeramente elevado.

Labios: Aplique el colorante de los labios para acentuar tanto el labio superior como el inferior.

OBLONGA (Alargada)

Contorno facial:
Cara larga y estrecha con mejillas enjutas (hundidas).

Propósito:
Crear la ilusión de anchura con aspecto de una cara más corta.

SUGERENCIAS PARA EL MAQUILLAJE

Mejillas: Aplique el colorete de las mejillas en la parte alta de los cachetes, no extendiéndose más arriba de las comisuras (ángulos) exteriores de los ojos ni más abajo de la punta de la nariz.

Un cosmético que da sombras o una base más oscura pueden aplicarse a la barbilla y a la frente para crear la ilusión de anchura de la cara.

Cejas: Debe conservarse en ellas el arqueo natural.

Labios: Aplique el colorete de los labios para darles un aspecto de llenura y anchura.

CUADRADA

Contorno facial:
Línea coronal del cuero cabelludo recta y línea mandibular cuadrada.

Propósito:
Adelgazar la apariencia de la cara y contrarrestar la cuadratura de los rasgos.

SUGERENCIAS PARA EL MAQUILLAJE

Mejillas: Aplique el colorete en la parte alta de los cachetes, extendiéndolo hacia abajo, por encima de la mandíbula. Un cosmético que da sombras o una base más oscura pueden aplicarse a la zona prominente de la mandíbula para crear la ilusión de delgadez.

Cejas: Un arco redondeado dará la impresión de suavidad y contrarrestará la cuadratura de la mandíbula.

Labios: Aplique el colorante de los labios para crear llenura y anchura que contrarresten la cuadratura de la mandíbula.

CORDIFORME (Forma de corazón)

Contorno facial:
Frente ancha y barbilla estrecha.

Propósito:
Reducir al mínimo la impresión de anchura a través de la frente y aumentar la anchura a través de la línea mandibular.

SUGERENCIAS PARA EL MAQUILLAJE

Mejillas: Para minimizar el ancho de la frente y las mejillas, aplique el colorete en la parte alta de los cachetes, extendiéndolo hacia las sienes. Un cosmético que da sombras o una base más oscura pueden aplicarse a la frente para minimizar su anchura.

Cejas: No deben estar muy separadas. Su separación debe ser equivalente a la anchura de un ojo entre una y otra. El arco debe ser alto, pero debe conservar el aspecto natural.

Labios: Cuando aplique el colorante de los labios, siga el contorno natural de éstos.

REDONDA

Contorno facial:
Línea coronal del cuero cabelludo y barbilla redondas.

Propósito:
Adelgazar la apariencia de la cara.

SUGERENCIAS PARA EL MAQUILLAJE

Mejillas: La cara redonda parecerá más larga y estrecha si el colorete se aplica en la parte alta de los cachetes, extendiéndolo hacia las sienes. El colorete debe esparcirse y hacese desvanecer gradualmente hacia abajo, a los lados de la cara y hasta por lo menos ½″ (1.25 cm.) hacia afuera de la nariz. Un cosmético que da sombras o una base más oscura pueden aplicarse a la línea de la mandíbula, por debajo de las mejillas, para crear la ilusión de delgadez.

Cejas: Siga el contorno natural de las cejas, evitando arcos altos y redondeados.

Labios: Marque el borde exterior de los labios y llene éstos con color, evitando la llenura excesiva.

ADIAMANTADA

Contorno facial:
Frente estrecha, mucha anchura a través de las mejillas y barbilla estrecha.

Propósito:
Reducir la anchura a través de las mejillas.

SUGERENCIAS PARA EL MAQUILLAJE

Mejillas: Aplique el colorete en la zona ancha de los cachetes. Extiéndalo sin subir más arriba de las comisuras (ángulos) exteriores de los ojos y sin ir más abajo de la parte ancha de la cara. Una base más clara puede aplicarse a la barbilla y a la frente para crear la ilusion de anchura o llenura de la cara.

Cejas: Como la frente es estrecha. las cejas no deben estar muy separadas. Déles una separación equivalente a la anchura de un ojo entre una y otra. Siga el arco natural.

Labios: Siga el contorno natural de los labios, pero evite la llenura exagerada.

MAQUILLAJE CORRECTIVO

El propósito principal del maquillaje correctivo es reducir al mínimo las facciones desfavorables, acentuar los buenos rasgos y crear la ilusión óptica de un rostro oval.

Los rasgos pueden acentuarse con adecuados toques de luz, pueden disimularse con sombreado adecuado y pueden equilibrarse con un peinado de estilo conveniente.

Una regla fundamental para la aplicación del maquillaje es que los toques de luz dan énfasis a un rasgo mientras que el sombreado lo disimula.

Un **toque de luz** se produce cuando en determinada parte de la cara se aplica un tono más claro que el original de la base del maquillaje. Los toques de luz destacan aquellos aspectos de las facciones que se desean hacer resaltar.

Una **sombra** se forma cuando la base del maquillaje que se usa es más oscura que el tono original. El empleo de sombreado (colores oscuros y sombras) minimiza o reduce las facciones prominentes, haciéndolas menos notables.

Cuando se emplean dos tonos de base para el maquillaje, debe tenerse cuidado de mezclarlos correctamente para que no se note una línea de separación.

La **armonía de los colores** puede lograrse cuando los tonos del maqullaje son favorables al color de los ojos, del pelo y de la piel. Para determinar qué colores son los mejores para cada cliente, la artista del maquillaje debe:

1. Analizar el color de la piel, el pelo y los ojos de la cliente.
2. Observar los rasgos faciales de frente y de perfil.
3. Elegir y aplicar aquellos tonos para toques de luz o sombreado en el maquillaje que van a producir los resultados correctivos que se desean.

COMO OCULTAR LAS ARRUGAS CON UNA CREMA BASICA

Las líneas y arrugas producidas por el envejecimiento como consecuencia de la resequedad de la piel pueden encubrirse con la crema básica. Dicha crema ha de usarse con moderación. Debe aplicarse uniformemente con movimientos circulares leves sobre toda la superficie del rostro. Deberá asímismo tenerse cuidado de eliminar de las líneas y arrugas cualquier distribución espesa de la crema básica.

MAQUILLAJE CORRECTIVO EN LA FRENTE

Frente estrecha. La aplicación de una base más clara en la frente le da a ésta un aspecto de mayor anchura entre las cejas y la línea coronal del cuero cabelludo.

Frente abultada. La aplicación de una bas más oscura sobre la zona prominente creará la ilusión de llenura en el resto de la cara y reducirá al mínimo la prominencia frontal.

Con un peinado de estilo apropiado puede hacerse desviar de la frente la atención del observador.

MAQUILLAJE CORRECTIVO EN LA NARIZ Y LA BARBILLA

Nariz grande o protuberante. Aplique una crema básica más oscura en la nariz y otra más clara sobre las mejillas a los lados de la nariz. Esto dará la impresión de llenura en las mejillas haciendo que la nariz parezca más pequeña. Evite aplicar el colorante de las mejillas cerca de la nariz.

Nariz corta y chata. Aplique una base más clara a todo el largo del lomo de la nariz, hasta la punta. Esto hará que la nariz parezca más larga y grande. Si las ventanas de la nariz son anchas, aplique una base más oscura a ambos lados de las alas de la nariz.

Nariz ancha. Aplique una base más oscura en los lados y alas de la nariz. Evite que este tono oscuro se extienda hasta las líneas de la risa porque las acentuaría.

La base para el maquillaje debe esparcirse y hacerse desvancer gradualmente para evitar líneas visibles.

Barbilla saliente y nariz recogida. Aplíquele sombra a la barbilla con una base más oscura y haga destacar la nariz con una base más clara.

Barbilla recogida (pequeña). Déle realce a la barbilla utilizando una crema básica más clara que la que aplica en la cara.

Papada comba. Aplique una base más oscura sobre la parte comba y otra igual al tono natural de la tez en el resto de la cara.

MAQUILLAJE CORRECTIVO EN EL CONTORNO DE LA QUIJADA Y EN EL CUELLO

El cuello y las mandíbulas son tan importantes como los ojos, las mejillas y los labios. Al aplicarles el maquillaje, asegúrese de esparcir la crema básica hasta más abajo del lugar donde termina el borde del escote del vestido para impedir que se vea una línea divisoria.

Mandíbula inferior ancha. Aplíquele una base de tono más oscuro a la zona ancha de la mandíbula comenzando por las sienes. Esto reducirá al mínimo el aspecto de la parte inferior de la cara y creará la ilusión de anchura en la parte superior de la misma.

Mandíbula inferior estrecha. Déle realce al contorno mandibular utilizando una crema básica más clara que la que aplica en el resto de la cara.

Rostro redondo, cuadrado o triangular. Aplíquele una base de tono más oscuro sobre la zona prominente de la mandíbula. Al proyectar una sombra en esta zona, creará la ilusión de figura oval.

Cara pequeña con cuello corto y ancho. Utilice una base más oscura en el cuello que la que aplica en el resto de la cara. Esto hará que el cuello parezca más delgado.

Cuello largo y delgado. Aplique en el cuello una base más clara que en el resto de la cara. Esto dará la impresión de llenura y contrarrestrará la apariencia larga y estrecha del cuello.

MAQUILLAJE CORRECTIVO EN LOS OJOS

Los ojos constituyen un rasgo muy importante del equilibrio del maquillaje facial correcto. El maquillaje del ojo derecho, por lo tanto, es esencial en el maquillaje correctivo de la cara. El crear la ilusión óptica adecuada respecto a la apariencia de los ojos contribuirá mucho al aspecto total de la cara que se desea desarrollar. Los ojos pueden hacerse parecer más grandes o más pequeños mediante el empleo de colores y sombras.

INCORRECTO

CORRECTO

Los **ojos redondos** pueden hacerse parecer más largos extendiendo la sombra más allá de las comisuras (ángulos) exteriores de los ojos.

INCORRECTO

CORRECTO

Ojos muy juntos. Para los ojos que están demasiado próximos entre sí, aplique la sombra levemente hacia arriba desde las comisuras (ángulos) exteriores de los ojos y un cosmético de toques de luz junto a las comisuras interiores.

INCORRECTO

CORRECTO

Los **ojos saltones** pueden disimularse esparciendo la sombra cuidadosamente sobre la parte prominente del párpado superior y extendiéndola levemente hasta la línea de las cejas. Use una sombra oscura como se indica en la ilustración. Evite las cejas redondeadas y altas.

CORRECTO

Ojos de párpados gruesos. Aplique la sombra pareja y levemente a lo largo del párpado, desde el borde del nacimento de las pestañas hasta el pequeño pliegue curvo que está sobre la parte superior de la cuenca del ojo, tal como se observa en la ilustración.

Los **ojos pequeños** pueden hacerse aparecer más grandes extendiendo el sombreado o el colorante para los ojos ligeramente por encima de ellos, más allá y por debajo.

Ojos muy separados. Para los ojos demasiado separados entre sí, aplique la sombra en la parte superior del párpado, cerca de la comisura (ángulo) interior de cada ojo.

Ojos hundidos. Aplique muy poca sombra sobre los párpados cerca de las sienes y ninguna sombra en la parte próxima a la nariz, ni en la comisura (ángulo) interior del ojo.

Ojeras. Aplique una crema básica clara haciéndola desvanecer tenuemente hacia la zona oscura.

Ojos abultados. Aplique una crema básica que sea de un tono más oscuro en la zona carnosa.

MAQUILLAJE CORRECTIVO EN LOS LABIOS

Labio inferior delgado. Utilice un lápiz colorante de labios para extender el borde curvo del labio inferior igualándolo con el tamaño del labio superior.

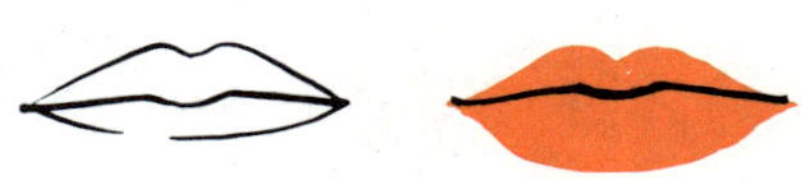

Labio superior delgado. Ensanche la curva del labio superior para igualarla con la anchura del inferior.

Labios delgados. Ensanche ambos labios con una curva suave.

Boca pequeña. Extienda los bordes laterales de ambos labios y las comisuras (ángulos) de la boca.

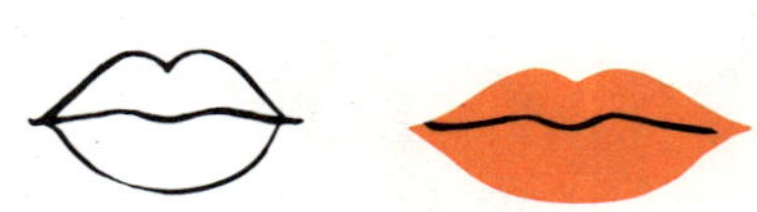

Comisuras caídas. Ensanche el labio superior hacia las comisuras.

Labios grandes y carnosos. Aplique la pintura labial por dentro del borde del labio. Un colorante más claro puede aplicarse a los labios y entonces aplicarle al centro de ambos labios un color más profundo con un cepillo.

Boca demasiado ovalada. Emplee un lápiz colorante de labios para trazar una suave depresión curva en el borde del labio superior (en forma de arco de Cupido).

Arco de Cupido aguzado. Utilice un lápiz colorante de labios para suavizar las cúspides agudas del labio superior. Rellene el arco de Cupido (borde bicurvo) del labio superior con colorante labial y ensanche los bordes laterales de ambos labios.

Labios disparejos. Use un lápiz colorante de labios para corregir los bordes desiguales de los labios hasta dejarlos parejos. Rellene estas zonas tal como se observa en la ilustración.

ARQUEO DE LA CEJAS

La configuración adecuada de las cejas tiene un efecto notable en el embellecimiento y contorno del rostro.

El arco natural de las cejas sigue el borde de la estructura ósea o línea curva superior de las órbitas oculares (cuencas de los ojos). La mayoría de las personas presentan un crecimiento irregular de vellos por encima y por debajo de la linea natural de las cejas. Estos vellos deben extraerese para darles a las cejas un aspecto pulcro y atractivo.

Algunas clientes no pueden resistir que se les extraigan con pinzas los vellos de las cejas porque tienen un cutis muy sensible alrededor de los ojos. En este caso son convenientes el afeitado o la depilación con cera. Las instrucciones sobre cómo aplicar un depilatorio ceroso aparecen en el capítulo **Eliminación del Vello Superfluo.**

INSTRUMENTOS, SUMINISTROS Y MATERIALES

Crema emoliente	Cepillo para las cejas	Loción astringente
Compresas de algodón	Toalla	Loción antiséptica
Servilletas de papel limpiante	Pinzas para cejas	Lápiz para cejas

PROCEDIMIENTO PARA ARQUEAR LAS CEJAS

1. **Prepare a la cliente.** Siente a la cliente en el sillón para faciales y reclínela en la posición acostumbrada para un masaje facial. La cliente también puede sentarse en posición semierecta y entonces la cosmetóloga se sitúa a un lado para realizar su trabajo.
2. **Seleccione el estilo de arco.** Decida de acuerdo con la cliente la configuración de cejas que mejor convenga a las características faciales de ésta.
3. **Cubra los ojos de la cliente** con compresas de algodón humedecidas en hamamelina o en una solución de ácido bórico.
4. **Cepille las cejas** con un cepillo pequeño para sacarles el polvo y la descamación.

5. **Ablande las cejas.** Empape dos compresas de algodón, o una toalla, en agua caliente y colóquelas sobre las cejas. Déjelas allí bastante tiempo para que el tejido subyacente se ablande y afloje. Las cejas y la piel que las rodea pueden ablandarse haciendo penetrar en ellas una crema emoliente mediante frotes.

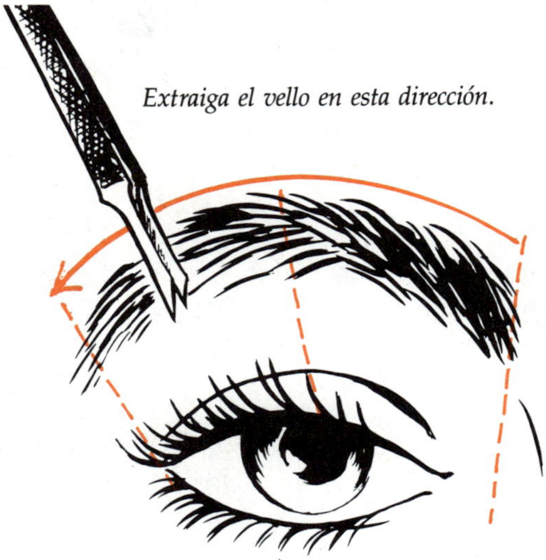

6. **Extracción con pinzas.** Al utilizar las pinzas, estire la piel con los dedos índice y pulgar (o con el índice y el mayor) de la mano izquierda. Prenda los vellos, uno a uno, tirando con movimiento súbito en la misma dirección del crecimiento del pelo. Pásele frecuentemente a la zona el algodón humedecido con una loción antiséptica para evitar infecciones. Los vellos que sobresalen entre las cejas y por encima de la línea de éstas son los primeros que deben extraerse ya que la zona que está debajo de la línea de las cejas es mucho más sensible.
7. **Extraiga los vellos de encima de la línea de las cejas.** Cepille los vellos hacia arriba. Déle configuración a la parte inferior de una de las cejas y entonces déle configuración a la otra. Humedezca la zona con un antiséptico frecuentemente.
8. **Extraiga los vellos que están debajo de la línea de las cejas.** Cepille los vellos hacia arriba. Déle configuración a la parte inferior de una ceja y entonces cepille la otra. Humedezca la zona con un antiséptico.

   (Opcional: Aplique una crema emoliente y déles masaje a las cejas. Quite la crema con servilletas de papel limpiante.)

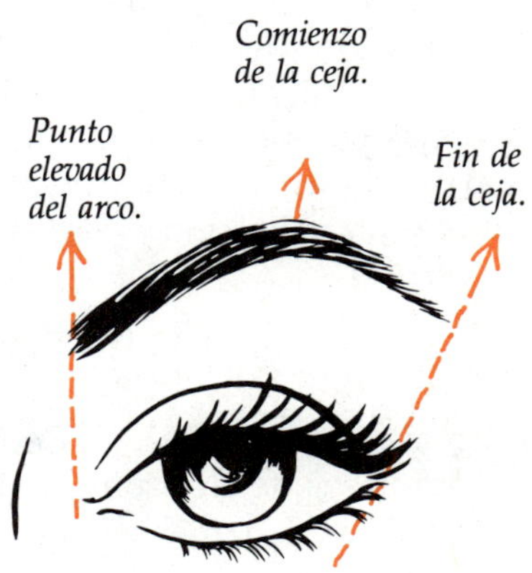

9. **Aplique un astringente.** Después que haya terminado de depilar con las pinzas, humedezca las cejas y el cutis circundante con un astringente para que el tejido se contraiga.
10. **Aplique el maquillaje para las cejas.** Cepille las cejas hasta dejar los vellos en su posición normal. Utilice el lápiz para las cejas donde sea necesario.

Las cejas deben depilarse una vez a la semana aproximadamente.

COMO UTILIZAR EL LAPIZ PARA LAS CEJAS

Si la cliente desea que le corrijan las cejas mal formadas, extraiga todos los vellos superfluos y enséñsele entonces a manejar el lápiz para cejas hasta que los vellos necesarios hayan vuelto a crecer.

Cuando haya espacios sin vellos en las cejas, éstos deben oscurecerse con el lápiz para cejas mediante pases que dejen marcas de rayas finas. Utilice el cepillo para cejas con el fin de suavizar las marcas del lápiz.

Cuando el arco es demasiado alto, extraiga los vellos superfluos de la parte superior de las cejas y rellene la parte inferior con el lápiz para cejas. **Cuando el arco es demasiado bajo,** extraiga el vello superfluo de la parte inferior y utilice el lápiz para darle grosor a la configuración de las cejas.

COLOCACION Y CONFIGURACION CORRECTIVAS DE LAS CEJAS

Frente ancha. Los arcos de las cejas pueden elevarse levemente para contrarrestar el efecto de una frente ancha. Evite darle a la cliente una expresión de sorpresa.

Frente estrecha. Los arcos bajos le dan mayor anchura a la frente muy estrecha.

Ojos muy separados. Los ojos pueden hacerse parecer más próximos entre sí extendiendo la línea de las cejas hacia la comisura (ángulo) interior de los ojos. Sin embargo, debe tenerese cuidado para no darle a la cliente una expresión severa.

Ojos muy juntos. Para hacer que los ojos parezcan más apartados entre sí, aleje las cejas una de otra ensanchando la distancia que las separa; también debe extender las cejas algo hacia afuera.

Rostro redondo. Eleve el arco de las cejas para darle a la cara un aspecto más estrecho. Comience la línea directamente encima de la comisura (ángulo) interior del ojo y extiéndala hasta el final de los pómulos o chachetes.

Rostro oblongo. La ilusión de un rostro más corto puede crearse haciendo que las líneas de las cejas sean casi rectas. No extienda las cejas más allá de los extremos de los ojos.

Rostro triangular. Para contrarrestar la frente estrecha, las cejas deben arquearse algo pero solamente hacia los extremos. Comience la línea directamente encima de las comisuras (ángulos) interiores de los ojos y continúela hasta el final de los pómulos o cachetes.

Rostro cuadrado. La cara parcerá más ovalada si los acros de las cejas se hacen altos hacia los extremos. Comience la línea directamente encima de las comisuras (ángulos) interiores de los ojos y extiéndala hacia afuera.

EFECTOS DE LA MODA EN EL MAQUILLAJE PARA LOS OJOS Y LAS CEJAS

Natural.

Efecto oblícuo oriental.

Dramático.

Nocturno.

Diurno.

Exótico.

COSMETICOS PARA MAQUILLAJE

Cosméticos	**Formas en que se obtienen**	**Usos**
Polvos Faciales	Pasta o polvo	Quitan el brillo a la cara. Ayudan a fijar el maquillaje. Le dan a la cara un acabado mate (apagado).
Base (Clara o con matiz)	Crema, líquido, pasta	Base para el maquillaje
Colorante para los labios (Lápiz labial)	Barrita, crema, líquido	Dan a los labios color y brillo
Color para las mejillas (Colorete)	Crema, seco (compacto), líquido, aplicable con cepillo	Dan a las mejillas un brillo cálido y suave
Rimel	Pasta, crema, líquido	Añade color a las pestañas
Delineador de ojos	Pasta, lápiz, líquido	Da realce a los ojos
Sombra para los ojos	Barrita, crema, pasta	Añade color a las pestañas
Colorante para las cejas	Lápiz o polvo	Define las cejas imprimiéndoles líneas finas en sus bordes
Astringente (Refrescante cutáneo)	Líquido o crema	Cierra los poros de la piel grasienta
Crema hidratante (humedecedora)	Emulsión o crema gruesa	Ayuda a conservar la humedad de la piel

PRECAUCIONES DE SEGURIDAD

1. Lávese y desinféctese las manos antes y después de cada tratamiento de maquillaje o después de haber tocado cualquier objeto no relacionado con el tratamiento.
2. Cubra a la cliente correctamente (para su protección).
3. Desinfecte todos los cepillos después de usarlos.
4. Utilice solamente cepillos e instrumentos desinfectados.
5. No permita que ninguna loción, antiséptico, astringente o maquillaje de los ojos penetre en los ojos de la cliente.
6. Sáquele punta a los lápices de cejas y de delinear ojos después de usarlos.
7. Retire y bote todos los materiales desechables (por ejemplo, las esponjas) después de usarlos.
8. Lave y desinfecte todas las sábanas y paños que han estado en contacto con el cuerpo de la cliente.
9. Utilice una espátula para sacar las cremas de los recipientes.
10. Mantenga sus uñas redondeadas y lisas para no rasguñar a la cliente.
11. Utilice un envase para los polvos que sea del tipo salero (que esparza el polvo agitándolo).
12. Vierta cualquier clase de loción inclinando el frasco que la contiene.
13. No aplique el colorante para los labios, ya sea líquido o crema, directamente sobre los labios de la cliente. Utilice un cepillo.
14. Aplique un antiséptico en las zonas donde ha extraído vellos con pinzas para evitar una infección.
15. Proteja el pelo y la piel de la cliente de cualquier contacto directo con la silla de faciales.

PREGUNTAS DE REPASO

MAQUILLAJE FACIAL

1. ¿Con qué propósito se le da maquillaje a la cara?
2. ¿Por qué es importante la base o fundamento del maquillaje facial?
3. ¿Qué efecto tiene en el aspecto de la cara el uso de una base demasiado clara?
4. Nombre tres clases de base para el maquillaje.
5. ¿Qué clase de base puede utilizarse para la:
   a) piel gasienta?
   b) piel reseca?
6. ¿Qué dos clases de cosméticos se usan para cubrir las manchas?
7. Enumere los cuatro modos en que los polvos faciales mejoran el aspecto general de la piel haciéndolo más atractivo.
8. ¿Qué finalidad se persigue con el uso del colorete para las mejillas?
9. Nombre cuatro clases de colorete para las mejillas.
10. ¿Qué beneficio especial produce cada uno de los siguientes coloretes pare las mejillas:
    a) líquido?
    b) crema?
    c) seco (compacto)?
    d) aplicable con cepillo (en polvo)?

11. ¿Por qué dos razones se emplea el colorante para los labios?
12. ¿Cuáles son los cuatro colores o matices básicos del colorante para los labios?
13. ¿En qué zona se aplica el delineador de ojos?
14. ¿A qué partes se aplican los siguientes maquillajes para los ojos:
    a) sombra para los ojos?
    b) rimel?
    c) lápiz para las cejas?
15. ¿Qué efecto se produce con el uso de:
    a) sombra para los ojos?
    b) rimel?
    c) lápiz para las cejas?

ARQUEO DE LAS CEJAS

1. ¿Por qué es importante el arqueo de las cejas?
2. ¿Cuál es la forma correcta de sacar las cejas con pinzas cuando se perfila el arco?
3. ¿Por qué se aplica un antiséptico a las zonas en que se han extraído los vellos con pinzas durante el arqueo de las cejas?
4. ¿Por qué se aplica un astringente después de sacar las cejas con pinzas?
5. ¿Con qué frecuencia debe darse un tratamiento de cuidado de las cejas?
6. ¿Cómo pueden rellenarse los espacios de las cejas desprovistos de vellos?

Capítulo 24

PESTAÑAS POSTIZAS

OBJETIVOS DE APRENDIZAJE DEL CAPITULO

El (la) estudiante que logre dominar el contenido de este capítulo conocerá:

1. *La razón por la cual se usan las pestañas postizas.*
2. *Las dos clases de pestañas postizas.*
3. *Cómo elegir las pestañas adecuadas.*
4. *Cómo aplicar y quitar las pestañas en serie.*
5. *El significado de la "añadidura de pestañas."*
6. *El procedimiento para fijar y quitar las pestañas semipermanentes.*
7. *Cómo tratar el problema de los trastornos que afectan a las pestañas.*
8. *Las precauciones de seguridad que deben observarse al aplicar las pestañas artificiales.*

Una cara bien maquillada require la correcta aplicación de cosméticos que armonicen con el color natural de la piel. También requiere la formación y configuración de pestañas que vengan de acuerdo con el aspecto general del rostro y le den realce. Cuando las pestañas naturales no son lo suficientemente largas o gruesas para que den una impresión completamente satisfactoria, se recurre a la aplicación de pestañas artificiales.

Hay dos tipos básicos de pestañas postizas de uso general. Tales son:

1. Pestañas en serie.
2. Pestañas individuales semipermanentes (apéndices añadidos a las pestañas naturales).

APLICACION DE LAS PESTAÑAS EN SERIE

Las pestañas en serie pueden obtenerse en varios tipos, tamaños y texturas. Pueden estar hechas de cabello humano o de fibra sintética. Las pestañas de fibra sintética vienen ya con una ondulación permanente y no presentan reacciones a los cambios del estado del tiempo.

EQUIPO, INSTRUMENTOS Y MATERIALES

Recipiente sanitario húmedo para desinfectar los instrumentos metálicos.

Pestañas en serie
Pinzas para pestañas
Tapones de algodón astados
Cepillo para pestañas
Espejo de mano
Tijeras para manicura

Pegamento para pestañas
Servilletas de papel limpiante
Bandeja para el pegamento
Limpiador de párpados y pestañas
Removedor de pestañas

Removedor del maquillaje de los ojos (transparente)
Mesa para manicura
Lámpara orientable (de brazo acodado en forma de cuello de cisne)
Silla propia para reclinarse

PROCEDIMIENTO

1. Lávese las manos y desinfécteselas.
2. Asegúrese de que tiene a mano todos los materiales necesarios e instrumentos desinfectados.
3. Coloque a la cliente en la silla de reclinarse con la cabeza a una altura cómoda para el trabajo que va a realizar.
4. Asegúrese de que la cara de la cliente está bien iluminada. Sin embargo, para comodidad de la cliente, no le enfoque la lámpara directamente sobre los ojos.
5. Si la cliente no lo ha hecho de antemano, proceda a quitarle todo el maquillaje de los ojos. Si las pestañas no están completamente limpias, el pegamento no se fijará correctamente.
6. Si la cliente usa lentes de contacto, éstos deben quitarse antes de aplicarle las pestañas postizas.
7. Cepille las pestañas de la cliente para asegurarse de que quedan limpias y están libres de cuerpos extraños. El cepillado también hace que las pestañas se separen.
8. Consulte con la cliente sobre el largo de pestañas que desea y el efecto que pretende crear. Trate de lograr un efecto que haga lucir las pestañas más llenas, más atractivas, pero no de apariencia artificiosa.
9. Siempre realice el trabajo situándose detrás de la cliente, excepto cuando vaya a aplicar las pestañas inferiores.
10. Extraiga la serie de pestañas de la caja cuidadosamente.
11. Siga las instrucciones del fabricante con mucha precaución.
12. **Comience con las pestañas superiores.** Si la línea en que están ensartadas las pestañas es demasiado larga para adaptarse a la curvatura del párpado superior, recórtela en los extremos. Utilizando los dedos, doble la serie de pestañas hasta darle la figura de una herradura de caballo. Esto las hace más flexibles y así pueden adaptarse mejor al contorno del párpado. (Fig. 1.)

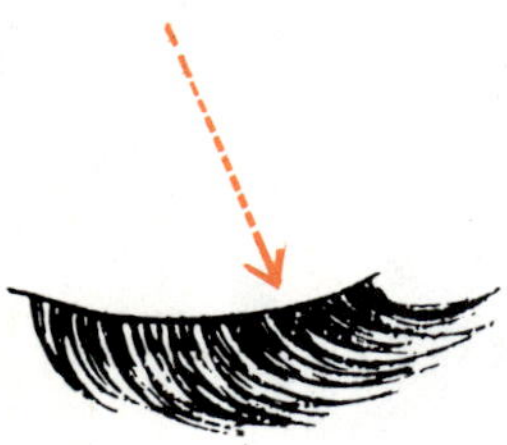

Fig. 1

Fig. 2

Fig. 3

13. **Desempareje el largo de las pestañas.** Esto se hace cortando las puntas de algunas de ellas con la punta de las tijeras, lo cual les da un aspecto más natural.
14. **Aplique una faja estrecha de pegamento para pestañas** a la base de las mismas y espere unos segundos para fijarlas. (Fig. 2.)
15. **Aplique las pestañas.** Empiece con la parte más corta de las pestañas (parte interior) y colóquela en una posición que quede entre la comisura (ángulo) interior del ojo y el punto donde comienza la curva del iris. Fije el resto de las pestañas lo más cerca posible de las pestañas naturales de la cliente. El extremo redondeado del cepillo para pestañas puede utilizarse para apretar y fijar las pestañas. (Fig. 3.) La línea generalmente se dibuja antes de aplicar las pestañas y se retoca después de que éstas han quedado en su lugar. (Fig. 4.)
16. **Aplique las pestañas inferiores.** El pegamento para pestañas se emplea de la misma manera en que se hizo con las pestañas superiores. Las pestañas se aplican encima de las pestañas inferiores. Las pestañas más cortas deben aplicarse hacia el centro del ojo y las más largas hacia la comisura (ángulo) exterior del ojo.

Fig. 4

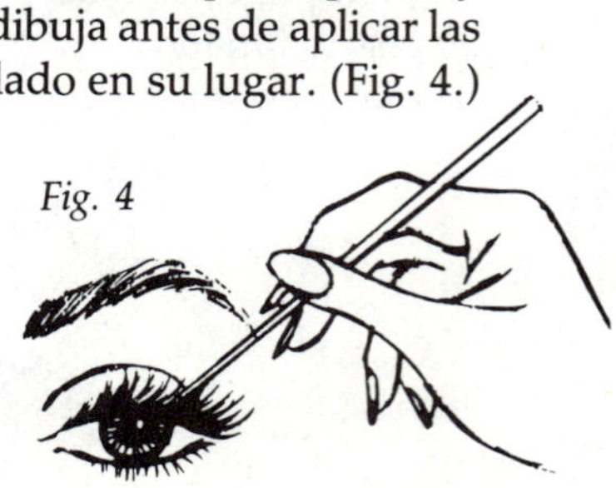

Pestañas naturales separadas.

Las mismas pestañas con pestañas postizas añadidas.

COMO QUITAR LAS PESTAÑAS POSTIZAS EN SERIE

Existen preparados comerciales (por ejemplo, cojincillos empapados en lociones especiales) que facilitan la remoción de las pestañas artificiales. La base de las pestañas puede ablandarse también aplicando a la cara un paño empapado en agua tibia con un poco de jabón facial suave o algún producto limpiador. Sostenga el cojincillo o paño sobre los ojos de la cliente durante unos segundos para ablandar el pegamento. Comenzando por la comisura interior de la línea de pestañas tire de las pestañas con suavidad. Para remover el maquillaje y los residuos de pegamento de los párpados, pueden utilizarse los tapones de algodón astados (palitos con las puntas envueltas en algodón).

COMO APLICAR LAS PESTAÑAS INDIVIDUALES SEMIPERMANENTES (PRENDIENDOLAS SOBRE LAS NATURALES)

La "añadidura de pestañas" es el procedimiento que consiste en prender pestañas sintéticas, cada una por separado, sobre cada pestaña natural de la cliente. Las fibras sintéticas se emplean en la fabricación de las pestañas postizas porque pueden rizarse fácilmente.

Como las pestañas sintéticas se añaden a las naturales de la cliente, una a una, y pasan a formar parte de éstas, tienen una duración tan larga como las pestañas naturales, o sea, entre 6 y 8 semanas. Por esta razón se les llama "pestañas semipermanentes." Sin embargo, debido a que las pestañas naturales se caen periódicamente (unas cuantas cada semana), llevándose con ellas las postizas, estas últimas deberán reponerse cada cierto tiempo en el salón de belleza.

Las damas que usan pestañas semipermanentes tienen la ventaja de poder participar en todas las actividades normales de la vida con la misma libertad que permiten las pestañas naturales. Las pestañas semipermanentes no se caen cuando la persona se da una ducha, ni tampoco con la práctica de los ejercicios atléticos.

EQUIPO, INSTRUMENTOS Y MATERIALES

Recipiente sanitario húmedo para desinfectar los instrumentos metálicos.

- Pinzas para cejas
- Tapones de algón astados
- Cepillo para pestañas
- Espejo de mano
- Bandeja adhesiva
- Removedor de pestañas
- Recipiente con pegamento
- Removedor del maquillaje de los ojos (transparente)
- Mesa para manicura
- Lámpara orientable (de brazo acodado en forma de cuello de cisne)
- Silla para maquillaje o faciales
- Tijeras para manicura
- Servilletas de papel limpiante
- Bandejas para pestañas
- Pegamento para pestañas
- Producto limpiador de párpados y pestañas

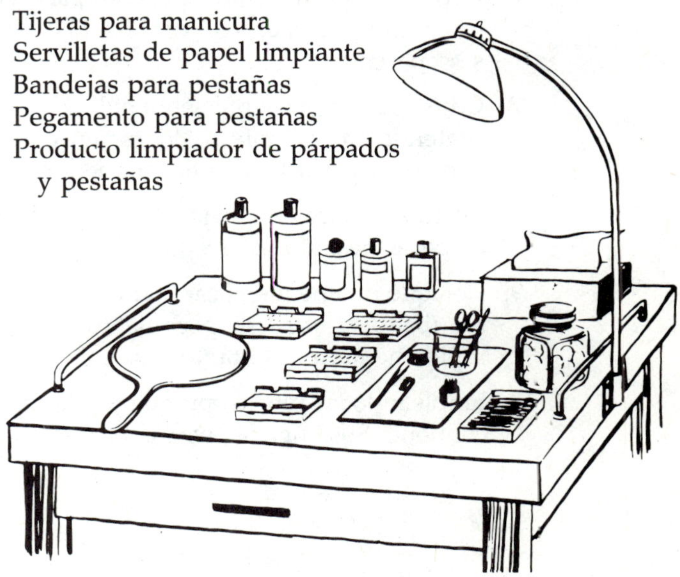

PRUEBA DE ALERGIA

Debido a que algunas mujeres son alérgicas al pegamento que se utiliza en esta operación, se recomienda practicar en la cliente una prueba de alergia antes de aplicarle las pestañas postizas. Esta prueba puede realizarse siguiendo uno de los dos métodos indicados a continuación:

1. Deje caer una gota del pegamento detrás de una oreja; o
2. Aplique una sola pestaña postiza a cada párpado.

En cualquiera de ambos casos, si no hay reacción visible después de transcurridas 24 horas, no habrá peligro en proceder a la aplicación.

LARGO DE LAS PESTAÑAS ARTIFICIALES

Las pestañas artificiales vienen, generalmente, en tres largos: cortas, medianas y largas. Algunos fabricantes han creado un cuarto tipo denominado "extra" corto.

Estos diferentes largos de pestañas postizas se utilizan por sí o en combinación con otros para obtener determinados efectos previamente proyectados.

1. Un efecto natural puede lograrse utilizando las pestañas cortas con varias de largo mediano intercaladas con las cortas.
2. Un efecto más elegante que hará resaltar la apariencia de las pestañas naturales de la cliente puede obtenerse empleando una combinación de pestañas cortas y medianas, añadiéndoles algunas largas para un retoque encantador.
3. Un efecto fascinante y de gran elegancia se logrará utilizando solamente pestaña largas.
4. Las pestañas extra cortas se aplican sobre las pestañas de abajo (párpado inferior) o en combinación con otras para obtener efectos especiales.

PROCEDIMIENTO PARA LAS PESTAÑAS SUPERIORES (DE ARRIBA)

1. Lávese las manos y desinfécteselas.
2. Compruebe que tiene a mano todos los materiales necesarios e instrumentos desinfectados.
3. Coloque a la cliente en la silla para maquillaje con la cabeza a una altura cómoda para el trabajo que va a realizar.
4. Asegúrese de que la cara de la cliente está bien iluminada. Sin embargo, para comodidad de la cliente, no le enfoque la lámpara directamente sobre los ojos.
5. Si la cliente no lo ha hecho de antemano, proceda a quitarle todo el maquillaje de los ojos. Si las pestañas no están completamente limpias, el pegamento no se fijará correctamente.
6. Cepille las pestañas de la cliente para asegurarse de que quedan limpias y están libres de cuerpos extraños. El cepillado también hace que las pestañas se separen.
7. Consulte con la cliente sobre el largo de pestañas que desea y el efecto que pretende crear. Trate de lograr un efecto que haga lucir las pestañas más llenas, más atractivas, pero no de apariencia artificiosa.
8. Siempre realice el trabajo situándose detrás de la cliente, excepto cuando va a aplicar pestañas correspondientes al párpado inferior.
9. Coloque una pequeña cantidad de pegamento en la bandeja destinada a ese fin (bandeja para el pegamento). El pegamento que se utiliza se seca rápidamente; por lo tanto, use sólo una pequeña cantidad cada vez.
10. Empleando las pinzas, prenda y levante una pestaña de la bandejilla que las contiene. Sostenga la pestaña lo más cerca posible del cabo (bulbo). (Fig. 1.)

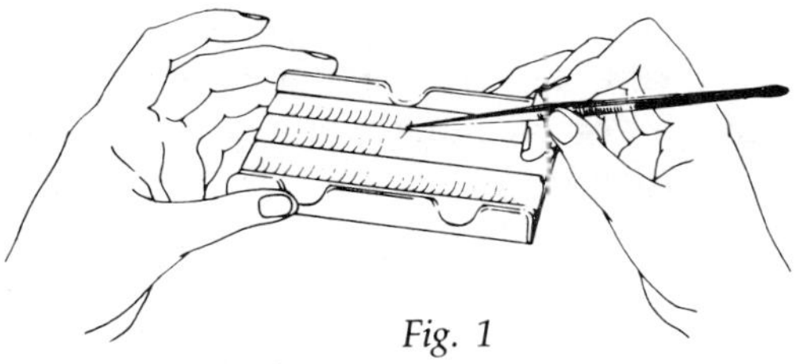

Fig. 1

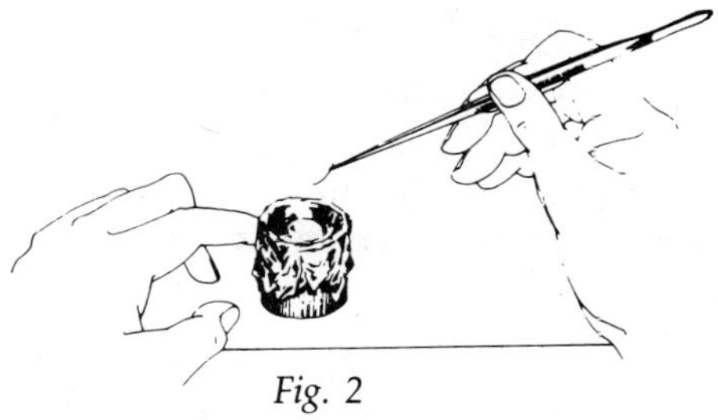

Fig. 2

11. Cuando la pestaña se ha separado de la bandejilla en que está sujeta, mueva las pinzas hacia el centro de la pestaña.
12. Pase la pestaña sobre el pegamento por su parte inferior. (Fig. 2.)
    Nota: *Para formar un recipiente para el pegamento, coloque un pedacito de papel de aluminio en el interior de una tapa metálica de botella.*
13. Solamente es necesario emplear una pequeñísima cantidad de pegamento. Si toma demasiado pegamento, limpie el sobrante con la punta del dedo.
14. Se la cliente usa lentes ordinarios, coloque la primera pestaña en el centro del párpado. Haga que la cliente se ponga los lentes. Si la pestaña toca el lente, resultará demasiado larga y debe entonces elegirse una más corta. Si la pestaña no toca el lente, puede utilizarse. (Fig. 3.)
15. Es importante recordar que la pestaña debe sostenerse con la pinzas exactamente inclinada en el mismo ángulo en que va a ser colocada sobre la pestaña natural.

Fig. 3

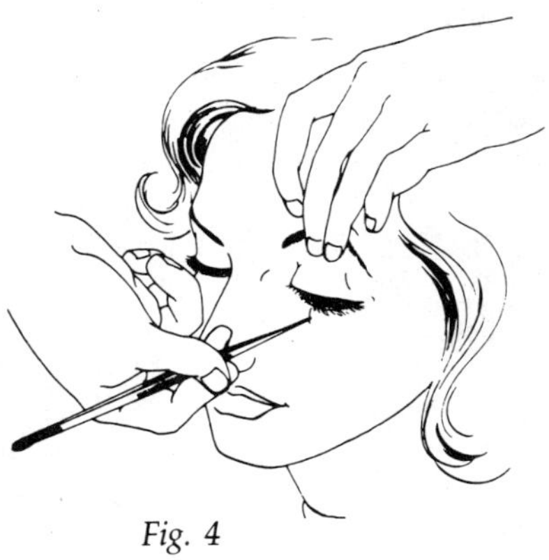

Fig. 4

16. Si usted usa la mano derecha, debe comenzar a aplicar las pestañas en la comisura exterior del ojo izquierdo, prendiendo las pestañas una al lado de otra hasta que llegue a la comisura interior de dicho ojo izquierdo. Este método será el más eficiente con el mayor ahorro de tiempo. Las primeras 2 ó 3 pestañas que se apliquen al ángulo exterior del ojo y las últimas 2 ó 3 que se apliquen al ángulo interior deben ser cortas para darle al conjunto un aspecto de aumento gradual natural.
17. Comience la aplicación esparciendo el pegamento con un cepillo por debajo de la pestaña artificial y por arriba de la pestaña natural. Pásele pegamento a todo el largo de la pestaña natural, comenzando en la base (parte más próxima al párpado) y cepillando hacia la punta de la pestaña.
18. La pestaña postiza se coloca encima de la pestaña natural lo más cerca posible del párpado, pero sin que haga contacto con éste. (Fig. 4.) Para que la operación sea eficiente, las pinzas deben mantenerse libres de pegamento.
19. Comience la aplicación de las pestañas del otro ojo fijando cada pestaña desde la comisura (ángulo) interior del ojo y continuando la colocación de cada pestaña, una al lado de otra, hasta llegar a la comisura exterior del ojo.

20. En la comisura (ángulo) interior del ojo puede que sea necesario utilizar el dedo pulgar de la mano libre para extender el párpado suavemente y sostenerlo estirado. Esto dejará al descubierto la parte interna natural de la comisura interior del ojo y permitirá que se coloquen correctamente las pestañas artificiales. (Fig. 5.)

Fig. 5

Fig. 6

21. Cuando sea necesario, se aplicará la misma técnica al prender las pestañas de la comisura exterior del ojo. (Fig. 6.)
22. Al prender las pestañas en las comisuras (ángulos) de los ojos, las pestañas de arriba (párpado superior) y las de abajo (párpado inferior) deben mantenerse separadas durante varios segundos para dejar que el pegamento se seque e impedir que los párpados se peguen entre sí.

Nota: *Si usted utliza la mano izquiedrda, siga los pasos del procedimiento anterior, pero comience por la comisura exterior del ojo derecho y pase de éste al izquierdo.*

PROCEDIMIENTO PARA LASS PESTAÑAS INFERIORES (DE ABAJO)

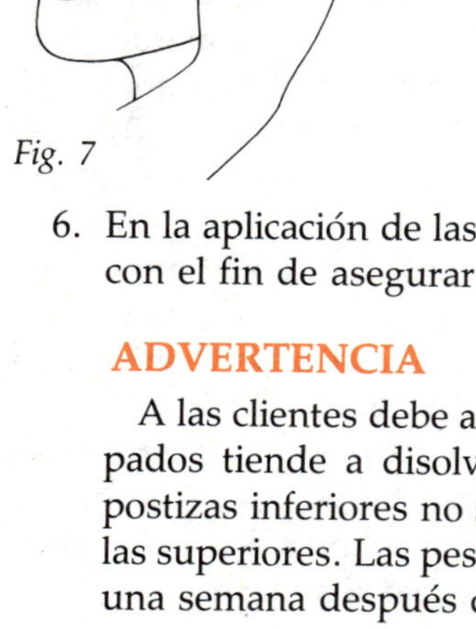

Fig. 7

La aplicación de las pestañas de abajo (párpado inferior) requiere una técnica diferente.

1. Es necesario que la cliente se siente derecha con la cara hacia la cosmetóloga.
2. La cliente deberá mirar hacia arriba con los ojos bien abiertos. (Fig. 7.)
3. Utilice solamente pestañas cortas.
4. El procedimiento para tomar el pegamento y aplicar las pestañas inferiores es el mismo que se usa para las pestañas superiores.
5. Mantenga el ojo de la cliente abierto durante unos segundos más para dejar que el pegamento se seque.
6. En la aplicación de las pestañas de abajo se usa un poco más de pegamento con el fin de asegurar una mayor duración del resultado.

ADVERTENCIA

A las clientes debe advertírseles que la grasa natural que segregan los párpados tiende a disolver el pegamento. Como consecuencia, las pestañas postizas inferiores no se mantienen en su lugar durante tanto tiempo como las superiores. Las pestañas inferiores comienzan a caerse aproximadamente una semana después de prendidas.

PROBLEMAS

PARPADOS GRASIENTOS

Debido a la secreción grasosa de los párpados, las pestañas postizas difícilmente se mantendrán en su lugar mucho tiempo. La grasa disuelve el pegamento y las pestañas artificiales se caen.

Use en este caso la misma técnica que ha empleado para las pestañas inferiores. Aplique un poco más de pegamento. Asegúrese de que el pegamento se esparce a todo el largo de la pestaña natural y sostenga la pestaña en su lugar durante varios segundos más para dejar que el pegamento se seque.

Generalmente, las pestañas artificiales duran menos tiempo en las clientes que tienen párpados grasientos.

PESTAÑAS SEPARADAS

Para las clientes que tienen las pestañas naturales separadas entre sí, se requiere una técnica especial. Las separaciones deben rellenarse para lograr un efecto de pestañas densas y elegantes.

PROCEDIMIENTO

1. En vez de aplicar las pestañas postizas sobre las naturales, las pestañas artificiales se aplican en este caso a los lados de las naturales.
2. Coloque la pestaña postiza en una posición ligeramente angular hacia adentro. Este método sirve para rellenar las separaciones.
3. Seguidamente, aplique un segundo juego de pestañas pegándolas sobre las colocadas antes.
4. Este segundo juego de pestañas se coloca también en posición angular hacia andentro, lo cual llenará eficazmente las separaciones que todavía puedan existir.

De este modo, las clientes que tienen pestañas separadas podrán lucir pestañas engrosadas, elegantes y hermosas.

COMO QUITAR LAS PESTAÑAS POSTIZAS INDIVIDUALES

Si fuera necesario quitar las pestañas postizas, no intente nunca tirar de ellas de ninguna manera y en ningún caso. Si se tira de las pestañas artificiales, se arrancarán con ellas las pestañas naturales.

Haga sentar a la cliente directamente en frente de usted. Para protegerle los ojos, coloque una almohadilla, resguardo o servilleta de papel limpiante un poco más abajo del párpado mientras la cliente mantiene los ojos cerrados. Empape un cepillo pequeño y blando, o un tapón de algodón astado (palito con la punta envuelta en algodón), en el líquido removedor de pestañas. Pásele entonces suavemente el cepillo o el tapón de algodón a la pestaña hasta que el pegamento se disuelva y la pestaña pueda desprenderse.

RECORDATORIOS Y SUGERENCIAS PARA LA APLICACION DE PESTAÑAS POSTIZAS

1. No pegue una pestaña artificial a dos pestañas naturales.
2. No toque los párpados con las pinzas o con ningún otro instrumento.
3. Utilice en todo momento pinzas que estén limpias.
4. Mueva la mano con cuidado mientras trabaja alrededor de los ojos de la cliente.
5. Quite el pegamento seco de las pinzas inmediatamente con removedor de pegamento.
6. La cliente deberá sentarse derecha y de cara a la operadora mientras ésta utiliza el removedor de pegamento.
7. No deje que ningún producto químico caiga en los ojos de la cliente.

PREGUNDAS DE REPASO

PESTAÑAS POSTIZAS

1. ¿Cuáles son los dos tipos básicos de pestañas artificiales?
2. ¿Qué ventaja tienen las pestañas hechas de fibra sintética?
3. ¿Qué nombre se le da a la aplicación de las pestañas semipermanentes, una a una?
4. ¿Cuánto tiempo duran las pestañas sintéticas individuales?
5. ¿Qué gran ventaja tienen las clientes que usan pestañas postizas semipermanentes?
6. ¿Por qué es necesaria una prueba de alergia antes de aplicar, una a una, las pestañas semipermanentes?
7. ¿En qué parte del párpado se aplican, generalmente, las pestañas extra cortas?
8. ¿Por qué los párpados grasientos presentan un problema en la aplicación de pestañas postizas?
9. ¿Qué ténica se emplea para hacer que las pestañas artificiales se adhieran a los párpados grasientos?
10. ¿Cómo se rellenan los espacios de las pestañas naturales separadas entre sí?
11. ¿Por qué no debe tirarse de las pestañas postizas para desprenderlas?

Capítulo 25

ELIMINACION DEL VELLO SUPERFLUO

OBJETIVOS DE APRENDIZAJE DEL CAPITULO

El (la) estudiante que logre dominar el contenido de este capítulo conocerá:

1. *Las dos clasificaciones generales del procedimiento para eliminar el vello superfluo.*
2. *Las técnicas que se emplean de acuerdo con los dos métodos de eliminación permanente del vello.*
3. *Métodos para la eliminación temporal del vello y técnicas de cada uno.*

ELECTROLISIS

La **vellosidad superflua** no es un problema nuevo. Ha afligido a las mujeres desde tiempo inmemorial y a través de los siglos éstas han buscado modos y medios para encubrirla o deshacerse de ella. Los vellos indeseables en el rostro constituyen un inconveniente que preocupa sobremenera a muchos hombres y mujeres.

Existen hoy día dos clases de depilación del vello:

1. Depilación permanente.
2. Depilación temporal.

Hay varios medios para depilar temporalmete el vello superfluo, de los cuales nos ocuparemos en otra sección de este capítulo. En la presente sección trataremos de la *electrólisis* o método de remoción permanente del vello.

La extirpación permanente de los vellos indeseables no se conocía hasta 1875 cuando el Dr. Charles E. Michel, oftalmólogo, utilizó una corriente eléctrica dirigida a través de un alambre fino para eliminar las pestañas encarnadas en los párpados. Cuando descubrió que estas pestañas no volvían a crecer, sugirió que su método podría se útil para depilar la vellosidad indeseable de la cara. Varios dermatólogos adoptaron el método, pero el proceso resultaba tan lento y tedioso que no pudieron aprovecharlo en toda su amplitud.

En 1916, se perfeccionó un aparato de agujas múltiples y la electrólisis se convirtió en un auxilio práctico del embellecimiento del rostro. Las solicitudes para esta clase de tratamiento aumentaron, primero con lentitud, y después con celeridad tras adoptarse el metodo llamado "de onda corta." Este nuevo método resultó mucho más rápido porque con él podía depilarse una zona vellosa en un breve período de tiempo. Así, la remoción permanente de densas vellosidades en zonas externas del cuerpo, como son los brazos y las piernas, se convirtió en práctica general.

DEFINICIONES RELATIVAS A LA ELECTROLISIS

Electrólisis es el proceso por el cual se depila el vello permanentemente mediante la electricidad. La palabra "electrólisis" se ha hecho sinónima tanto del método galvánico con agujas múltiples como del más moderno método de onda corta con una sola aguja.

Electrólogo, o **electróloga,** es la persona adiestrada para dar tratamientos de electrólisis con el fin de remover la vellosidad permanentemente.

Hipertricosis es un desarrollo excesivo de la vellosidad o la cabellera. Es voz griega, formada por **hiper** ("exceso") y **trico** ("pelo").

Hirsuto es el pelo que crece excesivamente.

Hirsutismo es un brote anormal de vellos en lugares de la piel donde generalmente no crece el pelo.*

Las palabras que siguen son sinónimas de electrólisis de onda corta:

Termólisis

Diatermia

Alta frecuencia.

INFORMACION GENERAL

Importancia del adiestramiento. La electróloga opera sobre la piel de la cliente y si lo hace en forma ineficaz o inexperta puede causarle daños irreparables. En consecuencia, toda electróloga debe recibir un adiestramiento cabal, tanto en el aspecto teórico de la electrólisis como en el práctico. Esto significa que debe ejercitarse con modelos viventes bajo la supervisión directa de una instructora facultada hasta tanto la estudiante reciba su certificación y tenga confianza en su propia experiencia.

Aparatos. Los aparatos de onda corta presentan numerosas ventajas de seguridad. Miden el tiempo automáticamente y están aprobados por la F.C.C. (Comisión Federal de Comunicaciones) de los Estados Unidos de América. Cualquier sensación dolorosa queda reducida al mínimo por la interrupción rápida de la corriente.

Zonas que pueden tratarse. El tratamiento de electrólisis puede aplicarse a los labios, la barbilla, los brazos, las piernas, el cuerpo, las cejas, el contorno del cuero cabelludo y las axilas (sobacos).

Zonas que no deben tratarse. No se debe dar tratamiento en los párpados, ni en el interior del oído, ni en las ventanas de la nariz, ni en los lunares. No debe aplicársele tampoco a una cliente diabética, ni a la que está sometida a un tratamiento a base de hormonas a menos que en cualquiera de ambos casos se tenga permiso por escrito del médico.

Causas de la vellosidad indeseable. Nadie conoce la causa exacta. Las autoridades en la materia están de acuerdo, no obstante, en que la herencia biológica tiene alguna relación con el fenómeno puesto que la vellosidad excesiva a menudo tiende a presentarse en familias enteras y parece ser más común en determinadas razas. Se sabe también que los trastornos glandulares influyen en el crecimiento del pelo.

METODOS PARA LA ELIMINACION PERMANENTE DEL PELO

Dos métodos para la depilación permanente son el **galvánico de agujas múltiples** y el más adelantado **método de onda corta.**

1. El método galvánico destruye el pelo por descomposición de la papila (fuente de nutrición del cabello).
2. El método de onda corta destruye el pelo por coagulación de la papila mediante la aplicación de calor.

N. del T.: Otros términos de igual significación son "hipertricosis" e "hipertriquiasis."

METODO DE ONDA CORTA

Nota: Como el método de onda corta es el más extensamente aplicado, su procedimiento se describe aquí:

El **método de onda corta** es el más rápido para la depilación permanente del vello, así como el más generalmente utilizado en la actualidad. De hecho, la inmensa mayoría de los tratamientos de depilación permanente que hoy se aplican siguen el método de onda corta. En él se usa una sola aguja, pero el diámentro de ésta es mucho más fino que el de las que se emplean en el método galvánico.

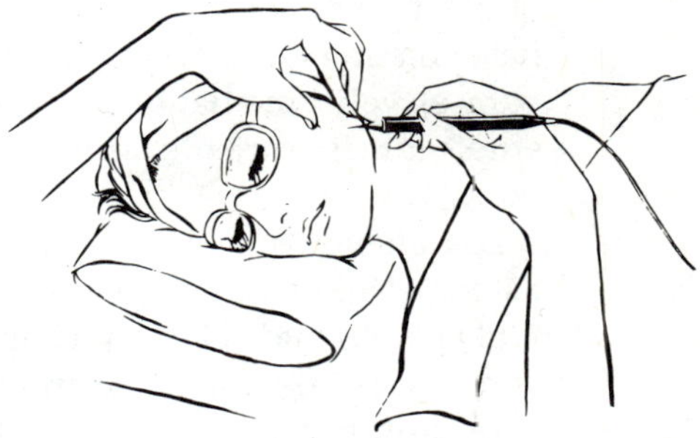

Insertando la aguja según el método de onda corta.

EQUIPO, INSTRUMENTOS Y MATERIALES

Todo lo necesario para el tratamiento con onda corta debe estar listo y tenerse a mano. He aquí una lista de control del equipo y materiales esenciales:

- Aparato de onda corta
- Luz ampliadora fluorescente
- Silla para el tratamiento y banqueta otomana
- Compresas de algodón
- Loción antiséptica
- Lentes oscuros para protejer los ojos de la cliente
- Loción para después del tratamiento
- Polvos antisépticos

PREPARACION DE LA CLIENTE

Siente a la cliente cómodamente en posición reclinada. Colóquele una toalla limpia o una servilleta facial de papel limpiante debajo de la cabeza y tenga a mano otra servilleta semejante para colocar en ella los vellos extraídos. Ajuste la posición del brazo operatorio del aparato a aproximadamente 6 a 8" (15 a 20 cm.) sobre la zona en que va a trabajar. Desinfecte la zona con una compresa de algodón empapada en una buena solución antiséptica. Utilice solamente **pinzas** y una **aguja** que estén **desinfectadas.**

COMO PREPARAR EL APARATO

Fije el botón interruptor del aparato en la posición "ON" (conectado). Ajuste el aparato de acuerdo con la instrucciones del fabricante.

Gire el botón marcado **timer control** (regulador del cronómetro) a la posición marcada "AUTO" o "AUTOMATIC" (automático). (Fíjese en la ilustración que viene con el aparato.)

Gire los botones marcados **time and intensity control** (regulador de intensidad y tiempo) a la posición "0" (cero) para comenzar.

Enchufe el pedal y colóquelo en una posición cómoda.

Ajuste la banqueta de la operadora a la altura deseada.

APARATO DE ONDA CORTA

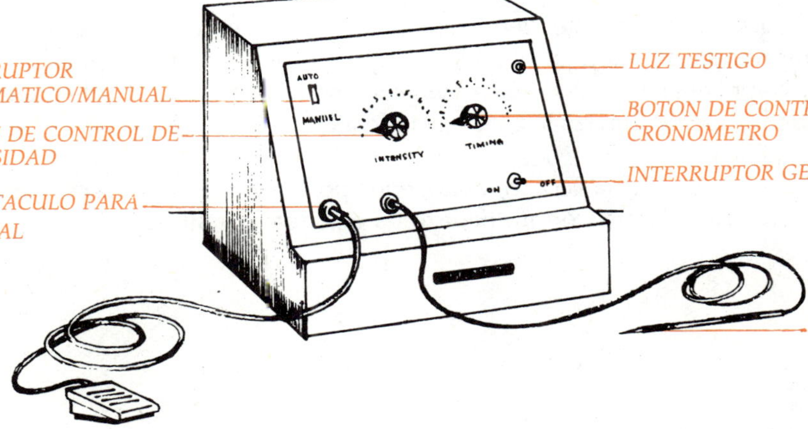

Mientras más rápidamente se interrumpa la corriente, menor será la sensación que experimente la cliente. Por lo tanto, el botón del cronómetro debe girarse hasta fijarlo en el intervalo más rápido; por lo general, "0" para el **vello fino, "½"** para el **vello mediano** y "1" para el **vello grueso.** Caundo haya necesidad de emplear más corriente, aumente la intensidad hasta 10 antes de aumentar el tiempo a ½.

Los buenos aparatos de onda corta están aprobados por las autoridades (en Estados Unitos están aprobados por la comisión Federal de Comunicaciones).

El aparato mide el tiempo automáticamente, eliminando así las fallas humanas o la necesidad de que la electróloga se mantenga constantemente en vigilancia.

La profundidad de cada inserción de la aguja variará de acuerdo con el grosor del pelo, generalmente entre ⅛ y ¼ (0.3125 a 0.625 cm.).

COMO INSERTAR LA AGUJA EN EL FOLICULO

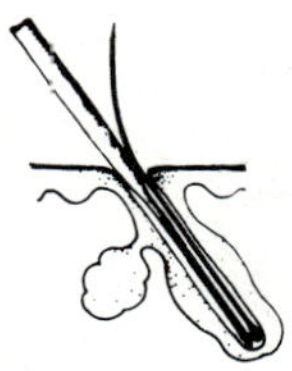

Aguja insertada correctamente.

La mayor parte de los pelos crecen en un ángulo inclinado con relación a la superficie de la piel. Inserte la aguja por la parte de abajo del pelo y deslícela lentamente hacia adentro del folículo junto a la raíz del pelo.

Después de insertar la aguja, pise el pedal. El paso de la corriente se iniciará y se cortará automáticamente. Nunca pise el pedal mientras está insertando la aguja. Retire la aguja y extraiga el vello suavemente con las pinzas. Si el vello no se desprende con facilidad, inserte la aguja otra vez, repitiendo el procedimiento antes descrito. Si el vello aún no se desprende fácilmente, extráigalo con fuerza siguientes.

Al hacer cada inserción, es importante observar con cuidado el **ángulo** o **inclinación del folículo del pelo** antes de introducir la aguja en él. La inclinación de los folículos varía entre 15 y 90º (0.26 a 1.6 rad.). Los vellos que han sido extraídos con pinzas crecen en todas direcciones. Algunos folículos son curvos y por esta razón la aguja es de punta torcida. Nunca debe insertarse la aguja a la fuerza porque puede perforar la pared del folículo y en ese caso la corriente no llegaría a la papila.

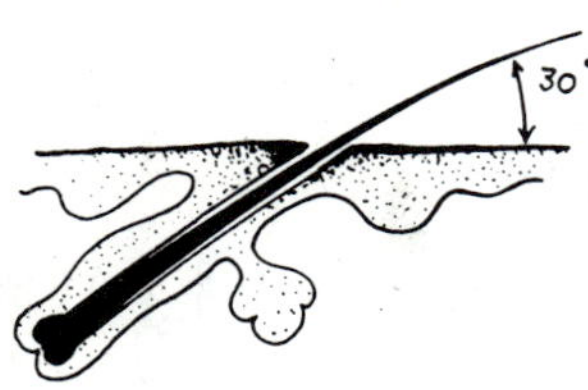

Pelo que crece en un ángulo de 30º en el cuello.

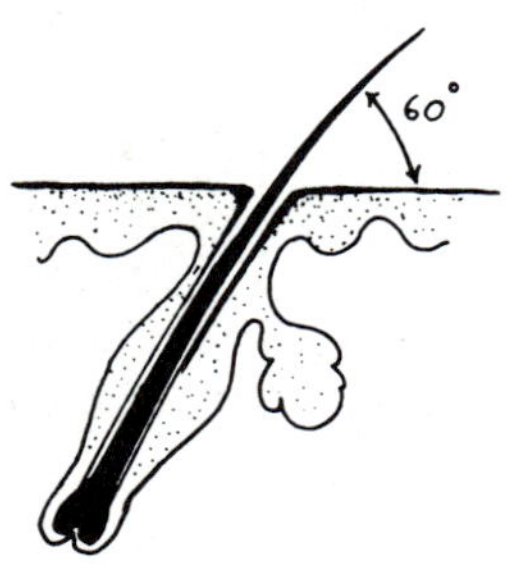

Pelo que crece en un ángulo de 60º en la parte anterior de la barbilla.

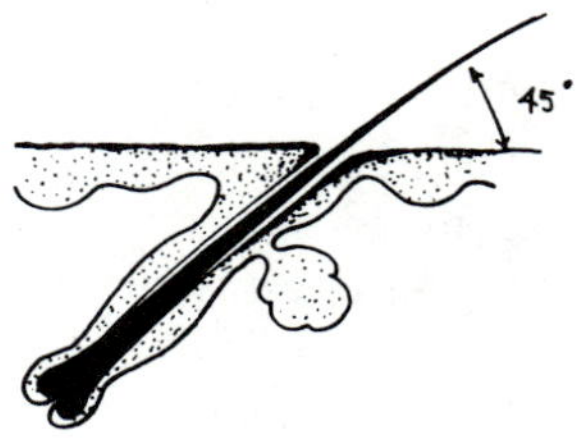

Pelo que crece en un ángulo de 45º en la cara.

COMO PROCEDER DESPUES DEL TRATAMIENTO

Al terminar el tratamiento cierre (apague) el interruptor del aparato. Empape una compresa de algodón en una loción especial, propia para después del tratamiento, y apriete la compresa suavemente sobre la zona que acaba de tratar. Esta operación refresca y suaviza la piel, cerrando a la vez los poros de donde se extrajeron los vellos.

Cuando la loción se ha secado, aplique los polvos antisépticos presionándolos suavemente sobre la piel con un pedazo da algodón esterilizado.

COMO VUELVE A CRECER EL PELO

El pelo tarda de 8 a 13 semanas en crecer desde la papila hasta la superficie de la piel. Cuando a una cliente se le extraen los vellos con pinzas a intervalos regulares, los vellos que se le extraen una semana no son los mismos que se le extrajeron la semana anterior sino los que le fueron extraídos muchas semanas antes. Debido a la distorsión de los folículos (a veces causada por la extracción del vello con pinzas o con cera y otras veces por causas naturales) no siempre es posible destruir la papila en el primer tratamiento y así el vello vuelve a crecer. En estos casos serán necesarios tratamientos adicionales para lograr la eliminación permanente del vello. La reaparición del vello varía; generalmente no es más del 10% en la vellosidad virgen, pero esta proporción puede alcanzar hasta un 20% o un 25% en casos de folícullos distorsionados.

RECORDATORIOS Y SUGERENCIAS PARA LA ELECTROLISIS

1. Debe advertírseles a las clientes que después de un tratamiento dado en las piernas o en los brazos pueden aparecer pequeñas postillas. Estas se caen pronto, dejando la piel otra vez en acondiciones normales y saludables. La aplicación de una loción especial después del tratamiento acelerará el proceso de restauración.
2. Las manos, los instrumentos y la parte de la piel que va a ser tratada deben desinfectarse muy cuidadosamente.
3. Nunca extraiga vellos de zonas donde la piel muestre señales de erupción, abrasión o inflamación
4. No extraiga vellos de las verrugas o lunares.
5. Nunca inserte la aguja a la fuerza.
6. No dé tratamiento a los vellos que están muy próximos entre sí. Opere como si se tratara de un tablero de damas (o de ajedrez). Las inserciones de la aguja (o agujas) a poca distancia unas de otras pueden producir sinuosidades en la piel.
7. No dé tratamiento a niños o niñas.
8. Instruya a la cliente sobre cómo debe cuidarse la piel después de un tratamiento. Adviértale que no debe agarrarse o manosearse la piel.
9. Recuérdele a la cliente que algunos folículos contienen varios pelos y lo que pudiera parecer un vello que crece de nuevos es en realidad un pelo inactivo que comienza a crecer a través de la misma abertura del folículo.

METODO CON PINZAS ELECTRICAS

Otro método para la eliminación de vello superfluo que se está empleando en los salones de belleza es el que utiliza pinzas con carga eléctrica. Esta técnica se conoce con varios numbres comerciales de acuerdo con los fabricantes de estos aparatos.

Las pinzas con carga eléctica se utilizan para agarrar un solo pelo. El pelo sirve de material dieléctrico* para transmitir energía de frecuencia radio-térmica a la matriz germinal de la raíz del pelo durante por lo menos 30 segundos. Se afirma que esto hace desprender la matriz germinal de la papila, dejando que el pelo se deslice hacia afuera fácilmente.

El proceso de depilar cualquier zona de la piel es lento y, por lo general, no pueden extraerse más de dos pelos por minuto.

---

* *Dieléctrico* es un término que se aplica a un material no conductor que transmite efectos eléctricos por inducción, no por conducción.

METODOS TEMPORALES

AFEITADO

El afeitado se recomienda generalmente cuando los vellos molestos brotan en una zona extensa, como ocurre en la axilas (sobacos), los brazos y las piernas. Antes de procederse al afeitado se aplica una crema de afeitar.

También puede emplearse una **máquina de afeitar eléctrica.** En este caso la aplicación de una loción antes del afeitado contribuirá a reducir la posibilidad de irritación.

EXTRACCION CON PINZAS

La **extracción con pinzas** se emplea de ordinario para darles forma a las cejas y para extraer los vellos indeseables de alrededor de la boca y la barbilla. (El procedimiento para la extracción de vellos de las cejas con pinzas se describe en el capítulo referente al **Maquillaje Facial.**)

CLARIFICACION DEL VELLO

Para disminuir la visibilidad del vello superfluo puede aclararse el pelo aplicándole un aceite decolorante mezclado con dos partes de peróxido.

Procedimiento

1. Aplique la mezcla al pelo completamente, utilizando un cepillo para tintes o un tapón de algodón astado (pedacito de algodón envuelto en la punta de un palito).
2. Repita la aplicación para mantener la solución clarificadora húmeda hasta que el pelo se haya aclarado al tono que se desea. La duración del proceso de clarificación varía entre 15 y 50 minutos, según sea el color natural y la textura del pelo. El pelo oscuro y grueso require más tiempo que el pelo fino o lanuginoso, el cual es más suave y ligero.
3. Quite la solución clarificadora.
4. Aplique una crema emoliente.

DEPILATORIOS

Los depilatorios también se incluyen en el grupo de métodos de depilación temporal del vello superfluo. Hay depilatorios **físicos** (a base de cera) y **químicos.**

Cera Caliente

Los depilatorios de tipo ceroso se usan calientes o fríos según lo recomiende el fabricante. Pueden aplicarse a las siguientes partes del cuerpo: mejillas, barbilla, labio superior, nuca, brazos y piernas.

Procedimiento

1. Quite o aparte la ropa que cubra la parte que va a ser tratada y siente a la cliente en posición cómoda.
2. Lave la piel de la zona que va a tratar utilizando agua y un jabón suave. Enjuáguela completamente y séquela.
3. Esparza polvos de talco sobre la superficie de la piel.
4. Derrita la cera a baño de María (vasija con agua hirviente dentro de la cual se coloca otra vasija menor conteniendo la cera) sobre una hornilla.
5. Pruebe la temperatura y la consistencia de la cera calentada aplicándose una pequeña porción de ella en su propio brazo.

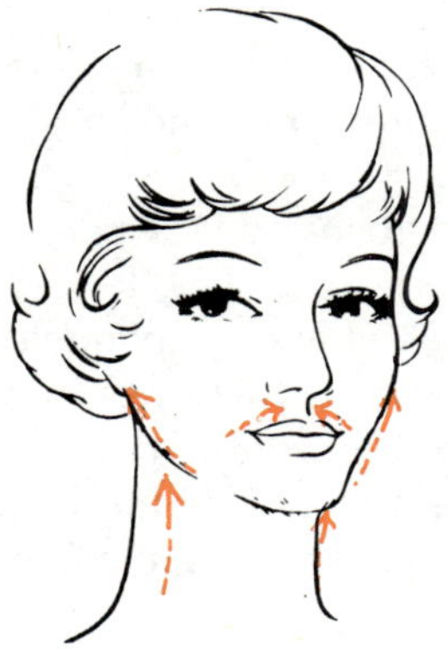

Vello superfluo.

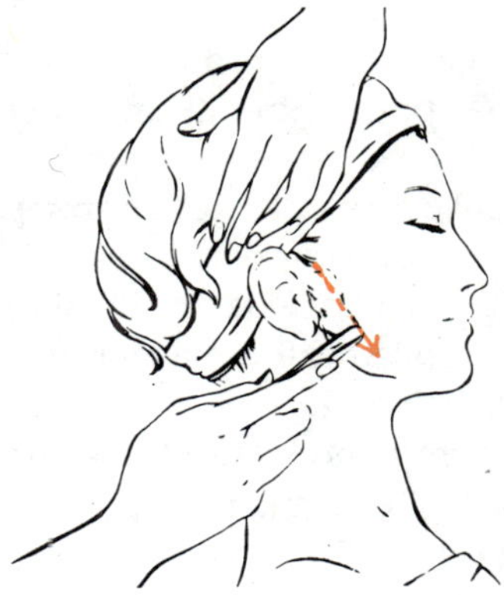

Esparza la cera hacia abajo.

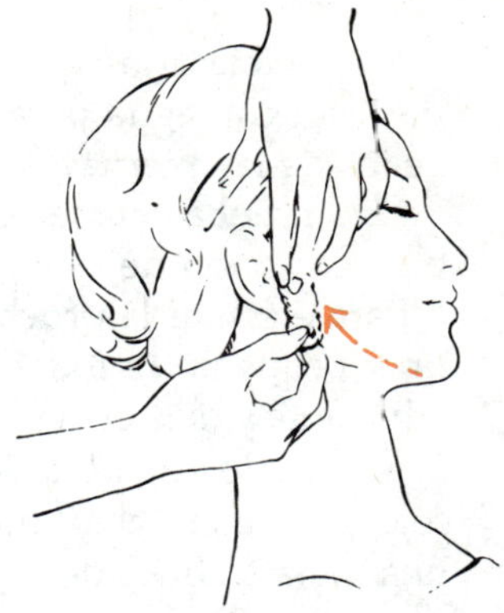

Tire de la cera hacia arriba.

6. Esparza la cera caliente de modo uniforme sobre la piel con una espátula o con la punta de los dedos siguiendo la misma dirección del vello.
7. Deje que la cera se enfríe y endurezca.
8. Quite rápidamente la cera adherida al vello, procediendo a contrapelo (en contra de la dirección del crecimiento del vello).
9. Déle un masaje suave a la zona tratada.
10. Quite de la piel los residuos de polvos.
11. Aplíquele una crema emoliente o una loción antiséptica a la parte tratada.

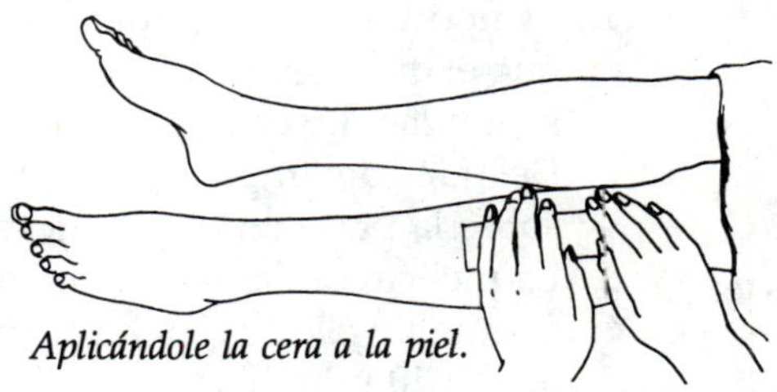

Aplicándole la cera a la piel.

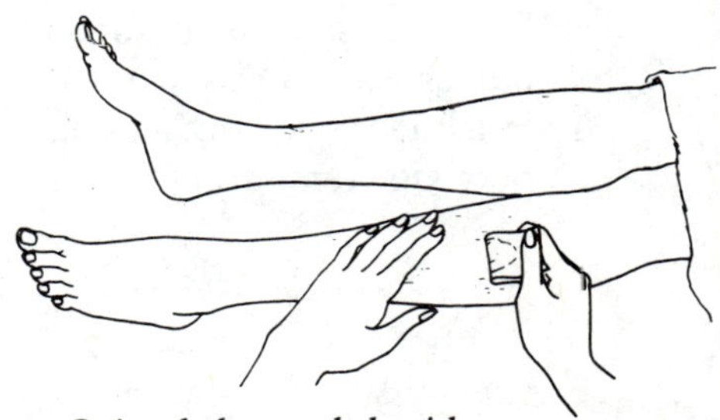

Quitando la cera de la piel.

Precauciones de Seguridad

1. Para impedir quemaduras, pruebe la temperatura de la cera calentada antes de aplicarla a la piel de la cliente.
2. Evite que la cera se corra hacia los ojos de la cliente o hacia cualquiera otra zona de la piel adonde no debe llegar.
3. No use depilatorios cerosos debajo de los brazos, sobre las verrugas, en los lunares, las abrasiones o la piel inflamada o irritada.

Cera Fría

Para las clientes que no pueden soportar la cera calentada, existe un método de eliminación del vello que utiliza la cera fría. Esta técnica tiene todas las ventajas de la cera caliente pero emplea cera que viene ya lista para usarse. Sirve para eliminar el vello en la misma forma en que se hace con la cera tibia, pero no es necesario calentarla ni utilizar un equipo especial.

La cera fría se aplica a la temperatura ambiente. Con una espátula, esparza parejamente una capa fina de cera en la misma dirección del crecimiento del vello. Se usa una cinta de celofán o de paño de algodón para apretar firmemente la cera contra la piel con el fin de que se adhiera a ella correctamente. Se sostiene entonces la piel tirante con una mano, mientras con la otra mano se agarra firmemente la tira de cera y con un movimiento rápido se arranca la tira a contrapelo. Este movimiento desprende la cera junto con los pelos adheridos a ella.

Depilatorios Químicos

Los depilatorios químicos vienen en forma de crema, pasta o polvos que se mezclan con agua para formar pasta. Se utilizan generalmente para remover los vellos de las piernas.

Una **prueba cutánea** es aconsejable para determinar si la perosna es hipersensible a la acción de esta clase de depilatorio.

Para efectuar la prueba, elija una parte lampiña (sin pelos) del brazo, aplíquele una pequeña cantidad de depilatorio de acuerdo con las instrucciones del fabricante y deje el depilatorio en contacto con la piel durante unos 7 a 10 minutos. Si al final de este período de tiempo no hay síntomas de rubefacción (rubidundez: rojez) o tumefacción (hinchazón), el depilatorio puede utilizarse sin peligro sobre una zona extensa de la piel.

Procedimiento

El depilatorio en forma de crema o polvos puede aplicarse del modo siguiente:

1. El tipo cremoso se aplica tomándolo directamente del recipiente mientras que el que viene en forma de polvos se mezcla para formar una pasta suave según las direcciones del fabricante.
2. Después de limpiar y secar la piel, se aplica una capa gruesa del depilatorio sobre la parte en que se desee eliminar la vellosidad.
3. La piel circundante se protege con vaselina.
4. Según el vello sea más o menos grueso, el depilatorio se dejará sobre la piel de 5 a 10 minutos.
5. Entonces se lava con agua tibia la parte tratada para quitarle el depilatorio que arrastrará consigo a los vellos.
6. Finalmente, seque la zona tratada por medio de toquecitos y aplíquele un poco de crema fría (colcrén).

PREGUNTAS DE REPASO

ELIMINACION DEL VELLO SUPERFLUO

1. ¿Cuáles son las dos clases de eliminación del vello superfluo?
2. ¿Qué es la electrólisis?
3. ¿Cuáles tres palabras son sinónimas de electrólisis con onda corta?
4. ¿Cómo se mantiene el dolor a un nivel mínimo cuando se utiliza el aparato de onda corta?
5. ¿Cuáles zonas de la piel pueden tratarse mediante la electrólisis?
6. ¿Cuáles son las causas conocidas de la vellosidad superflua?
7. Nombre dos métodos de eliminación permanente del vello indeseable.
8. ¿En qué forma elimina el vello permanentemente cada uno de los dos métodos?
9. ¿Cuál es el más rápido de los dos métodos de eliminación permanente del vello?
10. ¿Qué factores determinan la profundidad a que debe insertarse la aguja?
11. ¿En qué grado varía el ángulo o la inclinación del folículo del pelo?
12. Nombre tres modos temporales de eliminar el vello superfluo.
13. ¿En qué partes de la cara es más adecuado utilizar la extracción de vellos con pinzas?
14. Nombre dos clases de depilatorios.
15. ¿En cuáles seis partes del cuerpo puede aplicarse la cera calentada?
16. Cite tres precauciones importantes de seguridad que deban observarse al emplear la cera.
17. ¿En qué clientes se usa la cera fría?
18. Cite tres formas en que se presentan los depilatorios químicos.
19. ¿Por qué debe dársele a la cliente una prueba cutánea antes de aplicarle un depilatorio químico?

Capítulo 26

LAS CELULAS

OBJETIVOS DE APRENDIZAJE DEL CAPITULO

El (la) estudiante que logre dominar el contenido de este capítulo conocerá:

1. *Las funciones de las células humanas.*
2. *La estructura y composición de las células.*
3. *El crecimiento y la reproducción de las células.*
4. *El significado y el proceso del metabolismo.*
5. *Las funciones de los tejidos, órganos y sistemas corporales.*

Para desarrollar una noción general de lo que es el cuidado del cuero cabelludo, la piel, el pelo y las uñas, usted debe adquirir un conocimiento cabal de las condiciones de salud, desarrollo y restauración de estas partes del cuerpo, así como de las funciones propias de las mismas. Es, por lo tanto, importante para las cosmetólogas estudiar y llegar a comprender todo lo referente a estas partes importantes del cuerpo sobre las cuales prestan sus servicios o aplican tratamientos.

El cuerpo se compone de células, tejidos, órganos y sistemas. La cuarta parte del mismo está formada de materia sólida y las otras tres cuartas partes son líquidas.

CELULAS

Las **células** son las unidades básicas de toda materia viviente. Esta incluye los seres humanos, los animales, las plantas y las bacterias. Cada una de las partes del cuerpo se compone de células que se diferencian entre sí por su tamaño, su forma, su estructura y su función.

Una célula es una porción diminuta de materia viva y contiene el **protoplasma,** que es una sustancia gelatinosa e incolora en la cual existen elementos nutritivos y agua. Las dos partes principales de la célula son:

1. **Núcleo** (protoplasma denso): parte central que desempeña un papel importante en la reproducción celular.
2. **Citoplasma** (protoplasma menos denso): parte que está fuera del núcleo y que contiene los materiales nutritivos necesarios al desarrollo, la reproducción y la autorrestauración celular.

ESTRUCTURA DE LA CELULA

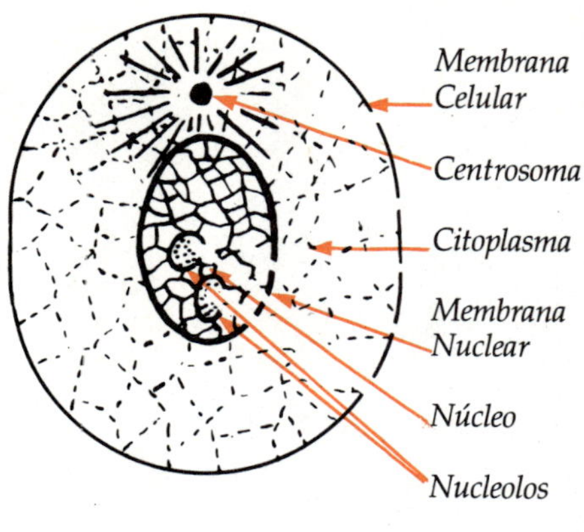

La célula contiene protoplasma y consta de las partes esenciales arriba indicadas.

El protoplasma de las células contiene las siguientes estructuras importantes:

Núcleo (protoplasma denso): parte central que desempeña un papel importante en la reproducción celular.

Citoplasma. (protoplasma menos denso): parte que está fuera del núcelo y que contiene los materiales nutritivos necesarios al desarrollo, la reproducción y la restauración celular.

Centrosoma (también llamado centríolo, corpúsculo central, centrosfera, microcentro o esfera de atracción): cuerpo redondo y pequeño, situado dentro del citoplasma, que también afecta a la reproducción celular.

Membrana celular, la cual rodea al protoplasma. Permite que las sustancias solubles penetren en la célula y salgan de ella.

CRECIMIENTO Y REPRODUCCION CELULAR

La célula se desarrolla y se fortalece mientras recibe un suministro adecuado de alimento, oxígeno y agua, elimina los productos de desecho y la favorece una temperatura apropiada. Sin embargo, si estos requisitos no se cumplen y, al contrario, se producen toxinas o existe alguna presión, entonces el desarrollo y la salud celular se dañan. La mayoría de las células del cuerpo son capaces de desarrollarse y restaurarse por sí mismas durante su ciclo vital.

En el cuerpo humano, cuando las células alcanzan su madurez, se desarrolla su reproducción por medio de una división indirecta. Este es un proceso durante el cual ocurren en el núcleo celular una serie de cambios antes de que la célula total se divida en dos. Debe recordarse que el núcleo está rodeado de una forma más delgada de protoplasma, llamada citoplasma, el cual suministra los materiales nutritivos necesarios al desarrollo y la reproducción celulares.

DIAGRAMA QUE ILUSTRA LA DIVISION INDIRECTA DE LA CELULA HUMANA

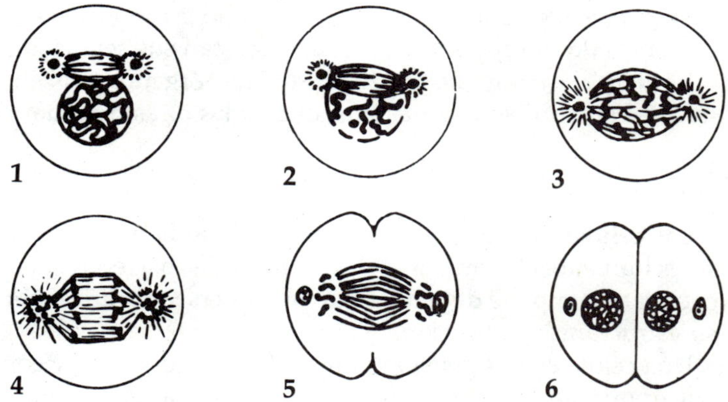

METABOLISMO

El **metabolismo** es un complejo proceso químico por el cual las células del cuerpo humano se alimentan y se abastecen de la energía necesaria para llevar a cabo sus numerosas actividades.

El metabolismo tiene dos fases:

1. **Anabolismo:** elaboración del tejido celular. Durante el anabolismo, las células del cuerpo absorben agua, alimentos y oxígeno para desarrollarse, reproducirse y restaurarse.
2. **Catabolismo:** descomposición del tejido celular. Durante el catabolismo, las células consumen lo que han absorbido con el fin la realizar funciones

especializadas, tales como el esfuerzo muscular, las secreciones o la disgestión.

Las células desempeñan variadas funciones. Forman y renuevan todas las partes del cuerpo; contribuyen a la circulación sanguínea conduciendo alimentos hacia la sangre y llevándose de ella las materias de desecho; también regulan todas las funciones corporales.

TEJIDOS

Los **tejidos** están compuestos de grupos de células de la misma clase. Cada tejido tiene una función específica y puede ser reconocido por su apariencia característica. Los tejidos del cuerpo se clasifican del modo siguiente:

1. **Tejido conjuntivo** (o conectivo), que sirve para sostener, proteger y mantener unidos todos los demás tejidos corporales. Los huesos, cartílagos, ligamentos, tendones y el tejido adiposo (grasoso) son ejemplos de tejido conjuntivo.
2. **Tejido muscular,** que se contrae y hace mover las diversas partes del cuerpo.
3. **Tejido nervioso,** que transmite mensajes hacia el encéfalo y desde él, regulando y coordinando todas las funciones corporales.
4. **Tejido epitelial,** que es una cubierta protectora de todas las superficies del cuerpo, tales como la piel, las membranas mucosas, las capas internas del corazón, los órganos digestivo y respiratorio y las glándulas.
5. **Tejido líquido,** que conduce alimentos, productos de desecho y hormonas por medio de la sangre y la linfa.

ORGANOS

Los **órganos** son estructuras compuestas de dos o más tejidos diferentes que se combinan para realizar una función específfica.

Los órganos más importantes del cuerpo son: el encéfalo, que regula el cuerpo; el corazón, que hace circular la sangre; los pulmones, que le suministran oxígeno a la sangre; el hígado, que elimina los productos tóxicos de la digestión; los riñones, que excretan el agua y otros productos de desecho; y el estómago y los intestinos, que hacen la digestión de los alimentos.

SISTEMAS

Los **sistemas** son grupos de órganos que contribuyen a un fin común, a saber, al bienestar de todo el cuerpo. El cuerpo humano se compone de los siguientes sistemas importantes:

Sistema esquelético: huesos.

Sistema muscular: músculos.

Sistema nervioso: nervios.

Sistema circulatorio: suministro de sangre.

Sistema endocrino: glándulas de secreción interna.

Sistema excretorio: órganos de la eliminación.

Sistema respiratorio: pulmones.

Sistema digestivo: estómago e intestinos.

Sistema reproductor: reproducción.

El **sistema esquelético** es la base física o armazón del cuerpo. La función del sistema esquelético consiste en servir de medio de protección, apoyo y locomoción.

El **sistema muscular** cubre el esqueleto, lo sostiene y le da forma al cuerpo. Su función es producir todos los movimientos corporales.

El **sistema nervioso** regula y coordina la acción de todos los demás sistemas y los hace funcionar armónica y eficientemente.

El **sistema circulatorio** se compone de una red de vasos, tales como son las arterias, las venas y los vasos capilares que conducen la sangre desde el corazón hacia todas las partes del cuerpo y desde estas partes hacia el corazón nuevamente. Este sistema les suministra materiales nutritivos a las células corporales y se lleva de ellas los productos de desecho.

El **sistema endocrino** se compone de un grupo de glándulas especializadas que pueden beneficiar o perjudicar el desarrollo, la reproducción y la salud corporales.

El **sistema excretorio,** que incluye los riñones, el hígado, la piel, los intestinos y los pulmones, purifica el cuerpo mediante la eliminación de productos de desecho.

El **sistema respiratorio,** cuyos órganos más importantes son la tráquea (garguero o guargüero), los bronquios y los pulmones, suministra al cuerpo el oxígeno y elimina el bióxido de carbono (anhídrido carbónico).

El **sistema digestivo,** que transforma los alimentos en sustancias solubles, propias para ser utilizadas por las células del cuerpo.

El **sistema reproductor,** que realiza las funciones de la reproducción y la perpetuación de la raza humana.

Todos estos sistemas están íntimamente relacionados entre sí y dependen unos de otros. Aunque cada uno forma una unidad destinada especialmente a realizar una función típica, esa función no puede realizarse sin la cooperación completa de uno o varios de los otros sistemas.

PREGUNTAS DE REPASO

LAS CELULAS

1. ¿Qué es una célula?
2. ¿De qué cuatro maneras se diferencian las células unas de otras?
3. ¿De qué sustancia están compuestas las células?
4. Cite las dos estructuras principales que se hallan en el protoplasma.
5. ¿Cuál es la función del: a) núcleo; b) citoplasma?
6. ¿Cómo se reproduce una célula humana?
7. ¿Qué es el metabolismo?
8. Cite dos fases del metabolismo.
9. ¿Qué actividades se producen durante el anabolismo o proceso constructivo de las células?
10. ¿Qué actividades se producen durante el catabolismo o proceso destructivo de las células?
11. ¿Qué son los tejidos?
12. Enumere cinco clasificaciones de tejidos corporales.
13. ¿Qué es un órgano?
14. ¿Qué órgano hace circular la sangre del cuerpo humano?
15. ¿Qué órgano le suministra oxígeno a la sangre?
16. ¿Qué son los sistemas?
17. Cite nueve sistemas corporales.
18. ¿Cuál de los sistemas constituye la armazón física del cuerpo?
19. ¿Cuál de los sistemas cubre el esqueleto y le da forma y apoyo?
20. ¿Cuál de los sistemas regula y coordina las funciones de todos los demás sistemas del cuerpo?
21. ¿A qué sistema pertencen las arterias, las venas y los vasos capilares?

Capítulo 27

LA PIEL Y LOS TRASTORNOS DE LA PIEL

OBJETIVOS DE APRENDIZAJE DEL CAPITULO

El (la) estudiante que logre dominar el contenido de este capítulo conocerá:

1. *Las estructura y composición de la piel.*
2. *Cómo se nutre la piel y qué factores dan a la piel su color, elasticidad y textura.*
3. *Los nervios y las glándulas que se hallan en la piel.*
4. *Las funciones de la piel.*
5. *Las definiciones de palabras importantes relacionadas con los trastornos de la piel.*
6. *Las diversas clases de lesiones de la piel que se observan en el salón de belleza.*
7. *Los trastornos de las glándulas sebáceas y sudoríparas.*
8. *Los trastornos de la piel que pueden tratarse en el salón de belleza y los que deben ser referidos a un médico.*
9. *Las infecciones no contagiosas de la piel y las diversas pigmentaciones que se observan.*

LA PIEL

La piel es el órgano más extenso del cuerpo y también el más importante. El estudio científico de la piel y el cuero cabelludo es de importancia para la cosmetóloga porque consituye el fundamento de un plan efectivo para el cuidado de la piel, los tratamientos embellecedores y los que se dan en el cuero cabelludo. La cosmetóloga que conoce cabalmente la piel, sus estructuras y funciones está en mejores condiciones de brindar a la cliente consejo profesional sobre cómo cuidar el cuero cabelludo, la cara y las manos.

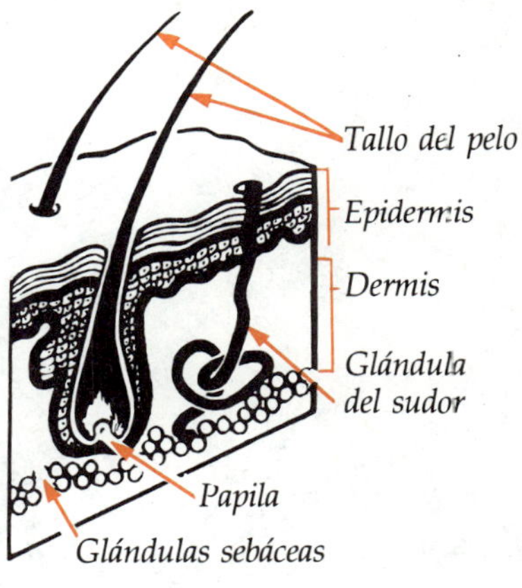

Una **piel saludable** es ligeramente húmeda, suave y flexible, de reacción moderadamente ácida y está libre de enfermedades o trastornos. Su **textura** (según se revela al tacto y a la vista) debe ser, en el mejor de los casos, suave y de fina granulación. Una **buena tez** se manifesta en su textura aterciopelada y su color saludable.

La piel varía en espesor, siendo la más delgada la de los párpados y las más gruesa la de la palma de las manos y la planta de los pies. La presión continuada sobre cualquier parte de la piel puede hacer que ésta se engrose y desarrolle callosidad.

La piel del cuero cabelludo tiene estructura similar a la del resto del cuerpo humano. Sin embargo, en ella los folículos pilosos son más grandes y profundos para así ajustarse al pelo de la cabeza, que es más largo.

UNA PULGADA CUADRADA DE LA PIEL CONTIENE:

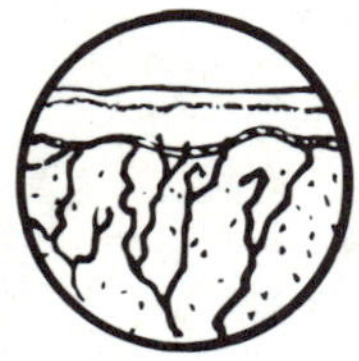

19,500 células sensoriales al extremo de fibras nerviosas.

65 cabellos

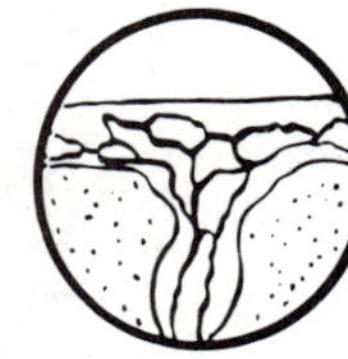

13 aparatos sensoriales para el frío

78 aparatos sensoriales para el calor

78 yardas de nervios

De 160 a 165 aparatos de presión para la percepción de estímulos táctiles

De 19 a 20 yardas de vasos sanguíneos

1,300 terminales nerviosas para captar el dolor

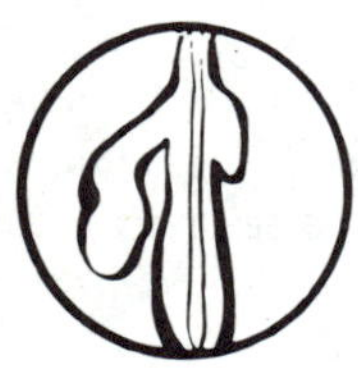

De 95 a 100 glándulas sebáceas

650 glándulas sudoríparas

9,500,000 células

DIAGRMA DE UNA SECCION DEL CUERO CABELLUDO

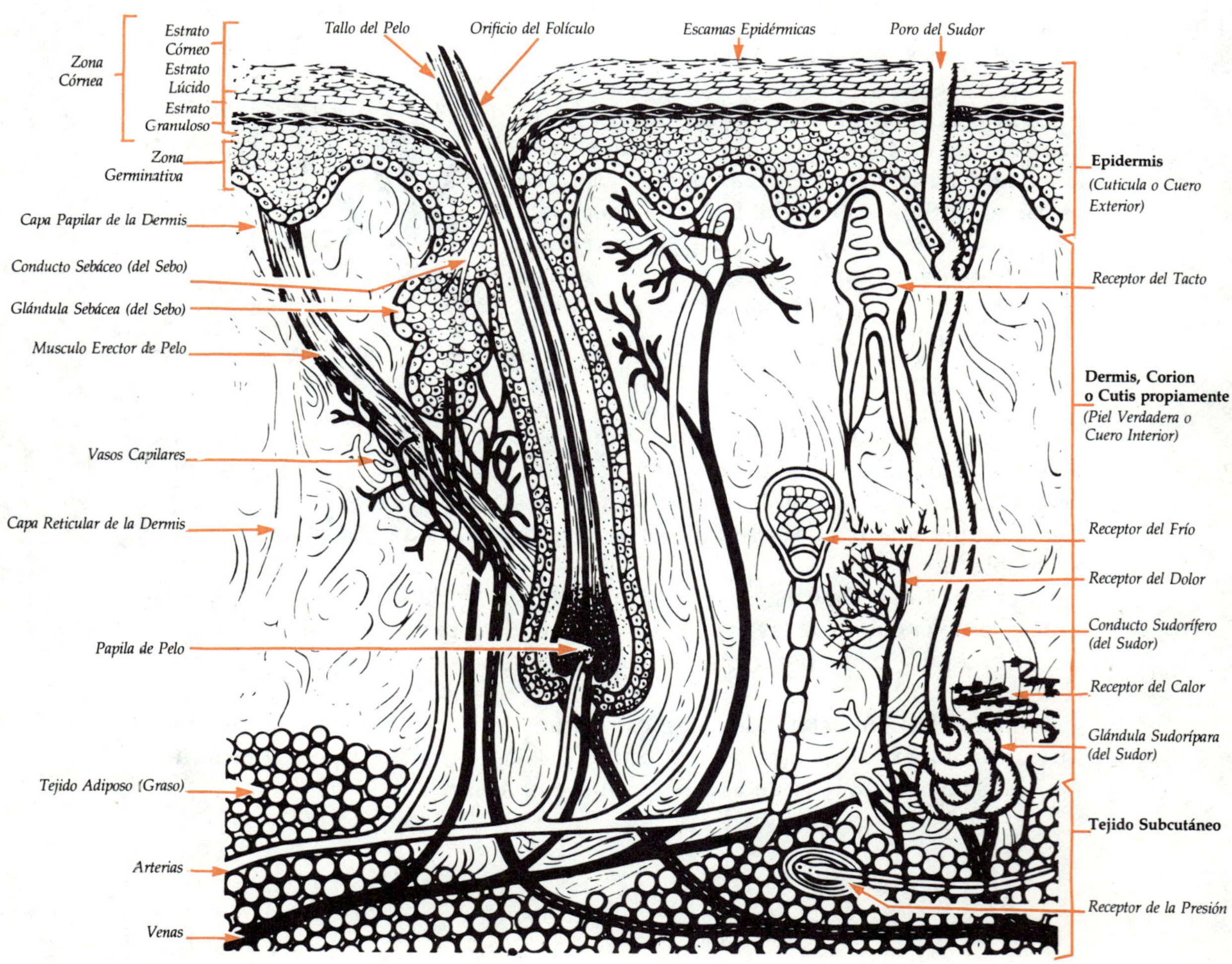

HISTOLOGIA DE LA PIEL

La piel contiene dos divisiones principales: la epidermis y la dermis.

1. La **epidermis** es la capa exterior extrema (superficial) de la piel. Se conoce generalmente como **cutícula** o **cuero exterior.**
2. La **dermis** es la capa subyacente (interior) de la piel. También se llama **corion, cutis** propiamente, **piel verdadera** o **cuero interior** (a veces también **derma**).

La **epidermis** es la capa exterior de la piel y forma una cubierta protectora del cuerpo. En ella no hay vasos sanguíneos, pero contiene gran número de pequeñas terminaciones nerviosas. La epidermis incluye las siguientes capas:

1. El **estrato córneo,** o capa córnea, es la capa exterior de la piel. Sus células escamiformes (en forma de escamillas) se caen y mudan continuamente, siendo remplazadas por células que están debajo y suben a la supericie. Estas células contienen **queratina,** que es una sustancia proteínica. Las células que se traslapan (superpuestas parcialmente como las tejas de un tejado) están cubiertas de una fina capa de aceite, lo que contribuye a que el estrato córneo sea casi impermeable.
2. El **estrato lúcido,** o capa transparente, se compone de pequeñas células trasparentes que pueden ser atravesadas por la luz.
3. El **estrato granuloso,** o capa granular o granillosa, se compone de células que se asemejan a gránulos bien determinados. Estas células están casi muertas y se transforman en una sustancia córnea.

*4. El **estrato germinativo,** o capa germinal, antes conocido como **estrato mucoso,** se compone de varias capas de células de diferentes formas. La capa más profunda de todas es la que origina el crecimiento de la epidermis. También contiene un pigmento oscuro de la piel llamado **melanina** que protege las células sensitivas subyacentes contra los efectos destructores de excesivos rayos ultravioleta procedentes del sol o de una lámpara ultravioleta.

La **dermis** es la piel verdadera. Es una capa sumamente sensitiva y vascularizada de tejido conjuntivo. En su estructura se encuentran numerosos vasos sanguíneos, vasos linfáticos, nervios, glándulas sudoríparas, glándulas sebáceas, folículos pilosos, músculos erectores del pelo y papilas. La dermis se compone de dos capas: la papilar o superficial y la reticular o profunda.

1. La **capa papilar** yace directamente debajo de la epidermis. Contiene pequeñas eminencias cónicas de tejido elástico que se proyectan hacia arriba penetrando en la epidermis. Estas eminencias se llaman **papilas.** Algunas de ellas contienen terminaciones nerviosas llamadas **corpúsculos táctiles** (o corpúsculos de Meissner). Esta capa también contiene cierta cantidad del pigmento cutáneo llamado melanina.
2. La **capa reticular** envuelve dentro de su red las siguientes estructuras:
   a) Células adiposas (de grasa).
   b) Vasos sanguíneos.
   c) Vasos linfáticos.
   d) Glándulas sebáceas.
   e) Glándulas sudoríparas.
   f) Folículos pilosos.
   g) Músculos erectores del pelo.

*El estrato germinativo también se conoce como capa basal o capa de Malpighi.

*El **tejido subcutáneo** es una capa grasienta que se encuentra debajo de la dermis. Se conoce también con los nombres de tejido **adiposo** o **subcutis** y varía de espesor según la edad, el sexo y el estado general de la salud del individuo. Le da al cuerpo suavidad y contorno, contiene grasas que se utilizan como energía y también sirve de cojín protector para la capa externa de la piel. La circulación se mantiene en este tejido mediante una red de arterias y vasos linfáticos.

COMO SE NUTRE LA PIEL

La piel recibe su nutrición de la sangre y la linfa. Al circular por la piel, la sangre y la linfa aportan materias esenciales para el crecimiento, la nutrición y la restauración de la piel, el cabello y las uñas. En el tejido sucutáneo se encuentran redes de arterias y vasos linfáticos de donde parten ramificaciones menores que llegan hasta las papilas del pelo, los folículos pilosos y las glándulas cutáneas. Los vasos capilares son muy numerosos en la piel.

NERVIOS DE LA PIEL

La piel contiene las terminaciones superficiales de un gran número de fibras nerviosas. Estas son:

1. Fibras nerviosas motoras, que se distribuyen por los músculos erectores del pelo, unidos a los folículos pilosos.
2. Fibras nerviosas sensorias (sensoriales o sensitivas), que reaccionan al calor, el frío, el tacto, la presión y el dolor.
3. Fibras nerviosas secretorias, que se distribuyen por las glándulas sudoríparas y sebáceas de la piel. Estos nervios regulan la excrecion del sudor procedente de las glándulas sudoríparas y regulan la afluencia del sebo o grasa (aceite) que sale a la superficie de la piel.

NERVIOS SENSORIALES DE LA PIEL

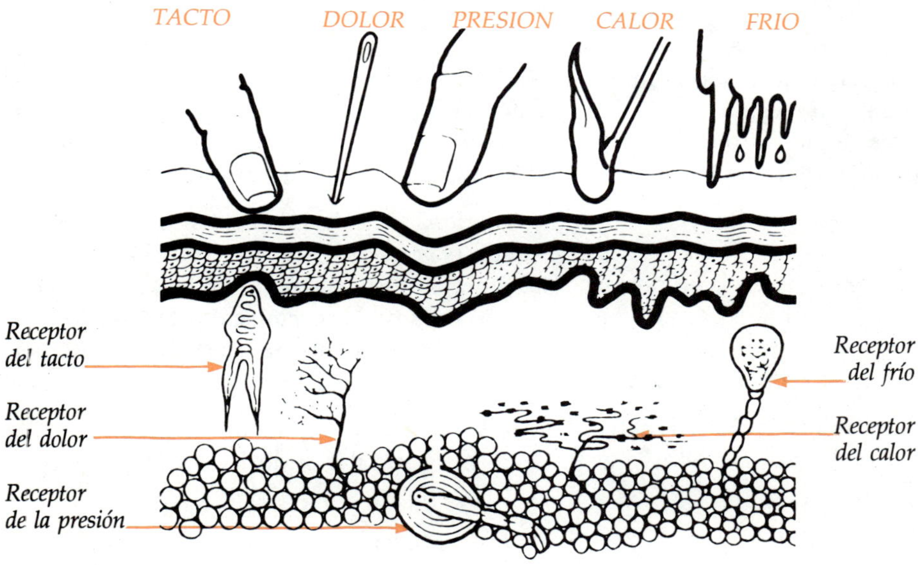

Sentido del tacto. La capa papilar de la dermis le proporciona al cuerpo el sentido del tacto. Los nervios que se distribuyen en la piel reciben sensaciones de tipo básico, como son: el tacto, el dolor, el calor, el frío, la presión, o el tacto profundo. La mayor abundancia de terminaciones nerviosas se encuentra en la punta de los dedos. Las **sensaciones complejas,** tales como experimentar vibraciones, parecen depender de una combinación de estas terminaciones nerviosas.

*Algunos histólogos consideran que el tejido subcutáneo es una continuación de la dermis.

ELASTICIDAD DE LA PIEL

La **flexibilidad de la piel** depende de la elasticidad de la dermis. Por ejemplo, cuando la piel saludable se estira, recupera su forma anterior casi inmediatamente.

Envejecimiento de la piel. El proceso de envejecimiento de la piel es asunto de vital importancia para todas las personas. Quizás la más destacada de sus características sea que la piel pierde elasticidad al envejecer.

COLOR DE LA PIEL

El **color de la piel,** sea claro, medio u oscuro, depende en parte de la irrigación sanguínea en ella, pero principalmente depende de la **melanina,** o materia colorante, que se deposita en el estrato germinativo y en las capas papilares de la dermis. El color del pigmento varía de unas personas a otras. El color distintivo de la piel es un rasgo hereditario y varía entre las diversas razas y pueblos.

GLANDULAS DE LA PIEL

En la piel se encuentran dos clases de glándulas exocrinas (provistas de conducto) que extraen materias de la sangre para formar sustancias nuevas.

1. Las **glándulas sudoríparas,** de la **transpiración** o del **sudor,** segregan sudor.
2. Las **glándulas sebáceas,** u **oleogénicas,** segregan sebo (aceite).

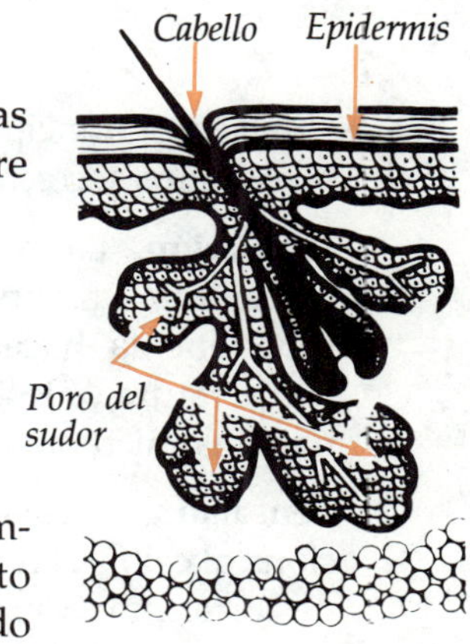

VELLO DEL CUERPO Y FOLICULO

Vello del cuerpo (pelo lanuginoso) con múltiples sebáceas (oleogénicas).

Las **glándulas sudoríparas** (de forma tubular), se componen de una base enrollada, o **fondo,** y un conducto tubular que desemboca en la superficie de la piel formando el **poro del sudor.** Prácticamente todas las partes del cuerpo están provistas de glándulas sudoríparas, las cuales son más numerosas en la palma de las manos, la planta de los pies, la frente y las axilas (sobacos).

Las glándulas sudoríparas regulan la temperatura del cuerpo y ayudan a eliminar los desechos corporales. Su actividad aumenta notablemente con el calor, el ejercicio, las emociones y ciertas drogas.

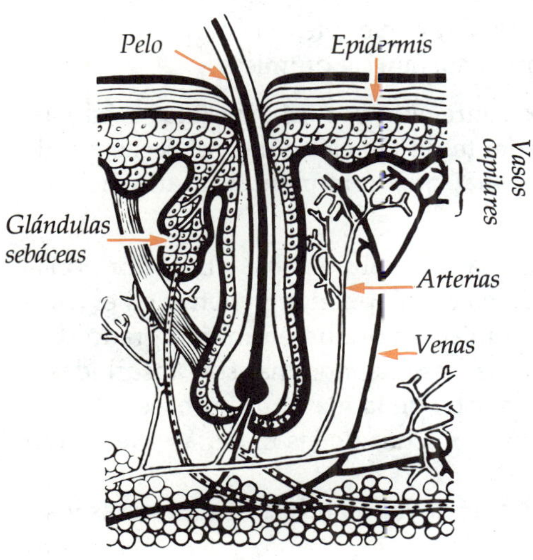

PELO DEL CUERO CABELLUDO, FOLICULO Y GLANDULAS SEBACEAS

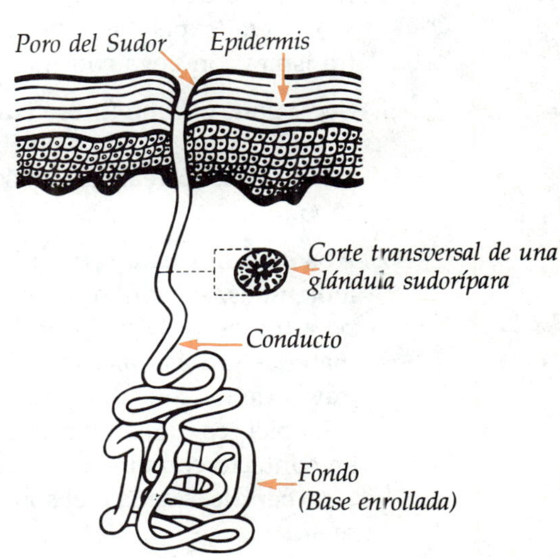

GLANDULA SUDORIPARA

La excreción del sudor está regulada por el sistema nervioso. Normalmente, a través de los poros del sudor se eliminan cada día de 1 a 2 pintas (0.47 a 0.45 l.) de líquidos que contienen sales.

Las **glándulas sebáceas** (del tipo sacular o sacciforme: en forma de saco) se componen de pequeños sacos cuyos conductos desembocan en los folículos pilosos. Segregan el **sebo** (grasa cutánea) que lubrica la piel y conserva el pelo suave. Con excepción de la palma de las manos y de la planta de los pies, estas glándulas se encuentran en todas las partes del cuerpo, especialmente en el rostro.

El **sebo** es una sustancia oleaginosa (aceitosa) producida por las glándulas sebáceas. Ordinariamente, el sebo corre a través de los conductos sebáceos que lo conducen a las bocas (orificios) de los folículos pilosos. Sn embargo, cuando el sebo se endurece y el conducto se tupe, se forma una **espinilla de punto negro.** El aseo es de importancia primordial para conservar la piel libre de manchas.

FUNCIONES DE LA PIEL

Las funciones principales de la piel son: protección, sensación, regulación del calor, excreción, secreción y absorción.

1. **Protección.** La piel protege el cuerpo contra las lesiones y la invasión bacteriana. La superficie de la epidermis está cubierta de una fina capa de sebo que la hace impermeable. Es resistente a grandes variaciones de temperatura, a lesiones menores, a las sustancias químicamente activas y a muchos microbios.

2. **Sensación.** A través de sus terminaciones nerviosas sensitivas, la piel reacciona al calor, al frío, al tacto, a la presión y al dolor. La estimulación extrema de la terminación de un nervio sensorial produce dolor. Una quemadura menor es sumamente dolorosa, pero una quemadura profunda que destruye los nervios puede ser indolora. Las teminaciones nerviosas sensitivas que reaccionan al tacto y a la presión están situadas cerca de los folículos.

3. **Regulación del calor.** Un cuerpo humano saludable mantiene una temperatura interna constante de aproximadamente 98.6º Fahrenheit (37º grados centígrados). La sangre y las glándulas sebáceas de la piel modifican sus propias funciones de acuerdo con los cambios que ocurren en la temperatura exterior. La regulación del calor es una función de la piel, que es el órgano que protege al cuerpo contra el medio ambiente. El cuerpo se refrigera por la evaporación del sudor.

4. **Excreción.** La transpiración (sudor) que procede de la glándulas sudoríparas se excreta (expele) a través de la piel. El agua que sale del cuerpo durante la transpiración lleva consigo sales y otras sustancias químicas.

5. **Secreción.** El sebo (grasa cutánea) es segregado por las glándulas sebáceas. Un afluencia exesiva del sebo procedente de las glándulas sebáceas puede producir **seborrea.** La tensión emocional puede aumentar la afluencia de sebo.

6. **Absorción.** Occure en forma limitada pero innegable. Las hormonas femeninas, si forman parte de una crema facial, pueden penetrar en el cuerpo a través de la piel e influyen en el mismo aunque en menor grado. Las materias grasas, tales como las cremas a base de lanolina, son absorbidas a través de los folículos pilosos y los orificios de la glándulas sebáceas.

   La piel reacciona de manera inmune a muchas de las materias que entran en contacto con ella o la penetran.

   ***Apéndices** de la piel son el pelo, las uñas, las glándulas sudoríparas y las sebáceas.

---

*N. del T.: Los apéndices visibles de la piel, es decir, el pelo y las uñas, se conocen también con el nombre de ***anexos de la piel*** y en algunos lugares se les llama ***faneras.***

TRASTORNOS DE LA PIEL

El propósito de la información que aquí ofrecemos es ayudar a la cosmetóloga a familiarizarse con ciertos trastornos comunes de la piel y del cuero cabelludo que posiblemente ella observará en el salón de belleza. Algunos de estos trastornos, lógicamente, caen dentro del campo que concierne a la cosmetóloga o al cosmetólogo.

La cosmetóloga debe estar preparada para reconocer determinados trastornos cutáneos y debe saber actuar adecuadamente en relación con ellos. Algunos trastornos de la piel y del cuero cabelludo pueden ser tratados con la cooperación de un médico y bajo su supervisión. Las medicinas que sólo se expenden por receta médica para trastornos del cuero cabelludo, la piel o el pelo deben utilizarse de acuerdo con las instructiones del facultativo.

Cualquiera cliente que presente una anormalidad cutánea que la cosmetóloga no puede reconocer como un trastorno simple debe ser referida a un médico.

Lo que debe tenerse en cuentra como más importante es que la cliente que padece de un **trastorno cutáneo** inflamatorio, que puede ser infeccioso o no, no debe ser atendida en el salón de belleza. La cosmetóloga debe ser capaz de reconocer estas condiciones y sugerir que se tomen las medidas adecuadas para evitar mayores consecuencias.

De este modo, la cosmetóloga no solamente protege su propia salud sino que también protege la salud del **público.**

DEFINICIONES DE TERMINOS RELATIVOS A LOS TRASTORNOS DE LA PIEL

A continuación aparece una lista de términos importantes con los que la cosmetóloga debe familiarizarse para comprender correctamente los trastornos de la piel, del cuero cabelludo y del pelo.

Dermatología: estudio de la piel y de su naturaleza, estructura, funciones, enfermedades y tratamientos.

Dermatólogo (o dermatóloga): especialista de la piel.

Patología: estudio de las enfermedades.

Tricología: estudio del pelo y de sus enfermedades.

Etiología: estudio de las causas de las enfermedades.

Diagnóstico (o diagnosis): reconocimiento de una enfermedad por sus síntomas.

Pronóstico (o prognosis): predicción del curso probable de una enfermedad.

LESIONES DE LA PIEL

Lesión es una transformación que se verifica en la estructura de los tejidos a consecuencia de un golpe, una herida o una enfermedad. Hay tres clases de lesiones: primaria, secundaria y terciaria. A la cosmetóloga le conciernen únicamente las lesiones primarias y secundarias.

El conocimiento de las principales lesiones de la piel ayuda a la cosmetóloga a distinguir entre aquellos trastornos que pueden tratarse en el salón de belleza y los que no deben ser tratados allí.

Síntoma es una señal reveladora de alguna enfermedad. Los síntomas de las enfermedades de la piel se dividen en dos grupos:

1. **Subjetivos:** los síntomas que experimenta el propio sujeto o paciente, como son el prurito (picazón o escozor), el ardor o los dolores.
2. **Objetivos:** los síntomas que pueden observarse, como son los granos, las pústulas o la inflamación.

DEFINICIONES RELATIVAS A LESIONES PRIMARIAS

Mácula: pequeña mancha o placa descolorida en la superficie cutánea que no se eleva ni se sume (hunde), como son las pecas.

Pápula: pequeño grano elevado sobre la superficie cutánea sin contenido fluido pero que puede tornarse piógeno (generar pus).

Roncha: lesión inflamatoria que escuece (da prurito, picazón o escozor) y dura unas pocas horas. (Ejemplos: la urticaria o la picada de un insecto como el mosquito.)

Tubérculo: hinchazón sólida de mayor tamaño que la pápula. Puede elevarse sobre la superficie cutánea o desarrollarse en el interior de la piel. Varía de tamaño entre el de un guisante y el de una nuez.

Tumor: hinchazón interna que varía de damaño, forma y color.

Vesícula (o **flictena**)**:** vejiguilla llena de fluido transparente. Las vesículas yacen dentro de la epidermis o justamente debajo de ella. (Ejemplo: la hiedra venenosa norteamericana produce pequeñas vesículas.)

Ampolla: vejiga que contiene un fluido acuoso similar a la vesícula pero es de mayor tamaño.

Pústula: elevación de la piel con inflamación en su base con contenido purulento (pus).

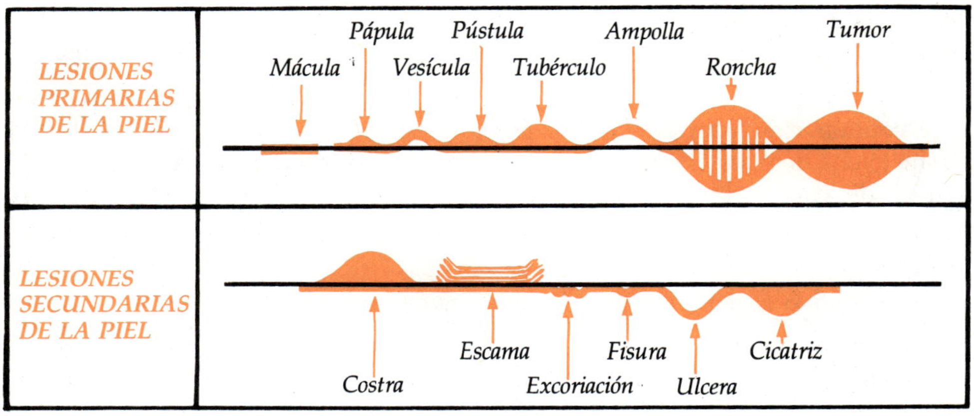

DEFINICIONES RELATIVAS A LAS LESIONES SECUNDARIAS

Las lesiones secundarias de la piel son aquéllas que se desarrollan durante la etapa avanzada de alguna enfermedad. Tales son:

Escamas: acumulación de exfoliaciones epidérmicas, secas o grasientas. (Ejemplo: la caspa anormal o excesiva.)

Costra (postilla): acumulación de materia serosa y purulenta, posiblemente mezclada con sustancia epidérmica. (Ejemplo: la postilla que se forma en una llaga.)

Excoriación: exulceración (ulceración superficial) o abrasión (desgaste) de la piel producida por rascadura o rasguños. (Ejemplo: superficie descarnada debido a pérdida del cutis como consecuencia de un golpe o herida.)

Fisura: hendedura de la piel que penetra hasta la dermis, como en el caso del agrietamiento de las manos o los labios.

Ulcera: lesión abierta de la piel o de una membrana mucosa del cuerpo acompañada de pus con pérdida del espesor cutáneo.

Cicatriz (cicatrización): suele formarse depués que sana una lesión o trastorno de la piel que ha penetrado hasta la capa dérmica.

Mancha: decoloración anormal circunscrita (limitada) que queda después de la desaparición de lunares (nevos), pecas o manchas hepáticas (cloasma) que aparecen después de ciertas enfermedades.

DEFINICIONES RELATIVAS A LA ENFERMEDADES

Antes de entrar en la descripción de las enfermedades de la piel y del cuero cabelludo con el fin de que éstas puedan ser reconocidas por las cosmetólogas, conviene aclarar lo que se entiende por enfermedad.

Una **enfermedad** es cualquier alteración del estado normal de la salud.

Enfermedad cutánea: cualquier infección de la piel caracterizada por una lesión objetiva (visible) que puede consistir en escamas, granos o pústulas.

Enfermedad aguda: la que se manifiesta con síntomas de carácter más o menos violento y de corta duración.

Enfermedad crónica: la de larga duración y carácter ordinariamente benigno pero con recidivas (recaídas o reapariciones).

Enfermedad infecciosa: la causada por gérmenes patógenos que han penetrado en el cuerpo como consecuencia del contacto con un objeto contaminado o a causa de una lesión.

Enfermedad contagiosa: la que se transmite por contacto.

Nota: Los términos "enfermedad infecciosa," "enfermedad transmisible" y "enfermedad contagiosa" se usan a menudo indistintamente.

Enfermedad congénita: la que se presenta en el lactante (niño de teta) desde su nacimiento.

Enfermedad estacional: aquélla en la que influye el estado del tiempo, como ocurre con el salpullido (o sarpullido) por exceso de calor en el verano o, por otra parte, con varias formas de eccema que son más comunes en el tiempo frío.

Enfermedad profesional (también llamada **de ocupación** o **de oficio**): la originada por ciertos tipos de trabajo; por ejemplo, la dermatitis causada por el contacto con cosméticos, sustancias químicas o tintes.

Enfermedad parasitaria o **parasítica:** la producida por bacterias causantes de enfermedades, como son los estafilococos, los estreptococos y los gérmenes piógenos (formadores de pus).

Enfermedad sistémica (general, difusa o diseminada): la que se origina por un funcionamiento ya excesivo, ya deficiente, de las glándulas internas. Puede deberse a una dieta inadecuada.

Enfermedad venérea: morbo contagioso generalmente contraído por contacto en las relaciones sexuales con una persona infectada.

Epidemia: manifestación de una enfermedad que ataca simultáneamente a gran número de personas residentes en determinada localidad. La parálisis infantil, la influenza, las infecciones por virus o la viruela son ejemplos de enfermedades causantes de epidemias.

Alergia: sensibilidad que ciertas personas desarrollan por contacto con sustancias normalmente inocuas (no dañinas). Las alergias cutáneas son muy comunes. El contacto con ciertas clases de cosméticos, medicamentos y tintes, o el ingerir ciertos alimentos, puede producir erupción con prurito acompañada de rubicundez, hinchazón, flictenas, exudado y descamación.

Inflamación: afección cutánea que se caracteriza por rubicundez, dolor, hinchazón y sensación de calor.

TRASTORNOS DE LAS GLANDULAS SEBACEAS (OLEOGENICAS)

Existen varias enfermedades comunes a la glándulas sebáceas (oleogénicas) que la cosmetóloga debe identificar y conocer.

Los **comedones** o **espinillas de punto negro** son masas vermiformes (en forma de gusanillos) de sebo endurecido que aparecen en la cara, la frente y la nariz con mayor frecuencia que en otras partes del cuerpo.

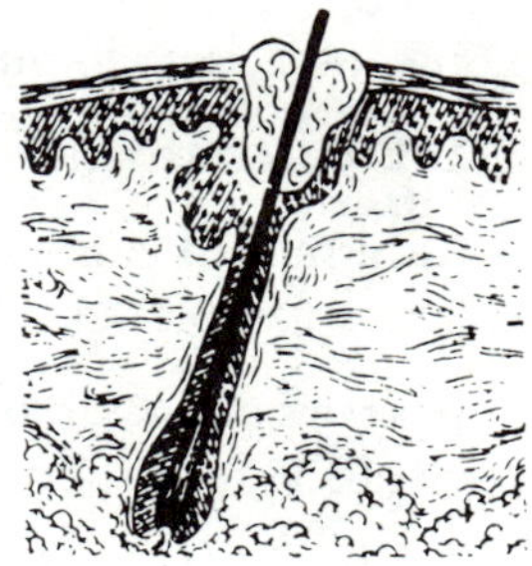

Espinilla de punto negro (tapón de materia sebácea y suciedad) que se forma alrededor de la boca del folículo piloso

Las espinillas de punto negro acompañadas de barros (granos) se observan a menudo en las personas jóvenes, entre las edades de 13 y 20 años. La actividad de las glándulas sebáceas se estimula durante la adolescencia contribuyendo así a la formación de espinillas de punto negro y barros.

Cuando el folículo piloso se llena de grasa debido a una secreción excesiva de las glándulas sebáceas, se forma una espinilla de punto negro que obstruye la boca del folículo. Si este trastorno se agrava, se hace necesaria la atención médica.

Para tratar las espinillas de punto negro, debe reducirse la oleosidad (grasa) de la piel mediante aplicaciones de productos purificadores y las espinillas deben extraerse bajo condiciones de asepsia (limpieza y desinfección). Un factor muy importante es el aseo de la piel todas las noches. Las cremas y lociones mundificativas (limpiantes) dan con frecuencia mejores resultados que el lavado con agua y jabón ordinarios.

Los **milios** (mijos) o **espinillas blancas** son un trastorno de las glándulas sebáceas (oleogénicas) causado por la acumulación de grasa cutánea debajo de la piel. Pueden presentarse en cualquier parte de la cara, el cuello y ocasionalmente en el pecho y los hombros. Las espinillas blancas suelen aparecer en la piel de textura fina y reseca.*

La **acné** (o acne) es una enfermedad inflamatoria y crónica de las glándulas sebáceas que se presenta en la cara, la espalda y el pecho más frecuentemente que en otras regiones del cuerpo. Por lo general se cree que su causa es de carácter microbiano, pero algunos factores de predisposición son la adolescencia y los trastornos del tubo digestivo. La acné o barro común también se conoce como **acné simple** o **acné vulgar.****

Acné.

La acné se presenta en una variedad de formas que van desde el barro común (no contagioso) hasta los trastornos cutáneos profundos y graves. Es siempre aconsejable el examen y diagnóstico médicos antes de antender a la cliente con acné en el salón de belleza.

La **seborrea** es una afección de la piel producida por una secreción excesiva de las glándulas sebáceas u oleogénicas. El aspecto grasiento o lustroso de la nariz, la frente o el cuero cabelludo indica la presencia de seborrea. En el cuero cabelludo puede ser reconocida inmediatamente por la cantidad anormal de grasa que se observa en el cabello.

La **asteatosis** o **asteatodes** es un trastorno de la piel reseca y escamosa caracterizado por una deficiencia absoluta o parcial del sebo cutáneo, debida a cambios seniles (avejentamiento) o a algunas afecciones orgánicas. En su forma localizada puede que tenga su causa en los álcalis que se encuentran en los jabones y polvos detergentes.

*N. del T.: **Milo** es un término que hoy se encuentra en algunos diccionarios médicos. Las espinillas blancas también se conocen como **acné alba** o **acné miliar.**

N. del T.: **The Merck Manual (14ta. ed., 1982) señala que el curso y la severidad de la acné están de algún modo determinados por una interacción de las hormonas, la queratinización, el sebo y las bacterias (p. 2048).

La **rosácea,** antes llamada **acné rosácea** o **eritematosa,** es una congestión inflamatoria crónica de las mejillas y la nariz. Se caracteriza por rubicundez, dilatación de los vasos capilares y formación de pápulas y pústulas. Es generalmente causada por la mala digestión y el abuso de las bebidas alcohólicas. También puede tener su causa en una exposición excesiva a los extremos del clima, una eliminación defectuosa y la hiperacidez. Por lo común se agrava con la ingestión de alimentos o bebidas picantes o muy sazonadas con especias o condimentos.

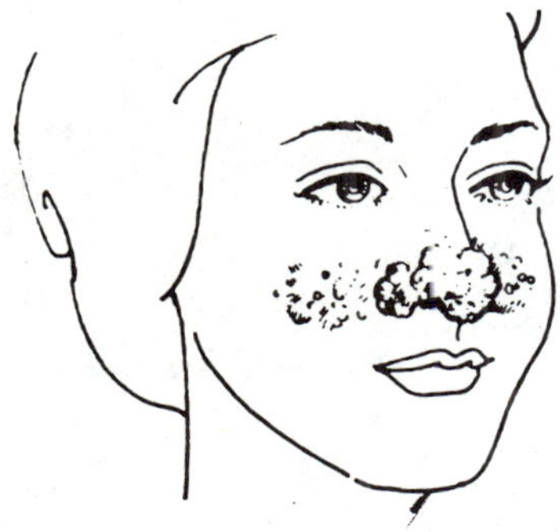

Rosácea.

Esteatoma.

Un **esteatoma, quiste sebáceo** (queratinoso), o **adipoma** es un tumor subcutáneo de las glándulas sebáceas. Su contenido es de sebo y su tamaño varía desde el de un guisante hasta el de una naranja, encontrándose por lo general en el cuero cabelludo, el cuello y la espalda. Al esteatoma a veces se le llama **lobanillo** o **lupia.**

DEFINICIONES RELATIVAS A LOS TRASTORNOS DE LAS GLANDULAS SUDORIPARAS (DEL SUDOR)

Bromhidrosis (bromidrosis) u **osmidrosis:** sudor fétido que por lo común se hace notable en las axilas (los sobacos) y en los pies.

Anhidrosis (anidrosis) o **falta de sudor:** a menudo resulta de una fiebre o de ciertas enfermedades cutáneas. Requiere tratamiento médico.

Hiperhidrosis (hiperidrosis) o **sudor excesivo:** tiene por causa el calor extremo o una debilidad corporal generalizada. Las partes más comúnmente afectadas son las axilas, las articulaciones y los pies. Necesita atención médica.

Miliaria rubra (también conocida como miliara, liquen trópico, sudamina, estrófulo, **salpullido** o sarpullido **del calor** o de verano): es un trastorno inflamatorio agudo de las glándulas sudoríparas, caracterizado por una erupción de vejiguillas rojas y acompañado de prurito y sensación de calor en la piel. Es causado por la exposición al calor excesivo.

DEFINICIONES RELATIVAS A INFLAMACIONES

Dermatitis: término que se usa para denotar un estado inflamatorio de la piel. Las lesiones se presentan en diversas formas, tales como vesículas o pápulas.

Eccema: inflamación de la piel con carácter agudo o crónico que presenta numerosas formas de lesiones secas o húmedas. Frecuentemente es acompañada de prurito o de una sensación de calor. Todos los casos de eccema deben ser referidos a un médico para su tratamiento. La causa de este mal es desconocida.

Psoriasis (soriasis): enfermedad cutánea común, inflamatoria y crónica, cuya causa se desconoce. Se presenta ordinariamente en el cuero cabelludo, los codos, las rodillas, el pecho, la parte baja de la espalda y raras veces, en la cara. Las lesiones son en forma de placas redondas y secas, cubiertas de escamillas gruesas y plateadas. Cuando se irritan, presentan puntos sangrantes. No es contagiosa.

Herpes simples (herpe febril): infección por virus de origen desconocido, comúnmente llamada **escupidura** (fuegos en los labios o pupa). Se caracteriza por la erupción de una vesícula o de vesículas agrupadas sobre una base inflamada. Las vesículas, por lo general, aparecen en los labios, las ventanas de la nariz o cualquier otra parte de la cara y raras veces duran más de una semana. Una de sus causas posibles es la indigestión.

Herpes simples o herpe febril en los labios y la nariz.

Inflamación producida por una solución para permanente en frío.

Enfermedades profesionales (también llamadas de ocupación o de oficio) en la cosmetología: anomalías que resultan del contacto con sustancias químicas o con tintes durante los servicios que se prestan en el salón de belleza. Algunas personas suelen desarrollar alergia a los ingredientes de los cosméticos, los antisépticos, las soluciones para la ondulación permanente en frío o los tintes derivados de la anilina. Estos pueden causar infecciones cutáneas eruptivas que se conocen como **dermatitis por contacto** ("dermatitis venenata"). Es importante que la cosmetóloga tome medidas de precaución, tales como son el uso de guantes de goma o cremas protectoras, siempre que sea posible.

DEFINICIONES RELATIVAS A PIGMENTACIONES DE LA PIEL

En casos anormales, el **pigmento** puede proceder del interior del organismo o del exterior.

Los colores anormales se observan en todas las enfermedades cutáneas y en muchos de los trastonors sistémicos (generales o dismeminados). La pigmentación extraordianaria también se observa con el uso de ciertos medicamentos que se administran por vía interna.

Piel bronceada (tostada): La origina la exposición excesiva al sol.

Lentiginosis (efélides o pecas): se presenta en forma de pequeñas manchas de color entre amarillento y pardusco en aquellas partes del cuerpo que se exponen a la luz solar y al aire.

Manchas: zonas cutáneas anormalmente pardas y circunscritas (limitadas) que pueden tener forma circular e irregular. Su color permanente se debe a la presencia del pigmento sanguíneo. Se producen con el envejecimiento, a veces tras ciertas enfermedades, o después de la desaparición de lunares, pecas y manchas hepáticas. La causa es desconocida.

Cloasma: se caracteriza por crecidos depósitos de pigmento en la piel. Se encuentra principalmente en la frente, la nariz y las mejillas. El cloasma también se conoce como **manchas de polilla** o **manchas hepáticas.**

Nevo: comúnmente es concocido como **marca** o **mancha de nacimiento.** Es una malformación grande o pequeña de la piel, debida a pigmentación o a dilatación de los vasos capilares.

Leucodermia: placas anormalmente blancas de la piel, debidas a pigmentación deficiente. Se clasifican en:

Vitiligo: trastorno leucodérmico adquirido que afecta a la piel o al pelo. El único tratamiento posible es la aplicación de un cosmético que se combine con el color natural de la piel y disimule la falta.

Albinismo: ausencia congénita del pigmento melanina en el cuerpo, incluyendo la piel, el pelo y los ojos. El pelo es afelpado y blanco. La piel es de color blanco rosáceo y no se torna bronceada con el sol.

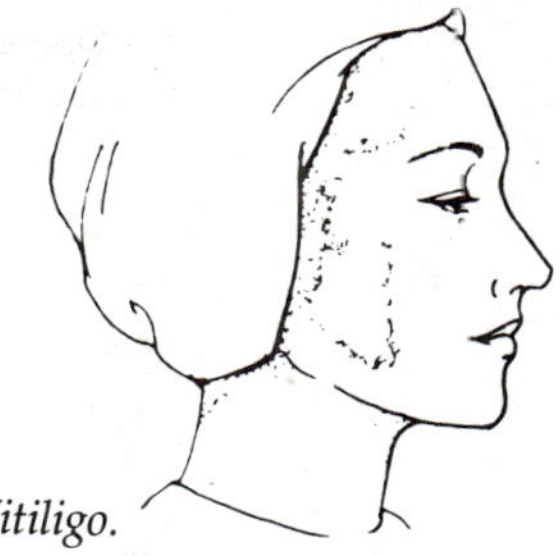

Vitiligo.

DEFINICIONES RELATIVAS A HIPERTROFIAS (CRECIMIENTOS NUEVOS)

Queratoma o **callosidad:** placas engrosadas y redondas, adquiridas (no congénitas), que se forman en la superficie de la epidermis debido a fricción por presión en las manos y en los pies. Si el engrosamiento crece hacia adentro, se llama **callo.**

Lunar (a veces también llamado "nevo"): pequeño punto o mancha pardusca de la piel. Se cree que los lunares son hereditarios. Su color varía entre bronceado pálido y pardo o negro azulado. Algunos lunares son pequeños y achatados, parecidos a las pecas, mientras que otros están profundamente implantados y su color es más oscuro. En los lunares nacen a menudo pelos oscuros y gruesos. Cualquier alteración en el aspecto de un lunar debe someterse a observación médica.

ADVERTENCIA

No le aplique tratamiento a los lunares ni les extraiga los vellos o pelos.

Verruga, también llamada **cadillo:** excrecencia de origen viral (producida por un virus) infeccioso. Pueden esparcirse por el cuerpo, especialmente a lo largo de un rasguño o arañazo de la piel.

Verruga.

PREGUNTAS DE REPASO

LA PIEL

1. Describa brevemente la piel saludable.
2. ¿Qué indica un cutis saludable?
3. Cite las dos divisiones principales de la piel.
4. Indique la localización de la epidermis y cite su función principal.
5. Nombre las cuatro capas de la epidermis.
6. ¿Cuál de las capas epidérmicas se muda y repone contínuamente?
7. ¿Cuál de las capas epidérmicas se compone de células pequeñas y transparentes?
8. ¿Cuál de las capas epidérmicas comienza a transformarse en sustancia córnea?
9. ¿Cuál de las capas epidérmicas origina su propio crecimiento?
10. ¿Qué clase de tejido es la dermis?
11. Cite dos capas de la dermis.

12. ¿Qué estructuras se encuentran en la capa papilar?
13. ¿Qué estructuras se encuentran en la capa reticular?
14. ¿Cuál es la funcción del tejido subcutáneo?
15. ¿Comó se nutre la piel?
16. Cite tres clases de fibras nerviosas que se encuentran en la piel.
17. ¿En qué estructuras de la piel se distribuyen las fibras de los nervios motores?
18. ¿A qué cinco sensaciones reaccionan los nervios sensorios de la piel?
19. ¿Cuáles fibras nerviosas de la piel regulan y rigen la secreción del sudor y la afluencia del sebo cutáneo?
20. ¿Qué parte del cuerpo contiene la mayor cantidad de terminaciones nerviosas?
21. ¿Qué significa "flexibilidad de la piel"?
22. ¿Cuál es la característica de la piel vieja?
23. ¿De qué depende principalmente el color de la piel?
24. ¿Dónde se encuentra la materia colorante de la piel?
25. ¿De qué depende principalmente el color distintivo de la piel?
26. Cite dos clases de glándulas exocrinas (provistas de conducto) que se encuentran en la piel.
27. Describa la estructura de las glándulas sudoríparas.
28. ¿Dónde se encuentran las glándulas sudoríparas?
29. ¿Cuál es la función de las glándulas sudoríparas?
30. Cite cuatro modos de aumentar la actividad de la glándulas sudoríparas.
31. ¿Qué órgano regula la temperatura del cuerpo?
32. Describa la estructura de las glándulas sebáceas (productoras de aceite).
33. ¿Qué sustancia es segregada por las glándulas sebáceas?
34. ¿Cuál es la función principal del sebo cutáneo?
35. ¿Dónde se encuentran las glándulas sebáceas?
36. ¿Cuáles son la seis funciones importantes de la piel?
37. ¿Cuál es la temperatura normal del cuerpo humano?
38. Nombre un cosmético que la piel pueda absorber en pequeñas cantidades.
39. Cite los cuatro apéndices (anexos) de la piel.

TRASTORNOS DE LA PIEL

1. ¿Por qué es necesario que la cosmetóloga use extrema prudencia antes de intentar dar un tratamiento a cualquier trastorno cutáneo en el salón de belleza?
2. ¿Qué debe hacer la cosmetóloga si no puede reconocer un trastonro cutáneo que puede ser infeccioso o no?
3. ¿Por qué debe la cosmetóloga rehusar el tratamiento de una cliente que padece de enferemdad infecciosa o contagiosa?
4. Defina la dermatología.
5. ¿Qué es un dermatólogo o una dermatóloga?
6. ¿Qué es una lesión?
7. ¿En qué se diferencian las lesiones objetivas y las subjetivas? Dé ejemplo de cada una.
8. Cite ocho lesiones primarias de la piel.
9. Cite siete lesiones secundarias de la piel.
10. Defina lo que es enfermedad.
11. ¿Cuáles son los nombres vulgares de: a) comedones; b) milios (mijos)?
12. ¿Cuál es la causa de la formación de comedones?

13. Defina la acné (o acne).
14. ¿Cuáles de los siguientes términos se aplican a los trastornos de las glándulas sebáceas (oleogénicas)?: Milios, acné, bromidrosis, anidrosis, comedones, seborrea, hiperidrosis.
15. Describa brevemente las siguientes afecciones: bromidrosis, anidrosis, hiperidrosis y miliaria rubra.
16. Defina la dermatitis.
17. Defina la eccema.
18. ¿Qué aspecto característico tiene la soriasis?
19. ¿En cuáles cinco partes del cuerpo se encuentra generalmente la soriasis?
20. Defina los herpes simples. ¿Cuál es su nombre vulgar?
21. ¿En qué parte del cuerpo aparece generalmente la escupidura o herpe febril?
22. Defina la dermatitis por contacto. Cite dos clases de servicios de peluquería que pueden causar esta clase de dermatitis.
23. ¿Qué son las pecas y qué las causa?
24. ¿Cuáles son los nombres vulgares del cloasma?
25. ¿Cuál es el nombre vulgar del nevo?
26. Defina: a) la leucodermia; b) el vitiligo.
27. Defina el albinismo.
28. ¿Cuál es el nombre científico de la callosidad?
29. ¿Qué es un lunar?
30. ¿Cuál es el nombre común del cadillo de la piel?

Capítulo 28

EL PELO Y LOS TRASTORNOS DEL CUERO CABELLUDO Y DEL PELO

OBJETIVOS DE APRENDIZAJE DEL CAPITULO

El (la) estudiante que logre dominar el contenido de este capítulo conocerá:

1. *La composición del pelo y las partes o divisiones del mismo.*
2. *Las diferentes estructuras que se hallan dentro de la raíz del pelo y del folículo piloso.*
3. *Los hechos importantes relativos al sebo (aceite) cutáneo.*
4. *Los hechos relativos a la estructura del pelo, su crecimiento y su distribución.*
5. *Las teorías relacionadas con la vida del pelo y la renovación de éste.*
6. *Lo que significa la textura, porosidad, densidad y elasticidad del pelo.*
7. *Las causas de los cambios de color en el pelo.*
8. *Las diferentes clases de caspa y su tratamiento.*
9. *Las afecciones del cuero cabelludo y del pelo que pueden ser tratadas en el salón de belleza.*
10. *Cómo reconocer las diversas formas de alopecia.*
11. *Las diversas afecciones contagiosas del cuero cabelludo y del pelo.*
12. *Cómo reconocer los trastornos del pelo que se observan en el salón de belleza.*

EL PELO

El pelo es un **apéndice** (anexo) de la piel. Es una excrencia filamentosa y delgada de la piel y del cuero cabelludo del cuerpo humano. En el pelo no existe sentido del tacto debido a la ausencia de nervios.

El estudio del pelo, técnicamente denominando **tricología,** es de suma importancia para la cosmetóloga porque es el pelo lo que a ella le concierne primordialmente. La función principal del pelo es **adornar** la cabeza y **protegerla** contra el calor, el frío y las lesiones.

Para mantener el pelo saludable y hermoso hay que prestarle atención adecuada a su cuidado y tratamiento. El conocimiento y el **análisis** del pelo de la cliente, las sugerencias discretas que pueden hacérsele para mejorarlo y un sincero interés en conservarlo bello y lozano son detalles que incumben a toda cosmetóloga.

El maltrato del pelo con la aplicación de cosméticos dañinos o de tratamientos defectuosos puede debilitar o aun dañar su estructura.

COMPOSICION DEL PELO

El pelo está principlamente compuesto de una **proteína** (albuminoide o prótido) llamada **queratina** que se encuentra en toda excrecencia córnea, como son las uñas y las garras y cascos de ciertos animales.

La composición química del pelo es: carbono, 50.65%; hidrógeno, 6.36%; nitrógeno, 17.14%; azufre, 5.0%; oxígeno, 20.85%.

PARTES DEL PELO

El pelo humano totalmente desarrollado se divide en dos partes principales: la raíz y el tallo.

1. La **raíz del pelo** es aquella porción de su estructura que está debajo de la superficie de la piel. Esta parte del pelo está encerrada en el folículo.
2. El **tallo del pelo** es aquella parte de su estructura que sale fuera de la superficie de la piel.

ESTRUCTURAS RELACIONADAS CON LA RAIZ DEL PELO

Las estructuras estrechamente relacionadas con la raíz del pelo son el folículo, el bulbo y la papila.

El **folículo piloso** (folículo del pelo) es una depresión tubular, o receptáculo, de la piel o del cuero cabelludo que envuelve a la **raíz del pelo.** Cada pelo tiene un folículo que varía en profundidad según sea el grosor y zona de la piel en que éste nace.

A cada folículo piloso van unidas una o más glándulas sebáceas (oleogénicas o productoras de aceite).

Los orificios embudados de los folículos pilosos son lugares expuestos a la cría de gérmenes y a la acumulación de suciedad.

El folículo no penetra perpendicularmente en la piel o en el cuero cabelludo, sino que lo hace en forma de ángulo, de modo tal que el pelo que crece fuera de la piel sigue una dirección natural hacia un lado. Esta dirección natural se llama a veces **inclinación del pelo** en el cuero cabelludo. Como los ángulos están dispuestos por zonas según la naturaleza, el pelo brota del cuero cabelludo siguiendo determinada dirección.

El **bulbo piloso** (pulbo del pelo) es una estructura gruesa y claviforme (en forma de clava o porra parecida el palo de bastos de la baraja española) que constituye la parte interior de la raíz del pelo. El fondo del bulbo piloso es ahuecado de modo que cubra la papila y se ajuste a ella.

La **papila del pelo** es una pequeña eminencia cónica que se encuentra en el fondo del folículo y a su vez penetra en el bulbo. Dentro de la papila hay un abundante suministro de sangre y de nervios, lo cual contribuye al crecimiento y a la regeneración del pelo. El bulbo piloso se nutre a través de la papila. Esta tiene la capacidad de producir células pilosas. El pelo crece mientras la papila funcione. Sin la papila no podrían formarse células pilosas, ni el pelo podría crecer. Cuando la papila es saludable y está bien nutrida, produce pelo nuevo.

ESTRUCTURAS CONECTADAS CON LOS FOLICULOS DEL PELO

El **erector del pelo** es un pequeño músculo involuntario que está unido a la parte inferior del folículo piloso. El miedo o el frío lo contraen haciendo que los pelos se paren de punta y le den a la piel el aspecto de "carne de gallina" (cutis anserino). Las pestañas y las cejas carecen de músculos erectores del pelo.

CORTE TRANSVERSAL DEL PELO

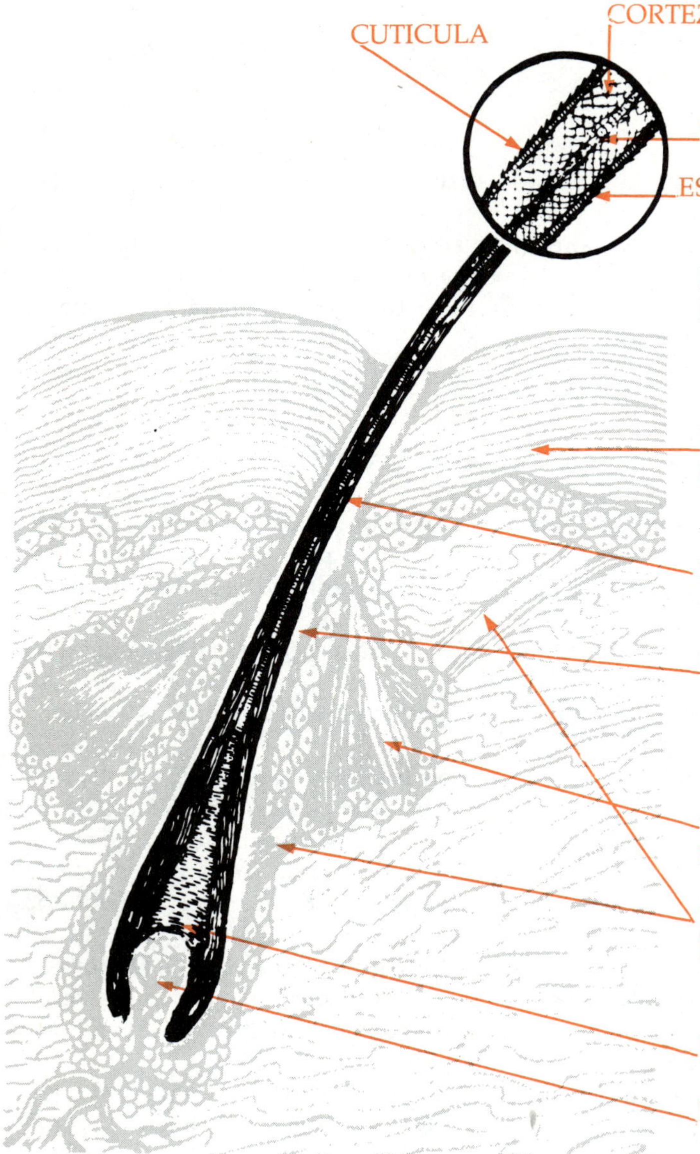

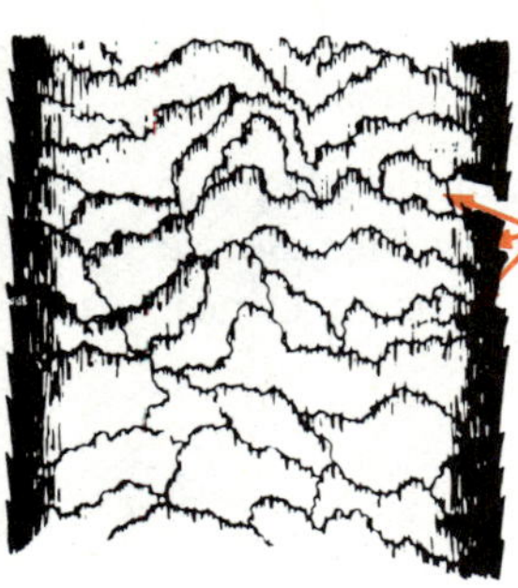

VISTA AMPLIADA DE LA CUTICULA DEL PELO

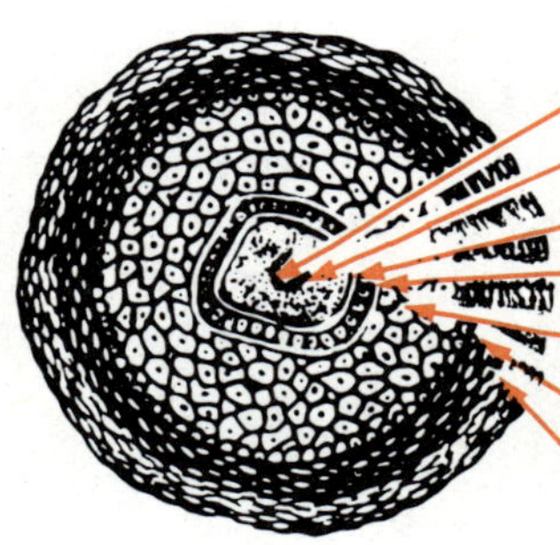

SECCION TRANSVERSAL DEL PELO Y EL FOLICULO

Las **glándulas sebáceas u oleogénicas** (productoras de aceite) están formadas por pequeñas estructuras saculares implantadas en la dermis. Sus conductos desembocan en los folículos pilosos. Su secreción, una sustancia aceitosa llamada **sebo** (o grasa cutánea), le da lustre y ductilidad al pelo a la vez que mantiene la superficie de la piel suave y flexible. Sin embargo, las glándulas sebáceas a menudo causan trastornos. Su secreción excesiva origina una forma común de caspa oleaginosa.

En la **producción del sebo** influyen cinco factores: la dieta, la circulación sanguínea, los trastornos emocionales, la estimulación de las glándulas endocrinas y las drogas o medicamentos.

La **dieta** influye en el estado general de la salud del pelo. Comer dulces, alimentos feculentos y grasos en grandes cantidades puede sobreactivar las glándulas sebáceas, haciéndolas segregar demasiado sebo (aceite).

Circulación sanguínea. El pelo toma su nutrición del suministro de sangre que recibe, el cual a su vez depende de ciertas sustancias contenidas en los alimentos. Si los alimentos carecen de esas sustancias, la salud del pelo puede afectarse.

Los **trastornos emocionales** están relacionados con la salud del pelo a través del sistema nervioso. El pelo saludable puede ser indicio de un cuerpo sano.

Glándulas endocrinas. Las secreciones de las glándulas endocrinas influyen en el estado de la salud corporal. Cualquier trastono de estas glándulas puede afectar a la salud del cuerpo y, finalmente, la salud del pelo.

Si **ciertos medicamentos** como, por ejemplo, las hormonas, se toman sin receta médica, pueden perjudicar la capacidad que el pelo tienen para recibir una ondulación permanente u otros tratamientos de peluquería.

ESTRUCTURA DEL PELO

Formas del Pelo. Por lo regular, el pelo se presenta en una de tres formas generales. Al crecer y salir fuera de la piel, el pelo toma su forma, tamaño y dirección partiendo del folículo. Observando un **corte transversal del pelo** a través de un microscopio podrá observarse que:

1. El pelo lacio es generalmente redondo. (Fig. 1.)
2. El pelo ondulado es generalmente oval. (Fig. 2.)
3. El pelo crespo o encarrujado es casi achatado. (Fig. 3.)

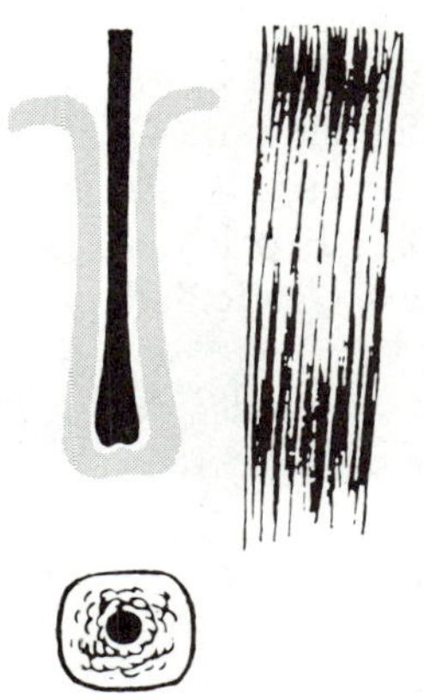

Fig. 1

Fig. 2

Fig. 3

Realmente, no existe una regla estricta respecto a las formas del pelo que se observan en un corte transversal. Así, se ha encontrado que el pelo oval, el lacio y el crespo pueden presentar cualquiera de las formas descritas.

La **estructura del pelo** está integrada por células ordenadas en tres capas:

1. La **cutícula,** capa exterior o córnea, está formada por células protectoras, de forma parecida a las escamas, traslapadas y transparentes, dirigidas hacia las puntas de los pelos, en sentido contrario al cuero cabelludo. Las soluciones químicas levantan estas escamas y así penetran en la corteza del pelo. La cutícula protege la estructura interior del pelo.

2. La **corteza,** capa media o interior que le da vigor y elasticidad al pelo, está compuesta por una sustancia fibrosa constituída por células alargadas. Esta capa contiene el pigmento que le da color al pelo.
3. La **médula,** la más profunda de las capas, suele conocerse como "meollo" o "tuétano" del tallo del pelo y está formada por células redondas. En el pelo fino y en el superfino a veces no se encuentra médula.

DISTRIBUCION DEL PELO

El pelo se halla en toda la superficie del cuerpo con excepción de la palma de las manos, la planta de los pies, los labios y la superficie de los párpados.

Hay tres clases de pelo en el cuerpo:

1. El **pelo largo,** que protege el cuero cabelludo contra la luz solar y las lesiones, sirve además de adorno a la cabeza y de marco agradable al rostro. El **pelo largo y suave** también crece debajo de los brazos en las personas de ambos sexos y asimismo en la cara del hombre.

2. El **pelo corto** o **cerdoso,** como es el de las cejas y las pestañas, le da al rostro hermosura y línea de color. Las **cejas** desvían el sudor que rueda por la frente para que no penetre en los ojos. Las **pestañas** ayudan a proteger los ojos del plovo y del relumbre.

3. El **pelo lanuginoso** o **vello** es el sumamente fino, blando y suave que brota en las mejillas, en la frente y en casi todas las partes del cuerpo. Contribuye a una eficiente evaporización del sudor.

CRECIMIENTO DEL PELO

Ciclo piloso. Si los pelos son normales y saludables, cada uno de ellos atraviesa por un ciclo de tres fases: **crecimiento, pérdida** o **caída,** y **reproducción.** El promedio del crecimiento del pelo en el cuero cabelludo es de aproximadamente ½ (1.25 cm.) por mes. La velocidad del crecimiento del pelo humano varía según sea la parte del cuerpo en que brota, el sexo de la persona, la raza y la edad. El pelo del cuero cabelludo también se diferencia de un individuo a otro en **vigor, elasticidad** y **ondulación.**

El crecimiento del pelo en el cuero cabelludo es más rápido entre las edades de 15 y 30 años, pero declina prontamente entre los 50 y 60. Esta clase de pelo crece con mayor velocidad en las mujeres que en los hombres.

El **crecimiento del pelo** también recibe la influencia de:

1. Las estaciones del año.

2. La nutrición y las hormonas.

3. La salud.

Las **condiciones climáticas** afectan al pelo en los siguientes modos:

1. La humedad atmosférica acentúa la ondulación natural.

2. El aire frío hace que el pelo se contraiga.

3. El calor hace que el pelo se hinche o dilate y absorba humedad.

Ninguno de los siguientes factores contribuye a aumentar el crecimiento del pelo:

1. Ni cortarlo con maquinilla, ni afeitarlo, ni recortarlo, ni cortarlo con tijeras, ni chamuscarlo tendrá efecto en la proporción de su crecimiento.
2. La aplicación de pomadas o aceites no acelerará el crecimiento del pelo. Estas sustancias actúan como lubricantes del tallo del pelo, pero no lo alimentan.
3. El pelo no crece después que la persona muere. Lo que ocurre es que la carne y la piel se contraen y por ello dan la ilusión del crecimiento del pelo.
4. El chamuscar o quemar los pelos no hará que el cabello retenga su lubricación natural.

Muda normal del pelo. Diariamente se muda cierta cantidad de pelos. Esta es la forma de que se vale la naturaleza para abrirle paso al pelo nuevo. El promedio de la muda diaria se estima que es entre 50 y 80 pelos. Cualquier pérdida del pelo en un promedio mayor puede ser indicio de algún trastorno del cuero cabelludo o del pelo propiamente.

Los **pelos de las cejas** y de las **pestañas** se mudan cada 4 ó 5 meses.

MUDA DEL PELO

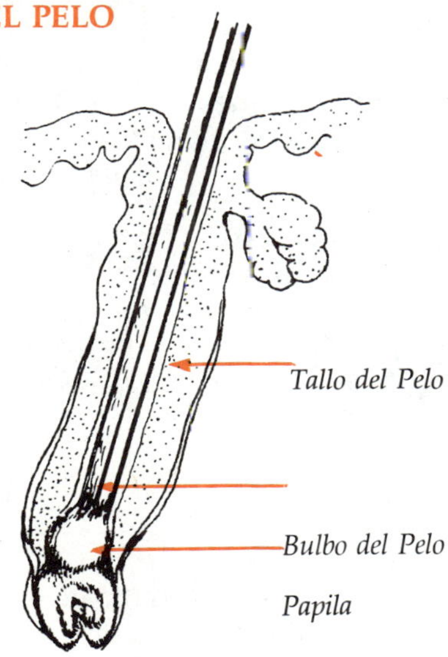

1. En la primera fase de la papila. muda, el pelo se separa de la

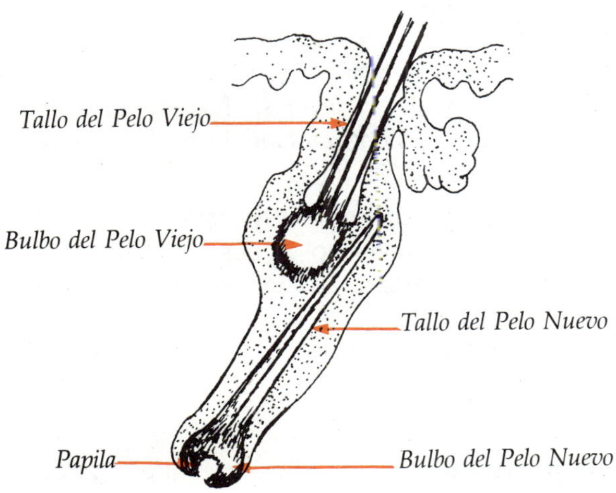

2. En una fase más tardía de la muda, un pelo nuevo comienza a nacer de la propia papila.

El crecimiento del pelo depende de la papila. Mientras la papila no se destruya el pelo continuará creciendo. Si el pelo es arrancado de raíz, volverá a crecer de todos modos, pero si la papila es destruida, el pelo no volverá a crecer jamás.

En los seres humanos el pelo nuevo sustituye al viejo en las formas siguientes:

1. El bulbo se afloja y se separa de la papila.
2. El bulbo asciende dentro del folículo.
3. El pelo se desplaza lentamente hacia la superficie, de la cual se cae después.
4. El pelo nuevo se forma por división celular partiendo desde un punto de la raíz, alrededor de la papila.

VIDA Y DENSIDAD DEL PELO

No se ha llegado a un acuerdo sobre cuál es exactamente la duración máxima de la vida del pelo. El promedio de su duración es de **2 a 4 años.** Otros factores, tales como el sexo, la edad, la herencia y el estado de salud tienen influencia en la duración de la vida del pelo.

La superficie de la cabeza de tipo medio es de unas 120 pulgadas cuadradas (780 cm.^{2}). Hay un promedio de 1,000 pelos por cada pulgada cuadrada (6.5 cm.^{2}).

El número de pelos de la cabeza varía según el color:

Rubio	140,000	Negro	108,000
Castaño	110,000	Rojizo	90,000

COLOR DEL PELO

El **color natural del pelo,** su vigor y su textura dependen principalmente de factores hereditarios. Para decolorar y teñir el pelo con éxito la cosmetóloga debe poder discernir el color del mismo y la distribución de la pigmentación. También debe tener un concepto básico de lo que es textura, porosidad y elasticidad del pelo.

La corteza del pelo contiene materia colorante en forma de diminutos gránulos de **melanina** o pigmento. La fuente del pigmento no se ha determinado definitivamente. Quizás se derive de las sustancias que dan color a la sangre, como ocurre con toda pigmentación en el cuerpo humano. El color del pelo, sea claro u oscuro, depende del color y la cantidad de gránulos pigmentarios que contiene.

ENCANECIMIENTO DEL PELO

El pelo encanece principalmente por la ausencia del pigmento en la capa cortical pilosa (corteza del pelo). Las canas son en realidad pelos veteados: puntos blancos o amarillos blanquecinos esparcidos por el bulbo piloso. El encanecimiento no se produce después que el pelo ha crecido.

En la mayoría de los casos el cabello encanece como resultado del proceso natural de envejecimiento en los humanos, pero no está relacionado con la textura del pelo o con el desarrollo del mismo. El pelo también puede encanecer a consecuencia de alguna enfermedad grave o de postración nerviosa. La disminución del pigmento a edad temprana como efecto de tensión emocional puede originar la canicie.

La **canicie prematura** en una persona joven ordinariamente resulta de un defecto de pigmentación al momento de nacer. A menudo se observará que varios miembros de una misma familia están efectados simultáneamente de canicie prematura.

DEFINICIONES Y TERMINOS TECNICOS RELATIVOS AL PELO

Hirsutismo, hipertricosis o **hipertriquiasis** son términos que significan "peludo" o "vellosidad superflua." Esta anomalía es reconocible por el brote de pelos en cantidades o lugares poco comunes como, por ejemplo, en el rostro de la mujer.

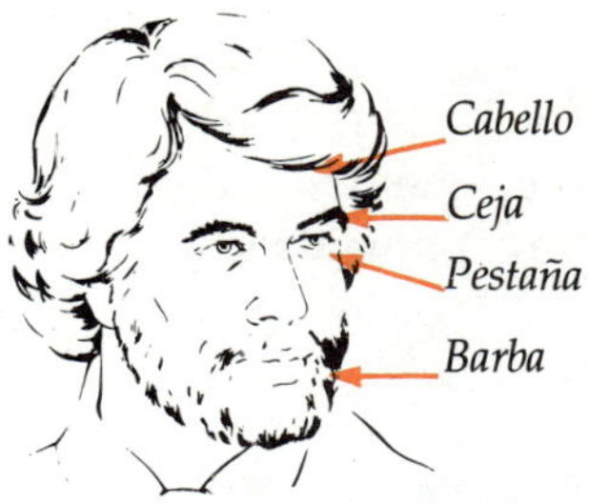

Los **nombres técnicos** aplicados al pelo de la cabeza y de la cara son:
Barba: el pelo que nace en la cara.
Cabello*: el de la cabeza.
Pestañas: el de los bordes de los párpados.
Cejas: el pelo que cubre el arco superior de las órbitas oculares (cuencas de los ojos).

Albina es la persona que nace con el pelo blanco como resultado de la ausencia de materia colorante en el tallo del mismo, sin que tampoco existan señales de pigmentación en la piel o en el iris de los ojos.

Remolino

Mechón rebelde

Definiciones del Crecimiento Direccional del Pelo

Inclinación del pelo: El crecimiento de pelos que siguen la misma dirección se conoce como "inclinación del pelo," la cual se debe a que los folículos se inclinan en una misma dirección. Dos inclinaciones de pelos que caen en direcciones opuestas forman la **crencha natural** de la cabellera.

Remolino: El retorcimiento de los pelos en redondo, a modo de espiral, como ocurre en la coronilla, se denomina "remolino."

Mechón rebelde: Un copete o penacho de pelos que se levantan en un punto de la cabeza es conocido como "mechón rebelde." Los mechones rebeldes generalmente se observan en le contorno frontal (línea coronal) del cuero cabelludo. Sin embargo, a veces se encuentran en otros lugares del cuero cabelludo. Al peinar la cabellera deben tenerse en cuentra los mechones rebeldes para hacer el peinado de acuerdo con los mismos.

ANALISIS DEL PELO

A la cosmetóloga le toma considerable tiempo darle tratamiento al pelo de la cliente y peinarlo. Por esta razón es importante que sepa reconocer la condición del pelo y distinguir los diversos tipos de cabello humano que va a tratar en la peluquería.

CONDICION

El conocimiento del pelo y la pericia para determinar su condición pueden adquirirse mediante una constante observación y práctica utilizando los sentidos de la vista, el tacto, el oído y el olfato.

1. **Vista.** La simple inspección del cabello nos da inmediatamente algún conocimiento de su condición. La vista contribuye aproximadamente un 15 porciento al análisis del pelo con el sentido del tacto como factor determinante en el análisis final.

2. **Tacto.** Si la cosmetóloga no logra desarrollar totalmente el sentido del tacto en relación con el pelo, no podrá darles tratamientos de pelquiería profesional a las clientes. Cuando este sentido se desarrolla en toda su amplitud, pocos errores se cometerán al formar apreciaciones sobre el cabello.

3. **Oído.** Preste atención a lo que la cliente le relata acerca de su pelo, sus problemas de salud, su reacción a los cosméticos y a las medicinas que toma. Así estará usted mejor informada para analizar la condición del pelo con exactitud.

4. **Olfato.** La falta de aseo y ciertos trastornos del cuero cabelludo producen dolores. Si la cliente es en general saludable, usted puede recomendarle que mantenga el cuero cabelludo limpio y que le dé champú periódicamente.

---

*N. del T.: La palabra **cabello** también sirve para designar el conjunto de todos los pelos de la cabeza. En el mismo sentido se emplea el vocablo **cabellera** y especialmente con referencia al pelo largo y tendido sobre la espalda.

TEXTURA, POROSIDAD Y ELASTICIDAD

Aparte de la condición del pelo, las otras cualidades importantes que sirven de fundamento para analizar el cabello humano son: **textura, porosidad** y **elasticidad.**

TEXTURA

La **textura del pelo** designa el grado de espesor o delgadez de éste y puede variar en las diversas partes de la cabeza. Las diferencias en la textura del pelo se deben a:

1. El **diámetro del cabello,** que puede ser grueso, mediano, fino o superfino. El cabello grueso es el de mayor diámetro y el superfino tiene el diámetro más pequeño de todos.
2. El **tacto del pelo** indica si éste es áspero, suave o duro y tieso como alambre ("pelo alambrino").

De ordinario, las láminas cuticulares del **pelo grueso** se traslapan estrechamente entre sí y se alzan desde el tallo del pelo, lo cual le da a este grosor de pelo su cualidad **higroscópica** (capacidad para absorber la humedad).

El **pelo de textura mediana** es el tipo normal y, por tanto, el que comúnmente se encuentra en el salón de belleza. Este tipo de pelo no ofrece problema específico.

El **pelo fino** o **superfino** requiere especial cuidado. Su estructura microscópica revela que tiene solamente dos capas: la corteza y la cutícula.

El **pelo duro y tieso** como alambre ("pelo alambrino"), sea grueso, mediano o fino, es de superficie dura y lisa debido a que las láminas cuticulares están pegadas al tallo. La ondulación permanente, el teñido y la decoloración toman más tiempo en este tipo de pelo.

POROSIDAD

La **porosidad del pelo** es la capacidad que éste tiene para absorber la humedad sin que en ello influya su textura, sea gruesa, mediana, fina o superfina.

Buena porosidad: pelo en el cual la capa cuticular se alza y se separa del tallo y que por eso puede absorber una cantidad suficiente o normal de humedad y de sustancias químicas.

Porosidad moderada (pelo normal): tipo medio de pelo que se observa en el salón de belleza y que es menos poroso que el de buena porosidad.

Generalmente, el pelo de porosidad buena o moderada no presenta problema en los tratamientos que se dan en el salón de belleza, sea una ondulación permanente, un tinte o una decoloración.

Poca porosidad (pelo rebelde): pelo con la capa cuticular pegada al tallo y que, por lo general, absorbe la humedad en pequeñísimas cantidades. El pelo de poca porosidad necesita ser analizado cuidadosamente y se le debe hacer pruebas de mechón antes de aplicarle cualquier cosmético para el cabello.

Porosidad extrema—mala condición (pelo teñido, decolorado): pelo que se ha vuelto extremadamente poroso debido a tratamientos continuados o defectuosos.

ELASTICIDAD

Elasticidad del pelo es la propiedad que éste tiene de estirarse y recobrar su forma original sin romperse. El pelo de elasticidad normal se estira y encoge como un muelle y tiene aspecto lozano y lustroso. El cabello normal puede estirarse aproximadamente hasta una quinta parte de su longitud y se encogerá la soltarlo. Sin embargo, el pelo mojado puede estirarse de un 40% a un 50% de su longitud. El pelo poroso se estira más que el de poca porosidad. El pelo puede clasificarse como de buena elasticidad, elasticidad normal o poca elasticidad. (Para más información sobre la elasticidad del pelo, véase el capítulo **Ondulación Permanente.**)

TRASTORNOS DEL CUERO CABELLUDO

Del mismo modo en que la piel está mudándose y regenerándose continuamente, la capa superficial del cuero cabelludo está en constante proceso de muda. Por lo común, estas escamillas córneas se desprenden y se caen con facilidad. La muda natural de estas escamillas córneas no debe confundirse con la caspa.

CASPA

La caspa se caracteriza por la presencia de escamillas blancas y pequeñas que suelen aparecer en el cuero cabelludo y en el cabello. También es conocida con el nombre médico de **pitiriasis de la cabeza** (dermatitis seborreica o seborrea seca).

Caspa moderada.

Caspa abundante.

La caspa excesiva no atendida durante largo tiempo puede conducir a la calvicie.

Una **causa directa** de la caspa es la muda excesiva de las células epiteliales. En vez de crecer hasta la superficie y caerse, las escamillas córneas se acumulan en el cuero cabelludo.

Causas indirectas de la caspa, o **relacionadas** con ella, son un estado de flojedad del cuero cabelludo a consecuencia de una mala circulación, la infección, una lesión, la falta de estimulación nerviosa, una dieta inadecuada y el desaseo. Causas concurrentes son el uso de champús fuertes y los enjuagues insuficientes del cabello después de un champú.

Los dos tipos principales de caspa son:

1. **Pitiriasis simple de la cabeza:** tipo seco.
2. **Pitiriasis esteatoides:** tipo grasiento o ceroso.

La **pitiriasis simple de la cabeza** (caspa seca) se caracteriza por prurito en el cuero cabelludo y escamillas blancas, ordinariamente adheridas en masa al cuero cabelludo o sueltas y esparcidas por entre los pelos. A veces son tan profusas que caen sobre los hombros. La caspa seca es con frecuencia resultante de un cuero cabelludo flojo a causa de mala circulación, falta de estimulación nerviosa, dieta inadecuada, trastornos emocionales y glandulares o desaseo. **Tratamiento:** Pueden contribuir a corregir este trastorno los tratamientos frecuentes del cuero cabelludo, el uso de champús suaves, los masajes periódicos del cuero cabelludo, el uso cotitiano de lociones antisépticas para el cuero cabelludo y las aplicaciones de pomadas para el cuero cabelludo.

La **pitiriasis esteatoides** (caspa grasienta o cerosa) es un trastorno escamoso de la epidermis. La escamillas se mezclan con la grasa del cuero cabelludo, lo cual hace que aquéllas se peguen a éste en forma de placas. El prurito concomitante hace que la persona se rasque el cuero cabelludo. Si las escamas grasientas se desprenden, puede salir sangre o el sebo puede rezumarse. El tratamiento médico es aconsejable en este caso.

RESUMEN

La naturaleza de la caspa no ha sido claramente definida por las autoridades médicas. Generalmente se cree que es de origen infeccioso. Algunos especialistas sostienen que se deben a un microbio específico.*

N. del T.: **The Merck Manual** (14a. ed., 1982) indica que los factores climáticos y genéticos parecen afectar la incidencia y severidad de este trastorno, el cual generalmente empeora en el invierno (p. 2030).

No obstande, desde el punto de vista de la cosmetología, ambas formas de caspa deben considerarse como contagiosas y transmisibles por el uso en común de cepillos, peines y otros adminículos. En consecuencia, la cosmetóloga debe tomar las precauciones necesarias para desinfectar cuanto objeto entre en contacto con la cliente.

ALOPECIA

Alopecia es el término técnico con que se designa cualquier forma de pérdida del pelo.

El pelo que se cae naturalmente no debe confundirse con la alopecia. Cuando el pelo se ha desarrollado en su totalidad, se desprende por sí mismo y es sustituido por el pelo nuevo. La muda natural del pelo ocurre más frecuentemente en primavera y en otoño. Por otra parte, el pelo que se pierde por alopecia no vuelve a nacer a menos que se apliquen tratamientos especiales para estimular su reproducción.

Hay ciertos estilos de peinado que en sí son factores contribuyentes a la pérdida del pelo o a la calvice.

Alopecia senil es aquella forma de calvicie que se presenta en la vejez. La pérdida del pelo en este caso es permanente.

Alopecia prematura (presenil o simple) es una forma de calvicie que puede presentarse en cualquier momento antes de la edad madura con un lento proceso de adelgazamiento del pelo. Este trastorno se debe a que los pelos de la primera muda son sustituidos por otros más débiles.

Alopecia areata (circunscrita o celsi) es la pérdida súbita del pelo en áreas redondas, o sea, una calvicie en forma de manchas, algunas veces causada por anemia, fiebre escarlatina, fiebre tifoidea o sífilis. Las zonas afectadas quedan ligeramente sumidas, suaves y muy pálidas debido a una disminución de la afluencia sanguínea. Las placas pueden ser redondas o de configuración irregular y varían en tamaño desde ½″ (1.3 cm.) hasta 2″ ó 3″ (5.1 a 7.6 cm.) de diámetro. En la mayoría de los casos de alopecia areata, el sistema nervioso ha sufrido algún trastorno. Como el suministro de sangre está influido por el sistema nervioso, la zona afectada se nutre así deficientemente.

Alopecia areata.

La alopecia puede presentarse en una variedad de formas que resultan de numerosas anomalías. En algunos casos la alopecia puede mejorarse mediante tratamientos adecuados del cuero cabelludo.

TRASTORNOS CONTAGIOSOS

Infecciones Parasíticas Vegetales

Dermatomicosis o **dermatofitosis** son términos médicos con que se designan las diversas formas de **tiña** (culebrilla, empeine, serpigo y, a veces, herpe).* La tiña es causada por **parásitos vegetales.** Es contagiosa en todas sus formas y puede transmitirse de una persona a otra. Ordinariamente se comunica por medio de las escamas o pelos contaminados de hongos. Otros modos de transmisión son los baños de ducha, las piscinas de natación y los objetos no desinfectados.

La tiña comienza con una pequeña mancha rojiza cubierta de vejiguillas. También pueden observarse varias zonas enrojecidas. Cualquier caso de tiña debe ser referido a un médico.

---

*N. del T.: No todos los nombres aquí citados son adecuados, aunque se hayan popularizado.

La **tiña de la cabeza** (herpe del cuero cabelludo) es una enfermedad contagiosa producida por parásitos vegetales en el cuero cabelludo y caracterizada por pápulas o manchas rojas que se forman en los orificios de los folículos pilosos. Las placas se extienden y el cabello se torna quebradizo y desvigorizado. El pelo se rompe dejando unida al cuero cabelludo la sección más próxima a éste, a modo de tocón, o desprendiéndose del folículo dilatado y abierto.

Tiña de la cabeza.

La **tiña maligna** (también conocida como **favus, tiña ficosa, favosa** o **verdadera, tricomicosis favosa** o **tiña en panal de abejas)** es una excrecencia infecciosa debida a una parásito vegetal. Se caracteriza por costras acopadas, secas y de color amarillento sulfúreo en el cuero cabelludo, llamadas **escútulas,** que despiden un peculiar olor a ratón. Las cicatrices de la tiña maligna tienen forma de placas de calvicie que pueden ser rosadas o blancas y lustrosas. Es sumamente contagiosa y su caso debe ser referido a un médico.

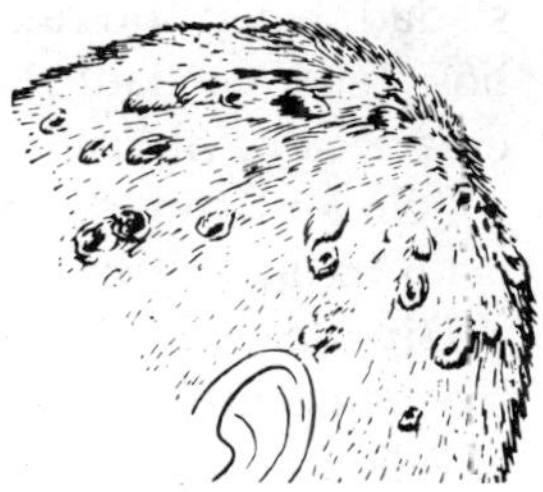

Tiña maligna (favus).

Infecciones Parasíticas Animales

La **sarna** (escabies o roña) es una enfermedad cutánea parasítica animal y muy contagiosa, causada por un parásito denominado ácaro o arador de la sarna. La irritación causada por estos parásitos o por rascadura de las zonas afectadas puede derivar en vesículas y pústulas.

La **pediculosis de la cabeza** (piojera o piojería) es un mal contagioso originado por el piojo de la cabeza (parásito animal) que infesta el pelo del cuero cabelludo. Como estos parásitos se alimentan del cuero cabelludo, producen síntomas pruriginosos (que dan picazón) y la rascadura puede causar una infección.

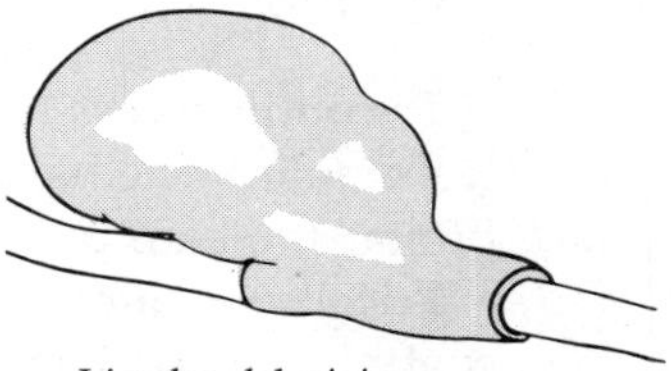

Liendre del piojo.

El piojo de la cabeza se transmite de un sujeto a otro por contacto con sombreros, peines, cepillos u otros efectos personales infectados.

Para exterminar los piojos de la cabeza debe aconsejársele a la cliente que se aplique en toda la cabeza tintura de espuela de caballero a algún otro medicamento similar antes de retirarse a dormir. A la mañana siguiente debe darse un champú con jabón germicida. El tratamiento debe repetirse si es necesario. Este mal nunca debe ser tratado en el salón de belleza.

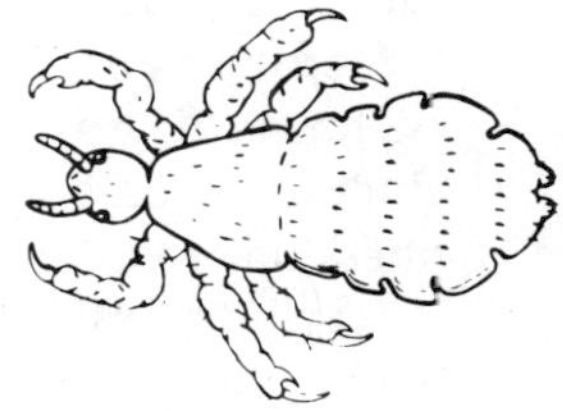

Piojo de la cabeza.

Infecciones Estafilocócicas

El **divieso** (también llamado forúnculo, **furúnculo** o **botón)** es una infección estafilocócica aguda del folículo piloso que produce dolor peristente. Un divieso es el resultado de un proceso inflamatorio activo, circunscrito a determinada zona, y que subsiguientemente produce una pústula que es perforada por el pelo.

El **ántrax** es el resultado de una infección estafilocócica aguda y su tamaño es mayor que el del divieso o furúnculo. Este caso debe ser referido a un médico.*

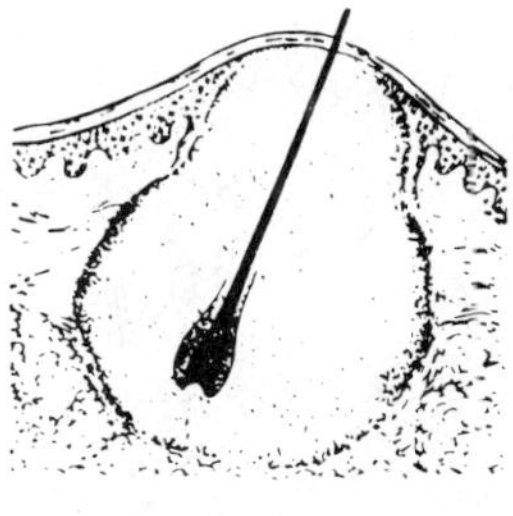

Divieso (furúnculo).

*N. del T.: En español **ántrax** equivale al inglés "carbuncle" **(Diccionario Médicobiológico University,** Editorial Interamericana, S.A.: Mexico, D.F., 1966. p. 1969).

TRASTORNOS DEL PELO

TRASTORNOS NO CONTAGIOSOS

Poliosis (canicie) es el término técnico con que se denomina el pelo gris o blanco. La causa inmediata es la pérdida del pigmento natural del pelo. Puede presentarse en una de dos formas, a saber:

1. **Canicie congénita,** que existe desde el nacimiento o aun antes de nacer. Ocurre en los albinos y ocasionalmente en personas de cabello perfectamente normal. Un tipo de canicie en placas, propio de la canicie congénita, puede desarrollarse lenta o rápidamente según sea la causa del trastorno.

2. **Canicie adquirida,** que puede deberse a avanzada edad o ser prematura, como occurre en la vida adulta temprana.

Algunas de las causas de la canicie adquirida son las preocupaciones, la ansiedad, la tensión nerviosa, las enfermedades de larga duración, los diversos morbos (enfermedades) extenuantes o consuntivos (agotamiento, demacración, emaciación, marasmo, etc.) y las tendencias hereditarias.

Pelo anillado, de **canicie intermitente, estriada** o **anulosa,** es el que presenta fajas o franjas alternas de gris y tono oscuro.

Hipertricosis o **hirsutismo** significa vellosidad supérflua; consiste en el desarrollo anormal del vello recio en lugares de la piel donde, generalmente, brota sólo el vello suave o lanuginoso. **Tratamiento:** Extracción del pelo por medio de pinzas o depilatorios, por electrólisis, el afeitado o la epilación (depilación).

ADVERTENCIA

Las pequeñas zonas pigmentadas no deben tratarse.

Tricoptilosis es el nombre técnico del **cabello de puntas hendidas. Tratamiento:** Debe aplicársele bastante aceite para suavizarlo y lubricar las puntas resecas. Las puntas también pueden eliminarse mediante el recorte.

Tricorrexis nudosa o **pelo nudoso** (enfermedad de Beigel) es un trastorno por el cual el pelo se vuelve quebradizo y reseco, formando concreciones nodulares (nudos) a lo largo del tallo. Este pelo se rompe fácilmente y en el ya roto se observan peculiares desprendimientos fibrosos a modo de brochas. El suavizar el cabello con una pomada puede resultar beneficioso.

Monilétrix es el nombre técnico que se aplica al **pelo arrosariado** (moniliforme, en forma de rosario o collar, abultado a trechos). El pelo se quiebra entre los abultamientos o nódulos. Los tratamientos para el cuero cabelludo y el cabello pueden ser de beneficio.

Fragilidad pilosa (o del pelo) es el término técnico con que se designa la condición que hace al **cabello quebradizo.** Esta clase de pelo puede henderse (agrietarse o rajarse) en cualquier punto de su longitud. Pueden aplicársele tratamientos para el cabello.

Pelo de punta hendida.

Pelo nudoso.

Pelo arrosariado.

PREGUNTAS DE REPASO

EL PELO

1. Defina el pelo.
2. ¿Por qué es el estudio del pelo importante para la cosmetóloga?
3. ¿Qué finalidades principales tiene el pelo?
4. ¿Qué clase de tratamiento puede hacer que la estructura del pelo se debilite?
5. Cite el nombre de la proteína que se encuentra en el pelo.
6. Nombre las dos partes en que suele dividirse la longitud del pelo.
7. ¿Que el la raíz del pelo?
8. ¿Qué es el tallo del pelo?
9. ¿Qué el el folículo piloso?
10. ¿Qué significa "inclinación del pelo"?
11. ¿Qué cuerpos extraños suelen acumularse en los orificios del folículo piloso?
12. ¿Qué es el bulbo del pelo?
13. ¿Qué es la papila del pelo?
14. ¿Cuál es la función de la papila?
15. ¿Cómo se nutre el pelo?
16. ¿Qué músculo y qué glándula van unidos al folículo piloso?
17. ¿Cuál es la causa de la "carne de gallina"?
18. ¿Qué función desempeñan las glándulas sebáceas en el pelo?
19. Enumere cinco factores que influyen en la producción del sebo.
20. ¿Qué factor determina el tamaño y la forma del pelo?
21. Cite tres formas generales del pelo.
22. Nombre las tres capas que se encuentran en el pelo.
23. ¿Cuál de las capas del pelo sirve para proteger la estructura interior del mismo?
24. ¿Cuál de las capas del pelo contiene materia colorante?
25. ¿Cuál de las capas del pelo a veces no se encuentra en el pelo superfino?
26. ¿Cuáles partes del cuerpo están desprovistas de pelo?
27. Describa brevemente el aspecto del vello suave o lanuginoso.
28. ¿Qué función tiene el vello suave o lanuginoso?
29. ¿Qué quiere decir "ciclo piloso"?
30. ¿Cuál es el promedio del crecimiento del pelo de la cabeza?
31. Cite tres maneras en que las condiciones climáticas pueden afectar al pelo.
32. Qué número de pelos, como promedio, se mudan diariamente?
33. Explique brevemente el proceso de regeneración del pelo.
34. ¿Qué promedio de vida (duración) tine el pelo del cuero cabelludo?
35. ¿Aproximadamente cuántos pelos hay en una cabeza de: a) pelo rubio; b) pelo castaño; c) pelo negro; d) pelo rojizo?
36. ¿Qué es la melanina?
37. ¿Cuál es la causa de la canicie?
38. ¿Qué es una persona albina?
39. ¿Qué es un: a) mechón rebelde; b) remolino de pelos?
40. Cite los cuatro sentidos corporales que se emplean en el analisis del pelo.
41. Nombre las cuatro cualidades importantes que sirven para analizar el cabello.

42. Defina la textura del pelo.
43. Defina la porosidad del pelo.
44. Defina la elasticidad del pelo.
45. ¿Hasta qué limite puede estirarse el pelo normal: a) cuando está seco; b) cuando está mojado?

TRASTORNOS DEL CUERO CABELLUDO Y DEL PELO

1. ¿Cómo puede reconocerse la caspa?
2. ¿Cuál es una causa directa de la caspa?
3. Cite seis condiciones del pelo que pueden causar caspa.
4. Nombre el término médico para: a) la caspa; b) el tipo de caspa seca; c) el tipo de caspa grasienta o cerosa.
5. ¿Qué quiere decir alopecia?
6. ¿Es la caída (pérdida) normal del pelo considerada una enfermedad? Explique.
7. ¿En qué épocas del año se muda el pelo con la mayor frecuencia?
8. ¿Qué es la alopecia senil?
9. Defina la alopecia prematura.
10. ¿Qué es la alopecia areata?
11. ¿Cuál es el nombre vulgar de la dermatomicosis?
12. ¿Qué causa la dermatomicosis?
13. ¿Cómo se transmite la dermatomicosis de un sujeto a otro?
14. ¿Cuál es el nombre vulgar de la pediculosis de la cabeza? ¿Debe la cosmetóloga tratar este trastorno?
15. ¿Qué es un divieso?
16. ¿Cuál es el nombre técnico de la canicie?
17. Cite viarias causas de la canicie.
18. ¿Qué quiere decir pelo anillado?
19. Describa brevemente lo siguiente: a) tricoptilosis; b) hipertricosis.
20. ¿Qué otro término se usa para designar la hipertricosis?
21. Cite los términos médicos para: a) el pelo nudoso; b) el pelo arrosariado.
22. ¿Qué quiere decir fragilidad pilosa?

Capítulo 29

ANATOMIA

OBJETIVOS DE APRENDIZAJE DEL CAPITULO

El (la) estudiante que logre dominar el contenido de este capítulo conocerá:

1. *La estructura y el funcionamiento del cuerpo humano.*
2. *Por qué un conocimiento básico de los varios órganos y sistemas y de cómo funcionan contribuye a mejorar la capacidad profesional de la cosmetóloga.*
3. *Los numerosos tejidos, órganos y sistemas del cuerpo humano y sus funciones.*
4. *Cómo el mal funcionamiento de un sistema corporal o de un órgano puede afectar a los servicios de cosmetología.*
5. *El efecto que tienen los diferentes órganos y sistemas en el estado general de salud de la persona.*

La **anatomía** y la **fisiología** son materias de considerable importancia en la práctica de la cosmetología. El conocimiento de la estructura y de las funciones del cuerpo humano forma la base científica para la prestación correcta de los servicios cosméticos. Una comprensión básica de estas materias contribuye a mejorar la destreza profesional de los cosmetólogos y las cosmetólogas. Así, estos profesionales estarán mejor capacitados para saber qué clase de tratamiento es el más apropiado a las condiciones en que se hallan sus clientes y, a la vez, adaptar y regularizar esos tratamientos para obtener óptimos resultados.

Anatomía es el estudio de los órganos y sistemas del cuerpo humano, como son los músculos, los huesos y las arterias. A la cosmetóloga le interesan básicamente aquellas partes del cuerpo que va a tratar en el salón de belleza, como son la cabeza, la cara, el cuello, los brazos y las manos.

Histología o **anatomía microscópica** es el estudio de la estructura diminuta de las varias partes del cuerpo. La cosmetóloga está principalmente interesada en la histología de la piel y de los apéndices de la piel (el pelo, las uñas y las glándulas sudoríparas y sebáceas).*

Fisiología es el estudio de las funciones o actividades que las diversas partes del cuerpo realizan.

Los nombres de los huesos, los músculos, las arterias, las venas y los nervios raras veces se emplean en el salón de belleza. Sin embargo, un conocimiento de las estructuras corporales contribuye a capacitarle a usted mejor en la prestación de los numerosos servicios que el salón de belleza ofrece. (Por ejemplo, los tratamientos faciales y el masaje de las manos y de los brazos.)

---

*N. del T.: Los apéndices visibles de la piel, es decir, el pelo y las uñas, se conocen también con el nombre de **anexos de la piel** y en algunos lugares se les llama **faneras.**

EL SISTEMA ESQUELETICO

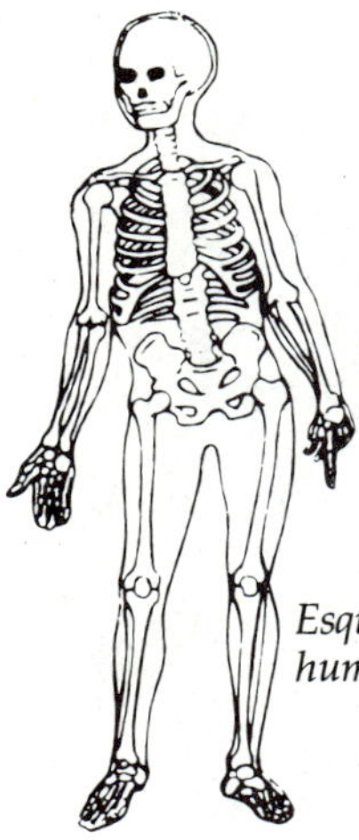

Esqueleto humano.

El **sistema esquelético** es el fundamento físico del cuerpo. Se compone de huesos de diferentes formas conectados entre sí mediante articulaciones (coyunturas) movibles e inmóviles.

Los **huesos** son las estructuras más sólidas del cuerpo. Se componen de tejidos fibrosos firmemente entrelazados y formados en una tercera parte por materia animal y en dos terceras partes por materia mineral.

El estudio científico de los huesos, de su estructura y de sus funciones se denomina **osteología. "Os"** es una palabra del latín adoptada como término médico para denominar el hueso.

Las funciones de los huesos son las siguientes:

1. Darle forma y sostén al cuerpo.
2. Proteger los órganos del cuerpo contra las lesiones.
3. Sevir de acoplamiento a los músculos.
4. Actuar como palancas de todos los movimientos corporales.

HUESOS DEL CRANEO

El **cráneo** es el esqueleto de la cabeza. Es un casco óseo ovalado que le da forma a la cabeza y protege el encéfalo. El cráneo se divide en dos partes: el cráneo propiamente dicho que se compone de 8 huesos y el esqueleto de la cara, compuesto por 14 huesos.

Los huesos que a continuación se enumeran son directamente afectados por las manipulaciones del cuero cabelludo y de la cara: *(Los números corresponden a los huesos que se muestran en la ilustración.)*

LOS OCHO HUESOS DEL CRANEO

1. El **hueso occipital** forma la parte inferior y posterior del cráneo.
2. Los **dos huesos parietales** forman los lados y el ápice (coronilla) del cráneo.
3. El **hueso frontal** forma la frente.
4. Los **dos huesos temporales** forman los lados de la cabeza en la región de las orejas (debajo de los huesos parietales, respectivamente).
5. El **hueso etmoides,** liviano y esponjoso, está situado entre las órbitas (cuencas) de los ojos y forma parte de la cavidad nasal (nariz).
6. El **hueso esfenoides** está conectado con todos los huesos del cráneo. *(El etmoides y el esfenoides no son afectados por el masaje.)*

LOS CATORCE HUESOS DE LA CARA

7. Los **dos huesos nasales** forman el caballete (lomo) de la nariz.
8. Los **dos huesos lagrimales** son pequeños y frágiles y están situados en la parte anterior de la pared interna de las órbitas (cuencas) de los ojos.
9. Los **dos huesos cigomáticos, malares** o **yugales** forman las prominencias de las mejillas.
10. Los **dos huesos maxilares** se acoplan entre sí para formar en su totalidad la mandíbula (maxilar) superior
11. La **mandíbula** es el hueso del maxilar inferior, que es a la vez el hueso más grande y fuerte de la cara. Forma por sí el maxilar inferior.

DIAGRAMA DE LOS HUESOS DEL CRANEO, LA CARA Y EL CUELLO

Los **huesos de la cara afectados por el masaje** son: 7—Los huesos nasales; 9—Los huesos cigomáticos; 10—Los huesos maxilares; 11—El hueso de la mandíbula.

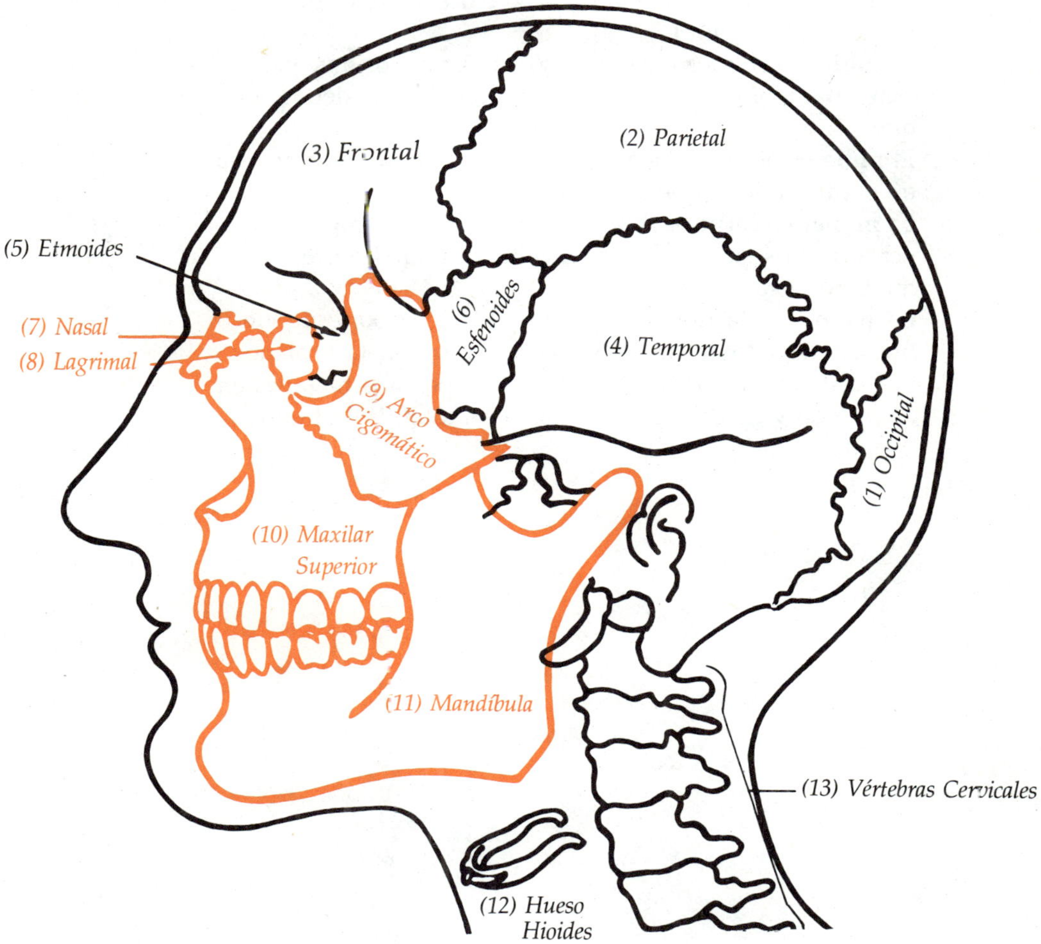

Los huesos de la cara que no aparecen en la ilustración son: Los **dos huesos turbinales,** que son capas finas de hueso esponjoso situadas en cada una de las paredes externas de la depresión nasal. El **hueso vómer,** que es un hueso único que forma parte del tabique divisorio de la nariz. Los **dos huesos palatinos,** que forman el fondo y la pared exterior de la nariz, el cielo de la boca y el fondo de las órbitas oculares.

HUESOS DEL CUELLO

12. El **hueso hioides,** o hueso en forma de "U," colocado en la parte anterior de la garganta y el cual, junto con el cartílago tiroides forma una prominencia que suele conocerse como "bocado o nuez de Adán."
13. Las **vértebras cervicales,** que forman la parte superior de la columna vertebral y están situadas en la región del cuello.

HUESO DEL PECHO (TORAX)

El **tórax** o **pecho** es una caja ósea elástica compuesta por el hueso del pecho, la columna vertebral, las costillas y los cartílagos conjuntivos (conectores). Sirve como cubierta protectora al corazón, los pulmones y otros órganos internos delicados. Esta armazón es mantenida en su lugar por 24 costillas, 12 a cada lado.

HUESOS DEL HOMBRO, EL BRAZO Y LA MANO

1. Los **hombros.** Cada uno de los dos hombros se compone de dos huesos: la clavícula y la escápula (omóplato, paleta o paletilla), cuyos huesos forman la parte posterior del hombro.

   Huesos del brazo, la muñeca y la mano:
2. El **húmero** es el hueso mayor de la parte superior del brazo (brazo propiamente).
3. El **cúbito** es el hueso más grueso y largo de los dos que forman el antebrazo y está en el mismo lado y el dedo meñique.
4. El **radio** es el hueso pequeño del antebrazo y se encuentra en el mismo lado que el dedo pulgar.
5. La **muñeca** o **carpo** es una coyuntura flexible compuesta por ocho huesos pequeños e irregulares unidos entre sí por medio de ligamentos.
6. La **palma de la mano** o **metacarpo** se compone de cinco huesos delgados y largos llamados huesos metacarpianos.
7. Los **dedos de la mano** están formados por tres **falanges** en cada dedo y dos en cada pulgar, o un total de 14 huesos.

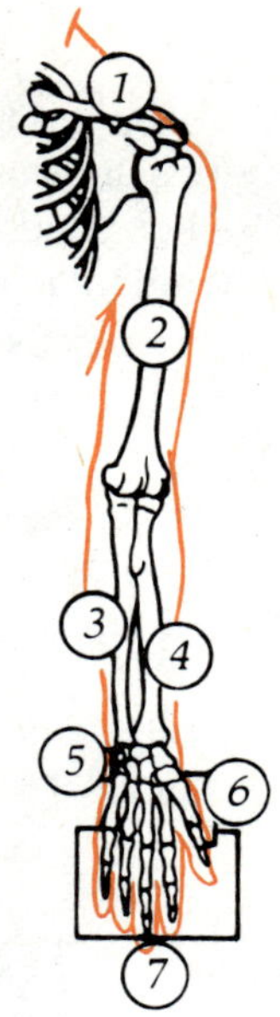

RECORDATORIO

POR QUE USTED DEBE SABER ANATOMIA

Los nombres de los huesos, los músculos, las arterias, las venas y los nervios raras veces se emplean en el lenguaje diario del salón de belleza. Sin embargo, un conocimiento fundamental de las estructuras corporales es lo que determina la razón de ciertos pasos necesarios para un tratamiento facial, para el masaje de las manos y los brazos, para el maquillaje facial, para el corte de pelo y para el peinado.

SISTEMA MUSCULAR

El **sistema muscular** cubre el esqueleto, le da forma y le sirve de sostén. Su función es producir todos los movimientos del cuerpo.

Miología es el estudio de la estructura, las funciones y las enfermedades de los músculos.

Ninguna expresión externa de la vida humana es tan distintiva como el movimiento **muscular.**

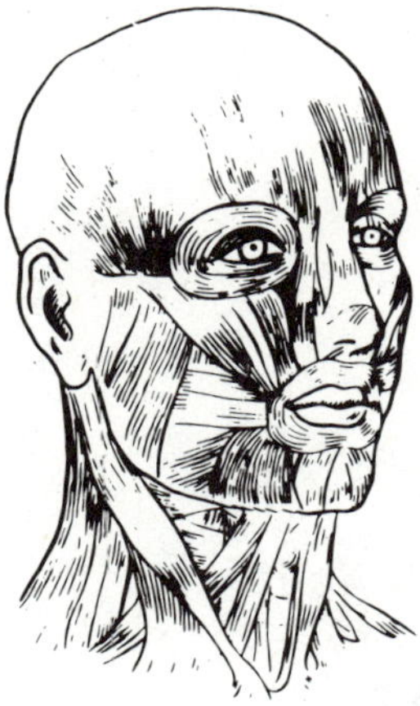

El sistema muscular está constituido por más de 500 músculos que componen aproximadamente entre el 40% y el 50% del peso del cuerpo humano.

Los músculos son tejidos fibrosos y contráctiles de los cuales dependen los diferentes movimientos del cuerpo en su diversidad y acción. El sistema muscular se apoya para sus actividades en los sistemas esquelético y nervioso.

Hay tres clases de tejido muscular:

1. Los músculos **estriados** o voluntarios, que se mueven por actos de la voluntad, como son los de la cara, los brazos y las piernas.
2. Los músculos **lisos** (no estriados) o involuntarios, que funcionan sin la intervención de la voluntad; tales son los del estómago y los intestinos.
3. El músculo **cardiaco** (del corazón), que es el corazón en sí y no tiene igual en ninguna otra parte del cuerpo.

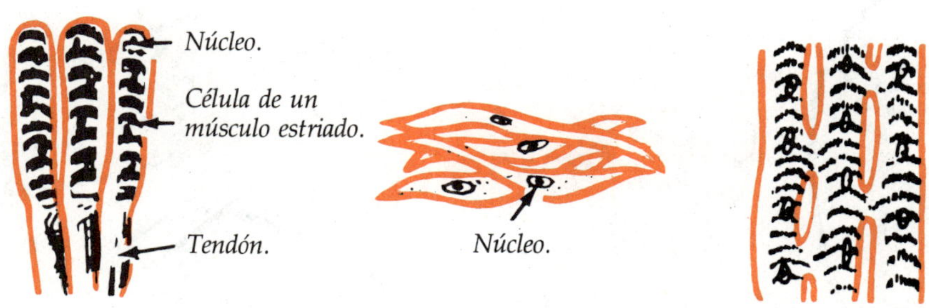

CELULAS DE UN MUSCULO ESTRIADO — *CELULAS DE UN MUSCULO LISO* — *CELULAS DEL MUSCULO CARDIACO*

ORIGEN, INSERCION Y VIENTRE DE LOS MUSCULOS

Cuando un músculo se contrae y se acorta, uno de sus puntos de conexión generalmente permanence **fijo** mientras que el otro punto **se mueve.**

Origen de un músculo es el término aplicado al punto de conexión más fija, como ocurre con los músculos que van unidos a los huesos o a algún otro músculo. A los músculos que van unidos a los huesos ordinariamente se les llama **músculos esqueléticos.**

Inserción de un músculo es el termino que se aplica al punto de conexión más **movible,** como ocurre con los músculos que van unidos a un músculo móvil, a un hueso movible o a la piel.

Vientre de un músculo es aquella porción del mismo que está comprendida entre el origen y el punto de inserción.

ESTIMULACION DE LOS MUSCULOS

El **tejido muscular** puede ser estimulado por cualquiera de los agentes siguientes:

Las **sustancias químicas** (ciertos ácidos y sales).
El **masaje** (el masaje de las manos y el vibrador eléctrico).
La **corriente eléctrica** (la corriente de alta frecuencia y la corriente farádica).
Los **rayos de luz** (los rayos infrarrojos y los rayos ultravioleta).
Los **rayos de calor** (las lámparas caloríficas y los gorros caloríficos).
El **calor húmedo** (los vaporizadores o las toallas con vapor moderadamente caliente).
Los **impulsos nerviosos** (a través del sistema nervioso).

DIAGRAMA DE LOS MUSCULOS DE LA CABEZA, LA CARA Y EL CUELLO

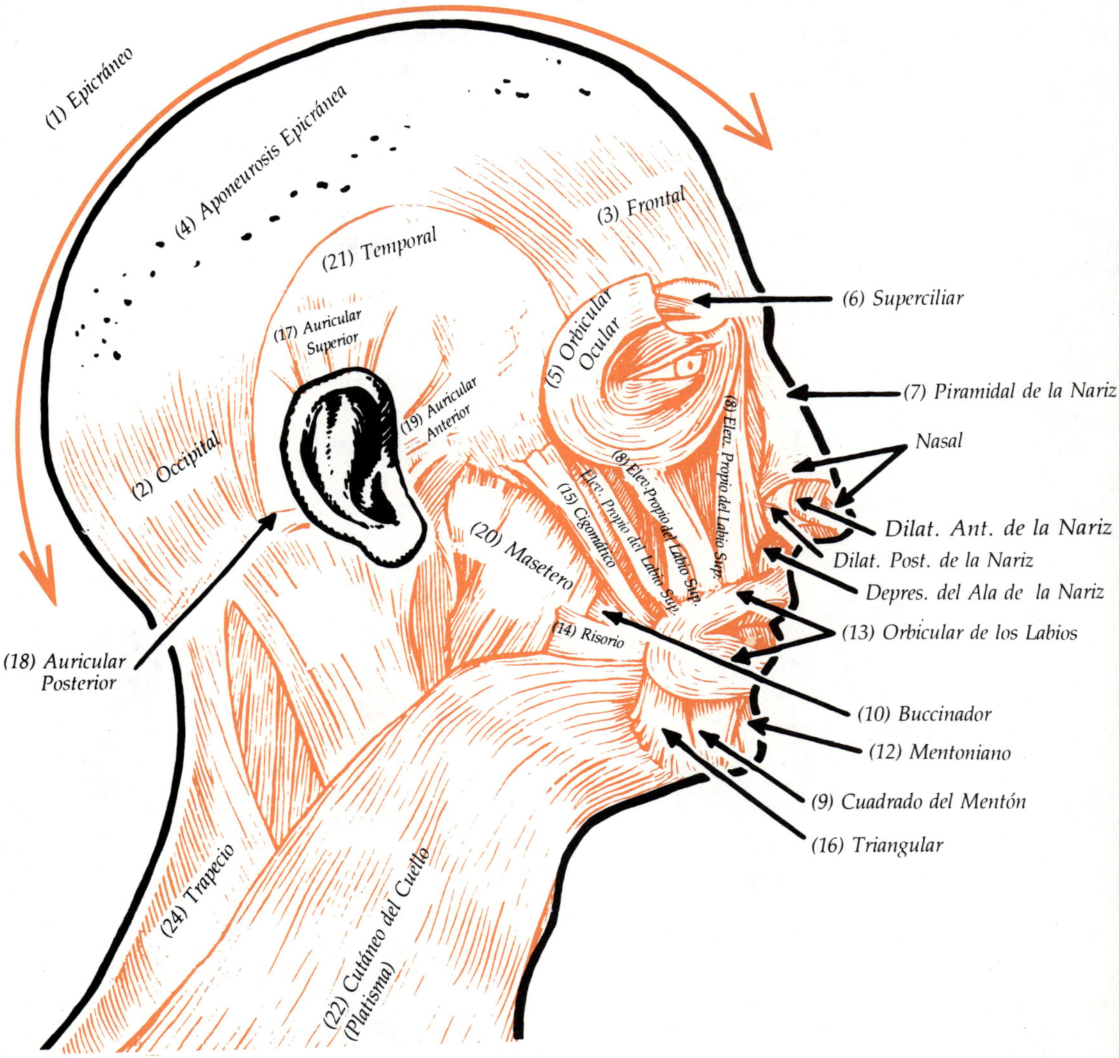

MUSCULOS AFECTADOS POR EL MASAJE

A la cosmetóloga le interesan los **músculos voluntarios** de la cabeza, la cara, el cuello, los brazos y las manos. Es esencial conocer la situación de estos músculos y lo que tales músculos dominan. La presión en el masaje generalmente es dirigida **desde el punto de inserción de un músculo hacia el punto de origen.**

(Los músculos aparecen aquí señalados con números que corresponden a los músculos de las ilustraciones.)

MUSCULOS DEL CUERO CABELLUDO

1. El **epicráneo, epicraneano** u **occípitofrontal** es un músculo ancho que cubre la parte superior del cráneo. Se compone de dos partes: (2) el **occipital** o parte posterior y (3) el **frontal** o parte anterior. Ambas partes están unidas por un tendón (4) **aponeurosis.** El frontal hace elevar la piel de las cejas, tira del cuero cabelludo hacia adelante y forma arrugas a través de la frente.

MUSCULOS DEL CUERO CABELLUDO

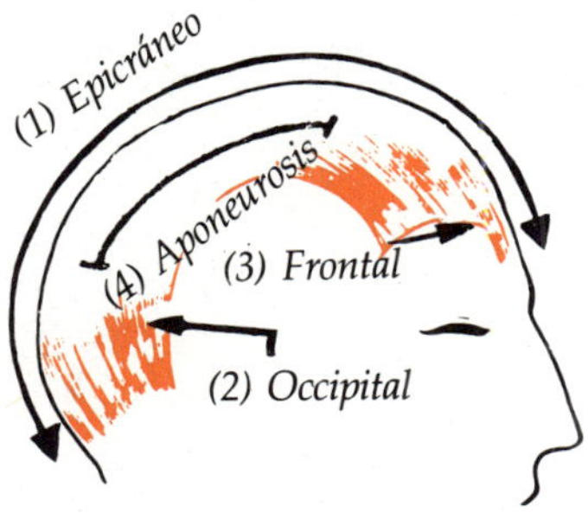

MUSCULOS DE LA CEJA

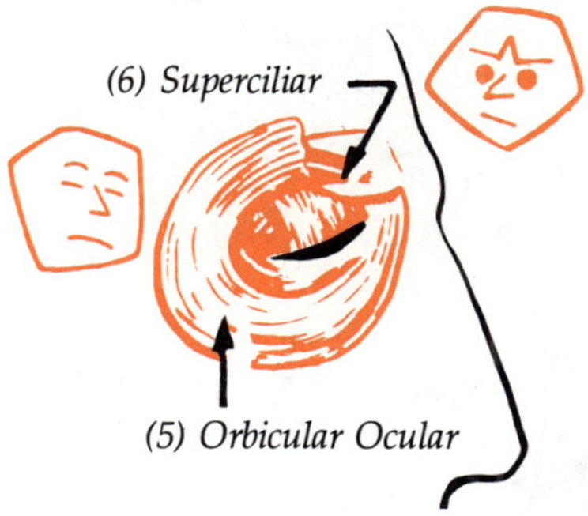

MUSCULOS DE LAS CEJAS

5. El **orbicular ocular** rodea completamente el margen de las órbitas (cuencas) de los ojos y hace cerrar los párpados.
6. El **superciliar** está debajo del frontal y del orbicular ocular y tira de la piel de la ceja hacia abajo y hacia adentro. Produce líneas verticales entre las cejas y es el músculo empleado para **fruncir el ceño** (entrecejo o sobrecejo).

MUSCULOS DE LA NARIZ

7. El **piramidal de la nariz** cubre el caballete (lomo) de la nariz, deprime la piel de la ceja y forma arrugas transversales en el caballete de la nariz.

(Los demás músculos nasales son pequeños músculos que rodean las aberturas de la nariz y que hacen contraer y expandir las ventanas [ventanillas] de la nariz.)

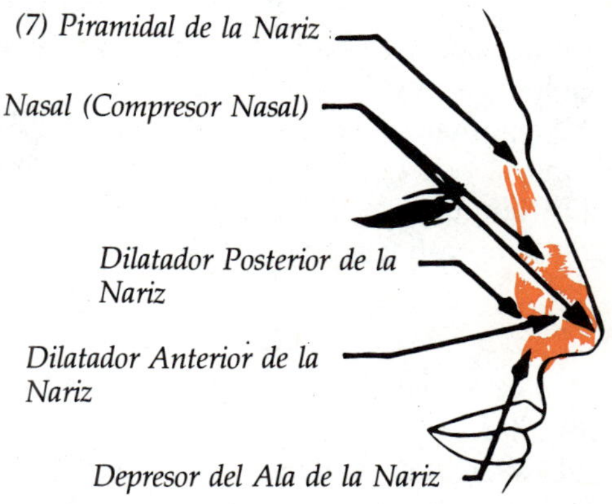

MUSCULOS DE LA BOCA

8. El **elevador propio del labio superior** se compone de tres partes. Rodea la parte superior del labio, eleva el labio superior, tira de él hacia atrás y eleva las ventanas de la nariz como se hace, por ejemplo, para expresar **disgusto** (fastidio o aversión).
9. El **cuadrado del mentón** (o de la barba) rodea la parte inferior del labio. Deprime el labio inferior y tira de él un poco hacia un lado, como es el caso en la expresión de **sarcasmo** (ironía punzante).
10. El **buccinador** es el músculo que está entre las mandíbulas superior e inferior. Comprime las mejillas y hace expeler el aire por entre los labios, como ocurre en el acto de **soplar.**

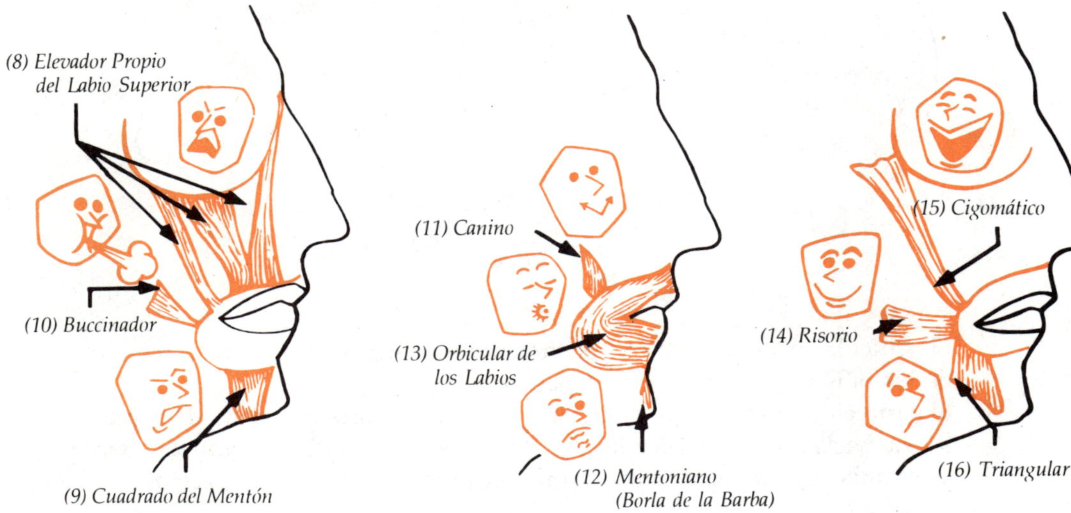

11. El **canino** está debajo del elevador propio del labio superior. Eleva la comisura (ángulo) de la boca, como se hace al **gruñir.**
12. El **mentoniano** (o borla de la barba) está situado en la punta de la barbilla. Eleva el labio inferior produciendo arrugas en la barbilla como se hace en las expresiones de **duda** o **desagrado.**
13. El **orbicular de los labios** forma una banda o faja alrededor de los labios superior e inferior. Comprime, contrae, frunce y arruga los labios como se hace para **besar** o **silbar.**
14. El **risorio** se extiende desde el músculo masetero (que sirve para elevar la mandíbula inferior) hasta la comisura (ángulo) de la boca. Tira de la comisura de la boca hacia afuera y hacia atrás, como ocurre al hacer una **mueca** de dolor o de burla.
15. El **cigomático** se extiende desde el hueso cigomático hasta la comisura (ángulo) de la boca. Eleva el labio, como ocurre al **reír.**
16. El **triangular** se extiende a lo largo del lado de la barbilla. Tira de la comisura de la boca hacia abajo.

MUSCULOS DE LOS OIDOS

Tres músculos del oído no tienen prácticamente función alguna:

17. El **auricular superior,** que está encima del pabellón de la oreja.
18. El **auricular posterior,** que está detrás del pabellón de la oreja.
19. El **auricular anterior,** que está delante del pabellón de la oreja.

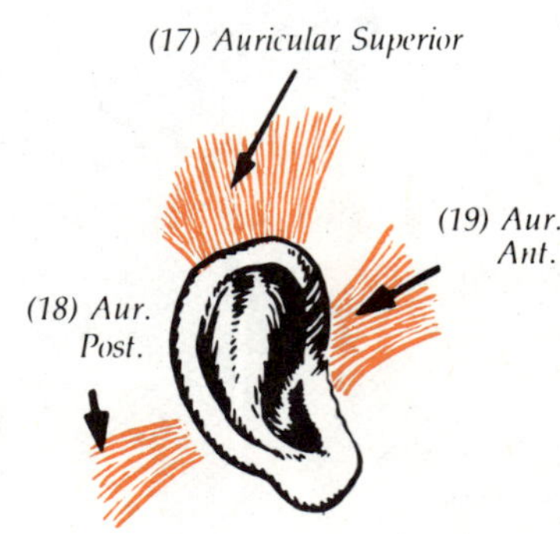

MUSCULOS DE LA MASTICACION

20. El **masetero** y (21) el **temporal** son los músculos que coordinan los movimientos de apertura y cierre de la boca y suele llamárseles músculos de la **masticación.**

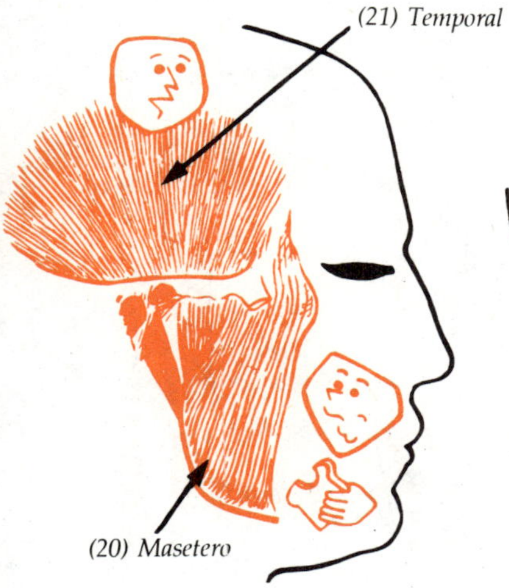

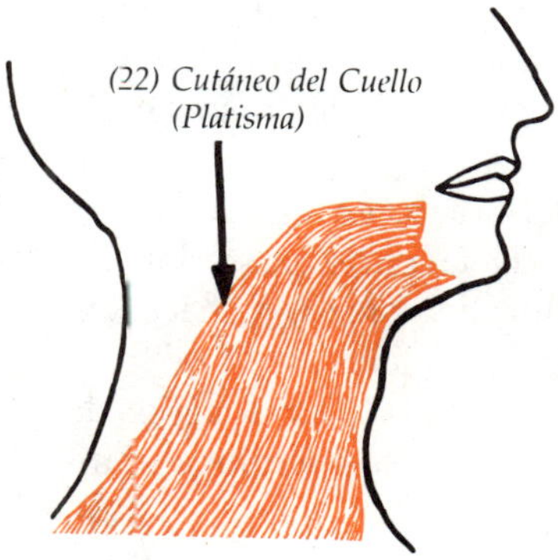

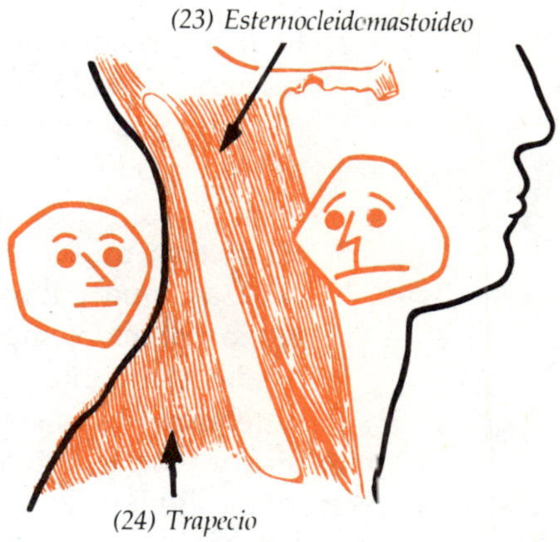

MUSCULOS DEL CUELLO

22. El **cutáneo del cuello** (o platisma) es un músculo ancho que se extiende desde los músculos del pecho y del hombro hasta el lado de la barbilla. Deprime el labio y la mandíbula inferiores, como en la expresion de **tristeza.**
23. El **esternocleidomastoideo** se extiende desde los huesos del pecho y del cuello hasta el hueso temporal que está detrás del pabellón de la oreja. Hace girar e inclinar la cabeza, como en el caso de expresar **reverencia, aprobación, vacilación** o **negación.**

MUSCULOS QUE UNEN LOS BRAZOS AL CUERPO

Los principales músculos que unen los brazos al cuerpo y permiten los movimientos de los hombros y los brazos son:

24. El **trapecio** y (25) el **músculo dorsal ancho,** que cubren la parte posterior del cuello y la parte superior de la región media de la espalda. Hacen girar la paleta (o paletilla) del hombro y regulan los movimientos de balanceo del brazo.
26. El **pectoral mayor** y el **pectoral menor,** que cubren la parte delantera del pecho. Estos músculos también ayudan en los movimientos de balanceo del brazo.
27. El **serrato mayor** (o anterior), que interviene en los movimientos de la respiración y elevación de los brazos.

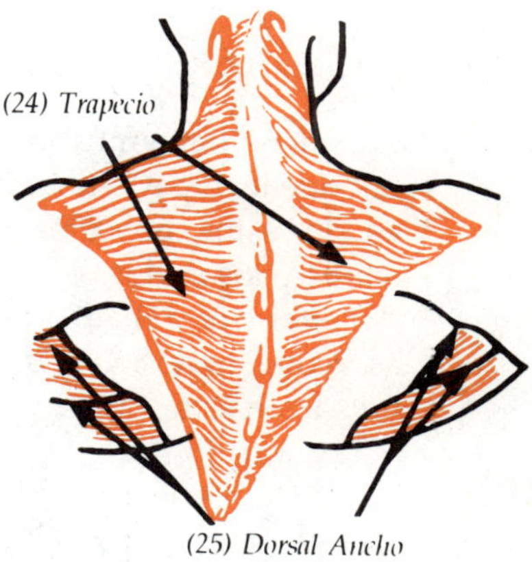

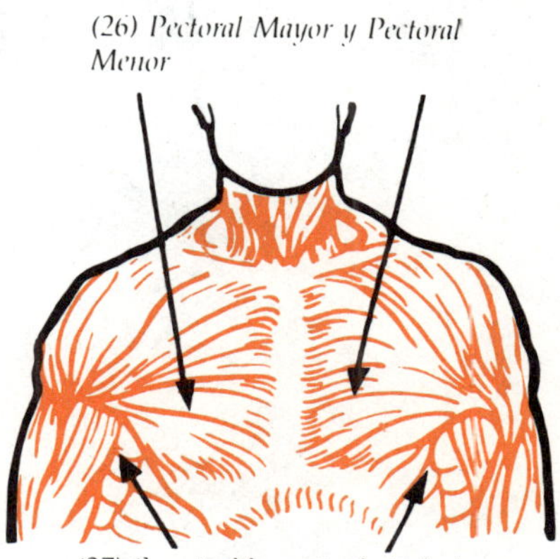

MUSCULOS DE LOS HOMBROS, LOS BRAZOS Y LAS MANOS

Los principales músculos del hombro y del brazo (parte superior del brazo) son:

1. El **deltoides:** músculo grueso y grande, de forma triangular, que cubre el hombro y hace elevar y girar el brazo.
2. El **bíceps:** músculo principal, en figura de dos cabezas, situado en la parte delantera del brazo (porción superior del brazo). Eleva el antebrazo, dobla el codo y gira la palma de las mano hacia abajo.
3. El **tríceps:** músculo del brazo, en figura de tres cabezas, que cubre toda la parte posterior del brazo (porción superior del brazo) y hace extender el antebrazo hacia adelante.

El antebrazo está compuesto por una serie de músculos y tendones fuertes. A la cosmetóloga le interesan los siguientes:

4. Los **pronadores:** los más importantes del grupo, hacen girar la mano hacia adentro para que la palma de la misma quede hacia abajo.
5. Los **supinadores:** hacen girar la mano hacia afuera y la palma de la misma hacia arriba.
6. Los **flexores:** hacen girar la muñeca, la mano y los dedos en línea recta.
7. Los **extensores:** hacen enderezar la muñeca, la mano y los dedos en línea recta.

MUSCULOS DE LOS HOMBROS, BRAZOS Y MANOS

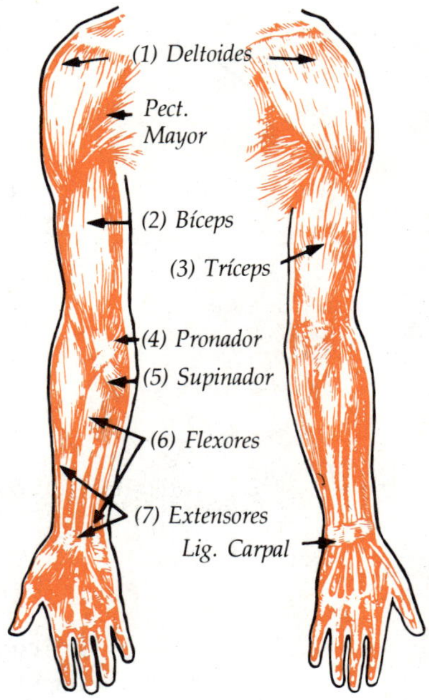

Parte Anterior o Palma de la Mano — *Parte Posterior o Dorso de la Mano*

MUSCULOS DE LA MANO

La mano tiene muchos músculos pequeños y traslapados de una a otra coyuntura que le imparten flexibilidad y fortaleza. Cuando las manos se cuidan como es debido, estos músculos se conservan flexibles y ligeros. Hacen cerrar y abrir las manos y los dedos.

El **abductor** y el **aductor** son músculos que están situados en la base del pulgar y los demás dedos. Los músculos abductores hacen separar los dedos y los aductores los hacen juntar.

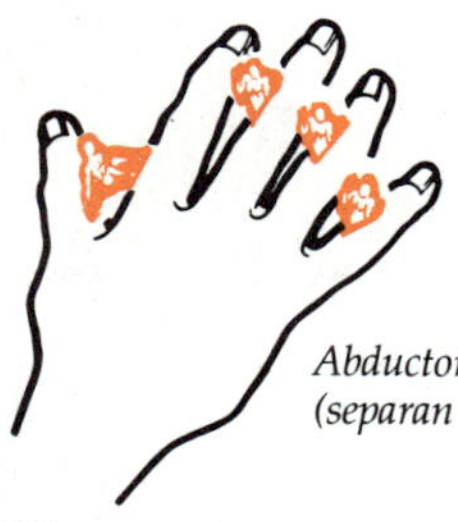

Abductores (separan los dedos)

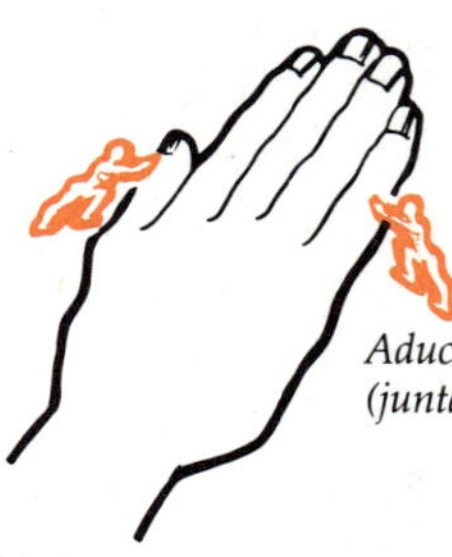

Aductores (juntan los dedos)

SISTEMA NERVIOSO

Neurología es la rama de la anatomía que trata del sistema nervioso y de sus trastornos.

El **sistema nervioso** es uno de los sistemas más importantes del cuerpo. Regula y coordina las funciones de todos los demás sistemas y los hace funcionar armoniosa y eficazmente. Cada pulgada cuadrada del cuerpo humano está provista de fibras delgadas que se conocen como **nervios.**

El propósito principal del estudio del sistema nervioso es comprender:

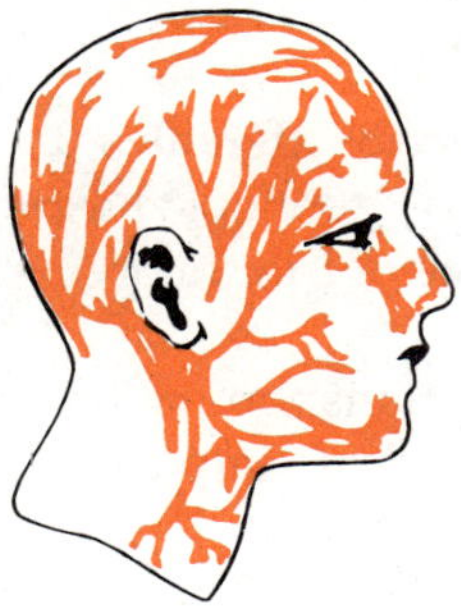

1. Cómo debe la cosmetóloga prestar sus servicios en el cuero cabelludo y en la cara para beneficio de la cliente.
2. Qué efectos tienen estos tratamientos en los nervios de la piel y del cuero cabelludo así como del cuerpo en general.

DIVISIONES DEL SISTEMA NERVIOSO

Las principales partes que componen el sistema nervioso son el **encéfalo** (que incluye el cerebro, el cerebelo y el bulbo raquídeo), la **médula espinal** y los **nervios.** Generalmente, el sistema nervioso comprende tres divisiones primordiales:

1. El sistema nervioso **cerebro-espinal** o **central.**
2. El sistema nervioso **periférico.**
3. El sistema nervioso **simpático** o **autónomo** (también conocido como vagosimpático, vegetativo o de la vida orgánica).

El **sistema nervioso cerebro-espinal** está compuesto por el encéfalo y la médula espinal. Sus funciones son las siguientes:

1. Rige la conciencia y todas las actividades mentales.
2. Rige las funciones voluntarias de los cinco sentidos: vista, olfato, gusto, tacto y oído.
3. Rige las actividades musculares voluntarias, como son todos los movimientos del cuerpo y las expresiones faciales.

El **sistema nervioso periférico** está formado por las fibras nerviosas sensorias o sensitivas y las motoras que salen del encéfalo y de la médula espinal y se distribuyen por todas las partes del cuerpo. Su función consiste en transportar "mensajes" (impresiones e impulsos) hasta el sistema nervioso central (cerebro-espinal) y traerlos desde éste hacia otros puntos.

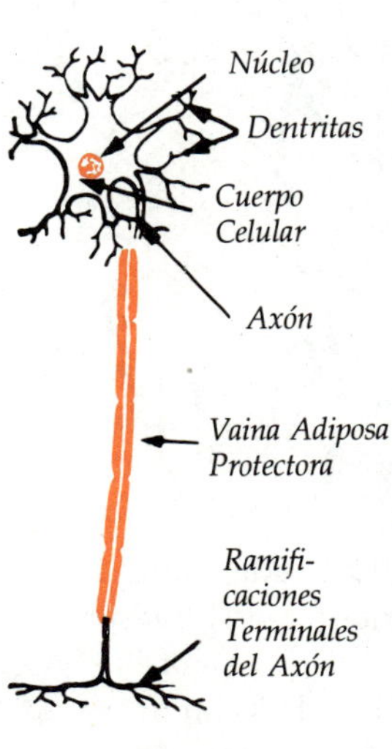

UNA NEURONA O CELULA NERVIOSA

El **sistema nervioso simpático** está por su estructura relacionado con el sistema nervioso cerebro-espinal (central), pero sus funciones son independientes de la voluntad del sujeto. (Por esta razón se llama también sistema nervioso **involuntario** o **autónomo,** lo que significa que es independiente de la voluntad y se regula a sí mismo.)

El sistema nervioso simpático es muy importante para las funciones internas del cuerpo, como son la respiración, la circulación, la digestión, y las actividades glandulares. Su propósito principal es regular estos movimientos internos, manteniéndolos en equilibrio y haciéndolos funcionar adecuadamente.

Células Nerviosas y Nervios

Una **neurona** o **célula nerviosa** es la unidad estructural del sistema nervioso. Se compone de un cuerpo celular provisto de fibras largas y cortas llamadas **prolongaciones celulares.**

El cuerpo celular almacena energía y alimento para las prolongaciones celulares que transportan los impulsos nerviosos a través del organismo humano. Prácticamente todas las células nerviosas están contenidas en el encéfalo y en la médula espinal.

Los **nervios** son cordones blancos y largos, formados por fibras (prolongaciones celulares) que transportan "mensajes" hacia las diversas partes del cuerpo y también desde éstas hacia los centros. Los nervios tienen su origen en el encéfalo y la médula espinal y se ramifican por todas las partes del cuerpo posibilitando así las sensaciones y los movimientos.

CLASES DE NERVIOS

Los **nervios sensorios** o **sensitivos,** llamados también **nervios aferentes,** tranportan "mensajes" (impresiones) desde los órganos de los sentidos hasta el encéfalo, lugar en que se experimentan las sensaciones de tacto, frío, calor, vista, oído, gusto, olfato y dolor.

Los **nervios motores,** llamados también **nervios eferentes,** transportan "mensajes" (impulsos) desde el encéfalo hasta los músculos. Los impulsos así transmitidos producen los movimientos corporales.

Los **nervios mixtos** contienen a la vez fibras sensitivas y motoras. Muchos nervios pertencen a esta clase de nervios mixtos.

Los nervios sensitivos están situados cerca de la superficie de la piel. Los nervios motores, en cambio, se encuentran en los músculos. Cuando los impulsos pasan desde los nervios sensitivos al encéfalo y después regresan a los músculos a través de los nervios motores, se establece un circuíto completo y como resultado se producen los movimientos musculares.

Un **reflejo** es una reacción autónoma (involuntaria) a un estímulo iniciado con un impulso nervioso que pasa a través de la médula espinal hasta el encéfalo y desde allí retorna al músculo. (Ejemplo: retirar la mano rápidamente al tocar un objeto caliente.) Los actos reflejos no hay que aprenderlos.

El Encéfalo y la Médula Espinal

El **encéfalo** es la mayor de las masas de tejido nervioso del cuerpo y comprende el cerebro, el cerebelo y el bulbo raquídeo, los cuales están contenidos en la cavidad del cráneo. El peso promedio del encéfalo es de 44 a 48 onzas (de 1,232 a 1,344 g.). Está considerado como la "central eléctrica" del cuerpo, en la cual se envían y se reciben impresiones e impulsos comparables a "mensajes telegráficos." Del encéfalo nacen doce pares de nervios craneales que se reparten por distintos puntos de la cabeza, la cara y el cuello.

La **médula espinal** está compuesta por masas de células nerviosas y fibras que corren de abajo arriba y de arriba abajo. Nace del encéfalo, desciende hasta la extremidad inferior del tronco del cuerpo y está encerrada dentro de la columna vertebral (espina dorsal) que le sirve de protección.

Treinta y un pares de nervios espinales salen de la médula espinal y se ramifican hacia los músculos y la piel del tronco y las extremidades.

Algunos nervios espinales llegan hasta los órganos internos, que están regulados por el sistema nervioso simpático.

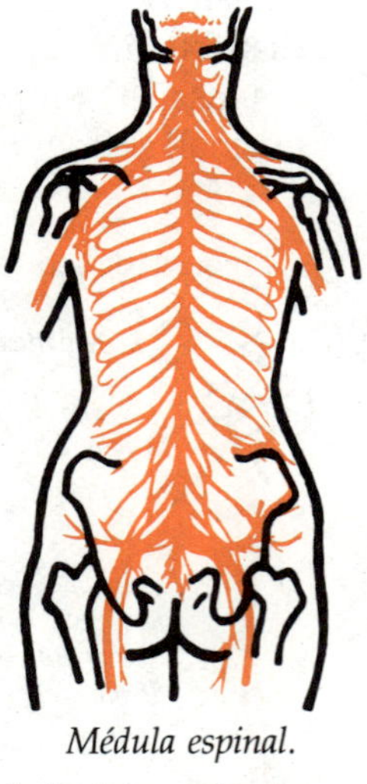

Médula espinal.

Fatiga y Nutrición

Las preocupaciones o el excesivo trabajo mental o muscular pueden causar **fatiga,** lo que da por resultado una acumulación de productos de desecho. El cansancio, la irritabilidad, el mal aspecto y los ojos mortecinos pueden ser señales de agotamiento nervioso.

La reserva necesaria de energía corporal depende de una cantidad adecuada de alimentos, ejercicios y oxígeno. El descanso y la relajación mental contribuyen a renovar las fuentes de energía gastada.

Las **manipulaciones del masaje** dadas correctamente pueden ayudar a aliviar la fatiga. Cuando la cosmetóloga aplica estas manipulaciones, debe siempre hacer una pausa sobre cada centro nervioso.

La **nutrición** destinada a los nervios les llega a través de los vasos sanguíneos, los espacios linfáticos y los vasos linfáticos que se encuentran en el tejido conjuntivo (conectivo) que los rodea.

La **estimulación** de los nervios hace que los músculos se contraigan o se estiren. El calor aplicado a la piel produce relajación muscular; el frío hace que los músculos se contraigan.

La **estimulación nerviosa** puede lograrse por medio de cualquiera de los agentes siguientes:

Las **sustancias químicas** (ciertos ácidos y sales).

El **masaje** (el masaje de las manos y el vibrador eléctrico).

La **corriente eléctrica** (la corriente de alta frecuencia y la corriente farádica).

Los **rayos de luz** (los rayos infrarrojos y los rayos ultravioleta).

Los **rayos de calor** (las lámparas caloríficas y los gorros caloríficos).

El **calor húmedo** (los vaporizadores o las toallas con vapor moderadamente caliente).

NERVIOS CRANEALES

Hay 12 pares de **nervios craneales** (encefálicos), todos ellos conectados a puntos de la superficie del encéfalo. Ataviesan diversos orificios situados a los lados del cráneo y en su base y llegan a diversas partes de la cabeza, la cara y el cuello. Se clasifican en nervios motores, sensorios o sensitivos y mixtos, siendo estos últimos los que contienen a la vez fibras motoras y sensitivas.

Los nervios craneales se identifican con números ordinales, según el orden en que nacen del encéfalo, y también por nombres específicos que describen su naturaleza o función.

Primer Par—Olfatorio u **olfativo** (sensitivo): regula el sentido del olfato.

Segundo Par—Optico (sensitivo): regula el sentido de la vista.

Tercer Par—Motor Ocular Común (motor): regula ciertos movimientos del ojo.

Cuarto Par—Patético (o **troclear**), (motor): regula ciertos movimientos del ojo.

Quinto Par—Trigémino o **trifacial** (sensitivo-motor): regula las sensaciones de la cara, la lengua y los dientes.

Sexto Par—Motor Ocular Externo (motor): regula ciertos movimientos del ojo.

Séptimo Par—Facial (sensitivo-motor): regula movimientos de la cara, el cuero cabelludo, el cuello, el pabellón de la oreja y secciones del paladar y de la lengua.

Octavo Par—Auditivo o **acústico** (sensitivo): regula el sentido del oído.

Noveno Par—Glosofaríngeo (sensitivo-motor): regula el sentido del gusto.

Décimo Par—Vago o **neumogástrico** (sensitivo-motor): regula movimientos y sensaciones de la oreja, la faringe, la laringe, el corazón, los pulmones, el esófago, etc.

Onceno Par—Espinal (o **accesorio**), (motor): regula el movimiento de los músculos del cuello.

Duodécimo Par—Hipogloso (motor): regula el movimiento de la lengua.

NERVIOS QUE INTERESAN A LA COSMETOLOGA

Los tres pares de nervios que interesan a la cosmetóloga cuando aplica tratamientos faciales o del cuero cabelludo son: el **quinto par craneal** (trigémino o trifacial), el **séptimo par craneal** (facial) y el **onceno par craneal** (espinal o accesorio).

También de interés para la cosmetóloga es el nervio cervical (espinal) que tiene su origen en la médula espinal y es afectado por el masaje del cuero cabelludo y del cuello.

NERVIOS DE LA CABEZA, LA CARA Y EL CUELLO

El **quinto par craneal,** o sea, el **nervio trigémino** o **trifacial,** es el de mayor tamaño entre los nervios craneales. Es el principal nervio sensitivo de la cara y el nervio motor de los músculos de la masticación. Está compuesto por tres ramas: **oftálmica, mandibular** (maxilar inferior) y **maxilar** (maxilar superior).

A continuación se enumeran las ramas importantes del quinto par de nervios craneales que son afectadas por el masaje:

1. El **nervio frontal externo** o **supraorbitario,** que afecta a la piel de la frente, del cuero cabelludo, de las cejas y de los párpados superiores.
2. El **nervio frontal interno** o **supratroclear,** que afecta a la piel que está entre los ojos y la del lado superior de la nariz.
3. El *nervio nasal externo* o *infratroclear,* que afecta a la membrana y la piel de la nariz.

DIAGRAMA DE LOS NERVIOS DE LA CABEZA, CARA Y CUELLO

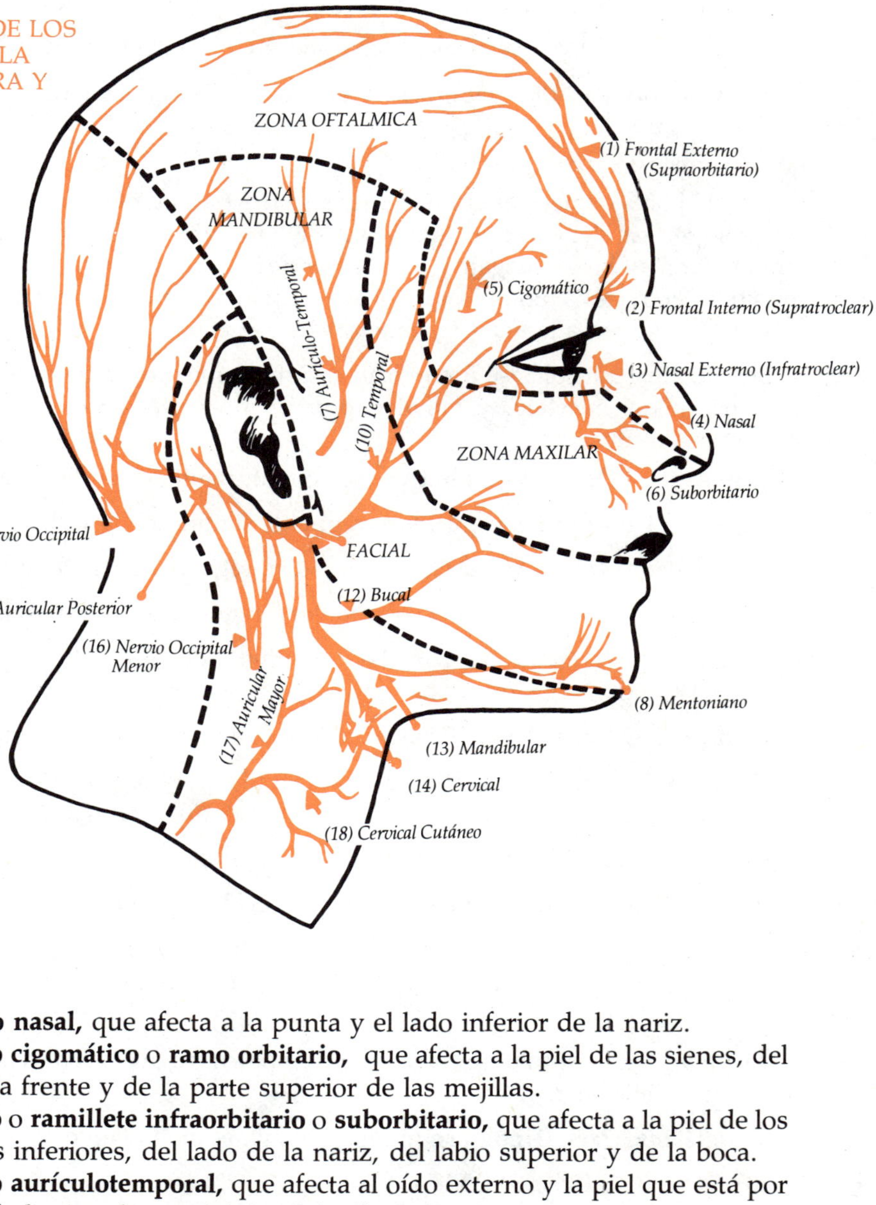

4. El **nervio nasal,** que afecta a la punta y el lado inferior de la nariz.
5. El **nervio cigomático** o **ramo orbitario,** que afecta a la piel de las sienes, del lado de la frente y de la parte superior de las mejillas.
6. El **nervio** o **ramillete infraorbitario** o **suborbitario,** que afecta a la piel de los párpados inferiores, del lado de la nariz, del labio superior y de la boca.
7. El **nervio auriculotemporal,** que afecta al oído externo y la piel que está por encima de la sien, hasta el ápice del cráneo.
8. El **nervio mentoniano,** que afecta a la piel del labio inferior y de la barbilla.

El **séptimo nervio craneal (facial)** es el nervio motor principal de la cara. Tiene su origen cerca de la parte inferior de la oreja; sus divisiones y sus ramas inervan y regulan todos los músculos de la expresión facial y se extienden hasta los músculos del cuello.

De todas las ramas del nervio facial, las siguientes son las más importantes:

9. El **nervio auricular posterior,** que afecta a los músculos que están detrás de la oreja en la base del cráneo.
10. El **nervio temporal,** que afecta a los músculos de la sien, del lado de la frente, de las cejas, de los párpados y de la parte superior de las mejillas.
11. El **nervio cigomático** o **ramo orbitario** (incluyendo la rama superior: cigomáticotemporal o lácrimopalpebral, y la rama inferior: cigomáticofacial o témporomalar), que afecta a los músculos de la parte superior del pecho.
12. El **nervio bucal,** que afecta a los músculos de la boca.
13. El **nervio maxilar inferior** (mandibular), que afecta a los músculos de la barbilla y del labio inferior.
14. El **nervio cervical** (rama del nervio facial), que afecta al lado del cuello y al músculo cutáneo del cuello (platisma).

El **onceno nervio craneal** (accesorio; rama espinal) afecta a los músculos del cuello y de la espalda (no mostrados en la ilustración).

Los **nervios cervicales** tienen su origen en la médula espinal y sus ramas inervan los músculos y el cuero cabelludo en la parte posterior de la cabeza y del cuello del modo siguiente:

15. El **gran nervio occipital** o **suboccipital de Arnold,** situado en la parte posterior de la cabeza, afecta al cuero cabelludo subiendo hasta el ápice de la cabeza.
16. El **nervio occipital menor** (rama mastoidea del plexo cervical superficial), situado en la base del cráneo, afecta al cuero cabelludo y a los músculos de esa región.
17. El **nervio auricular mayor** (rama auricular del plexo cervical superficial), situado a un lado del cuello, afecta al pabellón de la oreja y a la zona que está delante y detrás de la oreja.
18. El **nervio cervical cutáneo** o **cutáneo del cuello,** situado a un lado del cuello, afecta a la parte delantera y lateral del cuello hasta el hueso plano del pecho (esternón).

NERVIOS DEL BRAZO Y DE LA MANO

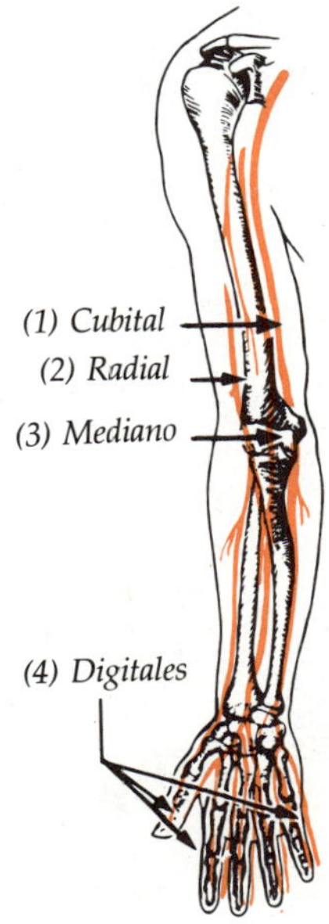

Los nervios principales que se distribuyen en las partes superficiales del brazo y de la mano son:

1. El **nervio cubital** (sensitivo-motor): con sus ramas se distribuye por el lado del brazo correspondiente al dedo meñique y en la palma de la mano.
2. El **nervio radial** (sensitivo-motor): con sus ramas se distribuye por el lado del brazo correspondiente al dedo pulgar y en el dorso de la mano.
3. El **nervio mediano** (sensitivo-motor): es un nervio más pequeño que el cubital y que el radial. Con sus ramas se distribuye por el brazo y la mano.
4. Los **nervios colaterales palmares** o **digitales** (sensitivos-motores): con sus ramas se distribuyen por todos los dedos de la mano.

SISTEMA CIRCULATORIO

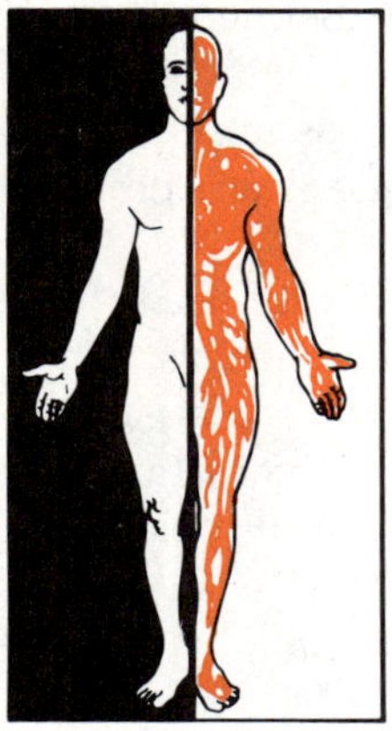

El **sistema circulatorio** o **vascular** tiene una relación vital con la conservación la buena salud. Este sistema regula la circulación de la sangre a través de todo el cuerpo en forma de corriente continua mantenida por el **corazón** y los vasos sanguíneos (o sea, las **arterias**, las **venas** y los **vasos capilares).**

El sistema vascular incluye dos divisiones:

1. El sistema **vascular sanguíneo,** que comprende el corazón y los vasos sanguíneos (arterias, capilares y venas) por los que circula la sangre.
2. El **sistema linfático, vascular linfático** o **linfovascular,** compuesto por las glándulas linfáticas y los vasos linfáticos a través de los cuales circula la linfa.

Estos dos sistemas están íntimamente relacionados entre sí. La linfa se deriva de la sangre y gradualmente regresa al torrente circulatorio.

EL CORAZON

El **corazón** es una bomba eficiente. Mantiene la sangre en movimiento dentro del sistema circulatorio.

El corazón es un órgano muscular de figura cónica y de un tamaño aproximadamente semejante al del puño de la persona. Está situado en la cavidad del pecho y lo envuelve una membrana: el **pericardio.** El **vago** (décimo par de nervios craneales) y los nervios del **sistema nervioso simpático** regulan los latidos del corazón. Generalmente, el corazón late alrededor de 72 a 80 veces por minuto.

Dentro del corazón hay cuatro cámaras y cuatro válvulas. Las cámaras superiores, de paredes delgadas, son: la **aurícula derecha** y la **aurícula izquierda.** Las cámaras inferiores, de paredes gruesas, son: el **ventrículo derecho** y el **ventrículo izquierdo.** Las **válvulas** hacen que la sangre circule en una sola dirección. Con cada contracción y dilatación momentáneas del corazón, la sangre fluye hacia el interior del mismo, pasando de las **aurículas** a los **ventrículos** y de allí es impulsada hacia afuera para distribuirse por todo el cuerpo.

VASOS SANGUINEOS

Las arterias, los vasos capilares y las venas tienen estructura tubular (forma parecida la de los tubos). En conjunto llevan la sangre desde el corazón hasta los diversos tejidos del cuerpo y desde éstos nuevamente hacia el corazón.

Las **arterias** son tubos musculares y elásticos, de paredes gruesas, que llevan la sangre **purificada** desde el corazón hasta los vasos capilares.

Los **capilares** son tubos diminutos, de paredes delgadas, que conectan a las arterias menores con las venas. A través de sus paredes, los tejidos reciben nutrición y eliminan los productos de desecho.

CORTE TRANSVERSAL DE UNA VENA

Las **venas** son vasos sanguíneos de paredes delgadas, menos elásticas que las arterias. Contienen válvulas acopadas (de figura de copa) que impiden el retorno de la sangre por la misma vía y conducen la sangre impura desde los diversos vasos capilares de regreso al corazón. Las venas están situadas más cerca de la superficie del cuerpo que las arterias.

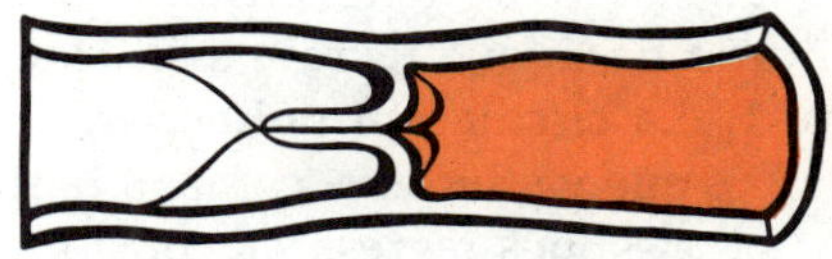

Válvula cerrada.

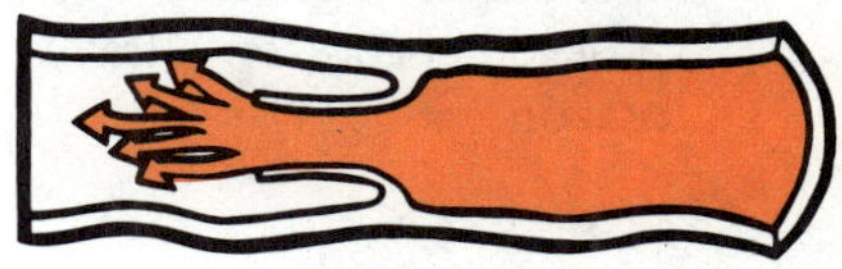

Válvula abierta.

DIAGRAMA DEL CORAZON

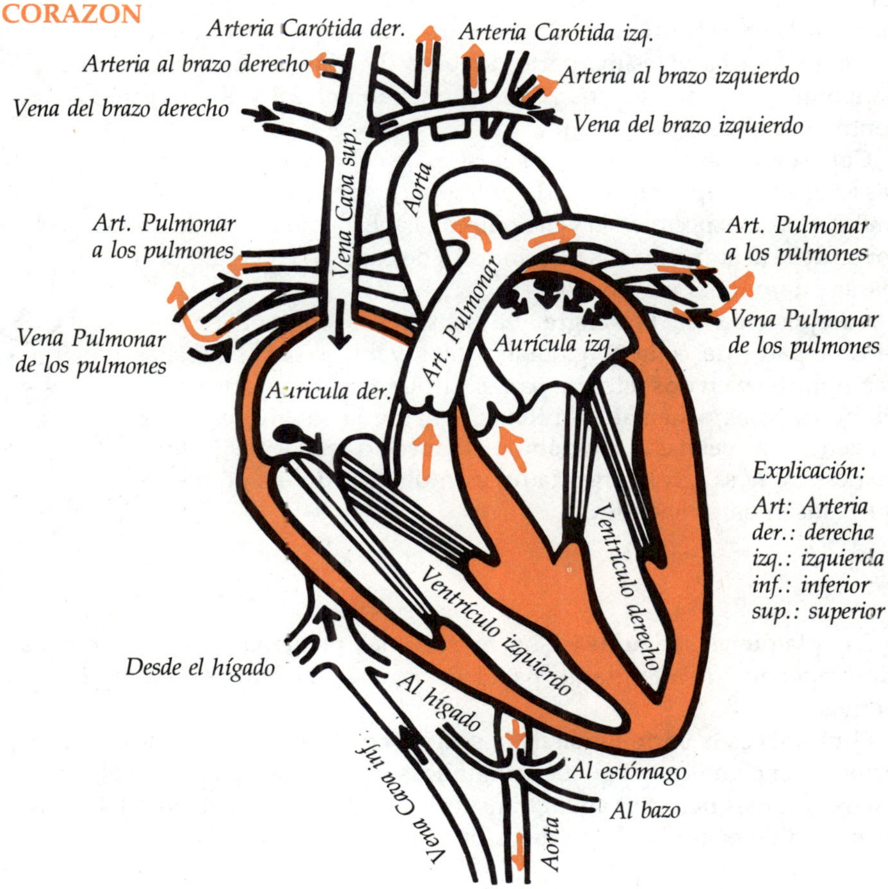

FUNCIONES PRINCIPALES DE LA SANGRE

Las funciones principales de la sangre son las siguientes:

1. Llevar agua, oxígeno, alimento y secreciones a todas las células del cuerpo.
2. Llevarse el bióxido de carbono y los productos de desecho para que sean eliminados a través de los pulmones, la piel, los riñones y el intestino grueso.
3. Contribuir a la uniformidad de la temperatura del cuerpo protegiéndolo así contra los extremos del calor y del frío.
4. Ayudar a proteger el cuerpo contra las bacterias e infecciones dañinas mediante la acción de los glóbulos blancos (leucocitos).
5. Coagular la sangre cerrando así los diminutos vasos sanguíneos que han recibido algún daño e impidiendo la pérdida de sangre.

CIRCULACION DE LA SANGRE

La sangre está en constante circulación desde el momento en que sale del corazón hasta que regresa a él. Hay dos sistemas que mantienen la circulación:

1. La **circulación pulmonar,** que es aquella parte de la circulación sanguínea que va desde el corazón hasta los pulmones para allí purificarse la sangre y después regresar al corazón.
2. La **circulación general,** que es aquella parte de la circulación sanguínea que va desde el corazón a través de todo el cuerpo y de regreso nuevamente al corazón.

LA SANGRE

La **sangre** es el líquido nutritivo que circula a través del sistema circulatorio. Es un fluido salado y pegajoso, con una temperatura normal de 98.6º Fahrenheit (37º centígrados) y representa aproximadamente una vigésima parte del peso del cuerpo. Los vasos sanguíneos de una persona adulta contienen entre 8 y 10 pintas (entre 3.76 y 4.7 l.) de sangre.

Color de la sangre. La sangre en sí es de color rojo brillante en las arterias (excepto en la arteria pulmonar) y de color rojo oscuro en las venas (expecto en la vena pulmonar). Esta diferencia de color se debe al aumento o la disminución de oxígeno en la sangre al pasar ésta por los pulmones.

Composición de la sangre. La sangre se compone en una tercera parte de células (glóbulos rojos y blancos y plaquetas sanguíneas) y en dos terceras partes de plasma. La función de los **glóbulos rojos** o **hematíes** (células rojas de la sangre) es llevar oxígeno a las células. Los **glóbulos blancos** o **leucocitos** (células blancas de la sangre) tienen la función de destruir los gérmenes que causan enfermedades.

CELULAS SANGUINEAS

Glóbulos rojos

Glóbulos blancos

Plaquetas

Las **plaquetas sanguíneas** son mucho más pequeñas que los glóbulos rojos. Desempeñan un importante papel en la **coagulación de la sangre** sobre una herida.

El **plasma** es la parte fluida de la sangre, en el cual circulan los glóbulos rojos y blancos así como las plaquetas sanguíneas. Es de color pajizo. El plasma, que en nueve décimas partes es agua, transporta alimentos y secreciones hacia las células y se lleva de ellas el bióxido de carbono (anhídrido carbónico).

SISTEMA LINFOVASCULAR

El sistema **linfovascular** (también llamado **vascular linfático** o simplemente **linfático**) actúa como ayudante del sistema venoso y está compuesto por espacios linfáticos, vasos linfáticos, glándulas linfáticas y **vasos quilíferos (lácteos).**

La **linfa** es un fluido acuoso e incoloro que circula por el sistema linfático y se deriva del plasma sanguíneo, principalmente por filtración.

La linfa actúa como intermediaria entre la sangre y los tejidos. Transporta elementos nutritivos de la sangre a las células y saca de éstas las materias de desecho.

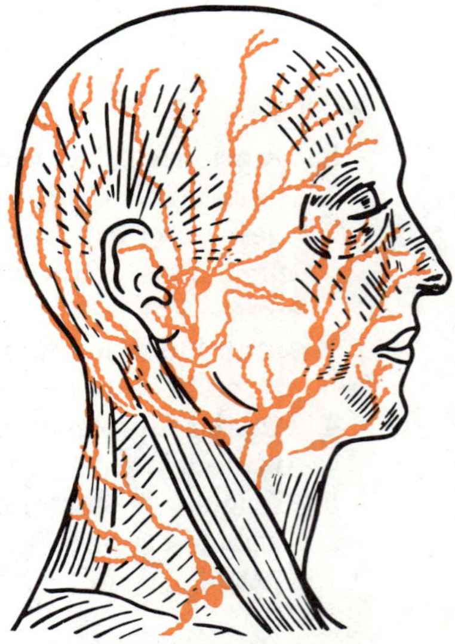

Nódulos (ganglios) linfáticos de la cabeza, la cara y el cuello.

ARTERIAS DE LA CABEZA, LA CARA Y EL CUELLO

Las **arterias carótidas primitivas** o **comunes** son la vía principal de suministro de sangre a la cabeza, la cara y el cuello. Están situadas a cada lado del cuello y se bifurcan en carótidas internas y carótidas externas. La **bifurcación interna** de la arteria carótida primitiva irriga el encéfalo, las órbitas (cuencas) de los ojos, los párpados y la frente mientras que la **bifurcación externa** irriga las partes superficiales de la cabeza, la cara y el cuello.

La **arteria carótida externa** se subdivide en un número de ramificaciones que les suministran sangre a las diversas regiones de la cabeza, la cara y el cuello. Las siguientes arterias son de especial interés para la cosmetóloga:

(Las arterias se identifican con números y nombres que corresponden a los de las arterias representadas en la ilustración.)

A. La **arteria facial** (llamada también **maxilar externa**) irriga la región inferior de la cara, la boca y la nariz. Algunas de sus ramas son:

1. La **arteria submentoniana,** que irriga la barbilla y el labio inferior.
2. La **arteria coronaria inferior** (también llamada **arteria labial inferior**), que irriga el labio inferior.
3. La **arteria angular,** que irriga el lado de la nariz.
4. La **arteria coronaria superior** (también llamada **arteria labial superior**), que irriga el labio superior, el tabique nasal y el ala de la nariz.

DIAGRAMA DE LAS ARTERIAS DE LA CABEZA, CARA Y CUELLO

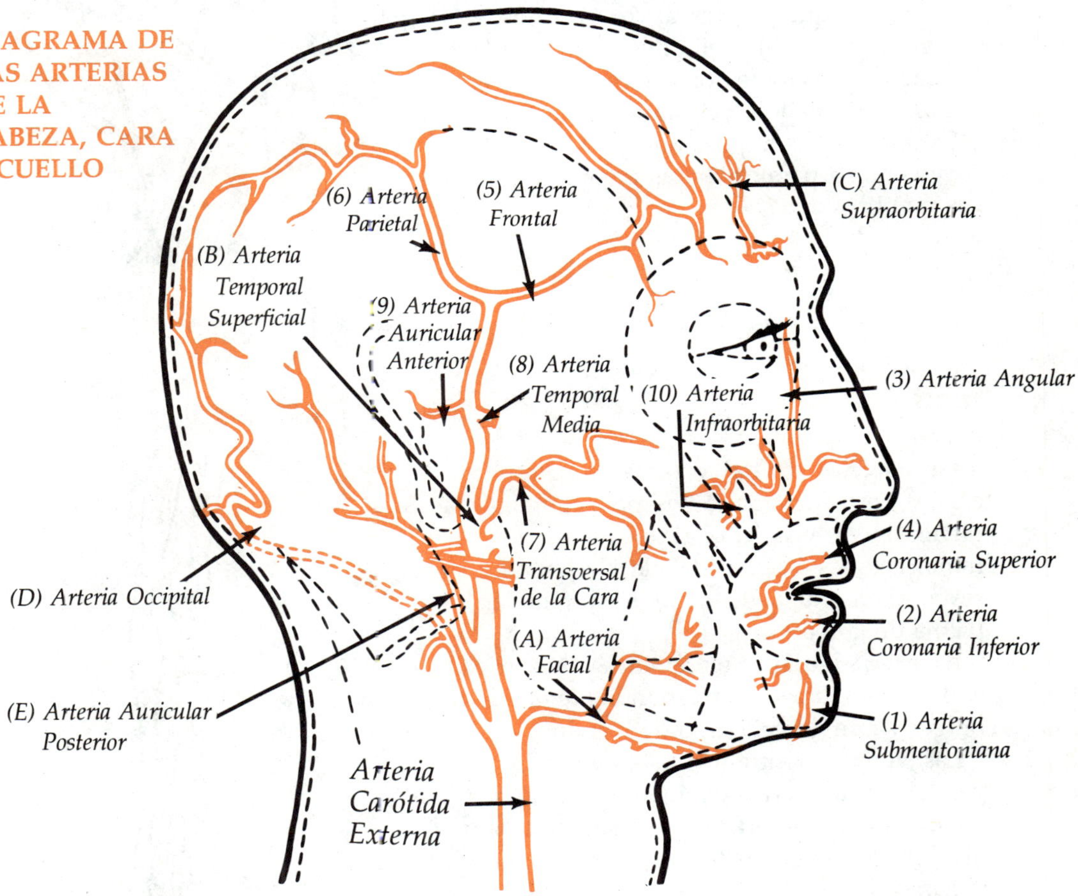

B. La **arteria temporal superficial** es una prolongación de la arteria carótida externa, la cual irriga los músculos, la piel y el cuero cabelludo de las partes anterior, lateral y superior de la cabeza. Algunas de sus ramificaciones importantes son las siguientes:

5. La **arteria frontal** o **frontal interna,** que irriga la frente.
6. La **arteria parietal,** que irriga la coronilla y el lado de la cabeza.
7. La **arteria transversal de la cara,** que irriga el músculo masetero.
8. La **arteria temporal media,** que irriga las sienes.
9. La **arteria auricular anterior,** que irriga la parte anterior de la oreja (representada parcialmente en la ilustración).

C. La **arteria supraorbitaria** o **frontal externa,** rama de la arteria carótida interna, irriga parte de la frente, la órbita del ojo, el párpado y los músculos superiores del ojo.

10. La **arteria infraorbitaria,** que nace de la arteria maxilar interna, irriga los músculos del ojo.

D. La **arteria occipital** irriga la parte posterior de la cabeza y asciende hasta la coronilla.

E. La **arteria auricular posterior** irriga el cuero cabelludo, la parte posterior y superior de la oreja y la piel que está detrás de la oreja.

VENAS DE LA CABEZA, LA CARA Y EL CUELLO

La sangre que regresa al corazón desde la cabeza, la cara y el cuello fluye por cada lado del cuello a través de dos venas principales: la **yugular interna** y la **yugular externa.**

Las venas más importantes de la cara y del cuello corren paralelas a las arterias y toman sus nombres de éstas.

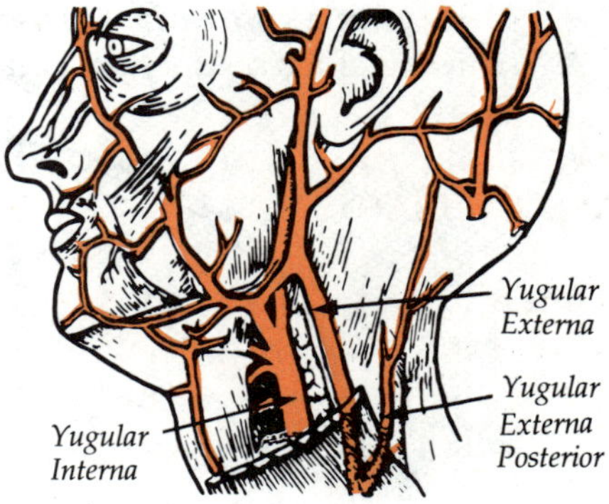

IRRIGACION SANGUINEA EN EL BRAZO Y LA MANO

Las **arterias cubital** y **radial** son las principales portadoras de sangre para el brazo y la mano. La **arteria cubital** y sus numerosas ramificaciones irrigan el lado del brazo correspondiente al dedo meñique y también la palma de la mano.

La **arteria radial** y sus remificaciones irrigan el lado del brazo correspondiente al dedo pulgar y también el dorso de la mano.

Las **venas** importantes están situadas casi paralelas a la arterias y toman el mismo nombre que éstas. Las arterias se encuentran a un nivel profundo en los tejidos mientras que las venas se hallan más cerca de la superficie de los brazos y las manos.

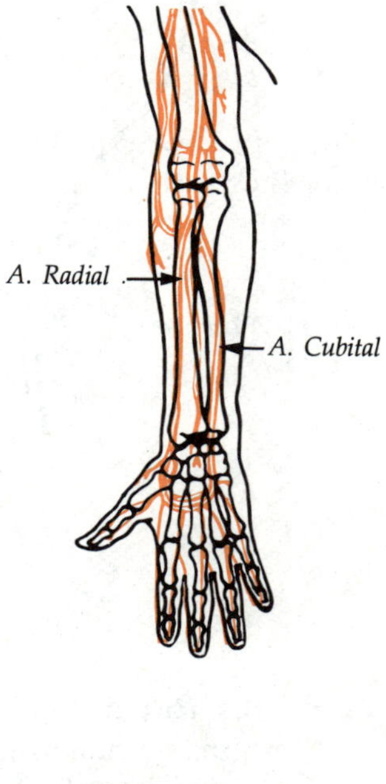

EL SISTEMA ENDOCRINO

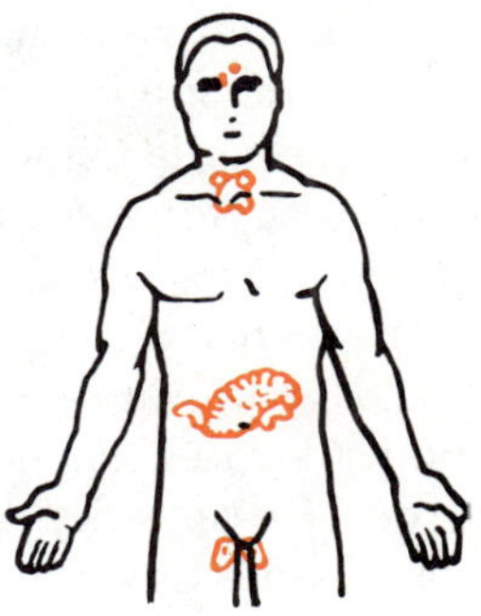

Las **glándulas** son órganos especializados que varían en tamaño y funciones. La sangre y los nervios están íntimamente conectados con las glándulas. El sistema nervioso regula las actividades funcionales de las glándulas. Las glándulas tienen la capacidad del llevarse de la sangre ciertos componentes y convertirlos en compuestos nuevos.

Hay dos conjuntos principales de glándulas:

1. A un grupo se les llama **glándulas exocrinas** (de secreción externa o de conducto) porque están provistas de canales que van desde la glándula hasta alguna parte específica del cuerpo. Las glándulas sudoríparas y sebáceas de la piel y las glándulas intestinales pertenecen a este grupo.

(La información referente a las glándulas sudoríparas y sebáceas puede encontrarse en el capítulo **La Piel y los Trastornos de la Piel.**)

2. El otro grupo, conocido como de **glándulas endocrinas** (de secreción interna o sin conducto), proyecta sus secreciones directamente dentro del torrente circulatorio, lo cual a su vez influye en el bienestar general del cuerpo.

EL SISTEMA EXCRETORIO

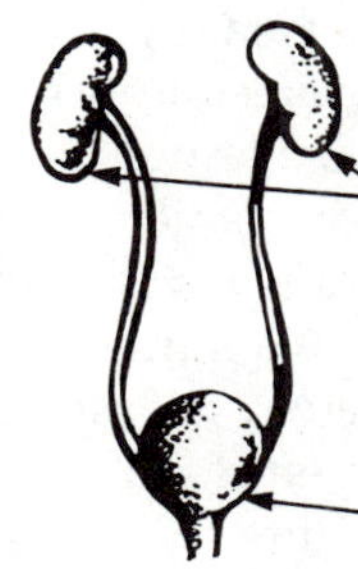

El **sistema excretorio,** que incluye los riñones, el hígado, la piel, los intestinos y los pulmones, purifica el cuerpo mediante la eliminación de materias de desecho.

Cada uno de sus órganos desempeña el siguiente papel en el sistema:

1. Los **riñones** excretan la orina.
2. El **hígado** descarga los pigmentos de la bilis.
3. La **piel** elimina el sudor.
4. El **intestino grueso** evacua los alimentos no digeridos y los descompuestos.
5. Los **pulmones** exhalan bióxido de carbono (anhídrido carbónico).

El metabolismo de las células del cuerpo forma diversas sustancias tóxicas que, si son retenidas, tenderían a envenenar el organismo.

EL SISTEMA RESPIRATORIO

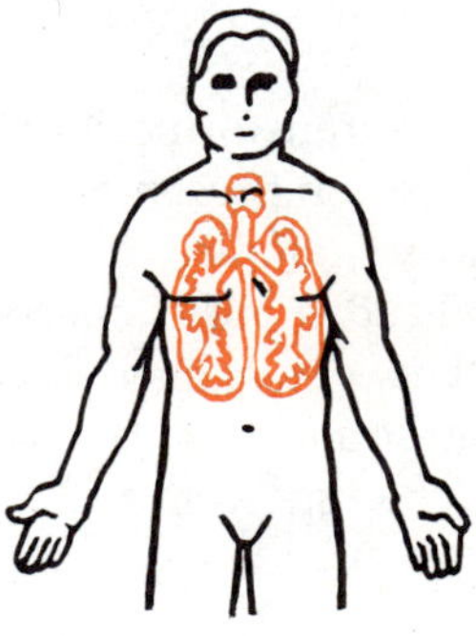

El **sistema respiratorio** está situado dentro de la cavidad torácica (el pecho), la cual está protegida a ambos lados por las costillas. El **diafragma,** un tabique muscular que regula la respiración, separa el pecho de la región abdominal.

Los **pulmones** son masas de tejido esponjoso compuesto de células microscópicas en las cuales penetra el aire aspirado.

Estas celdillas aéreas están recubiertas de un tejido parecido al cutáneo, detrás del cual se encuentran los delgados vasos capilares del sistema vascular.

Con cada ciclo **respiratorio,** se produce un intercambio de gases. Durante la **inhalación** o aspiración, el oxígeno es absorbido en la sangre, mientras que el bióxido de carbono (anhídrido carbónico) es expulsado durante la **exhalación** o espiración. El oxígeno es necesario para transformar los alimentos en energía.

El oxígeno es más esencial que el alimento o el agua. Aunque un hombre o una mujer pueden vivir más de 60 días sin alimento y unos pocos días sin agua, la privación de aire les causaría la muerte rápidamente.

Respirar por la nariz es más saludable que respirar por la boca porque los vasos capilares superficiales calientan el aire y las bacterias que flotan en él quedan atrapadas entre los vellos que cubren las membranas mucosas de la cavidad nasal.

La frecuencia del ritmo de la respiración depende de la actividad del individuo. Las actividades musculares y el consumo de energía corporal hacen que aumente la necesidad de oxígeno que tiene el cuerpo. Como resultado, la velocidad del ritmo de la respiración se acrecienta. Por ejemplo, una persona necesita aproximadamente tres veces más oxígeno cuando camina que cuando está de pie.

La **respiración abdominal** es valiosa para mejorar la salud. La **respiración torácica** consiste en una respiración pulmonar ligera o superficial sin la acción intensa del diafragma. La respiración abdominal implica una respiración profunda que pone al diafragma en acción. El intercambio mayor de gases se logra mediante la respiración abdominal.

EL SISTEMA DIGESTIVO

El **sistema digestivo** cambia el alimento a una forma **soluble** que es conveniente para ser utilizada por las células del cuerpo. La digestión comienza en la boca y se completa en el intestino delgado. De la boca, el alimento baja a través de la **faringe** (garganta o gaznate) y del **esófago** (tubo alimenticio) y penetra en el estómago. El alimento es completamente digerido en el intestino delgado. El intestino grueso (colon) almacena las materias de desecho para ser después eliminadas por el recto. El proceso completo de la digestión de los alimentos requiere aproximadamente nueve horas.

La **digestión** es el proceso de convertir el alimento a una forma tal que pueda ser asimilado por el cuerpo.

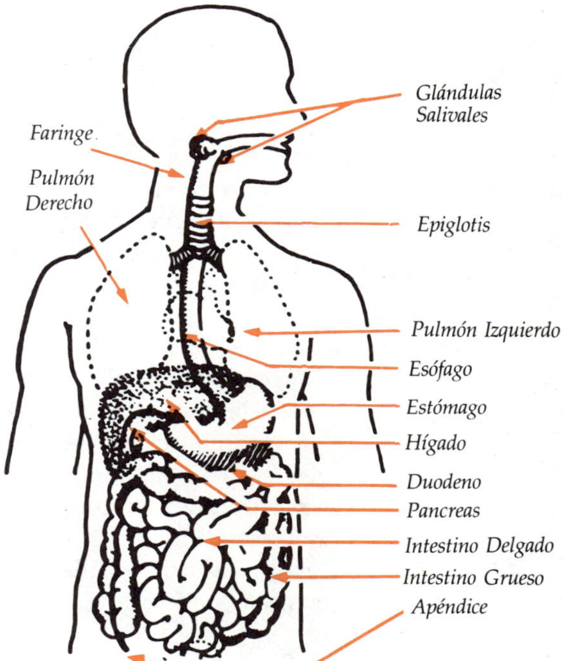

Diagrama que ilustra el canal alimenticio humano con las principales glándulas de la digestión.

Las transformaciones químicas de los alimentos son producidas por las **enzimas** que están presentes en las secreciones digestivas. Las **enzimas digestivas** son sustancias químicas que convierten ciertas clases de alimentos a formas capaces de ser utilizadas por el cuerpo.

Las emociones intensas, la agitación y la fatiga perturban seriamente la digestión. Por otra parte, la felicidad y la relajación mental contribuyen a una buena digestión.

PREGUNTAS DE REPASO

ANATOMIA

1. ¿Por qué el conocimeinto de la anatomía y la fisiología es de gran importancia en la práctica de la cosmetología?
2. ¿Qué es la anatomía?
3. ¿Cuáles cinco partes del cuerpo interesan básicamente a la cosmetóloga?
4. ¿Qué es la histología?
5. ¿Qué partes del cuerpo interesan principalmente a la cosmetóloga en el estudio de la histología?
6. ¿Cuáles son los cuatro apéndices de la piel?
7. ¿Qué es la fisiología?

EL SISTEMA ESQUELETICO

Huesos del Cráneo

1. ¿Cuál es la estructura más fuerte del cuerpo?
2. Cite cuatro funciones de los huesos.
3. Defina el cráneo.
4. ¿En cuántas partes se divide el cráneo? Nómbrelas.
5. ¿De cuántos huesos se compone el cráneo?
6. Enumere los huesos craneales que son afectados por el masaje del cuero cabelludo.
7. Describa la situación del hueso occipital.
8. Describa la situación de los huesos parietales.
9. ¿Qué hueso forma la frente?
10. ¿Qué huesos están situados en la región de la oreja?
11. ¿Qué hueso está conectado a todos los huesos craneales?
12. ¿Cuántos huesos tiene la cara?
13. Enumere los huesos de la cara que son afectados por el masaje facial.
14. ¿Qué parte del cuerpo forman los maxilares?
15. ¿Qué estructura ósea está formada por la mandíbula?
16. ¿Qué huesos forman la prominencia de las mejillas?
17. ¿Dónde está situado el hueso hioides?
18. Describa la situación de las vértebras cervicales.
19. ¿Qué nombre se le da a la caja ósea del pecho?

Huesos del Hombro, el Brazo y la Mano

1. Nombre los dos huesos del hombro.
2. Cite los huesos del: a) brazo (parte superior del brazo); y b) antebrazo.
3. ¿Cuántos huesos hay en: a) la muñeca; b) la palma de la mano; y c) los dedos de la mano?
4. ¿Qué otro nombre se le da a la muñeca?
5. ¿Cómo se llaman los huesos de la palma de la mano?
6. Diga el nombre propio de cada uno de los dedos de la mano.
7. ¿Dónde están situadas las falanges?

SISTEMA MUSCULAR

1. Defina el músculo.
2. ¿Cuáles son las funciones importantes de los músculos del cuerpo?
3. Cite tres clases de tejido muscular.

4. Explique la diferencia entre músculos voluntarios e involuntarios.
5. ¿De cuáles dos sistemas corporales depende el sistema muscular para sus actividades?
6. Defina brevemente lo que es: a) origen de un músculo; b) inserción de un músculo.
7. Cite siete agentes capaces de estimular el tejido muscular.

Músculos de la Cabeza, la Cara y el Cuello

1. Describa la situación del músculo del cuero cabelludo y nombre sus dos partes.
2. ¿Qué función tiene el frontal?
3. ¿Qué músculo rodea a la órbita del ojo?
4. Nombre el músculo de la piel de la ceja.
5. ¿Qué músculo cubre el cabellete de la nariz?
6. ¿Qué músculo forma una faja achatada alrededor de los labios superior e inferior?
7. ¿Qué músculo deprime la mandíbula inferior y el labio inferior?
8. ¿Qué músculos cubren la parte posterior del cuello?

Músculos de los Hombros, los Brazos y las Manos

1. Nombre los tres músculos principales del brazo (parte superior del brazo) y el hombro.
2. Nombre cuatro clases de músculos que se hallan en el antebrazo.
3. Explique la diferencia entre las funciones de los músculos pronadores y supinadores.
4. Explique la diferencia entre los músculos flexores y extensores.

SISTEMA NERVIOSO

1. Dé dos razones por las que la cosmetóloga debe estudiar el sistema nervioso.
2. ¿Cuáles tres partes principales forman el sistema nervioso?
3. Nombre las tres divisiones principales del sistema nervioso.
4. Nombre las tres funciones principales del sistema nervioso cerebro-espinal.
5. Explique lo que es el sistema periférico y la función que tiene.
6. Cite la función del sistema nervioso simpático (autónomo).
7. ¿Qué es una neurona?
8. ¿De qué se compone una neurona o célula nerviosa?
9. Defina los nervios.
10. Cite dos clases de nervios que se encuentran en el cuerpo.
11. ¿Qué otro nombre se le da a: a) los nervios sensorios o sensitivos; y b) los nervios motores?
12. ¿Cuál es la función de los nervios sensitivos?
13. ¿Qué función tienen los nervios motores?
14. Dé un ejemplo de reflejo.
15. ¿Cuántos pares de nervios craneales hay? ¿Cuántos de nervios espinales?
16. ¿Cuáles son las tres causas de la fatiga?
17. Enumere seis agentes por los que puede lograrse la estimulación nerviosa.
18. ¿Cuáles tres nervios craneales son los más importantes en el masaje de la cabeza, la cara y el cuello?

Nervios de la Cabeza, la Cara y el Cuello

1. ¿Cuál de los nervios craneales es el de mayor tamaño?
2. ¿Cuál es la función del quinto par o nervio trigémino?
3. ¿Qué nervios craneales regulan los músculos de la expresión facial?
4. ¿Qué ramas del nervio trigémino afectan a las siguientes regiones?:
   a) la frente
   b) la parte inferior de la nariz
   c) la piel del párpado inferior y del labio superior
   d) la piel del labio inferior
   e) la piel que está por encima de la sien
   f) la piel de la parte superior de la mejilla.
5. ¿Qué región de la cabeza es afectada por el gran nervio occipital?
6. ¿Qué nervio craneal afecta a los músculos del cuello?
7. ¿Cuáles ramas del nervio facial afectan a las siguientes regiones o músculos?:
   a) músculo del lado de la frente
   b) músculo de la barbilla y del labio inferior
   c) músculo cutáneo del cuello
   d) músculo de la parte posterior de la oreja
   e) músculos de la boca
   f) músculos de la parte superior de la mejilla.

Nervios del Brazo y de la Mano

1. Nombre y describa la situación de los principales nervios del brazo y de la mano.
2. ¿Qué nervios afectan a los dedos?

SISTEMA CIRCULATORIO

1. ¿Por qué es necesario que la cosmetóloga comprenda las funciones del sistema circulatorio?
2. ¿Cuál es la función del corazón?
3. Nombre tres clases de conductos pertenecientes al sistema vascular.
4. ¿Qué vasos sanguíneos transportan la sangre purificada desde el corazón hacia el resto del cuerpo?
5. ¿Cuáles dos clases de vasos sanguíneos están conectados entre sí por medio de los vasos capilares?
6. ¿Cuál es la función de las venas?
7. ¿De cuáles dos sistemas depende la circulación en todo el cuerpo?
8. ¿Cuál es la temperatura normal de la sangre?
9. ¿De qué se compone la sangre?
10. ¿De qué se compone el plasma sanguíneo?
11. ¿Cuál es la función más importante de los glóbulos rojos?
12. ¿Cuál es la función más importante de los glóbulos blancos?
13. ¿Qué es la linfa?
14. ¿De qué se deriva la linfa?
15. Enumere las funciones importantes de la linfa.

Vasos Sanguíneos de la Cabeza, la Cara y el Cuello

1. ¿Qué arterias principales le suministran sangre a toda la cabeza, la cara y el cuello?
2. Nombre dos divisiones principales de las arterias carótidas primitivas.
3. ¿Qué ramas de las arterias carótidas primitivas irrigan la cavidad craneana?
4. ¿Qué ramas de las arterias carótidas primitivas les suministran sangre a la piel y a los músculos de la cabeza y de la cara?
5. Dé el nombre común de la arteria maxilar externa.
6. Nombre la arteria que irriga la barbilla.
7. ¿Qué arteria irriga la frente?
8. Nombre las arterias que irrigan: a) el labio superior; b) el labio inferior.
9. ¿Qué parte de la cabeza es irrigada por la arteria parietal? ¿Qué parte por la arteria frontal?
10. Nombre cinco ramas de la arteria temporal superficial.
11. ¿Qué parte de la cabeza es irrigada por la arteria occipital?
12. ¿Qué arteria irriga la parte lateral del cuero cabelludo por detrás y por encima del pabellón de la oreja?
13. Nombre la arteria que irriga los músculos del ojo.
14. Cite las principales venas por las que la sangre de la cabeza, la cara y el cuello regresa al corazón.

Circulación Sanguínea del Brazo y la Mano

1. Nombre las principales arterias que irrigan el brazo y la mano.
2. ¿Qué arterias irrigan el lado del brazo correspondiente al dedo meñique y, además, la palma de la mano?
3. ¿Qué arterias irrigan el lado del brazo correspondiente al dedo pulgar?

LAS GLANDULAS Y OTROS SISTEMAS

1. ¿Cuáles dos clases principales de glándulas se hallan en el cuerpo humano?
2. Nombre cinco órganos importantes del sitema excretorio.
3. Describa el ciclo respiratorio.
4. Nombre los órganos importantes del sistema digestivo.

Capítulo 30

ELECTRICIDAD Y TERAPIA LUMINOSA

OBJETIVOS DE APRENDIZAJE DEL CAPITULO

El (la) estudiante que logre dominar el contenido de este capítulo conocerá:

1. *La naturaleza de la electricidad*
2. *Las formas de la electricidad.*
3. *Las medidas de la electricidad.*
4. *Las diferentes clases de corrientes.*
5. *Los beneficios que se derivan de las diversas corrientes.*
6. *Los variados tipos de equipo eléctrico obtenibles para su uso en el salón de belleza.*
7. *Las precauciones que deben observarse cuando se emplea la electricidad.*
8. *El significado del término "terapia luminosa."*
9. *Cómo la luz se dispersa al atravesar un prisma.*
10. *Cómo se producen los rayos de luz.*
11. *Los efectos de los rayos ultravioleta.*
12. *Los beneficios que pueden derivarse de los rayos infrarrojos.*

ELECTRICIDAD

Los efectos benéficos de la elecrticidad han sido reconocidos desde hace mucho tiempo como muy útiles en la práctica de la cosmetología. La electricidad puede ser un factor valioso si se emplea con inteligencia y cuidado. Se usa para suministrar luz y calor así como para hacer funcionar los aparatos eléctricos. En realidad, su aplicación es esencial a los servicios que se prestan en el salón de belleza moderno.

Aunque la naturaleza exacta de la electricidad todavía no se conoce a la perfección, las fuentes que la generan y los efectos que produce sí son bien conocidos. De ordinario se cree que la electricidad es una forma de energía que cuando se activa produce efectos **magnéticos, químicos** y **térmicos.**

Una **corriente eléctrica** es el movimiento de la electricidad a lo largo de un conductor.

Un **cable eléctrico** está compuesto de hilos metálicos finos y torcidos en espiral (conductor), envueltos en una cubierta de caucho (goma elástica) o de seda (aislador o no conductor).

Un **conductor** es una sustancia que transmite a través de sí una corriente eléctrica con facilidad. La mayoría de los metales, el carbono (metaloide), el cuerpo humano y las soluciones acuosas de ácidos y sales son buenos conductores de la electricidad.

Los **electrodos,** compuestos de buenos conductores, sirven como puntos de contacto al aplicar la electricidad al cuerpo.

Un **aislador** o **no-conductor** es una sustancia que resiste el paso de una corriente eléctrica, como es el caso del caucho, la seda, la madera seca, el vidrio, el cemento o el asbesto.

FORMAS DE ELECTRICIDAD

Se emplean **dos formas de electricidad,** a saber:

1. **Corriente directa** (CD), también llamada continua, que fluye constante y uniformemente en la misma dirección.
2. **Corriente alterna** (CA), también llamada alternativa, que fluye interrumpida y rápidamente, primero en una dirección y después en la dirección opuesta.

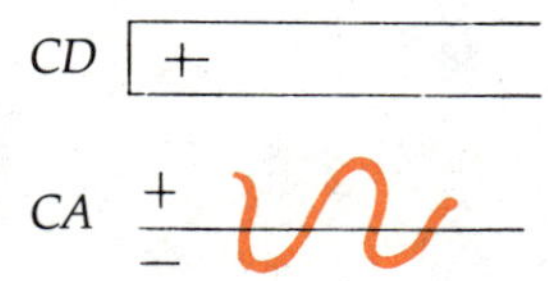

Cuando es necesario, una de estas dos clases de corriente puede ser convertida a la otra por medio de un transformador o un rectificador.

Un **transformador** (convertidor) es un aparato que se emplea para cambiar una corriente directa en corriente alterna. Un **rectificador** sirve para cambiar una corriente alterna en corriente directa.

Un **circuito eléctrico completo** es el recorrido total que hace la corriente desde la fuente generadora, pasando por los diversos conductores (alambre, electrodo, o cuerpo), hasta retornar al punto de origen.

Un **fusible** es un dispositivo de seguridad que impide que los alambres eléctricos se calienten demasiado. Un fusible se funde cuando el circuito está sobrecargado con excesivas conexiones a un mismo alambre o cuando el equipo está defectuoso. Para reestablecer el circuito normal, hay que desconectar el aparato antes de colocar un fusible nuevo.

El uso de los **cortacircuitos** o **interrruptores automáticos** ha desplazado en gran parte a los fusibles en las instalaciones eléctricas modernas. Este nuevo dispositivo tiene todas las carateristicas de seguridad del fusible y es mucho más fácil de manejar.

El cortacircuitos o interruptor automático no tiene que ser remplazado cada vez que se desconecta. Contiene un mecanismo interruptor que automáticamente se desconecta a la primera señal de un problema producido en el circuito. Cuando el problema es rectificado, el mecanismo interruptor simplemente se vuelve a poner en su posición normal, restituyéndose con ello todos los factores de seguridad.

MEDIDAS ELECTRICAS

Las medidas de la electricidad se expresan en función de las siguientes unidades:

Un **voltio** (V) es la unidad de la **tensión** (presión) que impulsa a la corriente en su marcha.

Un **amperio** (A) es la unidad de **fluido** (intensidad) de la corriente.

Un **ohmio** (O) es la unidad de **resistencia** al fluido de la corriente.

Si se aumenta el voltaje aplicado al circuito, el fluido de electrones se intensifica. La reducción del voltaje debilita la corriente.

Si el voltaje se mantiene igual, un aumento en la resistencia debilita la corriente. La reducción de la resistencia, naturalmente, permite un mayor fluido de corriente.

En vez del amperio, que es demasiado resistente, en los tratamientos faciales y del cuero cabelludo se emplea el **miliamperio,** que es igual a la milésima parte de un amperio. El **miliamperímetro** es un instrumento que sirve para medir la proporción del fluido de una corriente eléctrica.

CORRIENTE GALVANICA

La corriente **galvánica** es una corriente constante y directa (CD) que ha sido rectificada a un nivel de voltaje bajo y seguro. Ciertos cambios químicos se producen cuando esta corriente pasa a través de determinadas soluciones que contienen ácidos o sales. También se producen efectos químicos cuando la corriente galvánica pasa a través de los tejidos y fluidos del cuerpo.

Prueba de polaridad. La polaridad significa que en una corriente eléctrica hay polos opuestos. Antes de aplicar la corriente galvánica, la cosmetóloga debe saber cuál es el polo positivo y cuál es el negativo. La mayoría de los aparatos eléctricos actuales tienen un indicador de polaridad. Si es necesario, la polaridad puede comprobarse del modo siguiente:

1. Separe los extremos de dos alambres conductores y sumérjalos en un vaso de agua salada. Gire el conmutador del aparato al punto indicador de la corriente galvánica. Al descomponerse el agua, más burbujas activas se acumularán en el polo negativo que en el positivo.

2. Coloque los extremos de dos alambres conductores sobre dos pedazos de papel de tornasol humecido. El papel que está debajo del polo positivo se tornará rojo mientras que el del polo negativo se tornará azul.

Los efectos del polo positivo en el cuerpo humano son exactamente contrarios a los que produce el polo negativo.

Polo positivo (Anodo)	**Polo negativo (Cátodo)**
Produce reacción ácida.	Produce reacción alcalina.
Calma los nervios.	Estimula los nervios.
Hace disminuir la afluencia de sangre.	Hace aumentar la afluencia de sangre.
Endurece los tejidos.	Suaviza los tejidos.

El **polo positivo** puede emplearse para:

1. Cerrar los poros después de dar un tratamiento facial.
2. Reducir la rubicundez, como ocurre en la acné benigna.
3. Impedir la inflamación después de un tratamiento de comendones y manchas cutáneas.
4. Hacer que las soluciones de pH, como son las astringentes, penetren en la piel.

El **polo negativo** puede emplearse para:

1. Estimular la circulación que hará secar la piel y el cuero cabelludo.
2. Hacer que las soluciones de pH alcalino penetren en la piel (proceso que suaviza y licúa los depósitos grasientos que son acumulaciones de sebo en los folículos pilosos).

Nota: *No utilice la corriente galvánica negativa sobre una piel que presenta rotura de capilares o algún trastorno de acné pustulosa, o en una cliente que padezca de alta presión sanguínea.*

Cómo aplicarla. Los efectos de la corriente galvánica son experimentados por la cliente cuando la corriente pasa por su cuerpo.

El **electrodo activo,** aplicado por la cosmetóloga, se conecta al polo específico que producirá la acción deseada.

El **electrodo inactivo** es sostenido por la cliente y se conecta al otro polo.

Los dos polos, el activo (positivo) y el inactivo (negativo), deben usarse al mismo tiempo para completar el circuito que atraviesa por el cuerpo de la cliente. Los dos electrodos carbónicos, el activo (redondo) y el inactivo (cilíndrico), deben estar envueltos ligeramente en motas de algodón mojado.

Ejemplo: Para cerrar los poros, el electrodo rendondo, que es el activo, se envuelve en algodón mojado con astringente. El electrodo cilíndrico, que es el inactivo, se envuelve en algodón humedecido con agua y es sostenido por la cliente. Después que se ha establecido un buen contacto entre los dos electrodos, la corriente se gradúa lentamente hasta la intensidad deseada. Al terminar el tratamiento, la corriente debe ser reducida lentamente antes de interrumpir el contacto con la cliente.

ELECTROFORESIS

Las soluciones químicas pueden hacerse penetrar en la piel intacta por medio de la corriente galvánica. A este proceso se le llama **electroforesis*. Cataforesis** es el empleo del polo positivo para introducir una sustancia de carga positiva (una solución astringente de pH ácido) en la piel. **Anaforesis** es el empleo del polo negativo para hacer que una sustancia de carga negativa (una solución de pH alcalino) penetre en la piel.

CORRIENTE FARADICA

La corriente **farádica** es una corriente alterna e interrumpida, capaz de producir un reacción mecánica sin efectos químicos. Se emplea principalmente para producir contracciones musculares.

Cuando la corriente farádica se aplica al cuerpo, los músculos se tonifican, la circulación mejora y el metabolismo sube. La corriente farádica puede utilizarse durante las manipulaciones del cuero cabelludo y de la cara.

Cómo aplicarla. Dos electrodos son necesarios para completar el circuito farádico. La cosmetóloga lleva un electrodo en la muñeca con una almohadilla humedicida mientras la cliente sostiene un electrodo carbónico envuelto en algodón absorbente húmedo. Antes de conectar la corriente, se hace contacto con la frente de la cliente. Durante el tratamiento la corriente se aplica con la punta de los dedos. Al terminar el tratamiento se hace disminuir la corriente lentamente antes de interrumpir el contacto con la cliente.

Es tan importante saber cuándo se debe usar la corriente farádica como saber cuándo no debe usarse. La acción del masaje con corriente farádica es benéfica porque vigoriza la parte del cuerpo sometida al tratamiento.

ADVERTENCIA

No use la corriente farádica si produce dolor o molestia, o si la cara de la cliente está muy roja. Si la cliente tiene muchos empastes metálicos en los dientes, o si existe algún indicio de que padece de alta presión sanguínea, o presenta rotura de capilares o algún trastorno pustuloso de la piel, el tratamiento con corriente farádica no debe aplicarse.

Los **beneficios** que se derivan del uso de la corriente farádica son los siguientes:

1. Mejora el tono muscular.
2. Ayuda a eliminar los productos de desecho.
3. Aumenta la circulación sanguínea.
4. Alivia la congestión sanguínea.
5. Aumenta la actividad glandular.
6. Estimula el crecimiento del pelo.

---

*N. del T.: También se emplean los términos *galvanoionización, ionización, ionoterapia* y *iontoterapia.*

CORRIENTE SINUSOIDAL

La corriente **sinusoidal,** la cual se asemeja a la corriente farádica en muchos aspectos, puede usarse durante las manipulaciones del cuero cabelludo y de la cara. Es una corriente alterna que produce contracciones mecánicas en los músculos. El modo de aplicarla es el mismo que para la corriente farádica, o sea, la cosmetóloga debe llevar un electrodo en la muñeca mientras la cliente sostiene el electrodo carbónico.

La corriente sinusoidal presenta las siguientes **ventajas:**

1. Suministra una estimulación mayor, con una penetración más profunda y menos irritación que la corriente farádica.
2. Calma los nervios y penetra más profundamente en el tejido muscular.
3. Es más adecuada para una cliente nerviosa.

No use la corriente sinusoidal si la cara de la cliente está muy enrojecida o si presenta ruptura de capilares en la piel, si existe algún indicio de alta presión sanguínea o cualquier trastorno pustuloso del cutis.

ADVERTENCIA

Las corrientes farádica y sinusoidal no se usan nunca durante más de 15 a 20 minutos en cada cliente.

CORRIENTE DE ALTA FRECUENCIA

La corriente de **alta frecuencia** se caracteriza por un alto ritmo de oscilación.

De primordial interés para la cosmetóloga es la **corriente Tesla,** ordinariamente conocida como "el rayo violeta," que se usa para los tratamientos del cuero cabelludo y de la cara.

La acción primaria de esta corriente es térmica, o sea, generadora de calor. Debido a su rápida oscilación, no induce contracciones musculares. Los efectos fisiológicos son ya estimulantes, ya calmantes, según sea el método de aplicación.

Los electrodos para la corriente de alta frecuencia se fabrican de vidrio o de metal. Sus formas varían: el electrodo facial termina en una especie de esfera achatada y el electrodo para el cuero cabelludo tiene figura de rastrillo. Cuando la corriente pasa a través del electrodo de vidrio, éste emite diminutas chispas de color violeta. Todos los tratamientos que se dan con corriente de alta frecuencia deben inciarse con corriente suave para después aumentarla gradualmente a la intensidad necesaria. La duración del tratamiento depende del trastorno en cuestión. Un tratamiento general de la cara o del cuero cabelludo suele durar aproximadamente cinco minutos.

Para un uso apropiado, siga las instrucciones que provee el fabricante del equipo Tesla.

Electrodo facial.

Electrodo metálico.

Electrodo para el cuero cabelludo.

METODOS DE APLICACION

Existen tres métodos para el uso de la corriente Tesla:

1. **Aplicación superficial directa.** La cosmetóloga sostiene el electrodo y lo aplica a la piel de la cliente. En los tratamientos faciales, el electrodo se pone directamente sobre la crema facial que ha sido aplicada con anterioridad.

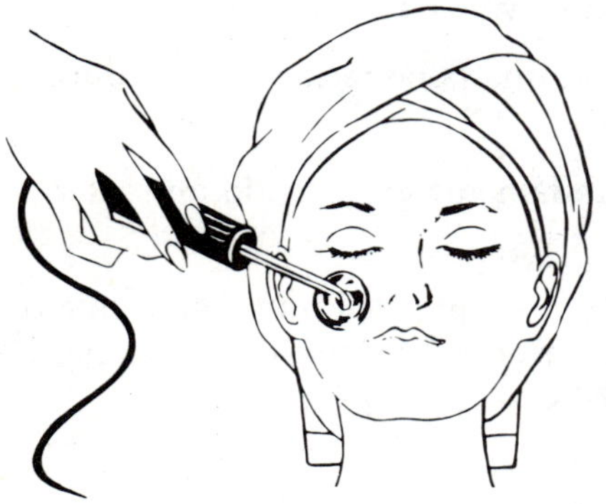

Aplicando la corriente de alta frecuencia a la cara con un electrodo facial.

Aplicando la corriente de alta frecuencia al cuero cabelludo con un electrodo en forma de rastrillo.

2. **Aplicación indirecta.** La cliente sostiene el electrodo de metal o de vidrio mientras la cosmetóloga utiliza los dedos para dar masaje en la región sometida al tratamiento. En ningún momento el electrodo es sotenido por la cosmetóloga. Para impedir sacudidas eléctricas, la corriente se conecta después que la cliente tiene ya el electrodo firmemente sujeto en la mano; al final, la corriente no es desconectada hasta que la cliente ha soltado el electrodo.

   Nota: *Evite que la cliente haga contacto con cualquier metal que pudiera ser parte de los brazos de la silla o de la banqueta. Si este contacto se produce, puede causar una quemadura.*

3. **Electrificación general.** Al sostener la cliente un electrodo metálico en la mano, su cuerpo se carga de electricidad sin que la cosmetóloga lo toque.

   Para obtener efectos sedantes, calmantes o tranquilizantes con la corriente de alta frecuencia, se emplea el tratamiento de electrificación general, o el electrodo es mantenido en estrecho contacto con las regiones tratadas mediante la aplicación superficial directa.

   Para obtener un efecto estimulante, separe el electrodo ligeramente de la zona tratada y aplique la corriente a través de la ropa o de una toalla.

   Nota: *Cuando se aplica la corriente de alta frecuencia con lociones para la piel o el cuero cabelludo que contienen alcohol, la electricidad debe aplicarse primero y después la loción.*

Los **beneficios** que se derivan del uso de la corriente Tesla de alta frecuencia son los siguientes:

1. Estimula la circulación sanguínea.
2. Incrementa la actividad glandular.
3. Contribuye a la eliminación y la absorción.
4. Hace subir el metabolismo.
5. Produce una acción germicida durante la aplicación.

La corriente Tesla puede utilizarse para tratar la caída del pelo, el purito y la tirantez del cuero cabelludo o la excesiva oleaginosidad (grasa) o resequedad de la piel y el cuero cabelludo.

EQUIPO ELECTRICO

La protección y seguridad de la cliente deben ser la principal preocupación de la cosmetóloga. Todo el equipo eléctrico debe ser inspeccionado con regularidad para determinar si está en buenas condiciones de funcionamiento. El descuido al hacer conexiones eléctricas y al aplicar las diversas clases de corriente puede dar por resultado una sacudida eléctrica o una quemadura. La observancia de las precauciones de seguridad contribuirá a prevenir accidentes y a lograr una mayor satisfacción para la cliente.

El **vibrador** es un aparato eléctrico que se usa en el masaje para producir una sucesión de manipulaciones mecánicas. Tiene un efecto estimulante en el tejido muscular, aumenta la afluencia de sangre en las regiones tratadas, calma los nervios, incrementa la actividad glandular y estimula las funciones de la piel y el cuero cabelludo.

El vibrador puede aplicarse ajustándolo al dorso de la mano. Las vibraciones se transmiten así a las zonas tratadas a través de la mano y los dedos.

El vibrador se aplica sobre los tejidos musculares densos, como son los del cuero cabelludo, los hombros y la parte superior de la espalda. Nunca se emplea sobre el rostro de una mujer, pero sí sobre la cara de un hombre.

Nota: *El vibrador no debe nunca usarse cuando existe una marcada debilidad del corazón, o en los casos de fiebre, abscesos o inflamación.*

El **vaporizador** o **vaporador** es un aparato eléctrico que se aplica sobre la cabeza o la cara para producir calor uniforme y húmedo.

El vaporizador puede emplearse en vez de toallas calientes para limpiar la cara y darle tratamiento de vaporización. El vapor calienta la piel y activa el flujo de grasa cutánea y del sudor. Así contribuye a purificar el cutis, destupir los poros y ablandar cualquier escamosidad de la superficie de la piel.

El vaporizador también puede utilizarse para los tratamientos acondicionadores del cuero cabelludo y del pelo. Cuando se aplica al cuero cabelludo, produce calor húmedo regularizado. Su acción ablanda el cuero cabelludo, aumenta la transpiración y promueve la mayor eficacia de los cosméticos que se aplican al cuero cabelludo.

Otro uso del vaporizador es el de acelerar la acción de un clarificador (decolorante) del pelo.

Las **tenazas rizadoras electro-térmicas** vienen en varios tipos y tamaños. Tienen elementos caloríficos incorporados y funcionan conectadas a una toma (receptáculo) de corriente eléctrica. Hay un tipo que tiene perforaciones. En el cañón de las tenazas rizadoras se inyecta aceite que allí se vaporiza. El vapor sale de las tenazas por las pequeñas perforaciones y acondiciona el pelo al rizarlo.

Los **gorros caloríficos** son aparatos eléctricos que se aplican sobre la cabeza para suministrarle una fuente de calor uniforme. Se emplean principalmente como parte de los tratamientos correctivos del pelo y del cuero cabelludo. Cuando se usan con este propósito, ayudan a reacondicionar el pelo reseco, quebradizo y dañado y también sirven para activar un cuero cabelludo debilitado.

La **máquina aceleradora** o **elaboradora** de tintes está diseñada como un aparato auxiliar de la peluquera colorista profesional.

Su función es la de abreviar el tiempo requerido por el tratamiento del teñido y la clarificación (decoloración) del pelo. La duración del tratamiento se reduce porque la máquina acelera el movimiento molecular dentro de las sustancias químicas haciendo que éstas produzcan su efecto con mucha mayor rapidez.

PRACTICAS DE SEGURIDAD CON LA ELECTRICIDAD

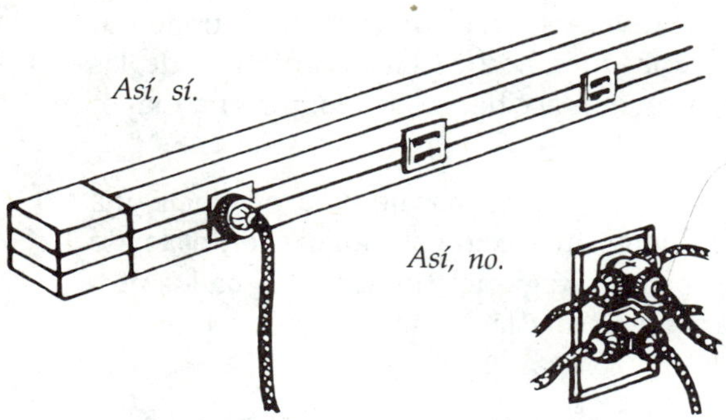

Use solamente un enchufe para cada toma de electricidad. *El exceso de enchufes puede hacer que se funda un fusible.*

ADVERTENCIA

Tenga a mano una linterna junto al escalón superior de la escalera que conduce al sótano para evitar un tropezón y una caída en la oscuridad. Enfoque la linterna y abra la caja de fusibles para examinar cada fusible hasta localizar el fundido. Cuando remplace el fusible fundido, toque solamente el reborde del mismo. Nunca ponga una moneda en la caja de fusibles en lugar de un fusible.

Asegúrese de tener a mano varios fusibles buenos. Para comprobar un fusible, utilice una pila eléctrica de linterna y una bombilla (o el montaje de una bombilla) y un pedazo de alambre, tal como se muestra a la derecha. Si el fusible está en buenas condiciones, la bombilla se encenderá.

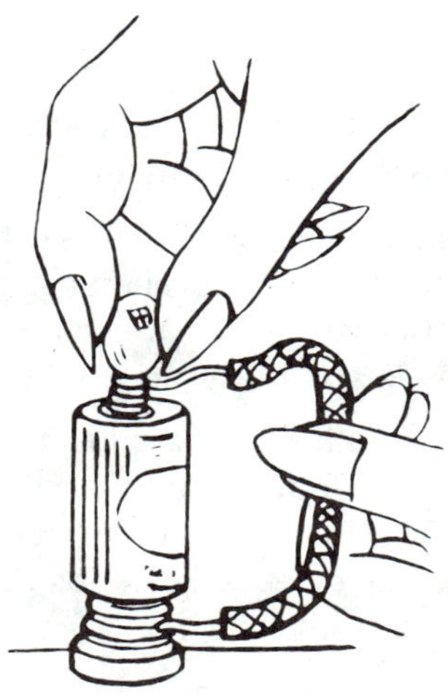

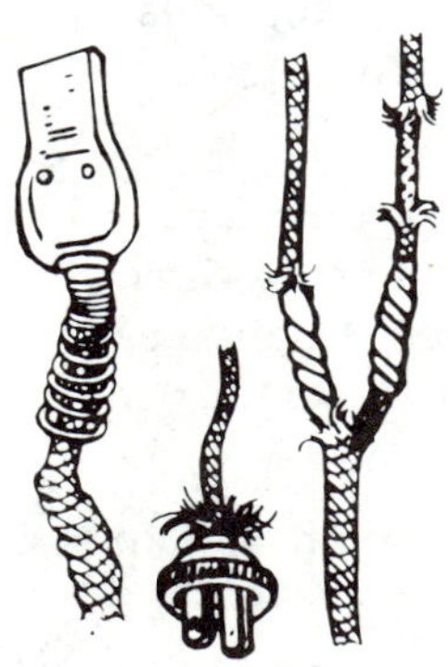

Inspeccione los cordones eléctricos periódicamente. *Repare o remplace los cordones gastados para evitar un cortocircuito, una sacudida eléctrica o un incendio.*

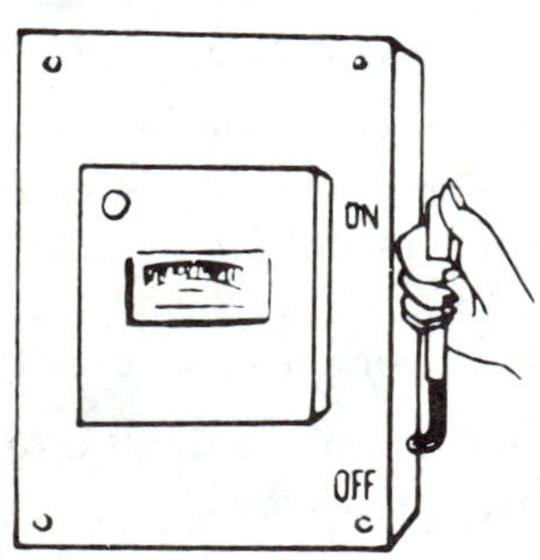

En caso de emergencia, *cierre el interruptor principal, como se muestra en la ilustración, para desconectar así la corriente eléctrica en el salón o en todo el edificio.*

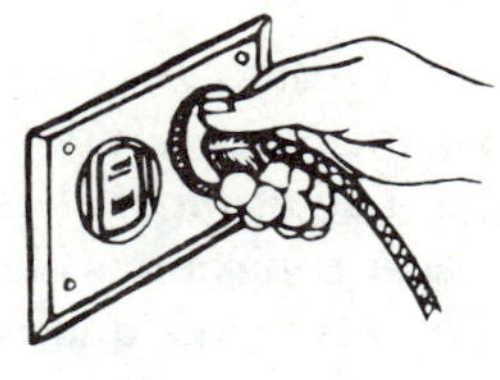

Para desconectar la corriente, *saque el enchufe sin tirar del cordón. Nunca tire del cordón porque los alambres pueden aflojarse y producir un cortocircuito.*

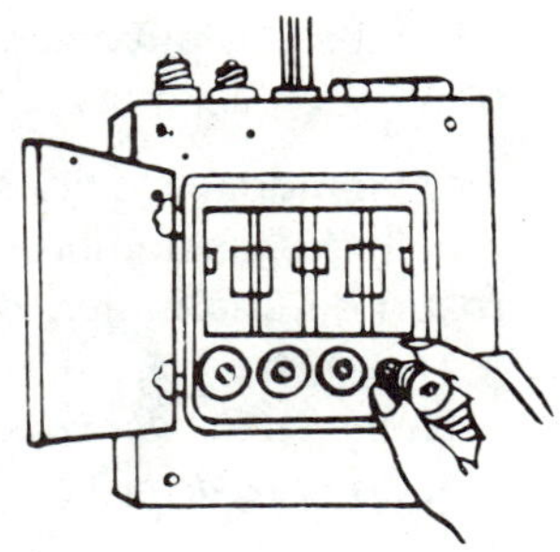

Cuando remplace un fusible fundido, *asegúrese de:*
1. *Utilizar un fusible nuevo de adecuada capacidad de amperaje.*
2. *Apoyar los pies en una superficie que esté seca.*
3. *Tener las manos secas.*

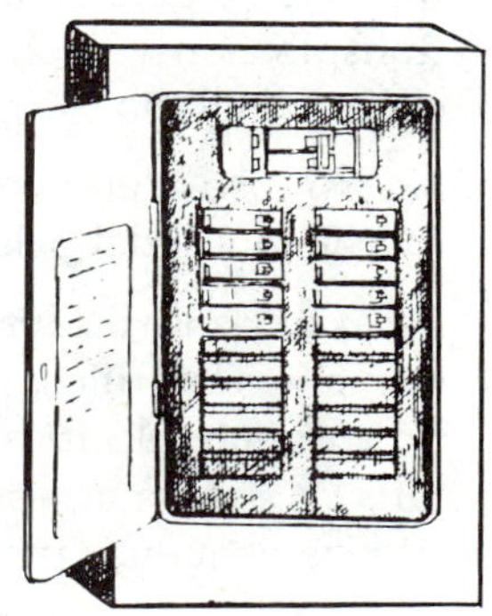

INTERRUPTOR AUTOMATICO

Este tipo de interruptor deconecta automáticamente la corriente eléctrica cuando un aparato está defectuoso. Tiene la gran ventaja de que el fluido queda restaurado cuando se empuja el botón interruptor nuevamente hacia la posición "ON" (conectado). Este aparato es muy importante en el salón de belleza porque reduce al mínimo la posibilidad de prolongadas interrupciones del servicio eléctrico.

Los máquinas aceleradoras de tintes pueden utilizarse con eficiencia y éxito en los diversos tratamientos de coloración del pelo, como son la clarificación, el teñido, la "escarcha," el "pulmeado," el "veteado" y la decoloración total. Estas máquinas aceleradoras de tientes no deben aplicarse sobre clarificadores en polvo.

La **secadora eléctrica del pelo fija a un asiento** produce aire caliente, tibio o frío para secar el pelo adecuadamente. Consta de un casco o gorro de ángulo regulable con deflectores que distribuyen el aire parejamente y puede secar una cabellera abundante en un tiempo relativamente corto. La **secadora de mano** también produce aire caliente, tibio o frío.

El **pequeño calentador eléctrico para aceite** se emplea para calentar aceite y para mantenerlo tibio cuando se da una manicura con aceite.

PRECAUCIONES DE SEGURIDAD

1. Estudie las instrucciones antes de usar cualquier equipo eléctrico.
2. Desconecte todos los aparatos eléctricos al terminar de usarlos.
3. Conserve todos los cables, enchufes y equipos en buenas condiciones.
4. Inspeccione todos los equipos eléctricos frecuentemente.
5. Evite que los cordones eléctricos se mojen.
6. Desinfecte todos los electrodos correctamente.
7. Proteja a la cliente en todo momento mientras usa cualquier aparato eléctrico.
8. No toque objetos metálicos cuando usa un aparato eléctrico.
9. No maneje un equipo eléctrico con las manos mojadas.
10. No deje que la cliente toque ninguna superficie metálica durante un tratamiento con aparato eléctrico.
11. No abandone el salón mientras la cliente esté expuesta a algún artefacto eléctrico.
12. No intente limpiar el contorno de un tomacorriente (ya sea el enchufe o el receptáculo) mientras el equipo eléctrico está conectado.
13. No toque dos objetos metálicos al mismo tiempo mientras estén conectados a una corriente eléctrica.
14. No use ningún equipo eléctrico sin conocer primero las instrucciones sobre su cuidado y aplicación.

TERAPIA LUMINOSA

La **terapia luminosa** (o **lúminoterapia**) se refiere a los tratamientos que se dan por medio de luz. Las ondas luminosas o electromagnéticas se propagan a una velocidad tremenda: 186,000 millas (300,000 kilómetros) por segundo.

Hay muchas clases de rayos luminosos, pero a los efectos del salón de belleza sólo interesan tres: los que producen calor, conocidos como rayos **infrarrojos;** los que producen reacciones químicas y **germicidas,** conocidos como rayos **ultravioleta** (o **ultraviolados**); y las luces visibles, todos los cuales están contenidos en los rayos solares.

Si un rayo de luz solar pasa a través de un **prisma** de cristal, podrán observarse siete colores distintos, conocidos en conjunto como **arco iris, arco del cielo** o simplemente **iris,** dispuestos del modo siguiente: rojo, anaranjado, amarillo, verde, azul, índigo (también llamado añil o azul turquí) y morado (también llamado violeta o violado). Estos siete colores, perceptibles a simple vista, forman los **rayos visibles** e integran aproximadamente el 12% de la luz solar.

Los científicos han descubierto que más allá de los extremos del expectro visible existen rayos solares que son **invisibles** para nosotros. Los que están por fuera del color violeta son los **rayos ultravioleta,** también conocidos como **rayos actínicos.** Estos son los de longitud más corta y menor poder de penetración de todos los rayos del expectro y forman aproximadamente un 8% de la luz solar. La acción de estos rayos es tanto química como germicida.

Por fuera de los rayos rojos del expectro están los **rayos infrarrojos.** Estos son rayos puramente térmicos (caloríficos) y forman aproximadamente un 80% de la luz solar.

DISPERSION DE LOS RAYOS DE LUZ A TRAVES DE UN PRISMA

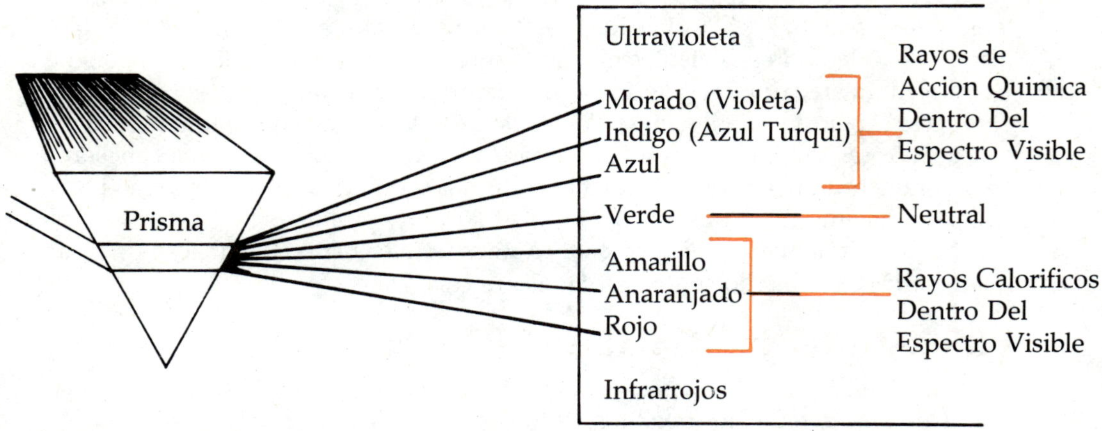

Rayos Ultravioleta			Espectro Solar	Rayos Infrarrojos
1847 AU a 3900 AU			3900 AU a 7700 AU	7700 AU a 14,000 AU
De Lejos 1847-2200	A mediana distancia 2200-2900	De cerca 2900-3900	Morado Indigo Azul Verde Amarillo Anaranjado Rojo	Penetrantes
Germicidas	Terapéuticos	Tónicos		Analgésticos
Rayos Invisibles Fríos			Rayos Visibles	Rayos Invisibles Calientes

PROPIEDADES DE LOS RAYOS ULTRAVIOLETA:

1. Corta longitud de onda.
2. Alta frecuencia.
3. Poco poder de penetración.

PROPIEDADES DE LOS RAYOS INFRARROJOS:

1. Larga longitud de onda.
2. Baja frecuencia.
3. Mucho poder de penetración.

LA LUZ SOLAR NATURAL SE COMPONE DE:

8% de rayos ultravioleta; 12% de rayos luminosos visibles y 80% de rayos infrarrojos.

COMO SE REPRODUCEN LOS RAYOS DE LUZ

Tipo de bombilla de vidrio.

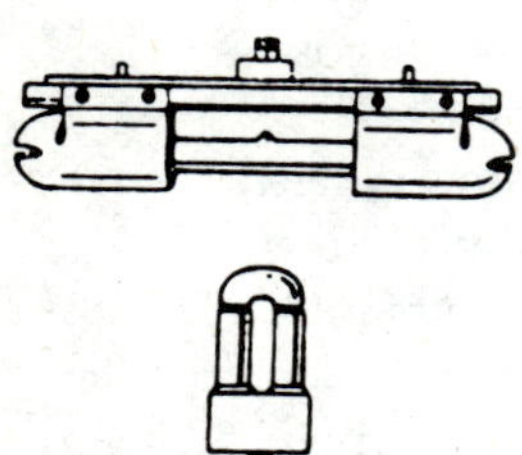

Tipo de cuarzo caliente.

Tipo de cuarzo frío.

Una **lámpara terapéutica** es un aparato eléctrico capaz de producir ciertos rayos luminosos. Las lámparas que producen rayos infrarrojos son diferentes de las que producen rayos ultravioleta.

Lámparas ultravioleta. Hay tres tipos generales: la de bombilla de vidrio, la de **cuarzo** caliente y la de cuarzo frío.

1. La **lámpara de bombilla de vidrio** se usa principalmente con fines cosméticos y para broncear la piel.
2. La **lámpara de cuarzo caliente** es de uso general, adecuada para broncear la piel y para fines salubres, cosméticos o germicidas.
3. La **lámpara de cuarzo frío** produce mayormente rayos ultravioleta cortos. Se usa principalmente en hospitales.

Los **rayos infrarrojos** no emiten luz de ninguna clase. Para producir rayos infrarrojos existen ciertas bombillas especiales de vidrio.

Los **rayos visibles** o **luces dérmicas** se reproducen por medio de filamentos de carbono o de tungsteno dentro de globos de vidrio transparente. Emiten luz blanca o en bombillas de colores que dan luz roja o azul.

Protección de los ojos. Los ojos de la cliente siempre deben protegerse con compresas de algodón empapadas en una solución de ácido bórico o de hamamelina colocadas sobre los párpados durante los tratamientos de esta clase. La cosmetóloga y la cliente deben siempre ponerse gafas protectoras al usar los rayos ultravioleta.

RAYOS ULTRAVIOLETA

Los **rayos ultravioleta** o **ultraviolados** son invisibles. Su acción es química y germicida a la vez. La plantas y los animales necesitan de los rayos ultravioleta para desarrollarse saludablemente. En el cuerpo humano estos rayos producen cambios en la química de la sangre y también estimulan la actividad celular.

Los rayos ultravioleta hacen aumentar la resistencia a las enfermedades incrementando el contenido de hierro y vitamina D y el número de glóbulos rojos y blancos de la sangre. Igualmente aumentan la eliminación de las materias de desecho, restauran la nutrición donde es necesario, estimulan la circulación y mejoran la irrigación de la sangre y de la **linfa.**

Cualquier obstáculo, por pequeño que sea, impide que los rayos ultravioleta lleguen a la piel. Así pues, la piel debe estar perfectamente limpia antes de ser expuesta a estos rayos.

Cómo aplicarlos. Los rayos ultravioleta son los más cortos de todo el espectro. Mientras más se alejan de la porción visible del espectro, más cortos son. Los rayos ultravioleta más largos tienden a incrementar la fijación del calcio en la sangre. Si la lámpara se coloca a una distancia de 30″ a 36″ (76.2 a 91.4 cm.), muy pocos de los rayos más cortos llegarán a la piel, de modo que la acción queda así limitada a los efectos de los rayos más largos.

Los rayos más cortos se obtienen cuando la lámpara está a una distancia no mayor de 12″ (30.4 cm.) de la piel. Estos rayos no sólo destruyen las bacterias sino también los tejidos si la zona tratada se expone a su acción durante largo tiempo.

Aplicando los rayos ultravioleta al cuero cabelludo.

Cuando la piel se expone a estos rayos durante un tiempo medio, puede tornarse rojiza, y si se expone demasiado tiempo, puede ampollarse. Es conveniente comenzar por exposiciones de corta duración, o sea, de 2 a 3 minutos y aumentarlas gradualmente hasta 7 u 8 minutos. **La cosmetóloga y la cliente deben ponerse gafas para protegerse los ojos.**

El **bronceado de la piel** resulta de la exposición a los rayos ultravioleta, los cuales estimulan la pigmentación o producción de materia colorante en el cutis.

Las **quemaduras de sol** pueden ser producidas por los rayos ultravioleta en diferentes grados; sin embargo, con fines puramente cosméticos sólo se produce la quemadura de primer grado. Esta se manifiesta por un ligero enrojecimiento de la piel que aparece varias horas después de la aplicación, sin síntomas de prurito, quemadura o muda del cutis. Las exposiciones prolongadas producen quemaduras de tercero y cuarto grados, las cuales destruyen los tejidos.

Trastornos de la piel y del cuero cabelludo. Los rayos ultravioleta se emplean para la acné, la tiña, la seborrea y para combatir la caspa. También contribuyen al saneamiento del pelo y pueden estimular su crecimiento.

RAYOS INFRARROJOS

En términos generales, los rayos infrarrojos producen un calor sedante y benéfico que penetra en los tejidos corporales.

Uso y efecto de los rayos infrarrojos en las zonas expuestas a ellos:

1. Calientan y relajan la piel sin aumentar la temperatura general del cuerpo.
2. Dilatan los vasos sanguíneos de la piel y así intensifican la irrigación de sangre.
3. Hacen subir el metabolismo y aumentan los cambios químicos en los tejidos cutáneos.
4. Incrementan la producción de sudor y de grasa cutánea.
5. Alivian el dolor.

Aplicando los rayos infrarrojos a la cara.

Cómo aplicarlos. La lámpara se sitúa a una distancia media de 30" (76.2 cm.). Al principio debe estar más cerca y para evitar las quemaduras en la piel se va alejando gradualmente a medida que la zona sometida al calor se hace más notable. **Siempre proteja los ojos de la cliente durante la exposición.** Colóquele sobre los párpados compresas de algodón empapadas en una solución de ácido bórico o de hamamelina.

ADVERTENCIA

No permita que los rayos luminosos se proyecten sobre el cuerpo más de unos pocos segundos a la vez. Mueva la mano de un lado a otro entre la lámpara y la cliente para impedir que la exposición sea constante. La duración del tratamiento debe ser de cinco minutos aproximadamente.

LUCES VISIBLES

La **lámpara** que se usa para reproducir las luces visibles es, por lo general, un reflector abovedado (en forma de bóveda o media esfera), montado sobre un pedestal con eje giratorio que permite orientarlo. La media esfera, revestida por dentro con metal muy bruñido, tiene la capacidad de reflejar los rayos caloríficos. Las bombillas que se utilizan con esta clase de lámpara son blancas, rojas o azules.

Las luces visibles se emplean principalmente en relación con los tratamientos de la cara y del cuero cabelludo. Igual que con el uso de otras lámparas, los ojos de la cliente deben protegerse de la reverberación del calor y de la luz. Cúbrale a la cliente los ojos con compresas de algodón empapadas en una solución de ácido bórico o de hamamelina.

Uso y efecto de la luz blanca: Alivia el dolor, especialmente en zonas congestionadas, y más particularmente alrededor de los centros nerviosos, como los que hay en la parte posterior del cuello y a todo el ancho de los hombros.

Uso y efectos de la luz azul: Tiene un efecto tonificante sobre la piel desnuda y un efecto calmante en los nervios. La luz azul contiene pocos rayos caloríficos. Para obtener el resultado deseado, aplíquela siempre sobre la piel desnuda. La piel debe estar libre de cremas, aceites o polvos.

Uso y efectos de la luz roja: Posee rayos caloríficos fuertes, produciento así un efecto estimulante cuando se aplica a la piel. La luz roja penetra con mayor profundidad que la luz azul. Sus rayos de calor contribuyen a hacer penetrar las cremas cosméticas en la piel. Se recomienda para la piel arrugada, escamosa y reseca, y se aplica sobre cremas y pomadas para suavizar y relajar los tejidos.

PREGUNTAS DE REPASO

ELECTRICIDAD

1. ¿Qué es la electricidad?
2. ¿Qué es un conductor eléctrico?
3. ¿Qué son los electrodos?
4. ¿Qué es un aislador o no-conductor? Dé seis ejemplos.
5. ¿Qué es una corriente directa (CD)?
6. ¿Qué es una corriente alterna (CA)?
7. ¿Qué aparato cambia una corriente directa a corriente alterna?
8. ¿Qué aparato cambia una corriente alterna a corriente directa?
9. ¿Qué es un voltio?
10. ¿Qué es un amperio?
11. ¿Qué es un ohmio?

CORRIENTES GALVANICA, FARADICA Y SINUSOIDAL

Corriente Galvánica

1. Describa la corriente galvánicà.
2. Explique la acción química de: a) el polo positivo; b) el polo negativo.
3. Nombre tres efectos del polo positivo en el cuerpo.
4. Nombre tres efectos del polo negativo en el cuerpo.
5. ¿Cómo se aplica la corriente galvánica?

Corriente Farádica

1. ¿Qué es la corriente farádica? ¿Cuáles son sus efectos?
2. ¿Cómo se aplica la corriente farádica?
3. ¿En cuáles casos no debe nunca usarse la corriente farádica?

Corriente Sinusoidal

1. ¿Qué es la corriente sinusoidal?
2. ¿Cuál es la diferencia entre la correinte farádica y la sinusoidal?
3. ¿Cómo se aplica la corriente sinusoidal?

CORRIENTE DE ALTA FRECUENCIA

1. ¿Qué hecho caracteriza a la corriente de alta frecuencia?
2. ¿Qué clase de corriente de alta frecuencia se usa generalmente en el salón de belleza?
3. ¿Qué efectos produce en el cuerpo la corriente Tesla?
4. ¿Qué tipo de electrodo de vidrio se usa para: a) la cara; b) el cuero cabelludo?
5. ¿Qué tiempo debe dársele a un tratamiento general de la cara o del cuero cabelludo?
6. Nombre tres métodos de aplicación de la corriente Tesla.
7. Describa brevemente cómo se usa la aplicación superficial directa.
8. Describa brevemente cómo se usa la aplicación indirecta.
9. Describa brevemente cómo se usa la electrificación general.
10. ¿Qué método de aplicación produce resultados calmantes?
11. ¿Cómo se producen los efectos estimulantes?
12. ¿Que precaución de seguridad debe observarse cuando se usan lociones de contenido alcohólico en la piel y en el cuero cabelludo?
13. Enumere cinco beneficios que se obtienen con el uso de la corriente Tesla.
14. Enumere cinco trastornos del cuero cabelludo que pueden ser tatados con las corriente Tesla.

EQUIPO ELECTRICO

1. ¿Qué es un vibrador?
2. ¿A cuáles regiones del cuerpo se aplica un vibrador?
3. ¿En qué condiciones no debe usarse nunca un vibrador?
4. ¿Cómo se usa un vaporizador o vaporador?
5. ¿Qué efectos produce el vaporizador cuando se aplica a la cara?
6. ¿Qué efectos produce el vaporizador cuando se aplica al cuero cabelludo?
7. ¿Qué clase de elemento calorífico tienen las tenazas rizadoras electrotérmicas?
8. ¿Cómo se beneficia el pelo con el vapor de las tenazas rizadoras?
9. ¿Qué son los gorros caloríficos?
10. ¿Cuál es su uso principal?
11. ¿Cómo contribuyen los gorros caloríficos a los tratamientos correctivos del cuero cabelludo y del pelo?
12. ¿Qué función tiene una máquina elaboradora de tintes?
13. ¿Cómo reduce esta máquina la duración del tratamiento?

TERAPIA LUMINOSA

1. ¿Qué es la terapia luminosa o lúminoterapia?
2. ¿Cuáles son los rayos visibles del sol?
3. ¿Qué es una lámpara terapéutica?
4. Nombre tres tipos de lampara terapéutica que producen rayos ultravioleta.
5. ¿Cuáles lámparas ultravioleta son convenientes para fines cosméticos?
6. ¿Por qué la vida animal y vegetal necesita los rayos ultravioleta para un saludable desarrollo?
7. ¿Cuáles cuatro componentes de la sangre se aumentan con la exposición a los rayos ultravioleta?
8. ¿Qué efectos tienen los rayos ultravioleta en las funciones corporales?
9. ¿Por qué debe estar la piel limpia antes de exponerla a los rayos ultravioleta?
10. ¿A qué distancia de la piel producen su efecto los rayos ultravioleta?
11. ¿Durante cuánto tiempo debe exponerse la piel por primera vez?
12. ¿Hasta cuántos minutos puede prolongarse gradualmente la exposición?
13. ¿Cómo deben protegerse los ojos de la cliente y de la cosmetóloga cuando se utilizan los rayos ultravioleta?
14. ¿Qué hace broncear la piel?
15. ¿Cuáles son las señales de una quemadura de primer grado?
16. ¿Por qué debe evitarse la exposición prolongada?
17. ¿Cuáles trastornos de la piel y del cuero cabelludo se mejoran con los rayos ultravioleta?
18. ¿Qué beneficio recibe el pelo de los rayos ultravioleta?
19. ¿Cuáles son los cinco efectos que tienen los rayos infrarrojos en el cuerpo?
20. ¿A qué distancia de la piel debe mantenerse la lámpara infrarroja?
21. ¿Cómo deben protegerse los ojos de la cliente durante la exposición?
22. ¿Por qué deben interrumpirse los rayos de luz infrarroja con movimientos de la mano?
23. ¿Qué tipo de lámpara reproduce luces visibles?
24. ¿Por qué deben protegerse los ojos de la cliente durante la exposición?
25. ¿Qué beneficios produce el uso de una luz blanca?
26. ¿Cuál de las luces visibles carece de rayos caloríficos?
27. ¿Qué beneficios produce el uso de una luz azul?
28. ¿Cuáles tres beneficios produce el uso de una luz roja?

Capítulo 31

QUIMICA

OBJETIVOS DE APRENDIZAJE DEL CAPITULO

El (la) estudiante que logre dominar el contenido de este capítulo conocerá:

1. *La diferencia que existe entre la química orgánica y la inorgánica.*
2. *La naturaleza de la materia y las clases de materia.*
3. *La composición de los elementos, los compuestos y las mixturas (mezclas).*
4. *Las propiedades de la materia, de los elementos, de los compuestos y de las mixturas.*
5. *La diferencia entre los ácidos y los álcalis.*
6. *La química del agua.*
7. *La química de los champús. las clases de champús y la acción de éstos.*
8. *La química de los cosméticos.*
9. *La química de los enjuagues preparados y el uso que de ellos se hace.*
10. *La química de los diversos productos que se emplean en los tratamientos de belleza.*
11. *La composición de las soluciones para la ondulación permanente y el efecto que dichas soluciones tienen en el pelo.*
12. *El efecto que tienen en el cabello los relajadores (estiradores) químicos.*
13. *La química de la coloración (teñido) del pelo.*
14. *La acción de los clarificadores (decolorantes) del pelo.*

La cosmetóloga profesional tiene que ser algo más que una especialista práctica. En distintas ocasiones tendrá que hacer no sólo las veces de peluquera sino también de sicóloga, dirigente de negocios, química, consejera y experta en todos los aspectos del buen acicalamiento.

Para reunir los requisitos de esta posición única, es más necesario que nunca poseer un mayor conocimiento y una más amplia comprensión de las numerosas facetas de esta profesión.

El conocimiento básico de la química moderna es un requisitio esencial para entender correctamente los diversos productos y cosméticos que hoy se utilizan en el salón de belleza. Gracias a los progresos de la ciencia química, constantemente se desarrollan nuevos y mejores productos que benefician no sólo a la cosmetóloga sino también a las clientes. Es, por lo tanto, importante que la especialista profesional entienda bien estos productos y que aprenda a utilizarlos para el máximo beneficio de la clientela.

CIENCIA DE LA QUIMICA

La **química** es la ciencia que trata de la composición, la estructura y las propiedades de la materia y de cómo la materia se transforma, influída por las diversas condiciones relativas a su composición. La vasta disciplina de la química se divide en dos ramas: 1) química orgánica y 2) química inorgánica.

La **química orgánica** es una rama de la química general que trata de todas aquellas sustancias en que está presente el carbono. El carbono puede encontrarse en todas las plantas, los animales, el petróleo, la hulla grasa (carbón bituminoso), el gas natural y en muchas sustancias de preparación artificial.

La mayoría de las sustancias orgánicas son combustibles (pueden quemarse). No son solubles en el agua pero sí lo son en disolventes orgánicos, tales como el alcohol y el benceno.

Ejemplos de sustancias orgánicas son la yerba, los árboles, la gasolina, el aceite, los jabones, los detergentes, las materias plásticas y los antibióticos.

La **química inorgánica** es aquella rama de la química general que trata de todas las sustancias que no contienen carbono. Las sustancias inorgánicas no son combustibles (no pueden quemarse) y por lo común son solubles en el agua.

Ejemplos son el agua, el aire, el hierro, el plomo y el yodo.

LA MATERIA

Como la química es la ciencia que trata de la materia, es esencial adquirir un conocimiento de lo que la materia realmente es. La materia puede definirse como todo aquello que ocupa espacio. Existen tres formas físicas: sólidos, líquidos y gases.

Sólidos. Mire usted en derredor del aula y fíjese en lo que ve: pelos, estudiantes, maestras, pupitres, sillas, paredes. Todas éstas son formas de materia en estado sólido.

Líquidos. En el área clínica de la escuela usted verá agua, champús, lociones y tónicos para el cabello. Estas son formas de materia en estado líquido.

Gases. Respire a fondo. El aire que usted acaba de aspirar, haciéndolo penetrar en sus pulmones, también es materia. Es materia en estado gaseoso.

La finalidad del presente libro de texto no es formar científicos, sino ayudar a las estudiantes de cosmetología a adquirir un conocimiento suficiente de la materia para que puedan utilizarlo en su trabajo profesional. Es, por lo tanto, aconsejable que analicemos brevemente la naturaleza de la materia y la estructura de ésta.

ATOMOS

Un **átomo** es la partícula más pequeña que puede existir de un **elemento** sin perder las propiedades del elemento a que pertence. Por consiguiente, un átomo de hidrógeno conserva las propiedades del hidrógeno. Si tal átomo se hiciera pedazos, ya no conservaría las propiedades del hidrógeno, ni se asemejaría a un átomo de hidrógeno.

MOLECULAS

Una **molécula** es la partícula más pequeña de un elemento o de un compuesto con todas las propiedades de dicho elemento o compuesto. Si la molécula es de determinado elemento, el átomo es del mismo elemento. Si es de un compuesto, los átomos son diferentes. Por ejemplo, una molécula de hidrógeno contiene dos o más átomos de hidrógeno, mientras que una molécula del compuesto que llamamos "agua" está formada por dos átomos de hidrógeno y un átomo de oxígeno (H_2O).

ACTIVIDAD QUIMICA

En general, cuando hablamos de la actividad química de un elemento nos referimos a la tendencia que tienen sus átomos a combinarse con otros elementos. Por ejemplo, el hidrógeno es un elemento muy activo y fácilmente se combina con otros elementos, mientras que el neón es completamente inactivo y no se combina con otros elementos.

FORMAS DE LA MATERIA

La materia existe en una variedad de formas casi infinita. Esta variedad es posible debido a la estructura atómica de la materia que permite la reunión de un gran número de elementos en incontables combinaciones.

La materia existe en forma de elementos, compuestos y mixturas (mezclas).

Elementos. El elemento es la unidad básica de toda materia. Es una sustancia que no puede formarse por la combinación de sustancias más simples y el elemento en sí no puede tampoco reducirse a sustancias más simples. Actualmente existen más de 103 elementos conocidos, de los cuales los más comunes son el hierro, el azufre, el oxígeno, el cinc (zinc) y la plata.

A cada elemento se le asignan una o dos letras como símbolo. El hierro es Fe; el azufre, S; el oxígeno, O; el cinc, Zn; y la plata, Ag. Todos los símbolos son referidos a la tabla de elementos.

Compuestos. Cuando dos o más elementos se unen químicamente, forman un compuesto. Cada uno de los elementos pierde las propiedades que le son características y el nuevo compuesto desarrolla propiedades nuevas. Por ejemplo, el óxido de hierro (herrumbre) tiene propiedades que son diferentes de las de los dos elementos que lo componen: el hierro y el oxígeno. La sustancia nueva, que es un compuesto, no puede ser alterada por medios mecánicos sino solamente por métodos químicos.

ELEMENTOS Y COMPUESTOS

	CLASES Y DEFINICION	LA PARTICULA MAS PEQUEÑA	ELEMENTOS QUE SE HALLAN EN EL PELO
	ELEMENTOS LAS FORMAS MAS SIMPLES DE LA MATERIA	**ATOMO** (No puede descomponerse por medio de reacciones químicas.) Hay aproximadamente 103 clases diferentes.	CARBONO NITROGENO OXIGENO AZUFRE HIDROGENO FOSFORO
MATERIA **FORMAS** GASES LIQUIDOS SOLIDOS	**COMPUESTOS** FORMADOS POR LA COMBINACION DE ELEMENTOS	**MOLECULA** (Compuesta por 2 o más átomos combinados químicamente.) Sus clases pueden existir en número ilimitado.	**COMPUESTOS QUE SE USAN EN EL PELO** AGUA PEROXIDO DE HIDROGENO TIOGLICOLATO DE AMONIO TINTES DERIVADOS DE LA ANILINA AMONIACO ALCOHOL ACIDOS ALCALIS

Los compuestos pueden dividirse en cuatro clases:

1. Los **óxidos** son compuestos de cualquier elemento combinado con el oxígeno. Por ejemplo, una parte de carbono y dos partes de oxígeno forman el **bióxido de carbono** (dióxido de carbono o anhídrido carbónico), el cual puede ser reconocido como "hielo seco" o "nieve carbónica." Por otro lado, una parte de carbono y una parte de oxígeno forman el **monóxido de carbono** u **óxido de carbono,** más popularmente conocido como gas venenoso del tubo de escape de los automóviles.

2. Los **ácidos** son compuestos de hidrógeno con un metaloide, como el nitrógeno y algunas veces el oxígeno. Por ejemplo, hidrógeno + azufre + oxígeno = **ácido sulfúrico** (H_2SO_4), conocido en el comercio como aceite de vitriolo. Los ácidos cambian el color del papel de tornasol de **azul** a **rojo,** sirviendo así de método rápido para comprobar un compuesto.

3. Las **bases,** también conocidas como **álcalis,** son compuestos de hidrógeno con un metal y oxígeno. Por ejemplo, sodio + oxígeno + hidrógeno = **hidróxido de sodio** (NaOH), también conocido como sosa cáustica, que se emplea en la fabricación del jabón. Las bases cambian el color del papel de tornasol de **rojo** a **azul.**

4. Las **sales** son compuestos formados por la reacción de los ácidos y las bases con el agua que también es producida por la reacción. Dos sales bien conocidas en sus fórmulas son el cloruro de sodio (sal de cocina) (NaCl), el cual contiene sodio y cloro, y el sulfato de magnesio (sal de Epsom) ($MgSO_4 \cdot 7H_2O$), el cual contiene magnesio, azufre, hidrógeno y oxígeno.

Mixturas. Una mixtura (mezcla) es una sustancia que se compone de dos elementos combinados **físicamente** en vez de químicamente.

Los ingredientes de una mixtura no transforman sus propiedades elementales como ocurre en un compuesto sino que retienen sus características propias. Por ejemplo, el concreto está compuesto de arena, grava o gravilla y cemento. Aunque el concreto es una mezcla que tiene sus funciones propias, sus ingredientes jamás pierden sus características. La arena continúa siendo arena, la grava o gravilla sigue lo mismo y el cemento se conserva igual.

CAMBIOS EN LA MATERIA

La materia puede transformarse de dos modos: por medios físicos o por métodos químicos.

Un **cambio físico** se refiere a la alteración de las propiedades materiales sin la formación de ninguna sustancia nueva. Por ejemplo, el hielo, que es sólido, se derrite a determinada temperatura, convirtiéndose en líquido (agua) y el agua, que es líquida, se congela a determinada temperatura, conviertiéndose en sólido (hielo). Con esto no se produce ningún cambio en la naturaleza íntima del agua, sino que simplemente hay un cambio de forma.

Un **cambio químico** es aquél por el cual se integran una o más sustancias nuevas que tienen propiedades diferentes de las sustancias originales. Por ejemplo, el jabón se forma por la reacción química de una sustancia alcalina (hidróxido de potasio, también conocido como potasa, potasa cáustica o lejía) con un aceite o una grasa. El jabón en sí no se parece a la sustancia alcalina ni al aceite de que se deriva. La reacción química de ambos integrantes forma una sustancia nueva con sus propiedades características.

PROPIEDADES DE LA MATERIA

Las propiedades de la materia se refieren al modo en que distinguimos entre una y otra forma de materia.

Propiedades físicas. Estas se refieren a propiedades tales como la densidad, la gravedad específica, el olor, el color y el gusto.

1. La **densidad** de una sustancia se determina dividiendo su peso por su volumen. Por ejemplo, el volumen de un pie cúbico (0.03 m^3) de agua pesa 62.4 lbs. (28.08 kg.). Por lo tanto, su densidad es (el peso) 62.4 lbs. (28.08 kg.) ÷ (el volumen) 1 pie cúbico (0.03 m^3), o sea, el agua tiene una densidad de 62.4 lbs. (28.08 kg.) por pie cúbico (0.03 m^3).

2. La **gravedad específica** de una sustancia es también conocida como densidad relativa. Esto significa que a las sustancias se les califica como más o menos densas que el agua. Por ejemplo, la densidad del cobre es 8.9 veces la del agua; por consiguiente, la gravedad específica (o densidad relativa) del cobre es 8.9.

3. El **olor** de una sustancia nos ayuda en muchos casos a reconocerla. Por ejemplo, el olor característico del tioglicolato de amonio, conocido como olor amoniacal, nos ayuda a identificar este producto.

4. El **color** nos ayuda a reconocer muchas sustancias. Por ejemplo, identificamos el color del oro, la plata, el cobre, el bronce y el carbón de piedra.

5. El **gusto** también nos ha ayudado a identificar numerosas sustancias. Por ejemplo, la esencia de "wintergreen" (aceite volátil de gaulteria) puede ser reconocida por su sabor parecida al de la menta.

Propiedades químicas. La propiedades químicas de una sustancia se representan por la capacidad que la sustancia tiene para reaccionar y las condiciones en que reacciona. Dos de las más conocidas propiedades químicas de cualquier sustancia son las condiciones de **combustible** y **comburente.** Por ejemplo:

1. El fósforo es una sustancia sumamente combustible. Por esta razón se utiliza en la punta de los fósforos o cerillas de encender. El calor que produce el frote de la punta del fósforo contra la superficie en que se raya es suficiente para producir una llama.

2. Una de las propiedades químicas de la madera es la capacidad que tiene para ayudar en la combustión. Es, por lo tanto, comburente y se emplea en la fabricación de fósforos (cerillas de encender). La punta fosfórica inicia el fuego y la madera lo mantiene.

PROPIEDADES DE LOS ELEMENTOS COMUNES, COMPUESTOS Y MEZCLAS

El conocimiento de las propiedades de los elementos comunes, de sus compuestos y de sus mixturas (mezclas) puede ser de gran beneficio para el (o la) estudiante que desea conocer las causas que producen determinadas reacciones químicas.

El **oxígeno** (O) es el elemento más abundante. Se encuentra tanto en estado libre como en cuerpos compuestos y forma aproximadamente la mitad de la corteza terrestre, la mitad de las estructuras rocosas, una quinta parte del aire y el 90% del agua. Es una sustancia gaseosa, incolora, inodora e insípida que se combina con la mayoría de los otros elementos para formar una innumerable variedad de compuestos denominados **óxidos.** Una de las características principales de este elemento es que las sustancias arden fácilmente en el oxígeno.

El **hidrógeno** (H) es un gas incoloro, inodoro e insípido. Es el más ligero de los elementos conocidos y se usa como unidad de peso. Es inflamable y explosivo cuando se mezcla con el aire. Se encuentra combinado químicamente con el oxígeno en el agua y combinado con otros elementos en los ácidos, las bases y las sustancias orgánicas, tales como la madera, la carne, el pescado, el azúcar y la mantequilla.

El **aire** es una mezcla gaseosa que forma la atmósfera de la tierra. Es incoloro e inodoro y se compone de aproximadamente 1 parte de oxígeno y 4 partes de nitrógeno. Estas proporciones varían algo según sean las condiciones circundantes. También contiene una pequeña cantidad de bióxido de carbono, amoniaco, nitratos y materia orgánica, todo lo cual es esencial a la vida vegetal y animal.

El **peróxido de hidrógeno** (H_2O_2) es un compuesto de hidrógeno y oxígeno. Es un líquido incoloro, de olor característico y sabor ligeramente ácido. La materia orgánica, tal como es la seda, el cabello, las plumas y las uñas, se decoloran por medio del peróxido de hidrógeno porque éste tiene poder oxidante. La solución de peróxido de hidrógeno posee cualidades antisépticas.

Agentes oxidantes. Una sustancia que fácilmente libera al oxígeno que contiene es conocida como agente oxidante. El peróxido de hidrógeno libera al oxígeno, el cual oxida el pigmento del pelo hasta convertirlo en un compuesto incoloro. El agente clarificador se reduce y el pigmento se oxida. El quitarle oxígeno a cualquier sustancia se conoce como **reducción.** La sustancia que atrae al oxígeno es el llamado **agente reductor.** La oxidación siempre va acompañada de reducción.

El **nitrógeno** (N) es un elemento gaseoso e incoloro que se encuentra libre en el aire. Es uno de los componentes de la atmósfera, de la cual forma cuatro quintas partes. Es necesario a la vida porque diluye el oxígeno. Se encuentra en la naturaleza, principalmente en forma de amoniaco y de nitratos.

ACIDEZ Y ALCALINIDAD

El **pH** de un líquido es la referencia que se hace a la acidez o a la alcalinidad del mismo. Se han creado sistemas de medidas e indicadores para evaluar el pH. Los valores se ilustran a continuación.

La escala del pH va desde 0 hasta 14. El punto neutro es 7.

Las soluciones para ondular en frío son alcalinas hasta el nivel de 9.6.

Los neutralizadores son siempre ácidos.

Los jabones son satisfactorios hasta un nivel de 9.5; si pasan de ese nivel no son satisfactorios.

Los champús son de 6 a 10. Los depilatorios están por encima de 10.

VALORES PROMEDIOS DEL pH

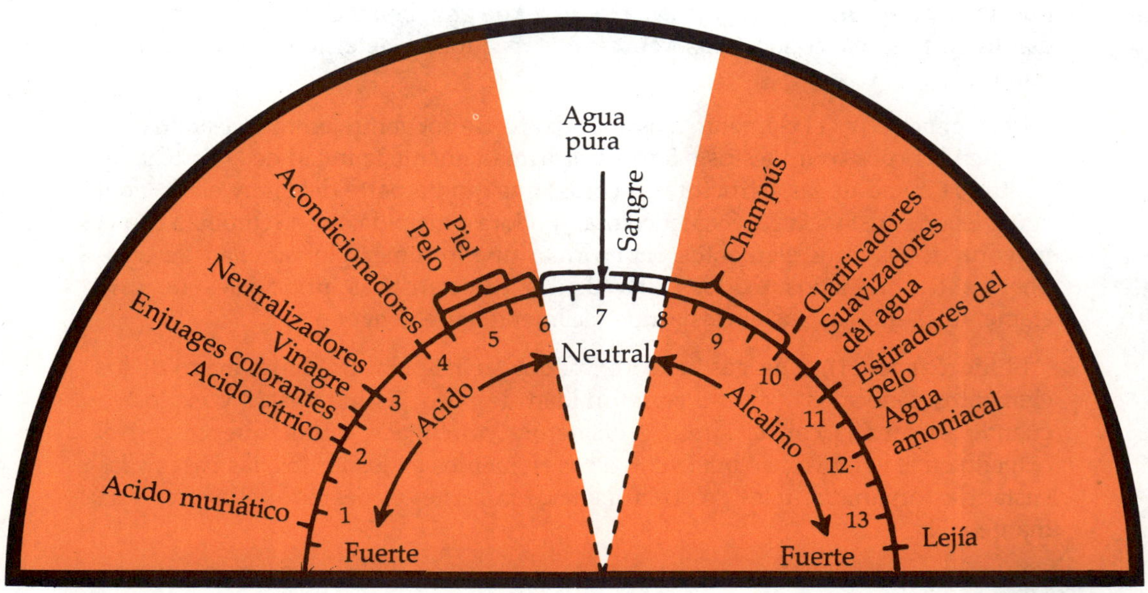

Acidez. Cualquier valor por debajo de 7 es ácido. Mientras más bajo es el pH, mayor es el grado de acidez.

Alcalinidad. Cualquier valor de 7 a 14 es alcalino. Mientras más alto es el pH, mayor es el grado de alcalinidad.

Como los cosméticos varían en sus valores de pH, guíese por su instructora al usarlos.

Nota: La acción limpiante de los jabones y champús depende de su alcalinidad y de la duración del contacto con la piel, el cuero cabelludo o el pelo. En virtud de su contacto breve, muchos productos alcalinos lograrán los resultados deseados sin dañar la piel, el cuero cabelludo o el pelo.

QUIMICA DEL AGUA

El agua (H_2O) es la sustancia que más abunda; cubre aproximadamente el 75% de la tierra y forma alrededor del 65% del cuerpo humano. Es el disolvente universal. El agua destilada o desmineralizada se utiliza como **aislante** en electricidad. El agua que contiene determinadas sustancias minerales es un excelente **conductor** de la electricidad.

El agua sirve para muchos fines útiles en el salón de belleza. La única agua propia para beber (agua potable) es la llamada "agua pura." Las impurezas que se hallan en disolución o en suspensión en el agua común hacen que ésta resulte inadecuada para fines de limpieza y para su uso en el salón.

Las impurezas del agua pueden eliminarse mediante:

1. **Filtración:** haciendo pasar el agua a través de una sustancia porosa, como es un filtro de papel o de carbón vegetal.
2. **Destilación:** calentando el agua en un recipiente cerrado de modo que el vapor resultante pase por un tubo y se enfríe y condense nuevamente en forma de líquido. Este procedimiento purifica el agua que se emplea en la fabricación de los cosméticos.

Hervir el agua a la temperatura de 212° Fahrenheit (100° centígrados) destruye la mayor parte de la vida microbiana.

AGUA BLANDA

Es muy importante utilizar el agua blanda para dar un champú, una clarificación (decoloración) o un teñido del pelo. El **agua lluvia** es el agua más blanda. El **agua dura** contiene sustancias minerales, como son las sales de calcio y de magnesio, las cuales hacen que el jabón se cuaje o se precipite en vez de dejar que forme una espuma permanente. El agua dura puede ablandarse mediante la **destilación** o mediante el uso del **carbonato de sodio** o **bórax** (sosa de lavar) o **fosfato de sodio.** Los tanques de zeolita son utilizados eficazmente para ablandar el agua dura en los salones de belleza.

Una buena prueba para el agua blanda es la que se hace con una solución jabonosa disolviendo tres cuartas partes de una onza (22.5 ml.) de jabón de Castilla puro en polvo en una pinta (0.47 l.) de agua destilada. Un frasco que mida una pinta se llena hasta la mitad con agua fresca y se le añade una cucharadita (0.5 ml.) de la solución jabonosa. Se agita entonces el frasco vigorosamente. Si en seguida se forma espuma y ésta persiste, será señal de que el agua es muy blanda. Si la espuma no aparece al instante, se añade entonces otra cucharadita (0.5 ml.) de solución jabonosa y se vuelve a agitar el frasco. Si es necesario añadir una tercera cucharadita (0.5 ml.) de la solución jabonosa para producir una buena espuma, ello será indicio de que el agua es dura y necesita ser ablandada.

CHAMPUS

Todas las cosmetólogas profesionales comprenden la importancia del champú y cómo la limpieza del pelo afecta a otros servicios de peluquería. Sin embargo, es también importante que sepan cómo el champú limpia el pelo.

Ninguna explicación de la acción de los champús y de cómo actúan será comprensible a menos que se estudie la molécula de champú.

MOLECULAS DE CHAMPU

Las moléculas de champú son moléculas grandes que han sido tratadas especialmente. Se componen de una **cabeza** y de una **cola,** cada extremo con su propia función especial.

La **cola** de la molécula de champú atrae la suciedad, la grasa, la materias de desperdicio y el aceite, pero no atrae el agua ni afina con ella. La **cabeza** de la molécula de champú ejerce fuerte atracción sobre el agua, pero no afina con la suciedad.

Actuando en conjunto, ambas partes de la molécula, desempeñan una tarea eficaz al limpiar el cabello.

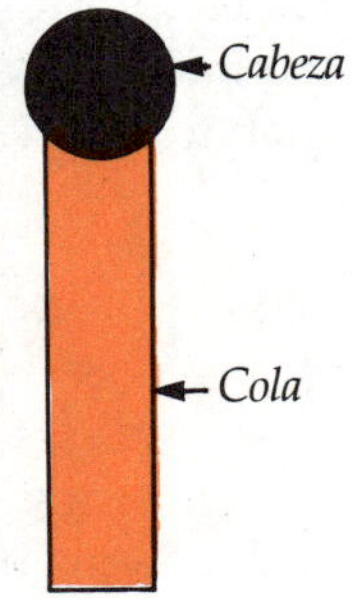

Molécula de champú.

ACCION DE LOS CHAMPUS

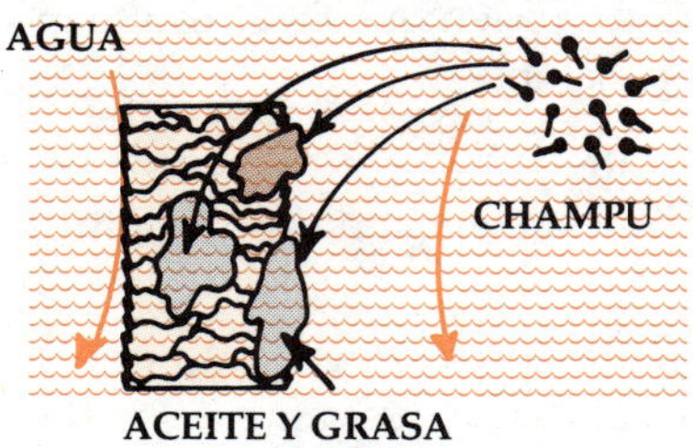

La superficie grasienta y pegajosa atrae y retiene el polvo y otras partículas de materia extraña sobre la cutícula del pelo. El agua sola es incapaz de limpiar el pelo porque las moléculas de agua no pueden separar las partículas que están pegadas a la cutícula.

La cola de la molécula de champú atrae fuertemente el pelo, la grasa y la suciedad, etc.

A

Un masaje adecuado con champú hace que las moléculas de champú entren en contacto con estas sustancias. Cada cola de molécula es atraída por la grasa y la suciedad.

La acción del champú hace que la grasa y los aceites se encojan, formado pequeños glóbulos y reduciendo así el contacto con la cutícula del pelo.

Las moléculas de champú EXCEDENTES son atraídas hacia las imbricaciones. Los champús alcalinos abren las imbricaciones haciendo que el pelo se desgreñe y enmarañe durante los movimientos del masaje al frotar unas fibras con las otras.

B

Las corrientes de agua tibia aplicadas como enjuague eliminan la suciedad y la grasa porque las cabezas de las moléculas de champú son atraídas por las moléculas del agua en su tránsito. Las colas de las moléculas de champú y la suciedad y los cuerpos extraños que a ellas se adhieren se dirigen hacia las cabezas de las moléculas de champú siguiendo la corriente del agua del enjuague. Así, los cuerpos extraños se eliminan UNICAMENTE durante el enjuague del champú.

C

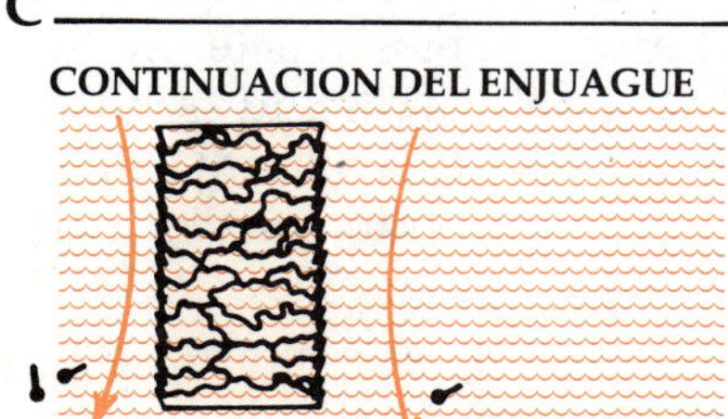

Las moléculas excedentes del champú son más difíciles de eliminar del tallo del pelo. Por eso es esencial que se continúe el enjuague hasta eliminar del pelo todo el champú. La duración del enjuague se reduce al reducirse la cantidad de champú. La excesiva dilatación de las imbricaciones se previene por medio de champús ácidos no jabonosos.

D

El champú se aplica esparciéndolo y frotándolo bien en todo el pelo. La suciedad, la grasa, los desperdicios y el aceite del pelo son atraídos hacia las colas de las moléculas de champú y se adhieren a ellas firmemente.

Enjuague. Durante el enjuague, al dirigir la corriente de agua a través de todo el pelo, las cabezas moleculares que afinan mucho con el agua se adhieren a las moléculas acuosas y son así conducidas hacia fuera de la cabellera llevándose consigo las colas moleculares con la suciedad a ellas adherida.

QUIMICA DE LOS CHAMPUS

Los jabones para champús se forman combinando un álcali con un aceite o una grasa. El aceite utilizado puede ser de origen vegetal, tal como los que provienen de la almendra, el maní (cacahuete), el coco, la oliva, el ricino (higuera infernal) y la nuez de la palma africana.

La grasa empleada puede ser grasa animal, lanolina, sebo y compuestos sintéticos.

La mayoría de los champús contienen diversas cantidades de los mismos ácidos grasos. Por consiguiente, el champú resultante varía según las sustancias utilizadas.

Los champús que tienen un elevado factor pH, que son los altamente alcalinos, resultan en particular dañinos para todas las clases de pelo.

CLASES DE CHAMPUS

La finalidad de un champú es limpiar el cuero cabelludo y el pelo. Esto puede lograrse con un champú húmedo o seco. Los champús húmedos son soluciones acuosas de jabón y varios agentes limpiantes. Los champús secos no contienen agua sino sustancias en polvo o productos cosméticos en forma líquida.

Los **champús húmedos,** según sea su composición, son de tres cláses fundamentales:

1. Champús jabonosos.
2. Champús no jabonosos
   (espumosos o sin espuma).
3. Champús en crema o pasta.

Los **champús jabonosos** se obtienen en forma de pastilla, polvo, gel o líquido. El agente limpiante activo en ellos es el jabón hecho de aceite de oliva, aceite de coco u otros aceites. Los champús jabonosos líquidos contienen más del 50% de agua. Cuando se aplican al pelo, los champús jabonosos producen una reacción alcalina. Cuando se mezclan con agua dura, los champús jabonosos no forman espuma y tienden a producir un residuo jabonoso insoluble en el pelo.

Los **champús no jabonosos** vienen en forma de polvo, gel, crema o líquido. Son agentes limpiantes eficaces. Su ingrediente principal es el aceite sulfonado. Hoy pueden obtenerse champús no jabonosos tanto de la clase que forma espuma como de la que no la forma.

Los champús no jabonosos son igualmente eficaces en el agua blanda, la dura, la fría o la caliente. Deben utilizarse con discreción ya que las aplicaciones frecuentes no sólo producen resequedad del cuero cabelludo y del pelo sino que hacen que el pelo se torne más absorbente que de ordinario.

Los **champús en crema** o **en pasta** tienen una acción limpiante debido al jabón, a un detergente sintético o a una combinación de ambos. También pueden contener un agente reacondicionador del pelo. Los champús en crema, o en pasta, sin jabón, son de reacción generalmente ácida.

(Para otras clases de champús, véase el capítulo sobre **Champús y Enjuagues.**)

ACONDICIONADORES

El tratamiento profesional del cabello requiere el uso de numerosas sustancias químicas. Algunas de estas sustancias eliminan las cantidades excesivas de los aceites naturales y de la humedad del pelo, haciendo que éste se torne reseco y quebradizo (dañado). Como resultado, es necesario utilizar los acondicionadores para ayudar a restaurar algunos de los aceites naturales y la humedad y preparar así el cabello para otros servicios de peluquería. Las clientes que tienen el pelo naturalmente reseco y quebradizo también se benefician de los tratamientos periódicos con acondicionadores.

Los acondicionadores están formulados primordialmente para revestir el pelo dañado y darle cuerpo. Vienen en forma de crema y líquido. La preparación del producto varía según el fabricante. A veces contienen lanolina, colesterol, agentes hidratantes, aceite sulfonado, aceites vegetales, proteínas o diversas combinaciones de todos estos ingredientes. Para obtener los mejores resultados, es importante que se aplique cada producto exactamente como lo indica el fabricante. La mayoría de los acondicionadores se aplican al pelo que ha recibido un champú y que ha sido secado con toalla.

Hay cuatro grupos generales de acondicionadores del pelo que pueden obtenerse. La selección de la clase que se va a utilizar depende de la textura y condición del pelo y de los resultados que se desean lograr.

ACONDICIONADORES DE TIEMPO CALCULADO

Estos acondicionadores se aplican al pelo dejándolos en él entre 1 y 5 minutos y después se enjuagan. El pelo se marca entonces para hacer el peinado y se peina con la loción de peinar necesaria. Estos acondicionadores generalmente tienen un pH ácido; no penetran en el tallo del pelo pero le añaden aceites naturales y humedad al cabello.

ACONDICIONADORES COMBINADOS CON LOCIONES PARA PEINAR

Los acondicionadores a base de proteína o resina vienen combinados con la loción fijadora y se aplican como parte del proceso de preparación del peinado. Un poco de agua, añadida durante el proceso de preparación del peinado, ayuda a facilitar la fijación manteniendo el pelo suave y dócil. Esta clase de acondicionadores está formulada para aumentar ligeramente el diámetro del pelo mediante una acción revestidora y para darle cuerpo al cabello. Pueden obtenerse en diversos grados de potencia que se adaptan a la textura, condición y calidad del pelo.

ACONDICIONADORES PROTEINICOS PENETRANTES

Estos acondicionadores emplean la proteína hidrolizada (en fragmentos muy pequeños) y están formulados para penetrar en la corteza del pelo a través de la cutícula y para remplazar la queratina que el pelo ha perdido. Mejoran la textura, uniforman la porosidad y aumentan la elasticidad del pelo. El exceso de acondicionador debe eliminarse del pelo mediante un enjuague antes de preparar el peinado.

ACONDICIONADORES NEUTRALIZANTES

Estos acondicionadores neutralizan el estado alcalino causado por los productos fuertemente alcalinos para el pelo. Tienen un pH ácido y su propósito es impedir el daño del pelo y aliviar la irritación del cuero cabelludo. Un acondicionador neutralizante se deja en el pelo entre 1 y 5 minutos y entonces se enjuaga antes de marcar el pelo para el peinado.

OTROS ACONDICIONADORES

Además de los anteriores, hay otra variedad de acondicionadores vegetales, proteínicos y poliméricos sintéticos que pueden obtenerse. Estos acondicionadores han sido formulados para el tratamiento de uno o más trastornos del pelo y del cuero cabelludo que la estilista del peinado suele conocer.

Nota: Sea cual fuere la clase de acondicionador que se utilice, es importante que la cosmetóloga siga las instrucciones del fabricante en todo momento.

ONDULACION PERMANENTE

Para comprender las acciones químicas que se producen durante la ondulación permanente, es primero necesario tener una idea de las sustancias que entran a formar parte de la composición química del pelo y de los enlaces químicos y físicos del pelo.

COMPOSICION DEL PELO

El pelo, formado por una proteína dura llamada **queratina,** tiene tres capas: **cutícula, corteza** y **médula.** Como el proceso de la ondulación permanente del pelo tiene lugar en la capa cortical, debe prestársele atención especial al estudio de la corteza.

La **corteza** se compone de numerosas fibras paralelas de queratina dura denominadas **cadenas polipéptidas.** Estas fibras paralelas se retuercen unas alrededor de otras de un modo semejante al torcido de las pitas de una soga.

ENLACES PEPTIDICOS

Cada aminoácido está unido a otro por medio de enlaces polipéptidos (uniones o ligaduras terminales), formando una cadena a todo el largo del pelo. Estos son los enlaces más fuertes de la corteza y la mayor parte de la fortaleza del pelo se debe a las propiedades de estos enlaces.

Los enlaces polipéptidos son de naturaleza química y cuando se rompen, aunque sean pocos los que sufren rotura, el pelo se debilita o se daña. Si muchos de estos enlaces se rompen, el pelo se quiebra.

ENLACES CRUZADOS

La presencia de ligaduras cruzadas o enlaces cruzados es, sin embargo, lo que le comunica al pelo la capacidad de permanecer ondulado. Hay dos clases de enlaces cruzados que tienen principal importancia en el trabajo de peluquería:

1. Los **enlaces de azufre** (químicos): denominados **enlaces S.**
2. Los **enlaces de hidrógeno** (físicos): denomiados **enlaces H.**

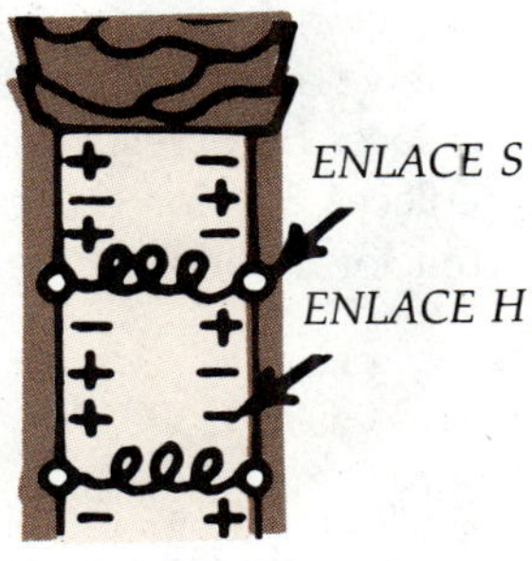

Enlaces cruzados

Los enlaces de hidrógeno son mucho más numerosos que los enlaces de azufre, pero también son mucho más débiles y pueden romperse fácilmente con el agua o las sustancias químicas.

Los enlaces de azufre son muy fuertes y se rompen únicamente por la acción de una sustancia química poderosa.

CAMBIOS EN LA CORTEZA DURANTE LA ONDULACION PERMANENTE

1. PELO LACIO (Los Enlaces H y los Enlaces S en Línea Recta.)	2. PELO ENROLLADO EN BARRITAS Y ABLANDADO POR LAS SOLUCIONES DEL CHAMPU Y DE LA ONDULACION PERMANENTE. (Enlaces H Rotos y casi todos los Enlaces S Rotos.)	3. PELO DESPUES DE LA NEUTRALIZACION. (Algunos Enlaces H Reformados y muchos Enalces S Reformados.)	4. PELO EN RIZADORES DESPUES DE SECADO ADECUADAMENTE. (La Mayoría de los Enlaces H Reformados y los Enlaces S Reformados.)	5. PELO DESPUES DE DESENROLLADO. (Los Primeros Enlaces S Extendidos en Posición Ondulada.)

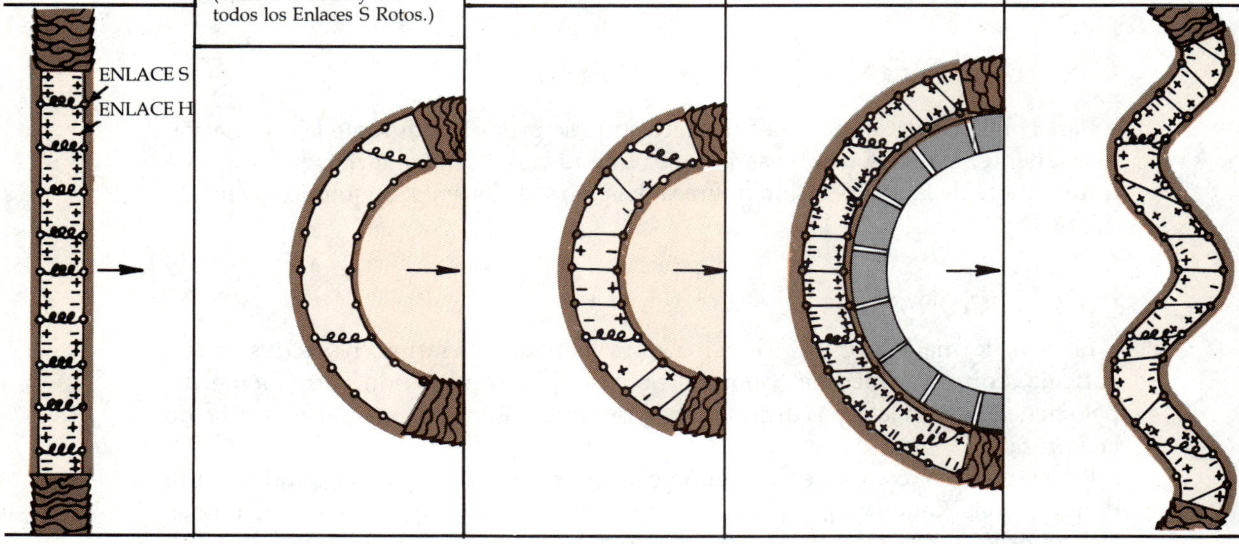

SOLUCION DE TIOGLICOLATO EN LA ONDULACION PERMANENTE

Una solución de tioglicolato (tioglicolato de amonio) con un pH de 9.4-9.6 hace que la cutícula del pelo se dilate y que las imbricaciones se abran, permitiendo así que la solución penetre hasta la corteza. La solución desata los enlaces H y muchos de los enlaces S, permitiendo así que las cadenas polipéptidas se deslicen o se alteren. Las cadenas entonces adoptan la forma curva del contorno de las barritas de rizar, alrededor de las cuales se ha enrrollado el pelo.

NEUTRALIZADOR

Cuando al tratamiento se le ha dado suficiente duración, se enjuaga el pelo para sacarle el tioglicolato y se le aplica un neutralizador. El neutralizador es una solución ácida con un pH de 3 ó 4. Esta solución detiene la acción del tioglicolato y vuelve a endurecer el pelo reformando muchos de los enlaces S y algunos de los enlaces H. El resto de los enlaces H recobran su forma mientras el pelo se seca. Los enlaces S y los enlaces H mantienen las cadenas polipéptidas en su nueva formación rizada.

ADVERTENCIA

Debe tenerse precaucion al utilizar la solución de tioglicolato. Si la solución se deja en el pelo demasiado tiempo, puede debilitar y romper las cadenas prolipéptidas por destrucción de los enlaces terminales haciendo que el pelo se quiebre.

ONDULACION PERMANENTE ACIDA Y NEUTRAL

En años recientes, los fabricantes han perfeccionado soluciones para la ondulación permanente que son menos dañinas al pelo que el tioglicolato. Esta clase de ondulación permanente se desarrolla por medio de dos soluciones, una altamente alcalina y la otra de muy baja acidez, las cuales deben mezclarse entre sí inmediatamente antes de usarlas. Cuando están mezcladas, esta solución combinada tiene un factor pH ligeramente ácido (4.5-6.5). El método para terminar la ondulación es el mismo que se emplea para la ondulación permanente ordinaria con tioglicolato.

Como el pH bajo no hace que el pelo se dilate, hay que recurrir a un nuevo factor (el calor) para lograr la penetración del tallo del pelo. El calor generalmente se aplica de acuerdo con uno de los dos métodos siguientes: 1) abrazaderas precalentadas que se aplican a cada rizo, o 2) un gorro plástico que cubre los rizos con la cliente situada debajo de una secadora para el pelo precalentada.

Ventajas

1. El tallo del pelo no se dilata y se reducen las posibilidades de un tratamiento excesivo.
2. Menos daño para el pelo.
3. Menos posibilidades de irritación de la piel.
4. El pelo teñido no pierde el color.
5. Deja el pelo más suave al tacto y en estado más natural.

Desventajas

1. Los rizos no quedan tan apretados.
2. Los rizos no retienen la ondulación por tanto tiempo como cuando se emplea el método de ondulación permanente con tioglicolato.

REACONDICIONADORES CON PROTEINA

Los restauradores a base de proteína se utilizan para reacondicionar el pelo excesivamente poroso o dañado antes de aplicarle una loción para la ondulación permanente.

El reacondicionador es una sustancia gelatinosa e incolora, compuesta de una mezcla de proteína y queratina. Algunos reacondicionadores también contienen lanolina y colesterol para proteger el pelo contra la aspereza producida por la loción para la ondulación permanente.

Las propiedades químicas del reacondicionador son semejantes a las del cabello, así el reacondicionador es capaz de uniformar la porosidad del pelo a todo el largo del tallo piloso. Este proceso normalizador se produce porque las secciones porosas del tallo del pelo absorben el reacondicionador más rápidamente que las secciones menos porosas.

ONDULACION Y RIZADO CON AGUA

Al marcar el pelo temporalmente para un peinado se producen **cambios físicos** dentro de la corteza pilosa. Debido a la naturaleza de estos cambios físicos, el pelo puede marcarse en preparación para el peinado tantas veces como se desee. Este es el fundamento de la ondulación digital (ondulación al agua hecha con los dedos), los rizos prendidos, los rizos con rulos (rizadores) y la preparación del peinado húmedo.

El agua sola puede utilizarse porque tiene la capacidad de romper los enlaces de hidrógeno de la corteza. Esos enlaces, que se producen entre las cadenas polipéptidas adyacentes, son los que impiden que éstas se muevan. No obstante, el deslizamiento de las cadenas debe producirse antes de que se forme una ondulación adecuada.

El estiramiento de cada mechón de pelo que queda por fuera del rulo o rizador debe producir una reorganización temporal de las cadenas. El agua lubrica las cadenas haciendo que éstas se muevan a posiciones relativas entre sí. Sin embargo, aunque se rompan los enlaces de hidrógeno, la cantidad total de movimiento es muy pequeña porque los fuertes enlaces de azufre no son en modo alguno afectados por el agua y así continúan restringiendo el deslizamiento de las cadenas polipéptidas.

SUAVIZACION QUIMICA DEL PELO (ESTIRAMIENTO)

El procedimiento para suavizar (enderezar) el pelo por medios químicos, desrizándolo y estirándolo, es muy similar al que se usa para la ondulación permanente. No obstante, como la finalidad que se busca es exactamente lo contrario de la ondulación permanente, algunas de las técnicas deben aplicarse a la inversa.

La cosmetóloga comienza por analizar el pelo que es o está excesivamente rizado, fijándose como propósito el desrizarlo y estirarlo permanentemente.

Igual que en la ondulación permanente, el proceso require el rompimiento de los enlaces S y de los enlaces H en la corteza del pelo. El proceso de suavización o estiramiento necesita, sin embargo, que el pelo se mantenga en línea recta o siga esa dirección.

DOS CLASES DE SUAVIZADORES QUIMICOS

Las dos clases de suavizadores químicos de uso general hoy día por las cosmetólogas profesionales son el tioglicolato (tioglicolato de amonio), pH 9.4-9.6, y el hidróxido de sodio (sosa cáustica), pH 10-14. El propósito general de ambos productos es exactamente el mismo. A los (las) estudiantes debe advertírseles, no obstante, que el hidróxido de sodio es mucho más fuerte que el tioglicolato y que si no se usa correctamente puede causarle daño considerable al pelo de la cliente. Si se deja en el pelo demasiado tiempo, puede producir un cambio en el color del mismo. Si se deja en el cabello más de 10 minutos, puede hacer que éste se disuelva.

Fijador. El neutralizador, o fijador, se usa en una solución ácida con un pH de 3 ó 4.

Nota: Antes de utilizar cualquiera de estos dos productos, es de extrema importancia leer en este libro el capítulo sobre **Relajación Química del Pelo Enroscado y Ondulación Permanente con Rizos Suaves** para un estudio detallado de su aplicación y de las precauciones de seguridad que son necesarias.

SUAVIZACION QUIMICA DEL PELO: HIDROXIDO DE SODIO

1. PELO RIZADO	2. TRATAMIENTO DEL PELO	3. PELO EN PROCESO DE NEUTRALIZACION	4. PELO ESTIRADO...
Los enlaces H y S sostienen las cadenas polipéptidas en su lugar.	Todos los enlaces H rotos y la mayoría de los enlaces S también rotos. Las manipulaciones con la mano y el peine comienzan a aflojar la onda. (Cambio en la cadenas plipéptidas.)	El neutralizador fija las cadenas polipéptidas en línea recta después que el pelo se ha suavizado completamente.	después de enjuagado y secado correctamente. Los enlaces cruzados de LANTIONINA se han formado ahora entre las cadenas polipéptidas, manteniendo el pelo permanentemente estirado. El secado reconstituye los enlaces físicos.

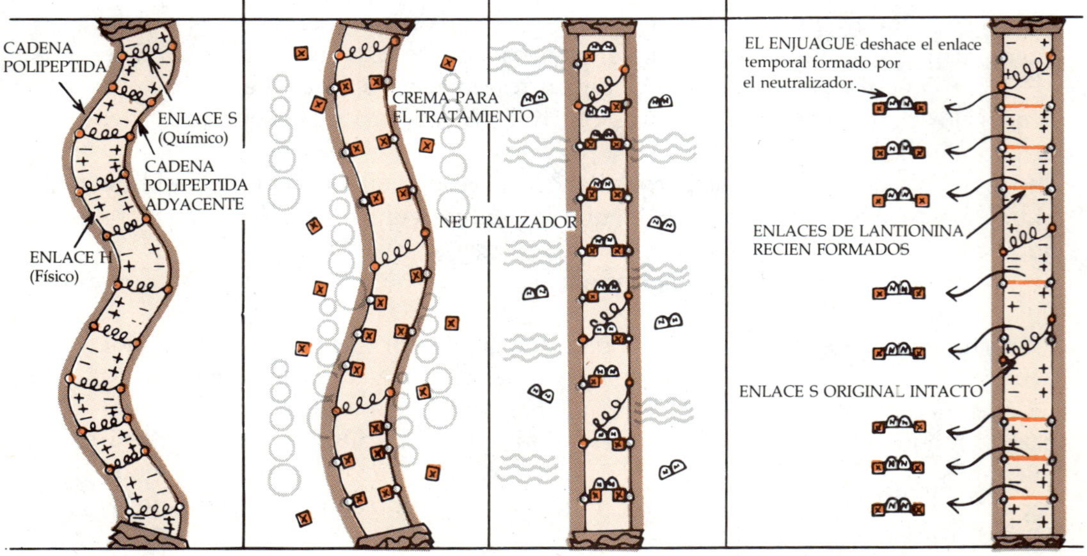

COLORACION DEL PELO

La informacion aquí presentada se limita a tratar de la composición química, las acciones y las reacciones de las diversas clases de colorantes del pelo. (Véase el capítulo sobre **Coloración del Pelo** para más información relativa a las técnicas, la aplicación y el uso de los colorantes del cabello.)

TINTES TEMPORALES PARA EL PELO

Los colorantes temporales para el pelo vienen en variadas formas, tales como enjuagues colorantes, rociaduras (pulverizaciones) con color y champús colorantes. La variedad de colores es muy amplia y los productos son fáciles de aplicar. Los colores temporales se eliminan por enjuague al dar el primer champú. Son útiles a la cliente que desea experimentar con nuevos colorantes para el pelo o a la cliente que procura obtener un efecto especial en el pelo para una ocasión determinada.

ACCION DE LOS COLORANTES SIMPLES DEL PELO

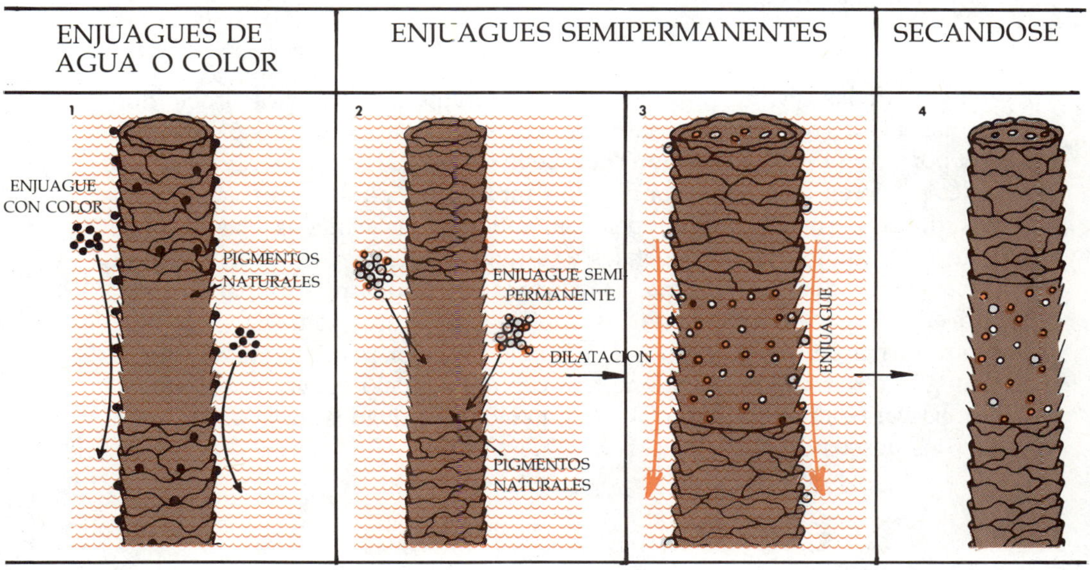

Los **colorantes temporales** son inofensivos al pelo porque contienen tinturas auténticas que son, precisamente, aquellos colores autorizados por el gobierno para utilizarse en alimentos, medicinas y cosméticos. También se conocen como **colores patentados** (o certificados). Los colorantes temporales se componen de grandes moléculas que tienen una acción ácida en las composiciones químicas y son incapaces de penetrar la capa cortical del pelo. Hacen que las escamas de la cutícula se enconjan, cerrando las imbricaciones e impidiendo que las grandes moléculas colorantes penetren en la corteza. La sustancia colorante puede retenerse únicamente detrás de las imbricaciones de la cutícula.

Los colorantes temporales se eliminan con facilidad mediante el lavado del pelo porque el champú es alcalino y abre las imbricaciones. La acción enjuagatoria del champú lava entonces fácilmente la sustancia colorante, eliminádola. El pelo clarificado (decolorado o desteñido) puede absorber más sustancia colorante porque el producto clarificador ya ha abierto la cutícula, permitiendo así que una mayor cantidad de color penetre en ella.

TINTES SEMIPERMANENTES

Los colorantes (tintes) semipermanentes duran en el pelo entre 4 y 6 semanas. Son tintes derivados de la anilina, como lo son también los tintes permanentes, pero sus moléculas son mayores que las de los tintes permanentes.

Los tintes semipermenentes les brindan a las clientes un número de ventajas que no se encuentran en otras formas de coloración del pelo. Además de perdurar a través de 4 a 6 champús, presentan una gran variedad de colores. Los tintes semipermanentes se aplican con facilidad y no requieren el uso del peróxido de hidrógeno. Son eficaces en encubrir o disimular parcialmente el pelo canoso sin afectar el color natural. También imprimen resplandores y hacen resaltar el color natural del pelo.

Los tintes semipermanentes son de composición química alcalina y producen una reacción alcalina en el pelo. El álcali hace que la cutícula se dilate, abriendo así las imbricaciones y permitiendo que las moléculas colorantes penetren en la corteza. Sin embargo, como los tintes semipermanentes son apenas alcalinos, la dilatación de la cutícula y la apertura de las imbricaciones ocurren en forma limitada, permitiendo que sólo un pequeño número de grandes moléculas penetren en la corteza.

Un enjuague natural o ligeramente ácido se aplica para cerrar las imbricaciones y retener las moléculas colorantes dentro de la corteza. Gradualmente, los tintes semipermanentes se eliminan del pelo mediante el lavado con champús alcalinos, los cuales abren las imbricaciones de la cutícula y permiten que las moléculas colorantes se eliminen de la corteza.

TINTES PERMANENTES DEL PELO

La mayoría de las clientes prefieren que el colorante que se aplica al pelo dure mucho más allá de unos pocos champús. Originalmente, los tintes para el pelo tuvieron por única finalidad encubrir el cabello canoso. Hoy las clientes de todas las edades prefieren aplicarse color al pelo simplemente para mejorar su apariencia. Los tintes permanentes del pelo se obtienen en variadas clases: tintes derivados de la anilina, tintes vegetales y tinturas metálicas.

Los **tintes derivados de la anilina,** o tintes oxidantes, son tintes primarios que se emplean en los servicios profesionales. Ofrecen diferentes ventajas sobre cualquiera otra forma de coloración. Le dan al pelo un color permanente que no requiere ningún otro tratamiento colorante excepto en el pelo nuevo recién crecido. Una amplia variedad se ha desarrollado en colores derivados de la anilina para satisfacer los deseos de todas las clientes.

ACCION DE LOS TINTES PARA EL PELO

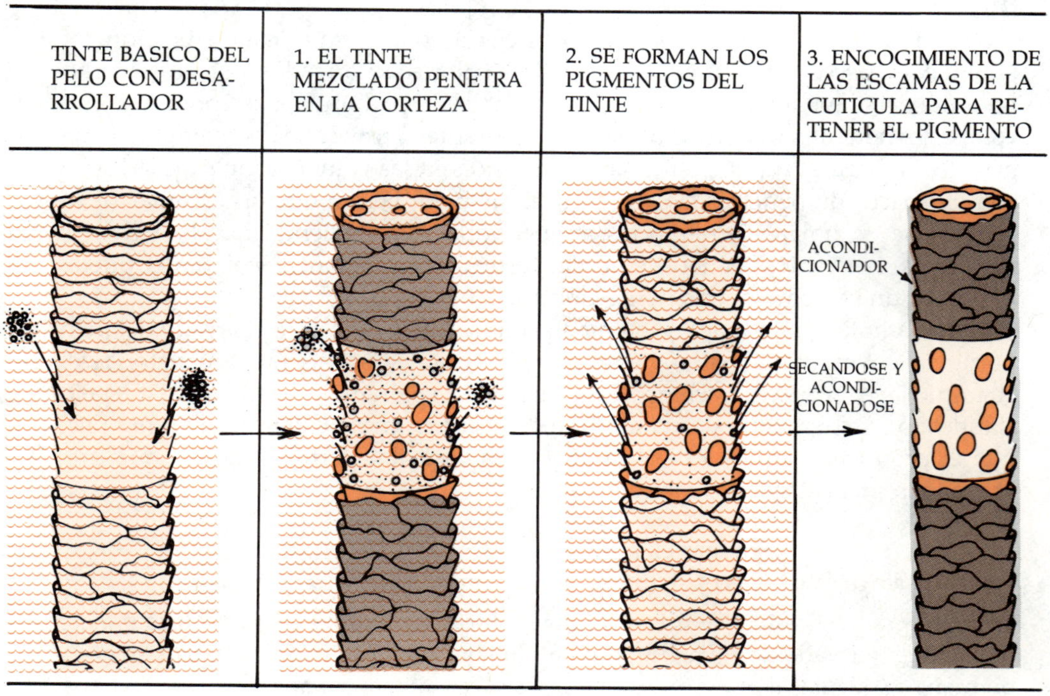

Estos tintes se componen de moléculas muy pequeñas e incoloras que no tienen dificultad en atravesar las imbricaciones de la cutíula y penetrar en la corteza. Un desarrollador, generalmente el peróxido de hidrógeno, se añade al tinte inmediatamente antes de su aplicación. Una vez que el desarrollador ha penetrado en la corteza, hace que se combinen las pequeñas moléculas incoloras con las moléculas gigantes colorantes. Estas moléculas de gran tamaño no se eliminan del pelo mediante el champú porque son demasiado grandes para poder pasar a través de las imbricaciones. Por otra parte, forman enalces con las cadenas de queratina de la corteza y así quedan firmemente fijadas. Estos enlaces son ácidos y, por lo tanto, dejan los enlaces H y los enlaces S en libertad para otros servicios de peluquería.

TINTES VEGETALES (ALHEÑA)

Aunque la alheña vegetal ha sido utilizada para la coloración del pelo desde el tiempo de los antiguos egipcios, su uso está muy limitado en la práctica profesional moderna de la coloración del pelo. Este tinte se forma mezclando el polvo de alheña con agua y un ácido suave para así formar una pasta. La pasta de alheña se aplica al pelo y reviste el tallo, pero en parte puede penetrar en la corteza. Le da al pelo un color anaranjado rojizo que puede variar en intensidad según la calidad del polvo utilizado y el color original del pelo.

Aunque la alheña tiene aplicaciones muy limitadas en la coloración del pelo, ofrece, eso sí, amplias oportunidades para usarse en el salón de belleza moderno. Así, se han desarrollado diversas clases de alheña para variados usos.

1. La **alheña parda,** hecha de hojas viejas de alheña, no posee propiedades fuertes de coloración y se emplea para dar un color anaranjado pálido. Su uso principal es para imprimirle resplandores débiles y tibios al pelo castaño claro.
2. La **alheña negra** se utiliza por su excelente cualidad matizadora. Esta clase de alheña torna el pelo castaño claro a un matiz castaño mediano y apagado y cambia el pelo semicastaño a un castaño oscuro ceniciento. La alheña negra no debe nunca usarse en el pelo teñido de claro, en el pelo rubio o en el pelo canoso porque les da un matiz verdoso.
3. La **alheña neutral** no le imprime color al pelo pero goza de gran popularidad como acondicionadora del cabello.
   (Véase el capítulo sobre **Champús y Enjuagues** para los métodos de aplicación.)

TINTURAS METALICAS

Estas tinturas tienen poca finalidad de aplicación actualmente. La película metálica que forman sobre la cutícula del pelo y que le da color al mismo produce serias limitaciones. Algunas de las sales metálicas penetran en la corteza y se combinan con los enlaces S. Esto interfiere con la ondulación permanente, con la suavización (estiramiento) del pelo, con la coloración del pelo o con su clarificación (decoloración).

Las sales metálicas (plomo, plata, cobre) son muy venenosas. También producen una reacción violenta con el peróxido de hidrógeno en el pelo.

Las tinturas metálicas no se emplean profesionalmente.

TINTES COMPUESTOS

Los tintes compuestos consisten en una combinación de tintes vegetales y sales metálicas que sirve para fijar el color. Estos agentes colorantes jamás se usan profesionalmente, pero a veces se emplean en el hogar. Revisten el tallo del pelo pero algunas de las sales metálicas pueden penetrar en la cutícula y combinarse con los enlaces S. La acción de los tintes compuestos deja el pelo en malas condiciones para la ondulación permanente, para el teñido o para la clarificación, así como para la suavización química (estiramiento) del cabello.

DECOLORANTES COMPLETOS DEL PELO

Los decolorantes completos o radicales (blanqueadores) son agentes químicos preparados para eliminar del pelo todo el color con el menor riesgo posible de causarle daño.

Los decolorantes completos del tinte (color) son agentes oxidantes muy fuertes que reducen las moléculas gigantes colorantes de la corteza a partículas pequeñas e incoloras. Cuando estas partículas se han reducido lo suficiente para atravesar las imbricaciones de la cutícula, pueden entonces eliminarse fácilmente del pelo mediante el enjuague.

Los productos químicos que se utilizan en los decolorantes completos pueden ser sulfitos inorgánicos o **agentes reductores** orgánicos con sustancias modificadoras. El peróxido de hidrógeno en líquido de volumen 30, con un exceso de amoniaco cuyo pH sea de 10 a 12, puede también utilizarse como un decolorante completo y eficaz.

CLARIFICACION DEL PELO

La clarificación (decoloración) del pelo es el proceso por el cual se rebaja o se elimina la pigmentación del color natural del pelo. Los pigmentos del color natural del pelo son: la **melanina** en los tonos de negro a castaño y la **oximelanina** en los tonos de rojo a amarillo.

La clarificación del pelo se produce de dos maneras: bien mediante condiciones naturales o mediante condiciones artificiales.

Condiciones naturales: el color puede eliminarse del pelo por la acción de los rayos solares, por el agua clorinada o por alguna otra acción natural.

Condiciones artificiales: éstas generalmente se producen por métodos químicos. La clarificación química del pelo es un proceso de dos etapas: la primera etapa consiste en la transformación de los pigmentos de melanina en oximelanina; la segunda etapa, según sea el grado de clarificación deseado, consiste en la desintegración del pigmento de oximelanina hasta lograr el efecto que se desea.

REMOCION DE LOS PIGMENTOS

El agente químico utilizado para eliminar los pigmentos del tallo del pelo es una solución de peróxido de hidrógeno al 6% (volumen 20).

El ingrediente activo del peróxido de hidrógeno es el gas oxígeno. Para acelerar la liberación del oxígeno, se añade una pequeña cantidad de agua amoniacal al 28%, lo cual hace aumentar el pH a 10.

Hay varios clarificadores que la cosmetóloga puede obtener en el comercio. Estos productos son:

1. **Aceites clarificadores:** mezclas de peróxido de hidrógeno y aceites sulfonados.
2. **Cremas clarificadoras:** contienen agentes acondicionadores, añil (azul, azulillo o azulete) y sustancias espesativas.
3. **Clarificadores en polvo:** contienen un propulsor de la liberación del oxígeno y sustancias inertes.

La acción química de los clarificadores comerciales es básicamente la misma que se ha descrito antes.

MATIZADORES

Los matizadores son colorantes permanentes del pelo derivados de la anilina. Consisten principalmente en colores delicados y pálidos que necesitan ser aplicados con mucho cuidado.

Como el matizador es un tinte derivado de la anilina, debe utilizarse exactamente igual que los demás tintes permanentes de anilina. Las acciones químicas son idénticas a las que se han descrito antes para los tintes derivados de la anilina.

Los matizadores se aplican por lo común al pelo clarificado para darle color y resplandores.

REACONDICIONADORES CON COLOR

Los reacondicionadores con color se emplean para igualar la porosidad del cabello maltratado o dañado. También sirven para depositar un sedimento de color básico antes de dar un tinte.

El reacondicionador con color es una sustancia gelatinosa, generalmente una mezcla de proteína, queratina y un color patentado, que se aplica directamente a la cutícula del pelo.

Como el reacondicionador posee las mismas propiedades químicas fundamentales que tiene el cabello, empareja la porosidad a todo el largo del tallo de éste. La porosidad se hace uniforme porque las secciones porosas del tallo del pelo absorben el reacondicionador más rápidamente que las partes menos porosas.

El uso de los reacondicionadores con color contribuye a que los servicios de coloración del pelo se presten con mayor facilidad y éxito.

LA QUIMICA APLICADA A LOS COSMETICOS

La química cosmética es a la vez una ciencia y un arte. La **ciencia** de la química consiste en conocer lo que debe hacerse correctamente; el **arte** implica el uso de los métodos apropiados para preparar los cosméticos y aplicarlos al cuerpo.

Las cosmetólogas están mejor facultadas para servir al público si poseen una noción de la composición química, la preparación y la aplicación de los cosméticos que tienen por objeto limpiar las partes externas del cuerpo y perfeccionar su higiene.

Los cosméticos pueden clasificarse de acuerdo con su naturaleza física y química a la vez que por las características que sirven para reconocerlos. El propósito de clasificar los cosméticos es el de ayudar a su estudio e identificación.

CLASIFICACION FISICA Y QUIMICA DE LOS COSMETICOS

1. Polvos.
2. Soluciones.
3. Suspensiones.
4. Emulsiones.
5. Pomadas.
6. Jabones.

POLVOS

Los polvos son una mixtura (mezcla) uniforme de sustancias insolubles (inorgánicas, orgánicas y coloidales) que han sido adecuadamente mezcladas, perfumadas y/o coloreadas para producir un cosmético en el que no se encuentren partículas gruesas o arenosas.

La mezcla y el cernido se emplean en el proceso de la fabricación de los polvos.

SOLUCIONES

Una **solución** es un preparado en el cual una sustancia sólida, líquida o gaseosa se ha disuelto en otra sustancia, generalmente líquida.

Un **soluto** es una sustancia disuelta en una solución.

Un **solvente** (o disolvente) es un líquido empleado para disolver una sustancia.

Las soluciones son mezclas claras y permanentes de solutos y solventes que no se separan entre sí cuando el líquido está quieto. Como una buena solución debe ser clara y transparente, a menudo es necesaria la filtración, especialmente si la solución está turbia.

Las soluciones se preparan fácilmente disolviendo un soluto en forma de polvo en un solvente tibio mientras éste se revuelve. El soluto puede separarse del solvente mediante la aplicación de calor y la evaporación del solvente.

El agua es un solvente universal. Es capaz de disolver más sustancias que ningún otro solvente. El alcohol de granos (etanol, alcohol etílico o absoluto) y la glicerina se emplean frecuentemente como solventes. El agua, la glicerina y el alcohol se mezclan entre sí fácilmente; por lo tanto, se dice que son **miscibles** o mezclables. Por otra parte, el agua y el aceite no se mezclan entre sí; por eso se dice que son **inmiscibles** o inmezclables.

El **soluto** puede ser un sólido, un líquido o un gas. Por ejemplo: la **solución de ácido bórico** es una mezcla de sólido en líquido; el **agua de glicerina y rosas** es una mezcla de dos líquidos miscibles; el **agua amoniacal** es una mezcla de gas en agua.

Las soluciones que contienen sustancias **volátiles,** tales como el amoniaco y el alcohol, deben guardarse en un lugar fresco; de no hacerlo así, la sustancia volátil se evaporará.

Existen varias clases de soluciones:

Una **solución diluta** (diluída) contiene una pequeña cantidad de soluto en proporción a la cantidad de solvente.

Una **solución concentrada** contiene una gran cantidad de soluto en proporción a la cantidad de solvente.

Una **solución saturada** no disolverá ni absorberá más cantidad del soluto que la ya contenida en ella a una temperatura dada.

SUSPENSIONES

Las suspensiones son mezclas transitorias de polvos insolubles en un líquido. Como las partículas tienen la tendencia a separarse en el líquido quieto, es necesario agitar el líquido fuertemente antes de usarlo. Las suspensiones no deben filtrarse. Algunas lociones cutáneas son realmente suspensiones. (Ejemplo: la loción de calamina.)

Las suspensiones se preparan mezclando primero los polvos, añadiéndoles después una pequeña cantidad de líquido para formar una pasta suave y, finalmente, completando la diferencia con líquido.

EMULSIONES

Las emulsiones (cremas) son mezclas permanentes de dos o más sustancias inmiscibles (aceite y agua) que se unen entre sí con la ayuda de un aglutinante (goma) o de un emulsor (jabón). Las emulsiones son generalmente de aspecto blanco lechoso. Si se emplea un emulsor adecuado con la técnica apropiada, la emulsión resultante será estable. Una emulsión estable puede contener hasta el 90% de agua. Según sea la cantidad de agua y cera presentes, la crema puede ser de tipo ya líquido, ya sólido. La cantidad de emulsor empleada depende de la eficacia de éste y de la cantidad de agua o aceite que deben emulsionarse.

Las emulsiones se preparan a mano o con la ayuda de una máquina de moler y cortar llamada molinillo coloidal. Durante el proceso preparatorio de la emulsión, el emulsor forma una capa de película protectora alrededor de los glóbulos microscópicos del aceite o del agua. Miéntras más pequeños sean los glóbulos, más espesa y estable será la emulsión.

Las emulsiones se dividen básicamente en dos clases: de aceite en agua (AC/AG) y de agua en aceite (AG/AC).

Las **emulsiones de aceite en agua** (AC/AG) están hachas de gotitas de aceite suspendidas en una base acuosa. Además del emulsor, que recubre las gotitas de aceite y las mantiene en suspensión, puede contener varios ingredientes adicionales que tienen por finalidad producir determinadas reacciones en el cabello. (Ejemplos: las soluciones para la ondulación permanente, los clarificadores [blanqueadores], los neutralizadores y los tintes.)

Las **emulsiones de agua en aceite** (AG/AC) están formadas por gotas de agua suspendidas en una base de aceite. Por lo general son mucho más espesas y aceitosas que las emulsiones de AC/AG. (Ejemplos: las cremas para acicalar el cabello, las cremas mundificativas [purificadoras o limpiantes], colcréns [cremas frías] y otros productos semejantes.)

POMADAS

Las **pomadas** son mixturas (mezclas) semisólidas de sustancias orgánicas (manteca, vaselina, cera) con un agente medicamentoso. No contienen agua. Para que una pomada se ablande es necesario que el punto de fusión sea más bajo que el de la temperatura corporal (98.6° Fahrenheit ó 37° centígrados).

Las pomadas se preparan derritiendo las sustancias orgánicas y agregando el agente medicamentoso a la mezcla.

Las **barritas** o **lápices cosméticos** son semejantes a las pomadas ya que consisten en una mezcla de sustancias orgánicas (aceites, ceras, vaselina) que se vierten en un molde para solidificarlas. Las barritas son algo más compactas que las pomadas. No contienen agua. El lápiz labial (creyón de labios) es un ejemplo de barrita cosmética.

Las **pastas** son cosméticos suaves y húmedos, de consistencia espesa. Se mantienen unidos entre sí mediante una combinación de goma, almidón y agua. Si contienen aceites y grasas, entonces no contienen agua. El molinillo coloidal ayuda a eliminar la arenosidad de la pasta.

Los **mucilagos** (o mucílagos) son líquidos espesos que contienen bien gomas naturales (tragacanto o karaya) o bien gomas sintéticas mezcladas con agua. Como los mucilagos pueden afectarse por la descomposición, necesitan un producto que los conserve. Los mucilagos se utilizan en la preparación de lociones para marcar el peinado (gominas).

JABONES

Los jabones son compuestos formados mediante una reacción química entre sustancias alcalinas (hidróxido de potasio o hidróxido de sodio) y los ácidos grasos del aceite o el sebo. Además del jabón, se forma glicerina. El hidróxido de potasio produce **un jabón suave,** mientras que el hidróxido de sodio forma **un jabón duro.** Una mezla de los dos álcalis producirá un jabón de consistencia intermedia.

Un **buen jabón** no contiene un exceso de álcali libre y está hecho de aceites y grasas puras.

FARMACOPEA DE LOS ESTADOS UNIDOS

La cosmetóloga debe familiarizarse con la Farmacopea Americana (Farmacopea de los Estados Unidos), que es un libro en el que se definen los medicamentos aprobados. A continuación se enumeran algunos de los vocablos que interesan a las cosmetólogas:

El **a gua amoniacal,** en su uso comercial, es un líquido incoloro, de olor acre penetrante. Es un subproducto derivado de la fabricación del gas de hulla (gas del alumbrado). Como se disuelve fácilmente en la grasa, se emplea como agente limpiante y también se utiliza con el peróxido de hidrógeno en la clarificación del pelo. En el comercio puede obtenerse una solución de gas amoniaco al 28% en agua.

El **alcohol,** también conocido como alcohol de granos, alcohol etílico o etanol, es un líquido incoloro que se obtiene de la fermentación de ciertos azúcares. Es un poderoso antiséptico y desinfectante; una solución al 70% se utiliza para desinfectar los instrumentos, y una solución al 60% puede aplicarse a la piel. Se usa mucho en la fabricación de perfumes, lociones y tónicos.

El **alumbre** es un sulfato alumínicopotásico o un sulfato de amonio que viene en forma de cristales o polvo y que posee un sabor y una acción fuertemente astringentes. Se emplea en la fabricación de tónicos y lociones para el cutis. También se utiliza en forma de polvo como estíptico para aplicarlo a las heridas pequeñas.

El **bicarbonato de sodio** (también conocido como bicarbonato de sosa o simplemente bicarbonato) es un precipitado que se forma haciendo pasar el gas bióxido de carbono (anhídrido carbónico) a través de una solución de carbonato de sodio. Es un polvo blanco que se utiliza como agente neutralizante.

El **bicloruro de mercurio** se vende ordinariamente en forma de tabletas de aproximadamente 7½ granos cada una. Tiene una figura especial que permite reconocerlo fácilmente. Es un veneno muy potente y debe usarse con gran moderación en los salones de belleza.

El **carbonato de sodio** (sosa de blanquear) se prepara calentando el bicarbonato de sodio. Se emplea como ablandador del agua y también en las sales de baño. El carbonato de sodio puede, además, utilizarse con agua hirviente en la esterilización de los instrumentos metálicos. En pequeñas cantidades se le añade al agua para mantener los instrumentos brillantes.

Los **compuestos cuaternarios de amonio** (cuats) forman un grupo de desinfectantes eficaces y se emplean como agentes desinfectantes en los salones de belleza.

El **fenol,** también llamado **acido carbólico** o **ácido fénico,** no es realmente un ácido sino un derivado del alquitrán de hulla (coáltar o brea) que se presenta como sustancia cristalina de reacción ligeramente ácida. Se le agrega glicerina para hacerlo más fácilmente soluble en el agua. Una solución de fenol al 5% se emplea para desinfectar los instrumentos metálicos.

El **formaldehído** es un gas en solución acuosa que contiene entre un 37% y un 40% del gas por peso y se conoce como **formalina.** El formaldehído tiene un olor acre muy fuerte. Es muy irritante para los ojos, la nariz y la boca. La formalina puede emplearse para desinfectar los instrumentos.

La **glicerina** es un líquido almibarado, dulce, incoloro e inodoro, formado por la descomposición de los aceites, las grasas y melazas. Es un excelente suavizante de la piel y también un ingrediente del aceite para cutícula, de las cremas faciales y de las lociones.

La **hamamelina** es una solución de alcohol y agua que contiene un agente astringente extraído de la corteza de las plantas hamamelidáceas.

El **hidróxido de potasio** (también conocido como hidrato de potasio o potasa cáustica), en forma de barritas, se disuelve en el agua destilada para formar una solución alcalina. Cuando las barritas no se usan deben guardarse en un envase cerrado herméticamente porque tienden a absorber la humedad del aire y se deterioran. Se emplean en la fabricación de jabones y cremas cosméticas.

El **óxido de cinc** es un polvo blanco y fuerte obtenido de la combustión del carbonato de cinc con hulla (carbón de piedra) en un horno especial. Se utiliza como polvo de limpiar y como pomada para algunos trastornos de la piel.

La **tintura de yodo** es una solución de yodo al 2% en alcohol. Si la cliente no es alérgica al yodo, la solución puede aplicarse sin peligro a la piel para tratar las heridas y contusiones menores. Las manchas de yodo se quitan fácilmente con alcohol. El **mercurocromo,** o una solución de peróxido del 3% al 5%, también pueden aplicarse a las heridas.

COSMETICOS PARA LA LIMPIEZA DEL CUERPO

La química de los cosméticos comprende el estudio de los productos destinados a la limpieza y el embellecimiento de la piel, el pelo y las uñas.

Los cosméticos de esta clase tienen por objeto limpiar el cuerpo eliminando de la piel la suciedad, los pelos y los olores extraños. Esta clasificación incluye jabones, accesorios para el baño, desodorantes, antiperspirantes (antisudoríficos) y depilatorios.

CLASES DE JABONES

Los buenos jabones de tocador deben fabricarse de grasas purificadas que no se enrancien en el jabón y no deben contener cantidades excesivas de álcali libre. Los jabones con un valor de pH superior a 9.5 tienden a resecar la piel y tornarla áspera. Un valor de pH de aproximadamente 8 se considera normal para la piel.

Clases de Jabones

Jabones	Ingredientes Comunes	Usos
Jabón de Castilla (puro)	Aceite de oliva y sosa.	El mejor para la piel: produce poca espuma.
Jabón de Castilla (otras clases)	Detergentes sintéticos, aceite de oliva y otros aceites.	Para la piel normal.
Jabón verde	Hecho de potasa y aceite de oliva o aceite de linaza y glicerina.	Jabón líquido medicinal para la piel grasienta.
Jabón de tintura verde	Mezcla de jabón verde en aproximadamente un 35% de alcohol y una pequeña cantidad de perfume.	Para remediar la piel y el cuero cabelludo grasientos. Muy secante si se usa en la piel normal o reseca durante algún tiempo.
Jabón medicinal	Contiene un pequeño porcentaje de cresol, fenol u otros antisépticos.	Para los trastornos de la acné.
Jabón de afeitar	Contiene álcalis, aceite de coco, grasas vegetal y animal y una pequeña cantidad de goma.	Para el afeitado. La alcalinidad ablanda el vello. La espuma espesa mantiene el vello erecto.
Jabón de afeitar en evase de presión	Jabón de afeitar y gas a presión.	Se usa igual que el jabón de afeitar.
Jabón fenicado	Un jabón desinfectante que contiene el 10% de fenol.	Para la piel grasienta y los trastornos de la acné.
Jabón transparente	Contiene glicerina, alcohol y azúcar que lo hacen transparente.	Para la piel normal.
Jabón grasoso (o supergrasiento)	Contiene una sustancia grasienta, tal como la lanolina o la manteca de cacao.	Recomendado para la piel reseca o sensitiva. Mantiene la piel suave después de lavarla. No adecuado para el agua dura.
Jabón de nafta	Contiene nafta, obtenida del petróleo.	No debe usarse en la cara ni en el cuero cabelludo. Se emplea principalmente para lavar ropa.
Jabón para agua dura	Contiene aceite de coco, diferentes cantidades de sosa para blanquear o bórax (atíncar), silicato de sodio y un fosfato.	Exclusivamente para la piel grasienta. Las sustancias alcalinas secan la piel.

ACCESORIOS PARA EL BAÑO

Los accesorios para el baño incluyen jabones, sales de baño, aceites de baño, polvos de baño y aceites para el cuerpo. Las sales y los aceites de baño se utilizan durante el baño, mientras que los polvos de baño y los aceites para el cuerpo se aplican después del baño.

Accesorios para el Baño

Clases	Ingredientes Comunes	Usos
Sales de baño	Carbonatos o fosfatos de sodio, color y perfume.	Ablandan y perfuman el agua para el baño.
Aceites de baño	Aceites sulfonados (que no forman espuma) o alcoholes grasos sulfatados (que forman espuma), color y perfume.	Los aceites sulfonados secan la piel. Si la piel del cuerpo es reseca, no deben usarse.
Polvos de talco para el baño	Talco perfumado y otras sustancias absorbentes.	Dan a la piel una suave fragancia y ayudan a secar la humedad del cuerpo.
Aceites para el cuerpo	Aceites vegetal y animal.	Sustituyen a los aceites naturales eliminados por el baño.
Sales espumantes para el baño	Compuesto sulfatado relacionado con el aceite de coco.	Secan la piel.

DESODORANTES Y ANTIPERSPIRANTES

Pocos preparados pueden clasificarse separadamente como productos desodorantes o antiperspirantes (antisudoríficos) ya que en la mayoría de ellos se combinan ambas características. Un **desodorante** es un agente que neutraliza o elimina los olores desagradables del cuerpo sin afectar la cantidad de transpiración (sudor). Un **antiperspirante** (antisudorífico) detiene la transpiración por medio de su acción astringente. La piel que rodea a los poros se hincha y, así, los poros se cierran temporalmente.

Los desodorantes y los antiperspirantes se obtienen en forma de cremas, barritas, soluciones y polvos.

Desodorantes y Antiperspirantes

Clases	Ingredientes Comunes	Usos
Polvos desodorantes	Mezcla de base de polvo, compuestos de cinc, ácido bórico, astringentes y antisépticos.	Eliminan el olor del sudor sin detener la transpiración.
Cremas desodorantes	Base de crema evanescente (crema de día), antiséptico y astringente.	Eliminan el olor del sudor sin detener la transpiración.
Soluciones desodorantes	Solución que contiene un antiséptico, un astringente, alcohol, glicerina y agua.	Se usan para encubrir el olor. La piel debe estar seca antes de vestirse. La acidez del cloruro de aluminio destruiría la ropa.
Barritas desodorantes	Ceras y un astringente (sulfocarbolato de cinc).	Fáciles de aplicar. Eliminan el olor sin detener la transpiración.
Cremas o líquidos	Astringentes fuertes, tales como los compuestos de aluminio.	Hacen contraer las glándulas sudoríparas en el lugar donde se aplican. Impiden el exceso de sudor en las axilas (debajo de los brazos).

DEPILATORIOS

Los depilatorios son preparados que se utilizan para la eliminación temporal del vello superfluo en las axilas (debajo del brazo) y en las piernas. Se fabrican de varios sulfuros de álcali, compuestos de tioglicolato de calcio o resinas y ceras. Vienen en forma de líquido, crema blanda, pasta, polvos o pastilla dura.

Tipo químico. El tipo químico de depilatorio tiene el olor de los huevos podridos y generalmente se aplica en las piernas y en los brazos. Ablanda y disuelve el pelo al nivel de la piel. Para impedir la irritación de la piel, debe usarse únicamente según las instrucciones del fabricante.

Tipo ceroso. El tipo ceroso de depilatorio es inodoro y se prefiere para la cara. Después que la cera derretida se endurece sobre la superficie vellosa, el parche se arranca y con él salen los pelos incrustados en el mismo.

Antes de aplicarlo, debe hácersele a la cliente una prueba cutánea de alergia. Si en la piel no aparecen manchas rojas o ampollas, puede aplicársele el depilatorio sin peligro sobre una amplia zona de la superficie cutánea.

(Véase el capítulo sobre **Eliminación del Vello Superfluo** para información adicional.)

COSMETICOS PARA LA PIEL Y LA CARA

Bajo este título se agrupan los preparados destinados a rejuvenecer la piel o el rostro dándoles una atractiva apariencia. Para este fin hay disponibles cremas, lociones, polvos, cosméticos para el maquillaje y productos diversos.

CREMAS

De todos los cosméticos que se aplican a la piel o a la cara, las cremas forman el grupo mayor y más diverso. Básicamente, las cremas son o bien emulsiones estables de sustancias aceitosas y acuosas o bien una base de pomada sin agua. Las cremas en realidad no nutren los tejidos pero lubrican la piel.

Cremas

Clases	Ingredientes Comunes	Usos
Colcrén (crema fría)	Cera de abejas, aceite vegetal o animal, bórax (1%), agua y perfume.	Apropiada para limpiar la piel reseca o normal.
Crema mundificativa (purificadora) licuante	Aceite mineral, vaselina, cera mineral, perfume y una pequeña cantidad de agua.	Puede usarse en la piel grasienta. Se derrite rápidamente, no penetra en la piel. El uso prolongado hace resecar la piel.
Crema evanescente (crema de día)	75% de agua, ácido esteárico combinado con una pequeña cantidad de un álcali. También se emplea la manteca de cacao, la lanolina, la glicerina y el alcohol.	Se usa antes de aplicar el maquillaje y en la misma forma que la crema para las manos. Deja una película protectora sobre la piel. Su uso puede hacer que la piel se reseque excesivamente.
Crema emoliente (también llamada crema para los tejidos y crema lubricante)	Ceras, lanolina, grasas vegetales y aceites vegetales, ácidos grasos, alcoholes y algunos productos de aceite mineral.	Penetra la piel ligeramente y la ablanda. Se usa para lubricar la piel durante el masaje.
Crema hormonal	Base de crema emoliente que contiene hormonas sexuales.	Para las mujeres de mediana edad. Impide la resequedad de la piel y las arrugas del evejecimiento.
Crema hidratante (humedecedora)	Base de crema emoliente que contiene agentes humedecedores.	Para la resequedad de la piel que se avejenta debido a la falta de humedad y de aceite natural.

Cremas (continuación)

Clases	Ingredientes Comunes	Usos
Crema para el masaje	Base de colcrén (crema de fría), lanolina o caseína (proteína del queso).	Para el masaje de la piel normal o ligeramente reseca.
Crema astringente	Base de pomada suave que contiene óxido de cinc como astringente.	Se recomienda para corregir el exceso de grasa natural y para cerrar los poros.
Crema para la acné	Acido bórico, azufre, óxido de cinc, aceite de enebro (aceite de cada), alcanfor, benjuí y ácidos salicílicos.	Ayuda a limpiar la piel afectada por la acné simple y otras lesiones menores. Debe ser lo bastante blanda para esparcirse fácilmente sin irritar la piel.
Crema básica	Base de crema evanescente modificada por un aumento del contenido de glicerina.	Se aplica a la cara después de limpiarla para darle una base adecuada al maquillaje.
Crema para los ojos y crema para el frente del cuello.	Lanolina, aceites vegetales, ceras y sustancias astringentes.	Lubrica y suaviza las líneas finas. Las hace menos notables.
Crema para la piel bronceada por el sol	Contiene una base de crema o pomada y varios pigmentos colorantes.	Se usa para darle a la piel un aspecto de color más oscuro.

LOCIONES

Las lociones son productos populares que se emplean con bastante frecuencia en varias clases de pelo y en los tratamientos faciales. Vienen en forma de soluciones claras o en suspensión, en cuyo caso dejan un sedimento insoluble en el fondo del envase.

Lociones

Clases	Ingredientes Comunes	Usos
Agua aromática	Aceite esencial (aceite de rosas, geranios, espliegos [alhucema o lavanda], etc.) disuelto en agua destilada con la ayuda de talco.	Da un efecto refrescante y fragante a los tónicos y las lociones para la piel.
Lociones mundificativas (purificadoras o limpiantes)	Alcohol o un compuesto sulfonado.	Para la piel grasienta.
Lociones astringentes	Cinc, alumbre, ácido bórico o salicílico, en solución de agua, glicerina y alcohol.	Para la piel grasienta y los poros grandes.
Lociones refrescantes para la piel	Hamamelina, alcanfor, ácido bórico, ácidos orgánicos suaves, perfume y colorante.	Solución ligeramente astringente para la piel reseca.
Lociones para la acné	Precipitado de azufre, glicerina, espíritu de alcanfor y agua destilada.	Se usa para limpiar con esponja la piel afectada por la acné.
Hamamelina	Solución de alcohol y agua que contiene el astringente de la corteza de las plantas hamamelidáceas.	Se emplea como astringente y loción refrescante.
Colirios (lociones para los ojos)	Acido bórico, bicarbonato de soda, sulfato de cinc y glicerina, hamamelina u otras hierbas.	Se emplea para suavizar, limpiar y darle brillo a la piel de los ojos.

Lociones (continuación)

Clases	Ingredientes Comunes	Usos
Loción de calamina	Suspensión de calamina y óxido de cinc preparados en glicerina, bentonita y agua de cal.	Se usa para suavizar las superficies irritadas de la piel y como loción protectora.
Loción de Hardy	Sublimado corrosivo (bicloruro de mercurio), alcohol, sulfato de cinc, acetato de plomo y agua.	Recomendada por los médicos para quitar las pecas.
Lociones medicinales	Antisépticos, compuestos de azufre u otros agentes medicinales.	Recomendadas por los médicos para la acné u otras erupciones cutáneas.
Loción preventiva para las quemaduras de sol	Solución diluida de salicilato de metilo en alcohol, glicerina y agua.	Protege la piel contra la mayor parte de los rayos ultravioleta del sol y produce un bronceado uniforme.
Loción curativa de las quemaduras de sol	Solución diluída de astringente o un agente refrescante (alcanfor) en alcohol, glicerina y agua.	Ayuda a curar una quemadura de primer grado.

POLVOS

Los polvos se usan profusamente y constituyen una provechosa fuente de ingresos. Como cada clase de polvos tiene una finalidad específica, la cosmetóloga debe familiarizarse con las ventajas de cada tipo de polvos que utiliza.

Los **polvos faciales** se componen de una base de polvo mezclada con un agente colorante (pigmento) y un perfume adecuado. Un buen polvo facial para el cutis normal debe reunir las siguientes cualidades:

1. **Tersura:** suavidad que se siente al contacto con la piel. Esta cualidad se la da el talco o el estearato de cinc. El talco francés o el italiano, cernible en malla de 200,* es el mejor como polvo facial.
2. **Cubrimiento:** se esparce con facilidad y uniformidad para cubrir el brillo de la piel, los defectos de la misma y los poros agrandados. Con este fin pueden empl... óxido de cinc, el caolín o el bióxido de titanio.
3. **A...** ...capacidad de pegarse a la piel y permanecer en ella. Para esto se ...nc o el estearato de magnesio.

...: retención del perfume, distribución del color y absorción de las ...dorífica y sebácea. Para esto se emplean el precipitado de creta ...de magnesio.

...utis un aspecto aterciopelado. La creta es empleada con esta

...olor fragante y matiz uniforme.

...e utilizan después del baño y el afeitado para aliviar las ...piel. El talco constituye la base más adecuada de los ...o es absorbente y no le afecta la humedad.

...mponen de una base de crema evanescente a la cual ...os polvos con crema combinan en sí los efectos del ... en una sola aplicación.

...n 3% de mucilago de tragacanto mezclado con ...ragacanto une las sustancias entre sí en forma

...ener un aceite, óxido de cinc, estearatos, talco, per... ...rápida y uniformemente en la piel formando una ba... ...cual pueden aplicarse los cosméticos.

*N. del T.: La ... ...erturas en una malla por pulgada lineal, coeficiente que se usa para indicar ... ...polvo.

COSMETICOS PARA EL MAQUILLAJE

La elección y aplicación del maquillaje correcto son los requisitos primordiales para mejorar el aspecto del cutis y embellecer los rasgos faciales. La implantación de un servicio de maquillaje personal en los salones de belleza ha hecho aumentar la demanda y la venta de esta clase de cosméticos.

COLORANTE PARA LAS MEJILLAS (COLORETE)

El colorante para las mejillas, o colorete, puede obtenerse en forma de polvo compacto, pasta, crema o líquido.

El **color en polvo para las mejillas** se parece en su composición a los polvos faciales, excepto que se le añade un color adecuado y la mezcla toda es humedecida y moldeada con la ayuda de un aglutinante. Generalmente se recomienda para el cutis grasiento.

El **color en pasta para las mejillas** se compone de grasas y ceras que tienen un color rojo o rojo pardusco. Se recomienda para el cutis reseco.

El **color en líquido para las mejillas** se compone de una pintura disuelta en una solución de agua, glicerina, alcohol y cera.

El **color en crema para las mejillas** contiene generalmente una vaselina como base y también contiene lanolina, grasas y ceras. Se recomienda para la piel reseca.

La sangre, tal como se transparenta a través de la piel, revela el color natural de las mejillas. El color de la sangre es rojo brillante. Según sea la naturaleza de la piel, el cutis puede adquirir un matiz azulado, violáceo (purpurino o morado) o anaranjado. El matiz exacto del colorante para las mejillas debe combinarse bien con el tono natural del color del cutis.

COLORANTE LABIAL (LAPIZ LABIAL O CREYON DE LABIOS)

El colorante labial viene en forma de barrita, crema y líquido. Sus tres matices básicos son el rojo azulado, el rojo amarillento y el rojo auténtico.

El colorante labial contiene ingredientes de un alto punto de fusión a los cuales se les ha añadido bien un pigmento insoluble (deleble) o bien una tintura bromoácida soluble (indeleble).

El color de la membrana mucosa interna del labio inferior sirve de guía para la selección del colorante labial.

MAQUILLAJE DE LOS OJOS

El **lápiz para las cejas** consiste en una base de cera a la que se la le ha añadido un colorante adecuado. Viene en diversos matices y puede utilizarse para oscurecer las cejas y las pestañas.

El **rimel** se usa a veces para oscurecer las cejas y las pestañas. Puede obtenerse en forma de pasta (pastilla), crema o líquido.

El **rimel en pasta** (pastilla) es una crema deshidratada con la que se ha mezclado un pigmento colorante. Se le añaden unas pocas gotas de agua para humedecer la pasta hasta que se ablande lo suficientemente para usarla. El rimel se aplica entonces con un cepillo.

El **rimel en crema** contiene un pigmento en una base de crema evanescente.

El **rimel en líquido** generalmente consiste en una solución alcohólica de resina coloreada con alguna materia tinturante. También puede obtenerse como suspensión de un pigmento en un mucilago. Se aplica directamente con un cepillo.

A continuación aparece una guía general para la selección del rimel:

Color de los Ojos y de las Pestañas	**Matiz del Rimel**
Pestañas negras con ojos negros o pardo oscuro*	Negro
Pestañas negras con ojos grises o azules	Azul o negro
Pestañas castañas, doradas o rojizas con ojos pardos	Castaño oscuro*
Pestañas rubias, rojizas o castaño claro con ojos verdes, grises o pardos	Castaño o verde

*N. del T.: Las palabras **castaño** y **pardo** suelen aplicarse para designar prácticamente un mismo color (el de la cáscara de la castaña), pero "castaño" suele aplicársele al pelo y "pardo" a los ojos.

La **sombra para los ojos** o el **color para los ojos** es comúnmente una suspension de pigmentos en una base grasienta. Sus colores son el negro, el castaño o pardo, el azul, el verde, el bronce, el plata o el púrpura y se seleccionan cuidadosamente teniendo en cuenta el color de la piel, el pelo, los ojos, el momento del día y la ocasión.

La sombra para los ojos o el color para los ojos se emplean para darle realce a la hermosura de los ojos. Debe utilizarse con moderación y buen gusto. El matiz elegido debe combinarse bien con el tono de la sombra natural que se observa entre la comisura (ángulo) interior del ojo y la base de la nariz.

Color de los Ojos	**Color o Sombra para los Ojos**
Pardo oscuro o negro	Verde, violeta, castaño
Azul	Azul, gris, violeta
Verde	Verde, gris, castaño
Pardo (avellanado)	Verde, gris, castaño
Gris	Gris, verde, azul
Leonado (rubio oscuro)	Castaño, verde

OTROS VARIOS COSMETICOS

El **maquillaje teatral** (pintura de sebo) es un mezcla de grasas, vaselina y agentes colorantes que se emplea con fines escénicos.

El **maquillaje en pasta** o **en tortita** (panqué o panqueque) puede obtenerse en forma comprimida o compacta. Contiene una crema deshidratada con la que se ha mezclado un color distintivo. Se extrae del envase con un aplicador húmedo y entonces se esparce en la cara. Al evaporarse el agua, la delgada película de crema y color se adhiere al cutis.

El **aceite muscular** es un aceite en el que se ha disuelto bien lecitina o bien colesterol. Se aplica alrededor de los ojos y en el frente del cuello. Lubrica y suaviza la capa exterior de la epidermis.

La **arcilla embellecedora** se compone de ciertas sustancias (caolín, bentonita, tierra de batán o arcilla coloidal) a las que se les añade miel de abejas, glicerina, óxido de cinc, caseína, aceites, carbonato de magnesio, almidón, polvo de goma de tragacanto, astringente, agua o leche, según sea la naturaleza del empaque facial o máscara que se desea preparar.

Una capa de arcilla embellecedora, o empaque facial, puede ejercer en la piel una acción limpiante, suavizadora, astringente, refrescante o estimulante.

LOCIONES Y POMADAS PARA EL CUERO CABELLUDO

Las lociones y pomadas para el cuero cabelludo generalmente contienen agentes medicinales con el fin de corregir algún tastorno del cuero cabelludo y reacondicionar el pelo. Los ingredientes activos de estos preparados son agentes irritantes que estimulan la circulación en el cuero cabelludo y aceleran la muda y renovación del tejido epitelial.

Las lociones para el cuero cabelludo contienen, como ingredientes: lecitina, quinina, azufre, ácidos salicílicos, aceites, resorcina, alcanfor y pimiento picante (chile o cápsico). Cuando la resorcina y la quinina se usan durante un tiempo, pueden decolorar el cabello rubio.

Las lociones para un **cuero cabelludo grasiento** deben contener un alto porcentaje de alcohol e ingredentes que posean propiedades astringentes. Por otra parte, las lociones para el **cuero cabelludo reseco** deben contener poco o ningún alcohol o astringente. En lugar de éstos, el ingrediente predominante debe ser los aceites vegetales o animales emulsionados.

Las **lociones** o los **tónicos para el pelo** se clasifican en dos grupos según sea la finalidad con que se usan; algunos se emplean para regular la actividad de las glándulas sebáceas del cuero cabelludo; otros, para eliminar la caspa. Existen en forma de líquido, aceite y crema.

Para el **cuero cabelludo reseco** debe usarse el aceite de oliva delicadamente perfumado.

Para el **cuero cabelludo grasiento** se usa aceite dulce* y álcohol.

La **pomada de azufre** contiene un precipitado de azufre en manteca de cerdo benzonatada y se emplea para los trastornos de la piel y del cuero cabelludo.

PRODUCTOS PARA EL PEINADO

Los productos para el peinado se utilizan para darle al cabello brillo y fragancia y para mantener el pelo rebelde o rizado en una posición fija.

Las **cremas para el pelo,** tanto en forma líquida como semisólida, se usan después de un champú para darle lustre al cabello. Se pueden aplicar al pelo mojado o seco. Estas cremas se componen de lanolina, emulsiones de aceite, ácidos grasos, ceras, álcalis suaves y agua. Las cremas para el pelo generalmente se usan en el pelo de tipo reseco.

Otros productos para el peinado que se utilizan en una cabellera de tipo grasiento y que se aplican antes de peinar el pelo pueden contener resinas, gomas, almidón u otros espesativos en agua y alcohol. Mantienen el pelo en su lugar y dejan una ligera película al secarse, pero no le imparten al pelo tanto brillo.

ROCIADURAS PARA EL PELO

Los estilos de peinado han creado la demanda de una preparación que se seque rápidamente y que le imparta al pelo suficiente rigidez para mantenerlo en su lugar y dominar las puntas sueltas sin que se pierda el brillo natural del cabello.

Un nuevo tipo de rociadura (pulverización) para el pelo se logró con la producción de materias plásticas, tales como la polivinil-pirrolidona (PVP). Esta rociadura para el cabello produce una película de suficiente resistencia para dominar el pelo, pero también de suficiente elasticidad para permitir peinarlo sin desvirtuar el estilo. Un producto de esta clase puede utilizarse en el pelo mojado como loción preparatoria para marcar el peinado después del champú, haciendo así prolongar la duración del peinado. El efecto de esta rociadura es mejor en el pelo débil, clarificado (decolorado) o tratado con exceso.

PREGUNTAS DE REPASO

QUIMICA

1. ¿Por qué es importante para las cosmetólogas tener un conocimiento básico de la química?
2. ¿Cuál es el símbolo químico del: a) agua; b) peróxido de hidrógeno?
3. Cite dos métodos de eliminar las impurezas del agua.
4. ¿Qué clase de agua es la mejor para un champú?
5. ¿De qué dos partes se compone la molécula de champú?
6. ¿Qué finalidad tiene: a) la cola de la molécual de champú; b) la cabeza?
7. ¿Qué le ocurre a las moléculas de champú durante el enjuague?
8. ¿Qué papel desempeña la solución de tioglicolato en la ondulación permanente del pelo?
9. ¿Cuáles dos clases de relajadores químicos (estiradores) del pelo usan generalmente las comsetólogas profesionales?
10. ¿Qué puede ocurrirle al pelo si el hidróxido de sodio se deja en él más de 10 minutos?
11. ¿Por qué los tintes derivados de la anilina penetran fácilmente en la corteza?
12. ¿Qué acción se produce después que el desarrollador y el tinte han penetrado en la corteza?
13. ¿Por qué los tintes derivados de la anilina son colorantes permanentes del pelo?
14. ¿Qué es: a) la melanina; b) la oximelanina?
15. ¿Qué diferencia hay ente un soluto y un solvente?

---

*N. del T.: Aceite dulce es una denominación general que incluye el aceite de oliva, el aceite de colza y otros aceites comestibles.

Capítulo 32

ADMINISTRACION DEL SALON DE BELLEZA

OBJETIVOS DE APRENDIZAJE DEL CAPITULO

El (la) estudiante que logre dominar el contenido de este capítulo conocerá:

1. *Las numerosas cuestiones que hay que tener en cuenta para abrir un salón de belleza.*
2. *Las consideraciones económicas que exige el manejo de un salón de belleza.*
3. *La importancia de mantener con exactitud las anotaciones comerciales.*
4. *Las leyes comerciales que deben tenerse en consideración.*
5. *Los modales que deben observarse en el buen uso y manejo del teléfono.*
6. *Los métodos telefónicos efectivos.*
7. *Los principios y las prácticas de las buenas ventas.*
8. *Los fundamentos de la sicología de las ventas.*
9. *Las reglas fundamentales para prestar primeros auxilios.*

Las oportunidades de administración que existen en el campo de la cosmetología son numerosas. Muchas graduadas de las escuelas de cosmetología desean progresar con independencia y convertirse en propietarias o administradoras de salones de belleza. Sin embargo, sólo aquéllas que están adecuadamente preparadas para administrar un negocio podrán realizar sus aspiraciones.

El propietario o gerente de un salón de belleza que ofrece servicios completos o servicios especiales debe poseer las cualidades idóneas para esa función. Además de pasar un adiestramiento formal, el haber trabajado en distintas clases de salones de belleza y haber tratado con una variedad de clientes contribuirá a la adquisición de conocimientos y experiencia valiosos.

Dedicarse al negocio por cuenta propia constituye una gran responsabilidad que implica un paso que no debe darse sin hacer previamente planes serios. Un conocimiento de los fundamentos del comercio, la teneduría de libros, la legislación mercantil, los seguros, el arte de vender y la sicología es de importancia crucial para la cosmetóloga que aspira a ser dueña y/o gerente de un salón de belleza. En este capítulo el (la) estudiante podrá analizar algunas de las ventajas y desventajas que van aparejadas con la administración de los negocios.

LO QUE USTED DEBE SABER PARA ABRIR UN SALON DE BELLEZA

Cuando se tiene el propósito de abrir un salón de belleza deben tomarse en cuenta cuidadosamente todos los aspectos de la administración de un negocio. Los tópicos que siguen la pondrán a usted al corriente sobre algunas de las cuestiones que deben considerarse antes de emprender un negocio.

LOCALIDAD

Un negocio bien situado contará con una clientela numerosa y suficiente para el mantenimiento del salón de belleza. Cuando sea posible, el salón debe estar cerca de algún otro comercio de movimiento, tal como un restaurante, una tienda por departamentos, o un supermercado ya que éstos atraen a personas que pueden convertirse en clientes del salón. A menos que usted pueda gastar gran cantidad de dinero en anuncios, le resultará difícil hacer funcionar un salón de belleza con éxito en una zona de poco tránsito. Asimismo, el público es atraído a los distritos comerciales donde se puede, con una sola parada, atender a varios asuntos.

DEBE ESTAR BIEN A LA VISTA

El salón debe ser claramente visible y debe llamar la atención del público que transita frente al mismo bien a pie o bien en algún vehículo.

EVITE LA COMPETENCIA

Evite tener excesiva competencia en la zona contigua. Es mejor que el salón esté situado en una zona donde sea el único de la vecindad.

ESTUDIE LA ZONA

Analice la situación de la zona para poder determinar las posibilidades de clientela. Entérese del censo, los ingresos económicos y los hábitos de la gente que vive en la zona. Converse con otros propietarios de negocios para conocer la opinión que tienen sobre el posible éxito de un salón de belleza en su zona.

ESTUDIE EL CONTRATO DE ARRENDAMIENTO

Antes de firmar un contrato de arrendamiento, asegúrese de que entiende bien todas las condiciones referentes al propietario y al inquilino. El contrato debe prever las reformas de construcción que sean necesarias por cuenta del propietario. Antes de suscribir el contrato es prudente consultar con un abogado que le ayude en las negociaciones.

ESPACIO PARA PARQUEO

Cuando seleccione el lugar para el nuevo negocio o cuando proyecte hacerse cargo de un negocio ya establecido tenga en cuenta los espacios disponibles en la zona para parqueo de vehículos. El público es remiso a acudir a negocios que no son fácilmente accesibles cuando el estado del tiempo es desfavorable. Si es posible, seleccione un lugar para el salón que esté cerca de una ruta de autobuses. Esta circunstancia atraerá a aquella clientela que no tiene vehículo propio. Si su salón va a prestar servicios por la noche, la zona deberá estar bien alumbrada.

ACUERDOS POR ESCRITO

Los acuerdos por escrito para amparar las reformas que afecten al edificio impedirán las disputas sobre quién debe pagar los gastos de las mismas.

TRAZADO DEL PLANO

El trazado de un salón de belleza requiere considerable planificación para lograr un máximo de eficiencia y economía.

FUNCIONAMIENTO DE ESTILO "ABIERTO"
El plano que se observa a la derecha muestra un salón para cuatro operarias con cuatro compartimientos para peluquería. Los servicios de champú, secado del pelo y manicura se prestan en compartimientos separados.

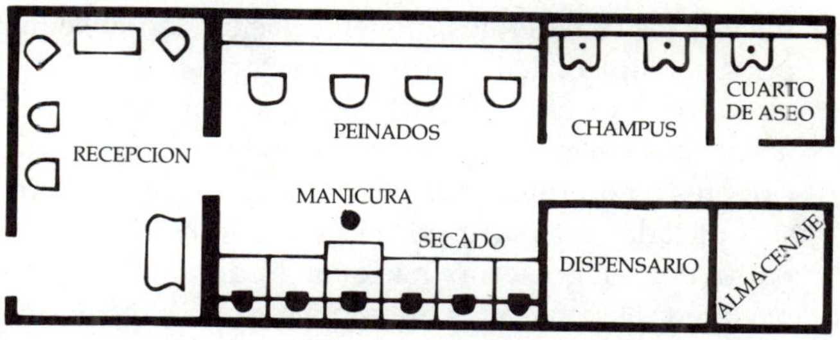

FUNCIONAMIENTO DE ESTILO "CERRADO"
Cuatro casetas semiprivadas se utilizan para todos los servicios, incluyendo la coloración del pelo. El secado y la manicura se hacen en un espacio aparte.

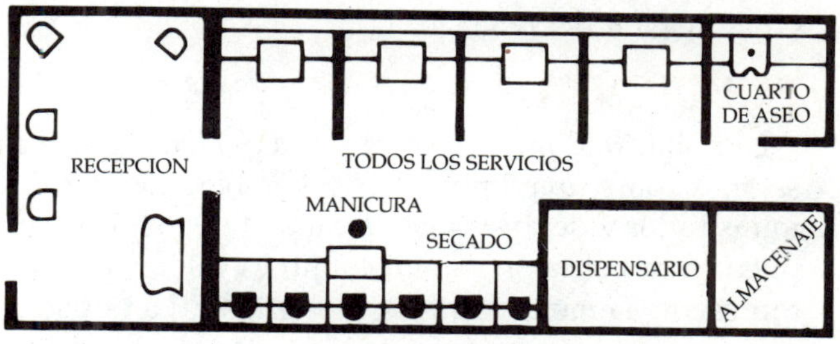

FUNCIONAMIENTO DE ESTILO "COMBINADO" (ABIERTO Y CERRADO)
Dos compartimientos abiertos se utilizan para los peinados y dos compartimientos cerrados pueden utilizarse para otros servicios. El secado y la manicura se hacen en un espacio separado.

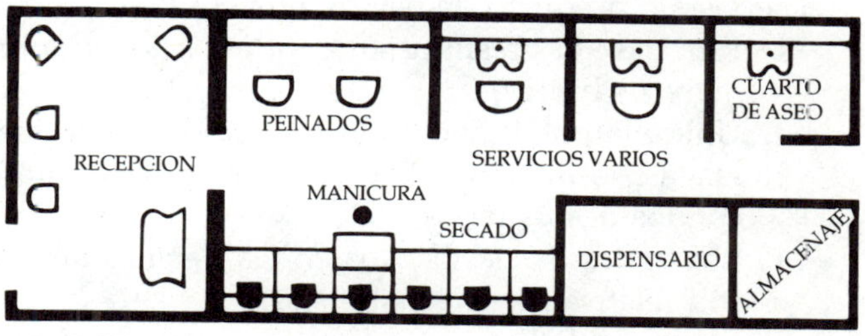

CARACTERISTICAS QUE DEBE POSEER EL SALON

1. Máximo de eficiencia en su funcionamiento.
2. Pasillos con espacio adecuadamente amplio.
3. Salón para los servicios de peluquería abierto hacia la sala de espera.
4. Espacio adecuado para cada equipo.
5. Muebles, accesorios y equipos seleccionados según su costo, durabilidad, utilidad y aspecto. La adquisición de equipos tradicionales y garantizados representa una inversión valiosa.
6. Una combinación de colores que dé reposo a la vista y sea agradable al gusto.
7. Un dispensario.
8. Espacio adecuado para almacenaje.
9. Un cuarto de aseo limpio con inodoro (retrete) y lavamanos.
10. Buena instalación de plomería y suficiente alumbrado para que los servicios se presten satisfactoriamente.
11. Buena ventilación con aire acondicionado (refrigerado) y calefacción (si el clima es frío).

SALA DE ESPERA

La sala de espera no debe descuidarse en el trazado del salón de belleza. Ella representa el lugar donde las clientes reciben la primera impresión del establecimento y marca el tono de lo que el resto del salón es o debe ser. Una sala de recibo decorada en forma atractiva puede llegar a ser uno de los medios de publicidad más influyentes puesto que inmediatamente le ofrece a la clientela un ambiente tranquilo y placentero. Además, da la impresión de que la gerencia del salón se preocupa del bienestar de las clientes. También sirve para atraer la atención de las personas que transitan frente al salón y que pueden llegar a convertirse en clientes.

REGLAMENTOS, LEYES DE COMERCIO Y SEGURO

Al administrar un negocio y tratar con empleomanía se hace imprescindible cumplir con los reglamentos y las leyes de la localidad, el estado (provincia o departamento) y la nación. Las **ordenanzas municipales** generalmente se refieren a las reformas e innovaciones del edificio (código local de construcción). Las **leyes nacionales** (o federales) tienen relación con el seguro social, el subsidio o seguro por desempleo, los cosméticos y la tasa de impuesto suntuario. Las **leyes del estado** (provincia o departmento) se relacionan con los impuestos estatales, las licencias o permisos para ejercer una profesión u oficio y la indemnización por accidentes o enfermedades del trabajo. Las **leyes de impuestos sobre las utilidades** son dictadas en parte por el gobierno estatal (provincial o departamental) y en parte por el gobierno nacional (federal). El **seguro** ampara los errores y las negligencias cometidos en la práctica de la profesión, la responsabilidad civil por accidentes ocurridos dentro del local, incendios, hurtos y robos así como interrupciones en la marcha del negocio.

PUBLICIDAD

La publicidad incluye todas las actividades que atraen la atención del público al salón y dan una impresión favorable. La personalidad y capacidad del administrador y del personal, la calidad de los servicios prestados y la atracción que pueda tener el salón son en conjunto valores publicitarios. Una **cliente satisfecha** representa la mejor forma de publicidad. La publicidad debe ser capaz de atraer y captar la atención de quienes leen, escuchan o ven y despertar el deseo de recibir el servicio o producto de belleza que el salón ofrece.

1. Proyecte un presupuesto para publicidad (aproximadamente un 3% de los ingresos brutos).
2. Utilice la publicidad de los periódicos como medio primordial.
3. Haga uso directo del servicio de correos para comunicarse personalmente con los destinatarios.
4. Los anuncios clasificados en las páginas amarillas del directorio telefónico son relativamente económicos.
5. La publicidad por la radio es más cara pero resulta muy eficaz.
6. La televisión es de efectos dramáticos pero es un medio de publicidad costoso.
7. Una exposición en el escaparate del salón con vista a la calle es como tener un vendedor frente a cada transeúnte.
8. La comparecencia personal a actos públicos es un excelente medio de publicidad, especialmente en clubes para mujeres y hombres, actos en iglesias, reuniones políticas, misiones de caridad y entrevistas por televisión.

OPERACION DEL NEGOCIO Y DIRECCION DEL PERSONAL

Los problemas de los negocios son numerosos, particularmente cuando se abre un nuevo salón de belleza. Algunas de las causas que contribuyen al fracaso del salón son:

1. La falta de experiencia en el trato con el público y con la empleomanía.
2. Carecer del suficiente capital para mantener el negocio hasta que esté sólidamente establecido.
3. Localidad inadecuada y gastos generales demasiado elevados.
4. Falta de adiestramiento apropiado en el manejo del negocio.
5. Descuido en la administración del negocio y negligencia en los métodos de contabilidad.

El dueño (o la dueña) y el (o la) gerente deben poseer buen sentido comercial, conocimientos, capacidad, mucho juicio y tacto. La administración bien lograda del negocio depende de:

1. Suficiente capital invertido.
2. Administración eficaz.
3. Cooperación entre la gerencia y la empleomanía.
4. Buenos procedimientos administrativos.
5. Personal adiestrado y experto en los servicios del salón.

FOMENTE LA BUENA VOLUNTAD

La cosmetóloga causa una buena impresión cuando conoce bien su trabajo y los productos que maneja y, además, sabe conversar en un lenguaje claro y vívido. La clave para ganarse la benevolencia de las clientes está en darles un servicio satisfactorio. El servicio eficiente fomentará la buena voluntad, la confianza y el agrado. La impresión favorable comienza en el momento en que la cliente es recibida con cortesía y se prolonga hasta que la cliente obtiene los resultados deseados de los servicios que se le brindan una y otra vez.

SEA UN EJEMPLO VIVO DE LA MODA EN LA BELLEZA

El modo más seguro de anunciar sus servicios es aplicárselos usted misma. Usted puede ser el mejor ejemplo vivo de los servicios que usted ofrece. Además, al lucir sus atractivos usted puede motivar a sus clientes a que la imiten.

PRORRATEE SUS GASTOS

Como parte de la administración del negocio usted debe siempre saber en qué se gasta el dinero. Es una gran idea prorratear el dinero para los gastos de manera que se saque de la inversión el máximo beneficio.

Nota: Las cifras que siguen pueden variar según las diferentes localidades. En los pueblos grandes y en las ciudades ciertas partidas, como por ejemplo el alquiler, pueden ser mayores mientras que en los pueblos pequeños el alquiler es más bajo y el teléfono y los otros serrvicios públicos pueden costar más. Las cifras dadas aquí representan una mera sugerencia para orientación general.

PROMEDIO DE GASTOS DE SALONES DE BELLEZA EN LOS ESTADOS UNIDOS

(Basado en el total de ingresos brutos)

	Porciento
Sueldos y comisiones (incluídos los impuestos sobre sueldos)	53.5
Alquiler	13
Suministros	5
Publicidad	3
Depreciación	3
Lavandería	1
Tintorería	1
Luz y electricidad	1
Reparaciones	1.5
Seguros	0.75
Teléfono	0.75
Miscelánea	1.5
Total de gastos:	85
Utilidad neta	15
	100%

Se notará que las partidas de mayores gastos son los sueldos, el alquiler, los suministros y la publicidad. Las primeras tres partidas merecen la mayor atención. La partida de publicidad puede adaptarse a discreción.

Al abrir el salón es importante tener suficiente capital de explotación. A menudo un negocio nuevo tarda en desarrollar clientela y por eso hay que tener fondos disponibles para pagar los gastos necesarios. Después de cubrir los gastos generales y cuando las utilidades van en aumento puede incrementarse el presupuesto para entonces dedicar más fondos a la publicidad y para ampliar otras partidas.

LIBRETA PARA LOS TURNOS

La anotación de los turnos para las clientes debe hacerse con cuidado porque la eficiencia en la fijación de horas para ese fin es lo que determina la diferencia entre el exito y el fracaso del negocio. Los servicios se venden en función del tiempo señalado en la página de turnos. Así, las ganancias o las pérdidas dependen de cómo se utiliza ese tiempo.

El tamaño del salón es el factor que decide quién ha de llevar la libreta de turnos. Esta obligación puede estar a cargo de una recepcionista de horario completo, del dueño, la dueña o el gerente o de cualquiera de las cosmetólogas que trabajan en el salón.

Una recepcionista con voz y personalidad agradables es un elemento de buen éxito en el salón de belleza. Además, debe poseer:

1. Un aspecto atractivo.
2. Un conocimiento de los diversos servicios de embellecimiento y del tiempo necesario para cada uno.
3. Una paciencia ilimitada con las clientes y con el personal del salón.

BUENA ADMINISTRACION DEL NEGOCIO

La buena administración del negocio requiere que se mantenga un historial sencillo y eficiente. Los historiales tienen mérito solamente si son correctos, concisos y completos. La teneduría de libros, por ejemplo, significa mantener asientos auténticos de todos los ingresos y gastos. Los ingresos generalmente se clasifican en dinero recibido por servicios prestados y por venta de productos al por menor. Los gastos incluyen el alquiler, los servicios públicos (agua, electricidad, gas, teléfono, recogida de basuras, etc.), los seguros, los sueldos, la publicidad, los equipos y las reparaciones. Es aconsejable recurrir a la ayuda de un contador público para mantener las anotaciones correctamente. También deben guardarse las matrices de los cheques, los cheques cancelados, los recibos y las facturas.

Por otra parte, el mantenimiento de anotaciones adecuadas en los libros comerciales es absolutamente necesario para cumplir los requisitos de las leyes locales, estatales y nacionales referentes a los impuestos y a la empleomanía.

Todas las transacciones comerciales deben ser anotadas para mantener el historial adecuado. Estas anotaciones las necesita el dueño o el (o la) gerente por las razones siguientes:

1. Para la administración eficiente del salón.
2. Para determinar los ingresos, los gastos, las ganancias y las pérdidas.
3. Para mejorar la valoración del salón con vistas a futuros compradores.
4. Para obtener un préstamo bancario.
5. Para informes tales como el impuesto sobre ingresos, el seguro social, el seguro de desempleo e incapacidad, las leyes sobre sueldos y horas de trabajo, la compensación por enfermedad o accidentes del trabajo e impuestos laborales.

IMPORTANCIA DE LOS ASIENTOS DIARIOS

Mantener asientos en los libros diariamente le permite al dueño, la dueña o el (la) gerente conocer hasta qué punto el negocio progresa. Un sumario semanal o mensual le ayudará a:

1. Hacer comparaciones entre el año corriente y otros años.
2. Determinar cualquier cambio en la demanda pública de servicios específicos.
3. Pedir los suministros necesarios.
4. Comprobar el uso de materiales según la clase de servicios prestados.
5. Regular los gastos y desperdicios.

Cada partida de gastos afecta el total de los ingresos brutos. La exactitud de los asientos que se hacen en los libros muestra el costo de operación en relación con los ingresos.

Los comprobantes de ventas, las libretas de turnos para las clientes y el libro de caja para pagos menores deben guardarse durante seis meses por lo menos. El libro de nóminas de sueldos, los cheques cancelados y las anotaciones mensuales y anuales generalmente se guardan durante siete años por lo menos. También es importante mantener anotaciones sobre los servicios y sobre el inventario. Las anotaciones sobre ventas ayudan a mantener un inventario perpetuo que puede utilizarse para:

1. Impedir la acumulación de existencias excesivas.
2. Prevenir la escasez de suministros necesarios a los servicios.
3. Ayudar a determinar la valoración neta del negocio al final del año.

HISTORIAL DE SERVICIOS

Un historial de los servicios prestados debe mantenerse con anotaciones relativas a los tratamientos y los productos o artículos vendidos a las clientes. Esta información es fundamental para sugerir servicios que producirán aumentos en las ventas. Para este fin, debe usarse un sistema de tarjetas de archivo o un libro de anotaciones.

Todos los historiales de servicios deben incluir el nombre y la dirección de la cliente, la fecha, el precio cobrado, el producto usado y los resultados obtenidos. También deben anotarse las preferencias y gustos de la cliente.

Debe mantenerse un inventario corriente de todos los suministros. Estos deben clasificarse en cuanto a su uso y valor en el comercio al por menor. Los materiales que deben utilizarse en el negocio son **suministros de consumo.** Los que se venden en el negocio son **suministros al por menor.**

Las anotaciones del inventario indican cuáles son las mercancías más populares y sirven para prevenir la escasez de cualquier artículo. Al repetir un pedido debe ordenarse la suficiente cantidad del artículo en cuestión para poder usarlo o venderlo dentro de un plazo razonable. Es mejor tener un ligero exceso de existencias qu una deficiencia de suministros.

HISTORIAL DE LOS TURNOS

El uso privado de un historial de turnos ayuda a la cosmetóloga a organizar su tiempo parta atender a las clientes con comodidad. El libro de turnos refleja exactamente lo que ocurre en el salón en un momento dado. La cosmetóloga que hace preparativos por adelantado puede prestar servicios rápidos y eficientes cuando llega la cliente. Además, esto impide el desperdicio de tiempo y dinero.

LEY DE COMERCIO PARA EL SALON

El propietario, la propietaria o el (la) gerente de un salón de belleza puede ser un **individuo,** una **sociedad comercial** o una **sociedad anónima** o **corporación.** Antes de decidir cuál de estos modos de propiedad o administración es el más deseable, debe tenerse un conocimiento de las ventajas relativas de cada forma de organización.

PROPIETARIO INDIVIDUAL

1. El propietario es a la vez dueño y administrador.
2. El propietario determina las normas del negocio y toma todas las decisiones.
3. El propietario recibe todas las ganancias y afronta todas las pérdidas.

SOCIEDAD COMERCIAL

1. Se disfruta de un mayor capital disponible para inversiones.
2. La capacidad y experiencia de cada socio se combinan para facilitar la división del trabajo y las responsabilidades así como para tomar decisiones.
3. Las ganancias se reparten a partes iguales.
4. Cada socio asume responsabilidad civil ilimitada por las deudas de los otros socios.

SOCIEDAD ANONIMA O CORPORACION

1. Hay que redactar unos estatutos e inscribirlos en la oficina del gobierno del estado, la provincia o el departmento.
2. La sociedad anónima está sujeta a tasas y reglamentaciones dictadas por el estado.

3. La administración está en manos de una junta de directores que determina las normas del negocio y toma las decisiones de acuerdo con los estatutos de la corporación.
4. El repartimiento de las utilidades se hace en proporción al número de acciones que posee cada accionista.
5. Los accionistas no son personalmente responsables de las pérdidas del negocio.

ANTES DE COMPRAR O VENDER UN SALON YA ESTABLECIDO

1. Debe formularse por escrito un acuerdo de compra-venta para evitar malentendidos entre las partes contratantes.
2. El comprador y el vendedor deben redactar y firmar una declaración completa de inventario (mercancías, instalaciones, etc.) indicando el valor de cada artículo.
3. Si hay que hacer una transferencia de hipoteca sobre bienes muebles, notas de débito, un contrato de arrendamiento y un contracto o escritura de venta, debe primero hacerse una investigación para determinar si existe algún incumplimiento en el pago de las deudas.
4. Debe consultarse con un abogado para cualquier asesorameinto adicional.

ACUERDO PARA LA COMPRA DEL SALON

Un acuerdo para la compra de un salón ya establecido debe incluir los siguientes puntos:

1. Identificación correcta del propietario.
2. Descripciones auténticas relativas a la valoración del salón y a los incentivos de compra.
3. Uso del nombre y la reputación del salón durante un período de tiempo definido.
4. Consenso bien entendido de que el vendedor no competirá con el futuro comprador dentro de una distancia razonable del lugar en que el salón está situado.

PROTECCION AL CONCERTAR UN CONTRATO DE ARRENDAMIENTO

1. Debe obtenerse una exención de responsabilidad por las instalaciones o aparatos conectados al local o al piso para que puedan ser retirados sin que se viole el contrato.
2. Incluir en el contrato de arrendamiento un acuerdo referente a las innovaciones y reparaciones necesarias, tales como pintura, plomería, instalaciones eléctricas y de otras clases.
3. Debe obtenerse del dueño del inmueble la opción de asignar el contrato de arrendamiento a otra persona; de esta manera, la obligación del pago de la renta se mantiene separada de la responsabilidad de administración del salón.

PROTECCION CONTRA INCENDIO, ROBO Y DEMANDAS JUDICIALES

1. Debe contratarse una empleomanía honrada y capaz y el local debe tener cerraduras seguras en puertas y ventanas.
2. Deben observarse las precauciones de seguridad para prevenir incendios, daños y demandas judiciales. Debe suscribirse un seguro contra responsabilidad civil, incendios, negligencia profesional y hurto.
3. No debe violarse ninguna de las leyes que rigen la práctica de la medicina en el país o el estado y, por lo tanto, no deben ofrecerse diagnósticos, tratamientos o curas para ninguna enfermedad.
4. Es necesario familiarzarse con todas las leyes que rigen la cosmetología y con los códigos de sanidad de la ciudad, el estado, la provincia o el departamento.
5. Deben mantenerse anotaciones precisas y exactas sobre el número de empleados, sueldos, duración de los empleos y números de la seguridad social exigidos por las diversas leyes estatales y nacionales (federales) que afectan el bienestar social de la empleomanía.

Nota: La ignorancia de la ley no excusa su incumplimiento.

RESUMEN

A continuación se enumeran algunas de las cuestiones importantes que deben tenerse en cuenta al iniciar un negocio:

CAPITAL: Cantidad disponible, cantidad necesaria.

ORGANIZACION: Individuo, sociedad comercial, sociedad anónima o corporación.

BANCO: Abrir una cuenta bancaria, depósitos, cheques para extraer fondos, estados mensuales de finanzas, notas y giros.

SELECCION DEL SITIO: Población, medios de transporte, transeúntes, posibilidades comerciales, espacio requerido, ordenanzas distritales, parqueo para vehículos.

DECORACION Y PLANOS: Selección del mobiliario, cubiertas para el piso, instalación del teléfono, anuncios lumínicos eléctricos, decoración exterior, exposición en escaparates, decoración interior.

EQUIPOS Y SUMINISTROS Selección de equipos, valores comparativos, instalación, medidas para ahorro de trabajo.

PUBLICIDAD: Planificación, correo directo, publicaciones del barrio o del salón, periódicos locales, radio, televisión, anuncios clasificados en las páginas amarillas del directorio telefónico.

ASPECTO LEGAL: Contrato de arrendamiento, otros contratos, reclamaciones, demandas judiciales.

SISTEMA DE CONTABILIDAD: Instalación, libreta de turnos para las clientes, recibos, desembolsos, caja para pagos menores, ganancias y pérdidas, inventario.

COSTO DE OPERACION: Suministros, depreciación, alquiler, luz, sueldos, teléfono, servicio de lencería, objectos varios, impuestos.

ADMINISTRACION: Métodos para fomentar la buena voluntad, análisis de materiales y trabajo en relación con los cargos por servicios, saludos a las clientes, resolución de quejas, trato con la empleomanía, venta de productos, métodos telefónicos efectivos.

OFICINA DE LA ADMINISTRACION: Efectos de escritorio, suministros para oficinas, inventario.

SEGUROS: Responsabilidad civil pública y de negligencia profesional, indemnización por enfermedades o accidentes del trabajo, desempleo, seguro social, incendio, robo y hurto, interrupción en la marcha del negocio.

FORMAS DE PAGO: Por adelantado, entrega contra reembolso, cuenta abierta, pagos a plazos.

CUMPLIMIENTO DE LAS LEYES LABORALES: Ley sobre salario mínimo, horas de trabajo, menores de edad.

ETICA: Cortesía, observancia de las practicas comerciales y profesionales.

CUMPLIMIENTO DE LA LEY ESTATAL (O NACIONAL) SOBRE COSMETOLOGIA que rige el trazado físico del salón y los equipos.

LICENCIAS (O PERMISOS) para salones de belleza, administradores de salones y cosmetólogas y cosmetólogos.

ADVERTENCIA

No haga trato comercial con una persona enteramente extraña y nunca le entregue dinero en efectivo a un extraño. Nunca extienda un cheque a nombre de una persona que trabaja para una empresa; haga el cheque a la orden de la empresa.

USO DEL TELEFONO EN EL SALON

Una parte importante del negocio relacionada con el salón de belleza se trata a través del teléfono. Los buenos hábitos y métodos de contestar llamadas telefónicas hacen posible, tanto para la gerencia del salón como para la cosmetóloga, que aumente la clientela y se conquisten nuevas amistades. Al contestar cada llamada debe aprovecharse la oportunitad de fomentar una buena reputación para el salón mediante servicios de primera calidad.

El teléfono sirve para muchos fines útiles al salón, tales como:

1. Concertar o cambiar turnos o citas para las clientes.
2. Conseguir nuevas clientes o atraer a aquéllas que vienen al salón con poca frecuencia.
3. Recordarles a las clientes aquellos servicios que les son necesarios.
4. Responder a preguntas y prestar servicios en tono amigable.
5. Atender a las quejas y dejar satisechas a las clientes.
6. Recibir mensajes.
7. Pedir instrumentos y materiales.

El éxito que se tiene en el uso del teléfono depende en gran parte del esfuerzo calculado que se hace para observar ciertas reglas fundamentales. Siempre que estas se cumplan, el teléfono podrá ser una aparato sumamente útil al salón de belleza.

La clientela podrá promoverse eficientemente en el salón mediante el uso del teléfono con tal que:

1. Se prepare de antemano lo que se va a decir.
2. Se utilice el teléfono correctamente.

UN BUEN PLAN

Un buen plan consiste principalmente en destinar a la persona adecuada para que atienda el teléfono y facilitarle la información necesaria para que pueda desempeñar bien su tarea.

Una persona comprensiva y capaz debe estar a cargo de las llamadas telefónicas. Dicha persona debe familiarizarse completamente con los precios de los diversos servicios de embellecimiento y debe saber recomendar aquellos servicios que sean apropiados a las necesidades de las clientes. Cuando esta persona se ausenta deberá adiestrarse a una sustituta apta para que se haga cargo del teléfono.

El siguiente punto de importancia es tener el teléfono situado en un lugar conveniente y silencioso. Para ello deberá proveerse un asiento cómodo. Cerca del teléfono y a mano debe haber una libreta donde se puedan anotar los turnos y citas, la información de las tarjetas de registro de las clientes, un lápiz o bolígrafo y un bloque de papel. Para ahorrar tiempo debe tenerse a mano una lista, puesta al día, de los números telefónicos que más frecuentemente se usan y también un directorio telefónico reciente.

La buena práctica comercial requiere que el número telefónico del salón se anuncie en forma amplia y destacada tanto en el papel de notas y en los efectos de escritorio como en las circulares, en los anuncios del periódico y en las tarjetas para turnos y servicio de la clientela. Las tarjetas comerciales con el nombre, dirección y teléfono del salón deben estar disponibles y a la vista en el escritorio de la recepcionista y en otros lugares apropiados de la sala de recibo. Esto le ahorrará a las clientes el trabajo de buscar el número telefónico del salón y les facilitará hacer llamadas al salón.

BUEN USO DEL TELEFONO

El buen uso del teléfono puede describirse mejor que en ninguna otra forma como la regla áurea por la que tratamos a los demás tal y como quisiéramos que ellos nos trataran a nostros. El lema deberá ser, pues, "Hable usted por teléfono tal como usted quisiera que otros le hablaran." Cuando esta regla se practica diariamente da por resultado que uno diga y haga lo correcto en el momento oportuno y en la forma adecuadá. El buen uso del teléfono requiere la aplicación de varios principios básicos que se resumen en emplear el sentido común y practicar la mutua cortesía.

SALUDOS

Lo primero que la persona que llama desea saber es el nombre de quien contesta el teléfono y el del salón de belleza. La manera correcta de contestar el teléfono es decir: "Buenos días (buenas tardes o buenas noches), habla (aquí diga el nombre de usted) del Salón de Belleza (nombre del salón)." Después de esta breve introducción, puede usted preguntar: "¿En qué puedo servirle?"

Las primeras palabras que usted diga por teléfono darán una impresión instantánea de su personalidad y pondrán a cubierto el prestigio del salón. Por eso es de suma importancia saludar con una cordial bienvenida a todas las personas que llaman. Ello será muestra de que usted se complace en recibir las llamadas y está deseosa de ser útil.

Ejemplo: "Buenos días. Habla María Doria del Salón de Belleza 'Elegante.' ¿En qué puedo servirle?"

REGLAS BASICAS

La persona que contesta el teléfono del salón debe observar las siguientes cuatro relgas básicas para el buen éxito de las conversaciones telefónicas:

1. Muestre una actitud de cooperación y genuino interés reflejándola en el tono de su voz y en lo que dice.
2. Sea diligente. Conteste todas las llamadas lo más pronto posible. No hay nada que irrite más a la persona que llama que tener que esperar a que le contesten.
3. Tenga como práctica darle a la persona que llama toda la información necesaria. Esto significa que usted debe identificarse inmediatamente y nombrar el salón bien cuando hace una llamada o cuando la contesta. Si la información que se le pide no está a la mano, tenga la suficiente cortesía para decir: "¿Puede esperar un momento, por favor, mientras obtengo la información que usted desea?" Seguidamente oprima en el teléfono el botón que indica "Espera" ("Hold").
4. Sea diplomática. Evite decir o hacer cualquier cosa que pueda ofender o mortificar a la persona que llama. Cualquiera que use el teléfono con diplomacia tendrá el cuidado de:
   a) Averiguar quién llama, diciendo: "¿Puede decirme quién llama, por favor?" o "¿Tendría la bondad de decirme su nombre?" Evite hacer preguntas bruscas, como por ejemplo: "¿Quién es usted?"
   b) Diríjase a las personas nombrándolas por el apellido. Emplee expresiones tales como "Muchas gracias," "Lo siento," o "Dispense."
   c) Evite hablarle a alguien que esté presente, cerca o lejos de usted, mientras tiene a otra persona en la línea telefónica.
   d) Deje que la persona que llama sea quien ponga fin a la conversación. Al finalizar, no cuelgue el teléfono precipitadamente.

SU VOZ Y DICCION

Cada vez que usted telefonea a una persona, usted produce una impresión definida: buena, mala o indiferente. Su voz, lo que usted dice y cómo lo dice son revelaciones de su personalidad en sus relaciones con los demás. Si usted aspira a tener una buena personalidad telefónica, asegúrese de adquirir el hábito de:

1. Hablar claramente.
2. Hablar con corrección.
3. Emplear un tono de voz agradable.

De esta manera, la persona que escucha su voz comprenderá inmediatamente lo que usted dice.

Como regla general, la dicción más efectiva es la que muestra a la vez corrección y naturalidad. Una voz alegre, atenta y entusiasta proviene casi siempre de una persona que posee estas deseables cualidades como parte de su personalidad.

Para causar una buena impresión por teléfono, relaje los músculos y respire profundamente antes de contestar la llamada. Abra la boca, pronouncie las palabras claramente en un tono de voz bajo y natural y hable a moderada velocidad. Las voces claras se oyen mejor por teléfono que las voces chillonas.

Si la persona que le escucha le interrumpe alguna vez con alguna expresión tal como "¿Qué dijo?" o "Perdone, pero no le oigo," puede ser señal de que su voz no está desempeñando el papel deseado. En este caso, usted debe tratar de determinar cuál es el defecto y corregirlo. Las causas más comunes de esta deficiencia suelen ser:

1. Usted habla demasiado alto o demasiado bajo.
2. Sus labios están muy lejos del micrófono telefónico. La distancia entre la boca y el teléfono debe ser igual al ancho de dos dedos.
3. El tono de su voz es muy grave o muy agudo.
4. Su pronunciación no es clara.

COMO PLANEAR SU CONVERSACION TELEFONICA

En el caso de una charla amistosa o de una conversación sobre asuntos de negocio siempre anote por anticipado los detalles esenciales en un bloque de papel como preparación para lo que va a decir. De esta manera usted proyectará la imagen de una persona que sabe cómo afrontar cualquier clase de situación con eficiencia. Al salón le beneficiará esta imagen que usted proyecta puesto que las clientes recibirán una impresión favorable de la empleomanía del salón.

Si usted sostiene una conversación prolongada con la cliente, tome nota de los puntos principales que traten. Así, cuando usted le conteste podrá responder a cada una de las cuestiones en que la cliente expresó interés.

METODOS TELEFONICOS EFECTIVOS

La observancia continuada de los simples requisitos para la buena práctica del uso del teléfono le ayudará a usted a hacer nuevas amistades, a atraer clientela y crear simpatía favorable al salón.

Para desarrollar la práctica necesaria en el trato de diferentes situaciones y clientes, usted debe estudiar y ensayar los siguientes métodos telefónicos efectivos:

1. Cómo concertar turnos por teléfono.
2. Cómo atender quejas por teléfono.
3. Cómo responder por teléfono a los reparos que pudieran ponérseles a los precios.

COMO CONCERTAR TURNOS POR TELEFONO

La persona encargada de concertar los turnos para los servicios que ofrece el salón desempeña una importante responsabilidad. Para esta tarea se requiren especiales cualidades y experiencia, tales como:

1. Conocer perfectamente todas las clases de servicios y productos que se brindan en el salón de belleza, así como el precio de cada uno.
2. Estar familiarizada con la calidad del trabajo que realiza cada cosmetóloga.

3. Emplear buen juicio al asignar los turnos para las clientes y hacer justicia en ello.
4. Ser exacta al anotar el nombre de la cliente, la clase de servicio y la hora para la cual se ha concedido el turno.
5. Asignar los turnos con separación uniforme de tiempo entre uno y otro para permitir que el salón de belleza funcione con eficiencia.

COMO TRATAR A UNA CLIENTE NUEVA

La manera más adecuada de tratar a una futura cliente se ilustra en la siguiente conversación telefónica:

Recepcionista (R): "Buenas tardes. Habla la señorita Jiménez del Salón de Belleza Milady. ¿Me permite atenderla?"

Cliente (C): "Habla la señora Bretón y quisiera hacerme una permanente."

(R): "¿A qué hora le conviene, por favor?"

(C): "A las dos de la tarde del miércoles."

(R): "Lo siento, señora Bretón, pero otra persona tiene ya un turno a esa hora. En cambio, tenemos un turno libre a las 4. ¿Le convendría éste?"

(C): "Sí, está bien; pero quiero que me atienda la muchacha rubia."

(R): "¿Se refiere usted a la señorita Paúl? Desafortunadamente, ella no tiene ningún turno libre este miércoles. Sin embargo, tenemos a la señorita Dávalos, una experta cosmetóloga, que podría atenderla a las 4."

(C): "Realmente, prefiero a la señorita Paúl."

(R): "Pues de veras me apena que no podamos complecerla esta vez. ¿Podría usted aceptar otro turno? Quizás para la próxima ocasión, si usted solicita un turno con bastante anticipación, podremos tenerlo todo preparado para que la señorita Paúl sea quien la atienda."

(C): "Bueno, está bien. Iré de todos modos el miércoles a las 4."

(R): "Perfectamente, señora Bretón. Muchísimas gracias y hasta luego"

COMO TRATAR A UNA CLIENTE HABITUAL

La manera de concertar un turno para una cliente habitual se ilustra en la siguiente conversación telefónica:

Cliente (C): "Habla la señora del Valle. ¿Podría Estrella darme un champú y peinado a cualquier hora el viernes? Prefiero ir por la tarde."

Recepcionista (R): "Un momento, por favor, señora del Valle, mientras consulto el horario de turnos. Estrella tiene todos los turnos asignados para el viernes y el sábado. ¿Qué le parece mañana?"

(C): "Realmente, mañana no me conviene."

(R): "En ese caso permítame sugerirle un turno con María para el viernes por la tarde. María es una nueva empleada, pero trabaja muy bien y estoy segura de que usted quedará satisfecha. Por otra parte, Estrella podría atenderla mañana a la una o, si usted acepta, María puede atenderla el viernes a las tres."

(C): "Me agrada que Estrella me peine, pero me es imposible ir el viernes. No sé qué debo hacer."

(R): "Si alguien cancela un turno, tendré mucho gusto en llamarla, señora del Valle. Tengo aquí su número telefónico: 536-4327. Pero en caso de que no haya cancelación, ¿podría darle el turno del viernes con María? Estrella podría indicarle a María cómo a usted le gusta que la peinen."

(C): "Está bien. Le daré a María la oportunidad."

(R): "Pues el viernes a las tres, a menos que yo la llame a usted antes. Muchas gracias, señora del Valle y hasta luego"

COMO ATENDER QUEJAS POR TELEFONO

En algunos salones de belleza las quejas resultan mortificantes y a veces hasta se las toma como ofensa personal. Semejante actitud sólo sirve para empeorar la situación y frecuentemente da por resultado la pérdida de la clientela. Al contrario, la queja que exprese una cliente merece ser atendida con **cuidadosa consideración.** Esto brinda la oportunidad de mejorar el servicio y conservar la simpatía y buena voluntad de la cliente.

Atender quejas, especialmente por teléfono, es tarea difícil. Como la perona que expresa la queja se siente probablemente molesta y alterada, trate usted de **dominarse** empleando **diplomacia** y **cortesía,** no importa lo irritante que sean las circunstancias. Esta es la única manera en que usted logrará que la persona que se queja tenga la impresión de que ha sido tratada con justicia.

Recuerde que el tono de su voz debe ser benévolo y tranquilizador. Su modo de hablar y las palabras que usted emplea deben darle a la persona que se queja la impresión de que usted realmente está preocupada del problema. Procure que la cliente le cuente todos los detalles del caso. **Evite interrumpirla.**

Después de escuchar todos los detalles de la queja, el próximo paso es resolverla rápida y eficazmente. Cualquiera de los siguientes métodos le dará buenos resultados:

1. Dígale a la cliente descontenta que usted lamenta lo ocurrido y explíquele la causa del problema. Asegúrele que no volverá a repetirse.
2. Congenie con la cliente diciéndole que usted comprende cómo ella se siente y que lamenta el inconveniente sufrido. Agradézcale que le haya llamado su atención al caso.
3. Pregúntele a la persona que llama cómo pudiera el salón remediar su queja. Si lo que la persona pide es justo y razonable, muéstrese su acuerdo para así cumplirlo.
4. Si la cliente está descontenta de los resultados de un tratamiento de belleza, trate de resolver la queja hasta dejar a la cliente satisfecha. Tranquilícela prometiéndole un nuevo tratamiento correctivo sin costo para ella.

La manera de atender una queja por teléfono se ilustra en la siguiente conversación:

(R): "Habla la señorita Jiménez del Salón de Belleza Milady."

(C): "¿Puedo hablar con el señor Chacón?"

(R): "Lo siento, pero él no puede venir al teléfono en este momento. ¿Podría atenderla yo?"

(C): "Bueno, habla la señora Belgrano y yo quería hablar con el señor Chacón porque no estoy satisfacha con la permanente que me hicieron allí."

(R): "Lo lamento, señora Belgrano. Tengo la seguridad de que el señor Chacón querrá hablar con usted personalmente. ¿Le sería muy inconveniente venir al salón para que él pueda examinarle el pelo? Si usted pudiera venir dentro de unos pocos días, tendré sumo gusto en darle un turno para la consulta."

(C): "Mañana por la mañana tengo que pasar cerca del salón. ¿Podría llegarme allí a eso de las 11?"

(R): "Sí, señora, pero sería aun mejor si usted pudiera verlo unos minutos antes de las 11? ¿Puedo anunciarle al señor Chacón que usted vendrá?"

(C): "Sí, desde luego, y muchas gracias."

(R): "Gracias a usted, señora Belgrano. Nos complace su llamada."

COMO RESPONDER A REPAROS HECHOS A LOS PRECIOS

Suponga que una cliente telefonea para preguntar el precio de una ondulación permanente. Después de informársele el precio, la cliente dice: "La verdad es que al doblar de la esquina me hacen esa misma permanente por menos costo." ¿Cómo respondería usted a este reparo?

La mejor manera de contrarrestar la objeción es inspirar una mayor estima en la mente de la cliente. Usted puede apelar al buen juicio de ella presentándole razones lógicas. Trate de demonstrarle cómo ella se beneficiará más de la mejor calidad de servicio que ofrece su salón.

Durante la conversación telefónica, logre primero que la cliente se ponga de acuerdo con usted. Usted bien podría con voz calmada, inspirándole confianza, decirle lo siguiente: "Estoy completamente de acuerdo con usted, señora Bretón, pero usted sabe que también puede comprar un par de zapatos en algún lugar por menos precio que en otro. Sin embargo, usted seguramente querrá pagar un poco más y comprar los zapatos que mejor le vengan a sus pies. ¿Sabe usted por qué, señora Bretón? Porque usted conoce perfectamente que aunque dos pares de zapatos puedan parecer iguales es posible que exista una gran diferencia entre ellos tanto en la calidad de la piel de que están hechos como en la pericia del zapatero y el modo en que se ajustan a los pies. A la larga, los zapatos de mayor precio le durarán más y, por lo tanto, le costarán menos."

"Por la misma razón, nuestra ondulación permanente cuesta más porque en nuestro salón utilizamos únicamente los materiales de la mejor calidad para su pelo y, además, tenemos sumo cuidado en crear permanentes de aspecto natural. Usted puede tener la seguridad de que la razón que nos asiste para cobrar más es que le suministramos un mejor servicio y una mejor calidad de permanente."

RECORDATORIOS PARA EL BUEN USO DEL TELEFONO

1. Sea diligente. Cuando el timbre del teléfono suene, conteste la llamada inmediatamente, incluso al primer timbrazo si es posible.
2. Esté preparada. Conozca por anticipado lo que va a decir. Esté lista para suministrar información correcta a cualquiera que la solicite. Siempre tenga a mano un lápiz o un bolígrafo y un bloque de papel para los mensajes.
3. Identifíquese y dé el nombre del salón en todas las llamadas que reciba o en las que usted haga.
4. Hable claramente dirigiendo la boca hacia el micrófono telefónico. No hable entre dientes ni tampoco a gritos. Haga buen uso de la lengua española y evite la jerga y los vulgarismos.
5. Sea diplomática y cortés cuando habla por teléfono. Diríjase a la persona que llama nombrándola por el apellido. Trate de causar una buena impresión en quien le escucha.
6. Muestre genuino interés en la persona que llama al salón de belleza y ofrézcale su cooperación en todo momento.
7. Evite la discusiones y las interrupciones mientras habla por teléfono.

COMO VENDER EN EL SALON DE BELLEZA

Las ventas constituyen una importante y creciente responsabilidad para la cosmetóloga ya que muchos salones añaden a los servicios de embellecimiento anexos tales como departamentos de pelucas y pequeñas tiendas de prendas de vestir para las damas. La cosmetóloga igualmente competente como estilista del cabello y como vendedora es la que con mayor probabilidad triunfará en el negocio.

Aquí no vamos a intentar referirnos a todos los aspectos posibles de las ventas, pero si las (o los) estudiantes se aprovechan de estas sugerencias básicas, descubrirán que el logro de las buenas ventas llegará a formar parte del repertorio de conocimientos de la profesión.

El éxito en las ventas requiere aspiraciones y determinación por parte del vendedor o la vendedora. La efectividad en las ventas es necesaria en todos los negocios.

El primer paso para realizar una venta es poder "venderse usted misma." Las clientes tienen que simpatizar con la cosmetóloga y confiar en ella antes de decidirse a comprar los servicios de embellecimiento, los cosméticos, las pelucas o cualquier otro artículo.

Toda cliente que entra en el salón es una posible compradora de servicios o artículos anexos. La forma en que usted la recibe y saluda proporciona el fundamento de una venta sugestiva. Salúdela con una sonrisa y dígale: "¿En qué puedo servirla?" Muéstrese dispuesta y ansiosa de ayudarla. El reconocimiento de las necesidades y preferencias de las clientes posibilita el uso inteligente de las ventas sugestivas.

PRINCIPIOS PARA VENDER

La cosmetóloga que ha de convertirse en una eficiente vendedora debe comprender y aplicar los siguientes principios en que se fundan las ventas:

1. Familiarícese con los méritos y beneficios de cada uno de los servicios y productos.
2. Adapte su manera de abordar a las clientes y su método de vender a las necesidades y la mentalidad de cada una de ellas.
3. Tenga confianza en sí misma. Es esencial hacer que las ventas resulten agradables y productivas.
4. Estimule la atención, el interés y el deseo como pasos conducentes a la realización de una venta.
5. Nunca represente falsamente el servicio o producto que ofrece.
6. Emplee diplomacia al tratar a la cliente. Evite la grosería o las ofensas.
7. Comprenda la naturaleza humana para que pueda aplicar los métodos de venta adecuados.
8. No sea negativa.
9. Para vender un producto o servicio, conduzca la conversación relativa a la venta en una forma reposada y amigable y, si es posible, haga una demostración de lo que vende.
10. Reconozca el momento sicológicamente apropiado para cerrar el trato de la venta.

CLASES DE CLIENTES Y MODOS DE TRATARLAS

La cosmetóloga que tiene las mayores posibilidades de triunfar en la venta de servicios o artículos adicionales que interesan a las clientes es la que puede reconocer los numerosos tipos diferentes de personas y sabe cómo tratar a cada cual.

Las descripciones que siguen se refieren a siete de los tipos más comunes de personas con quienes usted va a tratar y sugieren cómo debe tratarse a cada tipo en particular.

1. **Tripo retraído y tímido.** Hágala sentirse cómoda. Tome la iniciativa en la conversación. No la obligue a hablar. Aliéntela.
2. **Tipo locuaz.** Escuche con gusto y paciencia. Cambie la conversación suave y discretamente hacia el tema de la necesidad que toda mujer tiene de embellecerse y cómo ella puede lograrlo.
3. **Tipo nervioso e irritable.** No admite mucha conversación. Quiere que la operaria que la atiende trabaje con rapidez y que el estilo de peinado sea sencillo y práctico. Empiece y termine el trabajo lo más rápidamente posible.
4. **Tipo inquisitivo y excesivamente cauteloso.** Explíquele todo en detalle. Refiérale los hechos. Muéstrele los frascos sellados y los nombres de las marcas. Pídale su opinión.
5. **Tipo sabihondo y consentido.** Manifiéstele que está de acuerdo con ella. Haláguele su vanidad. Preséntele sugerencias en forma indirecta por medio de preguntas. No discuta. Hágale cumplidos.
6. **Tipo adolescente.** No trate de venderle más cosas de la cuenta. Déjele el pelo largo. Bríndele consejos especiales sobre el cuidado del cabello y el maquillaje adecuado.
7. **Tipo chapado a la antigua** (60 o más años de edad). Use especial cortesía y atenciones para hacerla sentirse cómoda. Sugiérale una permanente y un estilo de peinado adecuados a la mujer madura.

LA PERSONALIDAD EN LAS VENTAS

Recibimiento de la cliente. Su capacidad para vender aumentará progresivamente cuando usted haga que la cliente se dé cuenta de que usted tiene un interés personal en el bienestar de ella. Trate a las clientes amistosamente y prodígueles pequeñas cortesías, tales como un saludo efusivo y una sonrisa placentera. Cuelgue el abrigo de la cliente en la parte apropiada del salón y no la haga esperar demasiado para darle el servicio que necesita. La atención a estos pequeños detalles es algo que las clientes aprecian grandemente. Los servicios de embellecimiento pueden obtenerse en muchos lugares, pero la personalidad y amistad que se ofrece como apoyo a esos servicios es lo que hace que la cliente vuelva a usted una y otra vez.

El **magnetismo personal** constituye una provechosa ventaja para lograr ventas. Cada persona crea alrededor de sí un ambiente que puede ser bien atractivo o bien repelente para las clientes. Como la personalidad atractiva conduce a hacer amistades y a aumentar las ventas, la cosmetóloga debe desarrollar las cualidades que caracterizan a una personalidad destacada.

La cualidades enumeradas a continuación son positivas y necesarias para el éxito en la carrera de vendedora:

Optimismo: esperanza de que las cosas van a salir bien.

Aspiraciones: deseo de adquirir fortuna y mejorar la posición de uno en la vida.

Determinación: capacidad para hacerle frente a los problemas y los obstáculos y vencerlos.

Iniciativa: habilidad para hacer lo que es necesario sin que se lo indiquen a uno ni le digan cómo hacerlo.

Jovialidad: ánimo alegre y afín que hace del acto de vender una experiencia agradable tanto para la cosmetóloga como para la cliente.

Diplomacia: decir o hacer lo correcto, en el momento apropiado, en el lugar adecuado, sin ofender a nadie.

Sinceridad: expresar sus sugerencias porque usted realmente cree que la venta será beneficiosa para la cliente.

Arte de sonreír: una sonrisa le expresa a la cliente el agrado que usted siente al servirla.

SICOLOGIA PARA VENDER

La venta de un servicio o producto de belleza, no importa la buena calidad del mismo, resultará difícil si la cliente no lo necesita. Así, antes de intentar hacer cualquier venta, determine primero si la cliente necesita lo que usted va a venderle. Cada persona que entra en el salón tiene deseos y necesidades específicas. Por eso debe usted precisar cómo la cliente va a utilizar el servicio o producto en cuestión antes de tratar de vendérselo.

Motivos para comprar. ¿Cuáles son los motivos que llevan a una mujer a comprar servicios y artículos de embellecimiento? A la mujer le interesa destacar sus cualidades naturales o suplir aquéllas que le faltan. Un peinado de estilo moderno, un aspecto de juventud, unos ojos brillantes, una piel suave, un vestido a la moda y un maquillaje correcto representan algunos de los detalles de pulcritud que más desean las mujeres. La influencia personal y el prestigio social pueden robustecerse con una presencia rejuvenecedora. Otras razones por las cuales las clientes desean servicios embellecedores son la vanidad, la satisfacción personal y el placer estético. El motivo predominante y más poderoso es el que la cosmetóloga debe descubrir para apelar a él con su mayor esmero.

Ayude a la cliente a decidirse. Si la cliente se muestra dudosa o indecisa, ayúdela a decidirse dándole consejos con honradez y sinceridad. Por ejemplo, si una cliente desea una ondulación permanente y usted ve que tiene el pelo muy reseco, usted tiene la obligación de recomendarle el uso de un acondicionador y explicarle detalladamente cómo este producto le mejorará el cabello.

En la profesión de la cosmetología, usted tiene que infundir ideas relacionadas con los servicios y productos que vende. Demuéstrele a la cliente no sólo lo que el servicio de embellecimiento es en sí, sino, además, lo que puede representarle en cuanto a resultados y beneficios. Véndale la idea de que un tratamiento o producto de belleza le mejorará sus atractivos y su personalidad femenina. La venta de ideas junto con los servicios de belleza le proporciona gran mérito a la cliente y le facilita más ventas a la cosmetóloga.

TECNICAS PARA VENDER

El máximo benficio de la cliente debe ser para usted consideración de primerísima categoría. Bajo ninguna circunstancia debe usted abordar a una cliente pensando únicamente en el lucro que ella representa. La sinceridad y la honradez son los fundamentos de una buena venta.

Si usted le prodiga a la cliente cuidadosa consideración, podrá comprender las necesidades de ella y cómo puede satisfacerlas complaciéndola enteramente y a la vez aprovechando usted la ventaja económica del negocio. En todo caso, deben emplearse la discreción, la diplomacia y la cortesía.

UTILICE EXHIBICIONES ATRAYENTES

Para darle a conocer a las clientes, ya sean nuevas o habituales, la calidad y el costo de los servicios y productos de belleza, prepare exhibiciones atrayentes en el escaparate del salón, en el escritorio de la recepcionista, en el mostrador de cosméticos, en la caseta de servicios y en el área de los anexos (pelucas, ropa para damas, etc.). Decore los escaparates para que sean vehículos de un mensaje claro y despierten el interés del público que transita frente al salón. La reorganización frecuente de los objetos en exhibición y los cambios llamativos en la presentación de los servicios o productos que se anuncian atraerán la atención del público a estos nuevos aspectos. Los letretros o anuncios deben expresar los precios. Si el precio está al alcance del bolsillo de la cliente, ésta no dudará ni temerá pedir más informacion sobre lo que se anuncia.

Una exhibición efectiva puede promover interés en un servicio o producto específico y así ayudar a venderlo. Los productos de belleza deben ser atractivos a la vista por su color y a la imaginación por lo que sugieren respecto a los encantos femeninos. Los fabricantes de productos y los vendedores al por mayor estarán dispuestos a prestar su cooperación poniéndose de acuerdo con el salón sobre una brillante iluminación y una presentación atractiva en la exhibición de sus productos.

DESCRIBA LOS BENEFICIOS DEL SERVICIO DE EMBELLECIMIENTO

Cada servicio de belleza requiere una técnica de venta propia con el empleo de un lenguaje sencillo y sugestivo que infunda en la cliente el deseo de comprar. Al fomentar el interés y el deseo, utilice palabras gráficas y adjetivos descriptivos colmados de sensibilidad. Preséntele a la cliente un "dibujo verbal" de ella misma representándola como un persona sosegada, rejuvenecida y más encantadora después que recibe el servicio de belleza que usted le recomienda.

Facial. Dígale a la señora Espinosa: "Nuestro facial embellecedor vigoriza el cutis, tornándolo radiante y encantador. Una piel suave y aterciopelada hará que otras personas exlamen "¡Qué cutis tan hermoso tienes!"" Un atractivo sentimental es a menudo más eficaz que el empleo de un razonamiento lógico y frío.

Para triunfar en las ventas, el lenguaje empleado debe ser positivo en vez de negativo. Absténgase de usar la palabra "no" en su vocabulario de ventas.

Configuración del cabello. Una cliente concierta un turno para un champú y un peinado. Es evidente, sin embargo, que además necesita una reconfiguración (recorte) del cabello. (Use la palabra "configuración" en vez de "corte de pelo" o "recorte" porque resulta más suave al oído y facilita la venta.) La conversación pudiera desarrollarse del modo siguiente:

Cosmetóloga: "Señora Junco, su cabello está demasiado largo para el estilo de peinado que yo quisiera hacerle. Me gustaría reconfigurarlo un poco para que se adapte mejor al contorno de la cabeza y le sirva de marco favorable a la cara. De ese modo, el peinado le durará más, el cabello será dócil y se secará en menos tiempo."

Señora Junco: "No me había dado cuenta de que tenía el pelo tan largo. Recórtelo porque quiero que mi estilo de peinado luzca lo mejor posible. Pero, por favor, no lo recorte demasiado."

Cosmetóloga: "No se preocupe. Recortaré solamente lo necesario."

NO SUBESTIME A LA CLIENTE

En ingún momento debe usted substimar a la cliente en cuanto a su inteligencia o su capacidad para abonar el servicio que desea o necesita. Un vestido sencillo y la falta de pretensión en la cliente no indican necesariamente incapacidad para afrontar los gastos del servicio que solicita. Aparte del estado económico, cada cliente tiene derecho a recibir un tratamiento cortés, con sincera consideración, sea su compra de mucha o poca monta. Cuando efectúe una venta, usted debe evitar mencionar el precio hasta haber despertado suficientemente el interés de la cliente. El precio debe mencionarse entonces de una manera casual sin darle demasiada importancia.

COMO VENDER SERVICIOS Y ACCESORIOS DE EMBELLECIMIENTO

Aprenda a identificar a las clientes, no sólo por su físico sino también por su nombre. Diríjase a la cliente diciéndole: "Señorita Junco" o "Señora Espinosa" en vez de usar apelativos confianzudos, tales como "Querida" o "Dulzura." Mantenga en el archivo un recordatorio referente al tipo de piel, pelo y cuero cabelludo de la cliente; en ese recordatorio debe incluir también la clase de servicio prestado y el precio del mismo y del producto que se le vendió. Cuando la cliente llame otra vez, usted podrá hacer uso del recordatorio en cuestión. Los formularios de recordatorio no solamente ayudan a vender más servicios y productos embellecedores sino que también le garantizan a la cliente que usted tiene un interés personal en sus problemas.

Otra fuente de ingreso la constituye el mantenerse al día en los últimos estilos de peinado. La cosmetóloga progresista puede crear peinados elegantes cada vez que se presenta la ocasión.

Cada cliente representa una fuente potencial de atracción para nuevas clientes y servicios adicionales de embellecimiento. Un estilo de peinado a la moda reforzará la reputación de la cosmetóloga y, como resultado, atraerá nuevas clientes. Para un completo acicalamiento personal los servicios de belleza deben complementarse unos a otros. Por ejemplo, los tratamientos reacondicionadores y correctivos del cuero cabelludo pueden recomendarse entre una y otra permanente. Explíquele a la cliente que logrará una permanente mucho más satisfactoria y que la elegancia del peinado será mucho más significativa y duradera si el pelo reseco y quebradizo recibe un tratamiento. Anime a la cliente a que aproveche una serie de tratamientos correctivos por un precio especial. Para completar el acicalamiento personal pueden ser necesarios otros servicios, tales como un facial, un arqueo de las cejas y una manicura.

Al vender los servicios y productos embellecedores, haga hincapié en la calidad y en otras ventajas que sean superiores a las de productos sustitutos más baratos. La cosmetóloga debe estar siempre lista para responder inmediatamente a cualquier reparo que se le haga al precio. Puede, por ejemplo, decir: "Aunque usted pague un precio más alto, obtiene un mayor valor y mejores resultados por el dinero que gasta." La cosmetóloga también puede explicar que el precio más alto se debe a la superior calidad de los materiales que se utilizan y la especial destreza de las cosmetólogas que trabajan en el salón.

COMO VENDER SUMINISTROS

Antes de que la cosmetóloga trate de vender suministros de accesorio, tales como cosméticos, polveras, perfumes, atomizadores, redecillas para el pelo, pelucas, joyas, peines y cepillos, debe poseer la información correcta sobre los siguientes detalles:

1. Localidad y origen del producto.
2. Nombre y marca de fábrica del producto.
3. Contenido y precio del producto.
4. Méritos de productos similares comparables pero de diferente precio.

Debe tenerse en existencia un surtido completo de accesorios de belleza para hacerle frente a la demanda de todas las clientes y adaptarse a sus respectivos presupuestos. La variedad de tonos y colores de los cosméticos debe ser lo suficientemente amplia para adaptarse a toda clase de matices de cutis. La venta de un artículo conduce a la venta de otros artículos si los hay en existencia. Repita los pedidos según sea necesario para asegurarse de que en todo momento tiene una existencia completa de artículos de actualidad.

A la mayoría de las mujeres les agrada conocer si el color de los polvos faciales, del colorete para las mejillas y del lápiz labial que usan es el correcto. Una pregunta a este respecto puede abrir la puerta a la venta de cosméticos. Un análisis de la piel y del maquillaje puede ofrecérsele a la cliente como obsequio de la casa para demostrarle cuáles son los más apropiados en su caso. Una vez que la cliente comienza a comprar sus cosméticos a través del salón de belleza adquirirá el hábito de hacerlo así y puede continuar comprándolos indefinidamente mientras se le vendan productos de alta calidad.

El modo más efectivo de convencer a una mujer del valor que tienen los servicios profesionales y productos obtenibles en el salón de belleza es hacerle una demostración real de un tratamiento embellecedor o de una aplicación cosmética. Hay que confiar en cualquier demostración más que en las pretensiones o promesas hechas de palabra.

PRIMEROS AUXILIOS

Las emergencias surgen en toda clase de negocios y un conocimiento de cómo prestar los primeros auxilios es de valor incalculable para el (o la) gerente y el personal del salón de belleza.

Cuando ocurre un accidente debe llamarse un médico (o una ambulancia de emergencia) lo más pronto posible, no sólo como cortesía a la cliente sino como protección para la responsabilidad del salón. Sin embargo, existen ciertos tratamientos de primeros auxilios que un lego es capaz de dar mientras aguarda la llegada de quienes puedan prestar asistencia médica. Debe tenerse un botiquín de primeros auxilios, bien equipado y listo, en un lugar accesible. Cuando sea posible, el dueño (o la dueña), el (o la) gerente y los empleados del salon deben recibir un cursillo de adiestramiento en la prestación de primeros auxilios.

Para más información sobre cuidados de urgencia, consulte la última edición del **Manual de Primeros Auxilios (First Aid Manual)** publicado por la Cruz Roja de los Estados Unidos de América.

Abrasiones. Cuando la piel sufre cortadas o roturas accidentales debe aplicársele un antiséptico, tal como tintura de yodo, peróxido de hidrógeno o mercurocromo.

Quemaduras. Las quemaduras pueden ser causadas por la electricidad o el fuego, mientras que las escaldaduras generalmente se deben al contacto con líquidos muy calientes o con vapor en vivo. Una quemadura se clasifica como de primer grado, caracterizada por rubicundez; de segundo grado, con ampollas acuosas; y de tercer grado, las que afectan a estructuras más profundas del cuerpo con posible chamusco de los tejidos. En caso de quemadura accidental, vea que la cliente sea asistida inmediatamente por un médico.

Un método rápido, seguro y temporalmente efectivo consiste en aplicarle en seguida hielo o agua fría a la zona afectada.

Sacudida eléctrica. Aflójele la ropa a la cliente y trasládela a un lugar fresco. La cabeza debe mantenerse levantada y la lengua estirada para impedir la extrangulación artificial. No deben dársele estimulantes.

Agotamiento por calor. El agotamiento por calor es una depresión general funcional producida por el calor atmosférico. Se caracteriza por una piel húmeda y fría, con colapso. Debe aflojársele la ropa a la cliente y trasladarla a un lugar fresco, oscuro y tranquilo. La cliente debe mantenerse acostada durante varias horas ya que el reposo y la tranquilidad acelerarán su recuperación.

Sangre por la nariz. La expulsión de sangre por la nariz es una hemorragia nasal y se trata aflojando el cuello del vestido y aplicándole compresas de agua fría a la cara y parte posterior del cuello.

Cuerpo extraño en el ojo. Si esto ocurre por dentro del párpado inferior, tire del párpado suavemente hacia afuerta mientras la cliente dirige los ojos hacia arriba. Si el pelo o granito de polvo son visibles, deben extraerse con la doblez o punta de un pañuelo limpio y húmedo o con un pedacito de algodón limpio y retorcido.

Si el cuerpo extraño se ha alojado debajo del párpado superior, tire del párpado hacia abajo, alejándolo un poco del globo del ojo, y el granito de polvo podrá verse en el ojo después de que la cliente abra los párpados otra vez. Extráigalo entonces en la forma antes indicada.

Desmayo. El desmayo es causado por falta de afluencia de sangre al cerebro, por un ambiente viciado, una indigestión, un trastorno nervioso, un olor desagradable, etc., y se caracteriza por palidez y pérdida del domino muscular. Produce una suspensión momentánea de la respiración y la circulación. Si hay señales de desmayo, antes de que la cliente se desmaye hágale bajar la cabeza hasta colocarla entre las rodillas y que allí la mentenga unos momentos ya que esta posición puede detener el proceso del desmayo haciendo que la sangre afluya rápidamente a la cabeza. El tratamiento para el desmayo consiste en aflojar toda la ropa apretada asegurándose de que hay aire fresco en la habitación y colocando a la cliente en posición reclinada con la cabeza algo más baja que el cuerpo. Si la cliente está consciente, puede dársele a oler espíritu amoniacal o a beber algún estimulante como café, té o leche calientes. Si la cliente está inconsciente, aplíquele compresas frías en la cara, el pecho y sobre el corazón. No le salpique agua fría en el rostro.

Ataque epiléptico. Un ataque de epilepsia es un trastorno nervioso caracterizado por pérdida de la conciencia, convulsiones, contorsiones de la cara, espumarajo por la boca y viraje de los ojos. En este caso pida inmediatamente asistencia médica. El tratamiento de emergencia consiste en acostar a la cliente de lado y colocarle un pedazo grande de algodón (o gasa) entre los dientes para evitar que se muerda la lengua. Los estimulantes suaves pueden administrársele con moderación después que se recupere. Si la cliente se duerme profundamente después del ataque, no debe perturbársela sino dejarla dormir hasta que despierte espontáneamente.

En caso de emergencia. En todo salón de belleza debe fijarse o colocarse en algún lugar visible, cerca del teléfono, un aviso con la información necesaria para casos de emergencia. El dueño (o la dueña) del salón o el (o la) gerente deben tener en el archivo los nombres, las direcciones y los números telefónicos de los empleados para cualquier caso de emergencia. El archivo en que se guardan los datos de las clientes habituales también debe contener cualquier información necesaria para un suceso de urgencia. Las direcciones y los números teléfonicos de los siguientes servicios deben colocarse en un lugar próximo al teléfono del salón: estación o parque de bomberos, comisaría o cuartel de la policía (local y estatal), estación de ambulancias para emergencias, dirección de la sala de emergencias del hospital más cercano, médicos, servicio de taxímetros o automóviles de alquiler, compañía telefónica y números telefónicos de las personas y entidades que proven diversos servicios.

Los nombres, las direcciones y los teléfonos de las compañías de servicios públicos, tales como electrididad, agua, calefacción, aire acondicionado, etc., también deben fijarse en lugar visible. Además, debe incluirse información relativa a los nombres y números telefónicos del dueño (o la dueña) y/o del (o de la) gerente, del guardián o custodio del local o del edificio y de otras personas a quienes debe llamarse en caso de que ocurra algún suceso desafortunado en el salón.

Cada uno de los empleados debe saber dónde están situadas las salidas de emergencia y cómo evacuar el edificio rápidamente en caso de incendio u otra emergencia. Los aparatos extintores de incendio deben estar colocados donde se pueda alcanzarlos fácilmente y los empleados deben saber cómo utilizarlos. Un botiquín bien equipado para primeros auxilios debe mantenerse al alcance de la mano.

RESPIRACION ARTIFICIAL

Para ayudar inicialmente en casos urgentes, tales como grave sacudida eléctrica, desmayo prolongado, envenenamiento y asfixia por gas, los métodos de auxilio corrientemente aceptables son la aplicación de respiración artificial de boca a boca o de boca a nariz.

Procedimiento

1. Acueste a la cliente en una superficie plana.
2. Coloque una de las manos de usted detrás del cuello de la cliente y la otra mano en la frente de ella e inclínele la cabeza hacia atrás hasta que la barbilla apunte hacia arriba.
3. Levante la mandíbula inferior de la cliente hacia adelante para hacer que la lengua se aparte de la garganta.
4. Apriete la nariz de la cliente con los dedos hasta cerrarla.

5. Coloque la boca de usted firmemente sobre la boca de la cliente y sople dentro de ella rápidamente cuatro veces.
6. Escuche atentamente para oir el aliento de la cliente y tómele el pulso. (El pulso puede comprobarse colocando los dedos sobre la arteria carótida.)
7. Si no hay pulso, continúe soplando en la boca de la cliente por lo menos una vez cada cinco segundos hasta que usted vea que el pecho se dilata y se encoje con movimientos respiratorios.
8. Para la aplicación de la respiración de boca a nariz, siga el mismo procedimiento que el usado para la respiración de boca a boca, excepto que debe cerrar la boca de la cliente con la mano y soplar a través de las ventanas de la nariz.

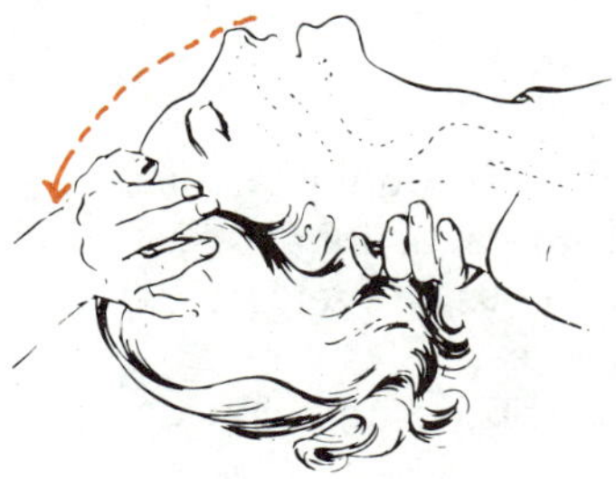
Inclinándole la cabeza.

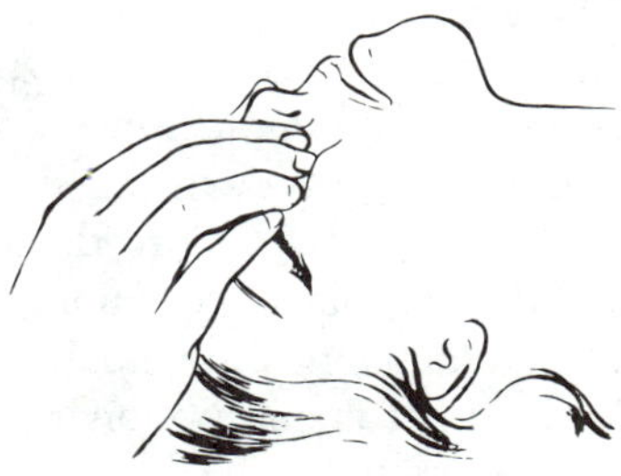
Apretándole la nariz.

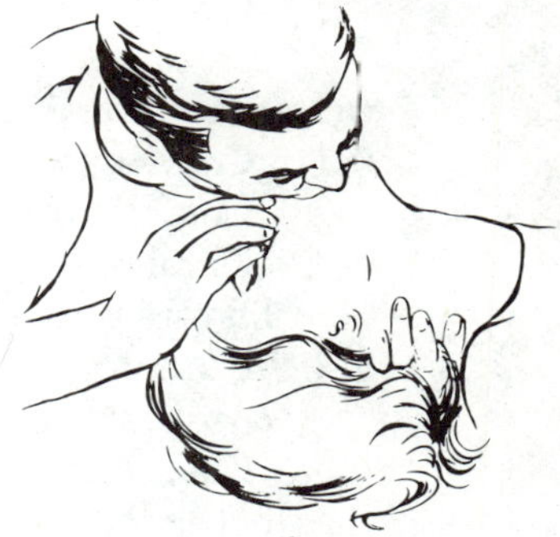
Soplando en la boca rápidamente cuatro veces.

Tomando el pulso.

Comprobando la respiración.

Aplicando la respiración de boca a nariz.

OBSTRUCCION RESPIRATORIA (PRESION ABDOMINAL)

Si a la cliente se le obstruye la respiración debido a ahogo, debe dársele ayuda inmediata.

Procedimiento

1. Colóquese de pie detrás de la cliente y déle una palmada fuerte en la espalda precisamente entre las dos paletas (omóplatos).
2. Rodee con los brazos la cintura de la cliente. Cierre el puño y coloque el dedo pulgar exactamente debajo del esternón (hueso plano del pecho).
3. Sujete el puño con la otra mano y oprima el abdomen de la cliente con cuatro apretones rápidos.
4. Repita el procedimiento si es necesario.

Oprimiendo hacia arriba.

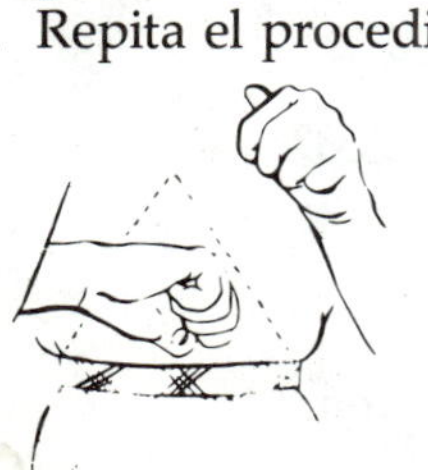
Posición de la mano.

Posición de la mano.

PREGUNTAS DE REPASO

ADMINISTRACION DEL SALON DE BELLEZA

Al Abrir el Salón

1. ¿Qué características debe tener una buena localidad para el salón de belleza?
2. ¿Por qué deben tenerse en cuenta factores tales como el parqueo y los medios de transporte?
3. ¿Qué importancia tiene la sala de espera en el salón de belleza?
4. ¿Qué debe lograrse mediante la publicidad del salón de belleza?
5. ¿Cuáles son cinco de las causas del fracaso de un salón de belleza?

Buena Administración del Negocio

1. ¿Cómo deben mantenerse las anotaciones para que sean efectivas?
2. ¿Con qué propósito se mantienen anotaciones exactas?
3. ¿Durante cuánto tiempo deben guardarse los comprobantes de ventas, las libretas de turnos para las clientes y el libro de caja para pagos menores?
4. ¿Durante cuánto tiempo deben guardarse el libro de nóminas de sueldos, los cheques cancelados y las anotaciones mensuales y anuales?
5. ¿Cuáles dos clases de suminstros componen el inventario de un salón de belleza?
6. ¿Cuáles son las tres formas de propiedad en que puede administrarse un salón de belleza?

Uso del Teléfono en el Salón

1. Cite siete usos del teléfono en un salón de belleza.
2. Describa cómo se usa el teléfono correctamente.
3. ¿Cuáles son las cuatro reglas básicas que deben observarse al usar el teléfono?
4. ¿Cuáles tres características del habla contribuyen a una buena personalidad telefónica?
5. ¿Qué debe hacer la cosmetóloga antes de iniciar una conversación telefónica?
6. ¿En qué modo ayudan al salón los buenos métodos telefónicos?
7. ¿Cómo deben tratarse las quejas de una cliente?
8. ¿Cómo debe tratarse el reparo hecho a los precios?

Ventas en el Salón de Belleza

1. ¿Cuáles son los principios para vender?
2. Cite siete tipos comunes de clientes de un salón de belleza.
3. Antes de intentar vender un servicio o un producto, ¿qué debe la cosmetóloga determinar?
4. ¿Cuál es el fundamento de una buena venta?
5. ¿Qué clase de lenguaje es el más efectivo para las ventas?
6. ¿En qué forma los productos de belleza deben atraer a la cliente?
7. ¿Qué posibilidades de venta representa una cliente?
8. Cite uno de los medios más eficaces para vender.
9. ¿En qué factores debe ponerse énfasis al vender los servicios o productos de embellecimiento?
10. ¿En cuáles cuatro áreas debe la cosmetóloga poseer información correcta antes de tratar de vender accesorios de embellecimiento?

Primeros Auxilios

1. Si ocurre un accidente, ¿cuándo debe llamarse un médico?
2. ¿Qué debe hacerse cuando la piel de la cliente sufre una herida accidental?
3. ¿Qué causa el agotamiento por calor?
4. ¿Cómo se trata un caso de sangre por la nariz?
5. Explique el procedimiento para aplicar la presión abdominal.

SISTEMA METRICO

Donde ha sido posible, los equivalentes del Sistema Métrico Decimal se han indicado en el texto del libro junto a las medidas del sistema que se utiliza en los Estados Unidos. Las conversiones se han hecho estrictamente de acuerdo con las tablas y la información que para ese propósito suministra el Departamento de Comercio de este país.

MEDIDAS DE USO DIARIO

Cucharadas	Mililitros
¼ pequeña (cdta)	1.25 mls
½ pequeña (cdta)	2.5 mls
¾ pequeña (cdta)	3.75 mls
1 grande (cda)	5.0 mls
¼ grande (cda)	3.75 mls
½ grande (cda)	7.5 mls
¾ grande (cda)	11.25 mls
1 grande (cda)	15.0 mls

Onzas Flúidas	
¼ onz	7.5 mls
½ onz	15.0 mls
¾ onz	22.5 mls
1 onz	30.0 mls

Tazas	
¼ taza	59.0 mls
⅓ taza	78.0 mls
½ taza	118.0 mls
⅔ taza	157.0 mls
¾ taza	177.0 mls
1 taza	236.0 mls

Pintas/Cuartos Galones	
½ pinta	236.0 mls
1 pinta	473.0 mls
1 cuarto	946.3 mls
1 galón	3785 mls

Peso en Onzas	Gramos
¼ onz	7.1 grs
½ onz	14.17 grs
¾ onz	21.27 grs
1 onz	28.35 grs

Libras	Kilogramos
¼ lib	0.113 kgrs
½ lib	0.227 kgrs
¾ lib	0.340 kgrs
1 lb	0.454 kgrs
2.205 libs	1.0 kgr

Longitud	
1 pulgada	2.544 cms
1 pie	30.48 cms
1 yarda	91.44 cms
100 pies	30.48 mts
1 milla	1.609 kms
50 mph	80.45 kms/hr

Temperatura	Centígrados
32° Fahrenheit	0° C
68° F	20° C
212° F	100° C

Medidas Cuadradas	
1 pulgada cuadrada	6.452 cms²
1 pie cuadrado	929.0 cm²
1 yarda cuadrada	0.8361 mts²

Volumen

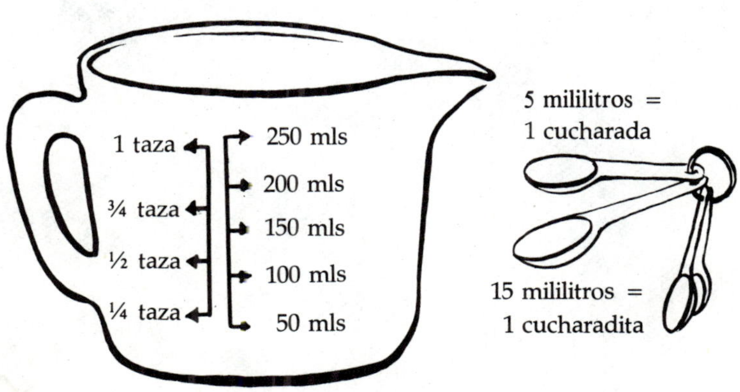

FACTORES PARA CONVERSIONES METRICAS

Conversiones Aproximadas al Sistema Métrico Decimal

Symbol (English)	Cuando usted conoce el número de	Multiplíquelo por	Para hallar	Symbol (español)
LONGITUD (velocidad)				
in	pulgadas	2.5	centímetros	cm/cms
ft	pies	30.0	centímetros	cm/cms
yd	yarda	0.9	metros	m/mts
mi	millas	1.6	kilómetros	km/kms
SUPERFICIE (área)				
in^2	pulgadas cuadradas	6.5	centímetros cuadrados	cm^2/cms^2
ft^2	pies cuadrados	0.09	metros cuadrados	m^2/mts^2
yd^2	yardas cuadradas	0.8	metros cuadrados	m^2/mts^2
mi^2	millas cuadradas	2.6	kilómetros cuadrados	km^2/kms^2
a	acres	0.4	hectáreas	ha/has
MASA (peso)				
oz	onzas	28	gramos	gr/grs
lb	libras	0.45	kilogramos	kgr/kgrs
	toneladas cortas (2000 libs)	0.9	toneladas métricas	ton.m./ ton.ms.
VOLUMEN				
tsp	cucharaditas	5.0	mililitros	ml/mls
tbsp	cucharadas	15.0	mililitros	ml/mls
fl oz.	onzas flúidas	30.0	mililitros	ml/mls
c	tazas	0.24	litros	l/ls
pt	pintas	0.47	litros	l/ls
qt	cuartos	0.95	litros	l/ls
gal	galones	3.8	litros	l/ls
ft^3	pies cúbicos	0.03	metros cúbicos	m^3/mts^3
yd^3	yardas cúbicas	0.76	metros cúbicos	m^3/mts^3
TEMPERATURA (exacta)				
°F	Fahrenheit (grados)	5/9 despúes de restarle 32	Centígrados (grados)	°C

GLOSARIO

Este catálogo bilingue de términos definidos y comentados en relación con la peluquería moderna se limita a aquellos conceptos anatómicos, médicos, electrotécnicos y cosméticos que se aplican en la práctica de la cosmetología.

Básicamente, este glosario es una traducción del que aparece en el texto de lengua inglesa. Sin embargo, el traductor se ha empeñado en producir una obra bastante más completa que una simple versión al idioma español. En el curso de su trabajo: (1) ha investigado cada una de las definiciones originales, comparándolas con las existentes en diccionarios actualizados, de reconocida autoridad en español e inglés; (2) ha aclarado, corregido o aumentado alguna que otra definición cuando así le ha parecido necesario; y (3) ha muliplicado el número de referencias de contexto según una variedad de vocablos preferidos en los distintos países hispánicos.

En el sistema de referencias, deben entenderse bien estas tres abreviaturas fundamentales:

cf., que quiere decir "confróntese y confírmese" y remite al lector al término siguiente. Ejemplo: Al final de la definición de **diálisis** aparece **cf. osmosis,** lo cual expresa que la diferencia de sentido entre uno y otro término puede comprobarse consultando la definición de este último.

q.v., que significa "queda verificado" y es relativo al término precedente. Ejemplo: En la segunda acepción de **aurícula** se hace referencia a cada ventrículo (**q.v.**), lo que simboliza que el concepto de aurícula se verifica y complementa en la definición de **ventrículo.**

v., que denota "véase" y alude al término siguiente, el cual es casi siempre sinónimo del anterior. Ejemplo: En **alisador, v. relajador del pelo** la abreviatura indica que debe consultarse en el glosario **relajador del pelo,** que es el término preferido.

Conviene aclarar que, en realidad, estas abreviaturas tradicionales en español son aquí una adaptación moderna, respectivamente, del latín: así, **cf.** ("confer"); **q.v.** ("quod vide"); **v.** ("vide").

Finalmente, aunque las prácticas del embellecimiento personal—peluquería, manicura, masajes y tratamientos cutáneos menores—se remontan a la civilización egipcia, el vocabulario propio de la cosmetología actual está aún en proceso de fijación, especialmente en el aspecto bilingue. Así, el término inglés "curl," aquí traducido por **rizo** como de uso general en toda la Hispanidad, en Argentina es también **rulo;** en Colombia, **crespo;** en Costa Rica, **bucle;** y también en Costa Rica, El Salvador, Guatemala, Honduras y Nicaragua se traduce, además, por **colocho.** La frase inglesa "pin curl," que aquí glosamos como **sortija** (de pelos) **prendida,** nombre expresivo de su configuración, en Argentina es **anillito,** pero en El Salvador, **anillita;** en Bolivia, **rosca,** pero en Colombia, **rosquita** o **morita** y en Chile, **chaucha,** mientras que en El Salvador, Guatemala, México y Nicaragua se le llama preferentemente **anchoa** o **anchoíta** y en Puerto Rico, **ringler.** Como último ejemplo citaremos "back combing" o "teasing" que aquí se traduce como **peinar al revés,** frase verbal expresiva del modo de hacerlo, pero que en España es **cardar** o **escarmenar el pelo;** en Argentina, Bolivia, República Dominicana, El Salvador y Venezuela es **batir el pelo;** en Chile, también **esarmenar;** en Colombia, Ecuador y El Salvador es, además, **enredar;** en México, **encrespar;** en Costa Rica, República Dominicana, Guatemala, Nicaragua y Venezuela es **tizar** o **atizar;** y en Puerto Rico es **hacer "teasing."**

A

abdomen: vientre; cavidad del cuerpo situada entre el tórax y la pelvis. ***abdomen.***

ablandador del agua: cualquiera de varias sustancias químicas, como el carbonato o el fosfato de sodio, empleadas para ablandar el agua dura y facilitar la formación de espuma jabonosa. *neutralizador acuoso.* ***water softener.***

abrasión: raedura de la piel; *escoriación.* ***abrasion.***

absceso: cavidad circunscrita que contiene pus. ***abscess.***

absorción: asimilación de un cuerpo por otro; acción de absorber. ***absorption.***

aceite de planchar el pelo: mezcla oleaginosa o cerosa que se emplea para planchar el pelo. ***hair pressing oil.***

aceite sulfonado: sustancia orgánica preparada mediante la reacción de un aceite con ácido sulfúrico; tiene reacción alcalina y es miscible con el agua; se emplea como base en los champús no jabonosos. ***sulfonated oil.***

aceptor de hidrógeno, v. *hidrógeno, aceptor de.*

acético: relativo al vinagre; agrio. ***acetic.***

acetona: líquido incoloro e inflamable, miscible con el agua, el alcohol y el éter, de olor dulzón y etéreo y sabor ardiente. ***acetone.***

acicalamiento: acción y efecto de limpiar y aderezar a una persona. ***grooming.***

ácido: sustancia agria; cualquier compuesto químico de sabor agrio. ***acid.***

ácido bórico: sustancia blanca, soluble en agua; se emplea como ingrediente antiséptico en los polvos de tocador; en forma líquida, como colirio. ***boric acid.***

ácido carbólico, v. *ácido fénico.* ***carbolic acid.***

ácido carbónico: líquido débil e incoloro que resulta de la disolución del bióxido de carbono (anhídrido carbónico) en agua y que existe solamente en forma de solución; nombre incorrecto del anhídrido carbónico. ***carbonic acid.***

ácido cítrico: el contenido en el limón, la naranja y el pomelo (la toronja) y que se emplea en la preparación de enjuagues para el pelo. ***citric acid.***

ácido esteárico: el blanco y graso que se da en la grasa sólida de animales y en algunas grasas vegetales. ***stearic acid.***

ácido fénico: fenol que se obtiene del alquitrán de hulla (alquitrán mineral); veneno cáustico y corrosivo; se emplea en solución diluida como antiséptico. *ácido carbólico, fenol.* ***phenol acid.***

ácido nítrico: líquido concentrado que se emplea como cáustico. ***nitric acid.***

ácido oleico: el oleaginoso que se emplea en la fabricación de jabones y pomadas. ***oleic acid.***

ácido tánico: extracto vegetal que se emplea como astringente. ***tannic acid.***

ácido tartárico: compuesto ácido, cristalino e incoloro. *a. tártarico.* ***tartaric acid.***

ácido tioglicólico: líquido incoloro o en forma de cristales blancos, de olor fuerte y desagradable, miscible con el agua, el alcohol o el éter; se emplea en las soluciones para la ondulación permanente, los relajadores (estiradores) del pelo y los depilatorios. ***thioglycolic acid.***

acné: inflamación de las glándulas sebáceas por retención de su secreción. ***acne.***

acondicionador: sustancia química que se esparce o aplica sobre el cabello para revestirlo, darle cuerpo y restaurarle su humedad, lubricación y lustre natural. ***conditioner.***

acondicionamiento: aplicación de agentes químicos especiales al cabello para ayudar a restaurar su fortaleza y darle cuerpo con el fin de protegerlo contra posibles roturas. ***conditioning.***

activador: sustancia empleada para iniciar la acción de los productos colorantes del pelo. ***activator.***

acuoso: aguado; relativo al agua. ***aqueous.***

acústico: auditivo; relativo al oído. v. *nervio auditivo.* ***acoustic.***

aditivo: sustancia que se añade a otra o a un producto. ***additive.***

adulterar: falsificar; alterar, hacer impuro mediante la combinación de otras sustancias. ***adulterate.***

aeración, v. *aireación.* ***aeration.***

aerosol: suspensión coloidal de un líquido o de partículas sólidas en un gas; recipiente de aerosol que contiene gas licuado y disuelto o ingredientes en suspensión que pueden aplicarse por dispersión como rociadura o aerosol. ***aerosol.***

afinidad: 1) semejanza o relación inherente; 2) atracción química; fuerza que une los átomos formando moléculas. **affinity.**

agente humectante: sustancia que hace que un líquido se esparza más rápidamente sobre una superficie sólida, principalmente por reducción de la tensión superficial. *a. humedecedor, a. mojante.* ***wetting agent.***

agente reductor: sustancia capaz de añadir hidrógeno; en cosmetología, una solución para la ondulación en frío actúa como agente reductor. ***reducing agent.***

agente suavizador (del pelo), v. *peróxido de hidrógeno* y *relajador del pelo.*

agua blanda: la que forma fácilmente espuma con el jabón; está relativamente libre de minerales. *a. delgada, a. fina.* ***soft water.***

agua dura: la que contiene ciertos minerales; no forma espuma con el jabón. *a. cruda, a. gorda.* ***hard water.***

agudo, -da: dícese de la enfermedad acompañada de síntomas más o menos graves y de no larga duración; de duración relativamente corta; no crónico. ***acute.***

aireación: acción y efecto de ventilar alguna cosa; saturación de un líquido con aire, bióxido de carbono (anhídrido carbónico) u otro gas; cambio de la sangre venosa a arterial en los pulmones; acción del aire atmosférico en el tratamiento de las enfermedades. ***aeration.***

aislador, -ra: material o sustancia no conductora que resiste el paso de la electricidad, la luz o el calor; material que se emplea para forrar los alambres eléctricos. *no-conductor, -ra.* ***insulator.***

aislante, v. *aislador.* ***insulate***

alambre a tierra: el que conecta una corriente eléctrica a una toma de tierra (cañería, tubería de agua o radiador). ***ground wire.***

albinismo: leucodermia congénita o ausencia de pigmento en la piel y en sus apéndices visibles (anexos o faneras: pelo y uñas); puede ser parcial o total. *acromia, acromodermia, alfosis.* ***albinism.***

albino, -na: sujeto del albinismo; persona con muy poco o ningún pigmento en la piel, el pelo o el iris de los ojos. ***albino.***

albúmina: proteína simple existente en la naturaleza, soluble en agua y coagulable al calor; se encuentra en la clara de huevo (ovalbúmina), en la sangre (seroalbúmina) y en la leche (lactalbúmina). ***albumin.***

álcali: sustancia electropositiva capaz de formar jabones de las grasas; se emplea para neutralizar ácidos. ***alkali.***

alcalinidad: cualidad de alcalino o estado alcalino de algunos cuerpos. ***alkalinity.***

alcalino, -na: de álcali o que tiene las cualidades de un álcali o es relativo a él. ***alkaline.***

alcanfor: estimulante cutáneo suave; produce enrojecimiento y calor local, y un efecto ligeramente anestésico y refrescante. ***camphor.***

alcohol: líquido incoloro, de fácil evaporación, olor acre y sabor ardiente; estimulante poderoso y antiséptico. ***alcohol.***

alergia: trastorno debido a una extrema sensitividad a ciertos alimentos o sustancias químicas. ***allergy.***

alheña: hojas de un árbol o arbusto asiático espinoso que se emplean como tintura para impartir un matiz rojizo; también se utilizan como cosmético. ***henna.***

alheña compuesta: la egipcia, a la cual se le han añadido uno o más preparados metálicos. ***compound henna.***

alheña egipcia: tinte vegetal puro para el pelo. ***Egyptian henna.***

alisador, v. *relajador del pelo.*

alisadura química del pelo, v. *relajación química del pelo.*

alopecia: deficiencia natural o anormal de cabello; *calvicie.* ***alopecia.***

alopecia adnata: calvicie de nacimiento. ***alopecia adnata.***

alopecia areata: calvicie en forma de manchas o pintas. *a. celsi, a. circunscrita.* ***alopecia areata.***

alopecia prematura: calvicie que comienza antes de la edad mediana. *a. presenil, a simple.* ***alopecia prematura.***

alopecia seborreica, v. *seborrea del cuero cabelludo.*
alopecia senil: calvicie que se presenta en la vejez. ***alopecia senilis.***
alta frecuencia, v. *corriente de alta frecuencia.*
alumbre: sulfato de potasio y aluminio; astringente empleado como estíptico (q.v.). ***alum, alumen.***
aminoácido: importante componente de las proteínas. ***amino-acid.***
amitosis: multiplicación celular por división directa del núcleo de la célula. ***amitosis.***
amoniaco: gas incoloro, de olor acre, muy soluble en agua. ***ammonia.***
amperio: unidad de medida de la intensidad de una corriente eléctrica. ***ampere.***
ampolla: flictena o vejiga grande formada por la epidermis. ***bulla.***
amasar: agarrar y apretar con las manos como se hace en el masaje. *sobar.* ***knead.***
anabolismo: metabolismo constructivo; proceso de asimilación de la materia nutritiva y conversión de la misma en sustancia viva. ***anabolism.***
análisis del pelo, v. *pelo, análisis del.*
anatomía: estudio de las estructuras grandes del cuerpo que pueden verse a simple vista. ***anatomy.***
anexo, v. *apéndice.* ***appendix.***
angiología: ciencia de los vasos sanguíneos y linfáticos. ***angiology.***
anhídrido carbónico, v. *bióxido de carbono.*
anidrosis: deficiencia de transpiración (sudor). *anhidrosis, anidrosis.* ***anhidrosis.***
anilina: producto del alquitrán de hulla (alquitrán mineral) que se emplea en la fabricación de tintes artificiales. ***aniline.***
anticuerpo: sustancia de la sangre que opone resistencia a las enfermedades. *antisustancia, cuerpo inmune, antisoma, antitropo.* ***antibody.***
antídoto: agente que previene o contrarresta la acción de un veneno. *antifármaco, contraveneno.* ***antidote.***
antiperspirante: líquido o crema astringente fuerte que se emplea para detener la afluencia de sudor en la región de las axilas, las manos o los pies. *antisudorífico.* ***antiperspirant.***
antiséptico, -ca: agente químico que impide el desarrollo de las bacterias. ***antiseptic.***
antitoxina: sustancia del suero que contrarresta y neturaliza las toxinas. ***antitoxin.***
ántrax: inflamación grande y circunscrita del tejido subcutáneo que se asemeja al furúnculo pero es mucho más extensa. ***carbuncle.***
(Nota: En español, "ántrax" equivale a "carbuncle" en inglés, y "anthrax" es "carbunco".)
añadido: madeja de cabellos largos, en forma de cola, con un enroscado al final; a veces, trenza postiza de mujer. v. *postizo.* ***switch.***
aorta, v. *arteria aorta.* ***aorta.***
apéndice: lo que va unido a un órgano y forma parte de él. *anexo, fanera.* ***appendage.***
aplique, v. *postizo colgante.*
aponeurosis: tendón ancho y plano; inserción de un músculo. v. *fascia.* ***aponeurosis, fascia.***
armonización: acto físico de fusionar o emparejar el color del pelo al aplicarle un teñido (coloración) o una clarificación (decoloración). *emparejamiento.* ***blending.***
armonizador del color: preparado que limpia, da resplandores y armoniza (empareja) el tono del pelo canoso. *emparejador del c.* ***color blender.***
aromático, -ca: relativo al aroma o que lo contiene; fragante. ***aromatic.***
arruga: pequeño pliegue o surco de la piel. ***wrinkle.***
arteria: vaso o conducto que lleva la sangre desde el corazón hacia otras partes del cuerpo. ***artery.***
arteria angular: la que irriga el saco lagrimal y el músculo del ojo. ***angular artery.***
arteria aorta: principal tronco arterial que parte del corazón y lleva la sangre a las diversas arterias de todo el cuerpo. ***aorta.***
arteria carótida: cada una de las dos arterias principales del cuello. ***carotid.***
arteria humeral: la principal del antebrazo (parte superior del brazo). ***brachial artery.***
arteria submentoniana: la que le suministra sangre a la barbilla y al labio inferior. ***submental artery.***
arteria transversal de la cara: la que irriga la piel, la glándula parótida y el músculo masetero. ***transverse facial.***
articulación: conexión entre dos o más huesos con o sin movimiento entre ellos. *coyuntura.* ***articulation.***
asepsia: estado en el cual hay ausencia de bacterias patógenas. ***asepsis.***
aséptico, -ca: libre de bacterias patógenas. ***aseptic.***
asteatosis: deficiencia o ausencia de secreciones sebáceas. ***asteatosis.***
astringente: sustancia o medicamento que produce contracción en los tejidos y detiene las secreciones. ***astringent.***
atizar el pelo, v. *peinar al revés.*
atleta, pie de, v. *pie de atleta.*
átomo: menor cantidad posible de un elemento que puede existir conservando las propiedades químicas de dicho elemento. ***atom.***
atrofia: desgaste de los tejidos de una parte del cuerpo o de todo él por falta de nutrición. ***atrophy.***
auditivo, -va: relativo al oído; acústico. v. *nervio auditivo.* ***auditory.***
aurícula: oído externo o pabellón de la oreja; cada una de las dos cavidades superiores del corazón que reciben la sangre de todo el cuerpo y de los pulmones, respectivamente, y la pasan a cada ventrículo (q.v.). *oreja (oído).* ***atrium, auricle.***
auricular: relativo al oído o a la aurícula cardiaca. v. *músculo a.*
auriculotemporal, v. *nervio auriculotemporal.*
avivar el pelo, v. *peinar al revés.*
axón, axona: fibra nerviosa larga que se extiende desde la célula nerviosa. ***axon.***
azufre: elemento químico cuyos compuestos se emplean en la clarificación (decoloración) del pelo, en preparados para el cabello y en medicina. ***sulphur.***
azufre, enlaces de, v. *enlaces de azufre.*

B

bacilo: bacteria en forma de bastoncillo. ***bacillus;*** pl. ***bacilli.***
bacteria: microorganismo vegetal unicelular; microbio o germen. ***bacterium;*** pl. ***bacteria.***
bactericida: agente que destruye las bacterias. ***bactericide.***
bacteriología: ciencia que trata de las bacterias. ***bacteriology.***
bandó, v. *postizo con prendedero.*
barrita: púa redonda de las tenazas térmicas Marcel; pequeño cilindro al que se arrolla el cabello para rizarlo; rizador o rulo; preparado semisólido, de forma cilíndrica, que se emplea como desodorante. v. *lápiz cosmético.* ***prong*** (Marcel), ***curling rod, roller, stick.***
barro: cualquier elevación pequeña y puntiaguda de la piel; pápula o pústula pequeña. *grano.* ***pimple.***
base: parte inferior o fondo de un cuerpo; sustancia principal de un compuesto; elemento electropositivo que se une con un ácido para formar una sal. ***base.***
base del rizo, v. *rizo, base del.*
base protectora: material sobre el cual se anuda el cabello postizo para construir una peluca; base de petróleo que se aplica a todo el cuero cabelludo para protegerlo contra los agentes activos del relajador químico del pelo. ***protective base.***
bencina: líquido inflamable, derivado del petróleo y usado como fluido limpiante. ***benzine.***
benigno: de carácter templado, suave, apacible; dícese de la enfermedad que no es grave y del tumor que no es maligno. ***benign.***
benjuí: resina balsámica que se emplea como estimulante y también como perfume. *benzoína.* ***benzoin.***
bicarbonato de sodio: bicarbonato de sosa o simplemente bicarbonato; polvo blanco, cristalino; alivia las quemaduras, la comezón, las lesiones urticarianas y las picadas de insecto; a menudo se emplea en los polvos para el baño y como sustancia que ayuda a limpiar la piel grasienta. ***sodium bicarbonate.***

bíceps: de dos cabezas. v. *musculo bíceps.* ***biceps.***
bicloruro: compuesto que tiene dos partes o equivalentes de cloro por cada una de otro elemento. ***bichloride.***
biología: ciencia de la vida y de los seres vivos. ***biology.***
bióxido de carbono: gas producto de la combustión del carbón al aire libre. *anhídrido carbónico* (incorrectamente llamado a veces *ácido carbónico*), *dióxido de c.* ***carbon dioxide.***
bisulfuro: (azufre); compuesto químico en el que dos átomos de azufre se unen a un átomo de otro elemento, por ejemplo, el carbono. ***disulfide.***
bórax: polvo blanco empleado como agente antiséptico y limpiante. *borato de sodio, tetraborato de sodio.* ***borax.***
brillantina: compuesto oleaginoso que le imparte lustre al cabello. ***brilliantine.***
bromidrosis: sudación maloliente. *bromhidrosis, osmidrosis.* ***bromhidrosis, osmidrosis.***
bulboso: pertenciente a un bulbo o parecido a él en la forma o la estructura. ***bulbous.***

C

cadillo, v. *verruga.* ***wart.***
calcio: metal de color blanco plateado y brillante; forma parte de la composición de los huesos. ***calcium.***
callo: piel que se ha endurecido; piel engrosada. ***callous, callus.***
calvicie: deficiencia de pelo; pérdida o caída del pelo. ***baldness.***
cambio químico: alteración de la composición química de una sustancia. ***chemical change.***
canceloso, v. *esponjoso.* ***porous.***
canicie: color cano (grisáceo o blanco) del pelo humano. *poliosis.* ***canities.***
capa basal, v. *piel, estrato germinativo de la.*
capa clara, v. *piel, estrato lúcido de la.*
capa córnea, v. *piel, estrato córneo de la.*
capa germinal, v. *piel, estrato germinativo de la.*
capa germinativa, v. *piel, estrato germinativo de la.*
capa granillosa, v. *piel, estrato granuloso de la.*
capa granular, v. *piel, estrato granuloso de la.*
capa granulosa, v. *piel, estrato granuloso de la.*
capa lúcida, v. *piel, estrato lúcido de la.*
capa mucosa, v. *piel, estrato germinativo de la.*
capa papilar, v. *piel, capa papilar de la.*
capa reticular, v. *piel, capa reticular de la.*
capa transparente, v. *piel, estrato lúcido de la.*
capilar: relativo al cabello o a la capilaridad. v. ***vaso capilar.***
"capitis" (voz latina): relativo a la cabeza, por ejemplo, "pediculosis capitis" (infestación de piojos en el pelo de la cabeza). ***capitis.***
carbohidrato: sustancia química que contiene carbono, hidrógeno y oxígeno. *hidrato de carbono.* ***carbohydrate.***
carbonato de sodio: polvo blanco y cristalino; se emplea para evitar la corrosión de los instrumentos metálicos cuando se añade al agua hirviente. *soda de blanquear.* ***sodium carbonate.***
carbón: carbón mineral (hulla, carbón de piedra o de tierra); carbón vegetal (carbón de leña o de palo). ***carbon.***
carbono: sustancia elemental de la naturaleza que predomina en todos los compuestos orgánicos y se da en tres formas distintas: grafito o plombagina, carbón vegetal y negro de humo. ***carbon.***
cardar, v. *peinar al revés.*
cardiaco, -ca (cardíaco, -ca): relativo al corazón. ***cardiac.***
carótida, v. *arteria carótida.*
carpo: muñeca del brazo; parte del brazo que se articula con la mano; conjunto de los ocho huesos de la muñeca. ***carpus.***
cartílago: tejido conjuntivo no vascularizado más blando que el hueso. *cartilágine, ternilla.* ***cartilage, gristle.***
caspa: costras o escamillas que se forman de exceso en el cuero cabelludo. *pitiriasis, seborrea seca.* ***dandruff.***
caspicida: sustancia química que contrarresta los efectos de la caspa. ***dandricide.***
casquete: postizo de pelo con base plana que se usa en áreas especiales de la cabeza; peluca que cubre solamente una parte de la cabeza. ***wiglet.***

catabolismo: cambios químicos que incluyen el proceso de desintegración dentro de las células. *desasimilación, desintegración, catabolia.* ***catabolism.***
catalizador: sustancia que tiene el poder de acelerar una reacción química. ***catalyst.***
caterina, v. *postizo con prendedero.*
cáustico, -ca: agente químico que quema o chamusca los tejidos. ***caustic.***
célula: diminuta masa de protoplasma que forma la unidad estructural de todo cuerpo orgánico. ***cell.***
celular: compuesto de células o relativo a ellas. ***cellular.***
centro del peinado: punto exacto desde el cual es dirigido el pelo al formar una curvatura o configuración durante el corte de pelo. *centro direccional del corte de pelo.* ***hair shaping pivot.***
centrosoma: corpúsculo celular que regula la división (multiplicación) de la célula. ***centrosome.***
cerda: pelo corto y duro de un cepillo o de una brocha; pelo grueso y duro de un animal y que se emplea en la fabricación de cepillos, brochas y otras cosas. ***bristle.***
cerebelo: parte posterior e inferior del encéfalo. ***cerebellum.***
cerebral: relativo al cerebro. ***cerebral.***
cerebro: parte superior y mayor del encéfalo. ***cerebrum.***
cerquillo, v. *flequillo.*
cicatriz: marca que queda después que una herida ha sanado. ***scar.***
cicatrización: proceso de formación de una cicatriz; piel o película cutánea que se desarrolla sobre una herida y que más tarde se contrae para formar una cicatriz. ***cicatrix,*** pl. ***cicatrices.***
ciencia: conocimiento debidamente ordenado y sistematizado. ***science.***
cigomático: relativo al cigoma (eminencia ósea) de los huesos temporal y malar; v. *hueso cigomático. h. malar, h. temporal.* ***zigomatic.***
cilio: cada una de las prolongaciones filamentosas y microscópicas que emergen del cuerpo de algunas bacterias y las ayuda en su locomoción; es más corto que el flagelo (q.v.). ***cilium,*** pl. ***cilia.***
cinc, zinc: metal blanco azulado que en combinaciones se emplea como antiséptico y astringente en la preparación de ungüentos, pomadas y polvos para enfermedades cutáneas. ***zinc.***
circuito: trayecto de una corriente eléctrica. ***circuit.***
circulación: movimiento continuo de un tejido líquido (sangre o linfa) a través del sistema vascular. ***circulation.***
cisteína: aminoácido producido por la digestión; fácilmente se oxida para formar cistina; se obtiene por reducción de la cistina. ***cysteine.***
cistina: aminoácido que contiene azufre y que se encuentra en el pelo y las uñas. ***cystine.***
citoplasma: protoplasma del cuerpo celular, exluyendo el núcleo. ***cytoplasm.***
clarificación: acción y efecto de aclarar el color del pelo o decolorarlo. v. *clarificación del pelo.* ***lightening.***
clarificación del pelo: remoción parcial del pigmento natural del pelo o de su color artificial. *decoloración del pelo.* ***hair lightening.***
clarificador, v. *clarificador del pelo.*
clarificador del pelo: sustancia química que se emplea para rebajarle o quitarle el color al pelo. ***hair lightener, lightener.***
clavícula, v. *hueso de la clavícula.*
cloasma: pintas pardas, grandes e irregulares de la piel, tales como las manchas hepáticas. ***chloasma.***
cloro: gas amarillo verdoso, de olor desagradable y sofocante; se emplea en forma combinada como desinfectante y como agente blanqueador. ***chlorine.***
coagular(se): cuajar(se) o solidificar(se) un líquido; convertir un fluido en un sólido gelatinoso y suave. ***coagulate.***
coco: bacteria celular esférica. ***coccus,*** pl. ***cocci.***
colesterina, v. *colesterol.* ***cholesterin.***
colesterol: alcohol ceroso que se encuentra en el tejido animal y en sus secreciones; está presente en la lanolina y se emplea como emulsor. ***cholesterol.***
colodión: líquido espeso que se emplea para formar una cubierta adhesiva. ***collodion.***
color certificado, v. *color patentado.* ***certified color.***

color patentado: producto colorante comercial que reviste temporalmente el tallo del pelo. *c. certificado.* ***certified color.***

coloración del pelo: acción y efecto de cambiarle artificialmente el color al cabello. *teñido del p.* ***hair coloring, h. tinting.***

colores primarios: pigmentos o colores que son, o se cree que son, fundamentales; los colores primarios en los pigmentos son: rojo, amarillo y azul. ***primary colors.***

columna vertebral: espina dorsal o espinazo. *raquis.* ***spinal column, vertebral c.***

comedón: masa vermiforme (en forma de gusanillo) que obstruye un conducto sebáceo. *espinilla, e. de punto negro.* ***comedone, blackhead.***

comezón: urticaria; erupción cutánea; picazón, escozor. ***hives.***

compuesto, -ta: hecho de dos o más partes o ingredientes; *compuesto:* en química, sustancia compuesta por dos o más elementos unidos. ***compound(s).***

compuesto de alheña, v. *alhena compuesta.*

compuesto de licor de cresol: poderoso germicida. ***liquor cresolis compound.***

concentrado, -da: aumento en la fuerza de una sustancia por disminución del volumen. *condensado, -da.* ***concentrated.***

conducto: pasaje o canal para fluidos. ***duct.***

conductor, -ra: cualquier sustancia que atraiga a una corriente o la deje pasar fácilmente a través de sí. ***conductor.***

configuración: 1) en física y química, ordenamiento y espaciado de los átomos de una molécula; 2) en el corte de pelo, el proceso de recortar y entresacar el cabello hasta darle un estilo determinado o siguiendo el contorno de la cabeza; 3) en los peinados, la formación de arcos uniformes o curvas en el cabello mojado para tener una base sobre la cual imprimir ondas con los dedos, formar sortijas u otros variados diseños en el arte de peinar. ***configuration.***

congénito, -ta: existente desde el nacimiento; aquello con lo que se ha nacido. ***congenital.***

congestión: acumulación excesiva o anormal de sangre en los capilares y en otros vasos sanguíneos de cualquier parte u órgano del cuerpo; hiperemia local. ***congestion.***

constitucional: relativo a las facultades físicas o vitales de un individuo, o que las afecta. ***constitutional.***

contagio: transmisión de una enfermedad específica por medio del contacto. ***contagion.***

contracción: acción y efecto de encoger, encogerse o recogerse, o juntarse por atracción. ***contraction.***

convertidor estático, v. *rectificador.*

copete: pelo, generalmente artificial, que en forma de moño o penacho se trae levantado sobre la frente. *tupé.* ***pompadour.***

cordones conductores: alambres de cobre aislado que conducen la corriente desde un tomacorriente empotrado en la pared hasta la cliente y la operaria. ***conduction cords.***

cordones conectores: hebras aisladas de alambre de cobre que unen un aparato a una corriente eléctrica comercial. ***connecting cords.***

corion, v. *dermis.*

cornificación: proceso de conversión en sustancia o tejido córneo; callosidad. ***cornification.***

coronilla: cima o parte superior de la cabeza. *corona.* ***crown.***

corpúsculo táctil: cada una de las terminaciones nerviosas del tacto que se encuentran dentro de la piel. *corpúsculo de Meissner.* ***tactile corpuscle.***

corpúsculo blanco, v. *glóbulo blanco.* ***white corpuscle.***

corpúsculo rojo, v. *glóbulo rojo.* ***red corpuscle.***

corriente alterna: corriente rápida e intermitente que fluye primero en una dirección y después en la dirección opuesta. *C.A.* ***alternating current, A.C.***

corriente de alta frecuencia: corriente eléctrica que se caracteriza por un alto ritmo de vibración u oscilación. ***high-frequency current.***

corriente directa: corriente que fluye constante y uniformemente en la misma dirección. *corriente contínua. C.D.* ***direct current, D.C.***

corriente farádica: corriente alterna e interrumpida, capaz de producir una reacción mecánica sin efectos químicos. ***faradic current.***

corriente sinusoidal: corriente alterna que produce contracciones mecánicas en los músculos. ***sinusoidal current.***

corrosivo, -va: que causa corrosión (desgaste por fricción). ***corrosive.***

corrugación: contracción, encogimiento; cada una de las estrías o resaltos alternos que se forman en una superficie; pliegue, arruga. ***corrugation(s).***

cortar el pelo, v. *corte de pelo.*

cortar al rape, v. *rapar el pelo.*

corte chamuscado: proceso por el cual se queman ligeramente las puntas del pelo con una pequeña vela encendida. *c. socarrado.* ***singeing.***

corte de desliz, v. *corte rebajado con desliz.*

corte de pelo: acción y efecto de cortar, recortar y entresacar el cabello, dándole forma a la cabellera de acuerdo con un estilo adecuado. *configuración del p.* ***haircutting.***

corte rebajado: corte de pelo que deja el cabello muy corto en la nuca y gradualmente más largo hacia la coronilla. ***shingling.***

corte rebajado con desliz: acción y efecto de entresacar y afilar al mismo tiempo el corte de pelo, dándole longitudes graduales con las tijeras. *c. de desliz, c. entresacado.* ***slithering.***

corte romo: corte de pelo en forma recta y brusca, sin rebajarlo de mayor a menor. *c. basto, c. embotado, c. boto, c. obtuso, c. recto.* ***blunt cutting.***

corteza: segunda capa del pelo. ***cortex.***

cortical: relativo a la corteza. ***cortical.***

cosmetología: ciencia y arte del embellecimiento personal y del acicalamiento del cutis, la piel, el pelo y las uñas. *bellicultura.* ***cosmetology.***

costra, v. *postilla.*

coyuntura, v. *articulación.* ***crust.***

cráneo: conjunto de los huesos de la cabeza; caja ósea en que está contenido el encéfalo. *cabeza ósea.* ***skull.***

crema: cosmético semisólido. ***cream.***

crencha: raya que divide la cabellera en dos partes cuando está peinada hacia lados opuestos; cada una de esas dos partes; *c. mayor:* generalmente la del lado derecho; *c. menor:* generalmente la del lado izquierdo. ***parting.***

crepé: masa de pelo postizo rizado que se emplea como relleno para el peinado. *postizo.* ***rat.***

crepé, lana de, v. *lana de crepé.*

cresol: líquido o sólido oleaginoso e incoloro derivado del alquitrán de hulla y del alquitrán vegetal y empleado como desinfectante. *ácido cresílico.* ***cresol.***

cresta: pligue o reborde, línea o marca fina que se hace plegando o doblando una superficie en forma parecida a la cresta que se alza entre dos olas. ***crest.***

crónico, -ca: de larga duración; lo contrario de agudo (q.v.). ***chronic.***

croquiñol: envoltura de manojos de pelo por debajo, desde las puntas hacia el cuero cabelludo. *croquignole.* ***croquignole winding.***

cuajarse: convertirse del estado líquido al sólido. *coagularse, congelarse.* ***congeal.***

cuarentena: aislamiento de una persona para impedir que propague una enfermedad contagiosa. ***quarantine.***

cuero cabelludo: piel que cubre el cráneo. ***scalp.***

cuerpo de la uña, v. *uña, cuerpo de la.*

cutáneo, -nea: relativo al cutis o a la piel. ***cutaneous.***

cutícula: capa exterior de la piel (epidermis) o del pelo. ***cuticle.***

cutis: piel de las personas, especialmente de la cara; capa inferior de la piel, situada debajo de la epidermis. *dermis.* ***cutis.***

CH

champú: cualquier jabón o detergente especial para lavarse el pelo. ***shampoo.***

champú colorante: preparado que le da color permanente al pelo sin necesidad de un tratamiento de suavización previa. *c. con color.* ***color shampoo.***

champú sin jabón: champú hecho con aceite sulfonado, alcohol, aceite mineral y agua; esta clase de champú no forma espuma y es de reacción generalmente alcalina. *c. no jabonoso.* ***soapless shampoo.***

D

decoloración, v. *clarificación del pelo.*

decoloración completa: acción y efecto de quitar el color del tallo del pelo; este nombre también se le aplica a la eliminación del color del pelo mediante la aplicación de champús fuertes o jabón. *d. total.* ***stripping.*** v. *clarificación, c. del pelo.*

decolorante: producto de preparación comercial que quita el tinte del pelo. ***color remover, dye r.***

decolorar: quitar o amortiguar el color. *descolorar.* ***decolorize.***

dedo: cada una de las prolongaciones cilíndricas, delgadas y móviles en que terminan la mano y el pie. ***digit(s).***

dedo anular: el cuarto de la mano. *d. médico.* ***ring finger.***

dedo índice: el segundo de la mano. *d. mostrador, d. saludador.* ***index finger.***

dedo mayor: el tercero de la mano y más largo de los cinco. *d. cordial, d. de en medio, d. del corazón.* ***middle finger.***

dedo meñique: el quinto y más pequeño de la mano. *d. auricular, d. pequeño.* ***little finger.***

dedo pulgar: el primero y más gordo de la mano o del pie. *d. gordo.* ***thumb*** (mano), ***big toe*** (pie).

deformidad: forma o estructura anormal; malformado; malformación. ***malformation.***

demarcación: línea que indica un límite o una frontera. ***demarcation.***

dendrita: ramificación arbórea (en forma de árbol) de fibras nerviosas que se extiende desde la célula nerviosa. ***dendrite.***

densidad del pelo: número de pelos que entran en el espesor de una pulgada cuadrada del cuero cabelludo. ***hair density.***

depilación: acción y efecto de arrancar el pelo de raíz. ***epilation.***

depilatorio: sustancia, generalmente un álcali cáustico, que se emplea para destruir el pelo; dícese del medio que se emplea para hacer caer el pelo. ***depilatory.***

depresor: lo que aprieta o tira hacia abajo; músculo que deprime. ***depressor.***

dermatitis: inflamación de la piel. ***dermatitis.***

dermatitis cosmética: inflamación de la piel causada por contacto con algún producto cosmético al cual puede ser alérgico el individuo. ***cosmetic dermatitis.***

dermatitis ocupacional: inflamación de la piel causada por la clase de empleo que desempeña el individuo. *d. profesional.* ***occupational dermatitis.***

dermatitis por contacto: inflamación de la piel causada por contacto con productos químicos, tintes, etc., a los cuales puede ser alérgico el individuo. *d. venenata.* ***contact dermatitis.***

dermatología: ciencia que trata de la piel y de sus enfermedades. ***dermatology.***

dermatología cosmética: rama de la dermatología dedicada a mejorar la salud y la belleza de la piel y de sus apéndices (anexos, faneras). ***cosmetic dermatology.***

dermis: capa de la piel que está debajo de la epidermis. *corion, cutis, piel verdadera.* ***corium, cutis, derma, dermis.***

desarrollador: agente oxidante, tal como el peróxido de hidrógeno de volumen 20 (solución al 6%); cuando se mezcla con un tinte derivado de la anilina, suministra el gas oxígeno necesario. ***developer.***

desinfectante: agente químico que se emplea para destruir gérmenes. ***disinfectant.***

desodorante: sustancia que quita u oculta los olores repugnantes. ***deodorant.***

despuntar: quitar o gastar la punta; acción de cortar las puntas hendidas de los pelos empleando tijeras ordinarias o barberiles. *recortar el pelo.* ***hair clipping.***

destilar: extraer la esencia o el principio activo de una sustancia. ***distill.***

detergente: agente químico limpiante. ***detergent.***

dextrorso, -sa: giro o movimiento del pelo, en las configuraciones, sortijas o rizos, que sigue la misma dirección a derechas, como las manecillas de un reloj. *dextrógiro, -ra.* ***clockwise.***

diagnóstico: reconocimiento de una enfermedad por sus síntomas. *diagnosis.* ***diagnosis.***

diálisis: proceso de separar las diferentes sustancias de una solución por difusión a través de una membrana o tabique húmedos; separación. cf. *ósmosis.* ***dialysis.***

diamina de tolueno: líquido incoloro que se obtiene de un producto del alquitrán de hulla y se emplea como disolvente y también en un medicamento destinado a incrementar la secreción biliar. ***toluene diamine.***

diatermia: método para hacer aumentar la temperatura de los tejidos profundos empleando una corriente de alta frecuencia. ***diathermy.***

difusión: acción y efecto de esparcir y separar. cf. *diálisis.* ***diffusion.***

dilatador, -ra: que extiende, alarga y agranda una cosa o proceso. ***dilator.***

diluir: hacer más fina una sustancia mediante mezcla, especialmente con agua. ***dilute.***

diplococo: género de bacterias de forma redondeada que se agrupan en pares. ***diplococcus.***

dirección del rizo, v. *rizo, dirección del.*

dirección del tallo del pelo, v. *sortija, dirección del tallo de la.*

disolvente, v. *disolvente.* ***disolvent.***

dispensario: lugar donde se preparan y distribuyen medicinas y otros suministros médicos; centro de tratamiento médico para pacientes ambulatorios (que no tienen que estar en cama). ***dispensary.***

dispersión: 1) acción de esparcir o separar; 2) incorporación de las partículas de una sustancia en el seno de otra, comprendiendo soluciones, suspensiones y coloides. ***dispersion.***

divieso, v. *furúnculo.* ***boil.***

división celular: reproducción de las células mediante el proceso de división de cada una por la mitad, formando así dos células. ***cell division.***

donador de hidrógeno, v. *hidrógeno, aceptor de.*

durmiente, v. *latente.*

E

eccema: afección inflamatoria de la piel acompañada de comezón (picazón). ***eczema.***

efélide, v. *lentigo.*

eferente, v. *nervio eferente.*

elasticidad: propiedad que le permite a un cuerpo estirarse y después recobrar su extensión y figura primitiva. ***elasticity.***

electricidad: forma de energía que, cuando está en movimiento, manifiesta efectos magnéticos, químicos o térmicos. ***electricity.***

electricidad estática: forma de electricidad generada por fricción. ***static electricity.***

electrodo: polo de una pila eléctrica; aplicador para dirigir la electricidad que se usa en el cuerpo de la cliente. ***electrode.***

electroforesis: método de introducir iones (átomos portadores de una carga eléctrica positiva o negativa) en los tejidos, atravesando la piel, por la influencia de una corriente galvánica. **cataforesis:** *e. catódica,* que emplea el cátodo (polo negativo); **anaforesis:** *e. anódica,* que emplea el ánodo (p. positivo). **galvanoionización, ionización, ionoterapia, iontoterapia.** ***(electro)phoresis: cataphoresis, ana(ano)phoresis.***

electrólisis: descomposición de un compuesto químico o de tejidos corporales por medio de la electricidad. ***electrolysis.***

electrón: unidad o partícula extremadamente diminuta con carga de electricidad negativa, la mínima que se conoce en existencia. ***electron.***

electropositivo, -va: relativo a la electricidad positiva o cargado de ella. ***electropositive.***

electrostático, -ca: relativo a la electricidad estática. ***electrostatic.***

elemento: 1) sustancia simple que no puede descomponerse por medios químicos y que está formada por átomos que son semejantes en sus configuraciones electrónicas periféricas y en sus propiedades químicas; 2) cualquiera de las 103 últimas entidades químicas que, según se cree, componen la materia. ***element.***

emoliente: agente que ablanda o suaviza la superficie de la piel. ***emollient.***
empaque, v. *mascarilla.*
emparejamiento, v. *armonización.*
emplasto, v. *mascarilla.*
empujador (de cutícula): instrumento de acero que se emplea para desprender la cutícula de la uña. ***pusher.***
emulsión: producto compuesto de diminutos glóbulos de un líquido disperso en el seno de otro líquido. ***emulsion.***
emulsor: sustancia, como la gelatina, la goma, etc., para emulsionar un aceite fijo (que no se evapora). ***emulsifier.***
encaje francés, v. *peinar al revés.*
encéfalo: parte del sistema nervioso central contenida en la cavidad craneana y que consta del cerebro, el cerebelo, el puente de Varolio (pons o protuberancia anular) y el bulbo raquídeo (médula oblonga). ***brain, encephalon.***
encrespado: pelo que tiene muchos rizos. *caracoleado, crespo, chino, encarrujado, enroscado, ensortijado, grifo, pasudo, retorcido, rizado, rufo.* ***curled, curly, frizz(y), fuzzy, kinky.***
endocrino, -na: cualquier secreción interna del cuerpo u hormona. ***endocrine.***
enfermedad: estado patológico de cualquier parte u órgano del cuerpo, o de la mente. ***disease.***
enfermedad ocupacional: la relacionada con ciertas clases de empleo en los que se tiene contacto con sustancias químicas o tintes. *e. profesional.* ***occupational disease.***
enjuague: acción de limpiar con agua, por segunda o repetida vez, después de lavar; preparado a base de agua para enjuagar. ***rinse.***
enjuague ácido: solución de agua y jugo de limón o vinagre. ***acid rinse.***
enjuague cítrico: producto que contiene jugo de limón o ácido cítrico; se emplea para eliminar los grumos de jabón. *e. de limón, e. limonado.* ***lemon rinse.***
enjuague colorante: el que le da un tinte temporal al cabello. *e. con color.* ***color rinse.***
enjuague de añil: solución enjuagatoria empleada para neutralizar el matiz amarillento o grisáceo del pelo canoso. *e. de azul, e. de azulete, e. de azulillo.* ***bluing rinse.***
enlace: 1) conexión entre diferentes átomos o radicales de un compuesto químico, generalmente efectuada por transferencia de uno o más electrones de un átomo a otro; 2) en las fórmulas suele representarse por un punto o una línea entre los símbolos atómicos. *ligadura, unión.* ***bond.***
enlaces cruzados: los que mantienen unidas las largas cadenas de aminoácidos que forman el cabello. ***cross bonds.***
enlaces de azufre: los de azufre, cruzados, en el pelo, que mantienen las cadenas de aminoácidos unidas para formar los mechones. cf. *e. cruzados, e. terminales.* ***sulphur bonds.***
enlaces de hidrógeno (enlaces físicos): los formados entre cada dos moléculas cuando el núcleo de un átomo de hidrógeno, originalmente unido a un átomo de fluor, nitrógeno u oxígeno en una molécula, es atraído a otro átomo de uno de estos tres elementos en una segunda molécula de la misma sustancia o de otra diferente. ***hydrogen bond(s).***
enlaces H, v. *enlaces de hidrógeno.* ***hydrogen bonds.***
enlaces peptídicos, v. *enlaces terminales.* ***end bonds.***
enlaces S, v. *enlaces de azufre.* ***sulfur bonds.***
enlaces terminales: los que unen entre sí a los aminoácidos para formar las largas cadenas que son características de todas las proteínas. *e. peptídicos.* ***end bonds, peptide b.***
enredar: enlazar y enmarañar una cosa con otra formando una masa gruesa. ***matting.***
enredar el pelo, v. *peinar al revés.*
enrollado: acción y efecto de envolver el pelo en rizadores (rulos) o barritas para formar rizos. ***wrapping.***
enrollado croquiñol, v. *croquiñol.* ***croquignole.***
enrollado en espiral: acción y efecto de envolver el pelo alrededor de rizadores (rulos) o barritas desde el cuero cabelludo hasta las puntas. ***spiral winding.***
entresaca del pelo: acción de cortar el pelo de modo que se reduzca el volumen de la cabellera en aquellas partes en que ésta es muy densa. cf. *corte rebajado con desliz. entresacadura del p.* ***hair thinning .***
entresacar: cortar los mechones de pelos haciendo deslizar la hoja movible de las tijeras contra la parte inferior de los mismos de modo que la cabellera quede entrecortada y afilada al mismo tiempo. cf. *corte rebajado con desliz.* ***effilate.***
enzima: sustancia que induce un cambio químico en otras sustancias sin sufrir ningún cambio en sí misma; actúa como catalizador del metabolismo. ***enzyme.***
epicráneo, v. *músculo epicráneo.* ***epicranius.***
epidemia: efermedad que durante algún tiempo aflige a los miembros de una colectividad o comunidad. ***epidemic.***
epidémico, -ca: relativo a la epidemia; dícese de la efermedad imperante en una comarca. ***epidemic.***
epidermis: capa externa de la piel. *cutícula.* ***epidermis.***
epitelio: tejido celular o membrana con poca sustancia intercelular que cubre una superficie libre o reviste el interior de una cavidad. ***epithelium.***
eponiquio: extensión de la cutícula en la base del cuerpo de la uña. ***eponychium.***
eritrocito: glóbulo rojo de la sangre; corpúsculo o célula roja. ***erythrocyte.***
escala: conjunto de marcas que indican divisiones en partes iguales y que se usan como normas para medir y pesar. ***scale.***
escama: cualquier laminilla delgada de epidermis córnea, hecha de células planas y finas. **scale, squama.**
escápula, v. *hueso omóplato.* ***scapula.***
escarcha: efecto que produce el aclarar u oscurecer pequeños mechones selectos de pelos en toda la cabeza para combinarlos con el resto de la cabellera. ***frosting.***
escarmenar, v. *peinar al revés.*
esmalte de uñas, v. *uñas, esmalte para (las).*
esófago: conducto del sistema digestivo que va desde la faringe hasta el estómago. ***esophagus, oesophagus.***
espátula: instrumento flexible, parecido a un cuchillo, que se emplea para recoger cremas y pomadas, etc. ***spatula.***
espectro: banda matizada de los colores del arcoiris que resulta de la descomposición de la luz blanca a través de un prisma. *espectro luminoso.* ***spectrum.***
espina: pieza ósea, larga, delgada y puntiaguda; espinazo. ***spine.***
espina dorsal, v *columna vertebral.*
espinazo, v. *columna vertebral.*
espinilla: barrillo que aparece en la piel por obstrucción del conducto de las glándulas sebáceas. *comedón, e. blanca, e. de punto negro, milio (mijo).* ***blackhead, whitehead.***
espinilla blanca: pequeña masa de color blanquecino nacarado formada por la retención del sebo debajo de la epidermis. *acné alba, a. miliar, milio (mijo).* ***whitehead.***
espinilla de punto negro: tapón de materia sebácea que obstruye un poro y termina en un punto oscuro. *comedón.* ***blackhead.***
espiral: rollo o serpentín que da vueltas alrededor de un centro como el muelle de un reloj. ***spiral.***
espirilo: bacteria curva. ***spirillum.***
esponjoso, -sa: de estructura porosa y ahuecada. *canceloso.* ***cancellous.***
espora: corpúsculo bacteriano provisto de pared protectora que le permite resistir condiciones desfavorables. ***spore.***
espuma: conjunto de burbujas que se forman por la mezcla de agua y jabón. ***lather.***
espumante: sustancia que forma una abundante cantidad de espuma. ***foamer.***
esqueleto: estructura ósea del cuerpo. ***skeleton.***
estabilizado, -da: que ha llegado a un estado contínuo y firme sin más cambios. ***stabilized.***
estabilizador, v. *fijador.* ***stabilizer.***
estable: en estado equilibrado; que no se destruye, cambia o se descompone fácilmente; resistente a los cambios moleculares. ***stable.***
estafilococo: cualquiera de los micrococos (bacterias esféricas) que se agrupan en racimo como las uvas; se encuentran en las pústulas y furúnculos. ***staphylococcus.***
esteatoma: quiste sebáceo; tumor adiposo (graso, grasoso). ***lipoma.***
esteatosis: degeneración sebácea. *adiposis, esteatodermia.* ***steatosis.***

éster: compuesto orgánico formado por la reacción de un ácido y un alcohol. *éter compuesto, sal etérea.* ***ester.***

esterilización: acción y efecto de destruir los gérmenes patógenos que puedan existir en un cuerpo o sustancia; volver estéril. ***sterilization.***

estético, -ca: sensible al arte y a la belleza; que muestra buen gusto; artístico. ***esthetic.***

estimulación: acción y efecto de incitar el aumento de una actividad funcional. ***stimulation.***

estíptico: agente que causa la contracción del tejido vivo; se emplea para contener las sangrías (pequeñas hemorragias); astringente. ***styptic.***

estiramiento térmico del pelo: accion y efecto de estirar y enderezar el pelo muy rizado (encarrujado, ensortijado o pasudo) empleando tenazas térmicas calientes. *alisadura térmica, suavización térmica.* ***thermal hair straightening.***

estómago: porción dilatada del tubo digestivo dentro de la cual tiene lugar el primer proceso de la digestión. ***stomach.***

estrato: capa de un tejido del cuerpo. v. *capa.* ***stratum.***

estrato córneo: capa córnea de la piel. ***stratum corneum.***

estrato germinativo: capa más profunda de la epidermis, asentada en la dermis. *e. basal, e. de Malphigi, e. germinal, e. mucoso.* ***stratum germinativum.***

estrato granuloso: capa granular de la piel. *e. glanular, e. granilloso.* ***stratum granulosum.***

estrato lúcido: capa clara de la piel. *e. claro, e. de Oehl, e. transparente.* ***stratum lucidum.***

estrato mucoso: capa mucosa de la piel, hoy conocida como estrato germinativo (q.v.). ***stratum mucosum.***

estreptococo: cada una de las bacterias piógenas (generadoras de pus) que se agrupan en cadenas onduladas parecidas a las cuentas de un collar; se encuentran en las erisipelas y en la septicemia. ***streptococcus.***

estriado, v. *músculo estriado.* ***striated muscle.***

estrófulo, v. *miliar.*

ética: principios que rigen la buena reputación y la conducta apropiada. ***ethics.***

etiología: ciencia de las causas de las enfermedades. ***ethiology.***

evaporación: paso de la forma líquida a la de vapor. ***evaporation.***

excoriación: acción de arrancar o corroer el cutis; abrasión. *escoriación.* ***excoriation.***

excreción: acción y efecto de expeler o eliminar del cuerpo. ***excretion.***

excretar: separar los resíduos o productos de desecho del cuerpo (de la sangre o de los tejidos) y eliminarlos a través del intestino, los riñones o las glándulas sebáceas y sudoríparas. ***excrete.***

exhalación: eliminación de sustancias por la piel o por los pulmones; acción y efecto de expulsar el aire durante la respiración. ***exhalation.***

extensibilidad: capacidad de extenderse o estirarse. ***extensibility.***

extensible: que puede estirarse. ***tensile.***

extractor de comendones: insturmento empleado para sacar las espinillas de punto negro. ***comedone extractor.***

extremidad: punta o parte distante de cualquier órgano; brazos, manos, piernas y pies de una persona. ***extremity(ties).***

exudación: salida de un humor fuera de sus vasos o continentes propios; v. *sudación.* ***exudation.***

F

facial: relativo a la faz (cara); tratamiento cosmético facial; v. *nervio facial.* ***facial.***

Fahrenheit: relativo al termómetro o escala Fahrenheit, según el cual el agua se congela a 32°F. y hierve a 212°F. ***Fahrenheit.***

falange: cada uno de los huesos de los dedos de las manos y los pies. ***phalanx.***

faringe: parte superior del tubo digestivo, detrás de la nariz y la boca. ***pharynx.***

Farmacopea de los Estados Unitos: libro oficial de los medicamentos aprobados y normas medicinales de este país. *Farmacopea Americana.* ***United States Pharmacopeia.***

fascia, v. *aponeurosis.*

fenol: veneno cáustico; en solución diluída se emplea como antiséptico y desinfectante. *ácido carbólico, a. fénico.* ***phenol.***

fermentación: desomposición química de compuestos orgánicos que se transforman en compuestos simplificados y es producida por la acción de una enzima. ***fermentation.***

fétido, -da; de olor repugnante; que apesta. ***fetid.***

fibra: estructura delgada y filiforme (en forma de hilo) que se combina con otras para producir tejido animal o vegetal. ***fiber.***

fibrina: agente activo de la coagulación de la sangre. ***fibrin.***

fiebre ampollosa, v. *herpes febril.* ***fever blister.***

fijador: agente químico capaz de detener la acción de la solución para la ondulación permanente o del relajador químico del pelo y endurecer el pelo en su nueva forma. *estabilizador, neutralizador.* ***fixative, neutralizer, stabilizer.***

fima: inflamación circunscrita de la piel mayor que un tubérculo. ***phyma.***

física: rama de la ciencia que trata de la materia, el movimiento, la luz, el calor, la electricidad, el sonido y la mecánica. ***physics.***

fisión: reproducción de las bacterias por división celular; acción y efecto de agrietarse o partirse. ***fission.***

fisión atómica: división de los neutrones de un átomo en dos fragmentos principales. ***atomic fission.***

fisiología: ciencia de las funciones de los organismos (seres vivientes). ***physiology.***

fisura: abertura estrecha formada por la separación de las partes de un cuerpo; surco, hendedura o rajadura. ***fissure.***

flagelo: cada una de las prolongaciones delgadas y filamentosas que emergen de ciertas bacterias y les permiten locomoción. cf. *cilio.* ***flagellum,*** pl. ***flagella.***

flequillo: porción de cabello de la parte anterior de la cabeza que, recortado a manerra de fleco, se deja caer sobre la frente. *cerquillo.* ***bang(s).***

flictena, v. *vesícula.* ***vesicle.***

fluencia del pelo, v. *inclinación del pelo.*

fluorescente: capacidad de emitir luz después de exponerse a la luz, siendo la longitud de onda de la luz emitida más larga que la de la luz absorbida. ***fluorescent.***

folículo, v. *pelo, folículo del.* ***follicle.***

foresis, v. *electroforesis.*

fórfolas: escamillas delgadas y secas o postillas del cuerpo, especialmente en el cuero cabelludo. v. *caspa, pitiriasis.* ***scurf.***

formaldehído: gas de olor picante con propiedades de poderoso desinfectante. *aldehído fórmico.* ***formaldehyde.***

formalina: solución de formaldehído que contiene de un 37% a un 40% del mismo. ***formalin.***

fórmula: método o regla prescrita; receta o prescripción médicas; representación simbólica de la composición química de un cuerpo. ***formula.***

forúnculo, v. *furúnculo.* ***boil.***

fragilidad del pelo: condición quebradiza del cabello. *tricoptilosis. tricorrexis.* ***fragilitas crinium, trichoptilosis.***

frecuencia: número de ciclos completos por segundo de una corriente producida por un generador de corriente alterna; las frecuencias normales son de 25 y 60 ciclos por segundo. ***frequency.***

fricción: resistencia que encuentra un cuerpo al frotar con otro. ***friction.***

frontal: en el frente o parte delantera de un cuerpo; relativo a la frente (parte superior de la cara). v. *hueso f., músculo f.* ***frontal.***

fumigar: desinfectar por la acción de vapores (gases). ***fumigate.***

fundir: licuar por medio del calor. ***fuse.***

furúnculo: pequeño absceso subcutáneo causado por bacterias que penetran a través del folículo del pelo. *botón, divieso.* ***boil, furuncle.***

fusible: dispositivo especial que impide que un exceso de corriente eléctrica pase a través de un circuíto. ***fuse.***

fusión: acción y efecto de unir con cohesión. ***fusion.***

G

galón francés, v. *peinar al revés.*

ganglio: cada uno de los haces de células nerviosas del encéfalo, de los órganos sensorios especiales, o que forman las unidades del sistema nervioso vagosimpático. ***ganglion,*** pl. ***ganglia.***

garguero, v. *traquea.*

gasa: tela de hilo con malla abierta que se emplea para vendar heridas. ***gauze.***

gel: producto cosmético compuesto de un sólido y un líquido en forma de masa sólida o semisólida. ***gel.***

gelatina: sustancia frágil, inodora e insípida que se extrae de hervir los huesos, cascos y tejidos animales y que se emplea en diversos alimentos, medicinas, etc. ***gelatine.***

gene: la unidad última en la transmisión de características hereditarias. *gen.* ***gene.***

genético, -ca: relativo a la génesis u origen de algún cuerpo. ***genetic.***

germen: bacilo; microbio; embrión en sus fases primarias. ***germ.***

germicida: cualquier sustancia química, especialmente en forma de solución, que destruye los gérmenes. ***germicide.***

glándula: órgano secretorio del cuerpo. ***gland.***

glándula hipófisis: glándula endocrina (sin conducto) situada en la base del cráneo, debajo del encéfalo. *g. pituitaria.* ***hypophysis, pituitary gland.***

glándula parótida: cada una de las dos glándulas salivales mayores, situadas debajo del oído. ***parotid.***

glándula sebácea: cualquiera de las numerosas glándulas de la piel que segregan sebo (aceite o grasa). ***sebaceous gland(s).***

glándula sudorípara: cualquiera de las numerosas glándulas de en la piel que segregan sudor. *g. sudorífera, g. sudorífica.* ***sudoriferous gland.***

glándula suprarrenal: cada una de las dos glándulas situadas, respectivamente, encima de uno y otro riñón. *g. adrenal, cápsula suprarrenal.* ***adrenal.***

glándula tiroides: glándula endocrina (sin conducto) de gran tamaño situada en el cuello. ***thyroid gland.***

glicerina: líquido dulce y oleaginoso que se emplea en aplicaciones locales sobre la piel callosa, endurecida o agrietada; también se usa como solvente. ***glycerin, glycerine.***

glóbulo: gotita esférica de un líquido o de una sustancia semifluida. ***globule.***

glóbulo blanco: cada una de las células incoloras de la sangre que tienen por función destruir los gérmenes patógenos (causantes de enfermedades). *corpúsculo blanco, leucocito.* ***white corpuscle(s).***

glóbulo rojo: cada una de las numerosas células rojas de la sangre que tienen por función transportar oxígeno a otras células. *corpúsculo rojo, eritrocito, hematíe.* ***red corpuscle(s).***

golpeteo digital: uno de los movimientos del masaje; acción y efecto de golpear en forma ligera, viva y contínua con los dedos parcialmente doblados. ***tapping.***

goma pulverizada: jugo pegajoso que se aplica como rociadura en pequeñísimas gotas esparcidas en el aire. ***spray gum.***

gorro calorífico: aparato eléctrico que se coloca sobre la cabeza para suministrarle una fuente de calor uniforme. ***heating (wig) cap.***

gorro de peluca: tejido y ataduras de una pieza de cabellos postizos que en conjunto forman la base a la cual se anuda el pelo. ***cap.***

gorro jabonoso: solución con partes iguales de champú, peróxido de hidrógeno y tinte que se emplea cuando se desea producir un ligero cambio en el color del pelo. ***soap cap.***

gran nervio occipital, v. *nervio occipital mayor.* ***greater occipital.***

grano, v. *barro.* ***pimple.***

gránulo: grano pequeño; píldora pequeña. ***granule(s).***

granuloso, v. *estrato granuloso.*

grumo: parte de un líquido que se coagula; residuo de jabón que se observa en el pelo después de un champú poco satisfactorio. ***curd.***

H

hachazo: cada uno de los golpes que se dan en la piel con el borde cubital de la mano (lado del meñique) durante el masaje. ***hacking.***

halitosis: olor desagradable en la boca; mal aliento. ***halitosis.***

hélice: repliegue semicircular que forma el borde del pabellón de la oreja. ***helix.***

hematíe, v. *glóbulo rojo.* ***red globule.***

hematocito: célula o glóbulo de la sangre. ***hematocyte.***

hemoglobina: materia colorante de los hematíes (glóbulos rojos) de la sangre. ***haemoglobin, hemoglobin.***

hemorragia: sangría; flujo de sangre, especialmente cuando es profuso. ***hemorrhage.***

herencia: capacidad innata del organismo para desarrollar caraterísticas ancestrales (pertenecientes o relativas a los antepasados). ***heredity.***

herpes: enfermedad inflamatoria de la piel con agrupamiento de granitos o vejiguillas que rezuman humor y forman, costras o escamillas. *herpe.* ***herpes.***

herpes febril: enfermedad cutánea caracterizada por ampollas, frecuentemente acompañada de fiebre. *fiebre ampollosa, h. simple, pénfigo agudo.* ***fever blister.***

hexaclorofenol: polvo blanco, finamente pulverizado y esencialmente inodoro, que se emplea como agente bactericida en los jabones antisépticos y en los productos desodorantes, incluyendo jabones y varios cosméticos. *hexaclorofeno, gamophen, pHiso-Hex.* ***hexachlorophenol.***

hidr-, hidro-: forma española de una palabra griega que significa "agua" y que entra como prefijo en la formación de muchas palabras compuestas. ***hydro.***

hidrato de carbono, v. *carbohidrato.*

hidrocarburo: cualquier sustancia compuesta por solamente hidrógeno y carbono. *hidrato de carbono, hidrógeno carburado.* ***hydro carbon.***

hidrófilo: capaz de combinarse con el agua o atraerla. ***hydrophilic.***

hidrógeno: el más ligero de los elementos; gas incoloro, insípido e inodoro que se encuentra en el agua y en todos los compuestos orgánicos. ***hydrogen.***

hidrógeno, aceptor de: sustancia que, por reducción, acepta los átomos de hidrógeno de otra sustancia conocida como "donador de hidrógeno." ***hydrogen acceptor.***

hidróxido de potasio: álcali poderoso empleado en la fabricación de jabones blandos (medicinales). *hidrato de potasio, potasa cáustica.* ***potassium hydroxide.***

hidróxido de sodio: producto a base de un álcali poderoso que se emplea en algunos productos relajadores químicos del pelo. *sosa cáustica.* ***sodium hydroxide, caustic soda.***

higiene: ciencia de la preservación de la salud. ***hygiene.***

higroscópico: que absorbe fácilmente la humedad del ambiente y la retiene. ***hygroscopic.***

hiperhidrosis: sudación excesiva. ***hyperhidrosis, hyperidrosis.***

hipertricosis, v. *hirsutismo.* ***hursuties.***

hipertrofia: aumento anormal del tamaño de una parte u órgano del cuerpo; crecimiento excesivo. ***hypertrophy.***

hiponiquio: capa de la epidermis sobre la que descansa el cuerpo de la uña por debajo del borde libre de la misma. ***hyponychium.***

hirsutismo: brote anormal de vello recio en lugares de la piel generalmente lampiños, como son el rostro de la mujer o la espalda del hombre. *hipertricosis, hipertriquiasis, vellosidad, vello superfluo.* ***hirsuties.***

hirsuto, -ta: de vello largo y recio. *peludo, velludo.* ***hirsute.***

histología: ciencia de las estructuras microscópicas de los tejidos orgánicos. *anatomía microscóvica, microanatomía.* ***histology.***

homogéneo, -nea: poseedor de la misma naturaleza o cualidad; de carácter uniforme en todas sus partes. ***homogenous.***

homogenizador: que sirve para producir una suspensión uniforme de emulsiones derivada de dos o más sustancias normalmente inmiscibles (no mezclables). ***homogenizer.***

hongo: parásito vegetal; crecimiento esponjoso de un tejido corporal enfermo. ***fungus.***

horma de peluca: molde con figura de cabeza humana en el que se coloca una peluca con un propósito específico. ***(wig) block.***

hormona: sustancia química formada en un órgano o parte del cuerpo y transportada en la sangre a otro órgano o parte que recibe de ella estímulos en su actividad funcional o en su secreción. ***hormone.***

hueso: cada una de las piezas duras que forman el esqueleto. ***bone.***

hueso cigomático: arco o eminencia ósea formada por la unión de los huesos temporal (de la sien) y malar (de la mejilla o pómulo). *apófisis cigomática, arco cigomático, cigoma.* ***zygomatic.***

hueso cornete: hueso de la nariz; cuerpo turbinado (en forma de peonza o torbellino). *concha nasal, h. turbinado.* ***turbinal, turbinate.***

hueso cúbito: el más grueso, largo e interno de los dos huesos que forman el antebrazo (parte inferior del brazo, desde el codo hasta la muñeca). ***ulna.***

hueso de la clavícula: cada una de las dos islillas o huesos del cuello que conectan el esternón (hueso plano del pecho) con el omóplato (escápula o paleta). ***clavicle.***

hueso esfenoides: hueso cuneiforme (en forma de cuña) que ocupa la parte anterior y media de la base del cráneo. ***sphenoid.***

hueso etmoides: hueso cribiforme (en forma de criba) que es parte de las paredes de la cavidad nasal. ***ethmoid.***

hueso frontal: hueso de la frente. *h. coronal.* ***frontal.***

hueso grande: hueso grande de la muñeca (carpo). *h. cuadrado.* ***capitate.***

hueso hioides: hueso en forma de "U" situado a raíz de la lengua y encima de la laringe. ***hyoid.***

hueso húmero: el único del brazo (parte superior del brazo) que se articula por uno de sus extremos con la escápula (omóplato o paleta) y por el otro con el cúbito y el radio. ***humerus.***

hueso lagrimal: laminilla ósea en la parte anterior de la cara interna de la órbita (cuenca) del ojo. *unguis.* ***lachrymal, lacrimal***

hueso malar, v. *h. pómulo.*

hueso maxilar: cada uno de los que forman las mandíbulas superior e inferior. ***maxilla, jawbone.***

hueso occipital: el que forma la parte posterior e inferior de la cabeza. ***occipital.***

hueso omóplato: cada uno de los dos huesos triangulares y anchos situados a uno y otro lado de la espalda. *omóplato, escápula, paleta.* ***scapula.***

hueso palatino: cada uno de los dos que contribuyen a forma la bóveda palatina (bóveda del paladar o cielo de la boca). ***palatine bone(s).***

hueso parietal: cada uno de los dos situados en las partes medias y laterales de la cabeza. ***parietal.***

hueso pómulo: el que forma la prominencia de cada una de las mejillas. *h. malar.* ***malar.***

hueso radio: el más externo y menor de los dos que forman el antebrazo (parte inferior del brazo, desde el codo hasta la muñeca). ***radius.***

hueso temporal: cada uno de los dos que forman los lados y la base del cráneo, correspondientes a las sienes. ***temporal bone.***

humedad: agua o líquido de que está impregnado un cuerpo o que, vaporizado, se mezcla con el aire. ***humidity.***

I

imbricaciones: células ordenadas en capas superpuestas parcialmente, como las tejas de un tejado, que se encuentran en la capa cuticular del pelo. ***imbrications.***

inclinación del pelo: dirección natural del crecimento del pelo que ya ha salido del folículo. *fluencia del pelo.* ***hair stream.***

incubación: período de latencia entre la implantación de una enfermedad infecciosa y su manifestación. ***incubation.***

inestable: propenso a variar o a desaparecer. ***unstable.***

infección: invasión del organismo por gérmenes patógenos (causantes de enfermedades). ***infection.***

infección general: resultado de una invasión por gérmenes patógenos (causantes de enfermedades) que penetran en el torrente circulatorio y, por lo tanto, se extienden por todo el cuerpo. cf. *septicemia.* ***general infection.***

infección local: la limitada a sólo ciertas partes del cuerpo, como es un absceso. ***local infection.***

infeccioso, -sa: capaz de hacer extender una infección. ***infectious.***

inflamación: reacción del cuerpo a la irritación, acompañada de enrojecimiento, dolor, calor local e hinchazón. ***inflammation.***

infrarrojo: radiación del espectro luminoso que está por debajo de los rayos rojos de la luz y fuera de la zona visible. ***infrared.***

ingrediente: cualquiera de las sustancias de que se compone una mezcla. ***ingredient.***

inhalación: aspiración por la respiración de aire u otros vapores (gases). ***inhalation.***

inmersión, v. *sumersión.* ***immersion.***

inmunidad: libre de enfermedades o resistente a ellas. ***immunity.***

inocuo, -cua: que no hace daño; que no produce enfermedades; que promueve el desarrollo. *no-patógeno.* ***nonpathogenic.***

inoculación: proceso por el cual agentes protectores son introducidos en el cuerpo. ***inoculation.***

inorgánico, -ca: compuesto de materia sin órganos para la vida. ***inorganic.***

insalubre: no sano o no saludable; dañino a la salud; malsano; sucio. ***insanitary, unsanitary.***

insoluble: incapaz de disolverse o muy difícil de disolver. ***insoluble.***

intensidad: cantidad de fuerza o energía de calor, luz, sonido, electricidad, etc., por unidad de tiempo; cualidad de intenso. ***intensity.***

intensificador: oxidante añadido al peróxido de hidrógeno para aumentar su acción química; para ello se emplean sustancias químicas tales como el persulfato de amonio o el percarbonato. ***booster.***

intercelular: existente entre células. ***intercellular.***

intestino: tubo digestivo, desde el estómago hasta el ano. ***intestine.***

ion: átomo o grupo de átomos que transportan una carga eléctrica. ***ion.***

ionización: separación de una sustancia en iones. ***ionization.***

iris: disco membranoso del ojo, de color vario, que regula la apertura del agujero central llamado pupila. ***iris.***

irradiación: exposición de un cuerpo a la luz solar natural o artificial. v. *radiación.* ***irradiation, radiation.***

irreversible: incapaz de volver a su estado primario. ***irreversible.***

irritabilidad: de fácil excitación o estimulación. ***irritability.***

J

jalea de violeta genciana: antiséptico empleado para tratamientos de primeros auxilios de quemaduras del cuero cabelludo. ***gentian violet jelly.***

jaspeado, v. *escarcha.* ***frosting.***

jugo gástrico: liquido digestivo segregado por las glándulas del estómago. ***gastric juice.***

K

kilovatio: mil vatios de electricidad. ***kilowatt.***

L

labial: relativo a los labios. ***labial.***

laceración: rasgadura de la piel o de los tejidos. ***laceration.***

lagrimal: relativo a las lágrimas; comisura (ángulo) interior del ojo. v. *hueso lagrimal. lacrimal.* ***lachrymal, lacrimal.***

lámpara de arco: instrumento que produce rayos ultravioleta. *l. de arco de carbón, l. de a. voltaico.* ***carbon-arc lamp.***

lámpara terapéutica: aparato eléctrico que produce cualquiera de los diversos rayos del espectro y se emplea para tratamientos de la piel y del cuero cabelludo. ***therapeutic lamp.***
lana de crepé: sustancia de la lana del carnero empleada en hacer tiras de tela, cintas para el pelo, material de relleno o papelitos protectores para ocultar las puntas del pelo al enrollarlo. *l. asargada, l. crespada, l. de crespón.* **crepe wool.**
lanolina: grasa purificada extraída de la lana del carnero. ***lanolin.***
lanugo, v. *vello.*
lápiz cosmético: pomada semisólida, en forma de barrita, que se emplea para pintar o cubrir alguna parte del cuerpo (creyón o lápiz labial, lápiz para las cejas, etc.). ***cosmetic pencil*** (eyebrow pencil), ***stick*** (lipstick).
laringe: parte superior de la traquea o caña del pulmón; órgano productor de la voz. ***larynx.***
latente: dícese de lo que existe sin exteriorizarse o manifestarse; inactivo; durmiente. ***dormant, latent.***
laurisulfito de sodio: elemento metálico del grupo alcalino, en cristales blancos o amarillo claro, empleado en detergentes. ***sodium lauryl sulfite.***
lecho de la uña, v. *uña, lecho de la.*
lecitina: compuesto cristalino incoloro soluble en alcohol; se encuentra en los tejidos animales, especialmente en el tejido nervioso, en el corazón y en la yema del huevo. *bioplastina, fosfolecitina, ovolecitina.* ***lecithin.***
lentigo: mancha amarilla o parda o pigmentación circunscrita de la piel. *efélide, peca.* ***lentigo, freckle.***
lesión: cambio estructural de un tejido, causado por daño o enfermedad. ***lesion.***
leucocito, v. *globulo blanco.* ***white globule.***
leucodermia: manchas blancas anormales de la piel; ausencia de pigmento en la piel. ***leucoderma.***
leuconiquia: decoloración blancuzca de las uñas; manchas blancas de las uñas. ***leuconychia.***
ley de Ohm: simple afirmación de que la intensidad (amperes) de una corriente eléctrica es igual a la fuerza electromotriz (volts) dividida por la resistencia (ohmios) del circuíto. ***Ohm's law.***
licuar: reducir al estado líquido; dícese tanto de los sólidos como de los gases. ***liquefy.***
liendre: huevecillo de piojo que suele adherirse al pelo. ***nit.***
ligamento: banda fuerte de tejido fibroso que sirve para conectar los huesos o para mantener un órgano en su lugar. ***ligament.***
línea cervical (del pelo): en el corte de pelo, contorno del cuero cabelludo que rodea la cerviz o nuca en el cual termina el crecimiento del pelo y comienza el cuello; nacimento del pelo; contorno cervical del pelo. ***neck line.***
linfa: líquido amarillento claro o de color pajizo que circula en los espacios linfáticos o por los vasos linfáticos del cuerpo. ***lymph.***
lipófilo, -la: dícese de lo que tiene afinidad o atracción por la grasa y el aceite. *lipofílico.* ***lipophil, lipophilic.***
lipoma, v. *esteatoma.*
liquen trópico, v. *miliar.*
lisol: desinfectante y antiséptico; mezlca de jabones y fenoles. ***Lysol.***
lobanillo: quiste sebáceo, generalmente en el cuero cabelludo. *lupia.* ***wen.***
lóbulo: cualquiera de ciertas partes más o menos salientes que forman abultamientos redondeados del organismo; perilla o extremidad inferior del pabellón de la oreja; pulpejo. ***lobe.***
loción: solución líquida que se emplea para la limpieza de la piel o del cabello. ***lotion.***
loción de calamina: carbonato de cinc en alcohol, empleado en el tratamiento de varias formas de dermatitis. ***calamine lotion.***
lubricante: cualquier sustancia que suaviza una cosa y la hace resbaladiza, como el aceite. ***lubricant.***
lúminoterapia, v. *terapia luminosa.*
lunar: pequeña mancha pardusca de la piel. *lentigo, mácula, marca de nacimiento, nevo.* ***mole.***
lúnula: espacio blanquecino semilunar (en forma de media luna) de la raíz de las uñas. ***lunula.***
luz azul: lámpara terapéutica que se emplea para producir un efecto calmante en los nervios. ***blue light.***
Lysol: nombre comercial. v. *lisol.* ***Lysol.***

M

macroscópico, -ca: visible a simple vista, sin auxilio del microscopio. ***macroscopic.***
mácula: mancha o decoloración superficial de la piel; peca; *v. lentigo.* ***macula,*** pl. ***maculae.***
madeja, v. *mata de pelo.*
magnetismo: poder que posee el magneto para atraer o repeler otras masas. ***magnetism.***
malar: relativo a la mejilla; hueso malar; v. *hueso pómulo.* ***malar.***
malaxación: cada uno de los movimientos de agarre, amasaduras y sobas de la piel y la carne, con presión ligera y firme, que se aplican en el masaje. ***petrissage.***
malformación, v. *deformidad.* ***deformity.***
maligno, -na: resistente al tratamiento; dícese de la enfermedad que empeora; mal de carácter pernicioso; tumor que se reproduce después de extirpado. ***malignant.***
mancha: decoloración anormal de la piel. ***stain.***
mancha hepática: cada una de las decoloraciones irregulares de la piel que caracterizan el cloasma. *cloasma.* ***liver spot.***
mandíbula: cada una de las dos partes óseas, superior e inferior, que limitan la boca y en las cuales se encuentran los dientes, especialmente la inferior. v. *hueso maxilar. quijada.* ***mandible.***
manganeso: elemento químico metálico, blanco grisáceo, que se oxida como el hierro pero no es magnético. ***manganese.***
manicura: arte de arreglar y embellecer las manos y las uñas. ***manicure.***
manipulación: acción o proceso de tratar, trabajar u operar con las manos o por medios mecánicos, especialmente con habilidad. ***manipulation.***
manto de la uña, v. *uña, manto de la.*
máquina aceleradora de tintes: aparato empleado para abreviar la acción de las sustancias químicas en el pelo durante el teñido o la decoloración. *m. elaboradora.* ***processing machine.***
marcel, v. *ondulación Marcel, tenazas térmicas.* ***marcel.***
masaje: manipulación del cuerpo mediante pases o frotes, agarres o sobas, percusiones o palmoteo, golpeteo digital, etc., para hacer aumentar el metabolismo, promover la absorción, alivar el dolor, etc. ***massage.***
máscara: fórmula cosmética especial para embellecer el rostro y que se aplica al cutis reseco mediante una cubierta de gasa. ***mask.***
mascarilla: fórmula cosmética especial para embellecer el rostro y que se aplica directamente al cutis normal o grasiento. *empaque, emplasto.* ***pack.***
mata de pelo: conjunto o gran porción del cabello suelto de la mujer. *madeja de p.* ***head or weft of hair.***
matiz rojizo: toque o aspecto de rojo. ***reddish cast.***
matizador: tinte derivado de la anilina que se aplica al pelo muy clarificado (decolorado) para darle un color pálido y suave. ***toner.***
matriz de la uña, v. *uña, matriz de la.*
maxilar, v. *hueso maxilar.*
mechón: porción de pelos separada de un conjunto de la misma clase. ***lock of hair.***
mechón rebelde: pequeña porción de pelos que se separa sola del cuero cabelludo, alzándose y resistiéndose al peinado. ***cowlick.***
mechonamiento, v. *subseccionamiento* (del pelo).
media peluca, v. *postizo con prendedero.*
médula: sustancia blanda y blanquecina que llena las cavidades de los huesos: *meollo, tuétano;* centro interior del cabello. ***medulla.***
médula espinal: parte del sistema nervioso central que se aloja dentro del conducto raquídeo o vertebral. ***spinal cord.***
médula ósea: la de los huesos. v. *médula.* ***marrow, medulla.***
melanina: pigmento negro o pardo negruzco que se encuentra en la epidermis y el pelo, así como en la capa coroidea del ojo. ***melanin.***

melanóforo, -ra: célula pigmentaria que contiene o transporta melanina. ***melanophore.***

membrana: lámina o capa fina de tejido flexible que sirve de cubierta o envoltura del cuerpo o parte de él. ***membrane.***

membrana mucosa: la que segrega el moco que tapiza los pasajes y las cavidades del cuerpo que se comunican con el exterior. ***mucous membrane.***

metabolismo: proceso contructivo y destructivo de la vida celular; consta de anabolismo (false constructiva o de asimilación) y catabolismo (false destructiva o de desasimilación). ***metabolism: anabolism, catabolism.***

metacarpo: conjunto de cinco huesos de la mano comprendidos entre la muñeca y los dedos; huesos de la palma de la mano. ***metacarpus.***

metatarso: conjunto de cinco huesos largos del pie comprendidos entre el empeine y los dedos; huesos de la planta del pie. ***metatarsus.***

meta-tolueno-diamina: nombre de un tinte oxidante que se emplea para darle al pelo matices más claros de rojizo y rubio; es del tipo de los derivados de la anilina. ***meta-toluene-diamine.***

metro: instrumento usado para medir y unidad de longitud básica del sistema métrico decimal. ***meter.***

microbio: microorganismo; diminuto animal unicelular o bacteria vegetal. ***microbe.***

micrococo: célula bacteriana diminuta, de forma esférica. ***micrococcus.***

microorganismo: célula animal o vegetal microscópica. *bacteria.* ***micro-organism.***

microscopio: instrumento óptico que hace ver aumentadas las dimensiones de los objetos diminutos. ***microscope.***

miliar: dícese de una erupción de vejiguillas semejantes a granos de mijo, a veces acompañada de fiebre, y causada por inflamación de las glándulas sudoríparas; sarpullido del calor; sensación de quemadura con prurito causada por la exposición al calor excesivo. *estrófulo, liquen trópico, miliaria rubra, sudamina.* ***miliaria rubra.***

milio, v. *espinilla blanca.*

miología: parte de la medicina que estudia la estructura, las funciones y las enfermedades de los músculos. ***myology.***

miscible: mezclable; propiedad que tienen ciertos líquidos para mezclarse unos con otros en iguales proporciones. ***miscible.***

mixtura: preparado que se hace incorporando un ingrediente soluble a un excipiente líquido; a veces se aplica a una solución acuosa que contiene dos o más solutos; poción compuesta de varios ingredientes. ***mixture.***

modelar: hacer una figura o adorno con una sustancia plástica dándole una forma o configuración de acuerdo con un modelo determinado; vaciar una materia en un molde. *moldear.* ***model, mould.***

modificante: cualquier sustancia que hace transformar la figura o las características de un cuerpo o de otra sustancia. *modificador, modificativo.* ***modifier.***

molécula: la partícula más pequeña de una sustancia que puede existir en estado libre conservando todas las propiedades químicas de dicha sustancia. ***molecule.***

monilétrix, v. *pelo moniliforme.* ***moniliforme.***

moño: atado o rodete que se hace con el cabello natural o postizo y que se lleva recogido en la coronilla o en la nuca. ***chignon.***

mordente: sutancia como el aluminio, el fenol o el aceite de anilina que sirve para fijar los tintes empleados en la coloración del pelo. *mordiente.* ***mordant.***

movimiento de muela: forma de malaxación (q.v.) que se aplica a un miembro del cuerpo y que consiste en agarrar la carne con ambas manos y torcerla en una y otra dirección. ***fulling.***

músculo: tejido contráctil del cuerpo mediante el cual se realizan los movimientos. ***muscle.***

músculo aductor: el que hace que un miembro u órgano se acerque al eje central o plano medio del cuerpo (antón. *abductor*); por ejemplo, cerrar ls dedos de la mano, mover el ojo hacia la nariz. ***adductor muscle.***

músculo auricular: cualquiera de los tres extrínsecos del oído externo (auricular anterior, superior y posterior). ***auricularis.***

músculo bíceps: el que va desde el omóplato (paleta) a la parte superior del radio y forma el contorno del frente y del lado interior del brazo; flexor del brazo. ***biceps.***

músculo borla de la barba: el que hace elevar el labio inferior y levanta y arruga la piel de la barbilla. ***mentalis.***

músculo buccinador: el delgado y plano de la mejilla, en forma de trompeta. ***buccinator.***

músculo canino: el que hace elevar la comisura (ángulo) de la boca. ***canine muscle. caninus.***

músculo cigomático: el que mueve la comisura (ángulo) de la boca hacia arriba y hacia afuera. ***zigomaticus.***

musculo coronal, v. *músculo frontal.* ***frontalis.***

músculo cuadrado del labio superior, v. *músculo elevador propio del labio superior.*

músculo cutáneo del cuello, v. *músculo platisma.* ***platysma.***

músculo deltoides: el que va desde la clavícula al omplato (paleta) y hace elevar y girar el brazo. ***deltoid.***

músculo dorsal ancho: el grande, plano y superficial de la espalda. ***latissimus dorsi.***

músculo elevador propio del labio superior: el que rodea la parte superior del labio de arriba y tira de él hacia atrás. ***levator labii superioris, quadratus lab. sup.***

músculo epicráneo: el del cuero cabelludo. *m. occípitofrontal.* ***epicraneus, occipito-frontalis.***

músculo erector del pelo: cualquiera de los haces de fibras musculares lisas de la piel que se insertan en la base del folículo piloso. ***arrectores pilorum,*** pl. ***arrector pili.***

músculo esquelético: cualquiera de los músculos estriados que se insertan en los huesos. ***skeletal muscle(s).***

músculo esternocleidomastoideo: el que hace girar e inclinar la cabeza. ***sterno-cleido-mastoideus.***

músculo estriado: cualquiera de los formados por fibras musculares estriadas, dispuestas en haces paralelos entre sí; son generalmente involuntarios. ***striated muscle(s).***

músculo extensor: el que sirve para extender o enderezar un miembro o parte del cuerpo. ***extensor.***

músculo flexor: el que hace doblar una articulación o parte del cuerpo con movimiento de flexión. ***flexor.***

músculo frontal: parte anterior del músculo del cuero cabelludo (epicráneo) que recubre al hueso frontal. *m. coronal.* ***frontalis.***

músculo involuntario: cualquiera de los músculos de fibra lisa o estriada (corazón) cuya función no está bajo el dominio de la voluntad. ***involuntary muscle(s).***

músculo liso: cualquiera de los músculos de fibra lisa, involuntarios. *m. involuntario, m. no-estriado.* ***involuntary muscle, non-striated m., smooth m.***

músculo nasal: término que designa colectivamente a los diversos músculos de la nariz. ***nasalis.***

músculo occípitofrontal, v. *músculo epicráneo.* ***epicranius.***

músculo orbicular de los labios: el de la boca que hace cerrar los labios y los comprime contra los dientes. *m. orbicular, m. de la boca.* ***orbicularis oris.***

músculo orbicular de los párpados: el que ocupa los párpados y rodea la órbita del ojo; hace cerrar los párpados. *esfínter de los párpados.* ***orbicularis oculi.***

músculo pectoral: cualquiera de dos de los músculos del pecho que reciben este nombre (pectoral mayor y pectoral menor). ***pectoralis.***

músculo piramidal de la nariz: el que cubre el caballete (lomo) de la nariz. ***procerus.***

músculo platisma: el ancho y delgado a cada lado del cuello. *m. cutáneo del cuello.* ***platysma.***

músculo risorio de Santorini: el que se inserta en la piel de las comisuras (ángulos) de los labios. ***risorius.***

músculo serrato mayor: el ancho y aplanado en la parte superior del pecho, que contribuye a la respiración y a alzar el brazo. *m. serrato anterior.* ***serratus anterior.***

músculo superciliar: el que tira de la piel de la ceja hacia adentro y hacia abajo, produciendo arrugas verticales en el entrecejo. ***corrugator supercili.***

músculo temporal: el de forma de abanico, situado a cada lado de la cabeza (sien). ***temporalis.***

músculo trapecio: el aplanado, de forma triangular, que cubre la parte posterior del cuello y del hombro y, cuando el hombro queda fijo, actúa inclinando la cabeza hacia atrás y a los lados. ***trapezius.***

músculo triangular de los labios: el que hace bajar las comisuras (ángulos) de los labios. ***depressor anguli oris, triangularis.***

músculo voluntario: cualquiera de los músculos de fibra estriada cuya función está bajo el dominio de la voluntad. *m. estriado.* ***voluntary muscle(s), striated m.***

N

nariz, ventana de la: cada uno de los dos orificios (aberturas) nasales. ***naris.***

nervio: cada uno de los cordones blanquecinos, compuestos de muchos filamentos o fibras de tejido nervioso, que son conductores de los impulsos nerviosos. ***nerve.***

nervio acústico, v. *nervio auditivo.* ***acoustic nerve.***

nervio aferente: cada uno de los que van de la periferia a alguno de los centros nerviosos y transmiten estímulos. *n. centrípeto, n. sensitivo.* **afferent nerve(s).**

nervio auditivo: octavo par de nervios craneales que regulan el sentido del oído. *n. acústico.* ***auditory nerve, acoustic n.***

nervio auricular mayor: el que afecta a la cara, los oídos, el cuello y las glándulas parótidas (salivales); se divide en una rama anterior y otra posterior. *rama auricular del plexo cervical superficial.* ***great auricular.***

nervio aurículotemporal: nervio sensorio que afecta a la sien y el pabellón de la oreja: se divide en cinco ramas. ***auriculo-temporal.***

nervio bucal: nervio motor que afecta al músculo buccinador y al orbicular de los labios. ***buccal nerve.***

nervio eferente: cada uno de los que van de alguno de los centros nerviosos a la periferia y transmiten reacciones. *n. centrífugo, n. eferencial, n exódico, n. motor.* ***efferent nerve(s).***

nervio espinal: onceno par de los nervios craneales; afecta a dos músculos del cuello: el esternocleidomastoideo y el trapecio; tiene una raíz bulbar y otra espinal y se divide en dos ramas. *n. accesorio espinal.* ***accessory nerve, spinal accessory n.***

nervio espinal: homónimo del anterior que designa a cada uno de los treinta y un pares de nervios que emergen de los lados de la médula espinal a través de los orificios intervertebrales. *n. raquídeo.* ***spinal nerve(s).***

nervio facial: séptimo par de los nervios craneales; se compone de una raíz motora y otra sensitiva y afecta a los músculos de la cara, cuero cabelludo y pabellón de la oreja, el buccinador, el cutáneo del cuello (platisma), las glándulas salivales y lagrimales, el tímpano, la lengua y el paladar. *séptimo nervio craneal.* ***facial nerve.***

nervio glosofaríngeo: noveno par de los nervios craneales; tiene un núcleo sensitivo y otro motor y se distribuye por la faringe, el oído, las meninges, la lengua y las amígdalas. ***glossopharingeal.***

nervio hipogloso: duodécimo par de los nervios craneales; es el nervio motor de la lengua, debajo de la cual se localiza y se distribuye en los músculos de ésta. ***hypoglossal.***

nervio infraorbitario: nombre que se le da a la porción del nervio maxilar superior que penetra en la órbita del ojo, por debajo de ésta, y que tiene funciones sensorias y motoras que afectan a los músculos de la mejilla, la nariz y el labio superior. *n. suborbitario.* ***infra-orbital nerve.***

nervio infratroclear: rama sensoria del nervio nasal que inerva la piel de la nariz y los músculos internos del ojo. *n. nasal externo.* ***infra-trochlear nerve.***

nervio maxilar superior: rama del nervio trigémino (quinto par de los nervios craneales) que inerva la piel de la porción media de la cara, el párpado inferior, el lado de la nariz, el labio superior y partes internas de la cabeza. ***maxillary nerve, superior maxillary n.***

nervio mentoniano: rama del nervio dentario inferior que inerva la piel del labio inferior y de la barbilla. ***mental nerve.***

nervio motor: cada uno de los formados exclusivamente por fibras motoras que conducen impulsos desde alguno de los centros nerviosos hasta los músculos para producir los movimientos. ***motor nerve(s).***

nervio motor ocular común: tercer par de los nervios craneales; regula los movimientos del ojo. ***oculomotor nerve.***

nervio motor ocular externo: sexto par de los nervios craneales; pequeño nervio motor que inerva los músculos rectos externos del globo ocular. ***abducent nerve.***

nervio nasal: nervio sensitivo, procedente del oftálmico, que se distribuye por el ganglio ciliar (cerca del fondo de la órbita ocular) y por otras partes del ojo y la nariz. *n. nasociliar.* ***nasal n., nasociliary n.***

nervio nasal externo, v. *nervio infractroclear.*

nervio neumogástrico: décimo par de los nervios craneales; tiene funciones sensorias y motoras y se distribuye más ampliamente que ningún otro nervio craneal, incluyendo ramas laríngeas, esofágicas, gástricas, hepáticas, cardiacas y otras. *n. vago.* ***pneumogastric nerve, vagus n.***

nervio occipital mayor: rama de un par cervical de nervios espinales, de función sensoria y motora, que inerva la parte posterior del cuero cabelludo. *gran n. occipital, n. occipital de Arnold.* ***greater occipital nerve.***

nervio occipital menor: el que inerva los músculos de la parte posterior de la oreja. *rama mastoidea del plexo cervical superficial.* ***lesser occipital nerve, smaller o.n.***

nervio olfatorio: primer par de los nervios craneales; sus ramas se distribuyen por la membrana mucosa de la nariz. *n. olfativo.* ***olfactory nerve.***

nervio óptico: segundo par de los nervios craneales; nervio de la visión, destinado al globo ocular; inerva la retina. ***optic nerve.***

nervio radial: la más voluminosa rama del plexo branquial que, a través de subramas, inerva músculos, piel, articulaciones y ligamentos del brazo y la mano. ***radial nerve.***

nervio sensitivo: cualquiera de los que son conductores de una clase determinada de sensación (nervio óptico, auditivo, etc.); nervio aferente. *n. de sensibilidad especial, n. sensorial o sensorio.* ***sensory nerve(s).***

nervio suborbitario, v. *nervio infraorbitario.*

nervio trifacial, v. *nervio trigémino.*

nervio trigémino: quinto par de los nervios craneales; se divide en tres grandes ramas, dos puramente sensitivas: la oftálmica, que se distribuye en el cuero cabelludo de la parte superior de la cabeza, mucosa de la cavidad nasal, córnea y conjuntiva, y la maxilar superior, que se distribuye en la dura madre (meninge externa), encías y dientes del maxilar superior, labio superior y órbitas de los ojos, y una tercera rama, sensitivo-motora, que se distribuye en la lengua, encías y dientes del maxilar inferior, piel de las mejillas, maxilar y labio inferiores y músculos de la masticación. *n. trifacial.* ***trifacial nerve, trigeminal n.***

nervio vago, v. *nervio neumogástrico.*

neuritis: inflamación de un nervio y de sus ramificaciones, generalmente acompañada de neuralgia. ***neuritis.***

neurología: ciencia de la estructura, función y patología del sistema nervioso. ***neurology.***

neurona: unidad del sistema nervioso, compuesta de la célula nerviosa y sus diversas prolongaciones. ***neuron.***

neutral: que no presenta propiedades positivas; en química, sustancia indiferente, ni ácida, ni álcalina. ***neutral***

neutralización: reacción química entre un ácido y una base; reendurecimiento del pelo durante la ondulación en frío o la relajación química del pelo enroscado. ***neutralization.***

neutralizador: agente capaz de neutralizar a otra sustancia. v. *fijador.* ***neutralizer.***

neutralizador por rociadura: agente químico capaz de detener la acción de la solución para la ondulación en frío y que fija o endurece el pelo en su nueva forma. ***splash neutralizer.***

nevo, v. *lunar.*

nimbado, v. *veteado.*

nimbo, v. *veteado.*

nitrato: compuesto derivado de la combinación del ácido nítrico con un radical; agente oxidante. ***nitrate.***

nitrito: sal formada por la combinación de un ácido nitroso con una base; agente reductor; el nitrito de sodio se emplea como agente desinfectante y actúa como antioxidante. ***nitrite.***

nitrocelulosa: éster nítrico de la celulosa, especie de algodón pólvora que se emplea en el esmalte para uñas. ***nitrocellulose.***

nitrógeno: elemento gaseoso, incoloro, insípido e inodoro, que se encuentra en el aire y en el tejido vivo. ***nitrogen.***

no-adulterado, v. *puro.*

nódulo: elevación cutánea sólida, circunscrita y pequeña, que generalmente se extiende a las capas más profundas de la piel. ***nodule.***

no-estriado, v. *músculo liso.* ***smooth muscle.***

no-patógeno, v. *inocuo.*

nuca: parte alta de la cerviz o punto en que se une el espinazo con la cabeza. ***nape.***

núcleo: centro activo de la célula. ***nucleus.***

número del pH, v. *pH.*

nutrición: acción y efecto de aumentar o reponer la sustancia del cuerpo mediante el alimento; proceso por el cual se restauran las partes de la célula que se pierden por catabolismo (q.v.). v. *metabolismo.* ***nutrition.***

O

oblícuo, -cua: sesgado o inclinado; desviado de la línea horizontal. ***oblique.***

obsoleto, -ta: anticuado; pasado de moda; poco usado. ***obsolete.***

oculista: médico especialista en las enfermedades de los ojos. ***oculist.***

ohmio: unidad de medida que se emplea para denotar la cantidad de resistencia de un sistema o un aparato eléctrico. *ohm* (en la nomenclatura internacional). ***ohm.***

olfatorio, -ria: relativo al sentido del olfato; v. *nervio olfatorio. olfativo.* ***olfactory.***

onda: (1) cada una de las curvas, a manera de eses, que se forman natural o artificialmente en el cabello; (2) forma de propargarse a través del espacio los campos eléctricos y magnéticos. ***wave.***

onda al sesgo: formación de una onda continuada en el cabello, siguiendo una dirección diagonal desde la parte posterior de la cabeza hasta un lado de ella. ***swirl.***

onda corta: forma de corriente de alta frecuencia que se emplea para la depilación permanente del vello. ***shortwave.***

ondulación: configuración del cabello que da la impresión de movimiento y es de forma parecida a la de las olas del mar. ***undulation.***

ondulación alterna: configuración que se forma en el pelo mediante una combinación de ondas digitales (hechas con los dedos) y un patrón de rizos colocados en formaciones alternas con las ondas. *rizonda.* ***skip wave.***

ondualción con sortijas prendidas: alternancia de la dirección de las filas de sortijas de pelo prendidas con el fin de formar un patrón de onda. ***pin curl wave.***

ondulación digital: ordenamiento de ondas modeladas en el cabello húmedo, formándolas con los dedos y con el peine. *o. al agua.* ***finger wave.***

ondulación en frío: método de ondulación permanente que requiere el uso de ciertos productos químicos en vez de calor. ***cold wave, c. waving.***

ondulación Marcel: la formada mediante calor con la aplicación de tenazas térmicas calentadas; las ondas suelen ser iguales o están dispuestas en gradas; su nombre es el del inventor francés de esta técnica, Marcel Grateau, en 1875. ***marcel wave.***

ondulación permanente: la que se imprime en el cabello de modo que dure largo tiempo. ***permanent wave.***

ondulación permanente en frío: método de ondulación permanente según el cual se emplean productos químicos en vez de calor. ***cold permanent wave.***

ondulación permanente mediante calor: la que se logra alterando la estructura del pelo de modo que se transforme de naturalmente lacio o poco ondeado en permanentemente rizado u ondulado. ***heat permanent wave.***

ondulación sombreada: la que se logra con ondas de bordes bajos, no muy afinados, y ondas con depresión cóncava. ***shadow wave.***

ondulación térmica: formación de ondas en el cabello mediante la aplicación de tenazas térmicas calentadas. *ondulado térmico.* ***thermal waving.***

onicatrofia: atrofia de las uñas. ***onychatrophia.***

onicauxis: hipertrofia (aumento anormal) de las uñas. ***onychauxis.***

onicoclasis: rotura de las uñas. ***onychoclasis.***

onicocriptosis: uña encarnada. *uñero.* ***onychocryptosis.***

onicofagia: hábito morboso de comerse o morderse las uñas. ***onychophagy.***

onicofima: degeneración mórbida con engrosamiento de las uñas. ***onychophyma.***

onicofosis: desarrollo de tejido córneo en el lecho de la uña. ***onychophosis.***

onicogriposis: aumento de la uña con agrandada curvatura; dícese de las uñas en forma de garra. ***onychogryposis.***

onicólisis: desprendimiento de las uñas sin que ocurra la muda. ***onycholisis.***

onicomicosis: dícese de cualquiera de las enfermedades parasíticas de las uñas. ***onychomycosis.***

onicoptosis: caída de las uñas. ***onychoptosis.***

onicorrexis: fragilidad anormal de las uñas con hendedura del borde libre. ***onychorrhexis.***

onicosis: cualquiera de las enfermedades o deformidades de las uñas. ***onychosis, onychonosis.***

oniquia: inflamación de la matriz de la uña que produce pus y causa desprendimiento y pérdida de la uña. *ónice, ónique.* ***onyx.***

opaco, -ca: impenetrable a los rayos de luz; ni transparente ni translúcido. ***opaque.***

órbita: cavidad ósea en que está cada uno de los ojos; cuenca del ojo. ***orbit.***

orgánico, -ca: relativo a un órgano; perteneciente a sustancias derivadas de organismos vivos. ***organic.***

organismo: cualquier ser viviente, sea animal o vegetal. ***organism.***

origen: comienzo; punto del nacimiento de un nervio; lugar donde se une un músculo con un hueso. ***origin.***

oscilación: movimiento pendular o de vaivén (alternativo de un lado a otro), semejante al de un péndulo. ***oscillation.***

óseo: del hueso o de la naturaleza del hueso; relativo al hueso. ***osseous, osseus.***

osmidrosis, v. *bromidrosis.*

ósmosis: paso de un líquido o solución a través de una membrana u otra sustancia porosa. *osmosis.* ***osmosis.***

osteología: parte de la anatomía que trata de la estructura y función de los huesos. ***osteology.***

ovario: cada una de las dos glándulas femeninas reproductoras que contienen óvulos o células germinales. ***ovary.***

oxidación: acto de combinarse el oxígeno, como ocurre especialmente en la aireación (q.v.) de la sangre en los pulmones. ***oxigenation.***

oxígeno: elemento gaseoso esencial a la vida animal y vegetal. ***oxygen.***

oximelanina: compuesto formado por la combinación de un agente oxidante con el pigmento oscuro (colorante) de la melanina (q.v.) del pelo; generalmente se encuentra en los matices que van del rojo al amarillo. ***oxymelanin.***

P

padrastro: pellejito que se levanta junto a las uñas de las manos y puede infectarse, causando dolor y estorbo. *respigón, uñero.* ***agnail, hangnail.***

palito de naranjo: varita fina, hecha de madera de naranjo, que se emplea en la manicura. ***orengewood stick.***

palmar: relativo a la palma de la mano. ***palmar.***

palmoteo: movimiento del masaje en el que se emplean palmadas breves y rápidas o golpecitos dados con los dedos ligeramente doblados. *choque(s), percusión(-siones).* ***percussion, tapotement.***

panadizo, v. *paroniquia.*

papada: abultamiento carnoso que cuelga debajo de la barbilla, o entre ella y el cuello. ***double chin, jowl.***

papel de tornasol: el impregnado en tintura de tornasol (materia colorante azul violácea) que sirve de reactivo para reconocer los ácidos, que la tornan roja, y los álcalis, que la vuelven nuevamente azul. ***litmus paper.***

papila del pelo, v. *pelo, papila del.*

pápula: barro o grano de la piel; pequeña elevación cutánea circunscrita que no contiene humor. ***papula.***

para-, pará-: prefijo que significa apariencia, desviación, proximidad o semejanza: parásito, paratinte, paramédico, etc. ***para-.***

parafenilendiamina: derivado de la anilina que se emplea en tinturas para el cabello. *parafenilenodiamina.* ***paraphenylene-diamine.***

parasiticida: sustancia que destruye los parásitos. ***parasiticide.***

parásito, -ta: organismo vegetal o animal que vive encima o dentro de otro organismo, del cual extrae su nutrición. ***parasite.***

paratinte: tinte hecho de un derivado de la anilina. ***paratint.***

paratoluendiamina: variedad de tintes derivados de la anilina, generalmente empleados en preparaciones compuestas para dar tonos de rojo y rubio. *paratoluenodiamina.* ***para-toluene-diamine.***

parcelación del pelo, v. *subseccionamiento.*

pared de la uña, v. *uña, pared de la.*

parietal: relativo a la pared de una cavidad. v. *hueso parietal.* ***parietal.***

paroniquia: inflamación de la pared de la uña (q.v.) que puede propagarse con intensidad variable. *panadizo, sietecueros, uñero.* ***felon, paronychia, whitlow.***

parotídeo, -dea: cercano al oído; relativo a la glándula parótida. ***parotid, parotidean.***

pase: cada uno de los movimientos del masaje, ligeros y contínuos, que se aplican con los dedos y la palma de la mano. *roce leve.* ***effleurage, stroking.***

pasmo, v. *tétanos.*

pasta colorante: colorante temporal que se da al pelo frotándolo o cepillándolo con un aplicador parecido al lápiz labial. ***crayon.***

patógeno, -na: dícese de lo que origina enfermedad; elemento o medio que produce enferemedades. ***pathogenic.***

patología: parte de la medicina que trata de la naturaleza de las enferemedades. ***pathology.***

peca, v. *lentigo.*

pediculosis: infestación de piojos; presencia de estos insectos en alguna parte del cuerpo. ***pediculosis.***

pediculosis de la cabeza: presencia de piojos en el cabello. ***pediculosis capitis.***

pedicura: cuidado de los pies y de las uñas de los dedos de los pies. ***pedicure.***

pegajoso, v. *viscoso.*

peinado: compostura o adorno del pelo. ***coiffure.***

peinar al revés: peinar pequeñas secciones del cabello desde las puntas hacia el cuero cabelludo, lo que hace que los pelos más cortos se enreden junto al cuero cabelludo, formado una especie de colchoncillo o base de pelos. *atizar, batir, cardar, carmenar, emborrar, encrespar, enredar, escarmenar,* darle al pelo forma de *golilla* o de *encaje (toque) francés, peinar hacia atrás, tizar.* ***back-combing, teasing.***

pelo: excrecencia epidérmica filamentosa, presente en casi toda la superficie del cuerpo. *cabello.* ***hair.***

pelo, análisis del: inspección que se hace del cabello para determinar su condición o estado antes de aplicarle un tratamiento ***hair analysis.***

pelo anillado: forma de canicie en la que el pelo se blanquea o decolora en fajas o anillas alternas de gris y oscuro; dícese también del cabello rizado. *canicie anulosa, c. estriada, c. intermitente.* ***ringed hair.***

pelo, bulbo del: extremo inferior del pelo que crece dentro de la piel con abultamiento ovoideo en que termina la raíz. *b. piloso.* ***hair bulb.***

pelo erizado: estado excesivamente electrostático (cargado de electricidad estática) del pelo que hace que los mechones se repelen unos a otros y se separen de la cabeza. ***"fly away."***

pelo, folículo del: depresión en forma de receptáculo tubular de la piel dentro del cual se halla la raíz del pelo. *f. piloso.* ***hair follicle.***

pelo moniliforme: estado morboso del pelo que presenta una serie de engrosamientos fusiformes, dispuestos como las cuentas de un collar. *p. nudoso.* ***monilethrix.***

pelo, papila del: pequeña elevación cónica que se halla en el fondo del folículo piloso, dentro de la dermis. *p. pilosa.* ***hair papilla.***

pelo primario, v. *vello.* ***primary hair.***

pelo, raíz del: parte inferior del pelo que crece oculta dentro de la piel y está contenida en el folículo; de ella procede el filamento visible del cabello. ***hair root.***

pelo secundario: el grueso, corto y duro que se halla en las pestañas, las cejas y dentro de la nariz y las orejas. ***secondary hair.***

pelo superfluo, v. *vello superfluo.* ***superfluous hair.***

pelo, tallo del: parte del cabello que crece en dirección opuesta a la raíz y se prolonga fuera del cuero cabelludo. ***hair shaft.***

pelo terciario: el largo y suave que sale y crece en el cuero cabelludo. *p. de la cabeza, p. terminal.* ***tertiary hair, terminal h.***

pelo virgen: cabello normal de la cabeza que no ha recibido tratamientos de clarificación o coloración. *cabellera v., cabeza v.* ***virgin hair.***

peluca: cubierta o gorro artificial para la cabeza formado por una red o malla con cabellos entretejidos en ella; cabellera postiza. *postizo.* ***wig.***

peluca con banda, v. *postizo con prendedero.*

peluquería: arte de cortar y peinar el pelo, dándole diversas configuraciones o estilos; también, oficio del que hace o vende pelucas, rizos, etc.; salón o tienda del peluquero. ***hair dressing*** *(arte)*, ***beauty salon*** *(tienda)*..

peluquín: peluca pequeña o que sólo cubre parte de la cabeza, generalmente la cima o coronilla de la cabeza de un hombre. ***toppiece, toupee.***

penacho, v. *veteado.*

penetración: acción y efecto de introducir un cuerpo o una sustancia en un espacio interior. ***penetration.***

pénfigo agudo, v. *herpes febril.*

péptido: compuesto de dos o más aminoácidos que contiene uno o más grupos péptidos; filamentos contínuos en el caso de la fibroproteína o queratina. ***peptide.***

perborato de sodio: compuesto que se forma tratando el peróxido de sodio con ácido bórico; al disolverse la sustancia en agua, se genera peróxido de hidrógeno; se emplea como antiséptico. ***sodium perborate.***

percarbonato: cantidad de sales o ésteres del ácido carbónico. ***percarbonate.***

percusión, v. *palmoteo.*

pericardio: saco membranoso que envuelve al corazón. ***pericardium.***

permanganato de potasio: sal del ácido permangánico; se emplea como antiséptico y desodorante. ***potassium permanganate.***

permeable: que se deja atraversar por líquidos o radiaciones. ***permeable.***

peróxido de hidrógeno: poderoso agente oxidante; en solución acuosa, se emplea como antiséptico (generalmente al 10%) y también como activador (desarrollador, al 6%) de la acción química de los productos clarificadores y colorantes del pelo. *agua oxigenada, bióxido de h.* ***hydrogen peroxide.***

peróxido de urea: combinación de urea y peróxido en forma de crema activadora o desarrolladora; se emplea en la coloración del pelo. ***urea peroxide.***

persulfato: sulfato que contiene más ácido sulfúrico que los sulfuros ordinarios. ***persulfate.***

pestaña: cada uno de los pelos cortos y duros que nacen en los bordes de los párpados. ***eyelash(es), cilium,*** pl. ***cilia.***

petrolato: jalea de petróleo; mezcla purificada, de color amarillo, de los hidrocarburos semisólidos que se obtienen del petróleo. *vaselina.* ***petrolatum, Vaseline.***

petróleo: líquido oleaginoso que se extrae de la tierra y se compone de una mezcla de hidrocarburos. ***petroleum.***

pH: símbolo de la concentración del potencial de hidrgéno; representa el grado relativo de acidez o alcalinidad de una sustancia. ***pH.***

pH, número del: medida del grado de acidez o alcalinidad de una solución. ***pH number.***

pie de atleta: infección de los pies producida por hongos. *epidermofitosis interdigital, tricofitosis de los pies.* ***athlete's foot.***

piedra pómez: sustancia volcánica endurecida, de color agrisado, que se emplea para pulir las uñas en la manicura. ***pumice, p. stone.***

piel: cubierta exterior del cuerpo. ***skin.***

piel, capa papilar de la: estrato más externo del corión (dermis). ***papillary layer.***

piel, capa reticular de la: estrato más profundo del corion (dermis). ***reticular layer.***

piel, estrato córneo de la: capa más externa de la epidermis. *capa córnea.* ***stratum corneum.***

piel, estrato espinoso de la: cuarta capa de la epidermis, a partir de la primera exterior (estrato córneo). *e. de células espinosas.* ***stratum spinosum.***

piel, estrato germinal de la, v. *piel, estrato germinativo de la.*

piel, estrato germinativo de la: capa más profunda de la epidermis, lindante con la dermis, y productora de células nuevas. *capa basal, c, de Malphighi, c. germinal, c. germinativa, c. mucosa.* ***statum germinativum.***

piel, estrato granuloso de la: tercera carpa de la epidermis, a partir de la primera exterior (estrato córneo). *capa granillosa, c. granular, c. granulosa.* ***stratum granulosum.***

piel, estrato lúcido de la: segunda capa de la epidermis, debajo del estrato córneo. *capa clara, c. lúcida, c. transparente.* ***stratum lucidum.***

piel, estrato mucoso de la, v. *piel, estrato germinativo de la.*

piel verdadera, v. *dermis.*

pigmentación: coloración normal o anormal de la piel o de los tejidos por depósito de pigmento. ***pigmentation.***

pigmento: cualquiera de las materias orgánicas colorantes, como son las que se hallan en los glóbulos rojos de la sangre, el pelo, la piel, el iris de los ojos, etc. ***pigment.***

piloso: relativo al pelo; peludo. ***pilose*** de *pilus:* ***hair.***

pinzas: instrumento en forma de tenacillas que sirve para extraer el vello de la piel. ***tweezers.***

piojo: parásito animal que infesta los pelos de la cabeza. ***louse,*** pl. ***lice.***

pitiriasis, v. *caspa.* ***dandruff.***

pitiriasis simple de la cabeza, v. *caspa.* ***simple dandruff.***

pituitaria, v. *glándula hipófisis.*

planchado del pelo: método de suavización y estiramiento del pelo excesivamente rizado, empleando peines especiales, calentados previamente. ***hair pressing.***

plaqueta: cada una de las células de la sangre que intervienen activamente en la coagulación de ésta. *trombocito.* ***platelet(s).***

plasma: parte líquida de la sangre y de la linfa. ***plasma.***

plegabilidad: flexibilidad. *pliability.*

plexo: cualquiera de las redes formadas por varios filamentos nerviosos y vasculares (sanguíneos o linfáticos) entrelazados. ***plexus.***

plumeado: semejante al efecto de escarcha (q.v.) en el pelo, limitando el oscurecimiento y la clarificación a pequeños mechones en la parte frontal de la cabeza. *punteado.* ***tipping.***

pólice: dedo pulgar. ***pollex.***

poliosis, v. *canicie.* ***canities.***

polipéptido, -da: cadenas de aminoácidos conectadas entre sí por enlaces péptidos (el prefijo "poli-" significa muchos). ***polypeptide.***

pomada: preparación semisólida para aplicación externa, que generalmente contiene una sustancia medicamentosa mezclada con una base de vaselina (petrolato). ***ointment.***

pómez, v. *piedra pómez.* ***pumice-stone.***

pomposidad: condición de hueco, hinchado y extendido circularmente (en redondo); dícese del grado de altura y llenura de un estilo de peinado acabado. ***bouffant, blowout.***

poro: cada uno de los diminutos orificios de la piel que sirven de salida a la secreción de las glándulas sudoríparas y sebáceas así como a los folículos pilosos. ***pore.***

porosidad: capacidad del pelo para absorber humedad. ***porosity.***

poroso, -sa: sustancia o cuerpo que tiene poros. ***porous.***

portador, -ra: de enfermedades: persona enferma, convaleciente o sana que puede transmitir gérmenes de una enfermedad a otra persona. *transmisor(-ra) de e.* ***disease carrier.***

positivo, -va: afirmativo, no negativo, cierto, efectivo y verdadero; presencia de un estado anormal; sustancia o cuerpo que tiene un potencial eléctrico relativamente alto. ***positive.***

posterior: dícese de lo que está o queda detrás o de lo que fue o viene después. ***posterior.***

postilla: costra que se forma en la superficie de una llaga o un grano cuando se va secando. ***scab.***

postizo, za: que no es natural ni propio, sino agregado, imitado, fingido o sobrepuesto; rizos, trenzas u otros adornos de cabello artificial que se emplean en la creación de estilos de peinados. cf. *añadido, peluca, pelquín, postizo con prendedero,* etc. ***hairpiece, postiche, switch, wig,*** etc.

postizo colgante: sección de cabello artificial con que se cubre la parte posterior de la cabeza. *aplique.* ***fall.***

postizo con prendedero: pieza de cabello artificial cosida a una cinta o tira de tela, de las que usan para asegurar el pelo, y que cubre el contorno del cuero cabelludo. *bandó, peluca con banda, transformación.* ***band wig, bandeau hairpiece.***

precipitado: materia que por resultado de reacciones químicas se separa del líquido en que estaba disuelta y se posa más o menos rápidamente. ***precipitate*** (n).

precipitar: producir un precipitado (q.v.); lograr que una sustancia en disolución se asiente en partículas sólidas; disminuir la solubilidad. ***precipitate*** (v).

predisposición: estado de susceptibilidad especial para una enfermedad; alergia. ***predisposition.***

prisma: cuerpo sólido transparente y triangular, terminado por dos caras planas a los extremos, paralelas e iguales, con lados convergentes de dos en dos; especialmente el triangular de cristal que se emplea para producir la descomposición de la luz en sus colores integrantes. ***prism.***

profilaxis: conjunto de medios encaminados a prevenir una enfermedad; tratamiento preventivo. ***prophylaxis.***

pronóstico: predicción de los cambios que pueden sobrevenir durante el curso de una enfermedad. ***prognosis.***

propiedad: cada una de las características observables por las que puede identificarse una sustancia; atributo o cualidad esencial o peculiar de cualquier cosa; color, sabor, olor, etc., característicos de un cuerpo. ***property(ties).***

proteína: sustancia orgánica compleja, presente en todos los tejidos vivos, como son la piel, el pelo y las uñas; es necesaria en la dieta cotidiana; también se encuentra en los compuestos acondicionadores de la piel y del pelo. ***protein.***

protoplasma: base material de la vida; sustancia que se encuentra en todos los seres vivos. ***protoplasm.***

protozoo: dícese de cada uno de los organismos animales unicelulares que forman uno de los subreinos del reino animal. ***protozoan.***

prueba alergénica: ensayo que se hace en la piel y que está destinado a determinar si una persona es hipersensible a ciertas sustancias químicas. *p. cutánea, p. de alergia, p. de(l) parche, p. de la piel, p. de predisposición, p. de Vollmer.* ***patch test, predisposition t., Vollmer's t.***

prueba de elasticidad del pelo: ensayo que se hace en el pelo, tirando de él para determinar el grado de elasticidad del mismo. *p. de contracción, p. de tirón.* ***bounce test, pull t.***

prueba de mechón: ensayo preliminar que se hace en el pelo con un tinte o clarificador, antes de aplicarlo a toda la cabeza, para determinar el tiempo necesario al desarrollo del tono o matiz; ensayo por el cual se determina el grado de porosidad y elasticidad del pelo, así como la capacidad de éste para resistir los efectos de las sustancias químicas. ***strand test.***

prueba de porosidad: ensayo que se hace en el pelo al contacto con los dedos para determinar el grado de porosidad del mismo. ***finger test.***

prueba de predisposición, v. *prueba alergénica.*

prueba de tinte para el pelo: ensayo que se hace en el cuero cabelludo, detrás de la oreja o en la sangría (doblez interior del brazo), para determinar si existe predisposición alérgica al tinte que va a utilizarse; ensayo que sirve para determinar la reacción del color sobre un mechón de muestra, teniendo en cuenta tanto el matiz como la fragilidad del pelo. ***hair tint test.***

prueba de tirón, v. *prueba de elasticidad del pelo.*

prueba del color: método que se emplea para determinar la acción de un tinte seleccionado para el cabello en un pequeño mechón de pelos. ***color test.***

prueba de(l) parche, v. *prueba alergénica.*

prueba del pelo: ensayo que se hace con una muestra del cabello para determinar cómo éste reacciona a un tratamiento específico. ***hair test.***

prueba del relajador: comprobación de la acción química del compuesto relajador del pelo para determinar la velocidad con que desaparece el rizo natural. ***relaxer testing.***

psoriasis: enfermedad de la piel que se caracteriza por manchas rojas circunscritas, cubiertas de escamillas adherentes, de color blanco plateado. ***psoriasis.***

púa, v. *barrita.*

pubertad: período de la vida durante el cual se desarrollan los órganos de la reproducción. ***puberty.***

pulmón: cada uno de los dos órganos de la respiración. ***lung.***

pulmonar: relativo al pulmón o a los pulmones. ***pulmonary.***

pulverización: aplicación de un líquido al pelo mediante un recipiente de presión interna que hace esparcir el contenido vaporosamente en partículas muy tenues. *rociadura.* ***spray.***

pulverizador: recipiente con que se aplica una pulverización. *rociador.* ***sprayer.***

punteado, v. *plumeado.*

punto de ebullición: temperatura a la cual comienza a hervir un líquido, según sea la presión atmosférica; al nivel del mar, el agua hierve a 212º en la escala Fahrenheit, o 100º en la centígrada. ***boiling point.***

purificación: acción y efecto de limpiar o quitar de un cuero o sustancia lo que le es extraño. ***purification.***

puro, -ra: libre, extento de toda mezcla; no adulterado. ***pure, unadulterated.***

pus: humor (líquido) producto de una inflamación y que contiene leucocitos (glóbulos blancos) y desechos de células muertas y elementos de los tejidos. ***pus.***

pústula: grano de la piel inflamado y lleno de pus. **pustule.**

Q

quebradizo: dícese del cuerpo que fácilmente se rompe, se raja o se hace añicos. *frágil.* ***brittle.***

quemadura por tensión del pelo: irritación del cuero cabelludo que resulta del enrollado disparejo del pelo durante la ondulación permanente. ***pull burn.***

queratina: fibroproteína característica de los tejidos córneos: pelo, uñas, etc.; es insoluble en los solventes proteínicos y posee un alto contenido de azufre. ***keratin.***

queratinización: proceso por el cual una sustancia se convierte en tejido córneo. ***keratinization.***

queratoma: callosidad; tumor córneo; dureza que se desarrolla en una parte limitada de la epidermis. ***keratoma.***

qímica: ciencia que trata de la composición de las sustancias o cuerpos, de los elementos y sus reacciones mutuas así como de los fenómenos que resultan de la formación y descomposición de los compuestos. ***chemistry.***

quinina: sustancia blanca que en pequeñas cantidades forma parte de la composición de muchas lociones para el pelo; sus efectos son ligeramente antisépticos. ***quinine.***

quiste: tumor formado por un saco cerrado, normal o accidental, especialmente el que contiene humores (líquidos), sustancias semifluidas o materias alteradas. ***cyst.***

quiste sebáceo: folículo o saco distendido y lleno de grasa o aceite producido por retención de una glándula sebácea. ***sebaceous cyst.***

R

radiación, v. *irradiación.* ***radiation.***

ragadía: fisura o grieta de la piel. ***rhagades.***

raíz: origen o principio del cual procede una cosa; en anatomía, base o parte inferior. ***root.***

raíz del pelo, v. *pelo, raíz del.*

raíz de la uña, v. *uña, raíz de la.*

rama auricular del plexo cervical superficial, v. *nervio auricular mayor.* ***greater auricular.***

rama mastoidea del plexo cervical superficial, v. *nervio occipital menor.* ***smaller occipital.***

rapar el pelo: cortar el pelo a raíz (al rape) con la maquinilla de pelar. *cortar el pelo al rape.* ***hair clipping.***

rayado, v. *veteado.*

rayitos, v. *veteado.*

rayo violeta: corriente eléctrica de voltaje y amperaje medianos. *alta frecuencia, Tesla.* ***violet ray.***

rayo visible: cada una de las líneas o franjas de luz que pueden percibirse a simple vista. ***visible ray(s).***

reacondicionador: preparado o producto comercial que se emplea para rellenar y dar condición (consistencia y calidad) a las partes porosas del pelo durante el teñido, la clarificación y la ondulación permanente. *restaurador.* ***filler.***

reacondicionador con color: preparado que se emplea para dar condición (consistencia y calidad) al pelo clarificado, teñido o dañado. *colorante restaurador, restaurador con color.* ***color filler.***

reacondicionamiento: acción y efecto de aplicar una sustancia especial al pelo para mejorar la condición (consistencia y calidad) de éste. *restauración.* ***reconditioning.***

rebotador: que rebota, repercute o retrocede. *flexible.* ***resilient.***

recombinación: acción y efecto de la reforma o cambio de posición de los enlaces de azufre. ***slippage.***

rectificador: aparato que transforma una corriente eléctrica alterna en corriente directa o contínua. *convertidor estático.* ***rectifier.***

recto, -ta: que no se inclina a un lado ni a otro; dícese de la última porción del intestino grueso, a continuación del colon, que termina en el ano; cada uno de los cuatro músculos pequeños del ojo (recto superior, inferior, externo e interno) que tienen su origen en un anillo fibroso que rodea los bordes del agujero óptico, en el vértice de la cavidad orbitaria. ***rectum*** (intestino), ***rectus*** (músculo del ojo).

red: redecilla para el pelo; término anatómico que designa cualquier entrecruzamiento de vasos capilares o de fibras nerviosas. ***net*** (peluquería), ***rete*** (anatomía).

reflejo: reacción nerviosa involuntaria. ***reflex.***

relajación química del pelo: método que se emplea para enderezar, estirar y suavizar permanentemente las ondas o rizos del pelo excesivamente enroscado o rizado. *alisadura q. del p., suavización q. del p.* ***chemical hair relaxing.***

relajador del pelo: agente físico o químico que se emplea para enderezar, estirar y suavizar el pelo excesivamente enroscado o rizado. *alisador del p., suavizador del p.* ***(chemical) hair relaxer, (c.) h. straightener.***

remolino: movimiento giratorio, generalmente en espiral; remolino de pelos o mechón rebelde; porción de pelo que nace formando una espiral en dirección contraria a la natural del crecimiento del cabello y que se alza y no puede alisarse. ***whorl.***

removedor de tintes, v. *decolorante.* ***stripping.***

removedor químico de tintes: decolorante que contiene un disolvente químico. ***chemical dye remover.***

reproductor, -ra: relativo a la reproducción o al proceso por el cual las plantas y los animales se procrean produciendo seres de su misma respectiva especie. ***reproductive.***

resistencia: dificultad que presenta el tallo del pelo a ser penetrado por la humedad o las soluciones químicas. ***resistance.***

respiración: acción y efecto de respirar; proceso de aspirar y expulsar el aire con los pulmones. ***respiration.***

restaurador colorante del pelo: preparado que contiene un tinte metálico (no se emplea profesionalmente). cf. *reacondicionador con color. tónico para el pelo.* ***hair restorer.***

retina: membrana más interna y sensitiva del ojo, adaptada para recibir la impresión de las imágenes formadas por el cristalino, las cuales transmite al nervio óptico (del que ella es una expansión). ***retina.***

retoque: aplicación de un colorante, clarificador o relajador químico al pelo nuevo (recién nacido). ***retouch.***

reversible: sustancia o cuerpo capaz de pasar por una serie de cambios en una u otra dirección, en progreso o regreso, como ocurre en una reacción química reversible. ***reversible.***

rickettsia: género de microorganismos patógenos, con características tanto de bacterias como de virus, capaces de producir enfermedades. ***rickettsia.***

rimel: preparado cosmético que se emplea para ennegrecer y endurecer las pestañas. ***mascara.***

riñón: cada una de las dos glándulas secretorias de la orina, situadas a uno y otro lado de la columna vertebral. ***kidney.***

rizado térmico, v. *ondulación térmica.* ***thermal wave.***

rizo: mechón de pelos en el que cada pelo se enrosca formando círculos concéntricos, dándole al mechón figura de anillo, sortija, bucle, tirabuzón, etc. ***curl.***

rizo, base del: parte estacionaria de una sortija de pelos o mechón rizado que le sirve de fundamento a la configuración (peinado) y se aplasta sobre el cuero cabelludo. ***curl base.***

rizo, círculo del: parte redonda de la sortija de pelos o mechón rizado. ***curl circle.***

rizo de cascada: rizo erecto formado de una sortija de pelos que se enrolla desde las puntas del pelo hacia el cuero cabelludo. *rizo o sortija a lo "boy" o a lo "garçon," rizo o sortija de espiga, rizo erecto o sortija erecta, rizo modelado o sortija modelada, rizo o sortija vertical.* ***cascade curl.***

rizo de escultura: el que se forma de una sortija prendida. cf. *sortija prendida. r. asortijado, r. escultural, r. prendido.* ***curl pattern.***

rizo de mayo, v. *r. imbricado.*

rizo de prueba: método para determinar anticipadamente cómo va a reaccinar el pelo a la solución para la ondulación permanente y al neutralizador. ***test curl(s).***

rizo de reborde, v. *sortija de reborde.*

rizo de rulo: el que se forma enrollando el pelo alrededor de un pequeño cilindro hueco y perforado (rizador o rulo). *r. de rizador, r. de rollito, r. de tubo.* ***roller curl.***

rizo, dirección del: línea de movimiento que sigue el pelo al formarse una configuración (estilo específico de peinado); la dirección del tallo del rizo o de la sortija puede ser: *anteversa, anversa* o *prógira* (hacia adelante, o sea, hacia la cara) o *retroversa, reversa* o *retrógira* (hacia atrás, o sea, hacia el cogote o colodrillo). ***curl direction.***

rizo erecto, v. *rizo de cascada.* ***cascade curl.***

rizo escultural, v. *rizo de escultura.*

rizo imbricado: mechón de cabello mojado que se enrolla alrededor del dedo con las puntas del pelo hacia afuera. *r. de mayo, r. traslapado.* ***overlapping curl.***

rizo prendido, v. *sortija prendida.*

rizo, tallo del, v. *sortija, tallo de la.*

rizo térmico: cada uno de los que se forman con la tenazas térmicas. ***thermal curl, t. curling.***

rizo traslapado, v. *rizo imbricado.*

rizo vertical, v. *rizo (o sortija) de cascada.*

roce leve, v. *pase.*

rociador, v. *pulverizador.*

rociadura, v. *pulverización.*

roncha: bultillo enrojecido que se levanta sobre la piel, generalmente pruriginoso, que es signo típico de urticaria, o a veces es causado por un golpe fuerte, la picada de un insecto o el contacto con una hoja de ortiga. ***wheal.***

rotatorio, -ria: dícese del movimiento que gira o da vueltas en círculo; movimiento circular que se hace con los dedos durante el masaje. ***rotary.***

rubio, -bia: persona de tez blanca, cabellos dorados y ojos claros. ***blond, blonde.***

S

sabandija: cualquier insecto parásito en general, como el piojo, la chinche, la pulga,, etc.; animalillo o repetil pequeño. *bicho, cojijo, musaraña.* ***vermin.***

sacular: que consiste de pequeños saquitos, como las glándulas sudoríparas; sacciforme (en forma de saco). ***saccular.***

sal: en química, la unión de una base con un ácido. ***salt.***

sales metálicas: compuestos formados por una base y un ácido. ***metallic salts.***

sales minerales: las derivadas de compuestos químicos inorgánicos. ***mineral salts.***

salino, -na: sustancia o cuerpo que naturalmente contiene sal o que participa de las características de la sal; salado. ***saline.***

saliva: secreción de las glándulas salivales; baba; espumarajo; esputo. ***saliva.***

salpullido, v. *sarpullido.*

saneamiento, v. *higiene.*

sanear: hacer sanitario; desinfectar, limpiar o purificar un cuerpo o una sustancia. ***sanitize.***

sangre: humor (líquido) nutritivo, rojo y espeso, que circula por las arterias y las venas. ***blood.***

sanitario, -ria: perteneciente a la limpieza en relación con la salud; cualquier práctica o medida que tiende a promover la salud. ***sanitary.***

saprófito, -ta: microorganismo que se desarrolla normalmente en la materia muerta o en la que está en descomposición, a diferencia del parásito (q.v.). ***saprophyte.***

saquete: bolsita o almohadilla perfumada que suele colocarse entre las prendas de vestir para darles fragancia. ***sachet.***

sarna: enfermedad de la piel causada por un parásito animal que va acompañada de viva picazón. *acariasis, acardidiasis, acarinosis, acariosis.* ***sabies.***

sarpullido: cualquier erupción cutánea, leve y pasajera, con granitos de poca o ninguna elevación. *salpullido.* ***rash.***

sebo: secreción grasienta u oleaginosa de las glándulas sebáceas. ***sebum.***

seborrea: trastorno cutáneo oleaginoso causado por un aumento de la secreción de las glándulas sebáceas. ***seborrhea.***

seborrea adiposa: oleaginosidad excesiva de la piel, especialmente en la frente y la nariz. *s. fluente, s. oleosa.* ***seborrhea adiposa, s. oleosa.***

seborrea del cuero cabelludo: exceso de secreción grasienta de las glándulas sebáceas de la piel de la cabeza. *alopecia furfurácea, a. pitiroides, a. seborreica, caspa, pitiriasis de la cabeza, seborrea, s. del cabello, s. de la cabeza, s. seca.* ***seborrhea capitis.***

seborreico, -ca: relativo a la secreción excesiva de las glándulas sebáceas. ***seborrheic.***

seccionamiento: acción y efecto de dividir el pelo de la cabeza en partes separadas (percelas), generalmente para formar mechones. cf. *mechonamiento.* ***sectioning.***

secreción: sustancia elaborada por una glándula para un fin específico. ***secretion.***

senilidad: cualidad o estado propio de la vejez; debilidad física o mental que suele acompañar al envejecimiento. ***senility.***

seno: concavidad o depresión; cavidad o hueco existente en el interior de un hueso o formado por la unión de varios huesos. ***sinus.***

sensación: impresión o efecto que resulta de la estimulación de un nervio aferente (q.v.); conocimiento de las condiciones existentes dentro o fuera del cuerpo, producido en la mente por las cualidades físicas de las cosas a través de los sentidos. ***sensation.***

sensibilidad: 1) facultad de sentir; 2) estado de un cuerpo o sustancia fácilmente afectado por ciertas reacciones químicas o por condiciones externas; 3) afecto de compasión y ternura. ***sensitivity*** (acepción 2).

sensitividad: capacidad que tiene una célula o un organismo para experimentar sensaciones o reaccionar a ellas; sensibilidad orgánica o de los sentidos. ***sensitivity.***

septicemia: presencia en la sangre circulante de microorganismos patógenos (bacteremia), microbios piógenos (piemia), toxinas (toxemia), o productos de la putrefacción (sapremia). ***sepsis, septicemia.***

séptico, -ca: relativo a la septicemia o causado por ella. ***septic.***

septum, v. *tabique.*

serpentín calorífico: tubo calentado eléctricamente que sirve para transmitirle calor al aire que expele la secadora del pelo. ***heating coil.***

sien: cada uno de los dos planos laterales de la frente, a uno y otro lado de las órbitas oculares, por encima de la mejilla y a la altura de la oreja. ***temple.***

sinistrorso, -sa: giro o movimiento del pelo, en las configuraciones (estilos de peinado), sortijas o rizos, que sigue la misma dirección a izquierdas, en sentido contrario al de las manecillas de un reloj. *levógiro(-ra).* ***counterclockwise.***

síntoma objetivo: señal física, de algún modo observable, que es reveladora de un trastorno o enfermedad, como son los granos o barros, las pústulas, los ritmos anormales del latido cardiaco, etc. *signo.* ***objective symptom, sign.***

síntoma subjetivo: fenómeno no observable, sentido únicamente por el sujeto (individuo) y que puede ser señal de un trastorno o enfermedad, como es la comezón o picazón que puede padecerse en alguna parte del cuerpo o en todo él, sin signos físicos exteriores. ***subjective symptom.***

sistema: conjunto de partes u órganos del cuerpo que contribuyen especialmente a una o más funciones vitales importantes. ***system.***

sistema cerebroespinal, v. *sistema nervioso central.* ***central nervous system.***

sistema linfático: el constituído por la circulación de la linfa a través de los espacios linfáticos, los vasos linfáticos, los vasos quilíferos y los nódulos o ganglios linfáticos. ***lymphatic system.***

sistema nervioso autónomo: el que regula las actividades de los músculos involuntarios y de las glándulas secretoras sobre las que no hay control consciente; comprende dos subsistemas: el *simpático,* constituído por fibras nerviosas torácicolumbares, que transmiten efectos generalizadores, y el *parasimpático,* constituído por fibras nerviosas cráneosacras, que transmiten efectos aislados. *s. n. de la vida orgánica o de los ganglios, s. n. involuntario, s. n. neurovegetativo, s. n. simpático, s. n. vagosimpático, s. n. vegetativo.* ***autonomic nervous system.***

sistema nervioso central: el que está constituído por el encéfalo (cerebro, cerebelo, protuberancia y bulbo) y la médula espinal, que brindan al organismo sensibilidad, motilidad, nutrición y facultades síquicas. *s. n. cerebroespinal.* ***central nervous system, cerebrospinal s.***

sistema nervioso periférico: el que está constituído por los nervios que se originan en el encéfalo (q.v.), que son doce pares de nervios craneales, y los que se originan en la médula espinal, que son treinta y un pares de nervios espinales, cuya función consiste en transmitir a los centros superiores las impresiones recogidas en la periferia (nervios centrípetos o sensitivos, q.v.), así como enviar a la periferia las incitaciones elaboradas en los centros (nervios centrífugos o motores, q.v.). ***peripheral nervous system.***

sistema nervioso simpático, v. *sistema nervioso autónomo.*

sistema respiratorio: el constituído por la nariz, la faringe, la laringe, la traquea, los bronquios y los pulmones que, en conjunto, ayudan en la respiración. *aparato respiratorio.* ***respiratory system.***

sistema vascular sanguíneo: el compuesto por el órgano (corazón) y los vasos (arterias, venas y capilares) que distribuyen la sangre por todo el cuerpo. ***blood vascular system.***

sistemático, -ca: que procede de acuerdo con un sistema o método ordenado y uniforme. ***systematic.***

sistémico, -ca: relativo a un sistema o a lo que afecta al organismo en su totalidad; relativo a la circulación general de la sangre. ***systemic.***

sodio: elemento metálico del grupo alcalino. ***sodium.***

solana: terraza, galería o pieza destinada en una casa o un edificio para tomar el sol. *solanar, solario.* ***solarium.***

solar: relativo al sol. ***solar.***

solubilidad: dícese de grado en que una sustancia (soluto) se disuelve en un líquido (solvente). ***solubility.***

solución: en física y química, acción y efecto de disolver; proceso por el cual una sustancia se distribuye uniformemente en el seno de un líquido; líquido que contiene un cuerpo o una sustancia disueltos en él. ***solution.***

soluto: dícese de la sustancia disuelta en una solución; por ejemplo, en el agua azucarda, el soluto es el azúcar. ***solute.***

solvente: líquido capaz de disolver sustancias; dícese también del líquido que disuelve a otra sustancia; por ejemplo, en el agua azucarada, el agua es el solvente. ***solvent.***

sombra para los ojos: cosmético que se aplica a los párpados para acentuarles el brillo. ***eye-shadow.***

sortija, v. *sortija de pelos.*

sortija a lo "boy" o "garçon," v. *sortija de cascada.*

sortija de cascada: sortija de pelos erecta que se enrolla hacia el cuero cabelludo. *s. a lo "boy" o "garçon." s. de espiga, s. erecta, s. modelada, s. vertical,* cf. *rizo de cascada.* ***cascade curl.***

sortija de pelos: círculo formado con un mechón de pelos, enrollado con las puntas hacia adentro (desde las puntas hacia el cuero cabelludo) y generalmente aplastado sobre el cuero cabelludo. ***curl.***

sortija de pelos, movilidad de la: cantidad de movimiento libre que tiene una sortija de pelos. ***curl mobility.***

sortija de pelos, partes de la: secciones en que puede considerarse dividida la sortija, a saber: *base* (fundamento inmóvil), *círculo* (porción completamente redonda) y *tallo* (porción entre la base y el primer arco del círculo). ***curl parts: base, circle, stem.***

sortija de reborde: sortija de pelos colocada detrás y cerca del borde de una onda digital (v. *ondulación digital*) y prendida a través de su tallo. ***ridge curl.***

sortija, direccion del tallo de la: sentido de la impresión de movimiento que da la porción de la sortija de pelos entre la base y el primer arco. v. *rizo, dirección del.* ***stem direction.***

sortija prendida: mechón de pelos que se peina liso y plano, a semejanza de una cinta y que se enrolla en círculo con las puntas hacia adentro; a veces se le llama *sortija plana* o también *sortija de escultura.* ***pin curl.***

sortija, tallo de la: parte de la sortija de pelos, entre la base y el primer arco de círculo, que determina la movilidad de ésta; la sortija puede ser de tallo completo, mediano o nulo. ***curl stem.***

sosa cáustica, v. *hidróxido de sodio.*

suavización: acción y efecto de aplicarle un producto químico al pelo a fin de hacerlo más receptivo a un colorante o a una ondulación permanente; dícese también del procedimiento empleado para relajar o estirar el pelo. ***softening.***

suavización química del pelo, v. *peróxido de hidrógeno* y *relajación química del pelo.*

suavizador del pelo, v. perópido de hidrógeno y *relajador del pelo.*

subcutáneo, -nea: dícese de lo que está situado debajo de la piel. *hipodérmico.* ***subcutaneous.***

subcutis: tejido subcutáneo; dícese del corion, dermis o piel verdadera o de lo que está debajo de ella. *subdermis.* ***subcutis.***

subseccionamiento: acción y efecto de dividir la cabellera en partes o porciones (parcelas) que se presten al trabajo de peluquería. *mechonamiento.* ***blocking, subsectioning.***

sudación: acción y efecto de expeler del cuerpo humedad o líquido a través de los poros en forma de sudor; también se dice del sudor abundante provocado con fines terapéuticos. *exudación, transpiración.* ***exudation.***

sudamina: trastorno de las glándulas sudoríparas con obstrucción de sus conductos; erupción de vejiguillas blancas que aparece después de una copiosa transpiración. *estrófulo, liquen trópico, miliaria, m. rubra, sudamen.* ***sudamen, pl. sudamina.***

sulfato de cinc (zinc): sal que se emplea frecuentemente como astringente, tanto en lociones como en cremas. ***zinc sulphate.***

sulfito: cualquier sal de ácido sulfuroso. ***sulfite.***

sulfito de sodio: sal metálica, blanca y blanda, del ácido sulfuroso. ***sodium sulfite.***

sulfocarbonato de cinc (zinc): polvo blanco y fino que tiene olor a ácido fénico; se emplea como antiséptico y astringente en los preparados desodorantes. ***zinc sulphocarbonate.***

sulfuro: compuesto de azufre con otro elemento o base; sal de ácido sulfhídrico. ***sulphide.***

sulfuro de amonio: combinación de amoniaco y azufre. ***ammonium sulphide.***

sulfuro de estroncio: polvo gris y ligero que tiene la capacidad de liberar el sulfuro de hidrógneo (ácido sulfhídrico). ***strontium.***

sumergir, -se: hundirse en algo: mojar o bañar en un líquido; introducir un cuerpo debajo del agua o de otro líquido. ***immerse.***

sumersión: acción y efecto de meterse o meter una cosa dentro de un líquido, especialmente hasta quedar del todo cubierto por él. *inmersión.* ***immersion.***

superciliar: relativo a la región de la ceja. ***superciliary.***

supraorbitario, -ria: situado encima de la órbita ocular. ***supraorbital.***

supratroclear: situado encima de una trocla (estructura en forma de polea), especialmente la del músculo oblícuo mayor del ojo. ***supra-trochlear.***

supuración: acción y efecto de formar o echar pus. ***suppuration.***

surcos de la uña, v. *uña, surcos de la.*

susceptible: capaz de ser influído, guiado, modificado o impresionado por alguien o algo. ***susceptible.***

suspensión: mezcla de un líquido con partes insolubles que tienden a asentarse formando sedimento cuando el líquido está en reposo. ***suspension.***

T

tabique: pared divisoria; división plana y delgada que separa dos huecos; tabique de las fosas nasales. ***septum.***

talio: elemento metálico blanco azulado cuyas sales se han empleado como depilatorio; es sumamente tóxico para el ser humano. ***thallium.***

tallo: estructura adelgazada y espigada; cuerpo principal o renuevo de las plantas. cf. *tallo del pelo, t. del rizo, t. de la sortija.* ***shaft*** (pelo), ***stem*** (rizo y sortija).

tallo del pelo, v. *pelo, tallo del.*

tallo del rizo, v. *rizo, tallo del.*

tallo de la sortija, v. *sortija, tallo de la.*

tapón: pequeña compresa o masa menuda y achatada de hilas, algodón absorbente, lana, gasa o algún material parecido, que se emplea para absorber líquidos, para cubrir una herida o para obstruir una cavidad del cuerpo. ***pledget.***

tegumento externo: capa exterior de la piel que cubre el cuerpo. *cuero exterior, cutícula, epidermis.* ***scarfskin.***

tejido: agregado de células de naturaleza similar, ordenadas con regularidad, y que desempeñan una misma función específica. ***tissue.***

tejido adiposo: tejido graso; tejido conjuntivo areolar (con aréolas o intersticios) en el que se hallan las células grasas; tejido subcutáneo. ***adipose tissue.***

tejido compacto: clase de tejido óseo, duro y denso; porción dura exterior de los huesos. ***compact tissue.***

tejido conjuntivo: el formado por células de diversos aspectos y cuya principal función es unir los otros tejidos; ejemplos de su clase son los tejidos adiposo, cartilaginoso, óseo, sanguíneo y linfático. *t. conectivo.* ***connective tissue.***

tenazas térmicas: instrumento que se emplea para rizar, ondular o desrizar el cabello mediante la aplicación de calor. *t. Marcel.* ***thermal irons.***

tendón: tejido en forma de cordón, cilíndrico o aplastado, que por lo común une un músculo a un hueso. ***tendon.***

tensión: tirantez y rigidez de un cuerpo estirado por la acción de fuerzas contrarias; estado mental de excitación, impaciencia, inquietud interna, esfuerzo o exaltación que puede ser provocado por temor, ansiedad, espera prolongada, conflictos no resueltos o lucha interna para la creación intelectual. ***tension.***

tensión arterial: presión que ejerce la sange circulante sobre la pared interior de las arterias. *presión a.* ***arterial pressure, blood p.***

tensión muscular: estado de contracción de uno o más musculos. ***muscular tension.***

tensión superficial: resistencia a la ruptura que es propia de la capa pelicular y exterior de un líquido. ***surface tension.***

teñido: acción y efecto de dar a una cosa un color distinto del que tenía. ***tinting.***

teñido del pelo: proceso por el cual se le añade color artificial al cabello. ***hair tinting.***

terapéutica: parte de la medicina que prescribe el tratamiento de las enfermedades. *terapia.* ***therapeutics.***

terapia: ciencia y arte de curar; este término se emplea en español casi exclusivamente como sufijo. *terapéutica.* ***therapy.***

terapia luminosa: aplicación de los rayos de luz para el tratamiento de ciertos trastornos corporales. *lúminoterapia.* ***light therapy.***

térmico, -ca: relativo al calor. ***thermal.***

terminología: conjunto de términos o vocablos propios de determinada ciencia, arte, profesión o materia. *nomenclatura.* ***terminology.***

termostato, termóstato: aparato automático conectado a una fuente de calor y que sirve para regular la temperatura. ***thermostat.***

ternilla, v. *cartílago.* ***cartilage.***

tersura: cualidad que el talco le da a los polvos faciales y que le imprime al cutis una suavidad resbaladiza al tacto. ***slip.***

tétanos: enfermedad que se caracteriza por contracciones musculares contínuas y espasmódicas que comienzan por el músculo mastero (que eleva la mandíbula inferior) y se extienden a la nuca, dorso, abdomen y extremidades. *pasmo, trismo.* ***tetanus, lockjaw.***

textómetro: artefacto que se emplea para medir la elasticidad y reacción del pelo a la soluciones alcalinas. ***textometer.***

textura del pelo: calidad general del cabello, según se muestra en su grosor (grueso, mediano o fino); impresión que da el pelo al tacto. *t. pilosa.* ***hair texture.***

textura de la piel: aspecto que ésta presenta e impresión que da al tacto. *t. cutánea.* ***skin texture.***

tinte: acción y efecto de dar a una cosa un color distinto del que tenía; en cosmetología, lo relativo al teñido del pelo; color con que se tiñe el pelo aplicándole un tinte o un enjuague colorante. ***tint.***

tinte de dos fases: cualquiera de los productos para teñir el pelo que requieren dos aplicaciones distintas por separado. *t. de doble aplicación, t. de proceso doble.* ***two-step tint, double application t., two-process t.***

tinte de una fase: cualquiera de los productos para teñir el pelo que aclaran el cabello y a la vez le añaden color con una sola aplicación. *t. de aplicación sencilla, t. de proceso sencillo.* ***one-setp tint, single applicacion t., one-process t.***

tinte de resplandores para champú: preparado que se emplea con un champú cuando se desea darle al cabello un matiz ligeramente distinto del que tenía. ***highlighting shampoo tint.***

tinte progresivo: cualquiera de los productos que restauran el color del pelo y necesitan tiempo para desarrollar la oxidación; color que se desarrolla gradualmente. ***progressive tint(s).***

tintura: solución alcohólica de una sustancia medicinal. ***tincture.***

tiña: enfermedad parasítica cutánea; especialmente cualquiera de las contagiosas producidas por diversos parásitos vegetales en la piel, el pelo o las uñas; suele presentarse en forma de lesiones circulares. *serpigo, dermatofitosis, dermatomicosis.* ***tinea, ringworm.***

tiña del cuero cabelludo: padecimiento característico de la primera infancia que se presenta en forma de alopecia circunscrita. ***tinea capitis.***

tiña de las uñas: enfermedad de las uñas de los dedos de las manos o los pies causada por hongos parásitos. *onicomicosis.* ***tinea unguium.***

tio-: en química, prefijo que significa presencia de azufre. ***thio.***

tioglicolato de amonio: relajador químico del cabello, parecido en su contenido ácido a los productos químicos que se emplean en la ondulación permanente y en la relajación del pelo. *tiorrelajador.* ***ammonium thioglycolate, thio, thiorelaxer.***

tirosina: aminoácido ampliamente distribuído en las proteínas, especialmente en la caseína (proteína del queso); es esencial a la dieta. ***tyrosine.***

tónico, -ca: cualquier producto o ejercicio que entona o vigoriza, aumentando la potencia física o mental del organismo; dícese también de un reconstituyente o bebida que tiende a mejorar una función debilitada. ***tonic.***

tónico para el pelo, v. *restaurador colorante del pelo.*

tono: funcionamiento saludable del cuerpo o de sus partes; grado normal de vigor y tensión, por ejemplo, en un músculo; a veces se dice con referencia a los diferentes grados de oscuridad de un matiz. *tonalidad* (color). *tone* (colores y fisiología). ***hue*** o ***shade*** (coloración).

tono muscular: grado normal de tensión en un músculo saludable. ***muscle tone.***

toque francés, v. *peinar al revés.*

tórax: parte superior del tronco del cuerpo, entre el cuello y el abdomen; cavidad del pecho. ***thorax.***

torsión: movimiento que se aplica durante el masaje y por el cual los tejidos se comprimen y tuercen. *estregadura circular directa, e. concéntrica.* ***rolling.***

toxemia, v. *septicemia.* ***blood poisoning.***

toxina: sustancia que actúa como veneno, de naturaleza química no determinada, elaborada por microorganismos patógenos durante su desarrollo. ***toxin, toxine.***

transformación, v. *postizo con prendedero.* ***transformation.***

transformador: aparato que hace cambiar el sentido (alterno o contínuo), la tensión (voltaje) o la intensidad (amperaje) de una corriente eléctrica. *convertidor.* ***transformer, converter.***

transformador de amperaje: el que hace cambiar la intensidad de una corriente eléctrica expresada en amperes. *t. de intensidad, t. en serie.* ***current transformer.***

transformador de corriente: el que hace cambiar una corriente eléctrica de alterna a contínua (convertidor o rectificador) o de contínua a alterna (convertidor rotatorio o rectificador inversor). *convertidor, c. estático, c. rotativo, mutador.* ***converter(-tor), inverted c., inverter (-tor), rectifier, transformer.***

transformador de voltaje: el que hace elevar *(t. elevador)* o reducir *(t. reductor)* la tensión de una corriente eléctrica expresada en voltios. *t. de presión o tensión.* ***voltage, pressure or tension transformer. step-down t.*** *(t. reductor),* ***step-up t.*** *(t. elevador).*

translúcido, -da: cuerpo o sustancia parcialmente transparente. ***translucent.***

transmisor, -ra de enfermedades, v. *portador(-ra) de enfermedades.*

transpiración, v. *sudación.* ***transpiration.***

tráquea: conducto respiratorio cilíndrico que, partiendo de la laringe, desciende entre el esternón y el esófago y se divide en dos ramas (bronquios) que terminan, cada una, en el pulmón correspondiente. *caña del pulmón, garguero, traquearteria.* ***trachea, windpipe.***

tratamiento: acción desarrollada por un producto químico en el proceso de suavización y reforma de la estructura del pelo (ondulación y relajación del cabello); sistema o método que se emplea para aliviar o corregir un defecto o trastorno menor de la piel o de sus anexos (pelo, uñas y glándulas sudoríparas y sebáceas). ***processing*** (pelo), ***treatment*** (piel y anexos).

trenza: tejido de tres o más grupos de hebras de cabello y, especialmente, el que se hace con el pelo largo de la cabeza para recorgerlo en un peinado. ***braid.***

trenzado: sección de pelos artificiales entretejidos que se emplea en la práctica de peluquería o en sustitución del pelo natural; madeja o mata de pelo entretejido; trenza. ***weft.***

tríceps: dícese de cualquiera de los músculos que tienen tres partes o cabezas (triceps braquial, espinal, femoral, etc.). ***triceps.***

tricofitosis: término general que designa las micosis (infecciones por hongos parasíticos) causadas por los del género tricófitos. v. *tiña.* cf. *pie de atleta.* ***trichophytosis.***

tricología: rama de la medicina que estudia la anatomía, fisiología y patología del pelo; arte del cuidado del cabello. ***trichology.***

triconosis: dícese de cualquier enfermedad del pelo o cabello. *tricopatía.* ***trichonosis.***

tricoptilosis, v. *fragilidad del pelo.* ***trichoptilosis.***

tricorrexis: trastorno que causa la fácil rotura del pelo o cabello. cf. *fragilidad del pelo. tricoptilosis.* ***trichorrhexis.***

tricosis: dícese de cualquier trastorno o crecimiento anormal del pelo. *tricopatía.* ***trichosis.***

trigémino, v. *nervio trigémino.* ***trigeminal.***

tripsina: enzima del jugo digestivo segregada por el páncreas; transforma las proteínas en peptonas. ***trypsin.***

trismo, v. *tétanos.* ***tetanus.***

trombocito, v. *plaqueta.* ***thrombocyte.***

tubérculo: elevación sólida, redondeada y circunscrita de la piel, mayor que una pápula, pero menor que un nódulo. ***tubercle.***

tumor: hinchazón o bulto que aparece en cualquier parte del cuerpo, formado por células sin función fisiológica; crecimiento desordenado y excesivo de un tejido determinado. ***tumor.***

tupé, v. *copete.* ***toupee.***

U

úlcera: llaga abierta que aparece en alguna parte del cuerpo sin haber sido causada por una herida. ***ulcer.***

ultravioleta: dícese de los rayos invisibles del espectro luminoso que se extienden a continuación de los rayos violetas. ***ultraviolet.***

ungüento: preparado semisólido para aplicación externa que solía contener resinas vegetales (bálsamo), pero que hoy se compone de diversas sustancias, entre ellas la cera amarilla, el aceite de oliva y el sebo de carnero; *ungüento* ha pasado a ser prácticamente sinónimo de *pomada* (q.v.); ésta suele tener una base de vaselina, manteca de cerdo o lanolina. ***unguentum.***

unidad: cosa o valor aislado; cantidad que se toma como medida común de todas las demás de su clase. ***unit.***

unión, v. *enlace.* ***link.***

uña: lámina córnea, dura y convexa, que nace y crece en las extremidades de los dedos de las manos y de los pies. *unguis,* pl. *ungues,* ***nail.***

uña, borde libre de la: parte del cuerpo de la uña que se extiende por encima de la punta del dedo. ***free edge of nail.***

uña, cuerpo de la: lámina córnea que descansa en el lecho ungueal. ***nail body.***

uña, lecho de la: parte de la piel en la que descansa el cuerpo de la uña. *lecho ungeal.* ***nail bed.***

uña, manto de la: pliegue de la dermis que cubre la raíz y el borde lateral de la uña. ***nail mantle.***

uña, matriz de la: parte formativa de la uña, blanquecina y convexa, que comprende la *lúnula* (q.v.) y la raíz de la uña. ***nail matrix.***

uña, pared de la: pliegue cutáneo que cubre parcialmente los bordes laterales y la base del cuerpo de la uña. ***nail wall.***

uña, raíz de la: parte de la uña situada en la base de la misma, oculta debajo de la piel. ***nail root.***

uña, surco de la: cada una de las ranuras acanaladas, a uno y otro lado de la uña, sobre las cuales se desliza el cuerpo de la uña al crecer. ***nail groove(s).***

uña encarnada: la que en vez de crecer hacia la punta del dedo se incrusta en la piel, lo cual puede ser causa de infección. cf. *uñero. **ingrown nail.***

uñas, esmalte para (las): cosmético en forma de líquido espeso que se aplica a las uñas y se solidifica como película lustrosa y transparente o coloreada. ***nail lacquer.***

uñero: inflamación de la raíz de la uña; inflamación cutánea producida por una *uña encarnada* (q.v.) o por otras causas menores. *panadizo, paroniquia, sietecueros.* ***felon, ingrown nail, paronychia, whitlow.***

urea: sustanica nitrogenada que resulta de los ressiduos de la descomposición de las proteínas del organismo y que constituye la parte principal de la orina; se presenta en forma de cristales incoloros, a veces blancos, o en polvo; es soluble en agua; se ha empleado por la vía interna como diurético y también se ha aplicado al exterior en el tratamiento de las heridas infectadas. ***urea.***

V

vacío: espacio del cual se ha extraído el aire y que no contiene ningún otro cuerpo. ***vacuum.***

vacuna: cualquier preparado que se inocula para preservar de una enfermedad determinada. ***vaccine.***

vacunación: acción y efecto de inocular (introducir) en un organismo sano o enfermo un virus o principio orgánico convenientemente preparado, después de haberlo convertido en inofensivo, para preservar de una enfermedad determinada. ***vaccination.***

vaina: estructura tubular que envuelve o rodea a un órgano. ***sheath.***

vapor: forma gaseosa en que, por la acción del calor, se convierten ciertos cuerpos generalmente líquidos. ***vapor.***

vaporizador facial: aparato que se emplea, en vez de toallas calientes, para aplicarle vapor a la cara o al cuero cabelludo. ***facial steamer.***

vascular: que contiene vasos sanguíneos o linfáticos; relativo a los vasos que conducen tejidos líquidos, tales como la sangre y la linfa; dícese también del sistema circulatorio. ***vascular.***

vaselina: palabra que tiene su origen en un nombre de marca registrada y que designa el *petrolato* (q.v.). ***vaseline.***

vaso capilar: cualquiera de los diminutos conductos sanguíneos que unen las arteriolas con las vénulas y forman una red en casi todas las partes del cuerpo. ***capillary(ies).***

vaso sanguíneo: cualquiera de las arterias, venas o vasos capilares. ***blood vessel(s).***

vataje: cantidad de potencia eléctrica expresada en vatios. *vatiaje.* ***wattage.***

vello: pelo lanuginoso, más corto y suave que el de la cabeza y la barba, y que se esparce por casi toda la piel lisa del cuerpo. *pelo primario.* ***lanugo, primary hair.***

vello encarnado: pelo rebelde que crece debajo de la piel, lo cual puede causar infección. ***ingrown hair.***

vello superfluo: pelos que crecen en cantidades excesivas o en lugares del cuerpo donde son indeseables. cf. *hirsutismo.* ***superfluous hair.***

vena: cualquiera de los conductos que llevan la sangre de los capilares al corazón. ***vein, vena.***

vena cava: cada una de las dos venas mayores del cuerpo que desembocan en la aurícula derecha del corazón. ***vena cava.***

vena varicosa: cualquier vena que se dilata, se inflama o tuerce anormalmente y con carácter más o menos permanente. *varice, várice* pl. *varices.* ***varicose vein(s), varix.***

vena yugular: cada una de las dos, a uno y otro lado del cuello, que reciben la sangre del exterior del cráneo y de las partes profundas de la cara *(yugular externa, subcutánea,* o *vena carótida externa)* y del cerebro y las partes superficiales de la cara y del cuello *(yugular interna* o *cefálica).* ***venae jugularis, jugular.***

ventrículo: cavidad pequeña en alguna parte del cuerpo y, especialmente, cada una de las dos cavidades del corazón que reciben la sangre de las aurículas y la impulsan hacia las arterias. ***ventricle.***

verruga: excrecencia cutánea, por lo general redonda, casi siempre de origen viral (producida por un virus). *cadillo.* ***verruca, wart.***

vértebra: cada uno de los segmentos óseos discoideos y superpuestos que en número de 33 constituyen la columna vertebral. ***vertebra,*** pl. ***vertebrae.***

vesícula: vejiguilla cutánea que generalmente contiene líquido seroso; dícese también de un diminuto saco o receptáculo que contiene líquido o gas. *ampolla, flictena.* ***vesicle, bleb, blister, sac.***

veteado: efecto de la clarificación (decoloración) de mechones o secciones anchas de pelos colocadas atractivamente alrededor de la frente. *nimbado, nimbo, penacho, rayado, rayitos.* ***streaking.***

vibrador: aparato eléctrico que se emplea en el masaje para producir una sensación de rápidas sacudidas rítmicas en el cuerpo a modo de estimulación; instrumento que transmite las vibraciones eléctricas empleado en mecanoterapia. ***vibrator.***

vientre frontal, v. *músculo frontal.*

virus: cualquier grupo de agentes infecciosos ultramicroscópicos y filtrables (de origen vegetal, animal o bacteriano) que constituyen el tóxico de una enfermedad infecciosa; tóxico. ***virus.***

viscosidad: 1) resistencia a las transformaciones; 2) resistencia a la fluidez que se manifiesta en algunos líquidos; 3) grado de densidad, espesor, pegajosidad y adherencia de algunas sustancias específicas. ***viscosity.***

viscoso, -sa: pegajoso o glutinoso. ***viscid, viscous.***

vitíligo: manchas blanco lechosas que aparecen en la piel y que suelen localizarse en la cara y en el dorso de las manos y los pies. ***vitiligo.***

volátil: aplícase a las sustancias que se evaporan con facilidad o que se difunden libremente; dícese también de lo que no es permanente. ***volatile.***

voltaje: diferencia de potencial eléctrico y de fuerza electromotriz (intensidad) expresada en voltios. ***voltage.***

voltio: unidad fraccionaria de fuerza electromotriz. ***volt.***

voluntario, -ria: acto, función o movimiento que está bajo el dominio de la voluntad. ***voluntary.***

vómer: huesecillo delgado y plano que contribuye a la formación del tabique de las fosas nasales y las separa. ***vomer.***

Y

yodo: elemento no metálico (metaloide) que se emplea como antiséptico en solución aplicada a heridas, contusiones, magulladuras, etc. ***iodine.***

yugular: relativo al cuello o a la garganta. v. *vena yugular.* ***jugular.***

Z

zinc, v. *cinc.* ***zinc.***

INDICE DE MATERIA

A

B

C

F

G

H

I

J

L

M

Q

T

U

V

Y

BIBLIOGRAFIA DE LA OBRA EN INGLES

En el proceso de revisión del presente libro de texto se han tenido en cuenta las fuentes de consulta básica y de información autorizada que se enumeran más adelante. Las obras aquí citadas pueden ser adquiridas mediante pedido dirigido a Milady Publishing Corporation, 3839 White Plains Road, Bronx, New York 10467, United States of America.

OBRAS DE CONSULTA BASICA

Air Jet Styling—Michael D. Morro
A Man's Guide to Business and Social Success—Ruth Tolman
Beautician's Guide to Beauty, Charm and Poise—Ruth Tolman
Chemistry in Your Beauty Shop—Arnold Lowman, Ph.D.
Common Skin Diseases—H. Goodman, M.D.
Curling Iron Techiques with Directional Design—Mary Lou Augustine
Electricity and Light—Noble M. Eberhart, M.D.
Electrolysis, Thermolysis and the Blend—Arthur R. Hinkel
Gray's Anatomy—Warren H. Lewis
Hair Structure and Chemistry Simplified—A. H. Powitt
Harry's Cosmeticology—Ralph G. Harry
Human Anatomy and Phisiology—Dr. King and Dr. Showers
New Gould's Medical Dictionary—G. M. Gould, A.M., M.D.
Salesmanship in the Beauty Salon—Margaret B. Fleck
Standard Textbook for Professional Estheticians—Joel Gerson
Stedman's Practical Medical Dictionary—Norman B. Taylor, M.D.
Synopsis of Diseases of the Skin—Sutton and Sutton
The Complete Guide to Wigs and Hairpieces—Rebecca Hyman
The Make-Up Artist in the Beauty Salon—Vincent J-R Kehoe
The Scalp in Health and Disease—Howard T. Behrman, A.B., M.D.
Van Dean Manual—Dean Barrett
Your Skin and Its Care—Dr. Behrman and Dr. Levin

PUBLICACIONES DE LA PROFESION

National Beauty School Journal
Modern Salon
American Salon

La casa editora expresa aquí su sincero agradecimiento a los fabricantes y educadores en el campo de la cosmetología que generosamente han contribuido a la revisión de este libro de texto.

BIBLIOGRAFIA DE LA TRADUCCION ESPAÑOLA

Anatomía Humana: Descriptiva y Aplicada—Henry Gray/R. Lambre, L. Dellepiane, E. Robertis (2 tomos)

Diccionario de Americanismos—Augusto Malaret

Diccionario de la Lengua Española—Real Academia Española (2 tomos)

Diccionario de Uso del Español—María Moliner (2 tomos)

Diccionario General de Americanismos—Francisco J. Santamaría (3 tomos)

Diccionario Médicobiológico University—Dr. A. Foch Pi, Dr. F. Colchero Arrubarrena, Dr. H. Vela Treviño y veinte y siete colaboradores

Diccionario Moderno Español-Inglés/English-Spanish/Larousse—R. García-Pelayo y Gross, M. Durand

Diccionario Politécnico de las Lenguas Española e Inglesa—Ediciones Castilla (2 tomos)

El Manual Merck de Diagnóstico y Terapéutica—Charles E. Lyght, M.D., Director con cinco médicos más

Gran Sopena—Diccionario Ilustrado de la Lengua Española (3 tomos)

Nuevo Diccionario Cuyás/Inglés-Español y Español-Inglés/de Appleton—A. Cuyás, L.E. Brett, Helen S. Eaton

Repaso de Exámenes Típicos para Cosmetólogas en Español/Milady—D.J. Rivas

Repaso de los Exámenes de la Junta Estatal de Cosmetólogos/Milady—D.J. Rivas

Técnicas Modernas del Peinado/Milady

Taber's Cyclopedic Medical Dictionary—Clayton L. Thomas, M.D., M.P.H., Ed.

The Merck Manual of Diagnosis and Therapy—Robert Berkow, M.D., Ed. in Chief

TEORIA DE LOS COLORES

Para tener éxito en el arte de la coloración del cabello, la colorista debe poseer un conocimiento definido de la teoría de los colores. Es esencial que la colorista comprenda los colores para poder determinar cómo éstos reaccionan cuando se combinan. Sólo mediante este conocimiento y comprensión podrá la colorista del cabello formar una apreciación cabal de la selección de los colores, el remedio a los problemas de la coloración cuando se presentan y, preferiblemente, la prevención de estos problemas.

COLORES PRIMARIOS

Todos los colores parten de tres colores básicos llamdos *colores primarios:* rojo, amarillo y azul. Se llaman colcres primarios porque todos los demás colores se derivan de ellos.

COLORES SECUNDARIOS

Cuando dos de los colores primarios se mezclan en iguales proporciones, forman un nuevo color conocido como *color secundario.* Así, rojo + amarillo = anaranjado, amarillo + azul = verde, y azul + rojo = violeta (violado).

De este modo hemos logrado ya seis colores distintos: los colores primarios: rojo, amarillo y azul; los colores secundarios: anaranjado, verde y violeta.

COLORES TERCIARIOS

Si un color primario se mezcla en iguales proporciones con su color secundario contiguo (en la "rueda de los colores"), ambos forman un color nuevo denominado *color terciario* y de esta manera se obtienen seis nuevas combinaciones o diseños de colores: amarillo + verde = amarillo verdoso, azul + verde = azul verdoso, azul + violado = azul violáceo, rojo + violado = rojo violáceo, rojo + anaranjado = anaranjado rojizo, y amarillo + anaranjado = anaranjado amarillento.

Por estas razones podemos prever que mediante la continuada mezcla entre sí de estos colores es posible llegar a crear un número infinito de colores y matices. Al comprender perfectamente la combinación de los colores primarios, secundarios y terciarios, la colorista del pelo está preparada para remediar eficazmente cualquier problema de coloración y aun para evitarlo en su totalidad.

COLORES COMPLEMENTARIOS

Cuando se mezclan dos colores que son opuestos en la "rueda de los colores," se desarrollan matices pardos neutrales. Hay que tener en cuenta, sin embargo, que esto ocurre cuando mezclamos un color primario con uno secundario que es su opuesto en la "rueda de los colores." Así, los matices neutrales de pardo se forman mezclando rojo con verde, violeta con amarillo y anaranjado con azul. Estos colores, opuestos entre sí en la "rueda de los colores," se conocen como **colores complementarios.**

COLORES NEGRO Y PARDO

Si los tres colores primarios se mezclan en cantidades *iguales,* producen el negro.

Si los tres colores primarios se mezclan en cantidades *desiguales,* producen matices de pardo. El matiz de pardo resultante varía de acuerdo con la proporción de colores primarios que se ha empleado. De este modo, una mayor cantidad de rojo forma un rojo pardusco, una mayor cantidad de azul forma un pardo oscuro y una mayor cantidad de amarillo forma un pardo claro.

INTENSIDAD DEL COLOR

Hasta aquí hemos explicado la mezcla de colores con colores de intensidad completa. Sin embargo, debemos considerar los efectos cuando los colores primarios se mezclan con iguales cantidades de blanco. El resultado es un medio tono del color original. Así, si mezclamos medios tonos de dos colores primarios, obtenemos un medio tono de un color secundario. Por ejemplo, un medio tono de rojo mezclado con un medio tono de azul da por resultado un medio tono de violeta (muy claro). De esta manera se forman colores de diferentes intensidades. Mediante las diversas mezclas y combinaciones pueden crearse matices muy claros en casi un sinfín de posibilidades.

La intensidad del color indica el grado de oscuridad o de claridad que el color realmente refleja. Mientras más se emplea el negro en una mezcla, más oscuro es el color resultante. Mientras más blanco se incluye en la mezcla, más claro es el color que resulta.

TONO DE LOS COLORES

La propiedad tonal de un color está relacionada con la cualidad o valor del color del pelo. El tono del color se desarrolla mediante la combinación de los pigmentos colorantes del pelo.

El pigmento del color natural del pelo se encuentra en la capa cortical (corteza) del cabello. El pigmento colorante está formado por células de color ordenadas a lo largo de la capa cortical. El color natural del pelo se desarrolla por la combinación de estos pigmentos alcanzando un tono de pardo negruzco o de rojo amarillento. La combinación de estos colores es lo que determina si el pelo es oscuro o claro. El pelo pardo claro tiene una mayor proporción de células de color rojo amarillento, mientras que el pelo oscuro tiene una mayor proporción de células de color pardo negruzco.

CONCLUSION

Las consideraciones anteriores dan apenas una ligera idea de cómo funciona la teoría de los colores. Mediante la aplicación de las combinaciones básicas aquí descritas y el conocimiento de cómo reaccionan los colores al mezclarse, la colorista del cabello podrá lograr una mayor variedad de colores y asegurar mejores resultados para sus clientes.

COLORES PRIMARIOS

Rojo

Amarillo

Azul

COLORES SECUNDARIOS

Rojo + Amarillo = Anaranjado

Amarillo + Azul = Verde

Azul + Rojo = Violeta (Violado)

COLORES TERCIARIOS

Amarillo + Verde
= Amarillo Verdoso

Azul + Verde
= Azul Verdoso

Azul + Violado
= Azul Violáceo

Rojo + Violado
= Rojo Violáceo

Rojo + Anaranjado
= Anaranjado Rojizo

Amarillo + Anaranjado
= Anaranjado Amarillento

"RUEDA DE LOS COLORES"

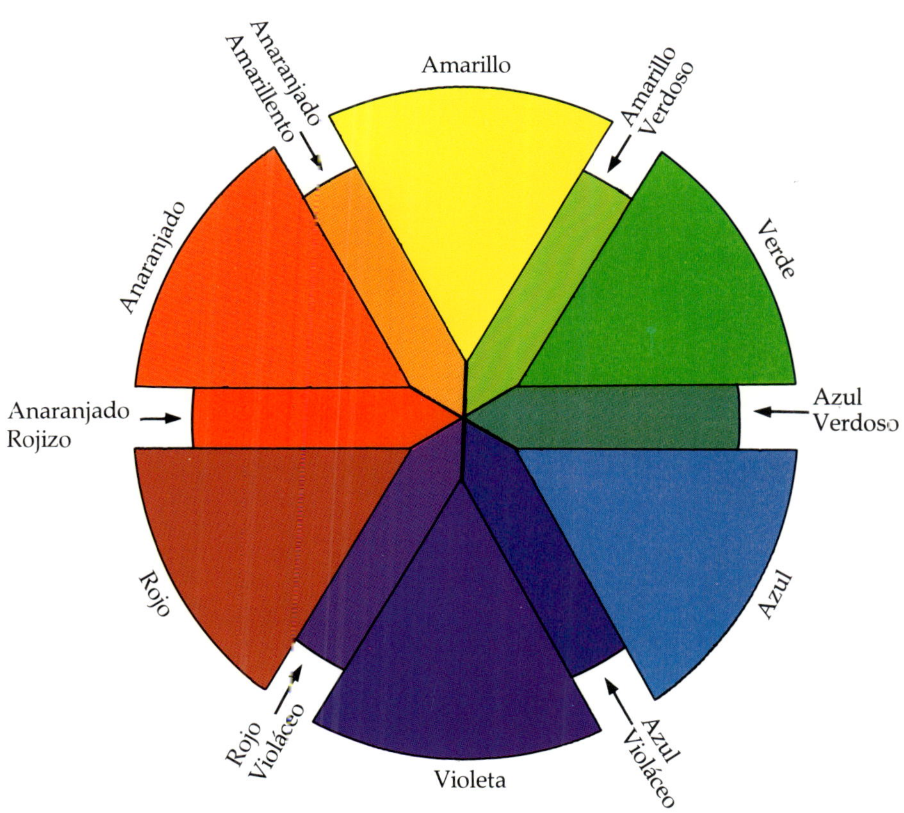